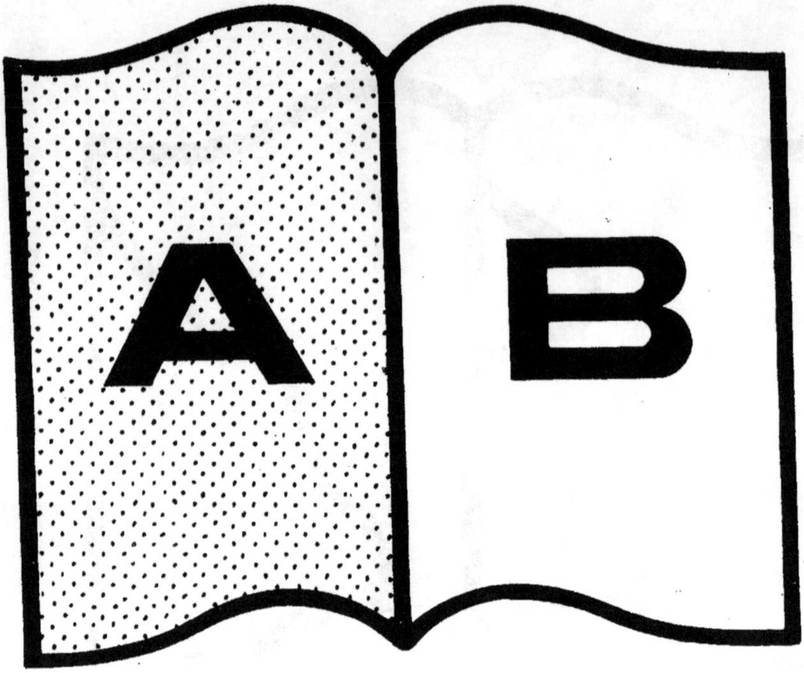
A
B

Mre CHARLES D'HOZIER, Conr du Roi, Généa-
logiste de sa Maison, Juge général des Armes, et des
Blazons de France, Chlr. de la Religion, et des
Ordres Militaires de St. Maurice, et de St. Laza-
re de Savoie. Fils de feu Mre PIERRE D'HOZIER.

Table Alphabétique des Noms Contenus dans les Opuscules de Loisel.

A

cher.

C

D.

J

K

L

M

DIVERS OPVSCVLES TIREZ DES MEMOIRES DE M. ANTOINE LOISEL ADVOCAT EN PARLEMENT.

Ausquels sont joints quelques Ouurages de M. M. BAPTISTE DV MESNIL, *Aduocat General du Roy;* de M. PIERRE PITHOV, *Sieur de Sauoye, Aduocat en la Cour; & de plusieurs autres celebres Personnages de leur temps.*

Le tout recueilly & mis nouuellement en lumiere par M. CLAVDE IOLY, cy-deuant Aduocat en Parlement, & à present Chanoine en l'Eglise de Paris, petit fils de M. ANTOINE LOISEL.

L'Indice des choses contenuës en ce volume, se trouuera ensuite de la Preface.

A PARIS,
De l'imprimerie de la Veufue I. GVILLEMOT, Imprimeuse ordinaire de Son Altesse Royale, ruë des Marmouzets, proche l'Eglise de la Magdeleine.
ET
Chez I. GVIGNARD, au premier Pillier de la Grand'Salle du Palais, proche les Consultations.

M. DC. LII.
Auec Priuilege du Roy.

A
MONSIEVR LOISEL,
CONSEILLER DV ROY
EN SA COVR DE PARLEMENT.

MONSIEVR,

Ie n'ay pas esté long-temps à consulter à qui ie deuois adresser ces Opuscules de Mᵉ Antoine Loisel, Aduocat en Parlement, nostre ayeul, pource que vous trouuant auiourd'huy parmy ses petits enfans seul de son nom, & chef de sa famille, ils vous appartiennent plus qu'à nul autre. Vous sçauez en qu'elle estime de probité & de doctrine ce personnage a vescu, dont il nous reste encores des preuues, tant dans ce qu'il a fait imprimer de ses propres ouurages, que dans les tesmoignages de ceux qui ont parlé de luy honorablement. Mais ie ne doute point que ces Opuscules postumes n'apportent à present beaucoup d'accroissement à sa reputation. A la verité il eust esté à souhaiter, qu'il les eust luy-mesme publiez comme les autres; pource qu'y mettant la derniere main, il nous les eust indubitablement rendus plus accomplis. Toutesfois, tels qu'ils sont, i'estime que c'eust esté vn grand dommage que le public en eust esté priué, & pour la bonté des ouurages, & pour les choses curieuses qu'ils contiennent. Ciceron parlant en son Brutus de la haute eloquence de C. Gracchus, disoit des escrits de cet Orateur, manus extrema non accessit operibus eius, præclarè inchoata multa, perfecta non planè; & toutesfois il ne laisse pas d'en recommander la lecture. Ainsi, quoy que ie ne pretende pas entrer en aucune comparaison, ie ne feindray point de faire vn iugement semblable de ces ouurages de M. Antoine Loisel: osant asseurer que ceux qui les liront, n'y trouueront rien qui ne soit digne de leur Autheur, & qu'ils en receuront beaucoup de satisfaction. Quoy qu'il en soit, ie me sens bien heureux que parmy tous ses descendans, ausquels il semble qu'il auoit recommandé la publication du reste de ses escrits, ie me sois trouué dans la disposition & le loisir d'accomplir ce desir, puis qu'outre le fruict que le public en pourra tirer, tous ceux de sa famille en receuront aussi beaucoup d'honneur: & vous particulierement, non seulement comme le premier de ceux qui la composent, mais aussi pource que parmy ces Opuscules, il y a des marques de la suffisance de feu M. vostre pere, & de feu M. Loisel nostre oncle, Conseillers au Parlement, dont i'ay ioint icy quelques pieces qui se sont trouuées à propos pour accompagner les escrits de leur pere. Il faut adjouster à cela, que c'est à vous principalement que le public a l'obligation de ces ouurages, puis que vous en auez confié si librement à ma discretion les originaux qui vous appartenoient par droict d'aînesse. Aussi est-il à croire que vous eussiez vous-mesme pris la resolution de preuenir mon entreprise, comme il est certain que vous l'eussiez accomply bien mieux que moy, si les seruices que vous rendez tous les iours tres-dignement au public dans vostre charge, ne vous en eussent destourné. Ie ne doute donc point que ce present qui est tout vostre, ne vous soit tres-agreable, & que ce ne vous soit vn grand contentement de vous diuertir dans les doux entretiens de personnes si cheres, & desquels vous honorez parfaitement la memoire. Ie croy aussi que ce vous sera vn singulier *plaisir de lire icy ce que i'ay recueilly de leurs vies, & de voir par escrit leurs plus belles actions, dont vous auez esté desia si bien instruit par les paroles & par les exemples de defunct M. Loisel nostre oncle, qui vous entretenant souuent de son pere & du vostre, & pratiquant luy-mesme les vertus qu'il auoit veu long-temps reluire en eux, a imprimé viuement dans vostre ame des sentimens d'amour pour les imiter & les suiure, ainsi que Dieu vous en a fait la grace. Et c'est encores vne des considerations qui m'a fait vous offrir plus volontiers ce recueil, en ce que vous trouuant auiourd'huy digne successeur de ces trois hommes celebres, il me semble que ie ne les puis mieux honorer qu'en vostre personne, joignant à la veneration que i'ay pour leur memoire, l'estime & le respect que ie porte à vostre merite particulier, qui me fera dire toute ma vie,*

MONSIEVR,

Vostre tres-humble & tres-affectionné seruiteur & Cousin, CL. IOLY.

A Paris, en Nouembre 1651.

PREFACE

LA varieté des Opuscules qui composent ce recueil, m'auroit obligé de commencer icy par vne longue Preface, pour faire comprendre plus facilement aux Lecteurs plusieurs choses qui meritoient quelque esclaircissement ; si les Auant-discours que i'ay mis en teste de quelques traitez, auec les notes dont i'ay accompagné le texte en diuers endroits, ne me permettoient de me dispenser de ce trauail. Il me suffira donc à present de satisfaire principalement à deux choses : l'vne, de rendre compte en gros au public de mon edition : & l'autre, de luy faire connoistre ceux qui ont trauaillé auec moy pour la faire receuoir auec satisfaction.

En ce qui est du premier, i'aduouë que i'ay fait dans la suite de l'impression de ces ouurages, beaucoup plus que ie ne m'estois proposé au commencement. Mon premier dessein n'auoit esté que de publier quelques pieces de Me Antoine Loisel, Aduocat en Parlement, & de les enfermer dans vn seul volume de cinquãte ou soixante feuilles, laissant dans ses memoires le reste de ses compositions, & des escrits de quelques autres que i'ay tirez du mesme fonds, & que i'ay joints aux siens pour les raisons que ie diray incontinent. C'est pourquoy ie ne m'estois pas mis beaucoup en peine d'examiner particulierement tout ce qui estoit party de sa main: & ie confesse ingenûment que ma negligence m'auoit fait eschapper plusieurs choses, dont il a esté enfin reconnû l'Autheur. A la verité il se trouuera peut-estre icy quelque piece qui ne ressentira pas tout à fait l'huile & la peine d'vn tel personnage : mais aussi le Lecteur considerera, qu'il y en a plusieurs qu'il n'a faites que par occasiõ sur les affaires qui se sont presentées entre ses mains, ou pour le simple soulagement de sa memoire. Ie reconnois mesme que les principaux traitez que nous donnons de luy dans ce recueil, ne se trouuerõt pas élabourez au poinct qu'ils eussent esté, si le temps ou ses affaires luy eussent permis de les publier luy-mesme, & de leur donner auparauant leur derniere façon. Enfin tout n'y est pas esgal, ny d'vne mesme force ; mais il n'y a rien pourtant qui ne porte quelque marque de sa suffisance. C'est pourquoy ie n'ay pas fait difficulté de passer au delà de ma premiere pensée, n'y d'adjouster aux pieces que ie m'estois proposé de publier seules, plusieurs autres que i'ay rencontrées depuis. Aussi bien tous les ouurages des plus celebres Autheurs ne sont pas d'vne mesme trempe: & toutesfois on ne laisse pas de conseruer, mesme auec respect, tout ce qui procede de leur esprit. Or ie ne doute point que ie ne puisse mettre auec quelque raison M. Antoine Loisel au nombre de ces Illustres: non seulement pource qu'il a esté tenu pour tel pendant sa vie ; mais aussi pource que cette reputation luy a esté conseruée, & se maintient encores à present, tant parce qu'il nous a laissé de ses escrits, que par les eloges qui restent de luy dans les liures de plusieurs

plusieurs grands Hommes de son siecle. I'adjouste à ces considerations l'affection que ie dois auoir pour tous les Ouurages d'vn homme dont ie suis descendu; & qui toutesfois ne se trouuera point si aueugle, qu'elle n'ait esté approuuée par mes amis, qui connoissans les merites de l'Auteur, sont entrez facilement dans mes sentimens.

Mais i'ay passé encores au delà de ces nouuelles bornes que ie m'estois prescrites, puis que ie ne me suis pas arresté seulement à la publication d'vne plus grande quãtité d'Opuscules de M. A. Loisel, que celle que ie m'estois proposée au cõmencemẽt: mais aussi puis que i'y ay joint plusieurs autres cõpositions de quelques personnes celebres de son tẽps. Et toutesfois ie ne croy pas encores en cela pouuoir estre blasmé. Car sans entrer dans la consideration generale qui doit faire toûjours receuoir agreablement les choses qui sont bonnes; i'ay encores cette raison particuliere de la connexité des matieres qui s'est trouuée entre les Opuscules de M. Antoine Loisel, & les Ouurages des autres, & de la proximité & parentelle qui a esté entre ces Auteurs. Car on ne pourra pas dire que i'y aye admis aucun mélange estranger, pour auoir inseré parmy les escrits du pere, quelque chose de ses enfans. On ne peut pas aussi me faire cette objection, pour ce qui est des Ouurages de M. du Mesnil Aduocat general au Parlement, puis que M. Antoine Loisel auoit eu l'honneur d'espouser sa niepce & son heritiere. Et de plus, quel lieu se pouuoit il trouuer plus à propos, pour cõseruer ce qui s'est heureusement rencontré d'vn si celebre Aduocat du

Roy, que celuy de sa Vie, composée par nostre Autheur, & comprise dans ce volume, veu que ses Compositions peuuent faire la plus belle & la plus noble partie de cette Vie? Il faut dire la mesme chose des Opuscules de M. Pithou, puis que sa Vie qui s'est aussi trouuée depeinte par M. Antoine Loisel, est vn des plus beaux ornemens de ce volume, & que ces deux Personnages, qui auoient contracté par le long temps qu'ils ont vescu ensemble vne si estroite & si parfaite amitié, que le nom le plus ordinaire qu'ils se sont donnés estoit celuy de frere, ne peuuét encore passer pour des gens qui ayét esté esloignez l'vn de l'autre. Aussi se trouue t'il quãtité de grãds Auteurs qui n'ont gueres parlé de celuy là, sans parler aussi de celuy cy; tant leurs maximes & inclinations, leurs emplois, & leurs estudes ont eu de rapport & de ressemblance. Y auoit il donc apparence dans vne si fauorable conionćture, de negliger icy les Opuscules nouuellemẽt recouurez de M. Pithou? mais plustost n'y auroit il pas eu lieu de les rechercher auec soin pour les joindre à sa Vie, & aux compositions du meilleur & du plus parfait de ses amis? Et n'eut-ce pas aussi esté vne trop supine negligence, & vne oubliance trop prejudiciable au public, de le priuer dans ce rencontre des riches monumens qui nous restent de cet Homme illustre, dont la memoire ne pourra estre esteinte par les siecles?

Que si le Dialogue des Aduocats, qui est vne des plus agreables pieces de ce volume, m'a dõné sujet de m'estendre vn peu en quelques endroits dans les Notes que i'ay jointes au texte, ie n'estime pas pourtãt y auoir rien mis qui n'y soit fort couenable: & peut estre qu'il s'y trouuera quelques petites curiositez, qui ne seront pas desagreables à tous.

L'ancien Reglement concernant le Parlement que i'ay placé en suite du Dialogue des Aduocats, n'est point aussi vne piece hors de son subjet, puis que ce Reglement se trouue cité, & que quelques articles d'iceluy sont alleguez dans le Dialogue. Il contient mesme vn reglement particulier pour les Aduocats; & ie ne doute point que son antiquité ne le rende considerable, & que l'on ne iuge qu'il a merité d'estre conserué en cet endroit, veuës les choses vtiles qui s'y rencontrent pour l'ordre & l'administration de la iustice.

Les deux Listes des Aduocats qui sont apres ce Reglement accópagnées de toutes les particularitez que i'y ay remarquées de diuers Aduocats, & méme des vies & des eloges d'aucuns d'entre eux, ne peuuent passer pour des pieces esloignées de la matiere du Dialogue, puis qu'elles ne seruent pas seulement d'explication & d'esclaircissement à cette Histoire du Palais, mais aussi de quelque continuation, qui pourra donner vn iour ouuerture & curiosité à quelqu'vn de rechercher plus exactement les principales actions des grands Aduocats du Parlement; ausquels i'estime qu'on peust donner la preferance parmy les hommes qui font profession d'exercer les talens de l'esprit. Et tant s'en faut que ie me repente de m'estre estendu sur les actions d'aucuns, qu'au cótraire ie regrette de n'auoir pas eu la connoissance des merites de tous, pour enrichir mon liure de la loüange de leurs vertus. Ainsi les

Opuſcules d'aucuns d'entre eux qui ſont tombez en mes mains, & que i'ay inſerez en diuers endroits ſous leurs noms, eſtans de ces productions d'eſprit qui releuent leur Ordre, ne doiuent pas eſtre pris icy pour des choſes eſtrangeres; quoy qu'à la verité la principale raiſon qui m'a porté à les donner au public, ait eſté le deſir que i'ay eu de les conſeruer; la plus part de ces pieces, dont aucunes ne ſont pas de petite valeur, eſtant en hazard de ſe perdre par le temps, ſi i'euſſe laiſſé paſſer l'occaſion preſente de les cõſeruer en les faiſant imprimer. Enfin ie ne doute point que l'on ne me ſçache gré d'auoir tiré de l'obſcurité ou pluſtoſt d'vn enſeueliſſement perpetuel, les reliques incognuës de ces grands Hõmes, dont les vertus & les Ouurages ont rẽdu la memoire venerable à la poſterité. Car qui eſt ce qui ne receura pas volontiers quelque choſe de nouueau d'vn Guy Foucault, qui d'Aduocat eſt deuenu vn grand Pontife de l'Egliſe Romaine? de ces illuſtres Perſonnages Meſsieurs de Pibrac & d'Eſpeſſes, Aduocats generaux & depuis Preſidens au Parlement? de M. Gillot Conſeiller en la meſme Cour? d'vn Papyrius Maſſo, & d'vn Antoine Mornac, celebres Aduocats? & de quantité d'autres, dont i'ay eſté ſoïgneux de rechercher les reſtes, pour enrichir ce Recueil? Ie ne parle icy que de ce qui eſt dans ce premier volume: car i'eſpere que le ſecond ſera encores remply de pieces aſſez curieuſes & importantes, pour meriter, que l'on mette en ſon frontiſpice vne Preface ſeparée. Cependant ie donne par aduance celles qui ſe ſont trouuées preparées, & que i'ay crû pouuoir aiſement conuenir ensemble. Car elles estoient toutes dispersées sans aucune suite ny dependance l'vne de l'autre: mais ie les ay triées & reduites sous certains tiltres auec le plus de conuenance qu'il m'a esté possible.

I'ay donc mis en premier lieu toutes les matieres qui auoient quelque chose de sainct, sous le nom d'Obseruations Ecclesiastiques, dont i'ay composé vn liure, que i'ay fait suiure d'vn autre sous le nom d'Obseruations meslées, dans lequel i'ay donné la premiere place à diuers petits traitez cõcernans quelques droits du Roy & de la Couronne, comme les plus importans, & la derniere aux pieces d'humanité, comme plus legeres: sans contredire pourtant ceux qui aymans mieux suiure l'ordre des temps, souhaiteroient que celles-cy eussent esté mises auant les autres: car cela sera estimé, comme ie croy, de peu d'importance. Le dernier contient ce qui concerne la Iurisprudence, sous le nom d'Obseruations de Droict Ciuil Romain & François, où i'ay aussi gardé quelque ordre dans la suite & la liaison des matieres. I'ay estimé que ces traitez de Iurisprudence seroient assez bien suiuis des Vies que nostre Auteur a composées de trois celebres Iurisconsultes. La premiere est de P. Rutilius Rufus, ancien Romain. La seconde, de M. M. Baptiste du Mesnil, vn des plus grands Aduocats generaux, qui ayent fleury dans le Parlement. Et la troisiesme, de M. Pierre Pithou, sieur de Sauoye, *vel solo nomine satis noti*, comme a dit de luy quelque part M. le President de Thou. Les merites de ces deux derniers Personnages m'ont fait adjouster à leurs Vies quelques

Eloges, pour les rendre plus complettes : apres quoy i'ay, ce me semble, assez à propos inseré leurs Opuscules, puis que i'auois pris resolution de les donner au public, pour les raisons que i'ay deduites cy-deuant. Il m'a semblé que le Dialogue des Aduocats du Parlement de Paris deuoit estre mis en suite de ces trois Vies, comme ie l'ay fait; pour ce que les deux dernieres de Messieurs du Mesnil & Pithou ne deuoient pas estre separées de celle de Rutilius Rufus, suiuant mesme la distination de l'Auteur, qui auoit estimé, comme il declare en la Preface de la derniere de ces Vies, *que ces trois Personnages ne seroient pas mal ensemble* : or est-il que l'antiquité donnoit sans difficulté le premier pas à Rutilius Rufus. Aussi comme le Dialogue des Aduocats qui est vne Histoire des plus celebres Personnages du Palais, iusques en l'année 1602. contient tous ceux qui ont fleury auparauãt Messieurs du Mesnil & Pithou, il en rapporte ausi plusieurs qui ont paru apres eux : c'est pourquoy il m'a fallu le mettre apres les Vies; & mesme suiuant la datte des temps les Vies deuoiẽt le preceder, ayant esté cõposé plusieurs années apres. Tout ce qui est en suite de ce Dialogue, ne peut estre pris que pour vne dependãce de l'histoire qu'il cõtient : cõme à la verité ie n'en ay fait les recherches, & ne les ay appliquees à cette histoire, que pour luy seruir de closture & de couronnement : & consequemment tout ce qui suit ne deuoit pas estre placé en aucun autre endroit de ce volume. Ie recõnois pourtãt que ie n'ay pas gardé vn ordre fort exact & rigoureux en mes Notes, & qu'aussi i'auray peut-estre esté au gré de quelques-vns vn peu trop diffus en aucunes de celles que i'ay inserées en addition dans le Dialogue, & sous les noms des Aduocats contenus en la Liste de l'année 1599. Car il est vray que ie pouuois facilemẽt descharcher le texte de toutes ces Obseruations, qui eût esté peut-estre plus clair, plus facile, & s'il faut ainsi dire, moins embarassé, si ie les eusse mis toutes dans l'Indice Alphabetique qui est à la fin de ce Volume, auec les autres remarques que i'ay placées en cet endroit. Mais à cela ie responds, que ie n'ay pas esté tousiours certain de tout ce qui deuoit entrer dans cette edition, les rencontres que i'ay fait de plusieurs pieces en diuers temps, & les choses nouuelles que i'ay apprises l'vne apres l'autre, m'ayant contraint de les y adiouster du mieux qu'il m'a esté possible, à mesure que l'ouurage s'est aduancé: ce qui m'a méme obligé de parler quelquesfois d'vne mesme personne deux & trois fois en diuers lieux, selon que quelque chose qui la concernoit est venu en ma connoissance.

Au surplus ie supplie le Lecteur s'il trouue quelques fautes en ces Ouurages, de considerer que ce sont des cõpositions d'autres que de moy; & que nonobstãt les peines que ie me suis dõnées d'en metre au net la plus grande partie sur des copies assez mal escrites & fautiues, & d'en conferer & restituer les passages sur les liures alleguez; neantmoins il m'a pû eschapper plusieurs choses, ou pour n'y auoir pas apporté toute la circonspection necessaire, ou pour n'auoir pas eu la connoissance parfaite de toutes les matieres qui y sont traitées. Enfin ie prie le Lecteur de se souuenir d'vn axiome de M. Ant. Loisel, que M. Menage a depuis peu remarqué en la Preface de son liure des Origines de la Langue Françoise, rapportant qu'il auoit accoustumé de dire des premieres editions, *qu'elles ne seruoient qu'à mettre au net les Ouurages des Autheurs.* S'il se faisoit vne seconde edition de ce present liure, ie tascherois à faire mon profit de cette espece d'aduertissement.

Cependāt ie permets que l'on m'impute tous les deffauts qui se pourront rencontrer en celle cy, pourueu qu'en mesme temps on sçache gré de ce qui s'y trouuera de bon, à mes amis; car c'est à eux principalement que la loüange en est deuë. C'est à M. du Puy que le public à l'obligation de ce qui excelle dans ce Recueil. Il a esté le premier de tous, qui s'est rēdu l'equitable censeur des Ouurages de M. Antoine Loisel: il a fait le choix des meilleures pieces, dans la quantité de celles qui luy ont esté communiquées. Et il ne faut pas s'estonner si son nom paroist en tant de fueillets dans ce liure, puis que c'est luy qui m'a mis liberalement entre les mains, quasi tous les Opuscules de Messieurs du Mesnil & Pithou. C'est de son cabinet, ou plustost du tresor inespuisable de ses raretez, *vnde quotidie profert noua & vetera*, que sont sortis les restes venerables de ces deux grands Personnages: du dernier desquels M. Fabrot celebre Iurisconsulte de ce temps, a tant estimé les recueils de Droict, qu'il ne s'est pas contenté d'en deschiffrer vne bonne partie, qui estoit assez cōfuse dans son original; mais aussi la iugée digne de ses Annotations. Mais que ne dois-je point à M. Nublé Aduocat en Parlement, qui a pris la peine de re-

uoir

uoir apres moy la plus grande partie des copies que i'auois preparées pour cette edition, & s'est donné le loisir de les purger des fautes que ie n'auois pas apperçeuës; qui a pris communication non seulement de la Vie de l'Auteur, mais quasi de tout ce qui est entré de ma façon dans ce Volume; qui a esté par tout mon conseil & mon guide; qui m'a fourny de pieces, de liures, de memoires & d'obseruations, dont mesme il s'est donné la peine de dresser quelques-vnes, sans que sa modestie m'ait permis de l'en declarer l'Auteur? M. Broussel fils aisné de M. Broussel, Conseiller en la grand'Chambre, a si grande part à cette edition, qu'outre les conseils qu'il m'a donnez, les liures qu'il a fueilletez pour moy, & les pieces qu'il m'a fournies; il a encores pris le soin de l'impression de quelques fueilles en mon absence. M. Menage m'a indiqué des eloges & des particularitez concernant Mess. Loisel, Pithou, & autres Personnes de remarque mentionneés dans le Dialogue des Aduocats; duquel M. Ogier, dont l'eloquence & le iugement rendent le tesmoignage irreprochable, a fait vne estime particuliere. Et M. Vion S. d'Herouual, Auditeur des Comptes, m'a aydé liberalement, comme il fait tout le monde, de ses extraicts, où i'ay trouué des remarques sur diuers anciens Aduocats: & c'est encores de luy qu'est venu l'ancien reglement qui est à la fin du Dialogue. L'on doit à M. Godefroy, Conseiller & Historiographe du Roy, quelques eloges ou vies qui sont dans la seconde liste des Aduocats; & d'autres choses semblables à M. Patin,

Docteur en Medecine, & à diuerses personnes, dont les noms sont en quelques lieux de ce Volume, & qu'il seroit trop long de repeter en cet endroit. Il suffira à present de dire, qu'encores que la suffisance & les rares qualitez de ceux que i'ay icy nommez, soient assez conneuës : si est-ce que les autres ont leurs merites particuliers. Et comme tous ont vnanimément apporté ce qui estoit du leur à cet Ouurage, ils sont aussi tous dignes d'en receuoir les remercimens & les tesmoignages d'obligation que ie leurs en rends maintenant pour moy, & pour tous ceux qui auront leur trauail & leurs presens agreables.

INDICE OV TABLE DES matieres & Traitez contenus en ce Recueil.

LIVRE D'OBSERVATIONS DE DROICT Ciuil, Romain & François.

OVVRAGES DE M. M. BAPTISTE DV MESNIL, Aduocat du Roy.

OPVSCVLES DE M. PIERRE PITHOV, S. de Sauoye, Aduocat en Parlement.

PASQVIER OV DIALOGVE DES ADVOCATS DV PARLEMENT DE PARIS, PAR M. ANTOINE Loisel, Aduocat en Parlement.

Seconde

Il y a dans ce Volume plusieurs autres petites pieces, Remarques, Vies & Eloges, qui se trouueront en diuers endroits, & principalement en l'Indice Alphabetique des Aduocats, qui est à la fin du Liure.

VIE DE M. ANTOINE LOISEL, ADVOCAT en Parlement, tirée en partie de ses Escrits.

Par M. Claude Joly, Chanoine en l'Eglise de Paris, son petit fils.

C'Est[1] Vn mal qui n'est que trop commun, de voir les hommes sans merites esleuez aux hautes dignitez; mais aussi puis-je dire de ces gens là ce que disoit l'Orateur Romain, [2] *Hos nomen honoris, non honorem adeptos puto.* A l'opposite ie puis conclure de cette verité, que parmy les hommes qui entrent dans les charges, ceux là seuls sont veritablement honorables, qui les obtiennent pour recompense de leur vertu, puis qu'en effet ils donnent plus de lustre à la Magistrature, qu'ils n'en reçoiuent eux-mesmes.

Tel a esté M. ANT. LOISEL, Aduocat en Parlement, duquel i'entreprens d'escrire icy la Vie, estant certain que la charge d'Aduocat du Roy qu'il a exercée en la Chambre de Guyenne sous Henry III. & à la reduction de Paris sous Henry IV. & ses autres emplois, quoyque mediocres, ont tous esté grands & honorables en sa personne par le moyen de ses merites, qui leur ont donné le relief & le lustre qu'ils n'auoient pas si pleinement d'eux-mesmes: dont il s'ensuit que sans tous ces accroissemens d'honneur il a esté assez considerable pour estre inscrit au nombre des Hōmes Illustres de son temps. Car ce ne sont pas seulement ses actions publiques qui l'ont rendu celebre: son repos mesme nous a fourny suffisamment de la matiere pour le loüer. Et si la bonté des Ouurages qu'il a publiez de son viuant luy a desia acquis quelque honneur, ie ne doute point que ce qui s'est trouué depuis dans ses Memoires, dont ie dōne à present vne partie au public, n'augmente de beau-

1 *Selon l'ordre obserué dās le Liure, le François qui est icy de M. Cl. Ioly deuoit estre en Lettre Italique, & celuy de M. A. Loisel en Romain. Mais l'Imprimeur a voulu faire au contraire, pour mettre quelque difference entre les caracteres de la Table precedente, & ceux du commencement de cette Vie.*

2 *Ciceron vers la fin de son Brutus, en parlant de C. Curio.*

coup sa reputation. C'est donc vn Personnage duquel la memoire est en toutes façons digne de la posterité, & dont les actions & publiques & priuées ont merité d'estre icy derechef publiées, & plus estenduës qu'elles n'ont pas esté cy-deuant en sa Vie, ou plustost en l'Eloge que i'ay desia baillé de luy en Latin en l'année 1643. auec la Vie de M. M. Guy Loisel, Conseiller en la grand Chambre son second fils. Et il faut que i'aduouë en mon particulier, que plus ie remuë ses papiers, & plus ie fais reflexion sur ses actions, plus aussi ie reconnois & admire son sçauoir, & la candeur de ses mœurs. Ce qui me donne pour sa memoire vne telle affection & veneration, que ie ne puis m'en taire, & que me trouue reduit à ce que Ciceron * faisoit dire à Massinissa de Scipion : *huius ego nomine ipso recreor, ita numquam ex animo meo discedit illius optimi atque ornatissimi viri memoria.* C'est donc ce qui m'a fait resoudre de rechercher soigneusement les particularitez de sa vie : en quoy si i'en ay remarqué quelques vnes qui ne meritoient pas d'estre si fort considerées, i'ay suiuy les iustes sentimens de ceux qui sont d'aduis, qu'il n'y a rien à negliger des hommes de grand merite, dont quelquesfois les actions & les paroles que l'on estime les plus communes, donnent des marques plus asseurées de leur esprit & de leur naturel, que celles qui sont extraordinaires. Et quand ie considere que M. le President de Thou a mis en teste de son Histoire six liures de sa Vie, où il a remarqué par le menu toutes ses actions, & tous les accidens qui luy sont aduenus, meslant les choses grandes auec les petites, & inserant en diuers endroits aucunes de ses compositions, dont il pouuoit faire vn corps distinct & separé de cet Ouurage ; ie me persuade que l'on m'excusera facilement, si imitant vn si grand Personnage, ie me suis estudié à ne rien perdre des actions de M. Ant. Loisel, & si ie n'ay rien voulu retrancher de ce que i'ay trouué dans ses escrits, pouuoir seruir non seulement au public, mais aussi à ses petits enfans & descendans, ausquels ie me suis estudié dans cette occasion de donner le plus de connoissance qu'il m'a esté possible de leur Ayeul, & de ceux dont il semble qu'il

* *au songe de Scipion.*

a voulu leur conseruer quelque souuenir. C'est pourquoy ayant premierement dressé sa Vie sur vn petit Memoire Chronologique que i'auois rencontré parmy ses papiers, dont partie m'auoit esté confiée il y a plusieurs années par M. Loisel, Conseiller en Parlement, son petit fils, depuis peu decedé, où le bon homme auoit remarqué de sa main succintement & par années ses principalles actions: ie l'ay encores reueuë, & augmentée de ce que i'ay trouué dans vn autre escrit beaucoup plus ample que le premier, contenant partie de sa Vie composée par luy-mesme, & adressée à ses deux fils Mess. MM. Ant. & Guy Loisels, Conseillers au Parlement, lequel s'est rencontré fort à propos dans vn de ses Iournaux, qui me sont tombez depuis peu entre les mains. Et d'autãt que i'ay reconnu par la lecture de cette piece que M. Ant. Loisel auoit parlé de luy si franchement & auec tant de sincerité, que luy-mesme a declaré au cõmencement qu'*il leur vouloit laisser par escrit, & comme par testament vne partie de l'Histoire de sa vie, pour leur seruir cõme d'vn miroir auquel ils peussent remarquer le mal qui venoit de luy pour l'escheuer & fuir, & le bien & les graces qu'il auoit pleu à Dieu luy faire, pour l'en remercier, & essayer non seulement d'y atteindre & paruenir, mais aussi les surpasser, selon le rang où ils estoient, beaucoup plus grand que celuy où il estoit né*; i'ay estimé que ce mesme patron qu'il auoit destiné à ses enfans, & qu'ils ont fidelement suiuy & imité par leurs vertus, meritoit bien d'estre icy repeté & derechef representé au naturel à ses petits enfans & descendans, ausquels i'ose dire que les dignitez où aucuns d'eux se sont trouuez, & sont encores dans les Cours souueraines, & ailleurs, sont des effects de la benediction, & des fruicts de la vertu de leur grand Pere. C'est pourquoy ie me suis estudié à conseruer icy tant que i'ay pû les mesmes mots de son Escrit, le faisant pourtant parler en tierce personne, pour mieux lier & enchasser son discours auec le mien, & ne faire qu'vn corps des deux : sous caracteres toutesfois differẽs,* afin que ce qui est de luy soit distingué plus aisement de ce qui n'en est pas. Mais pource que la fin de cet Escrit ne s'est pas trouué tout à fait confor-

* *Italiques pour le François de M. A. Loisel & Romains pour son Latin.*

me à son commencement, l'Auteur n'y ayant rien remarqué des plus belles actions qu'il a faites en ses derniers iours, mais seulement ce qui est arriué à ses enfans, auec quelques particularitez, dont il importe peu que ses descendans mesmes ayent la connoissance; ie me suis resolu d'en oster tout ce superflus, en n'inserant en cette Vie que ce que i'ay crû pouuoir seruir à le representer au vif, sans rien obmettre de tous les traits necessaires qu'il s'est donné luy-mesme dans ce tableau de son esprit, qu'il a voulu laisser à ses enfans pour l'imiter, estant assez vertueux pour auoir droict de dire à chacun d'eux ce que le Poëte fait dire à son Ænée.

Disce puer virtutem ex me, &c.

I'AY donc appris des Escrits de M. ANT. LOISEL, & particulierement de cette petite Histoire de sa Vie, que *son Pere fut Iean Loisel, demeurant en la Ville de Beauuais, parroisse de S. Sauueur, qui fut fils de Nicolas Loisel son Ayeul, petit fils de Pierre son bisayeul*, & arrierepetit fils de Robert son trisayeul, *tous natifs* & Bourgeois *de Beauuais*, qui est la seule qualité qu'il leur donne dãs ses Memoires de Beauuaisis,* où il traitte plus amplement de sa famille. *Il auoit veu son grand pere & sa grand'mere paternels, & douze de leurs enfans viuans, desquels son pere estoit l'aisné, au moins de ceux qui estoient au monde: car il y en auoit d'autres plus aagez, mais ils estoient Religieux. Son grand pere auoit vn frere Docteur en Medecine à Paris, que l'on nommoit M. Iean Auis,* qui est à dire Loisel, selon ce que l'on parloit lors, l'vn des plus fameux de son temps: & fut Medecin des Rois Louis XII. & François I. qui luy donna l'administration de la Maladerie de S. Lazare de Beauuais, lors vacante en Regale.* Il ne sera pas peut-estre hors de propos de repeter icy la rythme faite par risee sur son nom Latin, que M. Ant. Loisel dit en ses Memoires de Beauuaisis, *auoir oüy reciter à feu M. le President de Thou, lequel disoit l'auoir appris de M. le President son Pere, & veuë repre-*

* *Ch. 7. des personnes de renom de Beauuais, nom. 27.*

* *M. Patin Docteur en Medecine m'a fait part de ce qu'il a trouué de ce M. Iean Auis dans les Registres de la Faculté de Medecine, en ces mots,* Magister Ioannes Auis, Bellouacus, factus est Doctor Medicus Parisiensis, anno 1498. Gessit Decanatum Facultatis anno 1505. Dum esset nouus Doctor, vocabatur Ioannes Auis, iunior, ad distinctionem senioris cuiusdam Ioannis Auis, Bayonensis, qui cùm esset antiquior scholæ Magister, obiit Parisiis, anno 1501.

sentée en vne vieille tapisserie, le malade luy disant:

Quand ie voy Maistre Iean Auis,
Ie n'ay ny fiebvre ny frisson.

A quoy le Medecin respond:

Gueri estes à mon aduis,
Puis que vous trouuez le vin bon.

Et vn autre qui estoit là present luy dit:

La peinture de vostre vis
A plus cousté que la façon.

Ce mesme nom d'Auis fut encores donné vers l'année 1559. à Frere Iacques Loisel Cordelier à Beauuais & Docteur en la Faculté de Theologie de Paris, Oncle de M. Ant. Loisel, qui fut si celebre dans son Conuent pour les biens qu'il y procura, que sa representation a esté mise en diuers endroits aux vitres de l'Eglise, & son Epitaphe dans le Chœur à costé du grand Autel, qui monstre vne naïfueté du temps qu'il ne sera pas peut estre desagreable à plusieurs de voir icy.

Cy gist Frere Iacques Loisel dit Auis, seculier, Maistre és Arts, & Regent à Paris, puis Religieux de ceans, & Docteur en Theologie, pellerin de S. Seruais, Nostre Dame de Lorette, S. Iacques en Compostelle, Rome & Ierusalem: amateur du bien public de ceans, comme appert aux œuures qu'il a fait faire: grand Predicateur, lequel apres auoir presché quaranre Quaresmes & quarante Aduents en diuerses Prouinces, Citez, Villes, & Bourgades, deceda l'an mil cinq cens cinquante neuf le 5. Decembre.

Requiescat in pace.

Expecto donec veniat immutatio mea.

Il y a encores dans la nef de cette mesme Eglise des Cordeliers vn Autel, auprés duquel est la sepulture de ceux de la famille des Loisels, comme il se voit par l'Epitaphe que M. Ant. Loisel y a fait inscrire sous son nom, & celuy de l'vn de ses freres, Lieutenant general de Senlis, à ses Pere, & grand Pere, & à son Frere aisné, en ces mots.

Nicolao Auo, Ioanni Patri, Claudio Fratri, familiæ suæ primogenitis, quorum funera intra XXIIII. annos summo cum luctu atque desiderio, vniuersa pené Ciuitas in hanc

Ædem duxit, Philipp. & Ant. Oiselij ponendum dedicandumque curauerunt.

Et luy-mesme encore fit paroistre sa pieté en 1575. & en 1595. par les deux Epitaphes qu'il fit en vers, l'vn à son pere & à Catherine d'Auuergne sa mere; & l'autre à Philippes Loisel Lieutenant general de Senlis son frere, dont ie viens de parler, qui se sont trouuez ainsi imprimez au Recueil de ses vers.

IOAN. OISELII ET CATHARINÆ ARVERNIÆ parentum, Epitaphium.

Absentis cui non licuit decorare parentis
Absenti exsequias, hæc, pia mater, habe.
Namque patris vicibus functam, matrisque benignæ
Præsens dum recolo natus, vtrumque colo.
Æternum ergo boni, sanctique valete parentes,
Haud postrema vrbis gloria Bellouacæ.

Kal. Ian. M. D. LXXV.

PHILIPPI OISELII FRATRIS, Syluanectensis Prouinciæ Legati.

Extremam extremus fratrum tibi dico salutem,
Moribus, eloquio, fortunis, robore, amicis,
Conjugio, natis, vitâ, fatoque beato.

Kal-Mart. M. D. XCV.

Cette *Catherine d'Auuergne sa mere estoit fille de Nicolas d'Auuergne, Seigneur d'Autheuil, duquel il est fait mention au procez verbal de la Coustume de Senlis, & encores Seigneur de ce que luy & ses coheritiers ont eu depuis à Angiuiller* en Beauuaisis:* *& de Catherine Cossard natiue de Pontoise.* Ces Predecesseurs de M. Ant. Loisel ont *tous* esté *des plus sages & des plus gens de bien de la ville de Beauuais, & singulierement feu son Pere, qui auoit vn grand sens naturel, & auoit fort bien appris,* comme il dit; *& retenu son petit Caton. Aussi eut il le soin & la pouruoyance de faire instruire & éleuer tous ses enfans en la crainte de Dieu & aux Lettres* : desquels celuy-cy *nasquit le 6. iour de Feurier 1535. qui seroit selon ce que l'on compte maintenant, le 16. dudit mois 1536. le douziesme & dernier enfant de sa maison. Il fut incontinent enuoyé en nourrice au village de Moymont, parroisse de S. Hilaire de Milly, où il a laissé quelque* bien

* *Entre Clermont & Montdidier.*

bien [1] à ses enfans. Ses pere & mere nourriciers l'aymoient fort, & luy eux ; le venoient souuent requerir à Beauuais pour le remener & traitter en leur village, disans qu'il s'y portoit mieux qu'en la ville.

1 Courroy, & c. à deux lieuës de Beauuais.

*En 1543. [2] il fut enuoyé aux petites Escholes ; puis en 1546. [3] au College de la ville de Beauuais, dont il sortit entrant en l'aage de quatorze ans, estant desia aucunement congru par le soin qu'auoit eu de luy son premier Maistre, Antoine Godin, qui fut depuis Preuost de la Neufuille en Hez, & pour lequel il eut depuis l'heur de plaider & gaigner vne cause. Fut enuoyé à Paris au mois de May 1549. * peu auparauant l'entrée du Roy Henry II. & fut mis au College de Presles, duquel Ramus estoit lors Principal, qui l'ayma & estima tellement tousiours depuis, qu'il le fit executeur de son testament, & legataire d'vn quart de tous ses meubles & debtes ; qui reuinrent pourtant à neant à cause de l'inconuenient de la S. Barthelemy. Ramus n'estoit pas encores de cette Religion nouuelle : au contraire on chastioit ceux qui n'alloient point à la Messe: & neantmoins bientost apres on commença d'en parler : & il y auoit des escoliers qui luy en montroient des liurets. Qui est vne chose,* dit il, *tres-dangereuse en ce premier aage, en ce que la ieunesse entrant en des doubtes & difficultez dont elle ne se peut resoudre de soy-mesme, n'en ose aussi communiquer ny s'en descouurir à ceux dont elle en pourroit estre instruite : à raison dequoy il est tres-bon de donner des pedagogues aux enfans, qui veillent perpetuellement sur eux. Mais feu son pere n'auoit pas les moyens de l'entretenir autrement qu'au cōmun du College.* En ce mesme lieu il eut encores vn autre Maistre de reputation, sçauoir M. I. Amariton, qui voulut suiure depuis la profession d'Aduocat, * lequel traittoit alors la Philosophie d'vne maniere assez nouuelle, l'interpretant par les Epistres d'Horace, comme il paroist par le premier liure de ses Commentaires sur les Epistres de ce Poëte, imprimé à Paris en 1559. à la fin duquel entre les Epigrammes de ses disciples est celuy-cy d'Ant. Loisel.

2 aagé de six ans.

3 aagé de dix ans.

*âgé de quatorze ans.

*V. au Dialogue des Aduocats, p. 546.

ANTONII LOISELII BELLOVACI
ad Ioannem Amaritonem, Doctorem suum.

Ignotâ Logicâ latuēre poëmata Flacci,
Extremùm ecce patet nunc rationis ope.

Hoc præstas: illinc in prima poëmata, Doctor,
Ascende, & totum perficiatur opus.

Il fut cinq ans au College de Presles, sur la fin desquels il alla aux leçons publiques, Grecques & Latines, tant du mesme Ramus, que de Strazel, & de Turnebus. Il commençoit d'entendre aucunement la Langue Grecque, & vouloit estudier en Medecine, y sentant quelque inclination, laquelle il a conseruée tousiours depuis, comme il se voit par les extraicts qu'il a faits de Galien, Hippocrate, Celsus, & autres, & par ses Recueils de diuers Prouerbes de santé, & de quantité de receptes & remedes contre toute sorte de maladies, qui se sont trouuez parmy ses papiers. *Mais son pere ne le voulut pas, disant qu'outre le danger auquel les Medecins sont contrains de s'exposer de iour en iour, vn Medecin ne pouuoit estre que Medecin, au lieu qu'vn Aduocat pouuoit deuenir President & Chancelier, adioustant qu'il l'eust esté, si on l'eust fait estudier: ce qu'il disoit pour donner courage à ses enfans. Se souuenoit* au surplus *que lors que son pere l'amena premierement à Paris, voyant qu'il s'amusoit à regarder ceux qui alloient sur des mules, & le trouuoit estrange, pource qu'il n'en auoit iamais veu, il luy dit que s'il estoit homme de bien, il iroit, Dieu aidant, quelque iour comme eux.*

* a 18. ans. *En l'an 1554. au mois de Iuin son Pere l'enuoya à Toulouse* pour estudier en Droict, le mettant en la compagnie de M. le President de la Casedieu, qui estoit de la maison des du Faur. Ce qui fut cause de luy donner la connoissance de M. Cujas, qui lors auoit la charge des enfans de cette maison, lesquels furent depuis tous grands.* Cet illustre Iurisconsulte auoit commencé à enseigner en cette Vniuersité là, dés l'année 1547. comme nous apprenons de M. Est. Pasquier Aduocat general en la Chambre des Comptes, lequel en la 12. du XIX. liu. de ses Lettres, escriuant à M. Loisel, rapporte qu'il fut en cette mesme année à la premiere leçon que Cujas fit à Toulouse en l'eschole des Institutes, ne s'estant, dit il, auparauant iamais mis sur la monstre. M. A. Loisel *y commença* donc *à oüir M. Cujas* sur les dernieres leçons qu'il y fit, *lequel fut cause qu'il ne quitta point la science du Droict*,

dont les autres Docteurs le degoustoient à cause de leurs barbaries, luy conseillant d'estudier bien ses Institutes, en les conferant auec le Theophile Grec. Ce qui luy desilla premierement les yeux, & luy fit prendre quelque goust au Droict; joint l'amitié que ledit sieur Cujas luy portoit, qu'il a depuis *assez tesmoignée par ses escrits. Aussi ne le quitta-t'il iamais* qu'il n'eust paracheué entieremẽt ses estudes de Droict. *Et ayant ledit sieur Cujas esté appellé en vne Regence de Cahors au lieu de Gouean, il le suiuit au mois d'Octobre de la mesme année, auec lesdits du Faur, & quelques Escholiers.* I'apprens par ses Escrits qu'il prit aussi en ce lieu là quelques leçons d'vn nõmé Tauart autre Professeur en Droict. *Et de là il suiuit en* 1555.* *M. Cujas à Bourges, où estoit Duarin, & où par emulation l'vn de l'autre se faisoient de bonnes lectures; mais cela se tourna bien-tost en haine & enuie: de sorte que M. Cujas quittant Bourges vint demeurer à Paris.* ** 19. ans.*

Ce fut en cette Vniuersité de Bourges, que M. Loisel eut la premiere connoissance de son intime amy M. Pithou, comme il le tesmoigne en la vie qu'il a escrite de luy: 1 & en vne epistre 2 dattée du 8. Nouembre 1584. qu'il a fait imprimer dans sa Guienne en suite de la IV. Remonstrance: 3 depuis lequel temps ils ont tousiours *vescu*, comme il dit luy-mesme en cette epistre, *en telle vnion, amitié, & fraternité ensemble*, qu'ils s'appelloient d'ordinaire l'vn l'autre du nom de freres. Surquoy mesme M. le President de Thou a renchery, disant de tous les deux, au II. liu. de sa vie: *par nobile non amicorum ac veluti fratrum tantùm, sed in consiliis pro Republicâ capiendis egregiè consentientium Collegarum biga insignis, quibus amicis familiarißimè vtebatur Thuanus*: qui est ce que disoit le Poëte de deux autres parfaits amis.

1 p. 256.

2 M. Loisel dit en cet endroit-là que leur amitié auoit esté depuis quarante ans dés leurs premieres estudes de Droict.

3 p. 131.

> *Hi duo corporibus, mentibus vnus erant.*

M. Cujas *venant de Bourges à Paris*, A. Loisel *l'y suiuit aussi*: & pendant le temps de son sejour, *il fit vn voyage à Beauuais, où son pere estoit decedé vn an auparauant: dont il auoit eu quelque sentiment auant qu'il en fust aduerty, estant encores à Bourges: ce voiage de Paris fut en l'an* 1557.* *lors de la prise de S. Quentin. Pendant lequel temps M. Cujas ayant esté appellé à Valence, il l'y suiuit encores*, logeant en la *maison du* ** 21. ans.*

Bailly de l'Euesque, Seigneur & Comte de la ville, lequel le desiroit pour gendre d'vne sienne fille vnique: comme aussi auoit fait son hoste de Cahors: mais, comme il dit, *il pensoit deslors en luy-mesme que le port d'vne femme de ces quartiers là seroit bien cher, & qu'il n'y auoit pas esté enuoyé pour se marier.*

Partout où il suiuit M. Cujas, il se rendit si assidu à ses leçons, & a esté si soigneux de les conseruer, qu'il s'en est trouué parmy ses liures trois volumes de celles de Cahors & deux de celles de Valence, qui pourroient bien seruir à l'edition nouuelle des Oeuures de cet Auteur, que nous prepare M. Fabrot celebre Iurisconsulte de ce tẽps. Car ie ne doute point que ces escrits ne soient tres-corrects, estans de la main d'vn escholier si attaché à ses estudes, que luy & M. Pithou logeans lors à Valence auec M. Cujas, auoient accoustumé de se retirer les soirs apres soupper dans sa bibliotheque, où ils estudioient ensemble iusqu'à deux & trois heures apres minuict. M. Loisel remarque cette particularité, de M. Pithou dans sa Vie, * sans parler à la verité de luy-mesme: mais il est vraisemblable que ç'a esté par modestie qu'il n'a pas voulu se nommer en cet endroit, ayant appris depuis peu de M. Bignon Aduocat general, qu'il luy auoit oüy dire autrefois la mesme chose de tous les deux. Aussi les corrections qu'il fit alors en l'Ammian Marcellin sur vn manuscrit qu'il confera soigneusement auec le texte imprimé de cet Autheur, tesmoignent non seulement le grand amour qu'il auoit pour les Lettres, mais aussi combien il y estoit deslors intelligent. Voicy ce qu'il en dit en vne lettre qu'il escriuit depuis en 1610. à Lindenbrogius à Hambourg, qui luy auoit enuoyé vn exemplaire de l'edition nouuelle qu'il auoit faite de cet Historien. Illum, dit-il (Ammianum Marcellinum) iam ex eo quo adolescens Iuri ciuili operam Iacobo Cujacio præceptori meo, vnà cum P. Pithœo mihi amicissimo Valentiæ dabam, sic percolui, vt librum meum Lugduni à Gryphio impressum, qui tum omnium optimus erat, cum manuscripto non ita quidẽ vetere, verùm ex vetustissimo descripto, ante L. annos contulerim. Et en vne autre de l'année 1611. auec laquelle il

* p. 258.

luy enuoya ces correctiõs, il dit: Benè est quòd ad te tandem (litteræ) perlatæ sint: inde quippe spero, & has, & ea quæ ad Amm. Marcellinum mitto, reddita iri: quæ vt beneuolo animo suscipias, opto atque rogo. Pleraque certè ex iis mihi sic arrident, vt etiam à te tuisque similibus non omninò improbandas sperem. Et en effect Lindenbrogius fit vn tel cas de ce present, que l'en remerciant, il luy rescriuit en ces termes: *Cæterùm emendationes tua in Ammianum sic mihi arrident, vt & ego quasdam illarum ad marginem libri mei notarim, antequam de tuis constaret: quas nunc tantò veriores censeo, cùm pariter sic nos consentire video; idque, si quando secunda editio prodibit, cum honore nominis tui lubenter atque ingenuè profitebor.* Si i'auois bien exactement recherché parmy les Oeuures de M. Cujas, ie trouuerois sans doute plusieurs témoignages de cette grãde affection qu'il auoit pour les Lettres, & de la suffisance qui luy fut plus qu'ordinaire dans sa ieunesse: mais il me suffira d'en toucher icy en passant deux passages singuliers, que i'ay remarquez parmy quantité de titres honorables que ce grand Iurisconsulte 1 luy a donnez en diuers lieux de ses escrits, & que ie me reserue de mettre en teste des autres Eloges dõt plusieurs Personnages celebres de son temps l'ont voulu honorer, à la fin de cette Vie, comme en faisant vne bonne partie. L'vn se trouue dans ses premieres Notes sur les Institutes au tit. *de militari testamento*, où parlant d'vn Code manuscrit dont A. Loisel luy auoit fait present à Bourges, n'estant alors âgé que de dix-neuf ans au plus, il luy donne le titre de *adolescentis & humanissimi & supra ætatem eruditi*. L'autre se voit en ses Interpretations des Sentences de Paul, sous le tit. 17. du I. liu. où expliquant le mot, *minare*, il reconnoist qu'il deuoit à A. Loisel, *adolescenti*, dit-il, *acutissimo*, la correction d'vn vers d'Ausone, *de bucculâ Myronis*, auquel il falloit, *minabat*, 2 au lieu de, *mouebat*.

Il ne faut pas donc s'estonner si apres tant de veilles, & de fatigues, & apres vne si longue & si constante assiduité auprés d'vn Iurisconsulte tel qu'estoit M. Cujas, des escrits duquel vn autre grand Iurisconsulte de ce temps, 3 a fort à

1 *M. Cujas parle encores de ce Code au 11. liu. des ses obseruations, chap. 13.*

2 Mina & propera, ne mihi moram facias in eundo. IV. Reg. c. 4.

3 *M. Fabrot en la Preface de son edition des Notes de M. Cujas sur les Institutes.*

propos rapporté ce que Suidas disoit des Aphorismes d'Hippocrate, *ἀνθρωπίνην ὑπερβαίνειν σύνεσιν, adeò omnia consummatissima sunt, & nescio quid diuinum spirantia*; il n'y a pas lieu, dis je, de s'estonner, si M. A. Loisel s'est acquis dans les temps suiuans vne si parfaite connoissance dans la Iurisprudence, qu'il sembe n'y auoir pas sujet de luy desnier en cette science parmy les Aduocats de son temps, vn degré d'honneur approchant de celuy qu'a merité M. Cujas parmy les Iurisconsultes de son siecle. Les notes & les corrections, petites à la verité, mais doctes & importantes, qu'il nous a laissées sur son cours de Droict, lequel il auoit leu tout entier plusieurs fois, & dont il auoit appris par cœur la plus part des textes, qu'il auoit tousiours prests à decider les plus difficiles questions, pourroient seules donner quelque asseurance du iugement que ie fais icy à son aduantage, si parmy ses Recueils, qu'il a laissez en assez grand nombre, il n'y auoit point des Ouurages complets, aussi propres à donner des preuues de sa rare suffisance. Car pour ne point parler à present de ses Obseruations de Droict, dont i'ay donné vne partie au public parmy ses Opuscules, le Volume où sont les trois Compilations, dont la premiere contient les differens des Proculeiens & Sabiniens sous ce nom, *Controuersiæ Sabinianorum & Proculeïanorum*: la seconde où est rapporté sous le nom de chaque Iurisconsulte Romain, ce qui est allegué de leurs escrits & personnes dans le Digeste, & ailleurs, & que pour cela M. Fabrot, qui en a eu communication, a fort bien intitulée, *Index Iurisconsultorum, quo continetur quidquid ex his refertur in libris Digestorum, & Fragmenta quæ apud alios Auctores extant omnia*: & la troisiesme qui comprend les Constitutions Imperiales depuis Romulus iusques à Constantin, qui se ne trouuet que dans le Digeste & non dans le Code, & que pour cette raison l'Auteur a luy mesme ainsi intitulée, *Codex Regalium & Imperialium Constitutionum, quæ in Digestis referuntur, & absunt à Codice Iustinianæo, à Rege Romulo ad Constantinum Imperatorem*; donne des marques d'vne estude tout à fait consommée, qui ne laisse pas d'auoir son prix, encores qu'Antonius Augustinus, & Ia. Labitte semblent auoir desia satisfait aux deux dernieres parties, l'vn par son liure *De nominibus propriis τοῦ Πανδέκτου Florentini*, & l'autre par son Indice des Iurisconsultes, & Empereurs Romains, & de leurs loix.* *V la seconde edition de Labittus in 8.

Aussi M. A. Loisel n'a iamais perdu la memoire des obligations qu'il auoit à ses Maistres, & principalement à Ramus & Cujas, du soin particulier qu'ils auoient pris de son institution, & de la grande amitié qu'ils luy auoient tesmoignée, les ayant tousiours cheris, & honorez comme ses peres, ainsi qu'il paroist par l'Epitaphe qu'il leur a fait coniointement en ces trois vers parmy les tombeaux de ses proches.

PETRI RAMI, ET IAC. CVIACII,
Præceptorum Epitaphium.

Vos Præceptores liceat censere parentum
In tumulis, nati qui me coluistis amore,
Rame parens Logicæ, Cujaci Iuris asylum.
Kal. Nou. M. D. XCI.

Comme aussi il fit particulierement l'Epitaphe de M. Cujas en ce vers Grec.

Ὀφθαλμὸς νομικῶν βεβίωκεν καὶ κορυφαῖος.

Il me faut maintenant parler de ce qu'il fit en sortant des Vniuersitez. *Il partit de Valence en Octobre* 1559.* *& s'en reuint à Bourges, en prenant, comme l'on dit, le chemin de l'eschole, c'est à dire le plus long, passant par Romans pour aller à Grenoble: puis fut à la grand' Chartreuse, & à vne fontaine qui brusle: delà à Chambery, & à Geneue: & s'en reuint par Lyon à Bourges, où il prit ses degrez. Ce voyage a esté escrit particulierement par luy en Latin*, contenant des curiositez qui me donnent la pensée de le faire imprimer quelque iour ailleurs. *à 23. ans.

Cependant ie rapporteray icy les particularitez qu'il y a obseruées de la maniere de viure du celebre Iurisconsulte Ant. Gouean, cy-deuant nommé, lequel il visita en passant à Grenoble: car c'est chose qui merite bien d'estre connuë, & qui ne le peut estre mieux que par ses propres paroles. Postea inuisi, dit-il, Goueanum, & cum eo pransus sum. Illi erat vxor & liberi tres mares. Ferè libris operam non dat, sed penè totus est in cogitatione & mentis agitatione, idque in lectulo, vel vineâ quam habet vrbi vicinam. Sum-

» mum malum, vti videbatur, ponebat in professionis suæ » exercitatione, in docendo de suggestu: summum bonũ existi- » mat magis viuere securè & tranquillè: quod faceret, si, non » docendo, eadem, quæ docendo, stipendia mereretur. Liberos » non curat in litteris instituere, antequàm id eos velle, ex » ipsis intelligat. Summâ vir confidentiâ ingenij, vt qui cæ- » teros omnes præ se parui faciat, nec aliorum scripta legere » curet. In bibliothecâ eius neque est calamus, nec atramen- » tum. Cùm recitaturus est publicè, caput quod est interpre- » taturus, legit, deinde id sæpiùs voluens ac reuoluens, de eo » quod est in difficili statuit, homo dictis factisque Philoso- » phus.

Retournãt de Bourges, il passa par Chambourg, Blois, & Orleans; & arriua à Paris la surueille de Noël 1559. *le iour que le Conseiller du Bourg auoit esté bruslé: de là fut à Senlis, & finalement à Beauuais, d'où il fit vn autre petit voiage à Calais, auquel il courut fortune de la vie, des voleurs estans en vn bois, ayans tiré sur luy*, & ses compagnons, *à coups d'harquebuse, dont Dieu le preserua. Il vouloit passer en Angleterre, mais le vent se trouua contraire.*

Il estoit lors fort incertain de ce qu'il deuoit deuenir, & comme au chemin fourchu de Pytagore. D'vne part son frere aisné qui estoit *Esleu à Beauuais, desiroit le faire Conseiller de la Cour, commençant par vn Estat clerc, dont le marché fut arresté auec M. Cheualier lors pourueu de l'Eueschè de Senlis*; mais il fut *rompu, pource que M. le Chancelier de l'Hospital n'en voulut pas admettre la resignation. D'autre part son* second *frere Lieutenant general de Senlis, le retenoit en sa maison, où il receuoit tous les bons traittemens qu'on eust pû desirer, & commençoit d'estre employé* en son Siege *par les Procureurs. Pendant ce temps il fit le voyage de Flandres en bonne compagnie, d'où estant de retour, on luy parla du meilleur party de la ville. Mais il luy sembloit que parmy tous ces aises & aduantages, il n'estoit point,* comme il dit, *en son eau, & ne cessa, qu'il ne vint demeurer à Paris, apres les Pasques de* 1560. *pour y suiure le Palais, y ayant esté receu Aduocat dés le mois de Feurier precedent.** *Il demeuroit auec M. Pithou,* & *hantoient assiduellement les Audiances ensemble:*

* 23. ani.

semble : mais personne ne l'employoit, ores qu'il luy semblast, dit-il, qu'il y eût aussi bien fait que beaucoup d'autres. Enfin il se mit chez vn Procureur nommé M. Ierosme Blanchard, à la charge qu'il luy bailleroit des causes à plaider. Ce qu'il fit, & plaida la premiere en Feurier 1563.* *a 26. ans.

Il n'en eut pas plustost plaidé trois, que M. du Mesnil Aduocat du Roy, auquel il en auoit communiqué au Parquet, jettant l'œil sur luy, luy fit parler, & luy parla luy-mesme du mariage de Damoiselle Marie Goulas sa niepce, de laquelle il estoit tuteur, M. Leonard Goulas, Aduocat en Parlement, son pere, estant decedé vn an y auoit, & Philippes du Mesnil sa mere long-temps auparauant : depuis lequel temps son oncle l'auoit tenuë chez soy, comme son enfant, n'en ayant iamais eu. M. Ant. Loisel qui n'auoit point encores pensé à se marier, luy fit response qu'il le remercioit bien humblement de l'honneur qu'il luy faisoit, & qu'il en escriroit à sa mere & à ses parens. Ce qu'il fit ; mais en esperance de faire rompre par eux & non par luy, craignant la disgrace d'vn Aduocat du Roy, qui peut grandement és plaidoiries. Et de faict il leur fit entendre son intention : & neantmoins ils firent tellement le contraire, qu'au premier pourparler ils arresterent les articles, de sorte que les Notaires mandez par eux estans venus, il fut reduit à ce poinct, qu'il luy fallut accorder tout ce qu'ils auoient trouué bon, ou faire tomber tout le mal-talent sur luy. En quoy il connut ce que l'on dit estre tres-veritable, que les mariages se font au Ciel, ayant esté comme contraint d'accorder ce qu'il ne vouloit point : ce fut le 2. iour de Iuillet* 1563. Elle luy apporta six mille liures pour tous biens de ses pere & mere defuncts, M. l'Aduocat du Roy s'estant offert de luy donner cinq cens liures du sien, ou de faire les nopces. Il le pria de les faire, en quoy il receut & honneur & profit. Car M. du Mesnil fit bien les plus grands & honorables festins qu'il ait oncques veus depuis en nopces, y ayant inuité tous Messieurs les Presidens & gens du Roy, à fin de le faire connoistre à eux ; ses principaux parens de Beauuais, Senlis, Paris, Pontoise, & Chartres*, s'y estans trouuez, & plusieurs de leurs amis communs, la plus part la veille, le iour, & le lendemain. Et se souuenoit, dit-il, que l'on disoit qu'il ne s'y mangea

*marié le 2. Aoust.

point de chair de boucherie; mais au lieu d'icelle toute venaison, ayant esté enuoyees à M. l'Aduocat du Roy, *vingt-deux bestes, tant cerfs que biches, chevreuls & sangliers, &c.*

Estant marié, il se rendit fort subjet au Palais, & signamment aux plaidoiries, où il fut fort employé, mesmement aux petites causes ordinaires, & ce par la faueur dudit Sr Aduocat: lequel en outre le fit en 1564. l'vn des Substituts de M. le Procureur general, l'admonestant sur tout de ne se point amuser à cette charge, & disant que le Parquet trompoit son maistre, & qu'vn escu gagné en l'Estat d'Aduocat valoit mieux que dix* gagnez *au Parquet.* Ces emplois estoient en ce tẽps-là assez considerables parmy les Aduocats, pource que n'estans pas encores venaux, Messieurs les Procureurs generaux faisoient choix des plus capables d'entr'eux, & se seruoient de leur conseil dans les affaires plus importantes. La reception qui fut faite en mesme temps de M. P. Pithou en pareille charge, & depuis de M. Iaq. Leschassier, & de plusieurs autres Aduocats celebres, tesmoigne assez l'estat qu'on en faisoit alors, estans conferez à des personnes que leurs merites auoient rendu dignes des plus grandes charges de la Robbe.

* à 27. ans.

Il semble que ce fut aussi en 1564. qu'il conseilla à M. Pithou de donner au public ses Obseruations intitulées, *Aduersaria subcesiua.* Au moins M. Pithou les fit imprimer vers la fin de cette mesme année, & luy en dedia le premier liure, reconnoissant par l'Epistre dedicatoire qu'il l'auoit aidé en cet Ouurage. A quoy M. Loisel respondit par vne lettre de remerciemẽt en Latin, qui se trouue imprimée à la fin de la seconde edition de ces Obseruations faite à Basle en 1574. Et cõme M. Pithou luy eut dedié en 1572. ses Notes sur les Fragmens de quelques Iurisconsultes conferez auec les Lois de Moyse, M. Loisel considerant qu'il feroit bien pour quelque raisõ particuliere, de les dedier à vn autre plustost qu'à luy, il prefera les interests de son amy à sa propre gloire, luy conseillant* de les adresser à M. le premier President de Thou, comme il fut fait, quoy que l'Epistre dedicatoire que luy en auoit desia fait M. Pithou, soit demeurée, & ait esté depuis imprimée parmy ses Oeuures.*

* *V. la Vie de M. Pithou, p. 261.*
* *p. 808.*

Et comme vers le commencement de l'année 1566. M. Cujas se fut resolu de donner au public son Code Theodosian, & d'y adjouster les Nouelles de quelques Empereurs Romains, M. Loisel luy fournit celle de l'Emper. Majorian, comme il reconnoist dans l'Epistre dedicatoire de ce Code; Et en vn autre temps il luy donna encores la Consultation d'vn ancien Iurisconsulte incognu, dont M. Cujas fit part au public en 1576. la mettant en teste des LX. Consultations anciennes qui sont imprimées au I. tome de ses Prieures. Ainsi s'efforçant tous les iours de cõtribuer à l'aduancemẽt des sciences, il s'estoit employé dés auparauant cette année 1566. à obtenir des Lettres patentes d'vne Prebende preceptoriale en faueur de sa ville natale de Beauuais, afin d'y faire instruire gratuitement les pauures enfans, suiuant les Ordonnances d'Orleans * & de Blois, * lesquelles il enuoya aux Maire & Escheuins de cette ville, qui y firent faire l'establissement au grand profit & vtilité de tout le pays.

* *Art. 9.*
* *Art. 33.*

En 1567. il alla en Septembre aux grands iours de Poictiers, mais il s'en reuint à Paris dés le mois suiuant, à cause des troubles de S. Michel, 1 lors que le siege mis deuant Paris par M. le Prince de Condé, & ceux du party Huguenot, fut leué par le gain de la bataille de S. Denys, où fut tué le grand Connestable de Montmorency.

Il entra incontinent en charge d'enfans, 2 iusques en 1569. *en laquelle année le 2. Aoust mourut M. l'Aduocat du Roy du Mesnil, droictement au bout des six ans, & le propre iour de son mariage: qui fut trop tost, dit il, pour luy. Car lors il commençoit seulement à se rendre aucunement capable des plus grandes affaires. Il ne perdit pas pourtant courage: mais emprunta sur luy-mesme ce qui luy defailloit d'ailleurs, ayant continuellement en ses oreilles ce vers de Virgile.*

> *Tu ne cede malis, sed contra audentior ito,*
> *Quàm tua te fortuna iuuat.* 3

1 *M. E. Pasquier recite par le menu ces troubles de 1567. au V. liu. de ses Lettres, escriuant à M. Querquifinen.*

2 *Baptiste né le 17. Feurier 1565. mort en Iuin suiuant. Catherine le 2. Iuillet 1566 depuis femme de M. Guillaume Mauualet, Correcteur des Comptes. Marie le 15. Iuillet 1567. femme de M. Guillaume Joly, Lieutenant general de la Connestablie. Et Antoine le 3. May 1569. depuis Conseiller lay en la 5. Chambre des Enquestes.*

3 *al. sinet.*

Cela l'obligea à rechercher des amitiés parmy les premiers de la Robbe ; de sorte que *le Samedy penultiesme Decembre 1570. luy estant né vn fils,* * *il pria pour ses parrains & marraines Messieurs de Pibrac & de Thou, & Madame de la Guesle, femme de M. le Procureur general, afin d'auoir & d'acquerir plus de connoissance & d'amitié aupres d'eux. Aussi Messieurs les Premier President de Thou & de Harlay luy monstroient beaucoup de faueur, voire plus ouuertement qu'ils n'auoient fait du viuant de M. du Mesnil. Il n'estoit pas à la verité fort recherché de l'ordinaire des Procureurs : mais il auoit plus de loisir de se mieux apprester de ses causes.* Quelque temps auparauant *M. Goulas*, frere de sa femme, *Conseiller au Tresor,* * *se voulut défaire de son Estat. Il le prit plus pour le sauuer, que pour l'exercer; car il le destournoit du Palais. Toutesfois il le garda quatre ans;* y dressa vne consultation sous le nom des gens de la Iustice du Tresor, pour montrer que le droict de naturaliser & legitimer n'apartenoit qu'au Roy, qui leur auoit demandé sur ce leur aduis, lequel luy fut enuoyé par eux au mois de Mars de l'année 1572. *Il y apprit quelque chose du Domaine & des droicts du Roy qu'il n'eust pas appris ailleurs. Comme pareillement il apprit au Parquet quasi tout ce qui s'y peut sçauoir.*

** Guy depuis Conseiller Clerc en la 3. Chambre des Enquestes, & par apres en la grand' Chambre.*

** 33. ans.*

** Depuis Conseiller au Chastelet.*

En 1572. 1 le 24. iour d'Aoust aduint la S. Barthelemy, au lendemain de laquelle M. Ramus fut massacré, du testament duquel estant nommé executeur auec M. Bergeron Aduocat, ils furent depuis chargez par Arrest de la Cour, 2 de l'executer. Suiuant lequel il fit grossoier tant le testament, que les contracts de constitutions de ses rentes qui auoient esté tous pillés; & prit beaucoup de peine à cette execution, signamment en ce qui concernoit la fondation de la Profession des Mathematiques, encores que cela n'ait gueres bien reüssi à son trés-grand regret. I'ay trouué quelques lettres Latines qu'il escriuit sur ce sujet aux pays estrangers à diuers hommes sçauans, pour faire publier cette Chaire, comme à Villebrordus Snellius à Leyden, auquel il fit recit de ce qui s'y estoit passé : à Casaubon en Angleterre, & autres qui luy firent des responses, dont aucunes meriteroient bien d'estre imprimées auec les siennes.

1 35. ans. Le 8. Mars nasquit sa fille Valentine, depuis femme de M. Marescot Maistre des Requestes.

2 Du 9. Iuillet 1572.

** 36. ans.*

*En 1573. * M. Brisson prit l'Estat d'Aduocat du Roy au Par-*

lement par la resignation de M. de Pibrac. Et lors M. Ant. Loisel *prit de luy l'Estat d'Aduocat de Monsieur frere du Roy en l'Eschiquier d'Alençon. Ce qui luy donna vn peu plus de vogue: en ce que s'estant trouué en cet Eschiquier composé pour la plus part de Messieurs du Parlement*, és années 1574.* & 1576. où il fit deux Remonstrances à l'entrée & à la closture, qui furent imprimées, & quantité d'autres plaidoyers de consequence, ces Messieurs *iugerent qu'il s'estoit*, dit-il, *assez bien acquitté de sa charge.* Et mesme (comme il paroist par vn plaidoier, & quelques pieces qui se sont trouuees parmy ses papiers) ayant eu different auec M. Marion, aussi nommé Aduocat de Monsieur en ce mesme Eschiquier, pour la preseance, il en eut contentement entier, & gain de cause, la Reine mesme Catherine de Medicis, dont il estoit Aduocat, en ayant escrit à ses Iuges en sa faueur.

* 37. ans.

Pendant qu'il estoit à Alençon *mourut sa mere* à Beauuais *le* 18. *Auril* 1575. 1 *aagée de* LXXV. *ans*, pour laquelle ie recognois qu'il auoit vne tendresse particuliere, non seulement par l'Epitaphe qu'il luy fit, rapporté cy-deuant, mais encores plus par *vne Consolation*, 2 qu'il se dressa luy-mesme *sur son trespas*, en laquelle il escrit entre autres choses, que comme elle auoit passé sa vie auec beaucoup de vertu, d'innocence, & de sainćteté, aussi *eut elle la plus belle & remarquable fin que l'on pust souhaitter: signamment en ce que la plus part de ses enfans & petits enfans estans espars en diuers lieux, les vns demeurans à Paris, les autres à Senlis, & ailleurs; toutesfois ils se rencontrerent ensemble à Beauuais le iour de son trespas, & y furent tous presens. Ce qui aduint par le moyen de ce qu'vn de leurs oncles ayant pris iour pour se remarier en secondes nopces, au* 18. *du mesme mois d'Auril, & les ayant inuitez de s'y trouuer, chacun s'y rendit des la veille, auquel iour ils la furent tous saluër en son lict, qu'elle gardoit* il y auoit long temps, *à cause de l'infirmité de sa personne & de son aage. Et le lendemain comme ils estoient prests d'aller soupper aux nopces de leur oncle, estans reuestus de leurs beaux habits, on leur vint dire en grande diligence qu'elle se portoit plus mal, qu'elle auoit demandé l'enhuilement, & qu'ils*

1 Claude sa derniere fille née le 6. Mars de cette mesme année, qui reste seule en vie de tous ses enfans.

2. Ce qui est icy en lettres Italiques, touchant la mort de Catherine d'Auuergne mere de M. A. Loisel, est tiré mot à mot de cet escrit qu'il appelle Consolation.

eussent à se haster: où s'estans tous rendus alentour de son lict, auec leurs belles & bonnes robbes, ils trouuerent qu'elle ne parloit quasi plus, & si tost que l'enhuilement fut finy, & les prieres acheuées, elle passa fort doucemẽt & sans aucun effort. De sorte qu'il sembloit qu'elle eust attẽdu à mourir iusques à ce que tous ses enfans fussent presens, lesquels, au lieu d'aller aux nopces, furent retenus en vne Chambre pour prier Dieu pour elle, & les iours subsequens vacquerent à son enterrement & seruices ordinaires. Et si est à noter la façon auec laquelle ils succederent à cette bonne femme, en ce que *voyant qu'aucuns d'eux auoient eu plus en mariage que les autres, selon ce que le bien de la maison par la benediction de Dieu prenoit accroissement, ou que les parties se rencontroient, elle voulut d'elle-mesme faire partage entre eux, & les esgallant tous, leur assigner particulierement leurs parts de son viuant, leur ayant à cette fin fait jetter au sort, afin d'euiter à querelles ou enuies, dont neantmoins chacun luy delaissa l'vsufruict, prenant elle-mesme le soin & la charge de l'entretenement de ce qui concernoit la proprieté de son lot. De sorte qu'apres son decez ils n'eurent autre peine qu'à partir esgalement entre eux l'argent & les meubles qui se trouuerent, chacun prenant le sac des titres & enseignemens de ce qui luy estoit escheu, sans ministere de Iuge, de Notaire, ny de priseur, le tout auec vne telle paix, amitié & concorde, que M. Ant. Loisel prioit Dieu la vouloir rendre semblable entre ses enfans, comme estant,* dit-il, *le principal fondement & le plus ferme lien des maisons.* Ce qui n'a pas deu estre teu ny caché à ses descendans, afin qu'ils se souuiennent d'vn exemple si digne d'estre imité, & que l'on deuroit s'efforcer de pratiquer plus souuent que l'on ne fait dans les familles.

Estant de retour à Paris, *il commença d'estre employé aux plus grandes affaires, tant au conseil de Monseigneur d'Alençon, que de la Reine Mere* Catherine de Medicis, *& Communautés, & singulierement du Chappitre de Paris. Ce qui fut cause qu'en la reformation de nostre Coustume il comparut* * *en qualité d'Aduocat de la Royne Mere,* comme Dame de S. Maur des Fossez, *& y fut nommé pour principal Aduocat du Clergé, selon que l'on peut voir au procez verbal d'icelle.* Et ce fut peut

* le 2. Feurier 1580.

estre vers ce tẽps là qu'il fit le petit extraict qui s'est trouué parmy ses escrits, *De plusieurs negatiues pour affirmatiues, & affirmatiues pour negatiues* qui sont *en nos Coustumes*: dont il rapporte là plusieurs exẽples, & mesmes, *que lors que celle de Paris fut redigée, on combatit longuement sur le* 154. *art. sçauoir si on le liroit negatiuement ou affirmatiuement ; & finalement apres auoir compté les voix, il passa pour l'affirmatiue. Lors M. Do qui auoit bonne part aux graces du Roy Henry III. le retint de son Conseil, & fit donner à ses enfans deux Prebendes de Laon & de Beauuais : comme auparauant Madame d'Angoulesme, qui l'auoit aussi retenu de son Conseil, & fait pouruoir d'vn Estat de Conseiller de Montmorency, leur auoit fait donner le Prioré de la Chaize* au Perche.*

* *prés Bellesme.*

Et puis qu'il est icy fait mention de ses enfans, il me semble que ie ne dois pas icy passer sous silence vn trait d'amitié singuliere que tesmoigna M. Pithou à ses deux fils quelque temps apres, & dés les premieres années de leurs estudes ; en ce que publiant * au commencement de l'an 1577. les Distiques de Caton auec les Sentences de Laberius & de P. Syrus, pour seruir à l'instruction de la ieunesse, il leur dedia particulierement ce petit Recueil de vers moraux Latins, leur en promettant vn semblable de vers Grecs ; & finissant son Epistre liminaire par ces mots qui marquent la tendresse qu'il auoit pour eux, & tout ensemble l'estime qu'il faisoit de leur pere. *Quidquid, id est*, dit il, *tibi, Antoni, tibi Vide, optimi & amicissimi viri filiolis in primis impensum cupio, quo præter domesticum paternæ virtutis exemplum, & hic studiis vestris stimulus accedat, Feliciter*. Or il ne faut point douter que ce present ne fust tres-agreable au pere : car outre l'amitié qu'il portoit à la personne qui l'auoit donné, i'ay recogneu qu'il auoit encores vne estime particuliere pour tous ces Sages de l'antiquité, ayant esté curieux de mettre par escrit sous les noms de chacun d'eux leurs plus beaux mots & preceptes pour la conduite de la vie, & encores separemẽt les loix de ceux qui ont esté entre eux Iurisconsultes & Legislateurs, dont il auoit fait recherche dans les anciens Auteurs Grecs & Latins : estimant au

* *Ce liure imprimé est in 8. par Robert Estienne.*

surplus tellement son petit Caton, & ses deux cõpagnons Laberius & Syrus, qu'il en faisoit vne de ses lectures ordinaires, ayant mesme trouué parmy ses papiers vn memoire, où il a esclaircy au long & doctement trois vers du premier de ces petits Auteurs, *qui auoient besoin d'interpretation, M. de Lescalle ny les autres, par les mains desquels il auoit passé, n'y ayans point touché.* Aussi voulut-il luy-mesme accõplir la promesse que M. Pithou auoit faite à ses enfans, touchant l'abregé Grec dont i'ay parlé, comme il paroist par l'Epistre suiuante qu'il leur escriuit quelque temps apres, en ces mots.

Φωκυλίδου δικαιοσύνης μυστήρια.

Πυθαγόρου χρύσεα ἔπη.

Τὰ τῶν ἑπτὰ Σοφῶν ἀποφθέγματα.

Γνῶμαι μονοστιχοὶ κατὰ στοιχεῖον.

ANT. OISELVS, ANT. ET VIDO FF. Ecce vobis Enchiridion ex Græcis Gnomicis, eorum quæ ad pietatem, iustitiam, morumque institutionem (quorum mihi vobisque pręcipua, atque adeò vna cura esse debet) pertinent. Selectum illud quidem ab eodem illo verè Pithio, quem nostri amantissimum esse, cùm ex multis perspicuisque indiciis, tum vel ex eo intelligere potuistis, quòd vestræ institutionis à te- *Catonem intelligit D. Laberium & Pub. Syrũ, &c. nerioribus annis studiosissimus, libellum morum ex Latinis Auctoribus* emendatiorem, in vestro nomine extare voluit, atq; huius Græci spem aliquã anteferre. Verùm eam ille mihi volens volenti operam ideò reliquit, vt si quandò vos, quod Deus nolit, à veri tramite prauorum consortium auertere tentet, plures quasi patruos & commonitores habeatis, qui vobis aurem vellant, hortenturque vos vestri nostrique sedulò meminisse, vt ipsi soli vobis aliquando defuisse videamini. Valete.

* 43. ans. *En l'an 1579.* il fut aux grands iours tenus à Poictiers, où il fut employé comme Substitut à ce qui concernoit le restablissement du seruice Diuin.* Et là il composa son petit poëme, intitulé, Pulex Pictonicus, à l'imitation des autres beaux esprits du temps, qui mirent la main à la plume pour celebrer la fameuse Puce de Poictiers, ou les deux sçauantes des

Roches,

Roches, mere & fille, dont les Opuscules auoient desia paru l'an precedent. Et les vers de M. Ant. Loisel furent trouuez si elegans, que Rhanutius Gherus les a inserez depuis en sa collection intitulée, *Delitiæ Poëtarum Gallorum illustrium*, imprimée en Allemagne en 1609. & que M. Pasquier prit plaisir deslors à les mettre en vers François, qui se trouuent au Recueil des poësies faites sur ce subjet, imprimé en 1582. & 1619. *Au retour de Poictiers M. D'o luy fit donner quatre cens escus par le Roy.*

En cette mesme année 1579. ayant esté parlé du mariage de Monsieur le Duc d'Anjou auec la Reyne Elizabeth d'Angleterre, il eut ordre comme Aduocat de ce Prince, de voir les articles qui en auoient esté projettez, *pour y donner son aduis, & pourueoir aucunement aux seuretez des accords & conuentions d'iceluy.* Mais son sentiment n'estant pas, qu'on deust passer plus auant dans cette affaire, *il n'en voulut pas seulement parler en la façon des Aduocats ordinaires du Palais*; mais il en ouurit amplemẽt sa pensée, cõme homme d'Estat, à M. l'Euesque de Mende, Chancelier de Monsieur d'Anjou, par vne belle & assez longue lettre qu'il luy escriuit sur ce subiet au mois de Nouembre, dont coppie s'est trouuée transcrite dans ses registres; par laquelle il luy fit voir comme ce mariage n'estoit point vtile, ny *au bien vniuersel de la Chrestienté* en ce qui concernoit le restablissement de la Religion Catholique en Angleterre, *ny à l'aduantage du Royaume de France, ny à l'honneur & dignité de leur Maistre.*

En l'an 1580. la peste estant grande à Paris, * *il se retira auec vne partie de ses enfans en vne maison qu'il auoit en la ville de Pontoise, où* ie diray en passant que comme il ne perdoit iamais occasion d'apprendre quelque chose, *il voulut rechercher les antiquitez qui s'y pourroient remarquer*, comme il fait voir par vn petit memoire qui s'est rencontré parmy ses papiers intitulé, *Pontoise*; qui meriteroit bien pour les remarques qui y sont, d'estre transcrit icy au long; mais ie me reserueray, pour abreger, à le mettre auec ses voyages, & diray seulement en passant, qu'*il auoit trouué que la ville & le pont qui y sont de present, sont modernes, & qu'ils estoient*

* *M. de Thou, liu. LXXII. de son Hist. Tom. 3. p. 452. remarque qu'il y mourut iusques à quarante mille hommes.*

jadis vers l'Abbaye de S. Martin, où se voyent encores quelques pieux de bois si dur, que l'on diroit qu'ils sont petrifiez, & que *là tout droit est encores l'ancien chemin de Paris à Rouën, & és enuirons plusieurs vignes sous lesquelles il y a des caues, qui monstrent que c'estoient des maisons.*

En 1581. *le Roy Henry III. ayant accordé à ceux de la Religion* pret. ref. en la Conference de Flex en Perigort, *vne Chambre de Iustice en Guyenne,* il y fut nommé pour Aduocat du Roy: & enuiron ce mesme temps pour Procureur au procez que le Roy fit commencer assez extraordinairement au Baron de Viteaux. Or encores que cette charge d'Aduocat du Roy en Guyenne fut l'vne des plus belles commissions de Iustice, qui ait par aduenture esté en ce Royaume de memoire d'homme*, tant pour le profit *& contentement qu'en receut le pays* de Guyenne, que pour le merite de ceux qui y furent deleguez *: toutesfois cette sorte d'employ hors de Paris, *estant comme vn changement de ses actions passees, il fut long-temps à deliberer s'il deuoit l'accepter, considerant d'vne part que c'estoit le destourner du chemin qu'il auoit pris au Palais, & du seruice qu'il faisoit tant aux Princes & Seigneurs, qu'au commun, qui commençoit desia de l'appeller aux Consultations: & par aduenture estoit-ce le meilleur conseil qu'il eust sceu prendre. Mais d'ailleurs il luy sembloit que c'estoit luy donner ouuerture aux Estats, ausquels il ne pouuoit ny vouloit entrer par argent, & que là il pourroit faire monstre de quelques prouisions qu'il auoit faites en ses estudes. En ce doute il se laissa flatter par ses amis, comme il a fait quasi en toutes autres affaires; joint que l'on luy donnoit pour compagnon en la charge de Procureur du Roy, M. Pithou son plus grand amy. Aussi qu'on promettoit qu'ils s'en retourneroient au bout de l'an. Mais ce fut assez de les y auoir embarquez: car ils y demeurerent deux ans & demy entiers.*

Il partit donc de Paris *pour aller en Guyenne au mois de De-*

* *Messieurs Pierre Seguier President au Parlement de Paris, Iacques Viole sieur d'Aigremont, Conseiller au mesme Parlement, fait & ordonné President à l'effect de cette Chambre. Iean Seguier M. des Requestes. Iean de la Vau, Estienne Fleury, Ierosme Angenoust, Oliuier le Bossu, Ierosme de Montelon, Iean Scaron, Guillaume Benard, Adrian du Drac, Pierre Seguier, Lazare Coqueley, Iean de Thumery, Claude de Puy, Iacques de Thou, Michel Hurault de l'Hospital, tous Conseillers au Parlement du Paris. Antoine Loisel, & Pierre Pithou, Aduocat, & Procureur du Roy.*

cembre de la mesme année 1581. *La premiere seance* 1 *fut en la ville de Bordeaux, en laquelle Messieurs les Cõmissaires s'estans rendus sur le commencement de l'année 1582.* 2 *l'ouuerture en fut faite par sa premiere Remonstrance*, à laquelle il donna le titre de l'*Oeil des Rois & de la Iustice*, contenant *vne exhortation à receuoir la compagnie auec esiouïssance & asseurance d'y obtenir Iustice égale, suiuant les Edicts de Pacification*; laquelle il enuoya à Paris à M. le President de Harlay, qui l'en auoit requis. Et continua l'argument de cette Remonstrance en la mesme ville de Bordeaux le 22. iour d'Aoust ensuiuant : & l'enuoya à M. de Montaigne, Maire de Bordeaux, Auteur du liure des Essais, qui luy auoit tesmoigné auoir pris plaisir à entendre la premiere.

> 1 *Ce qui est icy des actions publiques faites par M. Ant. Loisel en la Chambre de Guyenne a esté tiré de la Preface, & des Epistres qui sont dãs sa Guyenne imprimée à Paris par Langelier en 1605.*
>
> 2 Thuan. lib. II. de Vitâ suâ, *p.* 23.

Pendant le sejour que la Chambre fit à Bordeaux, & lors qu'elle n'estoit pas occupée, il prit son temps pour faire diuers petits voyages, auec Messieurs de Thou, de Thumery, Pithou, & autres, aux baings des Monts Pyrennées, à Bayonne, Libourne, Souillac, Blaye, & autres lieux voisins, lesquels il a mis par escrit en François, où il se trouue des remarques dignes d'estre renduës publiques.

De Bordeaux, la Chambre alla tenir sa seconde seance 3 à Agen, où l'ouuerture fut faite le 11. iour d'Octobre de la mesme année 1582. en laquelle il commença à traitter de l'*Amnestie, ou oubliance des maux faits & receus pendant les troubles, & à l'occasion d'iceux*: & l'enuoya à M. de Chiuerny Garde des Sceaux, *pour luy faire mieux entendre, ce qui s'y estoit passé*. Laquelle Remonstrance fut continuée en son absence par M. Pithou Procureur du Roy à la closture qui fut faite en la mesme ville d'Agen, le 26. May de l'année suiuante 1583. La Chambre passa delà à Perigeux, où elle fit son ouuerture le 4. Iuillet de la mesme année. Et lors il commença à *parler de l'accord & vnion des subjets du Roy* sous son obeissance, donnant pour cette raison à sa Remonstrance le titre d'Homonée : laquelle il enuoya à M. de Villeroy *qui luy auoit commandé de la part du Roy d'y adjouster quelque chose*. Puis il la continua en la mesme ville d'Agen à la closture qu'y fit la Chambre, le 10. Ianuier 1584.* & la donna

> 3 Thuan. l. II. de Vitâ suâ, *p.* 25.
>
> * 47. ans.

ẽẽ ij

à M. Chillaut, Maire de Perigeux, *afin qu'il la fit publier dans le pays, pource que ce peuple là tenant quelque chose de son nom, c'est à dire de la dureté des pierres & rochers du pays, & estant fort porté à la violence, à l'iniustice, à la discorde, & à la desobeyssance*, contre quoy il auoit parlé puissamment en cette Remonstrance, auoit besoin de cette instruction. De Perigueux, la Chambre alla tenir sa derniere seance à
48. ans. Saintes, dont elle fit l'ouuerture le 20. iour de Feurier 1584.* auquel lieu s'estant engagé à Agen de parler en son rang de la Religion, il donna à sa Remonstrance le nom d'*Eusebie*. Et encores qu'il y fust assez intelligent pour la grande lecture qu'il auoit prise de l'Escriture & des Peres, comme il paroist par les extraicts qui s'en sont trouuez dans ses recueils, & par les traittez dont i'ay composé le liure de ses Obseruations Ecclesiastiques en ses Opuscules; toutesfois pource que la Theologie n'estoit pas de sa profession, il eut cette modestie & humilité, que d'en vouloir prendre l'aduis & iugement de quelques Docteurs en Theologie de Paris, auant que de la publier: C'est pourquoy il l'enuoya à M. du Mesnil, Archidiacre de Brie, & Chanoine en l'Eglise de Paris, oncle de sa femme, afin d'en conferer auec aucuns d'entre eux, *à ce que s'il s'y trouuoit quelque chose à reprendre, il en fut aduerty pour le changer ou oster*. Enfin la Chambre tenant sa derniere closture en la mesme ville de Saintes le 8. Iuin de cette mesme année 1584. il y fit aussi sa derniere Remonstrance, en laquelle il traitta de la Iustice, luy donnant pour ce subiect le nom de *Dicé*: & pour des considerations particulieres, il ne la voulut communiquer à personne qu'à ses deux fils, qu'oy qu'il eust esté requis par plusieurs de ses amis, de la publier. Ie ne parleray point icy de toutes les autres actions publiques qu'il fit en cette charge. Ie diray seulement que *pendant qu'il fut en Guyenne, il y fit pour le moins deux mille plaidoyers pour le Roy, qui se pourroiēt voir aux registres de la Chambre. Il y fit aussi quelques vers, lors qu'il auoit du loisir, & signamment son Brantosme Latin & François, qui est vne prierre à Dieu sur la rupture de la iambe de sa femme, qui aduint en son voyage de Perigeux à Saintes*, auprés de cette ville

de Brantosme, où estant secouruë promptement, elle fut guerie en peu de iours. *Ce fut vn petit poëme*, dit il, *qui n'estoit pas à mespriser: & à cause de cet inconuenient M. de Villeroy luy fit dõner mille escus.* Mais en meritoit il bien dauantage, *pouuant dire* auec verité, *qu'il auoit employé en cette commission de Guyenne le meilleur de son esprit & de son corps, & fait sa charge en toute fidelité; comme aussi auoit fait M. Pithou la sienne.* Aussi y fussent ils demeurez dauantage sans les troubles de la Ligue; car cette Chambre estant à Saintes, *y fut continuée six mois, plus qu'il n'estoit porté par l'Edict, & l'eust esté encores d'auantage*, tant la Iustice y estoit bien administrée, *si* cet accident de *la Ligue n'eust esté cause de la faire reuoquer.*

Ils s'en reuinrent dont *en Iuin* 1584. & arriuerent *à Paris le propre iour que le corps de feu Monsieur le Duc d'Anjou, Frere du Roy, fut porté à S. Denys. De maniere qu'en vn iour* M. Loisel *perdit son appointement de cinq escus & demy par iour qu'il auoit du Roy, cõme son Aduocat en Guyenne, & cent escus de gages qu'il auoit de Monsieur, comme son Aduocat en Parlement, outre les profits qui en pouuoient venir. Il auoit aussi discontinué le seruice de la Reine Mere, & de plusieurs autres Princes, Seigneurs, & autres, desquels il estoit Aduocat: de sorte que le Palais ne le connoissoit quasi plus. D'auoir recompense du Roy de leurs seruices, ils n'auoient personne qui les recommandast, M. de Pibrac qui les auoit principalement poussez en ces charges, estant decedé quelques mois auparauant, & M. N. qui estoit President en cette Chambre, ayant esté luy seul voir le Roy au retour d'icelle, & tout demandé, & pris pour luy; ioint que M. Pithou se reculoit des visitations & sollicitations que l'on leur conseilloit d'en faire. Aussi les Offices dont on les pouuoit plus honnestement recompenser, estoient supprimez: & quand ils furent restablis, ce fut pour la guerre de la Ligue, qui aduint incontinent apres: de maniere qu'ils n'eurent rien du tout. Comme aussi ils ne demanderent rien, fors* M. Ant. Loisel, *qui requit vn annoblissement par vn placet qu'il en presenta, qui luy fut tres-volontiers accordé, les Lettres gratuitement scellées & ente-*

rinées auec toutes les faueurs qu'on sçauroit desirer. Et mesmes toutes les noblesses octroyées depuis vingt ans iusques alors, *ayans esté reuoquées par le Roy* Henry IV. *il obtint Declaration particuliere que la sienne n'y estoit point comprise.* Aussi estoit-elle bien deuë à ses seruices, & l'estimoit pour cela dauantage, se souuenant fort bien du dire de Solon, qu'il escriuit luy-mesme quelque part sous vne coppie de ses Lettres,

Pulchrius multò est parari, quàm creari nobilem.

Se voyant ainsi reduit au petit pied à son retour, il ne laissa pas de se montrer au Palais, & d'y plaider encores quelques causes, signamment celle de l'Vniuersité, en 1586. pour M. Pierre Tenrier pourueu de la Curé de S. Cosme, contre M. Iean Hamilton Escossois pretendant à cette Cure, pour lequel plaida M. Seruin lors Aduocat des parties, *qui dura plusieurs iours,* & qui luy acquit de l'honneur, ayant esté plaidée auec beaucoup d'attention en presence de plusieurs personnes.*

*les Vendredis 6. & 13. Iuin, & les Mardis 20. Iuillet & 10. Aoust.

Il auoit desia quitté tout à fait la fonction de Substitut au Parquet, cõme auoit aussi fait M. Pithou son perpetuel collegue: car ces emplois ayans esté erigez en titres d'Offices, & rendus venaux par Edict du mois de May de la mesme année, ils n'y voulurent plus r'entrer, quoy que les partisans eussent offert à chacun d'eux vne charge gratuitement, pour establir plus aisement leur Edict, attirant à eux, deux hommes d'vn tel merite. Mais ils aymerent mieux renoncer courageusement à cet aduantage & profit qu'ils pouuoient faire prenans ces charges, quand ce n'eust esté que pour les vendre, que de seruir d'instrumens à l'establissement d'vn Edict bursal, & qui faisoit prejudice au Corps des Aduocats, ausquels ces emplois estoient particulierement affectez.

Il recommença deslors d'estre appellé aux Consultations, & employé aux Conseils de quelques Princes, Seigneurs, & Communautez, & entre autres de l'Ordre de Malte. Car ie trouue par vne lettre que luy escriuit en 1601. M. le grand Maistre de Vignancourt, pour responce à la congratulation que luy auoit faite M. Loisel de sa promotion, qu'il vsa de ces mots obligeans & honorables. Ie vous prie bien fort d'auoir, à l'aduenir mesme soin des affaires de nostre

Religion que vous auez eu par cy-deuant. Vous nous obligerez de plus en plus à vous en reconnoistre en tout ce qui nous sera possible. Mais il fut employé *signamment* aux affaires *de la maison de Longueuille* : à laquelle il s'attacha particulierement, & rendit des seruices tres signalez au temps que Madame Marie de Bourbon, ayeule de Monsieur de Longueuille d'a present, auoit la tutele & conduite de cette maison: & à laquelle aussi M. Guy Loisel son second fils lors Aduocat cõmença à rendre quelque seruice, notamment en vn voyage qu'il fit pour elle à Rouën en 1595. pour vne affaire d'importance dont elle luy tesmoigna beaucoup de gratitude, ainsi qu'il se voit par quelques passeports & lettres qui se sont trouuées parmy les papiers de son pere, & à l'affection duquel il a tellement succedé, qu'estant depuis Conseiller en la Cour, il a seruy Monsieur de Longueuille, en qualité de chef de son Conseil, plus de vingt ans durans, sans en auoir iamais voulu receuoir aucuns appointemens ny autre reconnoissance que sa bien-veillance, qu'il luy a tesmoignée tres-grande en diuerses rencontres, comme il fait encores à ceux qu'il sçait luy appartenir.

Au mois de May 1588. *suruinrent les Barricades, qui troublerent non seulement la ville, mais tout le Royaume. Ce qu'ayant preueu, il s'en alla à Beauuais pendant les vacations, pour essayer s'il y pourroit faire sa retraitte. Mais il la trouua autant infectée de la Ligue que Paris, où il fut contraint de se tenir puis qu'il y estoit, & que l'on ne le chassa point. Pendant lequel temps il eut tout le loisir d'apprendre les maux qu'apporte auec soy vne Anarchie, & la reuolte d'vn peuple contre son Roy; y ayant veu toutes les afflictions que Paris endura pendant cinq ans*, dont il ne faut point *parler icy dauantage, en ayant escrit vn gros cayer par forme de Iournal* depuis le 9. May 1588. iusques au 9. Decembre 1593. que i'ay trouué depuis peu parmy ses Memoires, lequel contient plusieurs particularitez touchant la Ligue & les affaires de ce temps-là, qui meritent d'estre publiées, & dont i'espere aussi, Dieu aidant, faire part quelque iour au public : comme *pareillement* de ses *Memoires sur les guerres & diuisions des maisons de Bourgongne*

& d'Orleans : & encores de ceux qu'il fit en ce temps-là sur l'Agriculture. Car ayant lors plus de loisir de s'appliquer à l'estude des belles lettres, qu'il n'auoit eu pendant les affaires du Palais, il se mit à lire les anciens Auteurs qui traittent de cette science, & sur les extraits qu'il en auoit faits, il composa trois liures qu'il intitula, *De l'Origine, Noblesse, Profit, & Plaisir de l'Agriculture* : dans la Preface desquels il tesmoigne, qu'il auoit dessein de prattiquer luy-mesme & mettre en œuure aux dernieres années de sa vie ces agreables obseruations, *quand Dieu luy en donneroit le moyen par vne bonne & salutaire pacification des mal-heureuses guerres* qui estoient lors. Toutesfois ie ne sçay par quel accident il laissa imparfait le dernier liure. Mais ce qu'il en a composé est si diuertissant, que dans le plaisir qu'il nous donne en le lisant, il nous laisse vn regret de n'auoir pas l'ouurage entier, & dans sa perfection. C'est à quoy il s'occupa pendant ce miserable temps des cinq années des Troubles. Et c'est aussi peut-estre au mesme temps qu'il composa diuers traittez touchant les droicts du Roy, & de la Couronne, d'Histoire, de Morale, & d'Humanitez, dont i'ay mis quelques-vns en ses Opuscules sous le nom d'Obseruations meslées : *le tout*, comme il dit, *pour passer son temps, pendant lequel Dieu l'assista tellement & sa famille & amis, qu'ils n'endurerent necessité quelconque, ayant tousiours eu* les viures necessaires, *& de l'argent pour achepter ce qui se vendoit ; ioint que* son fils aisné *fut tousiours dehors* auec M. du Mesnil, Archidiacre de Brie, & Chanoine de Paris, son grand oncle, duquel estãt mort à Senlis, où il s'estoit retiré suiuant le party du Roy, il sauua sa Prebende, & dont *la succession accommoda fort la maison du bon homme*. Comme aussi *depuis son second fils s'estant retiré de Paris, eut main-leuée*, tant *de son Prieuré de la Chaize, que de tous les biens* de son pere *par Lettres patentes du Roy, comme luy ayant tousiours esté* fidelle *seruiteur*.

Aussi le fit-il bien paroistre en 1594. auparauant la reduction de la ville de Paris en l'obeyssance du Roy Henry IV. Car voyant que les esprits estoient las de la guerre, & commençoient à entendre volontiers à des propositions

de

de paix, il en insinua de luy msme doucement quelques propos à M. Lullier Preuost des Marchands son voisin, & amy, pour le porter à consentir à la reddition de la Ville; & finalement luy fit si bien comprendre les aduantages qui luy en deuoient arriuer & au public, qu'il le persuada non seulement d'y donner les mains, mais aussi de se joindre à la negotiation qui se faisoit pour ce grand coup d'Estat, & qui fut le salut de la France, & la conseruation de la Couronne dans la Maison de Bourbon. Ainsi l'on peut donner la gloire à M. Ant. Loisel d'auoir participé à ce grand ouurage; comme aussi d'auoir contribué à l'honneur de son Prince, quand il fut employé incontinent apres la reduction auec Messieurs Pithou, & du Vair, à la recherche exacte de tout ce qui auoit esté mis pendant la Ligue dans les Registres du Parlement, qui pouuoit estre injurieux au Roy, ou donner quelque pernicieux exemple à la posterité, afin de le supprimer & d'en abolir à tout iamais la memoire.*

* *V. M. de Thou au* CIX. *liure de son Hist. tom. 5. p.* 429.

Mais ce zele parut *encores plus manifestement* au mesme temps *de la reduction de Paris, en ce qu'estant question du restablissement du Parlement, luy & M. Pithou furent choisis pour Aduocat & Procureur de sa Majesté en iceluy, en attendant le retour de Messieurs qui estoient à Tours. En quoy Dieu l'assista grandement; car en ayant receu l'aduertissement* seulement *le Dimanche apres disner, 27. Mars, M. le Chancelier l'ayant à cette fin mandé par vn Huissier du Conseil, il fallut qu'il s'aprestast de ce qu'il en diroit le lendemain matin: ce qu'il fit selon ce qui en fut publié & imprimé peu de iours apres, dont plusieurs qui y estoient furent tesmoins oculaires.* Et ce fut sur cette Remonstrance qu'il prononça en la grand' Chambre en presence de M. le Chancelier, assisté de quantité de Ducs & Pairs, & autres Officiers de la Couronne, que la Procession generale qui se fait tous les ans le 22. iour de Mars pour memoire perpetuelle d'vn si grand bonheur qui estoit arriué à la France, & pour en rendre graces à Dieu, fut ordonnée. Et il est aisé à voir, combien il prit de part auec tous les gens de bien à la resiouyssance publique qui estoit lors, quand tout comblé de ioye il fit mettre en teste de sa harangue ces vers si conuenables au subjet, dont Horace voulut feliciter Auguste, retournant d'Espagne à Rome, victorieux, & maistre de l'Empire.

Hic dies verè mihi festus atras
Eximet curas: Ego nec tumultum,
Nec mori nostro metuam tenente
Cæsare Regnum.

Messieurs de Tours estans de retour à Paris, *ils continuerent leurs charges d'Aduocats du commun, comme* auparauant. *Et lors il escriuit aux Maire & Pairs de sa ville* natale *de Beauuais, pour les exhorter de se reduire à l'obeyssance du Roy*: la lettre qui s'en est trouuée dans ses Memoires 1 est vne piece assez considerable, pour estre publiée quelque iour auec la response 2 que luy en firent les Maire & Pairs de Beauuais, par laquelle ils luy tesmoignerent auoir receu en tres-bonne part ses bõnes & sainctes Remonstrãces: car c'est ainsi qu'ils parlent de cet aduertissement. Et de faict ils enuoyerent bien-tost apres leurs Deputez au Roy, pour luy offrir leur seruice & fidelité, *y estans desia assez enclins d'eux-mesmes. Comme finalement toutes les autres villes se remirent sous son obeyssance, tant à cause que chacun estoit matté des maux passez, que de la conuersion du Roy à la Religion Catholique, dont il auoit fait profession à S. Denys six mois auparauant ou enuiron. Peu de temps apres le Roy donna à M. Pithou, & à luy mille escus pour chacun d'eux, en consideration des seruices qu'ils luy auoient faits.*

1 *dattée du 10. Iuin 1594.*
2 *du 18. Aoust ensuiuant.*

Cette action notable qu'il fit au Parlement en 1594. fut la closture honorable, & comme le couronnement de toutes les autres qu'il auoit faites en public. Et comme il auoit desia auparauant renoncé à la plaidoirie, s'estant retiré tout à fait au rang des Consultans, il eut aussi plus de loisir qu'auparauant de s'appliquer à ses estudes, & de donner quelque chose au public : comme il fit au commencement de l'année 1595. faisant imprimer vn vieil Poëme François de la Mort, composé dés l'an 1200. par Dans Helynand, Religieux en l'Abbaye de Froid-mont, de l'Ordre de Cisteaux, à trois lieux de Beauuais, duquel il escriuit la vie dans l'epistre liminaire du liure qu'il adressa à M. Fauchet premier President en la Cour des Monnoies. Cet Helynand fut celebre en son temps, & est celuy dont le Cardinal Bellarmin fait mention en son traitté *de Scriptoribus Ecclesiasticis*, disant entre autres choses, qu'il auoit escrit en XL. liures l'Histoire vniuerselle du monde iusques en l'an 1212. & que Vincent de Beauuais & S. Antonin l'auoient suiuy principalement dans leurs Histoires. Or l'on pourroit dire aucunement que l'edition de ce poëme de la Mort, auroit esté vne espece de prognostique, & comme vn auant-coureur de la perte qu'il fit peu apres * de sa femme, dont ie mettray icy pour les siens l'Epitaphe qu'il luy dressa peu apres pour mettre à S. Iean en Greve, ou elle auoit esté inhumée.

* *le 22. Aoust 1595. il estoit lors aagé de 60. ans.*

Cy gist Damoiselle Marie Goulas, femme de M. Ant. Loisel Aduocat, mere de XII. enfans: quatre desquels decedez auant elle en aage d'innocence, l'ayans recueilly la haut; tous les autres, suiuans leur pere, fors vne Religieuse de Font-Eurault, l'ont accompagnée ceans, & mise en terre pres de feu M. l'Aduocat du Mesnil son oncle, & tuteur: decedée le XXII. iour d'Aoust M. D. XCV. en l'an LIIII. de son aage, XXXII. de son mariage.

Il en tesmoigna encores ses regrets par les vers Latins qui suiuent, dans lesquels il prit occasion de faire connoistre le souuenir qu'il auoit de defunct M. l'Aduocat general du Mesnil, qu'il auoit tant aymé & honoré pendant sa vie.

MARIÆ GVLASIÆ VXORIS EPITAPHIVM.

Dum, Superet, Superet conjux, Dominum vsque fatigat,
Ætheriasque arces gestit adire prior:
Audiit insontis crudelia vota; virúmque
Damnauit vitâ me sequiore mori.
En sequor: ô Menili, tuque ô castissima consors,
CHRISTVS humo iungat corpora, cœlo animas.

KAL. SEPT. M. D. XCV.

Cette perte fut le commencement de beaucoup de maux qu'il receut depuis en sa maison. Car l'année suiuante 1 estant venu demeurer 2 au Cloistre Nostre Dame, il y fut tellement assailly

1 *à la S. Iean 1596.*
2 *auec son second fils, Chanoine de Paris, & depuis Conseiller clerc au Parlemēt.*

de la peste, que deux de ses enfans en moururent: de l'vn desquels nommé Edoüard, *filleul de M. le President Molé*, & Chanoine de Beauuais, est remarquable *que la veille dont il fut frappé la nuict, il ne cessa d'estudier, & dire ce qu'il auoit appris, ayant recité par cœur le VI. liure de Virgile, & la plus part du premier, & leu le IV. tous entiers, escrit quelques fables Grecques d'Æsope, & fait tant de choses ensemble, qu'il l'en fallut retirer: de sorte qu'il pouuoit sembler que cet enfant chantoit sa mort prochaine. Sa Prebende fut sauuée par le bien-fait de M. de Beauuais*. L'autre nommé Regnauld* *mourut treize iours apres, quoy qu'il eust suiuy son Pere à S. Maur, beuuant & mangeant ordinairement auec luy, & tous ceux de sa famille.* Or ie n'estime pas qu'il faille icy oublier la recommandation que fit ce bon homme à ses enfans, *de se souuenir à iamais de l'honneste liberalité, dont vserent lors enuers luy M. & Madamoiselle Ollier, en ce qu'ayans sceu son inconuenient, & comme il s'estoit retiré à Sainct Maur, ils l'enuoierent visiter par lettres, & vn homme expres, par lequel ils luy enuoyerent cent escus d'or qu'il prit, n'estant*, dit-il, *lors gueres bien garny d'argent. Et il voulut encores qu'ils se resouuinssent du piteux estat où il se vit reduit alors*: car apres auoir pourueu à cet enfant du mieux qu'il pût, *il partit de S. Maur sur vne haquenée, accompagné seulement de Guy* qui luy estoit resté seul de ses enfans aupres de luy, & qui *luy seruoit de valet, son autre fils Antoine estant allé aux grands iours de Lyon*, & *ayant enuoyé son garçon à Paris auec le malade, qui les vint retrouuer à S. Brice, prenant le chemin de Beauuais.* Ce seruice que fit lors ce bon & sage fils à son pere, me fait resouuenir de toutes les assistances qu'il luy a renduës tousiours depuis iusques à la mort, qui ont esté telles, que mesme à l'aage de quarante ans & plus, & estant Conseiller de la Cour, il ne faisoit point difficulté d'aller souuent à pied par la campagne auec ce bon vieillard monté dessus sa mule, en sa petite maison champestre de Cheuilly, size à vne lieuë & demie de Paris,* pour luy faire seulement compagnie, cōme ie luy ay oüy dire plusieurs fois, & que lors il estoit le mieux recompensé de ses peines, en ce qu'il apprenoit tousiours

** né le penultiesme May 1582. decedé le dernier Aoust 1596.*

** né le 4. Nouembre 1578. decede le 12. Septembre 1596.*

** Prés Villejuifue.*

dans sa conuersation quelque chose de beau, qui luy estoit autant vtile qu'agreable. Et tant s'en faut qu'il tint cela à deshonneur, qu'au contraire, il en parloit à la honte & confusion du luxe & de l'orgueil qui a regné depuis, & regne encores plus que iamais parmy les ieunes gens; comme aussi ie le dis pour donner exemple d'humilité aux siens. M. Ant. Loisel *passant par Presles il y rencontra M. le President Nicolai, Seigneur du lieu, qui les voyant luy & son fils en si piteux estat, les voulut arrester chez soy, dont s'estant excusé à cause de leur accident qu'il luy fit entendre, il luy offrit vn de ses gens & cheuaux: & de faict il les enuoya à Beaumont, d'où ils arriuerent le lendemain à Beauuais, où il demeura iusques apres la S. Martin: retourna par Senlis à S. Maur, & finalement à Paris, ayant sceu que le danger estant passé, chacun y retournoit.* Et quelque temps apres il tascha à se consoler de la perte de ces deux fils par vn Epitaphe qu'il leur fit en ces vers, desia imprimez parmy ses tombeaux familiers.

REGINALDI ET EDOARDI FF. EPITAPHIVM.

O Nati, ingentem luctum ne quærite patris:
Grater enim, an doleam, alternâ pietate rependo.
Ire quidem lachrimas pubentum mortis amaror
Iussit, & infirmæ spes intercepta senectæ.
Flere vetant mala, quæ miseros, patriámque, larésque
Multa manent: vobis requies æterna parata.

Kal. Nouemb. M. D. XCVI.

Et il eut soin encores de faire mettre l'inscription qui suit auprés de l'Autel des Cordeliers de Beauuais, où est la sepulture de ceux de sa famille.

Reginaldo & Edoardo Oiseliis Fratribus vixdum ephebis, Canonicis Beluac. a D. O. M. humanitatis miseriis grauiss. & pestilentissimo anno M. D. XCVI. Lut. Paris. ereptis, A. Ois. P. hoc Cenotaphium, turbato mortalitatis ordine p. Kal. Nou.

Consummatus in breui, expleuit tempora multa:
placita enim erat Deo anima illius. Sap. IIII.

Vers ce mesme temps M. Pithou luy enuoya de Troye les

fables de Phædrus qu'il auoit de nouueau mises en lumiere sur vn manuscrit trouué par M. François Pithou son frere. Et quoyque par apres la politesse de ce petit Auteur eust porté Rittershusius à en faire vne seconde edition * auec plusieurs notes & corrections, accompagnées de celles de Schoppius; toutesfois cela n'empescha pas M. Loisel d'y apporter aussi quelque chose du sien; de sorte qu'en faisant response en 1598. à vne lettre que Schoppius luy auoit escrite de Ferrare, il luy enuoya aussi quelques vnes de ses corrections sur quatre ou cinq lieux de ce Poëte: à la lecture duquel il prit vn tel plaisir dans sa vieillesse, qu'il en faisoit vn de ses plus agreables diuertissemens, comme il tesmoigne par ces mots de sa lettre: Has ad Phædrum tuum, seu potiùs nostrum (iam enim ad aniles fabulas vergit animus) spicas, si lubet, addes. Et depuis il amplifia de beaucoup, & escriuit sur vn exemplaire de l'edition de M. Pithou, ses corrections & obseruations, qui meriteroient bien, peut-estre, d'estre adjoustées à celle que nous prepare M. Rigault, Conseiller au Parlement de Mets, quoy qu'il ait desia enrichy plusieurs fois cet Auteur de ses sçauantes & curieuses Notes.

* a Leyden 1598.

Peu apres, & au retour de son voiage de Beauuais, *comme il fut premierement au Palais* apres la S. Martin de l'année 1596. *M. Pasquier luy annonça le decez de M. Pithou: ce que les siens luy auoient celé, sçachans le grand dueil qu'il en auroit: Car ce fut vn rengregement de ses douleurs, ayant perdu le plus grand amy qu'il eust en ce monde: dont il auoit eu quelques sentimens & aduertissemens, tant de nuict que de iour, voyant le long-temps qu'il auoit esté sans receuoir de ses lettres, estans & l'vn & l'autre assez soigneux de s'entr'escrire,* encores qu'il ne s'en soit rencontré que deux dans les papiers de M. Loisel. Ce qui me fait croire que plusieurs lettres d'hommes celebres qui luy auoient escrit, outre ceux dont il est fait mention en cette Vie & dans ses Opuscules,* ont esté perduës. Et ce qui me confirme le plus dans cette opinion, c'est que ie n'en ay trouué qu'vne seule de M. Cujas, qui vraisemblablement ne manquoit pas de luy faire sçauoir

* il y en a vne de Lipse, en la p. 80.

ouuent de ses nouuelles, ny de l'entretenir de ses estudes; n'ayant pas mesme recouuré la coppie de celle que Papyrius Masso allegue dans la Vie de cet illustre Iurisconsulte, en ces mots, *Litteras quidem eius de eâ re ad Ant. Oiselum amicum scriptas legi, vbi inter cætera hæc erant: Parùm abfuit quin hæc plebecula me confoderet*, parlãt de ce qu'il pensa estre assommé à Bourges pendant la Ligue par la populace qui le soubçõnoit d'estre ennemy du party Catholique, quoy qu'il en fit alors, & ait fait tousiours iusques à la fin profession ouuerte. Ie n'en ay aussi rencontré que deux en François, & vne Latine de M. Pasquier, Auteur du liure des Recherches, quoy qu'il s'en trouue treize imprimées aux deux volumes de ses Lettres. Et quatre de M. le Feure Precepteur du defunct Roy Louis XIII. l'vn de ses meilleurs amis.

En 1599. entrant dans son année Climacterique,1 il fit vn petit poëme qu'il intitula, Androclas Christianus, ou Psalmus Climactericus, que Rhanutius Gherus trouua digne d'estre inseré dãs sa collection des Poetes illustres de France, intitulée, *Deliciæ Poëtarum Gallorum*.2; & en l'année suiuante3 il en fit encore vn autre semblable sous le nom de Psalmus Metaclimactericus, qui tesmoignent le dessein qu'il auoit de se retirer tout à fait des affaires du Palais, pour donner le reste de ses iours à Dieu, & à soy-mesme. Et en effet quoy que de tout temps il eust eu des sentimens tres-grands pour la pieté, comme il paroist par les oraisons qui se sont trouuées en ses Registres, lesquelles il auoit composées pour luy & ses enfans * dans des afflictions & maladies; toutesfois il est à croire que ce fut vers ces derniers tẽps de sa vie, qu'il fit la plus part de ses extraicts des Lettres saintes, & particulierement les prieres & les loüanges à Dieu tirées des Pseaumes & autres de l'Escriture Ste, dont i'ay mis quelque chose dans ses Opuscules auec ses Obseruations Ecclesiastiques, & dont le reste conuiendroit bien auec le Manuel de M. Pithou, intitulé *Comes Theologus*.

1 *le 16. de Feurier.*

2. *part. 2. p. 840.*

3 *au mois de Mars 1599.*

* *pour Iean, Baptiste, & Catherine Loisels en 1564. & 1571.*

Mais ce dessein n'empescha pas que vers la fin de l'année 1599. lors qu'on parla de demarier le Roy Henry le Grand d'auec la Reine Marguerite, on ne le consultat sur

cette affaire importante. Car vn escrit *Des diuorces des Rois de France pour la dispense du mariage du Roy*, qui s'est rencontré parmy ses papiers, ne me permet pas d'en douter, veu principalement qu'outre les exemples qui y sont rapportez, & que M. de Thou n'a pas aussi obmis pour la plus part dans
l. CXXIII. tom. 5 p. 887. son Histoire, il contient en peu de mots les ouuertures & les moyens necessaires pour paruenir à l'accomplissement de cette dissolution.

Il prit aussi resolution vers ce temps-là de reuoir & donner au public aucunes de ses compositions, & voulut commen-
* 65. ans. cer en 1600. * par les Vies de trois Personnages celebres, qu'il auoit pris plaisir d'escrire és années precedentes. La premiere fut de P. Rutilius Rufus, Romain, qui fut vn des plus grands Iurisconsultes & Philosophes de son temps, laquelle il colligea des anciens Autheurs Grecs & Latins qui en auoient parlé: & la dedia à M. le Fevre son bon amy, lors Precepteur de feu M. le Prince. L'autre fut de M. du Mesnil Aduocat general au Parlement, qui fut vn si grand Magistrat en son temps, *& qui laissa*, dit il en son Dialogue des
* 512. & 513. Aduocats,* *vne si bonne memoire de ses actions & comportemens en sa charge, que fort long-temps apres, quand on vouloit parler d'vn bon Aduocat du Roy, l'on alleguoit M. l'Aduocat du Mesnil*: il dedia cette Vie à M. du Mesnil son nepueu, lors Conseiller en Parlement, & depuis President aux Enquestes. La troisiesme fut de M. Pithou, sieur de Sauoye, Aduocat en Parlement, *son intime* & ancien amy, dont le seul nom luy peut seruir d'eloge, & duquel il ne fut point destourné de parler apres ce qu'en auoient escrit en Latin Iosias Mercerus, Papyrius Masso, & autres, d'autant que l'ayant connu dés son ieune aage, & ayant esté son collegue pendant vne bonne partie de sa vie, il estoit tesmoin oculaire de la plus part de ses actions & de ses estudes, & en pouuoit par consequent parler auec plus de certitude, que tous les autres. Et de plus ce Personnage auoit particulierement si bien merité de la France par la quantité des anciens Historiens François qu'il a mis le premier en lumiere, qu'il estoit raisonnable que nostre nation vit en sa langue, la vie de celuy

qui

qui a esté si curieux de sa gloire, en conseruant à la posterité ses plus belles antiquitez. L'on pourroit dire aussi que la conformité des mœurs, des actions, & des maximes de ces deux hommes de vertu, auroit esté en M. Ant. Loisel vn mouuement secret qui l'auroit poussé à trauailler à cette Vie, pour representer aucunemẽt la sienne en escriuant celle du meilleur de ses amis. Car à vray dire, il y a eu entre eux en plusieurs choses vne telle ressemblance de genie, & d'esprits, que M. Neueler, sieur d'Osche, homme de grand sçauoir, n'a pas feint de dire en vne apostrophe qu'il fit à M. Pithou son oncle en quelques vers * qu'il adressa sur sa mort à M. Loisel,

Túne tua potuisti animæ contemnere partem
Oisclum, veteremque malus fugisse sodalem
Vnanimum, quo cum teneris adsuetus ab annis
Corpore diuerso, sed in vnâ viuere mente?

Car n'est-il pas veritable que leur sort a esté semblable en beaucoup de choses? Ils nacquirent tous deux à trois ans l'vn de l'autre, & en des villes scituées en deux prouinces voisines & contiguës. L'vn & l'autre s'est appliqué en ses ieunes ans à mesmes estudes: tous deux ont esté enseignez en la Iurisprudence par vn mesme Maistre. Tous deux ont ensuite embrassé & suiuy vne mesme profession dans le Palais: sont entrez au Parquet en mesme temps: ont esté employés dans des fonctions semblables, tant en la Chambre de Guyenne, qu'au restablissement du Parlement de Paris. Tous deux ont esté fort affectionnez au bien public, & zelez pour l'honneur de leur Prince, & de leur patrie: tous deux grands ennemis des troubles & des factions de la Ligue. Et qui considerera leur pieté, leurs estudes, & leurs escrits, n'y trouuera pas peu de rapport ny de ressemblance. Si M. Pithou s'est dressé des prieres tirées des Lettres Sainctes & des anciens Peres de l'Eglise, dont il a composé son *Comes Theologus*; aussi M. Loisel s'est fait vn Recueil de prieres puisées dans la mesme source de l'Escriture. Les autres remarques Ecclesiastiques que i'ay recueillies des Memoires de M. Ant. Loisel, esgallent aucunement la quantité d'Oeu-

* *Ces vers sont imprimez au Recueil, intitulé,* Petri Neueleti Doschij, in funere V. C. Pet. Pithœi auunculi, cum alior. carminib. *1603. & repetés au liure appellé,* Deliciæ Poëtarum Gallor. *part. 2. p. 825.*

õ õ

ures semblables que nous a donnez M. Pithou, comme sont le traitté *De Latinis SS. Bibliorum Interpretibus*, le Canon des sainctes Escritures de Nicephore, Patriarche de Constantinople, & son Histoire de l'ancienne dispute touchant la procession du S. Esprit. Les Obseruations meslées de M. Loisel, contenans diuers petits traittez qui concernent les droicts du Roy & de la Couronne de France, auec les autres petites pieces d'histoire & d'humanités, ont, ce me semble, assez de connexité auec les Opuscules de M. Pithou qui sont en suite de sa Vie, & encores auec ses deux liures appellez *Aduersaria subcesiua*, qui contiennent aussi des remarques de Droict, lesquelles, sans parler de ses autres Opuscules de Iurisprudence qui sont pareillement en suite de sa vie, peuuent estre fort bien comparées à celles de M. Loisel, qui ont esté imprimées en son liure sous le nom d'Obseruations de Droict ciuil Romain, & François. Et comme M. Pithou a donné au public par les mains de M. Cujas faisant imprimer le Code Theodosian, les Constitutions *de SC. Claudiano*; ainsi M. Loisel nous a donné par les mesmes mains les Nouelles de Majorian, desquelles il a esté parlé. M. Pithou a beaucoup contribué a la conseruation des droicts de l'Eglise Gallicane par le recueil de ses Regles * touchant nos Libertez; ainsi M. Loisel a affermy les maximes de nostre Droict François par ses Regles du Droict Coustumier & plus ordinaire de la France: lequel en outre nous a laissé dans ses Registres plusieurs explications sur diuers articles des Coustumes de France; comme M. Pithou a fait particulierement sur la Coustume de Troye. Et si l'vn a illustré sa patrie par ses Memoires des Comtes de Champagne & de Brie, aussi l'autre n'a pas acquis peu de gloire à la sienne par les *Memoires des Pays, Ville & Comté de Beauuais & Beauuaisis*. Les vers de plusieurs anciens Poëtes Latins que nous a donnez M. Pithou, & les Notes qu'il a faites sur aucuns d'eux, auec les poësies que luy-mesme a composées, sont des marques de l'affection qu'il auoit à ce diuertissemẽt agreable & honneste, pareille à celle de M. Loisel, qui nous a laissé quelques Notes sur son Phæ-

* *Feu M. du Puy a fait vn beau Cõmentaire sur ce Traitté de M. Pithou, qui a esté imprimé in 16. chez Cramoisi en la presente année 1652.*

drus, & quantité de petites poësies de sa façon, où il ne paroist pas moins d'art que de naturel. Il se pourroit encores rencontrer en ce couple de parfaits amis, beaucoup d'autres choses correspondantes, qui ont dõné commencement & nourriture pendant vn si long temps à leur amitié. Mais vne chose les a rendus bien dissemblables : c'est la disproportion des années de leurs vies, M. Pithou ayant esté rauy au public à l'aage de LVII. ans ; & Dieu ayant fait la grace à M. Loisel de luy prolonger ses iours, vingt-cinq ans dauantage : pendant lesquels pour mieux conseruer dans sa memoire les actions d'vne personne si chere, il voulut mettre par escrit cette Vie ; laquelle il adressa à M. Fr. Pithou, sieur de Bierne son frere, en volonté de la publier auec les deux autres de Rutilius Rufus, & de M. l'Aduocat du Roy du Mesnil, comme il paroist par les epistres dedicatoires d'icelles.* Mais quelques raisons particulieres luy firent differer l'execution de ce dessein : comme aussi de donner au public cette belle & agreable Histoire des Aduocats du Parlement de Paris, qu'il fit en 1602. en forme de Dialogue, sous le nom de M. Pasquier, lors Aduocat du Roy en la Chambre des Comptes, à l'imitation du Brutus de Ciceron *De claris Oratoribus*, prenant occasion de celebrer la memoire de tant de grands Personnages, de la resistance que firent en ce temps là les Aduocats de se sousmettre & d'obeyr à l'Arrest de la Cour, par lequel on vouloit les obliger à mettre leurs receus au bas de leurs escritures. Et c'est pourquoy iugeant que cette petite Histoire pourroit estre quelque iour bien receuë, il ordonna depuis nommément par son testament, dont il sera parlé en son lieu, qu'elle seroit imprimée.

** V. aussi le Dialogue des Aduocats, p. 548.*

Depuis les pertes qu'il auoit faites de ses deux fils, morts de la contagion, & de M. Pithou, son bon amy, Dieu le consola par diuers succez fauorables en ses affaires domestiques, voyant son fils aisné employé au Palais dans sa vacation d'Aduocat, particulierement depuis qu'il fut *retourné en 1596.* des grands iours de Lyon, où il entendit qu'il auoit bien fait & acquis de l'honneur :* puis le voyant *marié*

**le 25. Nouembre.*

honorablement: [1] *son second fils receu* [2] *Conseiller clerc au Parlement: l'vne de ses filles* [3] *aussi bien mariée,* [4] *tous trois pourueus mieux*, dit il, *qu'il n'eust osé esperer, en moins de six mois.* Mais ses douleurs passées furent renouuellées és années suiuantes, iusques en 1604.[5] par la mort d'aucuns de ses petits enfans; & particulierement en 1601. *par le decez de sa belle fille*, femme de son fils aisné, qui estoit vne *tres-sage* Damoiselle, & comme il dit, *sa bien aymée, ainsi qu'il tesmoigna par ce qu'il en escriuit tant en prose Françoise,* [6] *qu'en vers Latins, qui sont*, adjouste t'il, *tres-veritables*, & qu'il fit imprimer parmy ses tombeaux familiers: *& receut si grande fascherie de cette perte, qu'il en tomba malade. Pendant les vacations de l'année 1602. il fit son* Pausanias Gallicus, *sur la mort du Mareschal de Biron, executé par Arrest de la Cour.*

En 1603. son second fils, Conseiller au Parlement, *fit le voyage d'Italie* [7] *auec M.* l'Euesque *de Beauuais.* Ce qui donna occasion au pere de renouueller par lettres l'ancienne cognoissance & amitié qu'il auoit autresfois contractée auec M. le Cardinal d'Ossat, lequel en vne des responses qu'il luy fit, apres l'auoir congratulé de son fils, comme estant, dit-il, l'image viuante de sa vertu, le remercie de son souuenir & de son affection en ces termes honorables. Ie ne vous sçaurois exprimer combien ie sens d'aise, & combien ie me tiens honoré de la bonne souuenance de moy, & affection enuers moy, que vous m'auez conseruée en vn si long interualle & de lieux & de temps: vous asseurant que de ma part, ie vous ay bien rendu la pareille: ma souuenance de vos vertus, & mon amitié enuers vous estans encores auiourd'huy aussi fresches, entieres & fermes, comme la derniere fois que ie vous vis.

Cette mesme année luy fut encores funeste & malheureuse par la mort de son petit fils [8], fils de son fils aisné, *qui fut le comble de ses douleurs, ayant perdu la mere & les enfans: car ses autres freres & sœurs estoient desia decedez. Il essaia de s'en consoler par quelques vers qu'il en fit imprimer, qui furent,* Tumuli familiares, *&* Disticha Catoniana: des-

1 *le 16. Aur. 1597. auec Damoisell Heleine le Bossu, fille de M. le Bossu Conseiller en la Cour, & niepce de M. Mangot Aduocat general.*

2 *le 3. Sept. 1597.*

3 *Valentine Loisel.*

4 *le 11 Sept. 1597. à M. Marescot lors Aduocat en Parlemẽt, & depuis Maistre des Requestes.*

5 *69. ans.*

6 *Le titre est; De la vie & trespas de Damoiselle Heleine le Bossu, à Geneuiefue Loisel sa fille.*

7 *partit le 3. Mars, retourna le 24. Iuillet.*

8 *du 23. May.*

quels Distiques il disoit à ses enfans qu'*ils deuoient faire plus de compte qu'ils n'en faisoient, y ayant enchassé les plus singuliers preceptes de la vie pieuse & morale, qu'il auoit pû remarquer en lisant & prattiquant les meilleurs liures, autres toutesfois que ceux qui sont és liures qui en ont esté faits expres.* Et cõme il les auoit composez principalement pour ceux de sa famille, il les tourna par apres en vers François, pour seruir à ceux qui n'entendoient pas le Latin: & croyoit qu'ils pouuoiẽt leur estre si vtiles, qu'à la fin de ses iours il leur en recõmanda particulierement la lecture par les vers qui suiuent.

AD NEPOTES.

Debita post patriæ natali vota soluta
 Bellouaco, ac cunis reddita iusta meis,
Accipite, ô Nati, si quidquam nostra Catonis
 Carminibus priscis reddere Musa potest.
Kal. Ian. M. DC. XVII.

Aussi dés l'heure que cet Ouurage eut commencé à paroistre, quelqu'vn de ses amis, assez bon Poëte pour le temps, le loüa par vn Quadrain François, que i'ay trouué sans nom en cette sorte,

Paris n'emprunte plus le Sage des Romains,
Pour nourrir tes enfans de sage remonstrance:
Puis que tout biẽ s'apprẽd en ces vers plus qu'humains.
Pour Rome soit Caton, & Loisel pour la France.

Et M. Colletet qui n'employe point sa Muse à des sujets indignes, a tãt estimé ces Distiques moraux, qu'il n'a pas dedaigné depuis peu d'en faire vne version nouuelle, ou plustost vne paraphrase en beaux Quadrains François, pour les rẽdre plus semblables à ceux de M. de Pibrac, ausquels ils auoient desia assez de rapport par les preceptes dont les vns & les autres sont composez. Et il faut esperer que cette version nouuelle, sortie de la main d'vn Auteur qui n'ignore rien de la politesse de nostre tẽps dans la Poësie Françoise, pourra à l'aduenir par ses beautez estre renduë plus cõmune & vtile, que n'a pas esté celle de l'Auteur à cause de son vieux style.

En 1605. il fit rimprimer en vn volume ses principales Harangues de Guyenne, auec celle du restablissement du Parlement,* * 70. ans.

& l'extraict de son plaidoyer de l'Vniuersité: aucunes d'icelles ayant esté desia imprimées separement, & mesme sans sa permission: parmy lesquelles il mit celle qui auoit esté faite en son absence par M. Pithou en la ville d'Agen: il dedia le liure à M. le Chancelier de Sillery; & particulierement celle de l'Vniuersité à M. le President Molé, qui luy auoit tousiours tesmoigné beaucoup d'affection. Ce Recueil fut le premier iuste volume qu'il donna au public, qui fut si bien receu, qu'entre plusieurs hommes de sçauoir qui le louerent, M. de Besly Aduocat du Roy à Fontenay le Comte, Personnage de grande erudition, en parla en ces termes en vne des lettres qu'il luy escriuit depuis en 1616.* sur son Histoire de Beauuaisis. I'ay leu, dit il, & releu vostre Guyenne, qui m'a laissé vn aiguillon de la reuoir, tant i'y ay receu de contentement. Pleut à Dieu que nous eussions de pareils ouurages: ce faisant nous aurions d'autant plus d'exemples pour deuenir plus gens de bien au maniment de la Iustice, & en la conuersation publique. M. A. Loisel *donna encores* en ce mesme temps *à vn autre Imprimeur vne des Harangues qu'il auoit fait autresfois à Alençon: & fit aussi imprimer quelques vers qu'il adressa à M. Pasquier*, par lesquels apres l'auoir felicité des bons heurs qu'il auoit receus en sa vieillesse, il l'exhorta à employer le reste de sa vie à seruir Dieu dans la lecture des Lettres Stes & des Peres de l'Eglise.

* du 20. Aoust.

Sur la fin de cette année le Roy faisant son voyage de Limoges, & desirant y enuoyer vne Chambre de Iustice, à laquelle presideroit M. le President Molé selon ce qu'il luy en escriuit, il manda pareillement que l'on sceut de M. A. Loisel, *s'il auroit assez de courage, & la volonté de le seruir encores en la charge de son Aduocat en cette Chambre.* A cela il fut bien empesché de se resoudre, quoy que ses deux fils s'efforçassent de luy persuader de l'accepter. De sorte que les diuerses pensées qui partageoient là dessus son esprit, luy produisirent vn songe qu'il remarqua en *vne forme de consultation qu'il fit en vers* sur ce subjet, *pendant les vacations, lors de cette grande eclipse de Soleil, qui parut au mois d'Octobre 1606. & pendant vn voyage qu'il fit à Beauuais & à Senlis, lesquels il adressa à*

M. de Maisse Conseiller d'Estat : & les enuoya aussi à M. Pasquier au Chastelet en Brie, qui luy faisant response, luy donna aduis de ne pas refuser de rendre ce seruice au Roy & à l'Estat, & de ne pas negliger son songe, qu'il essaya de luy faire passer pour vn oracle. *Les vers* de M. Loisel *furent alors imprimez*, comme la response de M. Pasquier l'a esté depuis au XIX. liu. de ses Lettres.

Aussi la seule peine que M. Ant. Loisel auoit en luy mesme de refuser cette commission, estoit l'apprehension de manquer à son Prince & au public: car cessans ces considerations il n'eust pas esté fort long-temps à deliberer quelle response il deuoit faire. Il s'estoit assez confirmé dans la resolution qu'il auoit prise de se desbarasser des affaires le plus qu'il luy seroit possible, & non seulement des estrangeres, mais mesmes des domestiques, afin d'auoir plus de liberté de vacquer le reste de ses iours à Dieu, & à ses liures. C'est pourquoy mesme il se défaisoit peu à peu de ses biens à ses enfans : & comme il auoit commencé aux années precedentes d'en faire part aux vns apres les autres, il voulut donner en cette année à son puisné sa petite maison de Cheuilly, qu'il auoit fort aymée, tant pour ce qu'elle luy estoit escheuë de Mess. Goulas ancestres de sa femme, que pour auoir esté souuent participante de ses estudes, & de plusieurs belles productions de son esprit. C'est pourquoy il voulut celebrer particulierement ce don par quelques vers, qui n'ayans pas esté imprimez dans ses poesies, y furent depuis adioustés de sa main en ces mots,

DE VILLA CIVILLIACA,
ad Vidum Fil.

Villula quæ quondam nobis hæc otia fecit,
Vt cum impuberibus luderet ipse parens,
Tædia blanditiis nonnunquam intexta ferebat,
Natorum atque laris dum mea cura fuit.
Nunc cùm herediolum cœpisti patris, auique,
Ac proaui quarto cernere, Nate, gradu;
Et labor & curæ, tua sunt : ego liber ab omni
Munere, pomifero rure domoque fruor.

Sic senis in sortem concessit sola voluptas,
Et magis est dominus, qui minùs est dominus,
Kal. Maij M. DC. V.

Aussi ce present fut receu du fils auec vn tel agrément, qu'encores que depuis ses biens & sa condition de Conseiller en la grand'Chambre, eussent esté capables de luy faire souhaitter vn lieu plus noble & plus spacieux ; toutesfois il a tousiours preferé celuy-cy à tous autres, l'estimant à l'égal de ce petit domaine qu'Ausone saluoit auec joye, quand il disoit à l'heritage de ses pere & grands peres.

Salue herediolum, majorum regna meorum,
Quod pater excoluit, quodque auus & proauus.

Et c'est encores la mesme affectiō qui m'ayāt depuis peu fait resoudre de retirer par retrait lignager cette maisō des mains d'vn estranger à qui elle auoit esté alienée, m'a fait prendre plaisir à exprimer par d'autres vers, dont quelques-vns respondent aux precedens, la satisfactiō que i'ay euë de me voir possesseur d'vn heritage si ancien dans ma famille, & qui m'a seruy souuent dans ma ieunesse de diuertissement auec des personnes, dont i'honore beaucoup le nom & la memoire.

AD VILLAM CIVILLIACAM,
QVAM IVRE COGNATIONIS VINDICAVI.

Villula, quæ quondam doctorum fundus auorum,
Nunc mihi Gulasios, Loselios que refers:
Quæ postliminio, iam iam elapsura, redisti,
Da faciles Musas, pomaque plura mihi:
Iucundo da rure frui: da denique vitam,
Quæ sit læta diu, nec minùs innocua.
M. Aug. M. DC. LI.

DE EADEM VILLA A. LOISELLI, IC.

Scripta, nepos, illustris aui, qui publica fecit;
Qui Vitam, adjunctis, condidit, Elogiis:
Rustica mox etiam, sophiæ sed conscia multæ,
Legis ope, ac precio, tecta sibi asseruit.
Scilicet haud æquum indigno cessisse colono,
Quæ fuerant tanti villa domusque viri.
M. Sept. M. DC. LII.

Pendant

Pendant les derniers mois de cette année 1605. il eut diuerses incommoditez, & maladies, qui luy durans encores aux premiers mois de l'année suiuante, *luy causerent* enfin *au mois de Iuin vne defaillance*, cum deliquio, dit il, animi & & corporis, *en plaine salle du Palais*. Cela passa pourtant, & nonobstant son aage, qui estoit lors de LXXI. ans, sa santé luy reuint telle qu'auparauant; & il se remit à ses estudes à l'ordinaire: si bien qu'en 1607. il fit imprimer à la fin des Institutes au Droict François de M. Guy Coquille, sieur de Romenay, ses *Institutes Coustumieres*, ou *Manuel de plusieurs Regles du Droict Coustumier, & plus ordinaire de la France*; lequel recueil, quoy que petit, ne laisse pas d'estre d'vne tres-grande vtilité, estant vn ramas où l'on peut trouuer en peu de mots les decisions des questions les plus douteuses & controuersées de nostre Droict François. Et en effect ce petit Ouurage est peut-estre celuy qui luy a le plus cousté à faire. Au moins il n'en a fait aucun où il ait employé plus de temps, tesmoignant en la preface de ce libelle, lequel il n'adressa qu'à ses deux fils, qu'il auoit trauaillé à cette compilation depuis quarante ans & plus; ce qui luy fit mettre en teste de son liure ces trois vers parodiés de Lucrece.

Ne mea dona tibi Franci per deuia iuris,
Vestigata diu, pluresque probata per annos,
Intellecta priùs quàm sint, contempta relinquas.

Aussi a-t'il esté si bien receu dans le Palais, qu'il s'en est fait, mesmes depuis la mort de l'Auteur, & à l'insceu des siens, cinq ou six editions nouuelles.

Le dessein que le Roy auoit eu en l'année 1605. d'enuoyer vne Chambre de Iustice en la ville de Limoges, ayant esté renouuellé en 1608. M. Loisel *fut mandé par M. le Chancelier* de Sillery, *pour estre Procureur general** *en cette Chambre*, au lieu d'Aduocat, comme il auoit esté projetté au commencement, son grand aage le dispensant alors de parler en public. Ce qui diminua de beaucoup la peine qu'il auoit euë à se resoudre d'accepter cette commission; *dont il dressa l'Edict, & les memoires & instructions.* *73. ans.

Mais les affaires du temps n'ayant pas permis que cette derniere deliberation eust *sorty* plus *d'effect*, que la premiere,

il eut le loisir de continuer l'agreable trauail qu'il prenoit à reuoir ses Ouurages, s'appliquant particulierement pendant les vacations de cette année là à repasser pardessus les vers Latins qu'il auoit composez iusques alors, dont il fit imprimer la plus grande partie au commencement de l'an-
* 74. ans. née 1609. * n'en ayant fait pourtant tirer des exemplaires que pour ses parens & amis, afin d'en auoir leurs aduis, comme il le dit en la preface de ce libelle, ausquels il l'adressa; quoy que l'elegance en soit telle, & la maniere d'escrire si poëtique, que ie ne m'estonne pas si depuis par son testament il ordonna nommément qu'ils seroient rimprimez, estans assez limez pour estre exposez à la censure des mieux versez en la pureté de la Langue, & en l'art de la Poësie Latine. Mais ce qui est, à mon aduis, de plus considerable en ce Recueil, est l'amitié qu'il paroît auoir euë auec les plus grāds hommes de son temps, comme Mess. les Chanceliers de Bellievre, & de Sillery, & M. du Vair Garde des Sceaux: Mess. les Presidens Brisson, de Harlay, de Pibrac, & de Thou, pere & fils: Messire Hurauld de Maisse, Conseiller d'Estat: Mess. Bourdin, & Mangot, Procureur, & Aduocat generaux: Mess. de Marillac, Ribier du Puy, Coqueley, & Loüet, Conseillers: M. le Febvre, Precepteur du defunct Roy Louis XIII. Mess. Ronsard, de sainte Marthe, Rapin, Vinet, Pasquier, Choppin, Choart, Robert, Dolé, & autres nommez dans cette Vie, & ailleurs.

Au commencement de l'année 1610. il prit plaisir à reuoir les Prouerbes François qu'il auoit autresfois *recueillis de ses vieux liures & manuscrits*, dont il composa vn Recueil par ordre Alphabetique, sous le titre de *Prouerbes ruraux, & vulgaires, anciens & modernes*, qu'il adressa à M. Marescot lors Aduocat, & depuis Maistre des Requestes, son gendre, qui auoit desiré de les voir. Et au mois de May il commença à mettre par escrit en forme de Iournal l'histoire des affaires du temps, semblable à celuy de la Ligue, dont il a esté parlé cy deuant, lequel il continua iusques à la fin de Mars de l'année 1617. en laquelle il mourut, qui est vne piece assez considerable & importante, pour estre quelque iour donnée au public auec la precedente. *Il passa vne partie des vacations* de cette année *en sa maison de Cheuilly*, où il prit plaisir à faire vne Epistre en vers à M. le President de Thou, pour le persuader de prendre la charge de premier President de M. de Harlay, son beau-frere. Mais *il y acquit vn grand mal d'yeux qui luy dura plus de quatre mois*, & duquel il auoit esté auparauant plusieurs fois trauaillé, comme il le fut encores depuis assez souuent, iusques à la fin de ses iours. Laquelle incommodité prouenuë de ses trop grandes lectures, luy donna sujet d'en faire sa plainte l'année suiuante en ces deux vers.

AD OCVLOS.

Heu perij per vos, per me vt periistis, Ocelli,
Atque hæc incautus sensim mihi vulnera feci.

M. Iul. M. DC. XI.

Il me semble pourtant que ie ne dois pas oublier de remarquer icy, qu'il ne se seruit iamais en sa vie de lunettes, car c'est vne chose assez rare en vn hõme de si grand aage, & qui auoit tant leu de liures, & d'escrits de toute sorte.

Pendant cette maladie importune, il luy arriua vers la fin de l'année 1 vne autre affliction la plus sensible qu'il ait esprouuée en sa vie, qui fut la mort de M. M. Ant. Loisel son fils aisné, lors Conseiller au Parlement, desia aduancé en aage, remarié honorablement, 2 & qui auoit acquis beaucoup de reputation, de credit, & d'amis, & lequel donnoit encores esperance de quelque aduancemẽt plus grand. Il en voulut exprimer sa douleur dans quelques vers qu'il fit sur sa mort pour luy seruir d'Epitaphe: mais elle estoit si excessiue, qu'elle ne luy permit pas de les rẽdre parfaits en leur cõmencemẽt ny en leur fin, dont il a témoigné quelque chose en ces deux vers,

Ter nato extremum conanti dicere carmen,
Ter patriæ cecidêre manus.

Toutes fois en 1611. Dieu le consola par la naissance 3 d'vn petit postume 4 de son fils, qu'il a veu croistre peu à peu iusques à la fin de ses iours, & qu'il prenoit plaisir de tenir prés de luy, comme il fait voir par le Distique qui suit, qu'il fit quatre ans apres.

AD VIDVM FILIVM.

Quis Ciuilliacâ lateat, si quæris, eremo.
Laërtesque senex, Telemachusque puer.

1 *le 23. Decembre.*

2 *auec Damoiselle Anne Bailly, fille de M. Bailly, President en la Chambre des Cõptes.*

3 *du 11. Sept.*

4 *M. Loisel Conseiller en Parlement, decedé le 4. Ianuier de la prensente année 1652.*

En 1612. il prit le soin de l'edition de l'Histoire de Niuernois, composée par M. Guy Coquille, cy deuant nommé, sur l'autographe de l'Auteur, qui luy fut baillé par M. Guill. Ioly, Lieutenant general de la Connestablie, son gendre, lequel ayant entrepris de dõner au public les Oeuures de cet illustre Personnage, son compatriote, allié, & bon amy, ne pût luy-mesme accomplir entierement ce dessein, à cause de son indisposition suiuie quelque temps apres de sa mort;* ce qui fut cause que ce manuscrit est demeuré dans la Bibliotheque de M. Loisel, auec vn autre du mesme Auteur, contenant des annotations qu'il auoit faites en 1585. sur l'Ord. de Blois, non encores imprimé, lequel vraisemblablement M. Loisel eut deslors par les mains de son gendre: & sur laquelle Ordonnance de Blois i'ay trouué qu'il a fait aussi luy-mesme diuerses annotations, qui seroient fort bien jointes auec celles de M. Coquille, & auec vn espece de Cõmentaire qu'il a encores laissé parmy ses escrits sur les Ord. d'Orleans, & de Moulins: cõme pareillement vn autre sur la Coust. de Paris, à laquelle ses enfans ont trauaillé à sõ exẽple.

* *le 13. Auril 1613.*

Il y a apparence qu'en 1614. lors qu'il fut parlé des Estats qui commencerent à Paris au mois d'Octobre, il fut requis de donner son aduis de ce qu'il falloit faire pour rendre cette Assemblee vtile. Desia auparauant, & peut-estre dés le temps des Estats de Blois, il auoit mis par escrit quelque chose, *Des trois Estats de la France, & singulierement que la Iustice appartenoit à la Noblesse*, monstrant entre autres choses, *que c'est vn abus de vouloir comprendre les gens de Iustice sous le tiers Estat, l'exercice de la Iustice appartenant proprement aux Cheualiers & Nobles*, dont il rapporte entre autres authoritez non communes, celle du Reclus de Molesme en son *Miserere mei Deus*, qui merite bien d'estre icy indiquée, en attendant quelque autre occasion de la donner entiere, auec le memoire de M. A. Loisel. En voicy le cõmencement:

. Labour de Clerc est Dieu prier,
. Et iustice de Cheualier,
. Pain leur trouue li labourier, &c.

Dans l'autre memoire touchant les Estats de 1614. il disoit auec autant de verité que de iugement; *Que c'estoit se moquer des Estats de les faire assembler pour donner au Roy des moyens de pouruoir aux abus de son Royaume, si l'on n'estoit obligé & contraint d'obseruer ce qui y seroit aduisé & ordonné. Que l'on en auoit veu l'experience és Ordonnances faites à Orleans, & principalement à Blois; ausquelles on auoit plustost derogé qu'elles n'auoient esté verifiées. C'est pourquoy,* disoit-il, *il seroit besoin pour l'execution de ce qui y sera aduisé, d'establir de l'authorité du Roy suiuant la requisition des Estats vne Chambre en chaque Parlement, composée d'vn President de la grand' Chambre, & neuf ou sept Conseillers, quatre desquels seront de la grand' Chambre, deux Clercs & deux laics, au lieu desquels monteront quatre des plus anciens des Enquestes; & d'vn Substitut de M. le Procureur general. Laquelle Chambre iugera en dernier ressort contre toutes sortes de personnes, Ecclesiastiques, Officiers, & autres, de quelque qualité & condition qu'ils soient, des contrauentions faites, tant aux Edicts des Estats precedens, en ce qu'il n'y aura esté derogé par autres Edicts deuëment verifiez, que de ce qui se fera contre ceux de present. Laquelle Chambre changera & se renouuellera d'an en an, les Conseillers estans choisis & enuoyez par l'aduis ou ordre de leurs Chambres; & le Substitut pris en la salle du Palais par M. le Pr. general, de l'aduis de Mess. ses compagnons Aduocats du Roy. Et au cas que l'vn de la Chambre soit recusé, en sera commis vn autre de la mesme Chambre pour entrer incontinent en la place du recusé.* Le reste contient les articles qu'il iugeoit estre à propos de faire en ces Estats, qui pourront quelque iour estre mis ailleurs tout au long.

Sur la fin de la mesme année 1614. *il fut fort trauaillé de maladie pendant les quatre derniers mois, dont s'estant* soudainement *trouué mieux en vne nuict,* sa deuotion le porta à se faire lire à son leuer, quelque chose des Pseaumes de Dauid, & *luy fut leu le premier Psalme de* Benedic anima mea Domino, *qui est le* 102. *& qui se trouua par rencontre*, lequel il prit *comme luy annonçant sa guerison*, ce Pseaume estant vne loüange à Dieu, & vne action de graces de ses biensfaits enuers l'hõme, particulierement és maladies & afflictions. Or ie ne remarque pas cet acte de pieté en M. A. Loisel comme vne chose extraordinaire & rare : car il en faisoit fort souuent de semblables. Mais i'ay voulu toucher cette particularité, pour dire en suite que ses prieres iournalieres, & qu'il aymoit le mieux, estoient celles des Pseaumes, à l'imitation des anciens Ecclesiastiques, ausquels ayans esté quelquefois defendu* de lire autre chose dans l'Eglise que ce qui estoit des Escritures sainctes & Canoniques, auec quelques passions des Martyrs, ils auoient tellement disposé le Pseautier, qu'ils le recitoient tout entier chaque sepmaine, l'apprenans ainsi par cœur peu à peu ; & tous les ans ils reprenoient les plus beaux & plus vtiles liures de la Bible, qu'ils recitoient tous les iours de suite, & sans interruption, pour les mieux entendre, & pour mieux retenir les histoires & les moralitez qui pouuoient leur seruir à bien former leurs mœurs, & de ceux qu'ils estoient obligez d'enseigner. M. Loisel se seruoit pour cela d'vn Pseautier de Genebrard, dont il faisoit ses Heures : & afin qu'vne si sainte & diuine lecture luy fust de plus grande vtilité & edification, il auoit mis à la fin de son liure, vne table de tous les Pseaumes, lesquels il auoit redigés sous certains titres qui designoient à quoy chaque Pseaume pouuoit particulierement seruir & s'appliquer ; dont l'Indice a esté trouué si cõmode, que i'ay esté conseillé de le faire imprimer au commencement de ses Obseruations Ecclesiastiques, auec la Paraphrase qu'il auoit faite aussi de l'Oraison Dominicale par les versets des Pseaumes qui y conuiennent le mieux.

* *Concil. Carth. III. tit. 24. Crisconius, cap. 299.*

Il semble en 1615. qu'il auoit pris quelque dessein de donner de nouueau au public non seulement sa Guyenne, mais aussi plusieurs de ses autres Oeuures : car il obtint vn priuilege portant permission de faire imprimer, outre ses Remonstrances, *quelques autres siennes Oeuures & Traittez non encores publiés*. Mais il ne s'en seruit point que pour l'edition qu'il fit faire sur la fin de l'année suiuante de ses *Memoires de Beauuaisis*, lesquels mesme il fut cõme forcé par aucuns de ses amis de publier, & principalement par M. Besly, Aduocat du Roy à Fontenay en Poictou, son amy, comme il paroist par quelques lettres qu'il luy escriuit lors, en l'vne desquelles * il vse de ces mots qui seruent d'eloge au liure & à l'Auteur. La vostre m'a grandement resiouy de ce. qu'enfin nous vous arrachons des mains vn petit tresor, dôt. ne deuez auoir regret, puis qu'il n'estoit pas vostre, mais. appartenoit au public, qui sçaura bien vous rendre l'hon-. neur que merite la peine qu'auez prise à le ramasser, sinon. que recherchant le loyer de la vertu, vous vous contenterez. d'auoir bien fait. Et en vne autre: * Ie me glorifie, dit-il,. grandemẽt que i'aye esté l'vn des premiers qui ait eu l'hon-. neur de lire vostre Histoire de Beauuais, auant qu'elle fust. imprimée, & depuis aidé à l'extorquer, & tirer comme par. force, de vos mains pour la cõmuniquer au public. Or il y a apparẽce que la difficulté que M. Loisel faisoit de bailler cette Histoire, venoit de son grãd âge, qui n'estoit pas bien propre à l'entreprise d'vn Ouurage plus grãd qu'aucun de ceux qu'il auoit auparauant donnez; & que peut-estre aussi il desesperoit de la pouuoir paracheuer auant sa mort, qu'il s'imaginoit estre proche par vn accident qui luy estoit arriué au commencement de cette année 1616. Car *estant allé le 22. de Mars en sa maison de Cheuilly, pendant la surceance d'armes* * *il fut seul en vne ferme voisine, où il fut tellement assailly par des chiens que n'eust esté vne grande grace que Dieu luy fit, & le secours que luy donnerent promptemẽt ceux du logis, il courroit fortune de la vie: qui fut*, dit il, *vn aduertissement qu'il croyoit que Dieu luy donnoit de n'aller iamais seul, mesmement en lieu perilleux, & de s'apprester à la mort.* Toutesfois Dieu voulut qu'il eut assez de tẽps pour mettre cet Ouurage dans sa perfection: & fut enfin bien aise d'auoir employé ses derniers trauaux à la decoration de sa patrie, comme il le fit connoistre par ces deux vers qu'il mit au frontispice, * & à la fin de cette Histoire, auec quelques autres qu'il insera dedans le liure.

* *du 20. Aoust 1616.*
* *du 12. Decemb. 1616.*
* *Il entend parler de la guerre qui estoit lors entre les Princes & le Mareschal d'Ancre, qui fut tué peu apres.*
* *ch. 1. p. 7. & 8.*

. Extremum hunc mihi, Christe Deus, concede laborem,
. Gratus vt in Patriam moriar, viuamque superstes.

Desia M. Pierre Louuet, Aduocat en Parlement, auoit donné en 1614. vne pareille Histoire de la ville & cité de Beauuais, & des antiquitez du pays de Beauuaisis. Mais les recherches qu'il en auoit faites ne furent pas capables de destourner M. Loisel de glasner apres luy sur le champ qu'il auoit despoüillé, cet Auteur y ayant laissé tant de choses, que ces restes ont esté suffisans pour former vn volume plus ample que le sien, & si remply d'antiquités, & de chartes & titres inconnus, qu'il est aisé à voir que l'Histoire de Beauuaisis estoit reseruée à M. A. Loisel. Aussi en receut il des eloges tres-grands, de quantité de personnes de condition & de merite, qui luy en firent des complimens par plusieurs lettres honorables, & remplies de doctrine, tant auparauant que depuis qu'elle eut esté publiée, & entre autres de M. le Chancelier de Chiuerny, de M. de Boufflers vn des premiers Gentils-hommes du pays, homme de sçauoir, & duquel nous auons quelques Ouurages, 1 des Doyen & Chappitre, & des Maire & Pairs de la ville de Beauuais, de M. Sauaron Lieutenant general à Clermont en Auuergne, de M. Besly Aduocat du Roy à Fontenay, cy-deuant nommé, de M. Ra. Adrian, Aduocat à Beauuais, homme de literature, & de M. Dadu Chanoine en l'Eglise Cathedrale, & Vicaire general de M. de Beauuais, bien versé dans la Poësie, 2 comme on peut voir par ces quatre vers qu'il luy enuoya dans sa lettre.

AD ANT. LOISELLVM, IC.

Quæ tibi debebas extremæ tempora vitæ,
In patriam grato subtrahis officio.
Tam tibi Bellouaci debent hoc nomine, quàm, tu
Vnus, qui posses scribere BELLOVACA.
Fortunate senex, viues post funera, dignus
Bellouacâ scribi primus in Historiâ.

Cette Histoire parut vers la fin de l'année 1616. qui fut la closture des trauaux & quasi des iours de M. A. Loisel, comme il auoit preueu, estant tombé malade au commen-

1 *Il a fait vn liure intitulé: Le chois de plusieurs histoires, & autres choses memorables, tant anciennes que modernes, appariées ensemble, pour la plus part non encores diuulguées; imprimé à Paris in 8. en 1608.*

2 *Il fit ces deux vers Latins à l'arriuée du Roy Henry IV. à Beauuais, au retour d'Amiens:*

Intrant, cùm prosint, Pax & Concordia tecum,
Henrice, ad patrias qui venis ante fores.

Lesquels il mit ainsi en François:

Pour entrer auec vous, Sire, & vous faire escorte,
La Concorde & la Paix vous attendent à la porte.

cement

cement de Mars 1617. *d'vn mal de costé auec vn peu de fievre, & fut quelques iours sans sortir de la chambre.* Mais vers le milieu du mois suiuant, cette incommodité se tourna en vne maladie formée d'vne inflammation de poulmon, qui luy fit cognoistre que sa fin estoit proche & certaine. C'est pourquoy ayant fait son testament dés le 12. Iuillet 1615. où il auoit voulu laisser vn tesmoignage de l'amour qu'il portoit à ses Liures & Escrits, & du desir qu'il auoit de les conseruer à ses petits enfans, il le voulut reuoir encores, & le relut le 14. du mois d'Auril, y adjoustant quelque chose touchāt l'edition de ses Ouurages, puis il le fit signer par tous ses enfans & ses gendres auec luy. Or il semble que les clauses qui concernēt ces deux articles, ne doiuent pas estre icy oubliees, portans des tesmoignages precis de ses plus belles affections. *Ie desire*, dit il, *que tous mes Liures, papiers & Escrits demeurent à mon fils, pour conseruer mes Liures à son nepueu, mon petit fils, s'il en est capable : & ce pour le prix qu'ils seront estimez auec quelque petite cruë, comprenant entre mes Liures, mes medailles, antiquailles & tableaux. Que si mon petit fils Antoine Loisel* 1 *n'estoit de nostre profession, & incapable de faire son profit de mes Liures (ce que Dieu ne vueille) ie laisse à la discretiō de mon fils d'en disposer à tels de ses nepueux* 2 *Iolys & Marescots qu'il aduisera.* En la seconde, il vse de ces termes pour ce qui concernoit ses Escrits. *Mon fils fera imprimer ce qu'il & autres de nos amis trouueront bon entre mes papiers, & singulierement mes Aduocats,* 3 *& mes vers, auec ce que i'y ay adjousté : & si l'on r'imprime ce que i'ay cy-deuant baillé, ce sera selon les corrections, que i'y ay faites.* Et veritablement il auoit grande raison de pouruoir que ses Liures & Escrits fussent conseruez apres luy à ceux de sa famille qui pourroient s'en seruir, puis qu'outre les Manuscrits qui y sont, dont aucuns mesmes ont esté citez par quelques Auteurs, cōme son Eugraphius, ancien Commentateur de Terence, par Fred. Lindenbrogius; son Gregoire de Tours, par M. Bouchel Aduocat en Parlement, son Philippes de Beaumanoir & Pierre des Fontaines, par plusieurs: & outre les curiositez qui se rencontrent dans ses compositions : il

1 Conseiller au Parlement, depuis peu decedé.

2 fils des filles du testateur. Il ne reste plus à present aucun de Mess. Marescot.

3 C'est le Dialogue qui est imprimé au volume de ses Opuscules, & cōmence en la p. 413.

laissoit tant de sçauantes notes, & des corrections si importantes sur quantité d'Autheurs, tant anciens que modernes, que ces fruicts de ses veilles & trauaux pouuoient leur estre tres-vtiles, & leur apporter vn grand soulagement dans leurs estudes: lequel secours il n'estoit ny iuste ny honneste de mettre à l'ancan, pour le faire passer à des estrangers au prejudice des siens. I'oserois adjouster à cela, que le public auoit quelque interest, que cette petite Bibliotheque, laquelle ce Personnage auoit enrichie & renduë pretieuse par ses remarques & escrits pour ce qui cõcerne les bõnes lettres, quoy que de peu de valeur pource qui est de l'interest bursal, ne fut point dispersée à plusieurs: mais au contraire qu'elle demeurast en vn corps à quelqu'vn de ses petits enfans, lequel portãt affection à son grãd pere, fut curieux de procurer tous les iours de nouueaux honneurs à sa memoire, en communiquant liberalement tout ce qui s'y trouueroit de meilleur. Aussi sont-ce ces pensées là qui m'ont fait souhaitter de la conseruer apres la mort de M. Loisel, Conseiller en Parlement, depuis peu decedé, comme i'en ay assez tesmoigné mon intention ailleurs, laquelle i'ay voulu faire encores icy paroistre par ce peu de vers que i'ay pris plaisir de composer sur ce sujeẽt.

AD BIBLIOTHECAM ANT. LOSELII, IC.

QVAM SVIS NEPOTIBVS LEGAVERAT.

O præstantis aui quondam decus, atque voluptas,
O nunc deliciæ, Bibliotheca, meæ.
Enitar, ne vana senis sint vltima vota,
Præcipuum cuius tu mihi mnemosynon.
Quin imò viuum reddis, cùm scripta ministras,
Cùm parte ipsius das meliore frui.
Num patiar geminâ crudelis morte perire,
Perpetuò dignum viuere, Loselium?

M. April. M. DC. LII.

I'ay dõc crû que ie serois aucunement digne de blasme, si ie n'auois secondé par mes efforts ces derniers & aymables desirs de mon Ayeul, & que ie suis encores plus obligé de trauailler à les faire reüssir, qu'aucun des siens, puis qu'outre la proximité du sang, mon sort dauãtage a voulu que ie me sois trouué seul parmy tous ses petits enfans dans la disposition d'accomplir la seconde clause de son testament touchant l'edition de ses Ouurages, & particulierement de son Dialogue des Aduocats, lequel i'ay donné au public parmy ses Opuscules, mesme auparauant que i'eusse esté certain de son intention. Car il ne pût luy-mesme executer le dessein qu'il semble auoir eu de mettre encores au iour auparauant mourir cette petite Histoire du Palais, mesme depuis la publication de son Histoire de Beauuaisis, afin de laisser à son Ordre des marques honorables de ses dernieres affections, semblables à celles qu'il auoit desia renduës à sa Patrie, comme il le tesmoigne par les vers qui se sont trouuez au commencement de l'original du Dialogue en ces mots, quoy qu'ailleurs il les eust escrits autrement, & sans les deux premiers.

AD SENATVS PARISIENS. ADVOCATOS.

*. Debita post patriæ natali vota soluta
*. Bellouaco, ac cunis reddita iusta meis;
. Accipite, ô socij, prisca atque nouissima cœtûs
. Summatim nostri nomina & historias.

A. Oisell. M.* M. DC. XVII.

**Ces deux vers sont encores cy-deuant au commencement de ceux qu'il adressa à ses enfans sur ses Distiques moraux, p. XXXXIII.*

*Id est: moriens.

M. Ant. Loisel eut aussi la bonté de se souuenir dans son testament parmy ses legs pieux, de *ses pauures parens, ayant donné* à vne de *ses niepces tout l'argent & grain qui luy appartiendroient dedans Beauuais au iour de son decez, pour leur en faire part à sa discretion.* Et eust encores le soin de recommander à ses enfans, *de partir entre eux sa succession sans aucun ministere de Iustice, si faire se pouuoit, viuans tous ensemble en paix & amitié, comme ils auoient fait* auec luy *iusques alors: qui sera,* dit-il, *le plus grand bien que ie leur pourrois laisser.*

Sa maladie augmentant tousiours depuis le 14. d'Auril iusques au 28. suiuant qu'il deceda, il se faisoit souuant entretenir de sa lecture bien aymée* de diuers Pseaumes qu'il indiquoit luy mesme; receut tous ses Sacremens auec de grands ressentimens de pieté; & donna sa bene-

** V. cy-deuant, p.* LII.

diction à la plus part de ses enfans, & petits enfans, presens, l'vn desquels * luy lisant quelque chose de la Passion de Nostre Seigneur, il expira si doucement que l'on eut peine à s'en apperceuoir.

* *M. Guill. Ioly, deslors Aduocat en Parlemēt, le plus aagé de ses petits enfans, depuis decedé le 12. de Mars 1627.*

Ie ne doute point que ceux qui auront leu cette Vie de M. Ant. Loisel, ne reconnoissent incontinent, & ne demeurent d'accord que ce fut vn Personnage de rare suffisance, & doüé de beaucoup de vertus. Mais ce que i'y trouue, à mon aduis, de plus considerable, est sa bonté naturelle qui y reluit en tant de lieux, & particulierement dans ce qu'il a escrit de luy-mesme auec beaucoup de naïfueté & sans affectation. Car i'y remarque par tout des traits singuliers d'vn bon fils, d'vn bon pere, d'vn bon parent & bon amy, d'vn bon citoyen aimant fort sa patrie & sa ville, & d'vn bon seruiteur du Roy: & enfin qu'en toutes choses il fut vn grand homme de bien & ialoux du veritable honneur, doüé d'vne candeur & simplicité dans ses mœurs accompagnée de beaucoup de prudence: & que sur tout il fut fort deuot enuers Dieu, d'vne deuotion sincere, sans fard & sans ostentation. Aussi quoy que l'on fasse dire assez souuent aux noms par anagrammes, beaucoup de choses qui ne sont point, & dont par consequent on ne doit pas faire grand cas, i'estime que ce qui s'est rencontré parmy ses papiers escrit de sa main sur son nom Latin, *Antonius Oiselus*, où se trouuent ces beaux mots sans rien changer, *In solo Iesu natus*, doit estre consideré, cōme estant veritable, & cōuenant fort bien à son bon naturel, à ses actions vertueuses, & à sa pieté. De telle sorte que M. Loisel Conseiller en la grand'Chambre son fils, qui auoit esté long-temps tesmoin oculaire de la conduite de sa vie, nous entretenant souuant de ses loüanges auec telle affection qu'il auoit de la peine à s'en taire, concluoit quelque fois ses discours par ces mots: Qu'il ne doutoit point que son pere ne fust vn Sainct.

Il faut adjouster à cela que les bonnes inspirations que Dieu luy auoit enuoyées assez long-temps auparauant sa mort, pour se retirer des affaires du monde, comme il le fit, afin de se mieux disposer à mourir, auroient esté des marques de sa predestination. Car il ne croyoit pas à beaucoup prés viure si long-temps qu'il a fait: c'est pourquoy il s'estoit composé à luy-mesme dés l'année 1609. son Epitaphe en ces vers, contenans l'abregé de sa vie, qu'il fit ainsi imprimer parmy ses Poësies.

O O O

Bellouaco genitum, Regina Lutetia ephebum
Excipit atque docet: summoque amandat habendum
Iuris doctori; primi dein castra secutum
Militiamque fori, ditat lare, coniuge, natis.
Consilio incautos dextrâque, & voce iuuantem,
Priuato ac plures resecantem in limine lites;
Rex patronorum regni sufficit honori,
Iustitiæ ac pacis præconem Aquitaniæ, & Vrbi.
Vltima, CHRISTE Deus, concede tibique, mihique
Tempora dependi: miseri ac miserere sepulti.

Mais M. M. Guy Loisel son fils luy en dressa vn autre, dans lequel il fait aussi mention de sa mere, & de son frere aisné, qu'il fit grauer sur vn marbre au dessus de leur sepulture cõtre vn pillier de l'Eglise S. Iean en Greve en cette sorte.

C H R.

V. C. ANTONIO. LOISELLO. IC.
CVI. PRÆTER. EXIMIAM. IN. ECCLESIAR. PROCERVM
AC PRIVATOR. CAVSIS. PER. ANN. LX. NAVATAM. OPERAM
HOC. SINGVLARE. CONTIGIT. VT. A. CRISTIANISS. RR.
HENRICO. III. ET. HENRICO. MAGNO
AD. REGIÆ. ADVOCATIONIS MVNVS. ADSVMERETVR
PRIMVM. CVM. DELEGATIS. IN. AQVIT. SENATORIB.
POSTEA. IN. IPSO. SENATV. AN. CHR. CIↃ. IↃ. XCIV.
VRBE. FELICITER. HISPANICA FACTIONE. LIBERATA.
PATRI. OMNI. ERVDITIONE
AC. VIRTVTE PRÆSTANTI.
MARIÆ. GVLASIÆ
MATRI DVLCISS. ET. CARISS.
ANTONIO. LOISELLO. FRATRI. OPTIMO
AMPLISS. ORDINIS. SENATORI

PRÆMATVRA. MORTE. SENATVI. SVISQ. RAPTO
VIDVS LOISELLVS
EIVSDEM. ORD. SENATOR
M. P.
OB. ANTONIVS. AN. CHR. CIϽ. IϽC. XVII.
ÆT. SVÆ. LXXXI. M. II. D. XV.
MARIA. AN. CHR. M. D. XCV. ÆT. S. LIIII.
ANTONIVS. ANT. F. AN. CHR. M. DC. X. ÆT. S. XLI.
R. I. P.

IL semblera peut estre à quelques vns, que dans l'occasion presente de la Vie de M. Ant. Loisel pere, ie deuois dire icy de ses deux fils Conseillers au Parlement, quelque chose de plus, que ce qui en a esté remarqué cy-deuant en passant, veu que leurs actions ont esté assez considerables pour estre depeintes amplement par vne entiere description de leurs vies. Mais i'estime auoir desià suffisamment satisfait à cela, par ce que i'ay escrit de M. M. Ant. Loisel l'aisné, Conseiller en la cinquiesme Chambre des Enquestes, en vne Liste d'Aduocats de 1599. qui est parmy les Opuscules de son pere : & encores par l'escrit que i'ay donné au public en Latin en 1643. de ce que i'auois appris, & veu de M. M. Guy Loisel Conseiller Clerc en la grand'Châbre, & Chanoine de l'Eglise de Paris son puisné, qui fut si bien receu alors pour les merites du personnage, dont la memoire estoit encores recente, que i'ay dessein de le renouueller quelque iour par vne seconde edition que i'en pourray faire auec le reste des Opuscules de son pere.

POVR le present ie me contenteray d'adiouster icy ce que i'ay preparé pour mettre au dessous de l'Epitaphe de M. Antoine Loisel pere, cy dessus transcrit, dans le dessein que i'ay pris de le renouueller & rafraischir, quant i'y joindray l'Epitaphe de M. M. Antoine Loisel Conseiller en Parlement son petit fils depuis peu decedé, auquel i'auois dedié les Opuscules de son Ayeul, ne croyant pas estre si-tost priué de sa presence, & de l'affection qu'il m'a tesmoignée iusques à la mort. La qualité qu'il m'a donnée d'executeur de son testament & de tuteur de ses enfans m'a obligé de luy dresser ce petit monument de pieté, que ie mettray pareillement icy ensuite des autres : tous lesquels feront voir en peu de mots que cette famille des Loisels a esté vne maison pleine d'honneur & de vertu, & que les enfans & le petit fils n'ont point degeneré des exemples de leur illustre predecesseur.

EPITAPHIVM RENOVATVM ANTONII Loiselli, Aui.

Quod patri apposuit monumentum filius olim,
Post septem hoc renouat nunc quoque lustra nepos.
Nempe æterna manet virtus senis, atque nepoti,
Vt nato, illustrem plangere fecit auum.

CENOTAPHIVM VIDI LOISELLI, Auunculi.

Te quoque, Vide, patri multis virtutibus æquum,
Quem fora planxerunt, planxit & Ordo sacer.
Quem benefactorem sensi, non immemor orno.
Hæc mentis nostræ lamina testis erit.

HOS QVALESCVMQVE VERSVS, PRÆSTANTISSIMO VIRO ANTONIO LOISELLO, AVO: ET VIDO LOISELLO, AVVNCVLO, QVI IN SVPREMA CVRIA PER XXXIV. ET AMPLIVS ANNOS, QVORVM CIRCITER XIII. IN MAIORI CLASSE TRANSACTI, SENATORIO MVNERE FVNCTVS, PROBITATIS, DOCTRINÆ, FORTITVDINIS AC PRVDENTIÆ TOT SPECIMINA EDIDIT, VT FAMA, PATERNO NOMINE DIGNISSIMA, COMPARATA, INCREDIBILE SVI DESIDERIVM IN ANIMIS OMNIVM BONORVM RELIQVERIT: QVOD ETIAM ACADEMIÆ PARISIENSIS PIETAS FVNEBRI PRÆCONIO TESTATA EST, ANIMO AD CÆLOS EVECTO XX. DECEMB. AN. D. M. DC. XXXI. ÆTAT. LXI. CORPORE VERO IN ECCLESIA PARISIENSI, CVIVS AB ADOLESCENTIA CANONICVS EXTITERAT, RESVRRECTIONEM EXPECTANTE:

CLAVDIVS IOLY, EIDEM VIDO IN CANONICATV PARISIENSI SVCCESSOR, DICAT, CONSECR. AN. D. M. DC. LII.

L'Epitaphe de M. M. Antoine Loisel Conseiller en la Cour, depuis peu decedé, sera mis ainsi à costé de celuy de son grand pere.

LXII Epitaphe de M. M. Antoine Loisel,

ANTONIO LOISELLO IN SVPREMA CVRIA SENAT.
QVI ANTONIVM AVVM, CELEBERR. IN FORO PATRON.
ANTONIVM PATREM, AC VIDVM PATRVVM,
MAGNI NOMINIS IN EADEM CVRIA SENATORES,
PER XIX. PLVS MINVS ANN. NON TAM DIGNITATE
QVAM VIRTVTIBVS EXPRESSIT.
VIR BONO PVBLICO PLANE NATVS:
ET IN PRIVATOR. LITIB. SVMMA ÆQVITATE
AC SOLERTIA DIRIMENDIS.
ET IN PVB. NEGOTIIS NON VVLGAR. CONSTANT. TRACTAND.
CVIVS FORTITVDINI INTER ALIA SVFFRAGATVR,
QVOD PRID. MVNITIONES DOLIARES AN. M DC. XLVIII.
FACTIONIB. AVLICIS MEDVNTAM AB VRBE PVLSVS,
POSTRIDIE, IVBENTE REGE, CVM V. C. P. BRVSELLIO
EIVSD. ORD. SENAT. HONORIFICE RESTITVTVS EST.
PATRI AMANTISS.
DIE IV. IANVAR AN. D M. DC. LII. ÆT XL. MENS. III. DIEB. XXIV.
COLLEGIS, PROPINQVIS, AMICIS EREPTO,
HOC MONVMENT. IVXTA CINER AVIT.
ANNÆ LE BOVLANGER MATRI DVLCISS.
DIE IX. SEPT. AN. D. M DC. L. ÆT FERE XXVIII. PRÆMORTVÆ
ET IBIDEM SEPVLTÆ.
ANNA. MARIA. ET ELISABETHA LOISELLÆ,
CVRANTE CL. IOLY CANONICO ECCL. PARISIENS.
PATRIS EX MATRE AMITINO, ET AMICO,
NECNON PVPILLAR. TVTOR. ET EXECVT. TESTAMENTAR.
M. M. M. P. P. P.
[R. R. I. I. P. P.]

Et puis que ie me trouue priué par sa mort du contentement que ie m'estois proposé de luy donner, par la lecture de tout ce que ie luy ay cy deuant dedié de son Ayeul, ie veux que ses filles mes petites pupilles entrent en sa place, leur dediant particulierement tout ce que i'ay recueilly des actions de leurs predecesseurs. Ce qui ne sera pas peut-estre le moindre office que ie leur pourray rendre dans ma tutelle, pour le profit qu'elles & leurs enfans en pourront receuoir quelque iour, n'y ayant point de leçons ny d'exemples que les ames bien nées escoutent & suiuent plus volontiers que ceux de leur ancestres: sur quoy i'ay pris plaisir à faire les vers qui suiuent, que quelqu'vn leur pourra expliquer quelque iour.

AD ANNAM, MARIAM, ET ELISABETHAM, C. V. A. LOISELLI, SENAT. FIL. PVPILL. MEAS.

Filiolæ, chari pignus mihi dulce propinqui,
Accipite hæc animis clarorum facta parentum:
Quæ si nosse iuuat quondam, si tradere natis,
Tutelæ non forsan erunt pars vltima nostræ.

M. Maio M. DC. LII.

ELOGES ET TESMOIGNAGES DE DIVERS AVTEVRS QVI ONT PARLÉ DE M. ANT. LOISEL, Aduocat en Parlement.

[M. CVIAS au II. liu. de ses Obseruations, ch. 13.] *Et ita cùm me eum locum Cadurci emendantem Antonius Loiselus, adolescens doctißimus fortè audiisset, Codicem deinde mihi dedit, in quo, vti proposui, ea lex clarißimè perscripta est.* An. 1556.

[Luy-mesme sur le §. 6. des Instit. *de militari testam.*] *Mihi etiam Antonius Loiselus, adolescens & humanißimus, & supra ætatem eruditus, librum Codicis manuscriptum dono dedit, in quo claris literis scriptum est: De castrensi peculio, & Præfectianorum.*

[*Idem*, sur le I. liu. des Sentences de Paul, tit. 17. *de Seruitut.*] *Assentior & Ant. Loiselio, adolescenti acutißimo, qui in Ausonij versu de Myronis buculâ,* 1557.

Ageret iuuencas cùm domum pastor suas,
Suam relinquens, me mouebat vt suam.

mihi indicauit legendum esse, minabat vt suam.

[El. Vinet sur cet Epigr. d'Ausone qui est le LXVI.] *minabat, pro mouebat, quum legendum censuisset Antonius Loiselus, assensit Iacobus Cujacius.*

[M. Cujas encores au VII. liu. de ses Obseruat. ch. 26.] *Antonius Loiselius, Bellouacus, vir Iuris scientißimus, & mihi summus amicus, superiore anno antiquißimi cuiusdam Iurisconsulti Consultationem, quam meas colligendi otium nactus, cum eis* 1559.

pro exemplo fortasse an quandoque editurus sum, ad me misit, &c.

1566. [*Idem*, en sa Preface du Code Theodosian] *Nouellas Majoriani Antonio Loisello debemus, doctissimo & suauissimo viro, & summi erga me officij, summæque humanitatis.*

1576. [*Id.* en l'Ep. où Pref. de ses Consultations.] *& quæ mediæ ætatis Iurisconsultum quendam, cuius nomen compertum non est, videmus exposuisse in eâ Consultatione, quam meis pro exemplo singulari illius ætatis acceptam ab Antonio Oiselo, viro omni eruditione & virtute præstanti, præfigendam esse duxi.*

[Et finalement sur le XII. liu. du Code, tit. 18. *de Præpositis labor.*] *Antonius Loisellus, vir optimus & eruditissimus.*

1577. [Lipse *lib.* 1. *Epistolic. Quæst. Ep.* 20.] *Iustus Lipsius Antonio Oiselio;* & dans la lettre: *Peto iudices, doctissime Oiseli.*

[M. le President Brisson en son liu. *de ritu nuptiar. p.* 514. de l'edition d'Anuers.] *silentio præterire non possum quod quibusdam visum iri posse scio, in altum tolli nubentes priscis temporibus consueuisse: quâ de re nos subtilis ingenij vir noster Loiselius ex Optati Afri lib. VI. admonuit.*

[*Idem*, en son Poëme qui est au recueil des vers de la Puce de Poictiers.]

Addunt & stimulos longo mihi cognitus vsu
Oisellus, nec non Pithœus, naris vterque
Emunctæ, quos non tenui complector amore,
Et facio magni, faciam &, dum vita manebit,
Cùm propter summam Romani iuris ad vnguem,
Exactam & rerum reliquarum cognitionem;
Tum propter morum candorem & pectus apertum.

[Odet Turnebus en ses vers au mesme recueil.]

Oserois-je suiure les pas
De Loisel, honneur de nostre aage,
Qui a les Muses en partage?

[Claude Binet, Aduocat en Parlement, au mesme liure.]

Mais le finet sauta sur toy, docte Loisel,
Ainsi que Ganymede eleué dessus l'aisle
De l'Aigle genereux: par ta plume immortelle,
SOLEIL, tu l'as conduit auec toy dans le Ciel.

[Nic.

[Nic. Rapin, *ibid.*]

Excitat intereà patronos vndique, & illos
Quos scit supremi lumina prima fori.
Hinc Pascalis, & hinc Chopinus, Osellius, &c.

[*Idem* en ses Poësies intitulées, *Carmina diuersi generis.*]

Portæ, & Pascasij, Losellijque,
Nec-non Mornacij optimis Camænis.

Il luy adresse aussi vn Epigr. Latin en son I. liu.

[Est. Pasquier en son Vœu pastoral.]

Icy maint bon pasteur diuersement voit-on, &c.
Icy le bel Oisel degoiser son ramage.

Il luy adresse en ses Epigramm. le 74. du I. liu. & le 3. du II. auec plusieurs Lettres: & le louë aussi en diuerses Lettres qu'il escrit à d'autres. Nicolas Pasquier son Fils luy en adresse pareillement vne au IV. liu. de ses Lettres, * où il luy fait la description de la mort de son Pere. **p.361.*

[Au procez verbal de la reduction de la Coustume de Paris] Leurs auons enjoint de eux assembler, chacun desdits Estats separement, & aduiser & deliberer entre eux ce qu'ils auroient à dire & proposer, & pour ce faire eslire l'vn d'entre eux, ou autre homme de conseil, pour porter la parole: ce que depuis ils ont fait; à sçauoir les Ecclesiastiques auoir eslu M. Antoine Loisel, Aduocat en Parlement, pour parler pour eux. *22. Feub. 1580.*

[Et apres au mesme procez verbal.] Et pour l'Estat de Noblesse, sont comparus M. Ant. Matarel, Procureur general de la Reine Mere du Roy, Comtesse de Clermont, & d'Auuergne, Duchesse de Valois & d'Orleans, Comtesse de Melun, & Dame de S. Maur des Fossez, assisté de M. Antoine Loisel, Aduocat en la Cour de Parlement, & de ladite Dame.

[Louis Carrion en son Epistre liminaire sur Censorin *de Die natali.*] *Diuina virgula mihi contigit, vt non priùs in vrbem Lutetiam pedem ponerem, quàm in hominum, qui tunc viuebant, doctißimorum amicitiam penitùs me insinuari viderem, Ioann. Auratum nempe, Brissonium, Puteanum, Fabrum, Pithœos, Antonium Oiselium, &c.* 1582.

[Messire Arnaud de Pontac, Euesque de Bazas, *in apparatu ad Eusebium.*] *Oisellus IC. & in supremâ Parlamenti*

Curiâ Patronus celeberrimus & disertissimus, atque laboriosus vetustatis scrutator : quique suæ spectatæ integritatis & eruditionis luculentum in Aquitaniâ nostrâ dedit testimonium, cùm Aduocati Regij munere fungeretur in amplissimâ illâ Decuriâ Senatorum Parisiensium in Aquitaniam à Rege ad ius dicendum missâ.

1597. [Gaspar Schoppius *Suspectar. lection. lib. II. Ep.* 13.] *V. C. Antonio Oiselo Iurisconsulto.* Et dans l'Epistre: *Te autem, Oisele doctissime, &c.*

1574. & autres années. [M. le President de Thou au V. liu. *de Vitâ suâ.*] *Ex Italiâ reuersus Thuanus domo se tenuit literis vacaturus, & librorum lectioni totum quadriennium impendit : sed nec tam priuato studio, quàm amicorum literatorum colloquiis ac consuetudine profecit, in quibus primas ferebant Petrus & Franciscus Pithœi fratres, Antonius Oisellus, Iacobus Hollerius magni illius Hollerij dignissimus filius, & Claudius Puteanus, &c.*

1581. [*Idem* au liu. II.] *Antonius Loisellus, vir antiqui moris, & singulari eruditione præditus, Aduocati fisci, Petrus Pithoeus, vel solo nomine satis notus, Cognitoris Regij munere fungebatur, par nobile non amicorum ac veluti fratrum tantùm, sed in consiliis pro Republicâ capiendis egregiè consentientium collegarum biga insigni, quibus familiarissimè vtebatur Thuanus.*

V. encores ce qu'il dit de M. Ant. Loisel au mesme liu. de sa Vie, p. 23. 25. & 36. au III. p. 44. & en son Histoire liu. CIX. p. 429. & liu. CXXVIII. p. 1015. &c.

[Aucuns tiennent que M. du Vair entend parler en son liu. de la Constance, de Mess. Pithou & Loisel sous les noms d'Orphée & de Linus, apres auoir parlé de M. Henry de Monantheuil Professeur és Mathematiques sous le nom de Musée.] C'estoient, dit-il, deux Personnages signalez, deux perles de nostre siecle : desquels le premier que nous nommerons pour cette heure Orphée, outre la cognoissance qu'il a des arts & sciences, s'est acquis vne grande experience, & admirable prudence par ses longs & perilleux voyages.* L'autre qui aura nom Linus, est recognu pour vn des plus sçauans hommes de l'Europe, & qui a plus de iugement & de preud'hommie au maniment des bons liures, & de pieté en toutes ses actions.

* *V. les Eloges de M. Pithou, qui sont à la fin de la Vie d. M. Pithou, parmy les Opuscules de M. Loisel, p. 288.*

[M. P. Pithou, l'intime de M. A. Loisel, le louë en diuers endroits de ses Escrits, & luy adresse deux Epistres imprimées en ses Oeuures, l'vne, p. 45. l'autre p. 808.

[Iosias Mercerus en la Vie de M. P. Pithou] *Itaque itum ad Pithæum, veteremque eius amicum, & studiorum communione coniunctißimum Antonium Oisellum, quorum hæc vtriusque laus, quòd tàm facilè tanta turba consiluerint.*

[M. Neuelet, sieur Dosche aux vers qu'il adresse à M. A. Loisel, en son libelle intitulé, *Petri Neueleti Doschij lacrumæ in funere V. Cl. Petri Pithoei auunculi.*]

Quid faciam? méne hæc inter postrema malorum
Exclamare nefas? quando & te, Oisele, gementem
Adspicio, quamuis munitum robore pectus
Eximio, atque istis habitet constantia fibris.

[M. Iacq. Goutiere aux vers qu'il a aussi adressez à M. A. Loisel sur la mort de M. Pithou, sous le nom de Phœdrus.*] *V. à la fin de la Vie de M. P. Pithou composée par M. Ant. Loisel en ses Opuscules, p. 281.

Tantùm ô querelas sustine patientiâ
Dolorem, Antoni, frontis dum placo tuæ, &c.

[Fred. Lindenbrogius en sa Preface au Lecteur sur Terence] *Eugraphium non vni debemus; nam præter illa quæ huius Auctoris ipsus olim in Angliâ nactus, ex antiquißimo codice Ant. Loiselli IC. alia multa edita sunt, &c.* Il le cite aussi quelque part en ses Obseruations sur l'Ammian Marcellin. 1602.

[M. Laurens Bochel en son Epistre liminaire sur Gregoire de Tours] *Gregorium Turonensem integrum euolue quem cæteris emendatiorem, & magnam partem ad Ant. Oiseli, viri doctißimi & integerrimi membranas literis majusculis scriptas collatum, auctiorem ad te mitto.* 1610.

[Papyrius Masso, *in Vitâ Iac. Cujacij IC.*] *Literas quidem eius de eâ re ad Ant. Oiselum amicum scriptas legi, vbi inter cætera hæc erant: Parùm abfuit quin hæc plebecula me confoderet.*

[Sceuole de Sainte-Marthe en l'Eloge de M. du Mesnil Aduocat general] *quos inter Antonius Oiselius IC. in D. Ioannis æde sepultum erudito & eleganti epitaphio decorauit.*

Idem en l'Eloge de M. P. Pithou] *his te simul & Oiselum tuum, doctißimum quoque virum, legationis comites addiderit.*

[Et encores en l'Eloge de M. E. Pasquier] *Mortuo dedêre lacrymas collegæ politiores, & ille præsertim qui nunc familiam ducit Ant. Oiselius, eximiæ probitatis atque doctrinæ senex, idemque Pascasij nostri fidissimus amicus.*

[M. Gabriel Michel de la Rochemaillet, en la Vie du mesme Sc. de Sainte-Marthe, p. 199.] Antoine Loisel Pierre & François Pithou, celebres Aduocats en Parlement.

[Fr. le Begue Aduocat du Roy en la Cour des Monnoies, en la Vie de M. le Fevre Precepteur du defunct Roy Louis XIII.] *Lusit & in illud* (il parle de la perte d'vn œil que fit M. le Fevre estant escolier par vn coup de canif qu'il se donna inopinement en taillant vne plume) *V. C. Antonius Oiselius carmine.* Voicy les vers que fit M. A. Loisel sur cet accident, icy allegués. DE NIC. FABRO.

Mnemosyne, Fabrum mater dum lactat alumnum,
Vidit, & infanti Pallas iniqua fuit.
Hiccine Palladias lustrabit lynceus artes?
Cuspide quin nostrâ lumine luscus erit.
Huic contra adsiduus tantos persoluit honores,
Illum vt iam toto pectore victa colat.

XV. Kal. Nou. M. DC. VI.

[*Idem* peu apres] *coram Iac. Aug. Thuano, Guill. Vario, Petro Pithœo, Ant. Oiselio, in ipsis Thuani ædibus, &c.*

[Et encores] *Quos litteræ conciliarunt, hos habuit familiares ex viris clariss. Cl. Puteanum eiusque filios, Paulum Petauium, Hollerium, Franciscum Pithœum Petri fratrem, Frontonem Ducæum, & Iac. Sirmondum, Ant. Oiselium, Isaacum Casaubonum, Nic. Rigaltium, &c.*

[M. Iean Sauaron, Lieutenant general de Clermont en Auuergne en son liu. de la Souueraineté du Roy, p. 210.] Antoine Loisel en ses Institutes Coustumieres ou Manuel, liu. IV. tit. 3. art. 87.

[M. Raoul Bouterouë, Aduocat au Grand Conseil, au 3. tom. de ses Annales] *Hoc mense & anno* Curiæ præfulgidum lumen extinctum est Antonius Loiselæus, forensis Palæstræ veteranus, in quo Iuris absolutissima peritia, singularis facundia, & summa probitas, laudis ambiguam palmam faciunt. Bellouacorum natalitia ciuitas, angusto nimis foro, virum tantum non capiebat. Vt grandiores pisces, è riuulis enatant, sic ille Lutetiam in occeanum causidicinæ, è patrio tri-*

* 28. Apr. 1617.

bunali, velut è puluere in aciem, è nubilo cœlo in lucem clarißimam emersit; vbi auditus omnium in se oculos & aures conuertit, & de se mirabiles tum litigantium, tum cæterorum amores concitauit. Magnam ætatis partem in priuatorum controuersiis exegit; dehinc ad publicas & fiscales delectus fuit. Nam cum Aginnum Henricus III. ex Lutetiæ conscriptis classem transmisisset, Loiseléus procurationis Regiæ Triumuir factus est, & diffuso facundiæ suæ totam Aquitaniam odore perfudit. Tandem viatorio illo comitatu Lutetiam reducto, iam maturior in circum Aduocatorum rediit, rarior in causarum recitationibus, crebrior verò in explicandis litium implicitarum nodis, &, vt popularius loquar, in domesticis consultationibus, in quibus tanquam in pacato secessu, extra fori clamores acquieuit, & conquieuit, amaritiemque ex alienis negotiis, mansuëtiorum litterarum suauitate condiuit. Vetustatis enim Grecæ & Latinæ callentißimus, multa scitu digna, & situ & squallore priorum temporum deprompsit, vltimumque laborem æui inclinantis patriæ eruendis eruderandisque monumentis impendit. Vrbis enim Bellouacæ originem Iulio Cæsari æqueuam, & præclara suorum Bellouacorum facinora, detersâ rubigine euulgauit. Hanc verò laudationis pagellam non assentatio (à qua genio meo sum alienißimus) non cognatio (nam illi extraneus sum) sed veri affectus expreßit, vt ad gloriam causidicinæ currentes, hoc calcare concitarem, propositoque tanti viri simulacro, tribus quas dixi peculiaribus virtutibus, peritiâ, facundiâ, & probitate, æmularentur.

[M. Ant. Mornac Aduocat, en son libelle intitulé, *Feriæ forenses, siue Elogia illustrium togatorum Galliæ ab anno* 1500.

ANT. OISELLIVS, BELLOVACVS, IN SENATV PATRONVS, ANN. 1617. MENS. APRIL.

Antonium Oisellium Cujacius
Sæpè monumentis laudat haud metuentibus
Libitinam. At edidit ille victuras diu
Tabulas, quibus decorauit & gentem, & forum:
Octogenarioque major occidit
Inter nitentes liberorum purpuras,
Viridi senectâ, semper & celebris foro,
Musis amicus, comitate & optimâ.
Quæ vita in humanis alia beatior?

[M. Tarin, Professeur du Roy, en l'Oraison funebre qu'il fit sous le nom de l'Vniuersité de Paris en 1632. en l'honneur de M. M. Guy Loisel, Conseiller en la grand'Chambre] (*Pater eius*) *fuit Antonius Oiselius, tantâ fide Patronus, tantâ sapientiâ, vt eum in Aquitanico Tribunali, Henricus Rex III. &c. cum, inquam, propter singularem sanctimoniam, Actorem Aduocatumque delegerit, cùm Cognitoris partes Petrus Pithœus tueretur: quorum de præstanti humanitate animoque verè patrio, verè Gallico, omnia dixerint, qui hunc Galliæ suæ Varronem nominant, si & illum Catonem adjunxerint, &c.*

[M. Theod. Godefroy Historiographe du Roy, en la Vie de Messire Guill. Marescot, Conseiller d'Estat, &c. *] L'an 1597. le 11. Septembre il prit pour femme Dame Valentine Loisel, fille de M. Antoine Loisel Aduocat celebre en la Cour de Parlement à Paris, &c.

* *V. en la Liste des Aduocats de 1599. parmy les Opuscules de M. A. Loisel, p. 602.*

[Le R. P. Ia. Sirmond Iesuite, *in Hist. Prædestinatianâ, c. 5.*] *& cum hoc Codice, &c. congruit alterum exemplar* (*Prosperi*) *quod Antonij Oiseli olim fuit, nunc in heredum est potestate.*

[M. Menage Doyen de S. Pierre d'Angers, en l'Epistre dedicatoire de ses Origines de la Langue Françoise à M. du Puy.] I'ay appris de vous autrefois que M. Loisel celebre Aduocat au Parlement de Paris, auoit accoustumé de dire des premieres editions, qu'elles ne seruoient qu'à mettre au net les Ouurages des Autheurs. Ce que cet homme iudicieux disoit auec beaucoup d'apparence de toutes sortes de liures, se peut dire auec plus de verité des Dictionnaires, &c.

[Le mesme aux premieres additions de ce liure là, sous le mot Appanage, p. 677.] M. Nublé Aduocat en Parlement mon intime amy, m'a fait part d'vne Obseruation d'Antoine Loisel, que i'ay iugée digne d'estre inserée en ce lieu: *Tout ainsi que Caton,* * *&c.* Il cite encores M. A. Loisel sous ces mots, Foire, p. 711. & Garenne, p. 724.

* *Cette obseruation est parmy les Opuscules de M. Ant. Loisel, au liu. des obseruations meslées, p. 66.*

[Et finalemẽt sous le mot, Pairs, p. 737.] Antoine Loisel en ses Institutes Coustumieres, qui est vn Ouurage comparable aux Regles de Droict des anciens Iurisconsultes, liu. I. tit. 1. regle 31. *Sergent à Roy est pair à Comte.*

[M. de Launoy Docteur en Theologie en sa Dissertation, *de Authore libror. de imitat. Christi, part. 1. c. 1. p. 11.*] *Antonius Oisellus illustris Causidicus, in tractatu de Academiâ Paris.*

[*Idem*, en ses Dissertations sur les lieux de Gregoire de Tours, & de Sulpice Seuere, *de septem Episcopor. aduentu in Galliam, & primis Galliæ Martyrib. Obseru. 6. p. 153.*] *Tertius Antonius Oisellius in Parisiensi Senatu Patronus, magni vir iudicij & eruditionis, in Bellouacorum antiquitatibus, quâ parte de Luciano scribit, duorumque Dionysiorum Parisiensis & Atheniensis discrimen persequitur.*

De tous les Eloges & tesmoignages qui ont esté rendus par diuers Autheurs, de M. Antoine Loisel Aduocat en Parlement, ie n'ay mis icy que ceux qui sont imprimez: ne doutant point qu'il n'y en ait encores plusieurs autres semblables, qui ne sont pas venus en ma cognoissance. I'ay trouué au surplus que les armes de ses Predecesseurs estoient trois merlettes, semblables à celles des Loisels Chanceliers des Ducs de Bretagne, dont partant ceux-cy pourroient bien estre sortis.

CORRECTIONS DES PRINCIPALLES FAVTES DE CE VOLVME.

EN LA PREFACE.

Fol é. p. 6. l. 2. *lis.* grossiere: p. 6. l. 12. *lis. assemblez*: l. 21. plusieurs *lis.* quelques. F. i. p. 4. l. 3. *lis.* celles qui sont.

EN LA VIE DE M. A. LOISEL.

Pag. v. l. 28. ostez *immutatio mea*: P. VII. l. 10. *lis. a eu l'heur*. l. 33. *lis.* 1553. P. XV. l. antep. *Chartres lis. Chalis*: P. XVII. l. 9. *ost.* anciennes. P. XXI. l. 15. *ost.* icy: l. antep. les loix de ceux, &c. *lis.* sous le nom de Solon toutes ses belles loix P. XXV. l. pen. *lis.* de Perigueux. P. XXVII. l. 2. *ce lis. qui*: l. 3. *& à cause lis. A cause*. P. XXVIII. l. 1. & mesme *adjo.* aux temps suiuans: l. pen. *ost.* & honorables P. XXXIII. *l.* 12. & 13. *lis.* i'insereray P. XXXVI. l. 33 *lis.* celles. P. XXXVII. l. 31. *lis.* autres lieux. P. XXXX. l. 26. a laissé *adi.* vne espece de Commentaire sur la Coust. de Paris: en quoy il a esté imité par ses deux fils qui en ont fait autant. P. XXXXIII. l. 15. *lis. addere*: l. 21. *lis.* bonne. P. XXXXIIII. l. 15. *lis.* eussions beaucoup de: l. pen. *lis.* 1605. P. L. l. 18. & 19. *ost.* comme &c. & *lis.* de Roussillon & d'Amboise. P. LIIII. l. 7. Loisel, *adi.* comme M. Louuet mesme luy en tesmoigna quelque chose par vne lettre qu'il luy escriuit en Latin dés l'an 1612. en l'add. pen. *lis. vn an apres*. P. LV. les 2. dern. MMSS. y mentionnez ne se sont pas trouuez en la Bibl. de M. L. P. LXIII. l. pen. seulement *lis.* principalement. P. LXIV. l. 2. 3. 4. & 5. *ost.* portez aussi en Italie: & au mesme lieu: & *lis.* employez: l. 4. 267061. *lis.* 267161.

AV LIVRE.

P. 32. l. 30. en vn carme Bucolique] V. Poëm. veter. P. 451. P. 58. l. 7. *lis.* Nicée. P. 62. l. 28. *lis.* Papé. P. 65. l. 33. *lis. ep.* 25. P. 66. l. 24. *ost.* mieux. P. 67. apres *vocem* banir *lis.* En effect Franc. Hotoman le soustient ainsi au chap. 11. *Francogalliæ*, & *in Monitoriali* contre Ant. Matharel. Toutesfois il est à remarquer que Ioannes Faber le plus excellent de nos anciens Iurisconsultes & Praticiens, sur le titre des Institutes *de legit. agnat. succes.* §. *ceterùm inter, num. 6.* nomme *Annagium, legitimam primogeniti inter nobiles*. Et c'est vraisemblablement surquoy se fonde M. Pierre Pithou, lors qu'il escrit en ses Memoires des Comtes de Champagne, que la portion des puisnez s'appelle en vray François apanage, comme sous-anage, sans qu'il soit besoin d'aller chercher plus loin ce qui est proprement nostre.

P. 69. l. 29. *lis.* aux Iuges du peuple. P. 73. l. 15. *lis.* Ausone. P. 76. l. 32. *lis.* est. P. 81. l. 12. lis. *epistolicas.* P. 126. l. 22. lis. ἐπίτροποι. P. 136. l. 25. trois cens] *ou plustost*, cinq cens. v. A. Gall. cité au texte, & Val. Max. l. 11. ch. 1. P. 141. l. 2. *lis.* sur la loy. P. 148. l. 5. lis. *vide etiam.* P. 149. *l.* 27. *&* 28. *iusques au mot* comme *lis.* Il y a aux Capitulaires de Charlesmaigne vne Ordonnance qui porte ; *Notarij vt in comitatu suo contractus scribant, non in alieno. Et aux l.* 32. 33. *&* 34. *lis.* Et par l'Ordonnance de Louis XII. de l'an 1498. art 61. il est dit, que les Notaires ne receuront aucun contract, s'ils ne cognoissent les parties. P. 150. l. 2. lis. *in decis.* P. 151. l. 13. *lis.* Academique : l. 18. lis. *clarissimos* : P. 163. l. 19. ost. *se.* P. 193. *l. dern. &* P. 194. l. *prem.* Arch, de Brie en l'Egl. de Paris] M. Arnoul du Mesnil l'vn d'eux, fut nommé au Roy par Arrest du 27. Mars 1584. pour estre pourueu d'vn Office de Conseiller Clerc au Parlement, vacant. P. 205. l. 19. *lis.* 186. P. 223. l. dern. *&* 224. *l.* 1 *lis.* à present. P. 225. l. 19. de *lis.* par. P. 231. l. 22. *lis.* est deffenduë. P. 252. l. 17. *C'est vne, &c.* lis. *C'est vn ordinaire & tres-ancien deffaut de cette nation, qu'elle.* P. 255. l. 33. aux Vniuersitez, &c. *lis.* estudier en Droict en l'Vniuersité de Bourges, où estoit Duarin. P. 256. *ost.* l'*add. sur le mot* Vniuersité *. P. 260. l. 26. & 27. *il a dit, &c.* lis. *le mesme P. Sirmond est tesmoin de luy auoir oüy dire*, &c. l. 30. *& qu'il auoit, &c.* lis. *& que pour refuter les erreurs de ceux de la Rel. pr. ref. il n'auoit accoustumé de leur alleguer que ce seul ouurage de cet Autheur.* P. 274. *ost. l'add. qui est sur le mot* du Puy : * l. 29. *lis.* 1587 ? P. 278. l. 21. lis. *tuli* : l. penul. lis. *atque constanti.* P. 279. l. 8. *ea* lis. *ex.* P. 285. *l.* 17. *lis.* Aleandre. P. 311. l. 9. lis. *Amygdalo.* P. 328. l. 14. lis. curialib. P. 329. & 330. *ost. toutes les citations* de reg. iur. *car elles ont esté transferees par mesgarde de la marge de la coppie, dans le texte imprimé.* P. 336. l. 16. lis. §. 15. P. 339. l. 14. lis. *moriri.* l. 17. lis. ILLIC. P. 341. l. 17. lis. *Seruij* : &, §. 6. P. 343. l. 13. *ost.* qui. P. 344. l. 6. *lib.* lis. *l.* 6. l. 24. lis. *opprobrij.* F. ¶ p. 1. l. 24. l. C. lis. l. 1. C. p. 2. l. 8. lis. *antiquum.* P. 7. l. 15. lis. *consultatio* : l. 20. lis. ἀληθῶς : p. 348. en l'add. lis. §. *it. Seru.* P. 359. l. 27. lis. quatre P. 371. l. 32. *lis.* a quitté. P. 377. *lis* : le dit. P. 388. l. 18. lis. peust. P. 391. l. 21. *lis.* lien. P. 397. l. 18. *lis.* à la. P. 418. l. 12. *lis.* tenus de. P. 423. l. 23. & *lis.* en. P. 451. v. pen. *lis.* ATQVE. P. 466. l. 5. *lis.* plusieurs loix. P. 472. l. der. & 473. l. 1. *lis.* discerni. P. 484. l. 1. *lis.* l'Astrologie. P. 488. l. 24. *lis.* il obtint. P. 499. l. 15. de l'add. *ch.* adi. 7. P. 502. l. 4. m'adjousta *lis.* finalement. P. 514. l. 10. *lis.* d'vn. P. 520. ost. l'add. de M. de Marillac. P. 522. l. 5. de Suisse, *adj.* où les Princes de cette maison auoient & ont de grandes terres. P. 530. l. 12. Ange *lis.* Ogier. P. 542. l. 30. vin. Et *escr.* vin, &. P. 543. l. 5. estoit *lis.* seoit. P. 545. l. 17. lis. *Quid.* P. 558. l. 24 *lis.* apres l'année 1330. P. 561. l. 3. *lis.* Ly Roy. P. 566. l. 11. *ost.* le. P. 567. l. 35. lis. *fuerit.* P. 569. l. 13. lis. *conditiones.* P. 574. l. 9. *lis.* 1345. P. 592. l. der. & P. 593. l. prem. lis. *qu'il nous a donné peu auparauant sa mort.* P. 597. l. 29. *lis. exerceret &* l. 32. lis. *possent.* P. 598. l. 8. lis. *viros, scholam habere* : l. 32. lis. *id in.* P. 599. l. 3. lis. *dæmone* : l. 32. lis. *duabus.* P. 600. l. 11. lis. *precationibus.* P. 607. apres Pi. Board *mettez* Aug. Galland, auec son addition qui est en la p. 610. P. 621. l. 13. sa mort. adj. *Ces Remonstrances de M. G. Ioly sont inserées dans le Mercure Fr. de l'an* 1612. *comme a remarqué P. Boitel en son Hist. depuis* 1610. *iusques en* 1618. p. 79. l. 14. lis. 1613. l. 18. lis. *remissions.* P. 624. l. 14. *lis.* ἀθνητος. P. 648. l. 14. *lis.* p. 528. P. 650. l. 8. lis. *extraict rapportant.* P. 685. l. 16 ses *lis.* les. P. 690. l. 4. ost. *&* Susæ *vocis interpretatio.* P. 693. l. 6. & 7. lis. *recipiant* P. 706. l. 14. alloit *lis.* estoit P. 721. l. 32. *lis.* Qu'il y a eu. P. 742. l. 11. lis. *que depuis dix* : l. 18. ost. *qui*

Acheué d'imprimer ce 15. Iuin 1652.

LIVRE

LIVRE D'OBSERVATIONS ECCLESIASTIQUES.

INDEX PSALMORUM DAVIDIS, QUO SINGULI PSALMI AD CERTA PIETATIS GENERA REFERUNTUR.

ORATORII SIVE PRECATIVI.

3. *Domine quid multiplicati sunt.*
4. *Cùm inuocarem.*
5. *Verba mea auribus percipe Domine.*
6. *Domine ne in furore.*
7. *Domine Deus meus in te speraui.*
11. *Saluum me fac Domine, quoniam.*
15. *Conserua me Domine.*
16. *Exaudi Domine iustitiam meam.*
21. *Deus, Deus meus respice in me.*
24. *Ad te Domine leuaui.*
25. *Iudica me Deus.*

26. *Dominus illuminatiō mea.*
27. *Ad te Domine clamabo.*
30. *In te Domine speraui.*
37. *Domine ne in furore.*
38. *Dixi custodiam.*
42. *Iudica me Deus.*
50. *Miserere mei Deus secundū magnam misericordiam tuam.*
54. *Exaudi Deus orationem meam, & ne despexeris.*
55. *Miserere mei Deus, quoniam conculcauit me homo.*
56. *Miserere mei Deus, miserere mei.*
58. *Eripe me de inimicis meis Deus meus.*
59. *Deus repulisti nos.*
60. *Exaudi Deus deprecationem meam.*
63. *Exaudi Deus orationem meam cùm deprecor.*
66. *Deus misereatur nostri.*
68. *Saluum me fac Deus, quoniam.*
69. *Deus in adiutorium meum intende.*
70. *In te Domine speraui.*
79. *Qui Regis Israël, intende.*
85. *Inclina Domine aurem tuam.*
87. *Domine Deus salutis meæ.*
89. *Domine refugium factus es nobis.*
101. *Domine exaudi orationem meam.*
107. *Paratum cor meum Deus.*
114. *Dilexi, quoniam exaudiet Dominus.*
115. *Credidi, propter quod locutus sum.*
119. *Ad Dominum cum tribularer.*
120. *Leuaui oculos meos in montes.*
122. *Ad te leuaui oculos meos.*
129. *De profundis.*
138. *Domine probasti me.*
139. *Eripe me Domine ab homine malo.*
140. *Domine clamaui ad te, exaudi me.*
141. *Voce meâ ad Dominum clamaui.*
142. *Domine exaudi.*

GRATIARVM ACTIONES.

17. *Diligam te Domine fortitudo mea.*

22. *Dominus regit me.*
29. *Exaltabo te Domine.*
89. *Expectans expectaui Dominum.*
47. *Magnus Dominus.*
84. *Benedixisti Domine terram tuam.*
102. *Benedic anima Domino, & omnia.*
103. *Benedic anima Domino, Domine.*
104. *Confitemini Domino, & inuocate.*
105. *Confitemini Domino, quoniam bonus.*
117. *Confitemini Domino, quoniam bonus.*
125. *In Conuertendo.*
135. *Confitemini Domino, quoniam bonus.*
137. *Confitebor tibi Domine.*

LAVDATIVI.

18. *Cæli enarrant gloriam Dei.*
32. *Exultate iusti in Domino.*
64. *Te decet Hymnus.*
75. *Notus in Iudæâ Deus.*
86. *Fundamenta eius in montibus Sanctis.*
88. *Misericordias Domini.*
95. *Cantate Domino canticum nouum, cantate.*
97. *Cantate Domino canticum nouum; quia.*
100. *Misericordiam & iudicium cantabo.*
105. *Confitemini Domino, quoniam bonus.*
106. *Confitemini Domino quoniam bonus.*
110. *Confitebor tibi Domine.*
112. *Laudate pueri Dominum.*
116. *Laudate Dominum omnes Gentes.*
133. *Ecce nunc benedicite Dominum.*
134. *Laudate nomen Domini.*
144. *Exaltabo te Domine.*
145. *Lauda anima mea Dominum.*
146. *Laudate Dominum, quoniam bonus est Psalmus.*
147. *Lauda Ierusalem Dominum.*
148. *Laudate Dominum de cælis.*
150. *Laudate Dominum in Sanctis eius.*

EXVLTATORII.

8. *Domine Dominus noster.*
9. *Confitebor tibi Domine.*
17. *Diligam te Domine.*
28. *Afferte Domino.*
46 *Omnes Gentes plaudite.*
65. *Iubilate Deo omnis terra.*
91. *Bonum est confiteri Domino.*
92. *Dominus regnauit, decorem indutus est.*
94. *Venite exultemus Domino.*
96. *Dominus regnauit, exultet terra.*
98. *Dominus regnauit irascantur populi.*
99. *Iubilate Deo omnis terra.*
113. *In Exitu Israël de Ægypto.*
121. *Lætatus sum in his quæ dicta sunt mihi.*
149. *Cantate Domino canticum nouum.*

TRIVMPHALES.

17. *Diligam te Domine fortitudo mea.*
67. *Exsurgat Deus, & dissipentur inimici eius.*
80. *Exultate Deo adjutori nostro.*

REGALES.

19. *Exaudiat te Dominus.*
20. *Domine in virtute tuâ.*
44. *Eructauit cor meum verbum bonum.*
71. *Deus iudicium tuum Regi da.*
143. *Benedictus Dominus Deus.*

MORALES.

1. *Beatus vir.*
10. *In Domino confido.*
13. *Dixit insipiens in corde suo.*
14. *Domine quis habitabit.*
23. *Domini est terra & plenitudo eius.*
31. *Beati quorum remissæ sunt iniquitates.*

35. *Dixit iniustus vt delinquat in semetipso.*
36. *Noli æmulari in malignantibus.*
40. *Beatus qui intelligit super egenum & pauperem.*
48. *Audite hæc omnes Gentes.*
49. *Deus Deorum locutus est.*
52. *Dixit insipiens in corde suo.*
57. *Si verè vtique iustitiam loquimini.*
72. *Quàm bonus Israël Deus.*
81. *Deus stetit in Synagogâ Deorum.*
83. *Quàm dilecta tabernacula tua.*
90. *Qui habitat in adiutorio Altissimi.*
111. *Beatus vir qui timet Dominum.*
118. *Beati immaculati in viâ.*
124. *Qui confidunt in Domino.*
126. *Nisi Dominus ædificauerit domum.*
127. *Beati omnes qui timent Dominum.*
132. *Ecce quàm bonum & quàm iucundum.*

HISTORICI.

77. *Attendite Popule meus legem meam.*
104. *Confitemini Domino, & inuocate.*
105. *Confitemini Domino, quoniam bonus.*

PROPHETICI.

109. *Dixit* Dominus Domino *meo.*
131. *Memento* Domine Dauid.

CONSOLATORII.

33. *Benedicam* Dominum *in omni tempore.*
45. Deus *noster refugium & virtus.*
61. *Nonne* Deo *subiecta erit anima mea?*
62. Deus Deus *meus ad te de luce vigilo.*
130. Domine *non est exaltatum cor meum.*

QVERIMONIALES.

2. *Quare fremuerunt Gentes.*
10. *Vt quid* Domine *recessisti longè.* Secundùm Hebr.

12. *Vsquequò Domine obliuisceris me.*
43. *Deus auribus nostris audiuimus.*
73. *Vt quid Deus repulisti in finem.*
78. *Deus venerunt gentes.*
93. *Deus vltionum Dominus.*
136. *Super flumina Babylonis.*

IMPRECATIVI.

Secundùm Hebr. 10. *Vt quid Domine recessisti.*
27. *Ad te Domine clamabo.*
34. *Iudica Domine nocentes me.*
Vers. 17. 54. *Exaudi Deus orationem meam.*
68. *Saluum me fac Deus.*
69. *Deus in adiutorium meum intende.*
82. *Deus quis similis erit tibi?*
108. *Deus laudem meam ne tacueris.*
128. *Sæpè expugnauerunt me à iuuentute meâ.*

ORATIO DOMINICA per Psalmos Dauidicos illustrata.

PATER NOSTER.

26. *QVoniam Pater meus & Mater mea dereliquerunt me; Dominus autem assumpsit me.*
88. *Pater meus es tu, Deus meus, & susceptor salutis meæ.*
102. *Quomodò miseretur pater filiorum, misertus est Dominus timentibus se, quoniam ipse cognouit figmentum nostrum.*
Iod. 118. *Manus tuæ fecerunt me & plasmauerunt me, da mihi intellectum, & discam mandata tua.*

QVI ES IN CÆLIS.

21. *(Domine Deus) tu in Sancto habitas, laus Israël.*
32. *De cælo respexit Dominus, vidit omnes filios hominum. De præparato habitaculo suo respexit super omnes qui habitant terram.*

35. Domine in cælo misericordia tua, & veritas tua vsque ad nubes.
88. Confitebuntur cœli mirabilia tua Domine.
91. Tu autem altissimus in æternum Domine.
92. Parata sedes tua ex tunc; à seculo tu es.
Domum tuam decet sanctitudo Domine in longitudinem dierum.
95. Quoniam omnes Dij Gentium Dæmonia, Dominus autem cælos fecit.
Lætentur cœli & exultet terra.
96. Annunciauerunt cœli iustitiam eius.
101 Quia prospexit de excelso Sancto suo, Dominus de cælo in terram aspexit.
Vt audiret gemitus compeditorum, vt solueret filios interemptorum.
Initio tu Domine terram fundasti, & opera manuum tuarum sunt cœli.
Ipsi peribunt, tu autem permanes; & omnes sicut vestimentum veterascent.
Et sicut opertorium mutabis eos, & mutabuntur: Tu autem idem ipse es, & anni tui non deficient.
102. Dominus in cælo parauit sedem suam; & Regnum ipsius omnibus dominabitur.
112. Excelsus super omnes Gentes Dominus, & super cælos gloria eius.
Quis sicut Dominus Deus noster qui in altis habitat, & humilia respicit in cælo & in terra?
113. Deus noster in cælo, omnia quæcumque voluit fecit.
Cælum cœli Domino, terram autem dedit filiis hominum.
120. Auxilium meum à Domino, qui fecit cælum & terram.
143. Domine inclina cælos tuos, & descende.
148. Laudate eum cœli cælorum, & aquæ omnes quæ super cælos sunt laudent nomen Domini.
Confessio eius super cælum & terram.

SANCTIFICETVR NOMEN TVVM.

8. *Domine Dominus noster quam admirabile est nomen tuum in vniuersâ terrâ?*

9. *Sperent in te qui nouerunt nomen tuum.*

19. *Hi in curribus & hi in equis; nos autem in nomine Domini Dei nostri inuocabimus.*

21. *Narrabo nomen tuum fratribus meis; in medio Ecclesiæ laudabo te.*

Apud te laus mea in Ecclesiâ magnâ; vota mea reddam in conspectu timentium eum.

Adorabunt in conspectu eius vniuersæ familiæ Gentium.

22. *Deduxit me super semitas iustitiæ, propter nomen suum.*

24. *Propter nomen tuum Domine propitiaberis peccato meo; multum est enim.*

25. *Vt audiam vocem laudis, & enarrem vniuersa mirabilia tua.*

43. *Exsurge Domine, adjuua nos; & libera nos propter nomen tuum.*

64. *Te decet Hymnus Deus in Sion.*

Sanctum est templum tuum, mirabile in æquitate.

65. *Iubilate Deo omnis terra, psalmum dicite nomini eius; date gloriam laudi eius.*

Dicite Deo, quàm terribilia sunt opera tua Domine!

Omnis terra adoret te, & psallat tibi; psalmum dicat nomini tuo.

Benedicite gentes Deum nostrum; & auditam facite vocem laudis eius.

70. *Repleatur os meum laude, vt cantem gloriam tuam, totâ die magnitudinem tuam.*

71. *Sit nomen Domini benedictum in sæcula, ante solem permanet nomen eius.*

Et benedictum nomen majestatis eius in æternum.

74. *Confitebimur tibi Deus, confitebimur, & inuocabimus nomen tuum.*

78. *Adjuua nos Deus salutaris noster, & propter gloriam nominis tui Domine libera nos; & propitius esto peccatis nostris propter*

pter nomen tuum.

82. *Imple facies eorum ignominiâ ; & quærent nomen tuum* Domine.

Et *cognoſcant quia nomen tibi* Dominus ; *tu ſolus Altiſſimus in omni terrâ.*

91. *Bonum eſt confiteri* Domino ; *& pſallere nomini tuo Altiſſime.*

95. *Quoniam magnus* Dominus *& laudabilis nimis ; terribilis eſt ſuper omnes* Deos.

98. Con*fiteantur nomini tuo magno ; quoniam terribile & ſanctum eſt.*

102. *Benedic anima mea* Domino ; *& omnia quæ intra me ſunt, nomini ſancto eius.*

103. *Benedic anima mea* Domino ; Domine Deus *meus magnificatus es vehementer.*

107. *Exaltare ſuper cælos Deus, & ſuper omnem terram gloria tua.*

108. *Et tu* Domine, Domine *fac mecum propter nomen tuum ; quia ſuauis eſt miſericordia tua.*

110. *Sanctum & terribile nomen eius ; initium ſapientiæ timor Domini.*

112. *Laudate pueri* Dominum ; *laudate nomen* Domini.

Sit nomen Domini *benedictum, ex hoc nunc & vſque in ſæculum.*

A ſolis ortu vſque ad occaſum, laudabile nomen Domini.

115. *Dirupiſti vincula mea ; tibi ſacrificabo hoſtiam laudis, & nomen* Domini *inuocabo.*

117. *O* Domine *ſaluum me fac, ô* Domine *bene proſperare ; benedictus qui venit in nomine* Domini.

134. *Laudate nomen* Domini, *laudate ſerui* Dominum.

141. *Educ de cuſtodiâ animam meam ad confitendũ nomini tuo.*

142. *Propter nomen tuum* Domine *viuificabis me in æquitate tuâ.*

144. *Exaltabo te* Deus *meus Rex ; & benedicam nomini tuo in ſæculum & in ſæculum ſæculi.*

Per ſingulos dies benedicam tibi ; & laudabo nomen tuum in ſæculum & in ſæculum ſæculi.

Magnus Dominus *& laudabilis nimis ; & magnitudinis eius non eſt finis.*

Laudationem Domini *loquetur os meum, & benedicat omnis*

caro nomini ſancto eius in ſæculum & in ſæculum ſæculi.

ADVENIAT REGNVM TVVM.

21. Domini eſt *regnum*, & *ipſe dominabitur gentium.*

26. *Vnam petij à* Domino, *hanc requiram, vt inhabitem in domo Domini omnibus diebus vitæ meæ.*

Vt videam voluptatem Domini, & *viſitem templum eius.*

Tibi dixit cor meum, exquiſiuit te facies mea; faciem tuam Domine *requiram.*

45. *Regnabit* Deus *ſuper gentes.*

83. *Quàm dilecta tabernacula tua* Domine *virtutum; concupiſcit & deficit anima mea in atria* Domini.

Cor meum & caro mea, exultauerunt in Deum viuum.

Beati qui habitant in domo tuâ Domine; *in ſæcula ſæculorum laudabunt te.*

Quia melior eſt dies vna in atriis tuis ſuper millia.

85. *Fundamenta eius in montibus ſanctis; diligit* Dominus *portas Sion ſuper omnia tabernacula Iacob.*

Glorioſa dicta ſunt de te, ciuitas Dei.

92. Dominus *regnauit, decorem indutus eſt.*

95. *Dicite in gentibus, quia* Dominus *regnauit.*

96. Dominus *regnauit; exultet terra.*

98. Dominus *regnauit, iraſcantur populi.*

102. *Et regnum ipſius omnibus dominabitur.*

137. *Magnificaſti ſuper omne, nomen ſanctum tuum.*

144. *Gloriam regni tui dicent; & potentiam tuam loquentur.*

Vt notam faciant filiis hominum potentiam tuam, & gloriam magnificentiæ regni tui.

Regnum tuum, regnum omnium ſæculorum; & dominatio tua in omni generatione & generationem.

145. *Regnabit* Dominus *in ſæcula,* Deus *tuus Sion in generatione & generationem.*

FIAT VOLVNTAS TVA.

1. *Sed in lege* Domini *voluntas eius; & in lege eius meditabitur die ac nocte.*

29. Domine *in voluntate tuâ, præſtitiſti decori meo virtutem.*

142. *Doce me facere voluntatem tuam, quia* Deus *meus es tu.*

144. *Voluntatem timentium se faciet, & deprecationem eorum exaudiet; & saluos faciet eos.*

SICVT IN CÆLO ET IN TERRA.

88. *Tui sunt cæli, & tua est terra.*

112. *Quis sicut* Dominus *Deus noster, qui in altis habitat, & humilia respicit in cælo, & in terrâ?*

113. *Benedicti vos à* Domino*, qui fecit cælum & terram.*

134. *Omnia quæcumque voluit,* Dominus *fecit in cælo, & in terrâ, in mari, & in omnibus abyssis.*

145. *Beatus, cuius* Deus *Iacob adiutor eius, spes eius in Domino* Deo *ipsius; qui fecit cælum, & terram, mare, & omnia quæ in eis sunt.*

PANEM NOSTRVM QVOTIDIANVM DA NOBIS HODIE.

15. Dominus *pars hereditatis meæ, & calicis mei; tu es, qui restitues hereditatem meam mihi.*

22 *Parasti in conspectu meo mensam, aduersus eos qui tribulant me.*

Impinguasti in oleo caput meum; & calix meus inebrians quàm præclarus est.

33. Diuites *eguerunt, & esurierunt; inquirentes autem Dominū non minuentur omni bono.*

41. *Quemadmodum desiderat ceruus ad fontes aquarum; ità desiderat anima mea ad te* Deus.

Sitiuit anima mea ad Deum fortem viuum; quandò veniam & apparebo ante faciem Dei?

Fuerunt mihi lachrymæ meæ panes die ac nocte; dum dicitur mihi quotidie, vbi est Deus *tuus?*

54. *Iacta super* Dominum *curam tuam, & ipse te enutriet.*

77. *Tentauerunt* Deum *in cordibus suis; vt peterent escas animabus suis.*

Et malè locuti sunt de Deo*; dixerunt, numquid poterit* Deus *parare mensam in deserto?*

Quoniam percussit petram & fluxerunt aquæ, & torrentes

inundauerunt.

Numquid & panem poterit dare, aut parare menſam populo ſuo?

Et pluit illis manna ad manducādū, & panem cæli dedit eis.

Panem Angelorum manducauit homo; cibaria miſit eis in abundantiâ.

Et pluit ſuper eos ſicut puluerem carnes & ſicut arenam maris volatilia pennata.

Et manducauerunt & ſaturati ſunt nimis, & deſiderium eorum attulit eis; non ſunt fraudati à deſiderio ſuo.

Adhuc eſcæ eorum erant in ore ipſorum; & ira Dei aſcendit ſuper eos.

79. Domine Deus virtutum, quouſque iraſceris ſuper orationem ſerui tui?

Cibabis nos pane lachrymarum; & potum dabis nobis in lachrymis in menſurâ?

80. Cibauit eos ex adipe frumenti; & de petrâ, melle ſaturauit eos.

103. Vt educas panem de terrâ; & vinum lætificet cor hominis.

Vt exhilaret faciem in oleo, & panis cor hominis confirmet.

Animalia puſilla cum magnis.

Draco iſte quem formaſti ad illudendum ei; omnia à te expectant, vt des illis eſcam in tempore.

Dante te illis colligent; aperiente te manum tuam, omnia implebuntur bonitate.

Auertente autem te faciem, turbabuntur; auferes ſpiritum eorum, & deficient, & in puluerem ſuum reuertentur.

104. Vocauit famem ſuper terram, & omne firmamentum panis contriuit.

Miſit ante eos virum; in ſeruum venundatus eſt Ioſeph.

Et percuſſit vineas eorum, & ficulneas eorum: & contriuit lignum finium eorum.

Dixit, & venit locuſta, & bruchus, cuius non erat numerus.

Et comedit omne fœnum in terrâ eorum; & comedit omnem fructum terræ eorum.

Petierunt, & venit coturnix; & pane cæli ſaturauit eos.

Dirupit petram, & fluxerunt aquæ; abierunt in ſicco flumina.

Et dedit illis regiones gentiũ; & labores populorũ possederunt.

105. *Et dedit eis petitionem ipsorum; & misit saturitatem in animas eorum.*

106. *Esurientes & sitientes, anima eorum in ipsis defecit.*

Et clamauerunt ad Dominum cum tribularentur; & de necessitatibus eorum eripuit eos.

Quia satiauit animam inanem; & animam esurientem satiauit bonis.

Sedentes in tenebris & vmbrâ mortis; vinctos in mendicitate & ferro.

Et clamauerunt ad Dominum cùm tribularentur; & de necessitatibus eorum liberauit eos.

Posuit flumina in desertum, & exitus aquarum in sitim.

Terram fructiferam in salsuginem, à malitiâ inhabitantium in eâ.

Posuit desertum in stagna aquarum; & terram sine aquâ in exitus aquarum.

Et collocauit illic esurientes; & constituerunt ciuitatem habitationis.

Et seminauerunt agros, & plantauerunt vineas; & fecerunt fructum natiuitatis.

Et benedixit eis, & multiplicati sunt nimis; & iumenta eorum non minorauit.

Et adjuuit pauperẽ de inopiâ; & posuit sicut oues familias.

111. *Dispersit, dedit pauperibus; iustitia eius manet in sæculum sæculi, cornu eius exaltabitur in gloriâ.*

115. *Quid retribuam Domino pro omnibus quæ retribuit mihi?*

Calicem salutaris accipiam; & nomen Domini inuocabo.

125. *Qui seminant in lachrimis, in exultatione metent.*

Euntes ibant, & flebant, mitentes semina sua.

Venientes autem venient cum exultatione, portantes manipulos suos.

127. *Labores manuum tuarum manducabis, beatus es, & benè tibi erit.*

131. *Escam eius benedicens benedicã; pauperes eius saturabo panibus.* Benè *Escam* iuxta Hebraicam lectionem, non *Viduã*.

135. *Qui dat escam omni carni; quoniam in æternùm misericordia eius.*

144. *Oculi omnium in te sperant Domine; & tu das escam illorum in tempore opportuno.*

Aperis tu manum tuā; & imples omne animal benedictione.

45. *Qui custodit veritatem in sæculum, facit iudicium injuriam patientibus; dat escam esurientibus.*

146. *Qui producit in montibus fœnum, & herbam seruituti hominum.*

Qui dat iumentis escam ipsorum, & pullis coruorum inuocantibus eum.

147. *Qui dat niuem sicut lanam; nebulam sicut cinerem spargit.*

ET DIMITTE NOBIS DEBITA NOSTRA.

18. *Delicta quis intelligit? ab occultis meis munda me; & ab alienis parce seruo tuo.*

21. *Deus, Deus meus respice in me; quare me dereliquisti? longè à salute meâ verba delictorum meorum.*

24. *Reminiscere miserationum tuarum Domine, & misericordiarum tuarum, quæ à sæculo sunt.*

Delicta iuuentutis meæ, & ignorantias meas ne memineris.

Secundum misericordiam tuam memento mei tu; propter bonitatem tuam Domine.

Dulcis & rectus Dominus; propter hoc legem dabit delinquentibus in viâ.

Vniuersæ viæ Domini, misericordia & veritas, requirentibus testamentum eius & testimonia eius.

Oculi mei semper ad Dominum; quoniam ipse euellet de laqueo pedes meos.

Respice in me & miserere mei; quoniam vnicus & pauper sum ego.

Vide humilitatem meam & laborem meum; & dimitte vniuersa delicta mea.

25. *Ne perdas cum impiis, Deus, animam meam, & cum viris sanguinum vitam meam.*

Redime me, & miserere mei.

26. *Exaudi Domine vocem meam quâ clamaui ad te; miserere mei & exaudi me.*

Ne auertas faciem tuam à me; ne declines in irâ à seruo tuo.

Adjutor meus esto, ne derelinquas me; neque despicias me Deus salutaris meus.

31. Delictum meum cognitum tibi feci, & iniustitiam meam non abscondi.

Dixi, confitebor aduersùm me iniustiam meam Domino; & tu remisisti impietatem peccati mei.

Tu es refugium meum à tribulatione quæ circumdedit me; exultatio mea crue me à circumdantibus me.

33. Redimet Dominus animas seruorum suorum; & non delinquent omnes qui sperant in eo.

37. Quoniam iniquitates meæ supergressæ sunt caput meum; & sicut onus graue, grauatæ sunt super me.

Quoniam iniquitatem meam annunciabo; & cogitabo pro peccato meo.

40. Ego dixi, Domine miserere mei; sana animam meam, quia peccaui tibi.

43. Exsurge, quare obdormis Domine? exsurge, & ne repellas in finem.

Quare faciem tuam auertis, obliuisceris inopiæ nostræ, & tribulationis nostræ?

Exsurge Domine, adiuua nos; & redime nos propter nomen tuum.

50. Miserere mei Deus, secundùm magnam misericordiam tuam.

Et secundùm multitudinem miserationum tuarum, dele iniquitatem meam.

Ampliùs laua me ab iniquitate meâ; & à peccato meo munda me.

Quoniam iniquitatem meam ego cognosco; & peccatum meum contra me est semper.

Tibi soli peccaui, & malum coràm te feci.

Ecce enim in iniquitatibus conceptus sum; & in peccatis concepit me mater mea.

Asperges me hyssopo, & mundabor; lauabis me, & super niuem dealbabor.

Auerte faciem tuam à peccatis meis; & omnes iniquitates meas dele.

102. *Qui propitiatur omnibus iniquitatibus tuis; qui sanat omnes infirmitates tuas.*

Non in perpetuum irascetur; neque in æternum comminabitur.

Non secundùm peccata nostra fecit nobis; neque secundùm iniquitates nostras retribuit nobis.

Quantùm distat ortus ab occidente; longè fecit à nobis iniquitates nostras.

118. *Vocem meam audi secundùm misericordiam tuam Domine; & secundum iudicium tuum viuifica me.*

Longè à peccatoribus salus; quia iustificationes tuas non exquisierunt.

122. *Miserere nostri Domine, miserere nostri; quia multùm repleti sumus despectione.*

SICVT ET NOS DIMITTIMVS DEBITORIBVS NOSTRIS.

37. *Inimici autem mei viuunt, & confirmati sunt super me; & multiplicati sunt qui oderunt me iniquè.*

Qui retribuunt mala pro bonis, detrahebant mihi, quoniam sequebar bonitatem.

Ne derelinquas me Domine Deus meus, ne discesseris à me.

ET NE NOS INDVCAS IN TENTATIONEM.

12. *Illumina oculos meos ne vnquam obdormiam in morte; ne quando dicat inimicus meus, præualui aduersùs eum.*

16. *Perfice gressus meos in semitis tuis; vt non moueantur vestigia mea.*

21. *De ventre matris meæ, Deus meus es tu; ne discesseris à me.*

Quoniam tribulatio proxima est; quoniam non est qui adiuuet.

Circumdederunt me vituli multi; tauri pingues obsederunt me.

Aperuerunt super me os suum, sicut leo rapiens & rugiens.

22. *Nam & si ambulauero in medio vmbræ mortis, non timebo mala;*

mala ; quoniam tu mecum es.
Virga tua, & baculus tuus, ipsa me consolata sunt.
27. *Ne simul trahas me cum peccatoribus ; & cum operantibus iniquitatem ne perdas me.*
37. *Ne derelinquas me Domine Deus meus ; ne discesseris à me.*
Intende in adiutorium meum, Domine, Deus salutis meæ.
59. *Da nobis auxilium de tribulatione.*
68. *Ne auertas faciem tuam a puero tuo; quoniam tribulor, velociter exaudi me.*
90. *Quoniam tu es, Domine, spes mea; altissimum posuisti refugium tuum.*
93. *Secundùm multitudinem dolorum meorum in corde meo, consolationes tuæ lætificauerunt animam meam.*
118. *Viam iniquitatis amoue à me ; & de lege tuâ miserere mei.*
Faciem tuam illumina super seruum tuum ; & doce me iustificationes tuas.
125. *Conuerte Domine captiuitatem nostram, sicut torrens in Austro.*

SED LIBERA NOS A MALO.

Ps.9. *Vt quid, Domine, recessisti longè; despicis in opportunitatibus, in tribulatione?*
Exsurge Domine Deus, & exaltetur manus tua; ne obliuiscaris pauperum.
11. *Saluum me fac Domine, quoniam defecit sanctus.*
Tu Domine seruabis nos ; & custodies nos à generatione hâc in æternum.
12. *Vsquequò Domine obliuisceris me in finem? vsquequò auertis faciem tuam à me?*
15. *Conserua me Domine quoniam speraui in te.*
16. *Ego clamaui, quoniam exaudisti me Deus ; inclina aurem tuam mihi, & exaudi verba mea.*
A resistentibus dextera tuæ custodi me, vt pupillam oculi.
Sub vmbrâ alarum tuarum protege me ; à facie impiorum qui me afflixerunt.
Exsurge Domine, praueni eum, & supplanta eum; eripe animam meam ab impio.

21. *Tu Domine ne elongaueris auxilium tuum à me ; ad defensionem meam conspice.*

Erue à frameâ Deus animam meam ; & de manu canis vnicam meam.

24. *Tribulationes cordis mei multiplicatæ sunt ; de necessitatibus meis erue me.*

Libera Deus Israël, ex omnibus tribulationibus suis.

33. *Iuxtà est Dominus ijs, qui tribulati sunt corde ; & humiles spiritu saluabit.*

Multæ tribulationes justorum ; & de omnibus his liberabit eos Dominus.

Custodit Dominus omnia ossa eorum ; vnum ex his non conteretur.

38. *Obmutui, & non aperui os meum, quoniam tu fecisti ; amoue à me plagas tuas.*

39. *Complaceat tibi, Domine, vt eruas me ; Domine ad adjuuandum me respice.*

58. *Eripe me de inimicis meis Deus meus ; & ab insurgentibus in me libera me.*

Eripe me de operantibus iniquitatem ; & de viris sanguinum salua me.

Exurge in occursum meum, & vide ; & tu Domine Deus virtutum, Deus Israël.

68. *Eripe me de luto, vt non infigar ; libera me ab ijs qui oderunt me, & de profundis aquarum.*

Non me demergat tempestas aquæ, neque absorbeat me profundum ; neque vrgeat super me puteus os suum.

Intende animæ meæ, & libera eam ; propter inimicos meos eripe me.

70. *Deus meus eripe me de manu peccatoris ; & de manu contra legem agentis & iniqui.*

Ne projicias me in tempore senectutis ; cum defecerit virtus mea, ne derelinquas me.

Et vsque in senectam & senium, Deus ne derelinquas me.

84. *Converte nos Deus salutaris noster ; & auerte iram tuam à nobis.*

107. *Da nobis auxilium de tribulatione; quia vana salus hominis.*

108. *Libera me, quia egenus & pauper ego sum; & cor meum conturbatum est intra me.*

118. *Redime me à calumniis hominum; vt custodiam mandata tua.*

119. *Domine libera animam meam à labiis iniquis, & à linguâ dolosâ.*

123. *Benedictus Dominus, qui non dedit nos in captionem dentibus eorum.*

Anima nostra sicut passer erepta est de laqueo venantium; laqueus contritus est, & nos liberati sumus.

Adiutorium nostrum in nomine Domini, qui fecit cælum & terram.

139. *Eripe me Domine ab homine malo; à viro iniquo eripe me.*

Custodi me, Domine, de manu peccatoris; & ab hominibus iniquis eripe me.

Ne tradas me Domine à desiderio meo peccatori; cogitauerunt contra me, ne derelinquas me, ne fortè exaltentur.

141. *Libera me à persequentibus me; quia confortati sunt super me.*

143. *Emitte manum tuam de alto, eripe me, & libera me de aquis multis, de manu filiorum alienorum.*

Et erue me de manu filiorum alienorum, quorum os locutum est vanitatem, & dextera eorum, dextera iniquitatis.

VN LIEV DE L'EVANGILE *de Sainct Luc remis & expliqué.*

IL y a en vn tres-ancien exemplaire Grec du Nouueau Testamẽt trouué en Italie, & mis és mains du grand Robert Estienne, lors qu'il imprima à Paris ce chef-d'œuure, conferé sur plusieurs autres dés l'an 1550. vn verset dans le 6. chapitre de S. Luc, en ces mots, τῇ αὐτῇ ἡμέρᾳ θεασάμενός τινα ἐργαζόμενον τῷ σαββάτῳ, εἶπεν αὐτῷ, Ἄνθρωπε, εἰ μὲν οἶδας τί ποιεῖς, μακάριος εἶ· εἰ δὲ μὴ οἶδας, ἐπικατάρατος καὶ παραβάτης εἶ τοῦ νόμου; qui est à dire, *Le mesme iour ayant veu quelqu'vn qui trauailloit le iour du Sabbath, il luy dit, Homme, si tu sçais ce que tu fais, tu és heureux; mais si tu ne le sçais pas, tu és meschant, & contreuenant à la Loy.*

Ce qui a esté trouué dit si estrangement, que les autres exemplaires Grecs plus modernes, ny pareillement les imprimez n'en ont rien, non plus que nos versions latines, quelques anciennes qu'elles soient. Aussi ceux qui ont dit que cela se trouue en vn autre ancien exemplaire, marquent que ces mots ne se lisent point en l'Eglise, comme ne sentans point sa majesté ou verité Euangelique.

Et de verité il semble de prime face, que ce soit chose absurde de dire, qu'vn homme fait bien, quãd il sçait qu'il trauaille en vn iour de Feste, & qu'il fait mal quand il n'en sçait rien; d'autant qu'il semble au contraire qu'en le sçachant, il fasse mal; & qu'il soit excusable, quand il n'en sçait rien. Neantmoins quand on considerera que Nostre Seigneur parloit souuent par parœmies, ou paraboles, & enigmes, on pourra penser qu'il entendoit dire, que si cet homme estoit desia des siens, & tellement conuerty par les Predications de S. Iean, ou par les siennes, qu'il sceust que le Sabbath n'estoit plus rien, & qu'il estoit fait pour l'homme, & non l'homme pour le Sabbath, ainsi qu'il dit en vn autre lieu, il n'offençoit point, estant desia déliuré de la Loy; mais que s'il estoit encores en sa vieille peau, & dans la Loy de Moyse, il pechoit contre icelle en y contreuenant à son escient, & offençoit, pource que nos fautes & offences se doiuent mesurer selon nos intentions & nos consciences, comme il semble que S. Paul en veut dire autant en la premiere Epistre aux Corinthiens chap. 8. quand il parle de manger, ou de s'abstenir de ce qui auoit esté sacrifié aux Idoles, où il remet cela tant à la conscience de celuy qui en mangeoit, qu'au scandale qu'en pouuoit receuoir son prochain. Ainsi il escrit à Tite chap. 1. que toutes choses sont nettes & pures à ceux qui le sont, & soüillées & immondes à ceux qui ont la conscience orde & sale, toutes seruitudes & ceremonies de la Loy, & particulierement les Sabbaths, Neomenies, Prepuces, & telles principales marques du Iudaisme estant abolies. Car encores qu'il soit dit en d'autres lieux, que Nostre Seigneur n'estoit point venu pour rompre la Loy ny les Prophetes; si est-ce que luy, ses Apostres, & Disciples se dispensoient par fois de celles qui estoient de discipline ou police, & par necessité: comme quand ils prenoient des espics le iour du Sabbath, dont Nostre Seigneur les excuse en S. Mathieu ch. 12. sur lequel S. Iean Chrysostome traittant cette question, dit que c'estoit pour faire vn meilleur œuure. Et de faict Nostre Seigneur dit au 16. chap. du mesme S. Luc, qu'à la venuë & Predicatiõ de S. Iean, le royaume de Dieu & de l'Euangile auoient lieu, & non plus la Loy, ny les Prophetes, qui est la raison pourquoy Tertullian l'appelle *Clausulam Legis & Prophetarum*, & quelques autres, *le Sequestre d'entre la Loy & l'Euangile*; & semble que le mesme Nostre Seigneur l'ait ainsi entendu en S. Matthieu ch. 11. où il y a que iusques à la venuë de S. Iean les Prophetes & la Loy auoient eu lieu, & auoient cessé par la Predication de l'Euangile du Royaume de Dieu, de la Grace & de la Verité, la Loy ayant pris fin par la naissance de I. C. ainsi que parle S. Iean Chrysostome en son Hom.

3. ſur le 2. ch. du meſme S. Matthieu. Il ſe peut donc faire que cet homme qui trauailloit à ce iour auoit eſté inſtruict par la Predication de S. Iean ou de Noſtre Seigneur meſme, & partant n'eſtoit plus obligé au Sabbath, ainſi qu'il y a en S. Epiphane liure 1. contre les Hereſies, & conſequemment n'offençoit point; comme quand il dit à la Samaritaine en S. Iean ch. 4. que l'heure eſt venüe en laquelle on priera Dieu par tout, & non plus en la montaigne ny en Ieruſalem. Ce lieu donc ainſi retrouué és plus anciens liures de S. Luc n'eſtoit pas par aduenture à rejetter ou condamner: car rien ne doit eſtre perdu ny negligé de ce qui eſt ſorty de la bouche de Noſtre Seigneur, Au ſurplus qu'il n'y ait non ſeulement diuerſité de leçons en certains mots de l'Eſcriture, mais auſſi en des clauſes & des verſets tous entiers, il en appert tant par Tertullian liure 2. contre Marcion, que par Euſebe ch. dernier liure 5. de ſon Hiſtoire, Gregoire de Nyſſe en ſa ſeconde Oraiſon ſur la Reſurrection, S. Cyrille ſur la Paſſion de Noſtre Seigneur, ſelon S. Iean ch. 19. & S. Epiphane ſur le chap. 19. du meſme S. Luc, où il y a que Noſtre Seigneur pleura, & pluſieurs autres lieux particulierement remarquez par le meſme S. Epiphane liure premier contre les Hereſies ch. 42. & ſignamment contre Marcion. Toutesfois ie me remets de tout ce que deſſus aux meilleurs Theologiens, & qui ſont plus entendus en ces matieres que ie ne ſuis pas.

VN PASSAGE DE L'EVANGILE de S. Iean mal tourné en Latin & en François.

NOſtre Seigneur parlant à ſes Apoſtres, leur dit ainſi, ſelon le langage de S. Iean au 4. chap. de ſon Euangile verſet 35. Οὐχ ὑμεῖς λέγετε, ὅτι ἔτι τετράμηνόν ἐστι, καὶ ὁ θερισμὸς ἔρχεται; qui eſt tourné en la verſion commune,

Nonne vos dicitis, quòd adhuc quatuor menses sunt, & messis venit? & par quelques modernes, *Adhuc quadrimestre spatium superest, & messis veniet?* & en François, *Ne dites vous pas, qu'il y a encores quatre mois, & la moisson viendra?* parlans tous comme au temps à venir; & ainsi le prennent Origene, Nonnus Poëte Grec, & Iuuencus Latin. Et neantmoins il me semble, sous correction, qu'ils se sont tous abusez, & qu'il faut entendre ces mots au temps present, & dire ainsi, *Ne dites vous pas que nous sommes desia au quatriesme mois, & que la moisson vient?* Car il faut considerer en quel lieu & en quel temps Nostre Seigneur parloit, sçauoir est en Iudée proche de l'Ægypte, & sur la fin du mois de Mars, ou au commencement d'Auril, c'est à dire peu auparauant la Pasque, auquel temps la moisson estoit desia blanche & proche de sa maturité. En effect Philon dit en son liure de l'Ouurage du Monde, qu'en Iudée & en Ægypte la moisson se fait en l'Equinoxe du Printemps apres le quatriesme mois de la semence, laquelle se fait en Nouembre, qui est à mon aduis ce que l'Euangile appelle le τετράμηνον; & Pline parlant de l'Ægypte l.18. c.18. le dit ainsi, & d'ailleurs nous lisons au Calendrier des Hebreux, qu'ils faisoient leurs prieres des dernieres pluies de la moisson le 26. iour de Mars ou de Nisan, & en Ioseph liu. 3. ch. 10. qu'ils offroient leurs Premices des nouueaux grains le 26. de la Lune du mesme mois. De sorte que leurs moissons estoient faites au mois d'Auril, aussi bien qu'en Ægypte, ainsi que S. Ambroise escrit en sa 83. Epistre; ou bien sur le commencement de May, auquel temps les Iuifs celebroient la Feste des Premices ou Pentecoste, faisans à ce iour offrande de leur nouuelle moisson, comme il se voit au 28. chap. des nombres. Ce que dessus se confirme encores plus clairement par le 16. ch. du Deuteronome, où il est dit que la Pasque ou Phasé est la Feste des espics ou nouueaux fruicts, & celle de la Pentecoste sept sepmaines apres que la faux a esté mise en la moisson; & au 13. chap. de l'Exode, que le partement d'Ægypte des enfans d'Israël, qui est le Phasé ou la Pasque des Iuifs se faisoit au mois Abib, qui est à dire des espics, que S. Hierosme interprete *mensem nouarum frugum.* Nous voyons aussi que quand Nostre Seigneur enuoya le sainct Esprit sur ses Apostres, qui par là eurent le don des Langues, l'on disoit d'eux qu'ils estoient yures ayans beu du moust ou vin nouueau, & non simplement du vin doux, comme quelques-vns interpretent, qui trouuent estrange qu'en la Pentecoste l'on eust desia fait les vendanges, estimans les saisons de la Iudée selon les nostres. Donc IESVS-CHRIST parlant à ses Disciples, & leur monstrant les bleds desia tous blancs & proches de la moisson, il leur vouloit monstrer que la moisson des hommes estoit aussi proche que celle des champs. Pareillement en ce mesme temps les Scribes & Pharisiens reprenoient ses Disciples de ce qu'ils froissoient des espics pour manger au iour du Sabbath, en sainct Matthieu chap. 12. sainct Marc chap. 2. & sainct Luc chapitre 6. ce qu'ils n'eussent sceu faire qu'en vn temps proche de la moisson. Et c'est encores en ce mesme temps que Nostre Seigneur disoit, *Voyez ce figuier, & tous ces arbres comme ils poussent leurs fruicts, vous cognoissez delà que l'Esté approche*, en sainct Matthieu chap. 24. & en S. Luc chap. 21. Nous lisons de mesme au voyage de Girard Vidame de Strasbourg, Ambassadeur de l'Empereur Frideric vers le Roy de Babylone, qu'en Ægypte ils font leurs moissons en Mars, & en Marc Paul Venitien liu. 1. ch. 23. qu'en la region dont il y fait mention, l'on fait les semailles en Nouembre, & les moissons en Mars, les chaleurs y estant si grandes puis apres, que tout brusleroit si l'on laissoit les fruicts plus longuement sur la terre. Et il ne sert d'alleguer au contraire ce que nous lisons en la Passion de Nostre Seigneur, que S. Pierre se chauffoit pour ce qu'il faisoit froid; car outre que quelquesfois il aduient qu'on se chauffe à la sainct Iean, il faut estimer que lors les saisons furent desreglées par l'Eclipse qui deuoit venir extraordinairemẽt à cause de la mort du Pere de lumiere Deux choses ont pû abuser nos interpretes, l'vne, qu'ils ont entendu ce lieu selon le sens, ou la coustume des contrées deçà, esquelles les moissons se font quasi tousiours quatre mois apres Pasque; l'autre le mot ἔτι lequel il faudroit par aduanture oster, suiuant plusieurs exemplaires Grecs, ou en tout cas le prendre au temps present pour ἤδη, comme il se prend

prend au mesme quatriesme chap. de Sainct Iean verset 42. ὅτι οὐκέτι διὰ τὴν σὴν λαλιὰν πιστεύομεν, & en S.Luc ch.1.vers. 15. ἔτι ἐκ κοιλίας, & en beaucoup d'autres lieux. Il n'y a donc à mon aduis nul doute que cette façõ de parler τετράμηνόν ἐστι ne s'entende, que *l'on est au 4. mois de la semence*, c'est à dire proche de la moisson; & ainsi ay-je trouué depuis, que l'Interprete Syriaque le prend en sa version, & Erasme en sa Paraphrase.

Ce Traicté a esté trouué dans vn Registre de Mr Me Antoine Loisel Conseiller en Parlement, fils aisné de nostre Autheur, escrit de la main du fils, & reueu & corrigé de la main du pere

DE L'ESLECTION ET INSTITUTION des Euesques & Curez, de l'aduis & consentement des Seculiers.

IL n'y a quasi rien en toute la discipline Ecclesiastique dont on se soit tant trauaillé, que de ce qui concerne l'institution de ceux qui ont la charge des ames, qui est la plus grande du monde, & laquelle pour cette cause les Conciles appellent *Artem Artium*; & neantmoins il n'y a rien en quoy l'on ait tant varié, d'autant qu'il n'y a rien où l'on fasse plus de fraudes, principalement en ce qui est de l'eslection des personnes qui sont necessaires pour remplir telles charges, dont la premiere fut faite par Nostre Seigneur mesme, lors de la vocation qu'il fit des Apostres, lesquels il enuoya par le mõde, & d'où ils furent nommez Ἀπόστολοι, *Missi*, c'est à dire *Enuoyez*. La seconde fut lors que les Apostres esleurent S. Matthias au lieu de Iudas, & ce par sort διὰ κλήρου, dont est venu le nom de Clercs, comme S. Augustin dit sur le Pseaume 67. *Et Cleros & Clericos hinc appellatos puto, qui sunt in Ecclesiastici ministerij gradibus ordinati, quia Matthias sorte electus est, quem priorem per Apostolos legimus ordinatum.* Toutesfois l'Eglise n'a pas trouué bonne cette forme, ny qu'elle deust estre tirée à consequence, ains au contraire elle l'a reprouuée selon ces mots remarquables, *Si qui necessitate aliquâ compulsi Deum*

Lib. 1. Decretalium cap. cùm sit Ars tit. 14. de ætate & qualitate & ordine præficiendorum.

putant sortibus, exemplo Apostolorum, esse consulendum, videant hoc ipsos Apostolos non nisi collecto Fratrum cœtu, & precibus ad Deum fusis egisse, Can. non exemplo 26. q. 2. & depuis elle a esté formellement defenduë par le Pape Honoré III. au chapitre dernier *de sortilegis*, sur lequel l'Innocente adjouste *neque eligentem, neque electum, sortiendos esse*; de sorte que l'on a presque tousiours pratiqué les eslections ou sur la nomination que le predecesseur en faisoit, ou sur le tesmoignage que chacun de l'Eglise y apportoit. Et de faict en l'eslection des sept Diacres, qui est la premiere de toutes, il est escrit au 6. ch. des Actes que les douze Apostres appellerent la multitude des Disciples, & leur dirent qu'ils eussent à choisir sept hommes d'entre eux bien renõmez & tesmoignez μαρτυρουμένους pour vacquer au ministere des tables; & que les Disciples l'ayant fait, ils les presenterent aux Apostres qui mirent les mains sur eux en priant; ce qui fut leur institution.

Ep. 1. c. 3. Aussi quand S. Paul escriuant à Timothée remarque les qualitez requises en vn Euesque, il dit, qu'il doit estre sur tout bien tesmoigné, voire de tous ceux de dehors δεῖ δὲ αὐτὸν μαρτυρίαν καλὴν ἔχειν ἀπὸ τῶν ἔξωθεν, *ab iis qui foris sunt*, qui est à dire, de tout le peuple, ainsi qu'Origene l'interprete, alleguant ce passage à ce propos en son Homilie 6. sur le 8. chap. du Leuitique selon la version & l'approbation ou censure de S. Hierosme, auquel pour cette cause il est attribué par plusieurs, & entre autres par Gratian *in Can. licet* 15. *quæst.* 1. en ces mots, *Requiritur in ordinando sacerdote & populi præsentia; vt sciant omnes & certi sint, quia qui præstantior est ex omni populo, qui doctior, qui sanctior, qui omni virtute eminentior, ille eligitur ad sacerdotium, & hoc attestante populo; ne qua postmodum retractatio cuiquam, ne quis scrupulus resideret. Hoc est autem quod & Apostolus præcipit in ordinatione Sacerdotis, dicens, oportet autem illum & testimonium habere bonum ab his qui foris sunt.* Aussi nous voyons que cela a esté prattiqué és eslections des anciens Papes & Euesques, comme en celle du Pape Damase à Rome chez Ammian Marcellin, de S. Ambroise à Milan, de S. Augustin à Hippone en Afrique, & d'in-

Scribitur, astante, in contextu Canonis, sed in margine, ab attestante.

finis autres, ausquelles les principaux du peuple estoiët presque tousiours appellez auec le Clergé, principalement depuis que les premiers Empereurs Chrestiës deffendirent de promouuoir ou d'appeller aux Ordres Ecclesiastiques d'autres que les pauures, & non les riches & Officiers, ainsi que portët les loix 3. 6. & 17 du Cod. Theodosian liu. 16. Tit. 2. *de Episcopis, Ecclesiis, & Clericis*, sinon qu'ils fussent esleus & instituez du consentement de ceux de leur Ordre, autrement qu'ils perdroient quelque portion de leurs biens. C'est ce qui se voit par les Ordonnances des Empereurs Constantius & Constans *ll. 49 & 59. Cod. Th. de Decurionibus* en ces mots, *Si qui ad Presbyteriorum gradus, Diaconorum etiam, seu Subdiaconorum, cæterorumque peruenerunt assistente curiâ, ac sub oblationibus iudicis præbentis consensum (cùm eorum vitam insignem atque innocentem esse omni probitate constiterit) habere debet patrimonium probabilis instituti, vt retineat proprias facultates, maximè si totius populi vocibus expetatur.* De laquelle Ordonnance S. Ambroise se plaint tout doucement escriuant ainsi à l'Empereur Valentinian, *Nobis etiam priuatæ successionis emolumenta recentibus legibus denegantur, & nemo conqueritur*, & puis apres, *Si priuilegium quærat Sacerdos, vt onus curiale declinet, patriâ atque auitâ, & omnium facultatum possessione cedendum est*, dont il y a encores quelque reste és Nouelles Constitutions de Iustinian, & signament en la 123. Et de faict la presence ou assistance, & le consentement du peuple ont esté requis en telles eslections par vn fort long temps, comme sous les Empereurs Leon & Anthemius en cette belle loy, *Si quemquam 31. Cod. de Episcopis & Clericis*, en ces mots, *piis hominum mentibus, nudâ electionis conscientiâ, sincero omnium iudicio*, sous Iustinian en la Nouelle 123. où il dit tant selon la commune version, qui est tres-bonne pour ce regard, que selon l'interpretation de Iulian, *Sancimus igitur quoties opus fuerit Episcopum ordinari, Clericos & Primates ciuitatis, cuius futurus est Episcopus, ordinari, mox in tribus personis decreta facere*, & non pas des principaux de l'Eglise, comme Accurse l'interprete mal selon la discipline de son temps, & non pas selon les anciens Decrets, esquels il y a ordinairement ces mots, *cum consensu Clericorum*

Ep. 31. lib. 5.

& Laicorum, Can. ordinationes 1. quæst. 1. Can. 2. distinct. 23. & Can. plebs 11. Can. nosse 12. & Can. vlt. distinct. 63. Cela se prattiquoit encore pendant le regne des Goths en Italie, ainsi qu'il appert d'vne Epistre enuoyée au Pape Iean par le Roy Athalaric, qui est la 15. du 9. liu. des Formules de Cassiodore : & à Rome mesme les Papes se sont faits par vn bien long temps *consentientibus Episcopis, & vniuerso Clero, Senatu, & populo expetente*, auec confirmation des Empereurs, & quasi iusques au Pape Alexandre III. dont est la Decretale *licet de electionib.* qui defere l'eslection des Papes aux deux parts des Cardinaux. Et en France sous la premiere race de nos Rois, lors que les eslections des Euesques se faisoient, & quand les Rois y nommoient, comme ils faisoient presque tousiours, les Laïs mesmes pouuoient estre esleus Euesques. Sous la seconde race, lors que les eslections furent remises, il est expressement dit par les Loix & Capitulaires de Charlemagne liure 1. ch. 84. *Sacrorum Canorum non ignari, vt in Dei nomine sancta Dei Ecclesia suo liberiùs potiretur honore, assensum ordini Ecclesiastico præbuimus, vt scilicet Episcopi per electionem Cleri & Populi secundùm Statuta Canonum de propriâ Diœcesi, remotâ personarum & munerum acceptione, ob vitæ meritum & sapientiæ donum eligantur, vt exemplo & verbo sibi subiectis vsquequâque prodesse valeant.* Cela n'est pas si formellement ordonné pour le regard des Curez qu'il appelle *Presbyteros*, & autres Chefs des Eglises, dont il est parlé au 90. chap. du mesme liure. Mais il se recueille de ces mots, que les Laïs n'en estoient point du tout exclus, *Statutum est, vt sine authoritate, vel consensu Episcoporum Presbyteri in quibuslibet Ecclesiis nec constituantur, nec expellantur. Et si Laici Clericos probabilis vitæ & doctrinæ Episcopis consecrandos, suisque in Ecclesiis constituendos obtulerint, nullâ quâlibet occasione eos reijciant.* Et sur le declin de cette seconde race les Laïs y estoient encores appellez, non pas à la verité le menu Peuple qui en a tousiours esté exclus, mais les plus apparents, les Nobles & principaux Vassaux, lesquels pour cette cause on appelloit *Vassallos Ecclesiæ*, comme il n'y a gueres d'Eueschez en France qui n'ait ses Vassaux, Barons, & hommes de Fief, qui assistoient

& auoient aucunement voix en telles eslections, selon ce qui appert par les Croniques de Froard és années 920.925. & 941. & comme nous auons appris de nos Peres touchant les Barons de Montmorency, Mont-jay, Cheureuse, & autres pour le regard de l'Euesché de Paris. A raison de quoy l'on ne doit point trouuer nouueau ny estrange, s'il est ordonné par le premier Article de l'Ordonnance d'Orleans, que les Nobles & principaux Bourgeois des Villes seront appellez aux eslections ou nominations qui se doiuent faire au Roy des Eueschez vacants. Depuis ce temps, & principalement depuis le Concile de Latran, tenu sous Innocent III. & depuis que l'on est venu à la distinction plus particuliere des Clercs & des Lais ou Seculiers, que l'on a veu qu'il s'y faisoit des brigues & des menées, & qu'il y auoit du desordre & de la confusion, & que l'on a separé plus particulierement les fonctions spirituelles d'auec les temporelles ou seculieres, l'on a estimé ce droict d'eslection purement spirituel & Ecclesiastique; & par consequent que les Lais en deuoient estre du tout exclus. Ce qui toutesfois n'a pas passé sans grande controuerse & contention, signamment pour le regard des Empereurs, des Rois, Seigneurs, Patrons & Fondateurs des Eglises, & particulierement de nos Rois, en la personne desquels tous les droicts du peuple ayans esté transferez, il ne se faut point estonner si finalement les principaux droicts d'eslections leur sont entierement demeurez, n'ayans iamais gueres de compagnons aux choses où ils ont part. Ainsi les Lais en ont esté exclus par les Ecclesiastiques *Can. non est permittendum* 6. *Can. omnis* 7. *Can. nosse* 12. *dist.* 63. & mesme au Canon *non licet* 8. qui parle nommément des Prestres ou Curez, *qui judicio Episcoporum promouendi sunt, non Populi*. toute cette distinction de Gratian n'estant quasi que pour cela, & le Canon *bene* de la *dist.* 96. Toutesfois si ils ont esté priuez du droict de donner leur voix aux eslections, ils n'ont pas esté forclos d'y assister pour declarer leurs desirs & volontez, qui est ce que dit le grand Pape Leon en la 87. Epistre aux Euesques de la Prouince de Vienne, *Vota Ciuium, testimonia Populorum, Honoratorum arbitrium, electio Clericorum in ordinatio-*

nibus Sacerdotum expectantur. Can. vota 27. *distinctione* 63. Voire mesme quoy qu'ils ayent esté enfin absolument exclus des eslections, si est-ce qu'ils se sont conseruez en ce poinct, que leur consentement a presque tousiours esté requis à l'institution de ceux que le Clergé auoit esleus. Et d'autant que nous tenons en beaucoup d'affaires le taire pour consentement, l'on a estimé que s'il n'y auoit point de contradiction formelle du peuple, il deuoit estre reputé y auoir presté son consentement; mais s'il y auoit contredit, empeschement, ou oppositiõ formée par luy à telles eslectiõs ou promotions, on ne passoit iamais par dessus. A raison de quoy les esleus estoiẽt tousiours presentez au peuple auant leur institution, à ce que chacun eust à dire contr'eux ce qu'il voudroit, & entendroit verifier, dont nous auons vn lieu singulier dans Lampride qui escrit de l'Empereur Alexandre Seuere ce qui s'ensuit, *vbi aliquos voluisset vel Rectores Prouinciæ dare, vel Præpositos facere, vel Procuratores, id est, Rationales ordinare, nomina eorum proponebat, vt si quis quid haberet criminis, probaret manifestis rebus; si non probasset, subiret pœnam capitis, dicebatque graue esse, cùm id Christiani & Iudæi facerent in prædicandis Sacerdotibus qui ordinandi sunt, non fieri in Prouinciarum Rectoribus, quibus & fortunæ hominum committerentur, & capita.* Il parloit humainement & en Philosophe; mais le Chrestien qui a plus de soin de son ame que de son corps & de sa vie, doit dire ainsi, *Graue esse cùm id fiat in Magistratibus instituendis quibus fortunæ hominum & corpora committuntur, id non fieri in Sacerdotibus quibus salus animarum committitur.* Aussi y en a-t'il vn Chapitre exprés au Concile de Carthage, que Gratian a transcrit au Canon *illud*, *distinct.* 23. & l'exemple rapporté par Optate Mileuitain, liu. 1. *aduersus Parmenianum* le monstre clairement, où il dit *Cæcilianus Episcopus ordinandus dixit, si est quod in me proditur, exeat accusator & probet* : & ce que l'Empereur Iustinian en dit en sa Nouelle 6. que l'Euesque ne doit iamais estre consacré ny ordonné auant qu'il soit informé & enquis deuëment de tout ce qui luy est reproché & imputé; ce qui est aussi repeté en la Nouelle 123. *de sanctissimis Episcopis*, où il adjouste que quand quelques accusations

Aliàs, probetur.

se font, on ne peut iamais passer à l'Ordination, qu'il n'en soit informé, encores mesmes que l'accusateur defaillit ou s'absentast, si l'on n'a attendu trois mois entiers apres les absents *cap. si quis autem electum* 2. & que cela doit aussi estre obserué en toutes promotions d'Ordres de Clericature *cap. si autem tempore* 13. Et ils appelloient cette façon d'examen information ou purgation ἐξέτασιν, à laquelle se doit rapporter ce qui se lit tant és anciens Decrets, qu'és Capitulaires de Charlemagne liure 1. chap. 141. *vt Presbyteri non ordinentur, priusquàm examinentur, scilicet vt ea examinatio fiat tam Episcoporum quàm populari iudicio*, ainsi qu'il y a au Concile de Carthage 3. ch. 22. rapporté au Canon *Nullus* 2. *distinct.* 24. & se faisoit cét acte tout publiquement, *vocatis & quasi per praeconem omnibus*, ainsi qu'il appert par ce mot de Lampride *in praedicandis Sacerdotibus suis*; qui est à dire *per* κήρυγμα, comme qui diroit *per praedicationem*, presche, ou plustost encores par vne forme de censure, monstre, reueuë, information, ou vesperise, comme nous disons des promotions és degrez des Facultez; d'où vient le mot de vesperiser, d'autant que tels actes se faisoient ordinairement les veilles & aux Vespres qui precedoient le iour de leur institution, afin de ne point troubler la solemnité d'icelle; comme aussi ceux qui prennent les Ordres se presentent tousiours aux Vespres de deuant leur promotion pour estre examinez; à quoy peu de gens prennẽt garde. Et de cela il reste encores vne belle marque en l'Eglise de Chartres (comme ces Colleges & Communautez conseruent tousiours mieux ce qui est de l'ancienne institution) en ce que l'Euesque voulant conferer vne Prebende de son Eglise à quelqu'vn, le doit premierement presenter à son Chapitre pour l'examiner, ce qu'ayant esté fait par quatre dignitez d'iceluy, ils le luy representent, le tesmoignant idoine & suffisant, & puis il est le lendemain institué verbalement par ledit Euesque ou son Vicaire, en la presence de tout le Chapitre. Quoy qu'il en soit, on a tousiours soigneusement obserué de n'instituer iamais vn Euesque ny vn Curé contre le consentement de son Diocese ou de sa Parroisse, *& vt nullis inuitis praeficiatur Episcopus Can. Nullis inuitis* 13. *distinct.* 61.

ce qui s'entend non seulement des Clercs, comme quelques Glossateurs le dient, mais aussi & principalement des Lais, selon le Canon *Nosse* 12. le Canon *Episcopos* 13. & le Canon *si forte* dernier de la distinction 63. lequel est de ce grand Pape Leon, qui en rend la raison, *ne ciuitas Episcopum non optatum aut contemnat, aut oderit*, & qui ne s'entend pas seulement des Euesques, mais aussi des Curez, & generalement de tous ceux qui ont charge d'ames, selon ce que le mesme Pape Leon monstre au Canon *vota* 27. de la mesme distinction sus allegué, lequel parle *de Sacerdotibus*, qui sont les Curez. Et de faict, ce que nous auons recité cy-dessus d'Origene ou de S. Hierosme parle nommément *de eligendo Sacerdote* aussi bien que *de Episcopo* au Canon *licet* 15. *quæst.* 1. & ce que Iustinian auoit ordonné par sa Nouelle 6. est aussi ordonné pour tous autres Prestres; lesquels Curez on appelle quelquesfois pour cette cause Euesques, sur tout quand ils sont establis en vne Ville, comme au mesme Canon *Nosse distinct.* 63. où il est parlé de *Imolensi Episcopo* qui estoit le Curé ou le principal Prestre de la Ville, ayant charge d'ames, d'autant que lors il n'y auoit point encores d'Euesque institué en icelle: car les Curez s'appellent ordinairement ailleurs ou *Sacerdotes* ou *Presbyteri Parrochiani*, ou *Presbyteri* simplement, ou *Rectores*, ou *Plebani*, cõme quand ils furent establis & instituez pour le menu peuple, ce qui fut fait apres les Euesques, *qui in vrbibus tantùm, non etiam in agris fuerant constituti, l. vnaquæq; ciuitas* 36. *Cod. de Episcop. & Clericis*, *cap. item* 18. *lib. prim. Capitular. Caroli Magni*, d'autant que les champs & les Villages receurent la Religion Chrestienne longuement apres les Villes; A raison de quoy le Berger Chrestien dit en vn Carme Bucolique

Aliàs, plebs inuita.

Signum quod perhibent esse crucis Dei,
Magnis qui colitur solus in vrbibus

& dont vient le mot de *Pagani*, pour ce qu'ils n'estoient point Chrestiens *quasi Pagenses*.

Tant y a que la raison pour laquelle ce qui est cy-dessus a esté ordonné des Euesques est du tout semblable & pareille pour le regard des Curez, *ne scilicet plebs Presbyterum siue Sa-*

cerdotem

cerdotem non optatum aut cōtemnat, aut oderit, dicto Can. *vlt.* 63. *distinct. & quia eorum interest vt Sacramenta recipiant à bono Sacerdote*, selon ce qui est porté *in cap. ex parte Ada* 7. *de testibus, in cap. quòd Dei timorem* 5. *de statu Monachorum.* Et c'est ce qui a fait dire à plusieurs & mesmement à feu M. le President Guimier en sa glose de la Pragmatique Sanction, que i'ay appris estre authentique en ce Palais, *ad* §. *verumtamen cap. Licet*, *tit. de electionibus*, *Episcopum debere conari in quantum potest deputare Rectorem cum beneplacito populi* , & sur tout *quandò inde aliquod scandalum timetur*, sur le titre *de electionibus* où il dispute ce poinct ; voire que pour euiter scandale, on pourroit casser vne eslectiō, encores qu'elle fust d'ailleurs legitime, & que *si electus in nullo deliquisset, vel si sit exosus populo, poterit remoueri*: & luy-mesme aussi dit que *Laici Parrochiani, etiam viles, possunt accusare suum Presbyterum de concubinatu ad priuationem beneficij ; multò magis antè eius adeptionem ad* §. *statuit*, *tit. de excommunicatis non vitandis.*

En somme l'accusatiō, l'examinatiō, la censure, & la cōtradiction du peuple n'ōt iamais esté ostées, & ne le sçauroiēt estre sans vne tyrannie & injustice manifeste, non plus que le consentement & la contradiction d'vne espousée à laquelle on voudroit donner vn mary vicieux, punais, & impuissant. Bien a-t'on pourueu que ces accusations ne fussent point temeraires, ny calomnieuses, d'où viennent tant de precautions qui sont requises par les anciens Decrets és accusations des Euesques & Prelats, des Prestres & des Diacres, iusques à auoir limité le nombre & la qualité des accusateurs, & des tesmoins, selon ce qui se lit és Decrets du Pape Syluestre, rapportez tant au Decret de Gratian *Can. Præsul* 2. *Causa* 2. *quæst.* 4. qu'aux Capitulaires liure 1. ch. 30. 35. & 139. & au chapitre *Constitutis* 46. *de appellationibus*, où il est expressément ordonné que *ea quæ in modum accusationis vel denunciationis proponere quis intendit, etiam post electionem proponi possunt*, de sorte que iamais la plainte & l'accusation n'en sont excluses.

DE LA REGALE.

LE droict de Regale, par lequel les Rois de France nomment & ordonnent aux Eueſchez de leur Royaume, & y tiennent le lieu des Eueſques lors qu'ils ſont decedez non ſeulement en prenant le reuenu des Eueſchez à leur profit, mais auſſi conferant les Benefices ſimples dependans d'iceux, ſemble proceder de ce que nos Rois ne ſont pas ſimplement Rois pour le faict des guerres, & adminiſtration de la Iuſtice ordinaire du Royaume, mais auſſi *veluti Pontifices Maximi, atque Auguſti*, Gardiens, Protecteurs, Conſeruateurs de l'Egliſe Gallicane. S. Gregoire eſcriuant à vn Eueſque d'Angleterre peu apres leur conuerſion, dit que lors que Louis ou Clouis I. Roy Chreſtien fut baptiſé par S. Remy, il ne fut pas ſimplement baptiſé d'eau, *ſed etiam delibutus ſacro Chriſmate*, ainſi que l'eſcrit Gregoire de Tours liu.2. ch. 31. ce qui a fait croire à la poſterité que *vnctus eſt in Regem, quaſi Chriſtus, Saul, Dauid, &c.* quoy que quelques-vns diſent & ſignamment du Tillet, que le premier oingt de nos Rois fut Pepin, comme de verité tous les Hiſtoriens anciens ſont d'accord qu'il le fut, de ſorte que l'on peut dire,

Rex Francus, Rex idem hominum Chriſtique Sacerdos.

Et de faict nous tenõs noſtre Roy pour Chef de l'Egliſe Gallicane, iuſques là que les Archeueſques & Eueſques luy doiuẽt le ſermẽt de fidelité, qui eſt appellé *fidelitatis iuſiurandũ, & ius ſeruitij & æquitatis, in Epiſtolà quâdã ad Lothariũ & Ludouicũ Impp. in Concil. Tol. XII. & in* Conciliis *Lugdun. & Baſil.* & duquel ſerment nous auons vne forme notable en Aimoinus liu.5. ch.24. Il ne faut donc pas tirer ce droict du pouuoir qui fut octroyé à Charlemagne par le Canon *Adrianus* 63. *diſt.* qui eſt *ius & poteſtas eligendi Pontificem & ordinandi Apoſtolicam Sedem, augurandi & inueſtiendi per annulum & virgam Archiepiſcopos, Epiſcopos, Abbates per ſingulas prouincias*; ce qui est aussi rapporté par Sigebert sous l'an 773. car nos Rois de la premiere lignée auoient ce droict, ainsi qu'il appert par plusieurs lieux de Gregoire de Tours, & signamment par celuy du 3. liu. ch. 17. où *Ommatius Episcopus Turonensis iussu Clodomeris Regis ordinatus est: imò & post eum alij, ordinante Chrotilde Reginâ, Turonicam rexerunt Ecclesiam*; ce qui monstre mesme la puissance de nos Reines en l'ordination des Euesques en ce temps là; & paroist encores ce pouuoir des Rois au liu. 6. ch. 9. & 15. du mesme Autheur. Aussi auant Charlemaigne le Roy Pepin auoit ce droict d'ordonner & confirmer les Euesques: & de faict il se remarque en la Chronique de Abbas Trithemensis, qu'vn Euesque fut confirmé & par le Roy & par le Pape Zacharie, voire mesmes ledit Pepin se fist confirmer vn autre droict dependant du premier, qui est, que les Euesques estans decedez, le Roy y mettoit sa main, & commettoit des personnes qui sous son authorité faisoient les charges des Euesques, & luy rendoient compte du surplus, qui est ce que dit Lupus Ferrariensis en son Epist. 81. *ad Amulum Episcopum*, en ces mots, *Pipinus à quo per maximum Carolum, & religiosissimum Ludouicum Imperatores duxit Rex noster originem, exposita necessitate huius Regni Zachariæ Romano Papæ in Synodo, cui Martyr Bonifacius interfuit, eius accepit consensum, vt acerbitati temporis, industria sibi probatissimorũ decedentibus Episcopis mederetur*, il estoit du temps du Roy Charles le Chauue enuiron l'an 840. En quoy il cõpte le plus doucemẽt qu'il peut l'application que nos Rois firent deslors à leur profit du reste du reuenu des Eueschez, ce que fit tout ouuertement l'Empereur de Constantinople Nicephore Phocas, qui estoit du temps de Lothaire dernier enuiron l'an 960. lequel voulut introduire en son Empire ce droict de Regale, car il est fort specifiquement exprimé en Georgius Cedrenus, ce qui est aussi cité par Zonare. Il est vray que chacun en blasma ledit Nicephore, & n'y eut que quelques flatteurs Euesques qui s'y accorderent; ce qui monstre que nuls autres que nos Rois n'ont esté fauorisez de Dieu en la conseruation de ce droict. Car quant aux Rois de Hongrie, & d'Angleterre, qui vsent aucunement de ce droict de

Regale en leurs Royaumes, ainsi que remarque Balde *in l. rescripta Cod. de precib. Imperat. offer.* ils ont pris & receu ce droict des Papes, & non de Dieu, ou d'eux-mesmes, comme font les nostres, voire mesmes aucuns Papes le leur ont formellement contredit & debatu, Alex. III. au ch. *ex diligenti de iure patronat. in 1. collect.* auquel neantmoins ces mots sont grandement à remarquer, *Episcopo de medio sublato, & reditibus Episcopatûs ad fiscum deuolutis.* Aussi quoy que par le Canon *in Synodo, dist.* 63. le Pape Leon se soit sousmis à l'Empereur Othon aux mesmes droicts de confirmation & inuestiture des Euesques qu'auroit octroyé le Pape Adrian à Charlemagne, si est-ce que leurs successeurs ne se sont point accordez ensemble, & sont aduenuës plusieurs guerres entre eux pour raison de ces pretendus droicts de Regales & Inuestitures *per annulum, & virgam*, signamment depuis le Pape Gregoire VII. iusqu'à Paschal, & sous l'Empereur Henry V. De maniere qu'il n'y a eu que les Rois de France qui s'y soient bien maintenus & conseruez; voire mesmes & comme les droicts croissent de iour en iour, les Regalistes François ont creu que les Rois de France estoient fondez en droict & possession de prendre les fruicts des Eueschez & Archeueschez pendant la Regale, & tiennent pour chose resoluë que *Collatio Beneficiorum est in fructu, gloss. in cap. cùm olim, ext. de maiorit. & obed.* Ils ont aussi conclu que les Benefices estans à la Collation de l'Euesque, *Sede vacante*, se pouuoient conferer par le Roy. Il est vray que ç'a esté auec ce temperamment qu'ils conferoient simplement les Prebendes, Dignitez & autres Benefices simples, & non les Cures qui ont charge d'ames, qui est par aduenture la distinction que nos Ancestres ont fait, que la Regale a lieu au temporel & non au spirituel, tenans pour spirituel, *institutionem authorisabilem ab Episcopo quoad curam populi, & administrationem Sacramentorum,* comme parlent le Panorme *in cap. authoritate de institutionibus* & Iean André *in cap. de Monachis, extra de Prabend.* & non pas comme depuis aucuns l'ont voulu prendre au prejudice du Roy, & diminution de la Regale, appellans la Collation des Benefices *spiritualité*; car les fruicts sont vrayment temporels & reels, & la perception d'iceux vraye marque de Seigneurie *l. Titia* 48. *ff. de solution.* & partant la Collation des Benefices estant *in fructu*, & *maximè* de ces Benefices simples, l'on doit tenir telles Collations pour fruicts de Regale temporels & non spirituels; ou si spirituels, le Roy se trouuant aussi capable de tenir ces Benefices, comme ceux ausquels ils pourroient estre conferez par l'Euesque, l'on a estimé qu'il les pouuoit aussi conferer; car le Roy n'est pas simplement lay, mais oingt & sacré, comme il a esté dit, & partant capable de tenir des Benefices: & en effect il tient plusieurs Chanoinies & Prebendes en son Royaume, comme de S. Hilaire de Poictiers, dont Panorme fait mention *in cap. extirpandæ. § quondam, ext. de Præb. & dignit.* de S. Martin de Tours, d'Angers, du Mans, & peut chanter l'Epistre de la Messe, & l'Empereur l'Euangile, lors que le Pape officie *in Pontificalibus*, & qu'ils y sont presens. La distinction donc que l'on veut faire de la Regale *in temporalibus & spiritualibus*, est trop spirituelle, nos Regalistes sont vn peu plus grossiers, & de faict ie n'en vois rien en leurs liures, sinon au Traicté de feu Monsieur le President le Maistre, mais en cela il s'est, sauf correction, monstré plus Decretaliste que Regaliste. En quelque part que le Roy ait droict de Regale, il l'a entiere, mesmes pour la Collation des Benefices; l'Ordonnance de Philippes de Valois ne distingue rien, & elle est nostre regle: auparauant, la Regale n'estoit pas reglée, & en faisoit-on cōme l'on vouloit, mais depuis il a esté arresté qu'où le Roy a droict de Regale, il a aussi la Collation des Benefices simples. Veritablement il n'a pas droict de Regale par tout, au moins ne franchit-il pas encores ce mot, mais où il l'a, il a aussi la Collatiō des Benefices; le reste qui est d'auoir droict de Regale par tout, est reserué à vn autre Roy.

Ainsi sous la premiere lignée de nos Rois la Regale semble auoir esté en l'establissement & ordination des Euesques & Abbez: Sous la seconde aussi en ce que dessus, & outre en la garde des Eueschez & Abbayes pandant le Siege vacant, & au gain des fruicts: Et sous la troisiesme, l'on a estendu le guain des fruicts à la Collation des Benefices simples, & non de ceux, *quæ pertinent ad institutionem Episcopalem quoad curam populi, & administrationem Sacramentorum*; Et semble que les premiers qui firent cette amplification furent les Anglois, car encores que la Regale vienne premierement & indubitablement de nos Rois, si est-ce que les autres Princes l'ayant empruntée de nous, l'ont estenduë. Ce qui me fait dire que cette extension vient des Anglois, est ladite Decretalle *ex diligenti, tit. de simoniâ* qui est d'Alexandre III. en l'an 1160. que mesmes aucuns de nos Decretalistes tirent la Regale des Anglois, & que ie n'ay point encores trouué d'Arrests ny de Memoires où il y eust exēple de Regale si ancienne en ce qui concerne la Collation des Benefices qu'en cette Decretale. Il y en a vne autre du mesme Autheur *Collect. 2. de elect.* qui montre qu'vn Chapitre n'eust osé s'assembler pour l'eslection d'vn Euesque sans le congé du Roy d'Angleterre. Il s'est trouué quelquefois que nos Rois ont feint d'en vser, comme S. Louis par son Ordonnance *de Præb. & dignit.* qui est au style du Parlement de l'an 1228. si ce n'est que l'on veuille dire que ce n'a esté que pour le regard des fruicts vrayement temporels, de mesme Charles le Bel en l'an 1302. Le premier qu'il l'a asseuré pour la Collation des Benefices a esté Philippes de Valois en l'an 1334.

Il y a vn bel exemple du pouuoir des Rois de France sur la temporalité des Eueschez en Vincent de Beauuais l. 3. ch. 102.

Froissard ch. 58. dit que pendant le Schisme d'Auignon le Roy pouruoioit ses Clercs des Benefices qui vaquoient, sans en parler au Pape.

APOLOGIE ET DEFENSE DES *Mariages entre les Cousins.*

SI entre nos actions le mariage est la plus importante au contentement de nostre vie, à l'establissement de nostre fortune, & au soulagement de nos miseres; Si du choix que nous faisons en iceluy de nostre moitié, dépend le bon heur ou le mal-heur du reste de nos iours en ce monde; si de l'alliage des deux corps, qui s'assemblent & se meslent en cette societé indiuiduë du bien & du mal, doit reüssir necessairement l'vnion ou la dissolution, la paix ou la guerre, le Paradis ou l'Enfer de deux ames Images de Dieu viuant; en vn mot si ce contract cause la perfection ou la destruction entiere de ce Microcosme Androgine, de cét abregé du monde, & de ce tout dont vn chacun de nous n'est que moitié; n'est-il pas raisonnable, mais n'est-il pas absolument necessaire d'estendre sans bornes la liberté de ce choix & de cette eslection; tout l'effect de laquelle liberté est consommé en vne seule parole approbatiue de nostre consentement, auec laquelle elle s'enuole, sans esperance de la pouuoir recouurer?

Cette piece a esté trouuée parmy les papiers de Mr Me Guy Loisel, Conseiller Clerc en la grande Châbre du Parlement de Paris, fils puisné de Me Antoine Loisel.

Les Romains disoient que nos dernieres volontez & nos dispositions testamentaires deuoient estre entierement libres, puis qu'elles estoient les dernieres actions de nostre liberté, & franc arbitre. Ie souscrits volontiers à leur opinion: mais i'estime que comme le mariage a vne suite bien plus grande qui nous regarde & toute nostre famille, que non pas les testaments qui ne nous concernent quasi point, ains seulement ceux qui demeurent apres nous: ainsi, sans comparaison, la liberté, qui nous est aussi permise par les Loix Romaines au mariage, doit estre plus ample, plus fauorablement estenduë, & plus courageusement defenduë, que celle des testaments.

I'adiouſte que le mariage eſt vn teſtament ; ouy, c'eſt vne derniere diſpoſition que font les deux Eſpoux au profit l'vn de l'autre, de leurs biens, de leur eſperance, de leur fortune; & qui plus eſt (bon Dieu que cela entre peu en nos eſprits) de leurs corps, de leurs volontez, & de leur contentement, pour en iouyr reſpectiuement le reſte de leurs iours, non plus comme de choſes propres & particulieres, mais comme de choſes acquiſes en leur Communauté, Communauté riche & opulente, ſi la diſcorde, la haine, & le meſpris n'y donnent atteinte & ne la diſſipent.

Que ſi cela eſt conſtant, ſi ce choix nous doit eſtre ſi libre, pour ce qu'il nous eſt d'vne ſi grande conſequence ; il ne doit pas eſtre moins circonſpect, moins balancé, & moins diſputé en noſtre eſprit. La liberté en ce poinct ſans la prudence, ſans la conſideration, & ſans le iugement, nous ſeroit plus nuiſible mille fois, que la captiuité de noſtre volonté ſous vn ſage gouuerneur , tout ainſi que nous voyons que la liberté & la licence eſt aux enfans, que Seneque dit n'eſtre pas encores hommes, vn piege & vn eſcueil auquel leur fortune & leur reputation s'engagent & ſe briſent.

Il faut donc tenir pour maxime, que le choix que nous faiſons de noſtre moitié , doit eſtre également conduit de la liberté, & de la conſideration.

Mais cette conſideration eſt penible, faſcheuſe, le plus ſouuent de ſuccez peu agreable , tant la connoiſſance veritable de nos eſprits differents & de nos volontez muables eſt difficile. Et en effet pour y paruenir, il faut comme vn eſpion entrer en la compagnie des perſonnes dont l'on veut faire choix ſans eſtre reconnu en ſes deſſeins ; il ſe faut donner du loiſir, de la patience, & de l'aſſiduité pour les voir & les viſiter ſouuent, long temps, & en toutes ſortes de rencontres, d'actions & de diſcours.

Ie ſçay bien que de deſirer en ce tẽps-cy toutes ces circonſpections en vne action ſi ordinaire qu'eſt le mariage, ce ſera paroiſtre par trop Philoſophe, c'eſt à dire trop contraire à la façon de noſtre Siecle, auquel inſenſez que nous ſommes, nous nous laiſſons porter inſenſiblement dans des mariages de personnes que nous ne cognoissons point, que nous n'a-uons iamais veu, & lesquelles souuent & trop souuent dés le lendemain de nos nopces nous souhaittons n'auoir iamais cogneu, & n'auoir iamais veu.

Mais il n'y a remede, i'aduouë franchement en cela n'estre du temps, ou comme ils disent, ne sçauoir mon monde: & qui plus est, ie n'en voudrois pas estre, & croiray tousiours la moitié de mon aage tres-bien employée à choisir & cognoistre celle auec laquelle ie pourray doucement en paix & en concorde vser des biens que Dieu me donnera, & acheuer les iours que Dieu me lairra sur la terre.

La corruption que nous voyons auiourd'huy en la Iustice, ny le desordre que nous ressentons en la Police, ne me feront iamais blasmer les actions & la vie d'vn Magistrat incorruptible & exact en sa charge.

Or pour suiure nostre premier fil, il est bien certain qu'aucun ne peut mesnager ces moyens qui le conduisent à la cognoissance parfaite & necessaire de sa moitié, que parmy ses voisins & ses parents, entre lesquels la familiarité & la hantise est sans soupçon, sans art, & capable par la longueur du temps de deffaire le fard des plus dissimulez. D'où vient peut-estre que nous voyõs que les Poëtes feignent tousiours le voisinage estre cause des amours qu'ils descriuent, & les Peres de la Loy de Dieu comme Abraham, Isaac & Tobie enuoyent leurs enfans chercher bien loing leur parenté, pour y prendre des femmes.

Ainsi il est absolument necessaire d'inferer que suiuant nostre sens commun & naturel, le choix des parents pour les espouser nous doit estre libre, puisque mesme il est sans doute plus asseuré, pource qu'outre la cognoissance qu'apporte la familiarité que nous auons auec eux, nous auons encore vne ancienne cognoissance des ancestres & des proches qui la rendent plus forte & mieux fondée; ce que ne peut pas donner le choix des voisins.

Que si quelques loix politiques ont trouué bon de restraindre cette liberté & luy donner des limites, autres que celles de la nature, la dispense & la remise de ces loix estant recherchée auec l'honneur & le respect deu à l'antiquité & aux Sa-

120

cro-Sainctes compagnies qui les ont instituees à bonne fin, doiuent estre fauorablement accordées, suiuies & executées sans scrupule, embrassées & cheries comme nous rendans nostre liberté premiere & naturelle.

Dieu ce grand & Tout puissant Createur de toutes choses, pourroit-il pas, s'il eust voulu, lors de nostre creation, creer & faire plusieurs hommes, & plusieurs femmes, lesquels ce faisant n'eussent point esté parents; puis les marier, & defendre à leurs descendans despouser leurs proches? Il luy estoit aussi aysé de creer en vn mesme instãt vn million d'hommes, qu'vn million d'Anges. Il crea vn homme seul, & pour luy donner vne compagne de sa vie, il la voulut former de ses os & de sa chair, afin qu'il ny pûst rien remarquer de dissemblable à luy-mesme. Pourquoy donc trouuera-t'on mauuais que les parents redoublent leur amitié par vn mariage de deux d'entr'eux, lesquels sortis d'vne mesme famille ne peuuent bonnement trouuer en l'vn d'eux quelque chose qui ne soit en l'autre?

QVE LE MARIAGE DES COVSINS GERmains a esté permis, & mesme commandé de Dieu en la Loy escrite.

CE ne seroit pas peut-estre assez aux esprits fascheux, & qui s'attachent à vne opinion de laquelle ils se sont laissez vne fois preoccuper de dire que Dieu, le pouuant, n'a pas creé plusieurs hommes pour instituer ce mystere du mariage entre des personnes non parentes, si l'on ne leur remettoit deuant les yeux la pratique d'espouser des parentes vsitée, & conseillée des Anges, voire commandée de Dieu à son peuple, depuis que les hommes s'estant multipliez ont esté en puissance de prendre alliance hors de leur parenté.

Mais si l'on leur fait toucher au doigt & à l'œil cette verité, ne feront ils pas contraints de donner les mains, ou de passer pour des opiniastres?

Nous lisons dans S. Augustin au liure 16. de la Cité de Dieu chap. 19. qu'Abraham le Pere des fidelles, qui viuoit en l'an 393. apres le deluge, & lequel la saincte Escriture marque n'auoir rien fait que par le conseil des Anges qui le visitoient souuent, auoit pris pour femme sa cousine germaine, laquelle il appelloit quelquefois sa sœur*, comme quand il alla en Egypte. Et en la Genese chap. 24. ce bon Pere estant desia plein d'années, & desirant voir pourueu son fils vnique, son Isaac, l'esperance de sa maison, laquelle Dieu luy auoit promise eternelle, l'enuoya du Midy, où il habitoit, en son païs vers ses parents qui habitoient vers l'Orient, pour prendre à femme vne fille de sa parenté, comme Isaac fit. Car ayant fait le voyage & recogneu les beautez & la courtoisie de Rebecca sur laquelle il tenoit le germain, pour ce qu'elle estoit fille de Bathuel fils de Nachor frere d'Abraham, il la demanda en mariage, & l'espousa.

* *Lud. viues ad hæc verba dicti cap. 19. Patrueles enim Fratres dicuntur, vt ex Cicerone docui.*

Depuis le mesme Isaac heritier de l'assistance que Dieu auoit donné à son Pere, aussi bien que de l'obeïssance que son pere auoit rendu à Dieu, desirant marier Iacob son fils bien-aymé, & pour lequel il gardoit toutes ses benedictions, il luy commanda d'aller en la maison de Bathuel son ayeul maternel, & là choisir pour femme l'vne de ses cousines germaines, fille de Laban son oncle maternel : lequel s'y estant acheminé, il seruit quatorze ans Laban pour espouser Rachel sa fille puisnée, qui luy plaisoit sur toutes, & de ce mariage il eut plusieurs enfans, & entr'autres Ioseph : lequel pour sa pudicité merita vn soin & vne protection particuliere de Dieu contre la perfidie de ses freres, & contre la calomnie de sa maistresse, pour estre esleué aux plus grands honneurs de l'Egypte.

A propos dequoy il faut remarquer que de ces mariages faits par les patriarches auec leurs cousines germaines ou issues de germains, ont esté mis au monde des enfans benits de Dieu, preferez à leurs aisnez, remplis de biens, d'honneurs, & de probité, & qui ont eu ce bon-heur d'estre figures mystiques de nostre Sauueur ; & qu'au contraire Esau fils aisné d'Isaac, mais reprouué & priué de la benediction de son Pere, prit contre son commandement vne femme hors de sa parẽté.

Voyla donc la pratique du mariage entre les cousins germains & au dessous, fondée sur l'exemple des Patriarches apres le deluge, deuant que le peuple de Dieu fust captif en Egypte. Et au sixiesme chapitre de l'Exode nous voyons que Moyse né pendant cette captiuité, l'an du monde 2423. auoit pour Pere vn nommé Amram de la Maison de Leui, & pour Mere vne femme* de la mesme parenté, cousine germaine de son Pere: bref qu'ayant sauué ce peuple à trauers la mer rouge, il commanda aux Chefs des Familles de la part de Dieu, qu'ils donnassent la liberté aux filles de se marier à qui il leur plairoit, pourueu qu'elles prissent mary en la famille de leurs Peres; que tout homme prist femme de sa Tribu & parenté; & que toutes les filles prissent mary de leur famille. Ce sont les termes de sa Loy, laquelle fut agreable au peuple, & à l'instant executée; car le texte Sacré porte que les filles qui se trouuerent à marier, espouserent leurs cousins germains, enfans de leurs Oncles. Et ainsi cette pratique receuë par tradition obseruée religieusement auparauant Moyse, fut faite Loy, laquelle depuis il confirma encores par la prohibition qu'il fit de contracter mariage entre les parents qui se trouueroient en degré plus proche que les cousins germains, entre lesquels les mariages furent tousiours du depuis pratiquez. Nous auons pour tesmoins de cela ce que nous lisons en l'Histoire de Samson, qui viuoit en l'an 2841. plus de 400. ans apres Moyse, que ses Pere & Mere eurent du mescontentement de ce qu'il s'opiniastroit à espouser vne femme qui ne leur plaisoit pas, & luy demandoient comme par forme de reproche, si entre leurs niepces il n'y en auoit pas d'assez belles pour luy; & marque l'Escriture, qu'ayant au mespris de cet aduis espousé celle qu'il aymoit, il s'en trouua trompé, pource qu'elle decela son secret & le sens de son Probleme aux Philistins.

* *Accepit Amram vxorem Iochabed patruelem suam.*

Numer cap. 36.

Iudic. c. 14.

Aussi l'Histoire de Tobie nous fait foy, que du temps de Salomon mesme, ce Sage & Roy tout ensemble, qui regnoit en l'an 1979. cette Loy estoit encore en sa vigueur: car le ieune Tobie fils du bon Tobie, qui auoit espousé Anna sa Cousine, fut conseillé par l'Ange d'espouser Sara fille de Raguel

Tob. c. 6. & 7.

sa Cousine germaine, chez lequel il fut mené par l'Ange, en vn pays lointain où elle habitoit, & laquelle il semble que Dieu auoit reseruée pour luy son cousin, veu que sept maris, qui n'estoient ses parents qu'elle auoit auparauant espousez, auoiēt esté estouffez par vn Demon la premiere nuict de leurs nopces, sans qu'ils eussent eu le loisir de la toucher. Et nous aduertit l'Escriture que l'Ange donna aduis au nouueau marié Tobie, d'ēployer les trois premieres nuits d'apres ses nopces, à prier le grand Dieu viuant de le preseruer & faire iouyr de son espouse; que de ce mariage ces cousins germains eurent de braues enfans, vescurent vn grand aage ensemble, sans noise & sans debat comme frere & sœur, & qu'ainsi il appelloit sa femme.

LA PRATIQVE DES MESMES MARIAGES parmy tous les peuples.

COmme apres tant de tesmoignages de l'Escriture, il est impossible de denier que ces mariages n'ayent esté agreables à Dieu: ainsi ceux qui ont leu les Histoires diuerses des Nations, ne peuuent douter qu'ils n'ayent esté pratiquez par tout. Le Docteur Angelus* a remarqué qu'encores auiourd'huy les Iuifs suiuent ce qui leur estoit permis en la Loy de Moyse, & espousent sans dispense leurs cousines germaines. Aristote en ses Politiques nous apprend que les Grecs pratiquoient le mesme: & quand il parle des amours & mariages des parents qui doiuent estre prohibez, il les restrainct aux freres & aux sœurs. Tite Liue & Plutarque sont tesmoins fidelles de leur vsage, qui estoit frequent, permis & loüé à Rome. Car le premier faisant parler Spurius Ligustinus, luy fait loüer son pere de ce qu'il luy auoit donné pour femme sa cousine germaine, qui n'auoit pour toute richesse que la liberté & la chasteté, & le second rapporte vne Loy qui les permettoit expressément, & les defendoit entre les freres & les autres plus proches, & dit que cette Loy fut faite au sujet d'vne accusation qu'vn calomniateur auoit proposée contre vn

* *Il y a apparence que cét Angelus est celuy dont Bellarmin parle en son Liure* de Scriptoribus Ecclesiasticis ab ann. Dom. 1400. ad 1500. *en ces mots,* Angelus à Clauasio, Ligur, ordinis Minorum, scripsit summam Casuum Conscientiæ quæ Angelica dicitur; vixit

124

circà annum D. 1480. homme de bien de ce qu'il auoit espousé sa cousine germaine: Et Tacite asseure que de son temps tels mariages estoient communs par toutes les nations.

QVE LESDITS MARIAGES SONT PERMIS par le droict Romain.

ET à fin que l'on ne puisse obiecter que ces exemples, bien que conformes à ceux des anciens Patriarches, sont neantmoins mandiés du Paganisme, il est à propos de voir comme le droict ciuil des Romains compilé par l'Empereur Iustinian tres-Catholique, à permis tels mariages. Premierement en ses Pandectes, il rapporte les opinions de deux excellens Iurisconsultes, Paul & Tryphonin, lesquels estoient d'aduis que les mariages des enfans des freres & sœurs estoient valides & legitimes. En second lieu en son Code il transcript de mot à mot vne belle Ordonnance des Empereurs Arcadius & Honorius, qui viuoient en l'an de nostre Seigneur 398. & depuis, par laquelle il nous asseure que tels mariages auoient tousiours esté auparauant eux licites & permis. Et à fin qu'à l'aduenir l'on n'en pust plus douter, il ne les permet pas seulement, mais aussi il condamne les raisons de ceux qui vouloient de son temps les impugner, appellant leurs raisons allumettes de discorde & nourricieres de calomnie. Bref en ses Instituts luy mesme lors qu'il vient à declarer les degrez de parenté, esquels il defend le mariage, il s'arreste aux cousins germains, entre lesquels il les permet nommémẽt.

Il est doncques vray que les mariages des cousins germains sont permis par la loy de nature; qu'ils ont esté agreables à Dieu en la loy escripte; que tous les peuples de la terre, auant & depuis la venuë de nostre Sauueur, les ont embrassez; & que Iustinian mesme Empereur Chrestien les a authorisez.

QVE LES DISPENSES EN DOIVENT ESTRE *fauorablement accordées.*

QVi plus est en tout le nouueau Testament, ny Dieu, ny les Apostres ne les ont point defendus, & partant il est clair & bien certain, que les defenses que l'Eglise a du depuis faites d'espouser les parentes, peuuent & doiuent estre leuees & ostees à la simple requeste que les personnes qui s'entr'ayment font au Sainct Pere, quelque legere occasion qui appuie leur priere & leur amitié. Les mesmes defenses de l'Eglise me fournissent vn argument pour soustenir ma proposition, c'est qu'elles ne sont pas pures & simples ny absolues; elles ne prohibent pas entierement tels mariages, mais elles ne veulent pas que l'on les contracte sans auoir permission du Chef visible de l'Eglise. C'est comme en parlent les Synodes tenus en l'Archeuesché de Treves, ceux de l'Euesché de Langres, & les textes des constitutions des Papes, où ils traictent de la parenté.

Voire mesme l'Eglise entiere nous apprend que ses defenses sont seueres & rigoureuses, en ce que desia elles les a moderees & adoucies de moitié : car il est bien vray que les premieres defenses qu'elle fit, comprenoient, selon la ferueur du temps, & le zele qui poussoit l'Eglise à nous vouloir rendre parfaits, non seulement tous les parents iusques au septiesme degré, lesquels elle vouloit ne pouuoir contracter ensemble, mais mesmes elle defendoit à vne vefue, ou à vn homme veuf d'espouser les parentes de sa defuncte femme, & ne vouloit que les parents de deux maris qu'auoit espousé vne femme, peussent s'allier : C'est la doctrine des mesmes Decretales, de la Glose sur icelles, & des Capitulaires de Charles-Maigne. Mais depuis la mesme Eglise remettant quelque chose de sa trop grande seuerité & iugeant peut estre que le texte du Leuitique, sur lequel elle auoit fondé ses premieres defences, n'auoit pas esté nettement entendu, pour ce que tant s'en faut que par iceluy Dieu voulust defendre les mariages des parents, qu'au contraire il les permettoit, comme il a esté cy-dessus dit, entre les cousins germains, a restraint ses defenses au quatriesme degré de parenté, de telle sorte, qu'encores à presẽt ses defenses pourroient estre moderées & ostées du tout par le Pape, auquel appartient l'execution des Conciles. Cela fut fait au Concile quatriesme tenu à Latran sous le Pape Innocent III. dans le douziesme siecle depuis la mort de nostre Sauueur.

Depuis encores sous Gregoire X. qui viuoit en l'an 1271. au second Concile general tenu à Lion, l'on delibera de leuer du tout ces defenses, ou du moins de donner la liberté aux Euesques Diocesains d'en donner les dispenses sans qu'il fust plus besoin de recourir à Rome.

Et en fin au Concile de Trente il a esté resolu que le Pape peut dispenser en tous les degrez de parenté collaterale. Bref il faut conclure auec toute l'antiquité que les mariages des cousins germains ont esté de tout temps & en tous lieux estimez & fauorisez; & qu'apres que l'Eglise a trouué bon de ne les permettre sans cognoissance de cause, les dispenses qui en sont demandées, doiuent estre facilement accordees & fauorablement receuës, puis qu'elles nous remettent dans nostre premiere liberté de choisir auec plus de facilité & de seureté nostre moitié, auec laquelle vnis d'vn lieu indissoluble d'amitié nous puissions esperer de passer auec contentement de cette vie en l'autre.

Faut, dis-ie, conclure que d'auoir scrupule de demander & d'obtenir ces dispenses, c'est vn tesmoignage ou d'ignorance ou de foiblesse. C'est comme en parle à peu prés le Pape Innocent III. aux Decretales, où il tranche ce mot, que la cause du peché, qui est la seule defense de l'Eglise, estant ostee, l'effet n'y doit plus estre apprehendé. D'où vient que tous les Docteurs Canonistes soustiennent qu'en matiere de telles dispenses, qui sont requises par des parents qui se veulent marier, il faut considerer le degré des plus esloignez, & n'auoir aucune consideration de la parenté de celuy qui touche de plus prés à la souche de leur parenté. Et par ce moyen si de ceux qui recherchent la dispense, l'vn est au second degré

gré, & l'autre au troisiesme, ils doiuët estre reputez tous deux comme s'ils estoient au troisiesme, & la dispense leur doit estre ainsi accordee plus facilement & plus librement. C'est la doctrine des Decretales & des Synodes cy-dessus citez, de ceux de Sens, & de nostre Diocese de Paris, ensemble de tous nos Docteurs & Casuistes, & entr'autres de Gregorius de Valentiâ: ce qui nous montre que telles dispenses sont par eux iugees fauorables, & que comme telles, elles doiuent estre estenduës & facilitees.

FRANCISCVS BALDVINVS I.C. ad hæc verba, Coniungi possunt. § 4. Tit. X. Institutionum, quæstionem hanc de nuptiis inter consobrinos maximè illustrat ac paucis verbis, quæ propterea visum est hic apponere.

INTER consobrinos, patrueles, aut amiti nos iustũ est hoc iure matrimonium, & fuit semper apud Romanos. Legimus Brutum duxisse vxorem Porciam consobrinam suam. Et Tullius pro Cluentio refert quandã Cluentiam ritè nupsisse M. Aurio Melino consobrino suo. Nota quoq; est illa fideicõmissi formula, quæ apud Scæuolã extat, Lucio Titio fratris mei filio, genero meo, ducentos aureos relinquo. Si quæruntur aliarum gentium exempla, Orestes duxit olim consobrinam suam Hermionem, natam ex Menelao fratre Agamemnonis, patris ipsius Orestis. Sed ius Romanum meliùs confirmant sacræ litteræ. Duxit Iacob Rachelem, & Liam filias auunculi sui Laban, qui frater erat Rebeccæ matris ipsius Iacob. Duxit & iunior Tobias suam consobrinam Saram, filiam Raguelis, qui maioris Tobiæ frater erat. Quid multis moror? Lex Mosaica apertè probauit hæc consobrinorum coniugia. Et mansit apud Christianos diù hæc libertas, cùm etiam Iustinianus eam probarit, parùm (vt videtur) moratus Fabiani* decretum, qui duos gradus addidit, in quibus nuptiæ prohiberentur, vt non nisi cum nepte consobrini vel patruelis iustæ essent nuptiæ. Fuerat id statutum antè Iustinianum. Nam Fabianus præsedit circa Domini annum 253. Et tamen nostri iuris architecti nihili fecerunt eius rationem. Forte iàm in desuetudinem abibat, quod posteà firmatum est ab Innocentio tertio. Certè etiam Helena filia Constantini nupsit consobrino suo Iuliano, filio Constantij, fratris ipsius Constantini.*

* *L. Lucius Titius. §. Filiam. ff. ad Senatusc. Trebell.*

* *Suspecta est hæc Fabiani Epistola.*

Eamdem materiam fusiùs tractarunt alij, ac in primis Antonius Contius cap. 1. lib. 2. Lectionum subcisiuarum, Obertus Gifanius ad l. Celebrandis. Cod. de Nuptiis, & non ità pridem viri doctissimi Iacobus Sirmondus in Syntagmate cui titulus est Quæstio triplex, &c. Franciscus Florens Antecessor Aurelianensis & Parisiensis in tractatu de nuptiis consobrinarum prohibitis aut permissis, Carolus Annibal Fabrotus in suis ad dictum §. notis apud Iustinianum & Theophilum, & vtrobique inter Omissa, Iacobus Gothofredus in Appendice Philostorgianâ, & Carolus Butlerus in Syngeniâ, siue de propinquitate matrimonium impediente, regulâ.

CONCILE DE NICEE

Article 6.*

* *C'est le 5. Canon dans l'edition vulgaire des Conciles.*

LE 6. Article du Concile de Nicée rapporté par Rufin au 10. liure de son Histoire Ecclesiastique porte, que si l'Euesque a chassé vn Clerc ou vn Lay de son Eglise, il ne doit estre receu par vn autre, mais qu'il s'en peut plaindre en l'vn des deux Conciles Prouinciaux qui se doiuent tenir en chacune année par tous les Euesques; & que ce qui y est ordonné, doit estre gardé & obserué par tous: comme voulant dire que les Conciles Prouinciaux sont de telle authorité qu'il n'est plus loisible de s'en plaindre, ny d'en appeller ailleurs. Et de fait Socrate en son Histoire Ecclesiastique dit, que le premier qui appella de tels Decrets Conciliaires fust Cyrille, & que ce fut du consentement de l'Empereur Constance; & le remarque comme vne chose nouuelle, contraire aux coustumes & regles Ecclesiastiques, qui est à dire à mon aduis contre l'article susdit du Concile de Nicée. On remarque le mesme és Actes de la Conference des Donatistes, où il y a, *O rabida furoris audacia! sicut in causis Gentilium fieri solet, appellationem interposuerunt.*

Optatus lib. 1.

MONTANISTÆ, MONTENSES.

IL y a de la difference entre les Heretiques qu'on a appellé Montanistes, & ceux qu'on a depuis nommez *Montenses*. Les Montanistes ont pris leur nom de Montanus ancien Heretique celebré par Tertullian qui tenoit de ses opinions, notamment en ce qu'il condamnoit les secondes nopces, & se vantoit d'vn Paraclet ou sainct Esprit particulier, par S. Hierosme qui en a fait vne Epistre expresse ad Marcellam, & par d'autres. Ceux qu'on a depuis appellez *Montenses*, sont les Donatistes, ainsi que porte la Loy 43. du Code Theodosian au titre *De Hæreticis*, qui ont esté ainsi surnommez à cause qu'ils commencerent à s'assembler en vne montagne proche de la ville de Rome, comme il y a dans le mesme sainct Hierosme *ad Euseb.* Ce qui est aussi exprimé au 2. Liure d'Optatus Afer. *Non grex aut populus appellandi fuerant pauci, qui inter quadraginta, & quod excurrit, Basilicas, locum, vbi colligerent, non habebãt. Sic spelancam quandam foris à ciuitate, gradibus sepseunt, vbi ipso tempore conuenticulum habere potuissent, vnde Montenses appellati sunt.*

DES VESPRES, ET DV Cierge de Pasques : vn lieu de Phædrus esclaircy, & deux de Prudence & Drepanius corrigez.

LE petit Phædrus entremet parmy ses fables plusieurs contes tant facetieux que serieux, entre lesquels il y a, qu'il n'estoit point loisible d'allumer les Autels d'vn feu commun ou de chandelles, ny pareillement d'allumer le feu commun du sacré, en ces vers

Fabular. lib. 4.

Itaque hodiè nec lucernam de flammâ Iouis,
Nec de lucernâ fas est accendi sacrum.

Cela peut prendre son interpretation de Seruius sur ces mots du 12. liure de l'Æneide. *Qui fulmina fœdere sancit*, où il dit, *Apud maiores aræ non incendebantur, sed ignẽ diuinum precibus eliciebat qui incendebat altaria.* Et le peut-on encores esclaircir de Plutarque en la vie de Numa, où il y a que quãd les feux perpetuels des Vestales, & autres d'Athenes & de Delphes estoient esteints, ils receuoient le Soleil en vn vase qu'ils appelloient σκαφεῖον, les angles duquel aboutissoient à vn centre qui s'eschauffoit tellement des rayons du Soleil, qu'il allumoit la matiere seche qui y touchoit, à la façon de nos miroirs ardens. Ailleurs il dit, que cela se faisoit en tirant le feu d'vn caillou, mais ie n'ay pû retrouuer le lieu. Bien voyons nous que cela a esté imité en quelques Eglises des Chrestiens, particulierement au Cierge Benit de la veille de Pasques, lequel on allumoit, non de nostre feu commun, ains d'vn caillou, selon ce que dit Alcuin en son Liure *de Diuinis Officiis* au Chapitre *de Cœnâ Domini*; & m'a-t'on dit que la mesme chose auoit esté autrefois pratiquée en l'Eglise de Paris, & se pratiquoit encores en beaucoup d'Eglises, signamment à Thoulouze. Tant y a que l'vsage en estoit ordinaire en la primitiue Eglise, lors que l'on allumoit les chandelles & lampes pour les Vespres, ainsi qu'il est elegamment d'écrit par Prudence en l'Hymne cinquiesme de son Catheminon.

Quamuis innumero sydere Regiam,
Lunarique polum lampade pinxeris,
Incussu silicis lumina nos tamen
Monstras saxigeno semine quaerere.

Lesquels vers quelques Anciens, & la pluspart de ceux qui ont depuis manié le Prudence, ont pris comme s'ils estoient dits du Cierge que l'on benit à Pasques; & de fait en toutes les impressions on l'auoit intitulé *de incensu Cerei Paschalis*; mais mal selon mon aduis, car en tout cet Hymne il n'est nullement parlé du Cierge de Pasques, ains au contraire des luminaires qui s'allumoient sur les Vespres; & de fait il y a ainsi dés le commencement,

Merso sole chaos ingruit horridum, &c.

Et puis ce feu s'entretient & nourrit tant d'huile que l'on met dans les lampes, que par plusieurs chandelles & torches.

Pinguis quos olei rore madentibus*
Lychnis aut facibus pascimus aridis,
Quin & fila fauis scirpea floreis
Presso melle prius collita fingimus.
Viuax flamma viget, seu caua testula,
Succum linteolo suggerit ebrio,
Seu pinus piceam fert alimoniam,
Seu ceram teretem stuppa calens bibit.
Nectar de liquido vertice feruidum
*Guttatim lachrymis stillat alentibus,**
Ambustum quoniam vis facit ignea
Imbrem de madido flere cacumine.

* al. Pingui.

* al olentibus.

Ce qui ne se peut nullement rapporter à vn seul cierge, ains à plusieurs & diuerses lampes ou luminaires, veu mesmes ce qui s'ensuit.

Splendent ergò tuis muneribus, Pater,
Flammis mobilibus scilicet atria,
Absentemque diem lux agit aemula.

Et encores sur la fin,

Pendent mobilibus lumina funibus,
Quæ suffixa micant per laquearia.
Et de languidulis fota natatibus
Lucem perspicuo flamma iacit vitro.
Credas stelligeram desuper aream
Ornatam geminis stare Trionibus,
Et quâ Phosphoreum temo regit iugum
Passim purpureos spargier Hesperos.

Dauantage cette priere de Prudence est meslée entre les quotidiennes & ordinaires, sçauoir est entre celles du matin, du soir, de deuant & apres disner, du ieusne & autres iournalieres & Ephemerides, & non parmy celles qui sont propres ou particulieres pour vn iour ou veille de Pasques. Bref il n'y a nulle apparence d'approprier cet Hymne au Cierge Paschal; car au contraire il se void que c'est vne priere qui se faisoit chacun soir, & comme nous parlons maintenant aux prieres des Vespres. Aussi en la derniere impression que Veitzius a fait, l'on a osté ces mots, *de Cereo Paschali*, & l'on y a mis *ad incensum lucernæ*. Et neantmoins luy-mesme en ses notes retôbe en cette premiere faute, *ad incensum Cerei Paschalis*, ne faisant nulle mention ny estat de la leçon qui est au texte, lequel il dit auoir esté imprimé sur des Manuscrits, comme de verité il se trouue ainsi escrit aux tres anciens Manuscrits des Bibliotheques de Messieurs de Thou & du Puy, & croy* qu'il y faut ainsi; car ils appelloient l'heure de Vespres *horam Lucernalem* ou *Lucernariam* comme sainct Hierosme escriuant *ad Lætam*, *adsuescat manè Hymnos canere, tertiâ, sextâ, nonâ horâ stare in acie accensâque lucerna reddere sacrificium vespertinum*, entendant parler des lampes & cierges que l'on allume aux Vespres; ou bien il faudroit lire simplement *ad incensum*, ainsi qu'il y a en sainct Ambroise, lequel Prudence respecte quasi par tout comme son Maistre & Precepteur; sainct Ambroise, dis-je, qui parlant de l'ordinaire des prieres iournalieres des Chrestiens, escrit de cette façon en son troisiesme liure des Vierges, *Solemnes Orationes cum gratiarum actione sunt deferendæ, cùm è somno surgimus,*

* *La correction de nostre Autheur est conforme non seulement aux anciens manuscrits, mais aussi à l'edition de Prudence faite par Alde au mois de Ianuier de l'an-*

cùm prodimus, cùm cibum paramus sumere, cùm sumpserimus, & horâ incensi, cùm denique cubitum pergimus. Il faut donc à mon aduis rayer ces mots *Cerei Paschalis*, & non seulement en Prudence, mais aussi au tiltre des vers que Drepanius Florus a fait sur le mesme suiet, car ils sont aussi sur les cierges, lāpes & autres lumieres que l'on allume aux Vespres, & non sur le Cierge de Pasques, dont il n'y a vn seul mot en tout ce Poëme, ains conformément à l'hymne de Prudence.

1501. qu'il dit dans son Epistre liminaire estre la premiere, car cét Hymne y est ainsi intitulé. Ode ad accensionem lucernæ.

Hunc vt per totam possimus dicere noctem,
Inserimus claros sanctis altaribus ignes.
Vestibus innumeris tereti circumflua gyro
Æquoream cohibet formatrix cera papyrum,
Cera domus mellis; iam cætera turba colentum
Vbertat stuppas, feruet discordia concors,
Vt dum sacra pio peraguntur mystica ritu,
Æmula sydereis vigilent funalia flammis,

Ces vers monstrent que les chandelles & flambeaux estoient allumez de toutes parts, & consequemment que ce sont les prieres des Vespres ou Nocturnes, & nullement à propos du Cierge de Pasques. A cela l'on peut adiouster que toute l'antiquité a tenu que l'vsage du Cierge de Pasques n'est que de l'institution du Pape Zosime, & partant apres l'escrit de Prudence, selon ce qui est contenu tant au liure des Pontifes Romains qu'en celuy d'Alcuin *de Diuinis Officiis*, au chapitre *de Sabbatho Pascha*, au second liure de Rabanus Maurus *de Institutione Clericorum*, chapitre 38. & au 6. liure de Rupert *de Diuinis Officiis*, Chapitre 28. lequel Cierge de Pasques s'allumoit non seulement par les Paroisses comme l'on pretend, mais aussi *in principalibus Ecclesiis*, comme dit notamment Valafridus Strabo en son liure *de Rebus Ecclesiasticis*, Chap. 30. En quoy il semble que le Cardinal Baronius s'est trompé comme les autres.

Quant au discours imprimé auec sainct Hierosme intitulé *De Cereo Paschali*, il ne parle non plus du Cierge de Pasques que de celuy de Noël, mais c'est vne partie de declamation, en laquelle on dit que pour loüer vn cierge, il faut entrer en la loüange des Abeilles ouurieres de la cire, & d'autres choses qui ne conuiennent nullement au Cierge Paschal.

Tom. 4. ad Præsidium.

DV PRIVILEGE DE LA race de Challo S. Mas & autres, & des Hirpiens: vn lieu de Solin corrigé, & vn autre de Virgile interpreté.

IL ne faut point trouuer estrange que l'on ait donné des priuileges à de certaines familles en faueur de la Religion, comme nous lisons par nos Ordõnances de la race de Challo Saint Mas*, en consideration du voyage qu'il fit à pied, & tout armé pour l'vn de nos Roys en la terre Saincte: & ces Priuileges doiuent estre fauorisez, & non pas retranchez, comme l'on commence à faire. Les Payens nous en ont monstré le chemin en la Religion & Famille des Hirpiens, dont Pline parle en cette façon au liu. 7. de son Histoire naturelle Chapitre 2. *Haud procul vrbe Româ in Faliscorum agro familiæ sunt paucæ, quæ vocantur Hirpiæ, quæ sacrificio annuo quod fit ad montem Soractem Apollini, super ambustam ligni struem ambulantes, non aduruntur. Et ob id perpetuo Senatusconsulto militiæ omniumque aliorum munerum vacationem habent.* Ce que Solin, que l'on dit estre le Singe de Pline (& plûst a Dieu que nous en eussions beaucoup de semblables) remarque encore plus particulierement & amplement en son Chapitre 8. Mais le lieu y est gasté & defectueux, & le faut ainsi corriger tant par le lieu de Pline cy-dessus allegué, que des liures escrits à la main. *Est è memorabilibus inclitum & insigniter per omnium ora vulgatum, quòd perpaucæ familiæ sunt in agro Faliscorum, quos Hirpos vocant. Hi sacrificium annuum ad montem Soractem Apollini faciunt; idque operantes gesticulationibus religiosis impune exultant, ardentibus lignorum struibus, in honorem diuinæ rei flammis parcentibus*

*M. Estiẽne Pasquier au liure 6. de ses Recherches vers la fin du chap. 5. aprés auoir parlé de l'annoblissement de Ieanne Pucelle d'Orleans, & de toute sa parenté, escrit ces mots. BIEN trouuõs nous vn Eude le Maire natif de Challo S. Mas prés d'Estampes, & ses successeurs tant en ligne feminine que masculine, auoir esté dispensés de toutes daces: mais non pour cela reputés nobles, ny ioüy du priuilege de Noblesse.

tibus, cuius deuotionis ministerium munificentia senatus honoratum, Hirpis perpetuo consulto omnium munerum vacationem dedit, le plus beau mot manquant aux liures imprimez, qui est *Senatus-consulto* pour *consulto*, que l'on marque par ces deux lettres SC. lequel merite d'estre adiousté aux autres SC. qui ont esté recueillis par les hommes doctes. Mais auant eux Virgile auoit enchassé ce miracle en son Æneide liure 11.

Summe Deûm, sancti custos Soractis Apollo,
Quem primi colimus, cui pineus ardor aceruo
Pascitur, & medium freti pietate per ignem
Cultores multâ premimus vestigia pruna.

Et auant eux tous Varron, qui destourne selon sa coustume ce miracle en imposture disant: *Hirpini ambulaturi per ignes medicamento plantas tingunt*. Ainsi nous lisons en Marc Paul de Venise liure 1. ch. 65. que les Rois de Tartarie ont permis à certain peuple de participer à leur breuuage Royal en consideration de leurs proüesses & vaillances.

DV ZELE DE RELIGION, & de l'Office de Quæsteur ou Chancelier.

IL n'y a personne qui ne sçache que feu Messire François de Montholon ayant esté appellé par le feu Roy Henry III. de la charge d'Aduocat en Parlement à la dignité de Garde des Seaux de France, comme auoit esté feu son Pere par le feu Roy François I. ne les ait volontairement quittez lors que le Roy Henry IV. fut appellé à la Couronne, d'autant qu'il faisoit consciẽce de seeller sous vn Roy qui faisoit lors profession d'autre Religion que de la Catholique. Chacun prit cette resolution diuersement selon son iugement. Mais si ne peut-on nier qu'elle ne procedast d'vn grand courage, & commandemẽt que sa Religion auoit sur ses passions; & il y a peu de personnes qui en eussent pû faire autant. Neantmoins on peut remarquer des exemples en l'antiquité qui en approchent, ſignamment celui de Meniuole, car ainſi eſt il appellé par Sozomene au Chapitre 13. de ſon 7. Liure de l'Hiſtoire Eccleſiaſtique, combien que Rufin & Caſſiodore l'appellent d'vn nom plus doux, Beniuole, diſant que l'Imperatrice Iuſtine veuſue de Valentinian le Grand & mere du petit, ayant commandé à Meniuole l'expedition d'vn Edict, confirmatif du Concile d'Arimini, contraire à celui de Nice, il ayma mieux quitter la charge, deſceindre ſon Baudrier, que Rufin appelle *Baltheum*, Caſſiodore *Cingulum*, & Sozomene ζώνην, que d'obeïr à ce commandement contre ſa conſcience, pour ce qu'il eſtoit Catholique. Ie l'ay nommé Chancelier, d'autant que Sozomene l'appelle τὸν ἐπὶ τοῖς γραμματεῦσι τῶν θεσμῶν τεταγμένον, & Rufin *Memoriæ Principis præſidentem*. Caſſiodore le tournant tout en vn mot, le nomme à la façon de parler de ſon temps, *Quæſtorem*, qui approche de fort prés de noſtre Eſtat de Chancelier, ſelon ce qu'il ſe void tant par le Liure de ſes Formules, que par pluſieurs autres lieux remarquez ſur le Tiltre *De Officio Quæſtoris* du Code par feu Monſieur Cujas mon Maiſtre, & par Zoſime au 5. Liure de ſes Hiſtoires, où il dit, que cét Eſtat fut ainſi nommé premierement par l'Empereur Conſtantin. Cette meſme deuotion de Religion ſe remarqua en Prohæreſius Sophiſte Athenien, auquel l'Empereur Iulian ayant voulu permettre par vn priuilege ſingulier de tenir Eſchole, encores que par ſon Edict il euſt fait defenſes aux Chreſtiens d'enſeigner, toutesfois il ferma la ſienne volontairement, ſelon ce qui eſt remarqué par ſainct Hieroſme en l'addition de la Chronique d'Euſebe. Mais l'exemple de Generid Capitaine Payen eſt encores plus memorable, en ce qu'incontinent aprés la loy faite par Valentinian, que nul ne pourroit tenir charge de dignité qu'il ne fuſt Chreſtien, il vint en Cour tout deſceint & ſans baudrier, ce que l'Empereur ayant veu l'en reprit, diſant que la loy n'auoit pas eſté faite pour luy qui auoit tant merité de la Republique. A quoy il reſpondit, qu'il ne ſe vouloit point préualoir d'aucun priuilege contre vne Loy generale, faite au prejudice de tant d'autres vaillans hommes, qui auoient eſté priuez de leurs Eſtats par cette Loy, laquelle au moyen de cét acte & reſponse si genereuse fut reuoquée, ainsi qu'il est rapporté au mesme 5. liure des Histoires de Zosime. Tant a de pouuoir sur nous la passion ou zele de Religion quelle qu'elle soit. Comme de verité c'est la vraye pierre de touche de la vertu & probité des hommes, à raison dequoy Aristote mesme l'appelle κάλλιστον ἦθος, la meilleure des passions ou affections des hommes, & celle qui plus seurement tesmoigne la foy & asseurance que l'on peut auoir en eux. Nous en auons vn autre exemple singulier en l'espreuue qu'en fit Constantin, pere du Grand Constantin, rapporté au premier Liure de Zosime Chapitre 6. lequel ayant fait semblant de vouloir oster de son seruice les Chrestiens, feignit de les vouloir faire sacrifier aux Dieux. Ce que quelques-vns ayant fait de peur de perdre leurs Estats, & les autres au contraire, il retint ceux-cy, & cassa ceux qui ayant postposé leur Religion aux honneurs du monde, auoient monstré par effet, que l'on ne pouuoit se fier à ceux qui n'auoient pas esté fidelles à Dieu. Theodore Lecteur en ses Recueils racompte vn acte cruel du Roy Theuderich Arrien, lequel par passion desordonnée fit trancher la teste à vn Diacre Catholique qu'il aymoit grandement, pour ce qu'il auoit quitté sa Religion pour luy complaire, disant, si tu n'as gardé la Foy à Dieu, comment pourras tu estre fidelle aux hommes? Et il se lit d'vn Roy d'Espagne Arrien, qu'il fit mourir son Fils le propre iour de Pasques, d'autant qu'il s'estoit fait Catholique.

LIVRE D'OBSERVATIONS MESLÉES, ET PREMIEREMENT DE QVELQVES DROITS DV ROY & de la Couronne.

DE LA LOY SALIQVE, & des droicts des François.

IE ne doute nullement que les François n'ayent esté surnommez Saliens par forme de sobriquet, à cause de la dexterité & agilité de leurs corps & esprits, & mesmement aux exploits de la guerre ; Ammian Mancellin ayant dit en son Liure 18. *Franci quos consuetudo Salios appellauit.* Ce que Sidonius Apollinaris éclaircit en disant, *Sauromata clypeo, Salius pede, falce Gelonus.* Et de là l'on a enfin appellé la Loy des François, la Loy Salique, en laquelle ils sont aussi nommez *Salici Franci*, *tit.* 17. &

en la Notice de l'Empire *Salici Gallicani.* En Sigebert il y a *Franci vti ceperunt legibus, & legem Salicam dictauerunt*, & dans Otho Frisingensis liure 4. chapitre 32. *Lege Salicâ nobilißimi Francorum qui Salici dicuntur adhuc vtuntur.* La Loy Salique donc est la Loy des François, laquelle encores qu'elle se soit conseruée és anciennes Librairies en l'estat qu'elle a esté diuersement escrite & imprimée en France, Allemagne, & ailleurs, si s'est-elle plus conseruée en la memoire de nos Peres par tradition & forme de droict non escrit, que non pas selon qu'elle se lit aujourd'huy, dont ie veux icy remarquer quelques chefs.

Le plus celebre de tous est celuy de la masculinité & exclusion des femelles au Chapitre *De terrâ Salicâ* * *In muliere nulla pertinet portio, sed hoc virilis sexus adquirit.* Cela auoit esté suiuy par les Ripuariens & Anglois de ce temps, & non par les Saxons ny Bourguignons, selon ce qui se lit esdites Loix, combien que Tacite escriue des Anglois en la vie d'Agricola, *Sexum in imperijs non discernunt.* Nous auons donc retenu cela en gros, que nos principales Terres & Seigneuries, & signamment nostre Royaume est masculin, que les femmes en estoiẽt excluses, & ne tomboit point en quenoüille, *Neque hereditas ad fusum à lanceâ transibat*, comme il y a en la Loy des Anglois; ce qui estoit escrit long-temps auant que l'on en fit querelle au Roy Philippes de Valois. Et estoit ce droict communément appellé par les autres Nations le droict des François à la difference des droicts Romain moderne, ou de Iustinian & des Lombards, qui en leurs successions ne faisoient aucune distinction des masles aux femelles, ny des aisnez aux puisnez, comme les François faisoient. Otho Frisingensis liure 2. *De rebus gestis Friderici I. Imperatoris* chapitre 29. le témoigne ainsi: *Mos in illâ qui penè in omnibus Galliæ prouincijs seruatur, remansit, quòd semper seniori fratri, eiusque liberis, seu maribus, seu fœminis, paternæ hereditatis cedat authoritas, cæteris ad illum tanquam ad dominum respicientibus.* Et aux Loix de la Sicile, qui pour la plus part viennent des François, *tit. De succeßionib. feudalium*, il y a, *Francorum iure sexus, & primogenituræ prærogatiua seruatur, scilicet vt fœminam masculus, & iu-*

Exclusiõ des femelles en succeßion.

* Sic exprimitur lex tit. 62. de Alode. *De terrâ verò Salicâ nulla portio hereditatis mulieri veniat: sed ad virilem sexum tota terræ hæreditas perueniat.* In lege Salica Franc. Pithoei.

niorem maior natu præcedat; Et Pierre des Vignes, lequel comme bon François s'est efforcé d'establir nos Loix par tout, estant Chancelier de l'Empereur Frederic, qui voulut eriger le Duché d'Austriche en Royaume, il mit cette clause, que, *Non per electionem Prælatorum, Ducum, Comitum, aut quorumlibet Nobilium eligant in Regem, sed semper maior natu seu senior in generatione in Regno succedat, & alij minores natu non habeant, nisi quod in Regis gratiâ poterunt obtinere*: qui sont nos vrayes Loix Saliques & Françoises de succession indiuisible à l'aisné, & d'appanage aux puisnez, selon ce qui s'est tousjours obserué en la derniere Race de nos Roys. Et c'est ce que les Coustumes moins corrompuës que les autres pour estre moins frequentées d'estrangers ont principalement retenu, à sçauoir, Ponthieu, Boulonois, Artois, & autres des frontieres, où il n'y a iamais qu'vn heritier, & tousiours le masle auant la femelle, qui estoit aussi l'ancien droict de tous les François par la reigle, *Le mort saisit le vif*, son plus prochain heritier habile à luy succeder, sans que representation eust lieu non plus en ligne directe qu'en collaterale.

Du mariage fait ad Morganaticam. consulendus Ger. Io. Vossius lib. II. de vitijs sermonis & Glossematis Latino-barbaris in voce MORGENGEBA.

Vn autre chef de la Loy Salique ou du droict des François est remarqué par les Feudistes liure 2. tit. 29. *De Filijs natis ex matrimonio ad Morganaticam contracto*, *id est*, *lege Salicâ*, quand ils parlent, *De eo qui accipit vxorem*, que les meilleurs Docteurs appellent autrement, *jus Francorum*, à la difference des droicts Romain & Lombard.

Saisine d'an & iour.

Il y en a vn troisiesme aussi notable, de la saisine ou possession d'an & iour, qui acquierent complainte de nouuelleté & recreance au possesseur. Car encores que Guy Pape en sa decision 552. die que, *Statutum, quod vulgariter appellatur in Regno Franciæ Arrestum querelæ de nouis dessaisinis, fuit conditum per beatum Ludouicum Regem Franciæ*, si est-il tenu plus ancien. Car quand le mesme Pierre des Vignes, qui a compilé les Loix de Naples du temps, voire vn peu auant le regne de S. Louys, en parle au liure 3. tiltre 37. il dit ainsi, *Præscriptionem Anni, Diei, & Horæ, per quam Francus de dessaisinâ queri non poterat, &c.* Et Maistre François Pithou Sieur de Bierne, grand obseruateur & clair-voyant en l'antiquité, a remarqué en ses Notes sur la Loy Salique, que nostre complainte procede de ce qui est ordonné par icelle.

Le mesme Pierre des Vignes nous apprend encores vn autre chef, qui est, que tout defaillant & contumax perdoit sa cause, fust-elle bonne ou mauuaise, c'est au deuxiesme liure des mesmes Loix de Naples tiltre 17. du 2. liure, où il abolit ce droict qu'il appelle, *Ius Francorum.* Ce qui est aussi remarqué par Matthieu Paris en son Histoire: *Consuetudo*, dit-il, *est in Regno Franciæ, quond ex quo aliquis accusatur coram suo iudice, & non venit, pro conuicto habetur, & per omnia iudicatur etiam ad mortem, ac si præsens esset.* Cette obseruance a duré iusques à l'Ordonnance de l'année 1539. qui l'a corrigée en l'article 27.

Perte de cause par defaut & contumace.

Sugger Abbé de sainct Denys, grand homme d'Estat, Regent en France pendant le voyage d'outre mer du Roy Louïs VII. tres sçauant aux droicts du Royaume, en remarque vn cinquiesme en la vie du Roy Louys le Gros, disant qu'il fut requis par les Berruyers & Limosins de contraindre Hennebault, *Ad exsequendam iustitiam, aut iure pro iniuriâ Castrum lege Salicâ amittere*, qui est vn des plus beaux Placarts qui se puisse remarquer de nos Loix, & de nos Roys, qui contraignoient les Seigneurs de faire iustice à leurs Subjets sur peine de priuation de leurs Fiefs & Seigneuries, & qui est l'vne des plus grandes causes de l'accroissement de cette Couronne.

Priuation de fief faute de faire iustice.

Ie ne doute point que les peines de la rouë & du chien pendu auec le mal-faicteur mentionnées en la vie du mesme Roy escrite par le mesme Sugger, ne soient aussi de l'ancien droict des François, & des restes de la mesme Loy Salique: *Furcis*, dit-il, (car ie crois qu'il faut ainsi lire, ou bien, *Furcæ*, & non pas, *Fustis*, comme il y a en l'imprimé. *Furcis cum cane suspensus, quoties canis percutiebatur, in eum iram retorquens, totam faciem eius mastigando deuorabat, aliquando etiam stercorabat*; car cette peine approche de celle dont on punissoit en France les seditieux & rebelles, auant qu'ils fussent executez à mort. Ottho Frisingensis liure 2. *De rebus gestis Friderici I. Imperatoris*, chap. 28. le rapporte ainsi: *Vetus consuetudo pro lege apud Francos & Sueuos inoleuit, vt si quis Nobilis, Ministerialis,*

Peine de la rouë & du chien pendu.

Plautus in Casinâ Act. 2. Sc. 6. Deos quæso, tu vt hodie canẽ & furcam feras. In multis exemplaribus legitur ca-

vel Colonus, coràm suo iudice, pro huiusmodi excessibus (il parle des reuoltes faites contre son Seigneur) *reus inuentus fuerit, antequàm mortis sententiâ puniatur, ad confusionis suæ ignominiam, Nobilis canem, Ministerialis felem de comitatu in comitatum proximum gestare cogatur*, car il semble qu'il faut lire ainsi, & non pas *Sellam*, où il n'y a ny honte, ny infamie, ny sens aucun: Et faudroit aussi lire au liure 5. de Gontier, qui a quasi tourné de mot à mot l'Histoire d'Othon en ces vers,

mum, *& si non legatur tamen, hîc canis est pro camo, siue vinculo. Festus*, catulus *genus quoddam vinculi, qui interdum* canis *appellatur*.

.... si liber erit, de more vetusto
Impositum scapulis ad contigui Comitatûs
Cogatur per rura canem confinia ferre,
*Sin alius, felem**.

* *Au liures imprimez il y a*, sellam, *mais mal selon la presente correction.*

comme s'ils vouloient dire que le Noble portoit vn chien, & le vilain ou ignoble vn chat, qui est vne beste plus farouche & plus vilaine que n'est pas vn chien.

La Loy des Duels.

L'on pourroit adjouster icy la Loy des Duels, & pareillement celle dont est fait mention par le mesme Sugger, quand il parle des querelles de l'Abbé de sainct Denys, & de Bouchard Seigneur de Montmorency: *Qui cùm cadens a causâ iustitiam iudicio exsequi noluerit, non tentus, neque enim Francorum mos est, sed recedens, &c.* & autres qu'il faut reseruer ailleurs, ou à d'autres qui en pourront faire la recherche, en prenant cette remarque pour guide, que quand ils verront aux autheurs modernes, *iure* ou *moribus Francorum*, ils les entendent presque tousiours de ce que nos Ancestres ont tenu estre de la Loy Salique des François.

REGNVM EST LEGITIMA Primogeniti.

L'On dit que Matthæus de Afflictis est le premier qui a escrit, *Regnum esse Legitimam solius Primogeniti*, voulant dire par là qu'vn Royaume ne reçoit point de diuision, qu'il ne tombe point en partage entre freres, & que les puisnez n'y peuuent pas seulement demander mãder leur Legitime. Cela a esté gardé quasi en tous les Royaumes qui sont escheus par succession de Pere à Fils ; car des choses conquises par armes, alliances, argent, ou autrement, les Loix ont accoustumé de permettre aux Roys d'en pouuoir disposer en faueur de leurs puisnez, comme en la Genese chap. 48. Iacob dispose ainsi en faueur de Ioseph : *Do tibi partem vnam extra Fratres tuos, quam tuli de manu Amorrhai in gladio & arcu meo.* Toutesfois quand ce sont regions frontieres, ou qui dependent de leurs Royaumes, ils les y vnissent & incorporent volontiers. Cessant l'vnion, ils en peuuent disposer ; s'ils ne le font, ils escheent à leurs enfans par hoirie. *Verùm Regnum paternum & auitum induiduum est, atque integrum & indiuisum ad Primogenitum transit, scilicet vt firmius sit penes vnum remanens, quàm si diuisis portionibus inter plures diuidatur :* qui fut la consideration des Capitaines de Sicile apres la mort de Denis le Tyran, comme recite Iustin liu. 21. Ce droict que les Royaumes ne viennent qu'à vn seul & mesmement à l'aisné, est appellé le droict des Gens par le mesme Iustin liures 2. & 16. & par Tite Liue liure 40. d'autant qu'à vray dire il est contraire aux droicts de nature & ciuil, qui appellent les enfans à la succession de leurs peres, sans distinction de sexe, ny de primogeniture : mais quant aux Royaumes, ils se conduisent principalement par le droict des Gens, qui les a introduits, *L. ex hoc iure gentium. D. De iustitiâ & iure.* Corneille Tacite en son liure des mœurs des Germains, recite que les Tencteres, qui sont peuples d'Allemagne, diuisoient tellement leurs successions que l'aisné prenoit tout, excepté les cheuaux qui se bailloient aux plus vaillans d'entre eux. Ce droict d'aisnesse & d'induiduité a principalement esté gardé en France non seulement pour le Royaume, mais aussi pour les principaux fiefs d'iceluy ; & ceux qui en ont écrit anciennement l'appellent, *Morem Francorum. Petr. de Vineis epist. 23. lib. 6. Iac. Rex Siciliæ tit. 33. & in Cõstit. Neapol. 3. tit. 27.* Vray est que tout ainsi que les contracts qui procedent du droict ciuil, ont receu beaucoup de reigles par les Legislateurs, aussi cette Loy des Royaumes qui est yssuë du droict des Gens, a receu quelques establissements & prouisions politiques qui ont demeuré long-temps sans estre escrites, selon lesquelles neantmoins les Sages ont iugé; comme en nostre Royaume de France les puisnez ont accoustumé d'auoir quelques terres du domaine du Royaume en appanage que nous appellons, c'est à dire pour les appaner & accompagner, & en iouïr eux & leurs enfans masles à la charge de retour au Royaume quand les masles faudront; tellement qu'ils n'en sont point proprietaires, mais plustost le Roy, sous le nom duquel la Iustice s'exerce, & à la Chambre des Comptes duquel se rendent les comptes pour en conseruer la memoire, & sans que lesdits puisnez puissent vendre, engager, ny autrement disposer desdites terres au prejudice du retour à la Couronne. Que si ils en disposent, leurs dispositions demeurent tousiours en suspens, & sont subjettes à resolution, tout aussi tost que par deffaut de masculinité l'appanage est finy. Si bien que l'on peut conclure que le Roy est tousiours Seigneur & proprietaire de son Royaume vniuersel, & qu'il n'y a iamais qu'vn heritier en iceluy, & que lesdits puisnez ne le sont point, mais seulement appennagez, & quasi comme pensionnaires de leur Frere aisné.

*APPENNAGE.**

*F. Ragueau en son Indice dit qu'il est constant entre les sçauans, Abanagium você esse Germanicâ qua significatur pars bonorum quæ vni ex liberis eâ lege adsignatur, vt à reliquo patrimonio excludatur:

TOVT ainsi que Caton disoit, *Gallia duas res studiosissimè persequitur, rem militarem & argutè loqui*, ainsi nous auons mieux aymé en France le parler court, signifiant, figuré par metaphores ou translations, & similitudes, allegories, ou ænigmes, comme en ce que l'on dit, *Tant que le Seigneur dort, le vassal veille*, pour signifier que le vassal fait les fruicts siens, si le Seigneur s'endort en sa saisie. *Que le Royaume ne tombe point en quenouille*, pour dire que les femmes n'y succedent point. *Que le Roy siet en son lict de Iustice*, pour monstrer qu'en se reposant son esprit est plus rassis pour rendre Iustice. *Que les aisnez ont le vol du chapon és fiefs par preciput*, pour signifier le territoire de leur aduantage d'ainesse : & autres telles façons de parler. Ie croy aussi que nostre mot d'Appennage se dit en cette forme & figure, & que c'est se donner trop de peine de le faire venir de pain, ou de πὰν ἄγιον ; & que tout ainsi que l'on dit, *Rongner les aisles à celui que l'on veut affoiblir*, & que Philippes de Comines qui tenoit encores de nostre vieil Gaulois François dit en son Histoire du Roy Charles VIII. qu'il ne faisoit que *saillir du nid*, lors qu'il entreprit le voyage de Naples, & encores comme Ciceron dit au 3. liure de son Orateur en se raillant d'vn Rheteur nommé Corax: *Coracem istum vestrum patiatur nos quidem pullos suos excludere è nido qui euolent, &c.* De mesme disoit-on que l'on *appennoit* les enfans sortans de minorité & prests à sortir de la maison de leur pere pour chercher à faire fortune, commençant par maniere de dire à voler d'eux mesmes, ainsi qu'on dit appenner vne fleiche ou vn materas, & vn materas desempenné. En effet le mot d'appenner & appennage ne se dit pas seulement des enfans des Roys, mais aussi des Seigneurs & Gentilshommes, ainsi qu'il appert par plusieurs Coustumes anciennes ; & on en vse mesmes en parlant des filles qui sont mises hors de la maison de leurs peres ou freres par mariage. Ce qui pourroit proceder de ce qu'en plusieurs païs, les puisnez des Grands estant faits majeurs, auoient pour tout partage la leuée de quelques gens de leur païs pour aller busquer fortune ailleurs, signamment depuis que les Danois & Normans, Saxons & autres nations Septentrionales sont venuës par deçà, ainsi qu'il se void par ce que dit T. walsinghen. *in Hypodeigmate Neustriæ*, en ces mots: *Olim mos erat in Daciâ* (il faudroit qu'il y eust *Daniâ*) *cum repleta esset terra hominibus, vt sancitâ lege per Reges illius terræ, cogerentur iuniores de proprijs sedibus emigrare. Nam pater adultos filios cunctos à se pellebat, præter vnum quem heredem sui iuris relinquebat.* Asso liure 2. de la vie de sainct Bercher Duché de sainct Quentin, Gemeticensis des Ducs de Normandie en escriuent, & notamment Lambert de Scafnaburg sur l'année 1070. en ces termes. *In Comitatu Balduini eiusque familiâ, id multis hinc sæculis seruabatur quasi sancitum lege perpetuâ, vt*

vnde etiam retinemus vocem *banir. Mais il auroit peut-estre mieux confirmé cette obseruation, s'il eust remarqué que Ioannes Faber sur le 7 it. des Institutes*, de legit. agnat. success. 9. ceterum inter, num. 6. *appelle* Anagium legitimam primogeniti, *i. le droict d'ainesse, selon que remarque M. Pierre Pithou en ses memoires des Comtes de Champagne.*

vnus filiorum qui patri potißimùm placuisset, nomen patris acciperet, & totius Flandriæ principatum solus hereditariâ successione obtineret; Cæteri verò fratres aut huic subditi dictoque obtemperantes, ingloriam vitam ducerent, aut peregrè profecti, magis proprijs rebus gestis florere contenderent, quàm desidiæ ac socordiæ dediti, egestatem suam vanâ Maiorum opinione consolarentur. Hoc scilicet fiebat, ne in plures diuisâ Prouinciâ, claritas illius familiæ per inopiam rei familiaris obsoleret.

Ie croy donc qu'appenner se dit comme qui diroit donner des pennes, c'est à dire des plumes, & moiens aux ieunes Seigneurs sortans du nid & de la maison de leurs peres, pour commencer à voler & faire fortune par quelques exploits de guerre, mariage ou autrement comme Dieu les conduira. Ce que nos Roys plus pacifiques & iusticiers ont depuis chãgé en Domaines de quelques Duchez & Comtez de leur Royaume, selon les loix de l'Appennage du Roy Charles le Sage.

QVE LES CHEVEVX SONT marques de la Noblesse Royale, comme la Tonsure de Clericature.

CE qui fut stipulé le 27. Octobre de l'an 1533. au mariage de Monsieur Henry Duc d'Orleans, qui fut depuis le Roy Henry II. de ce nom, auec Catherine de Medicis, *vt major natu ex futuro coniugio oriturus paternã & maternã adiret hereditatẽ, modò militiæ aptus existeret, neq; sacerdotio esset addictus*, est quasi ordinaire en tous les Cõtracts & Testamens des grãdes maisons, non seulement de la Frãce, mais aussi de toute la Chrestienté, où la Clericature a esté separée des armes, incapable de tenir les grands Fiefs & Estats, en signe de quoy on leur coupoit les cheueux qui estoient la marque de la qualité des Princes & Seigneurs, selon qu'escrit Agathie en son premier liure. Ainsi lisons-nous en Gregoire de Tours liure 3. chap. 18. de Sainct Cloud ou Chlodoualdus. *Is postposito regno terreno ad Dominum transiit.*

& sibi manu propriâ capillos incidens, Clericus factus est, & en Adon de Vienne qu'en l'an 718. *Franci Danielem quemdam Clericum post abjectionem tonsuræ in regno stabiliunt, atque Chilpericum nominant* : & en Aimoin liure 5. chap. 29. que Carloman ayant esté degradé, & ainsi fait Lay, & non plus Tonsuré, on le voulut faire Roy, comme en estant par ce moyen rendu capable, n'eust esté qu'on luy creua les yeux. Ainsi l'Empereur Charles IV. ayant ordonné par sa Bulle d'or que le Royaume de Boheme, le Comté du Palatinat du Rhin, le Duché de Saxe & le Marquisat de Brandebourg seroient indiuisibles, & appartiendroient entierement à l'aisné masle, il y adjousta ce mot, qu'il sera Lay, comme en rendant les Prestres & Cleres incapables. Et Procope plus ancien Auteur que les desnommez remarque sur la fin de son premier liure de la guerre Persique, que Iean Pape, duquel est fait mention en plusieurs Constitutions de nostre Iustinian, se voulant desguiser lors qu'on luy voulut faire son procez, prit bien l'habit de Prestre, mais qu'il ne se fit pas pourtant sacrer, peur d'estre tondu, pource, dit-il, qu'il esperoit toûjours retourner aux affaires, voire mesme paruenir à l'Empire. *Tit. 7.*

DE LA IVSTICE, ET QV'ELLE *appartient au Roy.*

A Parler theologiquemēt & en parfaite verité, la proprieté de la iustice appartient seulement au grand Iuge eternel, que Malachie chap. 2. appelle *Deum iudicij. Scimus*, dit Sainct Paul aux Romains chap. 2. *quia iudicium Dei est secundum veritatem*: tesmoin cette belle remonstrāce que Dieu fit au peuple d'Israël quand il les establit pour premiers Chefs d'iceluy lib. 2. Paralipomenon ch. 19. *& præcipiens iudicibus videte, ait, quid faciatis, non enim hominis exercetis iudiciū, sed Domini.* C'est pourquoy en tant de passages de la saincte Escriture, les Iuges sont appellez Dieux, cōme ayans la communication & participation des principales puissances de la Diuinité. Aussi nostre grand Coustumier commence son Chapitre de la haute Iustice, *A parler proprement il n'y à qu'vne Iustice qui meut de Dieu, dont le Roy à le gouuernement en ce Royaume, c'est à dire la simple administration comme Magistrat & Officier de Dieu.* Mais parlant politiquement il n'y à que le Roy ou autre Prince souuerain qui ayent la vraye puissance de commander, & la proprieté de la Iustice. Et pour ce que le Roy ne la peut exercer seul en tout son Royaume, il est contraint d'en commettre la simple administration aux Magistrats, en retenant toûjours pardeuers soy la proprieté. Aussi est-ce le plus beau & principal fleuron de sa Couronne, la plus haute, voire la plus diuine partie de sa puissance, qui emporte pouuoir sur la vie & sur les biens de tous ses Subjets, pouuoir non tyrannique ny desreglé, mais mesuré par la Iustice, qui est la fin principale pour laquelle les Rois sont establis. Et de faict quand le peuple d'Israël demanda vn Roy à Dieu, au premier liure des Roys chap. 8. il dit, *Constitue nobis Regem, vt iudicet nos.* Et quand Dieu dit au Roy Salomon au l. 2. des Paralipomenon ch. 1. qu'il demandast ce qu'il voudroit, Salomon luy demanda *cor intelligens, vt populum iudicare posset.* Aussi les premiers Chefs de ce peuple furent de Dieu mesme nommez Iuges, & en plusieurs passages de la saincte Escriture, le mot iuger, signifie regner & commander absolument. En voila des tesmoignages sacrez. Quant aux profanes, Herodote en son premier liure chap. 96. dit que les Monarques des Medes (qui furent presque les premiers du monde) furent establis pour rendre la Iustice. Et Ciceron le citant au second de ses Offices escrit ainsi, *Non apud Medos solum, vt ait Herodotus, sed etiam apud Majores nostros fruendæ iustitiæ causâ videntur olim bene morati Reges constituti, & lib. 3. iustitiæ opinio primùm Reges fecit.* Tesmoin la replique que cette vieille femme fit à l'Empereur qui ne la vouloit pas ouyr luy demandant iustice, *Noli igitur esse Imperator.* Aussi est ce la resolution vnanime de tous les Philosophes, que la Iustice appartient proprement & inseparablement à l'Estat, ou au Prince souuerain, qui pour l'exercice d'icelle commet des Magistrats, & c'est encore vne grande dispute entr'eux, si ces Magistrats doiuent estre establis à vie, ou à certaines années seulement. C'est pourquoy le Prince & le Magistrat sont appellez en Grec d'vn mesme nom ἀρχὴ & ἄρχων, & en Latin la puissance de l'vn & de l'autre est appellée d'vn mesme terme, *Imperium*, en François, *Ordonnance*, ou *Commandement*, dont la proprieté appartient au Prince, & l'vsage aux Magistrats, selon l'opinion de Lothaire contre Azon. Et l'equiuoque de ce terme *Imperium*, signifiant tantost le pouuoir du Prince souuerain & tantost du Magistrat, a esté cause d'infinies disputes entre les Iurisconsultes & Docteurs de Droict. Tant y à que pour monstrer que la proprieté du commandement reside en la personne du Prince, & le simple exercice en la personne du Magistrat, quand les Sergents executent les Sentences des Iuges, ils font commandement de par le Roy, & non de par le Magistrat qui a donné la Sentence. Il est certain qu'il n'y eut iamais Republique ou les particuliers fussent proprietaires de la Iustice & du droict de glaiue, comme ils sont en France. Les Atheniens estoient si jaloux de la Iustice criminelle, qu'il n'y auoit que les Areopagites qui s'en mesloient, gens choisis & entretenus du public, retirez du reste du peuple, & qui ne rendoient la Iustice que de nuict, afin que la lumiere & le bruit ne les destournast de l'arduë meditation qu'il faut auoir pour dignement iuger les hommes. Quant aux Romains, tant s'en faut qu'ils laissassent la proprieté du glaiue aux particuliers, ny aux plus grands Magistrats, que mesme ils ne leur en laissoient pas le simple exercice sur le moindre des Citoyens de Rome, mais par leurs Loix d'Estat qu'ils appelloient Loix sacrées, le peuple s'estoit reserué iusques à la simple administratiõ & execution de cette puissance, pour ne iuger de la vie des Citoyens, qu'en l'assemblée generale de tout le peuple Romain, encores s'estoit-il despouillé luy mesme de cette puissance en tant que possible estoit, permettant aux condamnez de quelque crime que ce fust de quitter le pays, ainsi qu'il paroist en l'Oraison *pro Caio Rabirio perduellionis reo*, & dans Sallusté *in Catilinâ* : mais comme l'vsurpation n'a point de bornes, & qu'vne absurdité negligée en attire vne plus grande, ils se sont licentiez d'vsurper par apres.

IVGES SOVS L'ORME.

IAdis les Gaulois & depuis les François tenoient leurs assemblées, & rendoient la Iustice aux champs & sous les arbres à l'imitation des anciens Druides, dont est venu ce que l'on dit, Iuges sous l'orme: Il y a ainsi en vne ancienne Comedie Gauloise Latine, que l'on appelle *Querolus*, à l'imitation de celle de Plaute, *Illic*, (parlant des Gaulois habitans vers la Riuiere de Loire,) *iure gentium viuunt homines; ibi nullum est præstigium; ibi sententiæ capitales de robore proferuntur, & scribuntur in ossibus; ibi etiam Rustici perorant, & priuati judicant*: & en vne vieille Charte de l'Abbaye de S. Martin de Pontoise, anciennement dite S. Germain, qui est la 131. de leur Chartulaire, *hæc omnia renouata sunt sub vlmo ante Ecclesiam beati Germani, ipso Hugone, & filio suo Roberto majore audientibus, qui & posuerunt donum super altare Sancti Germani, cum cultello habente manubrium album, quem pro signo plicuit Archenduis Præfectus &c.* C'estoit pour ce que ces Ormes se plantoient ordinairement aux carrefours des Villages, où le peuple s'assemble plus coustumierement, ce qui se pratique encore de present. Ioinville en la premiere partie de son Histoire dit, que le Roy S. Louys alloit souuent au Bois de Vincennes, où seant au pied d'vn chesne, il rendoit Iustice &c.

P. 18. de l'edition de l'an 1518.

M. Guy Loisel fils.

DICTONS

DV DROICT D'AVBAINE, ET des Estrangers.

Aubains sont hommes & femmes qui estans nez hors le Royaume y sont venus demeurer, ainsi appellez *quasi alibi nati*, & sont nommez ou *Aduena* ou *Albani*, *in diplomat. Hlotarij & Hludouici ad petitionem Elisiardi Episcopi Parisiensis*, en ces mots, *nec de liberis hominibus, Albanisque, ac colonis in supradictâ terrâ commanentibus aliquem censum, vel aliquas redhibitiones accipere*, comme remarque M. Pithou en son Glossaire sur les Capitulaires de Charlemagne en la diction *Aduena*.

Le Royaume de Frãce ne recognoissoit jadis que deux sortes d'Estrangers; sçauoir les Anglois, appellez en Latin *Albini* ou *Albani*, comme leur Isle *Albion*, & les Lombards. Maintenant tous Estrangers y passent sous le nom d'Aubains, aux biens desquels le Roy succede comme à biens vacquans, & qui n'ont Maistre ny Seigneur, *quasi sint ἀδέσποτα, & ex titulo, vnde Fiscus*, qui est vn Droict general & vniuersel de toute Seigneurie & Estat: c'est à sçauoir que ce qui n'a point de Maistre, appartienne plustost au Seigneur vniuersel de toutes choses qu'à nul autre, & sur lequel sont fondez les droicts d'Espaues, de Desherences, Bastardises, Chasses, Pesches, & infinis autres pretendus par les Seigneurs des lieux. Mais le Droict d'Aubaine est particulier & propre au Roy, d'autant que le Subjet qui quitte son souuerain Seigneur pour aller demeurer ailleurs, suit & se donne taisiblement au Seigneur sous lequel il s'assujettit, & non seulement son corps, mais aussi toutes les suittes & consequences d'iceluy qui sont ses meubles & acquests. Car d'heritier legitime il n'en a point & n'en peut auoir, n'ayant aucuns parens, d'autant que le mot d'heritier est legitime, comme aussi le mot de parent, qui ne se peut acquerir que par mariages legitimes, & faits selon les formes & les loix du pays.

A la verité les Estrangers peuuent bien vser de ce qui est permis par le Droict des gens, comme faire commerce, contracter & disposer entre-vifs: mais ils sont exclus, aussi bien que les serfs, de ce qui est du Droict Ciuil, comme de tester, d'autant que la perfection des Testamens est de droict Ciuil. Et partant il s'ensuit que leur defaillant la puissance legitime de disposer de leurs biens, ils appartiennent au Roy, *veluti ad fiscum, l. quidam* 96. §. *quotiens*. 1. *D. de Legatis* 1. *l.* 1. *Cod. de Bonis vacantibus, &c. l. penult. Cod. de Præposito sacri cubiculi, &c.* Aussi les Romains obseruoient rigoureusement ce Droict; & de faict toutes leurs Loix en cette matiere commençoient par ces mots, *Quicumque ciuis Romanus*, & estoient choses toutes contraires & opposites parmy eux *Peregrinus & Ciuis.*

C'est pourquoy encores que les Estrangers soient les bien venus en ce Royaume, & combien qu'ils y puissent acquerir des biens, & viure en toute seureté; toutesfois, d'autant qu'ils ne sont pas capables de nos loix, ils n'y peuuent tester ny receuoir successions, & sont quasi comme ceux que l'on appelloit anciennement, *Latini Iuniani qui viuebant vt liberi, moriebantur vt serui* §. *vlt. Institut. de successione libertor. & l. vlt. Cod. de latinâ libertate tollendâ*, & en Saluian liure 3. *ad Ecclesiam Catholicam.* Et tout ainsi que les Maistres prenoient les biens de ceux-là, de mesme le Roy qui est le Protecteur & Conseruateur de ses Aubains & Estrangers leur succede, & prend les biens par eux delaissez en son Royaume, appellez aux extraicts de la Chambre des Comptes *Estrayeres* comme il est remarqué par Ragueau en son Indice sous le mot *Attrayere*; si ce n'est qu'ils eussent obtenu de luy permission de tester. Car de mesme que l'Ostage pouuoit tester par congé & permission du Prince, expresse, *l. Obsides*, 2. *D. Qui testament facere possunt, &c.* où tacite, équipollente à volonté, comme *accepto vsu togæ, l. sed si accepto* 32. *D. de iure fisci*, & que l'affranchy appellé *Latinus Iunianus, si ius Quiritium impetrauerat*, pouuoit tester, & estre institué heritier selon Vlpian, *lib. singulari Regul. de Caducis, & tit. Qui heredes institui possint*, ainsi l'Estranger ayant obtenu congé & permission du Roy par Lettres que nous appellons de naturalité, peut valablement disposer de son bien, & receuoir dispositions à son profit : mais s'il ne teste point, le Roy est son plus proche & habile heritier, *veluti Patronus & manumissor eius*. Car encores qu'il ait des parens au Royaume, si est-ce qu'il n'y a que de la cognation naturelle entr'eux qui ne profite de rien en matiere de successions, si ce n'est par aduanture qu'il eût delaissé des enfans nez au Royaume en loyal mariage qui eussent exclus le Roy *ad exemplum liberti* aux Institutes, titre *de successione libertor.* §. 1. Car c'est vne question qui a esté desja agitée, sçauoir si les enfans des Aubains leur succedent ou le Roy; sur laquelle il semble que Boned tienne pour le Roy, & la Coustume de Melun, article 5. Mais il faut distinguer & dire, que si les enfans sont demeurans hors du Royaume, ils ne luy succedent point : si au contraire, ils luy succedent, & ainsi le tient du Moulin sur ledit article de la Coustume de Melun, Bacquet & les Arrests; ce qui est à mon aduis tres-équitable, & conforme à la Loy de Dieu en Ezechiel, chap. 47. *Aduenæ qui accesserunt ad vos, qui genuerunt filios in medio vestrûm, erunt vobis sicut Indigenæ.*

En quel cas le Roy ne succede pas aux Aubains.

Ce Droict d'Aubaine est donc Royal, & ressemble aucunement au Droict d'Application, duquel Ciceron parle en cette façon en son premier liure *de Oratore. Qui Romanus in exilium venisset, cui Romæ exulare ius esset, si se ad aliquem quasi patronum applicuisset, intestatoque esset mortuus, nonne in eâ causâ ius Applicationis obscurum sanè & ignotum, patefactum in iudicio, atque illustratum est à patrono?* Car en cette Republique en laquelle chacun estoit Maistre de soy, il estoit loisible de se donner à qui l'on vouloit. En vn Royaume on ne se peut donner à autre qu'au Roy : & celuy qui quitte son pays pour s'habituer icy, semble se donner taisiblement au Roy. Mais le Droict d'Aubaine est encores plus grand que ce Droict d'Application, en ce que le Roy ne succede pas seulement à l'Aubain *ab intestat*, mais aussi quelque disposition & Ordonnance testamentaire qu'il fasse, comme il a esté dit.

Droict d'Application de Romains.

Or pour vser par le Roy du Droict d'Aubaine, il faut que trois choses concurrent ensemble, l'vne que l'Aubain soit venu demeurer actuellement au Royaume, l'autre qu'il y soit decedé, & le tiers qu'il y ait des biens. A la verité il peut y auoir difficulté pour ce qui est de la demeure, & toutesfois les instructions de la Chambre des Comptes le portent par exprés en ces mots *quand ils sont venus demeurer au Royaume.* Et suiuant ce, les Estrangers estans hors du Royaume y peuuent acquerir toutes sortes de biens, meubles & immeubles, tant par succession qu'autrement, sans que le Roy leur succede, mais ils n'emporteront pas leurs deniers hors du Royaume sans congé du Roy, par l'Ordonnance qui deffend le transport de l'or & de l'argent. Pareillement le Roy ne sçauroit toucher à ce que l'Estranger qui vient demeurer en France peut auoir en son païs, & ne prend que ce qui vient en suitte de son corps, & qui se trouue en sa domination : aussi quand il le voudroit autrement, ne le pourroit il pas effectuer.

Cõtre cette regle que pour vser par le Roy du Droict d'Aubaine il faut que l'Estranger soit resident au Royaume, l'on allegue deux choses ; la premiere, que de disposition mesme de droict Romain, *Obsidũ bona ad fiscũ pertinẽt. l. Diuus Cõmodus 31. D. de iure Fisci*, & neãtmoins les Ostages ne sõt que tẽporaires & passagers; la seconde, que les Escholiers & Suppots des Vniuersitez *qui peregrinantur studiorũ causâ*, sont tellemẽt reputez Aubains, que le Roy leur succede, *in glossâ Pragmaticæ Sanctionis ad Tit. de collationibus §. Primò cùm. in verbo, liberius.*

Pour le regard de la premiere objection, il se pourroit dire que cette Loy Romaine, qui est vnique & singuliere, est de l'Empereur Commodus, *cuius voluntates & edicta, leges censendæ non sunt*, comme disoit l'Empereur Macrin. Mais sans entrer là, il est certain que les Ostages sont *veluti captiui, dictâ l. D. Commodus*, & tant qu'ils demeurent en ostage, ils sont comme serfs & captifs de l'Estat auquel ils sont baillez. C'est pourquoy ce n'est pas leur demeure ny temporaire ny perpetuelle qui cause ce Droict, mais la qualité de leurs personnes. Et partant puisque leurs corps mesmes estoient à ceux qui les tenoient en ostage, les biens qu'ils auoient auec eux, n'auoient autre Maistre que celuy qui estoit Maistre & Seigneur de leurs corps. Quant à la seconde raison que l'on oppose concernant les Escholiers, ie la refuteray par l'authoté de Rebuffe qui tient tout le contraire, ensemble celle de du Moulin qui tient tout formellement que les passans ne sont subjets à ce Droict, sur le mesme article 5. de la Coustume de Melun, & se verroit plus amplement par ses Traictez qu'il cite en cet endroit, si nous les auions. Pour mon regard ie penserois bien que les Escholiers qui viennent icy estudier pour quelque temps, ne sont pas subjets au Droict d'Aubaine, car aussi bien le plus souuent n'ont-ils que leurs Liures qui ne valent pas les frais d'vne saisie: mais s'ils y auoient passé leurs temps d'estude, qui est pour le plus de dix ans, s'y estans habituez, *& si incolatum contraxerint*, comme il ya en la loy *nec ipsi. 2. Cod. de Incolis*, qui est d'Adrian, ils sont subjets à l'Aubaine.

L'accusation du crime de Rabirius Postumus estoit qu'il auoit perdu la Cité Romaine, d'autant que s'estant retiré en Ægypte vers le Roy Ptolomée, il auoit esté son principal officier, διοικήτης, maistre d'hostel, changeant de Maistre & d'habits. Mais Ciceron le deffendant dit que ce qu'il en auoit fait, estoit pour le recouurement de ses debtes. Et pour ce vn Marchand ou autre qui vient icy à la poursuitte de ses debtes, & y est surpris de mort, ne peut estre subjet à l'Aubaine; & il sembleroit tres-inique que ses parens le perdans perdissent aussi le bien, dont ils viennent demander iustice en France. Ce seroit contre le precepte de Dieu qui dit, *Aduenam non contristabis, neque affliges eum*, donner occasion à ses parties d'essayer à luy faire vn mauuais tour pour puis apres demander son Aubaine. Ce seroit approcher des larcins & brigandages de ceux, qui estans pris pour Iuges des differens d'autruy s'adjugent à eux-mesmes les choses contentieuses, comme nous lisons des Romains à l'esgard des Aricinins & des Ardeates dont parle Tite-Liue sur la fin de son 3. liure, de Quintus Labeo dont parle Ciceron en ses Offices, & du Roy de Mecedoine choisi pour Iuge par deux Rois de la Thrace, qui prirent pour eux ce qui estoit en different, & dont ils estoient Iuges. Ce seroit faire tort à ce Royaume, lequel sur tous les peuples du monde a esté renommé pour sa douceur & courtoisie, iustice & droicture enuers tous, & principalement enuers les Estrangers dont nous auons des

Exod. cap. 22.

le temps de Charlemagne vne marque singuliere au liure 3. de ses Capitulaires, chap. 18. *volumus*, dit il, *vt æqualiter Missi nostri faciant de singulis causis, siue de heribanno, siue de Aduenis, siue de cæteris quibuslibet causis. De Aduenis volumus, iàm diù coniugati per singula loca vt ibi maneant; & sine causâ, & sine aliquâ culpâ non fiant eiecti.*

Bref ce seroit faire vne injure particuliere au Parlement qui pour cette cause a esté mesme bien souuent pris à Iuge par les Princes Estrangers. Aussi en choses douteuses, il faut auoir recours à la regle qui dit, *non puto delinquere eum qui in dubiis quæstionibus contrà fiscum facilè responderit*, d'où vient ce que l'on dit que *sub bono Principe & sub hoc Senatu qui semper bonus æquus ac iustus est, fisci malam causam, numquàm bonam fuisse*: joint qu'en ce cas c'est d'ordinaire la cause de la veufue & de l'orphelin.

Vray est que quand il est question des interests de l'Estat, & du bien des subjets d'iceluy, les Estrangers ne sont pas fauorables, & ne doiuent pas estre receus à leur prejudice, aux honneurs, charges ny emplois : comme à Rome, encores qu'il y eut quelques sacrifices qui se faisoient à la Grecque & en langage Grec, toutesfois ils vouloient que ces sacrifices fussent faits par vn Citoyen Romain, *Sacra procinibus* dit Ciceron vers la fin de son Oraison *pro Cornelio Balbo, ciuem facere voluerunt, vt Deos immortales scientiâ peregrinâ & externâ, mente domesticâ & ciuili precarentur.* Et Tacite au commencement du liure *de moribus Germanorum*, croit que ce qui auoit conserué les anciens Germains, est qu'ils n'auoient point contracté de mariages auec aucuns autres peuples, dont n'ayans point esté corrõpus ils estoiẽt demeurés vne nation pure, entiere, & ressemblante seulement à soy-mesme. *Ipse eorum opinionibus accedo*, dit il, *qui Germaniæ populos nullis aliis aliarum nationum connubiis infectos, propriam & sinceram, & tantùm sui similem gentem extitisse arbitrantur.* En quoy les François les ont autresfois en quelque façon imitez, par les deffenses qui ont esté faites aux Estrangers d'espouser des Regnicoles.

Ainsi en France nous ne voulons pas que les Estrangers y puissent tenir Offices ny Benefices, dont il y a Ordonnance pour les Benefices du Roy Charles VII. du 19. Mars 1471. & priuilege pour le Roy remarqué en la glosse de la Pragmatique Sanction, *in Proœmio, in verbo exterorum, ad §. sed proh dolor*: car en Angleterre les Estrangers peuuent tenir des Benefices par permission du Pape selon Mathieu Paris sous l'an 1240. Mesme en France par l'Ordonnance d'Orleans, art. 17. il n'est permis aux Estrangers d'estre Fermiers s'ils ne sont naturalisez, & n'y sont habituez & mariez. Lesquelles Ordonnances ont esté faites de crainte que les institutions des Estrangers n'apportent quelque diuersité ou contrarieté aux mœurs & Loix du Royaume, & que nostre ancienne discipline ne soit aucunement corrompuë par vne estrangere, *nec aliegeni ingenij excercitatione patrij ritus trãsfugæ efficiamur*, suiuant ce que firent en cas quasi semblable les anciens & premiers Romains, *qui duabus arcis lapideis sub Ianiculo inuentis in quarum vnâ reconditi erant Latini septem libri de iure Pontificio, & totidum Græci de disciplinâ sapientiæ, Latinos magnâ diligentiâ conseruari, alios ex Senatûs sententiâ & authoritate cõburi fecerunt*. S. Paul aussi escriuãt aux Hebreux leur prescrit sur tous cette Loy & maxime, *doctrinis variis & peregrinis nolite abduci; obedite Præpositis vestris, & subiacete eis*. C'est pourquoy nos majeurs ont esté tres-curieux de tenir la main ferme à ce que les Subjets de ce Royaume ne s'accoustumassent à l'obeïssance & seruitude des Estrangers, & ne fussent par ce moyen refroidis de l'obeïssance qu'ils doiuent à leurs Rois & aux puissances ordinaires establies en ce Royaume, ou vn grand personnage nous a enseigné iusques où nous deuons porter nostre inclination enuers les Estrangers par ce beau Quadrain fort propre à la conclusion de nostre discours.

A l'Estranger sois humain & propice,
Et s'il se plaint incline à sa raison:
Mais luy donner les biens de la maison,
C'est faire aux tiens & honte & injustice.

M. de Pibrac Quadrain 99.

Cette Consultation faite sous le nom des gens de la Iustice du Tresor fut dressée par M. Antoine Loisel, qui estoit lors Conseiller au Tresor.

LE DROICT DE NATVRALIZER & legitimer n'appartient qu'au Roy.

LEs Conseillers, Aduocat & Procureur du Roy en la Iustice du Tresor, en obtemperant au vouloir dudit Seigneur, & suiuant ses Lettres à eux addressantes, en datte du vingt-quatriesme Ianvier dernier passé, signées Charles, & au dessous Clausse, par lesquelles leur est mandé donner aduis, si à autre qu'à sa Majesté peut appartenir en ce Royaume de bailler Lettres de naturalité aux Estrangers, & de legitimation aux Bastards; aussi si les hauts Iusticiers de ce Royaume peuuent prendre les droicts d'Aubeine, Bastardises & Desherances sur leurs Subjets, d'autant que ledit Seigneur a esté aduerty que plusieurs d'entr'eux pretendent tels droicts; ce qui luy est de tres-grande importance pour les dispositions qu'il fait ordinairement à plusieurs personnes en recompense de leurs seruices, lesquelles dispositions ne pouuant sortir effet pour les empeschemens desdits hauts Iusticiers, il conuient les faire porter sur ses finances ordinaires; A quoy il desire de pouruoir, & donner ordre pour seruir de reglement à l'aduenir.

Sont d'aduis sous le bon plaisir du Roy, qu'il n'appartient à autres qu'à sa Majesté de naturaliser les Estrangers venans demeurer en son Royaume, & leur bailler Lettres de naturalité, & ainsi a tousiours esté obserué; d'autant que le Droict d'Aubaine est Royal, souuerain & annexé à la Couronne, non separable, communicable, ny cessible à aucun Seigneur du Royaume, fut-il Pair de France, Duc, Marquis, Comte ou Baron, non plus que le Droict de Regale: & les Roys de France octroyans aux Seigneurs du Royaume le Droict de Iustice, se sont reseruez specialement les Droicts d'Aubaine & autres cas Royaux. Et la cause du Droict d'Aubaine a esté

pour

pour mettre difference entre l'Estranger qui vient demeurer en ce Royaume, & en auoir cognoissance, & celuy qui est né au Royaume : & pour cette occasion par les anciennes Ordonnances les Estrangers estoient tenus bailler par chacun an au receueur du Roy, comme le Collecteur des Mortemains, leurs noms & surnoms, & payer au Roy par chacun an douze deniers parisis; & n'estoit permis à l'Estranger ou Estrangere de se marier auec vn Regnicole sans congé du Roy ou de ses Officiers, autrement ils deuoient formariage, qui estoit moitié de leurs biens applicables au Roy; & desdits Droicts le Collecteur des Morte-mains comptoit par chacun an en la Chambre des Comptes. Et tout ainsi que les Seigneurs voisins du Royaume de France ont de tout temps pris, & prennent encores pour ce jourd'huy le Droict d'Aubeine en leurs terres sur les originaires du Royaume de France, de mesme a-t'il esté & est raisonnable que le Roy prenne ledit Droict en son Royaume, & que luy seul puisse bailler à l'Aubain & Estranger Lettres de naturalité & congé de demeurer audit Royaume. Car s'il estoit permis à vn Seigneur ou à vn haut Iusticier de bailler Lettres de naturalité, il pourroit admettre & receuoir au Royaume de France tant d'Estrangers que bon luy sembleroit, ce qui seroit de perilleuse consequence. De ce que dessus il s'ensuit, qu'au Roy seul appartiẽt de bailler Lettres de naturalité à l'Estranger & congé de demeurer au Royaume; tellement que si l'Estranger demeure audit Royaume, y acquiert des biẽs, & decede sãs auoir esté naturalisé, tous ses biens acquis au Royaume appartiennent au Roy par droict d'Aubeine, & le Roy est son vray successeur & droit heritier priuatiuement à tous autres; en sorte que nul Seigneur ny haut Iusticier du Royaume, quel qu'il soit, ne peut iustement pretendre droict esdits biens, quelque priuilege, concession, possession ou coustume qu'il puisse alleguer, estans contraires aux anciennes Loix, Statuts & Ordonnances du Royaume enregistrées en la Chambre des Comptes. Et ainsi a esté de tout de temps obserué & iugé en la Chambre du Tresor par plusieurs Sentences confirmées par diuers Arrests de la Cour.

* *

Lettres de legitimation. Quant aux Lettres de legitimation, il n'appartient non plus qu'au Roy en son Royaume de les octroyer aux Bastards comme ce droict estant souuerain & Royal, tout ainsi que quant à la spiritualité ce droict appartient à nostre S. Pere le Pape seul priuatiuement à tous les Prelats. De faict il n'a iamais esté veu qu'autre que le Roy qui est seul souuerain & Empereur en son Royaume, ait octroyé Lettres de legitimation, pouuant seul legitimer & rehabiliter par sa souueraine puissance le Bastard contre la rigueur des loix ciuiles, lesquelles pour l'honnesteté publique & reuerence du mariage, n'ont voulu recognoistre les Bastards ny les admettre és successions. Et si lesdits Bastards non legitimez decedent sans enfans procreés d'eux en loyal mariage, tous leurs biens appartiennent au Roy par droict de bastardise; & les hauts Iusticiers de ce Royaume ne peuuent prendre les biens desdits Bastards scituez au dedans du destroict de leur haute Iustice, sinon qu'en trois cas concurrans ensemble; à sçauoir que le Bastard ait esté né au dedans de la haute Iustice dudit Seigneur, qu'il y ait continuellement demeuré, & qu'il y soit decedé. Et si l'vn des trois cas defaut, les biens dudit Bastard appartiennent au Roy priuatiuement au haut Iusticier, ainsi qu'il est porté par vne ancienne Ordonnance enregistrée en la Chambre des Comptes, & iugé par plusieurs Sentences de ladite Chambre du Tresor, confirmée par les Arrests de la Cour.

Desherẽces. Il est vrai que les Desherences, qu'on appelle biens vacquans, d'autant qu'il n'apparoist aucun heritier du defunct, & les Confiscations appartiennent aux Seigneurs particuliers, sinon és cas Royaux & priuilegiés, comme de crime de leze Majesté Diuine & Humaine *l. unicâ. Cod. de raptu virginum,&c.* & autres. *Confiscations.*

Enuoyé au Roy au mois de Mars 1572.

Iean Nauar Cheualier & Comte Palatin octroyant en France au prejudice de l'authorité du Roy des Legitimations, Notariats & autres choses dont il auoit puissance du Pape, fut par Arrest de Thoulouze du 25. May 1462. condamné à faire amande honorable, & demander pardon au Roy ; & le tout fait par ledit Nauar declaré nul & abusif, comme il est remarqué par Boerius en sa Decision 242. *num.6.*

DROICT DE CHEVALERIE.

LE Roy seul peut faire des Cheualiers ; & partant les Comtes, ny autres recognoissans Superieurs, n'en peuuent faire, comme il a esté iugé par Arrest de l'an 1280. contre le Comte de Flandres, lequel sans l'authorité du Roy auoit fait vn Cheualier, & encores le Comte de Neuers qui fut pour ce condamné à l'amande, comme il se voit *in lib. Olim. fol.* 46. *&* 58.

M. Guy Coquille en ses Institutes au Droict François tit. *de plusieurs Droicts Seigneuriaux ayans lieu en aucunes Prouinces, &c.* dit que les Lieutenans generaux du Roy en vne armée ont accoustumé de faire Cheualiers vn iour de bataille apres le combat, qui est la vraye Cheualerie, & quelquesfois auant le combat, quand les armées sont prestes à combattre.

DROICT D'ADMORTISSEMENT.

LE Droict d'Admortissement est encores vn Droict Royal, car nul ne peut admortir que le Roy : & par Arrest de Paris du 17. May 1464. au Conseil fut ordonné que le Duc de Bourbon monstreroit ses titres du droict qu'il pretendoit auoir d'admortir en ses païs de Forests & Beaujolois, comme rapporte Ragueau en la diction *Admortissement*. La Coustume de Bretaigne, art. 368. dit en termes exprez que le Prince, & non autre, peut admortir.

I'ay leu dans quelques escritures de M. Bourdin Procureur general que le Roy Phillippes le Long fut le premier qui fit l'Ordonnance des Admortissemens, à ce que les Ecclesiastiques ne s'augmentassent trop, & que son domaine ne fût aneanty par fondations & liberalitez. Mais depuis i'ay appris qu'encores auparauant il en auoit esté faite vne Ordonnance par les Regens & gouuernans le Royaume pendant la prison de S. Louys outre-mer, contre laquelle le Pape Alexandre IV. s'escrie en sa Decretale premiere, sous le titre *de Immunitate Ecclesiarum, &c. in 6.*

PARLEMENT.

LE sieur de Ioinuille fait mention du Parlement de Paris, ch. 80. & 84. & dit que le Roy traitoit ses Cheualiers & autres gens és Parlements, d'où viennent les banquets qui se font, quand les Roys y viennent en solemnité. Alors le Roy auoit son grand Conseil, ou Iuré, ch. 79. 89.

Au Registre Criminel de la Cour, de l'an 1345. 21. *die Martij* il y a, *inceperunt sedere duæ cameræ, videlicet Auditorũ iuris in quâ est Præsidens Dominus de Buciaco, & Auditorum terræ consuetudinariæ in quâ est Præsidens Dominus de Castro.*

Du Tillet au Chapitre des Pairs dit que depuis Hugues Capet, le Parlement composé de Prelats, Barons, & Maistres rendoit à la suitte du Roy la Iustice souueraine, jusques au Roy Philippes de Valois, qui le fit stable en la ville capitale, en nombre centenaire, compris les douze Pairs de France, huict Maistres des Requestes, quarante Conseillers Clercs, & quarante Laiz, entre lesquels y auoit quatre Presidens laiz. Surquoy est remarquable, que quand Philippes Auguste se prepara pour le voyage d'outre-mer, il ordonna sa mere, & l'Archeuesque de Rheims pour tenir son Conseil trois fois l'an à Paris, qui semble estre le commencement du Parlement, comme il y a en Vincent de Beauuais, liu. 30. Aucuns disent que ce fut Philippes le Bel qui establit le Parlement à Paris; les autres disent que ce fut Louys Hutin.

Est à noter pour le Parlement, ce qui est en Gregoire de Tours, liure 7. ch. 23. parlant d'vn Iuif nommé Armentarius, qui estoit venu à Tours pour recueillir quelques siennes debtes, & y fut tué, & jetté auec trois autres de sa suitte dans vn puits par vn nommé Iniuriosus son debiteur, *quòd denegaret, & parentes eorum non haberent qualiter eum conuincere possent, iudicatum est, vt se insontem redderet sacramento. Sed nec hoc his adquiescentibus, Placitum in Regis Childeberti præsentiâ posuerunt*, & plus bas il y a, *Iniuriosus tamen ad Placitum in conspectu Regis Childeberti aduenit, & per triduum vsque occasum Solis obseruauit*: je dis que ce *Placitum Regis* estoit le Parlement.

GRAND CONSEIL.

LE grand Conseil est fondé principalement pour regler les ressorts des Parlemens, & entreprises qu'ils pourroient faire les vns sur les autres. Et l'on pourroit dire que Messieurs du grand Conseil sont en quelque façõ les souuerains Preteurs de ce Royaume, pour juger comme il y a en la loy *Fundi* 18. *D. de Exceptionibus, &c.* le Iurisconsulte ayant posé ce cas, *Fundi, quem tu proprium tuum esse dicis, partem à te peto, & volo, &c. agere sub eodem iudice, &c. vtrobique putat interuenire Pratorem debere*; & en la loy 2. §. *sed si* 5. *D. de Iudiciis. Si dubitetur vtrùm in eâ quis causâ sit, vt domum reuocare possit, nécne: ipse Prator debet causâ cognitâ statuere.* C'est le grand Conseil qui regle sur tels differens les sujets de diuers ressorts. Et est à noter ce qui est au commencement de cette loy 2. *de Iudiciis. Consentire litigatores non videntur qui errant, aut si, cùm restitisset vnus ex litigatoribus, viribus præturæ compulsus est, nulla erit iurisdictio.* Pareillemẽt, si les Cours auoient jugé outre la contestation, comme il y a en la loy, *vt fundus* 18. *D. Communi diuidundo*, en la loy *ex stipulatione*, 7. & en la loy *post sententiam, 9. Cod. de sententiis, &c.* le grand Conseil en cognoist.

CHAMBRE DES COMPTES.

POVR ce que le Roy Charles VI. estoit plus liberal que son pere ; & qu'au lieu de cent escus que son pere donnoit, il en donnoit mille, Messieurs des Comptes y mirent telle bride, que sur l'article du comptable, ils faisoient escrire, *nimis habuit, recuperetur* ; comme il est raporté par Iuuenal des Vrsins, sous l'an 1389.

L'An 1408. au mois de Mars, le mesme Roy Charles VI. estant à Chartres, fit vne ordonnance, par laquelle, il declara les Gens des Comptes à l'exercice des faicts, appointements, & jugemens de la Chambre, & dependances, estre sujets au Roy tant seulement, sans moyen & sans ressort aucun en Parlement, ou ailleurs ; & qu'en ce qui touche les finances du Roy, tant ordinaires qu'extraordinaires, ils pourroient donner Iugements & Arrests tels que bon leur sembleroit, sans que personne en pût appeller. Vray est que suiuant l'ancienne Coustume, si quelqu'vn se vient plaindre au Roy de la Chambre, il ordonne que l'on prendra deux, trois ou quatre personnes du Parlement sages & suffisans, pour auec ceux de la Chambre voir, corriger & amender ce qui auroit esté fait, si mestier est. C'est ce que i'ay appris des recueils de Monsieur Hotman, où il dit que cela fut ordonné pour éuiter qu'en cas d'appel on ne fût contraint de porter ailleurs les comptes & autres pieces de la Chambre.

DE LA VERIFICATION DES Edicts aux Cours Souueraines.

L'Exemple s'en peut tirer de ce que *Pratores edicta proponebant, vt scirent ciues, quod ius de quâque re quisque dicturus esset, séque præmuniret. l. 2. § 10. D. de Origine iuris*, & de ce que, *plerũque orationes* Principum siue per ipsos, siue per Quæstores eorum in Senatu recitatas sequebantur Senatuscõsulta.* Les lieux en ont esté desja si doctement & soigneusement remarquez par M. Brisson liu. 1. *selectarum ex iure ciuili antiquitatum*, ch. 16. qu'il ne s'en faut plus mettre en peine. Toutesfois l'on pourroit y adjouster ce que remarque Vopiscus de l'Empereur Probus, *permisit Patribus, vt leges quas ipse ederet, Senatusconsultis propriis consecrarent.* Et il semble encores que ce soit luy qui a donné le premier puissance au Senat de cognoistre des appellations des Iuges des Prouinces, *vt ex magnorum Iudicum appellationibus ipsi cognoscerent*, lesquels auparauant estoient souuerains; comme aussi le Senat luy octroya *ius tertiæ relationis*, qui estoit de retracter mesme ce que le Senat auoit ordonné. Et depuis encores les Empereurs Theodose & Valentinian sousmirent leurs Ordonnances au Senat en la Loy *Humanum* 8. au Code *de Legibus & Constitutionibus Principum*, &c. où sont remarquables ces beaux mots pour les verifications, *Benè cognoscimus, quòd cum vestro consilio fuerit ordinatum, id ad beatudinem nostri Imperij, & ad nostram gloriam redundare.* En quoy nos Rois les ont suiuis, & s'en sont bien trouuez, tant qu'ils les ont imitez.

* *Nam quod constituturi erant Imperatores, orationibus in Senatu recitãdis complectebãtur.*

Appellatiõs des Iuges des Prouinces.

DE PROTHEE, ET DES SOPHISTES.

LA fable de Prothée est vulgaire & presque cognuë de tous ; mais la mythologie est peut estre cognuë à peu de gens. Diodore le Sicilien dit que c'estoit vn Roy d'Egypte grandement sçauant és arts & sciences mondaines ; ce que Virgile nous donne aussi à entendre par ces vers,

Georg. lib. 4.

Nouit namque omnia Vates
Quæ sint, quæ fuerint, quæ mox ventura trahantur.

qui sont pris d'Homere,

Iliad. α.

ὅς ᾔδη τά τ' ἐόντα, τά τ' ἐσσόμενα, πρό τ' ἐόντα.

disans tous les deux qu'il se diuersifioit en infinies formes ; & que le seul moyen de le prendre & de s'en saisir pour en tirer vne verité, estoit de le presser, serrer & lier de si prés & si ferme, qu'il ne pût échapper, & que cela seul le contraignoit de paroître ce qu'il estoit, & le moyen de tirer ce qu'on luy demandoit. Car les Nymphes Idothée, & Cyrené, parlans l'vne à Menelaüs en Homere, & l'autre à son fils Aristée en Virgile, disent ainsi,

Odyss. δ.

Nam quantò ille magis formas se vertit in omnes
Tantò, nate, magis contende tenacia vincla.

Qui est à mon aduis le vray symbole des Sophistes, lesquels estans versez és arts & sciences mondaines se diuersifient en tant de formes par leurs cauillations & sophistiqueries, qu'ils échappent à ceux qui ont affaire à eux, s'ils ne sont serrez de bien prés par des argumens tres-puissans, & de grande force & efficace. Polyéne sur le commencement de ses stratagémes en pense quasi de mesme, disant qu'Homere auoit contrefait cette fable, pour ce que Prothée estoit vn Capitaine qui par ses subtilitez & fallaces surpassoit & vainquoit vn chacun : ce qui reuient quasi tout à vn.

DICTONS

164

DICTONS OV SENTENCES qui eſtoient au Temple d'Apollon à Delphes corrigez ou interpretez.

LES Sentences qui eſtoient grauées au Temple de Delphes dedié à Apollon meriteroient bien d'eſtre ſoigneuſement recherchées, eſcrites & publiées, comme il ſemble que le Grammairien Doſithée s'y ſoit eſtudié. Mais i'eſtime qu'il en a oublié quelques-vnes, & qu'il en a adjouſté d'autres du ſien. Pour le moins il eſt certain par le teſmoignage d'Ariſtote, de Pline, de Plutarque & d'autres, que ces trois eſtoient des principales Γνῶθι σεαυτόν. Μηδὲν ἄγαν. Ἐγγύα· παρὰ δ' ἄτη. Ce que Pline interprete de cette façon au 32. chap. de ſon 7. liure. *Noſſe ſe quemque. Nihil nimiùm cupere. Comitem æris alieni atque litis eſſe miſeriam*, ou cõme dit *Auſonius in Thalete: Spõde, noxa eſt præſto tibi. Se cognoiſtre ſoy-meſme. Rien de trop. Ne ſe point obliger pour autruy.* Le ſecond auoit eſté oublié par Doſithée. Et toutesfois Plutarque en ſon liure de la conſolation à Apollonius chap. 24. dit qu'il eſtoit joint auec le premier, & l'attribuë à Chilon. Mais il y a tant de diuerſité entre les autheurs ſur ces dictons, ainſi que Clement Alexandrin dit au premier liure de ſes Diuerſes ou Stromates, qu'on ne ſçait bonnement à qui les donner. Il faut noter que ce ſecond dicton eſt corrompu en vn lieu de Varron, rapporté par Nonius Marcellus, *in Medioximum*, où il faut lire Ἄγαν μηδὲν, & non Ἄγαν μέθυ, comme il y a au texte de Nonius, & c'eſt ainſi que l'a corrigé Denis Godefroy ſon Commentateur, nous inuitant à la mediocrité que les anciens Romains appelloient *Medioximum*, & ce qu'Auſone nous a repreſenté en ce vers ſur Thales: *Nil nimium ſatis eſt, ne ſit & hoc nimium*, Il y auoit vn autre & principal dicton commandant d'aymer & honorer Dieu en ces termes, qui ſont dans Doſithée, θεὸν σέβου, ou bien comme il y auoit au mesme Varron θεοῦ ἐρᾶ, Mais ce dernier mot est gasté dans le mesme Nonius sous le mot *Precantur* y ayant *Theo hora* pour θεοῦ ἐρᾶ, ou bien θεῷ ἀρῶ, selon la correction de Godefroy; que Plutarque dit ailleurs Σέβου τὸ θεῖον, comme il y a entre les Dictons de Pittaque, & de Demetrius le Phalerien, Ἕπου τῷ θεῷ: A quoy le mesme Dosithée adjoûte le Γονεῖς σέβου. *Honore tes progeniteurs.* Aristote au commencement de ses Ethiques à Eudemus recite, qu'il y en auoit trois autres disans que *toutes choses n'estoient point ensemble, le Beau, le Bon, & le Plaisant* τὸ ἀγαθὸν, τὸ καλὸν, καὶ τὸ ἡδύ. *Deliacum istud Epigramma sic refert Aristotcles lib. 1. Ethicorum cap. 19.* Κάλλιστον τὸ δικαιότατον; λῷστον δ' ὑγιαίνειν; Πάντων δ' ἥδιστον οὗ τις ἐρᾷ, τὸ τυχεῖν: *que la Iustice estoit belle, la santé tres-bonne, & plaisant de iouyr de ce qu'on desire.* Mais ie ne les ay point leu ailleurs, non plus que ce que dit Suidas sur le Γνῶθι σεαυτὸν, que l'vn des preceptes de ce Temple estoit τὸ νόμισμα παραχάραξον, que i interprete *brise & mesprise l'argent*, & qui est ce qu'à voulu dire nostre petit Caton.

Despice diuitias, si vis animo esse beatus, combien que Suidas l'interprete autrement. Ou bien il y faudroit adjouster vn μὴ & dire, *garde toy de fausse monnoye.* I'en laisseray le jugement à ceux qui entendent mieux le secret de cette langue que moy. Ie ne parle point du Εἶ qui estoit aussi escrit au mesme Temple, ainsi que dit le mesme Clement, & dont Plutarque a composé vn liure exprez, & me contenteray d'enfiler ces Dictons & les autres vulgaires de cette facon, θεοῦ ἐρᾶ, ayme Dieu. Γονεῖς σέβου, *Honore tes parens.* Γνῶθι σεαυτὸν, *Cognois toy toy-mesme.* Μηδὲν ἄγαν, *Rien de trop.* Ἐγγύα παρὰ δ' ἄτη, ou Ἐγγύην φεῦγε, *Fui de respondre pour autruy.* Τέκνοις ἐπιτάσσε, *Commande à tes enfans.* Φθονὸν ἀπέχου, *Garde toy d'enuie.* Φιλονεικίαν φεῦγε, *Fui les querelles.* Πίστιν φύλασσε, *Garde ta foy.* Ὁμοίοις σεαυτῷ φίλοις χρῶ, *Vse d'amis semblables à toy.* Κάλλιστον τὸ δικαιότατον, *La Iustice est tres-belle.* Ἀγαθὸν τὸ ὑγιαίνειν, *La santé tres-bonne.* Παντῶν ἥδιστον, οὗ τις ἐρᾷ, τὸ τυχεῖν, *Le plus plaisant de tous est d'obtenir ce que l'on desire.* Τὸ νόμισμα παραχάραξον, *Mesprise l'argent.* Ie souhaitte que ceux qui en remarqueront d'auantage nous en fassent part.

VN PROVERBE D'ATHENES *interpreté.*

ERasme *Adagior. Chiliad.* 4. *centuria* 53. se trauaille d'interpreter vn prouerbe du premier liure des loix de Platon où il y a, τὸ τε ὑπὸ πολλῶν λεγόμενον, ὡς ὅσοι Ἀθηναίων εἰσὶν ἀγαθοὶ, διαφερόντως εἰσὶ τοιοῦτοι, δοκεῖ ἀληθέστατα λέγεσθαι. *Ceux qui sont bons à Athenes, le sont grandement, &c.* Mais il me semble qu'Erasme n'atteint pas à la vraye intelligence du prouerbe, qui est que quand les Atheniens s'adonnent à bien faire, ils sont les meilleurs du reste du monde, comme quand ils s'adonnent à mal, il n'y en a point de plus meschans. C'est ce que nous apprenons de Plutarque, lequel sur la fin de la vie de Dion, au sujet de ce meschant Calippe Athenien qui fit tuër Dion Prince de Syracuse en parle de cette façon selon la version de M. Amiot, *il ne fut iamais mal dit, qu'Athenes est la Ville qui produit les meilleurs hommes du monde quand ils s'adonnent à bien, & les plus meschans aussi quand ils s'adonnent à mal: comme leur region porte le meilleur miel qu'on trouue point, & la ciguë qui le plus soudainement esteint la vie de l'homme*, qui est indubitablement ce que Platon a entendu dire.

DE L'VNE DES LOIX DE SOLON.

QVe veut dire l'autheur de ces vers rapportez par *Sosipater Charisius* au 4. liure de sa Grammaire.

In ventre sapere nimirum didicit Solon,
Qui lege cauit, vt vitia transcenderent
Auctoris pœnæ; pœna nulla acerbior
Excogitari potuit vxoris malis.

Ie ne doute point qu'il ne les faille entendre de la loy, par laquelle Solon ſelon ce que rapporte Plutarque en ſa vie, permettoit à l'heritiere riche orpheline qui ſeſtoit mariée auec vn impuiſſant, d'habiter auec qui il luy plairoit des proches parens de ſon mary, ou ſelon Demoſthene *ad Macartatum*, contraignoit les plus proches parens de l'orpheline de l'eſpouſer, ou de la doter; dont s'entendent auſſi ces vers des Adelphes de Terence Act.4. Sc.5.

Mi. Hæc virgo orba eſt patre.
Hic meus amicus illi genere eſt proximus.
Huic leges cogunt nubere hanc.

Surquoy Donat dit, *Non, permittunt, dixit, ſed cogunt, &c.* car par cette contrainte d'eſpouſer vne femme à cauſe de la faute d'autruy, on faiſoit ſouffrir à vn homme vne grande punition en luy donnant bien ſouuent vne mauuaiſe femme. Vray-eſt que ie confeſſe que ie ne ſçay point pourquoy il a mis ce mot *in ventre*, ſinon qu'il entende dire comme en ſe moquant que Solon eſtoit ſage, comme l'on dit *dés le ventre de ſa mere*, ou prendre *le ventre* pour le cœur, ainſi qu'on dit que font les Hebreux.

DES RHODIENS ET DE LEVR ſinguliere Iuſtice.

TIte-Liue, Strabon & autres autheurs diſent que l'equité & juſtice des Rhodiens a toûjours eſté fort recommandable, & principalement au faict de la nauigation. Auſſi les Romains ont emprunté d'eux leur Loy, laquelle par excellence eſt appellée Rhodienne, comme nous tenons en France, en Angleterre, en Eſpagne, & quaſi par toute la mer Oceane, la Loy d'Oleron qui eſt vne Iſle ſur la coſte de Poictou. Entre les chefs de cette Loy eſtoit celuy qui eſtoit rapporté au ſecõd liure *de inuentione* de Ciceron, par lequel tous les Nauires armez qui ſe trouuoient en leur port, eſtoient confiſquez. *Lex eſt apud Rhodios*, dit-il, *vt ſiquaroſtrata in portu nauis deprehenſa ſit, publicetur.* Sextus Empiricus en ſon premier liure *Pyrrhoniarum Hypotypoſeωn* chap. 14. *de modis decem Epoches* art. *de decimo modo*, fait mention d'vne autre Loy Rhodienne, par laquelle les enfans eſtoient tenus des debtes de leurs peres, encores qu'ils n'en fuſſent point heritiers, contre ce qui eſt du droict Romain, & quaſi par tout. Ie dis, quaſi, d'autãt qu'en Anjou, au Maine, en Touraine & au païs de Lodunois, les enfans des roturiers ſont tenus de rapporter à la ſucceſſion de leurs peres & meres ce qu'ils ont eu, bien qu'ils renoncent à leurs ſucceſſions. Anjou art. 334. Maine art. 346. Tours art. 309. Lodunois chap. 29. art. 12. Et ſi Cornelius Nepos eſcrit que Cimon fut contraint par priſon ſuiuant la Loy des Atheniens au payement de l'amende en laquelle Miltiades ſon pere auoit eſté condamné. Et par les Conſtitutions des Empereurs, les enfans du Primipile eſtoient tenus des debtes de leur pere, quoy qu'ils ne fuſſent pas ſes heritiers, *leg. 4. Cod. de Primipilo*, leſquelles Loix, ores qu'elles ſoient fort dures, & contre la juſtice naturelle, ſi ne ſont elles pas du tout ſans raiſon & equité politique, en ce que les peres ſont ſouuent par la deſtournez de faire des fautes & tromperies, aprehendans le mal qui en pourroit tomber ſur leurs enfans. Dion Chryſoſtome rapporte vn autre marque de la grande foy & juſtice des Rhodiens en ce que Iules Ceſar ayant fait la loy que les Romains appelloient *Nouas Tabulas*, par laquelle on ſe pouuoit exempter du payement de ſes debtes, quoy qu'ils euſſent pû s'en ayder comme les autres Subjets de l'Empire Romain, neantmoins ils ne voulurent oncques s'en preualoir, eſtimans que par la leur credit & honneur ſeroit offencé & ſoüillé.

παρὰ μὲν τοῖς Ῥωμαίοις ὁ τῆς πατρῴας ἀποστὰς οὐσίας, οὐκ ἀποδίδωσι τὰ τοῦ πατρὸς χρέα· παρὰ δὲ τοῖς Ῥοδίοις πάντως ἀποδίδωσι. *Apud Romanos quidem qui paternis bonis renuntiat, nõ perſoluit patris nomina: apud Rhodios autem perſoluere cogitur.*

Herodote lib. 6. cap. 136. dit qu'il la paya, τὰ δὲ πεντήκοντα τάλαντα ἐξέτισε ὁ παῖς αὐτοῦ Κίμων. *Quinquaginta autem talenta Cimon filius eius exſoluit.*

CYZICVM.

IE m'eſbahis que ceux qui ont ſi ſoigneuſement recherché les antiquitez des grandes & fameuſes Villes, ne nous ont remarqué ce qui ſe trouue de la grandeur & excellence de Cyzique ancienne Ville de la Myſie en Aſie, laquelle Strabon auoit nommée la premiere des ſix grandes Villes floriſſantes en bonnes loix, Cyzique, Rhodes, Marſeille, Carthage, Rome, & Sparte, diſant que c'eſtoient les plus puiſſantes & doüées de tres-belles loix & inſtitutions, ainſi qu'il y a en l'Epitome de ſon 11. liure; ce qui defaut au texte de ſes liures, combien qu'il en remarque quelques reſtes en ſon 12. comme en ce qu'il y auoit en icelle trois principaux Officiers, l'vn qui auoit le ſoing & la garde des armes; l'autre de l'Arſenal des machines & inſtrumens; & le troiſieſme des prouiſions de bled, & qu'il ſe conſeruoit principalement en y mettant de la craye: & eſt auſſi remarqué par Pline que les habitans de Cyzique ſouſtindrent le ſiege que Mithridate Roy de Pont y mit auec vne armée de cent cinquante mille combattans outre la Caualerie, luy reſiſtans par terre & par mer auec quatre cens voiles; & qu'ayans fait vne contre mine contre la ſienne, ils l'euſſent accablé, s'il ne s'en fut retiré: & ſur tout qu'il y auoit en icelle vn Temple tres-excellent baſty par les Argonautes en l'honneur de la Deeſſe Mere des Dieux; qui eſt l'ouurage que Pline liure 36. chap. 15. met entre l'vn des miracles du monde qui reſtoient encores de ſon temps, diſant que l'ouurier auoit mis en toutes les pierres d'iceluy des pourfileures d'or: & fait vn excellent Iupiter d'yuoire couronné par vn Apollon de marbre, & adjouſte qu'il y auoit en la meſme Ville vne pierre qui s'enfuyoit d'elle-meſme ſi elle n'auoit eſté arreſtée & attachée auec du plomb, & outre vn Echo de ſept voix & vn grand & ample Palais baſty tout de bois, attaché auec des cheuilles ſans aucune ferrure. Florus en ſon 3. liure chap. 5 en parle ainſi, *Cyzicum nobilis ciuitas arce, mœnibus, portu, turribuſque marmoreis, Aſiaticæ plagæ litora illuſtrat. Hanc Mithridates quaſi alteram Romam toto inuaſerat bello:* qui ſont ſingularitez que i'ay penſé eſtre dignes de remarque, tant pour ſouuenance d'vne ſi belle & grande Ville que ie voy quaſi eſtre miſe en oubly, que principalement pour nous apprendre leur police en faict de magaſins & munitions de guerre & de paix. Elle eſtoit encore ſi celebre du temps des Empereurs Valentinian & Valens, qu'Ammian Marcellin parlant de sa prise ou surprise par Procope, l'appelle en son 26. liure, *vrbem inexpugnabili ambitu, munimentis quoque veteribus cognitam.* Elle fut affranchie par les Romains à cause de sa fidelité contre Mithridate: & Ciceron la compte entre les loüanges de Lucullus en l'Oraison pour Archias le Poëte, l'appellant *amicissimam populi Romani.*

TROIS LIEVX DE PLINE corrigez.

PLine liure 13. chap. 3. escrit, *in M. Ciceronis monumentis inuenitur vnguenta gratiora esse, quæ terram, quàm quæ crocum sapiunt.* Mais il faut lire *ceram* pour *Terram*, comme il y a en Ciceron au 3. liure *de Oratore* où le lieu est tout entier: ce qui me fait esbahir comment ce grand personnage qui a mis Pline en François a tourné *Terre* au lieu de *Cire*, faute d'auoir cherché ce lieu de Ciceron; joint qu'il n'y à nulle senteur en la terre comparable au safran, ny autre.

Sic etiam correxit vir doctissim' Cl. Salmasius in noua editione Plinij anno 1635.

Au liure 28. chap. 2. il y a *si Pontifici accidat Ditis causâ epulanti*, où il faut *dicis causâ* qui est vne façon de parler en Latin qui a causé des fautes en beaucoup d'autheurs, remarquées par plusieurs, & signamment par nostre grand Maistre Cujas au 5. liure de ses Obseruations chap. 33.

Salmasius etiam sic correxit ex M. S.

Au liure 36. chap. 1. sont ces mots, *Extant censoriæ leges, glandia in cœnis, gliresque, & alia dictu minora apponi vetantes*; mais il faut lire *conchylia in cœnis* par le mesme Pline liure 8. chap. 57. où il y a, *Glires Censoriæ leges, princepsque M. Scaurus in consulatu, non alio modo cœnis ademere, quàm conchylia, aut alio ex orbe conuectas aues.*

Cette lettre a esté imprimée & se trouue la 20. du Liure 1. Epistolicarũ quæstionũ *de I. Lipse.*

I. LIPSIVS ANTONIO Oiselo.

ARnobius Christiani nominis scriptorum quasi Varro est antiquæ & reconditæ doctrinæ, quà in rebus, quà in verbis. Ab eius adytis nihil est quod vulgum arceamus: emanebit sua sponte. In eo his diebus pauca ista adnotabam.

Libro I.

Qui Faunos, qui statuas, ciuitatúmque Genios, qui Pausos reuerentur atque Bellonas.

Emendabam, *qui Faunos, qui Fatuas.* Fatuam deam nouimus, Fauni vxorem. & cum statuis hic nullum litigium, sed cum deorum ridiculis nominibus.

Eodem libro.

Quinimò, vt verius proloquar, haruspices has fabulas, coniectores, arioli, & numquam non vani concinnauere fanatici. qui ne suæ artes intereant, ac ne stipes exiguas consultoribus excutiant iam raris: si quando nos velle rem venire in inuidiam compererunt, indignantur declamitántque. in templis iam raritas summa est. iacent cærimoniæ.

Hæret sententia. concinnabam sic, *si quando nos bellorum venire in i.* Caussa erroris in alternatione v. B. At Christiani cùm nouę religionis nomine malè audirent: in eos sacrificuli bellorum & publicæ calamitatis inuidiam conflabant.

Libro VI.

Inter deos videmus leones toruissima facie, mero oblita minio, & nomine frugi seriò nuncupari.

Quod verò illud nomen frugi quo Leones nominarent? Scribo *& nomine truci.* Trux nomen, ipse Leo. Leones autem in Diis cultos fuisse, aut certè eorum faciem, docet etiam Minutius. *Item boum capita & veruecum immolatis & colitis: de capro etiam & homine mixtos deos: & leonum & canum vultu deos*

deos dedicatis. Et egregie Porphyrius: περὶ τῆς τῶν ἐμψύχων ἀποχῆς. Διὸ, inquit, εἰς τὴν θεοποιΐαν παρέλαβον πᾶν ζῶον, καὶ ὁμοίως που ἀνέμιξαν θηρία καὶ ἀνθρώπους, καὶ πάλιν ὀρνέων ζώματα καὶ ἀνθρώπων. εἴκασται γὰρ τις παρ' αὐτοῖς μέχρι τραχήλου ἀνθρωποειδής. τὸ δὲ πρόσωπον ὀρνέου ἢ λέοντος, ἢ ἄλλου τινὸς ζώου κεκτημένον· καὶ πάλιν αὖ κεφαλὴ ἀνθρώπειος, καὶ ἄλλων τινῶν ζώων μέρη. Imò ipsos leones habitos Ægyptiis inter deos, disertè apud Ælianum reperies lib. 12. cap. 7. Peto iudices, doctissime Oiseli.

ANTONIVS OISELLIVS IVSTO *Lipsio S.*

LEgenti mihi epistolas tuas ad complures huius sæculi literatorum quæstiones, V. C. me quoque illis permistum esse valdè sum admiratus; vt pote qui inscitiæ meæ conscius; me tibi ignotum & inauditum esse existimaram. Verùm cùm id testimonio fortassis eorum, quibus iisdem rescribis, Iacobi videlicet Cujacij præceptoris mei, Petrique Pithoei mihi amicissimi, & aliorum qui me honoris causâ suis scriptis nominârunt, factum sit, (nihil enim à me vnquam profectum est, quod in manus tuas incidere potuerit;) tamen huius tui Mnemosyni summas, vti debeo, gratias ago. Neque enim testimonium illud vulgare duco, & illis rei literariæ corypheis annumerari magni facio. Atque vt quæ mihi videntur de Arnobij locis tuis literis comprehensis, aliquid rescribam; valde mihi arrisit Fatua *illa dea quam cum* Fatuo *suo bellissimè committis, & ita scriptum esse in manuscripto codice, mihi de eâ re inquirenti relatum est. Quod autem* bellorum *verbum pro* velle rem *reponis, illud quidem ingeniosè factum. At vide ne prisca & perpetua prior lectio tolerari possit, ita vt,* rem, *pro Religione Christianâ vsurpasse videatur, quæ in inuidiam ex minimâ quâque re quæ contigerat, trahebatur ab Aruspicibus, Ariolis, vatibus, & fanaticis illis. Quòd postremum notas de* Leone truci, *proximè accedit ad id quod accepi scriptum esse in veteribus libris,* frugiferæ, *pro* frugiferio, *vt videatur legendum* trucis feræ. *Tute verò ipse horum, vt hac tuis verbis concludam, iudex esto, & vale. Lutetiâ Cal. Mart. M. D. LXXVII.*

DE LA TIERCE DES FRVICTS prise par les Romains, les Goths & les Lombards, & quelques lieux où il en est parlé, corrigez & interpretez.

LE Reglement que firent les Goths pour faire que les terres par eux de nouuel conquises ne fussent point abandonnées ny desertes, est digne d'estre remarqué. Aussi l'inuention n'estoit elle pas d'eux, mais de Liberius Senateur & Patrice Romain, lequel se mit à les seruir par la necessité du temps, aussi bien que Cassiodore, lequel nous a conserué la memoire de la pluspart de leur police & institution. Il aduisa donc que les terres qu'ils auoient conquises sur les Romains, ne seroient point ostées aux anciens proprietaires & possesseurs, mais leur demeureroiét en payant aux Goths vne Tierce partie des fruits de la terre. Ce Reglemét s'apprend par la 16. Lettre escrite au Senat, qui est au 2. liure de Cassiodore, digne d'estre leuë. Et de cette Tierce il est parlé au 10. liure des Loix des wisigoths tit. premier, art. 16. où il faut indubitablement lire ainsi, *vt si Gothi de Romanorum Tertiâ* * *quidpiam tulerint &c.* & non pas *terrâ*. Et il semble que ce Liberius auoit appris cette pratique des derniers Empereurs Romains, & qu'il en soit parlé en la Loy 4. du 10. liure du Code Theodosian *de locatione fundorum iuris Emphiteutici &c.* & qu'il y faille lire *sine adiectione Tertiæ*, mots que Tribonian a delaissez en transcriuant cette Loy au 11. liure du Code de Iustinian sous le titre *de omni agro deserto &c.* d'autant que cela ne se pratti- quoit par aduanture plus és terres où il dominoit, Il semble

** Cela est ainsi corrigé en l'Edition de M. Pierre Pithou de l'année 1579.*

Lege Quisquis conductor 6. tit. 58.

auſſi que quelques Ducs de Lombardie l'ayent renouuellé ſur leurs ſubjets Romains, ſelon que leur Hiſtorien le rapporte ſur la fin de ſon ſecond liure, & qu'il faille entendre de cette *Tierce* Sidonius Apollinaris en la 9. Epiſtre de ſon 8. liure, *Nec dum quidquam de hereditate ſocruali, vel in vſum Tertiæ, ſub pretio medietatis obtinui*, qui eſt vn lieu difficile, & ſur lequel M. Sauaron, ny le Pere Sirmond tous deux tres doctes, eſcriuans ſur cet autheur n'ont rien dit. A raiſon dequoy ie m'efforceray d'y apporter quelque ſens, par ce qui a eſté dit cy-deſſus. Il ſemble donc qu'il vueille dire qu'il eſtoit ſi faſché & troublé, qu'il ne pouuoit ſe mettre à faire des vers, & qu'il en auoit encores plus de raiſon, d'autant qu'ayant recueilly la ſucceſſion de ſa belle-mere, il n'en auoit encores rien receu, non pas meſme pour en payer la Tierce deuë au Prince, ores que pour s'en acquitter, il euſt voulu perdre la moitié des fruicts de ſes heritages. Si quelque autre y peut apporter vne meilleure interpretation, il me fera plaiſir. De ce mot de *Tertia* pourroit bien venir celuy de *Terceau* dont vſe la Couſtume de Chartres art. 114. voire par aduanture celuy de *Terrage* au lieu de *Tertiage* par vn raccourciſſement qui eſt ordinaire és Prouinces qui ont eſté dominées tant par les François, que par les Goths, apres les Romains.

Rigordus de Geſtis Philippi Aug. ann. 1199. *Milites qui olim ſuâ libertate gaudere conſueuerant, & homines ipſorum tertiauit, id eſt tertiam partem omnium bonorum violenter abſtulit.*

M. P. Pithou ſur la Couſtume de Troyes art. 2.

DES IEVX QVI SE PRATIquoient entre les nouueaux Eſcholiers.

IVſtinian au proëme de ſes Pandectes deffend tres-eſtroittement les jeux dont on vſoit aux Eſcholes de la Ville de Beryte, & autres Vniuerſitez enuers les nouueaux venus en icelles, diſant, *eos indignos & peſſimos ludos eſſe.* Ie ſçaurois volontiers quels eſtoient ces jeux, & comme ils ſe prattiquoient. Ne ſeroit ce point à la façon dont parle Sainct Gregoire de Nazianze, diſant, qu'à la venuë de Sainct Baſile és Vniuerſitez d'Athenes, il empeſcha qu'on vſaſt enuers luy de la façon qu'on prattiquoit contre les nouueaux venus, qui estoit qu'aussi tost qu'ils estoient arriuez, ils estoiẽt visitez, & receus par d'autres Escholiers leurs parens, compatriotes, & autres qui les logeoient & appriuoisoient; & puis estoient menez & conduits par vne trouppe d'Escholiers arrangez par ordre iusqu'aux baings ou estuues, où estant arriuez ils s'arrestoient faisant des cris & insolences contre les portes des estuues, comme si on ne les eût point voulu leur ouurir, lesquelles ils forçoient & rompoient pour y entrer & y conduire le nouueau venu, où vray semblablement se faisoient des débauches, que S. Gregoire ne veut pas raconter par modestie: dont partant il fit que S. Basile fut dispensé, selon ce qui est aussi rapporté en sa vie és vers de Cyrus Thodorus remarqués par le docte Bili le Chartreux en ses annotations sur le mesme Sainct Gregoire? De ma part i'estime que c'estoient de pareilles ou semblables façons qui se prattiquoient encores au tẽps de Iustinian és Vniuersitez ou Escholes, & qui sont par luy deffenduës en cét endroit; cõme nous voions aujourd'hui en quelques Villes que l'on vse de ces folies à l'endroit des nouueaux venus, pour le payement de leur bien venuë, ou becjaune, ainsi que parlent les Clercs du Palais de Paris.

DE CAIVS QVI S'ESTIMOIT DIEV.

Platon dit que tout ainsi que l'on ne donne point aux bestes des bœufs ny des cheures pour leur cõmander, mais des hommes, ainsi que Dieu a donné des natures plus excellẽtes pour cõmãder aux hõmes; dõt Philon, que l'on dit auoir esté si grand Platonicien, se mocque, disãt que cette cõparaison trõpa l'Empereur Caius, & qu'il s'en estima Dieu: & Iuuenal reprẽd cette haute loüãge,

Nihil est quod credere de se
Non poßit, cùm laudatur Diis æqua potestas.

Mais Platon le dit comme vne fable & Apologue: & Caius le prit pour verité, croyant que ceux qui sont donnez pour gouuerner les hommes, estoiẽt d'vne estoffe beaucoup plus precieuse qu'eux, & qu'il les falloit mettre au nombre des Dieux, dont il se pensa estre Dieu, & se vouloir faire adorer.

L'on remarque quasi la mesme chose d'Alexandre.

LIVRE D'OBSERVATIONS DE DROICT CIVIL ROMAIN ET FRANCOIS.

LETTRE DE M. ESTIENNE Pasquier Aduocat general en la Chambre des Comptes, à M. Antoine Loisel, sur la partie de droict Ciuil, que l'on appelle RESPONSA PRVDENTVM.

Cette Lettre a esté imprimée, & se trouue au second Tome des Lettres de M. Estienne Pasquier Liure 19.

A MONSIEVR LOISEL ADVOCAT EN LA COVR DE PARLEMENT DE PARIS.

CEste-cy sera, non pour enseigner, ains apprendre, & estre par vous releué d'vn scrupule, que i'ay dés pieça dans la teste. *Ius Ciuile* (dit Papinian) *est quod ex legibus, plebiscitis, Senatusconsultis, principum decretis, authoritate prudentium venit: Prætorium, quod Prætores introduxerunt adiuuandi, vel supplendi, vel corrigendi iuris ciuilis gratiâ.* Puisque

Il dispute profondement sur le Droict & les Loix des Romains, & en quoy il consistoit.

ce grand personnage plaça les Decisions des Iurisconsultes (ainsi me plaist-il appeller leur *Responsa Prudentum*) entre les especes de Droict, il falloit que de son temps, elles fussent de mesme valeur, prerogatiue, & effect que toutes les autres, ou bien sa diuision estoit manque. Ioint le commentaire que depuis Tribonian y apporta, par lequel donnant plus haut vol à cette diuision: *Constat ius nostrum* (dit-il) *aut ex scripto, aut non scripto. Scriptum autem ius est, lex, plebiscita, Senatusconsulta, Principum placita, Magistratuum edicta, responsa prudentum.* Et apres auoir expliqué la nature de châque piece, voicy la leçon qu'il nous baille. *Responsa Prudentum sunt sententiæ & opiniones eorum, quibus permissum erat iura condere. Nam antiquitùs cōstitutum erat, vt essent qui publicè iura interpretarentur, quibus à Cæsare ius respondendi datum erat, qui Iurisconsulti appellabantur, quorum omnium sententiæ & opiniones eam authoritatem tenebant, vt iudici à responso eorum recedere non liceret, vt est constitutum.*

Ia à Dieu ne plaise, que ie vueille en cét endroit desdire l'ancienneté assistée d'vn si grand parrin que Tribonian. C'est pourquoy ie vous prie receuoir les discours que ie feray cy-apres, non comme vne mienne opinion, ains vn doute, qui me tient perplex, ou si les prenez pour mon opinion, estimez que comme Aduocat au Barreau, ie me iouë, ou de ma plume, ou de ma langue sur vne vray-semblance, qui se doit par Arrest des Iuges terminer en vne verité, pour ou contre. Ie sçay que tenez la proposition de Tribonian pour tres-certaine, car ainsi me le declarâtes vous dernierement, sans toutesfois vous ouurir: Et quant à moy, ie ne la puis digerer sans vostre aide. Que si m'en demandez la cause, ie vous diray en premier lieu que Tribonian sur la fin du passage, pour confirmation de son dire, dit qu'il y en auoit ordonnance, laquelle ie ne trouue point (Qui n'est pas petit argument pour ne luy adiouster foy) & s'il y en auoit aucune, il faut que ce soit celle que nous apprenons du I. C. Pomponius, quand il nous enseigne, que deuant le temps de l'Empereur Auguste: *Publicè de iure respondendi ius, non à Principibus dabatur, sed qui fiduciam studiorum suorum habebant, consulentibus respondebant,*

Les Iurisconsultes

neque responsa vtique signata dabant, sed iudicibus ipsi scribebant, aut testabantur, qui illos consulebant. Primus Augustus, vt maior iuris authoritas haberetur, constituit, vt ex authoritate eius responderetur: & ex illo tempore peti hoc pro beneficio cœpit. Et ideo Princeps optimus Adrianus, cum ab eo viri prætorii peterent, vt sibi liceret respondere, rescripsit eis hoc non peti, sed præstari solere: & ideo si quis fiduciam sui haberet, delectari se, populo ad respondendum se præpararet.

rendoient Droict deuãt le temps d'Auguste, sans authorité du Prince.

Passage vnique & singulier en ce sujet, duquel ie recueille trois temps; Celuy de l'Estat populaire, pendant lequel il ne faut faire aucun doute, que leurs opinions n'obligeoient en aucune façon le Iuge, parce qu'ils n'auoient lors permission de respondre, du Prince, qui n'estoit encores en essence: Comme aussi n'enuoyoient-ils lors leur aduis signez aux Iuges. L'autre est le temps de l'Empereur Auguste, & les successeurs iusques à l'Empereur Adrian, pendant lequel en consideration du benefice qu'ils obtenoient du Prince, il y a bien grande apparence qu'ils enuoyeoient leurs consultations signées, comme estans de plus grande authorité qu'elles n'auoient esté par le passé. Mais que pour cela le Iuge fut contraint de les suiure par sa Sentence, ie ne le puis croire. Comme aussi Pomponius ne le dit pas. Chose qui pour sa nouueauté estoit digne de particuliere remarque, & laquelle il se fust bien donné garde d'oublier, si elle eust esté telle que Tribonian presupose. Le dernier est le temps d'Adrian & de sa posterité, pendant lequel encores fais-ie moins de doute, par la raison mesme de Tribonian. Car si l'aduis des Iurisconsultes fut tenu pour loy à l'endroit du Iuge, pour le priuilege que le Prince leur octroyoit de respondre du Droict, ce priuilege ayant esté supprimé par Adrian, & leur professiõ reduite en son ancien estat, aussi faut-il par mesme moyen conclure, que leurs opinions n'estoient plus reputées pour loix. Et eust esté vrayement chose fort ridicule, que le Magistrat, qui auoit la foy au public, eust receu la loy de celuy qui ne l'auoit qu'à sa suffisance. Par ainsi ie ne fais aucun doute, que la proposition de Tribonian est trop generale, & qu'en tout euenement il la faudroit reduire dedans les limites du temps

Trois temps remarquez aux Loix Romaines.

mediat d'Auguſte. Et neantmoins, outre ce que i'en ay dit cy deſſus, pour monſtrer qu'encores ſerez-vous bien empeſché de l'y trouuer, il faut de deux choſes l'vne, ou que la rapportiez aux aduis qui eſtoient baillez par les Iuriſconſultes aux parties plaidantes, comme de faict il ſemble que Tribonian l'ait ainſi entendu : ou bien aux regles generales portées dedans leurs Commentaires de Droict. Au premier cas, ç'euſt eſté vne ineptie d'eſtimer, que leurs conſultations deuſſent eſtre de quelque merite & effect, eſquelles ils n'auoient preſté l'oreille qu'à l'vne des parties. Qui fut cauſe que depuis en telles affaires, le commun formulaire du I. C. Scæuola eſtoit; *Reſpondi ſecundùm ea quæ proponebantur*, afin que par vne ſophiſtiquerie indeuë & affectée on ne tiraſt ſa reſolution en conſequence. D'ailleurs, ſi ſans ouïr les deux parties, on euſt contre tout ordre de Droict contraint le Iuge de paſſer par cette reſolution, l'authorité du Iuriſconſulte euſt eſté plus grande que celle d'vn Empereur, lequel quelques Patentes qu'on obtint de luy, n'entendoit qu'elles ſortiſſent effect au preiudice d'vn tiers, ſans prealable cognoiſſance de cauſe. Que ſi vous rapportez la propoſition de Tribonian aux maximes que les Iuriſconſultes ſouſtenoient dedans leurs Liures, ie vous prie de conſiderer en quelle confuſion & meſlange fut la juriſprudence Romaine dedans l'entrejet du temps d'Auguſte & d'Adrian. Car tout ainſi que noſtre Religion Chreſtienne ayant eſté tout à fait ouuerte ſous l'Empereur Conſtantin, l'Arianiſme ſe planta au milieu de nous, qui produiſit vn malheureux ſchiſme, lequel dura deux ou trois cens ans; auſſi ſur l'aduenement de l'Empire, la Iuriſprudence s'eſtant fait voye dedans Rome beaucoup plus grande qu'auparauant, elle commença de ſe bigarrer en partialité ſous les bannieres de Labeon & Capiton, Iuriſconſultes, laquelle prouigna de telle façon, que ce qui eſtoit blanc aux vns, eſtoit bis aux autres, dont ſourdirent les Caſſians & Proculians, de Caſſius & Proculus Chefs de parts, trõpetez dedans nos Pandectes. Dites-moy ie vous prie, auſquelles des deux opiniõs le Iuge en cette bigarreure ſe deuoit par ſa ſentẽce attacher? De ſorte que de quelque ſens que ie me tourne, ie ne puis trouuer temps

L'Arianiſme quand entra en l'Egliſe, & combien de temps y a regné.

La Iuriſprudence bigarrée en partialitez, & ſous qui.

temps auquel les Iuges fussent asseruis aux opinions des Iurisconsultes, ie veux dire pour en faire estat comme d'vne Loy.

Et ce qui me fait de plus, non resoudre, ains douter contre la leçon de Tribonian, est que combien que Papinian & luy eussent mis *Authoritatem Prudentium cum Legibus, Plebiscitis, &c.* comme pieces desquelles estoit composé le Droict general des Romains; toutesfois quand Vlpian nous enseigne, qu'elles conuentions estoient bonnes & valables, il dit ainsi: *Ait pretor: Pacta conuenta, quæ neque dolo malo, neque aduersùs Leges, Plebiscita, Senatuscõsulta, Magistratuũ Edicta, Principum decreta, neque quo fraus cui eorum fiat, facta erunt, seruabo.* Nulle mention de *Responsis Prudentum*, lesquels toutesfois il estoit plus requis y apposer, que les autres, ausquels n'y auoit aucune obscurité au regard des Iurisconsultes, qui sembloient auoir plus de part auec l'escolier, par leurs commentaires, que du magistrat par ses resolutions. Et ce qui me semble faire de plus en plus à ce propos, est la Loy des Empereurs Theodose & Valentinian. *L. 17. Codic. Theod. De Responsis Prudentum. Papiniani, Pauli, Caii, Vlpiani, atque Modestini scripta vniuersa firmamus: Ita vt Caium, Paulum, Vlpianum, & cæteros comitetur authoritas lectionis, quæ ex omni opere recitatur. Eorum quoque scientiam quorum tractatus atque sententias prædicti omnes suis operibus miscuerunt, ratam esse censemus, vt Scæuolæ, Iuliani, atque Marcelli, omniumque quos illi celebrarunt. Si tamen eorum libri, propter antiquitatis incertum, Codicum collatione firmentur: Vbi autem diuersæ sententiæ proferuntur, potiùs numerus vincat authorum, vel si numerus æqualis sit, eius partis præcellat authoritas, qua excellentis ingenii vir Papianus emineat, qui vt singulos vincit, ita cedit duobus. Notas etiam Pauli & Vlpiani, in Papiniani corpus factas, sicut dudum statutum est, præcipimus infirmari. Vbi autem pares eorum sententiæ recitantur, quorum par censetur authoritas, quod sequi debeat, eligat moderatio iudicantis. Pauli quoque sententias semper valere præcipimus.*

Papinian preferé à tous les autres Iurisconsultes.

Loy qui me semble destruire en tout & par tout, l'opinion de Tribonian. Car si auparauant les Decisions qui se trouuoient dedans les Liures des Iuriſconſultes deuoient eſtre tenuës pour Loix, cette-cy eſtoit fruſtratoire, qui preuoyoit tant ſeulement pour l'aduenir. Nouueauté qui ſe voit au doigt & à l'œil, en ce que tout d'vne main elle preſcrit l'ordre & police qu'on deuoit de là en auant obſeruer en ſon execution, & rencontre de diuerſes opinions. Mais encores ſuis-ie en plus forts termes, par ce que des trente-neuf Iuriſconſultes, qui depuis furent mis en jeu par Iuſtinian dedans ſes Digeſtes, Theodoſe & Valentinian n'en authoriſent que cinq, & ceux de l'authorité deſquels ils s'eſtoient preualus dedans leurs œuures, & ſingulierement entr'eux, Scæuola, Iulian & Marcel. Et ſi la regle euſt eſté telle que Tribonian preſuppoſe, eſtimez-vous que ces deux Empereurs n'en euſſent fait mention, & declaré qu'ils reduiſoient la grande authorité qui auoit eſté auparauant attribuée à tous les Iuriſconſultes, en ces cinq tant ſeulement? Ie ſçay bien que me pourrez dire, que puiſque le texte de cette Loy porte, que les animaduerſions de Paul & Vlpian eſtoient contre les œuures de Papinian tout ainſi qu'auparauant reprouuées, il faut inferer, que la condamnation de ces deux eſtoit vne approbation generale de tous les autres. I'en ſuis d'accord, mais non qu'il faille rapporter cette approbation generale à tous les autres Liures des Iuriſconſultes, ains ſeulement de ceux de Paul & Vlpian, dont il auoit eſté parlé ſur le commencement de la Loy. C'eſtoient deux Liures, que la commune voix du peuple, & conſequemment les deux Empereurs tenoient pour apocryphes, & fauſſement attribuez à Paul & Vlpian: comme au contraire les Sentences de Paul ſont iugées pour veritables, ores que quelques-vns les euſſent voulu tenir pour ſuppoſées: Car ſi vous rapportez cette particuliere condamnation pour confirmation generale de tous les autres Iuriſconſultes, cette Loy impliquera en ſoy vne contrarieté manifeſte, laiſſant cependant à part, que ces animaduerſions furent depuis aduoüées pour vrayes par Iuſtinian: Car c'eſt vne piece hors d'œuure, & qui n'a rien de cõmun auec le preſent diſcours. Au demeurant, vous ſçauez quel rang tient Papinian entre les autres Iuriſconſultes, & comme par la

Loy de Theodose & Valentinian, il auoit esté le premier nommé, mesmes qu'en la balance de chaque Iurisconsulte, on le iuge de plus grand poids ; Ie dis nommément par la Loy dedans laquelle les Decisions de luy, & de quatre autres siens compagnons sont declarées deuoir estre tenuës pour Loix. Iamais Decision ne fut plus notable, ny qui meritast plus titre de Loy, que celle qu'il auoit baillée en faueur des petits enfans à l'endroit de leurs ayeuls, laquelle fut depuis transcrite dedans les Digestes ; toutesfois Iustinian estimant que ce ne fust assez, voulut sur le moule d'elle en faire vne Ordonnance Imperiale, qu'il recognut, auec tout honneur & respect auoir empruntée de luy. Et puis si pour authoriser l'opinion d'vn si grand personnage, l'Empereur Iustinian estima qu'il luy falloit interposer ses parties, vous trouuerez estrange que ie reuoque maintenant en doute l'ancienneté dont Tribonian nous a repeu, qu'il attribuë non seulement au temps de Theodose, & au dessous, mais dés & depuis l'Empire d'Auguste ?

Et auec quelle authorité.

Conclusion, plus ie remuë d'aduis pour loger son opinion dans ma teste, & moins i'y trouue de place, & ressemble en cet endroit à ces Philosophes bizarres Pirrhoniens, qui en la recherche de tout trouuoient en tout à redire. Ou bien ie suis vrayement disciple de nostre bon Pere Accurse, lequel estant au bout de son roulet, en la conciliation de quelques Loix, nous paye souuent d'vn *sic*, *vel sic*, apportant diuerses solutions, qui se tournent le plus du temps en fumée : De cette mesme façon me payant d'vne diuersité *d'ainsi*, c'est à dire, il faut *ainsi*, ou *ainsi* entẽdre le passage de Tribonian pour luy faire sortir effect, ie ny trouue ny fonds, ny riue, tant a de tyrannie sur nous vne fascheuse preoccupation.

Bien veux-ie croire, que les escrits des Iurisconsultes estans comme truchemens des Loix, Edicts, Ordonnances & autres parties de Droict, estoient alleguez pardeuant les Iuges, pour donner quelque lustre aux causes, mais non vne obligation necessaire qui liast leurs consciences, comme faisoient les autres particularitez que l'on assigne sous le Droict Ciuil. Et quand ie voy vn Auguste auoir deffendu de respondre du

Escrits des Iurisconsultes sont comme truchemens des Loix.

Droict sans sa permission, ie ne pense pas que ce fust en intention que les Decisions des Iurisconsultes sortissent effect de Loix, comme Tribonian le donne à entendre, mais bien qu'ils prissent quelque authorité du public; presque de la mesme façon qu'auant que d'estre receu au serment d'Aduocat, il faut auoir obtenu ses degrez de Licence. Encores ne doutay ie point, qu'on ne produisist leurs consultations; mais qu'elles fissent loy, il y eust eu de l'absurdité. Cela mesme ay-ie presque veu en ma ieunesse, estudiant en Droict dans Bologne la grasse, où Marianus Socinus l'enseignant auoit acquis tant de nom, que la pluspart des Italiens, és causes qui leur importoient, se venoient vouër à ses pieds, l'espace de cinq & six mois pour tirer de luy quelque consultatiõ enflée de plusieurs allegatiõs, qu'il leur vendoit à gresse d'argẽt. Et me souuient entr'autres d'vn Gentilhomme François, qui se paissant de mesmes fumées, fit le semblable que les Italiens: il produisit aux Requestes du Palais vne consultation de ce grand Docteur, auec laquelle il perdit sa cause, tant en premiere, que seconde instance. Ainsi le vey-ie à mon retour d'Italie: & ainsi me fais-ie accroire, qu'il en prenoit aux Romains, produisans les aduis des Iurisconsultes viuans, ou s'aydans des Decisions tirées de leurs Liures.

Marianus Socinus Precepteur de M. Pasquier & de quelle authorité il fut.

Vous me direz & non sans propos, que faisant marcher d'vn mesme pas les anciennes Decisions des Iurisconsultes, auec les Consultations du Palais, ou conseils des Docteurs de Droict, c'est faire le procez, non seulement à Tribonian, ains au grand Papinian, lequel les ayant ennombrées entre les especes de Droict, manquoit du tout ou de sens commun, ou bien elles estoient de son temps de mesme force & authorité que les autres Loix & Ordonnances, soit ou que l'vsage du temps l'eust ainsi voulu, ou la permission du Prince. C'est enquoy ie me trouue infiniment empesché, & pourquoy ie desire estre par vous esclaircy sur les obscuritez que ie vous ay cy-dessus touchées, & vous prie de ne m'espargner: Ce me sera vn grand trophée d'estre vaincu combatant pour la verité, non pour la victoire. Nous sommes aujourd'uy en pleines vacquatiõs, & n'auez que trop de tẽps en main pour me contenter; mais à la charge que me faisant part de vostre loisir, vous me iugerez estre vn hõme de grand loisir, qui ayãt en la fleur de mon aage eu cét honneur d'estre employé aux plus grandes causes du barreau, maintenant dedans vne profonde vieillesse ie m'amuse en ces espinoches & pointilles. Et par aduanture que quelque sage teste pourroit dire, que cela s'appelle en Latin *Repuerascere*, & en François, *Radoter*, n'estoit que pour parer à ce coup, ie veux qu'on sçache, que cõme le Polype en son espece, aussi transformé-ie en la mienne mon esprit en autant de couleurs, que d'objets. A Dieu.

En suitte de cette Lettre il y en a encores deux autres à M. Loisel, où il y a quelque chose de la mesme matiere, principalement en la derniere; mais l'on a creu qu'il estoit inutile de les r'imprimer icy, d'autant que la premiere suffit pour l'intelligence des Responses qui suiuent.

RESPONSES DE M. ANTOINE Loisel Aduocat en Parlement, aux Lettres precedentes de M. Pasquier.

DE LA GRANDEVR ET AVTHOrité des Iurisconsultes Romains, & de la partie de droict Ciuil, que l'on appelle RESPONSA PRVDENTVM.

A MONSIEVR PASQVIER.

MONSIEVR, I'ay leu deux ou trois fois vos Lettres, auant que de bien comprendre les poincts desquels vous desirez estre esclaircy : car i'estimois du commencement que vous en vouliez seulement à Iustinian ou à Tribonian, mais enfin i'ay recognu que vous voulez aussi faire la guerre à nostre grand & souuerain Maistre Papinian. Tant y à que puisque vous le desirez ainsi, & que par maniere de dire vous m'en cõjurez, ie vous diray naifuemẽt ce que i'en pense, plustost dãs le dessein de vous obeyr, que dans la presomption de vous instruire.

Vostre premier doute donc procede de ce que vous trouuez estrange, que Iustinian & Papinian font les Responses des Iurisconsultes vne des parties du Droict Ciuil Romain, les accouplant & appariant aux Loix, Senatusconsultes, Decrets du Peuple, & des Magistrats; & dites pour la premiere de vos raisons, que le Præteur n'en auoit point fait de mention en son Edict *de Pactis*, où les autres parties de Droict sont specifiées, en la *l.7.p.7.* au Dig. *de Pact. Pacta cõuenta quæ neq; dolo malo neque aduersùs Leges, Plebiscita, Senatusconsulta, Edicta Principum: neque quo fraus cui eorum fiat, facta erunt, seruabo:* & il semble que vous vouliez inferer de là, que ce qui se trouue dans Papinian en la Loy *Ius autem Ciuile* 7. *D. de iustitiâ & iure*, est vne addition de Tribonian. Mais ce seroit, sous vostre correction, vn argument bien foible: car on en pourroit autant dire des Senatusconsultes, & des Decrets du Peuple & des Magistrats, que l'Empereur Antonin a obmis quand il a dit simplement en la Loy 6. au Code *de Pactis*, *Pacta quæ contrà leges, Constitutionesque, vel contrà bonos mores fiunt, nullam vim habere, indubitati iuris est*, sans parler des autres: & par mesme raison on pourroit reprendre le Iurisconsulte Martian, lequel en denombrant les conditions *quæ pro non scriptis habentur*, a obmis les Senatusconsultes, Decrets & Responses, *l. conditiones* 14. *D. de conditionibus institutionum*; & neantmoins ils ne laissent pas d'y estre aussi bien entendus que les autres especes. En effet on ne dit pas tousjours les choses tout au long ny d'vne mesme façon, & il suffit de dire en general le contenu aux Loix, ainsi que le mesme Iustinian fait, quand en repetant ce qui est compris au mesme Edict de Præteur, il dit simplement *quæ neque contrà Leges, neque dolo malo*, sans reprendre les autres chefs, *l.* 29. *C. de Pactis.* Or ce qui n'est dit en cét endroit, est dit en effect par le Iurisconsulte Caius en la Loy 28. *de Pactis*, en ces mots, *contrà iuris ciuilis Regulas*; les Regles de Droict Ciuil, l'Authorité & les Responses des Iurisconsultes n'estant qu'vne mesme chose. Mais si Iustinian & Papinian estoient reprehensibles en cela, Ciceron ou plustost Q. Mutius Scæuola, duquel il prend la pluspart de ce qu'il dit du Droict Ciuil en ses Topiques, le seroiët aussi; car ils font quasi la mesme diuision disans, *Ius Ciuile id esse quod in Legibus, Senatusconsultis, rebus iudicatis, Iurisperitorum auctoritate, Edictis Magistratuum, iure, æquitate consistat*, estant notoire que *Auctoritas & Responsa Prudentum* ou *Iurisperitorum*, sont la mesme chose. Et de faict quand Iustinian au Code authorise les Pandectes qui sont pour la plûpart cõposez des Respõses des Iuriscõsultes, il conçoit ainsi sa rubrique, *de veteri iure enucleando, & Authoritate Iurisprudentiũ qui in digestis referuntur*. Et quãd les Empereurs Theodose & Valentinian authorisent les Iurisconsultes dénommez en la Loy par vous alleguée du Code Theodosian, c'est sous le titre *de Responsis Prudentum*. Tellemẽt que ce que l'vn appelle *Auctoritas Prudentum*, l'autre l'appelle *Responsa*; & Põponius le monstre aussi bien clairement en la Loy 2. *de Origine iuris*, quand il dit au paragr. 5. *Ius compositum à Prudentibus, post leges XII. tabularum latas, communi nomine appellari ius ciuile*, & au paragr. 12. *proprium ius ciuile est quod sine scripto in solâ Prudentum interpretatione consistit*, & au 13. *constare non potest ius, nisi sit aliquis Iurisperitus, per quem possit quotidie in melius produci*. Ce qui fait que ie ne puis comprendre surquoy vous pouuez fonder vostre doute.

Quant à ce que vous adjoustez de nos Consultations, ausquelles il semble que vous vouliez rapporter les Responces de nos Iurisconsultes, cela n'est nullement à propos; car tant s'en faut que nos Consultations ayent iamais eu authorité quelconque en France, que nous ne receuons pas mesme les Responces ou Decisions du Droict Ciuil, ny les Constitutions des Empereurs Romains, que pour de simples raisons, sinon en tãt que nos Rois les ont authorisées. Il n'y à que les Ordõnances de nos Rois, & nos Coustumes qui ayẽt force ou authorité de Loix ou de Droict parmy nous. Tant y à que les Iurisconsultes Romains ne sont pas seulement appellez *iuris Interpretes* ou *Prudentes*, mais aussi *iuris Auctores*; & non seulement en nos Loix, mais aussi par Aulu Gelle, Eutrope &

autres; *iuris Conditores l. vlt. Cod. de legibus. l. 23. Cod. de Procuratoribus. l. 25. Cod. de Nuptiis. l. 1. Cod. de cōmuni seruo manumisso*; *Legislatores*, νομοδεῖκται chez Plutarque en la vie des Gracches, où il parle de Scæuola, νομο^ἔται, & νομικοὶ chez Strabō, & en plusieurs autres lieux vulgaires. Or pour vous confirmer de plus en plus ce qui est de la grande authorité que les Iurisconsultes auoient en leurs Responces, ie vous prieray, au cas que vous en doutiez encores, de prendre la peine de lire tout au long cette Loy derniere au Code *de Legibus*: vous y trouuerez que Iustinian voulant authoriser la puissance Royale ou Imperiale de faire des Loix, ou de les interpretrer, se fonde principalemēt sur ce que les Iurisconsultes l'auoient ainsi resolu & arresté, en ces mots, *veteris iuris Conditores, constitutiones quæ ex Imperiali decreto processerunt, legis vicem obtinere, apertè dilucidéque definierunt*, mettant le doigt dessus ce qui est aux Institutes, ou plustost en Vlpian en la Loy *de Constitut. Principum. Quod Principi placuit legis habet vigorem*; comme la pluspart de ce qui est aux Institutes est pris tant du mesme Vlpian, que de Caius, Martian & autres; ce qui me fait aussi croire que le lieu dont vous vous scandalisez tant, est pris de quelqu'vn d'entr'eux. Si donc Iustinian fonde la puissance Imperiale de faire des Loix sur l'authorité des Iurisconsultes, il faut qu'elle soit plus grande, ou du moins égale à celle à laquelle elle a donné cette authorité. Ce n'est pas assez; car l'Empereur ne se contentant pas de ce que dessus, & apres qu'il a osté à tous les autres le pouuoir de faire des Loix, ou de les interpreter, il en excepte nommément les Iurisconsultes en ces termes, *nihil hac lege derogante veteris iuris Conditoribus*; *quia & eis hoc Maiestas Imperialis permisit*. Ie vous diray bien d'auantage, & que vous trouuerez peut-estre estrange ou nouueau, c'est que l'opinion d'vn Iurisconsulte a esté preferée à vn Senatusconsulte; vous en verrez l'exemple qui est singulier & notable en la Loy 1. au §. 16. *D. de SC. Siloniano*; *sed neque vxore occisâ, neque marito, de seruis soceri quæstionem habendam Senatus censuit. Marcellus autem lib. 12. D. etiam in soceri seruis idem quod in mariti, rectè dicit*. Mais ie crains de vous estre ennuyeux en me trauaillant

de

de vous prouuer vne chose dont ie m'asseure que vous ne doutez plus ; & si ie veux croire que ce que vous m'en auez escrit, n'a esté que pour me resueiller, & par forme de dispute.

Ie passeray donc au second poinct, par lequel vous vous scandalisez aussi de ce que l'on adiouste qu'il n'estoit pas loisible aux Iuges, *ab eorum Responsis recedere* : mais si les Empereurs leur ont porté ce respect de tenir leurs opinions & sentences pour loix, & si les Iuges estoient obligez, voire par sermẽt, de iuger suiuant les loix, l'on ne peut plus trouuer estrange, qu'ils fussent tenus de conformer leurs sentences aux opinions & decisions des Iurisconsultes, aussi bien qu'aux constitutions des Empereurs & aux Senatusconsultes. Car quãt à ce que vous dites que si leurs opinions eussent esté de si grande authorité, le Iurisconsulte Pomponius n'eust pas oublié de le dire en sa grande loy *de origine iuris*, c'est retourner au mesme argument que vous faisiez en l'autre poinct, lequel n'est nullement concluant. Et combien y a-t'il de choses singulieres en tous liures, & qui ne se trouuent point ailleurs, qui pour cela ne laissent pas d'estre veritables ? Feu Monsieur Cujas mon Maistre en a remarqué vne trentaine dans nos Institutes : & si il y a plusieurs particularitez des Empereurs Auguste, Adrian, & autres en cette loy de Pomponius, qui ne sont ny dans Tite-Liue, ny dans Suetone, ny en Dion, ny ailleurs, lesquelles neãtmoins en ont si scrupuleusement remarqué plusieurs autres. Mais si Pomponius ne l'a dit, les Empereurs Theodose & Valentinian l'ont dit, quand en pouruoyant à cet inconuenient de contrarieté d'opinions des Iurisconsultes, ils ont dit en la loy vnique *de Responsis Prudentum* au Code Theodosian, *vbi pares eorum sententiæ recitantur quorum par censetur autoritas, quid sequi debeat eligat moderatio iudicantis*, voulans dire que les Iuges doiuent conformer leurs iugemens & sentences aux opinions & Responses des Iurisconsultes desnommez en leur constitution donnant neantmoins la prerogatiue à Papinian, (ce que Iustinian a corrigé au tiltre *de veteri iure enucleando*,) mais qu'en diuersité d'aduis en nombre égal, ils peuuent faire pancher la balãce de la iustice, de telle part qu'ils aduiseront estre plus equitable, comme l'on dit que l'on fait encore en Italie des opinions des Docteurs. Au surplus si les Empereurs ont deffendu de iuger contre leurs Ordonnances, iusques à declarer les iugemens nuls qui seroient donnez autrement: & s'il est vray qu'ils ayẽt dõné autant d'autorité aux Responces des Iurisconsultes qu'à leurs Ordõnances, il s'ensuit que les Iuges ne pouuoient non plus dispenser des vnes que des autres. Aussi auons nous plusieurs exemples en Droict qui declarent les iugemens nuls pour auoir esté donnez non contre les Ordonnances, mais contre le Droict ciuil establi par les Iurisconsultes *L. si expressim 19. D. de appellationibus L. 1. §. 2. D. quæ sententiæ sine appellatione rescindantur L. 2. Cod. quandò prouocare non est necesse.* Vous dites que si cela auoit lieu, les Iuges se trouueroient en vne merueilleuse incertitude, à cause de la diuersité de leurs aduis & de leurs sectes. Mais vous sçauez que ces bandes ou factions ont cessé, ou pour le moins ont esté appaisées pour la plus-part, lors que nostre Droict a esté plus arresté sous ces grands Coryphées Iulian, Caius, Marcellus, Affricain, Papinian, Vlpian, Paulus, Pomponius, Modestin, & les autres qui ont fleuri pendant les regnes d'Adrian, des Antonins, des Gordians, & de leurs Successeurs, iusques à Diocletian & Maximian; & principalement depuis que Iulian eust composé l'Edict perpetuel, qui par maniere de dire a serui de leçon aux autres. Et quand il s'y trouueroit quelques cõtrarietés, comme on ne peut nier qu'il ne s'y en trouue encores quelques-vnes, quoy que nous en veuille faire croire Iustinian; si est-ce qu'ayant estimé qu'il n'y en auoit plus aucune, on ne se doit point esbahir, s'il a ordonné qu'on iugeroit selon les Responces & Constitutions; c'est à dire selon le droict par luy establi en ses Code, Digeste, Institutes, & Nouelles. Mais c'est à mon aduis s'estendre trop à prouuer vne chose si claire & apparẽte. Partãt ie vous prieray de ne point trouuer mauuais, que ie vous aduertisse de prendre bien garde de dire, soit en riant ou autrement, en cela ou autre chose, que vous faites le procés non seulement à Tribonian, mais aussi à Papinian; car leurs disciples vous la feroient à bon escient à vous-mesmes, & vous feroient condamner non seulement par tous ces grands Empereurs Romains, mais aussi par Ciceron & par Q. Mucius Scæuola, qui l'auoient ainsi dit long-temps auparauant Tribonian & Papinian.

Voilà, Monsieur, ce qui m'a semblé pouuoir estre respondu aux lettres qu'il vous a plû m'enuoyer; vous le prendrez, s'il vous plaist, en bonne part, puisque vous me l'auez ainsi commandé, car ie tiens pour commandemens les prieres & semonces qui me sont faites par mes anciens. Mais aussi ie vous prieray de me permettre, que ie vous fasse mutuellement vne question qui despend de ce dont vous m'auez escrit, qui est de sçauoir quelles sont les constitutions que Iustinian entend par ces mots de ses Institutes, *ut est constitutum*; car ie croy bien qu'il entend parler de l'autorité qu'Auguste dõna aux aduis & Responces des Iurisconsultes de son temps, ainsi que remarque nostre Maistre Monsieur Cuias. Mais il faut qu'il y ait des constitutions d'autres Empereurs qui en ayent parlé; d'autres, dis-ie, posterieurs à Auguste, & plus anciens que Theodose & Valentinian, ainsi qu'il appert par la premiere constitution de leur Code, que vous relirez à cette fin pour me mander ce qu'il vous en semble. Au surplus vous n'en pouuez pas inferer que ces Empereurs n'approuuent que les Iurisconsultes qui y sont desnommez, car ils reçoiuent aussi tous ceux qui sont par eux citez, & dont les autoritez sont employées en leurs liures, & consequemment quasi tous ceux dont nos Pandectes sont composées, y en ayant bien peu depuis Vlpian, & Modestin, dont les escrits soient paruenus iusques à nous, comme ie pourray bien iustifier en quelque autre lieu. A Dieu. V. S. E. A. A. L.

A MONSIEVR PASQVIER.

Sur le mesme sujet.

MONSIEVR, encores que ie me persuade auoir suffisamment respondu aux lettres qu'il vous a plû m'escrire, & satisfait aux doutes ou difficultés qu'elles contiennent, si ay-ie bien pensé y deuoir adiouster ce qui m'est venu en main, en reuoyant mes memoires, qui est vne sommaire Chronographie, ou Histoire de la dignité, autorité, & declin de nos Iurisconsultes, signamment de ce qui a esté obmis par nostre Iurisconsulte Pomponius, comme estant pour la pluspart aduenu depuis le temps duquel il a escrit: & i'ay estimé que ie vous la deuois enuoyer par forme de supplement à ma responce, tant pource qu'elle confirme de plus en plus ce que ie vous ay cy-deuant escrit, que pour ce que i'y ay esté aucunement engagé par vos lettres.

Premierement il est notoire en general, que les Iurisconsultes ont tousiours tenu grand rang, & ont esté en tres-grand credit & estime en la Republique Romaine; car outre que nous apprenons du mesme Pōponius & d'autres, que l'on les appelloit Σόφους, *Sapientes*, *Catos*, *Prudentes*, Sages, & Aduisez, Ciceron* fait dire à Marcus Crassus, que de son temps l'on tenoit leurs maisons pour des Oracles, à cause des conseils & aduis qu'ils donnoient à ceux qui les leur demandoient, *scilicet vt ne res temerè tractarent turbidas*, ainsi que disoit Ennius : à raison de quoy le mesme Ciceron parle tousiours tres honorablement de leur science & profession, *qui ius ciuile*, dit-il en son oraison *pro Cæcinnâ*, *contemnendum putat*, *is vincula reuellit non modò iudiciorum*, *sed etiam vtilitatis vitaque communis* : *qui autem interpretes iuris vituperat*, *si*

*1. De Oratore.

195

imperitos iuris esse dicit, de hominibus, non de iure ciuili detrahit; sin peritis non putat esse obtemperandum, non homines lædit, sed leges ac iura labefactat. Et vn ancien Poëte * parlant du Genethliaque d'vn Iurisconsulte, le descrit en cette façon,

Hic etiam legum tabulas & condita iura
Nouerit, atque notis leuibus pendentia verba:
Et licitum sciet, & vetitum quæ pœna sequatur,
Perpetuus populi priuato in limine Prætor.

Ce qui me semble la plus haute loüange qui se puisse donner à vn homme priué de quelque profession qu'il soit. Vray * est que lors que Cesar eust vsurpé l'Estat, leur honneur & leur autorité furent aucunement raualés, dont le mesme Ciceron se plaint ainsi au second de ses Offices, *in iure cauere, consilio iuuare, atque hoc scientiæ genere prodesse quamplurimus, vehementer & ad opes augendas pertinet, & ad gratiam. Itaque cùm multa præclara Maiorum, tùm quam optimè cõstituti juris ciuilis summo semper in honore fuit cognitio, atque interpretatio: quam quidem ante hanc confusionem temporum, in possessione suâ Principes retinuerunt. Nunc vt honores, vt omnes dignitatis gradus, sic huius scientiæ splendor deletus est.* Et cela continuant pendant le Triumvirat, aucuns des plus sçauans & vertueux d'entr'eux en quitterent aucunement la profession, & signamment Aulus Cascellius duquel Valere le Grand escrit en son 6. liu. ch. 2. que *nullius gratiâ aut auctoritate compelli potuit, vt de aliquâ earum rerum quas Triumviri dederant, formulam componeret*, qui estoit neantmoins l'vne de leurs principales fonctions, sçauoir est de dresser & former les demandes que l'on auoit à faire en iustice, à cause du peril où l'on tomboit, intentant mal vne action. Depuis Auguste* se voyãt paisible en sa Monarchie, fit contenãce de les restablir en leur honneur, mais quoy qu'en die nostre Pomponius, il me sẽble qu'en effet il le diminüa, en ce qu'il ordõna que ce qu'ils faisoient au precedent de l'authorité de leur profession, ils le feroient de là en auant de la sienne, & par sa permissiõ. Car c'est à mon aduis cõme il faut entendre ces mots. *Primus Augustus, vt maior iuris autoritas haberetur, cõstituit, vt ex autoritate eius*

* Manilius lib. 4. Astronomic.

* Lib. 2 institut. tit. 25. de Codicillis. *Dicitur Augustus conuocasse sapientes viros, interque eos Trebatiũ quoque, cuius tunc auctoritas maxima erat, & quæsisse, an posset recipi hoc, nec absonãs à iuris ratione Codicillorum vsus esset, & Trebatium suadsisse Augusto, quòd diceret vtilissimum & necessarium hoc ciuibus esse &c. Post quæ tempo-*

196

ra cùm & Labeo Codicillos fecisset, jam nemini dubiũ erat, quin Codicilli iure optimo admitterẽtur, où Monsieur Cujas remarque, *Iurisconsulti authoritas non minor, quàm Augusti.*

responderetur. Aussi peu de Iurisconsultes s'y voulurent assuiettir, tesmoin ce qu'Atteius Capito auoit escrit en vne epistre rapportée par Aulu. Gelle au 12. chap, du li. 13. des Nuicts Attiques de Labeon, *qui etiam Augusto Principe & Rempublicam obtinente, ratum pensumque nihil habebat, nisi quod iustum sanctumque in Romanis antiquitatibus legisset*. A cause dequoy Politian en sa derniere epistre du 5. liure qui contient vn discours des anciens Iurisconsultes, des loix desquels le corps des Pandectes est composé, remarque qu'Horace en sa 3. Satyre du 2. liure appelle quelqu'vn *Labeone insaniorem*. Et c'est à ce propos que Tacite sur la fin du 3. liure de ses Annales, dit, qu'il estoit *incorruptâ libertate*. En effet nostre Pomponius rapporte que le premier Iurisconsulte qui demanda ce cõgé fut Massurius Sabinus, encores fut ce à Tibere, sous qui Rome estoit desia toute asseruie, & neantmoins Tibere s'aydoit fort des aduis de Cocceius Nerua qui fust vn autre grand Iurisconsulte, l'ayant à cette fin amené auec luy, quand il se retira de Rome, ainsi que nous lisons au 4. des Annales du mesme Tacite. Tant y a que les Iurisconsultes reprirent si bien leur premiere autorité, qu'il semble que Caius, surnommé Caligula en fust ialoux, & tellement enuieux qu'il disoit, *se scientiæ eorum omnem vsum abolitvrum, & effecturum, ne quid respõdere possent præter eũ*; ce que toutefois il ne pust effectuer. Car encores que Seneque eust escrit apres la mort de Claudius, qui faisoit plus de cas des Aduocats plaidants que des Iuriscõsultes, que les Aduocats en pleuroient, & qu'au contraire les Iurisconsultes commençoient à r'entrer en credit, & quasi resusciter; toutefois le mesme Seneque qui viuoit & escriuoit sous le mesme Claudius & Neron, dit notamment ces mots, en l'epistre 94. *Iurisconsultorum valent Responsa*, mesme auec cette addition, *etiamsi ratio non reddatur*, comme les Pythagoriciens disoient de leur Maistre αὐτὸς ἔφα: qui est tousiours pour monstrer, qu'on tenoit leurs Responses pour des Oracles; à raison dequoy Iuuenal en sa premiere Satyre, ou par mocquerie satyrique, ou autrement, donne à Apollon l'epithete de *Iurisperitus*, les esgalant à la force & auto-

Suetonius in Caligulâ cap. 34.

Seneca in Ἀποκολοκυντώσει Claudij Cæs. *Agatho & pauci Causidici plorabant, sed planè ex animo. Iurisconsulti è tenebris procedebãt, pallidi, graciles, vix ha-*

rité des Responses ænigmatiques de ce Dieu; car ainsi le mesme Iuuenal parle-t'il en sa 8. Satyre des Iurisconsultes. *bentes animam, tanquam qui cum maximè reuiuiscerent.*

Veniet de plebe togatâ.

Qui iuris nodos legumque ænigmata soluat,

Iuuenal, disie, qui estoit du temps de Vespasian & de ses enfans. Et Vespasian fit si grand estat de Pegasus Iurisconsulte, qu'il le fit *Præfectum vrbis*, comme dit nostre Pomponius, & le mesme Iuuenal, lors qu'en se mocquant il l'appelle en sa 4. Satyre *villicum vrbis*; ce qui se doit remarquer en passant. L. 2. §. vlt. D. de Origine iuris.

Mais en retournãt à nostre propos, il se voit par là, que l'on a tousiours fait cas des Iurisconsultes pendant les regnes des Empereurs cy dessus nommez. Nous lisons aussi que sous l'Empereur Adrian, Iabolenus estoit en bien grand credit; car Pline en parle de cette façon en l'vne de ses epistres, *interest officiis, adhibetur consiliis, atque etiam ius ciuile publicè respondet*, & Spartian en sa vie tesmoigne qu'il employoit ordinairement en son conseil Iulius Celsus, Saluius Iulianus & Neratius Priscus, duquel Traian auoit fait si grand cas, qu'il l'auoit designé son successeur à l'Empire, ainsi que dit le mesme Spartian. Bref, depuis le temps d'Auguste iusqu'à celuy de Traian, horsmis vn peu sous Clodius, ils demeurerent en vn rang quasi pareil à celuy qu'ils auoient tenu au temps de la Republique, si ce n'est qu'il leur falloit tenir ou reconnoistre leur pouuoir des Empereurs : voire mesme l'Empereur Adrian les desliura de cette sujection, nostre Pomponius disant, *cùm ab eo viri prætorii peterent, vt sibi liceret respondere, rescripsit eis, hoc non peti sed præstari solere, & ideò si quis fiduciam sui haberet, delectari se, populo ad respondendum se præpararet*. Ce qui nous produisit vn monde de Iurisconsultes; car il se peut dire que de son temps, & pendant celuy des Antonins, des Gordians, & de tous les Empereurs subsequens, iusques à Dioclétiã & Maximiã, la jurisprudẽce a esté à son plus haut poinct, & est paruenuë à sa perfection sous nos Coryphées Iulian, Caius, Africain, Celsus, Marcellus, Martian, Papirius Iustus, Paul, Vlpian, Pomponius, Modestin, & les autres, dont aucuns furent Consuls Præteurs, Questeurs, Maistres des Requestes, *Præfecti Prætorio*, manians les prin-

Lib. 6. Ep. 15.

L. 2. de Origine iuris §. 47.

cipalles affaires de l'Empire, iusques-là que les Empereurs ne dedaignoient point de se faire instruire en la Iurisprudence; * & les Iurisconsultes ne feignoient point d'aspirer à l'Empire, Iulius Capitolinus disant *in Macrino*, que Marc Antonin s'y fist instruire par Volusius Metianus, & que Macrin auoit esté Aduocat. Et l'employ que l'on faisoit ordinairement des Iurisconsultes aux conseils des Empereurs, fust cause qu'ils estoient exempts de toutes charges personnelles *L. Iurisperitos* 30. *D. de Excusationibus Tutorum.* Ie me tairois volontiers de Didius Iulianus, qui mit l'Empire à l'enquant, & d'vn autre Iulian qui fit tuer Pertinax; mais si est-il notoire qu'ils estoient Iurisconsultes, aussi bien que le grand Iulian Oncle ou Ayeul du premier, lequel Sextus Aurelius Victor surnomme *iuris peritissimum*, & l'autre est aussi nommé Iurisconsulte par Eusebe. Quoy qu'il en soit, nous voyons que depuis ce temps, les Empereurs ont commencé à faire la charge de Iurisconsultes, respondans du Droict en leurs noms, & neantmoins par l'entremise des Iurisconsultes, à tous ceux qui leur presentoient des requestes, d'où sont procedées toutes ces belles petites loix que l'on voit aux Codes Hermogenian, & Gregorian, & au commencemens des tiltres de celuy de Iustinian, qui sont autant de decisions & de maximes de Droict ciuil; car quant à Traian il ne s'entremettoit point encores d'en respondre, Iulius Capitolinus escriuant de luy *in Macrino. Traianus numquàm libellis respondit, ne ad alias causas facta praeferrentur, quae ad gratiam composita viderentur.* Et de fait les plus anciennes loix de ces Codes sont d'Adrian, & n'y en a pas vne de ses deuanciers. Aussi Adrian a t'il esté le premier qui a eu le soin d'asseurer le Droict ciuil, & le rendre plus certain, & de faire cesser les doutes que l'on y faisoit, sur tout en ordonnant au grand Iulian de composer l'Edict perpetuel, qui auparauant estoit temporel, & changeant d'an en an à l'appetit des Preteurs; & le mesme Iulian composa en outre xc. Liures des Digestes, par lesquels il resolut la pluspart des differents qui estoient entre ses predecesseurs Iurisconsultes bigarrez en diuerses sectes & bandes. Et les regles & maximes de Iulian ont depuis

* Viglius in Praefat. ad Theophil. *Et veteres cùm Regem laudare volebant, iuris & aequi scientissimũ seruantissimumque fuisse praedicabant. Nominatim verò D. Marcus Philosophus iuri studuit ac L. Volusium Metianum audiuit. Secũdum Ser Vidius Scaeuola instituit. Alexandri tutor ac praeceptor fuit Vlpianus.*

puis esté suiuies pour la plus part par les subsequens Iurisconsultes, le tenans quasi tous pour leur Maistre & Precepteur, & signamment le grand Africain, lequel entendant parler de Iulian vse ordinairement de ces mots, *scripsit* ou *respondit*, sans autrement le nommer, comme nous auons dit cy-deuant de Pythagore; les autres comme Vlpian & Paul prenans bien la peine de commenter son Edict, & Cajus l'Edict prouincial.

En somme le credit & l'authorité des Iurisconsultes fut tel en ces siecles, que l'Empereur Macrin successeur de Marc Antoine Caracalle voulut faire tout le contraire de ce que nous auons dit cy-dessus que Caligula projettoit, *scilicet omnia rescripta veterum Principum tollere, vt iure non rescriptis ageretur, nefas esse dicens leges videri, Commodi & Caracalli & hominum imperitorum voluntates*. Ce fut aussi en ces siecles que les Empereurs Seuere & Antonin firent Papinian leur *Præfectum Prætorio*, & pareillement Alexandre Seuere, Vlpian, conduisans par leurs aduis & entremises les principalles affaires de leur Empire: mesme Lampride escrit de luy, *Negotia & causas priùs à scriniorum Principibus, & doctissimis Iurisperitis & sibi fidelibus quorum primus tunc Vlpianus fuit, tractari ordinarique atque ita referri ad se præcepit; leges de iure populi & fisci moderatas & infinitas sanxit; neque vllam constitutionem sanciuit sine viginti Iurisperitis*. Aussi la façon de demander par les Empereurs l'aduis des Iurisconsultes auoit desia auparauant esté prattiquée par des Empereurs precedens, dont nous auons vn exemple singulier en la loy 17. au Digeste *de iure Patronatûs*, en laquelle les deux freres Empereurs se trouuans empeschez à prendre party sur la difficulté qui y est proposée à cause de la diuersité qui se rencontroit entre les opinions des Iurisconsultes Proculus & Sabinus, ils se resolurent tant parce que Iulian auoit escrit de son sentiment, que par l'aduis de Volusius Mætianus lors viuant, qu'ils appellent *amicum nostrum, & iuris ciuilis præter veterem & benè fundatam peritiam anxiè diligentem*. Encores lisons nous en Eutrope d'Antonin que l'on surnomme *Pius*, qu'il estoit en telle reputation de bien iuger, *vt Bar-*

Capitolinus in Macrino.

Spartianus. Dion. Xiphilinus Eutropius.

D. lib. 8.

barorum plurimæ nationes depositis armis ad eum, controuersias suas litesque deferrent, sententiæque eius parerent. Et en Xiphilin, que tant cet Empereur, que son fils assistez du grand Papinian se rendoient à rendre la iustice au matin, & sur le midy. Ce que le mesme Eutrope escrit pareillement de l'Empereur Alexandre à l'esgard d'Vlpian qu'il appelle *Assessorem, scrinij Magistrum, & iuris conditorem*, & auquel le mesme Alexandre fait cet honneur de l'appeller *Præfectum Prætorio, & parentem suum*, en la loy *ex Diui* 4. au Code *de locato & conducto*. Enfin les escrits de ceux de ce siecle, & de tous ceux qui les ont precedez ont esté de telle autorité, tant à l'endroit de leurs successeurs, que des Empereurs subsequens, que les vns & les autres les ont tousiours alleguez pour confirmer ceux-là leurs Responses, & ceux-cy leurs Constitutions, ainsi que nous voyons tant par les liures de Modestin où les mesmes Papinian, Paul & Vlpian sont ordinairement alleguez, que par plusieurs Constitutions de nostre Code, iusques-là qu'il y en a où les mots des Iurisconsultes sont inserez tout au long, comme en la loy 12. au Code *de legatis*, il y a, *Imperator Gordianus A. Mutiano. Cùm Responso viri prudentissimi Papiniani quod precibus insertum est, præceptionis legatum, & omissâ parte hereditatis, vindicari posse declaretur, intelligis desiderio tuo iuxtà iuris formam esse consultū. Verba autem Responsi hæc sunt, Filiæ mater prædium ità legauit, præcipito, sumito extra partem hereditatis: cùm hereditati matris filia renunciasset, nihilominus eam rectè legatum vindicare visum est. P. P. Constitutio. v. Id. Iul. Sabino* 11. *& Venusto Coss.* & Iustinian rapporte vne autre Response du mesme Papinian en la loy 30. au Code *de fideicommissis*, qui se trouue en la loy 102. au titre de ses Pandectes 16. *de condic. & demonstr.* Aussi les predecesseurs fondent plusieurs de leurs resolutions, tant sur ces Responces en general, comme Antonin lors qu'il dit en la loy premiere au Code *de verborum & rerum significatione, iuris Autoribus placuit*, & Alexandre en la loy 6. *de testamento militis, sententiis prudentium virorum & constitutionibus diuorum parentum meorum placet*, que particulierement sur les Responses de ceux qui sont par eux denommez, comme Decius

eod. lib.

en la loy 3. au Code *de acquirendâ & retinendâ possessione*, Carus, Carinus & Numerianus en la loy 16. *de fideicommissis*, tous sur l'authorité de Papinian. Et ainsi les Empereurs Diocletian, & Maximian sur celle du mesme Papinian, en la loy 14. au Code *de prædiis, & aliis rebus minorum sine decreto non alienandis, vel obligandis*, sur celle de Paul en la loy 11. *ad legem Corneliam de falsis, iuxta responsum viri prudentissimi Pauli*, & sur Vlpian en la loy 11. *de quæstionibus, vir prudentissimus Domitius Vlpianus in publicarum disceptationum libris ad perennem scientiam & memoriam refert*, & Iustinian sur celle du mesme Papinian tant au lieu que i'ay cy-dessus allegué, qu'en la loy *si quando* 35. §. 1. au Code *de inofficioso testamento*, & en plusieurs autres lieux qui se peuuent remarquer, par lesquels on peut iuger en quelle estime & de quelle auctorité ces Empereurs ont tenu les Responses, opinions & sentences de nos Iurisconsultes, les receuans pour des oracles : & consequemment que ce n'est pas sans raison que l'on en a fait vne portion de nostre Droict, voire l'vne des principales, & que l'on a ordonné que les Iuges s'y conformeroient en leurs iugemens. Et de vray qu'est ce autre chose de nos Pandectes, sinon des Responses des Iurisconsultes ? n'est-ce pas la plus grande & principalle partie de nostre Droict ?

Or cõme nous voyons que les Responses des Iurisconsultes ont seruy quelque tẽps d'authorité, & par maniere de dire de leçon aux resolutions ou rescrits des Empereurs, ainsi voyons nous que peu à peu leur nõbre & leur auctorité ont diminué, signamment depuis Modestin, Æmylius Macer, Hermogenian, & quelques autres dont les noms & les escrits ont esté conseruez par le moyen de nos Pandectes. Car quant à Tertyllian ou Tertullian, quoy qu'aucuns disent que c'est nostre Tertullian Chrestien, ie n'en puis estre d'aduis à cause de la difference de leur langage* Aussi ne sçay ie de quel tẽps estoit Tarruntius Paternus, dont il y a plusieurs loix en nos Pandectes que Vegece appelle *diligentissimũ iuris militaris adsertorem*, ny pareillement Arrianus * que Martianus Capella en son 9. liu. nomme aussi *iuris prisci adsertorem*. Ie ne fais pareillement grand estat d'Alipius mentionné au 6. liu. des

** Il y a encores plusieurs autres raisons r'apportées par M. Iean Bertrand President au Parlement de Toulouse liu. 1. de son* Biinomicon, siue de Iurisperitis, *en la vie de ce Tertullian, par lesquelles il appert que ce I C. n'est pas nostre Chrestien.*

** Dans aucuns liures imprimez de Martianus Capella il est nõmé Arcanus, & y est rapporté de luy vne Response particuliere,* etiam matrimonio copulato dotem dicere fœminã viro, nullis legibus prohiberi.

Confessions de S. Augustin ch. 7. & suiuans, ny de Leontius dénommé en la loy *de Professoribus qui in vrbe Constantinopolitanâ meruerint Comitiuam*, au Code Theodosien, ny de tous ceux qui ont esté employez en la composition du mesme Code nõmez en la Nou. 1. qui sont Antiochus, Maximinus, Martyrius, Sperantius, Apollodorus, Theodorus, Epigenius & Procopius, ny mesme de Leon, quoyque Sidonius qui estoit du temps de l'Empereur Martian en escriue ces vers en son poéme intitulé *Narbo*.

Siue ad doctiloqui Leonis ædes,
Quo bis sex tabulas docente iuris,
Vltrò Claudius Appius taceret.

& encores moins de tous ceux que Iustinian a mis en besongne en ses Code & Pandectes, fors de Tribonian, du sçauoir duquel on doit faire plus d'estime que de sa preud'hommie. Aussi les Empereurs Theodose & Valentinian disent en la preface de leur Code Nouell. 1. que de leur temps, *tam pauci rarique extiterunt, qui plenâ iuris scientiâ ditarentur, vt vix vnus aut alter receperit soliditatem perfectæ doctrinæ*, dont i'allequerois icy volontiers trois ou quatre raisons. La premiere qui est naturelle & tenuë par Hippocrate en la disposition de nos corps, & par Velleius Paterculus liu. 1. ch. 17. en tous les arts & sciences, duquel ie rapporteray les termes, d'autant que ie les trouue bien elegants, *quia difficilis in summo mora est; naturaliterque quod procedere non potest, recedit, &, vt primò ad consequendos, quos priores ducimus, accendimur; ità vbi aut præterire, aut æquari eos posse desperauimus, studium cum spe senescit, &, quod assequi non potest, sequi desinit*, & consequemmẽt la Iurisprudence ayant esté portée à son sommet par ces Souuerains & Coryphées des Iurisconsultes, il a esté necessaire qu'elle soit venuë au declin. La seconde raison est, qu'vne grande partie de la Iurisprudence auoit esté comme aneantie par Constantin, en abolissant les formules des actions, des testamens, des stipulatiõs, & autres choses ausquelles ils estoient principallement employez. La troisiesme, que plusieurs personnages de doctrine s'estans faits Chrestiens, quitterent la Iurisprudence pour s'appliquer à la Theologie, & entre autres Tertullian, au cas que ce soit le nostre; & encores que ce ne soit luy, si appert-il par ses escrits qu'il n'en estoit pas ignorant, non plus que de la plus part des autres sciences, comme pareillement S. Cyprian, S. Ambroise, S. Augustin & S. Athanase Grec que Sulpitius Seuerus liu. 2. de son Histoire sacrée appelle notamment Iurisconsulte, Arnobe & plusieurs autres; & la derniere que les gens de qualité quittérent cette profession, comme Mamertin le tesmoigne au Panegyrique de son consulat en ces mots, *iuris ciuilis scientia quæ Manlios, Scæuolas, Seruios in amplissimum dignitatis gradum euexerat, libertinorum artificium dicitur.* Car comme l'on disoit de l'agriculture, que *gaudebat terra vomere laureato*, on pourroit dire de mesme de toutes les autres professions, arts & sciences, c'est à dire qu'elles florissent lors que les personnes d'estat & d'honneur s'en entremettent. Tant y a que l'on ne trouue que deux pieces de ces derniers temps, encores sont elles bien esloignées de la veine de ces premiers Iurisconsultes; l'vne est la conference de la loy de Moyse auec la Romaine que feu M. Pithou nous a dõnée, l'autre est ma Cõsultation,* c'est à dire celle que i'ay donnée à feu M. Cujas mon Maistre, & laquelle il a faite imprimer au commencement des siennes, dont i'ay l'original authentique pardeuers moy; encores ne sçauons-nous point les noms de leurs Autheurs, non plus que de ceux qui ont compilé les Codes Hermogenian, & Gregorian.* Car il n'est pas vray semblable que nostre Hermogene ou Hermogenian ait trauaillé au Code Hermogenian, pource que ce Code cy contenoit les constitutions de Diocletian & de Maximian; & ce Iurisconsulte ayant esté du temps de l'Empereur Alexandre ne pouuoit pas auoir vescu iusques au regne de ces deux Empereurs. Quant au Code Gregorian, il pourroit bien auoir esté compilé par Gregoire le Pontique dont parle Socrate au 22. ch. du 4. liu. de son Histoire Ecclesiastique, & qui doit estre adjousté aux Iurisconsultes modernes que i'ay cy dessus nommés. Au moins cet Historien escrit qu'il auoit esté Professeur en Droict à Beryte, où estoit la plus celebre eschole de Iuris-

* *C'est la premiere des LX. Consultations que M. Cujas a données au public à la fin de la premiere partie du I. Tom. de ses Prieures.*

* *Des Autheurs des Codes Hermogenian & Gregorian.*

prudence de ce temps-là, & qu'ayant oüy les leçons d'Origene en la ville de Cæsarée, il quitta Beryte, dit à dieu aux belles lettres, & aux loix Romaines, & embrassa la loy diuine du Christianisme; & nous lisons dans Suidas qu'il fut depuis Euesque, & deceda enfin sous l'Empire de Iulian, de sorte qu'il estoit en la vigueur de son aage bien tost apres les Empires de Diocletian & Maximian. Quoy que c'en soit, comme les Auteurs de ces deux Codes n'y auoient inseré aucunes loix des Empereurs Chrestiens; aussi Theodose se sentit obligé de faire compiler celuy qui porte son nom, dans lequel il ne se trouue point de loy d'aucun Empereur payen, mais les plus anciennes qu'il contient sont de l'Empereur Constantin; & c'est de ces trois Codes que Iustinian a composé le sien. Au surplus quoy que le credit des Iurisconsultes de ce temps fust diminué, si ne laissoient-ils pourtant de maintenir tousiours leur rang & grauité, voire par aduenture plus grande que n'auoient fait leurs deuanciers, dont Ammian Marcellin se mocquant dit au liu. 30. de son Histoire ch. 6. *Hi velut fata natalitia præmonstrantes, & Sybillæ oraculorum interpretes, vultûs grauitate ad habitum compositâ tristiorem, ipsum quoque venditant quod oscitantur. Hi, vt altiùs videantur iura callere, Trebatium loquuntur, & Cæsellium, & Alfenum, & Auruncorum, Sicanorumque iàm diù leges ignotas, &c.* Et pareillement les mesmes Theodose & Valentinian en la confirmation de leur Code Nouell. 1. *ne Iurisperitorum vlteriùs seueritate mentitâ, dissimulatâ scientiâ, velut ex ipsis adytis expectentur formidanda responsa*: ce qui monstre tousiours l'auctorité en laquelle ils se sont conseruez.

Voila, Monsieur, ce que i'ay pensé pouuoir estre adjousté à ce que ie vous ay escrit cy-deuant, que ie vous prie de receuoir d'aussi bon cœur que ie vous l'enuoye.

V. S. & A. A. L.

DE L'ANTICHRESE.

ANTICHRESIS, *quæ est lex pignoris, quâ creditor fructus rei pigneratæ percipit vice vsurarum*, est vn contract qui estoit fort ordinaire entre les Grecs & les Romains, ainsi qu'il se pourroit remarquer par infinis passages des aucteurs. Car ce qu'Aristote recite au 6. li. de ses Politiques ch. 4. que Oxylus defendit en certaine contrée de la Grece, de prester argent sur la terre du particulier, demonstre qu'ordinairemēt ailleurs on faisoit & permettoit le contraire. Et la police que Lucullus mit en Asie contre la dureté des creanciers qui iouïssoient des terres de leurs debteurs, se rapporte à ce contract. Comme aussi la defense que Iustinian en ses Nouelles 32. 33. & 34. de ne prendre la terre du laboureur pour gage : & par aduenture ce que nous lisons en Martial,

Cecy est tiré d'vn Factū fait par M. Antoine Loisel au mois d'Auril de l'an 1578. pour Messire Iean Comte de de Salm, intimé, contre Antoine Bohier, sieur d'Orsueil, appellant.

Quod mihi non credis veteri Thelesine sodali,
Credis colliculis iugeribusque meis.

Aussi nous auons plusieurs exemples de ce contract en nos liures *in l. Si pecuniam.* & l. *Caius. de pig. act. l.* j. §. *pacto. l. Si is qui bona.* §. 1. *de pigno. l. Cum debitor. In quib. caus. pign. vel hypoth. tac. contra. D. l. Si seruus. Quod cum eo. l. Ex prædiis. l. Si ea pactione. & l. si ea lege. De vsuris. C.*

Et si estoit ce contract tellement fauorisé, que l'on ne prenoit pas garde de si pres, si les fruicts que l'on perceuoit par ce moyen pour & au lieu de l'interest de ses deniers surpassoit l'vsure legitime, pourueu toutesfois que le creancier iouïst luy-mesme & par ses mains, & qu'il n'en fist point bail à vn autre pour en tirer vn gain excessif, *d. l. Si ea pactione.*

Depuis les Canons, qui ont defendu tout profit qui se reçoit outre le sort principal le reputant vsure, ont reprouué ce contract qu'ils ont appellé *Gageriam*, & le defendirent premierement aux Clercs, & puis apres aussi aux laiz, *cap.* 1. & 2. *De vsur.* Et toutesfois si ont-ils enfin esté contraints

Gagerie.

de le receuoir en deux cas, dont le premier est au chapitre premier *De Feudis. & cap. Conquestus. De vsuris.* & le second au chapitre *Salubriter*, au mesme titre.

Mort-gage

Ce que nos anciens Coustumiers ont aussi approuué en ce Royaume, & l'ont appellé Mort-gage. Pierre de Fontaines au liu. de la Roine, tit. 39. Iehan Bouteliier en sa Somme rural, liu. 1. & 2. Item és Coustumes de Normandie, au titre De brief de fié, & de Gages, & d'Vsures. Bretagne art. 303. & en beaucoup d'articles des autres Coustumes lesquels se peuuent & doiuent rapporter à ce contract, & mesmes le titre 17. du troisiesme liure des Ordonnances de Naples, qui sont pour la plus part prises du droict de nostre France.

Lesquelles choses qui ont icy esté touchées seulement comme du bout du doigt, meriteroient par aduenture bien vn discours tout entier: Mais il suffira d'auoir montré par là que le contract que nous cherchons en cet escrit, est proprement, ce que les anciens Grecs & Romains appelloient ἀντίχρησιν, les modernes *Gageriam*, & nos anciens Coustumiers François, Mort-gage.

Or *Antichresis est pignus, ad quod recuperandum pigneratitiâ actione agitur.* Le texte y est formel en ladite loy *Si pecuniam. D. de pig. act.* Laquelle action se peut intenter, & le gage estre redemandé toutesfois & quantes que l'on veut & que lon peut, comme aussi nostre contract le porte en termes expres: & sans que celuy à qui le gage a esté baillé, ou à qui il est paruenu, se puisse preualoir d'aucune prescriptiõ; qui est l'vne des principalles disputes de ce procez.

An facultati luendi pignoris præscribatur.

C'est à sçauoir *An facultati luendi pignoris præscribatur.*

Car il y a eu des anciens Interpretes, qui ont tenu *illi præscribi posse*, entre lesquels estoit Bulgarus, se fondant sur la loy generalle de Theod. qui vse de ce mot *omnes, quod est peremptorium vocabulum. l. Sicut. C. de præscript.* XXX. *vel* XL. *ann. & Nouel. Theod. de* XXX. *ann. præscript.*

Et toutesfois la plus grande & la plus saine opinion de tous les autres est passée au contraire, & ont tenu que *facultati luendi pignoris nullo tempore præscribi potest*: comme estant de

ce

ce qu'ils appellent *meræ facultatis, quæ sunt impræscriptibilia, vt facultas eundi per viam publicam, &c. Innoc. in cap. Non est. De consuet. Bart. in l. Cum notißimi. §. illud. de præscript. XXX. vel XL. &c.*

Mesmes vn autre ancien Docteur Rogerius en son Dialogue *De præscr.* tient formellement cette opinion, que *facultati reluendi pignoris, atque adeò pigneratitiæ actioni nondum natæ, nullo tempore præscribitur.* Et Iehan Fabre (apres auoir recité l'opinion dudit Bulgarus) dit tout resolument, *Sed Doctores tenent contrà in terminis istis*; comme aussi fait Hostiense en sa Somme *De præscript.* & generalement tous les autres.

Et de ce il n'en faut point aller chercher d'autre raison que celle que le Iurisconsulte apporte en la loy *Pignori. D. de vsurpat. & vsuc.* en ces mots, *Pignori rem acceptam non vsucapimus, quia pro alieno prorsus poßidemus.*

Ce qui est de mesme *in longi temporis præscriptione decem vel viginti ann. l. Nec creditores, nec qui his successerunt aduersùs debitores pignori quondam res nexas petentes, reddita iure debiti quantitate, vel his non accipientibus oblata, & consignata, & deposita, longi temporis præscriptione muniri possunt. C. de pignerat. act.* & en la loy derniere du mesme titre.

Que si l'on dit, que si *non vsucapimus, nec longo tempore decem vel viginti annorum præscribimus: at saltem longißimo tempore, quod est XXX. vel XL. ann. præscribimus.* Il y a aussi double response.

La premiere que quand les Interpretes Grecs ont tourné & interpreté cette loy *Nec creditores* en leur langue, l'accommodans & interpretans aux plus longues prescriptions introduites par Theodose, ils l'ont entenduë *de longißimo tempore* XXX. *ann.* ainsi qu'il se voit par le texte Grec de Constantin Harmenopule *lib. 3. Epit. tit. 5.* en ces mots. ὁ δανειστὴς καὶ ὁ τούτου κληρονόμος οὐκ ἔχει μακροῦ χρόνου παραγραφὴν εἰς τὸ μὴ ἀποδοῦναι τὸ ἐνέχυρον μετὰ τὸ πληρωθῆναι τὸ χρέος, τουτέστι τῆς τριακονταετίας. Qui està dire (car tous les deux Interpretes Latins l'ont traduit tout au rebours de biẽ) *Creditor & huius heres non habet longi temporis præscriptionem, vt non reddat pignus reddito illi debito, hoc est tricennij*, en quoy l'on voit manifestement qu'il entend cette loy *non solùm de longi, verumetiam longißimi temporis præscriptione, nempe tricennij*: Ce qui fait grandement à noter.

La seconde, est que tousiours la principale & fondamentale raison du droict a lieu aussi bien en la possession de vingt ans, qu'en l'vsucapion ou en la prescription de dix ou de trente ans, qui est, que *creditor qui rem pignori accepit pro alieno prorsus poßidet.*

Car il est certain en droict que *debitor qui pignoris causa fundum tradit creditori, adhuc intelligitur poßidere. l. Qui pignoris. D. De adquir. posseß.* & que *posseßio pignoris per creditorem est penès debitorem. l. Cùm notißimi. §. Sed cùm illud. De præscript. XXX. vel XL. ann. C. cùm creditor propriè possessor non sit. l. Sciendum. §. Creditor. D. Qui satisd. cogant. quia scilicet opinione, siue animo domini non poßidet. l. Si seruus deposit. §. 1. D. De noxal. act. nec eo animo nanciscitur posseßionem vt credat se dominum esse. l. Quæcunque. §. 1. D. de public. in rem act. Ideoque non poßidere, sed tenere dicitur in l. Illud. D. Quæ in fraud. credit. & semper poßideat is cuius nomine poßidetur. l. Quod meo. De acq. poss.*

Et ce que nous voyons quelquesfois en droict que le creancier est appellé possesseur de son gage, ne s'entend que de la possession naturelle, & d'vne quasi possession seruant tant pour se maintenir és fruicts qu'il en perçoit pour se rembourser de son deu, ou autrement, que pour la conseruation d'icelle possession contre tout autre, & pour & au profit de son debteur, *cuius nomine poßidet, cuiusque posseßio ipsi debitori ad præscriptionem prodest. l. 1. §. Per seruum. & l. Qui pignoris. D. de adq. posseß. & l. Serui nomine. D. De vsurpat. & vsucap. & d. l. Cùm notißimi. §. Sed cùm illud.*

Et verò illud etiam certum est, sine posseßione neque vsucapionem, neque præscriptionem procedere posse. l. Sine posseßione. D. De vsur. & vsu. Cap. Sine posseßione. de reg. iur. in VI. Est enim vsucapio adeptio dominij per continuationem posseßionis. l. 2. D. de vsurpat. & vsuc. Atque etiam necesse est vt posseßionis causa legitima sit. l. 2. D. pro empt. Cùm iniusta posseßio nunquam prosit. l. Communi diuidundo. §. Inter prædones. D. Comm. diuid.

qui eſt ce que diſent nos Interpretes, qu'il faut que la poſſeſſion ſoit ciuile.

Pignus autem non eſt iuſta poſſeßionis cauſa, cùm pro alieno poßideatur, ciuiliter non poßideatur, ſed iniuſtè, ſi vllo modo ſibi cauſam poſſeßionis corporalis in ciuilem mutare aut interuertere tentet, atque domino vindicanti controuerſiam dominij referat. l. 3. §. Illud quoque. & l. Qui bona. De adq. poſſ. l. Non ſolùm. §. Quod vulgò. Pro hærede. & l. Cùm nemo. C. de adq. poſſ. & l. Malè agitur. C. de præſcript. XXX. vel XL. ann. Leſquelles veritablement parlent *in depoſitario, commodatario & colono, qui excolendi occaſione ad iniquæ venditionis vitium prolapſus eſt*, qui eſtoit vn furt & vn larcin, ſelon l'opinion de l'ancien Iuriſconſulte Sabinus.

Mais ſi y a-il pareille raiſon en vn creancier, lequel ne ſeroit pas en moindre delict, s'il vouloit interuertir la poſſeſſion de ſon debteur proprietaire, en vendant ce qui luy a eſté baillé en gage. *l. 4. de pign. act. l. ſi is qui rem. de furtis*, qui diſent qu'en ce cas *furti crimine ſe obligat.*

A raiſon dequoy Accurſe voulant fonder ſon opinion que *Domino rem pignori datam vindicanti longißimi tẽporis præſcriptio opponi non poteſt*, s'aide & prend ſon argument ſur ladite loy *Malè agitur*, qui parle du Colon & fermier, & ne fait non plus d'eſtat d'vn Colon qui interuertit la poſſeſſion de ſon maiſtre, que du creancier qui interuertit le gage de ſon debteur. *In d. l. Pignori. D. de vſurpat. & vſucap.*

Doncques il faut tenir pour choſe toute reſoluë & arreſtée que *facultati redimendi repignerandique pignoris, ne longiſſimo quidem tempore creditor præſcribere poteſt.*

Et ne faut point douter que nous n'en euſſions texte formel des Iuriſconſultes, ou anciens Empereurs de Rome, ſi la ladite preſcription de trente ans euſt eſté en vſage de leur temps. Mais nous n'en ſçaurions auoir à cauſe qu'elle n'eſt que du temps de Theodoſe, depuis lequel temps nous n'auons gueres de reſolutions particulieres, procedans du droict ancien Romain. Et neantmoins nous nous deuons touſiours ſeruir de la raiſon de droict, qui eſt perpetuelle & infaillible, & dire que puis que *creditor non poßidet, aut alieno, debitoris scilicet nomine possidet, nullo modo præscribere potest.*

Ce qui se doit aussi dire *de pigneratitia actione*, qui est veritablement autre chose que *ius luendi pignoris*, d'autant que *Pigneratitia est personalis actio, quæ datur debitori, aut eius heredi aduersùs creditorem, aut heredes eius, vt rem quam acceperunt, restituant. Rei autem vindicatio, quæ manat ex iure luitionis, datur tam aduersùs creditorem, quàm alios quoscunque possessores.*

Et toutesfois puis qu'en quelque sorte que le proprietaire agisse, il redemande ce qui luy appartient, & ce qu'il possede ciuilement, l'on ne luy peut obiecter aucune prescription.

Il est vray que si vn debteur estoit si mal-aduisé que d'auoir laissé son gage pardeuers son creancier longuemẽt apres luy auoir rendu ce pourquoy il le luy auoit baillé, l'on pourroit dire que puis que *exsolutâ pecuniâ, pigneratitia actio nata est. l. si rem. §. Omnis. De pig. act.* & qu'il ne tenoit qu'à luy qu'il ne retirast son gage: qu'en s'endormant par trente ans sans intenter son action pigneratoire ja née, elle se prescriroit par trente ans, comme toutes les autres personnelles: & ainsi le tiennent tous les Interpretes sur lesdites loix, *Nec creditores.* & *Pignori.*

Mais de luy compter le cours de sa vie, ny que l'on la puisse intenter auant qu'elle fust née, ce seroit contre nature.

Et partant il faut conclure en cette façon, *Pigneratitiæ actioni natæ per exsolutionem debiti, xxx. annis à die exsolutæ pecuniæ præscribi posse: facultati verò luendi aut repignerandi pignoris, pigneratitiæue actioni nondum natæ, nullo tempore præscribi posse, ac ne per mille quidem annos*: comme dit notamment le Bartole *in d. l. Cùm notissimi.* & les autres apres luy.

Car tousiours le vice est enraciné & en la chose & en la personne de celuy auquel elle a esté baillée en gage comme en garde, ce qui le rend en continuelle & perpetuelle mauuaise foy, par laquelle toute prescription est interrompuë & empeschée par la regle, *Possessor malæ fidei nullo tempore præscribit*, que nous gardons inuiolablement en France, & en toute la Chrestienté.

Et neantmoins quand on voudroit prendre ce contract de gagerie pour vne vente faite à faculté de rachapt, qui seroit se tromper apparemment: & sur iceluy commencer & fonder la prescription de trente ans, par laquelle l'on dit que *facultas redimendi præscribitur*: si en faudroit il toutesfois deduire les dix-huict ou dix-neuf ans de la minorité de Iean deuxiéme. *Faut deduire les minoritez.*

Car ce que les Empereurs Arcad. & Honor. auoient ordonné, en adjoustant à l'Ordonnance de Theod. que la prescription de trente ans courroit *etiam contra eos qui ad solicitudinem curatoris pertinent. d. l. Sicut*, n'a iamais esté suiuy par les Interpretes, ny par l'vsage commun de la France: ains auons tousiours tenu que *etiam si hæc præscriptio currat contra minores, tamen aduersùs huius temporis cursum restituuntur, vel vt minores, quasi quid cum eis gestum sit (nam gestum cum minore sic Vlp. accipit, qualiter qualiter, siue contractus sit, siue quid aliud propter quod aliquid ex propriis bonis amittat. l. Ait Pretor. D. de minorib. l. j. C. Si vt omiss. hered.) vel ex edicto, Si qua mihi iusta causa videbitur, quasi qui in alterius ius successit, contractum defuncti ignorauerit*, comme dit le Dynus sur la regle, *Qui in ius. de reg. iur. in 6.* suiuie & remarquée par le Bart. *l. vlt. C. In quib. caus. in integ. restit. non est necess. & Innoc. cap. Constitutus. Ext. De in integ. restit.* Et a pour ce regard l'opiniõ d'Aldric tousiours esté reprouuée, & celle de Iohann. suiuie, qui disoit que *hæc xxx. ann. præscriptio currit quidem post pupillarem ætatem, sed restituuntur adulti, quasi læsi. gl. in dd. ll. vlt. in quib. caus. &c. & l. Sicut. & ibi Fab. Bart. & cæteri omnes.*

Aussi toutesfois & quantes que nos Coustumes parlent des prescriptions, soient de dix, vingt, trente ou quarante ans, elles y mettent tousiours ces mots, *Aagez & non priuilegiez*: Comme ne pouuans telles prescriptions vallablement & par effect courir à l'encontre des sous-aagez, qui sont les mineurs de vingt cinq ans, attendu que les moindres lettres Royaux de vij. s. vj. d. y remedient. &c.

IN PARI CAVSA MELIOR causa possidentis.

IL eſt certain & reſolu que quand deux pretendent & querellent quelque gain, celuy-là eſt touſiours preferable à l'autre, qui s'en trouue le premier iouyſſant & poſſeſſeur. *l. in eo.*33. *l. quotiens.* 98. *l. nemo prædo.* 126. §. 1. *D. de regul. iuris. & fauorabiliores ſunt rei, quàm actores. l. fauorabiliores* 125. *l. in pari causâ.*128. *l. cum par.* 154. *D. ibid.*

IMPOSSIBILITATIS Regulæ.

*VErum eſt neque pacta, neque ſtipulationes factum poſſe tollere, quod enim impoſſibile eſt, neque pacto neque ſtipulatione poteſt comprehendi, vt vtilem actionem, aut factum efficere poſſit. l.*31. D. *de regulis iuris.*

Ce qui eſt fait difficile, eſt reputé impoſſible. *l. cum ſeruus.* 39. *p. vlt. de legat.* 1. & pour ce en telles difficultez ou impoſſibilitez on a receu que l'on peuſt payer vne choſe pour vn autre & l'intereſt, *Maſuerus tit. de locato & iure Emphyteu.* §. 33. *Bartol. in l. non amplius.* 25. §. 1. *de leg.* 1. *nemo poteſt ad impoſſibile obligari. cap. de regul. iuris, in* 6. *& ibi* Dynus.

Auſſi ce qui eſt iniuſte, eſt reputé impoſſible, *nam quæ facta lædunt pietatem, exiſtimationem, verecundiam noſtram, &, vt generaliter dixerim, quæ contra bonos mores fiunt, nec facere nos poſſe credendum eſt. l. filius* 15. D. *de conditionibus institutionum.*

TEMPORIS REGVLÆ.

IN omnibus obligationibus, in quibus dies non ponitur, præsenti die debetur. l. 14. de regul. iuris. Cùm tempus in testamento adijcitur, credendum est pro herede adiectum, nisi alia mens testatoris fuerit; sicuti in stipulationibus, promissoris gratiâ adijcitur. l. 17. eod. Tempus mortis inspicitur in legatis in casu legis 2. D. de auro & argento legato, & seq. Hac demonstratione, meum, presens non futurum tempus ostenditur. l. 7. D. eod. l. Aurelius §. testamento. de liberatione legatâ. Temporales donationes & contractus fieri possunt. l. vlt. Cod. de legatis. Stipulatio æstimari debet non secundùm futuri temporis ius, sed secundùm præsentis. l. continuus 137. §. cùm quis de verbor. obligat. Tempus mortis spectatur in quantitate patrimonij exquirendâ. l. in quantitate 73. D. ad legem falcid. In legatis, rei vniuersæ. l. Lucius 28. de instructo vel instrumento legato, & ibi gl. Tempus auget vel minuit obligationem §. siquis 33. tit. Institutionum de actionibus

DV DROICT DE BOVRgeoisie.

L'Ordonnance de Bourgeoisie fut publiée en Parlement, *die lunæ mediâ quadragesimæ* an. 1302.

Le droict de Bourgeois du Roy semble estre vne inuention de nos Rois pour attirer à ses Iuges la iurisdiction des subjets originaires & primitifs des Seigneurs & Barons de ce Royaume *ad exemplum ciuium Romanorum*, & s'appelle la Bourgeoisie du Roy Auenage par l'ancienne Coustume de la Chaſtellenie d'Yſſoudun, d'autant que le Roy a droict de nouueaux adueus, & que l'homme ſerf ſe peuſt aduoüer, & faire Bourgeois du Roy en payant vn ſeptier d'auéne pour l'entrée, & chacun an vn autre ſeptier à certaine Egliſe. Comme auſſi en la ville de Meun en Berry pluſieurs maiſons & heritages doiuent au Roy chacun an vn ſeptier d'auéne: ce qui ſemble eſtre deub pour vne remarque de Bourgeoiſie, & pour l'octroy de la Couſtume de Lorris qui a eſté accordée aux habitans de Meun ſur Eure par Robert de Courtenay & Mahaut ſa femme, le 11. Iuillet 1209. comme auſſi aux habitans de S. Laurens de Barenjon en l'an 1234. & non pour bail & arrentement d'heritage.

Le droict de Bourgeois & Citoyen de chaque ville ſe prend des ſtatuts & priuileges d'icelle ſans que l'on puiſſe prendre argument des vnes aux autres; car cela eſt proprement de droict ciuil, qui eſt propre, & ſelon les conſtitutions particulieres de chacune cité, qui ſont preſque toutes diuerſes. Au commencement és premieres fondations des villes tous ſont volontiers appellez aux droicts de Bourgeoiſie, & meſmes les eſtrangers, afin de les y peupler, ainſi que dit Ariſtote liu. 3. de ſes Politiques ch. 2. Les exemples en ſont de Theſée fondateur d'Athenes, de Romulus à Rome, & d'Alexandre le Grand en la fondation d'Alexandrie. Apres qu'elles furent peuplées, agrandies & enrichies, le droict de cité ou Bourgeoiſie ne ſe communiquoit pas ſi ſouuent ny ſi facilement, ains falloit eſtre né és villes, ou bien eſtre enfant de Bourgeois, & quelquesfois eſtre extraict d'ayeuls de la ville pour eſtre participant de tous les honneurs; car bien ſouuent encores que l'on ſoit reputé Bourgeois pour quelque choſe, ſi ne l'eſt on pas pour les autres; comme à Thebes les marchans n'eſtoient pas admis aux honneurs s'il n'y auoit plus de dix ans qu'ils euſſent quittez leur marchandiſe. Ariſtote au meſme lieu dit que le citoyen eſt μετέχων τῶν τιμῶν. Ce qui n'eſt pas pourtant touſiours vray; car à Paris celuy qui y a demeuré par an & iour eſt tellement fait Bourgeois, qu'il peut tenir fief, & eſt exempt du ban & arriereban, & toutesfois il ne peut pas eſtre Preuoſt des marchands, ny Eſcheuin, s'il n'est enfant de la ville. Donc ce droict est purement positif, & *proprium cuiusque ciuitatis*; & partant la definition du Bourgeois en general n'est pas seulement difficile, mais aussi impossible, d'autant qu'elle se prend du statut particulier de chaque ville, & bien souuent la Bourgeoisie est beaucoup plus estimée és Republiques, qu'és Royaumes ou Empires : car és villes libres les Bourgeois sont maistres, és Royaumes ils sont subjets à vne infinité de choses. C'est pourquoy sous les Empereurs Romains le droict de Bourgeoisie Romaine se communiquoit fort facilement, qui auparauant estoit bien cher; & enfin fut communiqué à tous les subiets de l'Empire. *l. In orbe Romano* 17. *D. de statu hominum.* Mesmes il s'en est trouué qui l'ont refusé sous l'Empereur Adrian, comme l'on voit dans Aulu-Gelle: & pour ce enfin l'on n'a plus appellé les citoyens des villes *ciues*, mais *municipes*: qui est neantmoins tout vn; car les Interpretes grecs tournent le titre *ad Municipales*, περὶ πολιτῶν, *de Municipibus*: & si en a t'on enfin fait de deux sortes, originaires & volontaires. Les originaires sont propres citoyẽs; & de faict Gorgias le Leontin disoit qu'il y auoit aussi bien des λαρισσοποιοί, comme des ὁλμοποιοί. Les volontaires *sunt incolæ*, qui habitans en vn lieu sont aussi subjets aux charges d'iceluy, qu'en celuy de leur origine. *l. Filij* 22. §. *municipes* 2. & *l. Incola* 29. *D. ad Municipalem.* & ne sont pas moins citoyens que les originaires mesmes, car ils iouïssent ἐξαιρέτοις, *id est*, *præcipuis ciuitatis*, *l.* εἰδέναι ou *Scire*.35. *D. eod.* quoy qu'il y ait quelques reseruations particulieres pour les enfans de la ville. *Incola ergo propriè & strictè ciuis non est, & à ciue separatur, l. Ciues C. de incolis; impropriè & largè ciuis est, quia ciuis iurib. vtitur, sicut abusiuè municipes, ciues dicuntur*, surquoy faut voir ce que dit Platon sur la fin du 8. liure de ses loix. L'on pourroit faire vne question s'il faut lettres de Bourgeoisie pour faire vn citoyen, comme il faut lettres du Roy de naturalité aux estrangers pour estre reputez naturels, & de legitimation aux bastards pour iouïr des droicts des enfans legitimes, quoy que Iean Fabre essaye de prouuer que le droict de legitimation se prescrit par vingt ans, comme la liberté, *l.*

Arist. Polit. l. 3. *c.* 2.

præstat. C. de longi temporis præscriptione quæ pro libertate & non aduersùs libertatem opponitur. L'on dit qu'à Milan il faut lettres de Bourgeoisie ; à Paris on en baille attestation pour seruir pardeuant les Iuges des lieux ; & mesme les marchands en prennent pour les passages ; mais en Chāpagne on prend lettres de Bourgeoisie du Roy. Ie croy que tout ainsi que *Inquilinatus per decem annos facit incolam*, *l. 2. C. de incolis*, aussi *incolatus per decem annos facit omnimodo ciuem*, si la loy de la ville ny resiste, comme la puissance paternelle se prescrit par vn long-temps *l. 1. Cod. de patriâ potestate.*

DV RETRAICT LIGNAGER & qu'il est plus fauorable qu'odieux.

CEux qui tiennent que le Retraict lignager est odieux, n'alleguent qu'vne raison, qui est, qu'il oste la liberté de vendre & d'achepter, & est tout le fondemēt de la loy *Dudum* 14. *C. de contrahendâ emptione*, mais contre cette raison il y en a vne infinité d'autres. La premiere, que cette liberté n'est aucunement ostée au vendeur, lequel vend son heritage à telle personne, & pour tel prix qu'il veut, ou qu'il peut : car nous n'auons pas receu en France la loy du retraict, ainsi qu'elle estoit en Iudée * par la loy de Moyse, par laquelle auant que pouuoir vendre sa terre à vn estranger, il la falloit offrir à son parent, au Leuit. ch. 25. en Ruth. ch. 4. en Ieremie ch. 32 & en S. Hierosme sur iceluy : ce qui a esté suiuy par la loy des Saxons tit. 26. & qui apportoit vne longueur & fascherie, pendant laquelle on pouuoit souffrir quelque disette & necessité ; mais nous l'auons receuë auec toute liberté de vendre au premier qui nous offre de l'argent. Et est cette loy fondée sur l'vne des plus grandes raisons du monde, receuë & approuuée par les Romains mesmes, qui est, à ce que les familles soient conseruées en leurs biens, *Neque Lares, sepulchraque auita in alienam familiā transeant.* Pour cette raison mesmes il estoit permis aux Magistrats d'achepter dans leurs

Iosephe li. 3. des Antiquitez Iudaïques ch 10. dit que par la loy de Moyse il estoit permis au vendeur de retirer dans l'an la maison par luy vēduë, en rendant le prix à l'achepteur, τὸ αὐτὸ δὲ καὶ ἐπὶ τοῖς οἰκείοις, &c.

prouinces se qui ce vendoit de leur patrimoine, ores que d'ailleurs ils n'y peussent rien achepter *l. Princeps. Cod. Theod. de iis quæ administrantibus vel officium publicum gerentibus tradita sunt vel donata. l. Qui officij 62. de contrah. empt. l. Milites. 9. D. de re militari. l. Lex quæ tutores 22. Cod. de administratione tutorum. l. In fundo. 38. D. de rei vindicatione. l. Cùm pater. 77. §. libertis. 27. D. de legatis 2.* Pour laquelle consideration il y auoit entre les Romains lieu de retraict quand les venditions se faisoient par force & authorité de iustice; du moins le parent estoit preferé à l'acquereur estranger. *l. Imperator. 60. D. de pactis. l. Cum bona. 16. D. de rebus auctoritate iudicis possid. l. Ad officium. 3. Cod. communi diuidundo.* Voire mesmes il appert par la mesme loy *Dudùm*, que cette preference auoit esté autresfois generalle en toutes ventes; du moins qu'il y en auoit eu quelques loy ou constitution, puis qu'elle l'a abrogée & corrigée. Tant y a qu'entre nous François qui ne recognoissons en rien les loix Romaines, sinon en tant qu'elles sont conformes & non contraires à nostre droict, & qui ne nous en seruons que pour raison, nous ne pouuons dire que nostre droict de Retraict lignager soit odieux pour estre contraire au droict Romain, mais plustost qu'il est fauorable, pour ce que c'est nostre droict general & vniuersel par tout le Royaume: car il n'y a pays coustumier, ny quasi lieu en la domination du Roy où ce droict n'ait esté embrassé, comme il paroist par nos Coustumes, & comme Iean Fabre Docteur François le remarque sur cette loy *Dudũ*, & sur la loy 14. au *C. de sacros. Eccles.* & non seulement en ce Royaume, mais aussi en tous les Empires & Royaumes de deça. Car en Orient les Empereurs Romains Michel & Nicephore en auoient fait il y a desia long-temps des constitutions expresses qu'ils appellent *de iure* προτιμήσεως, & qui ont esté suiuies par les Rois de Sicile & de Naples, lesquels vsent aussi de ce mot; & par les Empereurs d'Occident, particulierement par Frederic II.* l'Ordonnance duquel a esté commentée par nostre Balde; & par tous les autres Royaumes de deçà, ainsi qu'il a esté remarqué par ceux qui en ont escrit, *in cap. Constitutus 8. extra. de in integrum restitutione*, par Paul de Castre en son

* *M. Cujas en sa Consultation 9. dit qu'il ne faut*

prendre le droit de retraict plus auant que de la constitution de cet Empereur.

conseil 329. & autres. Bref, nous ne pouuons, ny ne deuons dire en ce Royaume sans vergongne, que ce droict soit odieux pour n'estre pas conforme au Romain, sinon que par mesme raison nous ne confessions que le droict des fiefs, le droict d'ainesse, des doüaires, & infinis autres semblables soient odieux, pour n'auoir esté cogneus par les Romains: ce que personne ne confessera iamais. Deplus ce precepte est fondé sur le premier precepte de droict, *honestè viuere, alterum non lædere*, selon Frideric II. en la Nouell. 2. *de iure* προτιμήσεως, & sur vne honneste affection. *l. Cum seruus extero.* 54. D. *mandati.*

Ce droict de Retraict s'appelle en quelques endroits droict de Prémesse, laquelle diction se trouue en la Coustume de Bretagne art. 66. 86. 110. 129. 358. & autres, & au titre 16. de la mesme Coustume, ausquels lieux la diction de Presme signifie le prochain lignager qui vient au retraict pour estre en lignage & ramage dont procede l'heritage, *à dictione latinâ, Proximus: Est enim gens prediorum, inquit Cicero in oratione pro Cornelio Balbo*: Boutillier appelle Presme le parent proche de sang du costé du pere ou de la mere: *Britannis Premessa est cognatio, & ius* προτιμήσεως, *quod competit proximiori cognato, Eguinarius Baro in methodo de Feudis, lib. 2. cap.* 15 *Cujacius lib. 2. de Feudis, tit.* 4. & Ragueau en la diction, Prémesse. Aussi ce droict s'appelle Retraicte & Retraction en la Coustume de Haynault ch. 77. Lisle ch. des Retraittes lignagéres, au Duché de Bourgongne ch. 10. art. 13. &c. & au Comté de Bourgongne art. 69. 71. 76. 77. & 78.

Du Retraict lignager *vide. l. Peto* 69. §. *fratri.* 3. *D. de legatis* 2. *Ioann. Fabrum ad* §. *si plures. D. de ligitimâ agnatorum successione, & ad l. Dudum. C. de contrahendâ emptione*, *Boerium decisione* 11. *Albericum de Rosato in tractatu de stat. lib. quæst.* 87. & 88. *Nouell.* 1. *Constantini Porphyrogenetæ, Baldum in l.* 1. *Cod. communi diuidundo, Alexandrum in consilio* 52. 1. *vol. Decium in Cons.* 232.

DE NE POINT VENDRE *ses Propres, ains les laisser à ses Enfans.*

EN la Republique de Sparte par la loy de Licurgus il n'estoit pas permis de disposer de son bien au preiudice de ses enfans, ausquels il le falloit laisser; ce qui fut enfin reformé par Epitadeus Ephore qui introduisit la loy testamentaire, ainsi que recite Plutarque sur le commencement de la vie d'Agis & Cleomenes: mesme Heraclide en son liure des Politiques dit qu'il n'estoit point loisible entre les Lacedemoniens de vendre ses Propres, & qu'il estoit reputé à tres-grande honte en beaucoup d'endroits de les vendre: Aristote le dit aussi en ses Politiques liu. 2. chap 5. & 7. & liu. 6. ch. 4. & que cela estoit defendu en plusieurs villes de la Grece, ἦν δὲ τὸ ἀρχαῖον ἐν πολλαῖς πόλεσι νενομοθετημένον, μηδὲ πωλεῖν ἐξεῖναι τοὺς πρώτους * κλήρους. C'est-ce qui a fait douter dans le droict Romain si l'on pouuoit donner ses Propres, comme il paroist par la loy *Si auia*. 19. au Code *de donationibus*. Platon liu. 11. de ses loix dit selon la version latine, *Ego qui Legislator sum, neque vos vestri arbitrij, neque has vestras opes esse censeo, sed vniuersi generis vestri & superioris & in posterum futuri, & adhuc magis ciuitatis esse & totum genus & opes vestras.*

* *al.* πατρῴους.

DES EXECVTEVRS testamentaires.

LE mot ny l'vsage des Executeurs des testamens ne se trouuent quasi point en tout l'ancien droict Romain, à cause que le tout dependoit & estoit commis à la charge des vrais heritiers, ou des heritiers fideicommissaires, qui estoient en quelques choses semblables à nos executeurs. Si est-ce toutesfois que la glosse y accommode, & par aduenture assez proprement vn cas posé en la loy, *Si à plurib.* 107. au Digeste *de legatis* 1. suiuant la loy *Quidam* 69. §. 1. au mesme titre, la loy *Diuus.* 7. au Dig. *si cui plusquàm per legem Falcidiam licuerit, legatum esse dicitur*, la loy *Alio herede* 9. *de alimentis, vel cibariis legatis*, la loy *Lucius* 78. §. 1. *ad SC. Trebellianum.* Et Tacite en ses Annales liu. 2. dit que l'office d'Executeur n'est pas de pleurer, *& prosequi defunctum ignauo questu, sed quæ voluerit meminisse, quæ mandauerit exsequi.* Parmy les Grecs l'vsage & la façon en estoit plus ordinaire, & de faict nous lisons és testamens de Platon, d'Aristote, Theophraste & Lycon qui sont recitez par Diogenes Laertius, qu'il est fait mention de certains curateurs appellez ἐπιτρόπους, qui sont proprement commissaires & Executeurs des testamens: dont par aduenture est aduenu que le siege de l'Empire estant transferé d'Occident en Orient, l'vsage en a aussi esté plus frequent, & que les Empereurs en ont fait mention en leurs constitutions, comme Martian en sa Nouelle *de testam. Cleric.* où il les appelle *dispensatores.* Tant y a qu'aux derniers temps, & signamment depuis que *Christianâ fidê Romanum firmatum est Imperium*, les executions testamentaires ont esté grandement en vsage, & signammẽt quand il y a eu quelques faicts concernans la deuotion & la pieté, & qui se pouuoient aisement oublier, tant par la malice des heritiers, que par l'ignorance des legataires. Ce qui a donné occasion aux Empereurs Leon & Anthemius de faire la loy *Nulli.* 28. au Code *de Episcopis & Clericis* qui donne puissance aux executeurs d'vn testament de faire poursuite contre l'heritier ou le legataire, pour en faire puis apres luy-mesme la deliurance, & en cas qu'il n'y eust personne pour executer cette volonté, ils ordonnerent que l'Euesque du lieu en feroit la poursuitte, & tiendroit lieu de l'executeur, à la charge toutesfois de l'en aduertir puis apres. Car du commencement les Empereurs, encores qu'ils fussent Chrestiens, ne vouloient pas tant donner d'auctorité aux Euesques, qu'ils ne retinssent tousiours le congé pardeuers eux. Et de faict nous voyons encores vn abregé d'vne constitution de l'Empereur Emanuël qui se trouue au liure du droict Oriental, qu'en tout ce qu'il ordonne pour les executeurs des testamens, il en baille la poursuitte & la cognoissance aux Euesques, & à ses Iuges conioinctement & à luy-mesme: & est ladite cõstitution notable en ce qu'elle ordonne que si les executeurs testamentaires different d'accomplir & d'effectuer ladite execution, ils en sont punis, & est ladite execution deuoluë aux Magistrats & Euesques du lieu. Depuis en Occident, & signamment en l'Eglise Romaine les Euesques se sont aussi quasi attribuez ce droict, & la contrainte contre les executeurs, encores mesme qu'ils fussent personnes laïques, cõme il se voit aux Decreta. *cap. tua. & cap. Ioannes*: & se fondent sur l'Authent. 131. *de Ecclesiasticis titulis, &c. & cap. si quis autem* 7. Et de faict c'est vn des articles de la dispute de Bertrand Euesque d'Autun, & de M. Pierre de Cugnéres du temps du Roy Philippes de Valois. Tant y a qu'en ce temps-là l'Eglise en cognoissoit: & és biens dont les Euesques prennent cognoissance sur les Clercs, les Eglises Cathedrales & Chapitres la prennent sur ceux de leur iurisdiction.

En cette matiere d'execution testamentaire l'on a fait vne question, si les Ecclesiastiques peuuent estre executeurs: surquoy Leon Empereur de Constantinople fit vne constitution par exprés qui est la 68. par laquelle il est resolu qu'oüy; & le doubte qu'il en faisoit, estoit fondé sur ce que par les Canons ils ne pouuoient estre ἐπίτροποι *Curatores seu tutores pupillorum*, mais ils peuuent estre ἐπίτροποι des testamens. Voyez Balde sur ladite loy *Nulli*, au Code *de Episcopis & Clericis.* & M. Cujas en son 2. traicté *ad Affricanum.*

L'on tenoit jadis qu'vn executeur testamentaire ne pouuoit demander salaire, *quia munus illud voluntarium & pium erat*, & que les executeurs testamentaires sont ou parens ou amis des defuncts, & le plus souuent heritiers en partie; tellement que *officium illud debebat esse gratuitum, & non mercenarium*, suiuant la mesme loy *Nulli*, sur la fin, au Code *de Episc. & Cleric.* & la loy *Lucius Titius* 88. §. *à te peto.* au Digeste *de Legatis* 2. Toutesfois on leur a ordinairement taxé salaire; autrement on trouueroit bien peu d'executeurs, & ne seroit raisonnable pour faire plaisir, de receuoir souuentefois dommage & desplaisir, d'autant qu'il faut souuent soustenir des procez, y vaquer plusieurs iournées, delaisser ses propres affaires, & aduancer ses deniers, *officium autem nemini debet esse damnosum. l. Si quis ex signatorib. 7. D. testamenta quemadmodum aperiantur, insp. & describ.*

L'on tient que les executeurs testamentaires demandans deliurance des legs d'vn defunct, sont fondez en prouision iusques à la concurrence de ce que peut valoir la quatriesme partie du reuenu des choses demandées, pris auparauant le serment des parties, par la raison de la loy *Antiqui* 3. *D. si pars hereditatis petatur. l. Sed etsi restituatur* 28. §. *finali D. de iudiciis*

NVLLE TERRE SANS Seigneur.

CEtte maxime est confirmée par le ch. *Omnis anima.* 2. *extrà. de censibus*, par la loy *Pupillus* 239. §. *territorium* 8. *D. de verborum significatione*, par S. Augustin* *in cap. quo iure defendis.* 1. *distinctione* 8. Et partant l'Eglise qui possede des terres est tenuë de recognoistre les Seigneurs, *in temporalibus. Census enim*

* *Ex tractatu 6. ad cap. 1. S. Ioann.*

enim arguit superioritatem, & directum dominium arguit subiectionem. d. cap. Omnis anima, & telle prestation ne se peut prescrire. *l. Malè agitur. 2. & l. Comperit. 6. C. de præscriptione* XXX. *vel* XL. *annorum.* Aussi l'Eglise ne peut tenir terres autrement, *quia Ecclesia iure humano possidet agros & prædia, vnde consequens & æquum est, vt tributa, stipendia, vectigalia, & iura dominica persoluat*: & l'Eglise mesme commande *cui tributum, tributum, cui vectigal, vectigal*, en l'Euangile, comme aussi S. Paul aux Romains ch. 14. *Et vbi lex præscriptioni resistit, bona fides nihil prodest. l. Cùm lex 46. de fideiussoribus & l. Vbi lex. 24. de vsurpationib. & vsucapionib. l. Non dubium, Cod. de legib.* & au titre du Code *sine censu vel reliquis fundum comparari non posse.*

DES RENTES.

LEs Rentes doiuent estre separées des vsures. Vsure est quand nous baillons argent à interest & profit, lequel toutesfois nous pouuons retirer quand il nous plaist. Rente est quand ayant baillé nostre argent à quelque profit, nous ne le pouuons iamais retirer; ains seulement est au pouuoir du debteur de s'en descharger quand bon luy semble. C'est pourquoy au premier cas celuy qui a baillé son argent *dulcedine vsurarum*, le laisse courir si long-temps que l'interest surpasse le sort principal, le surplus se precompte sur le remboursement d'iceluy, selon Iustinian en ses Nou. 21. & 138. la loy *Si non sortē. §. 1. D. de condict. indeb.* & la loy 4. *Pro operis D. de naut. fœn.* ce qui estoit pris des loix Ægyptiennes en Diodore Sicule liu. 2. En Rente l'on garde le contraire; car la Rente est perpetuelle & à tout iamais, & ne peut on precompter les interests sur le sort principal, qui est la raison pour laquelle on appelle les Rentes, perpetuelles. Le plus ancien lieu où il se peut remarquer vne forme de contracts de constitutions de rente est en la Nouelle 160. de Iu-

R

ſtinian, où il appelle ce reuenu *νομὴν*, *intributionem*, & où il parle de cette conſtitution *de vſuris vltrà duplum non ſoluendis*, cõme nouuelle & par luy introduite, laquelle a eſté tirée par aduenture de la loy *Si non ſortem*, & de la loy 4. *de nautico fœnore* cy-deſſus alleguées; car la loy 10.* au Code *de vſuris* monſtre le contraire: mais ladite loy 10. eſt corrigée par la Nouelle 121. En cette conſtitution 160. il eſt dit que la rente coura tant & ſi long-temps que ceux qui ont receu l'argent le retiendront, qui eſt-ce que dit la 2. Extrauagante du Pape Calixte III. qui commence *Regimini*, *tit. de emptione & venditione*, où il y a que *ementes huiuſmodi redituum, pecuniam ſuam nullomodo repetere poterant, etiamſi bona, domus, terræ, agri, poſſeſſiones, & hereditates huiuſmodi proceſſu temporis ad omnimodæ deſtructionis ſiue deſolationis reducerentur opprobrium.* Et partant quand il y a contrainte de pouuoir r'achepter vne Rente, on la repute vſuraire. Auſſi par cette derniere Extrauagante le prix de la conſtitution de la rente n'eſtoit point certain, & ſi elle ſe pouuoit r'achepter à pluſieurs fois, & ſe diminuoit l'intereſt au *pro ratâ*. Par la precedente, qui commence auſſi par le mot *Regimini*, & eſt de Martin V. le prix eſtoit de 10. 11. 13. 14. Nous auons pris le denier 12. en France, qui eſt le milieu; & cet intereſt du denier douze a eſté introduit par l'Ordonnance du Roy Charles VII. ſur le rachapt des Rentes de la ville de Paris art. 15. cette Ordonnance eſt de l'an 1441. *ſicut vſura centeſima dicta eſt legitima à lege XII. Tab. quâ in ſingulos aſſes vncia ſoluebatur, vnde & vnciarii fœnus.* L'Ordonnance du Roy François I. publiée en l'an 1539. qui s'eſtend ſur toutes les villes de ce Royaume eſt generalle, comme auſſi l'Ordonnance du Roy Henry II. faite en l'an 1558. laquelle ne debuãt durer que trois mois, fut depuis prolongée iuſques à ſix, & enfin fut faite perpetuelle par Edict publié le 12. Mars 1563. Mais parce que les rachapts des Rentes deuës à l'Egliſe, paſſent pour alienations, ce qui ne ſe peut faire legitimement que par les voyes ordinaires de droict, & neantmoins que l'vtilité publique requiert la deſcharge des maiſons de villes pour euiter à leurs ruynes, & à ce qu'elles puiſſent mieux eſtre entretenuës; il a eſté adjouſté

* *D. Godefroy explique bien, & en peu de mots cette matiere ſur cette meſme loy.*

par la Cour en modifiant lesdites Ordonnances de Charles VII. & François I. que l'argent procedant des rachapts des Rentes sur les maisons seroit employé en l'achapt d'autres Rentes pareilles ou heritages sortissans nature de propre à l'Eglise; de maniere que le rachapt par ce moyen n'est point alienation, ains permutation & eschange qui n'est pas defendu à l'Eglise, moyennant que sa condition en soit amandée, & n'en soit point empirée: & neantmoins faut noter que les Rentes admorties ne sont point racheptables, ainsi qu'il y a par expres en l'Ordonnance de Charles VII. art. 20. & en l'exception de la modification de la Cour sur l'Edict du Roy François I. de l'an 1539. A quoy les Ordonnances dernieres n'ont desrogé: car combien qu'elles parlent des rentes appartenantes aux Eglises, Corps, Colleges, aussi faisoient les precedentes: ioint qu'il semble que par vn Edict fait par le Roy Henry II. la permission de r'achepter ainsi toutes Rentes ait esté reuoquée, à tout le moins pour le regard des Ecclesiastiques; cet Edict fut fait en l'an 1558. publié en l'an 1563. en vertu de lettres d'attache du Roy Charles IX. Et de faict depuis ce temps l'on a iugé & iuge-t'on ordinairement que les Rentes des Ecclesiastiques ne sont point racheptables, voire mesmes celles qui sont sur les maisons de cette ville de Paris. Il y en a deux Arrests notables, l'vn pour la saincte Chapelle contre M. Guillaume Viuon Procureur au Chastelet pour 27. s. 6. d. de rente deuë par sa maison, ledit Arrest en datte du 9. Feurier 1562. & l'autre entre les Chanoynes de sainct Denys du pas, & Claude Louuet marchand pour vne rente d'vn escu sur quelques vignes sizes au pré S. Geruais, du 6. Aoust 1575. & portent tous les deux Arrests que les pieces furent communiquées au Procureur general qui y prit ses conclusions.

Auparauant l'Extrauagante *Regimini*, il y auoit des contracts de constitutions de Rentes, & en ay veu vn au profit de l'Eglise de Paris du 26. Nouembre 1398. passé par Iean de Bethune dit de Iuquet, par lequel pour & moyennant la somme de deux mil quatre vingts neuf escus, il leur constitua ladite Rente à raison de 135. liu. parisis par chacun an.

Des achapts ou r'achapts de rentes, *vide Matthæum de afflictis, decisione 34. l. Si quis argentum. 35. §. sin autem. Cod. de donationib. Panormitanum cap. In ciuitate, de vsuris, extrà. Alexandrum in consil. 108. collat. 3. in 3. volum. Oldradum in consilio 207. Baldum in tit. si Feudum vassalli ab aliquo inter. fuer. collat. 3. Decium in consil. 123.*

MEVBLES ET IMMEVBLES.

IL n'y a pas seulement difference entre les Meubles & Immeubles en ce qui concerne le temps des prescriptions, mais aussi en ce que, *res mobilis litigiosa pignori obligari non potest, prædium autẽ potest, l. 1. D. quæ res pignori, vel hypothecæ datæ obligari non possunt. In venditione rei mobilis venditor debet esse bonæ fidei, vt res vsucapiatur, in immobili sufficit vt emptor sit bonæ fidei. l. 1. 4. 5. 6. & 7. C. de vsucapione pro emptore.*

Meubles precieux des grandes maisons sont tenus pour Immeubles, *quæ non in præsentem modò speciem, sed in perpetuum vsum seruantur.* Tite-Liue au liu. 40. parle ainsi des meubles du Roy de Macedoine.

Mobilibus legatis, aurum & argentum non debetur, nisi de his quæ manifestò sensisse testatorem possit ostendi. Paulus lib. 3. sententiarum. tit. de legat. §. mobilibus: cuius rei rationem reddit Constantius lib. 5. epitomes, cap. 5. quòd, vt pretiosa, specialiter designari oporteat.

CONTRE LES LEGITIMATIONS des Bastards pour succeder.

LEs bons Rois ont les premiers monstré exemple cõme ils ont rebuté les Bastards, n'en ayant iamais voulu recognoistre aucuns en leurs maisons, à tout le moins de masles qui en portassent le nom ou titre, ny qui en eussenr les biens. Et si en quelques autres grandes maisons de ce Royaume cela a esté dissimulé, ç'a esté fort rarement ou quand on les a veu defaillir de masles, ou qu'il y a eu aux Bastards quelque rare & insigne vertu. Aussi il est certain que d'en faire ordinaire, & de legitimer à toute heure des Bastards indistinctement, *sine delectu*, *siue iudicio*, c'est obscurcir la splendeur du mariage, & r'amener le concubinage ancien; c'est troubler l'estat de la Republique, prostituer l'honnesteté d'icelle, & confondre entierement les bonnes & honnestes races auec les adulterines. Et c'est la raison pour laquelle nos Rois ont esté anciennement fort religieux & retenus à faire des Legitimations, principallement pour succeder, ains seulement pour posseder quelques honneurs, dignitez, ou offices; & outre ce ils se sont bien gardez de recognoistre les enfans des Prestres, qui ont tousiours esté rebuttez des puissances temporelles & spirituelles. Aussi est-il veritable qu'il s'en presentoit anciennement peu qui voulussent estre dits tels, de quelque dignité ou noblesse que fussent leurs progeniteurs; mais plustost ils cachoient ce vice tant qu'ils pouuoient, empruntans le nom de nepueux ou cousins; & il se trouuoit peu de gens qui voulussent leurs alliances. Mais nous sommes venus au temps où les hommes ont si peu de pudeur, *vt nec castè, nec cautè viuere curent*, mais plustost font gloire de leur vice, & le veulent faire passer pour vertu; & d'autre part les enfans qui en viennent, sous l'ombre d'vne

Il paroist par la lecture de cette piece, que c'est vne partie de quelque playdoyé.

peau de parchemin, osent non seulement descouurir publiquement le vice de leurs progenitures & leur macule, *verùm etiā audēt se clarissimis familiis inserere.* Et est telle aiourd'huy l'auarice, que sous vmbre des biens que les personnes Ecclesiastiques amassent & donnent à leurs Bastards, plusieurs prennent alliance auec eux. Et de faict l'on a veu depuis n'agueres plus de procez, plus de querelles, & plus de sang respandu pour telles legitimations, donations, & successions, que l'on n'en auoit veu en cent ans auparauant; voire & si auant, qu'estant vne cause pour ce subjet introduite au grand Conseil, les Iuges ont esté contraints d'ordonner aux parties de s'appointer & coupper le gasteau par moitié entre l'heritier legitime collateral, & la bastarde d'vn Prestre mariée dans vne honneste famille. Et est à craindre, s'il n'y est pourueu promptement que l'on ne voye dores-en-auant autre chose, *in tanto diuitiarum fastu & fastigio, in quibus Ecclesiam & Ecclesiasticas personas videmus hodiè constitutas*, c'est à sçauoir que les biens de l'Eglise tourneront à des successions de Bastards, l'intention des anciens fondateurs qui les ont donnez pour estre eslargis aux pauures sera fraudée, la defense que Dieu a faite aux personnes Ecclesiastiques de thesauriser sera du tout aneantie, & les Ecclesiastiques dediez au seruice de Dieu s'appliqueront entierement au soing d'amasser & recueillir des biens pour leurs familles comme les laiz, & delaisseront l'estude, la predication, la contemplation, & toutes les autres charges à eux propres & reseruées, qui certes ne peuuent compatir auec tels mesnages; & enfin que plusieurs qui ont pris alliance en des maisons où il y a des personnes Ecclesiastiques riches en temporel que l'on a esperé deuoir reuenir à leurs vrais & legitimes heritiers, seront frustrez par telles Legitimations. Ce sont les raisons pour lesquelles il est besoin d'obuier à tels inconueniens, voire par l'appel de ces Legitimations portans des clauses exorbitantes de droict. Et ne se doit trouuer nouueau, si cette voye commence seulement de ce temps, & que par cy-deuant elle n'a point esté prattiquée: car la loy dit *Nouis morbis noua remedia preparanda, & malis gras-*

ſantibus exemplo opus & locum eſſe; &, vt præclarè dicit Gellius, non ignoramus legum opportunitates & medelas pro temporum rationibus, proque vitiorum quibus eſt medendum furoribus flecti & mutari ſolere, nec vno ſtatu conſiſtere. Qui voudra courir pardeſſus les aages paſſés trouuera touſiours qu'il y a eu mutatiõ de loix & de formes ſelon les occurences, & meſme en cet endroit, comme il ſera dit cy-apres. Et combien que l'on ſe ſoit par aduenture paſſé par cy-deuant du remede de l'appel au cas dont eſt queſtion, il ſe trouuera toutesfois que l'on a fait choſe equipollente: car iamais telles Legitimations n'ont eſté miſes en auant, qu'elles n'ayent eſté debatuës, & ne les a la Cour voulu fauoriſer ou diſſimuler; mais ſeulement a pourueu dans les rencontres aux aliments neceſſaires aux Baſtards, ſans y auoir auctoriſé les ſucceſſions, ou les donations qui en approchent, comme nagueres il a eſté fait aux Baſtards de feu M. de Gruy: & l'on a appris des anciens du barreau que ſemblable cauſe s'eſtant plaidée ſous feu M. le Preſident de Selue, il remonſtra publiquement à l'Aduocat d'vn Baſtard, qu'il eſtoit eſcrit, *Eijce ancillam & filium eius; non erit heres & filius ancillæ cùm filio liberæ.* Geneſ. c. 21.

Or pour mieux eſtablir ce qui a eſté cy-deſſus aduancé contre les Baſtards & leurs Legitimations, eſt premierement à conſiderer la direction de l'ancienne Republique des Hebreux, conduite par Dieu meſme, laquelle aucuns appellent le Regne des Bergers, & toutesfois cet Eſtat ſe doit tenir entre les plus parfaits pour l'ordre politique. Il ſe trouue donc és ſacrées Bibles, meſmement au Deuteronome chap. 23. vne loy generalle en ces termes, *Mamzer, hoc eſt, de ſcorto natus, non ingredietur in Eccleſiam Domini, vſque ad decimam generationem*, & en vn autre lieu eſt eſcrit ce qui a eſté dit cy-deſſus, *Eijce ancillam, &c.* qui fut vne parole prononcée par Sara à Abraham ſon mary ſur l'expulſion d'Agar ſa ſeruante & d'Iſmaël ſon fils; & Dieu la trouua bonne, & commanda à Abraham de l'eſcouter & d'y obeir, luy promettant toutesfois de faire Iſmaël grand perſonnage, comme il le fut, en biens & en lignée, & enſeuelit Abraham auſſi bien qu'Iſaac: mais Abraham laiſſa tout ſon heritage à Iſaac, & fit ſeulement quelques dons aux enfans de ses concubines, quoy qu'elles fussent permises alors; c'est à dire non seulement à Ismael fils de sa seruante, mais aussi à tous les enfans des autres femmes qu'il auoit, bien qu'il les eust espousées apres la mort de Sara. De mesme encores qu'en la race ou descente de IESVS-CHRIST il y ait enumeration de quelques femmes qui auoient delinqué, si est-ce que leurs enfans venus *ex illicito coitu*, n'ont pas succedé, ains ceux qui sont venus depuis *ex legitimo matrimonio posteà subsecuto*, tesmoin Salomon venu de Dauid & de Bersabée apres vn legitime mariage, lequel pour ce succeda au Royaume, mesmes au prejudice de son aisné d'vne autre femme.

Quant à la Republique des Perses & des Grecs l'on a obserué le mesme vsage; car encores qu'il y ait vn exẽple particulier en Diogenes Laertius en la vie de Socrate, en ces mots, φασὶ γὰρ βουληθέντας Ἀθηναίους, &c. *Nam Athenienses, cùm bellis, ac lue ciuibus exhaustam ciuitatem reparare sobolemq; propagare vellent, decreuisse referunt vti vrbanam quidem vnam vxorem ciues ducerent, liceret autem & ex alterâ procreare liberos*, neantmoins il n'y auoit que les enfans de la femme legitime, qui fussent heritiers.

Passons maintenant aux Romains, nous trouuerons que *iam ab initio vrbis Romæ conditæ maxima religio, & obseruantia fuit in matrimoniorum castitate & pudore matrum familias*; car ils vescurent en leur ville trois cens tant d'années auant qu'il y eust vn seul diuorce, comme recite Tite-Liue: & il se trouue vne loy du vieux Numa escrite en ces mots, *Pellex ædem Iunonis ne tangito, imò probrosa esto*, comme recite Aulu-Gelle liu. 4. chap. 3. disant aussi que Sp. Caruilius qui fit diuorce auec sa femme ne le fit qu'à cause de sa sterilité. Ce n'est pas qu'il leur fust au commencement defendu d'instituer heritiers leurs enfans naturels, selon la loy des XII. Tables qui donnoit toute puissance à chacun de disposer de ses biens à sa volonté; & de ce il en appert pour les enfans naturels en la loy *Lucius* au Digeste *de vulgari & pupillari substitutione*: mais tout ainsi que cette grande puissance de tester a esté reformée à l'esgard des femmes par les

loix

loix Iulia & Pappia Poppæa ; auſſi a-t'elle eſté reſtrainte pour les enfans naturels par les conſtitutions des Empereurs, leſquels ont fait cette diſtinction, que où les peres & meres ont des enfans legitimes & naturels, où ils n'en ont que de naturels. S'ils ont des enfans Legitimes, & des Baſtards auſſi, il ne leur eſt point loiſible de donner à leurs Baſtards plus de la douzieſme partie de leur bien.

Mais pour eſplucher plus particulieremẽt le cõtenu és conſtitutions Romaines, il faut prendre le diſcours de plus haut, & le tirer des ſources meſme de la nature par Iuſtinian meſme en ſes deux Nouelles 74. & 89. ſelon la reſtitution d'Haloander ſous le titre *quibus modis naturales filij efficiantur ſui, &c.* deſquelles le narré porte ces mots ou ſemblables, *Natura initio, cùm inter homines liberorum procreandorum ratio moribus, non legibus ſcriptis conſtitueretur, ad vnum omnes tùm liberos, tùm ingenuos produxit : ſed bella, & pugnæ, voluptates, & concupiſcentiæ prorsùs eam rem ad aliam deduxerunt formam. Nam bellum ſeruitutem inuexit, naturales autem & illegitimos caſtitatus caſus. Lex autem rursùs huiuſmodi delicta ad ſanitatem reuocans, in ſeruitute degentibus libertatem molita eſt mille ad id modis introductis. Naturalium verò liberorum nomen antiquitas Romana non admodùm magno proſequuta eſt ſtudio, ſed perinde, quaſi diuerſi generis aliquid & prorsùs à Republicâ alienum exiſtimauit, & illegitimis acerbam ſe omninò præbuit.* Pourquoy fortifier ſe peut dire en verité & ſans iactance qu'en tous les anciens liures des Pandectes il ſe trouuera grande quantité de conſtitutions pour deliurer les ſerfs des ſeruitudes, *ex ſeruis liberos aut libertos efficere : permiſſum quoque Principibus fuit, vt ex libertis ingenuos facerent, atque adeò non nobiles nobilitarent*, dont ſont les coſtitutions *de natalib. reſtituendis, & de iure aureorum annulorum.* : mais il ne s'y trouuera point aucune loy ou conſtitution qui donne pouuoir ou priuilege de legitimer les enfans illegitimes naiz hors mariage, ny de les appeller aux ſucceſſions, ſinon vne *per adoptionem aut arrogationem*, qui depuis fut oſtée, comme ſera dit cy-apres, & meſmes il ne ſe trouuera point qu'il y ait vn ſeul mot de Legitimatiõ pour le regard des enfans naiz hors mariage; tant ils ont esté curieux de garder l'honnesteté publique. Bien est il vray qu'il se trouuera qu'ils ont traitté de la Legitimité d'aucuns enfans; (car c'est par ce mot que nous voulons distinguer la recognoissance que l'on fait des enfans naiz en legitime mariage d'auec la legitimation des enfans naiz hors mariage:) mais cela est non seulement different de ce propos, ains aussi confirme la tradition precedente. Car cette consideration de Legitimité a esté pour les enfans naiz en mariage, encores qu'il fust illicite & contracté contre la prohibition de la loy mesme comme s'il estoit incestueux, auquel cas, combien que le mariage soit nul, & ne se puisse valider, *l. Qui contra. 4. Cod. de incestis & inutilibus nuptijs*, quoy que les contractans soient punissables en leurs personnes. *l. Si adulterium* 38. *D. ad legem Iuliam de adulteriis*; toutesfois *si adsit probabilis error aut ignorantia, vel simile quidpiam quod excusationem adferre possit, proles inde suscepta non desinit esse legitima*, le texte en est elegant & solemnel en la loy *Qui in prouincia* 57. §. 1. *D. de ritu nuptiarum. Mouemur*, dit-il, *& diuturnitate temporis quo ignara iuris in matrimonio auunculi tui fuisti, & quòd ab auiâ tuâ collocata es, & numero liberorum vestrorum. Idcircò, cùm hæc omnia in vnum concurrant, confirmamus statum liberorum vestrorum in eo matrimonio quæsitorum, quod antè annos quadraginta contractum est, perinde atque si legitimè concepti fuissent.* Il dit, *confirmamus*, c'est à dire, *legitimos esse declaramus, non autem nostro rescripto legitimamus.* Et pour clairement monstrer cette difference de Legitimation des enfans naiz hors mariage, & de ceux qui naissent en mariage, sera bien pesé le texte de cette loy *Si adulterium*, depuis le paragr. *stuprum*, iusques à la fin, & le texte qui dit au paragr. 3. *nonnumquàm tamen incesti crimina, quamquàm natura grauiora sunt, humaniùs, quàm adulterij, tractari solent, si modò incestum per matrimonium illicitum contractum sit*, & au paragr. 4. *fratres denique Imperatores, Claudiæ crimen incesti, per matrimonium contractum propter ætatem remiserunt, sed distrahi coniunctionem illicitam iusserunt, cùm aliàs adulterij crimen non excusetur ætate.* C'est ce que magistralement disent nos Docteurs, *quòd* *dans operam matrimonio, licet contrà leges, tamen dat operam rei licitæ*, ou comme dit Accurse, *parcitur offensioni legum, si bonam habuit originem, seu causam fauorabilem; & propterea excusatur, si non ipse, saltem sua soboles. Contrà qui extrà matrimonium taliter delinquit, censetur habere vitiosum initium, & omninò dare operam rei illicitæ; Ideòque imputantur ei omnia quæ inde sequuntur, etiamsi succedant contrà, aut præter voluntatem eius*, comme il est escrit par les Legistes sur les lieux sus allegués, & par les Canonistes sur les chapitres *Tanta est vis 6. & Ex tenore* 14. aux Decretales, *qui filij sint legitimi*. Voila, sauf correction, comme l'on doit entendre les anciennes constitutions des Iurisconsultes sans les deprauer & detraquer de leur sens, en ce qui touche cette question, & consequemment verifiées en la preface des Nouelles susdites de Iustinian, en poursuiuant le discours desquelles il sera consideré que cet Empereur escrit par apres en icelles, quand & comment aduindrent & furent introduites les formes des Legitimations des enfans naiz hors mariage, & en quelle façon: c'est à sçauoir que du temps de l'Empereur Constantin seulement & non plustost, l'on commença à parler de nouuelles formes de Legitimations, comme il est remarqué particulierement dans cette Nouelle 89. Toutes[illegible] il ne gasta rien, ains fit en ce regard deux bonnes constitutions. Par l'vne il osta les façons de reprendre és familles les enfans naturels par forme d'adoption ou arrogation, & reduisit les Legitimations d'iceux à vne seule forme, à sçauoir par *subsequens matrimonium*, que nous tenons encores en France, quand l'on dit que l'on les met sous le poisle. Depuis il y eut varieté de constitutions faites pour ce regard par les subsequens Empereurs Valentin, Valentinian, & autres, desquels les constitutions se trouuent tant au Code de Iustinian, qu'en ce qui nous reste du Code Theodosien liu. 4. de sorte que pour vser des propres termes desdites constitutions nouuelles, *suscepit ea res magnam varietatem vsque ad ipsius Iustiniani tempora*, qui fut contraint pour la necessité du temps d'y donner ordre, d'autant que de ce siecle *inualuerat virus illud Arianum quod promiscua matrimonia effecerat; vsque adeò vt non tàm illi expedire viſum fuerit vltionem & interdictum proponere, quàm idquod malè erat effectum ſanare, & vndique depulſo malo inuenire meliora.* Ce qu'il ordonna donc par ces deux conſtitutions pour la Legitimation des enfans naiz hors mariage, contient en bref quatre petites regles. La premiere concerne la forme des Legitimations, la ſeconde celle qui ſe fait *per oblationem Curiæ*, la troiſieſme *per reſcriptum Principis*, pour le regard de laquelle il y a de merueilleuſes cautions & limitations ; a ſçauoir *quòd talium ſpuriorum aut naturalium pater nullam neque vxorem legitimã, neque legitimos habeat filios; quòd vnam tantùm concubinã habuerit ex quâ filios procrearit, neque tamen eam poßit viâ facti impeditus, aut nolit propter mores vitioſos in vxorem accipere cùm quâ publicè colat matrimònium.* A tels enſans ainſi legitimés l'Empereur permet au pere de laiſſer par teſtament ou donation toute l'heredité *in præiudicium legitimorum heredum collateralium, & ab inteſtato largitur eis ſextulam. Verùm ſi talis pater alios legitimos filios habeat, non eſt locus legitimationi naturalium liberorum ad effectum ſucceßionis, aut donationis adipiſcendæ; ſed ſic omnes ſpurij & naturales cum matre pro alimentis vnâ tantum venciâ contenti eſſe debent. Etſi talis pater tam profuſæ libidinis fuerit, vt plures habuerit concubinas, tunc ex illis filios omnes ſine vllâ portione vnà cum matribus domo eijciendos eſſe conſtituitur.* La quatrieſme regle eſt de ceux *qui nec ſpuriorum quidem nomine digni exiſtunt, vt potè quicunque ex nefario aut inceſto prohibitoque coitu proceſſerunt. Hi enim*, comme dit le texte, *neque naturales nominabuntur, neque à parentibus educabuntur, neque aliquam ex præſente lege communionem habebunt*, & comme il y a en vn autre lieu, *qui ex odibili & prohibito coitu procedunt, neque naturales vocari debent, neque participandi eis vlla clementia eſt, ſed ſit ſupplicium & hoc quoque patrum, vt agnoſcant, quia neque quicquam peccatricis eorum concupiſcentiæ habebunt filij.* Et c'eſt ce que les Docteurs tant Legiſtes que Canoniſtes ont principalement appliqué aux enfans des Preſtres ; car l'on voit en la gloſſe, & en vne infinité de lieux dans Bartole, & particulierement ſur la loy *ſi gener.* 25. au Digeſte *de his quæ vt indignis auferuntur*, & ſur l'Authentique *ex causâ* au Code *de liberis præteritis vel exheredatis*, & encores en la loy 2. au Code *de Episcopis & Clericis*, que tels enfans sont appellez *nefarij*, *adulterini*, *incestuosi*; & autant en ont dit tous les Docteurs Canonistes quand ils ont traicté de cette matiere, estant veritable que la constitution canonique a suiuy de bien prés en ce regard la constitution ciuile, *licet fortè diuersâ aliquomodo ratione*. Car pour le deduire en peu de mots, il se peut recueillir des constitutions canoniques que generallement elles ont blasmé, reprimé, & condamné toutes especes de fornications, ont osté le concubinage qui auoit esté en quelque façon dissimulé par les Empereurs Catholiques, comme escrit Bartole sur la loy *In concubinatu* au Digeste *de concubinis*, & quasi tous les Canonistes sur le ch. *Nemo 4. causa 32. quæst. 4.* au Decret, & sur tout le titre *de cohabitatione Clericorum & mulierum* aux Decretales. *Imò iure Canonico magis reprobatur concubinatus, quàm fornicatio simplex, eò quòd grauius est peccatum diuturnum quàm momentaneum*, comme dit Panorme sur le chapitre *Per venerabilem* 13. *qui filij sint legitimi*, & en l'Auth. où il allegue le chap. *Ex parte. de testibus*: en quoy certes ces constitutions canoniques ont esté plus roides & plus precises que non pas les ciuiles. Il est vray qu'elles ont esté semblables aux ciuiles à l'esgard de la Legitimation *quæ inducitur per subsequens matrimoniū*; mais elles y ont adjousté vne bride, pourueu que la copule precedente ne fust pas de celles que l'on appelle *adulterinas*, *nefarias*, *incestuosas*; car à celles-là elles n'ont voulu prester faueur quelconque, & pour ce est proprem̄et faite la decision du chap. cy-dessus allegué, *Tanta est vis matrimonij* aux Decretales, *qui filij sint legitimi*. Mais hors cette espece de legitimation, ainsi limitée que dit est, les Canons n'ont permis aux Saincts Peres de bailler des rescrits de Legitimations pour les enfans naiz hors mariage *saltem quoad ius succedendi*, *sed tantùm quoad honores & beneficia*, comme l'on peut colliger des lieux citez & autres tesmoignages *in Can. Dicat aliquis 32. quæst. 4. & in Can. Vna 35. quæst. 7.*

Quant à la Legitimité des enfans naiz en mariage, la mesme loy canonique a voulu outre la loy ciuile aduiser à la sauuer,

&ce par vne façon de legitimer *ipsamet matrimonia*: tellement qu'ils ont dõné la bride fort lasche aux Saincts Peres de pouuoir legitimer les mariages qui estoient contre la prohibition de la loy, & ce en faueur de la posterité, *atque adeò fauere filiis natis in matrimonio, & eos indirectò legitimos reddere, legitimando ipsa matrimonia*; ce que le droict ciuil n'a pas entendu, cõme l'on collige de la loy sus alleguée, *Qui contra. C. de incestis nuptiis*, & de la loy *Filium D. de his qui sui vel alieni iuris sunt*.

Partant la resolution de tous les Canonistes en ce regard aux lieux prealeguez est que *ad effectum bonorum Papa non potest prolem extra matrimonium procreatam legitimare, quia non potest nisi super effectu matrimonij disponere, non autem potest supplere consensum qui non est, nec ibi fictionem inducere vbi natura deficit; potest autem prolem ex legitimo matrimonio procreatam legitimare indirectè, sic legitimando ipsum matrimonium, & hoc ad omnes effectus de quibus dictum est*: & encores en ce cas sera noté que *filij nati in tali prohibito matrimonio ante legitimationem, non efficiuntur legitimi per superuenientiam legitimationis, si simplex esset legitimatio, nec expressè contineret legitimationem ex tunc, non solùm ex nunc*. Doncques resulte la regle generale du droict canon assez approchante de celle du droict ciuil, *numquàm legitimandos filios ad effectum bonorum, nisi per matrimonium legitimum, aut legitimationem matrimonij prohibiti à iure*.

Or pour toucher encore de plus prés au faict, *non defuerunt plerique qui & subtiliter quærere voluerunt, an Papa possit legitimare matrimonia Clericorũ, & per hanc indirectam rationem eorum filios legitimare*. Et il se trouue que Iohannes Andreas, *qui eâ maculâ laborabat*, en a fait deux questions mercuriales *in regul. Actus legitimi. 50. & in regul. Semel Deo 51. de regul. iuris, in 6.* en l'vne desquelles il parle *de Monacho*, ce que sainctement Panorme resout en peu de mots *in cap. Cùm olim 6. de Clericis coniugatis*, où il dit qu'il seroit fort seant aux personnes dediées à l'Eglise de soy contenir en virginité; *nam non reperitur*, dit-il, *in homine continente maius bonum; scriptum enim est nuptias replere terram, virginitatem autem Paradisum. Ceterùm pro his qui continere non possunt, opportunius &*

honestius esset prohibitionem matrimonij tollere, quàm particularibus dispensationibus vti: & neantmoins en tout cas il dit que telles legitimations ou dispenses ne pourront auoir lieu, *nisi in simplici Clerico & ignorante, & qui nondùm votum vouisset; cæterùm in iis qui votum continentiæ vouerunt, in totum reijciendas esse dispensationes, neque iure aliquo sustineri posse duplici ratione; priore, quia obligatus ex voto non potest liberari, cap. I. de voto & voti redemptione; posteriore, quia contrà statutum Ecclesiæ non dispensat Papa vbi decoloratur status Ecclesiæ, Can. Et si illa I. quæst. 7.*

Pour resolution, la faueur des mariages a tousiours esté grande, *& è conuerso magnum odium eorum qui antè matrimonium, vel sine matrimonio nati sunt*; & ne se trouue que la loy ciuile ou canonique ait voulu receuoir les Bastards à succeder aux biens de leurs peres, & singulierement les enfans des Prestres, ausquels la loy ciuile a denié iusques aux alimens. Vray est que la benignité de la constitution canonique est depuis suruenuë, qui leur a ordonné & permis quelque chose pour alimens, *c. Cùm haberet 5. de eo qui duxit in matrimonium quam polluit per adulterium*: qui est pour reuenir à ce qui a esté dit au commencement de ce discours, que la legitimation n'a lieu pour le faict des successions ou donations grandes & immenses. Aussi par Arrest solemnellement prononcé par M. le Chancellier, le Roy tenant son lict de iustice le Ieudy 17. de Septembre 1573. assisté du Roy de Poulongne son frere, il fut iugé que les lettres de Legitimation octroyées aux enfans d'vn Prestre leur profiteroient pour le regard des estats, priuileges & autres droicts; mais non pas pour succeder *ab intestat* à leur pere: au contraire furent les heritiers legitimes & collateraux maintenus & gardez en possession & saisine d'iceux, & neantmoins fut le Bastard conserué ès biens qui luy auoient esté donnez du viuant du Prestre, & furent les heritiers deboutez des lettres qu'ils auoient obtenuës pour en faire casser la donation. Aussi les parens naturels des Bastards ne leur succedent pas, comme il fut iugé par Arrest donné aux grands iours le 16. Septembre 1596. par lequel la succession d'vn Bastard fut adiugée au haut iusticier dans le destroit duquel il estoit né & domicilié, ores qu'il fust decedé à Paris.

S'ensuit doncques qu'à bien esplucher toutes les constitutions du monde faictes & auctorisées iusques à present, que l'appel dont est question se trouuera fondé és propres termes desdites constitutions, & au poinct de la raison ; à quoy faut adjouster qu'és derniers siecles a esté faite vne constitution *contra Clericos concubinarios* en vn Concile general & vniuersel de l'Eglise qui porte speciale determination *de eijciendis publicis concubinariis cum omni suâ prole*, iusques à les priuer de tous hõneurs & benefices. C'est la constitution du Concile de Basle que nous appellons en France la Pragmatique-Sanction, receuë en ce Royaume deslors, & depuis confirmée par les concordats. Or est il que les Rois se sont constitués non seulement en general protecteurs des saincts Conciles de l'Eglise, mais outre ont iuré & promis par contract de faire obseruer ladite constitutiõ: tellement que si l'Eglise y auoit contreuenu, il y auroit occasion d'en interjetter appel comme d'abus. A plus forte raison se doit rejetter tout ce qui seroit impetré ou passé au contraire par importunité ou autrement.

VARIATIO.

V*ariatio reprobatur. l. Si quis* 11. *Cod. de rebus creditis. l. vlt. C. de codicillis*, qui est encores plus belle & plus precise en la loy derniere *Cod. de testibus*; car quand vn acte est consommé, l'on ne peut plus resilir ny varier. *l. Apud Aufidium.* 20. *D. de optione legatâ. l. Quamuis.* 39. *Cod. de transactionibus.*

Quand il y a encores quelque chose à faire, *& quando res vel sermo in se tractum habet, mutandi potestatem habemus, l. Si quis stipulatus sit* 112. *D. de verbor. obligationib. & semper sine cuiusdam fraude, l. Mancipiorum* 6. *de optione legata, & cap. Mutare* 33. *de regulis iuris in* 6.

Nonnumquàm

Nonnumquàm Prætor variantem non repellit, & consilium mutantis non aspernatur. l. Nonnumquã D. de collatione bonorum.
Il y auoit vne loy au Code qui permettoit à vn fermier ou conducteur de resilir de son contract dans vn an, laquelle est citée par Iulian, &c.

DE PROTESTATIONE.

QVand quelqu'vn ne peut faire quelque chose qu'il voudroit bien, on est forcé de faire quelque chose contre son gré, il doit protester, *& hæc contestatio publicè proponi debet. l. vlt. Cod. de his qui propter metum iudicis non appellârunt, & l. Cum quidam. 7. D. de appellationib. & relation. Sic si Prætori, aut alio magistratui propter impotentiam quid denuntiari non ausim, per protestationem ius meum mihi saluum erit. l. De pupillo. 5. §. si quis ipsi Prætori. 7. de operis noui nunciatione.*

Protestation iudiciaire d'vn tuteur contre son mineur qui ne veut demander son cõpte, empesche le cours des interests, *l. vlt. Cod. de vsuris pupillarib.* comme aussi pour n'estre tenu des interests de n'auoir employé son argent, *Paulus in sent. tit. de vsur. Protestatio præcedens, actui sequenti contraria, facit vt subsequens actus nihil operetur. l. 6. §. vlt. D. de adquirendâ vel omittendâ hereditate.*

QVALITE'.

IL faut tousiours regarder en quelle qualité l'on a contracté. *l. Cùm post mortem 43. D. de administratione tutorum. l. Lucius vlt. D. de institoriâ actione*; de mesme en laquelle on agit, *l. pen. D. de compensationibus*; en laquelle on est condamné, *l. 4. D. de re iudicatâ. l. 1. Cod. quandò ex facto tut. vel cur. mi-*

nores agere vel conueniri poss. l. 2. D. de administratione tutorum. comme aussi à la cause pour laquelle on s'oblige; & pour ce vn Escheuin d'vne ville s'obligeant pour les affaires de sa ville, ores qu'il se soit obligé en son nom, n'en est point tenu, ains ses successeurs Escheuins, par Arrest donné le 10. iour d'Auril 1564. entre Marin Boucher, marchand demeurant à Chasteaudun, appellant du Bailly de Blois d'vne part, & Iean Loyau intimé d'autre. Il est vray qu'il y a vn autre Arrest contraire, cõtre les heritiers de feu Claude Courtin beaupere de M. l'Huilier, qui estoient des habitans de Blois, dont ie ne sçais pas la datte; mais cet Arrest fut donné par aquiescement, toutesfois ce fut la Cour qui fit acquiescer. En cela il faut suiure la decision de la loy 3. au Dig. *de administratione rerum ad ciuitatem pertinentium*, & la grande glosse sur icelle qui met trois opinions diuerses, & dit que la moyenne est la meilleure, sçauoir est *Magistratum finito Magistratu non teneri, ad instar tutorum, d. l. 1. Cod. quando ex facto tut. vel cur. minores agere vel conueniri possunt. Nam & hic, vt tutor, ex necessitate suscepit Magistratum. l. Si quis Magistratus. 9. D. de muneribus & honoribus: tenetur autem suo nomine, si animo nouandi, vt si post primã cautionem nomine administrationis interpositam, suo nomine nouauerit aliquid*, qui semble estre l'intelligence du §. 2. de cette loy 3. *de administratione rerum ad ciuitatem pertinentium. l. 5. D. quod falsò tutore auctore gestum esse dicatur. l. Titius 24. D. de constitutâ pecuniâ; & ad id facit lex Qui erat 49. D. familiæ herciscendæ.*

Il est à noter qu'vn procureur & vn tuteur *agunt alieno nomine, non suo*, & partant *in eos denegatur iudicati actio, l. 4. D. de re iudicatâ; & in eâ conditione sunt, vt videri non debeant se liti obtulisse.* Aussi ils ne sont tenus de iurer en iugement pour autruy, *graue enim visum est, & ignorantes & inuitos sub alieni cõpendij emolumento etiam periuriũ anceps subire. l. Videamus. 4. D. de in litem iurando; neque illi tutoris nomine agenti compensatio opponi potest eius pecuniæ quam ipse suo nomine debet. l. pen. D. de compensationibus; & si pupulli nomine testamentum falsum dicat, tamen legata sibi relicta non perdit.; discreta enim sunt iura, quamuis plura in eamdam personam deuenerint, aliud tutoris, aliud legatarij; cùm non suæ personæ iura, sed pupilli accusauerit, propriã pœnam mereri non debet. l. Tutorẽ 22. D. de his quæ vt indignis auferuntur*, qui est vn beau texte; auquel reuiennẽt les loix. *Filius* 22. *& Aduersus.* 30. §. dern. au Dig. *de inofficioso testamento. Tutores etiam suo nomine in crimen subscribere debent cùm alieno non poßint. l. 2. Cod. de his qui accus. non possunt, & triduum non biduum habent ad appellandum, quia alieno nomine appellant, & alienam causam, non propriam agunt. l.* 1. §. 11. *& sequent. D. quandò appellandum sit, &c.* & partant s'ils ont quelque priuilege de leur chef, ils ne s'en peuuent preualoir au nom de tuteurs, combien que par la constitution de l'Empereur Adrian il ait esté ordonné, que *Præsides* ne peuuent estre conuenus dans l'an de leur magistrature, ny en leurs noms, ny comme tuteurs. *l. Pars literarum* 48. *D. de iudiciis*, qui est notable.

NOTAIRES.

Argentarij receuoient anciennement les contracts *Nou.* 136. *& Ed.* 9. *Inst. item serui publici. l. Non aliter enim* 28. *D. de adoptionibus & enunc. l. Impuberem.* 2. *C. eodem. dein tabelliones, in Nou.* 44. *de tabellionib. l. Contractus* 17. *Cod. de fide instrumentorum. l. Ambiguitates* 24. *de testamentis. l.* 2. *de Eunuchis. l. Vniuersos.* 15. *de decurionibus, eodem*, & autres vulgaires. Les premiers Empereurs, qui firent commettre en cette charge des personnes libres, furent Arcadius & Honorius. *l.* 3. *C. de Tabulariis*; ils auoient des bancs, *stationes, gradus. d. Nouellâ de Tabellionibus*, & encores *adiutorem siue substitutum confirmatum apud Magistrum census. eâd. Nouel. & Nouellâ Leonis* 44. *à quibus obsignari testamenta oporteat, & sigilla instrumentis apponebant*, d'où vient peut-estre que sur les derniers temps on les appelloit *Cancellarios, T. de Scribis & Cancellariis, in Lombard.* Par l'Ordonnance de Philippes le Bel le Roy ne peut créer Notaires és terres des Barons ayans d'ancienneté toute iustice;

és terres de son domaine il s'est reserué seul la puissance de les créer comme les autres Magistrats : Balde le tient ainsi & argumente de la iurisdiction contentieuse à la volontaire, *in consil.* 201. *vol.*2, qui est pour l'Euesque & Comte de Beauuais: *Vide Andræam de Isernia. lib.* 1. *ad constitut. Neap. tit.* 77. *de Iudiciis & Notariis*: seulement le Roy a-il gardé cette auctorité, que les Seigneurs & signamment les Ecclesiastiques qui commettoient des Notaires, nommassent des personnes laïes, à ce qu'ils fussent punissables des fautes qu'ils pouuoient cõmettre: iointe aussi la defense *Ne Clerici vel Monachi, &c.*

Au Royaume & és Const. de Naples liu. 77. il n'est loisible à aucun Seigneur de creér Notaires ; mesme aucuns tiennent que les Notaires Royaux peuuent instrumenter par tout, *& in territorio alieno, atque extrà territorium, in glossâ legis Non solum* 10. §. *& qui in testamento* 4. *D. de excusationibus. Speculator de edit. instr.* §. *restat, vers. & notâ quod Tabellio, & Bart. in leg.* 2. *D. de officio Proconsulis*, & en prennent l'argument de la loy, où il y a que *ea quæ sunt iurisdictionis voluntariæ, per Proconsulem etiam extrà territorium exerceri possunt. d. l.* 2. *& l. Apud Proconsulem* 17. *D. de manumissis vindictâ. l.* 1. *C. de emancipationibus.* Il faut qu'ils soient veritables. *l.* 1. *de scrib. & Cancell. in Lomb.* pource que l'on leur adjouste foy. *d. Nou.* 44. *cap.* 1. qu'ils sçachent parler, escrire, & ayent cognoissance des loix en la Nou. 66. *& habeát Prōtocollū d. N.* 44. il falloit qu'ils sceussent sur le doigt le Manuel qu'ils appellẽt *Enchiridiō*, qui estoit l'abregé des Basiliques, *Leo in No.* περὶ πολιτικῶν σωματείων διατάξεων. Les Notaires des Seigneurs ne peuuent instrumenter sur le territoire d'autruy. *l. vlt. de scrib. & Cancell. in Lomb. Speculat. de edit. instr.* §. *nunc videndum Andreas de Iserniâ in Constit. Neapolit.* & l'Ordonnance du Roy François en l'an 1544.

Il y a vn Arrest pour l'Abbé de S. Maixant que l'on ne peut mettre dessus sa terre le seel Royal à son preiudice *en Galli* 1281. *Oldradus* dit qu'il est loisible à tout Seigneur iusticier de creér Notaires en sa iurisdiction : toutesfois iamais le Roy ne donne tant de pouuoir à quelqu'vn qu'il ne luy en demeure d'auantage à l'exemple de ce qui est *in cap. dudùm, de Præbendis & dignitatibus in 6.*

En l'erection du Duché de Montpensier le Roy s'est reserué la puissance de commetre Notaires Royaux.

L'Ordõnance de Philippes le Bel, qui est en la Chambre des Comptes, par laquelle le Roy s'est osté le pouuoir d'establir des Notaires és terres des Barons, fait peut-estre portion de celle qui defend aux Sergens d'exploiter és terres des Seigneurs, sinon en cas de ressort, & qu'ils y fussent naiz & mariez, qui est en Galli 1281. Mais cette Ordonnance se peut contredire par le temps du Roy Philippes le Bel, qui fut forcé de faire beaucoup de choses pour la paix de son Royaume.

L'office de Tabellion en chacune Preuosté ou Chastellenie en ce Royaume est l'vn des plus anciens & des plus necessaires qui soit. Leur charge estoit anciennement de receuoir les contracts & conuentions des hommes, les faire rediger par escrit, les mettre au net & les deliurer aux parties *ad perpetuam rei memoriam*, pour laquelle fin ils auoient sous eux des Commis & Substituts en chacun quartier de la ville, en la quelle ils residoient, & és branches & ressorts particuliers de leur ressort *ad instar & exemplum stationum quæ dicuntur à Iustiniano in Nouellâ de Tabellionibus, vt suprà.* Ragueau en la diction Praticien, dit que Nicolas III. auoit banny de Rome les Notaires & Praticiens, mais Martin IV. son successeur les r'appella, disant qu'ils faisoient venir l'eau au moulin.

Notarij vt in comitatu suo contractus scribant non in alieno, aux Capitulaires de Charlemagne : comme aussi furent faites defenses aux Notaires d'instrumenter hors le lieu de leurs residences à peine de nullité, par Edict de Nouembre de l'an 1542. publié en Iuillet 1543.

Que les Notaires ne receuront aucun contract s'ils ne cognoissent les parties, Louis XII. art. 61. de l'Ordonnance de l'an 1498.

Les Notaires ne peuuent receuoir vn contract s'ils ne sont deux, ou ils ne sont assistez de deux tesmoins selon *Albericus, in rubricâ de officio Procons. Valla, in cap. 2. extrà, de fide instrumentor. Franciscus de Zabarellis, in Cons. 41. Guido Papæ, in quæst. Delph. 122. Boerius, in decis. Burg. q. 21.*

SERGENS.

Consuetudo fraudum quibus Cæsariani omnia temerare consueuerunt, patet in l. Defensionis 17. C. de iure Fisci: & l. 2. Cod. Theodos. de bonis vacantibus, cauetur, ne cuiusquam bona fraudibus Cæsarianorum minuantur. Et ideò his volentibus bona occupare licet impunè resistere. l. Probibitum. 5. C. de iure Fisci, & ibi Bartol. cum Guill. de Cuneo. in l. vt vim 3. D. de iustitiâ & iure. Aussi ne les croit-on point que de ce qui est de leurs charges.

Notez ce qui est au 2. liu. de la Somme Rurale de Boutillier tit. 2. lors qu'il parle du salaire des Sergens, ausquels estans à cheual il ne taxe que trois sols parisis, & à ceux de pied dix huict deniers paris. mais il adjouste ces mots, *que cette regle faut souuent, & pour ce eurent droict les faiseurs de loix que nulle n'en ordonnerent sur les Sergens, car il n'en est nulle qu'ils tiennent.*

M. Cujas fait venir ces mots de Sergent,* François, & Scharianthen, Allemand, de la diction *Cæsarianus, ad l. 9. C. de bonis proscriptorum, & ad dd. ll. Probibitum, & Defensionis. C. de iure Fisci.* Mais Charondas sur le titre sus-allegué de la Somme Rurale escrit *que c'est mal à propos*, disant que *c'est vn propre mot François signifiant celuy qui sert, ayant quelque charge & commandement, & qu'ainsi il se prent aux anciens liures d'Histoires, & Romans.* Ragueau en son Indice discourt amplement de ce mot.

* *Voyez ce qu'a remarqué sur ce mot M. Menage dans ses recherches doctes & curieuses qu'il a données depuis peu au public, intitulées les Origines de la langue Françoise.*

SVBTILITATES A IVDICIBVS non admittuntur.

CE qui eſt dit en vn cas par le IC. Marcian. *l. Sicut. 8. Si debitori. 16. D. quibus modis pignus, vel hypotheca ſoluitur*, doit eſtre pris pour vne regle generale de bien iuger; ſçauoir eſt qu'il ne faut point tãt s'arreſter aux Subtilitez du poinct de Droict, qu'à ce qui reſulte de l'equité* de tout le negoce pris vn peu plus au large, & ἐν πλάτει, qui eſt vn mot dont nos Iuriſconſultes vſent ſouuent, & Galien pareillement en parlant de la ſanté des hommes. Auſſi faut-il faire comme les nautonniers, leſquels, ainſi que dit Ciceron en ſa 4. Tuſculane, *dirigunt cogitationes ſuas, iudiciumque ſuum, non ad illam paruulam Cynoſuram*,

Quâ fidunt duce nocturnâ Phœnices in alto,
eamque tenent,
Quæ curſu interiore breui conuertitur orbe

ainſi qu'il y a en Aratus. *Sed ad Helicem & clauſiſſimos Septentriones, id eſt, rationes latiore ſpecie, non ad tenue climatas.* Ce qui me ſemble eſtre vne fort belle comparaiſon, dont nous auons infinis exemples en droict, comme en la loy *Bona fides 31. D. depoſiti*: la regle eſt qu'il faut rendre le depoſt à celuy qui nous l'a baillé; mais ſi celuy qui nous a donné vne eſpée à garder, la redemande eſtant deuenu furieux, il ne la luy faut pas rendre, autrement nous pourrions eſtre cauſe du mal qu'il en feroit; & partant il faut touſiours conſiderer *totius rei æquitatem, quæ ex omnibus rebus perſoniſq; quæ in negotio contingunt, impletur: & hanc probare iuſtitiam, quæ ſuum cuique ità tribuit, vt non diſtrahatur ab vllius perſonæ iuſtiore repetitione.* De meſme en la loy *Si fundus, 16. §. ſi pluris, 6. D. de pignorib. & hypothecis*, il eſt certain que *rebus iudicatis ſtandum eſt, & res iudicata pro veritate habenda.* Neantmoins ſi vn d'ebteur qui auroit baillé ſon gage, auoit eſté condamné

* *Vide Budæum initio Annotationum in Pandectas ex leg. 1. de iuſtitiâ & iure, vbi de diſcrimine iuris & æquitatis diſputat.*

à plus qu'il ne deuoit, faudroit-il qu'il payast entierement tout ce en quoy il auroit esté condamné auant que pouuoir retirer son gage ? il sembleroit que oüy, *propter subtilitatem legis & auctoritatem sententiæ, cùm causa transiisse videatur ad condemnationem, & inde pecunia deberi : sed humanius est*, dit le Iurisconsulte, *non ampliùs eum, quàm quod reuerà debeat dando, hypothecam liberare, &c.* & en la loy *Adeò* 7. §. 5. *D. de adquirendo rerum dominio*, apres qu'il a dit, que la chose se doit ainsi estimer *strictâ ratione*, il conclud, *sed vix est, vt id obtineat*. Il s'en pourroit rencontrer plusieurs auttres exẽples, qu'il est bon de remarquer, en reuenant tousiours à l'equité. *Nam indignum est, vt vltionem pudoris præstigia versuti iuris excludant. l. Ità* 28. *C. ad l. Iulian de adulteriis.*

FACTI QVÆSTIONEM IN arbitrio iudicantis esse : Pœnæ, siue iuris auctoritatem, non esse.

IL n'y a à mon aduis apparence quelcónque à tout ce qu'Accurse dit sur l'interpretation des mots de la loy premiere *ad S. C. Turpillianum*, r'apportée par Martian du grand Papinian en la loy 15. *ad Municipal. Facti quæstionem esse in potestate iudicantium, iuris auctoritatem, siue pœnæ persecutionem, non esse* : ains m'a tousiours semblé que l'intelligence s'en doit prendre de Ciceron, dont Papinian l'a empruntée, lequel en ce lieu commun de la loüange du droict Ciuil, *in Orat. pro Cæcin.* en parle de cette façon, *In controuersiis atque iudiciis, cùm quæritur aliquid factum, nec ne sit, verum, an falsum proferatur, fictus testis subornari solet, & imponi falsæ tabulæ, nonnumquam honesto ac probabili nomine, bono viro, Iudici error obiici, improbo simultas dari, vt, cùm sciens perperàm iudicarit, testamentum* (ou plustost *testimonium*) *aut tabulas sequutus videatur. In iure ciuili nihil est huiusmodi, non tabulæ falsæ, non testis improbus : &c.* & puis apres

 247

apres, *Illud enim potest dici iudici ab aliquo non tàm verecundo homine quàm gratioso, Iudica hoc factum esse, aut numquàm esse factum, aut cogitatum: crede huic testi: has comproba tabulas: hoc non potest. cui filius agnatus sit, eius testamentum non esse ruptum, iudica: quod mulier sine tutore autore promiserit, deberi, &c.* Comme voulans dire les vns & les autres, que les procez qui consistent en faict où l'on se peut abuser, sont en la puissance des Iuges, mais non ceux qui gisent en poinct de droict; se pouuant dire aux vns qu'en conscience on n'y trouue point de preuue suffisante; mais pour le regard de ceux qui dependent du poinct de droict, l'on ne les peut iuger autrement que selon qu'il est ordonné par les loix, ordonnances, ou coustumes, escrites & bornées: sinon qu'on voulust manifestement faire paroistre qu'il y a de la corruption, selon ce que Symmachus dit escriuant à l'Empereur Theodose, *Sententias videri corruptas, si sint legibus mitiores.* Et c'est aussi ce que le mesme Ciceron dit en l'oraison *pro Syllâ, Nemo Iudicem reprehendit cùm de genere pœnæ queritur, sed legem. Damnatio enim est Iudicum, pœna legis,* & contre Verres *de Præturâ vrbanâ, In pœnis ferendis nullæ sunt partes Iudicis.* A raison dequoy és païs où les peines ne sont point à l'arbitrage des Iuges, és matieres criminelles, les Iuges ne prononcent rien, sinon que tel est atteint & conuaincu d'vn tel crime, sans rien ordonner de la peine, laquelle se trouue escritte dans le liure de la loy ou des ordonnances du païs, ainsi que i'ay entendu qu'il se prattique en Angleterre, & ailleurs.

Iudicibus de iure dubitantibus Præsides respondere solent: de facto autem consulentibus non debent Præsides consilium impertire, verùm iubere eos, prout religio suggesserit, sententiam proferre. l. Eum quem 79. D. de iudiciis.

QVE LES PEINES DOIVENT estre proportionnée aux fautes.

L'Autheur de l'Apologie que quelsques-vns attribuent à S. Ambroise, combien que la plus part des doctes, & signamment Erasme, & le Cardinal Bellarmin trouuent qu'elle n'est point de luy, dit, *prascriptum esse à quibusdam sapientibus mundi, vt iudicando caueatur, ne maior pœna quàm culpa sit.* Ce qui semble estre pris & transcrit de ce que Ciceron auoit escrit au premier liure de ses Offices, *cauendum esse ne maior pœna, quàm culpa sit*, & de Horace en la 3. Satyre de son 1. liure.

Adsit
Regula, peccatis quæ pœnas irroget æquas.

ou encores de Iuuenal en la derniere Satyre

Curabitis, vt sit
vindicta grauior, quàm iniuria?

ou bien des Empereurs Theodose & Valentinian en leur Nouelle 5. *de tutoribus. In omnibus rebus, tùm vel maximè moderamen desideratur in legibus, per quas delinquentes pro qualitate criminis conuenit emendari*, qui est ce que nos Docteurs remarquent sur la loy *Rescriptum 6. D. de his quæ & indignis auferuntur*, sur la loy, *Paulus respondit 61. D. ad SC. Trebellian.* & sur la loy, *Sancimus 22. C. de pœnis. Pœna non debet egredi delictum.* dont les Feudistes ont aussi tiré leur decision au titre *de Vasallo qui contra constitutionem Lotharij Regis Feudum alienauit.* Qui est aussi vne regle que tous Iuges doiuent perpetuellement auoir deuant les yeux.

D'OV VIENT CE QVE L'ON dit, IL SERA BLASME.

CE que la Cour ordonne quelquesfois que des Officiers ou autres personnes qui ont failly seront blasmées, peut auoir esté pris de ce que nous voyons en droict Romain, que quelsquesfois les Libertins ayans offencé leurs Patrons, *castigabantur verbis cum comminatione seueritatis non defuturæ, si rursùm querelæ causam præbuissent, & sic dimittebantur*; *l. 1. D. de iure Patronatûs.*

REMARQVES * DE M. M. GVY LOISEL, *Conseiller Clerc en la grand'Chambre du Parlement de Paris, Fils puisné de M. Antoine Loisel.*

** Ce Recueil de passages d'Auteurs fut fait en l'année 1631 sur l'execution d'vn homme pendu de nuict par iugemẽt des Commissaires de la Chambre de iustice, establie pour iuger des faux monnoieurs, dont il y eut plainte alors en la grãd'-Chambre, comme il est plus amplement expliqué dans la vie dudit sieur Guy Loisel, imprimée en l'année 1643. pag. 36. 37. & 38.*

SVR CE QVE LA IVSTICE ET *l'execution d'icelle se doiuent faire de iour.*

PAr la loy des douze Tables, le temps de faire iustice est limité au leuer & coucher du Soleil, ANTE. MERIDIEM. CAVSAM. CONIICIVNTO. POST. MERIDIEM. PRÆSENTI. LITEM. ADDICITO. SOLIS. OCCASVS. SVPREMA. TEMPESTAS. ESTO. ainsi que rapportent Aulu-Gelle liu. 17. *Noctium Atticarum* ch. 2. Macrobe. l. 1 *Saturnalium* c. 3. & Festus sur le mot *Supremum*: & encores, PRÆTOR VRBANVS. QVI. NVNC. EST. QVIQVE. POSTHAC. FVAT. DVOS. LICTORES. APVD. SE. HABETO. ISQVE.

VSQVE. AD. SVPREMAM. IVS. INTER. CIVIS. DICITO. c'est à dire, *antè vesperam*, comme Censorinus l'interprete en son ch. 24. *de die natali*. Et Varron liu. 5. *de linguâ Latinâ* pag. 44. dit que la loy du Preteur l'ordonnoit ainsi, *Lex Prætoria id quoque tempus iubet esse supremum, quo Prætor in comitio supremam pronunciauit populo*; suiuant quoy Iuuenal escrit en sa 13. Satyre

Hæc quota pars scelerum quæ custos Gallicus vrbis
Vsque à Lucifero, donec lux occidat, audit?

& Pomponius en la loy 2. *de origine iuris*. §. *& quia*. 31. *Magistratibus, vespertinis temporibus in publico esse inconueniens est.*

Par l'Authentique *de Iudicibus*, qui est la Nouelle 82. au §. *sedebunt*, selon la version de Gregorius Haloander, il est dit que *Pedanei iudices sedebunt continuè à summo statim diliculo vsque in vespertinum crepusculum*; & Innocent III. *in cap. Consuluit nos*. 25. *de officio & potestate iudicis delegati*, defend precisement, *ne iudicium exerceatur in tenebris*; & encores que *more Romano, dies à mediâ nocte incipiat, & in medio noctis desinat subsequentis*, toutesfois il dit que cela ne se doit pas entendre en ce qui est de l'administration de la iustice, & conclud, *eam procedendi horam intelligi, ex quâ possis ante noctis tenebras perficere quod incumbit*, allegant à ce propos le lieu de S. Iean, *qui malè agit, odit lucem*; laquelle Decretale se peut dire vne resolution du doubte qui se pouuoit faire sur la definition du iour Romain, qui dure vingt-quatre heures, & se compte du milieu d'vne nuict à l'autre, comme il y a en la loy *More Romano*. 8. *D. de Feriis, & dilationibus*, surquoy il faut voir la glosse de la Decretale, & Bartole sur cette loy, & autres.

Ioann. c. 3.

Or si l'on a iugé raisonnable que l'exercice de la iustice se fist entre deux Soleils, il y a bien plus de raison d'y faire l'execution des condamnez à mort.

L. Quintius Flaminius fut chassé du Senat par Caton le Censeur, pource qu'estant Consul il auoit fait executer la nuict* en sa maison vn cõdamné à mort, comme recitent Caton luy-mesme dans le Dialogue de Ciceron, *de senectute*

* *Fortasse, quia ad finem epularum, quæ vt plurimũ vesperi fiebant.*

Tite-Liue liu. 39. & Plutarque en la vie de Tit. Quintius Flaminius son frere.

Seneque au ch. 18 & 19. de son 3. liu. *de irâ*, declame contre C. Cesar, *qui Sextum Papinium ad lucernam decollauerat*, s'escriant contre cette action, comme contre vn prodige. *Quid tàm inauditum quàm nocturnum supplicium? cùm latrocinium tenebris abscondi soleat, animaduersiones, quò notiores sunt, plùs ad exemplum emendationemque proficiunt.* Du temps de François I. le Duc de Milan fut si temeraire que de faire trancher la teste à l'Escuyer Merueilles, * qui tenoit lieu d'Ambassadeur du Roy auprés de luy. Pour couurir son mesfaict, il auoit eu recours à quelque procedure criminelle; mais il auoit vsé de tant de precipitation, que l'execution s'en estoit faite de nuict. Le Roy ayant pris cette offense à cœur, le Duc enuoya son Chancelier en Cour pour en faire ses excuses, & neantmoins le Chancelier en son discours demeura d'accord que c'estoit de nuict que l'execution auoit esté faite: surquoy le Conseil du Roy luy repartit à l'instant mesme, que ce ne pouuoit estre vne execution de iustice, puis qu'elle auoit esté faite de nuict. Onuphre en la vie de Pie IV. r'apporte l'execution du Cardinal Caraffe qui fut pendu de nuict dans la tour d'Adrian, dont le peuple fit grand bruit.

Encores auiourd'huy à Beauuais quand quelqu'vn est condamné à mort par le Iuge de l'Euesque, il fait aduertir le Maire par vn Sergent, qu'il ait à faire sonner la cloche de la Commune, & luy baille le condamné à garder, lequel est monté & lié au Pillory par les Sergents du Maire qui le gardent iusques à l'execution, & sont tenus le Maire ou ses Sergents d'accompagner le Iuge de l'Euesque, iusques à l'execution. Ce qui n'est fait que de iour, pour rendre l'execution publique & notoire à vn chacun.

Toutes lesquelles Ordonnances sont en tout conformes à la disposition de la nature, ou plustost à la volonté de Dieu, qui semble auoir estably le iour pour le trauail, & la nuict pour le repos: *Fecit lunam in tempora sua, sol cognouit occasum suum; exibit homo ad opus suum, & ad operationem suam*

* *Du Bellay racompte amplement cette histoire au 4. liu. de ses Memoires sous l'année 1533. & côme François I. fut tellement piqué de cet outrage, qu'il en escriuit & fit de grandes plaintes au Pape, à l'Empereur, au Roy d'Angleterre & autres Princes. Il s'en trouue vne lettre de luy au Bailly de Troyes son Ambassadeur en Angleterre, imprimée dans le liu. intitulé les Meslanges Historiques. p. 135. & qui n'est pas dâs du Bellay: & Vittorio Siri l. 1. p. 8. dit que le Roy Fran-*

vsque ad vesperum, *Psal.* 103. ce qui fait dire à Ausone,

Longa dies operosa viro, sed temperies nox,

& Censorinus encores au mesme ch. 24. dit *intempesta nox, id est multa, quâ nihil agi tempestiuum est*, comme aussi Macrobe au lieu sus allegué, *intempesta nox, quæ non habet tempus idoneum rebus gerendis*,

çois I. voulut pour cela faire la guerre à Francisque Sforce Duc de Milan; ce qui fut cause de la rupture du traicté de Cambray

Ce repos de la nuict s'entend non seulement du temps que l'on a pour dormir, mais encore du loisir qu'ont ceux qui sont employez aux affaires publiques pendant cette intermission du trauail, pour se recueillir sur les difficultez qui se presentent tous les iours au gouuernement des peuples, ἐν νυκτὶ βουλὴ τοῖς ἀνθρώποισι γίγνεται,

In nocte sapiens capere consilium solet,

La nuict donne Conseil; & de faict dans Homere la plus part des conseils des Dieux se tiennent la nuict, & Virgile au 5. de son Æneide,

Tum verò in curas animus diducitur omnes,

Et nox atra Polum bigis subuecta tenebat.

ou Seruius remarque, *vnde Græcè nox dicitur εὐφρόνη*, * *quia noctu subtiliùs homo sapiat, quàm interdiu*; ce que entend Le Poëte, quand il dit,

...... Consilium, noxque quiesque dabunt.

* *Ces mots ont esté ostez dans les editions de Seruius faites depuis celle de Basle in fol.*

A MONSIEVR LE FEVRE.

MOnsieur, ayant autresfois pris plaisir à la lecture de ce qui a esté remarqué par les Aucteurs Grecs & Romains de P. Rutilius Rufus, ie fus soigneux d'en recueillir vne si grande partie, que i'en dressay comme vne espece de vie, laquelle ie vous enuoyay alors. L'estime que vous me tesmoignastes par vos lettres que vous en faisiez; & le contentement singulier que ie prens en l'admiration des perfections d'vn si grand Personnage, m'ont obligé de repasser par dessus ce que i'auois premierement ébauché, & de vous le r'enuoyer vn peu plus paré qu'il n'estoit. Que si ie vous l'addresse plustost qu'à aucun autre: c'est que ie ne cognois personne en nostre siecle, qui approche si prés, que vous faites, des vertus de ce Romain. De sorte que ce n'est pas sans raison que vous auez esté choisy pour l'institution des mœurs, non seulement de M. le Prince de Condé, premier Prince du sang, mais außi en sa personne, d'vne grande partie des hommes de la France, ainsi que disoit le Roy Antigonus escriuant à Zenon le Stoicque. Vous auez rendu en l'exercice de cette charge, tant de preuues de vostre integrité, prudence & erudition, que nous vous pouuons donner à bon droict l'eloge de ce Marcellus, Precepteur de l'Empereur Arcadius, dont parle Suidas Κόσμος τῆς ἀρετῆς ἁπάσης, *ou* Ἀρετὴ τὶς ἔμψυχος, le monde, ou l'ornement de toute vertu, *ou bien*, la vertu mesme viuante & animée. *Ie vous supplie donc de prendre derechef la peine de relire ce petit ouurage, & d'en faire vostre second & dernier iugement. Cependant ie prie Dieu qu'il vous donne en santé bonne & longue vie.*

ANT. LOISEL.

A Paris en l'année 1600.

VIE

VIE DE P. RVTILIVS RVFVS IVRISCONSVLTE STOICIEN, ET LE SOCRATE ROMAIN.

VEu que les Romains & les Grecs qui ont vescu sous leur Empire, ont esté si soigneux de mettre par escrit les vies des hommes excellens d'entre eux, ie me suis autrefois étonné, comme ils auoient oublié P. Rutilius Rufus: car apres auoir bien pensé à ce que i'en ay leu çà & là, ie suis demeuré persuadé que c'estoit vn des plus grands Personnages, non seulement de son temps, mais qui ait iamais esté entre les Romains, & consequemment de tous les hommes du monde; tenant ces vers pour tres-veritables,

Ciue Romano per orbem nemo viuit iustiùs.*
Quippe malim vnum Catonem, quàm trecentos Socratas.

Toutesfois ie ne me suis pas plustost souuenu de ce que Ta-

* *Lipse en son 4. liu.* de magnitudine Rom *ch. 5. dit que ces vers* sunt incerti, sed Romani Scriptoris,

cite nous tesmoigne en la vie de Iulius Agricola, que Rutilius auoit luy-mesme escrit plusieurs liures de sa vie ; que ie me suis imaginé, que comme il auoit parlé de luy-mesme tres-rondement & tres-veritablement: aussi personne n'auoit depuis osé entreprendre de mettre la main à la plume pour trauailler apres luy sur le mesme sujet. Mais cette piece estant perduë par l'injure du temps, & ne nous restant rien de luy, que ce qui en est espars en plusieurs Aucteurs ; i'ay pris plaisir à le r'amasser piece à piece, & essayé de luy dresser ce dernier monument dix-sept cens ans aprés sa mort.

Ie trouue donc que P. Rutilius Rufus Romain estoit de la noble & ancienne race des Rutiliens, dont la maison a donné plusieurs Consuls à la ville de Rome, & entre autres celuy qui fut tué en la guerre des Italiens, comme escriuent Vell. Paterculus au liu. 2. Florus au liu. 3. ch. 18. de leurs Histoires, & Appian en son prem. liu. des guerres ciuiles ; duquel aussi Ciceron fait mention en son prem. liu. de la Diuination. Il fut fils de M. Rutilius, & frere de Lucius Rutilius, & de Rutilia mere de Caius Cotta, dont il sera parlé cy-apres. Dés sa ieunesse il acquit la cognoissance des lettres Grecques, qui n'estoient lors entenduës que de peu de gens, & pareillement de la Philosophie ; & cela tant sous Panætius, qui tenoit le premier rang entre les Stoiciens Romains, que dans la hantise & frequentation ordinaire de Possidonius son compagnon d'eschole. Quant à la science de droict, il s'en instruisit semblablement dans la conuersation familiere de Q. Mutius Scæuola, le premier Iurisconsulte de son temps : car Ciceron en parle ainsi au 2. liu. de ses Offices. *P. Rutilij adolescentiam, ad opinionem & innocentiæ, & iuris scientiæ, P. Mutij commendauit domus* ; qui est vne des premieres leçons que les ieunes gens doiuent apprendre pour se duire à la vacation à laquelle ils se destinent. Aussi i'en fais icy mention tout exprés, afin qu'on en face plus de compte, & que les jeunes hommes s'accoustument à frequenter, deuiser & conferer souuent, & le plus familierement qu'ils pourront, auec ceux ausquels ils desireront ressembler.

Or comme la jeunesse Romaine ne s'appliquoit pas tellement aux lettres, qu'elle ne s'appliquast encore auec plus de soin au manimẽt des armes, ou que du moins elle faisoit vne esgalle profession des deux: aussi-tost qu'il fut en aage de les porter, il suiuit P. Scipion qui estoit lors (par la confession mesme de Hannibal son ennemy) le plus grand Capitaine, ou General d'armée de tout le monde; & ayant commandé sous luy à mille Legionaires, il redigea ses faicts & proüesses par escrit, ainsi que Suidas le rapporte d'Appian, en ces mots, Ρουτίλος Ρούφος, &c. *Rutilius Rufus** *tempore Scipionis fuit, qui cum ipso militauit. Conscripsit res tùnc gestas. Et tunc fuit Tribunus militum, vt ait Appianus in Romanâ historiâ.* Depuis il fut Tribun du peuple, sans auoir esté Ædile: & pendãt son Tribunat, il fut cause de ce iugemẽt tant renommé & celebré par Ciceron en son premier liure de l'Orateur qui merite d'estre icy representé. *C. Mancinum nobilissimum atque optimum virum ac Consularem, cùm propter inuidiam Numantini fœderis Paterpatratus ex Senatusconsulto Numantinis se dedidisset, eumque illi non recepissent, posteáque Mancinus domum reuenisset, neque in Senatum introire dubitasset, P. Rutilius M. Filius Tribunus plebis, de Senatu iussit educi, quòd cum ciuem negaret esse: quia memoriâ sic esset proditum, quem pater suus, aut populus vendidisset, aut Paterpatratus dedidisset, ei nullum esse postliminium*: ce qui est suiuy & confirmé par nos Iurisconsultes modernes en la loy 4. au Dig. *de captiuis, & postliminio reuersis*, & en la loy derniere *de legationibus*. D'ailleurs nous lisons en la Diuination de Ciceron contre Verres, qu'il fut ayde & souscriuant auec P. Lentulus, en l'accusation du crime de peculat contre M. Aquilius. Voire mesme il osa attaquer & accuser Tib. Gracchus & C. Claudius Censeurs du crime de perduellion, ou leze-Majesté, comme escrit Valere-Maxime liu. 6. chap. 5. Enfin c'est encore en la mesme qualité qu'il fut Aucteur de la loy que r'apporte Festus en ces mots, *Rufuli, appellabantur Tribuni Militum, quos Consul faciebat, non populus: de quorum iure, quòd Rutilius Rufus legem tulerat, Rufuli ac post Rutuli appellati sunt.*

** Cette version a esté icy inserée au lieu du Grec de Suidas, & a esté prise de l'interpretation de Æm. Portus, dãs l'éditiõ de Geneue de l'année 1619.*

Ie ne sçay pas s'il fut Preteur non plus qu'Ædile, ny si ce fut luy qui introduisit l'Edict *de operis & societate bonorum liberti*, dont il est fait mention au §. 1. de la loy prem. au Dig. *de bonis libertorum*: mais il est bien certain qu'il fut crée Consul auec C. Mallius* l'an de Rome DC. XLVIII. & ce principallement à la recommandation de Scipion, ainsi que nous apprenons du liu. de l'amitié de Ciceron. Pendant son Consulat, il introduisit en la discipline militaire ce que personne n'auoit fait auparauant luy, qui est d'apprendre aux soldats & Legionaires Romains à tirer des armes. *Armorum tractandorum meditatio*, dit Valere liu. 2. ch. 1. *à P. Rutilio Consule Cn. Mallij collegâ militibus est tradita. Is enim nullius ante se Imperatoris exemplum secutus, ex ludo C. Aurelij Scauri doctoribus gladiatorum accersitis, vitandi atque inferendi ictus subtiliorem rationem legionibus ingenerauit, virtutemque arti, & rursus artem virtuti immiscuit; vt illa impetu huius fortior, hæc illius scientiâ cautior fieret.* Il fut Lieutenant de Metellus en la bataille qu'il liura à Iugurtha, en laquelle il desit Bomilcar chef des Elephans, & fut choisi par le mesme Metellus pour remettre son armée entre les mains de Marius, ainsi que Saluste le raconte en la guerre de Iugurtha, & Plutarque en la vie de Marius.

* *Iulius obsequens, & Caßiodore l'appellent Manilius, mais mal, comme remarque M. I. Bertrand President de Toulouse, liure 1. de son Bijnomicon, en la vie de ce IC. d'autres encores l'appellent Manlius.*

Si nostre Pomponius merite d'en estre creu au §. 40. de la loy deux. *de origine iuris*, il fut depuis Proconsul en Asie: *ab his profecti sunt*, dit-il, *P. Rutilius Rufus qui Consul Romæ, & Asiæ Proconsul fuit.* Mais ce qui est capable de faire doubter de la qualité de l'employ qu'il eut en cette Prouince-là, & du rang auquel il l'exerça: c'est ce que dit Asconius Pedianus sur la Diuination de Ciceron *in Verrem*, qu'il y fut Questeur: & l'Aucteur de l'Epitome de Tite-Liue au liu. 70. dit qu'il y fut Lieutenant du Proconsul, *Legatus Proconsulis*; si ce n'est toutesfois qu'il y eust exercé ces trois charges là en diuers temps. Tant y a que ce fut en vn temps auquel l'Asie estoit extremement affligée par les exactions & pilleries des publicains ou partisans; & il s'opposa si vertueusement à ces desordres là, qu'il encourut l'indignation & l'enuie de la noblesse & Cheualerie Romaine: si bien que pendant les querelles & diuisions d'entre le Senat d'vne part, & les Cheualiers & le peuple d'autre, pour le faict & reglement des iugemens, ils luy firent faire son procez sous pretexte de son pretendu mauuais gouuernement. Voicy les termes de l'Epitome de Tite-Liue, *P. Rutilius, vir summæ innocentiæ, quoniam Legatus C. Mary Proconsulis à publicanorum injuriis Asiam defenderat, inuitus Equestri ordini, penès quem iudicia erant, repetundarum damnatus, in exilium missus est*; où Conradus, Sigonius & Asconius sur l'vne des oraisons de Ciceron lisent *Q. Mutij* au lieu de *C. Mary*. Surquoy est à noter ce que P. Victorius homme de tres-exacte literature, & qui a esté soigneux de s'enquerir de nostre Rutilius, a remarqué d'Athenée, que ce fut vn Apicius parent de ce grand gourmand tant renommé, qui l'accusa; accusateur certes tres digne de la vertu & integrité de l'accusé. Neantmoins il fut encores vne autre fois accusé du crime d'ambition par M. Æmylius Scaurus, ainsi qu'il se lit en deux lieux de Ciceron qui en fait vn assez plaisant conte au 2. liu. de l'Orat. en ces mots, *Cùm Scaurus accusaret Rutilium ambitûs, cùm ipse Consul factus esset, ille repulsam tulisset, & in eius tabulis ostenderet literas A. F. P. R. idque diceret esse, Actum fide P. Rutilij: Rutilius autem, Antè factum, pòst relatum: C. Cannius Eques Romanus, cùm Rufo adesset, exclamat neutrum illis literis declarari. Quid ergo? inquit Scaurus. Æmylius fecit, plectitur Rutilius*; & ce, d'autant que Scaurus ayant premierement esté accusé de ce crime par Rutilius, & absous par menées & factions, Scaurus l'en accusa luy-mesme par apres. Mais toutes les fois que les Aucteurs touchēt quelque chose de ces deux accusations & condemnations; les vns semblent en rougir de honte, & les autres en parlent auec vn si grand honneur du condamné, qu'ils font, par maniere de dire, le procez à tout le peuple, & au Senat Romain; & font, comme faire amende honorable par ceux qui le condamnerent. Ce qu'ils en ont escrit merite d'estre recueilly en cet endroit: & premierement Ciceron és fragments de l'oraison pour M. Æmylius Scaurus en parle ainsi, *Cùm iudicia penès Equestrem ordinem essent, & P. Rutilio damnato, nemo tàm innocens videretur, vt non timeret illa &c.* & pour M. Fonteius, *P. Rutilius, qui etsi damnatus est, mihi videtur tamen inter viros optimos & innocentissimos esse numerandus. Ille igitur ipse homo sanctissimus & temperantissimus multa audiuit in suâ causâ, quæ, &c.* & contre Pison, *damnatio ista, quæ in te flagitatur, obtigit P. Rutilio: quod specimen habuit hæc ciuitas innocentiæ: major mihi Iudicum, & Reip. pœna illa visa est, quam Rutilij*, & au 3. liu. de la nature des Dieux, Cotta exaggerant le peu de soin que les Dieux ont des affaires humaines, dit, *Cur auunculus meus vir innocentissimus, idemque doctissimus, P. Rutilius in exilio est?* à l'exemple dequoy Minucius Felix en son dialogue intitulé Octauius, introduit le payen Cæcilius, niant la prouidence de Dieu, en partie pour ce sujet; voicy ses mots, *Si mundus diuinâ prouidentiâ, & alicuius numinis auctoritate regeretur, numquàm mererentur Phalaris & Dionysius regnum; numquàm Rutilius & Camillus exilium; numquàm Socrates venenum.* Velleius Paterculus au 2. liu. de son Hist. ch. 13. le dit ainsi, *Cùm M. Liuius Drusus Senatus priscum restituere cuperet decus; & iudicia ab Equitibus ad eum transferre ordinem; (quippe eam potestatē nacti Equites, Gracchanis legibus cùm in multos clarissimos sæuissent, tùm P. Rutilium, virum non sæculi sui, sed omnis æui optimum, interrogatum lege repetundarum, maximo cum gemitu ciuitatis damnauerant,) &c.* Et Florus comme il est elegant en son parler, faisant par maniere de dire le procez à tout le peuple & au Senat Romain escrit au liu. 3. de son Epitome ch. 17. *Senatus exilio Metelli, damnatione Rutilij debilitatus, omne decus Majestatis amiserat.*

Tant y a qu'ils conuiennent tous en ce poinct, que s'il eust voulu s'aider le moins du monde, iamais cet accident ne luy fust aduenu. Mais il estoit de si grand cœur, & se sentoit si innocent en sa conscience, qu'il ne daigna iamais se defendre. Ciceron descrit cela excellemment au 1. liu. de l'Orateur, où Crassus ayant disputé de la force de l'eloquence, & des moyens qu'il faut quelsquesfois pratiquer pour obtenir la faueur d'vn peuple, Antoine dit que Rutilius s'en mocquoit, soustenant que c'estoit chose indigne d'vn homme de bien & de vertu, de s'aider de ces moyens. *Hæc P. Rutilius*

Rufus, dit-il, *homo doctus, & Philosophiæ deditus, &c. valdè vituperabat, & huic humilitati dicebat vel exilium fuisse, vel mortem anteponendam. Neque verò hoc solùm dixit, sed ipse & sensit & fecit. Nam cùm esset ille vir exemplum, vt scitis, innocentiæ; cúmque illo nemo neque integrior esset in ciuitate, neque sanctior, non modò supplex Iudicibus esse noluit, sed ne ornatiùs quidem, aut liberiùs causam dici suam, quàm simplex ratio veritatis ferebat: paulùm huic Cottæ tribuit partium disertissimo adolescenti sororis suæ filio. Dixit item causam illam quâdam ex parte Q. Mutius more suo, nullo apparatu, purè & dilucidè. Quòd si tu tunc, Crasse, dixisses, qui subsidium Oratori ex illis disputationibus, quibus Philosophi vtuntur, ad docendi copiam petendum esse paulò antè dicebas: & si tibi pro P. Rutilio, non Philosophorum more, sed tuo licuisset dicere; quamuis scelerati illi fuissent, sicuti fuerunt pestiferi ciues, suppliciôque digni: tamen omnem eorum importunitatem ex intimis mentibus euellisset vis orationis tuæ. Nunc talis vir amissus est, dum causa ità dicitur, vt si in illâ commentitiâ Platonis ciuitate res ageretur. Nemo ingemuit, nemo inclamauit patronorum, nihil cuiquam doluit, nemo est questus, nemo Remp. implorauit, nemo supplicauit. Quid multa? pedem nemo in illo iudicio supplosit; credo, ne Stoicis renunciaretur. Imitatus est homo Romanus, & Consularis veterem illum Socratem, qui, cùm omnium sapientissimus esset, sanctissiméque vixisset, ità in iudicio capitis pro se ipse dixit, vt non supplex aut reus, sed vt magister aut dominus videretur esse Iudicum.* Et en son Brutus, *Cùm Scaurus & Rutilius vnà Consulatum petiissent, non ille solùm qui repulsam tulerat, accusauit ambitûs designatum competitorem, sed Scaurus etiam absolutus, Rutilium in iudicium vocauit; multâque operâ, multâque industriâ Rutilius fuit, quæ erat propterea gratior, quòd idem magnum munus de iure respondendi sustinebat.* Et puis apres, *quamquàm innocentissimus in iudicium vocatus esset (quo iudicio conuulsam penitùs scimus esse Remp.) cùm essent eo tempore eloquentissimi viri C. Crassus & M. Antonius Consulares, eorum adhibere neutrum voluit; dixit ipse pro sese, & pauca C. Cotta, quòd sororis erat filius, &c.*

I'ay, d'autant plus volontiers transcrit cecy tout au long,

que l'on y voit le naturel de nostre Rutilius peint au vif, & la comparaison formelle de luy auec Socrate. Que si quelqu'vn le veut encore mieux comprendre, qu'il prenne la peine, ou plustost le plaisir de conferer ce passage-là, auec ce que Platon, Xenophon, & les autres ont escrit de la defense ou Apologie de Socrate; il trouuera qu'il n'y auroit qu'à changer seulement vn nom, pour leur appliquer fort iustement ces

Liu. 10 Epigr. 99. vers de Martial,

Si Romana forent hæc Socratis ora : fuissent,
Publius in septis qualia Rufus habet.

I'adjousterois encores volontiers icy l'estime & les discours, que le mesme Ciceron en faict, tant au 3. liu. de la nature des Dieux, sous la personne de Cotta son nepueu, que depuis luy-mesme en son Brutus, où il raconte vne partie de ce qui a esté dit cy dessus: mais il suffira d'en auoir enseigné les lieux. Toutesfois il y en a vn autre au 6. liu. de Valere-Maxime ch. 4. qui me semble ne deuoir pas estre obmis, *P. Rutilius*, dit-il, *magis ordinum dissentione, quàm vllâ culpâ suâ reus factus, nec obsoletam vestem induit, nec insignia Senatoris deposuit, nec supplices ad genua Iudicum manus tetendit, nec dixit quidquam splendore præteritorum annorum humilius; effecitque vt periculum illud, non impedimentum grauitatis eius esset, sed experimentum.*

Au surplus il y eut trois choses singulieres & remarquables en son exil; La premiere que les villes d'Asie par où il passa, luy firent de si grands honneurs que les entrées qu'il y faisoit, resembloient plustost à des triomphes, qu'au refuge ou au passage d'vn banny: ce que Valere-Maxime recitant en son 2. liu. ch. 5. s'escrie de cette façon. *Quid damnatione, quid exilio miserius? Atqui P. Rutilio conspiratione publicanorum perculso auctoritatem adimere non valuerunt: cui Asiam petenti omnes prouinciæ illius ciuitates, legatos, eius secessum opperientes, obuiàm miserunt. Exulare aliquis hoc loco, an triumphare iustiùs dixerit?* La seconde, que pendant ce tẽps il fut tant honoré par les Smyrnéens, où il s'estoit arresté, qu'ils le firent leur citoyen, ainsi qu'il se lit tant en l'oraison de Ciceron *pro L. Cornelio Balbo*, qu'au 4. liu. des Annales de

Tacite

Tacite ch. 43. & dans les vers d'Ouide que nous rapporterons cy-apres. Et la troisiesme, que quoy qu'il luy fust loisible de retourner à Rome, toutesfois il mesprisa aussi brauement le r'appel de son ban, qu'il auoit vertueusement supporté son bannissement: Valere Maxime, Seneque & Quintilian nous le tesmoignẽt ainsi; Valere Maxime au l. 6. ch. 4. que nous auons cy-dessus allegué, *Atque etiam cùm ei reditum in patriam Syllana victoria præstaret, in exilio, ne quid contrà leges faceret, remansit. Quapropter Felicis cognomen iustiùs quis moribus grauissimi viri, quàm impotentis armis assignauerit. Quod quidem Sylla rapuit, Rutilius meruit*, Seneque au ch. 37. du liu. 6. des Bienfaicts, *Rutilius noster animosiùs, quàm Callistratus. Cùm enim quidam illum consolaretur, & diceret instare arma ciuilia: breui futurum, vt omnes exules reuerterentur: Quid tibi, inquit, mali feci, vt mihi pejorem reditum, quàm exitum optares? Malo vt patria exilio meo erubescat, quàm reditu mœreat. Non est istud exilium, cuius neminem non magis, quàm damnatum pudet.* & en la 24. de ses Epistres, *Damnationem suam Rutilius sic tulit, tamquam nihil illi molestum esset aliud, quàm quòd malè iudicaretur. Exilium Metellus fortiter tulit, Rutilius etiam libenter; alter, vt rediret, Reipub. præstitit; alter reditum suum Syllæ negauit, cui nihil tunc negabatur*; & finalement au liure de la Prouidence ch. 3. *Infelix est Rutilius, quòd qui illum damnauerunt, causam dicent omnibus sæculis? quod æquiore animo passus est se patriæ eripi, quàm sibi exilium? quod Syllæ Dictatori solus aliquid negauit, & reuocatus non tantùm retrò cessit, sed longiùs fugit? viderint, inquit, hi. isti, quos Romæ deprehendit felicitas tua; videant largum in foro sanguinem, &c.* Quintilian au l. 11. de ses Instit. Oratoires. *Nisi fortè P. Rutilius, vel cùm illo penè Socratico genere defensionis est vsus, vel cùm reuocante eum P. Syllâ manere in exilio maluit, quid sibi maximè conduceret, nesciebat.* De mesme & auant ces trois, Ouide au 1. liu. *de Ponto* Elegie 4.

Et graue magnanimi robur mirare RutilI,
Non vsi reditûs conditione dati.
Smyrna virum tenuit, non Pontus, & hostica tellus.

En somme il se recueille de tous ces passages, que la honte

& vergongne de son bannissement ne tomba point sur luy, mais sur ceux qui le condamnerent; & qu'il fut perpetuellement accompagné de cette magnamité de courage qui luy estant naturelle, s'estoit roidie & augmentée par l'instru-ction de la Philosophie, qui le rendoit content de soy-mesme, & asseuré par tout, & en quelque lieu qu'il se rencontrast. Ce qui fut bien capable de luy aider à se consoler en cette disgrace, c'est le secours, & la consolation de la compagnie du Philosophe & Rheteur Aurelius Opilius; car la profession qu'il faisoit alors des lettres à Rome, luy ayant donné entrée en la cognoissance d'vn tel Seigneur, il ne voulut point l'abandonner, *sed dimißâ scholâ, P. Rutilium Rufum damnatum in Asiam secutus, ibidem Smyrnæ simulque consenuit, composuitque variæ eruditionis aliquot volumina*, ainsi que nous lisons au liure des Grammairiens de Suetone; & c'est de celuy-là que Symmachus se doit entendre en l'epist. 14. de son 1. liu. où au lieu d'*Opillo*, il faut lire *Opilio*. Il y a grande apparence que nostre Rutilius employa lors le loisir que luy donna son exil, à escrire, tant vne partie de sa vie, que ses oraisons, & l'Histoire Romaine celebrée & alleguée par Velleius Paterculus, Tacite, Athenée, & Sosipater. Et c'est possible de luy qu'est cet eschantillon rapporté par Aulu-Gelle liu. 7. ch. 14. *Violenta & rapida Carneades dicebat, scita & teretia Critolaus, modesta Diogenes, & sobria*: au moins s'il auoit escrit en latin; car Athenée liu. 4. dit, qu'il escriuit l'Histoire Romaine en langage Grec. Il ne faut pas oublier, que pendant le temps de son bannissement, il estoit visité de tous les Grands, qui passoient à Smyrne. Ciceron entre les autres ne manqua pas de luy rendre cet honneur, & il prend bien la peine d'escrire en son Brutus vn compte qu'il entendit de luy, de l'honneur que Lælius fit à Galba, & de la profonde meditation où se plongeoit le mesme Galba, quand il estoit chargé de parler de quelque affaire d'importance. Le peril auquel il se trouua exposé durant son exil, & la prudence auec laquelle il s'en garentit, sont notables. Chacun sçait la conjuration que le Roy Mithridate auoit secretemēt brassée en ce temps-là contre les citoyens Romains, espars par les villes d'Asie, & comme en vn iour il en fit massacrer trente mille. Mais le bon homme se trouuant lors à Mitylene ne fit point difficulté de changer d'habit, c'est à dire de quitter la robe ou toge Romaine, & de prendre le manteau à la Grecque: voicy comme en parle Ciceron en l'oraison pour C. Rabirius Postumus, *Faciliùs certè P. Rutilium Rufum necessitatis excusatio defendit, qui cùm à Mithridate Mytilenis oppressus esset, crudelitatem Regis in togatos, vestitûs mutatione vitauit. Ergo ille P. Rutilius, qui documentum fuit hominibus nostris virtutis, antiquitatis, prudentiæ, Consularis homo, soccos habuit, & pallium, nec verò id homini tùm quisquam, sed tempori assignandum putauit.* Pour le dernier poinct ie diray que l'authorité de ce Personnage fut si grande, & pendant sa vie, & apres sa mort, que chacun faisoit estat, & tenoit quasi pour oracle, ce qu'il auoit fait, dit ou escrit. Car outre que nous lisons en Ciceron, que Lucilius redoubtoit en ses escrits le iugement de Rutilius, Auguste luy fit bien cet honneur que voulant auctoriser les desseins qu'il auoit d'embellir la ville de Rome, il recita luy-mesme quelques oraisons de Rutilius, & particulierement celle qu'il auoit faite *de modo ædificiorum*, ainsi que Suetone r'apporte en sa vie. Et Ciceron voulant donner plus de poix aux discours de sa Republique, le fit l'vn de ses Interlocuteurs. Aussi toutesfois & quantes qu'il rencontre l'occasion d'en faire quelque conte, il ne manque iamais de l'embrasser. L'on ne peut oublier, sans faire tort à sa memoire, la seuere & hardie response qu'il fit à vn traict de flatterie, qui estoit eschappé à M. Crassus, en defendant la cause du Senat deuant le peuple, rapporté par Ciceron au liu. I. *de Oratore*, & au 6. de ses Paradoxes: car M. Crassus ayant vsé de ces termes, *Nolite sinere nos cuiquam seruire, nisi vobis vniuersis, quibus & possumus & debemus*: Rutilius dit au contraire, *Hæc non tantùm parùm commodè, sed etiam turpiter & flagitiosè dicta esse*, d'autant qu'encores que le peuple fust souuerain, & maistre de l'Estat, toutesfois, puis qu'il s'estoit commis à la conduite & gouuernement du Senat, le mot *de seruire* estoit mal seant à ce propos. Et l'Apophtegme r'apporté de luy par Valere Maxime en son liu.

6. ch. 4 est singulier, *Cùm amici cuiusdam iniustæ rogationi resisteret, atque is per summam indignationem dixisset: Quid ergò mihi opus est amicitiâ tuâ, si quod rogo, non facis? Imò, respondit, quid mihi tuâ, si propter te aliquid inhonestè facturus sum?* Cõme aussi cette comparaison rapportée par Ciceron au 3. liu. des Offices est de luy, *Vt nemo pictor est inuentus qui Coæ Veneris eam partem, quam Apelles inchoatam reliquisset, absolueret, (oris enim pulchritudo reliqui corporis imitandi spem auferebat;) sic ea quæ Panætius prætermisisset, & non perfecisset, propter eorum quæ perfecisset, præstantiam, neminem esse persecutum.* Bref il n'y a rien de ce grand homme, qui n'ait esté recueilly & remarqué, comme tres-sage, tres-vertueux, & bien seant. La seule chose que quelques-vns ont trouuée à redire en luy, c'est qu'il estoit vn peu trop entier en son opinion, & que *versabatur in quodam tristi & seuero genere dicendi*, ne se souciant pas beaucoup de bien dire. Mais outre qu'ils disent qu'il estoit d'vn naturel aspre & vehement, il y estoit encores plus confirmé par la doctrine des Stoïques, & par la profession de la Iurisprudence, qui rendent ordinairement les hommes plus libres : joint l'instruction qu'il en auoit puisée dans la discipline domestique. Car nous lisons mesme de sa sœur Rutilia, qu'elle eut le courage & la vertu de se bannir volontairement, pour faire compagnie à son fils C. Cotta, lors qu'il fut pareillement exilé de Rome, ainsi que r'apporte Seneque en son liure de la Consolation à Heluia sa mere ch. 16. Il auoit espousé Liuia, dont Pline escrit cecy de singulier au liu. 7. de son Hist. natur. ch. 48. qu'elle vesquit iusques à l'aage de quatre-vingt-dix-sept ans.

Or si ce qui s'escrit de la cause de la mort de nostre Rutilius est veritable, elle fut assez estrange : car Ciceron au 4. liu. de ses Tusculanes, & Pline au ch. 36. de son 7. liu. rapportēt que cet homme, qui estoit si vertueux à supporter les aduersitez de sa mauuaise fortune, se laissa emporter au desplaisir qu'il receut de la disgrace de son frere Lucius, *cuius tàm ægrè tulisse fertur repulsam Consulatus, vt eam ob causam à vitâ recesserit*, ainsi que rapporte Ciceron de Fannius au 4. de ses Tusculanes, & Pline en son 7. liu. ch. 36. & toutesfois ne nous auroit pas tant donné en cela vne exemple de l'infirmité humaine, que d'vne insigne pieté fraternelle.

Il laissa apres son decez les liures, dõt nous auõs cy-dessus fait mention, que le temps nous a enuiez : mais encores Iustinian nous a-t'il sauué trois de ses decisions qui sont notables, l'vne en la loy *Si habitatio* 10. §. *vtrum* 3. *D. de vsu & habitatione*, où il decide, *Habitatione relictâ, non vnius anni, sed donec quis viuat, habitationem competere*; l'autre en la loy 3. *Qui penum*. §. *ligna* 9. *D. de penu legatâ. Ligna & carbones, quæ non vendendi causâ parata sunt, legato contineri*, & la troisiesme est, *Si arbor alienis ædibus impendeat, non modò id quod super ædes excurrit, sed etiam ex stirpe arborem exscindendam l.* 1. §. 2. *D. de arboribus cædendis.* En chacune desquelles on luy a porté ce respect, que l'on a en tout & partout suiuy son opinion contre l'aduis des autres Iurisconsultes, comme en effect, nostre Pomponius luy donne vn rang tres-honorable.

Le principal de son bien, fut vne maison qu'il auoit *in Formiano*, qui fut confisquée par son bannissement, de laquelle C. Cotta son nepveu ne fait pas grande estime, quand il en parle au 3. liu. de la nature des Dieux de Ciceron.

Voilà tout ce que i'ay pû trouuer de la vie de ce grand Personnage. Ie desire que ceux qui en sçauent d'auantage, le communiquent au public ; car tout merite d'estre remarqué, mesme ce que Gaspar Schoppius a essayé de faire en l'vne de ses epistres, alleguant & remettant ce passage de Diomede Grammairien, *Publ. Rutilius de vitâ suâ, Quod si me inuitum abire siuisset, &c.*

Pour clorre ces obseruations, ie ne puis endurer que ce nom soit donné à vn farceur ou ioüeur de comedies dont il est fait mention en Ciceron au 1. liu. de ses Offices. Car au lieu que les exemplaires imprimez portent, *semper Rutilius quem ego memini, Antiopiam, &c.* il faut lire Rupilius* conformement aux liures escrits à la main. Ce n'est pas à dire que nous n'en trouuions d'autres de ce nom dans les Anciens. Appian en son 1. liu. des guerres ciuiles, & Orose

* *Aussi a-t'il esté ainsi corrigé dans l'edition de Leyden de l'année* 1642.

au 5. liu. de son Histoire chap. 18. font mention d'vn P. Rutilius Lupus, qui fut Consul auec L. Cesar l'an de Rome DCLXIII. Iuuenal parle d'vn Rutilius Gallicus P. V. Vlpian en la loy 1. *de veteri iure enucl.* d'vn Rutilius Seuerus. Il y a encores vne loy qui nous reste d'vn autre IC. Rutilius Maximus sur la loy Falcidie, qui est la 125. *de legat.* 1. L'Autheur de la Comedie moderne intitulée *Querolus* addresse son Ouurage à vn nommé Rutilius. Et enfin il nous reste encore l'Itineraire* de Rutilius Numatianus qui viuoit sous l'Emp. Honorius, sans vne infinité d'autres qui se lisent aux Fastes Romains.

* *M. P. Pithou l'a fait imprimer dans son recueil intitulé* Poemata vetera, *&c.*

D*Epuis la composition faite par nostre Autheur de la vie precedente, l'on a imprimé à Toulouse en l'année* 1617. in 4. *vn liure intitulé*, Biinomicon, siue de Iurisperitis, *composé par Messire Iean Bertrand President au Parlement de Toulouse, contenant les vies des anciens Iurisconsultes, ou est aussi celle de P. Rutil. Rufus desia citée en la Note qui est en la page* 164. *du present liure; laquelle vie merite d'estre leuë & conferée auec celle-cy, contenant l'vne & l'autre beaucoup de choses communes, & aussi quelque chose de particulier.*

A M. MONSIEVR DV MESNIL CONSEILLER * DV ROY EN SA COVR DE PARLEMENT.

* Il a depuis esté President en la cinquiesme Chambre des Enquestes.

Monsieur, ayant recueilly & mis par escrit ce que i'ay oüy, veu & remarqué de la vie & de la mort de feu M. l'Aduocat du Mesnil vostre oncle, i'ay pensé estre obligé de le faire publier auec quelques-vns de ses escrits, & d'autres qui luy sont addressez, non seulement afin de conseruer à la posterité la memoire d'vn homme qui peut seruir à iamais de patron & de modele d'vn bon & parfait Conseiller & Aduocat du Roy; mais aussi pour exciter en l'esprit de ceux qui luy touchent de parenté, le desir de luy resembler; & principalement de vous, qui estes d'autant plus obligé à vous efforcer de faire reuiure en vostre personne la valeur de cette race, & de celle des Vialards, des Rémons, des Sanguins & autres de qui elle est alliée, que vous estes le seul qui à present restez de son nom. Ie prie Dieu, qu'il vous en fasse la grace.

Vostre bien humble cousin & seruiteur A. L.

VIE DE
Mr Me BAPTISTE
DV MESNIL
ADVOCAT DV ROY
EN SA COVR DE PARLEMENT A PARIS.

FEu M. M. Baptiste du Mesnil Aduocat du Roy en sa Cour de Parlement n'estoit point de si bas lieu que quelques-vns pourroient penser, car bien que M. Iean du Mesnil son pere fut Procureur en la Cour, & Commis au greffe des Requestes du Palais, si estoit-il issu de noble race I'ay veu quelsques Gentils-hommes du pays Chartrain, dont il estoit, qui le recognoissoient pour parent, & entre autres le sieur de Maisons, & pareillement les Roberts de la ville de Chartres. C'est de luy, duquel on fait encores auiourd'huy le compte, que l'vn de Messieurs des Requestes luy ayant baillé le dictum d'vne Sentence de recreance en matiere beneficiale, & luy ayant dit, qu'il la fit pour le demandeur; le Greffier prit l'vn pour l'autre, & desliura la Sentence au defendeur, dont s'en estant fait plainte, il fut ordonné, qu'elle seroit corrigée selon ce qui

qui auoit esté arresté : depuis y ayant eu appel au Parlement, cette Sentence fut reformée par Arrest, selon qu'elle auoit esté premierement dressée & desliurée ; de sorte que l'on disoit par risée, qu'il auoit esté mal iugé par Messieurs des Requestes, & bien iugé par Maistre Iean du Mesnil : ce que l'on pouuoit prendre pour vn présage, que sa race feroit vn iour des Arrests, comme de verité celuy dont nous entendons parler en a fait donner par son aduis vn millier aux audiences publiques. Sa mere estoit sœur de feu M. Rémon premier President de Rouën, duquel on disoit qu'il tenoit beaucoup, & plus encores de l'esprit, que du corps. Ce bon homme qui auoit plusieurs enfans, (car il en laissa sept tous grands, outre trois petits d'vne sienne fille vnique qui estoit decedée auant luy,) mit tout son soin à les faire bien instruire aux lettres ; & principalement aux bonnes mœurs, & à leur acquerir des amis, comme estans les plus grandes richesses qu'il leur pouuoit laisser. Il hantoit tousiours les gens d'honneur & de qualité, & estoit le bien venu parmy eux. La mere qui estoit vertueuse, bien parlante, & vrayment sœur de M. Rémon, & mere de son fils, leur seruoit quasi de Maistresse d'eschole, leur apprenant à lire & à escrire, mesmement à son aisné, ne l'osant enuoyer à l'eschole, à cause qu'il estoit de petite complexion en son enfance. Il me souuient de luy auoir autrefois oüy compter, que feu M. l'Aduocat Capel, qui hantoit souuent en leur maison, voyant l'indisposition de cet enfant, se courrouçoit, & declamoit contre la nature, d'auoir logé vn si bel esprit en vn corps si fresle, & si imbecille, ne pensant pas qu'il dûst viure âge d'homme. S'estant aucunement affermy en croissant, il fut mis en la maison d'vn Chapelain de la saincte Chapelle, lequel bien qu'il ne fust point son parent, se nommoit pourtant du Mesnil, d'où il alloit oüir les leçons au college de Bourgongne : puis il demeura chez M. Rémon son oncle, d'où il alloit aux lectures publiques ; & il y profita tellement qu'il escriuoit assez bien en prose & en vers latins, & deuint grand Orateur, comme il a depuis fait paroistre. Enuiron l'âge de dix-sept ans il alla à Orleans, & puis à Poictiers, où il logea par forme d'hospitalité, & en contr'eschange d'enfant, en la maison du Receueur Pain ; & y estudia si bien en droict, que si tost qu'il fut de retour, il se trouua capable d'estre employé au Palais, ainsi qu'il fut, à la faueur tant de son pere, que de M. Rémon* son oncle, qui estoit desia en grande estime au Palais : comme de fait il y fut bien tost apres fait Aduocat du Roy. Mais il se fit encore mieux cognoistre qu'auparauant aux grands iours de Poictiers de l'an 1554. où ayant plaidé vne grãde cause, il fit vn banquet à tous ses compagnons, & aux principaux Procureurs de la Cour. La belle action qu'il fit alors, luy acquit vn tel bruit, qu'en cette premiere ieunesse il plaidoit autant que nul autre, & fut estimé digne d'auoir la charge des affaires de la maison de Vendosme, qui fut son premier aduancement : & incontinent apres il fut recherché de mariage, iusques-là, que la fille de M. Moreli Medecin du Roy luy fut donnée pour femmes auec huict mille liures, qui estoit lors vn gros mariage pour vn hõme qui cõme luy n'auoit gueres d'autres moyens d'en asseurer les conuentions, que sur la dexterité de son esprit. Cette femme qui estoit de grand cœur, & qui craignoit les charges du mesnage, fut cause qu'il se rendit encore plus subjet au Palais. Et parce que de son naturel il estoit vn peu homme de plaisir & de ieu, il arriuoit quelquesfois qu'ayant ioüé toute vne apresdisnée, puis souppé, & ioüé encores auec ses amis vne bonne partie de la nuict, & dormy fort legerement ; quand il estoit pressé de s'apprester des causes dont il estoit chargé en grand nombre, en vuidant les plus petites par expedient, il prenoit par fois l'vne pour l'autre : mais quant à celles de l'audience, il paroissoit tousiours pardessus ses compagnons. Tant y a que le feu de sa jeunesse estant passé, le Palais le posseda tout entier, si bien qu'il ne s'y presentoit aucune belle cause à plaider, où il n'eust part pour l'appellant ou pour l'intimé. Et pendant ce temps-là il acquit tout le bien qu'il laissa, qui fut la maison de Paris proche les Blancs-Manteaux, en laquelle il mourut, & la terre de Croquetaines en Brie, qui furent venduës par sa veufue & ses heritiers bien-tost aprés son decez, l'vne au

* Il en est parlé au Dialogue suiuant des Aduocats.

Greffier Mallon, & l'autre au Secretaire Chantereau; & il ne resta à ses heritiers que la maison de Crosne qui estoit de son propre, & quelques rentes. Il eust peu acquerir d'auantage: mais il aimoit beaucoup mieux l'honneur que les biens, se contentant non seulement de ce qu'on luy presentoit, mais aussi refusant souuent ce qui luy estoit offert; ce qui fut cause de son aduancement en l'estat d'Aduocat du Roy; où il entra * principalement par les recõmendations de M. le Connestable & du Cardinal de Chastillon, duquel vn de ses freres estoit Protonotaire. Estant paruenu à cet estat vers la 38. année de son âge, il reprit plus soigneusement que iamais, & auec plus de iugement l'estude des bonnes lettres; sur tout de l'Histoire tant sacrée, que profane, dont il se sçauoit fort bien seruir en ses discours. Seulement donnoit il à cognoistre qu'il y estoit venu vn peu tard, & qu'il y auoit esté maistre de soy mesme en ce qu'il alleguoit, en s'arrestant quelsquesfois à des choses, dont ceux qui y ont esté instruits de bonne heure, font moins de cas: de sorte que quelsques vns disoient de luy ce qu'on remarque de Seuerus Cassius, *Virum * fuisse præsentis animi, & majoris ingenij, quàm studij; cùm magis placeret in iis quæ inueniebat, quàm in his quæ attulerat.* Car il sembloit ne dire iamais mieux, que lors que ne voulant point faire du sçauant, il y apportoit moins d'art & plus de naturel. Ceux qui ont esté de son temps au Palais, se resouuiennent encore du plaisir qu'il prenoit à la communication que les Aduocats luy faisoient au Parquet des causes que l'on deuoit plaider; du soin qu'il auoit de s'y assubjettir les Mercredis & Vendredis depuis les neuf heures du matin iusques aprés dix heures, & de la peine qu'il prenoit de les y regler auãt que de venir à la plaidoirie, de sorte qu'il s'y vidoit plusieurs causes par son aduis: & estoit lors le Parquet vne eschole des jeunes Aduocats, lesquels pour cette cause s'y rendoient quasi aussi assidus qu'aux audiences. Que si les Aduocats ne s'y pouuoient regler à cause de la contrarieté de ce qu'ils disoient estre en leurs pieces, il se faisoit bailler leurs sacs, afin de les voir en sa maison, en laquelle bien souuent il les re-

** Miraumont en son liu. des Iustices de l'enclos du Palais, tit. du Parquet, dit que ce fut le 20. iour d'Aoust 1556. au lieu de M. Gilles Bourdin fait Aduocat du Roy, Clerc.*

** C'estoit vn Orateur, dõt parlent Quintilian & Suetone, mais ils ne r'apportent point ce passage.*

mettoit & oyoit, le tout afin de soulager d'autant la Cour, lors que les causes s'appelloient. Aussi la Cour auoit vne extreme creance en ce qu'il en disoit, & rapportoit, enjoignant ordinairement aux Aduocats de communiquer au Parquet. Que si on ne l'auoit fait, & si par faute de se rencontrer en leurs faicts, elle se trouuoit empeschée, elle les r'enuoyoit à la communication, où elle leur faisoit sur le champ bailler leurs pieces à l'Aduocat du Roy pour les voir pendant que l'on appelloit & plaidoit vne autre cause, apres laquelle jugée, il representoit si disertement, & auec vne telle clairté & verité les droicts de l'appellant & de l'intimé, que l'Arrest s'en ensuiuoit suiuant ses conclusions; vsant neantmoins tousiours à l'endroit des Aduocats de telle douceur & humanité, que personne ne s'en offença iamais; au contraire il a tousiours eu depuis le gré, & la bienveillance du Barreau, & de tous ceux qui l'ont cogneu. Aussi estoit-il fort methodique, diuisant presque tousiours son plaidoyé en parties, lesquelles il reprenoit, & poursuiuoit par ordre sans rien oublier, balançant & contre-pesant d'vne merueilleusemẽt bonne grace & fort clairement les raisons de l'vne & de l'autre partie. Et combien qu'il eust vne grande force & tres-persuasiue en son parler, si estoit elle accompagnée d'vne telle douceur, qu'encores que la conclusion fust tousiours droite & resoluë sans rien espargner ny dissimuler, si est-ce que personne ne s'en offençoit, mais plustost chacun estoit contraint de confesser, qu'il auoit fait en homme de bien & de vertu. Et il fut en vne telle estime durant les sept ou huict dernieres années de sa vie, que l'on disoit, comme aussi l'on a continué de dire depuis sa mort, qu'il faisoit tous les Arrests de l'audience, ses conclusions estant quasi tousiours suiuies: qui est ce que M. le Chancellier de l'Hospital veut dire és vers que nous r'apporterons cy-apres,

Vt concepta etiam Prætori verba præires.

Sur tout il auoit la douceur & la pointe que l'on remarquoit en Pericles : ce qui fit dire de luy par Eüpolis,

La Deesse Pitho habitoit en ses leures,
Tant couloit son discours; & seul des bien-disants,

Comme la mouche à miel, laissoit aux escoutans
Vn picquant esguillon, &c.

Mais on remarquoit aussi en luy, que cõme il estoit doux & affable en son particulier, & de son naturel, il estoit au contraire rude & seuere en ce qui concernoit les affaires du Roy, du public, & des pauures, desquels il se declaroit comme le Patron & l'Aduocat ; ny ayant si grand ny si puissant Seigneur, contre qui il ne se portast, quand il estoit question des causes publiques. Et ce qui est de memorable & exẽplaire pour ses successeurs en l'estat d'Aduocat du Roy, outre qu'il ne failloit iamais à se trouuer aux bureaux des pauures de l'Hostel Dieu, & autres qui sont dans Paris ; c'est qu'il donnoit tousiours la premiere heure de chaque iournée à leurs affaires, & dictoit à son leuer en s'habillant des memoires & des requestes, dont il faisoit tousiours venir quelque chose à leur recepte.

Il me seroit impossible & par aduenture mal seant de reciter en cet endroit les plus belles & grandes actions & plaidoiries qu'il a faites en cette charge : car cela meriteroit vn recueil à part tout entier. Ie diray neantmoins qu'il ne se dressoit aucun Edict, ny rien de consequence au Conseil du Roy, ou pour publier en ce Royaume, ou pour enuoyer en païs estranger, qui ne passast auparauant par sa plume ; tesmoin ce qui fut enuoyé à Trente* & à Rome* és années 1563. & 1564. tant sur le faict du Concile, que sur l'excommunication de la Reine de Nauarre,* & de quelques Euesques de ce Royaume, que ie garde soigneusement, pour auoir eu telle force & puissance que les Bulles en furent supprimées, & ne se retrouuent point aux liures Bullaires ; nos Rois estans lors mieux seruis pour ce regard, qu'ils n'ont esté depuis.

** L'Autheur entend parler d'vn Traité qu'il a remarqué à la fin de cette vie auoir esté fait par M. du Mesnil intitulé, Aduertissement sur le faict du Concile de Trente; mais cette piece ne s'est point trouuée parmy ses papiers.*

** Au Pape Pie IV.*

** Les Memoires dressez par M. du Mesnil pour la Reine de Nauarre, ont esté imprimez depuis ce tẽps là plusieurs fois, & mesme dans l'e-*

Ie remarqueray aussi quelques-vnes de ses actions publiques, qui me l'ont fait admirer d'auantage, pendant les six dernieres années de sa vie, que ie l'ay plus familierement hanté, que nul autre. La premiere fut au procez qu'il fit faire à vn President de Compagnie souueraine, auquel il est incroiable combien de peines & de trauaux il souffrit.

dition derniere des Traictez de l'Eglise Gallicane, faits en l'année 1639. au I. vol. pag. 35. 154. & 161.

Car c'estoit vn homme puissant, tant à cause de sa charge, qu'à cause de ses biens, de ses alliances, & des seruices rendus aux Rois pour leur faire trouuer de l'argent par des recherches & commissions extraordinaires ; mais sur tout d'vn esprit & industrie admirables, & inuincibles, si bien qu'il decouuroit par finesses les plus secretes charges de son procez, expliquoit ou destournoit tellement les pieces dont on le pensoit conuaincre, qu'il se trouuoit tousiours prest en ses defenses ; & auoit eu cette preuoyance qu'il s'estoit fait descharger & absoudre par lettres du Roy, & par des Arrests du Conseil & autres, des principales charges du procez qu'on luy vouloit faire au Parlement. Bref il estoit tellement armé, qu'il sembloit qu'il deust luy-mesme faire faire le procez à son accusateur. Toutesfois M. l'Aduocat du Mesnil ne perdit point courage pour tout cela, mais il descouurit si adroittement & fit voir si manifestement les principalles actions de la vie de ce President, qu'elles furent condamnées comme pernicieuses, & dommageables au public ; & par Arrest il fut priué de tous ses Estats, declaré incapable d'en tenir ny exercer aucun, condamné en soixante mille liures parisis d'amende ; les escritures par luy fournies contre l'honneur de M. du Mesnil, furent lacerees en sa presence, & en fit amende honorable en pleine audience, à la prononciation solemnelle des Arrests de deuant Pasques de l'an 1564. Le second tesmoignage de son courage, & de son integrité, fut en la cause du Comté de Vertus, qui fut vne grande & genereuse plaidoirie, consistant en vn vray subjet d'Aduocat du Roy, & en laquelle toutes les questions des Apanages & de la conseruation du domaine de la Couronne, furent amplement deduites, & si clairement traittées qu'il sembloit que ce beau & grand Comté qui estoit demeuré prés de 200. ans hors de la maison de France, y deust estre reüny & incorporé sur le champ. Le troisiesme fut en la recherche & poursuite des Financiers ; en laquelle il se porta si vigoureusement, qu'il en fit sortir en peu de temps de merueilleux esclats, quoy qu'ils fissent tous leurs efforts, non pour le corrompre, (car il estoit incorruptible ;) mais pour l'adoucir par les prieres & recommendations de leurs parens & amis.

Ie passe sous silence, & laisse ainsi que i'ay dit cy-deuãt vne infinité de plaidoiers publics, comme celuy des Iesuites;*des reseruations, regrets & collations en matiere de Benefices; des aubaines & des confiscations; celuy de la terre de la Carte en matiere domaniale, celuy de la Trimouïlle, & quantité d'autres; qui monstrerent le zele, dont-il estoit animé pour le bien public, & l'honneur du Royaume. Mais ie ne puis taire ce que ie vais dire, d'autant qu'il concerne son particulier. Le Preuost de Paris qui estoit lors, pretendoit que la prouision des offices des Iurez de foin luy appartenoit, comme de faict il en iouyssoit, & les vendoit, bien cherement; & pour en tirer plus d'argent, il refusoit ordinairement les resignations des malades, les voulant voir, & se les faisant apporter, afin de les faire vacquer par mort; qui estoit parfois la ruine d'vne pauure famille. Ce que l'Aduocat du Roy trouuant dur & cruel, il embrassa tellement la cause de la vefue, & des orphelins d'vn defunct, contre la puissance du Preuost, qu'il luy fit perdre sa cause sur le champ, dont il fut si irrité qu'il l'alla menacer, & luy dit quelques paroles outrageuses, ainsi qu'il sortoit du Palais; mais l'Aduocat du Roy en ayant fait sa plainte le lendemain au Parlement, le Preuost ayant esté mandé, & oüy fut incontinent condamné en 1200. liu. d'amende enuers le Roy & les pauures.

*Entre eux & l'Vniuersité de Paris, lors que les Iesuites voulurent s'associer auec l'Vniuersité. Ce plaidoyé a esté depuis imprimé à Paris en l'année 1594. chez Abel L'Angelier in 8.

Que s'il eust esté secondé par ses cõpagnons, en l'affection qu'il auoit pour le bien public, il eust fait des actions encore plus hardies. Car lors qu'vn Euesque de maison que ie ne veux point nommer, eust achepté vn des plus signalez Eueschez de ce Parlement; il fut si fort indigné de cette simonie, qu'il dit en plein Parquet à M. le Procureur general Bourdin, que s'il le vouloit assister, il iroit en faire sa plainte en pleine Cour, & requerir commission pour y faire appeller cet Euesque, afin de payer au Roy les lots & ventes, ou quint & requint de l'Eueschê, disant qu'il en auoit les preuues en main. En somme il faisoit tellement sa charge, que lors qu'il s'agissoit du bien & de la defense du public,

& des pauures, il n'espargnoit aucun ; ce qui ne se pouuoit faire, sans encourir la haine ou l'enuie de beaucoup de personnes, ny sans vn tres-grand trauail : & certainement il prenoit tant sur soy, qu'il n'eut iamais gueres de repos, mais estoit en perpetuelle action.

En l'anné 1565. il fut enuoyé aux frontieres de Luxembourg & pays Messin, pour le faict des limites du Royaume, contre les deputez du Roy d'Espagne, dont il s'acquitta auec honneur & à l'aduantage de son Maistre. Il fut aussi employé à dresser les Edicts de Roussillon & de Moulins sur le faict tant de la Iustice, que du domaine, en la plus part desquels ie l'ay veu trauailler auec feu M. le President de Harlay, & le sieur de S. Bonnet, qui escriuoit sous eux. Il estoit fort souuent mandé au Conseil priué du Roy, & y fust dessors entré, n'eust esté que feu Monsieur le Chancellier de l'Hospital, en tenoit la porte fermée à ses amis propres, quoy qu'ils en fussent tres-dignes, craignant que d'autres, qu'il en estimoit indignes, ny entrassent, comme ils firent bientost apres.

Enuiron ce mesme temps le Roy luy fit don d'vn office de Conseiller au Chastelet, & depuis d'vne somme de quatre mille liures, qui est tout ce qu'il eut iamais de bien-faicts des Rois ; encores n'en fut-il pas entierement payé. Quelque temps aprés on luy offrit l'estat de premier President de Rouën, lequel il refusa, estimant que c'estoit vn honneste esloignement ou relegation. Au surplus il se retiroit ordinairement pendant les vacations en sa maison de Crocquetaines ; & souuent auec quelques gens de lettres, auec lesquels il s'estudioit à la langue Greque, à la Sphére, & à la Geographie : où l'estant allé voir, & y ayant passé quelques iours, ie luy donnay en prenant congé de luy, les vers que i'insereray icy, pour monstrer à quoy il employoit son temps.

AD C. V. BAPTISTAM MENILIVM ORATOREM IN SENATV REGIVM.

Prolatis rebus, Menili, justitióque
Indicto, ruris, procul ambitione, recessum
Quæris, vbi vrbanas autumno ponere curas
Te juvet: & varios hortorum carpere fœtus;
Purpureîsque cadis spumantem infundere Bacchum;
Tum laqueis captare feras, canibusque fugaces
Sectari lepores; & amicæ credere terræ
Semina quæ largo cum fœnore fœta rependat.
Nam potiora sacris impendis tempora libris,
Ante salutato ter sancto Numine cœli.
Tum Græcis operam, studio atque ætate Catoni
Adsimilis ponis: stellarum deinde meatus,
(Poynæo monstrante viam, cui Graja rotundo
Musa dat ore loqui, qui vertice sidera pulsat,)
Suspicis, inque tuas sedes sublimia mundi
Ingrediens, animo totum complecteris orbem,
Felix atque adeò felix, bona qui tua noris.
Tales Serranos, Cincinnatósque Quirites,
Attiliósque patres demissus ab vrbe viator
Ad dictaturas, fasces, trabeásque ciebat.
Quæ res haud dubiè, Menili, te manet; atque
Villæ habitatorem placito Rex euocat agro.
Aspicis vt properans Germanâ cursor ab arce
Te nec-opinantem regali voce salutet,
Agricolámque novum placito Rex evocet agro,
Præside supremo quo Neustria jure regatur;
Neustria cui nuper Raimundus avunculus æquè
Præfuit, vt solio meritus reddaris avito?
Sic tua te virtus ac nominis inclita fama,
Securum prohibet fallentémque otia libris
Adsinémque polo regnare in rure beatum.

Idib. Oct. M. D LXV.

Plusieurs de ses amis disoient, qu'il auoit refusé mal à propos cet estat de premier President de Rouën, tant pource que c'estoit le chemin qu'auoit tenu feu M. le President Rémon son oncle, qu'à cause du repos honorable qu'il s'y fust acquis. Mais il esperoit tousiours vne charge de President au Parlement de Paris, comme luy estant deuë: en quoy il fut abusé; car le temps & les affaires de la Cour changerent tellement, que ceux desquels il sembloit deuoir attendre son aduencement, n'eurent pas eux mesmes le moyen de se conseruer en leur auctorité: & particulierement M. le Chancelier de l'Hospital; à cause que les guerres & diuisions ciuiles se r'allumans en ce Royaume, la iustice & les Conseils de paix en furent du tout bannis, & la Majesté du Roy grandement diminuée & auilie: ce qui luy causa vne grande melancholie; ioint quelques propos qui luy furent dits par la Reine Mere du Roy, sur des charitez qui luy furent prestées par l'vn de ses compagnons, lesquels il ne pût iamais depuis digerer. De faict il tomba malade bien-tost aprés, non de la maladie, de laquelle il mourut, mais d'vne maladie lente, & chagrine, & qui finalement fut cause de sa mort, ainsi qu'il le tesmoigna luy-mesme par les vers qu'il composa pendant son déplaisir, qui meritent d'estre icy transcrits.

** Ces deux vers ont esté icy adjoustez d'vn recueil de vers non imprimez de M. de l'Hospital, où ils ont esté trouuez; n'estãs point dans la copie de nostre Autheur. C'est pourquoy nous les auons marqués d'asterisques, comme tous les autres qui ont esté pris, ou qui manquent dans leditrecueil.*

** Ou passa sit, comme il y dans ledit recueil.*

Da Pater Omnipotens, (si quid pia vota reposcunt)
Prima dies vt sit nobis postrema, simulque
Finiat ærumnas, nostros & finiat annos.
Namque quid optarim vitæ mihi longior vt sit
Vsus, qui pœnas longos diffundat in annos?
** Nec me vxor retinet, quamuis pia, cuius amicæ*
** Mœrorem adijciunt lachrymæ, ingeminantque dolorem.*
Nec mihi sunt nati, qui pressis oscula labris
Iungentes, animam luctantem sistere possint.
Denique nec mandata tenet Respublica quondam,
Aut pars illius non sanè ignobilis, vt quæ
Antè oculos certam miserandâ strage ruinam
*Passura, * haud vllâ quæ sit reparabilis arte.*
Vos omnes igitur, quotquot sum nactus, amici,
Gratum pro vobis exegi si quid, habete.

Nil merui viuus, sed nil extinctus amari.
Vos quoque quos colui, Rex & Regina valete:
Pectora vestra meis non respondentia votis
Fecêre, vt properata mihi mors gratior esset.

Ann. M.D.LIIX.

Ges vers estans tombez entre les mains de M. le Chancelier de l'Hospital, qui luy firent cognoistre comme ce bon homme se disposoit à la mort, il essaya de l'en diuertir, & de le consoler par d'autres vers qu'il luy escriuit, qui depuis leurs decez se sont trouuez parmy leurs papiers, dont voicy le commencement.

AD BAPTISTAM MENILIVM ADVOCATVM REGIVM.

Ces vers n'ont point encores esté imprimés non plus que beaucoup d'autres de M. de l'Hospital, qui sont dans le recueil, dont il a esté fait mention cy deuant.

Menili, vereor mala ne præsentia nobis
Spemque animumque ferant. At non iaceamus inertes.
Tu modò tentatus morbo, ratus esse malorum
Extremum hunc finem, cupiisti excedere vitâ,
Pertæsus nostri, pertæsus & vrbis, & aulæ.
Fecisses etiam, nisi te miserata Deorum
Fata retraxissent pænè ipso à limine mortis.
Hoc fortasse mihi fuit excusabile votum,
Cui vires, corpusque simul tulit ægra senectus,
Qui patriæ atque meis, mihi sum vel inutilis ipsi.
At tibi robusto, medium cui restat eundum
Plus vitæ spatium, ne tàm scelerata cupido
In mentem veniat certum præuertere finem,
Aut legum, patriæque velis desertor haberi.

* * * * * *

Non tu quandò abeas, ego quando, metue, tuiue
Arbitrij est. Ne tu longam magis appete vitam
Ducere, quàm visum est superis; nec contrahe vela,

* * * * * *

Ac ne fatalem properando corripe metam.
** Quî scis, mutatæne Deûm sint numine Reges,*
** Et quæ nunc fugiunt, vltrò vertentibus annis,*

Consilia accipiant animis, & sponte sequantur?
* * * * * * *

** Nec te fata Deum cupientem excedere terris,*
** Et cœlo * numeros augere bonorum,*
** Audiuere: nec orba etiam Respublica posset*
** Triste sui desiderium pensare parentis.*
** At tu iure fori pertæsus, & vrbis, & aulæ,*
** Decreras migrare aliò quocumque locorum.*
** Dis aliter visum. **
* * * * * * * *

Et ce qui s'ensuit, qui est si corrompu, & si imparfait, que nous ne l'auons sceu rendre entier. Tant y a, qu'il y auoit sur la fin.

At meritis cruciare tuis non digna referri
Præmia. Quid? fortasse noua hæc? non omnibus imò
Regibus, ac populis longos adsueta per annos?
Audi, & te patriæ serua, melioribus olim
*Temporibus: * tua nunc medium vix attigit ætas*
** Curriculum, nos antè animo præcurrimus æquo,*
** Queis animi vires & corporis ægra senectus*
** Imminuit, certo patriæ custode relicto.*
Menili, vereor dum te castigo, vel esse
Forti animo iubeo, similis ne culpa magistrum,
Arguat, & regeras in me mea dicta, meumque
In caput. At sermo tamen est perdulcis amici.
* * *

Ie prends tant de plaisir à r'assembler les derniers propos de ces grands Personnages, que ie m'imagine que chacun y prendra part aussi volontiers que moy. Et cela me fait resoudre d'adjouster encore en cet endroit les vers que M. du Mesnil trassa, lors que se voyant descheu de son esperance d'estre President à Paris, & M. de l'Hospital aussi n'estant plus employé aux principales affaires de sa charge, il sembloit que la Reine voulust mettre aux Sceaux le Seigneur de Lansac: ce que par aduenture peu de gens sçauent. Voicy les vers,

Hoc ciuilibus insitum procellis
Cunctorum velut Ilias malorum,
Bruta hæc fulmina quæ solent ciere,
Leges vt sileant fera inter arma,
Omnisque exulet optimus, piusque
Iuris qui solitus minister esse,
Armato violenter occupante
Cuncta, & sedibus eruente fixis.
Plagâ sensimus hæc nimis recenti:
Nam, tantùm vt grauiora persequamur,
Cancellarius, antè qui togatus
Regnum legibus optimis regebat
Meræ iusticiæ sacer satelles,
Statim, seditione vix coortâ,
Factus muneris orbus actione,
Solâ eius specie in fide relictâ,
Toto cogitur abstinere cælo,
Et paruâ tacitus latere cellâ;
Illiusque vices sagatus alter,
Insultansque bonis, graduque pellens,
Nullo iure sacrum occupat sigillum.
Inuersa omnia; prostitutus omnis
Legum antiquus honor, metus, vigorque;
Et Regni status absque lege nullus.
Rupto carcere tùm reus minatur,
Nec vox iudicis expauetur vlla.
Tum cæpêre fores patere latè
Emendis vetitis, sacrisque rebus;
Dignitatibus anteà sepultis
Nummis atque fauore suscitatis,
Largis muneribus, modumque suprà,
Vix certis meritis repensitandis:
Alter pellitur, aduocatur aliter.
Mutatus quoque Regij sigilli
Ritus, quaque fuit vetusta forma
Omnis excidit, abiitque pessum:
Sed cuncta vnius ad nutum redacta,

Nec seruare modum, nec iura docti,
Audentis tamen omnia insolenter.
At non debuerat manu profanâ
Attrectare toga insuëta sacra,
Verùm inter crepidam sutor, nec vltrà.
Hic hærere sago, & rei sagatæ
Tantùm debuerat sagatus ille,
Ne, dùm incautus vtrumque miscet, ambit,
Nulli possit idoneus videri,
Ad saccos misere reÿciendus.
Felix si potuisset abstinere,
Præsertimque bonis calumniandis;
Contentusque suâ valere sorte,
Et tàm lingua viro innocens fuisset,
Quàm dicunt gladium hactenùs fuisse.

Toutesfois pour reuenir à nostre propos, la verité est qu'il se releua aucunement de cette maladie, & retourna au Palais, signamment pendant la petite paix de Chartres, qu'on pouuoit aussi bien appeller fourrée, qu'on fit celle qui y auoit esté faite pendant la diuision d'Orleans & de Bourgongne. Mais tout aussi tost que les armes furent reprises, & qu'il vit qu'il y alloit de la ruine ou desolation du Royaume, (car ainsi le pensoit il) il retomba dans sa melancholie & indisposition, qui luy causerent vne jaunisse & enfleure, lesquelles ne l'abandonnerent oncques depuis. Ce qui monstroit euidemment, que comme la paix le faisoit viure, aussi la guerre au contraire le faisoit mourir. Deux mois auant son decez, les Medecins luy defendirent entierement l'exercice & le trauail de sa charge; neantmoins auant que de quitter, il fit deux vertueuses & memorables actions. L'vne contre feu M. D. President aux Enquestes, pour vn Gentil-homme de Bourgongne, qui se plaignoit qu'il luy detenoit indëuement sa terre. L'autre à la Tournelle sur la deliberation du procez de deux Bourgeois de Paris condamnez à mort pour le faict de la Religion, contre son aduis, disant que l'affaire meritoit bien d'en parler au Roy, à cause de la diuersité des Edicts. Et dés ce iour là ayant pris congé de la Cour, & dit a Dieu à M. de Pibrac son compagnon, il ne retourna plus au Palais, s'abandonnant du tout aux Medecins. Ce qui fut à mon aduis cause de luy aduancer aucunement ses iours : car il viuoit autant du trauail & maniment des affaires, que les autres pourroient faire de leur aise & repos, & se melancholioit beaucoup plus en sa maison, que dans les affaires. Il definoit donc de iour en iour, sans que ceux qui le voyoient ordinairement s'en apperceussent. Finalemẽt les Medecins du Roy, de la Reine, & autres principaux de la ville, ayans prononcé leur arrest d'hydropisie formée, en vne consultation solemnelle qui en fut faite en la presence de ses parens & amis, on luy fit entendre, que s'estant resolu de n'aller plus au Palais, il pourroit resigner son estat : ce qu'il fit fort volontiers, & en passa procuration en faueur de M. Denys du Mesnil Aduocat son frere. Mais ayant esté refusée sur des calomnies, & par des factions du temps, il en passa vne autre en faueur de M. de Thou, aussi lors Aduocat, disant que ses amis l'ayant perdu, ils auroient pour le moins le support & l'amitié de la maison qu'il aymoit le mieux, & la plus grande qui fut à Paris dans la robbe longue, & que par ce moyen chacun se pourroit ressentir des estats & pensions qu'auoit lors M. de Thou. Depuis il se resolut à la mort, & en effect il mourut incontinent apres : car l'eau luy gagnant l'estomach, le suffocqua.

Apres sa mort on luy perça le costé, d'où il sortit prés d'vn seau d'eau rousse, le reste de son corps se trouuant sain & entier. Aussi quoy qu'il fust attenué d'vne longue maladie, il fut prés de vingt-quatre heures en agonie. Il mourut âgé de 51. ans, dix mois, & quatre iours, le 2. iour de Iuillet de l'année 1569. estant né le iour S. Michel de l'année 1517. & ce sous le signe de la Balance, que l'on dit estre la marque des Iurisconsultes, & de ceux qui sont appellez au maniment & gouuernement des grandes affaires publiques, ainsi que remarquent les Astrologues, & entre autres Manilius en ces vers, parlant du Iurisconsulte Seruius Sulpitius, & autres,

Hic etenim legum tabulas & condita iura
Astronomicωn l. 4. *Nouerit, atque notis leuibus pendentia verba:*
Et licitum sciet, & vetitum quæ pœna sequatur,
Perpetuus populi priuato in limine Prætor.
Non alio potiùs genitus sit Seruius Astro,
Qui leges potiùs posuit, quàm iura retexit.
Denique in ambiguo fuerit quodcumque locatum
Et rectoris egens, diriment examina Libræ.

Et puis apres,

Felix æquato genitus sub pondere Libræ
Iudex extremæ sistet vitæque necisque:
Imponetque iugum terris, legesque rogabit.
Illum vrbes & regna trement, nutuque regentur
Vnius, & Cœli post terras iura manebunt.

Aussi n'auoit-il pas oublié de remarquer luy-mesme cela dans les vers qu'il auoit fait de sa natiuité, és vacations dont il a esté parlé, & qu'il ne sera pas mal à propos de transcrire icy, d'autant qu'ils contiennent vne partie de l'Histoire de sa vie.

Exegi iam lustra decem, binis minùs annis,
Longior ætatis pars erit illa meæ.
Hæc Sol in Librâ vertit, signatque quotannis,
Atque Michaëleωs annua festa notant.
Parte horum mediâ, iuuenilis quod tulit ætas,
Feci, non aliis, non mihi notus adhuc.
Quæ mox successit, plùs profuit altera multis,
Quàm mihi, nec natum me mihi, nosse dedit.
Namque quid in re esset, censúue, penúue locandum,
Taliaque, ingenio non subière meo;
Sed quid spe serus sponderet vesperus olim;
Quæ fortuna senis, quæ quoque fama foret.
At nunc cùm serum tardet prouectior ætas,
Credula nec voti spes sit, vt antè, mei;
Iam iam maturè nobis est prospiciendum,
Et mens ad summum spésque ferenda Deum.
Hic me, quod superest, finem deducet ad æui,
Securumque magis, sollicitúmque minùs.

Corporis.

Corporis hic & opes animi concedet abundè,
Regnaque post vitam hanc vberiora dabit.

De verité, il ne s'estoit iamais gueres soucié de ce monde, non qu'il n'y fust bien entendu quand il s'y employoit, estant adroit à tout ce à quoy il s'appliquoit : mais outre qu'il n'auoit point d'enfans, son esprit estoit trop haut esleué, pour s'abaisser au mesnage : de sorte que sans le soin que sa femme en auoit, il eust laissé sa maison embrouïllée des tutelles de ses freres & nepueux. Mais elle luy remonstroit parfois ce qu'on compte de la femme d'Aristides, *Ie voudrois que les affaires publiques fussent les vostres, & les vostres les publiques.*

Ie ne veux pas oublier le souhait que ie luy ay oüy faire plusieurs fois, par lequel son naturel se peust autant recognoistre, que par chose que i'aye ditte. C'estoit qu'il pleust au Roy luy permettre de se défaire de son estat, pour viure puis aprés en homme priué, consultant gratuitement pour ceux qui n'auroient gueres de moyens ; & pour estudier & prier Dieu le reste de ses iours en sa maison, en laquelle il prenoit tres grand plaisir, sur tout depuis qu'il l'eut faite rebastir & accommoder comme elle est de present ; iusques à m'auoir dit quelsquesfois, que s'il n'auoit eu le bon-heur de laisser des enfans, pour le moins lairroit-il deux maisons qu'il auoit basties ; l'vne aux champs, l'autre à la ville, laquelle il disoit se pouuoir commodement partager en deux ; car il estimoit que ses heritiers là deussent garder : & neantmoins l'vne & l'autre ont changé deux ou trois fois de main depuis son decez ; tant les biens de ce monde sont muables & incertains.

Il mourut ayant receu tous ses Sacremens, & disposé d'vne petite parcelle de ses biens. Car au surplus il ne fit qu'vn testamẽt de cinq sols, delaissant le reste à la discretion de sa femme, & tous ses autres biens à quatre de ses freres heritiers, l'vn Aduocat en Parlement ; le second Commendeur de S. Antoine, Prieur de la Reolle, & Protonotaire de M. le Cardinal de Chastillon ; & deux autres qui ont esté consecutiuement Chanoines & Archidiacres de Brie en l'Eglise de Paris. Son corps fut enterré en l'Eglise de S. Iean en Greve, qui estoit sa paroisse, auec vne tres-belle & honorable compagnie, la Cour luy ayant fait cet honneur de s'y trouuer en corps, bien que son successeur en son estat fut desia receu.

Ie diray encores ce mot de luy, pource que quelques-vns en ont voulu parler autrement qu'ils ne deuoient : c'est qu'il n'estoit ny Lutherien, ny Caluiniste. Il estoit vray Chrestien Catholique ; mais aussi tres-bon François, & fort zelé pour la grandeur, honneur, & Majesté du Roy, & pour les droicts, & libertez du Royaume, desirant le bien, & la reformation du mal, & des abus, non par armes ou guerres ciuiles, mais par conferences & par les voies de douceur : & sur tout il estoit amateur de la paix & du repos, sous l'authorité de la justice. En somme il estoit quasi tel en ce Royaume, pour le regard de sa douceur, humanité, & desir de viure en paix, que fut jadis Philippes Melanchton.* en Allemagne; car c'estoit l'hôme duquel il faisoit plus d'estat, non pour ses opinions particulieres en la Religion, mais à cause de la douceur de ses escrits, & de ses conseils ; comme de faict il y auoit beaucoup de ressemblance entre eux, tant en corpulence, qu'en humanité, & affabilité de visage & de langage, de mœurs & affection enuers le public, les pauures, & affligez, & pour l'entretenement de la societé ciuile en vnion & concorde. Mais leurs fortunes ont esté diuerses; en ce que l'vn ayant esté creu par vne bonne partie des siens, a esté cause qu'ils ont eu plus de paix & de repos ; au lieu que les conseils de cettuy-cy ayans esté mesprisez, lors que l'on en auoit plus de besoin, nous n'auons eu que tempestes & qu'orages depuis sa mort ; laquelle luy a esté d'autant plus heureuse, qu'il n'a point veu ce qu'il auoit preueu deuoir aduenir.

** Florimond de Rémond en sa Papesse Ieanne c. 6. art. 5. dit qu'il estoit le plus modeste de tous les déuoyez de l'Eglise, & qu'il estoit tousiours en tremble de faillir, &c.*

Pour conclusion on peut dire de luy ce que dit Homere,

Iliad. ε. v. 801. μικρὸς μὲν ἔην δέμας, ἀλλὰ μαχητής,

Ou ce qui est en vne ancienne inscription Romaine.

Corpore in exiguo res numerosa fuit.

Car à vray dire ce fut vn vaillant homme en sa vacation.

Pour tout monument ie luy dressay cet Epitaphe, qui a esté graué & posé contre l'vn des piliers du Chœur de l'Eglise de S. Iean en Greve.

D. O. M.

ET MEM. ÆT. V. C. BAPTIST. MENILII, CVI OB PRÆSTITVM PER X. ET VII. ANN. PERICLITANTIBVS, SVMMA CVM LAVDE, PATROCINIVM, ET REGIAS TRIVM REGVM, AC PVBLICAS ORPHANORVM VIDVAR. PAVPERVM, LOCORVMQ. SACRORVM CAVSAS PER XIII. ANN. FIDELISS. ET STRENVISS. DEFENSAS, AB VNIVERSO SENATV, EXTRA ORDINEM PRIVATO ACTOQ. HONORE EX SC. SENATORIVM FVNVS DECRETVM, ATQ. IN HANC ÆDEM NON MINORE LVCTV, ATQVE OMNIVM ORDINVM DESIDERIO, QVAM POMPA, DVCTVM EST. ANT. OISEL. ADF. MOESTISS. P. D. Q. C.

VIXIT ANN. LI. M. X. D. IIII.
OBIIT AN. D. M. D. LXVIIII.
IIII. NO. AVG.

BEATVS QVI INTELLIGIT SVPER EGENVM ET PAVPERVM, IN DIE MALA LIBERABIT EVM DOMINVS.

Ie luy fis encore alors ce Distique pour Ephitaphe.

Hîc tellure sacrâ tegitur Baptista Menilus,
Quo simul & probitas, & Themis alma jacent.

Et quelques iours aprés son decez, i'adressay ces vers à sa veufue,

AD CATHAR. MORELLAM C. VIRI BAPT. MENILII ORATORIS IN SENATV REGII CONIVGEM.

Desine casta pij lachrymis Catharina mariti
Menili immeritum frustrà temerare sepulchrum.
Iustitiâ quid enim Francorum è gente fugatâ,
In Francis ageret Francarum gloria legum?
Lugendi potius, vitæ quos sordibus, atque
Bellorum addictos furiis, bonus astra Sacerdos
Astrææ repetens, Divæ comes ipse reliquit.

Kal. Sept. M. D. LXIX.

Toutesfois pendant nos miserables proscriptions, & rauages de biens, de liures, & de papiers, M. Pithou rencontra entre ceux de feu M. le Chancellier de l'Hospital vn Epitaphe qu'il luy auoit dressé, qui sera le principal honneur, & le couronnement du Tombeau que i'auois pensé estre de mon deuoir, de luy dresser.

Menili, tecum longè feliciùs actum,
Esse reor, longè meliùs; qui nempe cadentē
Prospiciens Patriam, nolens super esse ruinis,
Migrasti hinc, promissa bonis ad regna Deorum.
Si potuisset enim seruari Patria ciuis
Cuiusquam pietate; tuâ seruata fuisset.
O tot suscepti frustrà, tantique labores!
O quoties dixti, te vitam exponere velle,
Dum Patriæ, Regique aliquid prodesse valeres!
Quæ tua vox, quantoque adstantûm audita stupore;
Seu vitia obiurgas censor grauis, atque seuerus,
Siue animos iuuenum studiis incendis honestis
Ad virtutis iter, veræque ad laudis honorem;
Seu legum patrocinium, causamque iacentem
Suscipis, aut Fisci tibi credita iura tueris?
Namque in iudiciis sic tu regnare solebas,
Vt concepta etiam Prætori verba praires,
Atque tuo totus penderet ab ore Senatus.

Non tamen immunis telis ac morsibus expers
Inuidiæ, vitæ supremo in fine fuisti:
Cui plerumque malo est obnoxia vita bonorum.
Hæc meritis indigna tuis tibi reddita merces,
Altiùs inque tuo defixa iniuria corde.
Quæ res sæpè viros fortes afflixit, & illis
Mortis causa fuit, morbum vel corporis auxit.
Huic te succubuisse ferunt, sæuumque dolorem
Concepisse animo tristi, mortem inde secutam.
Tu nunc astra tenes Cælo nouus hospes, & ima
Securus spectas altè loca; si quis & harum
Sensus adhuc rerum superest, vel inania rides
Nostra videns studia, aut sortem misereris iniquam.
Vnde fides monstrata futuræ pacis in omne
Tempus, ab hac tamquàm prorepsit origine quidquid
Turbarum in populis, & belli quidquid vbique est.
Religio non illa fuit, sed spes mala prædæ,
Sanguinis humanique sitis, restinguere quantùm
Non gladij valeant; non Syllæ aut Cæsaris hasta.
O frustrà insumpti tantâ pietate labores
In patriam! frustrà superis tot reddita vota?
At nos hisce malis sperauimus affore finem,
Subsequimur dum vana leues promissa furentum,
Ignari pugnare Deum; causamque tuëri
Vnum posse suam contra simul omnia Regum
Robora; nequicquam terras contendere Cælo.
At duplex vno victoria contigit anno.
Nec verò hinc superûm nobis testata voluntas.
Vicinæ quoties, non æquo numine, gentis
Iudæi subiere iugum? verumtamen illis
Haud impunè fuit. Præludia namque malorum
Prospera, sæpè malis fœdam traxere ruinam.
Quin etiam Deus ipse suos quos diligit, vltrò
Castigat, mox perpetuos vlciscitur hostes.
Contrà alij fortes offendunt limine in ipso,
Post tamen euentu meliore, nouißima belli
Succedunt, pulsosque loco fortuna reponit.

At vos progenies serpentum, inimica Deo gens,
Creditis aut nullum esse Deum, aut hæc infima terræ
Negligere, aut ferri incerto temerè omnia casu.
Hæc te viuentem non effugère, sed vmbra
Corporis obstabat, clarum ne cernere posses;
Nunc verò adflatus præsenti numine Diuûm
Omnia cognoscis penitùs; nunc mortuus altâ
Pace super Cœlos frueris, quam viuus amasti.

DIEV LVY FACE PARDON DE SES FAVTES ET A NOVS DES NOSTRES.

ENcores que iusques à present ie n'aye point appris qu'aucun autre ait escrit la vie de M. l'Aduocat du Roy du Mesnil, que nostre Autheur, si est-ce que plusieurs celebres Personnages n'ont pas manqué de rendre à sa vertu les hõneurs qui luy estoient deus, & pendant sa vie & apres sa mort. Et desirant aussi moy-mesme contribuër de mon possible à la gloire d'vn si grand Magistrat, puis que l'occasion s'en presente; i'ay pensé qu'il estoit à propos de mettre icy en suitte de sa vie, ce qui est venu de luy en ma cognoissance; veu principalement qu'il s'y rencontre des choses qui n'ont pas esté obseruées dans sa vie. Apres quoy j'adiousteray encore quelques-vns de ses Ouurages & plaidoyers, qui sont restez, & ont esté conseruez iusqu'à present.

En premier lieu i'ay trouué dans vn Recueil de plaidoyez notables de plusieurs anciens & fameux Aduocats du Parlement, tirés des memoires de M. Laurens Bouchel Aduocat en la Cour, imprimez à Paris en l'année 1612. in 8. pag. 148. vn plaidoyé par abregé de M. du Mesnil, plaidant lors pour la Reyne de Nauarre, demanderesse contre les Dames Françoise & Anne d'Alençon, sœurs & heritieres du Duc d'Alençon premier mary de ladite Royne, pour l'vsufruict qui luy auoit esté donné par le Roy, des Duché d'Alençon, Comté du Perche, & Vicomté de Chasteauneuf en Auuergne, & pour la iouyssance de la Baronnie de Baugé à cause de son douaire.

M. Estienne Pasquier au 4. liu. de ses Recherches chapitre 27. discourant de l'origine des harangues qui se font deux fois l'an au Parlement aux ouuertures des Audiences de la S. Martin & de Pasques, parle de luy en ces mots.

Le premier qui y apporta de la façon, fut Maistre Baptiste du Mesnil en l'an 1557. Personnage de singuliere recommendation. Il me souuient qu'il nous entretint vne demie matinée, de quelques passages d'Asconius Pedianus, pour monstrer la difference qu'il y auoit dedans Rome entre l'Aduocat & le Procureur, &c.

Luy-mesme en ses Poësies liu. 1. nous a laissé cét Epigramme de M. du Mesnil qui estoit déja mort, & de M. de Pibrac viuant encores.

DE BAPTISTA MÆNILIO * REGIO IN SENATV PARISIENSI PATRONO MORTVO, ET VIDO FABRO EIVS COLLEGA SVPERSTITE. 53.

Il est ainsi escrit dans l'imprimé.

TVnc cùm Mænilius superûm pia cura Deorum,
Mellifluo, mentes duceret, ore, Patrum,
Turba, Periclæâ sic Fabrum voce tonantem
Audiit eloquij fulmina ferre sui.
Magnus Mænilius, magnus Faber, arte, lepore,
Naturâ, ingenio, religione, fide.
Ast vbi Mænilium luci nox abstulit atra,
Et socium socio mors inimica rapit;
Vidus eheu mœstus, claro viduatus amico,
Desiit eloquio tùm seperesse suo.
Dicere vt haud possis, an viuat mortuus alter,
Anne hunc qui superest interiisse putes.
Siccine res hominum cælestia Numina norant,
Vt sinerent vnâ morte perire duos?

Et dans le liure de ses Epitaphes, en faisant celuy de M. du Mesnil en ces vers, il se plaint que pas vn des Poëtes de son temps n'auoit eu le cœur d'honorer sa memoire de quelques vers.

BAPTISTÆ MÆNILII IN SENATU PARISIENSI REGII PATRONI.

MÆnilius jacet hîc, quo non ex omnibus alter
Comior, aut melior candidiorque fuit.
Nec tamen innumeris videas è vatibus vnum
Qui tanti decoret funera clara viri.
Scilicet hoc vno moriente euanuit omnis
Et pudor, & pietas, simplicitasque patrum.

I'Ay appris par les actes icy mentionnez, trouuez parmy les papiers de nostre Autheur, que ce fut M. du Mesnil qui dressa vn Aduis que le Roy Charles IX. voulut auoir du Parquet, sur l'administration de l'Hostel Dieu de S. Quentin, requise par les Chanoines dud. S. Quentin, comme fondateurs & dotateurs d'iceluy, nonobstant l'Edict faict pour le gouuernement des Hospitaux. La difficulté estoit que les Chanoines ne r'apportoient point leurs lettres de fondation, lesquelles ils disoient auoir esté bruslées en l'an 1557. *lors de la prise de la ville de S. Quentin, & de l'incendie qui fut fait alors dudit Hostel-Dieu; mais seulement representoient quelques vieux comptes, qui leurs auoient esté rendus en la qualité de gouuerneurs & souuerains administrateurs d'iceluy. Toutesfois le Roy suiuant cet Aduis, qui est en datte du* 25. May 1562. *accorda & fit expedier aux Chanoines de S. Quentin ses Lettres patentes du* 16. *Iuin ensuiuant, par lesquelles nonobstant cet Edict des Hospitaux, il leur permit de faire regir & administrer ledit Hostel-Dieu, comme auparauant.*

DEnys Lambin Professeur du Roy és langues Grecque & Latine fit en l'année 1569. *vne espece de Panegyrique à M. du Mesnil sur son Plaidoyé de l'Vniuersité de Paris, dont il a esté parlé dans sa vie, comme il se voit par l'Epistre suiuante que i'ay pareillement trouuée parmy les papiers de nostre Autheur.*

DIONYSIVS

DIONYSIVS LAMBINVS Baptistæ Menilio ornatissimo viro, in supremâ Curiâ Parisiensi Patrono Regio. S. D.

SI, quanta tua in hanc Scholam Parisiensem beneuolentia ac beneficentia est, Baptista Menili, tantam diligentiam adhiberent eloquentes homines, vt tuæ plurimæ summæque virtutes meritis ac veris laudibus ornarentur; tu clarissimis totius antiquitatis viris, quos magna in Rempublicam merita doctorum virorum scriptis quasi luminibus illustrata ad cœlum extulerunt, aut nihil, aut parùm admodum, gloriâ, & nominis immortalitate concederes. Nunc autem, quia qui & possunt, & debent, ij vel tuorum in hanc Scholam meritorum magnitudine obstupefacti vel rei difficultate deterriti, tua recte facta sileri patiuntur, fit vt tuæ diuinæ virtutes, tuaque præclara in vniuersum literas profitentium ordinem studia ac beneficia, vigeant illa quidem eorum qui hodie viuunt stabili conscientiâ, recenti memoriâ, predicatione diuturnâ, sed careant luce literarum, quæ solæ magnorum virorum virtutes posteritati prodere, immortalitati commendare, & ab interitu vindicare possunt. Namque omninò prçclara in Rempublicam merita ad virorum virtute prçstantium laudes immortalitati consecrandas parùm valent sine adjumento subsidioque literarum: quin, vt ait Flaccus,

Paulùm sepultæ distat inertiæ
Celata virtus.

Carminum lib. 4. ode 9. ad M. Lollium.

Quæ cùm mecum non sine animi dolore cogito, temperare mihi non possum, quin omnis mei ordinis homines, meosque collegas, doctissimos, atque eloquentissimos viros grauiter accusem quòd tibi tam benè de nobis, & de hâc Scholâ merito, quomodocumque possunt (monumentis autem literarum possunt) beneficij abs te accepti, tanti præsertim, gratiam non referant. Quantum enim illud beneficium est, quibus sermonibus celebrandum, quibus laudibus efferendum, quo tu nuper hanc Scholam, olim florentissimam, nunc jacentem atque afflictam affecisti, cùm in subselliis supremæ Curiæ Parisiensis contrà huius scholæ oppressores, atque euersores talis patronus extitisti? Dij immortales, quæ tùm fuit tuæ orationis copia! quod verborum flumen! quæ sententiarum grauitas! quæ eloquentiæ vis, dicendique facultas! cùm tu primum istorum hominum, quos nutu significo, origine explicatâ, deinde progressu exposito, postremò tot à viuēdi ratione in oculis auditorum constitutâ, factisq; & consiliis patefactis, ostendisti nihil eos aliud spectare, nihil aliud moliri, quàm vt personâ religionis susceptâ, professione gratis docendi jactatâ, opes immensas, potentiamque non ferendam sibi comparent. Idque signo omni luce clariore demonstrasti, cùm diceres, eos non recusare, quin quouis nomine appellentur, modò ne ex Galliâ exterminentur, & dummodò sedes occupatas eis obtinere liceat. Nam cùm ab initio sibi nomen inuidiosissimũ arrogassent, quod omnes consessus, omniáque subsellia improbarunt, commemorabas id quod erat, eos quòduis nomen sibi imponi paratos esse, modò ad propositum sibi finem peruenire possent: quod facturos non fuisse, si verè religionem profiterentur, & non specie religionis suas opes amplificare vellent. Et cùm talem in eos orationem habuisses, quòd tuas partes esse ducebas talium hominum consilia reprimere & coërcere, nec in dies magis ac magis conualescere & corroborari sinere; Iudices tamen alioqui grauissimi, ac prudentissimi viri, tuâ oratione non satis commoti, ampliùs deliberandum esse censuerunt, totamque rem non comperendinarunt, sed in aliud tempus longissimum distulerunt. Quo facto huius quidem Scholæ aduersariis, qui contrà morem majorum nostrorum, contrà instituta patria legesque veteres, inuito denique huius Academiæ rectore, docendi parteis sibi asciuerunt atque arrogarunt (quasi verò aut Lutetia aut Gallia, nisi à Lusitanis atque Hispanis doceatur, sit indocta & illiterata futura) suæ potentiæ constabiliendæ facultatem licentiamque dederunt: verorum autem germanorumque Magistrorum ac Gymnasiarcharum studia retardarunt, animos debilitarunt, spem infregerunt, ardorem pristinum restinxerunt. Sed meum est sapientissimorum virorum sententiam, consiliumque laudare: querar tamen huius Scholæ calamitatem; & hoc vnum addam, optandum nobis esse, ne iidem homines, qui malo nascenti mederi potuerunt, serò intelligant, malo corroborato nullum dari medicinæ faciendæ locum. Nunc ad te redeo, Baptista Menili, & fortasse huius Scholæ, Patriæque amore prouectus fui longior. Ego igitur tibi primùm totius huius Scholæ nomine gratias ago maximas, quòd eius patrocinium suscepisti: deinde hanc de Philosophiæ moralis laudibus orationem, quam hodie habui, dedico & consecro: non quòd hoc munusculum crasso filo contextum, tuis erga nostri ordinis homines meritis par esse existimem; sed vel quòd nihil aliud in præsenti habeam, quo meam tibi referendæ gratiæ voluntatem tester ac declarem, vel quòd, quicquid non solum ego, sed quiuis alius me infinitis partibus eloquentior elucubrauerit, numquam tuis in hanc Scholam beneficiis sit responsurum. Vale.

Lutetiæ XVII. Kal. Nou. M. D. LXIV.

I'Ay creu pareillement que pour ne rien obmettre de ce qui regarde vn si grand Personnage, il estoit bon de r'apporter icy les vers suiuans, que M. Ant. Loisel a obmis d'inserer dans la vie precedente, & qu'il a fait imprimer depuis dans ses Poësies latines.

AD C. V. BAPT. MENILIVM ORATOREM IN SENATV REGIVM.

QVandò hodierna mihi non dat discessio, Salve
Cras pro more tibi dicere, dico Vale.
Ergo vale generis decus, vrbis gloria, asylum
Pupilli & viduæ, præsidiúmque fori.

Astrææ ac reducis redeas aulâ, quasi cœlo,
Interpres, reddens debita iura tuis.
Non his qui Northi examen, septémque trionum
Nostro fallaces applicuere mari.
Quin Francus Francis præsis, atque vrbis alumnus,
Ne matrem immitis desere, nate, tuam:
Ac felix, nostrique memor, propriæque salutis,
In populi citiùs nostraque vota redi.

Prid. Kal. Ian. M. D. LXVI.

Claude d'Espence, celebre Theologien en l'Vniuersité de Paris, a honoré M. du Mesnil, d'vn Poëme intitulé, Sermo super hodierno schismate, *dans l'Epistre duquel, qui est du* 1. *May* 1568. *il se compare auec M. du Mesnil, comme faisoit Catulle auec Ciceron, par ces vers,*

Tanto pessimus omnium Poëta
Quantò tu optimus omnium Patronus.

Puis il entre en discours par vne loüange, ou plustost vn remercîment d'vne grande assistance qu'il auoit receuë de luy, en cette sorte.

AD C. V. BAPTISTVM MANILIVM* IN SENATV PARISIENSI PATRONVM REGIVM.

** L'imprimé met ainsi,* Manilium *pour* Menilium.

Optime amicorum Manili Baptista meorum,
Cuius ab eloquio, patrocinioque diserto
Vita mihi superest cum nomine (nam mihi vita
Tentato toties, quem tutabaris, honore,
Non erat) implicitum me, lite quòd eripis atrâ,
Debitor hic animus multúmque diúque ferebat
Hoc aliquo officium testari pignore: sed fit
Pro more vt solito sit Feria semper inerti.
Et sur la fin.
Opto meam dudùm scabie quâ scalpere Musam
Cæpit (vt est huius facilis contagio morbi)
Ad te migret vti prurigo poëtica, quò sic

Os mihi mella tuum, cùm iuuerit, Attica fundat;
Me tamen adjecto censoria virgula fuco
Corrigat, & spumantis equi vel spongia tergat,
Pumice vel cœptam, si forte merebitur, vmbram
Expolias. Multis, dices, opus hîc obeliscis.
Vnâ cuncta potes semel emendare liturâ:
Non aliter fuerit, nisi te censore probante,
Quo tibi dicendis quàm pollet gratia causis;
Tàm mea Musa caret, lemnisco ornanda; tuoque
Hæc mihi iudicio stabitque cadetque poësis.

M*. le President de Thou a fait aussi mention de M. du Mesnil dans son Histoire au commencement du liu. 59. où il discourt des deux factions contraires qui se trouuerent dans l'Estat en l'année* 1574. *au commencement du regne de Henry III. qui estoient les maisons de Guise, & de Montmorency. Ceux qui adheroiēt de bonne foy à ce dernier party, estoiēt d'aduis de faire vne bonne paix & perdurable auec ceux de la Religion; mais en vain, comme il est remarqué dans la vie precedente page* 184. Et huius postremæ sententiæ, *dit M. de Thou*, princeps fuerat * Michael Hospitalius Franciæ Cancellarius, vir magnitudine animique constantiâ, integritate & doctrinâ simul præstans, qui inflammatis ob religionem populi odiis, magnâ inuidiâ in aulâ & toto regno conflagrauerat; ob id tandem aulâ pulsus, & anno superiore domi suæ extinctus: suæque sententiæ adstipulatores reliquit in Aulâ Paulum Foxium, in Senatu Christophorum Thuanum Curiæ illius primarium Præsidem, Christophorum Harlæum Præsidem, Baptistam Menilium, & Pibracium Fisci Aduocatos.

** C'est à dire, long-temps auparauāt; car M. de l'Hospital mourut au mois de Mars en l'année 1573 & M. du Mesnil dès l'année 1569 comme il se voit dans sa vie.*

S*Céuole de saincte-Marthe n'a pas obmis dans ses Eloges* M. l'Aduocat du Mesnil, qu'il joint & compare auec M. Brulart. Mais il escrit particulierement de M. du Mesnil les mots qui suiuent*, Menilius incomparabilis tùnc eloquentiæ vir, &, quòd summæ prudentiæ fuit, iniquioris causæ nusquàm defensor, tanto natiui sermonis candore, tantâ sententiarum vbertate Patrum animos demulcebat, vt eos in

** liu. 2.*

quam optaret partem ferè flecteret ac impelleret. *Et puis apres encores.* Obiit autem Menilius ex aquâ intercute nondùm senex, anno post collegæ mortem vndecimo, cùm se magistratu priùs abdicasset ; quodque vix vlli priuato contigit, senatorium ei funus ob singularem virtutis opinionem summo Patrum consensu decretum & præstitum est. Nec defuit propinquòrum pietas, quos inter Antonius Oiselius I.C. in D. Ioannis æde sepultum erudito & eleganti Epitaphio * decorauit.

* *C'est l'Epitaphe qui est cy-deuāt en la page. 195.*

I'Adjousteray encores quelques vers contenans vn Eloge de M. du Mesnil que i'ay estimé dignes d'accompagner la prose de M. de sainte-Marthe, pris dans vn petit liure de M. Ant. de Mornac celebre Aduocat en Parlement, intitulé Feriæ Forenses, *imprimé à Paris chez Buon en l'année* 1619.

BAPT. MESNILIVS * PARIS. PATRONVS IN SENATV REGIVS.

* *Il est ainsi escrit dans l'imprimé.*

Acri quis vnquam acutior Mesnilio,
Fisci Patrono, inuoluta vt ocyùs,
Et ambigua causæ cuiusque euolueret ?
Inde quia rem persæpè in ipsam Iudices
Deduceret, cluebat, apto nomine,
Auriga Curiæ. Intrepida virtus tamen
Hydrope tandem extinxit heroëm virum,
Verba per acerba iunioris Principis,
Quem, artes per omnes, efferarant Aulici,
Patrimonium quia reuocaret Regium.

La memoire de cet excellent Personnage est encores auiourd'huy en veneration parmy les hommes vertueux. Il me souuient auoir remarqué autresfois lors que ie frequentois le barreau, que quand M. Bignon, qui remplit à present la mesme charge auec toute la dignité que l'on peut souhaiter, parloit de de M. du Mesnil aux audiences, il se decouuroit à ce nom, & l'accompagnoit tousiours de quelque epithete honorable.

ET pour finir ses Eloges par où a commencé sa vie, i'adjousteray icy vn Distique addressé à M. du Mesnil son nepueu President aux Enquestes, tiré encore des Poësies de M. Loisel nostre Autheur, auquel il est aussi fait mention des vertus de son oncle.

APOPHORETVM AD C.V. DIONYSIVM MENILIVM PRÆSIDEM P.

HAnc tibi nummorum dat consobrinus inanem:
Virtutum sed erit commonitrix patrui.

APrés tous ces Eloges de M. du Mesnil, i'ay estimé qu'il estoit à propos de donner au public ce que i'ay recouuré de ses ouurages qui n'ont point esté imprimez. Ce n'est pas que ie croye qu'ils soient si excellẽs, qu'il n'en ait fait luy-mesme de meilleurs; & que d'autres aussi n'ayent mieux traitté les mesmes matieres. Mais i'ay pensé que quand l'occasion se presente de conseruer ce qui nous reste de ces grands hommes, nous deuons tousiours l'embrasser volontiers, tant pour l'honneur que nous deuons à leur memoire, que pource que nous y descouurons toûsiours quelques traits, qui nous donnent à cognoistre auec plus de certitude leur esprit, leurs sentimens & leurs maximes, & qu'il ne se peut faire aussi qu'il n'y ait quelque chose de bon.

Au surplus il ne faut pas s'estonner, si cet Autheur a meslé si souuent dans ses discours de petites phrases latines pour exprimer ce qu'il deuoit dire en François, puis que c'estoit la mode de son temps, auquel telles expressions, que la politesse de nostre siecle a rejettées & rendu fades & insipides, estoient des graces & des ornemens dans leur langage. I'en ay pourtant voulu rayer quelques-vnes que i'ay mises en François, pour ne pas tout à fait dégouster le Lecteur si elles fussent demeurées si frequentes.

* Ce recueil a esté trouué parmy les papiers de M. Ant. Loisel, qui a escrit de sa main sur le dos, qu'il estoit de M. l'Aduocat du Mesnil, sans dire s'il estoit lors Aduocat des parties, ou Aduocat du Roy.

RECVEIL DE PASSAGES ET D'EXEMPLES CONTRE LES DELATEVRS, TIREZ DE DIVERS AVTHEVRS, TANT ANCIENS QVE MODERNES, PAR M. DV MESNIL,* &c.

DELATORVM VARIÆ SPECIES, differentes casus, diuersæ pœnæ.

DE LA REPVBLIQVE DES Hebreux ou Iuifs selon les liures & Interpretes des Sacrées Bibles.

Th. Dempster sur le ch. 16. du liu. 9 des Antiquitez Rom. de Rosin, traitte amplement & tres-doctement des Delateurs, comme aussi M. L. Bouchel en sa Bibliotheque du droict François, sous le mot, Delateur.

LA prohibition & malediction du Delateur est comprise sous celle du faux tesmoin, qui est reprouué en la 2. Table du Decalogue en l'Exode ch. 20. disant, *Tu ne diras point faux tesmoignage contre ton prochain*; & au Deuteronome ch. 5. *Soit maudit celuy qui dit fausse parole contre son prochain.*

La loy de Dieu repetée au Leuitique defendoit la delation & calomnie, disant, *Non facies calumniam proximo tuo, nec vi opprimes eum.*

En l'Exode ch. 21. & au Deuteronome ch. 19. *Scriptæ sunt pœnæ calumniæ, & Sycophantiæ*, auec intermination aux Magistrats de les exercer contre les Delateurs, en ces termes, *Non misereberis eius, sed animam pro anima, oculum pro oculo, & dentem pro dente exiges.*

Dauid demande vengeance deuant Dieu contre les Delateurs de la Cour de Saül, & contre iceux il fulmine sentences diuines & admirables de l'ire & indignation de Dieu, selon que les Docteurs Ecclesiastiques declarent & interpretent.

Les bons Rois Daniel, Iosaphat, Ezechias, & Iosias n'ont baillé accez en leurs Cours à telle sorte de gens; ains les ont chassez, cognoissans que c'estoit la peste du genre humain.

Salomon

Salomon en ses Prouerbes chap. 25. compare les Delateurs à vne espée ou fleche aiguë contre son prochain; aussi dit-il que le faux Delateur ne demeure iamais impuny.

Vn bon & ancien Docteur qui a escrit sur les figures de la Bible, compare les Delateurs aux animaux immondes, qui se paissent de sang comme les corbeaux, les vaultours, les chiens, & autres semblables, qui estoient defendus estre offerts aux sacrifices de Dieu, *d'autant*, dit-il, *qu'ils se repaissent du sang de leur prochain, & portent sur leurs langues toutes les soüilleures des hommes, ne demandans que procez pour se repaistre; mais enfin il aduient que comme ces bestes tombent dans les filets qu'on tend pour les prendre quand elles vont guetter leur proye, ainsi les Delateurs trebuchent aux mesmes filets qu'ils auoiẽt preparés & aprestés aux autres, & tombe leur mauuais conseil sur eux-mesmes. Mala enim consilia semper consultoribus pessima.*

A ce que dessus soit adjousté, que IESVS-CHRIST & les Apostres ont tant abominé la delation & calomnie, qu'ils ont appellé de son nom les mauuais Anges, *quos Diabolos, id est, calumniatores vocari voluerunt.*

S. Iean en ses Epistres appelle l'ancien serpent, *Diabolum, hoc est, calumniatorem siue Delatorem.*

S. Ierosme Docteur Euangelique en son Epistre *de optimo genere Interpretum, ad Pammachium*, dit ainsi, *Si antè tribunalia Iudicum hoc vobis crimen impingerem, reos legibus subiugarem, quæ etiam pro vtilitatibus fisci noxiis Delatoribus pœnas statuunt, & cùm suscipiant proditionem, proditorem damnant.* *Tom. 2. Epist.*

La principale cause de la ruine de Saül, fut d'auoir creu aux Delateurs, mesme à Doeg Iduméen, qui fut cause de faire mettre à mort les Sacrificateurs, & confisquer leurs biens, dont le Delateur eut part, & depuis fut cause de la persecution de Dauid; pourquoy Dieu irrité transfera le Royaume de la maison de Saül en la maison de Dauid. *1. Reg. cap. 21. & 25.*

Roboam fils de Salomon menassa son peuple de telles persecutions, dont il aduint qu'il perdit la meilleure & plus grande partie de son Royaume; tellement que des douze parties il ne luy en resta que deux, & se débanderent les dix, *3. Reg. cap. 12.*

qui oncques puis ne se reünirent aux deux.

Les Rois de Iuda, Achaz & Manassés, Amon & Sedecias, furent aussi possedez par des Delateurs qui ruinerent leur peuple, comme l'on peut voir au 4. liu. des Rois, au 2. des Paralipomenon, en Isaie & en Ieremie, qui furent aussi persecutés par le moyen de ces Delateurs.

Les mal heureux Achab & Iesabel sa femme, eurent leur Cour pleine de Delateurs, qui ruinerent le peuple d'Israël, comme Elie leur objecte, les appellant au 3. des Rois ch. 18. faux Prophetes de Baal, estans totalement fondez en calomnies & mensonges, tesmoin le pauure Nabot Israëlite, auquel ils firent perdre les biens: dont ce Roy & cette Reine receurent enfin iuste punition, comme Dieu auoit predit, disant qu'il peruertiroit leurs sens, & fairoit qu'ils croiroient aux Delateurs & faux rapporteurs, ce qui seroit leur ruine.

Les Delateurs entrerent en la Cour du Roy Aristobulus, fils de Ioannes Hircanus Roy d'Israël, & luy firent faire infinies oppressions au peuple & gens de bien, iusqu'à faire mourir son propre frere Antigonus par déloyauté & delation d'aucuns qui s'en enrichirent; dont enfin il cogneut la faute & le peché, & en mourut de regret, comme tesmoigne Iosephe en ses Antiquitez liu. 13. chap. 19. & au liu. 1. de la guerre des Iuifs, ch. 3.

Alexandre, qui estoit de la race des Machabées, soüilla sa reputation pour auoir trop creu aux Delateurs, & par leur moyen opprima son peuple, dont la iuste vengeance de Dieu tomba tant sur luy que sur eux, ainsi que le descrit le mesme Autheur Iosephe au liu. 13. de ses Antiquitez chap. 20. & suiuans, & en la guerre des Iuifs, ch. 3. & 4.

Il est recité au 1. des Machabées ch. 7. & 9. & aussi par Iosephe au liu. 12. de ses Antiquitez, chap. 17. d'vn nommé Alcimus, qui accusa les siens deuant Demetrius, & fut cause de grands maux, dont enfin luy vint mal-heureuse mort, & miserable issuë, & au 2. liu. des mesmes Machabées chap. 3. & 4. il est escrit qu'Onias le bon Sacrificateur fut trahy & circonuenu par les fausses delations de Simon, Iason &

Menelaüs, dont aduindrent plusieurs vexations & afflictions au peuple par iuste vengeance de Dieu.

Il en aduint au faux Delateur & accusateur Aman Amalecite du temps du Roy Assuerus, autant qu'à Alcimus cy-dessus nommé, lequel Aman tomba aux laçs qu'il auoit tendus aux Hebreux, & fut pendu au gibet qu'il auoit fait preparer pour pendre Mardochée, comme il est escrit au liure d'Esther.

Herode pour punition de ses iniustices & cruautez, fut si fort transporté de sens, que s'abandonnant aux Delateurs, il fit mourir tous ses enfans, & exerça autant de cruautez en sa propre maison, qu'il en auoit fait en celle d'autruy, comme il se lit en Iosephe liu. 16. de ses Antiquitez, chap. 7. 16. & 17.

DE LA REPVBLIQVE DES Grecs, selon qu'il en est escrit par les Anciens.

LA Loy portant peine du Talion * vient des Grecs, & la recueillirent d'eux les Romains, quand ils dresserent les loix des douze Tables, comme tesmoignent Tite-Liue, & Aulu-Gelle.

Ils ont figuré vne Nemesis, * *quæ ab eis pœnas reposcebat*, comme dit Hesiode, ou vne Adrastée en Pausanias, *quæ vltionem repetebat*.

Theophraste *apud Diogenianum** recite que les Atheniens dedierent des Temples & des Autels à la delation & calomnie de pareil respect qu'ils faisoient à Tisiphone, & autres Furies infernales.

Il est recité d'Apelles illustre peintre, qu'il fut accusé par Antiphilus* Delateur deuant Ptolomée du crime de prodition, dont il fut absous, & eut les cent talents que son Delateur attendoit, & luy fut le Delateur desliuré en per-

* SI MEMBRVM. RVPIT. NI. CVM. EO. PACIT. TALIO. ESTO. apud Gellium lib. 20. cap. 1. Noct. Attic.

Th. Depster traitte amplement de la peine du Talion, sur le mesme ch. 16. du 9. liu. des Antiquitez Rom. de Rosin.

* *Vide* Pomp. Læ*tum de Nemesi Deâ.*

* Et apud Suidam.

* Vide Plinium lib. 35. cap. 10.

petuelle seruitude, en laquelle Apelles le tint toute sa vie.

Lucian en son Dialogue *de non temerè credendo calumniæ*, descrit l'effigie & l'image de la Delation, dont le mesme Apelles fit la peinture ou portrait, au tableau duquel estoit à main droite vn ancien hôme, ayant grandes & monstrueuses aureilles, comme Midas, lequel tendoit de loin sa droite à la Calomnie qui s'approchoit de luy, & à l'entour estoient deux vieilles, Ignorance, & Soupçon; au milieu estoit Delation en forme de femme belle & bien ornée, ayant toutesfois les yeux gros & enflammez de fureur, tenant en sa main gauche vn brandon ardent, & en la droite vn jeune enfant, qu'elle tiroit par les cheueux, lequel tendant les yeux au Ciel reclamoit les Dieux pour tesmoigner son innocence; & au deuant marchoit vn homme vieil, pasle, tenant en sa main vn rouleau,* où estoit escrit φθόνος, *id est, liuor*; puis suiuoient Trahison & Deception en forme de femmes bien ornées, mais ayans les yeux enfonsez en teste, & sur la fin vne femme habillée en forme lugubre & boiteuse, nommée Penitence.

*Le texte ne parle point de rouleau; l'Autheur l'a peut-estre pris d'ailleurs.

En l'Ostracisme qui eut cours en Grece, les Delateurs infecterent le peuple, & les plus gens de bien de la Grece, dont aduint grande desolation en tout le pays.

Le nom de Sycophante a esté en Grece infame & detestable; & toutesfois il signifie autant comme Delateur & calomniateur par vraye etymologie que descrit Plutarque* au liure de la curiosité, & en la vie de Solon, où il dit, *Reges & Magistratus quos æquum est omnia agnoscere, inuisissimos tamen reddit hoc genus hominum, quos Delatores auresque Principum appellant.*

*Eos sic appellabant, *dit-il*, qui, cùm prohibitum esset ficus τὰ σῦκα exteris vendere, ad iudiciũ eos deferebant (quod Græci φαίνειν vocant) qui foràs ficus vendidissent: *& vn peu auparauant il dit*, quos Delatores primos Syracusani arripuere, exquisito tympani supplicio affecerunt.

Corycæi dicti sunt his omninò similes, qui lenocinium exercebant in monte Coryco*, qui se jettoient dans les troupes des marchands pour les espier, puis apres les faire tomber entre les mains des pirates & voleurs, où ils estoient deualisez, ainsi que disent Zenobius *Prou.* 75. *cent.* 4. & Suidas *Prouerb.* 89. *cent.* 8. *& prou.* 82. *cent.* 13. à quoy faisant allusion Ciceron *ad Atticum*, dit *Corycæi omnes videntur auscultare quæ loquor, quæque ago.*

* Siue promontorio Asiatico Pamphyliç, iuxtà vrbem Attaliam.

Isocrate en son liure *de Regno & Rege, ad Nicoclem*, les appelle *mangones nequißimos , & proxenetas malos , à quibus iubet caueant sibi Principes Regesque boni, & iisdem suppliciis afficiant calumniatores quibus delinquentes*, disant que la ruine des regnes & subuersion des Republiques en aduient, comme aussi dit Plutarque en ses Opuscules. Et en vn autre lieu le mesme Isocrate escrit, *fœdus Delator velut accipiter rapidissimus inhiat sanguini ciuium, & quidem innocentium.* Patricius en dit autant en son liure *de Regno.*

Aussi les Historiens Grecs apportent diuers exemples sur ce subjet, comme de Denys de Syracuse, & de Phalaris Agrigentin, lesquels fauoriserent fort les Delateurs, mais furent lesdits Delateurs & eux ruinés & griefuement meurtris par le peuple, comme deduit Ciceron au second liure de ses Offices. Phalaris fut enclos & suffoqué vif dans vn taureau d'airain, où il auoit fait mourir les deferez & accusez : & Perillus Athenien, qui auoit inuenté ce tourment, encourut la mesme peine, comme dit Ouide *in Ibin.*

Le premier Darius Roy des Perses, quoy que bon Prince, obscurcit son nom par cette tache de la faueur qu'il portoit aux Delateurs, comme recite Plutarque en ses Opuscules: partant les Perses, comme escrit Herodote, l'appellerent le Roy marchand.

DE LA REPVBLIQVE DES *Romains, & de ceux qui ont escrit sous icelle.*

EN la constitution premiere de la Republique Romaine, *cùm præcipua ferè delicta publica essent, & cuiuis de populo denunciandi & accusandi facultas esset, nec vllus ad eam rem initio Magistratus esset constitutus, videbatur eorum criminum delatio honesta & necessaria. Itaque multi adolescentes nobiles Romani honoris & gloriæ causâ, multi viri fortes studio & amore Reipubl. eò descendebant, vt ait Asconius*

Pedianus in annotationibus ad Ciceronis Orat. in Verrem. Id tamen fiebat cum magnâ cautione. Itaque in deligendis accusatoribus admittebatur causæ cognitio, quæ Diuinatio dicebatur, & estoit fort obseruée la religion de ceux qui l'entreprenoient.

Ciceron disoit *in Diuinatione, Nulla salus Reipublicæ major est, quàm eos qui alterum accusant non minùs de laude & honore, quàm eos qui accusantur de capite & fortunis suis pertimescere.*

Nihil est minùs ferendum, quàm rationem vitæ deposcere eum qui non posset suæ reddere; accusare enim ij debent, qui nullo suo peccato impediuntur.

Intereà post latas plerasque fiscales leges de cælibibus & orbis, de vigesimâ hereditatum, de caducis, bonisque vacantibus, & aliis similibus, quibus non crimina vindicabantur, sed pecuniæ exquirerentur & expilarentur, cùmq; probi & cordati homines ad deferendum eos qui his legibus tenerentur, aut fraudes quæ his struerentur, non accederent; visum fuit Delatores ad id excitare præmiis propositis, & in eam rem legibus constitutis, veluti lege Papiâ & aliis quæ eis tertiam aut dimidiam deferebant. Itaque multi scelerati & improbi homines ad eas delationes quæstûs gratiâ conuolarunt, & inde factum est, vt id vocabulum turpe & infame haberetur, vt potè quorum quæstuaria lingua oblato præmio sisti posset, & qui spe lucri, aut pecuniâ corrupti, innocentibus viris crimina & calumnias inueherent.

La loy des XII. Tables portoit contre les Delateurs & calomniateurs peine du Talion, de laquelle Gellius parle ainsi, *fuit lex illa posterioribus edictis quodammodo reuocata propter incommoditatem, & pœnæ rependendæ aut retaliandæ difficultatem; interim tamen vix fuit vnquam Delatoribus delatio impunis.*

Du tẽps des sections & proscriptions, les Delateurs furent cause de grands maux à plusieurs grands Personnages; *Itaque sectores & proscriptores dicti & appellati.*

Sylla, Marius, & Iul. Cæsar eâ re sibi inuidiosum nomen conciliarunt, dõt Ciceron escrit en vne de ses Epist. *ad Atticum*, parlant de la mort de Faustus Sylla grand Delateur, & de la suite de Cæsar, *hasta Cæsaris refrixit morte Fausti Syllæ; vtrumque obliquo probro perstringens.* Et aux Philippiques il impropere à Antoine pour injure, *quòd fuerit sector bonorum Pompeij.*

Quadruplatores dicti sunt, licet illis per leges nonnumquam tertia, nonnumquam dimidia, sæpiùs tamen quarta deferretur, quos Cicero valdè exagitat in oration. pro Cluentio & pro Roscio Amerino, eos canibus comparans.*

Le mesme Ciceron taxe Verres, *quòd eorum operâ ad Siculorum ruinam vteretur. Quadruplatores*, dit-il, *ei ad furtum præstò erant: quod quidem vocabulum contumeliosum erat, & vulgò tales, infames habebantur. Plautus in Persâ Act. 1. sc. 2.*

Neque quadruplari me volo, neque enim decet
Sine meo periculo ire aliena ereptum bona:
Neque illi, qui faciunt, mihi placent.

Et alibi,

Delator, nisi cum moritur, nihil rectè facit.

Quinte Curse dit qu'és personnes mediocres la plus injurieuse & pernicieuse vacation, à laquelle ils se puissent adonner, c'est la delation, d'autant qu'elle est tousiours accompagnée de ses ministres, calomnie, obtrectation, enuie & adulation.

Hippias escrit que les premiers mouuemens d'ambition & d'auarice és personnes mediocres, c'est la delation.

* *Alciate en son Lexicon des mots de Plaute, sous la diction* Quadruplatores *escrit ainsi:* Quadruplatores, accusatores criminũ, qui quartam partem bonorũ eius quem conuicissent, ex lege acquirebant, dodrãte apud fiscum remanente. Sed plerũque per collusionem accusat orũ accidebat, vt nec dimidium in publicum redigeretur, quandoque vt nihil, veluti cùm falsò quis reus delatus erat. Quapropter vt licẽtia, quadrupla-

DES EXEMPLES ET CONSTITUTIONS DES EMPEREURS ROMAINS.

CRescente Imperio, & Imperatorum posteà auaritiâ, creuit numerus Delatorum & factio apud improbos Imperatores; sed multoties Imperatorum exemplis & legibus repreßi sunt, cùm nullius innocentia in tuto esset; diuitiæ autem fraudi omnibus essent.

Du temps de l'Empereur Tibere les Delateurs eurent faueur, *adeò vt nemini horum fidem abrogaret*, entre autres vn nommé Sejanus, comme recite Corneille Tacite; mais enfin le peuple irrité se jetta dessus; & l'occit luy, sa famille & enfans, encores qu'ils ne fussent en âge capable de dol.

310

Sejanus ducitur vnco

Spectandus, gaudent omnes: &c.

dit Iuuenal en sa 10. Satyre.

Neron par le conseil de Seneque au commencement de son Empire retrancha le nom & le gain des Delateurs, mais sur la fin il s'abandonna tout à eux par son auarice dont son siecle fut infame.

Vitellius Empereur méchant, & qui eut miserable fin, s'abandonna tant aux Delateurs, *vt ab his delatos multos innocentes & inauditos capite mulctaret*, dont aduindrent grandes emotions, seditions & tumultes; comme aussi il en aduint pour mesme occasion du temps de Commodus & autres mauuais Empereurs; *Vnde illa tragica sententia*,

Sanguine humano abstine

Quicumque regnas,

contre ceux qui par delations *sanguinem sui populi exhauriunt.*

Vespasian & Titus appellé, *deliciæ & amor populi*, les ont fort detestez, les faisant battre & fustiger tout au milieu de l'amphitheatre, puis exposer au peuple, & quelsquesfois condamner à mort pour les extirper du tout.

Domitian au commencement de son Empire *fiscales calumnias, magnâ calumniatorum pœnâ, compescuit*, disant, *Princeps qui Delatores non castigat, irritat*, comme dit Suetone.

Trajan les chassa tous de Rome, *& omnes in vniuersũ in exilium egit*, comme descrit diligemment Pline le jeune en son Panegyrique, où il dit qu'il les fit mettre en vne nef sans gouuernail ou equipage, pour les abandonner aux vents, & faire perdre terre, & adjouste, *Fisci causa numquam bona, nisi sub malo Principe.*

Antoninus Pius voulut que si le Delateur ne prouuoit manifestement ce qu'il auoit mis en auant, il fut subjet à peine de mort, & s'il le prouuoit, il eust part au gain, mais qu'il ne laissast pas d'estre reputé perpetuellement infame, pour s'estre appliqué à œuure si detestable. Et Antonin le Philosophe fit reuiure la loy Rhemmia;* *Calumniis enim quadruplatorum*

torum restringeretur, æquum fuit statuere, vt tantidem illi condemnarentur, nisi probarent, quanti rei fuissent cõdemnandi si accusator obtinuisset: cui rei hodie Turpiliano S C. prouisum est.

* *Aucuns l'ont appellée* Memmia. *Il estoit ordonné par icelle que les faux Delateurs seroient marquez sur le front auec vn fer chaud, de la lettre* K. *voyez Godefroy sur la loy 13 au dig* de testibus, *& sur la loy 17. au Code* de Pœnis; *&*

druplatorum intercessit appositâ falsis Delatoribus notâ, comme dit Capitolin.

Le mesme escriuant de Marc Aurele Empereur, en parle ainsi, *Calumniis quadruplatorum & Delatorum intercessit appositâ Delatoribus pœnâ, & delationes quibus fiscus augeretur, contempsit.*

Dempster sur le 16. ch. du liu. 9. des Antiquitez Rom. de Rosin, & les lieux par eux citez.

Opilius Macrinus, Empereur vitieux d'ailleurs, est loüé d'auoir fait punir les Delateurs de peine de mort.

L'Empereur Theodose qui a donné le nom au Code Theodosien, eut tant en horreur les Delateurs, qu'il ne voulut oncques souffrir que ses subjets s'accoustumassent à ce faict de delation, encores que ce fust sans calomnie, & que ce fust à son profit; tellement qu'il fit des loix & constitutions expresses, que la premiere delation, *sine calumniâ*, & la seconde pour le plus, fussent receuës d'vne mesme personne; mais que celuy qui viendroit à la tierce, fust condamné à mort, *etiamsi certa esset victoria Delatoris.* Cela se lit en ses Constitutions 12. 13. & 18. sous le titre *de petitionibus, & vltrò datis, & Delatoribus.*

Du temps des Empereurs Honorius & Arcadius, Rufin & Eutrope l'Eunuque, furent cause de susciter infinies delations, contre lesquelles Claudian Poëte qui viuoit lors, à fort escrit; & tesmoignent les Histoires leur mal-heureuse fin, pour leur arrogance.

Au Code de Iustinian il se trouue escrit, *Nomen Delatorum tàm odiosum* tamque auditu nefandum factum esse, vt Delatoris nomen Delatores ipsi pertimescerent*; & que *qui aliquid ad fiscum, & in vtilitatem fisci denunciarent, etiamsi suâ causâ id facerent, vererentur tamen ne ob id Delatorum criminibus tenerentur. l. Delator 44. D. de iure fisci. l. Nulla Cod. de Delatoribus; & alibi. Et constitutum est ne quis sine fisci Aduocato denunciaret, qui secùs faceret capite damnaretur. l. Omnes 5. C. eod.*

*Vide l. 3. Cod. de Delatorib. & gloss. ibi.

Alibi scriptum est de calumniatoribus; Cùm eos ad pœnam vocet similitudo supplicij.*

* L. vlt. Cod. de calumniatoribus.

Extant versus Martialis in libro Spectaculorum,

Turba grauis paci, placidæque inimica quieti,
Quæ semper miseras sollicitabat opes,

He

Tradita Getulis * *nec cepit arena nocentes,*
Et Delator habet, quod dabat exilium.

Et postea,

Exsulat Ausonia profugus Delator ab vrbe.

Nonnulli hos versus Domitiano, alij verò meliùs Tito vel Traiano adscribunt: nam Domitianus in fine sui Imperij eò vsque Delatoribus tribuit, vt Delator etiam Delatorem teneret.

Suidas recite du faict de Tribonian, que sous son credit, *figebat leges & refigebat precio*, selon ses passions, l'appellant flatteur & imposteur.

Ou plustost, Traducta est Gyaris: car cette isle estoit vn lieu d'exil, comme il y a en Iuuenal ès Satyres 1. & 10.

Id. Martialis in Vacerram l. 11. Epigr. 67. Et Delatores & calumniator, &c.

DES REPVBLIQVES DE *France & d'Angleterre.*

L'On peut voir en l'Histoire de France du temps de Philippes le Bel, & ses enfans Louis Hutin, Philippes le Long & Charles le Bel, comme Enguerrand de Marigni se jetta à delations, dont il fut accusé par vn nommé Annalis: & pour ce lors il se sauua, mais à la fin il n'eschappa pas celle qui luy fut dressée par Charles de Valois.

Le Roy Charles VIII. fit punir Daniel, & Oliuier le Daim, qui auoient esté Delateurs du temps du Roy Louis XI.

Du temps du feu Roy François, le President Gentil, & le General Preuost, furent l'vn pendu, & l'autre priué de ses estats.

Du temps du feu Roy Henry, Taboüé fut priué de ses estats, & fit amende honorable, & Guerin fut condemné à mort par les Iuges mesmes qu'il auoit fait assembler pour punir autruy par ses delations.

On escrit d'Edoüard II. Roy d'Angleterre, *Delatoribus Rex ille nimiùm auscultabat, è quorum grege Principes erant Spensij. Hi delationibus, iactitandisque accusationibus mentem Regis exercitauerant, & intereà eum ad omne genus voluptatis impulerant ; tandem factum est, vt populus in eum, eosque insurrexerit* : & de faict perdit le Roy son Royaume, & moururent luy & eux en prison.

De nostre memoire, en est aduenu autant par le ministere de Thomas wolsay, qui fut appellé le Cardinal d'York, car par telles trafiques il paruint aux degrez d'honneur : & cependant il fut cause des troubles & pertes du Royaume.

Pour conclusion les causes efficientes de Delation, sont Auarice & Ambition, mesmement aux esprits aucunement industrieux, qui ne peuuent par armes ou doctrine paruenir aux premiers lieux & degrez d'honneur, comme tesmoignent aux endroits susdits Isocrate, Ciceron, Plutarque, Quinte-Curce, Gellius, Cælius Rhodiginus, Patricius Senensis & autres, & comme dit le Comique,

Vbi se semel malâ cupiditate deuinxit animus,
Necesse est consilia semper varia pessimaque consequi,

& Ciceron, *cùm vnus concupierit omnibus præstare, fieri non potest, quin ad res passim impellatur nefarias & iniustas.*

Ses accompagnemens sont, Calomnie, Obtrectation, Trahison, Adulation, Suspition & Deception.

Les effects sont ruine & desolation du peuple que Dieu veut affliger ; Et de ce fleau, duquel il fait ou laisse vser les Rois, & les Magistrats, s'en ensuiuent les ruines & pertes ou de leurs Royaumes & Seigneuries par translations, empiremens, & diminutions, ou de leurs vies par emotions & seditions populaires, ou du moins de leurs finances & fisque particulier.

Enfin vient la Penitence, qui fait que l'on se jette sur le Delateur à sa iuste & condigne punition ; ce que font souuent ou les peuples, ou les Seigneurs mesmes qui les ont creus quelque temps, ou leurs successeurs : & sur ce en font & dressent bonnes & salutaires loix & punitions exemplaires, pour seruir de reparation du passé, & dõner terreur pour l'aduenir, comme appert par le discours precedent.

Et pour reprendre les premiers termes d'iceluy, l'on voit la multiplicité d'especes de Delateurs. Les vns sont simples Delateurs ; les autres, par quelque ambitiõ ou auarice ; autres,

314

Delateurs *cum calumniâ*; autres, *cum correptione iudiciorum*; autres, *cum peculatu*, *residuis*, *repetundis*, *sacrilegiis*. Aussi leur cours, & succez a varié selon les affections & passions des Monarques.

Quant aux peines, les simples Delateurs par honneur ont esté loüez; les questuaires, ont esté infames, & notez *infamiâ iuris & facti*, jettez hors des villes, fustigez, bannis, exilez & déportez, & quand ils en faisoient mestier & marchandise ou profession iusques à y venir pour la tierce fois, púnis de mort; & les Delateurs trouuez calomnieux, ou qui ont corrompu la iustice, ou commis peculat, repetondes, & autres crimes, indubitablement ont passé par la peine de mort.

Ce plaidoyé a esté pris sur vne ancienne copie du cabinet de M. du Puy, qui y a mis de sa main le titre, comme il est icy imprimé.

PLAIDOYE' DE M. BAPTISTE DV MESNIL, ADVOCAT EN LA COVR,

POVR LES MANANS ET HABITANS DE Montargis.

CONTRE MADAME LA DVCHESSE de Ferrare, Duc & Duchesse de Nemours.

LE SVBIET PEVT EMPESCHER, qu'il ne soit aliené par son Seigneur.

CEVX DE MONTARGIS DEmandoient, que l'alienation que le Roy auoit faite de leur ville à Madame de Ferrare & sa fille, fut reuocquée.

DV Mesnil pour les Bourgeois, Manans & Habitans de la ville & Chastellenie de Montargis Demandeurs, & requerans l'enterinement de deux Requestes contre la Dame Duchesse de Ferrare, les Seigneurs & Dame, Duc & Duchesse de Geneuois, & M. le Procureur general du Roy defendeurs, dit, qu'auant entrer plus auant au discours de la cause, il supplie tres-humblement ladite Dame Duchesse, lesdits Duc & Duchesse de Geneuois, de ne prendre en mauuaise part la poursuite qui s'offre, en laquelle les Demandeurs sont entrez, non point de gayeté de cœur, non point comme parties affectées ou practiquées, mais pour la conseruation de leurs droicts, priuileges & franchises, qu'eux & leurs predecesseurs ont cy-deuant acquis, *tamquàm Salmacida spolia, cum multo sanguine & sudore*. Car en droict *fraudare non videtur, qui ius suum persequitur: & iuris exequutor nemini facit iniuriam*. Madame la Duchesse de Ferrare ayant fait sa retraitte du pays d'Italie en France, & choisi sa demeure en la ville de Montargis, sçait qu'on luy a porté de la part des Demandeurs tel honneur, reuerence & obeïssance, que sa grandeur, & la memoire du bon Roy Louis XII. son pere le requeroient; & de cela les Demandeurs n'en desirent autre preuue ny tesmoignage, que sa propre bouche. Mais estans deüment aduertis que de bonté & obeïssance, on vouloit tant & si auant entreprendre sur eux, que de renuerser leurs chartres, contracts, priuileges, & ce qu'ils ont de plus cher en ce monde; apres en auoir fait leurs humbles remonstrances à ladite Dame & à son conseil, ils ont esté contraints d'auoir recours à cette Cour, en laquelle ces chartres ont esté verifiées & euregistrées.

Or pour venir au faict, ceux qui ont leu les Annales & Chroniques de nostre France, peuuent tesmoigner qu'en l'an 1427. les Anglois, anciens ennemis de la France, mirent le siege deuant la ville de Montargis auec la plus grande force & puissance qu'il leur fut possible, auquel temps les Chroniques disent & certifient, que quasi toute la France estoit tenuë & occupée par eux. Car en premier ils tenoient & occupoient cette ville de Paris, capitale du Royaume; ils tenoient la Brie & la Champagne, la Normandie, & quasi tout le pays d'Aquitaine: en telle façon que le Roy Charles VII. lors regnant, estoit appellé vulgairement, *& per ludibrium*, le Roy de Bourges, estant quasi reduit & rangé en cette seule ville. Bref les Anglois ayans mis en leur obeïssance tout le pays des enuirons de la ville de Montargis, ils l'assiegerent par grande animosité, furie & jalousie. Car ils n'auoient pas pensé, veu l'estat de la France & du pays circonuoisin, tel qu'il a esté cy dessus recité, qu'on leur deust resister, estant la ville desnüée de tout secours & ayde, fors de ses habitans, & sans grand espoir d'en recouurer à l'aduenir. Toutesfois par la grace & bonté de Dieu qui voulut faire chose miraculeuse en cette ville, & desliurer les François de la tyrannie & oppression de ses ennemis, arriua qu'ayant soustenu le siege l'espace de deux mois auec la plus grande tolerance & perseuerance du monde, ayant enduré la faim iusqu'à l'extremité, les veilles, les sueurs, les coups, & generalement tout ce qu'vne ville assiegée peut souffrir & endurer, enfin ils contraignirent les Anglois de se retirer auec leur courte honte; & se retirans, ils furent chargez, tant par les habitans de Montargis, que par quelque secours que l'on auoit ramassé; en telle façon qu'ils furent desconfits.

Les anciens ont loüé la grande fidelité & perseuerance des Habitans de Sagonte enuers le peuple Romain, *adeò vt in prouerbium exierit, Sagontina fides.* Ils ont pareillement loüé la grande perseuerance des Habitans d'vne ville d'Italie, appellée *Casilinum*, ** oppidum Campaniæ*, qui tinrent contre la puissance d'Annibal en grande disette de viures, iusqu'à auoir mangé le cuir de leurs pauois qu'ils faisoient boüillir, toutes les herbes & racines des murailles, les rats & souris, & autres bestes non propres pour l'vsage de l'homme. Mais certes l'vne ny l'autre ville ne sont à comparer à celle de Montargis, comme ainsi soit que les Habitans de Sagonte se fussent oppiniastrez, pource que le peuple Romain estoit lors fort puissant & opulent, *& viribus adhuc integris*, n'ayant encores souffert aucune perte dans la guerre de Carthage; & si estoit cette ville de Sagonte forte de nature, & assiette du lieu; & neantmoins elle fut prise, pillée, & saccagée. Comme aussi les Habitans de la ville de Casilinum se rendirent par composition; & ils auoient soustenu le siege contre Annibal,

* *Pline liu. 3. chap. 5. Et Strabon, liu. 5.*

lors qu'il fuyoit & se retiroit à Carthage, *rebus afflictis & desperatis*. Mais ceux de Montargis ont soustenu le siege contre les Anglois estans dans leur grandeur & prosperité, & les affaires de France estans déplorées & reduites à vne extremité & necessité tres grande: & qui plus est *victores euasere*. Ils se deliurerent du siege, & rompirent la teste à leurs ennemis; & tesmoigne l'Histoire, que ce fut le premier acte par lequel les François, *reducti sunt in spem melioris fortunæ*; comme au contraire les Anglois commencerent à se lascher & perdre cœur, en telle maniere que depuis ce tẽps-là, tout bon-heur, & felicité accompagnerent le Roy Charles & ses subjets, & les Anglois peu à peu furent contrains d'abandonner leurs prises, & se retirer honteusement au pays d'Angleterre.

Or d'autãt que la fidelité des Habitans de la ville de Montargis, non seulement estoit inestimable, mais d'vn tel succez, qu'elle auoit donné exemple & cœur aux autres villes de faire le pareil, & auoit esté le commencement du bon-heur qui continua depuis iusqu'à ce que les Anglois furent du tout chassez hors de France, le Roy Charles VII. bon & cheualeureux Prince, ne se voulut pas monstrer ingrat, ny souffrir que ce bien-faict fust enseuely és tenebres de l'ignorance à l'aduenir: & de faict il octroya aux Habitans de Montargis cinq ou six chartres l'vne apres l'autre, toutes faisant mention, & portant tesmoignage certain de cette indicible & inestimable fidelité, & de l'heureux succez qui les auoit accompagnez. Par l'vne de ces chartres il les exempta de toutes tailles, aydes, subsides, & impositions, tant faites qu'à faire; voulut qu'on appellast à l'aduenir leur ville, Montargis le Franc, qu'il fust loisible à ses Habitans de porter en leur deuise vne M.* couronnée en orfeverie, broderie, & telle autre façon que leur cõmodité le pourroit permettre. Pour mesme consideration il leur donna l'vsage dans la forest de Montargis; il adjousta deux foires à celles qui y estoient d'anciennété; il voulut que ce fust ville d'arrest, comme Paris, Rouën & autres bonnes villes de ce Royaume. Et en dernier lieu pour couronner l'œuure de la perfection de sa liberalité, munificence & bonne volonté, il octroya la chartre dont cy-

** Deuise des Habitans de Montargis, & autres concessions, & priuileges.*

aprés il s'agit, par laquelle ayant porté tesmoignage de tout ce que dessus, luy, dis-je, qui pouuoit mieux sçauoir qu'aucun tout ce qui en estoit, parce que *eius auspiciis & ductu omnia gesta erant*, de sa science, & cognoissance, apres auoir declaré que la ville de Montargis estoit l'vne des Chambres Royales de son Royaume, & qu'elle auoit esté tousiours tenuë pour Chambre du Roy, il veut qu'à l'aduenir & perpetuellement cette ville & ses Habitans, soient & demeurent en sa Seigneurie & de ses successeurs Rois de France, mouuans de luy sans moyen: & en tant que besoin seroit, il vnit & adjoint la ville & chastellenie de Montargis, & les Habitans d'icelle, au vray domaine & à la Couronne & Seigneurie de France, perpetuellement & inseparablement; ne veut & n'entend qu'ils en soient aucunement separez à l'aduenir, ny mis en autre main, par partage, apanage, don ny autrement pour quelque cause que ce soit, ny à aucune personne de son sang & lignage, ou autrement. Ces chartres ont esté confirmées par tous les Rois successeurs iusqu'à ce temps, & verifiées ce consentant M. le Procureur general, comme estans fondées en grandissimes raisons & considerations.

Montargis, chambre Royale.

Le propre de la loy est *bonos præmiis allicere, malos pœna persequi*. Le Prince qui est la loy viue ne peut mieux faire que de doüer ses bons, vertueux & loyaux subjets, de titres d'honneur, & les enrichir de ses bien-faicts, quand ils l'ont merité, & ont fait demonstration & porté tesmoignage par effect de leur cœur & affection. Nous lisons en vne infinité d'histoires tant grecques que latines, que les villes & pays, qui auoient fait quelque bon deuoir au faict de la guerre ou autrement, ont esté recõpensez par immunitez & exemptions, comme les villes qui estoient *iuris Italici*, ayans les Habitans d'icelles les mesmes droicts & priuileges que ceux d'Italie, dont il est parlé dans les loix penultiesme & finale au Digeste *de iure immunitatis*. Les autres, *donabantur ciuitate Romanâ*, & estoient honorez de titres magnifiques, secourus, & aidés en toutes leurs necessitez: & les particuliers d'icelles *aut coronâ donabantur, aut statuâ*, selon la grandeur du faict; *aliis ouatio, aliis triumphus decernebatur*. Bref, en vne Republi-

que

que bien instituée, iamais le bon deuoir d'vn soldat, d'vn Cheualier, d'vn Capitaine, d'vn Empereur, d'vne Ville, Prouince, ou pays, ne fut oublié ny enseuely, ains honoré, & mis par escrit, pour inciter les autres à faire le pareil, quand l'occasion s'offrira.

Ores, combien que lesdits Demādeurs fussent fondez comme dessus, pour estre & demeurer mouuans perpetuellement du Roy, & inseparablement vnis & incorporez au Domaine, Seigneurie, & Couronne de France: toutesfois ils ont esté aduertis que les Defendeurs auroient obtenu du Roy quelque don ou concession, par laquelle la ville & chastellenie de Montargis, & les Habitans d'icelle leur estoient baillés & delaissés, à ladite Dame Duchesse de Ferrare en vsufruict sa vie durant, & ausdits Seigneurs Duc & Duchesse de Geneuois, leurs hoirs, successeurs & ayans cause proprietairement: ce qui leur a donné occasion de presenter la requeste dont est question, fondée en deux ou trois poincts principaux.

Le premier est, que par la disposition du droict commun le subjet est fondé d'empescher qu'il ne soit aliené de son Seigneur, tout ainsi que le Seigneur est fondé d'empescher que son subjet soit transferé à vn autre Seigneur. C'est ce qui est noté en la loy *Inuitus* 34. au Digeste *de fideicommißariis libertatibus*, & és gloses des Docteurs sur icelle, en Bartole & Alexandre sur la loy *Prohibere* 3 § *planè*. 4.* *D. quod vi aut clam*, en Balde sur le chap. *Si quis. in lib. Feudorum, tit. quo tempore miles inuestituram petere debeat*; *in cap. Imperialis*, *de prohibitâ Feudi alienatione, & in cap.* 1. *qualiter olim poterat Feudum alienari*. Ce que l'on dit en vn Seigneur & en vn subjet, *dicitur etiam in Domino & vassallo, in eod. cap. Imperialis*; *& ibi Baldus*. A ce propos Hostiensis *in cap. Dilecti Filij* aux Decretal. tit *de majoritate & obedientiâ*, recité par Iason *in l. Debitorum pactionibus* 25. *C. de pactis*, dit parlant du Roy de France, qu'il ne peut aliener l'vne de ses villes, ou aucuns de ses subjets, sans le gré, ny consentement de sesdits subjets. Mesme dit Iason sur la loy 3. au Code *de iure emphyteutico*, que cela ne se peut, *nisi ex causâ necessariâ*. Car l'obligation est reciproque, & ont les subjets interest notable & considerable,

* *Vide etiā Gothofredū ad dictum* §. 4.

comme il sera dit cy-apres, en la cõmutation ou changement de Seigneurs. Autant en dit Lucas de Pennâ parlant du Roy de France sur la loy vnique au Code *de capitatione ciuium censibus eximendâ.* Alexander *in consilio* 104. en fait vn long discours, & Paul de Castro *in consilio* 128. où il dit que le Seigneur ne peut aliener son subjet, *maximè, quandò alienatio fit in eum, qui non est paris aut æqualis, sed inferioris auctoritatis & dignitatis*, comme au cas qui s'offre à present. Car en cela, comme il a esté dit, il a grandissime & notable interest de s'opposer & faire prohiber l'alienation, ainsi qu'il est noté par Bartole, & communement par les Docteurs sur la loy *Filius familias.* 114. §. *cùm pater* 15. *D. de legatis* 1. où le texte dit que quand la prohibition d'aliener est generale, & non faite *respectu alicuius personæ*, elle est nulle; *Quid, inquit, si quis insulam alienari prohibeat generaliter, nullâ causâ adiectâ, valeat prohibitio? vtique valet, fauore rei, prohibitio alienandi, cuius interest non transferri; & idem refertur in l. Generaliter* 24. §. *sed & si.* 8. *D. de fideicomissariis libertatibus; Prohibitio in alienando seruos valet, ne videlicet seruus incidat in manus Domini rudioris aut crudelioris; & si contrà fiat, consequitur libertatem.* Ie toucheray icy seulemẽt en passant la dispute des Docteurs, *An sententia valeat lata in materiâ subiectionis, non citato Domino, aut subiecto*; en laquelle ils resoluent que non, *quia facit prejudicium, & non est auditus.* Ainsi le tiennẽt Iason sur le §. *præiudiciales* 13. au tit. des Institutes *de actionibus*, Panorme sur le ch. *Quoniam* 5. & autres, *tit. vt lite non contestatâ non procedatur ad test. recept.* &c. Balde sur la loy *Benè à Zenone*, au Code *de quadriennij præscriptione*; & *Alij in cap. Nostrâ* 8. *extra de iniuriis & damno dato.* Bref cette resolution est la plus commune, qu'vn Seigneur ne peut pas aliener son subjet sans son consentement, *maximé quandò eius interest.* Et de faict les Docteurs disent que la donation faite * par l'Empereur Constantin à S. Syluestre Pape, fut approuuée & confirmée par le peuple de Rome; autrement elle n'eust sorty effect valable. Et l'Histoire de nostre temps porte que comme l'on eut contraint le Roy François au traitté de Madrid, de disposer du Duché de Bourgongne, les Estats du pays s'y oppo-

* *pretenduë faite.*

ſerent, diſans qu'il n'eſtoit pas en la puiſſance du Roy de les aliener ſans leur conſentement, & par ce moyen ledit Duché eſt demeuré à la Couronne de France. Partant ſi par diſpoſition de droict commun les maximes que i'ay poſées ſont conſtantes, il n'y a point de doute que noſtre loy de France ne ſoit encore plus rigoureuſe. Car par la loy Salique *ſub titulo de Alode*, il eſt eſcrit que, *nulla portio regni ad fœminas perueniat*: de façon qu'en France les filles n'ont, ou ne doiuent rien auoir en appanage, ny en partage, mais vne ſomme de deniers ſeulement: & quant aux maſles puiſnez, on leur peut bailler par appanage quelque choſe qui ſoit domanial, non pas en titre de Royaume ou Souueraineté, mais reuerſible à la Couronne, *maſculis deficientibus*. Mais l'alienation perpetuelle, telle que celle qui s'offre, eſt du tout prohibée & defenduë par la loy du Royaume, qui regarde non ſeulement la faueur du Prince, mais auſſi de ſes ſubjets, qui ont intereſt de n'eſtre pas alienez, comme il a eſté dit. Si donc les Defendeurs, prennent la conceſſion à eux faite pour & au lieu de partage ou d'appanage, elle eſt nulle, *ex lege Regni*; ſi pour autre raiſon & conſideration, elle eſt encore nulle, parce que le Roy entrant à la Couronne, jure à ſes ſubjets, & leur promet de ne vendre ny aliener perpetuellement & irreuocablement le Domaine & patrimoine de la Courõne. Doncques outre la diſpoſition de droict commun, les deux requeſtes ſont fondées en la loy & ordonnance de France qui prohibent l'alienation, du moins perpetuelle; ce qui fait que le Roy n'a pû bailler la ville & chaſtellenie de Montargis, ny les Habitans d'icelle aux Defendeurs Car on tient en droict *in dictâ l. Filius familias* 114. *cod.* §. 15. *de leg.* 1. *& l. Eâ lege.* 3. *Cod. de conditione ob cauſam datorum*, que *quando quid prohibetur alienari per contractum, ſi ità fiat, alienatio nulla eſt, neque transfertur ad Dominum.*

Les Demandeurs ont donc trois cordes en leur arc. La premiere, fondée *in iure communi Romanorum*. La ſeconde, *in lege Regni*. La tierce, par contract fait auec le Prince, de façon que le Roy Charles VII. ſe liant les mains, il n'a rien fait autre choſe, que ce que les loix anciennes, & les Ordõnances de France luy enjoignoient de faire ; tellement qu'il en faut reuenir au droict commun, qui est si fauorable que les loix nous ont commandé de l'embrasser tant qu'il sera possible, *l. Si vnus §. pactus ne peteret. D. de pactis.* Ainsi les Demandeurs disent, que quand les loix anciennes & celles du Royaume ne les assisteroient pas en cette cause (que si) toutesfois ils sont tres-bien fondés. Et pour le monstrer, il est certain en droict, que *per statutum fieri potest, vt res aliqua vendi aut alienari non possit. l. Si in emptione. 34. §. omnium. D. de contrah. emptione, &c.* où le texte dit que *quædam res prohibentur alienari vel naturâ, vel iure gentium, vel moribus ciuitatis* : & *si statuto licet prohibere, licet & per pactum.* Le Roy donc s'est pû lier les mains, & à ses successeurs de pouuoir aliener & mettre hors de ses mains la ville & chastellenie de Montargis, *siue per contractum, siue per legem.* La charte qui s'offre est vn vray contract fait par le Roy auec ses subjets pour recompense, remuneration, & recognoissance de leurs seruices, pour lesquels il est certain qu'il a esté & est permis d'aliener le domaine de France ; & à plus forte raison a-t'il esté permis au Roy de le conseruer, en prohibant l'alienation. Consequemmẽt estant cette prohibitiõ fauorable, tant pour le Roy que pour ses subjets, & passée par forme de cõtract, *reuocari non potest* : car il est certain que *contractus qui sunt de iure gentium, ligant & obligant Principem. l. Cæsaris, & ibi not. D. de publicanis & vectigalib. &c.* D'ailleurs quand ce ne seroit pas vn contract, mais vn statut ou vne loy, *quia, quod semel Principi placuit, legis habet vigorem*, encore peut-on dire, que *digna vox est regẽ, iustis legibus obligatum se profiteri.* Et si nous disons que c'est vn benefice ou priuilege, nous tenons en droict que *beneficia Principum sunt perpetua & irreuocabilia*, tant que la cause d'iceux dure : & en ce passage il est fait distinction par les Docteurs, *inter causas, impulsiuam & finalem*, disans que quand la cause du bien-fait ou priuilege est impulsiue, *semper durat priuilegium, quamdiù durat causa, & concessum à Principe beneficium decet esse mansurum. in cap. 16. de regulis iuris in 6. in l. Falsò. 2. Cod. de diuersis rescriptis, &c. & apud Doctores in l. Titia 87. §. vsuras. D. de leg. 2.* La cause qui a meu le Prince à faire la prohibition, est impulsiue, & dans le doute elle doit estre reputée telle, *ideóque priuilegium non reuocabile.* Et si l'on le prent par la cause finale, il est vray de dire par l'euidence du faict qui est tousiours permanent, que les Demandeurs ont gardé leur ville, ont soustenu le siege, chassé & vaincu les ennemis, commencé les premiers à monstrer que les Anglois pouuoient estre vaincus; & ainsi ont remis le Royaume de France hors de la tyrannie & oppression de ses ennemis. Et supposé qu'il y ait sept ou huict vingt ans que l'acte a esté fait, toutesfois il est vray de dire, que les Demandeurs l'ont fait & executé, par la raison de la loy *Proponebatur,* 76. au Dig. *de iudiciis*, où le texte dit, *Populum eundem hoc tempore putari, qui abhinc centum annis fuissent, cùm ex illis nemo nunc viueret, videlicet per subrogationem.* Partant les Demandeurs disent que si c'est vn priuilege ou vn bien-faict, *reuocari non potest, quia causâ erat*; aussi que ladite prohibition est fauorable, *tàm ex parte prohibentis, quàm rei prohibitæ alienari*, veu principallement que ces priuileges ont esté verifiez par la Cour, oüy sur ce Monsieur le Procureur general, qui l'a consenty; & pareillement ont esté confirmez par tous les Rois iusqu'à present: ce qui est suffisant pour respondre à l'objection que l'on pourroit faire, que le Roy Charles VII. n'a pas pû obliger ses successeurs. Estans donc octroyez & confirmez par les Rois de France, verifiez & omologuez en la Cour, contenans la faueur publique, la faueur du Royaume, la faueur des Rois & de leurs subjets: on ne peut y contreuenir pour quelque cause que ce soit.

Aussi certes le Roy n'a pas reuoqué ce priuilege, *quia de eo nullam fecit mentionem*, en quoy nous pouuons dire que les lettres sont subreptices. Car si les Defendeurs eussent fait entendre au Roy ces priuileges, comme ils les sçauoient & ne pouuoient pas les ignorer, il est indubitable que le Roy n'eust oncques accordé le contract dont il s'agit, & eust plustost baillé d'autres terres & seigneuries que celle de Montargis, qui est plus grande, plus riche, & plus seigneuriale que l'on ne pense, en laquelle y a vne infinité de vassaux, vne forest d'vne valeur inestimable, vne iustice ayant vne estenduë de douze ou quinze lieuës de païs ou enuiron, & par tout le païs de Gastinois, de Puisaye, & Hurepois, desquels elle est ville capitale.

C'est pourquoy les Demandeurs ont presenté la requeste dont est question contre les Defendeurs, & incidemment supplié, comme ils supplient M. le Procureur general, qu'il ait à se joindre auec eux, pour la conseruation de leurs droicts & de la Couronne, ayans tousiours consenty, voire requis la verification & entretenement de ces chartes. Partant concluent lesdits Habitans à ce qu'il soit dit, que sans auoir esgard au contract pretendu par les Defendeurs, il soit dit, qu'ils demeureront perpetuellement, inseparablement & nuëment sous la seigneurie du Roy & de sa Couronne, supplient ledit sieur Procureur general de les assister en cet endroit, & en tant que besoin seroit, font contre luy sommation & requeste formelle, & demandent despens.

Baillé pour coppie le iour d'Aoust 1571. *Preuost.*

AYant trouué dans le manuscrit du plaidoyé precedent quelques obseruations qui peuuent seruir à l'esclaircissement de la matiere qui y est traittée, i'ay creu que ie ne deuois pas les obmettre en cet endroit, veu principalement qu'elles ont esté colligées & sont escrites de la main de M. du Puy, qui a vne si parfaite cognoissance de tout ce qui concerne nostre Histoire & les droicts du Roy & de la Couronne, qu'il ne se peut faire qu'elles ne soient tres-bonnes. Voicy à peu prés les termes de ces remarques.

LE serment que fit l'Empereur Charles V. à l'instance des Electeurs, fut qu'il n'engageroit point les terres & seigneuries de l'Empire, mais qu'il retireroit celles qui auroient esté alienées, & les reüniroit au domaine Imperial. Cette Ordonnance est de l'an 1519.

I'ay veu en vn volume de diuers Conseils de Docteurs le XII. qui est de Io. Neuizanus *in quæstione, An Princeps possit infeudare oppidum inuitis oppidanis, vel alienare subditos inuitos*, sur ce que le Roy de France, Comte d'Ast, auoit aliené quelsques villes & places du Comté d'Ast.

Les Estats de Pologne firent faire serment au Roy de Pologne Henry, Duc d'Anjou, le 17. Septembre 1573. qui porte promesse de retirer tout ce qui auoit esté aliené du Domaine Royal, en quelque sorte que ce fust.

Il y a prohibition aux Princes de Bearn, Comtes de Prouence, Ducs de Guyenne & aux Ducs de Brabant, d'aliener leur Domaine; Choppin tit. 2 liure 2. *de Domanio.*

Le traitté qui fut fait entre les Rois d'Arragon & de Majorque a esté fort detesté. Car le Roy de Majorque rendit son Royaume tributaire à l'autre ; de quoy parle Oldradus *in Respons.* 231. *& in Cons.* 281.

P. Belluga *in specul. Principum*, dit que par les loix d'Arragon, il est defendu aux Rois d'aliener le bien & le patrimoine de la Couronne sans vne tres-vrgente cause, comme le porte l'Ordonnance d'Arragon du Roy Iacques faite à Valence l'an 1251. le 12. Feurier.

An Regibus sit ius Regna & ditiones suas arbitratu suo minuere, vide Hottom. Quæst. illust. 1.

Que les Rois ne peuuent aliener leur Domaine, *vide eund. Hottom. lib. 2. de iure Regni Galliæ & succeß. vol. 3. operum.*

Que l'alienation des grandes terres sont defenduës, voyez M. Seruin tom. 3. de ses plaidoyers. p. 243.

Barth. de las Casas* explique la question, *vtrum Reges vel Principes iure aliquo ciues ac subditos à regiâ coronâ alienare, & alterius Domini particularis ditioni subjicere poßint. Francof.* in 4. 1571.

* *Ce liure est rare, il y en a vn dans la Bibliotheque de M. de Thou.*

Gollut en son Histoire Sequanoise p. 902. rapporte des exemples de Rois qui ont eu vn Domaine particulier, par successions & par mariages.

Quand les Rois acquierent, ils sont reputez acquerir des deniers du Domaine Royal. *id. p.* 902.

Voyez Sauaron de la Souueraineté du Roy, par tout son liure.

Ce plaidoyé a esté pareillement pris sur vne ancienne copie trouuée dans vn registre de M. du Puy, cotté, Diuers discours & memoires, VI.

AVTRE PLAIDOYE' DE M. DV MESNIL ADVOCAT DV ROY.

POVR LE PROCVREVR GENERAL du Roy, appellant vne fois ou plusieurs, tant du Bailly d'Orleans que de Blois, ou leurs Lieutenans, & des Officiers pretendus de Ville-Bourjon, & Bury, demandeur & & requerant l'enterinement d'vne Requeste.

CONTRE MESSIRE CLAVDE ROBERTET Seigneur d'Alluye, Damoiselle Louise de Prunelay Dame de Chasteau-vieil, & Dame Louise d'Estampes Dame de la Ferté Nabert, intimez & defendeurs respectiuement.

QV'EN CRIME DE LEZE MAIESTE', diuine & humaine le Roy confisque le fief, omisso medio, *& sans charges.*

DV Mesnil a dit que cette cause git en poinct de droict qui est necessaire & fauorable. Necessaire, tant pour le reglement de plusieurs choses semblables, *quas infaustum hoc sæculum peperit & quotidiè parturit*, que pour la prompte cōposition du different particulier, lequel ayant pris son traict par quatre ou cinq ans, a fait perdre vne bonne partie du bien dont est question, & fera bien-tost perdre l'autre, s'il n'y est bien tost pourueu. Fauorable, parce qu'il s'agit de la conseruation des droicts speciaux du Roy, & de l'execution de sa volonté Royale & charitable enuers l'Eglise, lieux, & œuures pitoyables.

Pour entrer en breue deduction de nos causes d'appel & moyens de requeste, M. Iacques Deslandes a esté Seigneur & paisible possesseur de plusieurs biens meubles & immeubles assis

aſſis au Comté de Blois, & és enuirons, auquel Comté & Bailliage d'iceluy il faiſoit ſa demeure, & entre autres de pluſieurs fiefs tranſmis en ſa perſonne par ſucceſſion de ſes predeceſſeurs en droite ligne, *qui ſuâ diligentiâ & Principibus noſtris egregiè nauatâ operâ, ingentem bonorum aceruum cumulârant.* Eſtant en cette paiſible iouïſſance, *incertum quibus furiis agitatus, Religionis noſtræ militiam deſeruit, & ad illius aduerſarios ſeſe tranſtulit, illorum dogma & hereſim apertè ſuſcipiens & profitens, inter quos etiàm nùnc Geneuæ dicunt illum habitare.* De cela l'on fit deſlors telles inquiſitions & procedures que le Roy a ordonné par ſes Edicts, & finalement fut renduë ſentence par coutumace par le Bailly de Blois ou ſon Lieutenant au mois de Decembre 1554. par laquelle il eſt condamné à mort; ce qui eſt executé par figure, & ſont notamment ſes biens declarez acquis & confiſquez au Roy. Et de faict bien-toſt apres ils furent ſaiſis & mis en ſa main, meſmement les fiefs de Ville-Bourjon, Moulins, Marquoy & autres fiefs & ſeigneuries, dont il ſera cy-apres parlé. A cette ſaiſie il n'y a eu oppoſition ny reclamation de quelque part que ce ſoit: & n'ont pretendu les parens y auoir aucun droit, eſtãs certains, qu'encores que les anciennes loix qui ont duré iuſqu'à Iuſtinian les y euſſent receus, toutesfois ils en ſont exclus par la Conſtitution de Frideric II. que nous auons ſous le titre *de ſtatu. & conſuetud. collat.* 10. qui ſont tranſcrites és Authentiques *Credentes, Gazaros*, & autres, au Code *de Hereticis*, & qui ont eſté depuis ſuiuies iuſques à noſtre temps. Ce Frideric II. vint à l'Empire l'an 1213. du temps de Philippes Auguſte, & fut fort ſçauant & vaillant: & furent confirmées ſes Conſtitutions par Honoré III. qui le ſacra Empereur à Rome. Les pretendus hauts Iuſticiers de ces ſeigneuries n'ont auſſi pretendu aucune choſe en ces biens, tant parce que la ſentence de condemnation porte l'adjudication au Roy, dont n'y a point d'appel, que parce que toutes ces deciſions les ont adjugées au Fiſque, *ad inſtar criminis læſæ Majeſtatis humanæ*, & encores auec plus grande raiſon, *cùm longè grauius ſit æternam quàm temporalē offendere Majeſtatem*, comme dit le texte de l'Authentique; *ideoque in eâ, ſicut &*

in aliâ, liceat memoriam defuncti accusare. Et de verité cela a esté tenu inuiolablement iusques-icy. Toutes fois nous ne pouuons passer en cet endroict sans cõmemoration de grande loüange l'excellente & magnifique declaration du Roy, qui depuis nagueres par deux Edicts enuoyez à la Cour, l'vn publié en sa presence, l'autre encores à publier, a declaré qu'il entendoit appliquer vniquement telles confiscations à lieux & œuures pitoyables, sans les donner à autruy ou retenir à soy, à ce que la punition qu'il entend faire des heresies, ne soit aisement tournée en enuie ou calomnie.

Ce droict peculier du Roy, & sa saincte deuotion telle que dessus, ont esté troublez & empeschez en cet endroict par deux sortes de personnes : l'vne, de qui l'on le deuoit moins attendre ; ce sont aucuns soy disans Seigneurs immediats de ces fiefs : l'autre assez fauorable de prime abord, si la suspicion de fraude desia par trop d'argumens descouuerte, ne commandoit de laisser la pretenduë equité, pour reprendre la rigueur ; c'est le Creancier.

En cet endroit pour mieux esclaircir le but de cette cause, la Cour se resouuiendra, s'il luy plaist, comme en sommaire & en general, & sauf à le plus amplement confirmer dans la replique, s'il y eschet, que la confiscation d'vn Fief, procedante de crime de leze Majesté diuine ou humaine, ne se doit pas regler par les regles communes des simples confiscations, ny des autres choses non feodales subjettes à confiscation : ains est priuilegiée, *propter concurrentiam duplicis infidelitatis* ; la premiere contre Dieu, & le Prince qui est son image, *& qui Deum progenio habere dicitur, l. Si duo* 13. §. *vlt. D. de iureiurando* ; & la seconde contre la Republique, *cùm quod in Religionem diuinam committitur, in omnium injuriam fieri videatur*, ce dit le texte des trois Empereurs Arcadius, Honorius, & Theodose en la loy vulgaire *Manicheos*, au Code *de Hereticis*. Partant le commis en fief enuers le Prince souuerain, à effect indifferemment, s'il est Patron mediat ou immediat, en cas qu'il ne renonce point à l'vnion & consolidation à la supréme directe seigneurie, & cela, *sine vllius operâ aut ministerio, ipso facto, & non expectatâ sententiâ, non secùs ac vsufructus pro-*

prietati, & pars suo toto redintegratur; imò in speciem veluti cuiusdam alluuionis, videtur vtile dominium accedere directo, & fieri incrementum latens rei, non personæ, comme disoient ces anciens Iurisconsultes, *quorum verba magistralia majestatem quamdam apud nos retinere debent; Oldradus in Cons. 24. incipiente, Super eo; & Albericus in Rubr. De vsufruct. legat. D. de iure patronatûs, & in leg. Sed si hâc 10. §. prostituta. D. de in ius vocando.* Quoy qu'il en soit, cela a effect d'extinction ou priuation du fief, comme il est dit par Balde, *in §. callidè, de prohibitâ Feudi alienat. &c.* par Federic, & André de Isserniâ, *in c. vnic. de Vassallo decrepitæ ætatis, &c. Et censetur res redire ad priorem naturam; tamquàm si ab eâ nunquàm separata fuisset, l. Lucius* 88. *D. de legatis* 2. *vt non de nouo translata, sed reddita videatur. l. Filio quem* 23. *D. de liberis & posthumis.* Tellement que toutes seruitudes ou subjetions imposées sur le Fief depuis sa premiere tradition en hommage & fidelité, si tost que l'infidelité est aduenuë, sont totalement cassees & resoluës, comme aussi toutes hypotheques & creances, & le Fief retourne *liberè, & sine onere ad Patronum, ex lege antiquâ contractûs, quæ omnes subsequentes resoluit*, comme dit le texte de Boniface VIII. *in cap. Felicis. 5. de pœnis, in 6.* Et est reputé en ce cas le Patron succeder *in locum Vassalli aut Subuassalli, per modum priuationis, non transmissionis; nam omne ius quod Vassallus habet, odio ingratitudinis ab eo aufertur, & in Patronum transfertur, dispositione legis feudalis; vsque adeò, vt Patronus censeri non debeat ius aut causam habere à Vassallo, sed à se ipso, tamquam finito & extincto iure Vassalli*; de façon que le Patron peut, s'il luy plaist, de nouueau rebailler la chose comme faite libre, par forme de concession nouuelle à qui luy plaist; *atque adeò tamquàm Feudum nouum, non antiquum.*

Or combien que toutes ces maximes soient certaines & indubitables, toutesfois voicy le trouble indeuëment fait au Roy au cas qui s'offre, tant par les pretendus Seigneurs de Fief immediats, que par les Creanciers, lesquels seront distinguez à part, pour rendre l'affaire plus claire.

Le faict des Seigneurs de Fief est, que les Dames de Chasteauuieil & de la Ferté Nabert, soy disans Dames immediates du Fief de Ville-Bourjon appartenant à Deslandes, ont fait saisir ce Fief, comme s'il estoit ouuert à leur profit, jaçoit qu'il fust remply naturellement, & qu'il n'y eust qu'ouuerture ciuille, laquelle seulement peust profiter au Roy. Nonobstant ce, elles establissent commissaires qui veulent deposseder, & de faict depossedent ceux du Roy, & de ce il y a appel par le Procureur du Roy de Blois, tant de l'octroy de la commission, que de ce qui s'en est ensuiuy, dés le mois de Ianuier 1556. c'est le premier appel qui s'offre à vuider. Autant en font elles és années 1557. & 58. dont aussi il y a appel. Ce nonobstant elles passent outre, font iouïr leurs commissaires chassent ceux du Roy, dont derechef est appellé. L'on compare à leur iustice; l'on y fait remonstrances de l'entreprise, & mesme du faict des appellations : neantmoins leur Iuge ordonne que l'on passera outre, dont il y a encores appel. Plus y a; car pour auoir couleur de la iustice Royalle, elles font, que leurs fermiers font appeller les fermiers du Roy, & les Officiers de Blois à Orleans, pretendans que ladite terre soit du ressort d'Orleans, & requierent qu'il soit dit, que leurs fermiers, en payant ou consignant entre leurs mains, comme en main tierce, seront quittes & deschargez; l'on compare; il y a deux grandes sentences; finallement il est dit, que les deniers des fermiers seront deliurez ausdites Dames par prouision, dont il y a appel. Voila le premier ordre des appellations concernant Ville-Bourjon, & lesdites Dames de Chasteauuieil, & la Ferté Nabert, interjettées, comme dit est, tant de leurs Officiers, que de ceux d'Orleans qui les ont fauorisez.

Voicy le second ordre de ce qui a esté faict. Messire Claude Robertet Seigneur d'Alluye, & de Bury pretendant les Fiefs de Moulins & de Marquoy tenir de luy immediatement en Fief, se porte pour appellant de la saisie du Roy, & ne laisse pas d'en faire vne nouuelle à part. Il poursuit ceans l'expedition de son appel auec M. le Procureur general, qui estoit le defunct (dont Dieu ait l'ame;) il luy remonstre ce que nous auons dit, que la saisie du Roy estoit fondée sur les moyens que dessus. Alors luy faisant contenance de le recognoistre, va mettre en faict, qu'il y auoit vne vieille saisie auant le partement de Deslandes, & auparauant sa declaration; au moyen dequoy il luy est accordé que pour le regard de sa pretenduë saisie ancienne si aucune y a, elle auroit effect; autant de celle du Roy: & que les fruicts seroient recueillis pendant le debat d'icelles, au profit de qui il appartiendroit. Cet Arrest iugeoit assez que la nouuelle saisie ne valoit rien, & que sa dispute ne demeuroit que sur la pretenduë saisie precedente. Que fait-il? estant sur ce renuoyé à Blois, il demande iouïr par vertu de la precedente saisie. L'on luy montre qu'elle estoit couuerte par les offres à luy faites & signifiées par Deslandes auant sa declaration & son partement, contre lesquelles il n'auroit rien dit, & l'auroit laissé iouïr; tellement qu'il estoit en possession lors de son partement Et de faict l'ayant interpellé deuëment au Parquet, de dire contre cela ce qu'il voudroit, il demeura court sans aucune responce: & s'il plaist à la Cour presentemẽt l'interroger, il demeurera tel: & neantmoins par conniuence & intelligence des Officiers, il obtient sentence, par laquelle il est dit, que ses commissaires iouïront, dont le Substitut appelle. Nonobstant l'appel, tant par vertu de cette ancienne saisie que de la nouuelle, il se fait maintenir, & a tousiours ioüy, quoy que ce soit, ses fermiers & receueurs iusques à huy, dont tousiours y a eu appel. Ne sera toutesfois obmis de dire & remonstrer que nos Substituts voyans ce mesnage, s'aduiserent de faire creer vn curateur aux biens vacans, & par luy faire porter foy non deuë, & outre faire des offres fort aduantageuses: mais sans auoir esgard à tout cela, ils n'ont delaissé de iouïr. Or voila cinq années de fruicts, & plus de trois mille liures par an qui sont esgarez, tant pour le Roy & pour l'Eglise ou lieux piteux, que pour les Creanciers, s'il y escheoit. Et il n'y a personne qui s'en soit senty; sinon les Seigneurs de Fief, & leurs Officiers, & semblablement les Officiers de Blois, qui certes ne se peuuent sauuer qu'ils n'ayent causé de grandes pertes en cet endroit, tant en faisant les baux de ces terres à vil prix, & des assignations indeuës, que semblablemẽt en l'inuentaire & veuë des biens meubles; dont infinies plaintes sont venuës, tant de la part des Creanciers, qu'autres, qui nous ont esmeu à poursuiure & resueiller cette cause qui estoit endormie par leur intelligence & collusion. Et nous n'auons eu les pieces de tout ce que dessus sinon l'vne apres l'autre, depuis deux ans seulement, & auec grande instance : tellement que l'on a esté contraint de bailler requeste pour tout éuoquer en la Cour; sur & à l'occasion dequoy a esté découuert ce que dessus. Voila le second ordre des appellations concernant le Seigneur de Bury, où nous sommes appellans, tant des Officiers de Blois qui l'ont fait & laissé iouïr par vertu de ses premiere & seconde saisie, que de ses Officiers que l'on pretend auoir fait nouuelle saisie, par le transfugat de Deslandes, si aucune se trouue. Voila pour le faire court, ce qui appartient aux Seigneurs de Fief.

Le tiers ordre est du Creancier, lequel a poursuiuy le decret & l'adjudication desdites terres pour ses pretendües creances. Et de faict, tant a esté sur ce procedé, qu'apres les criées faites, afin de les faire plus trainer, les Iuges & Officiers de Blois ont fait le rebours de l'Ordonnance derniere : car ils ont voulu discuter auant que d'adjuger ; & enfin ont donné deux sentences portant discution des Creanciers, sur l'vne desquelles il y a quarante huict escus d'espices, & sur l'autre quatre-vingt escus. De ces deux sentences est aussi appellant M. le Procureur general, non pour tenir la rigueur qu'il pourroit bien, en maintenant que toutes creances s'en vont à val l'eau, quand il y a perdition de Fief par felonnie iointe au crime de leze Majesté diuine & humaine, *ex causâ antiquâ, & primâ lege Feudi*, comme nous auons dit cy-dessus ; mais pource qu'il a trouué que la plus part de ces creances sont frauduleuses, affectées & apostées par personnes suspectes, & toutes passées sans debat par les Officiers : joint aussi qu'eux colludans auec les Seigneurs de Fief, l'on a ordonné, que l'adjudication seroit faite à la charge des profits de fief enuers eux : tellement qu'ils auroient deux profits contre raison, l'vn de la mutation par felonnie, l'autre par l'alienation qui s'en fait *ex causâ necessariâ* : ce qui iamais ne fut dit ny veu. C'est le tiers ordre des appellations, lesquelles M. le Procureur general entend faire vuider sur le champ, au respect des Seigneurs feodaux; & pour les Creanciers, conclure en procez par escrit, en intention, apres auoir veu leurs productions, de leur faire telle offre qu'il deura, sans prejudice au droict du Roy; & ne point tant s'arrester à la rigueur, qu'il ne fasse par équité ce qu'il aduisera par raison.

Si conclud à ce qu'il soit dit en premier lieu quant aux aux commissions & saisies faites par les Seigneurs de Fief pour la pretenduë mutation aduenuë par delict & condemnation de Deslandes au preiudice de la saisie du Roy, qu'il a esté mal octroyé, decerné, & saisi, mal iugé & prononcé par les Iuges d'Orleans & de Blois, qui ont fait tenir prouisoirement telles saisies au prejudice du droict du Roy, que les fruicts seront restablis és mains du receueur du Roy depuis la premiere saisie dudit Seigneur iusqu'à present, & qu'à l'aduenir les commissaires du Roy iouïront, & que les Seigneur & Dames de Fief seront condamnés aux dommages & interests. En second lieu que quant à l'ancienne saisie du Seigneur d'Alluye, il soit dit qu'il a esté mal iugé, en ce qu'il est ordonné qu'elle tiendra, & en emendant le iugement, que nonobstant icelle, attendu les offres valables depuis faites, ladite saisie sera leuée & ostée, & luy condamné à restablir les fruicts perceus *in vim* d'icelle, auec dommages & interests; & si aucune saisie nouuelle se trouue par le pretendu transfugat de Deslandes au prejudice de celle du Roy, qu'elle soit declarée nulle, quoy que ce soit, cassée & reuoquée au profit du Roy en ordre; & par mesme moyen que ses commissaires iouïront. En tiers lieu, qu'il a esté mal iugé par les Iuges de Blois qui ont ordonné profit de Fief aux Seigneurs pour la vente desdits heritages, cõme si c'estoient Fiefs anciens; & en emandant le iugement, qu'ils n'auront aucun profit en cas de vente. Et pour le respect des Creanciers, requiert le procez estre apporté, & y estre conclud comme en procez par escrit.

Dans le Registre d'où a esté extraict ce Plaidoyè, il y a ensuitte d'iceluy vn Arrest de la Cour en date du 23. iour d'Aoust 1613. entre M. Denys Marin, Receueur general des amendes de la Cour, & Honoré d'Allagonia, sieur de Merargues; où M. du Puy a marqué qu'il a esté iugé, que la condemnation pour crime de leze Maiesté esteint & abolit les substitutions & fideicommis, & que les biens confisquez, pretendus substituez, donnez par le Roy au substitué, sont affectez au payement des amendes.

Et à costé de l'Arrest, il est encores escrit de la main de M. du Puy. V. P. Pithoei Consultationem de Confiscat. bonorum, in causâ perduellionis, in Operibus eius, p. 279.

Corn. Brunum in Tractatu de Seditiosis, c. 5. lib. 5. Tom. 11. Tract. Doctor.

APOLOGIE, OV RECVEIL* DES RESPONSES DE L'ADVOCAT DV ROY DV MESNIL,

SVR CE QVE L'ON LE CHARGE d'auoir recherché & procuré la cassation & reuocation des dons & liberalitez des Rois, faites aux Seigneurs & à la Noblesse de ce Royaume, pour les abaisser ou destruire, & sur ce que l'on le menasse de l'en faire ressentir.

** Cette piece a encores esté prise sur vne ancienne coppie trouuée auec ce titre, dãs vn registre de M. du Puy, cotté, Melanges: Harengues. Encores qu'elle soit conceuë en personne tierce, il y a pourtant apparence que M. du Mesnil l'a dressée luy-mesme. Quoy qu'il en soit, elle sert beaucoup à l'éclaircissement de sa vie.*

IL dit, qu'il a esté vingt ans Aduocat postulant en la salle du Palais, auant que d'estre Aduocat du Roy, durant lequel temps il a esté requis & employé par les plus grands Princes & Seigneurs, & bonne partie de la Noblesse, & leur a fait seruice gratuit; ce que peu de gens de cette vacation peuuent dire; dont les viuans & les successeurs des decedez peuuent rendre tesmoignage. Il dit cela sans vanterie ny reproche; mais pour monstrer qu'elles ont esté ses premieres actions, & combien elles ont esté esloignées de la charge que l'on luy impose, & de la suspicion d'icelle. Aussi croit-il que peu de personnes de la qualité susdite auront cette opinion: & ceux là qui l'auroient, luy

luy feroient mauuaise recompense du seruice gratuit, qu'eux ou leurs alliez & amis ont receu de luy.

Quant à ses secondes actions depuis douze ans qu'il est Aduocat du Roy, il a eu trop d'occasions d'entrer en telles recherches s'il eust voulu, veu ce qui s'est fait depuis le regne du feu Roy François I. Et il n'eust point manqué d'excuse ny d'exemples, les prenant sur la façon dont on a publiquement & ouuertement vsé en la Cour du Roy, de courir sus & se spolier les vns les autres des bien-faicts, offices & benefices; & d'iceux procurer les recherches & reuocations à la mutation des regnes & des faueurs, qui se font non par forme & voye de iustice, mais par main-mise & voye extraordinaire. Toutesfois sans se preualoir de telles iustifications, ny appeller ses Compagnons en partie de sa defense, comme il pourroit faire en telles actions, si elles fussent aduenües, il entre de plein vol en pure denegation des faicts qui luy sont imposez, & dit n'estre memoratif d'y auoir oncques pensé, estant d'vn humeur fort contraire à telles choses. Partant il interpelle ceux qui vsent de tel langage contre luy, que sans vaguer en termes generaux, ils ayent à entrer en particuliere designation d'aucun don ou bien-faict, dont il ait fait recherche, ou demandé la reuocation. Car il s'asseure tellement de s'en pouuoir purger, & déliurer; qu'il ose deposer le gage de sa vie & des ses biens, qu'il ne s'en trouuera aucune: ce qu'il entend hors le Domaine du Roy, duquel il tiendra bref compte à part, apres le discours de cet article, qui contient la premiere & plus grande charge à luy imposée.

Apres donc s'estre recueilly, il se doubte, que l'on luy voudra possible d'entrée mettre en auant le debat du don fait à feu M. de Moret de la terre de la Carte.* A quoy il respond, que c'est vne querelle commencée par ses Predecesseurs, à sçauoir par M. Seguier* lors Aduocat du Roy, & depuis reprise par M. Bourdin.* Et quant à luy, ce qu'il a dit & escrit en cette matiere, porte disertement qu'il n'entend debattre le don dudit S. de Moret, pourueu qu'il garentist & deschargeât le Roy des hypotheques sur ce pretendües par le sieur de Bouchage & d'autres. Partant ce n'est pas vne recherche

** Il en est parlé cy-deuant en la vie de M. du Mesnil, p. 183.*

** M. Pierre Seguier fut fait Aduocat du Roy Clerc en l'an 1550. pourquoy il prit dispence, d'autant qu'il estoit marié. Vo. Miraumōt. tit. du Parquet.*

** M. Gilles Bourdin fut fait Procureur general par le decez de M. Noël Brulart en 1557. Miraumont, ibid.*

mais vne defense necessaire, pour le recours du Roy. Passant cela, il cuide que l'on le veut attaquer sur le debat des dons des terres de Limours, Grignon, Beyne, & Noisy, qui ont esté n'agueres contentieuses entre les Dames Duchesses de Valentinois & d'Estampes. Sur quoy il dit, que preuoiant deslors que la deduction de cette cause le pourroit tirer quelque iour en enuie par ceux qui se sentiroient offensés, ou qui d'ailleurs esplucheroient de prés ses actions, Dieu l'admonesta de faire vne publique protestation & declaration de son intention, & des particularitez de cette cause, afin que l'on ne luy peust faire reproche general, d'auoir voulu entrer en l'offense des Grāds & de la Noblesse, pour le faict des dons & bien-faicts des Rois. Cela est disertement escrit au plaidoyé, & fut dit aussi de bouche en la presence des Parties, dont ils firent à l'issuë de la plaidoyrie contenance d'estre contens, ainsi que de la part d'aucuns d'eux luy fut mandé. Et à la verité cela ne se peut prendre pour recherche de la part des Gens du Roy, lesquels ne commencerent à quereller lesdits dons: mais au contraire tout le debat est procedé de la part desdites Dames, lesquelles d'entrée se sont de faict spoliées de ces terres, & de plusieurs autres choses; puis sont entrées en iugement, & ont dit & escrit plus qu'elles ne deuoient, pour faire casser & annuller les dons à elles faits desdites terres successiuement par les Rois François & Henry. Que si elles eussent pû se taire, les Gens du Roy se fussent teus aussi. Mais s'estans par trop mises aux champs, ils ont esté excitez & contraints de s'y interposer: autremēt ils eussent acquis par opinion publique reputation de deserteurs & proditeurs de leur deuoir. L'aduocat du Roy du Mesnil monstrera bien par escrit, les lettres & les commandemens reïterez, qui luy ont esté faits sur cette matiere, & qui en ont esté les poursuiuās, & en donnera bonnes enseignes, quand besoin sera. Encores les Gens du Roy ont differé le plus qu'ils ont pû pour se jetter en cette cause, & ont attendu que le procez fust sur le bureau; & qui plus est, ils n'ont rien voulu escrire ny produire, mais se sont contentez d'employer le procez, & ce que lesdites Dames auoient escrit & produit. Ce ne sont pas là des termes ny façons de rechercheurs ou demandeurs volontaires, mais necessaires, modestes, honnestes & temperans; & s'ils eussent esté autres, ils en auoient bien les moyens. Et pour en faire claire demonstration, & en cela clorre la bouche à ceux qui en pourroient parler de la part de feu Madame de Valentinois, lesdits Gens du Roy furent infiniment interpellez de se joindre en cause auec Madame d'Estampes pour l'interest du Roy, ce que possible ils deuoient faire; car le Roy demeuroit proprietaire si elle gagnoit sa cause, & elle simple vsufruictiere; & au contraire ladite Dame de Valentinois auoit don de la proprieté. Mais ils ne voulurent onques le faire, & se tindrent neutres, pour montrer qu'ils ne vouloient adherer à l'vne des Parties plus qu'à l'autre, & qu'ils n'entroient en cette cause, sinon tirez & appellez à icelle par le faict de l'vne & de l'autre, & non par volonté qu'ils eussent de debattre les dons des Rois. Si ils ont parlé de l'immensité ou exorbitance des dons, ç'a esté apres qu'elles les ont deduits & alleguez, & se sont efforcées de les verifier; tellement que cela vient d'elles & non d'eux, qui ne les ont voulu articuler ny produire, mais ont seulement employé les faicts & preuues desdites Dames.

Or en passant outre, dit l'Aduocat du Roy, qu'il y a vn argument necessaire, & sans response, pour monstrer que l'interuention des Gens du Roy en cette cause, ne peut faire argumẽt de leur volonté ou intentiõ de debattre les dons faits à la Noblesse, ny mesme les dons faits ausdites Dames: c'est, que s'ils eussent eu cette volonté, ils ne se fussent pas attachez sur le don desdits terres, mais sur plusieurs autres de plus grand prix & consequence, dont ils se sont passez de faire recit, preuue ny deduction, comme ils pouuoient faire. Ils auoient moyen de rechercher les dons de Chenonseau, Chaliuau, Estampes, Pontieure, Chevreuse & plusieurs autres d'vne part; & d'autre, vn don de neuf-vingt quatorze mille escus pour vn coup; & vn autre de soixãte & treize mille; & vn troisiéme de vnze cens mille liu. sans le delaissement de plusieurs terres & choses equipollentes. C'est là où l'on se pouuoit plausiblement jetter, & non sur moindres terres, si l'on eust eu l'enuie & l'intention que l'on dit.

Autre témoignage dit l'Aduocat du Roy auoir rendu de sa modestie, & retenuë en cét endroit : c'est qu'il fut commis au procez du President Allamant,* que l'on sçait auoir esté constitué prisonnier, non tant pour sa personne, qu'en haine de ladite feuë Dame de Valentinois; car ledit Allamãt auoit esté ministre des recherches dont elle auoit eu le don. A la verité, le faict des dons de ladite Dame & des siens, estoit meslé auec le faict dudit Allamant : & iamais il n'y eust plus de matiere ny d'occasion, que par ledit procez de faire casser & reuoquer pour trois cens mille liures de dons faits aux dessusdits, & prouenus des recherches estrangement faites par cõmissions de la chãbre d'Anjou, & de la Reine, & à cette fin faire appeller les personnes susdites à ce procez, qui lors n'estoient pas en grande faueur. Mais ledit Aduocat du Roy n'y voulut onques toucher sans mandement du Roy, & n'en fit aucune poursuite contre les dessusdits; mais se contenta de prendre conclusions contre ledit Allamant, qui fut condemné à l'amende honorable, en cinquante mille liures enuers le Roy, & en douze mille liures enuers les Insulaires de Poictou.

* C'est celuy dont M. Ant. Loisel a entendu parler en la vie de M. du Mesnil, pag 181. & 182.

Doncques appert que cette particuliere cause de terres de Limours & autres, ne se peut dire recherche de dons, & que les Dames qui estoient Parties à ce procez, n'ont occasion de se plaindre que d'elles mesmes : & singulierement que ceux qui sont de la part de ladite Dame de Valentinois, ont encore moins d'occasion de se plaindre de la recherche des dons, que nuls autres.

En cét endroit represente encores ledit Aduocat du Roy, que si l'on luy cotte quelque particularité de don recherché par luy ou ses Compagnons depuis douze ans, il veut perdre la vie & les biens ; & si faire ne se peut, il est bien necessaire, que ceux qui ont tenu tel langage, s'en déportent & ayent regret de l'auoir dit & pensé. Car pour absoudre cét article, il dit que les actes susdits ne sont pas recherches ; & que de recherches ou demandes faites de droict fil, pour faire casser des dons ja faits & perceus, & non esuentez, il ne s'en trouuera aucune. Mais si ils ont esté d'ailleurs éuentez, il n'a pû obmettre son deuoir & office, dont toutesfois il a vsé auec telle retenuë, qu'en si long-temps on ne sçauroit cotter trois actes : & il a eu le moyen d'en faire plus de cinq cens, s'il eust voulu.

En passant outre, il veut faire paroistre la modestie & retenuë, dont il a vsé au faict du Domaine. En premier lieu la reünion generale d'iceluy, a esté executée par les Tresoriers & Generaux de France sur les lieux, parce que l'on disoit que l'on y procedoit à la Cour trop doucement. A la verité luy & ses Compagnons ont fort rudement soustenu & defendu le Roy quand il a esté assailly ; mais de leur part ils ont fait & conduit fort peu de demandes : & qu'ainsi ne soit, il dit que de sa memoire, il ne se trouue demandes poursuiuies que celles qui ensuiuent.

La cause de Chasteauneuf en Angoumois, laquelle fut plaidée non par ledit du Mesnil, mais par feu M. Boucherat.* Et sçait M. le Comte de Charny l'aduis que luy donna ledit Aduocat du Roy. L'on sçait assez qui en fut le poursuiuant qui a eu vn sien domestique pour solliciteur de la cause, auquel pour ses peines il a fait donner mille liures, & rien aux Gens du Roy.

*M. Aymon Bouchéra fut receu Aduocat du Roy en l'an 1557 Miraumont luy donne titre d'Aduocat general.

Le Comté de Vertus* fut saisi dés l'an 1533. & n'agueres resaisi par le Procureur general sans le sceu de du Mesnil, qui a fait dire cent fois au sieur d'Auangour, qu'il luy feroit accorder main-leuée en montrant le titre dont il se vantoit, ce que oncques il n'a voulu faire ; au contraire il s'est voulu persuader estre fils legitime du feu Duc de Bretagne, & habile à estre heritier de cette maison, & de celle de Milan. Ce qui a égry la matiere.

*Il en est fait mentiō en sa vie page.181.

Voila tout : & si ceux de la maison de Valentinois, & de Bresé, veulent que l'on entre en leur particulier, l'on commencera par leur dire, qu'ils ont perdu Chasteau-Thierry par leur faute ; car les Gens du Roy ne vouloient point entrer en la reprise du procez qui estoit pendant en la Cour pour ladite terre, du temps de leurs predecesseurs. Et de leur part ils ne firent oncques faire la saisie, qui fut faite au commencement de ce regne : au contraire vn des Sieurs de cette maison pensant auoir quelque bonne issuë de cette cause, fit luy-mesme offre de ceder la terre pour la iouïssance de neuf ans : ce que ledit Aduocat du Roy luy accorda à Moulins ; & depuis luy fit pareil accord au Parlement de Paris, lequel ne voulut suiure lesdits offres, & iugea le procez en autre façon, non à la poursuite des Gens du Roy, mais dudit Sieur mesme, qui eust possible mieux fait de se taire, & se faire mettre en iouïssance par vertu des lettres patentes accordées à Moulins.

Hors les terres susdites, que peut-on alleguer de recherches faites pour le Domaine sur la Noblesse, depuis douze ans ? Certes il ne s'en trouuera point : & craindroient fort les Gens du Roy d'en estre blamez, veu que c'est leur deuoir & office de procurer la reünion du Domaine, mais ils n'ont rien voulu attenter sans bon & expres cõmandement du Roy, de peur d'offencer ou incommoder ses affaires, mesme durant les troubles. Et qu'ainsi ne soit, la maison susdite s'en peut assez tenir pour contente : car ceux qui en sont, s'abuseroiẽt fort, s'ils estimoiẽt qu'il n'y eust pas moyen de reueiller les querelles d'Annet, Nogent le Roy, & autres terres, & que les Gens du Roy ne sceussent pas où en sont les pieces & instrumens. Plus, ceux de ladite maison peuuent sçauoir l'inualidité d'vne transaction faite pour des terres estans entre Sedan & Mouson, laquelle n'ayant pû estre passée en Parlement, l'a seulement esté en la Chambre des Comptes, dont les Officiers du païs font frequentes instances & querelles. Toutesfois l'on s'est tousiours retenu d'y toucher.

Tout ce que dessus monstre bien que ceux de ladite maison n'ont cause de se plaindre, encores moins d'appeller à leur ayde les grands Seigneurs, & la Noblesse, que ledit Aduocat du Roy a tousiours supportés & honorez.

Ne s'esmeut point ledit Aduocat du Roy des menaces que l'on luy fait : car ayant mis Dieu & la raison de son costé, il ne craint point les hommes : & si dit, qu'ayant passé plus de la moitié de son aage, l'on ne luy en peut gueres oster, & n'y aura pas grand regret. Toutesfois il espere que le Roy cognoissant ses seruices ne le delaissera point, & le defendra vif, & le vengera mort, s'il ne veut entierement défauoriser ses seruices. Si ces propos continuënt, il est deliberé de s'aller jetter aux pieds du Roy, & le supplier de luy donner audience pour déduire à sa Majesté ce que dessus ; & enfin luy monstrer, que s'il veut estre defendu, il faut qu'il preste à ses Gens faueur & protection contre ceux qui les menassent ; ce qui sied mal aux Sieurs de son Conseil, & autres qu'il honore auprés de luy, lesquels doiuent exciter les Officiers du Roy à leur deuoir, & non pas les en détourner. Ils seroient bien marris, si l'on tenoit tels propos de leurs gens, seruiteurs, officiers, & solliciteurs, & aussi leurs affaires s'en porteroiēt mal ; combien que la plus part desdits officiers soient assez indiscrets.

Si le Roy veut commander à ses Gens, qu'ils laschent & abandonnent tout, ils en seront fort contens ; car ils seront hors de peine, & hors de telles colaires. Mais il faut prendre garde que l'on ne fasse comme du temps du Roy Louis X I. où les Gens du Roy sauuerent par vne protestation toutes les alienations faites de ce regne, que puis apres on cassa comme vn verre.

Pour fin, supplie ledit Aduocat du Roy, que l'on le fasse descharger de son Office par le Roy, & il receura cela à grand bien-fait ; n'ayant autre chose en sa pensée* que de se retirer en la sale du Palais où l'on l'a pris, qui est la plus honneste mission qu'il puisse receuoir.

* *Ces souhaits de M. du Mesnil sont remarquez dans sa vie, p. 193.*

342

REMONSTRANCE* A M. DV MESNIL SVR LES MAGAZINS, POVR EVITER LA CHERTÉ DV BLED.

A M. M. DV MESNIL ADVOCAT du Roy en sa Cour de Parlement, SVR LE FAIT ET STILE DE subuenir aux necessitez du pauure peuple en temps de cherté, ainsi que i'ay veu faire en Italie, comme à Rome, Venize, Gennes, Sienne & Lucques.

PRemierement à Rome il y a vn Surintendant en la Iustice du Pape, qu'on appelle Commissaire de la Chambre Apostolique, pardeuant lequel se font tous les rapports des grains, ainsi que l'on fait au Chastelet pardeuant M. le Lieutenant ciuil ; par les Registres desquels r'apports il se voit la quantité des bleds, qui se peuuent manger par chacun an dedans ladite ville de Rome. Et estant venuë la cueillerte des grains, & si ce Magistrat voit qu'il suruient quelque encherissement sur lesdits grains, il en aduertit le Pape, qui enuoye incontinent gens de toutes parts pour s'enquerir des prouinces, où il y abondance de grains, & en fait venir quantité; desquels grains il fait Magazins, tant dedans le Chasteau S. Ange, qu'és autres lieux propres à ce faire, pour subuenir à la necessité qui pourroit aduenir en l'arriere-saison de l'année. Et quand il voit que les Gentils-hommes Romains, qui sont ceux qui font le trafic des grains, & [illegible] qui l'on ne pourroit pas auoir raison desdits grains s'il suruenoit accident de cherté, & qu'il voit que lesdits Gentils hommes veulent eux-mesmes mettre le prix à leurs bleds, & les [illegible]cherir d'iniuste prix au grand interest de la Republique; lors le Pape fait ouurir ses Magazins, & baille le bled au peuple au prix qu'il valoit lors de l'encherissement

** Le titre de cette piece est ainsi mis dans la coppie qui s'est trouuée dans le mesme registre, auec l'Apologie precedente. L'Addresse qui en est faite à M. du Mesnil a donné lieu de ne la pas negliger, veu principallement qu'elle confirme ce qui est escrit de luy en sa vie, p. 181. du soin qu'il prenoit des Hospitaux, & par consequent du pauure peuple, pour laquelle raison il semble que cet aduis uy ait esté addressé, & qu'ainsi, ce memoire pourra donner visee de* cheriſſement : en ſorte qu'il rend le peuple content, & luy fait vn grand plaiſir, luy faiſant profit de beaucoup, & ſi gagne ledit Pape ſur luy. Et lors que les Gentils-hommes Romains voient les greniers de l'abondance ouuerts, ils ſont contraints de faire prix raiſonnable de leurs grains, ce qui empeſche qu'il ne peut ſuruenir exceſſiue cherté de bleds à Rome.

faire quelque entrepriſe ſemblable pour le ſoulagement des pauures, en temps de cherté.

Il s'en pourroit faire tout ainſi à Paris, & plus commodement qu'à Rome, parce que Paris eſt au milieu de toute abondance : ſçauoir de Beauſſe, France, Brie, Picardie, Champagne, Normandie & Vexin; & qu'il eſt mal-aiſé qu'il n'y ait quelque Prouince fertile au Royaume de France, comme la Prouence, Languedoc, Gaſcongne, Saintonge, Angoumois, Bretagne, Anjou, Poictou, Touraine, Berry, Niuernois, Bourbonnois, Auuergne, & Bourgongne: ainſi que l'an paſſé on ſçait que la prouince d'Auuergne eſtoit fertile, & que ce qui eſtoit à dix liures à Paris, ne valoit en Auuergne que cent ſols. En ſorte que qui euſt fait prouiſion de cinq cens muids de bled d'Auuergne l'an paſſé, des deniers communs de la ville, & en euſt voulu faire Magazin, il ne luy euſt ſceu couſter, tous frais faits, rendu à Paris, que trois eſcus pour ſeptier, qui euſt eſté trente ſix eſcus pour muid ; ce qui fuſt reuenu en sõme totale pour les cinq cens muids à la ſomme de dix-huict mille eſcus; & à le diſtribuer au peuple à quatre eſcus, il y euſt eu profit de ſix mille eſcus à ceux qui euſſent fait ladite prouiſion ; ce qui euſt eſté vn grand profit pour la Republique. Car le muid de bled a valu iuſqu'à la ſomme de cent eſcus & plus: & n'eſt paruenuë la grãde cherté de grains que depuis le 22. Iuin, qui a duré iuſqu'au 27. Iuillet, en quoy les cinq cens muids cy deuant dits euſſent fourny le temps de la grande cherté. Et pour cette année preſente, il y a, graces à Dieu, abondance de grains en Picardie : car ce qui vaut ſept liures dix ſols à Paris, ne vaut que cent ſols en Picardie.

Plus à Veniſe, Gennes, Sienne & Lucques, qui ſont toutes Seigneuries neutres, ils font toute diligence de trouuer des grains, quand il n'y en a pas abondance en leurs païs, & en mettent munitions pour deux ou trois ans en leurs forteresses, comme les Venitiens en leur ville de Padouë, à Bresce, à Veronne, à Lignasco, à Pesquiere, à Bergues, & à Cremonne.

Les Geneuois font le semblable; comme aussi les Senois & Lucquois.

Et pour faire cognoistre comme ils se gouuernent à la distribution de leurs grains quand il y en a abondance, tant le Pape que ces quatre Seigneuries, ils font defenses aux boulangers de ne pouuoir achepter de grains*, que les leurs ne soient mangez, & les vendent aux boulangers pour la fourniture & prouision de leurs villes, pour tousiours renouueller leurs Magazins, jusqu'à ce qu'ils voient vne année chere, en laquelle ils gardent en abondance pour deux ans, pour subuenir à la necessité du peuple, quand la cherté prouient.

Pour conclusion de ce Memoire, on pourroit mettre en temps d'abondance trois ou quatre mille muids de bled és greniers & Magazins qui se pourroient faire au Temple, S. Martin des Champs, Celestins, Chartreux, Bernardins, Augustins & autres lieux propres à ce faire, les acheptant des deniers du Roy, ou des deniers communs de la ville, ainsi qu'il est dit cy-deuãt; & quand viendroit sur le mois de May, qui seroit l'heure de connoistre si l'année seroit fertile, faire vendre lesdits bleds des Magazins aux boulangers, tant maistres que forains, selon les qualitez des bleds pour la fourniture de la ville & fauxbourgs*, afin de renouueller tousiours les greniers en temps d'abondãce; & s'il venoit inconuenient d'vne année chere, faire garder lesdits bleds des Magazins, pour subuenir à la necessité de la Republique sur l'arriere-saison.

Cela seroit, Monsieur, vne occasion d'empescher cinq ou six cens regratiers, tant de la Beausse que de la France, Brie, Champagne, Picardie & Normandie, Vexin, Gastinois & autres lieux, qui tous font trafic de regraterie desdits grains pour la fourniture de la ville de Paris. Lesquels regratiers de grains ne seroient si hardis d'achepter les bleds sur le pied, comme il m'a esté asseuré par vn ou deux laboureurs de

* *M. Ant. Loisel nostre Autheur en ses Memoires de Beauuaisis ch. 3. pag. 68. escrit* fors-bourgs, *qui est la veritable ortographe de ce mot,* à foris & burgo; *comme l'a remarqué M. Menage en ses Origines de la langue Françoise, mais l'on a suiuy icy l'vsage.*

Beauſſe, qu'il y en auoit qui couroient ladite Beauſſe auec la bourſe pleine d'eſcus, qui acheptoient le bled des laboureurs ſur le pied dés le mois de May, & l'acheptoient cent francs le muid, & leur bailloient des arres. En ſorte qu'il ne ſe voit plus de laboureurs de ladite Beauſſe, que bien peu, amener des grains: & au temps paſſé, il n'y auoit qu'eux qui fiſſent la vente de leurs grains en perſonne, ainſi que font ceux de la France & de la Brie.

A MONSIEVR PITHOV, SIEVR DE BIERNE.

MOnsieur, encores que la vie de feu M. Pithou vostre frere ait esté tres-dignement escrite en latin par d'autres que par moy, & signamment par M. Mercier, si est-ce qu'ayant releu depuis peu ce que i'en auois tracé en nostre langue peu de iours aprés son decez; i'y ay pris vn si grand plaisir, qu'apres l'auoir reueu & corrigé, i'ay pris la hardiesse de le faire publier auec ce que i'ay recueilly des Vies, tant de feu M. l'Aduocat du Mesnil, que de P. Rutilius. I'estime que ces trois Personnages ne seront pas mal assemblez, & qu'ils seruiront non seulement d'exemple & de patron aux hommes qui aymeront la vertu; mais aussi d'aiguillon à ceux qui desireront renoueller la memoire de plusieurs grands Personnages, qui s'aneantit & se pert par faute d'Escriuains. C'est vn ordinaire, & tres-ancien defaut de cette nation, qui tousiours esté plus soigneuse de bien faire, que de bien dire: mais il n'y a personne qui ne demeure facilement d'accord qu'il importe grandement d'y pouruoir. Et ie me persuade que ie n'auray pas peu contribué à cela, si du moins ie sonne le premier la trompette, pour éueiller ceux qui sont capables d'y mieux reüßir que moy. Ie prie Dieu, Monsieur, qu'il vous tienne en sa grace, & demeure*

Vostre tres-humble & affectionné seruiteur. A. L.

* Iosias Mercerus. *Elle est à la fin des Oeuures de M. P. Pithou, imprimès à Paris chez Cramoisi en l'ãnee 1609. auec les Eloges latins du mesme, tirés du 116. liu. de l'Histoire de M. de Thou, & du 4. liu. des Eloges de Scæuole de sainte-Marthe. Papyrius Masso a aussi fait son Eloge en latin, qui contient les principales actions de sa vie.*

VIE DE Mr PIERRE PITHOV, SIEVR DE SAVOYE, ADVOCAT EN PARLEMENT.

*AVEC QVELQVES ESCRITS DE LVY NON PVBLIEZ.**

* *Ils ont esté publiez depuis dans ses Oeuures.*

IE n'eusse iamais pensé deuoir estre reduit à ce poinct, que de dresser la vie de ceux, dont ie deuois par aduenture attendre quelque memoire de la mienne. Mais puis qu'il a pleu à Dieu, en me retenant en ce monde, d'accroistre mes ennuis & mes fascheries par la perte de mes amis, plus jeunes & plus robustes que ie ne suis; i'ay voulu essayer de m'en consoler, en mettant par escrit aucunes de leurs principales actions; & singulierement celles de feu M. Pithou mon ancien compagnon & amy.

Car encores qu'il fut homme priué & sans charge publique, si estce qu'il surpassoit tellement l'ordinaire de ceux de nostre profession, que ie m'estimeray excusable, si ne luy ayant pû rendre les derniers deuoirs d'amitié en sa mort, & ne pouuant plus autre chose pour luy, ie m'efforce de faire cognoistre à plusieurs ses plus particulieres actions, qui pourront par aduenture seruir de memoires à ceux, qui en ayant moins de cognoissance que moy, sçauront plus diligemment representer la vie de celuy, qui a esté, pendant qu'il a vescu, comme vn Magistrat priué & perpetuel de la France.

Donques feu Maistre Pierre Pithou Seigneur de Sauoye Aduocat en Parlement, fust fils d'vn autre M. Pierre Pithou, aussi Aduocat en la mesme Cour: natif de Heruy prés la ville de Troyes en Champagne; où Milot 1. Pithou son bisayeul yssu de Guillaume Pithou Norman d'origine, s'estoit venu habituer. Ce M. Pierre Pithou pere estoit homme docte en toute sorte de lettres & principalement en droit, & vrayement l'Oracle non seulement de la Ville, mais aussi de toute la Champagne, & le Conseil des plus grandes maisons du païs. Il fust marié deux fois, la premiere auec Damoiselle Margueritte Bazin *fille* 2. *du Lieutenãt General de Troyes*, de laquelle il eust deux enfans iumeaux masles, Iean *sieur* 3. *de Fresnes*, & Nicolas *sieur* 4 *de Chamgobert*, encores aujourd'huy viuans, aagez de soixante & treize ans, qui est vne chose rare & singuliere. En secondes nopces il espousa Damoiselle Bonauenture de Chantaloë, fille de Robert de Chantaloë Escuyer sieur de Bayre, & de Damoiselle Catherine d'Origny, sœur 5. de M. d'Origny Conseiller en Parlement & President aux Enquestes. Et de ce second mariage nasquirent nostre Pierre, François sieur de Bierne, Louys sieur de Bayre qui fut noyé à Lyon; Antoine 6. sieur de Luyeres, & Damoiselles Ieanne, Ambroise, Bonauenture, & Perrette, femmes de MM. *Neuelet* 7. sieur de Dosches, *de Mansi* 8. sieur de Valentigni, Cauchon *sieur* 9. *de Dampierre sur Aulne* & de Vassan *sieur* 10. *de Remi-mesnil.*

Pierre Pithou fut doncques l'aisné du second mariage, extrait de tous costez de bonne & noble race, selon ce que i'ay

1. Dãs la vie de M. Pithou escrite par M. Mercier, & les Elogeslatins, il est appellé Æmilius.

2. Ces mots ont esté adioustez par M. Pithou, à present Conseiller en Parlement neueu de celuycy, auquel a esté communiquée cette vie.

3. Id.

4. Id.

5. M. Pithou Conseiller a dit qu'elle estoit niepce.

6. C'estoit le pere de M. Pithou Conseiller.

7. Adiousté par ledit S. Pithou.

8. Id.

9. Id.

10. Id.

veu par titres anciens, Iugemens & Arrests des Cours Souueraines. Il nasquit l'an 1539 iour de Toussaints, ainsi que luy mesme a escrit par l'Epigramme qu'il en composa en l'année du retranchement des dix iours, comme en se ioüant, qui est tel

Nouembres, quondam mihi quæ natale, Kalendas,
Inferiis manes queis pia cura luit,
Martini festo mutans, * *vinalibus olim,*
Quid nisi me lætum viuere, Papa, iubes?
Te quoque, Sancte Pater, lætis Deus augeat annis,
Atque hilares, longos & velit esse dies:

I'ay appris qu'il fut delicat en son enfance, & difficile à esleuer, si prompt & si soudain, que son corps estoit souuent emporté par la viuacité de son esprit : ce qui le fit tomber & blesser au front, où il en portoit les marques. C'est pourquoy on luy donna deslors vn ieune garçon pour le garder qui se nommoit Trouué, * parce qu'il auoit esté trouué & pris par rencontre à la porte de leur maison demandant l'aumosne, lequel l'a serui long-temps. Depuis il fut instruit aux premieres lettres en la ville de Troyes par vn bon homme d'Eglise nommé Maistre François Pilot, qui luy apprit à lire en Latin, en Grec, & en Hebreu; puis fut mis au College de Troyes; & finalement enuoyé à Paris au College de Boncourt qui estoit lors fort celebre à cause de Pierre Gallandius, qui y tenoit de bons Regents, du nombre desquels estoient Roüillet, & feu M. Turnebus* qui fust bien tost apres Lecteur du Roy, & duquel il retint tousiours de bonnes instructions. Il surpassoit tellement ses compagnons à bien escrire tant en prose qu'en vers, qu'il estoit ordinairement employé à presenter des Epigrammes aux Seigneurs & gens de qualité qui venoient au College, & il auoit leu deslors la plusspart des bons auteurs. Partant d'auec son Pere pour s'en aller aux Vniuersitez de droict, * le bon homme qui ne le reuist oncques depuis, luy recommanda sur tout de s'arrester aux textes, sans s'amuser aux gloses ny aux Docteurs, luy ayant à cette fin dóné vn Cours de Haloandre, lequel estoit le meilleur exemplaire qui fust alors, & qui d'abondant estoit

* Scilicet Gregorius XIII. cùm decem primos dies mensi Nouembri detrahi iussit, vt Martini dies festus Calendas Nouembr. efficere videretur. *Papyrius Masso in elogio nostri Pithoei.*

*Cui Reperto nomen inditum. *Papyrius Masso.*

* *Adrianus Turnebus*

* *Iosias Mercerus & Papyr. Masso disent que ce fut premierement en l'Vniuersité de Bourges.*

corrigé de sa main sur plusieurs anciens exemplaires. Ce que le fils executa si bien qu'en peu de temps, il s'y dressa luy mesme des gloses & des annotations, & y forma tellement sa memoire, que les textes des Iurisconsultes luy estoient fort familiers. Il me souuient que la premiere cognoissance que i'eus de luy, fust en la boutique d'vn Libraire : où disputant d'vn lieu de Papinian *de inofficioso testamento*, il se rendit d'autant plus admirable qu'il estoit si ieune, que nous l'appellions ordinairement le petit Pithou. Mais il creust si fort en peu de temps, & de corps & d'esprit, qu'il merita à bonnes enseignes d'estre appellé le grand Pithou, & fut tellement respecté, & aymé de tous, qu'vn iour vn desbauché d'Escholier ayant pris assez legerement querelle contre luy, il fust assisté de beaucoup d'Escholiers qui prirēt sa deffence en main, encores qu'ils ne le connussent que fort peu. Et deslors feu M. Cujas qui auoit esté de nouueau appellé en cette Vniuersité,* ayant ietté l'œil sur luy, & iugeant ce qui en deuoit aduenir, escriuit de luy en ces termes. *Petrus Pithoeus Trecensis, Adolescens probus & doctus, & iuris disciplinæ apprimè studiosus*, l'appellant depuis, *virum felicissimi & acutissimi ingenij, atque iudicij*, tantost, *summum librorum antiquorum, & veritatis, puriorisque doctrinæ inuestigatorem*,* & tantost, *virum studiosissimum, & omnium bonarum disciplinarum alumnum felicissimum*, iusques à confesser qu'il auoit appris beaucoup de choses de luy, l'alleguant par tout auec beaucoup d'honneur & tesmoignage d'vne grande doctrine, iugement & probité ; & singulierement en sa Preface sur le Code Theodosian, dont ie transcriray icy le passage, d'autant plus volontiers, qu'il y est fait mention & du Pere & des deux Freres Pierre & François, & par mesme moyen de toute la race comme d'vne pepiniere de gens de lettres & de vertu. *Petrus Pithoeus*, dit il, *qui ostensus à me sæpiùs, & ipse tandem monumentis suis ita se palàm ostendit literatis, legumque consultis omnibus, vt digitum ego tantùm priùs ad eum intendisse, non totum hominem quantus erat, hominibus patefecisse videar. Nec erit quid secùs de Francisco Pithao fratre, in quo efflorescunt iam ingenij & doctrinæ laudes maximæ; vt planè memoriâ repetens & illas quibus excelluit in omni*

* *Il est à croire que c'estoit en l'Vniuersité de Valēce dont il est parlé cy apres*

* Lib. 13. Obser. cap. 10.

genere

genere bonarum literarum Pater V. C. Filijs talibus dignißimus, eam familiam ſeminarium eſſe doctorum virorum mihi liquido argumento perſuadere poßim. Ce qui ſe rapporte à ce que le meſme Fils auoit eſcrit de ſon Pere en ſa Preface ſur les Nouelles Conſtitutions de quelques Empereurs, qu'il fit premierement imprimer, eſcriuant à M. Cujas. *Vnde verò, inquies? ex eodem ipſo copiæ cornu ex quo & index prodierat, id eſt ex bibliothecâ Patris mei; quem quotiès poſt tot infelicißimas Doctorum deuoratas, &, quod non cujuſuis ſtomachi eſt, benè concoctas ineptias, inter tantas tamque ſerias occupationes, eo ſæculo, eâ ætate, in eâ vrbe, ad hæc demùm ſtudia animum reuocaſſe cogito, totiès intelligo, quæ Dei ſumma benignitas eſt, nullo vnquam ſæculo defuiſſe, qui in tenebris ſolem, vt dicitur, id eſt, quæ recta eſſent, perſpicerent, inueſtigarent, colerent, amplecterentur. Hoc ego tanto Patre ſi non indignus Filius videor, ſatis me magnum hactenùs ſtudiorum meorum fructum conſecutum arbitror. Sed vt ad Nouellas: Eas Pater, cùm per otium, quod vix ferè illi vllum fuit, ipſe non poſſet, ab amanuenſi ſuo, ex veteri quodam exemplari deſcribendas curauerat. Quâ in re vir alioqui Reipublicæ iuuandæ natus, eiuſque amantißimus, ſibi tantùm fortaſſè laboraſſet, ni poſt eius luctuoſißimum obitum, Ioannes & Nicolaus Filij illi gemini, mihi conſanguinei Fratres, (de quorum ingenuis virtutibus plura dicere cùm meus pudor, tum ipſorum verecundia prohibet) in magno librorum, chartarumque cumulo, me tùm quidem vix pubere, & ſtudiorum causâ abſente, has quaſi è naufragio tabulas excepiſſent, & inter Gallicos iſtos tumultus, & tàm crebras conuaſationes diligentiùs adſeruaſſent.*

Or ce que M. Cujas en eſcriuoit, eſtoit d'autant que M. Pierre Pithou auoit peu auparauant fait imprimer deux petits liures *Aduerſariorum ſubceſiuorum*, dont il me fit l'honneur de m'adreſſer le premier, & le ſecond à M. Claude Senneton, & n'eſtoit lors aagé que de vingt & quatre ans. Ce qui le rendit ſi admirable, qu'il n'y euſt Eſcriuain de ce temps, qui dés cette premiere monſtre ne le miſt au rang des plus ſçauans & iudicieux de ceux qui manioient les liures. Car M. Turnebus en eſcriuit bien toſt apres en ces termes. *Petrus Pithoeus omni liberali eruditione ornatus, & antiquitatis ignoratæ quaſi*

Pythius alter, oraculis suis enarrator & illustrator maximus. Et depuis Lipse en l'vne de ses Epistres, * *Ignotum inuisum te amo : & amaui iam tùm ex quo scripta tua legi, notas elegantissimi ingenij, & exquisitæ doctrinæ.* Et encores en vne autre* *Iure mihi amplectenda occasio fuit, mi Pithœe, compellandi tui, quem iamdiu (verè tibi & in os dicam) inter paucos Gallos amo & admiror : ignotum, fateor, sed à vultu, non ab animo, quem politissimum exosculatus sum sæpe in tuis scriptis.* & quantité de sçauans apres eux, comme Baronius, Scaliger, Casaubon, & les autres.

* *Epistola 15. lib. 1. Quæst. Epistolic.*
* *Epist. 7. Centuriæ 1. Miscellaneæ Epistolarum selectarum.*

Mais ce que nous en disons maintenant n'est rien, si nous considerons ce qu'il fit depuis qu'il se fust retiré à Paris ; à quoi il est desormais temps de venir, apres toutesfois que nous aurons fait sçauoir auec quelle ardeur & vigilance il estudioit pendant qu'il estoit aux Vniuersitez, & singulierement à Valence, où il suiuit M. Cujas. Car ce luy estoit chose presque ordinaire, qu'apres auoir passé quelque heure de temps auec ses compagnons apres souper, lors que les autres s'en alloient coucher, il se retiroit en son estude, où il demeuroit iusques à deux ou trois heures du matin, ne se mettant au lict que lors qu'il falloit par maniere de dire resueiller les autres. Estant doncques reuenu à Paris, il se mit au Palais vers le commencement de l'an 1560. mais tout d'vne autre façon que le commun : car au lieu que les autres *cruda adhuc studia in forum deferunt*,* se iettans incontinent au barreau pour plaider ; luy au contraire continuant de plus en plus ses estudes, se commandoit comme vn silence Pythagorique, se rendant assidu aux Audiances, & remarquant soigneusement les Arrests qui s'y donnoient, iusqu'à prendre garde aux plus petites particularitez & formalitez ; car il a tousiours fait grand estat des formules. Il fit des extraits par titres & lieux communs des Ordonnances Royaux tant anciens que modernes, des Registres de la Cour & de la Chambre des Comptes, du Thresor des Chartes, & d'autres liures qu'il pouuoit recouurer ; & encores de toutes les Coustumes & Statuts tant du Royaume, que des païs circonuoisins ; desquels il fit vn si grand amas, que ie ne pense pas qu'il s'en puisse tant re-

* *propellunt.* Petron. initio Satyr.

couurer ailleurs, qu'il en auoit. Ce fut deslors qu'il commença à se faire comme vn Cõmẽtaire sur la Coustume du Bailliage de Troyes qu'il a continué & augmenté iusqu'à sa fin, y remarquant plusieurs antiquitez & singularitez des droits Romain & François, tant feudal que coustumier: dont nous attendons la perfection de M. François Pithou son frere. Au surplus il s'employoit beaucoup plus à escrire & à consulter pour ses amis & ceux de sa cognoissance, qu'en toute autre pratique du Palais, ne se voulant hazarder de monter au barreau. En effet il n'y plaida iamais, comme l'on dit de Virgile, qu'vne seule cause, encores qu'il l'eust gagnée sur le champ; non qu'il n'y eust fort bien tenu sa place, comme il le fist cognoistre pendant la commission de Guyenne, ainsi que nous dirons cy-apres; mais ie ne sçay quelle honte, auec l'apprehension du temps, le retenoit tellement, qu'il estoit bien aise de ne paroistre gueres en public. Ce qu'il escriuoit & consultoit, estoit tousiours fort élabouré, & ne signoit iamais rien qui ne fust exactement reueu & corrigé; tant il auoit son honneur en recommendation. Ses amis se mirent deslors en deuoir de le marier, mais il n'y voulut entendre, preuoyant les troubles à venir, mesmement ceux de l'an 1567. lors des grands iours de Poictiers, ausquels pour cette cause il ne voulut aller; mais il se retira en son païs, & ailleurs, où il fist seiour, iusques en l'an 1570. Estant de retour il se remist à voir & examiner plus soigneusement que iamais les Registres, Chartes & Titres anciens, particulierement ceux qui concernoient les droits & Domaine de la Couronne, Duchez, Comtez, & grandes maisons du Royaume, & principalement du Comté de Champagne, dont il fit imprimer vn liure dédié à feu M. de Pibrac, où il y a beaucoup d'antiquitez & singularitez, dont nos Escriuains François ne s'estoient pas encores apperceus. Il fit aussi imprimer à part la Genealogie des Comtes hereditaires de Champagne, & la succession des Euesques de Troyes. Mais il fust bien tost aprés diuerti de ces estudes, & du Palais, par ce qui aduint à la S. Barthelemi de l'an 1572. auquel iour Dieu le conserua miraculeusement. Car estant logé en la maison d'vn Catholique duquel la femme estoit de la Religion Pretenduë Reformée, elle & quelques autres de leur maison y ayans esté tuez, il se retira chez les voisins, où vne seruante l'ayant apperceu, & appellé la maistresse, la bõne femme se trouua aussi esperduë que luy. Et neantmoins l'ayant priée d'aduertir M. le Febure Aduocat qui demeuroit vis à vis de là, elle le fit; de sorte qu'il demeura chez ledit sieur le Febure quelques iours, & puis apres chez moy, où il ne cessoit de prier Dieu, & d'estudier aussi bien que s'il eust esté en son estude ordinaire. Et là il prit resolution auec le conseil de ses amis de suiure du tout la Religion Catholique, & viure comme les autres, requerant à cette fin de conferer d'aucuns points auec quelque sçauant Docteur, notamment auec feu M. Vigor Curé de saint Paul qui luy fut adressé par feu M. de la Mothe Conseiller au grand Conseil; & ayant communiqué par quelques iournées ensemble, ils se trouuerent tellement satisfaits l'vn de l'autre, que Vigor dit a plusieurs, qu'il n'auoit iamais ouy vn si grand Personnage.

Le Pere Sirmond son amy estant à Rome rendit si bon témoignage au Cardinal Baronius de sa sincere conuersion en nostre* Religion, *l'asseurant de luy auoir veu souuent faire tous les exercices d'vn tres bon Catholique, qu'il fut cause que sa Preface sur Paul Diacre, où il auoit glissé ces mots*, nuper admodùm nostri homines, *en parlant des François*, imaginosi esse cæperũt, *ne fut point mise à Rome dans* l'Index *des liures deffendus. Quant à M. François Pithou son frere, il a dit autresfois au mesme Sirmõd, qu'il s'estoit conuerti en lisant les anciens Peres de l'Eglise, particulierement le liure de* Vincentius Lirinensis aduersùs hereses, *mesme pendant qu'il residoit à Geneue & à Heydelberg; & qu'il auoit accoustumé de reprocher à ceux de la Religion Pretenduë Reformée leurs erreurs, leur alleguant ce petit ouurage de* Vincentius Lirinensis. *Les autres Freres ont tousiours fait profession de la Religion Catholique.*

** Cecy a esté adiousté à cette vie sur le rapport du Pere Sirmõd.*

Alors M. P. Pithou acheua ses notes sur les fragmens de quelques Iurisconsultes conferez auec la Loy de Moyse, qu'il auoit nouuellement recouurez, & qu'il m'enuoya auec cette Epistre.

P. PITHOEVS V. C. A. OISELIO I. C. S.

Mitto ad te, mi frater, corpus ipsum thesauri vnius ex illis quondam meis, (si quid vnquàm meum dici verè potuit:) cui si accederent ornamenta illa, quæ iam cum reliquis præda sunt, nisi tu succurris; non dubito, quin posteritas aliquando intellectura esset, nos etiam, vt modestissimè dicam, ex Cujacij studiosis partem fuisse. Sed quando hoc nobis sæculum inuidet, vt, quod optaramus quidem semper & potuimus fortasse anteà, nostris hominibus ampliùs prodesse possimus; habeant hoc illi saltem animi nostri testimonium, ac monumentum certius quàm felicius. Quod amicissimi hominis fidei commissum volui, vt si quid mihi humanitùs cõtigerit, quale quale erit, publicetur. Quamquàm quid illud vetus vsurpem, quod hæc ætas non fert ab omni humanitate vsque adeò aliena, vt iam hominem agere non permittat? sed habeant tamen vel ingrati, expectentque aut etiam metuant meliora, si Deus ἀπὸ μηχανῆς, *quod optare sanè potiùs quam sperare est; sed tamen si adfuerit, quid enim non potest volens? Tu verò, mi frater, vtere, fruere, iure arbitrioque tuo. Imò si taciti fideicommissi vim metuis, vltro defer, vt semis tibi demum saluus sit, si quidem & ex hâc vnciolâ tantùm demi potest. Ego iam opportunitate non lentæ mortis nihil felicius statuo, quam non inuitus, si Deus dederit, excipiam pro virili portione, Principi & Patriæ innocentiam daturus. Vale tu, & viue memor nostri, mi Frater, & si quid reliquum est spei, tuâ atque amicorum ope, consilio quantùm potest adjuua, ne vel injussi de hac statione decessisse videamur. IV. No. Sept. M.D.LXXII. Tuus P. P.* Et adiousta à la fin de cette lettre ces vers. *AD LIBROS*

Et perij per vos, & vos periistis, amores;
Vna salus nobis, vna ruina fuit.
Si qua tamen vitæ spes est, hoc deprecor vnum:
Viuite apud gratos; gratus ego interеam.

Depuis nous trouuasmes plus à propos luy & moy, de dédier ce liure à feu M. le premier President de Thou. Enfin la fermeté de son esprit est admirable, en ce qu'au milieu des tempestes des guerres ciuiles, il fut si resolu, que d'assembler, transcrire, & mettre en lumiere des Notes si doctes & si elabourées, qu'vn autre en son grand repos & loisir y eust esté bien empesché. Aussi mit-il à la fin de ces Notes ce qui s'ensuit. *Petrus Pithoeus scribebam Lutetiæ Parisiorum, anno Domini M. D. LXXII. mense Sept.*

Depuis ce temps il se remit à bon escient au Palais; fors qu'il fit vn petit voyage en Angleterre auec M. le Mareschal de Montmorency. Il refusa de faire celuy de Rome auec M. de Foix, quoy qu'il luy promit vn estat de Conseiller au grand Conseil a son retour, symbolisãt en cela auec feu son Pere, qui auoit refusé l'estat de President aux Enquestes de M. d'Origny. En ce temps il fut pourueu de l'estat de Bailly de Tonnerre, & finalement marié en l'an 1579. auec Catherine de Palluau fille de Iean de Palluau Seigneur du mesme lieu, Secretaire du Roy, & Conseiller de la ville de Paris, Damoiselle tres-sage & bien nourrie, de laquelle, afin de dire tout d'vn coup ce qui fut de son mariage, il eut sept enfans, quatre fils qui decederent tous en enfance, & trois filles: deux desquelles l'ont suruescu, non mariées. Il porta du commencement vn grand deuil de ses masles; mais enfin il les estima tres-heureux, & luy aussi, de ce qu'ils estoient hors des dangers de tomber sous la domination d'vn Estranger. Beaucoup de gens commencerent lors à l'employer à escrire, consulter & appointer leurs differents. Il alloit quelsquesfois & pendant les vacations exercer le Bailliage de Tonnerre, d'autant mesmement qu'il auoit vne terre proche de là: & on peut dire cette petite ville heureuse d'auoir ioüy des iugemens & reglemens* d'vn homme, que la plus grãde ville du Royaume eust esté bien honorée d'auoir pour souuerain Magistrat. Pendãt ces années & parmy les affaires où il estoit iournellemẽt employé, il se dõnoit le loisir & le plaisir de faire tousiours quelque bien au public, c'est à dire, tant pour les bonnes lettres, que pour les bonnes mœurs, entremeslant les liures auec les affaires, iusques à auoir pris la peine de faire rimprimer le petit Caton auec les vers de Laberius, d'Ausone, & autres,

** Il en fit qui furent publiées à Tonnerre le 10. Decembre 1584. & sont imprimees sous ce titre.*

plus corrects qu'ils n'auoient esté, lesquels il dedia à Antoine & Guy Loisel, mes enfans: puis le Petrone, les declamations de Quintilian auec vne infinité de corrections: les douze liures du Code des wisigoths, auec le Chronicon d'Isidore des Goths & des wandales, & autres choses non auparauant imprimées: & depuis encores plusieurs liures de Saluian, auec vne Preface addressée à M. le Fevre, pleine d'vn tres-grand nombre d'antiquitez de la Religion Chrestienne és Gaules: & peu d'années apres il publia quelques œuures de Phæbadius & d'autres Theologiens; & des Conciles anciens qui n'auoient point esté veus auparauant. Bref il ne cessoit de donner tousiours au public quelque chose de nouueau, ou plustost d'ancien renouuellé. Ce fut aussi enuiron ce temps-là que M. de la Guesle lors Procureur general, & depuis President, le pria de prendre vne place de Substitut en son Parquet, laquelle il accepta plus pour contenter ses amis, que par volonté qu'il en eust; & en peu de temps il y apprit tout ce qui s'y pouuoit sçauoir.

Articles de Reglemét, extraicts des Edicts & Ordonnances du Roy nostre Sire, & des Arrests de sa Cour de Parlement pour le Bailliage de Tonnerre.

En l'an 1581. le Roy Henry III. ayant promis à ceux du païs de Guyenne, de leur enuoyer vne Chambre de Iustice, composée de Gens de bien, de suffisance & d'integrité, & entr'autres d'vn Procureur general; il fut choisi & nommé au Conseil du Roy, aggreé & approuué par tous, comme le plus propre & digne de cette charge, laquelle il vouloit encores refuser, n'eust esté qu'on me nomma auec luy pour estre son compagnon en la charge d'Aduocat du Roy, & nous acceptasmes ces commissions l'vn pour l'amour de l'autre. Or comme l'on dit communement que le Magistrat monstre l'homme, aussi fit-il incontinent paroistre ce qu'il estoit, & quel il eust esté, si l'on l'eust employé en vne plus grande charge. Car ce fut luy qui dressa les memoires des declarations & instructions necessaires pour l'establissement de cette Chambre, & les requisitions sur lesquelles se donnoient les plus beaux Arrests generaux, & qui conduisoit, par maniére de dire, toute la barque. Et bien qu'il eust vn Substitut, si ne se reposoit-il en riẽ sur luy, sinon qu'il l'enuoyoit en quelsques commissions ausquelles il ne se pouuoit trouuer, voyant luy-mesme les procez criminels & ciuils subjets à communication. Il escriuoit de sa main les responses de toutes les Requestes ; faisoit faire fidel registre de tout ce qui se passoit au Parquet ; regloit si estroittement les droicts de son clerc, que le plus souuent il luy donnoit du sien, de crainte qu'il n'exigeast quelque chose des Parties ; aduertissoit souuent le Roy & M. de Villeroy de ce qui concernoit le bien general de la Iustice & repos du païs ; remonstroit & faisoit remonstrer à la Chambre ce qui estoit de leur deuoir & honneur : Bref il s'y comporta de telle sorte que ses actions pourroient seruir d'exemple & de patron, non seulement d'vn tres-bon Procureur general en Cour souueraine, mais aussi d'vn bon Aduocat du Roy. Car moy qui estois son compagnon ayant esté quelque temps absent, il fit l'vne & l'autre charge* auec autant de suffisance & de dexterité, que s'il s'y fust employé toute sa vie, bien qu'il n'eust iamais plaidé qu'vne seule fois à Paris, comme il a esté dit, ressemblant à celuy qui estant tombé en la mer, sans qu'il eust oncques essayé de nager, se sauua aussi heureusement que s'il n'eust iamais fait autre chose : mais c'est que son esprit & sa suffisance fournissoient à tout ce qui se presentoit. Au surplus il eut ce soin auant partir de Guyenne, de faire faire bons & fidels registres, de tout ce qui s'y estoit fait & iugé, tant à l'Audience qu'au Conseil, & en fit escrire trois exemplaires, l'vn que le Greffier garda, l'autre qui fut apporté au Greffe du Parlement de Paris, & le troisiesme qui fut enuoyé à Bordeaux.

** M. Ant Loisel nostre Autheur a mis dans sa Guyenne imprimée à Paris par Langelier en l'anné 1605. in 8. vne Remonstrance que fit M. Pithou à Agen en son absence, qui est la 4. des 8. Remonstrances qui sont imprimées dans ce liure.*

Estant de retour au Palais il y reprit sa place d'Aduocat, comme s'il n'en eust iamais bougé, & pareillement celle de Substitut, où il ne demeura gueres, ces charges ayans esté erigées en titre d'offices venaux ; & combien qu'on luy eust offert gratuitement, & à trois autres de ses compagnons des lettres de prouision de leurs offices ; & qu'on les leur eust portées iusques chez eux, afin que s'y faisant receuoir, ils fissent la planche pour y attirer les autres, neantmoins ils n'y voulurent point entendre, mais ils les rendirent volontairement, fors vn qui y demeura. Et toutesfois Messieurs les Gens du Roy, & principallement M. le Procureur general

general, fils du defunct, qui estoit nouuellement receu, luy portoit bien ce respect qu'il ne faisoit rien de consequence sans prendre son aduis; comme aussi faisoient plusieurs des plus grands Presidens, Conseillers & Officiers de la robbe; voire en ce qui concernoit les affaires d'Estat, esquelles il se cognoissoit aussi bien, comme si toute sa vie il y eust esté employé. Ce fut en ce temps qu'il commença d'estre appellé aux consultations, & meilleures affaires du Palais, iusques-là qu'on luy enuoyoit des memoires des païs estrangers pour en auoir son aduis, dont ie veux icy monstrer vn eschantillon, afin que par l'vn de ses Conseils on puisse cognoistre quels estoient les autres.

** Cette Consultation fut faite pour le Duc de Florence, laquelle estant vn peu longue, & ayāt esté depuis cette vie ainsi imprimée parmy les Oeuures de M. Pithou, dont a esté parlé cy deuant, l'on s'est contenté d'en mettre icy le titre & les premiers mots seulement, pour l'indiquer au Lecteur, qui la trouuera en la p. 279. de ces Oeuures.*

P. PITHOEI IC.

CONSVLTATIO

De confiscatione bonorum ex caussa perduellionis.

Cui subjunctum est Flo. Rotæ de eadem caussa consilium & iudicium.

Quæstio his verbis proposita est.

M*Agnificus ac nobilis D. Alexander Capponius, &c.*

Ie ne doute point qu'il ne s'en trouue beaucoup de pareils à celuy-cy parmy ses papiers, & ie souhaitte que ceux entre les mains desquels ils sont, les cherchent, afin de les communiquer au public. Ie ne veux pas oublier de remarquer qu'il acquit vne telle reputation de sçauoir & de iugement enuers les plus sçauans; que Messieurs Cujas & Hotman s'estans trouuez en diuersité d'opinions sur quelsques difficultez,* Hotman publia, & tesmoigna par escrit, qu'il s'en remettoit au iugement des Pithous, en ces mots, *hoc loco Roaldesium mihi, vel Fabrum, vel Pithœos iudices adscisco.*

* *Ce fut sur l'interpretation de la loy* Frater à fratre D. de cōdictione indebiti.

Outre tant de belles qualitez qui estoient eminentes en ce

grand Personnage, les vers qu'il enuoya à M. de Thou d'Aymery, lors qu'il eut la suruiuance de l'Estat de President de feu M. son oncle, tesmoignent non seulement ce qu'il pouuoit en la poësie, mais encore quels estoient les ressorts & les mouuemens de cette ame genereuse : & comme il iugeoit desflors droittement des affaires de l'Estat, & de ce qui nous deuoit aduenir bien-tost apres ; car ce fut dés le mois de Nouembre 1587.

Ces vers cy ont esté depuis imprimez auec les Oeuures de M. Pithou cy-deuãt mentionnez, pag 810. & toutesfois l'on les a laissés icy pour satisfaire à la curiosité du Lecteur.

AD IAC. AVG. THVANVM P.P.

Nimirum sapis, ac magnis te fascibus auctum
Ipse parem prabes longè majoribus. Euge,
Macte ista virtute: animis sic vincitur ætas.
Nec te pœniteat partem subiisse laborum,
Ciuibus à summis sibi quos respublica poscit,
Atque humeros patriæ iam supposuisse cadenti.
Hæc fuit Alcidæ in cœlum via, peruia quondam,
Hac merito Diis æquatus fortissimus Atlas
Ipsum etiam dextrâ tibicine fulcit Olympum.
Nil sua, plena licet monstrorum, iis obfuit ætas :
Sed nec nostra tuos corrumpent secula mores.
Quin & materies summis virtutibus illa est,
Quâ digna Augusto tibi nomine gloria surgat.
Quamquam ea conditio morbi, seriesque malorum est,
Vt iam rara bonis spes sit, vel nulla salutis :
Nec medicas res ferre manus, nec vlnera possunt,
Solaque vix superest tantis patientia damnis.
*Et vero quàm dira meo tuus vlcera Iobus,**
Et quàm mordaces detersit pectore curas?
Iobus Idumææ nunc Gallica gloria palmæ :
Cuius ego ob carmen, præcinctum tempora lauro
Inter majorum effigies te cernere vatum
Iure tuo quondam videor mihi : si tamen istas
Postuma curabunt meliores secula Musas,
Nec fera barbaries mox sentibus Hippocrenem
Obruet, atque alio Phœbum migrare iubebit.

** Il entend les quatre liures de Iob en vers latins de M. de Thou, qui font la meilleure partie de ses poësies saintes, imprimées à Paris par Patisson en 1599. in 12.*

Nam quid ab ætherio prognoftica ſigna requiras
Axe, mali quod nos comitatur paſsibus æquis?
Ecce tibi, dum prolatis breuia otia rebus
Viſere nos Troëzena ſinunt, Pitthéia quondam
Regna (ſit hic veterem fas per te inflectere verſum)
Et quid non miſerum Campanis vidimus oris?
Quid non triſte fame, ac morbis, belliquc rapinis,
Quæque alia in miſeros eſt auſa licentia ciues
Militis, aut ſæui potiùs latronis & hoſtis?
Heu, quantas nuper patriæ intulit aduena clades,
Aduena ciuili toties iam ſanguine paſtus!
Nos tamen ijs fruſtra iuuet exonerаſſe querellis:
Noſtra hæc, noſtra manus, quæ ferrum in viſcera matris
Strinxit, & externos ipſi & ſibi quæſiit hoſtes.
Ingemuere illi miſeræ: nos, patria ſiccis
Funera luminibus læti ſpectauimus, immò
Duximus, & noſtrum riſum extera præfica planxit.
Exclamare licet: Scelerata atque impia facta
Relligio peperit! quamquam, quonam ore vocari
Relligio illa queat tantorum cauſa malorum?
Sed ſceleri obtendunt altaria, legibus illo
Sipario illudunt: fiunt hoc iam omnia mimo,
Et ſibi quiſque Deos auido certamine fingit.
Vah! quæ frons noſtros Diuis imponere mores,
Et cælum ſtygio ſplendens obducere cœno?
Quin potius, ſi vera placent, & vera fatemur;
Nullum numen habet; perituraque Gallia primùm
Perdidit ipſa Deos, vindictæque acta furore,
Omnia tuta timens, dubiis confiſa, ſibique
Facta ſuï merces, manſit ſine vindice præda.
Ah patria infelix, quæ te dementia cœpit?
Galle, quid inſanis, furioſâ mente malignus
Ipſe tibi rabido lacerans præcordia morſu?
I nunc, & proauos repetens ab origine primâ,
Sanguinis Iliaci germen Priamique piſinnos
Agnoſce, atque alijs & ſtemma & digma relinque
Teutonis, aut Heſi, magnique Tuiſconis umbras.

Nam (pudet effari, sed me cogentia, verum
Dicere fata volunt) Germanos quis putet vmquam
Tam molles minimúmque viros, nec mascula corda?
At, qui tam serò sapiant animosque resumant,
Quis neget esse Phrygas? dum ne magc congruat illud,
O verè Phrygiæ Sardoo gramine pasti,
Queis comes est leti turpis de vulnere risus.
Scilicet hoc superis ius est, quos perdere tandem
Decrêrint, horum mentes erroribus implent,
Nec rectum spectare sinunt: faciuntque, nocentes
Vt merito periisse suo videantur abundè.
Adde quod imperiis sua sunt innata venena,
Queis æterna diu, tandem mortalia parent.
*O quoties magni recolentis funera Vidi,**
Vidi, cuius amor merito tibi crescit in horas,
Pectore de mæsto voces dolor extudit istas:
Sat lacrimis nimiumque datum est. Ego, Vide, beatum
Ipsâ te vel morte puto. Nam quò tua nobis
Iam virtus, si fata obstant? sin, nescia rumpi
Consiliis flecti possunt melioribus, est quod
Gratuler, absentis desiderium acre relictum
Queis gratus præsens ingratis esse nequisti:
Virtutis tandem vt pudeat pigeatque repulsæ,
Quam tecum agnoscent communi sorte sepultam.
Sed necdum cœlum ruit, & quamtumlibet ægro
Spes superest dum spirat adhuc, animamque micante
Corde trahit: medicas sed & ipsa cadauera dextras
Sæpe experta, diu designatoris auari
Fraudarunt pannos, & vispillone remisso,
Iniecêre moras Libitinæ questibus atræ.
Non numquam in tabulâ lusit quoque naufragus vdâ.
Et nobis igitur liceat sperare, tibique,
Auguste, hos animos addat Deus, vt neque fluctus
Nec venti rabiem, tempestatesve ruentes,
Aut passim moto metuas monstra obuia ponto:
Sed rectum teneas cursum: & si flectere cogit
Vis suprema, tamen superes, neque longius erres,

* Pibracij, vitâ functi an. 1584. 6. Kal. Iun.

Vsque vel obliquo prospectans tramite portum.
Idem eadem præstet reliquis qui publica tractant.
Me quia priuatum leuior fortuna reliquit,
Ingenuis contenta animis & pectore honesto,
Intereà dum vos potiori sorte valentes
Vix regitis nauem, & seruandæ incumbitis vni,
Dumque alius laxat funes, aliusque natantem
Sentinam exhaurit, magno hic molimine mitram
Oblaqueat; clauum ille tenet, me fundus habebit
Vectorem, de communi vestrâque salute
Sollicitum, Diuis facientem vota precesque,
Quorum nec serò damnabor: cetera, mentis
Securum vestrâ curâ, dum detonet, aut dum
Tempestas fati peragat mandata furentis.

Ce fut enuiron ce mesme temps, qu'il fit r'imprimer à Paris les Capitulaires de Charlemagne, & de ses Successeurs, plus amples & plus corrects qu'ils n'auoient esté, les dediant au feu Roy Henry III. sans toutesfois mettre son nom; & qu'il fit imprimer de nouueau plusieurs liures d'Histoires ou Annales de la seconde race de nos Rois; Quant à ceux de la troisiesme il les enuoya en Allemagne, pource qu'ils ne se trouua lors personne à Paris, qui voulust en entreprendre l'edition.

Suruint finalement la Ligue, pendant laquelle il se tint à Paris, pource qu'elle l'y trouua, & que ses liures y estoient; car au reste il n'estoit point ligueur, ny tenu pour tel. Et de faict le Roy luy fit cet honneur de luy offrir la place de son Procureur general en la Chambre de Chaalons, mais il s'en excusa; & si disoit-il que Dieu auoit beaucoup fait pour luy & ses compagnons, de ce qu'ils n'estoient plus au Parquet, parce que Messieurs les Gens du Roy s'estans retirez de Paris, il eust esté à craindre qu'ils n'eussent esté contraints d'y faire leurs charges, auec des impressions & violences extraordinaires. Aussi pendant ce temps se monstroit-il fort peu en public, ne venoit gueres au Palais qu'en manteau, passoit le temps en son estude auec ses liures en la compagnie de M. le Fevre, lequel s'estoit habitué chez luy quelque temps auparauant : qui estoit vn grand aduantage pour eux deux, estudians, conferans, & transcriuans ensemble beaucoup de liures anciens, principalement des Conciles ; plusieurs desquels ils firent d'escrire à leurs despens. Ils se mirent aussi à estudier és Mathematiques sous le sieur Monantheüil Lecteur du Roy. Et comme M. Pithou estoit sur cét estude là des Conciles, & des anciens Decrets approchans de la Theologie, il en composa deux petits traitez, l'vn *De Latinis Sacrorum Bibliorum interpretibus*, qu'il fit imprimer auec le Canon de Nicephore & l'Interpretation d'Anastase. L'autre *De processione Spiritus Sancti*. Dauantage, il se fit des prieres particulieres extraites de plusieurs lieux assemblez de la Bible qu'il intitula *P. P. COMES THEOLOGVS*, & pareillement des prieres pour sa femme, & d'autres pour ses filles.

Au demeurant il auoit gagné ce respect enuers les plus grands de la Ligue, quoy qu'il fust recognu tout publiquement pour n'estre point de leur faction, & que tout ouuertemẽt il leur dit qu'ils ne sçauoient ce qu'ils faisoiẽt; qu'il estoit recherché par les principaux d'entre eux, voire par les Euesques venus auec le Cardinal Caietan, soy disant Legat en France, qui ayans ouy parler de luy à Rome furent desireux de le voir, & de conferer auec luy. Surquoy il ne sera pas mal à propos de raconter en cét endroit la question que luy fit vn de ces Euesques touchant l'interpretatiõ du paragraphe dernier* de la Loy 3. *ad L. Falcidiam*, où il pensoit estre bien instruit. Mais il admira la resolution de cette question qu'il luy donna sur le champ, suiuant ce qui auoit esté remarqué par Iean Scholiaste Grec, rapporté par Wiglius en sa Preface sur la paraphrase des Institutes de Theophile, du Moulin en son traité des vsures, & quelques autres. Et fut l'Euesque d'autant plus curieux de le reuoir ; ce qui l'ayant obligé de rendre des visites à l'Euesque, il se preualut de cette occasion pour procurer tousiours quelque bien au public, & signamment pour l'aduancement de l'absolution du Roy, desirant sur tout sa conuersion à la Religion Catholique. En quoy beaucoup de gens sçauent qu'il luy fit de tres bons seruices ; comme pareillement en l'assemblée des Estats d'Espagne & d'autres

* *Wiglius parlant de l'obscurité de ce §. en escrit ainsi.* Hîc præfatur Paulus Castensis, se numquàm vidisse textum de quo non videret aliquam rationem, vel aliquem fructum, excepto isto,

Conseils tenus à Paris pendant ce temps, où il trouuoit souuent des moyens, pour y faire rompre par eux mesmes les mauuais desseins des plus factieux d'entre eux. Et ie puis dire pour le sçauoir tres bien, qu'il fust le principal autheur de ce grand Arrest de la Loy Salique, auquel nous deuons vne partie de la conseruation de l'Estat. Pendant la Conference de Suresnes & de S. Denys, il commença à sortir de Paris, & à aller voir Messieurs du Conseil qui y estoient, les suppliant de conseiller sa Maiesté de se faire instruire à la Religion Catholique, & apres qu'elle se seroit fait absoudre, d'en faire profession publique, leur en donnant les principales instructions & formulaires, en attendant l'absolution de Rome. Et encores il s'employa vertueusement à la reduction de la ville, y preparant ceux qu'il cognoissoit y auoir quelque pouuoir. Aussi fust-il nommé par le Roy & Messieurs du Conseil, pour Procureur General au restablissement du Parlement, en attendant Messieurs, qui estoient encores à Tours. Et me souuient de la dispute que nous eusmes lors ensemble, sur ce qu'il me sembloit, qu'il falloit attendre leur retour pour le restablir ; luy au contraire, qu'il valloit mieux pour le bien & repos de la ville, & des Officiers qui estoient presens que tout fust executé auant qu'ils arriuassent de Tours. Et son aduis ayant esté approuué par Messieurs du Conseil, il donna tel ordre à ce qui estoit de sa charge, qu'en moins de 8. iours chacun fut restabli en ses estats. Il fit rayer & biffer des Registres* tout ce qui y auoit esté escrit au desaduantage de nos Roys, & de nos Loix, fit oster & arracher plusieurs tableaux & inscriptions scandaleuses, mises dans les Eglises, & autres lieux publics, ensemble toutes les marques qui eussent peu rafraichir la memoire des sermens & des autres folies de la Ligue: si bien que Messieurs estans reuenus de Tours, trouuerent pour ce regard les choses en mesme estat, qu'elles estoient auant leur partement.

quem se nō intelligere ingenuè fatetur. *Voyez Ant. Gouea sur le mesme §.*

* *M. Ant. Loisel nostre Autheur, y fut außi employé auec luy, comme remarque M. de Thou l. 109. de son hist. p. 429.*

Ce fait il reprit sa place entre ses compagnons du Palais, comme deuant ; ce qui le fist cognoistre & estimer plus que iamais. Car outre qu'il a tousiours esté depuis l'vn des principaux Consultans, il n'y eust quasi Prince ny Seigneur qui ne le retint de son Conseil, particulierement Messieurs les Ducs de Montpensier & de Boüillon,* encores qu'ils eussent des differens ensemble, s'asseurans bien qu'il n'y mettroit que le bien & la paix. Comme aussi il fust des principaux du Conseil de Monsieur le Prince de Condé premier Prince du Sang.

** En l'an 1568. M. Pithou s'employa pour M. de Boüillon à la redaction par escrit de la coustume de Sedan, comme elle est à present.*

Au demeurant il estoit si fort amateur de sa Patrie, qu'il ne cessa iamais apres la reduction de Paris, de faire en sorte que la ville de Troyes fust reduite en l'obeïssance du Roy, aduertissant non seulement Messieurs du Conseil, mais aussi le Roy mesme, des moyens qu'il y falloit tenir, sa Maiesté luy ayant fait l'honneur de l'ouyr sur ce subiet en son cabinet.

Les choses s'estant appaisées dans les principalles villes du Royaume, & toutesfois le Roy n'estant pas encores recognu à Rome, il fist imprimer deux Liures, l'vn* contenant plusieurs Ordonnances, Arrests & Reglemens sur ce qui auoit accoustumé d'estre fait au Royaume pendant qu'il estoit separé de la Cour de Rome, ensemble quelques Arrests & Aduis sur le mesme subiet; non pour nourrir la diuision, mais au contraire pour la faire cesser, & essayer de nous reünir tous ensemble, & comme il dit en la preface du Liure, *non* Schismatis excitandi, vel formandi, fouendique studio, sed pacis atque vtilitatis, fidei & charitatis mutuæ gratiâ.* Ce qui a par aduenture serui de quelque auancement de l'absolution qui fust bientost apres enuoyée de Rome, de crainte qu'on ne s'accoustumast à s'en passer. L'autre Liure* fust vn sommaire des Libertez de l'Eglise Gallicane, qui sera trouué vn chœf d'œuure par ceux qui le considereront, comme il faut; & pleust à Dieu qu'il eust eu le loisir d'en publier les preuues, ou que M. de Bierne son frere y voulust mettre la main.

**C'est le traité qui est intitulé parmy ses Oeuures;* Ecclesiæ Gallicanæ in schismate status, ex actis publicis.

** Ces mots sont tirez du du sens de la preface.*

** Ce liure a esté imprimé plusieurs fois & encores dans le dernier recueil des libertez de l'Eglise Gallicane en l'an 1639.*

Es années 1595. & 1596. on fist comme la guerre aux Iesuites de Paris, à cause des dangers où le Roy & le Royaume s'estoient trouuez exposez, & des maux que les factieux d'entre eux nous auoient fait souffrir. Toutesfois ils seront eux mesmes tesmoins & signamment les Peres Sirmond, & *Fronton du Duc** & autres hommes de lettres, qu'ils receurent beaucoup de bōs offices de sa courtoisie & humanité, par lesquels il monstra qu'il estoit ami des hommes, & sur tout des affligez, & non de la fortune.

**Celuy-cy a esté adiousté par M. Pithou Conseiller.*

Et l'on a sceu particuliere-

En

En ce mesme temps on luy enuoya de diuers lieux plusieurs liures nouuellement imprimez qui luy estoient en partie desdiez, & entr'autres le Recueil des Historiens de la troisiesme lignée de nos Roys dont a esté parlé, vn Synode tenu à Paris touchant les Images, vn liure Grec de la Religion Mahometique & Sarrazine, quelques notes sur les Catalectes de Virgile, & autres Poëmes anciens Latins imprimez à Leyden & à Heydelberg qui sont adressez aux Pithous comme aux principalles lumieres de la France.

ment du P. Sirmond, que le P. Alexādre Georges Recteur du College des Iesuites & autres de cette Societé faits prisonniers lors du parricide cōmis par Chastel, furent mis en liberté sur l'asseurance que M. Pithou donna à M le Procureur general de leur innocence.

En la mesme année 1596. M. le Febure, son bon hoste, ancien ami & compagnon, fut nommé par le Roy pour Precepteur de Monsieur le Prince de Condé, qui les obligea de se separer de demeure, dont il receust vne fascherie extreme, ayans long-temps logé ensemble. Mais l'esperance qu'il auoit du bien que le public receüilleroit de l'instruction que Monsieur le Prince receuroit par les preceptes d'vne ame si sainte & vertueuse, luy fit supporter l'absence d'vne si douce & agreable compagnie. Ce départ fust comme vn presage de leur separation finale : car il ne vescut gueres longtemps apres. S'estant mis lors à la lecture des fables d'Æsope mises en vers Iambiques par Phædrus libertin ou affranchi de l'Empereur Tibere, dont son frere luy apporta cinq liures non encore publiés, il les transcriuit tous de sa main, se deliberant de les faire imprimer par Patisson. Mais la peste qui s'augmenta à Paris l'ayant contraint de se retirer en Champagne auec sa femme, ses deux filles, & sa famille, *il s'en alla à Luyeres** & les fit imprimer en la ville de Troyes à ses dépens. Et c'est son dernier chef d'œuure : car ayant par mesme moyē fait imprimer *Hilarij Episcopi Pictauiensis opus Historicum*, non encores publié, il n'eust pas le loisir d'y mettre la preface, mais pria par lettres M. le Febure de la faire. Or pendant son voyage de Champagne il disoit ordinairement à ses amis, qu'il estoit venu mourir en son terrier, encores qu'il se portast mieux qu'il n'auoit fait de long-temps; & allant visiter la sepulture de ses Ancestres qui est aux Cordeliers de Troyes, il monstra à M. de Luyeres son autre frere, le lieu où il vouloit qu'on mist son Epitaphe. Et quoy qu'on luy remonstrast qu'il

** Ces mots ont esté adioustez par M. Pithou Conseiller.*

n'y auoit nulle apparēce à ce qu'il s'imaginoit; si disoit-il toūjours qu'il ne passeroit point l'an cinquante septiesme de son aage, auquel son Pere estoit decedé.

Ces deux liures estans acheuez, & ayant enuoyé le Phædrus à ses amis, il s'en alla voir M. du Palluau Conseiller au Parlement, son beau frere, en sa maison de Palluau, ou ses filles demeurerent malades, & luy mesme s'y fit purger; puis s'en alla en sa maison de Villegruy, où s'estant vn peu échauffé dans son iardin à élaguer des arbres, & depuis refroidi, vn frisson le surprit, qui fut cause de le faire retirer à Nogent sur Seine, afin de s'y faire traiter. Mais la fiéure s'estant formée en tierce, puis tournée en double tierce, & depuis en continuë, & luy estant suruenu des parotides; il iugea non seulement qu'il en mourroit, mais aussi qu'il ne passeroit pas le iour de Toussaints, qui estoit le iour de sa naissance; & s'y prepara. Car il se confessa, communia, & ordonna de ses principales affaires: puis s'estant fait apporter du papier & de l'ancre, il escriuist le commencement d'vn testament, mais ne l'ayant peu acheuer, il dit qu'il en auoit laissé vn à Paris en vn lieu qu'il designa. Il commanda que sa Bibliothecque fust conseruée, ou en tout cas venduë à vn seul, & que l'on mist en la Bibliothecque & Tresor des Chartes du Roy, quelques titres & papiers de consequence qu'il auoit pour la pluspart achetez dans Paris pendant les troubles. La derniere parole qu'il profera touchant les affaires de ce monde fust cette-cy. *O Roy que tu es mal serui! O pauure Royaume que tu és deschiré!* Qui monstrent clairement qu'il ne respiroit autre chose, que le bien & seruice du Roy, & du Royaume: comme de verité la valeur de ce Personnage estoit telle, qu'il pouuoit plus que nul autre homme que ie cognusse au restablissement des affaires de la France, si le bon-heur eust permis, qu'il y eust esté employé. Mais il en fuyoit luy mesme les occasions, aimant mieux profiter au public par d'autres qui en receuoient les recompenses, que par luy mesme, & que pour son profit particulier. Neantmoins tout priué qu'il estoit, il estima tousiours qu'il deuoit s'abandonner à ses liures, & à l'exercice de sa profession principalement pour rapporter au seruice du public le talent dont il auoit pleu à Dieu le doüer, ressemblant en cela au bon Socrate qui prenoit plus de plaisir d'aider & cõseiller ceux qui gouuernoient la Republique d'Athenes, que de la gouuerner lui mesme. Comme aussi l'on pourroit remarquer beaucoup de ressemblances entre ces deux grands Personnages, car l'vn & l'autre faisoit profession des lettres, non par monstre ou ostentation, mais pour se rendre & eux & les autres meilleurs. Le nostre ne s'absenta point de Paris pendãt la Ligue, non plus que Socrate d'Athenes, estant escrit de luy par Ciceron*, *cùm triginta Athenis essent, pedem portâ non extulit*. Tous deux furent subiets aux calomnies mesmement à cause de la Religion, encores qu'ils fussent plus religieux que le commun, ni que ceux qui en faisoient profession. Tous deux furent si prudens & si preuoyans de loing les choses à venir, qu'il sembloit qu'ils y fussent guidez par quelque Demon, iusques à auoir predit le iour de leurs decez. Tous deux faisoient les ignorans, mais estoient tres sçauans. Et tous deux sur la fin de leurs aages se rangerent aux Fables d'Æsope, l'vn à les tourner en vers Grecs, & l'autre à corriger & faire imprimer celles de Phædrus; sur tout estans semblables en ce que comme l'vn auoit ramené la Philosophie naturelle, & les artifices de la Rhethorique de son siecle à la science & pratique des mœurs, & à plus faire qu'à dire; aussi l'autre s'employoit tellement à la lecture des liures, qu'il reduisoit le tout au fruit de l'vsage, & au seruice du public, du Roy, & du Royaume. En deux rencontres furent ils dissemblables, l'vne en ce que Socrate auoit la plus mauuaise femme d'Athenes, & luy au contraire vne des plus vertueuses Damoiselles de Paris; & l'autre en ce qu'au lieu que Socrate fut accusé & condamné: personne n'osa iamais attaquer ni poursuiure le nostre par forme de Iustice ni en sa vie ni en son honneur.

Lib. 8. Ep. 2. ad Atticum

Au demeurant il estoit fort bon mary, bon pere de famille, & si bon ami, qu'il preuenoit tousiours ceux qu'il aimoit, sans attendre d'estre requis par eux de ce dont il pensoit qu'ils pouuoient auoir besoin de luy, les visitant souuent en leurs maisons; & il estoit si charitable enuers les pauures, qu'outre les aumosnes ordinaires de sa maison, il reseruoit pour eux l'argent qu'il gagnoit* les iours de Festes & de Dimanches.

**Semblable chose a esté remarquée de M. Guy Coquille S. de Romenay en sa vie qui est au commencement de la Coustume de Niuernois.*

Ses principaux amis furent Messieurs de Foix, de Valence, de Pybrac, de Bellievre, le Marquis de Pisani, les trois Presidens de Thou, & sur tous le S. d'Aymeri pour la grande cognoissance qu'il auoit de sa valeur: Messieurs de la Guesle & Seruin, Procureur & Aduocat Generaux: Messieurs du Puy,* de Thumeri, Molé, Cocqueley, Gillot, du Vair, & Houllier Conseillers: Pasquier, Choüard, du Lac, Hotman, le Febure & Loysel Aduocats.

**M. du Puy le Pere Conseiller en la Cour estoit tant son ami, qu'il le fit Parrain de M. son Fils qui ne le represẽte pas moins aujourd'huy par ses bonnes qualitez cognuës à vn chacun, que par son propre nom de Pierre qu'il luy a donné.*

I'adiousteray à ce que dessus, qu'il estoit de haute stature, non chargé de graisse, sanguin & rouge en visage & au nez, lequel estoit vn peu gros, auoit le poil & les yeux noirs & enfoncez, les sourcils gros & espais, le front & le derriere de la teste releuez, la main & les pieds grands, les iambes gresles & menuës, se courbant vn peu sur le deuant. Il auoit la façon assés graue & seuere, & neantmoins estoit humain & gracieux en particulier, & d'vn naturel assez gay; de peu de propos, veritable, mauuais courtisan, & sur tout curieux de conseruer son honneur, non seulement durant le temps de sa vie, mais principalement pour l'aduenir; d'vn iugement si ferme & si asseuré, qu'il ne se trompoit gueres aux affaires; si bon François, & ennemi de la tyrannie, que ie luy ay souuent ouy desirer la mort, voire violente, pourueu qu'elle seruist à deliurer le Royaume des maux & des diuisions, où il le voyoit plongé.

Mais ne vaudroit il pas mieux le representer tel qu'il s'est despeint luy mesme en vn Ecrit qui se trouua parmi ses papiers comme se preparant à mourir dés l'année 1588. Toutesfois il sera par aduanture plus à propos de le reseruer auec les Epitaphes qui seront inserez sur la fin, & d'acheuer ce qui reste de sa vie.

Il deceda donc en la ville de Nogent l'an 1596. Et le iour de la Toussaints, qui auoit esté le iour de sa naissance, fut pareillement celuy de son deceds, ainsi qu'il l'auoit lui mesme predit: en quoy la mesme chose luy arriua, qui estoit arriuée à plusieurs Grands; entre autres au Roy Attalus, à Platon, Marius, Pompée, Gregoire le Grand, & autres qui trespasserent tous aux mesmes reuolutions des iours qu'ils estoient venus en ce monde.

Estant doncques decedé l'an 1596. le iour de Toussaints en la ville de Nogent, son corps fut porté en la ville de Troyes, où les Habitans d'icelle le receurent auec autant d'honneur que si ç'eust esté vn des plus grands Seigneurs du païs. Car les Eglises tant Cathedrale qu'autres, & le Corps de la ville furent au deuant auec leurs Croix, torches, & armoiries: & fut conduit auec vn grand deüil en l'Eglise des Cordeliers où il est enterré auec ses Predecesseurs. Sa femme & ses filles estant retournées à Paris, furent visitées en leur maison par plusieurs personnes de cōditiō, & sa Bibliotheque desirée par les plus grands, non seulemēt de la ville, mais aussi de la France. I'y trouuai en vn iour M. le Premier President de Harlay, & comme il en sortoit M. le Cardinal de Ioyeuse y vint auec plusieurs personnes de lettres; le lendemain M. de S. Iorry premier President de Thoulouse y fust, & quelques iours auparauant M. l'Euesque & Comte de Beauuais: bref elle fut visitée par toutes sortes de personnes. Non qu'elle fust si belle ni si bien parée, que beaucoup d'autres; car ses liures n'estoient pas fort bien reliez, & si ne se soucioit-il pas beaucoup d'auoir ceux qui se pouuoient aisement recouurer: mais c'estoit vn amas de tous les liures rares, & singuliers, choisis & triez en toutes sortes de langues & disciplines.

Ses amis estant diuersement espars à cause de la peste, furent bien tost apres aduertis de cette perte, & en receurent tous vn deüil extreme, dont ils essayerent de se consoler par plusieurs lettres & Epitaphes, par lesquels nous finirons ce discours, apres toutesfois y auoir mis ce qui se trouua de sa vie, dont nous auons parlé cy deuant, & les Epitaphes qu'il s'estoit luy mesme dressez de son viuant.

Cecy est imprimé dans ses Oeuures p. 827. mais estāt le portrait d'une vie vraye-

IN NOMINE DOMINI, AMEN.

MORIBVS valdè corruptis ac prauis, sæculo infelicissimo, fidem seruaui.

Amicos ex animo amaui & colui.

Inimicos benefactis vincere, aut contemnere, quàm vlcisci, malui.

ment chrestienne & bien morale, digne d'estre imitée, on ne le peut trop repeter.

Coniugem, vt me ipsum habui; liberis parum indulsi.

Seruis vt hominibus vsus sum.

Vitia sic odi etiam in meis, vt virtutes in externis vel hostibus veneratus sim.

Priuatæ rei seruandæ potiùs quàm augendæ studui.

Quod mihi fieri nolui, alteri vix vnquam feci, aut fieri passus sum.

Iniustam vel difficilem gratiam vt venalem spreui.

Sordes & auaritiam in omnibus, præcipuè verò in Religionis aut iustitiæ Sacerdotibus & ministris exsecratus sum.

Puer, iuuenis, uir senectuti multùm detuli.

Patriam vnicè dilexi.

Opus potiùs quàm honores aut Magistratum amaui, & prodesse quàm præesse malui.

Priuatus vltrò publico semper studui; ei nihil prætuli; atque in commune consulere, potiùs ac tutius existimaui.

Statum publicum laborantem publicè sanari emendarique optaui. Perturbari, peruerti, immutari, aut nouari penitùs, numquàm volui.

Pietatis ac Religionis nomen ambitioni, atque auaritiæ, sceleribusque prætexi & obtendi, grauius tuli.

Melioris antiquitatis non indiligens inquisitor, admirator, & cultor, nouitates facilè insuper habui.

Quæstiones varias, disputationesque subtiles de his quæ ad Deum pertinent, vt noxias odi & fugi.

Simplicitatem prudentiâ aliquâ condîtam & septam, astutiâ & calliditate feliciorem tutioremque sæpiùs expertus sum.

Rectè de rebus judicandi studium, eloquentiæ artibus prætuli

Procul ambitu, atque auaritiâ inuidiâque, inter amicos plures, ac bonos, potentesque, fortunâ non infimâ, sollicitiùs aliquantò vixi, quàm priuatum fortassis decuit; de publicis tamen, & amicorum rebus magis, quàm propriis cogitans.

Nullum duxi gratiorem diem, quàm quo publico, aut amicis adesse vel prodesse datum est.

Mala præsentia, quàm metum impendentium fortiùs tuli.

Rectâ, sincerâ, æquabili, atq; constanti inter omnes Iustitiæ administratione, etiam sceleratissimis atque audacissimis os occludi, manus obligari, vidi, expertus sum.

De patrimonio ac bonis meis, quantulacumque illa post mortem meam erunt, legibus potiùs quàm mihi iudicium permisi.

Vnum opto & spero, vt quem erga me animum carißimæ ac probißimæ coniugis viuus expertus sum, eumdem in communibus liberis tuendis, curandisque gerat.

Sit hæc apud posteros testatio mentis meæ, quam ab illis tàm candidè accipi velim, quàm simpliciter ac ingenuè ea animi sententia prolata est.

VENI DOMINE ET MISERERE.

Petrus Pithœus scripsi Kal. Nouembris Natali quondam meo die, Lutetiæ Parisiorum, anno Christi M. D. LXXXVII.

Surquoy il faut noter que cet escrit estant de l'année 1587. il est neantmoins du mesme iour de Toussaints, auquel il deceda. Puis il auoit escrit ce qui s'ensuit.

Iacta super Dominum curam tuam, & ipse te enutriet: Non dabit in æternum fluctuationem iusto.

Quia non relinquet Dominus virgam peccatorum super sortem iustorum: vt non extendant iusti ad iniquitatem manus suas.

Et apres, son Epitaphe.*

PETRI. PITHOEI. P. F. I. C. BENE. DE. SVA; BENE. DE. POSTERA. ÆTATE. MERITI. CORPVS. MAIORVM. SEPVLCHRO. CONDITVM. RESVRRECTIONEM. ET. IMMORTALITATEM. HIC. EXPECTAT.

R. I. P.

DEPOSITVM. EST. DIE. MENSIS ANN. M. D.

Et encores.

CATHARINA. PALVDELLA. CONIVX. AMANTISS. CONIVGI. AMANTISS. ET. LODOICA. AC. MARIA. FILIÆ. CARISS. PATRI. OBSERVANDIS. P. C.

Il eut semblablemẽt soin de faire l'Epitaphe de sa Femme, & tesmoigner la grande amitié qu'il luy portoit: car il auoit escrit iusques à cette particularité par ces vers.

Pitheus hic iaceo, mecum & carißima conjux
Sic compar vitâ, compare morte fruor.

* *Il est imprimé dans ses Oeuures, p. 829.*

Improbe, quid rides? casti sacra nescis amoris:
Nil non, vel cineres, hâc comite, esse iuuat.

M. de Bierne son frere luy fit aussi cet autre Epitaphe.*

** Imprimé en ses Oeuures, p. 831.*

PETRO. PITHOEO. P. F. TRICASS. NOBI-
LITATE. ACTIBVSQVE. AD. EXEMPLVM.
PRÆCIPVO. SAVODIÆ. DOMINO. ADVO-
CATO. IVRISCONSVLTO. VNDECVMQVE.
DOCTISSIMO. EA. ÆQVITATE. ARBITRO.
VT. INTER. OMNES. QVI. AD. EVM. ANIMO.
LITIGANTIS. INTRASSENT. PARENTEM. SE.
MAGIS. HIS. QVAM. IVDICEM. PRÆBVERIT.
PETITVS. BONORVM. TESTIMONIO. SE-
NATVS. IVDICIO. REGVM. PER. PROVIN-
CIAM. AQVITANICAM. ET. ITERVM. LVTETIÆ.
PARISIORVM. DIFFICILLIMIS. TEMPORIBVS.
PERFVNCTO. PROCVRATORIS. GENERA-
LIS. OFFICIO. LICET. EGREGIA. EIVS. IN.
REMP. MERITA. ET. IPSIVS. SCRIPTA. VETE-
RVMVE. AVCTORVM. MONVMENTA. AB.
ILLO. IN. LVCEM. PRIMVM. DATA. AVT.
RESTITVTA. ATQVE. DOCTORVM. OM-
NIVM. PERMVLGATA. DE. EODEM. TE-
STIMONIA. AD. MEMORIAM. SEMPITERNAM.
SVFFICIANT. ATTAMEN. FIDELISSIMÆ. DE-
VOTIONIS. GRATIA. ET. PRO. SINGVLARI.
ERGA. EVM. AMORE.

FRATRI. CARISSIMO. ATQVE. INCOMPA-
RABILI. FRANCISCVS. PITHOEVS. BONA.
PIAQVE. MENTE. M. P.

VIXIT. ANNOS. LVII. OBIIT. NATALI. SVO.
MAGNORVM. VIRORVM. FATO. KAL. NOV.
M. D. XCVI. R. I. P.

Et

Et M. le Fevre fit ces deux vers latins.*

Pitheus hic situs est, quo non prudentior alter.
Moribus aut melior vir, studijsue prior.

Ie luy fis aussi ces vers latins auec les Epitaphes de mes proches.

Te quoque fraterno dudum quem iunxit amore
Consimilis morum ratio, similis studiorum:
Tùm iuris pacisque, simul tot munera iuncta,
Magne Pithœe, meis permistum agnosce propinquis,
Supremum & liceat fratrem te voce ciere.

Et ce vers grec encores pour seruir d'inscription à son tombeau.

Μέγας ὁ Πέτρος Πυθεὺς Τρῶς κεῖτ' ἐνθάδε.

Et sur la rencontre des iours de sa naissance & de son decez ces quatre vers Heroïques, selon la vie de Platon.

Doctrinâ, ingenio, probitate vt corpore magno
Hoc quoque cum magnis tibi fata, Pithœe, dederunt,
Lucis & occasûs idem vt sit terminus: ædem
Reddiderint superis, quæ te genuêre, Kalendæ.

Il y en a vn autre que M. Goutiere Aduocat en la Cour a fait au nom du Phædrus dont nous auons parlé cy-deuant qui merite d'estre enchassé & mis auec les autres.

* Ces deux vers ne sont point imprimez dans les Oeuures de M. Pithou, ny de M. le Fevre.

PHÆDRVS P. PITHOEI LIBERTVS AD ANT. OISELIVM.

Phædrus Pithœi, quondam Augusti Cæsaris,
Addicto cui bis seruituti obnoxiæ
Beneficium magnum libertino dedit,
Ipsumque ab Orco nec sperantem vindicans
Ex parte famæ liquit heredem suæ,
Viuo negatum quod erat, tribuens mortuo,
Præstare Domino nunc par officium volo.
Tantum ô querelas sustine patientiâ,
Dolorem, Antoni, frontis dum placo tuæ.
Ecquid proficiunt tristes tot querimoniæ?
Ecquid properantis fati delictum arguis?

Aut mente mœstâ miserum torques spiritum,
Abiturus illuc, quò priores abierunt?
Molestiâ Cœlum dum pulsas luctibus,
Iam mors vicina flagitabit debitum.
Herè Pithœi partes fuêre, cras tuæ.
Similique giro venient aliorum vices.
Cœlo receptus per virtutem seriùs
Si gratulantes persalutasset Deos,
Ætatis mediæ famam ditescens suam,
Langueret forsan annis ingrauentibus,
* Lib. 1. Fab. 21. *Defectus * animis & desertus viribus.*
Quicumque jacuit spiritum extremum trahens,
Non viuere illum dixerim, sed bis mori.
Solida virtus viro exhibet solidum decus.
Ecqua Pythœo, literarum Pythio,
Iurisque asylo, fama superaddi potest,
Curas qui habendi penitùs corde eraserat,
Nusquam labori dulce præponens lucrum,
Prudens amicis ac vxori tempora
Partiri ritè, non secùs quàm liberis,
In omnes largus seu doctrinæ seu rei?
In orbe toto nemo vixit rectius.
Ciuile bellum dum conciues miscuit,
Virique sedecim in omnes passim inruunt,
Pedem securus non vnquam portâ extulit
Eodem vultu semper, alter Socrates,
Bonis adridens & inridens non bonos;
Virtute fultus vnicâ & sapientiâ.
His nunc abundè satiatus, nectare
Beatus sacro fruitur in cœtu Deûm,
Volitatque viuus, precium dum literis,
Tuique, Oisele, dum manebunt posteri,
Æternum nomen seruans ingenio suo.
Fictis iocari vis etiam me fabulis?

HOMINES QVAM VIVIMVS VITAM IPSA EST FABVLA.

Quelsques années apres M. Neuelet, Seigneur de Dosches, son nepueu, fit plusieurs vers sur son decez, mais parce qu'ils sont imprimez & publiez, ie me dispenseray de les mettre icy, ny d'en dire d'auantage.

SI i'auois entrepris de rechercher & mettre ensemble tous les Eloges de M. P. Pithou Aduocat en Parlement, non seulement il me faudroit fueilleter vne infinité de volumes, mais aussi en composer vn tout entier & separé de celuy-cy : car il est tres-certain que tous les hommes doctes à toutes occasions ont honoré, & honorent tous les iours sa memoire. Aussi ie ne fais point de doute que ce ne soit cette raison qui a fait perdre à M. Loysel le dessein qu'il semble auoir eu en la Vie precedente, de la couronner de plusieurs titres d'honneur, qui sont attribuez à cet illustre Personnage par vne quantité innombrable d'Autheurs. Et ie me persuade encores que c'est ce qui a diuerty M. Labbé Aduocat en la Cour, qui nous a donné le Recueil de ses Oeuures de mettre en suite de sa Vie composee par M. Mercier, d'autres Eloges que ceux qui ont esté dressez par Messieurs de Thou & de Sainte-Marthe, auec cinq ou six Epitaphes en vers latins. Pour la mesme consideratiō ie me suis dispensé de faire vne recherche exacte de tant de lieux esgarez, où il est fait mention de ce grand Homme, & me contenteray d'enfermer dans peu de tesmoignages tout le Panegyrique que i'eusse souhaitté luy pouuoir faire. I'honoreray pourtāt en quelque façon mieux sa memoire, que ceux qui auroient ramassé en vn corps toutes ses loüanges. Car ie donneray au public quelques pieces de luy & de M. Fr. Pithou son frere, qui n'ont point esté iusqu'icy publiées, lesquelles leur estant honorables, seront aussi vtiles à ceux qui les liront.

Ie commenceray donc par la Genealogie des Ancestres de M. P. Pithou, qui m'a esté donnée par M. Pithou, Conseiller en Parlement son nepueu, lequel restant auiourd'huy seul du nom de cette noble & ancienne famille, conserue aussi soigneusement l'honneur qu'elle luy a laissée dans la literature.

GENEALOGIE DE MESSIEVRS PITHOV.

GVILLAVME PITHOV Gentil-homme de Vire, en la basse Normandie, fut employé és guerres de la terre saincte dés l'an 1190.

PLVSIEVRS incognus descendus de luy, de L'VN desquels est issu

GVILLAVME PITHOV, Normant d'origine, qui suiuit la fortune de Charles Roy de Nauarre son maistre, lors qu'il fut contraint de laisser Cherebourg au Roy Charles V. en eschange de Nemours & d'Eruy en Champagne, en l'an 1408.

MILLOT OV ÆMILIVS PITHOV, Escuyer sieur d'Eruy, s'habitua en Champagne.

ANDRE' PITHOV, Escuier sieur de Luyeres, marié à Ysabeau de Mussi.

PIERRE PITHOV, Escuyer sieur de Luyeres, Homme d'armes de la Compagnie de Gaston de Foix, Duc de Nemours, marié à Damoiselle Agnes de Fontaines.

PIERRE PITHOV, Escuyer sieur de Luyeres, marié à Bonauenture Chantaloë.

PIERRE PITHOV, sieur de Sauoye, marié à Damoiselle Catherine de Palluau. Et MM. ses Freres.

M. Pithou Conseiller en la Cour, qui est petit fils de M. P. Pithou S. de Luyeres, penultiesme en la Genealogie precedente, qui estoit vn grand Iurisconsulte, m'a donné son Epitaphe qu'il a fait ainsi luy-mesme, & qui est en vne Chapelle des Cordeliers de Troyes.

QVi tot Cæsareas potuit dissoluere leges,
Vnam naturæ soluere non potuit.

M Cujas est vn de ceux qui ont plus fait d'estime de M. P. Pithou: c'est pourquoy il l'allegue en vne infinité d'endroicts dedans ses Oeuures, & n'en parle iamais qu'auec quelque epithete d'honneur. Vn des lieux qui est plus remarquable a esté touché dans cette vie, mais il meritoit biẽ, à mon aduis, d'y estre transcrit tout au long, estant vne histoire abregée de ses principaux exercices; Il est ainsi couché dans le 13. Liu. de ses Obseruations, ch. 10.

LIcinius Rufinus in eo libro, quo contulit leges Dei cùm legibus populi Romani, inuento à Petro Pithœo summo librorum antiquorum & veritatis puriorisque doctrinæ inuestigatore, &c Debemus Rufinum Petro Pithœo, debemus & alia innumera: hoc agente, hoc perquirente, instigante, docente, discimus semper & adinuenimus aliquid. Nec mihi laudis, quam totam desiderat tanta Pithœi sedulitas, partem vllam attribui volui, & si quid est laudis, hoc satis esse reor, quòd omnem in eam conferendam esse cognoscam.

IErosme Alexandre I C. en dit en peu de mots quasi autant, en son Commentaire sur le ch. 14. des Institutes de Cajus, de intestatorum hereditatibus.

PRæclarum hoc fragmentum sumpsimus ex Collatione legum Mosaicarum & Romanarum, tit. vlt. quam edidit eruditissimus Petrus Pithœus, cui profectò tantùm debet Respublica literaria, quantùm benè merenti homini deberi par est.

LEs 31. 32. 33. & 34. Epistres de M. Ioseph de Lescale tesmoignent l'estime qu'il faisoit de ce Personnage. Entre autres il luy escrit ainsi dans la 32.

TAmen, quantum ego video, non ita infelix sum, qui te superstitem habeam, quem putabam in illâ naui ciuili vna naufragium fecisse. Benè sit, iam sanè renatus sum; & qui mihi penè ipsi ablatus eram, iam plus iustâ mei parte viuo, qui tibi restitutus sim. Euge, mi Pithœe, tot amicos perdidisse non tanti sit, quanti te vnum superesse, talem & tantum amicum. Ne viuam, nisi te vno plus incolumi gaudeo, quàm tot mortuis antehac dolui, &c.

Et peu apres.

Virtutem Pithœi assequi prorsus diffido, eo tamen duce & auctore, nihil non audebo.

Et en la 33.

Euge, mi Pithœe, benè me sperare iubes, cum te nihil officij prætermissurum erga me spondes. Ego benè noui ingenium tuum tam benignum, vt, etiamsi non ea amicitia inter nos intercederet, tamen non diffiderē humanitati tuæ, quam non solum reis, quorum Patronus es, debes, sed etiam literis, de quibus egregiè meritus es.

Et sur la fin de la mesme Epistre.

Tu, quem facimus Aristarchum nostrarum lucubrationum, iudicato.

Nous auons cinq Epistres parmy celles de Casaubon, dōt les 573. 574. & 575. sont escrites à M. Pierre Pithou, la 161. à M. François Pithou son Frere, & la 177. à M. Pithou à present Conseiller en la Cour leur nepueu, où plusieurs bonnes qualitez de ces deux illustres Fréres sont amplement deduites. Il parle ainsi de M. P. Pithou dans la 573.

TV vt me ames, vir maxime, non peto: re enim expertus amorem tuum; facerem tibi iniuriam, si dissimularem. Ne constantiā quidem amoris tui petam: à tuis moribus alienum fuerit, quem vltrò ceperis diligere, eum tibi studiosissimum & semper amantissimum destituere. Illud te rogo, nostra studia velis ire adiutum, & eorum quæ habes quàm plurima, quibus ornari & augeri tuo beneficio nostrâ operâ res literaria potest, nonnulla communices. Multum nostra studia recrearis, si ad tuam amicitiam & bibliothecam instructissimam aditum mihi liberum patefeceris, &c.

Et en la 575. voicy ce qu'il dit des deux freres.

Quas Bullioni dedisti, Pithœe clarissime, accepi nuper: eas verò nullas vidi, quas te ante misisse significas. Atque ea iactura multis nominibus mihi est peracerba & propè luctuosa: facilè enim ex istis conjicio quales fuerint illæ literæ quæ perierunt; quam doctæ & eruditæ, & quot quantarumque rerum incognitarum magistræ mihi esse potuerint. Quam multā enim didici ex hac tuâ Epistolâ quamuis properanter adeò scriptâ! Deinde tu me oras veniam esthùc, & te visam. Atqui ego vel si vetares, facerem tamen, infinitâ quâdam discendi cupiditate inflammatus. Sitio enim, vt ſi quis alius, rerum veterum cognitionem, bonarum, inquam, & quas cognouiſſe ſit operæ; quæ cùm ſit in te & fratre tuo excellens adeò, vt in nemine magis (poſſem amplius aliquid & verius dicere, ſed nolo apud te) conſtitui σὺν θεῷ quamprimum occaſio ſe obtulerit, iſthuc venire, & oculos animumq; veſtri deſiderio pridem ſaucium ſatiare atq; explere.

FRanc. Balbus en la Vie de M. le Fevre qui eſt au commencement du recueil de ſes Oeuures, parlant de la longue demeure que cet homme vertueux auoit fait en la maiſon de M. P. Pithou, en eſcrit ces paroles.

ITaque arctiſſimam cum magno illo P. Pithœo vitæ ſocietatem iniit, ab eoque peramanter exceptus, gemini dein Muſarum ocelli, quaſi fratres ſub eodem tecto complures annos tranſegerunt.

I. Lipſe a eu vne telle veneration pour M. P. Pithou, qu'il auoit contracté amitié particuliere auec luy ſans l'auoir iamais veu, comme il paroiſt par les lettres qu'il luy a eſcrites, imprimées dans ſes Oeuures, de l'vne ou deux deſquelles M. Loyſel a inſeré quelsques paſſages en la Vie precedente. Mais il me ſemble que la 20. qui eſt dans la Centurie de celles qui ſont eſcrites ad Germanos & Gallos, *ne doit pas eſtre obmiſe en cet endroict, veu principalement qu'elle confirme ce que i'ay dit de l'amitié mutuelle qui eſtoit tres-eſtroitte entre eux deux par la ſeule cognoiſſance de leurs eſprits.*

PETRO PYTHOEO IC. S.D.

BIs ad me ſcriptum de ſtudio in me tuo, & curâ. Quid ſi non ſcriptum? tamen liqueat mihi, mi Pythœe, qui te etſi incognitum noui. Te, inquam, internum, illud quo es, diuinam tuam partem. *Neſcio quomodo inter ſe animorum lumina vident*, ait Scriptor quiſpiam: & ego ſcio ita eſſe, & conſpirare ac conuenire etiam abſentes, quibus cognatio eſt aliqua cæleſtis. Certè conſentimus in ſtudio ad virtutem, ad ſcientiam: & iam olim hoc nos iunxit. Velut ſymmiſtæ quidam ſumus, & libamus ad has aras: tu etiam litas, &c. Louanij M.D.XCIIII.

SI ce que pluſieurs ont eſtimé, eſt veritable, M. du Vair a dõné à M. Pithou vn Eloge, qu'il eſt dautãt plus à propos de mettre en *cet endroit, qu'il y comprent & joint aussi M. Loysel. Car en son I. liure de la Constance, feignant d'auoir quelque contestation auec Musée que l'on dit estre M. Hen. Monanthuil* celebre Professeur és Mathematiques, & demeurant d'accord des deux Iuges qu'il luy presenta, de M. Pithou sous le nom d'Orphée, & de M. Loysel sous le nom de Linus, voicy comme il en parle.*

C'Estoient deux Personnages signalez, deux perles de nostre siecle: desquels le premier que nous nõmerons pour cette heure Orphée, outre la cognoissance qu'il a des arts & sciences, s'est acquis vne grande experience, & admirable prudence par ses longs & perilleux voyages*: L'autre qui aura nom Linus, est recognu pour vn des plus sçauans hommes de l'Europe, & qui a plus de iugement & de preud'hommie au maniment des bons liures, & de pieté en toutes ses actions.

M. Estienne Pasquier a fait en son honneur ces quatre vers.

AD PETRVM PITHOVEVM IN SENATV Parisiensi Patronum Lib. 2. Epigr. 75.

ERrauit qui te Pithoueum nomine dixit,
Dicere debuerat veriùs & breuiùs.
Tam sacro-sancti calles oracula iuris,
Pythius vt verè sis, Pithouœe, mihi.

M. Antoine de Mornac Aduocat en Parlement n'a pas oublié M. Pithou dans son petit liure, intitulé Feriæ forenses, *cy-deuant allegué, où il descrit sa vie sommairement & fait son Eloge tout ensemble en ces vers.*

PET. PYTHOEVS, TRICASSINVS, IN SENATV Patronus, An. 1596. M. Octob.

PEr lustra septem milliarium fuit,
Pythœus elegantiorum in Gallico
Senatu: & ingens, nec semel, Cujacius
Commendat vt suum, peremnique calamo.

** M. Goulu en l'Epitaphe de ceux de sa famille, imprimé en l'année 1650 l'a ainsi interpreté.*

** Il est fait mention dãs la vie precedente de M. Pithou p. 262 d'vn petit voyage qu'il fit en Angleterre. Il peut aussi auoir esté auparauant en Allemagne, pendant qu'il estoit de la Religion Pretenduë Reformée, qui est peut estre ce q; M. Loisel en la p. 259. de sa vie, a voulu dire, de la retraite & sejour qu'il fit en son païs & ailleurs, depuis 1567. iusques en 1570.*

Sese

Sese at Tricassinis, duce velut numine,
Primâ senectâ, reddidit tumulis Patrum,
Vt ortus vnde, ibi & foret meta vltima.
Doluere literæ: doluit etiam bonis
Qui nouerant. Nam quid viro illo suauius?
Stamen resectum à noctis atræ filiâ
Ante ingruens ætatis imperium; & mala.
Optatus olim finis ille & optimis,
Si coierit eoúsque magna beatitas.

Ie finiray ces remarques par vne petite piece historique, qui seruira non seulement d'Eloge à M. P. Pithou: mais aussi à l'Autheur de sa Vie M. A. Loisel, & tout ensemble à l'esclaircissement de ce qui se passa au Parlement, lors de son restablissement apres la reduction de la ville de Paris en l'obeïssance du Roy Henry IV. Cette relation ne peut estre que tres-veritable, ayant esté dressee par M. Ant. Loisel, qui causæ pars magna fuit.

DV RESTABLISSEMENT DV PARLEMENT* en l'année 1594.

*M. Estienne Pasquier, Tom. 2. de ses lettres, en la 2. du 16. liu. à M. Theodore Pasquier son fils, fait vn recit fort particulier de tout ce qui se passa en ce restablissement. Voyez aussi M. de Thou. liu. 109. & Dauila liu. 14. de leurs Histoires.

LA ville de Paris s'estant reduite en l'obeïssance du Roy, le Mardy 22. iour de Mars 1594. il fut mis en deliberation au Conseil, si l'on deuoit attendre le retour de Messieurs du Parlement seant à Tours, ou bien restablir ceux qui estoient demeurez à Paris, en attendant les autres. Surquoy il y eut diuerses opinions, dont vn docte Personnage* escrit en ces mots. *Aberant tum ab vrbe Senatûs Parisiensis potissimi, & qui restiterant nouo auctoramento confirmari debebant: quod nec absentibus Regiis cognitoribus fieri poterat: & caussa erat cur abstinerent tum ab eâ curâ, qui paulò antè functi fuerant hoc Magistratu. Potiùs visum, vt deligerentur tantisper huic muneri ex iis qui in vrbe manserant præcipui fide in Principem, integritate vitæ, ac rerum vsu & peritiâ. Itaque itum ad Pithœum, veteremque eius amicum, & studiorum omnium communione conjunctissimum Antonium Oiselum: quorum hæc vtriusque laus, quòd tam facilè tantæ turbæ consiluerunt. Sed hæc ni-*

* Iosias Mercerus in Vitâ P. Pithœi.

*Il est fait mention de cecy en la Vie precedente de M. Pithou, p. 269.

*thæi** *propria, quod constantissimo iudicio peruidit, quàm periculosum esset nominibus multis, in absentium Senatorum reditum differri restitutionem Senatûs, & iuris dicendi sollennia.* Defaict, le Dimanche 27. iour desdits mois & an, M. le Chancellier manda les sieurs Loysel & Pithou, & leur dit que sa Majesté les auoit choisis, commis & ordonnez pour ses Aduocat & Procureur generaux, tant pour le restablissement de son Parlement, que pour la fonction desdites charges, pendant l'absence de Messieurs ses Aduocat & Procureur generaux qui estoient à Tours, & qu'ils eussent à si apprester.

Et le lendemain Lundy 28. M. le Chancellier estant venu en la grand'Chambre du Parlement, auec plusieurs de Messieurs les Ducs & Pairs de France, Officiers de la Couronne, Conseillers du Conseil d'Estat, & Maistres des Requestes de l'Hostel, ils firent lire à huis clos les lettres de prouision desdits sieurs Loysel & Pithou, & leur firent prester le serment de bien & deuëment exercer lesdites charges. Puis les huis ouuerts, les Edict & Declaration faits par le Roy sur la reduction de sa ville de Paris pour le restablissement de son Parlement, furent leus & publiez; & sur la Remonstrance puqliquement faite par ledit Loysel, laquelle est imprimée, il fut ordonné qu'ils seroient enregistrez, oüy & ce requerant le Procureur general.

Pendant que cela se passoit en la grand'Chambre, Messieurs du Parlement qui estoient demeurez à Paris, & auoient des prouisions du Roy ou de ses Predecesseurs, attendoient la volonté du Roy & l'ordre de M. le Chancellier en la salle de S. Louis, où ils auoient esté mandez & assemblez à cette fin. En consequence donc de cette publication, M. le Chancellier ayant fait refermer la grand'Chambre, ordonna aux Gens du Roy de se transporter vers Messieurs les Conseillers qui estoient en ladite Chambre de S. Louis, & de leur dire qu'ils vinssent en la grand'Chambre. Ce que ces Messieurs firent, suiuant lesdits Gens du Roy qui les conduisoient.

Et apres que tous Messieurs les Conseillers eurent les vns apres les autres & par ordre presté serment de fidelité au Roy, il leur fut permis d'exercer leurs charges comme auparauant. Quant à ceux qui auoient eu prouision du Duc du Mayenne, ils n'y furent point admis, iusques à ce qu'ils eussent obtenu de nouuelles lettres de prouision, suiuant ce qui estoit porté par l'Edict.

Depuis fut apporté en Parlement vn Edict, portant erection* d'vn estat de President, & de trois estats de Maistres des Requestes de l'Hostel, lequel ayant esté verifié, les lettres de prouision en furent apportées; sçauoir est de l'estat de President pour M. le Maistre, & de ceux de Maistres des Requestes pour Messieurs du Vair, Langlois, & Claris qui furent receus.

Et fut aussi M. de Brissac*, depuis peu Mareschal de France, en l'Audience tenuë le Ieudy ensuiuant, en laquelle M. le Maistre presida, & ainsi continua le Parlement, iusques au retour de Messieurs qui estoient à Tours, lesquels arriuerent la Sepmaine de Pasques.

Enfin le lendemain de Quasimodo le tout fut r'assemblé, & l'ouuerture du Parlement faite par M. le premier President en la maniere accoustumée, & le tout tellement reüny, qu'il n'y restoit aucune apparence des diuisions precedentes.

** Il y eut aussi vne charge de President aux Cõptes creée pour M. Lullier, Preuost des Marchãds, cõme remarque M. E. Pasquier en la lettre de cy-dessus.*

** Il estoit lors Gouuerneur de Paris, & fit serment de Conseiller au Parlement cõme les autres, ainsi que remarque M. de Thou au mesme lieu.*

Les veritables loüanges, & les plus solides Eloges des Autheurs, sont leurs Oeuures, & principalemẽt de ceux dont la suffisance n'est pas cõmune, comme estoit celle de M. P. Pithou, ne leur estant pas seulemẽt honorables, mais aussi vtiles au public. C'est pourquoy i'ay eu grande ioye, quãd i'ay trouué de luy des Opuscules qui n'ont point esté publiés iusqu'icy; & ie me persuade que tous les hõmes doctes, & qui honorent la memoire de cet illustre Personnage, ne les receuront pas auec moins de contentement & de satisfaction.

La plus part de ces pieces estoient entre les mains de M. du Puy, lequel, comme il honore parfaitement la memoire de M. Pithou, & contribuë aussi auec plaisir en toutes occasions au bien public, & à l'accroissement des bonnes lettres, me les a mis facilement entre

386

les mains, comme il a fait les principalles pieces cy-deuant imprimées en ce volume, parmy les Ouurages de M. du Mesnil. Or i'ay commencé le Recueil de ces compositions que ie donne à present au public, par les Axiomes & les Regles de droict de M. Pithou, qui iustifient assez combien est veritable ce qui a esté dit de luy dedans sa Vie* qu'en ses estudes de droict, il s'estoit arresté principalement aux textes, sans s'amuser aux gloses ny aux Docteurs suiuant le conseil de son Pere. Car ces escrits ne sont gueres autre chose que des collations & des extraicts de textes, exactement recherchez & iudicieusement adaptez, qui luy seruoient d'annotations qu'il s'estoit fait luy-mesme, comme il est remarqué encores dans sa Vie*. Ce manuscrit auoit esté donné par M. Pithou à M. le Fevre son bon amy, qui l'a baillé depuis à M. du Puy, lequel estant entierement escrit de la main de l'Autheur, ie me suis dispensé d'en verifier les citations, comme i'ay fait le plus exactement que i'ay pû, par tout ailleurs.

* Page 255.

* Page 256

Les pieces qui suiuent estant de mesme main, ne seront pas trouuées moins dignes de cet Autheur que ces Opuscules de droict, ausquelles i'ay joint par occasion vn extraict d'vn Plaidoyé de M. François Pithou son Frere, touchant les anciens murs de Paris, &c. iugeant qu'il meritoit d'estre conserué, en attendant que M. Pithou Conseiller en la Cour, son nepueu, nous donne quelque chose de ses escrits qu'il a entre ses mains: en la loüange de tous lesquels ouurages ie ne diray rien dauantage, puis que tout ce qui porte en titre le nom de ces Messieurs, n'a point besoin de recommendation.

P. PITHOEVS P. F. TRICASSINVS IAC. CVIACIO IC. DOCTORI SVO, S.

Cecy & toutes les pieces latines de droict qui suiuent, ont esté prises sur vn manuscrit du cabinet de M. du Puy, de la main de l'Autheur.

EOrum Axiomatum, quæ ex iure ciuili P. R. discutienda proponebam, quem alium, quam te patronum & defensorem eligerem, qui me iam conuasantem, & in ipso penè itinere profectionis meæ, precibus & auctoritate apud me tuâ, ad id oneris subeundum excitasti, à quo quantoperè per se animus abhorreret, tu ipse optimus testis esse potes? Et verò ingratus sim, si eorum, quæ tua esse scio, alium quàm te auctorem laudem. Porrò quæ hic sunt omnia, aut ipse à te didici, aut vestigia tua, quoad potui, diligenter sequutus annotaui; quæ & ipsa accessionis vice tuis cedant necesse est. Quæ res etiam efficiet, vt in hâc disputatione te præsente & quasi assertore, alacrior futurus sim, quâ in re auctoritatem tuam, sat scio, non defugies. Vale Valentiæ Cauar. III. Kal. Iul. M. D. LIX.

AXIOMATA EX LIBRIS IVRI CIVILIS P. R.

1. *Quæ meri Imperij sunt, singula ita demum competunt, si nominatim lege data sint; & eatenùs competunt, quatenùs lex præscribit; atque inde fit, vt qui ius gladij habet, ius deportandi non habeat.*

2. *Ea etiam quæ imperij magis sunt, quàm iurisdictionis, magistratus P. R. iure magistratus, & suo, ea sequi possunt; municipales alieno, id est, ex mandato.*

3. *Pupillus à tutore adrogari non potest, à tutore vitrico potest.*

4. *Non solùm paciscitur, qui donationis causâ, sed & qui precio dato transigit.*

5. *Pomponius rectè existimauit, post ratihabitionem, negotiorum gestorum actionem non competere: rectè tamen à Scæuola reprehensus est, si simpliciter verba eius accipiantur.*

6. *Capitis deminutio iusta restitutionis causa non est, nisi alia subsit. Ex edicto autem capite minutus restituitur, sed creditori in eum actio redditur.*

7. *Ius antiquum, id est, querellam pater habet, etiamsi non manumiserit: at bonorum possessionem exemplo patroni vt manumissor habet ex edicto Prætoris, quamuis possessor rei nomine non teneatur.*

8. *Mortuo homine sine culpâ possessoris, necessaria est sententia.*

9. *Seruitutem fundo debitam fructuarius ex sententiâ Iuliani vendicare potest, ex sententiâ Labeonis & Neruæ non potest; eiusque rei sunt in libris nostris vestigia.*

10. *Prædia rustica ab vrbanis non tàm loco quàm materiâ, qualitate, formâ distingui verius est, quamuis de ea re diuersa fuerit Neratij sententia.*

11. *Seruitus propriè solâ cessione, datione, traditione constituitur. At vt cedatur, tradatur, pluribus modis consequimur.*

12. *Si familia damnum injuriâ dederit, quod ad legem Aquiliam pertinet, non vnum factum intelligitur, sed plura.*

13. *In iudicio familiæ erciscundæ tanta est iudicis potestas, vt*

partem partis rei communis, quæ testatoris fuit, etiam ab ipso legatam vel ab herede alienatam, vni ex coheredibus adiudicare possit, si aliâ ratione ea pars à reliquâ parte commodè separari non possit.

Qui propter funus defuncti aliquid impendit post aditam hereditatem, in heredem cuius negotium gessisse videtur, actionem habet. At si ante aditam hereditatem id fecerit, funerariâ etiam agere potest, quasi ex negotio gesto: directâ negotiorum gestorum non potest. 14.

Cum de rei existimatione faciendâ quæritur, verius est bonæ fidei iudicia à strictis distinguenda esse. 15.

Per errorem soluti contra SC. crediti, consumptis nummis, magis est cessare condictionem. Pater tamen ipse ex suâ personâ etiam consumptos repetere potest. 16.

Si quis iurauerit se facturum vel daturum, ex iureiurando ciuiliter obligari non potest, nisi forte sit libertus: & hic quidem præsenti iuret necesse est, cùm sit hæc verborum obligatio. Vnde etiam fit, vt acceptilatione tollatur. 17.

Condictiones naturales sunt potius quâm ciuiles, id est ex æquo & bono dantur. Et ideo ijs tenetur qui locupletior factus est: nisi dolus eius arguatur. 18.

Viuianus habitationem commodari posse dicebat. Atque ideo non mirum est, quod & commodati actionem dabat, non præscriptis verbis. 19.

Cum ab herede peculium prælegatum est, verius est heredem conueniri, non Orcinum, quámuis Cassiani contra senserint, quorum sententia incuria compositorum in Pandectas relata est. 20.

Actioni commendati, id est depositi, opponi compensatio non potest: commodati actioni (vt opinor) potest: idque & antè Iustinianum obtinuit. 21.

Ob fidem mandati ruptam, actio mandati datur in fideiussorem qui pignus emit à creditore, neque id omni oblato debito cum fructibus debitori restituit: & ideo de dolo non datur. 22.

Si inaurata vel inargentata pro aureis vel argenteis veneant, emptio valet: quia non omnino in materiâ erratum est. 23.

Parte fundi euictâ, ex stipulatu actio datur: parte hominis euictâ, non datur, quia ad hunc casum verba stipulationis trahi 24.

non possunt. Bene tamen receptum est ex empto actionem dari.

25. *Cum pars fundi certis locis definita euincitur, bonitatis æstimatio fit, non quæ fuit venditionis tempore, sed cum res euinceretur.*

26. *Legitima vsura est centesima. Eam tamen in traiectitiâ pecuniâ excedere licet: imo quamdiu nauigat nauis & periculum ad creditorem pertinet, trajectitia pecunia infinitas vsuras recipere potest.*

27. *Cum certa dies adjecta est, licet pœna adjecta non sit, moræ purgatio non admittitur.*

28. *Aduentitia dos mortuâ in matrimonio vxore semper penes maritum remanet.*

29. *Ex lege Iuliâ condictio constante matrimonio mulieri competit.*

30 *Si quæratur an partus ex eâ natus sit, quæ vxor fuerit, præiudicio locus est: at si hoc solum quæratur an vxor sit, præiudicio locus non est.*

31. *Incola vel municeps, incolæ vel municipi à magistratibus tutor dari potest. Neque incola neque municeps, pupillo neque incolæ, neque municipi tutor rectè datur nisi iussu Præsidis.*

32. *Dolum tutoris verius est pupillo nocere non debere, licet tutor soluendo sit, ex sententiâ Cassij, quam & Vlpianus adhibitâ distinctione sequutus est.*

33. *Eunuchus. i. castratus olim quidem testamentum facere poterat, sed non exemplo cæterorum, id est, non XIV. anno; hodie & cæterarum exemplo potest.*

34. *Filius qui in potestate est, nominatim exheredandus est. Ideòque sub conditione quæ ex casu pendet, non rectè instituitur. Diuersum est in filiâ, &c.*

35. *Nominatim autem exheredatus videtur si ita pater dixerit: cæteri filij exheredes sunto.*

36. *Si in conditione, filij mentio facta sit, institutus non videtur. Itaque quod in conditione est, non semper est (vt magistrorum verbo vtar) in dispositione.*

37. *Legatum secundùm legem XII. Tab. est delibatio, onus, exhaustio hereditatis. At secundùm legem Falcidiam, est delibatio hereditatis.*

38. *Sunt in libris nostris inter legata & fideicommissa apertæ differentiæ,*

ferentiæ, vt & inter ipsa legatorum genera, quæ sine calumniâ negari non possunt.

Si ea res testamento relicta est cuius quidem sit commercium, sed cuius commercium non habet is cui relinquitur, legatum inutile est, fideicom-missum vtile, & æstimatio præstatur. 39.

Legatarius in cuius personâ ab initio legatum non constitit, veteri iure partem non facere verius est. 40.

Si res aliena legata sit, ius accrescendi locum non habet, quia nec ij quibus ea legatur coniuncti sunt: idque Pandectarum iure veissimum est. 41.

Regula Catoniana ad libertates non pertinet. Cur verò ad hereditates pertinere non poßit, non video. 42.

Conditio in fraudem legis Iuliæ Miscellæ adscripta, interdum fauore libertatis valet, nec circumscribitur. Atque ita interdum libertatis potior est conditio, quàm matrimonij. 43.

Quarta legis Falcidiæ est, hereditatis quarta: at quæ ex Pegasiano S C. descendit, bonorum quarta est. Sed tamen & hæc Falcidia dicitur. Hinc pendent ferè omnes differentiæ, quæ inter has quartas statui possunt. Quam verò quartam præter has filijs dant, non satis possum intelligere. 44.

Ei qui ex testatoris voluntate quartam detrahit, magis fauetur, quàm ei qui solo legis, vel S C. auxilio nititur contra voluntatem testatoris. 45.

Vt secundùm tabulas, sic & secundùm nuncupationem, & secundùm voluntatem intestati bonorum possessio datur. Et hæc decretalis est. 46.

Capitis deminutione minimâ, ius hereditatis quod lege Iuliâ Patrono datum est, non committitur, vt nec ius tutelæ. 47.

Qui missus est in possessionem ex causâ damni infecti, secundo decreto possessor tantùm constituitur. Et ideo vtile tantùm, interdictum vnde vi datur. 48.

Inter parentes quibuscumque verbis facta donatio, etiam iure veteri valet ex constitutione Diui Pij. Inter extraneos, ex traditione initium capit. Et ideo inter eos nuda datio, debitorem non facit. Hodie aliud seruatur: sed nos de iure veteri disputamus. 49.

Libertas seruo alieno directò relinqui non potest, idque in 50.

libris noſtris traditum eſt: hacque in re differunt legata à fidei-commiſſis.

51. *Minitius ex ſuæ ſectæ principiis rectè exiſtimauit, nauem ex alienâ materiâ refectam eius eſſe, cuius ante fuit.*

52. *Seruitutes prædiorum vſucapi non poſſunt: vrbanorum vſucapionem lex Scribonia ſuſtulit: ruſticorum vſucapioni obſtat ratio iuris.*

53. *Conditionalis debitor fraudationis cauſâ latitare videri non poteſt. Itaque nec creditor cui ſub conditione debetur, in poſſeſſionem mitti poterit.*

54. *Interdicta quædam mixta ſunt, id eſt, prohibitoria & reſtitutoria. At exhibitoriorum ſimul, & prohibitoriorum exemplum non facilè dari poſſe puto.*

55. *Interdictum quotidianum vnde vi, non niſi ei qui poſſidebat datur: Interdictum de vi armata, ſine vlla exceptione datur. Hoc in patronum competit, illud non item.*

56. *Doli mali exceptionem oppoſitam bonæ fidei, iudicium facere, rectiſſimè à Dorotheo eſt traditum.*

57. *Vtilis actio non niſi cauſâ cognitâ datur, directa etiam ſine cauſæ cognitione. Et ideò hæc de plano etiam datur, illa pro tribunali tantùm.*

58. *Non omnis verborum obligatio, ſtipulatio eſt, ſed omnis ſtipulatio, eſt verborum obligatio.*

59. *Litis conteſtatione nouationem fieri, perperam ab omnibus receptum eſt.*

60. *Etiam ei qui neque dominus eſt, neque poſſedit, neque vſus eſt, furti actio datur, vt creditori, ſi pignus nondum traditum debitor vendiderit.*

61. *Licet ordo publicorum iudiciorum in vſu eſſe deſierit, durat tamen pœna legum, niſi nominatim abrogata ſit, vel in vſu eſſe deſierit. Hodie pœnis nihil incertius: itaque & à pœnâ appellatur.*

62. *Tutor datus etiam poſt conſtitutionem Diui Marci appellare poteſt à datione, neceſſe tamen non habet appellare.*

63. *In multis cauſis fiſci melior eſt cauſa quàm Reipublicæ.*

64. *Reus delatus hodie non niſi poſt biennium honores petere poteſt, ſed nec profiteri.*

REGVLAR. LIB. I.

REGVLÆ GENERALES DE INTERPRETATIONE.

Vlpian. lib. 15. ad Sabin.

Semper in obscuris quod minimum est sequimur. Capella. lib. 4. Apuleius de Syllog. Cathegor. l. 9. D. de regul. iuris.

Pompon. lib. 7. ad Sabin.

Quotiens dubia interpretatio voluntatis est, secundùm libertatem respondendum erit. l. 20.

Vlpian. lib. 26. ad Edict.

In re obscurâ melius est fauere repetitioni, quàm aduentitio lucro. l. 41.

Gaius lib. 3. de leg. ad Edictum vrbicum.

Semper in dubijs benigniora præferenda sunt. l. 56.

Iulian. lib. 87. Digest.

Quoties idem sermo duas sententias exprimit, ea potissimum excipiatur, quæ rei gerendæ aptior est. l. 67.

Paulus lib. sing. de Dotis repetitione.

In omnibus causis id obseruatur, vt vbi personæ conditio locum facit beneficio, ibi deficiente eâ, beneficium quoque deficiat: vbi verò genus actionis id desiderat, ibi ad quemuis persecutio eius deuenerit, non deficiat ratio auxilij. l. 68.

Pompon. lib. 33. Quæstion.

In toto iure generi per speciem derogatur, & illud potissimum habetur, quod ad speciem directum est. l. 80. de reg. iur. l. 90 in fin. de leg. 3.

Paulus lib. 6. Quæstion.

In ambiguis, pro dotibus respondere melius est. l. 70. l. 85. de iure dot.

Paulus lib. 15. Quæstion.

In omnibus quidem, maximè tamen in iure, æquitas spectanda est, *sit.* l. 90. de reg. iur.

Vlpian. lib. 2. Fideicommiss.

Non solent quæ abundant vitiare scripturas. l. 94.

Mæcian. lib 12. Fideicomm.

In ambiguis orationibus, maximè sententia spectanda est eius, l. 96.

qui eas protulisset.

Paulus lib. 9. ad Edict.

l. 114. *In obscuris inspici solere, quod verisimilius est, aut quod plerumque fieri solet.*

Paulus lib. 65. ad Edict.

l. 155. *In pœnalibus causis benigniùs interpretandum est.*

Paulus lib. 1. ad Plautium.

l. 168. *Rapienda est occasio quæ præbet benignius responsum.*

Ibidem.

Quod factum est, cum in obscuro sit, ex affectione cuiusque capit interpretationem.

Paulus lib. 16. ad Plautium.

l. 179. *In obscurâ voluntate manumittentis, fauendum est libertati.*

Marcell. lib. 29. Digestor.

l. 192. *In re dubiâ benigniorem interpretationem sequi non minùs iustius est, quàm tutius. l. 3. de his quæ in testam. delentur.*

Iauolenus lib. 7. Epistol.

l. 200. *Quoties nihil sine captione inuestigari potest, eligendum est quod minimum habet iniquitatis.*

Paul lib. 17. ad Plautium.

l. 91 de verb. obligat. *In quæstione de bono & æquo, plerumque sub auctoritate iuris scientiæ perniciosè erratur exemplo, l. 31. D. depositi.*

Paulus lib. 1. ad Neratium.

l. 25. de legat. 3. *Cùm in verbis nulla est ambiguitas, non debet admitti voluntatis quæstio.*

Celsus 19. Dig.

l. 7. de supell. legatâ. *Non ex opinionibus singulorum, sed ex communi vsu nomina exaudiri debere, Seruius ait. Id Tubero parùm sibi liquere ait. Nam quorsùm nomina, inquit, nisi vt demonstrarent voluntatem dicentis? Equidem non arbitror quemquam dicere quod non sentiret, vt maximè nomine vsus sit, quo id appellari solet. Nam vocis ministerio vtimur. Cæterùm nemo existimandus est dixisse, quod non mente agitauerit. Sed etsi magnoperè me Tuberonis & ratio & auctoritas mouet, non tamen à Seruio dissentio, non videri quemquam dixisse, cuius non suo nomine vsus sit. Nam etsi prior atque potentior est, quàm vox, mens dicentis, tamen nemo sine voce dixisse existimabitur, nisi fortè & eos qui loqui* *non possunt, conatu ipso & sono quodam, κὴ τῆ ἀνάρθρῳ φωνῇ *dicere existimamus.* * Inarticulatâ voce.

Paulus lib. 21. ad Edictum.

Oratio quæ neque conjunctionem, neque disiunctionem habet, ex mente pronunciantis vel disiuncta vel coniuncta accipitur. l. 28. in fi. de verb. sig.

Celsus lib. 35. Dig.

In vsu iuris frequenter vti nos, Cascellius ait singulari appellatione, cùm plura generis eiusdem significare volumus. l. 158.

Paulus lib. 14. Quæstion.

In ambiguo sermone non vtrumque dicimus, sed id duntaxat quod volumus. Itaque qui aliud dicit quàm vult, neque id dicit quod vox significat, quia non vult; neque id quod vult, quia non loquitur. l. 3. de rebus dubiis.

Proculus lib. 5. Epistolar.

Ad id quod actum est interpretatio redigenda est. Nam qui ambiguè loquitur, id loquitur, quod ex his quæ significantur, sensit. l. 125. de verb. sig.

Pompon. lib. 26. ad Q. Mutium.

Omnia ex voluntate scribentium interpretationem recipiunt. l. 123.

Vlpian. lib. 6. Disputation.

Cùm quid incertum est, nec potest per subtilitatem iudicialem manifestari, in ambiguis rebus, humaniorem sententiam sequi oportet. l. 10. de reb. dub.

Iulian. lib. 50. Digestor.

Quotiens in actionibus aut exceptionibus ambigua oratio est, commodissimum est id accipi, quo res de quâ agitur magis valeat, quàm pereat. l. 12. de reb. dub.

Paulus lib. 14. ad Plautium.

Vbi est verborum ambiguitas, valet quod acti est. In dubiis id agendum est, vt quàm tutissimo loco res sit bonâ fide contracta, nisi cum apertè contra legem scriptum est. l. 21. eod.

Modestin. lib. singular. de Præscriptionibus.

Non puto delinquere eum qui in dubiis quæstionibus contra fiscum facilè responderit. l. 10. de iur. fis.

Vlpian. lib. 2. Disputation.

Si quis intentione ambiguâ vel oratione vsus sit, id quod vtilius ei est accipiendum est. l. 66. de iudiciis.

Pompon. lib. 2. ad Sabinum.

l 80. de iud. *Si in iudicis nomine, prænominеve erratum est, Seruius respondit, si ex conuentione litigatorum is Iudex addictus esset, eum esse Iudicem de quo litigatores sensissent.*

Pompon. lib. 8. ad Q. Mutium.

l. 45. de leg. 2. *Exemplum pessimum est fœminino vocabulo etiam masculos continere.*

Celsus lib. 5. Dig.

l. 9 de seruit. *Quædam in sermone tacitè excipiuntur.*

Paulus lib. 76. ad Edict.

l. 72. de ver. sig. *Appellatione rei pars etiam continetur.*

Modestin. lib. 9. Differentiar.

l. 101. de verb. sig. l. 81. de leg. 3. *Commune nomen vtrumque sexum continet.*

Vlpian. lib. 46. ad Edict.

l. 195. de verb. sign. *Pronunciatio sermonis in sexu masculino, ad vtrumque sexum plerumque porrigitur.*

Paulus lib. 59. ad Edict.

l. 53. 29. & 124. *Sæpè ita comparatum est, vt conjuncta pro disiunctis accipiantur, & disiuncta pro conjunctis: interdum soluta pro separatis.*

Paulus lib. 6. ad Edict.

l. 110. de reg. iur. *In eo quod plus sit, semper inest & minus.*

Vbi verba conjuncta non sunt, sufficit alterutrum esse factum.

Paulus lib. 3. ad Edict. Prouin.

l. 113. de reg. iur. *In toto & pars continetur.*

Gaius lib. 24. ad Edict. Prouin.

l. 147. *Semper specialia insunt generalibus.*

Paul. lib. 17. ad Edict.

l. 38. de re. iud. *Inter pares numero Iudices si dissonæ sententiæ proferantur, in liberalibus quidem caussis secundum quod & à D. Pio constitutum est, pro libertate statutum obtinet, in alijs autem causis pro reo; quod & in iudicijs publicis obtinere oportet.*

Si diuersis summis condemnent Iudices, minimam spectandam esse Iulianus scribit.

Iulian. lib. singul. de Ambiguitatib.

l. 62. de leg. 3. *Semper sexus masculinus etiam fœmininum continet.*

Paulus lib. 18. ad Plautium.

l. 28. §. vlt. D. de iud. l. *Non rerũ natura intuẽda est in quâ omnia certa sunt, cùm futura vtique fiant : sed nostra inscientia aspici debet.* 38. D. de reb. cred.

Paulus lib. 6. Quæstionum.

Quoties æquitatem desiderij naturalis ratio aut dubitatio iuris moratur, iustis decretis iustâque interpretatione res temperanda est. l. 85. D. de reg. iur. v. l. 17. de cõst. pec. l. vlt. à quo. § tempest. D. ad SC. Treb.

Paulus lib. 4. ad Sab.

*Quod * per se esse non potest, rapit secum in accessionis locum id sine quo esse non potest.* * l. 4. de penu leg.

Vlp. lib. 20. ad Sab.

Semper cùm quærimus quid cui cedat, illud spectamus, non quæ sit res pretiosior, sed quid cuius ornandæ rei causâ adhibeatur, vt accessio cedat principali. l. 19. § 13. de auro, arg. &c. leg

Florentinus lib. 11. Instit.

Vtra vtrius rei sit accessio, visu atque vsu rei, consuetudine patrisfamilias æstimandum est. l 29. eod.

Paul. lib. 2. ad Vitell.

In his quæ dubium est cuius generis sint, consuetudinem patrisfamilias spectandam: non etiam in his, quæ certum est eius generis non esse. l 32 § 2. de aur. & arg. leg. at.

Vlp. lib. 24. ad Sab.

Melius est sensum magis quàm verba amplecti. l. 3 § 7. de adim. leg.

IVSTINIANVS No. 143.

Legis interpretationem culmini tantùm principali competere, nemini venit in dubium, cùm promulgandæ quoque legis auctoritatem fortunæ sibi vindicat eminentia. LEGVM INTERP.

Paul. lib. 4. Quæstion.

Beneficia principalia ipsi Principes solent interpretari. l. 43. de vulg. & pup. subst.

Hermogenianus lib. 1. iuris Epitom.

Lege Iuniâ Petroniâ, si dissonantes pares Iudicum existant sententiæ, pro libertate pronunciari iussum: sed & si testes non dispari numero tam pro libertate, quàm contra libertatem dixerunt, pro libertate pronunciandum esse, sæpè constitutum est. l. 24. de manumiss.

Paul. lib. 4. ad Sab.

Multum interest inter genus & speciem: speciem enim eximi de genere placet. l. 10. de man. test.

Iulian. lib. 2. ad Vrseium Ferocem.

Melius est verba benigniùs interpretari. l. 18. eod.

Imp. IVSTINIANVS Iuliano P P.

l. 14. C. de fideicom. libertat. *In ambiguis sensibus melius est, & maximè in libertate, fauore eius, humaniorem amplecti sententiam.*

Africanus lib. 5. Quæst.

l. 108. § 14. de legat. 1. *Quod parum quidem aptè scriptum est, æquè intelligendum est.*

Papinianus lib. 3. Quæst.

l. 8. de coll. bonor. *Cum de bonis paternis inter fratres disputatur, benignior sententia præualet.*

Imp. IVSTINIANVS A. Demostheni P.P.

l. 13. de sent. & interloc. *Nemo iudex vel arbiter existimet, neque consultationes, quas non ritè iudicatas esse putauerit, sequendum, & multò magis sententias eminentissimorum Præfectorum vel aliorum procerum. (Non enim si quid non benè dirimatur, hoc & in aliorum Iudicum vitium extendi oportet: cum non exemplis, sed legibus iudicandum sit;) neque si cognitionales sint amplissimæ præfecturæ, vel alicuius maximi Magistratus prolatæ sententiæ: sed omnes Iudices nostros veritatem & legum iustitiæ sequi vestigia sancimus. Dat. III. Kal. Nouemb.*

Imp. LEO & ANTHEMIVS AA. Nepotiano Magistro militum Dalmatiæ.

l. 5. C. de bo. quæ lib. *Consequens est ambiguas atque legum diuersis interpretationibus titubantes causas benignè, atque naturalis iuris moderamine temperare.*

Modestinus lib. sing. de enucleatis casib.

l. 19. de appellat. *Si expressim contra iuris rigorem sententia data fuerit, valere non debet, & ideò sine appellatione causa denuò induci potest.*

Non iure profertur sententia, si specialiter contra leges, vel senatusconsultum, vel constitutiones fuerit prolata.

Imp. ANTONINVS Septimio.

l. 7. C. de fideicom. *Voluntatis defuncti quæstio in æstimatione iudicis est. P. P. XV. Kal. Mart. Fusco II. & Dextro Coss.*

Papinian. lib. 1. Responsor.

l. 15. D. ad Municip. *Facti quidem quæstio est in potestate iudicantium, iuris autem auctoritas non est.*

IVSTINIANVS in Const. 1. de vet. iur. enuc.

§ 12. Nostram autem consummationē, quæ à nobis Deo annuente componetur

componetur, Digestorum vel Pandectarum nomen habere sancimus, nullis iurisperitis in posterum audentibus commentarios illi applicare, & verbositate suâ supradicti Codicis compendium confundere, quemadmodum antiquioribus temporibus factum est, cum per contrarias interpretantium sententias totum penè ius conturbatum est: sed sufficiat per indices tantummodò & titulorum subtilitates, quæ παρατίτλα nuncupantur, quædam admonitoria eius facere, nullo ex interpretatione eorum vitio oriundo. Datum CP. XIIII. Kal. Ian. Lampadio & Oreste. VVCC. Coss.

IVSTINIANVS in Constit. 2. de vet. iure enucl. siue de confirmatione Digestor.

§. 17. *Sed quia diuinæ quidem res perfectissimæ sunt, humani verò iuris conditio semper in infinitum decurrit, & nihil est in eo quod perpetuo stare possit, (multas enim formas edere natura nouas deproperat;) non desperamus quædam postea emergi negotia quæ adhuc legum laqueis non sunt innodata. Si quid igitur tale contigerit, Augustum imploretur remedium: quia ideò Imperialem fortunam rebus humanis Deus præposuit, vt possit omnia quæ nouiter contingunt & emendare & componere, & modis ac regulis competentibus tradere. Et hoc non primùm à nobis dictum est, sed ab antiquâ descendit prosapiâ, cùm & ipse Iulianus legum & edicti perpetui subtilissimus conditor, suis libris hoc retulerit; vt si quid imperfectum inueniatur, ab Imperiali sanctione hoc repleatur, & non ipse solus, sed & Diuus Hadrianus in compositione Edicti & Senatusconsulto quod eam secutum est, hoc apertissimè definiuit; vt si quid in Edicto positum inueniatur, hoc ad eius regulas, eiusque conjecturas & imitationes possit noua instruere auctoritas.*

REGVLAR. LIB. II.
DE INTERPRETATIONE LEGVM, SCC. EDICTOR. PRIVILEGIORVM, DECRETORVM, SENTENTIARVM, &c.

Caius lib. 1. ad L. XII. Tab.

l. 1. D. de orig. iur. — *INterpretionem premittentibus inconueniens erit omissis initijs atque origine non repetitâ, atque illotis manibus, protinus materiam interpretationis tractare. Namque, nisi fallor, istæ præfationes & libentius nos ad lectionem propositæ materiæ producunt, & cum ibi venerimus, euidentiorem præstant intellectum.*

v. l Solemus de Iudiciis.

Vlpian. lib. 26. ad Edict.

l. 1. de reb. cred. — *E re est, priusquàm ad verborum interpretationem perueniamus, pauca de significatione ipsius tituli referre.*

Pompon. lib. singul. Enchiridij.

l. 2. §. his legib. & §. post originem de orig. jur. — *Legibus latis naturaliter euenire solet, vt interpretatio desideret Prudentium auctoritate necessariam esse disputationem fori: quod constare non potest ius, nisi sit aliquis iurisperitus, per quem possit quotidie in melius produci.*

Celsus lib. 9. Digest.

l. 24. de legib. — *Inciuile est nisi totâ lege perspectâ, vnâ aliquâ particulâ eius propositâ, iudicare vel respondere.*

Celsus lib. 26. Digest.

l. 17. de legib. — *Scire leges non hoc est, verba earum tenere, sed vim ac potestatem.*

Idem lib. 17. Digest.

l. 5. de legib. — *Ad ea potius debet aptari ius, quæ & frequenter & facilè, quam quæ perrarò eueniunt.*

Paulus lib. 17. ad Plautium.

l. 6. de legib. l. 3. si pars hæred petatur. — *Prudentissimè juris auctores medietatem quamdam secuti sunt, vt quod fieri non rarum admodum potest, intuerentur.* τὸ γὰρ ἅπαξ ἢ δὶς παραβαίνουσιν οἱ νομοθέται.

Iulian. lib. 59. Digestor.

Neque leges, neque senatusconsulta ita scribi possunt, vt omnes casus qui quandoque inciderint comprehendantur: sed sufficit ea quæ plerumque accidunt contineri. l. 10. de legib.

Idem lib. 90. Digest.

Et ideò de his quæ primò constituuntur, aut interpretatione aut constitutione optimi Principis certius statuendum est. l. 11. eod.

Id. lib. 15. Digest.

Non possunt omnes articuli singillatim aut legibus aut senatusconsultis comprehendi. Sed cum in aliquâ causâ sententia eorum manifesta est, is qui iurisdictioni præest, ad similia procedere atque ita ius dicere debet. l. 12.

Vlpian. lib. 1. ad Edict. Ædil. Curul.

Nam, vt ait Pædius, quotiens lege aliquid, vnum vel alterum introductum est, bona occasio est cætera quæ tendunt ad eamdem vtilitatem, vel interpretatione, vel certè iurisdictione suppleri. l. 13.

Paulus lib. 54. ad Edictum.

Quod verò contra rationem iuris receptum est, non est producendum ad consequentias. l. 14. eod. & l. 141. de diuer. reg. iur.

Iulian. lib. 27 Dig.

In his quæ contra rationem iuris constituta sunt, non possumus sequi regulam iuris. l. 15. de leg.

Cels. lib. 23. Dig.

Quod non ratione introductum, sed errore primùm, deinde consuetudine obtentum est, in alijs similibus non obtinet. l. 39. eod.

Vlpian. lib. 1. Institutionum.

Ex constitutionibus Principum quædam sunt personales, nec ad exemplum trahuntur. Nam quæ Princeps alicui ob merita indulsit, vel si quam pœnam irrogauit, vel si cui sine exemplo subuenit, personam non egreditur. l. 1. de côst. Princip.

Paulus lib. 70. ad Edict.

Quæ propter necessitatem recepta sunt, non debent in argumentum trahi. l. 162. de reg. iur.

Iul. lib. 55. Digest.

Non omnium quæ à maioribus constituta sunt, ratio reddi potest. l. 8. & 12. l 20 de leg. v. Cujac. in tit. de Iust. & Iur. p. 16. l. 51. §. vlt. ad l. Fal.

Neratius lib. 6. Membran.

l. 11. *Et ideò rationes eorum quæ conſtituuntur, inquiri non oportet; alioqui multa ex his quæ certa ſunt ſubuertuntur.*

Vlpian. lib. 5. de adulteriis.

l. 12. D. qui & à quib. manumit. *Hoc quidem perdurum eſt, ſed ita lex ſcripta eſt. Plato in Critone.*

Vlp. lib. 7. ad L. Iul. & Papiam.

l. 64. §. 9. ſolut. mat. *In quibus caſibus lex deficit, non erit nec vtilis actio danda.*

Paulus lib. 4. ad Plautium.

l. 23. de legibus. l. 2. & l. 7. de in integrũ reſtitut. *Minimè ſunt mutanda, quæ interpretationem certam ſemper habuerunt.*

Vlpian. lib. 4. Fideicom.

l. 1. de cõſt. Princip. *In rebus nouis conſtituendis euidens eſſe vtilitas debet, vt recedatur ab eo iure, quod iamdiu æquum viſum eſt.*

Paul. lib. 4. Quæſtion.

l. 26. de leg. *Non eſt nouum, vt priores leges ad poſteriores trahantur.*

Tertyll. lib. 1. Quæſt.

l. 27. *Ideò quia antiquiores leges ad poſteriores trahi vſitatum eſt, & ſemper quaſi hoc legibus ineſſe credi oportet, vt ad eas quoque perſonas, & ad eas res pertineant, quæ quandoque ſimiles erunt.*

Paul. l. 5. ad L. Iul. & Pap.

l. 28. *Sed & poſteriores leges ad priores pertinent, niſi contrariæ ſint: idque multis argumentis probatur.*

Modeſti. l. 1. Excuſat.

l. 4. de cõſt. Princip. Αἱ μεταγενέστεραι διατάξεις ἰσχυρότεραι τῶν πρὸ αὐτῶν εἰσίν.

Paulus lib. ſing. ad leg. Cinciam.

l. 29. de leg. *Contra legem facit, qui id facit quod lex prohibet; in fraudem verò, qui ſaluis verbis legis, ſententiam eius circumuenit.*

Vlpian. lib. 4. ad Edict.

l. 30. eod. *Fraus legi fit, vbi quod fieri noluit, fieri autem non vetuit, id fit: & quod diſtat* ῥητὸν ἀπὸ διανοίας, *hoc diſtat fraus ab eo quod contra legem fit.*

Paulus lib. ſing. de Dotis repetitione.

l. 68. de reg. iur. *In omnibus cauſis id obſeruatur, vt, vbi perſonæ conditio locum facit beneficio, ibi, deficiente eâ, beneficium quoque deficiat: vbi verò genus actionis id deſiderat, ibi ad quemuis perſecutio eius deuenerit, non deficiat ratio auxilij.*

Paulus lib. 1. Quæstionum.

Si de interpretatione legis quæratur, in primis inspiciendum est, quo iure ciuitas retro in huiusmodi casibus vsa fuisset: optima enim est legum interpres consuetudo. 37. de leg.

Callistratus lib. 1. Quæst.

Nam Imperator noster Seuerus rescripsit, in ambiguitatibus quæ ex legibus proficiscuntur, consuetudinem, aut rerum perpetuò iudicatarum auctoritatem, vim legis obtinere debere. l. 38.

Celsus lib. 29. Dig.

Benigniùs leges interpretandæ sunt, quo voluntas earum conseruetur. l. 18. de leg.

Idem lib. 33. Digest.

In ambiguâ voce legis, ea potius accipienda est significatio quæ vitio caret, præsertim cum etiam voluntas legis ex hoc colligi possit. l. 19.

Modestin. lib. 8. Respon.

Nulla iuris ratio, aut æquitatis benignitas patitur, vt quæ salubriter pro vtilitate hominum introducuntur, ea nos duriore interpretatione, contra ipsorum commodum producamus ad seueritatem. l. 25.

Marcellus lib. 3. Digest.

Etsi nihil facilè mutandum est ex solemnibus: tamen, vbi euidens æquitas poscit, subueniendum est. l. 183. de reg. iur. & l. 7. de in integ. rest. Arist. 2. Polit. 67.

Iauolenus Epist. lib. 3.

Beneficium Imperatoris, quod à diuinâ scilicet eius indulgentiâ proficiscitur, quàm plenissimè interpretari debemus. l. 3. de cõst. Princip.

Hermogenianus lib. 1. Epitom.

Interpretatione legum, pœnæ molliendæ sunt potiùs, quàm exasperandæ. l. 42. de pæn.

Paul. lib. 65. ad Edict.

In pœnalibus causis benigniùs interpretandum est. l. 155. de reg. iur.

Vlpian. lib. 35. ad Edict.

Cum lex in præteritum quid indulget, in futurum vetat. l. 22. de leg.

Papinianus lib. 11. Definitionum.

Sanctio legum quæ nouissimè certam pœnam irrogat iis qui præceptis legis non obtemperauerint, ad eas species pertinere non videtur, quibus ipsâ lege pœna specialiter addita est. Nec am- l. 41. de pæn.

bigitur in cætero omni iure speciem generi derogare. Nec sane verisimile est delictum vnum eadem lege varijs æstimationibus coërceri.

Caius lib. 5. ad Leg. XII. Tab.

l. 237. de verb. sig. *Duobus negatiuis verbis quasi permittit lex magis quàm prohibuit. Idque etiam Seruius animaduertit.*

Callistratus lib. II. Quæst.

l. 220. de verb sign. *Toties leges ducunt necessarium cognationum singularum nominibus vti, veluti filij, nepotis, pronepotis, &c. quoties non omnibus, qui post eos sunt, præstitum voluerint; sed solis his succurrent, quos nominatim enumerent. At vbi non personis certis, non quibusdam gradibus præstatur, sed omnibus qui ex eodem genere orti sunt, liberorum appellatione comprehenduntur.*

Modestinus lib. 4. Excusationum.

l. 13. § ἱτερὸν D. de excu. tut. Ἀλλ' εἰ καὶ τὰ μάλιστα τὸ ῥητὸν τοῦ νόμου ταύτην ἀποτελεῖ τὴν διάνοιαν, ὅμως γνώμη τοῦ νομοθέτου ἄλλο βούλεται.

Paul. lib. 28. ad Edict.

l. 110 de exer. act. *In re dubiâ melius est verbis edicti seruire.*

Vlpian. lib. 1. ad Edict. Ædilium. Curul.

l. 31 § 20. de ædil. edic. *Ea quæ sunt moris & consuetudinis, in bonæ fidei iudicijs debent venire.*

IVSTINIAN. ad Demosth. PP.

l. vlt. C. de Adsessor. *In legem committunt & ij qui vigorem eius scrupulosis & excogitatis artibus eludere festinant. Decio V. C. Cos.*

Marcianus lib. II. de publicis Iudic.

l. II. de pæn. *Perspiciendum est iudicanti ne quid aut durius, aut remissius constituatur, quàm causa deposcit.*

Nec enim aut seueritatis, aut clementiæ gloria affectanda est; sed perpenso iudicio, prout quæque res expostulat, statuendum est. Plane in leuioribus causis proniores ad lenitatem Iudices esse debent, in grauioribus pœnis seueritatem legum cum aliquo temperamento benignitatis subsequi.

Papinianus lib. 4. Quæstion.

l. 40. de iud. *Non quicquid Iudicis potestati permittitur, id subijcitur iuris necessitati. Iudex si aliquid aduersus legis præscriptum in iudicando dolo malo prætermiserit, legem offendit.*

Vlp. lib. 3. Opinionum.

Personis datæ immunitates heredibus non relinquuntur. Sed & generi posterisque datæ custoditæque, ad eos qui ex fœminis nati sunt, non pertinent l.13. de munerib. & honor. l. 1. de iur. immun.

Modestin. lib. 3. Regul.

Immunitates generaliter tributæ eo iure, vt ad posteros transmitterentur, in perpetuum succedentibus durant. l. 4. eod.

Vlp. lib. 2. de Censib.

Rebus concessam immunitatem non habere intercidere rescripto Imperatoris nostri ad Pelignianum rectè est expressum: quippe personis quidem data immunitas cum personâ extinguitur: rebus, nunquam extinguitur. l. 3. de censib.

Papinianus lib. 8. Quæstion.

Propter publicam vtilitatem strictam rationem haberi, quæ nonnumquàm in ambiguis religionum quæstionibus omitti solet. Nam summam esse rationem quæ pro religione facit. l. 43. de religios.

Paulus lib. 6. ad Edict.

Cuius effectus omnibus prodest, eius & partes ad omnes pertinent. l. 148 de reg. iur.

Vlpian. lib. 3. de Censib.

Quamquam in quibusdam beneficia personis data immunitatis cum personâ extinguantur; tamen cùm generaliter locis, aut cùm ciuitatibus immunitas sit data, videtur, vt ad posteros transmittatur. l. 4 §. 3. de censib.

I. Imp. CONSTANTINVS A. Basso P. V.

Inter æquitatem iusque interpositam interpretationem, nobis solis & oportet & licet inspicere. Dat. III. Non. Decemb. Sabino & Rufino Conss. l. 1. C. de legib.

II. Impp. THEODO. ET VALENTIN. Cæsar. ad Senatum.

Quæ ex relationibus vel suggestionibus iudicantium vel consultatione in commune florentissimorum sacri nostri Palatij procerum, auditorium introducto negotio statuimus, vel quibuslibet corporibus, aut legatis, aut prouinciæ, vel ciuitati, vel curiæ donauimus, nec generalia iura sint: sed leges faciant his duntaxat negotijs, atque personis, pro quibus fuerint promulgata, nec ab aliquo retractentur: notam infamiæ subituro eo, qui vel l. 2. eod.

astutè ea interpretari voluerit, vel impetrato impugnare rescripto, nec habituro fructum per surreptionem eliciti: & Iudice, si dissimulauerit, vel vlterius litigantem audierit, vel aliquid allegandum admiserit, & sub quodam ambiguitatis colore ad nos retulerit, triginta librarum auri condemnatione plectendo. Data VIII. Id. Nouemb. Theodosio A. XI. & Valentiniano Cæsare Coss.

III. Iidem AA. ad Senatum.

l. 3. *Leges vt generales ab omnibus æquabiliter in posterum obseruentur, quæ vel missæ à nobis ad venerabilem cœtum oratione conduntur, vel inserto Edicti vocabulo nuncupantur: siue eas nobis spontaneus motus ingesserit, siue precatio, siue relatio, vel lis mota legis occasionem postulauerit. Nam satis est Edicti eas nuncupatione censeri, vel per omnes populos Iudicum programmatibus diuulgari, vel expressius continere quod Principes censuerint ea quæ in certis negotijs statuta sunt, similium quoque causarum fata componere. Sed & si lex generalis vocata est, vel ad omnes iussa est pertinere, vim obtineat Edicti: interlocutionibus, quas in vno negotio iudicantes protulimus, vel postea proferemus, non in commune præjudicantibus, nec ijs quæ specialiter quibusdam concessa sunt ciuitatibus, vel prouinciis, vel corporibus, ad generalitatis obseruantiam pertinentibus. Dat. VIII. Id. Nouemb. Rauennæ. Theodosio A. XII. & Valentiniano A. II. Coss.*

V. Iidem AA. Florentino PP.

l. 5. *Non dubium est in legem committere eum qui verba legis amplexus contra legis nititur voluntatem, nec pœnas insertas legibus euitabit qui se contra iuris sententiam sæuâ prærogatiuâ verborum fraudulenter excusat. Nullum enim pactum, nullam conuentionem, nullum contractum inter eos videri volumus subsecutum, qui contrahunt lege contrahere prohibente. Quod ad omnes etiam legum interpretationes, tam veteres quàm nouellas trahi generaliter imperamus: vt legislatori, quod fieri non vult tantùm prohibuisse sufficiat, cæteraque quasi expressa ex legis liceat voluntate colligere: hoc est, vt ea quæ lege fieri prohibentur, si fuerint facta, non solùm inutilia, sed etiam pro infectis habeantur: licet legislator fieri prohibuerit tantùm, nec specialiter dixerit, inutile esse debere quod factum est, sed & si quid fuerit subsecutum*

ſubſecutum ex eo, vel ob id quod interdicente lege factum eſt, illud quoque caſſum atque inutile eſſe præcipimus. Secundùm itaque prædictam regulam quam vbicumque non ſeruari factum lege prohibente cenſuimus: certum eſt nec ſtipulationem huiuſmodi tenere, nec mandatum vllius eſſe momenti, nec ſacramentum admitti. Dat. VII. Id. April. Conſtantinop. Theodoſio A. XVII. & Feſto Coſſ.

VI. Iidem AA. Florentino. P. P.

Quod fauore quorumdam conſtitutum eſt, quibuſdam caſibus ad læſionem eorum nolumus inuentum videri. Dat. Kal. Aug. Theodoſio A. XVII. & Feſto Coſſ. l. 6.

Iidem AA. Cyro P. P. & Conſuli deſignato. l. 7.

Leges & conſtitutiones futuris certum eſt dare formam negotiis, non ad facta præterita reuocari, niſi nominatim, & de præterito tempore, & adhuc pendentibus negotiis cautum ſit. Dat. Non. April. Conſtantinop. Valentiniano A. V. & Anatolio Coſſ. Exempla in l. vlt. C. de Sacroſ. Eccl. l. ſi quis de Epiſc. & Cleric.

Impp. Valent. & Martian. AA. ad Palladium P. P.

Leges ſacratiſſimæ quæ conſtringunt hominum vitas, intelligi ab omnibus debent, vt vniuerſi præſcripto eorum manifeſtiùs cognito, vel inhibita declinent, vel permiſſa ſectentur. Si quid verò in iiſdem legibus latum fortaſſis obſcurius fuerit, oportet id ab Imperatoriâ interpretatione pateſieri, duritiamque legum noſtræ humanitati incongruam emendari. Dat. VI. Id. Feb. Anthemio Conſ. l. 9.

Imp. Ivstinianvs A. Demoſtheni P. P.

Si Imperialis Majeſtas cauſam cognitionaliter examinauerit, & partibus cominùs conſtitutis ſententiam dixerit, omnes omninò Iudices qui ſub noſtro Imperio ſunt, ſciant hanc eſſe legem, non ſolum illi cauſæ, pro quâ producta eſt, ſed & omnibus ſimilibus. Quid enim maius, quid ſanctius eſt Imperiali Majeſtate? vel quis tantæ ſuperbiæ faſtidio tumidus eſt, vt regalem ſenſum contemnat, cum & veteris iuris conditores, conſtitutiones quæ ex Imperiali decreto proceſſerunt, legis vim obtinere apertè dilucidéque definiant? Cum igitur & hoc in veteribus legibus inuenimus dubitatum, ſi Imperialis ſenſus legem interpretatus eſt, an oporteat huiuſmodi regiam interpretationem obtinere: eorum l. 12.

quidem vanam subtilitatem tam risimus, quàm corrigendam esse censuimus.

Definimus autem omnem Imperatorum legum interpretationem, siue in precibus, siue in iudiciis, siue alio quocumque modo factam, ratam & indubitatam haberi. Si enim in præsenti leges condere soli Imperatori concessum est: & leges interpretari solo dignum Imperio esse oportet. Cur autem ex suggestionibus procerum, si dubitatio in litibus oriatur, & sese non esse idoneos vel sufficientes ad decisionem litis illi existiment, ad nos decurratur? & quare omnes ambiguitates Iudicum, quas ex legibus oriri euenit, aures accipiunt nostræ, si non à nobis interpretatio mera procedit? vel quis legum ænigmata soluere, & omnibus aperire idoneus esse videbitur, nisi is cui soli legislatorem esse concessum est? Explosis itaque his ridiculosis ambiguitatibus, tàm conditor quàm interpres legum solus Imperator iustè existimabitur, nihil hac lege derogante veteris iuris conditoribus, quia & eis hoc Majestas Imperialis permisit. Dat. VI. Kal. Nouemb. Decio. V. C. Cons.

Conjungenda est l.2 C. de diuersis, rescrip.

Imp. CONSTANTINVS* ad Maximium Præsidem Ciliciæ.

*alit. est tit. in Cod. D. Gothofr.

l.1.C. de inoff dot.

Leges legibus concordare promptum est.

Iulian. lib. 86. Digest.

l.5. ad l. Aquil.

Multa iure ciuili contra rationem disputandi, pro vtilitate communi recepta esse, innumeralibus rebus probari potest.

Vlpian. lib. 30. ad Sabinum.

l.4. de præscr. verb.

Naturâ rerum conditum est, vt plura sint negotia, quàm vocabula.

Paul. lib. 1. Sentent.

l.47. de neg. gest.

Non refert directâ quis an vtili actione agat vel conueniatur, quia in extraordinariis iudiciis vbi conceptio formularum non obseruatur, hæc subtilitas superuacua est: maximè cum vtraque actio eiusdem potestatis est, eumdemque habet effectum.

Tryphoninus lib. 4. Disputat.

l.12. § 2. de cap. & post.

Factæ causæ, infectæ nullâ constitutione fieri possunt.

Vlpian. lib. 45. ad Edict.

l.8. de cast. pec.

Veritatem spectamus, non quod quis finxit.

Impp. CONSTANTINVS & LICINIVS AA. ad Dionysium.

l.8. C. de iudicijs

Placuit in omnibus rebus præcipuam esse iustitiæ æquita-

tisque, quàm stricti iuris rationem. Dat. Id. Maij Volusiano & Anniano Coss.

Tryphoninus lib. 13. Disp.

Interdum qui incidit in verba constitutionis, sententiâ excusatur. l. 4. D. qui pet. tut.

Iulianus lib. 14. Digest.

Licet verbis edicti non habeantur infames ita condemnati, re tamen ipsâ & opinione hominum non effugiunt infamiæ notam. l. 2. D. de obseq.

Paul. lib. 4. ad Edict.

Moderanda interdum iurisdictio est, licet verba edicti non patiantur. l. quamuis de in ius vocando.

Teren. Clemens lib. 5. ad L. Iul. & Pap.

Lex vtilis Reip. sobolis scilicet procreandæ causâ lata, adiuuanda est interpretatione. l. 64. de cond. & demonst.

Paul. lib. 3. ad Sab.

Non verba spectantur SC. sed sententia quibuscumque verbis. l. 19. ad SC. Treb.

Vlpian. lib. 24. ad Edict.

Quamuis sit manifestissimum Edictum Prætoris, attamen non est negligenda interpretatio eius. l. 1. §. 5. de ventre inspiciẽdo.

IVSTINIAN. in Constitutione Tanta, siue de confirmat. Digest.

§. 21. *Hoc autẽ quod ab initio nobis iustum visum est, cùm hoc opus fieri Deo annuente mandabamus, tempestiuum nobis esse videtur & in præsenti sancire: vt nemo nec eorum qui in præsenti iuris peritiam habent, nec qui postea fuerit, audeant commentarios ijsdem legibus adnectere: nisi tantum si velint eas in Græcam vocem transformare sub eodem ordine, eâdemque consequentiâ, sub quâ voces Romanæ positæ sunt, hoc quod Græci κατὰ πόδας dicunt, vel si quid forsitan per titulorum subtilitates adnotare maluerint, & ea quæ παράτιτλα nuncupantur, componere; alias autem legum interpretationes, imò magis peruersiones eos iactare non concedimus, ne verbositas eorum aliquod legibus nostris adferat ex confusione dedecus: quod & in antiquis Edicti perpetui commentatoribus factum est, qui opus moderatè confectum huc atque illuc in diuersas sententias producentes in infinitum distraxerunt, vt penè omnem Romanam sanctionem esse confusam cerneres. Quòd si non passi sumus, quemadmodum posteritatis ad-*

mittetur vana discordia? Si quid autem tale facere ausi fuerint, ipsi quidem falsitatis rei constituantur, volumina autem eorum omninò corrumpantur. Si quid verò (vt supra dictum est) ambiguum fuerit visum, hoc ad Imperiale culmen per Iudices referatur, & ex auctoritate Augustâ manifestetur, cui soli leges condere & interpretari concessum est. D. XVII. Kal. Ian. C P. D. Iustiniano. P P. A. III. Cos.

Paulus lib. 1. Sentent. tit. 4.

Superflua facta prodesse, iuri tamen nocere non possunt.

Lib. 4.

Sufficit inter conjunctas personas quibuscumque verbis, vt in donatione, voluntas expressa.

Lib. 4. tit. 12.

Inter pares sententias clementior seueriori præfertur, & certè humanæ rationis est fauere miserioribus, & propè innocentes dicere, quos absolutè nocentes pronunciare non possumus.

Ex Vlpiani Fragmentis.

Imperfecta lex est veluti Cincia, quæ suprà certum modum donari prohibet, exceptis quibusdam cognatis: & si plus donatum sit, non rescindit.

Minus quàm perfecta lex est, quæ vetat aliquid fieri, & si factum est, non rescindit: sed pœnam injungit ei qui contra legem fecit.

Lex aut rogatur, id est, fertur: aut abrogatur, id est, prior lex tollitur: aut subrogatur, id est adjicitur aliquid primæ legi: aut obrogatur, id est mutatur aliquid ex primâ lege.

Auctor ad Heren. lib. 2.

Plus valet sanctio permissione.

Sæpè lex quæ vetat, corrigere videtur quasi exceptione quadam illam quæ iubet. Donat. in Teren. Phor. Ac. 1. Sec. 2.

Minorem vim habet ea lex quæ aliquid permittit, quàm illa quæ aliquid iubet.

Macrob. lib. 2. in Somn. Scip.

Inter leges illa imperfecta dicitur, in quâ nulla deuiantibus pœna sancitur.

Fab. lib. 12. c. 2.

Quæstio iuris omnis, aut verborum proprietate, aut æqui dispu-

tatione, aut voluntatis conjectione continetur.

Lib. 7. c. 5.

Lex omnis aut tribuit, aut adimit, aut punit, aut iubet, aut vetat, aut permittit. Litem habet aut propter seipsam, aut propter alteram. Quæstio est aut in scripto, aut voluntate. In scripto, aut apertum est, aut obscurum, aut ambiguum. Quod de legibus dico, idem accipi volo de testamentis, pactis, stipulationibus, omni denique scripto; idem de voce.

Cassiodor. in Rhet.

Ratio est anima medullaque legum, quæ æquum bonumque tuetur; seque ad animum legumlatorum accommodat.

Idem.

Quid iuris sit ex ciuili more, per æquitatem consideratur, cui diligentiæ præsunt Iudices.

Idem.

In legibus contrarÿs quam Græci ἀντινομίαν appellant, hoc memoriæ reliquerunt veteres, vt semper veterem legem nouâ vel nuper latâ putemus aboleri.

Fab. lib. 7. c. 7.

In legibus quæ casu conduntur & euentu, hæc ferè quæruntur, vtra lex potentior: ad Deos pertineat, an ad homines; ad Remp. an ad priuatos; de honore, an de pæna; de magnis rebus, an de paruis; permittat, an vetet, an imperet; vtra sit antiquior & velut potentissima, vtra minus perdat. Plurimum tamen est in hoc, vtrum fieri sit melius, æquius, de quo nihil præcipi nisi propositâ materiâ potest.

A. Gell. 7. 21.

Tempora duo cum inter se opposita sunt, atque ita cohærentia, vt alterius finis cum alterius initio misceatur, non refert vtrum per extremitatem prioris, aut per initium sequentis, locus ipse confinis demonstretur. Itaque quoad viuet, & quoad morietur, vnum tempus vtraque verba, licet primâ specie contraria, demonstrant.

Seneca lib. 9. Declamat.

Licet in lege multa non excipiantur, intelliguntur: & scriptum legis angustum est interpretatio diffusa.

REGVLAR. LIB. III.
REGVLÆ DE INTERPRETATIONE CONTRACTVVM

Pomp. lib. 5. ad Sabin.

l. 14. de reg. iur. *IN omnibus obligationibus in quibus dies non ponitur, præsenti die debetur.*

Vlpian. lib. 23. ad Sab.

l. 17. *In stipulationibus promissoris gratiâ tempus adijcitur.*

Papinianus lib. 2. Respons.

l. 219. de verb. sign. *In conuentionibus contrahentium voluntatem potiùs quàm verba spectari placuit.*

Vlpian. lib. 45. ad Sab.

l. 34. de reg. iur. *Semper in stipulationibus & in cæteris contractibus id sequimur quod actum est, aut si non pareat quid actum est, erit consequens, vt id sequamur quod in regione in quâ actum est, frequentatur. Quid ergo si neque regionis mos appareat quia varius fuit? Ad id quod minimum est, redigenda summa est.*

Papin. lib. 3. Respon.

l. 81. eod. l. 56. mand. *Quæ dubitationis tollendæ causâ contractibus adijciuntur, ius commune non lædunt.*

Paul. lib. 5. ad Plaut.

l. 172. de reg. iur. *In contrahendâ venditione ambiguum pactum contra venditorem interpretandum est. Ambigua autem intentio ita accipienda est, vt res salua actori sit.*

Papinianus lib. 5. Quæstionum.

l. 39. de pact. *Veteribus placet pactionem obscuram vel ambiguam venditori & qui locauit nocere, in quorum fuit potestate legem apertiùs dicere.*

Celsus lib. 38. Digest.

l. 99. de verb. obl. *Quidquid astringendæ obligationis est, id nisi palàm verbis exprimitur, omissum intelligendum est. Ac ferè secundùm promissorem interpretamur, quia stipulatori liberum fuit verba latè concipere. Nec rursus promissor ferendus est, si eius intererit de certis potiùs vasis fortè, aut hominibus actum.*

Celsus lib. 26. Dig.

Cum quæritur stipulatione quid actum sit, ambiguitas contra stipulatorem est. l. 26. de reb. dub.

Paul. lib. 5. ad Sab.

Labeo scripsit obscuritatem pacti nocere potius debere venditori, qui id dixerit, quam emptori: quia potuit re integrâ apertiùs dicere. l. 21. de cont. emp.

Vlp. lib. 49. ad Sab.

In stipulationibus, cum quæritur quid actum sit, verba contra stipulatorem accipienda sunt. l. 38. § 13. de verb. obl.

Paul. lib. 5. Quæst.

In emptionibus scimus quid præstare debitor debeat, quidque ex contrario emptor. Quod si in contrahendo aliquid exceptum fuerit, id seruari debebit. l. 43. de pact.

Paul. lib. 9. ad Edict.

Tantùmdem in bonæ fidei iudiciis officium Iudicis valet, quantùm in stipulatione nominatim eius rei facta mentio. l. 7. de neg. gest.

Venuleius lib. 1. Stipulationum.

In Prætoriis stipulationibus si ambiguus sermo acciderit, Prætoris erit interpretatio: eius enim mens æstimenda est. l. 9. de stip. prætoiis.

Paul. lib. 17. ad Edict.

Inter pares numero Iudices si dissonæ sententiæ proferantur, in liberalibus quidem causis, secundùm quod à D. Pio constitutum est, pro libertate statutum obtinet; in aliis autem causis, pro reo: quod & in iudiciis publicis obtinet. l. 38. de re iud.

Si diuersis summis condemnent Iudices, minimam spectandam esse, Iulianus scribit.

Vlp. lib. 67. ad Edict.

Quoties incertum est, quæ potiùs actio teneat, duas dictamus, protestati ex alterâ nos velle consequi, quod nos contingit. l. 1. quod legator.

Vlpian. lib. 31. ad Edict.

Vniuscuiusque contractûs initium spectandum & causa. l. 8. mand.

Pompon. lib. 33. ad Sab.

Cum in lege venditionis ambigua oratio est, primùm spectari oportet quid actum sit: si id non appareat, tunc id accipitur quod venditori nocet.

Paul. lib. 14. ad Plaut.

l. 47. de ob. & act. *Arrianus ait multum interesse, quæras, vtrum aliquis obligetur an aliquis liberetur: vbi de obligando quæritur, propensiores esse debere nos, si habeamus occasionem ad negandum; vbi de liberando ex diuerso, vt faciliores simus ad liberationem.*

Impp. ARCADIVS & HONORIVS Æternali Proconsuli Asiæ.

l. 17. C. de testat. *Necessaria prætermissa imminuunt contractus, & testatoris officiunt voluntati, non abundans cautela.*

Paul. lib. 72. ad Edict.

l. 83. § 1. de verb. oblig. *Stipulatio ex vtriusque consensu valet: iudicium autem etiam in inuitum redditur: & ideò actori potiùs credendum est de quo senserit, stipulatori non item.*

Vlp. lib. 4. ad Edict.

l. iuris gentium. § 8. de pactis. *Vtrum autem in rem, an in personam pactum factum est, non minùs ex verbis quàm ex mente conuenientium æstimandum est.*

REGVLAR. LIB. IIII.

REGVLÆ DE INTERPRETATIONE VLTIMAR. VOLVNTATVM.

Paulus lib. 3. ad Sab.

l. 12. de leg. iur. *IN testamentis pleniùs voluntates testantium interpretamur.*

Vlpian. lib. 23. ad Sab.

l. 17. *Cum tempus in testamento adijcitur, credendum est pro herede adiectum, nisi alia mens fuerit testatoris.*

Q. Mut. Scæuola lib. sing. Ορων.

l. 73. *Quæ in testamento ita sunt scripta, vt intelligi non possint, perinde sunt, ac si scripta non essent.*

Marcell. lib. sing. Respons.

l. 69. de leg. 3. *Non aliter à significatione verborum recedi oportet, quàm cum manifestum est aliud sensisse testatorem.*

Marcell. lib. 11. Digest.

l. 24. de reb. dub. *Cum in testamento ambiguè aut etiam perperam scriptum est, benignè*

benignè interpretari, & secundùm id quod credibile est cogitatum, credendum est.

Idem lib. 14. Digest.

Sæpenumerò mutatur rei effectus quamquam id expresserit testator, quod, etsi non fecisset, inesset tamen. l. 47. de cond. & demonst.

Modestin. lib. 7. Different.

Expressa nocent, non expressa non nocent. l. 195. de reg iur. l. 52. de cond. & demonst.

Papinianus lib. 18. Quæstion.

Voto matris opponi ominosa interpretatio non debet. l. 72. de cõd. & demonst.

Vlpian. lib 5. Fideicom.

Non debet circumueniri testantium voluntas. l. 92. eod.

Papin. lib. 8. Respons.

In conditionibus testamentorum, voluntatem potiùs quàm verba considerare oportet. l. 101. eod.

Pompon. lib. 3. ad Sab.

In legatis nouissimæ scripturæ valent, & voluntas facit, quod in testamento scriptum valeat. l. 12. §. 3. de leg. 1.

Vlpian. lib. 2. Fideicom.

In fideicommissis, præcipuè spectanda seruandaque est testatoris voluntas. l. 11. §. 16. de leg 3. l. 17. ad Treb.

Vlpian. lib. 24. ad Sab.

Si numerus nummorum legatus sit, neque apparet quales sunt legati, ante omnia ipsius patrisfamilias consuetudo, deinde regionis, in quâ versatus est, exquirenda est: sed & mens patrisfamilias, & legatarÿ dignitas, vel caritas & necessitudo: item earum, quæ præcedunt, vel quæ sequuntur summarum scripta sunt spectanda. l. 50. in fine de leg. 1. in gloss. & l. nummis 75. de leg. 3. Corn. Cõj. 244. vol. 2.

Paulus lib. 2. ad Vitellium.

Optimum esse Pædius ait non propriam verborum significationem scrutari, sed in primis quid testator demonstrare voluerit, deinde in quâ præsumptione sunt, qui in quâque regione commorantur. l. 18. §. 2. de instr. vel instr. leg. l. 75. de leg 3.

Pompon. lib. 3. ad Sab.

In legatis nouissimæ scripturæ valent: interdum tamen non posterior, sed præcedens scriptura valet: denique voluntas facit quòd in testamento scriptum valeat. l. 12. §. 3. de leg. 1.

Idem lib. 8. ad Q. Mutium.

l. 7. de ann. legat. *In testamentis quædam scribuntur, quæ ad auctoritatem dumtaxat scribentis referuntur, nec obligationem pariunt. In omnibus autem vbi auctoritas sola est testatoris, neque omnimodo spernenda, neque omnimodo obseruanda est: sed interuentu Iudicis hæc omnia debent, si non ad turpem causam referuntur, ad effectum perduci.*

Scæuola lib. 4. Respon.

l. 13. eod. *Cum multa oriri possint, quæ pro bono sint æstimanda, non potest absolutè responderi, sed huiusmodi varietas viri boni arbitrio dirimenda est.*

l. 10. de trit. vino & ol. leg. Hermogenianus lib. 2. Epitomar.

Ex vsu testatoris legatum æstimatur.

Alfenus Varus lib. 5. Digest.

l. 14. de pec. leg. *In coniunctionibus ordo nullus est, neque quicquàm interest vtrum eorum primum dicatur aut scribatur.*

Paulus lib. 1. ad Vitellium.

l. 19. de lib. & post. *Institutiones benignè accipiuntur: exheredationes autem non sunt adjuuandæ.*

Pompon. lib. 3. ad Sab

l. 5. de manumis. testament. *In libertatibus leuissima scriptura spectanda est, vt si plures sint, quæ manumisso facilior sit, ea leuissima intelligatur. Sed in fideicommissarijs nouissima scriptura spectatur.*

Paul. lib. 4. ad Sab.

l. 10 § 1. eod. *Si in obscuro sit voluntas testatoris, tunc fauorabliùs respondetur, liberum fore.*

Papinian. lib. 8. Respon.

l. 77. §. 12. de leg. 2. *Ordo scripturæ non impedit causam iuris ac voluntatis.*

§. 15. eod. *Conjectura ex voluntate testatoris capienda.*

§. 22. eod. *Cùm imperfecta scriptura inuenitur, ita demum verbum legati vel fideicommissi, quod præcedit, vel sequitur, ad communionem adsumitur, si dicto scriptum congruat.*

§. 26. eod. *Non oportet quæri cum quo de supremis quis loquatur, sed in quem voluntatis intentio dirigatur.*

Papinian. lib. 15. Quæst.

l. 64 de leg. 2. *In causâ fideicommissi, vtcumque precaria voluntas quæreretur, conjectura potuit admitti.*

Idem lib. 17. Quæstion.

Qui pluribus speciebus iuris vtitur, non sæpius eamdem rem eidem legat, sed loquitur sæpius. l. 66. §. 5. de leg. 2.

Paulus lib. 4. Sent. Tit. 1.

Filio quibuscumque verbis à patre fideicommissum relictum, iure debetur.

Sufficit enim inter coniunctas personas, quibuscumque verbis, vt in donatione, voluntas expressa.

V. l. 6. de transact.

Vlp. lib. 33. ad Sab.

Ambulatoria est voluntas defuncti vsque ad vitæ supremum exitum. l. 4. de adim. legat.

Paul. lib. 5. ad L. Iul. & Papian.

Nouißima voluntas seruatur, & potior haberi debet. l. 6. eod. l. 90. de cōd. & demonst.

Valens lib. 5. Fideicommis.

Magis posteriorem scripturam testamenti spectari placuit. l. 28. de adim. leg.

Paul. lib. 9. Quæst.

Superuacua scriptura non nocet legato. l. 26. eod.

Alfenus Varus lib. 5. Digest.

Quæ in testamento scripta essent, neque intelligeretur quid significarent, ea perinde sunt, ac si scripta non essent: reliqua autem per se ipsa valent. l. 2. de his quæ pro non scrip.

Gaius lib. 1. de test. ad Edict. Prætoris.

In his quæ extra testamentum incurrerent, possunt res ex bono & æquo interpretationem capere: ea verò quæ ex ipso testamento orirentur, necesse est secundùm scripti iuris rationem expediri. l. 16. de cond. & demonst.

Vlp. lib. 5. Disput.

In conditionibue primum locum defuncti voluntas obtinet, eaque regit conditiones. l. 19. eod.

Marcellus lib. sing. Respons.

In causâ testamentorum, non vtique ad definitionem descendendum est, cum plerumque abusiuè loquantur, nec propriis nominibus ac vocabulis semper vtantur. l. 69. de leg. 3.

Quod parum aptè scriptum est, æquè intelligendum est, &c.

Paul. lib. 8. ad Plautium.

Publicè expedit, suprema hominum iudicia exitum habere. l. 5 quemad. test. aper.

Imp. CONSTANTINVS ad Populum.

l. 1. C. de sacr. Eccl. *Nihil est quod magis hominibus debeatur, quàm vt supremæ voluntatis, postquàm iam aliud velle non possunt, liber sit stylus, & licitum, quod iterum non redit, arbitrium.*

REGVLAR. LIB. V.

REGVLÆ DE INTERPRETATIONE EX LIBRO VI. DECRETALIVM.

CVM quid prohibetur, prohibentur omnia quæ sequuntur ex illo.

Cum quid vnâ viâ prohibetur alicui, ad id aliâ non debet admitti.

Contra eum qui legem dicere potuit apertius, facienda est interpretatio.

Contractus ex conuentione, legem accipere dignoscuntur.

Cum sunt partium iura obscura, reo potiùs fauendum est, quàm actori.

Generi per speciem derogatur.

Decet concessum à Principe beneficium esse mansurum.

In alternatiuis, debitoris est electio, & sufficit alterum adimpleri.

In argumentum trahi nequeunt, quæ propter necessitatem aliquando sunt concessa.

In generali concessione non veniunt quæ quis non esset verisimiliter in specie concessurus.

In obscuris minimum est sequendum.

Inspicimus in obscuris quod est verisimilius, vel quod plerumque fieri consueuit.

In pœnis, benignior est interpretatio facienda.

In toto partem non dubium est contineri.

Odia restringi & fauores conuenit ampliari.

Plus semper in se continet quod est minus.

Pluralis locutio duorum numero est contenta.

Priuilegium personale personam sequitur, & extinguitur cum personâ.

Quæ à iure communi exorbitant, nequaquam ad consequentiam sunt trahenda.

Quod alicui gratiosè conceditur, non debet trahi ab aliis in exemplum.

Quod ob alicuius gratiam conceditur, non est in eius dispendium retorquendum.

REGVLAR. LIB. VI.

REGVLÆ DE INTERPRETATIONE EX THEOLOGIS.

Cyrill. lib. 1. in Euangel. Ioann. cap. 4.

MVlta, non vt dicuntur, sed vt rebus ipsis conueniunt, intelligenda sunt.

August. in lib. LXXXIII. Quæst. Quæst. 69. Tom. 4.

Solet circunstantia scripturæ illuminare sententiam, cùm ea quæ circà scripturam sunt quæstionem contingentia, diligenti discußione tractantur.

Origen. in cap. 2. ad Roman. lib. 2.

Oportet diligenter attendere & dicentis personam, & scopum, consiliumque eius, & ad quos, vel de quibus sermo sit. Chrysost. in cap. 14. ad Roman. Homil. 25.

Cyrill. in Thesaur. lib. *8. cap. 2. & lib. 9. cap. 4.

* Ordo istius Thesauri in editione S. Cyrilli anni 1638. nec per libros, nec per capita constitutus est.

In scriptis præter personam & rem, tempus etiam quo scripta sunt, examinandum est.

Origenes in cap. 3. & cap. 4. ad Roman.

Interdum cùm quid aliunde assumitur, non tàm textûs verbum referri solet, quàm quod præsenti causæ conuenit, & sensus magis, quàm verba spectantur.

Ambrosius lib. 8. in cap. 18. Lucæ. Tom. 4.

In diuinis quidem scriptis, non verborum seriem, sed rerum pondus examinare debemus.

Origen. in cap. 22. Matth. par. 2.

Secundùm ea quæ scripta sunt, tractare debemus, & ea quæ non sunt scripta.

420.

Tom. 7. Augustin. contra duas Epistolas Pelagianor. lib. 3. cap. 6.

Interdum rerum similitudines solent earum rerum nominibus nuncupari, quarum similes sunt.

Tom. 4. Idem lib. 3. Quæstionum in vetus Testament. super Leuitic. cap. 57.

Solet autem res quæ significat, eius rei nomine quam significat, nuncupari

Tom. 1. Idem in lib. de verâ Religione cap. 50.

Habet omnis lingua sua quædam propria genera locutionum, quæ cùm in aliam linguam transferuntur, videntur absurda.

Tom. 3. Idem lib. 2. de doctrinâ Christianâ cap. 9.

Ad obscuriores locutiones illustrandas de manifestioribus sumantur exempla, & quædam certarum sententiarum testimonia dubitationem de incertis auferant. Irenæus lib. 2. aduersus Hæreses, cap. 10.

Hilarius lib. 1. de Trinitate.

Scriptorum aut dictorum intelligentia referenda est potiùs, quàm afferenda: nec id debet videri dictum, quod antè lectionem præsumpseris.*

* Sic habet textus Optimus lector est, qui dictorũ intelligentiam expectet ex dictis, optiùs quàm imponat, & retulerit magis quã attulerit; neque cogat id videri dictis contineri, quod antè lectionem præsumpserit intelligendum.

Idem lib. 4. de Trinitate.

Intelligentia dictorum ex causis est assumenda dicendi, quia non sermoni, res, sed rei est sermo subiectus. cap. 6. extrà, de verbor. significat.

Augustin. super Matthæum.

Nihil obstat narrandi diuersitas, vbi eadem dicuntur: &c. cap. 7. extrà, de verbor. signific.

Hilarius lib. 9. de Trinitate.

Dictorum intelligentia, aut ex præpositis, aut ex consequentibus expectetur.

Idem lib. * de Patris & Filij vnitate.

Omnis responsionum ratio necesse est, vt ex interrogationum causis proficiscatur. Ad id enim respondetur, vnde quæritur.

* Hunc librum falsò adscriptũ D. Hilario scribit Erasmus.

Augustin. de verbis Domini secundùm Matthæum, Serm.*

Multùm refert quo loco quáve occasione quid dicatur, &

multa aliter dici artis est, cùm obiter ad aliquam rem alluditur, quàm vbi certâ de re instituitur integra ex professo oratio.*

Epiphanius contra Hæreses Manichæorum.

Solet quotidianus vsus sermonis singularia pluraliter dicere, & è contra.

Augustin. lib. 3. Quæstion. in vet. Testament. super Leuitic. cap. 56. Tom. 4.

Cùm iubet ille, qui legem constituit, aliquid fieri quod in lege prohibuit, iußio illa pro lege habetur, quoniam author est legis. eod. Tom.
Id. Quæstion. lib. 7. in lib. Iudicum, cap. 36.

* * *

Similitudo non æqualitatem aut identitatem per omnia significat, cùm de rebus diuersis ac naturâ differentibus dicitur.

Augustin. Sermon. 99. &c.

Doctrina legis & Prophetarum Amygdalis similis est, cui fructus primo quidem indumento ornatus est, sequenti munitur ac tegitur, tertio sumentem pascit ac nutrit.

Idem lib. 2. de consensu Euangelistar. cap. 28. Tom. 4.

Rem planè vtilißimam discimus & pernecessariam, nihil in cuiusque verbis nos debere inspicere, nisi voluntatem, cui debent verba inseruire, &c.

Prosper Aquitanic. Epist. de liber. arbitrio.

Ad definitionem alicuius defensionis ea promenda sunt, quæ alteri intellectui, à quo definitio videtur dissonare, non cedant, & eam regulam, cui sunt aptata, non deserant.

S. Thom. 1. parte Quæst. 13. art. 2.

In vocibus videndum, non tàm ex quo, quàm ad quid sumantur.*

* Ibi in cõclusione ad secundum, sic habet textus. In significatione nominum aliud est quandoque, à quo imponitur nomen ad significandum, & id ad quod significandum nomen imponitur, &c.

REGVLÆ AVCTORVM IVRIS ANTIQVI, QVÆ SIC IN LIBRIS NOSTRIS DICTÆ, non reperiuntur tamen sub Tit. de diuer. Regul. Iuris antiqui, in Pandectis.

l. in contrahenda 171. D. de reg. iur.

IN ambiguis contra venditorem fit interpretatio l. Veteribus. 39. D. de pact.

Iuris quidem ignorantia cuique nocet, facti verò ignorantia non nocet. l. 9. D. de iur. & fact. ignor.

Actiones ab hæredibus & contra hæredes non incipiunt. l. vnic. C. vt action. & ab hær. &c. l. 8. C. Th. de diuers. rescript.

l. inuitus 156. de reg. iur.

Vnicuique licet quæ pro se introducta sunt, contemnere. l. Si quis. C. de pact. l. 51. C. de Epis. & Cleric. l. Si Iudex. D. de minorib. l. Pactum inter D. de pact.

Noxa caput sequitur. Nouel. Majoriani de Curionib. &c.

Eius nominis gratiâ pro quo noxalem furti actionem suscipere quis cõpellitur non est aduersùs aliũ furti actio. l. Apud antiquos. C. de fur.

Qui habet aduersùs alium furti actionem, ipse eâ teneri non potest. d. l. Apud.

Ex pacto nudo actio non nascitur. l. Iuris gentium. §. idem responsum. D. de pact.

l. 38. & 164. D. de reg. iur.

Ex delicto pœnalibus actionibus hæredes non tenentur. §. non autem. Inst. de perpet. & temp. act. l. 1. D. de priuat. delict.

l. in eo quod 110. §. 1. & l. qui rem. alienam 166. de reg. iur.

Nemo alienæ rei defensor est idoneus sine satisdatione. §. si verò. Inst. de Satisd.

Petitori incumbit necessitas probandi rem ad se pertinere. l. 1. C. Th. de fide instrum. l. 21. D. de prob. l. 4. C. de edendo. l. 4. C. de probat. l. vlt. C. de rei vindicat.

In exceptionibus reus probat. l. Cùm de indebito. 25. de probat.

Tutor in rem suam auctor fieri non potest. l. 1. 5. & 7. D. de auct. tut. l. Cum ipse. C. de contr. empt.

Curatorem habenti curator non datur. l. 20. D. de tut. & curatoribus datis ab his, qui ius dandi hab. &c.

Quoties de re familiari & ciuilis & criminalis competit actio, vtrâque licet experiri: nec si ciuiliter fuerit actum criminalis potest

test consumi, exceptâ causâ de moribus. l. 1. C. Th. Victum ciuiliter, agere criminaliter posse. l. 1. C. quando ciuil. act. crim. præiud.

Heres heredis, heres est testatoris. l. vlt. §. & hoc. C. de hered. instit. l. heredis. l. sciendum. D. de verb. signif. l. 153. D. de reg. iur. l. cum antiquitas. C. de vsufructu. l. eam quam. C. de fideic.

Quod inutile foret, id est, cuius dies inutiliter cederet, si testamenti facti tempore mortuus fuisset testator, id legatum, quandocumque decesserit, ex postfacto non conualescit. tit. de reg. Cato. l. Iulianus. D. de condit. & demonst. l. 51. post diem, & l. cum legato. Quando dies legat. ced. l. qui soluendo. D. de hered. institut. l. 29. & l. penult. de reg. iur.

Quibus ipsis legare possumus, eorum quoque seruis possumus. l. si mihi & tibi 12. D. de leg. 1.

Hereditas adimi non potest propter quam liber & heres esse iussus est. l. 13. §. 1. D. de lib. & post. l. sed si conditioni dies. D. de her. inst.

Libertas adimi non potest, si liber & heres seruus scriptus sit. l. si ita scriptus 13. §. regula. D. de lib. & post.

Seruus eodem gradu à domino & heres & liber scriptus, domino necessarius heres est. l. 4. C. de necess. ser. her. instit.

Nouæ hereditates legitimæ capitis diminutione non pereunt, sed illæ quæ ex lege XII. tab. deferuntur. §. sciendum. Inst. de SC. Orphit.

Per seruum hereditarium non potest adquiri quod est eiusdem hereditatis. l. 1. §. veteres. D. de adq. poss. l. 18. de adq. rer. dom. l. 43. D. de adq. hered.

Quod quis ab alio stipulando mihi adquirit, id à me stipulando nihil agit, nisi nominatim domino suo à me stipuletur vel conducat. l. sed & si quis 25. §. idem Iulianus. D. de vsufruct.

Veteres ita constituerunt: Quoties culpa interuenit debitoris, perpetuatur obligatio. l. 91. si seruum. §. sequitur. D. de verb. obligat.

Regulariter constitutum est, vt inter suos proximior longiore gradu positos non excludat, & non in capita sed in stirpes diuidatur hereditas. Caius lib. II. Inst. tit. 16.

In suis heredibus non est successio. l. 1. §. sciendum, D. de suis & leg. her.

Filius natus rumpit testamentū. l. 12. & l. 13. §. 1. D. de liber. & post.

Pendente appellatione nihil nouari oportet. l. 1. §. 1. D. nihil nouari appell. interp.

Falsa demonstratio neque legatario, neque fideicommissario nocet, neque heredi instituto. l. 32. D. de condit. instit. & hoc ita iuris ciuilis ratione cautum est.

Falsâ demonstratione legatum non perimitur. §. huic proxima Inst. de legat.

Ratio legandi legato non cohæret. l. 71. §. si alij rem. D. de condit. & demonstr.

Pacta contra bonos mores non valent. l. vlt. C. de pact.

Furtum non committit is qui rem contrectat voluntate domini. l. si quis seruo 20. C. de furt.

Is tantùm tenetur petitione hereditatis, qui pro herede vel possessore possidet. l. regulariter. D. de petit. hered.

Deterior nostra conditio per seruum fieri non potest. l. vlt. C. de adq. & ret. poss.

Hereditate non aditâ omnis vis testamenti soluitur. l. penult. C. de pact. l. si eam quam. C. de fideic. l. si nemo 181. D. de reg. iur.

Animalia quæ redire solent ad locum tamdiu nostra sunt, quamdiu reuertendi animum & consuetudinem habuerunt. l. naturalis. §. ceruo. 5. D. de adq. rer. dom.

Nemo potest videri dolo fecisse, qui fidem suam amico commodauit. l. pen. D. si quid in fraud. patr.

Tantumdem in bonæ fidei iudiciis officium iudicis valet, quantum in stipulatione nominatim eius rei facta interrogatio. l. quia tantumdem. D. de negot. gest.

Seruitus morti adsimilatur. l. intercedit. §. 2. D. de condit. & dem.

Liber homo non vsucapitur. l. vsucapio. D. de vsuc.

Inter Dominum & seruum iudicium constare non potest. l. lis. D. de iud. l. vlt. C. an seruus ex suo fact.

Quæ facti sunt non transeunt ad Dominum. l. qui heredi. De condit. & dem.

Ad hereditatem non vocantur qui moriente eo, de cuius successione agitur, in rerum naturâ non sunt. l. 6. & seqq. D. de suis & leg.

Minor XIV. annis non potest testari. l. 2. C. quando prouoc. non est necesse.

Nemo poteſt plus grauari nomine legati quàm ei relinquitur. l.1. §. vlt. D. ad SC. Trebell.

Ius antiquum id eſt, quod ex antiquâ iuriſprudentiâ Conſultorum compoſitum eſt. l. 21. C. de furt. l. omnes. C. Th. de diuerſ. reſcrip.

Poſteriores caſus non venditoris ſed emptoris periculum ſpectat.

Ex alterius contractu nemo obligatur. l. 1. C. Ne vxor pro mar.

Mulier quæ in rem ſuam intercedit, nec ſi decipiat, iuuatur Velleiano SC. l. aliquando, & l. ſi decipiendi. D. ad SC. Vell.

Donator in id tantùm quod facere poteſt condemnatur. l. ſi extraneus. D. de iure dot. l. qui ex donatione. De donationib. l. Neſennius. De negot. geſt.

Stipulatio liberi hominis vel rei ſacræ, vt detur, non valet. Inſt. de inutil. ſtip.

Sepulchrum vindicari aut in alium transferri iure dominij non poteſt. l. 51. ſepulchrum & l. 2. C. de ſepul.

Omnes actiones, quas tutor vel curator ex neceſſitate officij ſubjerit, in quondam pupillum vel adultum poſt depoſitum officium transferuntur. l. cum quædam. C. de adminiſt. tut.

Superuacua ſcriptura non nocet legato. l. 26. de adim. legat.

Purè legatum, ſi ſub conditione adimatur, ſub contrariâ conditione datum intelligitur. l. 10. & 14. D. de adim. legat.

Bonorum poſſeſſio contra tabulas non habet locum aduersùs teſtamentum mulieris. l. illud. §. ad teſtamenta. D. de bon. poſſ. contr. tab.

Ei qui alio iure venit quam eo quod amiſit, non nocet quod perdidit, ſed prodeſt id quod habet. l. filius qui D. de bon. lib.

Qui ei, qui mihi proximo gradu eſt, proximus eſt, is ſecundo gradu eſt mihi. l. Iuriſconſultus. §. 9. D. de gradib.

Non aliter peruenitur ad eum de quo quæritur, niſi per eos tranſitum fuerit ex quibus naſcitur. l. Iuriſconſultus. §. 10. D. ibidem.

ALIA EXCERPTA EX ADVERSARIIS PETRI PITHOEI IC. QVÆ AD IVS Romanum pertinent.

CAROLVS ANNIBAL FABROTVS IC. *LECTORI.*

QVANTVS vir fuerit Petrus Pithœus, quantumque de literis meritus, omnibus compertum est qui bonam mentem amant. Opera vir clarissimus emisit, quibus à mortalitate se asseruit; & licet hominum etiam eruditorum lucubrationibus maleuolus animus nesciat ignoscere, in Pithœi tamen scriptis nemo genuinum fregit. Præter ea quæ in manibus sunt, pleraque idem enotauerat polienda postea limandáque, quorum pars à præstantissimo viro Nicolao Fabro ad Puteanos fratres peruenerat, qui paucos habent virtutibus pares & gloriâ. Ea ne malo publico jacerent velut neglecta effecerunt iidem viri clarissimi. Cum enim intellexissent Pithœi vitã, cuius auctor V. Cl. Antonius Loisellus, publicari, vt eorum animis literarum cura insidere solet, continuò quæ apud eos erant protulerunt, & cum erudito viro Claudio Ioly Canonico Ecclesiæ Parisiensis communicarunt. Cum autem ea ferè ad ius ciuile Romanorum pertinerent, & nullo ordine scripta essent, vt fieri adsolet, idem rogauit me, vt colligerem, & si per otium liceret, notas adspergerem: quod ego non inuitus suscepi cùm illius gratiâ, tum Pithœi merito. Equidem preciosæ vesti vilissimum pannum adtexere non debui, sed hæc segmenta fortean illustriorem vestem reddent, vt decentior esse solet facies, cui næuus inest.

Sententiæ quædam iuris de veritate.

Fides veritatis verborum adminicula non desiderat. l. 1. C. si minor ab her. abst.

Non dicta vt dicta interdum accipiuntur. l. 23. de man. vind.

Veritas rei majores vires obtinet, quàm scriptura. l. 10. C. de donat.

Veritas potius spectatur quàm ignorantia nostra. l. 7. de contr. empt. vel quod quis sibi finxit. l. 8. de castr. pecul.

Errore veritas non amittitur. l. 6. ad municipal. nec ei error præjudicat. l. 5. C. de iur. ign. l. 1. C. de err. calcul. l. 2. de error. Advoc. l. 29. de probat.

Plus est interdum in opinione quàm in veritate. l. 15. de adq. hered.

Nec in totum falsum videtur quod veritatis primordio adiuuatur. l. 76. §. 3. de legat. 2.

Quædam ad illuminandam veritatem in lucem emergunt. l. 10. §. pen. de quæst.

De verbis et eorum vi.

Verba imperatiua, inflexa. l. 15. C. de testam.

Directa & precaria. l. 2. C. Com. de leg.

Verborum ambiguitas. l. 24. C. de testam.

Verba quatenus mutuâ vice fungantur, & quæ tantundem præstent. l. 6. de reb. cred.

De verbis propriis & verborum subtilitate. l. 20. D. de reb. cred.

Non mutat substantiam rerum non necessaria verborum multiplicatio. l. 32. §. 6. de aur. & argent. leg.

Non est recedendum à verborum significatione, nisi aliud sensit testator. l. 69. de legat. 3.

Sensus testatoris interdum alius est, verborum alius. l. pen. de trit. vin. & ol. leg.

Non ius vxorium sequendum, sed verborum interpretatio facienda. l. 29. in princip. de legat. 3.

VERBA DEPONENTIA, QVÆ PATIENDI habent significationem.

E*Xequi, paßiuè. l. pen. de iurisd. l. 2. D. de re iud.*
Impertiri. l. 7. de feriis.
Elocuta. l. 13. §. 4. de his qui not. inf.
Arbitrandus est. l. 8. de transact. Arbitrari. l. diem 27. §. si quis litig. de recept. l. 12. §. sumptus. D. de religios. A. Gell. lib. 1. c. 13.
Moderatur. l. 5. de negot. gest.
Tuens, pro defendens. l. 17. de nox. act. & l. 7. de curat. furios. l. 17. de iniust. rupt. &c. testam.
Fatebitur. l. 39. §. 5. de legat. 1.
Calumniari. l. 19. ad exhib.
Stipulari. l. 26. §. 13. de cond. indeb. l. sancimus. C. de fideius. Cic. pro Rosc. Comœdo. stipulata pecunia.
Pollicetur. l. 50. §. 3. de pecul. l. 1. §. est autem. de exercit. act.
Comitati. l. 6. C. de legationibus.
Complecti. l. 30. §. 4. de fideic. lib. l. 3. ad leg. Pomp.
Mutuati. l. 50. §. 3. de pecul.
Noceri. Pallad. 12. c. 1.

FORMÆ LOQVENDI IN PAND. FL.

Se petitorem defensum iri. l. 31. de pet. hered.
Traditum iri. l. 47. de rei vind.
Restituiri. l. 6. de vsuf. ear. rer.
Metuiri. l. 26 de pignorib.
Præstatum iri. l. 25. §. vlt. sol. mat.

TAVTOLOGIÆ.

I*N. l. decem 116. in fine, de verb. oblig. l. in quartam 91. in pr. ad leg. Falcid. l. 2. §. illud potest, de hered. vel act. vend.*
Tractatus qui solet tractari, l. si fundi. §. huic vicinus, de vsufr.
Indictiones indictæ. l. quæro 29. de vs. & vsufr. leg.
Ex sua parte quæ ei debetur. l. 3. §. vlt. D. si quis à par. man.

Scriptis heredibus institutis. l. 10. de bon. poss. cont. tab.
Vsufructu vti. l. 78. vers. quod si alien.
Rescriptum quod rescriptum est. l. 26. de excusat. tut.
Virus veneni infundere. l. 1. C. de emendat. seru.

GRÆCISMI, ET NOVÆ LOCVTIONES.

Constitutos, pro ὄντας, *præf. 2. Pand. Fl. l. 39. de minor.*
Majus imperium omnibus. l. 8. de offic. Procons.
Non tamen quàm. l. 12. de off. Præs.
Euidentißimè locuples. l. 5. qui satisd. cog.
Qualibet injuria. d. l. 5.
Spatio à iudice statuendo. l. 8. eod.
Dolo compensando. l. vlt. de eo per quem factum erit, &c.
Non sic quàm. l. 27. de pactis.
Tunc vt, pro, tunc cum. l. 34. de negot. gest.
Minor quam XXV. annis natum. l. 1. de minor.
Nisi solùm, pro nisi. l. 18. eod.
Minui caput pro capite. l. 2. de cap. min.
Vsque eo vt. l. 5. eod.
Atque si, pro, perinde atque si. l. 17. ex quibus caus. mai. l. 5. si pars her. pet.
Legendi curarent, pro legi, aut legendos. l. 35. eod.
Nemo vnus. l. 17. de recept.
Compellatum iudicium accipere quàm inuenire. l. 2. de iud. l. 65. eod.
Spem obtinere non haberent. l. 1. de inoff. test.
Præcedentes eum personæ. l. 25. eod.
Vtilius est quàm ipsos dedi, pro, quàm si ipsos dedissem. l. 39. de petit. heredit.
Adire quà proximè possum. l. 11. comm. prædior.
Non ducere impediunt, i. ducere impediunt. l. 10. si seruit. vind.
Hic demonstrans quod remotius est. l. 29. in pr. ad l. Aquil.
Noxiam nocere. l. 4. de nox. act.
Seruitutem seruire. l. 28. eod.
Pecuniam quam. l. 53. fam. erciso. l. 36. de reb. credit.
In genere suo functionem recipiunt quàm specie. l. 2. §. 1. de reb. credit.

Paratus alterum conueniri. l. 7. commod.

Sibi imputaturo. l. 1. §. 2. de exerc. act.

Non suscipere quàm decipere. l. 7. de pos. l. 20. de hered. vend.

Inuitum fore solutionis. l. 11. depos.

Contra pactionem accipit, committit, pro quam accipit. l. 17. pro soc.

Dum sibi sequuntur. l. 49. de contr. empt.

Obligatio ex contractu obligatur. l. 23. de pignor.

Manifestißimus est inferre. l. 22. §. 9. solu. matr.

Expedit quàm habere V. C. l. 5. de susp. tut.

Ea enim qua distractus est. l. 5. §. 2. de reb. cor. qui sub tut. &c. Nota l. 20. de adq. hered.

Hypothecariam agere. l. 57. de leg. 1.

Non voluit. l. 83. de legat. 2.

Sibi pœnituisse. l. 22. de leg. 3.

Concidendo destinatum. l. 55 §. 1. de leg. 3.

Sempronio repellendo. l. 3. §. 1. de adim. legat.

Instrumentorum describendi. l. pen. in fin. ad l. Falcid.

Annis XX. esse. l. 78. §. 10. & 13. ad Trebellian.

Ne decipiat profiteri volentis. l. 16. §. 5. de publican. & vectigal.

Nihil est gratum his præstari posse quàm libertatem. l. 39. de fid. lib.

Satis quàm. l. 45. §. 1. eod.

Non paternâ voce, sed hac communi & Græcâ, vt omnib. sit nota. Nouel. 7. c. 1. in fin. πατρίαν φωνὴν *solet appellare Iustinianus Latinam linguam,* διατάξει ε., *in prin.* ἤ γὰρ πατρίου (φωνῆς) τυχὸν (τῆς Ἰταλῆς ταύτης φαμέν) *Nouella. 146. cap. 1.*

Literis vtrum Græcis an Latinis. Puto secundum loci conditionem ne quis causari poßit ignorantiam literarum. l. 11. §. 2. de inst. act.

Latina, Græca, Punica, Gallicana lingua. l. 11. de leg. 3.

Assurius sermo. l. 1. §. vlt. de verb. oblig.

De voce & oratione, not. l. 7. de supell. leg.

Ratio recti sermonis. l. 8. de aur. arg. leg.

Solicitus cunctationi. l. 40. § 4. de statuliber.

Accessioni est. l. 27. §. vlt. de adq. rer. dom.

Insulam in mari ædificauerim. l. 30. §. vlt. eod.

Sequitur

Sequitur dicere. l. 4. in pr. de vsurpat. & vsuc.
Consilium receperit fraudare. l. 25. de reb. auctor. iudic. possid.
Nec fundi mei mutaueris. l. 22. §. 3. quod vi, aut clam.
Peccari stipulatione. l. 4. §. 1. de verb. oblig.
Pœnam committere. d. l. 4. § 1.
Ne exigatur, prodest, vbi prodest ἀπροσώπως. *l. 21. rem rat. hab.*
Præbuisset fieri stuprum. l. 9. ad l. Iul. de adult.
Audiri desideretur, prohibetur. l. 4. de appell. recip.
Inhabiles Remp. tueri. l. 11. de decurion.
Maior annûm septuaginta. l. 8. in pr. de vacat. & excus. mun.
Impossibilia dari. l. 135. de reg. iur.

Declinatio varia.

Domi meæ. l. 60. §. 1. Mand.
Vsu nobis esse possunt. l. 35. §. 2. de contr. empt.
Ob vectigale Reip. l. 9. de rescind. vendit.
Mensum, pro mensium. l. 7. in pr. sol. matr.
Patrisfamiliai. l. 9. §. 13. de hered. instit.
Domo mea l. 39. §. 1. de aur. leg. sic Augustus.
Domos genitiuo casu singulari, pro domûs, Sueton. in August. c. 87. vid. Caton. de re rust. c. 134.
Ex delegato pupilli. l. 4. §. 23. de dol. except.
Alio, pro alij l. 137. §. 5. de verb. obligat.
Specieb. l. 43. de solution.
In alij locum. l. 156. de reg. iur.
Conditionem meam nihil delinquentis. l. 2. quod vi aut clam.
Neque in pecuniariis quam in capitalib. Paul. 5. sentent. tit. 16.

Enallage personæ et modi.

L. 29. fam. ercisc. l. 51. §. 1. eod.

Enallage temporis.

Solutorum, pro soluendorum. l. 13. §. 2. de pignor.
Danmatus, pro damnandus, l. 21. de euict.

Peregerint, pro peragant. l. 2. C. vt dignit. ordo seruetur.
Redditæ, pro reddendæ, l. 26. de statulib.
Restitutæ, pro restituendæ. l. 1. §. 3. vti possid.
Habendæ, pro habitæ, l. 21. de quæstion.
Est, pro erit. l. 123. de verb. sign.

ENALLAGE CASVS.

M*Oram factam, pro morâ factâ. l. 14. in pr. D. de vsuris & fructibus, &c.*
Legi concessæ portionis. l. 62. de condit. & demonstr.
Super pecuniæ tutelaue, l. 53. de verb. sig.

ENALLAGE NVMERI.

L. *13. de pign. act.*
His casibus, pro hoc casu, l. 41. de euict.
Fratribus, pro fratri. l. 123 de leg. 1.

DEFECTVS VOCIS ἕνεκεν

L. *5. §. 115. de instit. act. eius rei contractum est. l. 9. de ser. ex port. l. 6. quib. mod. pign. solu.*

DEFECTVS NOMINIS.

A*Gi possit etiam cum domino cæterorum, l. 3. §. 1. si familia furt. fecisse dic.*

DEFECTVS κατὰ

L. *53. in fi. de act. empti. quam quisq. diem conductum habet.*

ἐφ ἐν.

N*On militiæ. l. 2. C. de re milit.*
Malè contractu l. 52. de re iudic.

DEFECTVS ANTECEDENTIS.

S*Vccessor qui locauit, l. 3. §. 1. de admin. rer. ad ciuit. pertinent.*
Liptote. l. 1. de pact. dot. non prosit. i. noceat. non admitti. i.

repelli, l. 77. §. 25. de leg. 2.

SYLLEPSIS.

I*Nter maritos. l. 52. de donat. inter vir. & ux.*

Adiectiuum plurale cum duob. singularib. l. 11. & ibi Accurs. de leg. 1.

DEFECTVS RELATIVI.

V*Irg. 1. Aeneid.*

Vrbs antiqua fuit, Tyrij tenuere coloni.

DEFECTVS POTIVS, VEL MAGIS.

L*. 7. depos. l. 21. de her. vend. Terent.*

Si quisquam est, qui placere se studeat bonis quàm plurimis.

Plaut. in Rud.

Certum est mori quàm hunc pati lenonem in me grassari.

NEGATIO AD PROXIMVM RELATA.

Q*Vod fugitiuus, vel sanus non fuerit. l. 16. de euict.*

HIC ILLVD.

V*Irg. 1. Aeneid.*

Hîc illius arma: hîc currus fuit.

AFFIRMANS NEGANS ORATIO.

V*Ereor ne, l. 45. §. vlt. de rit. nupt. vide ibi Bud. l. 76. §. 2. Cod. l. 9. §. 1. de iur. dot.*

Vereor non l. 59. §. 1. eod.

Nihil neque l. 64. §. 2. sol. matr.

Prohibere vt faciat, pro ne faciat l. 13. de re iudic.

Quamdiu ratum habuerit, i. non habuerit l. 46. §. 1. de iur. dot.

Non potest dici, non tolli καταφατικῶς. l. 95. §. 2. de solut.

An geminatum. l. 40. de aq. hered.

VERBA δυνητικῶς ACCEPTA.

N*Ocet, pro nocere possit. l. 21. de statulib.*

TMESIS.

C*Ircum in hoc venta est. l. 12. de iur. dot.*

περίληψις.

P*Actum æstimatio, de seruitute l. 76. de leg. 2.*

ἐκ παραλλήλου.

DEinde posteà. l. vlt. de castr. pecul.

ANTIQVA FLECTENDI RATIO.

EM pro eum. l. 20. §. Neratius, D. fam. ercisc. l. si fideicom. D. vt in poss. legat. seruand. cau. esse liceat.
IN pro eam. l. 18. de probat.
An pro eam. l. 83. de adq. hered. l. 29. in fi. de statulib.
Vni contentus, pro vno l. 8. de leg. 2.
Aliæ conuersationis l. 12. §. 1. de religios.
Vxorei l. 31. de vsufr. leg.
Ex mare. l. 59. de adq. rer. dom.
Intellegerit l. 3. §. 6 quod vi aut clam.
Insicta nauis. l. 7. de incend. rui. naufr.
Desisterit. l. 1. §. 6. ad Turpillian.

INDEX GLOSSARVM QVARVMDAM ET VOCVM RARIORVM, QVÆ IN IVRIS Romani libris occurrunt.

ET IN EAS CAROLI ANNIBALIS FABROTI IC. Notæ.

A

ACtio recreata. l. 1. §. 1. de ann. except.
Renasci ãctio dicitur in l. 10. §. 6. D. de in rem vers.

Agere in suo nomine, l. 18. §. 2. in fin. de iniur.
Sic legitur in Florentinis. Aliæ editiones habent, quod & vir suo nomine agat: & ita Græci: ἐπειδὴ καὶ ὁ ἀνὴρ αὐτῆς suo nomine κινεῖ; vt gallicè, *en son nom.*

Aleam ludere, l. 26. de iniur.
Glossæ Lat. Gr. aleam ludit, κοττίζει, κοβεύει. item Gr. Lat. κοττίζω, aleã ludo.

Animaduersus l. 3. de cadauer. punit.
Punitus pro facinore, τιμωρηθεὶς. Vlp. in l. 3. de iurisd. animaduertendum facinorosos homines. Passio S. Cypriani: Cyprianum gladio

animaduerti placet. Sueton. in Ner. c. XVI. Multa sub eodem animaduersa seuerè, & coërcita. Lampridius in Alexandro Seuero: Nam & Seuerus est appellatus à militibus ob austeritatem, & in animaduersionibus asper in quibusdam fuit. Codex Palatinus: & in animaduersibus quibusdam asper fuit. Animaduersus, inquit Salmasius, pro animaduersione. Quid si legamus, in animaduersis quibusdam, τιμωρήσεσι τισὶν, asper fuit? non improbabilis emendatio est. Si tamen vulgata magis placeat, dic Seuerum, cùm animaduerteret, in quibusdam asperum fuisse. B. Augustinus sermone III. ex nouis: Iudices in conuictos reos sententiam proferentes, animaduertere dicuntur.

Auctionalia, l. 1. §. 2. de tut. & rat. distrah. pour les procez verbaux de la vente à l'encant.

Græci τραπεζιτικοὺς λόγους interpretantur, mensarias rationes; videntur legisse, rationalia, vt habent libri quidam.

Auctoritas, l. 1. Cod. Th. de Metallar. l. 8. Cod. Th. de Pagan. Caßiod. IX. var. 33.

Serui auditores, l. 1. §. sed apud 7. D. de aq. & aq. plu.

B

BArbaricum, l. 2. C. de commerc. vt hosticum, &c.

Beneficio eius, pro, per eum, vel eius facto, l. ex damni. 40. §. 1. de damno inf. Beneficio furis rem abesse, l. 46. de furt.

Beneficiis, pro, malis meritis, l. 27. C. de inoff. test.

Beneficio, culpâ & operâ, Cicero de Vniu. Nisi quatenus ipse beneficio suo sibi aliquid miseriæ quæreret. Sic locum emendauit & exposuit Andræas Schottus Nodor. Ciceron. lib. III. cap. 9.

Beneuolentiæ est, l. 62. D. de heredib. instit.

Bono modo, Cato lib. 1. de re rust. cap. 5. pro noxâ bono modo vindicet. Plaut. in Mercat. Quod bono fiat modo.

C

CApital ei sit, l. 3. de term. mo.

Q. Curtius lib. VIII. cap. 4. illis enim in sellâ Regis consedisse capital (sic quidam Codices) foret; alij, capitale. Glossæ, κεφαλικὴ τιμωρία, capitale.

Caput, pro sorte, græco more. l. 1. cod. Th. de vsur.

Glossæ: κεφάλαιον, ἀπὸ δανείου, sors, summa. Aliæ: sortes: αἱ κεφαλαὶ δανεισμάτων.

Collega, pro consorte vel coherede; *l.* 5. *C. de ædific. priu. l. Paulus* 101. *D. de solut.*

Collocare se, l. 6. §. 2. *ad Munic.*
Larem collocasse.

Commotio imperialis, l. vlt. C. de Adsess. l. 7. *C. de off. mag. official. Caßiod. lib.* 2. *var. aut motus, l.* 6. *C. de Cur. publ.*

Competere dicitur in quo adipiscendo alieno facto opus non est. Sic directa libertas competit, fideicommissaria præstatur. l. 13. *C. de inoff. testam.*

Condemnauit, pro fecit condemnari, l. 2. *de admin. tut. Sueton. in Tiber. cap.* 8.
Vt in l. 6. §. 3. Mandati. te si condemnauero: καταδικασθῆναι σε παρασκευάσω: si effecero vt condemnareris. V. Petr. Fabr. Semestrium lib. II. cap. 23.

Conferre cum IC. Plinius lib. IV. Epist. 10. *contuli cum Prudentibus.*

Conferre pecuniam, l. 137. §. *illud* 4. *de verb. oblig.*

Consortio, l. pupilli 96. §. 3. *de solution.*
Velleius Paterculus lib. II. cap. 103. vt & Tribunitiæ potestatis consortionem Neroni constitueret. vide Nonium in Consortium.

Crimen illatum, l. 12. *ad leg. Cornel. de Fals.*

Curator, pro tutore. l. Tutores 39. §. *rerum* 7. *de admin. tutor.*

D

D*Ecet tantæ Majestati. l. ex imperfecto* 23. *de leg.* 3.
Plautus in Captiu. Act. II. sc. 2. *Ne patri decere videatur magis.*

Decidere verberibus, coercitione transigere, l. 1. *&* 2. *de term. mot.*
Greci ἀρκεῖ τὸ μαστιγωθῆναι αὐτούς. Basil. lib. LX. tit 31.

Decreta cognitionalia, & cum consilio prolata, l. 6. *C. de vsuc. pro empt. l.* 38. *D. de fideic. libert. l.* 1. *C. de appellat. l.* 7. *C. de Episc. & Cler. l.* 6. *C. qui bon. ced. poss. l.* 3. *C. de quæstion.*

Destricte, l. 7. §. *quæsitum, de minorib. l. licet, de recep. arbit. l.* 1. §. *cum quis latrones* 18. *de quæst.*
Tertullianus aduersus Marcion. lib. I. *Sed veritas Christiana destricte pronunciauit.* Vt destringi in l. 27. §. si quis 5. de pecul. & in Glossis, destricti συνεχόμενοι, & destrictus, ἀσχοληθείς, occupatus.

De plano interlocutus, vt in l. 1. C. de sentent. pass. l. 1. C. de Veteran. l. 3. & vlt. C. de legib.

Dicere fidem pro aliquo, l. vlt. Mand.

V. quæ. dixi ad tit. de Fideiuss. Instit.

Dimittere creditorem, l. 16. qui potiores in pign. Dimittere debitorem, l. 4. de decret. ab ord. faciend.

Dominus tutoris, pro pupillo, l. 37. §. Seiam, & §. Codicillos, de legat. 3. sed liberti tutores patronorum accipiendi sunt.

E

Efficacia, l. 3. C. de execut. & exact. pro opere, siue pro eo quod quis effecerat.

Cujac. ibid. quid effecerit. Glossæ, ἐνέργεια, efficacia, efficacitas, actus.

Emolumentum sententiæ, l. 3. qui C. qui potior. in pign. l. 2. C. de execut. rei iudic. l. 10. §. 1. D. de in rem vers.

Excussati tutores, pro excussi, l. Lucius 46. §. 6. de admin. tutor.

Exitus, pro conditione, l. 1. si à par. quis manum. sit.

Liberti patiatur exitum. ἔοικεν ἀπελευθέρῳ.

Ex Patribus, i. præter Patres, l. 20. de adulter.

Basilica: καὶ οὐδεὶς ἕτερος τῶν γονέων, εἰ μὴ μόνος ὁ πατὴρ ἔχει τὸ δίκαιον. nec vllus alius parentum præter solum patrem hoc ius habet.

Exstatura conditio, l. 18. de cond. indeb.

Vt astatum & astitum, ab asto, præstatum & prestitum, à præsto. Priscianus lib. IX. cap. de prima conjugatione, & ibi exempla adfert.

Exter, l. 15. §. 2. de castrensi pecul. & l. 69. §. prædium. de legat. 2.

Glossæ: ἐξωτικός, exter, extraneus, externus. Priscianus lib. III. Exter quoque inuenitur, vt Statius XI. Thebaid. *Exter honos.*

Extraneus à bonis, l. vlt. C. quor. bonor.

Tertullianus Apolog cap. 31. in fine, *extranei à turbis.*

F

Fideicommitti ei dicitur qui rogatur alteri restituere: sed & ei cui alius restituere rogatus est, l. proprias C. de legat. l. si tibi 28. vt legat. nom. cau. qui fiduciarius, l. Seius, D. ad Trebell.

Finitiones, siue ὅροι, regulæ, eurematica, siue de iure singulari, quæstiones siue dubitationes, ambiguitates, opiniones, siue verisimilia.

Formale pretium, l. in lege 62. §. 1. ad leg. Falcid.

Fusiones, refusiones, l. 27. §. 3. de vsufr. l. 2. C. de apoch. publ. lib. C. Theod. de indulg. debit.

Glossæ: Fusiones, συντέλειαι, εἰσφοραί· Item: fusio, εἰσφορὰ δημοσίων. Quidam libri habent, functiones præstare, non malè. Glossæ: functio, τέλεσμα. Item: functionum, εἰσφορῶν: sequere Florentinam.

G

G*Enere nouationis, l. 60. de fideic. & genere venandi, l. Pomponius. 44. de adquir. rerum domin. quodam genere, l. quarumdam 51. in fin. de adquir. possess. l. quod seruus 36. de stipul. seru. Paulus. 11. Sentent. tit. de furt. fortè & in l. 23. de mort. caus. donation. Trebel. Pol. in Lolliano. genere quodammodo,* *, *l. seruus 10. pro empt.*

* V. Cujac. Obseruat. lib. IV. cap. 8. & nullo genere, id est, nullo modo. Firmicus de errore profanarum religionum. *Sed nullo genere matris dolor vincitur; nec muliebris impatientiæ tormenta curantur.*

Gradus, pro conditione, l. vlt. de testament. milit. iunctâ l. 1. de bonor. possess. ex testam. milit.

Gratia. Agrætius: Gratia & bona & malæ rei causa: nam sic dicimus amicitiarum & beneficij gratiâ. Ita Sallustius: opprobri gratiâ; & Cicero: religionis ac supplicii gratiâ.

Idem adfert hoc Terentij: *Quî referam sacrilego illi gratiam?*

H

H*Abere laborare, l. 15. §. de adulter. l. 10. §. 1. de pœn. habere operari.*

D. Cyprianus Epistolâ XXVII. *Rescribere habeam.* Lactantius de diu. pr. cap. 6. *Quid enim habeat dicere.*

I

I*Nndeuotio, l. 1. in fine de penu. legat. l. 15. C. de testam. manumiss. l. vlt. C. de fideicomm. libert.*

Contumacia, ἀγνωμοσύνη.

Ineptum

Ineptum & vitiosum est, l. liber homo. 59. §. 1. D. de hered. instit.

In facultatibus esse, l. 5. §. 7. de agnosc. liber. l. cum hi. §. sed & personarum 6. de transact. Cicero in Catone: in re esse.

In patrimoniis amplis esse. l. 3. §. 1. vbi pupill. educ. deb.

In necem, pro in damnum l. 1. §. virum autem, 4. si quid in fr. patr. l. 5 §. dolum, vt in possess. legat.

In nomen suum eruere, l. 2. quand. ex facto tutor.

Integritudo animi, l. 1. de testam. milit.

Vt sanctitudo, pœnitudo.

Interæstimatio l. pen. de ædilit. ed.

V. Cujac. Obseru. XVI. c. 4.

Interpretium, Cassiod. var. II. C. 26.

Interpretatione depulsâ, l. 1. C. de emendat. seru.

Interscalium, intercolumnium, intertignium, Vitruu. interfemineum, Apul. apol. 1.*

* Natura, γυναικεῖον.

Interusurium.

Vsuræ medij temporis, l. debitor. 82. de leg. 2.

In ventrale, l. 6. de bon. damn.

Ventrale, crumena. In excerptis ex vett. gloss. ventrile legitur. v. Cujac. Obseru. X. c. 26.

Iudex ius repræsentat, l. 1. C. si pig. pignor. dat. sit.

Omnis Iudex, arbiter, l. quisquis, C. de postul. l. 4. C. de recept. arbit. l. C. Th. de offic. ciu. iud.

Iudex pro Prætore, l. 7. §. 1. de heredit. petit. Paul. V. sentent. tit. 16.

Iudex religiosus, l. denuntiasse 17. §. 1. in fi. D. ad leg. Iul. de adulter.

Iuris auctores, iuris auctoritas. l. 1. 2. & 4. C. de verbor. signific. l. 17. D. de iure patronat. Iuris conditores, l. 25. C. de nupt. l. nulla 23. C. de procur. Iura constituentes, l. verbis, 120. de verb. signif. Prudentium responsa, l. vlt. C. quorum bonor.

Iuris est, l. 1. §. 1. D. nihil innou. app. interpos. Iuris definitio, l. 8. C. Theod. de diuers. rescript. sæpit, l. 4. §. 2. D. si quis omiss. caus. testam. Iuris ciuilis ratio, l. 33. D. de condit. & demonstr.

Ius constitutum, l. cùm ita 94. D. ad leg. Falcid.

Ius publicum, l. 1. ad leg. Falcid. l. licet 12. D. vt legat. seru. cau. l. 7. §. si vxor à marito, in fi. D. de donat. int. vir. & vxor. Ius commentitium, l. 20. D. de pœn. Ius ordinarium, l. 2. D. de furt. baln. l. vlt. de priuat. delict. l. 1. si ventr. nom. mul. in poss. Ius commune, l. 12. de minor. & sæpè sub tit. de excusat. tut. Ius vetus, l. 2. §. & cùm placuisset 13. de orig. iur. Plinius lib. VIII. ad Ariston. Aul. Gellius l. XII. c. 17. Ius publicum, priuatum, antiquum, recens, rarum, assiduum, vetus, nouum, receptum, controuersum, constitutum, ambiguum, l. 94. D. de condit. & demonstr.

Iuuenior, l. 2. de term. mo.

Charisius lib. 1. *Sunt quidam qui primum & secundum gradum recipiunt tantummodò, vt iuuenis, iuuenior, iunior.* Apuleius Metamorph. VIII. *Aetate iuuenior, & corpore validior* Interpres S. Irenæi II. aduers. hæres. cap. 24. *Quomodo autem & iuuenior aliquis, aut senior in ipsis, &c.*

L

Legatum, pro vectigali, l. Iulianus, 13. §. idem Iulianus 5. de act. emp. Græci ad l. 2. de Salu. interd.

Sic enim Basilic. auctores vertunt : ὁ ἀγοράσας εἰδὼς διαφόροις ὑποκεῖσθαι τέλεσι: *Sciens fundum diuersis tributis obnoxium.*

*Lex pro edicto * Prætoris*, l. 1. §. 1. vnde cogn. l. qui cætu, ad leg. Iul. de vi publ. l. si cui. §. vlt. ex quib. caus. mai. Pro Senatusconsulto, l. lex quæ 22. C. de administr. tutor. l. 9. §. vlt ad SC. Macedonian. l. 13. de public. in rem action. l. 5. §. vlt. de iniur. iunctâ l. is cui §. vlt. de testam.

* M. Tullius in Verr. lex annua. apud Varron. lex Prætoria. apud Paulum III. Sententiar. tit. 3. lex Fabiana, & l. 1. §. 1. D. vnde cogn. Pro Senatusconsconsulto, l. tutelas 7. D. de capite minutis, l. 16. D. de pignerat. action. Pro constitutione Imper. vel rescripto, l. si portio 21. de legat. præstand.

Liberare creditorem, l. 1. §. non autem 5. vers. sed si ab alio, de exercit. act.

Plinius lib. 2. Epist. Quod alias dimittere, l. Claudius 16. qui pot. in pign.

Liquerit, pro apparuerit, l. 2. §. 3. testam. quemadm. aper.

Locus, pro areâ ad distinctionem inædificati, l. 16. §. 1. de pign.

M

Magis facilior, l. 67. §. si rem tuam 6. de leg. 2. *magis potior*, l. 9. C. de iur. dot. *melius est possidere, potiùs quàm*, l. 1. §. 1. de superficieb.

Priſcianus lib. III. *Magis aduerbium, non ſolùm poſitiuo, ſed etiam comparatiuo iungitur, quando ipſe comparatiuus, vel ad ſe vel ad alium comparatur, vt, Achilles Aeneâ fortior magis quàm iuſtior: & Ajax vlyſſe fortior magis quàm Diomede.* Vopiſcus in Caro, Carino & Numer. *Declamationi tamen magis quàm Tulliano accommodatiora ſcito:* ſic vetus editio Salmaſio teſte. Tertullianus de reſurrect. carn. cap. 45. *Magis illud prius eſt, ſine quo priora non poſſunt.*

Magiſter, l. qualem 19. §. vnde videndum, D. de recept. qui arbitr. veteris iuris magiſtri qui ſapientes appellati ſunt: A. Gell. lib. IV. cap. 1.

Malâ ratione, l. 40. D. de ſtatu-liber.

Mali exempli, l. 38. §. qui abortionis, D. de pœn.

Malo more, improbato more, l. 1. §. vlt. D. de act. empt. l. 19. §. 1. D. de negot. geſt. l. 1. §. ſi cui, verſ. litis causâ, D. de extraord. cognit.

Tacitus lib. 1. Annal. *ſæuum id malique moris etiam furentibus viſum.*

Malum *meritum, l. 2. de his quæ in teſtam. del.*

*Medietas, * pro mediocritate, l. 3. §. 1. ſi pars heredit. petat. Pro communione: Eutropius lib.* II. Ager ex mediocritate ſublatus.

* μεσότης, medium, media via.

Mediocritate multæ in iure controuerſiæ definiuntur, l. 3. D. ſi pars hereditat. petat. l. filio, D. vt legator. nom. l. 25. in fin. D. de pignerat. action. l. 25. §. adeò autem, in fi. D. de petit. heredit.

Minor magiſtratus ſine imperio, l. 32. D. de injur.

Vide l. 5. in fi. D. de cap. minut.

Motus judicis, l. 20. D. communi diuid. l. 12. C. de teſtib. l. 12. C. de officio Rector prou. l. 1. C. de ſummâ Trinit.

Munificium, pro beneficio, l. 4. §. 1. D. de publican.

Cujacius exponit, vectigali obnoxium.

N

N*Anctus pro nactus, l. 9. in fi. de adquir. rer. domin.*
Gloſſæ. Gr. Lat. ἐπιτυχόμενος nanctus.

O

O*Bligatio obligatur, l. 23. §. 1. de pignorib.*
Orerentur, pro orirentur, l. 2. §. 10. de orig. iur.

Oſpratura pro aſpratura, l. 18. §. patrimoniorum 2. de muner.

Alij interpretantur minutarum frugum publicè coemendarum curam, ex Græco ὄσπρια, quod varias fruges minutas & legumina ſignificat.

Ossuarium, l. 2. de sepulch. violat. ab ossuum, pro os. Augustinus in Psalm. 138. *& in veteri Epitaph.* Ossua dum cernis. Vide Cujacium Obseruat. lib. X. c. 37.

P

Pareri, l. Municipibus 97. de condit. & demonstrat.

Partitudo, pro parturitione, l. 10. C. Theod. de bon. proscriptor.

Pater, pro auo, l. 16. §. 1. de cur. fur.

Patratum iudicium, l. 1. C. Theod. de vsur. rei iudic.

Peculium, pro parapbernis, Gallis, l. 9. §. 3. D. de iur. dot. l. 31. §. 1. D. de donation.

Peculium quod præsidij causâ sepositum est rusticis, l. si chorus 79. §. 1. de legat. 3. Varro: *peculium semper maximum præsidium est.* Plautus in Persâ:

Marsupium habet, inibi paululum præsidij.

Petebam nec obtinui. l. quæsitum 78. §. cum vir 6. de legat. 3.

Perfusorie dicere, l. 5. §. 1. quod vi aut clam.

Perinde subauditur in l. 5. de diuort. & l. 30. de recept. qui arbitr. receper. Vt in l. 4. in fi. D. de pactis. l. 5. D. si pars heredit. petat. Plautus in Bacchid. Ac. III. sc. 6.

Sicut est hic, quem esse amicum ratus sum, atque ipsus sum mihi.

Post Magistratus, l. 36. §. Titius, ad Municip.

Potestas, pro Magistratu, l. 3. §. 1. de reb. eor. qui sub tut. l. 26. de pig. Suetonius Iulij cap. 17. *Quod compellari apud se majorem potestatem passus esset.* Iuuenalis Sat. X. Vers. 100.

An Fidenarum, Gabiorumque esse potestas.

Præstauit, l. 36. de hered. pet. Vide suprà not. ad verb. Exstatura.

Pretiosior, l. 4. §. non omnis 8. de re milit.

Priuatus, pro pagano, ad differentiam militis, l. 19. C. de pact. Glossæ ἰδιώτης, ὁ κοινὸς, priuatus, paganus.

Priuilegiarij, l. 3. quod cum eo qui in alien. potest.

Profligare, pro exigere, l. 11. C. de annon. & trib. l. 4. C. vectig. no. inst. non posse. l. 3. C. de execut. & exactor. l. 7. C. de off. Rect. prou.

Publicum pro balneo, l. 13. § 7. de injur. Græci ibid. ἐν δημοσίῳ λουτρῷ λούσασθαι: *in publico balneo lauare.*

Putatio personæ, l. 18. §. 3. de injur.

Q

QVæstio, visio, inspectio, siue inspectatio, notio, tractatio, species, locus, articulus, dubitatio, expositio, propositum.

Quod ad, pro quo ad, l. 19. §. 2. de castrens. pecul.

d. interdum additur, vt in ted, pro te, & sed, pro se, id est, sine.

Quod traditum est, l. 87. D. de condit. & demonstrat. quod dicitur, quod vulgò dicitur, l. 12. D. de liber. & postum. l. in rationem. §. quod vulgò. D. ad legem Falcid.

R

REcisius tempus, l. 2. de term. mot.

Basilica: εἰς χρόνον ἥττονα: in breuius tempus.

Religio iudicis, l. illicitas. §. 2. D. de offic. Præsid. l. magis. §. in primis 7. D. de bon. eorum qui sub tut. l. 79. de iudic. l. 13. D. de testib. l. vlt. C. si ex fals. instrum. Plinius lib. VI. epist. 2.

Reliquari, l. 46. de admin. tut.

Reliquari & reliqua trahere dicitur, qui solidum quod debet non exoluit. Tertullia. de animâ, c. 35. *Totiens animam reuocari habere, quotiens minus quid intulerit, reliquatricem delictorum.* Reliquo in Glossis, exponitur λοιπογραφῶ: & reliqua sunt, λοιπογραφία.

Remittat, id est, permittat, l. 5. §. inprimis. D. de reb. eor. qui sub tut.

Rescriptum generale, l. 3. §. Diuus. D. de sepul. viol. l. 9. D. de hered. instit. Rescribere generaliter. l. vlt. D. de accusat. vide l. 6. de excusat. tut. Epistola generalis, l. 1. §. 2. D. de fugitiu. Generale caput, l. 32. de vsu & vsufr. leg. l. 34 §. pen. de leg. 2.

S

SApientes, pro Iurisconsultis, lib. II. Feudor. tit. 17. Radeuicus lib. 1. cap. 27. & lib. II. cap. 5.

Satis agere, pro satagere, l. 10. de cond. & demonstr. vt apud Tertullianum initio lib. 1. ad vxor. Gellius lib. XIX. c. 1.

Lucifer Caralitanus lib. II. pro Athanasio: *Si te heretico satis agente damnarem innocentem, tecum essem futurus in gehennam.*

Sceleritas facti, l. 3. de bon. eor. qui mort. sibi consc. Alciatus lib. II. Par. c. 27

Glossæ: ἀνομία, scelus, sceleritas, iniquitas, vt malitas, κακία, in excerptis ex vett. gloss. & in l. 5. D. quod met cau.

Scriptura Sabini, l. 1. §. vlt. D. de verbor. obligat.

Scrupulositas & nimia subtilitas iur. l. Postumus 12. D. de inI. rup.

Seditio pro sede, l. 2. C. de offic. Præfect. vrb. & in passione

Abdom. Tunc Decius iuſsit ſeditionem ſibi in amphitheatro parari.

Se & ſuos, pro eum & eos, *l. Prætor* 4. *de edend. iunctâ, l.* 9. §. 3. *eod. l.* 5. §. *maximè, de Carbon. edicto. l. cùm Patronus* 28. *de legat.* 2. *l.* 27. *de furt.*

Et vice versâ, eum pro ſe. Suetonius in Caligulâ, cap. 34. in fine: *De iuris quoque conſultis, quaſi ſcientiæ eorum omnem vſum aboliturus ſæpè iactauit, ſe me hercle effecturum, ne quid reſpondere poßint præter eum.* Quem locum Ianus Rutgerſius ſic emendarat è veteribus editionibus, *præter æquum, dicebat ille quidem*, inquit, *æquum, verùm ita, vt facile prudentiores intelligerent, eum eccum pronuntiare: innuebat enim ſe effecturum, ne reſponſa ab alio quàm à Principe expectari poßent*: cuiuſmodi emendatio conſiſtere non poteſt: ſic enim æquitatem in Iuriſconſultorum reſponſis deſiderare viſus eſſet, quod alienum eſt ab eius propoſito. Volebat enim iuris ſcientiam abolere, vt ipſe per ſe ius conſtitueret ſine vllo Iuriſperito.

Stipulari ſtipulationem, l. 3. §. 1. *iudic. ſol.*

Studioſi iuris, l. 1. *D. de off. Adſeſſ. l.* 4. *D. de extraord. cognit. l. moris eſt*, §. 1. *D. de pœn. Suetonius in Nerone.*

Superficium, *l.* 1. §. 1. *de ſuperf.*

Sic etiam ſcribitur in libro Notarum, & in veteri inſcriptione apud Antonium Auguſtinum, de legibus, num. 5.

Suppetere, l. ſi quis vxori 52. §. *apud* 5. *de furt.*

Iuuenalis Sat. 1. *ne*

Suppoſitus venias, ac falſo nomine poſcas.

id eſt, ne ſuppetat, vt loquitur Vlpianus, l. ſi quis vxor. &c. Nicolaus Rigaltius ibidem in Notis.

Supremum moriens, l. qui duos, 9. *de rebus dub.*

Pro ſupremo morienti, ſupremùm, aduerbium eſt.

T

TAntundem ſummam, *l.* 10. §. 5. *D. de in rem. ver.*

Territio, *l.* 15. §. *quæſtionem*, 30. *de iniur.*

Leuis territio. Baſilica: ἡ μετρία κατάπληξις: Gloſſæ, πτόησις, territus, trepidatio, pauor: territus, pro territione, vt ſtipulatus, pro ſtipulatione, obligatus pro obligatione.

Teſtamentarius, *l.* 1. *ſi quis aliq. teſt. proh. l. impuberem* 22. §. 7. *l. Diuus* 15. §. *vlt. de lege Cornel. de fal.*

Gloſſæ: διαθηκογράφος teſtamentarius.

Teſtamentum facere alicui, quem ſcilicet teſtamento heredem facit, l. 7. *C. qui teſtam. facer. poſſ.*

Teſtamentum pro ſucceßione, ſiue hereditate ex teſtamento, l.

vlt. de bonor. possess. secund. tabul. l. illud. 76. de adquir. hered. l. 2. C. de bon. matern. l. 1. in fin. de inofficios. testam. l. 42. §. castrensium, de bon. libertor. Suetonius in Neron. vt testamenta ingratorum ad Principem pertinerent.

Vide Cujac. Obser. l. VII. c. 18.

Tollisse, l. 13. §. 4. de accept.

v mutatum in o, vt in veteri Epigrammate, *protulit.*

V

Vacans mulier, non nupta. l. 5. §. vlt. ad leg. Iuliam de vi publ.

Basilica: μὴ γεγαμημένη, innupta.

Vacua bona, pro vacantia, l. 1. de success. ed.

Vt vacua mulier, pro vacante, Tacitus Annal. Lib. XIII. cap. 44. *sed vbi mulier vacua fuit*, pro innupta.

Valdè stulta est consultatio tua, l. 27. D. qui testam. fac. poss.

Vera ratio, l. 3. D. ad leg. Falcid.

Verè, pro bonâ fide, l. 40. §. 62. de statulib.

Verè, pro sinceriter, apud Ciceron. Epistolar. ad familiares lib. VI. 22. *Magna consolatio est, quum recordere, etiamsi secus acciderit, te tamen rectè vereque sensiss.* Græci tamen, ἀληθῶς & κατὰ ἀλήθειαν vertunt.

Verùm, pro tamen, l. 11. §. 4. de injur.

Basilica: ὁ μέντοι ἀνὴρ, maritus tamen.

Veteres, qui XII. Tab. interpretati sunt, & ex eis actiones composuerunt, l. veteribus 39. D. de pactis. §. 1. Instit. de legit. patron. tut. l. si seruus seruum 27. §. inquit lex, 9. D. ad leg. Aquil. l. serui 17. D. de furtis. l. veteres 19. & l. 39. D. de action. empt. l. si seruum 91. §. sequitur, D. de verbor. obligat. l. 1. §. veteres 10. D. de adquir. possess. l. si vt certo §. quod vero 4. D. commod.

Vinacea, l. si quis 52. §. si quis massam 8. de furtis.

Pro vinacia. vetus Onomastic. Vinacea, στέμφυλα. sic etiam scribitur apud Columell. & alios.

Vixisset, l. 49. §. 1. de legat. 3.

Vt creari, in l. 1. D. de offic. Quæstor.

Sic legi testantur in archet. Florent. more Græco. Iustinianus in l. nuper 11. C. de natural. liber. vt siue non progeniti fuerint &c. filios iustos haberi. Sic legitur in veteribus codicibus virorum clarissimorum Iuliani Brodei & Ægidij Menagij.

Vti aliquid, l. 10. de seruit.

Vti exceptionem, abuti dotem, l. 7. §. procurator 9. pro empt. l. 22. §. sin autem 9. solut. matrimon. Id vsus est, Gellius lib. 7. cap. 15. si id vsus est.

Diomedes lib. 1. *sed & hanc rem vtor, veteres dixerunt*: & Terentius Heautont. Act. 1. Sc. 1. vers. 81.

Quod illa ætas magis ad hæc vtenda idonea est.

Idem in Andr. prol. vers 5.

Nam in prologis scribendis operam abutitur.

Nec debuerunt quidquam mutare qui Terentium ediderunt, tametsi scripti codices, vt ipsi aiunt, habeant, *operâ*. Flauius Sosipater lib V. *Vtor hâc re, nos dicimus: apud veteres autem & vtor hanc rem dictum est*. Veteres etiam dixerunt: fruitus sum illam rem, non fruitus sum illâ re, vt ait Caper de Ortographiâ.

Vulgaris substitutio: vulgaris modus legandi, l 4. D. de dote præleg. Vulgares actiones, l. 1 & 2. D. de præscr. verb. l. 46. de hered. instit. Vulgaris stipulatio, Græci ad l. 1. C. de rei vxor. action. Vulgaris cautio in legatis, l. 114. §. 9. de legat. 1. Vulgare pactum, l. 4. C. de pign. act. l. 30. de pact. dotalib. Vulgaris formula, l. 42. de furt. Vulgaris clausula, l. 30. de legat. 1.

D. Gothofredus publicauit ann. 1602. cum Auctoribus linguæ Latinæ, aliud quoddam Glossarium P. Pithoei sub hoc tit. EXCERPTA PYTHOEANA EX VETERIBVS GLOSSIS.

MEMOIRE SERVANT D'ARGVMENT A L'ADVIS SVIVANT, BAILLÉ PAR M. PITHOV A PRESENT CONSEILLER en Parlement, nepueu de l'Autheur dudit Aduis.

AV mois d'Aoust de l'année 1581. le Pape Gregoire XIII. enuoya au Roy Henry III. vne exhortation par laquelle il l'admonestoit de reuoquer incessamment l'Edict par luy fait sur les Estats assemblez à Blois au mois de May 1579. comme inique, iniuste & destitué de tout droict en ce qu il dispose des personnes & choses Ecclesiastiques: voire mesme pour ce qui est du Concile de Trente; soustenant qu'il n'appartient aux Rois de rien ordonner pour ce regard, mais seulement de faire garder ce qui est ordonné par le Pape: & l'exhorte de faire publier ledit Concile de Trente. A quoy M. Pierre Pithou sieur de Sauoye, Aduocat en Parlement, respondit par vn docte & iudicieux escrit, qui meriteroit bien d'estre imprimé.

ADVIS* DE M. P. PITHOV, *Aduocat en Parlement, sur l'Ordonnance de Blois de l'an 1576.**

* *Cet aduis a esté imprimé sur vne coppie communiquée par M. du Puy qui l'auoit escrite de sa main, & mis les allegations en la marge.*

* *Cette Ordonnance ne fut publiée qu'en l'année 1580.*

TOVS ceux qui iugent droictement des choses sans se laisser transporter par affection trop particuliere, peuuent assez recognoistre de quelle importance a esté & est encores plus que iamais la bonne intelligence entre nostre S. Pere le Pape & le Roy, qui porte par iustes merites le titre de tres-Chrestien. Et d'autant plus doiuent-ils estre soigneux d'entretenir les liens de cette cōcorde par les mesmes moyens par lesquels elle a duré iusqu'à present, sans en roidir les cordes outre-mesure, de peur qu'au lieu de trop serrer, elles ne s'affoiblissent & se relaschent, & au besoin, ce que Dieu ne veuille, rompent au tres-grand dommage & regret de toute la Chrestienté Pour ce, ne se faut esmerueiller, si les mieux affectionnez Catholiques de tous les Estats de ce Royaume sont tres-marris de voir auiourd'huy, qu'aucuns ou ignorans & maladuisez, ou dissimulans, ou enuieux des bons effects de cette sainte intelligence, tâcher par subtils moyens de l'alterer fort mal à propos, sous pretexte d'vn Edict qui a esté fait en intention, plustost de la nourrir & entretenir, que de la corrompre & enfreindre.

Mais loüé soit Dieu que la verité mesme les a forcez de recognoistre & confesser en la personne de nostre Roy, ce qu'on ne peut reuoquer en doute, & dont ses deportemens du temps passé ont rendu tesmoignage si certain à tout le monde, & particulierement à nostre S. Pere, qu'il ne se laissera iamais persuader de luy chose contraire à son nom & indigne de sa pieté & vertu.

Quant au general, ils ont deub pareillement reconnoistre, que comme les Rois tres Chrestiens ayans exposé leurs propres personnes, pour remettre & restablir les Papes en leur

Siege, & accreu leur patrimoine de grands biens, les ont reconneuz tousiours pour peres, leur rendans volontairement, & de franche affection vne obeïssance non seruile, mais filiale; aussi les S. Peres de leur part leur ont tousiours fait cet honneur de les recognoistre pour vrais fils, & les conseruer en leurs droicts & priuileges, voire les supporter plustost que d'entrer en contention qu'ils sçauoient estre de trop plus dangereuse consequence. Voila pourquoy ils n'ont iamais trouué mauuais, que les Rois tres-Chrestiens fissent Assemblées & Conciles prouinciaux & nationaux, mesme ceux de la seconde race, esquels entre autres choses importantes à la conseruation de leur Estat, se traistassent aussi celles qui concernoient la discipline Ecclesiastique de leur païs. Et s'en lisent encores auiourd'huy plusieurs chapitres inserez és recueils depuis faits des decrets des Saincts Peres, dont les titres peuuẽt faire foy, que ces Assemblées estoient de Gens notables de tous les trois Estats du Royaume. Sous les Rois de la troisiesme lignée se voient aussi quelques Pragmatiques Sanctions & Edicts approuuez par Conciles generaux. Et bien qu'en quelques poincts concernant les priuileges & libertez de l'Eglise Gallicane, aucuns des saincts Peres se soient montrez par fois bien difficiles, iusqu'à vser de censures Ecclesiastiques, si est-ce qu'en fin ils s'en sont deportez, & contentez des anciens termes, ayant bien conneu par experience les diuers effects des vns & des autres deportemens.

Neantmoins entre les differens suruenus pour les occasions rapportées diuersement par les Histoires, on a peu remarquer vne grace singuliere & faueur de Dieu enuers cette Couronne, en ce que non seulement l'Estat de la Noblesse & celuy du peuple, mais aussi l'Ecclesiastique, est tousiours demeuré vni auec son Roy pour la conseruation de ses droicts & authoritez, & en ce qu'on a iusques icy appellé de nom special les priuileges & libertez de l'Eglise Gallicane, iusqu'à s'opposer si auant à ceux qui les ont voulu enfreindre, que ce qui s'en est ensuiuy peut rendre tesmoignage à la posterité de la force de leur naturel, & de leurs droictes volontez.

Le Concile de Rheims. Phil. le Bel. Charles VI.

Au reste on ne peut dire qu'il y ait eu Prince ou peuple en la Chrestienté qui ait rendu plus prompte & volontaire obeïssance au S. Siege, & en particulier le Roy tres Chrestien qui est à present, s'est efforcé en cet endroit, comme en plusieurs autres, d'outrepasser ses Predecesseurs. Nostre S. Pere peut assez sçauoir les occasions particulieres pour lesquelles les Canons du Concile de Trente n'ont peu encores estre receus & executez en ce Royaume. Les plus grands & notables Prélats d'iceluy & les plus zelez au S. Siege préuoyans assez les difficultez dés l'an 1574. en firent extraire les articles, sur lesquels le Roy Charles decerna incontinent ses Lettres patentes qui ne peurent encores lors estre publiées pour les mesmes empeschemens & autres depuis suruenus.

Le Roy, qui ne desire rien plus que le restablissement de la discipline Ecclesiastique selon les saincts Decrets, ayant pris occasion de l'Assemblée des Estats de son Royaume faite à Blois l'an 1576. a fait inserer en son Edict vne partie de ces mesmes articles: & en cela pensant auoir fait chose tres-digne d'vn Roy tres-Chrestien, il a bien iuste occasion d'estre marry de se voir blasmer d'vn si bon œuure, voire auec paroles peu dignes, non seulement de sa Majesté, mais de sa bonne intention & religieuse volonté. Par cet Edict il n'ordonne rien de ce qui est de la doctrine, pour ordonner, recognoissant assez que cela appartient à l'Eglise seule, & au Chef d'icelle. Mesme pour le regard de la discipline, tout ce qui est porté par son Edict, se trouuera conforme aux saincts Decrets & Constitutions canoniques receuës en son Royaume, dont estant le vray garde & protecteur, tel reconneu par ceux mesmes qui s'efforcent de blasmer ses actions enuers nostre S. Pere le Pape, on ne peut & ne doit-on trouuer estrange, si comme tel il a departy son bras seculier pour l'entretenement de cette discipline, iusqu'à adjouster aux corrections canoniques des sanctions & peines seculieres, pour contenir les moins religieux.

Tel est le II. article dont on se pleint en particulier, par lequel le Roy tres-Chrestien a ordonné que ses Procureurs generaux se pourront porter pour appellans comme d'abus des executions des prouisions faites cõtre les saincts Decrets, & Constitutions canoniques, & attribuë la connoissance de telles appellations à sa Cour de Parlement. En quoy si on veut renouueller la querelle generale de cette forme des appellations, qui est l'vne des principalles libertez de l'Eglise Gallicane, ce ne sera pas vne question nouuelle, & est aisé desmaintenant à iuger par où pourroit aboutir ce differend; & toutesfois de ce droict, priuilege, & liberté depend ce qui est ordonné par cet article. Tout le monde sçait assez ce que les saincts Peres en declarent par chacun an, mais on sçait aussi le temperement qu'ils y apportent, & que par tels moyens la bonne intelligence qui est entre le S. Siege & le Royaume tres-Chrestien, s'est entretenuë iusqu'à present, & s'entretiendra encores, Dieu aidant, iusqu'à la consommation de ce siecle: & malheur à celuy qui le premier tâchera de rompre cette paroy commune pour legere occasion.

La seconde pleinte particuliere semble estre de ce qui est porté par le VI. article de la mesme Ordonnance, que les enquestes faites sur la simonie seront enuoyées au Roy pour y pouruoir à l'honneur de Dieu & descharge de sa conscience; comme si par cela le Roy tres-Chrestien auoit voulu donner puissance aux Iuges seculiers de iuger du crime de simonie, contre les personnes Ecclesiastiques. Mais le XXI. art. du mesme Edict qu'ils ont peu & deub lire entierement deuant que iuger d'vne partie, leur a peu apprendre clairement que la connoissance de simonie est par expres delaissée aux Euesques & Archeuesques contre telles personnes, pour estre iugées selon les saincts Decrets, & Constitutions canoniques; & seulement pour le regard des laïs, est enjoint aux Iuges seculiers d'en faire aussi punition; ce qui est conforme aux loix & vsances anciennes du Royaume, par lesquelles la cognoissance des delicts contre purs laïs* appartient au Iuge lay, & pour cause personnelle ne peut estre le lay conuenu pardeuant le Iuge d'Eglise.

* *v. l'ordonnance de 1539. art. 1.* Io. Fab. in §. si veró, de satisdat. §. pœnales, de perpet. & tempor. action. & § non. Seruiana num. 32. de actionib.

Ce qui est contenu au XXVII. art. de l'Edict, que tous Monasteres qui ne sont sous Chapitres generaux, & qui se pretendent subjets immediatement au S. Siege Apostolique, seront tenus dedans vn an se reduire à quelque congregation de leur Ordre, en laquelle seront dressez Statuts, & commis Visiteurs pour faire obseruer ce qui aura esté arresté pour la discipline reguliere, & en cas de refus ou delay, y sera pourueu par l'Euesque, a esté ordonné à l'instante priere & requeste des Ecclesiastiques, qui ont par expres supplié le Roy de le commander ainsi, & semble conforme à ce qui est porté par le VIII. ch. des Decrets de reformation de la XXV. Session du Concile de Trente, qui est la IX. sous le Pape Pie IIII. dont il est vray semblable que les Prelats auoient auparauant extraict le mesme article.

Quant à l'âge de profession, dont il est parlé en l'article XXVIII. c'est le mesme qui est prefix par le XV. chap. de la mesme Session du Concile de Trente, & se conforme à ce que long temps auparauant en auoit escrit S. Basile Archeuesque de Cesarée.* Que si l'on pretend que le Roy n'a pû ny deu en ordonner par son Edict, il faut par mesme moyen condemner la Constitution faite de ce par l'Empereur Majorian* qui deffend la profession auparauant l'âge de quarante ans: celle de Charlemagne* qui la met à XXV. & vne plus recente du feu Roy Charles* faite en l'Assemblée de ses Estats, qui la reduit à vingt-cinq ans pour les masles & à vingt ans pour les filles. L'Apostre S. Paul auoit prefix l'âge des Diaconisses à quarante ans. L'Empereur Iustinian* l'a reduite à cinquante, & depuis à quarante:* & tant s'en faut que sa Constitution ait esté reprouuée par deffaut de puissance ou autrement, que mesme elle se lit encore auiourd'huy inserée au Decret de Gratian* & à la verité tel reglement est plustost de conseil que de commandement, & de police que de doctrine de la Foy & Religion. Cela mesme peut seruir de response à ce qui est trouué mauuais touchant la permission de disposer, qui est vne forme de Sanction du tout ciuile pratiquée en plus forts termes par l'Empereur Majorian, * parce qu'il permet de succeder. Et est certain que cette habilité ne concernant que les biens temporels est de la puissance seculiere, & non de l'Ecclesiastique, à laquelle cependant elle ne fait aucun prejudice.

* ad Amphilochiũ, & in lib. Regul. fusiùs disputatarũ interrogatione. 15.

* Nou. 8. C. Theod.

* lib. 1. leg. Franc. c. 46

* *Orleans art.* 19.

* Nou. 6. cap. 6.

* Nou. 123. cap. 13.

* Distinct. 78. c. Nemo 2.

* dictâ Nou. 8. de Sanctimonialib. &c.

Encore moins d'apparence y a-t'il, de trouuer mauuais le contenu en l'art. XXXI. du mesme Edict, par lequel le Roy tres-Chrestien admoneste les Superieurs des Monasteres des Religieuses, de vacquer soigneusement à remettre & entretenir la closture des Religieuses. Car ce n'est en effect que les admonester d'executer ce qui est expressement porté par le chap. V, de la XXV. Session du Concile de Trente, & par tous les anciens Canons conformement à leur profession. Et en cela le Roy n'a fait que ce qui est de son deuoir & de son authorité, estant comme dit est, gardien & protecteur des saincts Decrets & Constitutions canoniques.

Quant à ce qu'on dit contre le XL. art. que toutes causes matrimoniales appartiennent tellement au Siege Ecclesiastique, que le seculier n'en peut cognoistre en quelque façon que ce soit; cette maxime n'a esté receuë en France si generalement, mais bien auec quelque distinction. Car on a tousiours tenu & prattiqué sans contredit, que si en vn procez où il s'agit de succession de biens, de dot, de doüaire, ou autres conuentions matrimoniales qui se traittent pardeuant le Iuge lay, * suruient incidemment la question du mariage, le Iuge ne doit faire pour cela difficulté de prononcer sur ce qui est de sa connoissance. Et pareillement si la question est possessoire, cõme quand le mary demande que celle qu'il dit estre sa femme luy soit renduë, ou qu'incidemment on demande la reintegrande de quelques biens, que tels differens sont de la Iustice seculiere. Et mesme qu'en la question de mariage, si les conclusions tendent à fin de doüaire ou prouision, le Iuge d'Eglise est tenu renuoyer celuy qui decline sa Iurisdiction; & à faute de ce faire, est l'appel comme d'abus receu par les Cours Souueraines. Cependant nous recognoissons aussi sans difficulté, que le droict du lien de mariage en soy, quand il est seulement question s'il doit tenir ou non, en tant qu'il est mystere & Sacrement, est matiere pure Ecclesiastique. Aussi le Roy tres. Chrestien vsant par son Edict de ces mots, *ne peuuent valablement contracter*, n'a entendu disposer du Sacrement & de la validité ou inualidité d'iceluy deuant Dieu & son Eglise, mais receuant & embrassant ce

* cap. Tuã. extra, de ordine cognitionum. Decius in Consil. 212 contr. cap. de prudentiâ, extrà, de donat. inter. vir. & vxorem. Bar. & Bald. in l. omni innouatione C. de Sacros. Ecclesiis. & l. quoties C. Ne Iud. &c Matth. de afflict. decis. 219.

qui en a esté enfin aduisé & resolu mesme par le Concile de Trente, il a voulu authoriser, en tant qu'à luy est, ce sainct Decret, par les moyens qui sont en sa puissance seculiere, comme est l'obligation des biens & des conuentions matrimoniales, de communauté, dot, doüaire & autres portées par les contracts de mariage, & ce qui en depend, comme sont les droicts de successions, retraicts lignagers, de la validité ou inualidité desquels droicts il a entendu disposer en consequence de la Constitution canonique, sur la validité ou inualidité du Sacrement, & non autrement: Surquoy sa Saincteté, sous sa benigne correction, a autant d'occasion de se contenter de cette interpretation, conforme aux mots de l'Edict, que le Roy d'Angleterre eut de la declaration faite par le Pape Alexandre III. de ce nom, sur vn contraire differend, presque en mesme subjet.*

* In c. Causam quæ inter 2. Qui filij sint legitimi.

L'art. XLI. suiuant, qu'on pretend estre vne restrinction de la liberté du mariage, d'autant qu'il permet l'exheredation pour le mespris de l'authorité de ceux ausquels est deub cet honneur de tout droict diuin & humain, n'est point vne nouuelle loy, mais seulement la confirmation de celle faite par le Roy Henry II. de bonne & heureuse memoire des l'an 1556. laquelle tant s'en faut qu'on aye lors contredite, qu'au contraire elle a esté grandement loüée, & suiuie par les autres nations. Et en ce ne peut-on pretendre deffaut de puissance, veu qu'encores auiourd'huy pour les autres causes d'exheredation, nous suiuons les loix des Empereurs;* comme aussi le sujet est pur ciuil & temporel.

* *Les Nouelles de Iustinian.*

Ce qu'on remarque aussi en passant de la saisie des fruicts mentionnez en l'art. XIV. cõtre les Prelats non residens, n'est pas de nouueau introduit; & se trouuent infinis autres Edicts des predecesseurs Rois,* & Arrests des Cours Souueraines de ce Royaume, qui ont raison tres-apparente: & la destination de tels fruicts, portée par l'Edict mesme, monstre que la fin & l'intention n'en peut estre blasmée ny condemnée.

* *Louis XI. François I. Henry II. François II. Charles IX.*

En somme, pour conclure cet escrit par son commencement, & parler en vray François, les mieux affectionnez aCtholiques ne peuuent autrement penser, que ceux qui ont dressé ces plaintes sous le nom de nostre S. Pere, ne soient ignorans des droicts du Roy tres Chrestien, des priuileges & libertez de l'Eglise Gallicane, & de l'estat de ce Royaume; ou que les sçachans bien, ils ne se monstrent peu aduisez de vouloir auiourd'huy reueiller les vieilles querelles, & en dresser encores de toutes nouuelles sur pointilles & subtilitez; ou, qui pis est, enuieux d'vn peu de repos, dont il a pleu à Dieu donner quelque esperance, & laquelle nous le supplions vouloir continuër & augmenter, & nostre S. Pere y aider de tous ses bons moyens, supportant plustost les imperfections qui y pourroient estre, iusqu'au temps de la moisson, que l'iuroye se puisse mieux separer du bon grain, & sans plus grand danger de l'vn & l'autre desdits Estats.

PLAIDOYE'* DE M. M. P. PITHOV, PROCVREVR GENERAL DV ROY EN LA CHAMBRE DE IVSTICE, ORDONNEE PAR LE ROY en ses Païs & Duché de Guyenne, en l'an 1582.

*M. du Puy a mis ainsi le titre de ce Playdoyé qui a esté pareillemēt imprimé sur vne ancienne coppie tirée de ses Cartulaires, laquelle il auoit reueuë & mis les passages en marge, de sa main.

SI VNE MERE DOIT ESTRE preferee à l'Ayeule, pour l'education de sa Fille.

PITHOV Procureur general du Roy a dit, que cette contention entre l'ayeulle & la mere semble estre de celles qu'Hesiode appelle bonnes, de laquelle sorte il se trouue fort peu auiourd'huy entre les hommes, mesmes, qui viennent iusqu'à la face de la Iustice; encores celles qu'on honore de ce titre, se ressentent tousiours du deffaut & de l'imperfection qui est non seulement en nos actions, mais aussi en nos volontez. Et cela se peut assez remarquer en la cause qui s'offre, en laquelle on ne peut que grandement loüer l'extréme affection d'vne mere qui semble l'induire & la forcer aucunement à poursuiure si instamment

instamment que sa fille luy soit deliurée pour la nourrir & esleuer en si bas âge, comme elle a fait par neuf mois en son propre corps, selon le deuoir de nature, voire contre l'ayeulle sa belle mere, laquelle autrement pourroit ouïr ce qu'en vn autre different entre personnes de mesme degré est reproché à vne mere, *scilicet * ad alia matris indulgentia occupata fuit, quæ ablatam filiam, & ad auiam translatam non indignata est.*

* Quintil. Declam. 388.

D'autre costé l'on ne pourroit iustement blasmer le zele & la bonne volonté de l'ayeulle, laquelle ne voulant ceder à sa belle-fille en ce mesme debuoir, outre son affection naturelle, pretend estre fondée en la derniere volonté de son fils, pere de la pupille, duquel si elle mesprisoit le iugement en cet endroit, elle pourroit sembler se rendre indigne de l'honneur qu'il luy a voulu faire par son testament. Et toutesfois examinant toutes choses à la regle de la verité, il faut que l'vne & l'autre des parties recognoisse & confesse, que si elles se rencontroient aussi bien en vne bonne intelligence & volonté entre elles-mesmes, comme elles se rencontrent en cette grande & naturelle affection en la personne de cette petite fille, ce different n'eust pris si long traict par forme de procez, & eussent dit toutes deux ce que dit vn pere en quelque endroit, *Ad * arbitros affectus nostros non mittimus, iudices habemus Deos.*

* Seneca Controu. 6.

Car à vray dire toute l'occasion, & tout le subjet de leur differend, ne gist qu'en ce qu'elles ne peuuent demeurer ensemble. L'ayeulle semble le desirer par ses offres, la mere dit cela ne se pouuoir faire: & y a grande apparence en cette difficulté par leurs propos mesmes, si elles ne veulent attremper leurs passions.

Or puis-que les choses sont venuës à ce poinct, il est à esperer qu'ayant choisi cette Compagnie pour iuge de leurs differens, elles acquiesceront de bonne volonté à son Arrest, & quitteront toutes passions particulieres, non seulement à l'authorité de leur Roy & de sa Iustice souueraine, mais aussi au bien & au profit commun de cette petite fille, contre laquelle si elles se vouloient venger par procez, pretentions de droict ou autrement, ce seroit faire chose toute contraire à cette grande affection que l'vne & l'autre prend, chacune de son costé, pour cause & fondement en ce differend, lequel à la verité semble bien meriter le iugement de cette Compagnie, non seulement pour la grandeur des parties, mais aussi pour le sujet, estant question de l'education d'vne petite fille, en laquelle seule consiste tout le reste d'vne noble & ancienne maison, & de laquelle, bien que ce sexe soit le commencement & la fin de sa famille, si y a-t'il esperance que par le moyen d'vn mary elle en pourra conseruer & le nom & la grandeur, & donner moyen à quelque Seigneur de vertu de faire vn iour de bons seruices au Roy & au Royaume. Voila pourquoy outre le general, il y a interest particulier en cette cause. Car encores que le Roy ne se soit retenu par tout son Royaume le droict de garde des pupilles, qu'il a encores de present en son Duché de Normandie, & que les Rois d'Angleterre & d'Escosse l'ayant appris de nous, comme il est vray semblable, le continüent encores auiourd'huy sur leurs subjets; si est-ce que pour cela il ne laisse pas d'estre protecteur des pupilles par toutes les terres de son obeïssance, & en fait à son couronnement le serment & hommage à Dieu qui les luy a tres-expressement recommandez.

Il representera donc à la Cour le faict entier, selon ses circonstances, desquelles encores qu'il semble que les Aduocats des parties soient aucunement d'accord, toutesfois les ayant comme démembrez pour s'en seruir chacun à son aduantage, elles rendront le differend plus aisé à iuger estant rapportées au vray des pieces qui luy ont esté communiquées. En ce faisant, s'il laisse escouler quelques particularitez qui pourroient seruir à aigrir dauantage ce qui n'est desia que trop aigry de soy-mesme, il espere que la Cour l'en excusera fort aisement.

Il se trouue qu'en l'an 1551. la Dame de Pierre-Buffiere ayeulle, qui est du costé de son pere de la maison de Busset de Bourbon, petite fille de Cesar Borgia Duc de Valentinois & d'vne sœur d'vn Alain, sieur d'Albret, fut mariée auec Iean de Pierre-Buffiere, premier Baron de Limosin, & par son contract de mariage qui est du 5. Iuin 1559. luy apporta la somme de vingt mille liures, moyennāt laquelle luy fut constitué dot de mille liures de rente sur les terres de Pierre-Buffiere, & Aigue-perce, & generallement sur tous ses biens, r'achetables de pareille somme de vingt mille liures; & outre luy fut accordée la communauté d'acquests & conquests immeubles, & non des meubles; & constitué en doüaire autre somme de mille liures de rente moderée à huict cens liures en cas d'enfans, & de secondes nopces; & outre en tout cas l'habitatiō du chasteau d'Aigue-perce meublé selon son estat, sur laquelle terre luy fut assigné le doüaire, & encores, si elle ne suffisoit, sur la terre de Pontarion de proche en proche.

En l'an 1569. le 24. Feurier, Iean de Pierre-Buffiere son mary fit son testament, & par iceluy nomma pour tutrice à ses enfans sa femme, à laquelle outre il legue l'vsufruict de ses biens, pour en disposer sans inuentaire ny compte, en nourissant & entretenant ses enfans, & portant les charges de sa maison, pourueu qu'elle demeure en viduité; veut qu'elle puisse disposer de dix mille liures en faueur de ses fils ou filles, tel que bon luy semblera; donne à chacune de ses filles huict mille liures par forme d'institution particuliere; & instituë son heritier vniuersel Philippes son fils lors vnique; & où il decederoit sans hoirs, luy substituë son second fils, s'il en a aucun, & ainsi de masle en masle. Et en cas de decez des masles sans hoirs, il substituë Ieanne sa premiere fille; & en en ce cas legue à Isabeau sa seconde, la seigneurie de Pontarion; à Suzanne sa tierce, la terre de Montheil; & à chacune des autres filles, vingt mille liures. Estant le sieur de Pierre-Buffiere mary de la Dame ayeulle decedé quelque temps apres en cette volonté, delaissant Philippes son fils vnique, & cinq filles qui sont demeurées sous la tutelle & garde de leur mere, & dont il reste encores vne fille, qui est Isabeau, à marier, Ieanne l'aisnée a esté mariée par sa mere au sieur de S. Mathieu; les trois autres qui sont Suzanne, Anne & Marthe, sont decedées fort jeunes. Et quant à Philippes fils, ayant tousiours, comme i'ay dit, demeuré sous le gouuernement de sa mere, & estant encores sous l'âge de vingt-cinq ans, il fut conjoint par mariage en l'an 1581. à la fille du sieur de Plassac de la maison de Pons, assez connué pour son ancienneté & grandeur. Par le contract de mariage qui est du 21. Auril, elle a apporté en dot la somme de vingt cinq mille liures, & moyennant ce est associée en tous biens, meubles & acquests immeubles, sauf à y renoncer dans six mois apres la dissolution; & en cas de predecez du mary, luy est delaissé pour son doüaire par vsufruict le Chasteau de Pontarion, scitué en Poictou, auec deux mille liures de rente & reuenu de proche en proche en tout droict de Iustice; & pour son dot luy est assignée la somme de treize cẽs liures de rente, en semblable droict de Iustice sur la terre de Montheil au Vicomte, païs de la Marche, r'acheptable dedans dix ans; & en cas de secondes nopces luy est ce dot retranché d'vn tiers; & accordé que pour l'assignation des dot & doüaire, ou le reuenu des terres de Pontarion & Montheil ne suffiroit, le surplus sera parfourny sur les autres biens plus proches; & sont ces conuentions passées & accordées en presence de la Dame de Pierre-Buffiere mere, laquelle par mesme contract fait don à son fils des dix mille liures dõt il luy estoit permis de disposer par le testament du pere, & de tous les droicts qui luy pouuoient appartenir par la succession de trois de ses filles decedées, sans diminution de celle de son fils, sauf pour ses autres droicts & conuentions matrimonialles de se pouruoir sur les autres terres & Seigneuries, demeurant la Dame de Pontariõ saisie des terres assignées auec la iouïssance des Chasteaux de Pontarion ou de Montheil à son choix. De ce mariage, que les parties sont d'accord s'estre passé en grande amitié & concorde entre les deux conjoints, est issuë la petite fille, de l'education de laquelle est question, & dont la Dame de Pontarion acoucha le penultiéme du mois de Nouembre 1583. Et peu apres le sieur de Pierre-Buffiere pere, n'ayant que cette fille non encores baptisée, tomba malade, & estant en extremité fit son testament le 9. Decembre, qui est le iour mesme qu'il deceda, (de l'heure du decez les parties ne sont du tout d'accord;) & le testament porte qu'il fut passé enuiron les huict heures du matin en son Chasteau d'Aigue-perse, en la forme que la Cour entendra par le fil du procez verbal de l'ouuerture qui en fut faite present le Seneschal de Limoges, le 30. du mesme mois. Car à ce iour, s'estant la Dame de Pierre-Buffiere & le sieur de Plassac, pere de la Dame de Pontarion, trouuez en la ville de Limoges, on en fait demander l'exhibition par le Substitut, & à l'instant deux Notaires du lieu de Pierre-Buffiere representent vn papier cacheté de quatre sceaux, dont est faite à l'instant ouuerture & lecture en presence dudit Sr de Plassac, lequel estãt interpellé d'eslire domicile, dit qu'il en parlera à son conseil, & se retire. Apres quoy le Iuge ordonne que les tesmoins testamentaires seront assignez pour recognoistre leurs seings, & les parens du defunct appellez pour donner aduis sur la confirmation de la tutelle de la mineure, à la diligence de l'ayeulle, laquelle pendant ledit mois declarera si elle veut accepter la charge de ladite tutelle, sans parler lors de l'education. Les 3. & 18. de Ianuier ensuiuant sont les tesmoins testamentaires ouïs en l'absence du sieur de Plassac, & reconnoissent leurs seings ceux qui auoient signé, & sur la forme disent, mesme le Medecin qui en est l'vn, qu'estant prié par le defunct de luy declarer ce qui luy sembloit de sa maladie, & luy en ayant dit son iugement, il appella lesdits tesmoins, & leur dit qu'il auoit commandé aux Notaires nommez Bardon & Faucher, de rediger son testamẽt en la forme qu'ils luy representerent, escrit en deux fueilles; & leur declara le defunct, que le contenu en iceluy estoit sa derniere volonté; & l'ayant luy-mesme signé, le fist signer aux tesmoins qui peurent signer & aux Notaires, sans en faire lecture, d'autant qu'il declara qu'il le vouloit estre tenu secret; & toutesfois par le mesme testament, les Notaires l'appellent noncupatif. Par ce testament, apres auoir disposé de son ame & de sa sepulture, le testateur fait en premier lieu tres-honorable mention de la Dame de Pontarion sa femme, veut qu'elle iouïsse des legats, pactes & conuentions à elle faits (ce sont les propres mots du testament, entre lesquels semble aucunement difficile de iuger en quoy ce mot de legs se peut rapporter) tout ainsi qu'il est porté par leur contract de mariage; mais veut qu'elle ne puisse demander ny quereller autre chose en ses biens presens & aduenir, en quelque maniere que ce soit. Et apres auoir fait quelques legs à ses seruiteurs, il institue heritiere vniuerselle sa fille, de laquelle à la verité le nom est laissé en blanc au testament, tant s'en faut qu'il soit escrit de la main du testateur, comme la loy du Code confirmée par la Nouelle de Iustinian semble le requerir en testament par escrit & mistique: mais il n'est pas icy question de l'institution de la fille, à laquelle personne ne veut controuerser l'heredité : voila pourquoy il n'est pas besoin de s'arrester à ce poinct. Par l'article suiuant le testateur substitue à sa fille decedant sans hoirs de loyal mariage, la Dame de Pierre-Buffiere sa mere, pour en iouyr sa vie durant, & apres en disposer au profit de ses sœurs, comme bon luy semblera, & luy substitue Ieanne & Isabeau ses deux filles, sœurs du testateur, tout ainsi (dit-il) qu'il est porté par le testament de Iean Geoffroy de Pierre-Buffiere son pere. Puis par l'article suiuãt, qui fait la principalle difficulté en cette cause, il pouruoit de tuteur à sadite fille de la personne de Dame Marguerite de Bourbon sa mere, laquelle il veut regir & gouuerner sadite fille, ensemble tous & vn chacuns ses biens iusqu'à ce qu'elle soit en aage de se marier, sans faire inuentaire, & sans rendre compte. Incontinent apres la publication de ce testament, la Dame de Pontarion pretend que la Dame de Pierre-Buffiere se saisit de la personne de cette petite fille, & a fait plaider quelques particularitez, desquelles il ne fait recit, dautant qu'il n'en appert par le procez; & comme il a dit, cela seruiroit plustost à aigrir qu'à decider le differend. Tant y a que le 3. Ianuier 1583. ensuiuant, y a requeste presentée par la Dame de Pontarion au Iuge de Limoges, tendant à ce que commandement fust fait à la Dame ayeulle de remettre & laisser és mains de la Dame de Pontarion, sa fille qui est lors nommée Marguerite, pour en faire la garde & nourriture. Sur ce estant les parties appellées & ouïes, est ordonné par appointement du 11. iour de Ianuier, que les parens du feu sieur de Pierre-Buffiere seront appellez dans les delaiz auparauãt prefix, à la diligence de l'ayeulle, pour estre ouïs & donner aduis fur la confirmation ou creation de tutelle, & par mesme moyen de l'education & nourriture de la mineure, & suiuant cet appointement, le 27. du mesme mois sont ouïs premierement les parens du costé paternel, & quelques-vns du costé de l'ayeulle, qui tous rapportent & sont d'aduis que l'ayeulle doit demeurer tutrice, & que le defunct n'a erré pour ce regard: & sur cela mesme estant ouïs ceux du costé maternel, mesme la mere, sont de pareil aduis; & adjouste le sieur de Plassac ayeul maternel, que quãt le defunct ne l'auroit pas nommée, on ne pourroit mieux pouruoir à la tutelle de la fille quant aux biens: & suiuant cet aduis, l'ayeulle fait le serment, sous protestation toutefois, qu'elle n'entend accepter la tutelle, sinon en luy accordant l'éducation de sa petite fille.

Cela fait, on entre en different sur l'éducation, & sont tous les parens, tant paternels que maternels ouïs; mais cõme auparauant ils auoient esté d'vn mesme aduis pour le regard de la tutelle, quant à l'éducation on peut dire,

Iupiter in Trojam, pro Trojâ stabat Apollo.

Car tous ceux du costé paternel tiennent pour l'ayeulle, exceptez trois ou quatre, qui sont d'aduis que l'éducation se doit faire par l'ayeulle & la mere ensemble; & quant aux autres du costé maternel, ils donnerent leur aduis pour la mere; tellement qu'en comptant par nombre de personnes, de cinquante trois parens de tous costez oüis, tant par leurs bouches, que par procureurs speciallement fondez, il y en a vingt-deux pour l'ayeulle; c'est à dire vn seul dauãtage pour la mere. Mais si on vouloit iuger cette cause au plus, cõme on dit, ce ne seroit iamais fait, par ce que d'vne part & d'autre ils n'auroient pas faute de procurations: & de fait, depuis l'appel interjetté, ils en rapportent de tous costez en grand nombre.

Or de toutes les contestations des parties faites pardeuant le Seneschal de Limoges, ie me contenteray de rapporter icy les offres faites d'vn costé & d'autre, à sçauoir de la part de l'ayeulle, que conjointement toutes deux ayent leur habitation, ou à Pierre-Buffiere, ou à Aigue-perce, & que toutes deux ensemble nourrissent la pupille au lieu de sa naissance; & de la part de la mere, de faire residence continuelle auec sa fille, au choix de l'ayeulle, en l'vn des domiciles assis en Limosin, qui sont les maisons de Pierre-Buffiere, & d'Aigue-perse, distantes d'vne lieuë l'vne de l'autre, sans la transporter ailleurs, & que l'ayeulle faisant sa residence en l'vne, telle qu'elle voudra choisir, la puisse voir quãd bon luy semblera. Sur ce different le Iuge ayant appointé les parties a escrire & produire, enfin donne vn iugement prouisionnal, lequel à la verité semble plustost vne amiable composition, qu'vne sentence iudiciaire.

Ce iugement contient comme trois chefs principaux. Par le premier, il ordonne que la charge principalle de la personne de la mineure pour la nourriture & education sera à la mere pendant qu'elle demeurera en viduité, pour la nourrir & instruire en sa compagnie dans le Chasteau d'Aigue-perse, & où son pere est decedé, sans toutesfois que pour ce, l'ayeulle soit priuée de la veuë iournaliere de sa petite fille ; & adiouste qu'à ses fins les deux Dames seront admonestées de demeurer ensemble audit Chasteau, à ce que par leur soin mutuel, il soit pourueu à la nourriture & conseruation de la mineure : & de ce chef se plaint la Dame ayeulle seule. Par le second chef, il ordonne, qu'au cas que l'ayeulle & la mere ne pourroient viure ensemble, (surquoy la Cour a pû oüir la declaration faite par la mere en iugement,) elles s'accorderont de leurs demeurances separées dans l'vn des deux Chasteaux qui sont au dedans de la Seneschaussée de Limosin, & au ressort du Parlement de Bordeaux ; & à ses fins s'accommoderont de corps de logis separez, par l'aduis de leurs parens, à faute d'en conuenir entr'elles, permettant à l'ayeulle d'aller à toutes heures du iour voir sa petite fille sans empeschement. Par le troisiesme, sont faites defenses, tant à la mere qu'à l'ayeulle de transporter ny permettre ou faire transporter cette petite fille hors desdites maisons, ny de la Seneschaussée de Limosin, sinon de leur consentement mutuel, & par expresse authorité & permissiõ de Iustice, à peine de dix mille liures, & de priuation de tous droicts qu'elles pourroient pretendre és biens de la mineure, & de defunct son pere, lesquels en ce cas

L il

il adjuge dés à present moitié au Roy, & moitié à la partie obeïssante; le tout par maniere de prouisiõ, & sauf à y pouruoir selon les occasiõs, & sans prejudice des autres droicts des parties; mesme de la tutelle & vsufruict de l'ayeulle: & où elle se voudroit descharger & departir de ladite tutelle, estre procedé à la datiue.

De ces deux derniers chefs se plaint la Dame de Pontarion mere. Le lendemain qui est le 5. Feurier y a requeste presentée par ladite Dame de Pontarion, par laquelle elle declare qu'elle renonce à la communauté, conclud à l'encontre de l'ayeulle comme tutrice, à la deliurance de ses conuentions matrimoniales, telles que la Cour a pû entendre. Sur ce le Procureur de l'ayeulle oüy, declare que sa partie est appellante, & ne veut defendre plus auant: au moyen dequoy le Iuge par son appointement du 8. iour de Feurier ordonne que le Procureur de la demanderesse communiquera pieces au Procureur de l'ayeulse, & où il ne les voudra prendre, qu'elles seront mises au Greffe à son refus, pour les voir si bon luy semble, & en venir à huictaine, dont la defenderesse appelle en adherant. En ces entre-faites la Dame de Pontarion pretẽd y auoir eu quelque refus fait de la laisser entrer au Chasteau de Pontarion, & en represente quelques actes qu'il ne pense pas estre besoin de reciter en cet endroit. Or combien que l'ayeulle seule eust declaré estre appellante, toutesfois se trouue deux reliefs d'vn mesme iour du 12. Feurier, l'vn de la Dame de Pontarion executé le 22. iour de Feurier, l'autre de la Dame de Pierre-Buffiere executé trois iours apres, & tous deux du 12. iour du mesme mois. Par le moyen de ces appellations, estant la Cour saisie de ce differend, la Dame de Pontarion a presenté requeste le 30. Mars, à ce qu'en decidant les causes d'appel de l'education, il luy soit fait droict sur les conclusions par elles prises pour raison de ses conuentions matrimoniales, sur laquelle est ordonné qu'elle fera sa requeste en iugement. En somme voila l'estat de la cause, & ce qui est à iuger presentement entre les parties.

Il commencera par l'appel de l'appointement du 8. Feurier

pour ne l'embroüiller auec les autres: auquel appel il ſemble que le conſeil de la Dame ayeulle ſoit entré ſans grande occaſion, dautant que tel appointement luy laiſſoit en entier de remonſtrer ce que bon luy ſembleroit ſur les pieces qui luy ſeroient communiquées. Et quand le Iuge paſſant outre euſt ordonné preciſement qu'elle euſt defendu, encores ne luy euſt il pas fait grand tort, d'autant qu'elle auoit eſté creée & confirmée tutrice, & preſté le ſerment de cette charge pardeuant luy. Et ne ſert rien de dire, qu'elle n'auoit accepté cette charge que ſous proteſtation, parce qu'on ſçait aſſez que la tutelle iudiciaire eſt vn acte legitime qui ne reçoit iour ny condition, du moins expreſſe; & par le chef meſme de la Sentence, elle ne ſe plaint pas, luy ayant le Iuge reſerué & comme deferé le choix de s'en departir, en le declarant. Il n'y a doute que n'ayant depuis fait aucune declaration contraire, elle en demeuroit chargée, & demeure encores, iuſques à ce qu'autrement en ait eſté ordonné. Reſtent doncques les appellations reſpectiuement interjettées de la Sentence concernant l'education, & forme d'icelle.

Premierement, il n'y a doute aucun, que ceſſans tous autres empeſchemens, & comme on dit, *cæteris paribus*, la mere ne ſoit preferée à l'ayeulle en l'education de ſes enfans, ſoit fils ou fille. La nature ſemble l'auoir ainſi ordonné; la loy ciuile y eſt ſi expreſſe, que de la vouloir pour ce regard deſguiſer, c'eſt vouloir forcer la meſme nature. *Educatio pupillorum*, dit la loy,* *nulli magis quàm matri eorum, ſi non vitricum eis induxerit, committenda eſt*. Cette loy eſt de l'Empereur Alexandre, lequel outre ſa prudence naturelle, & le conſeil de tant de ſages & graues Iuriſconſultes, deſquels il eſtoit enuironné, en pouuoit mieux iuger que nul autre. Car eſtant delaiſſé par ſon pere en fort bas âge, & ayant encores Mœſa ſon ayeulle, il demeura ſous l'education & gouuernement de Mamméa ſa mere, de laquelle meſme il prit le ſurnom; & par cette education il eut cet heur d'eſtre ſauué des vilenies & impuretez de l'Empereur ſon proche parent, auquel il ſucceda, & le nom duquel eſt auſſi abominable & odieux, que celuy de ſon ſucceſſeur eſt honorable. Vray eſt

* l. 1. c. vbi pupill. educari debeant.

qu'estant venu à l'Empire, il connût par experience, que le gouuernement des femmes n'est du tout si propre aux affaires d'estat qu'aux domestiques : voila donc le iugement de cet Empereur. Et quãt à cequi suit en la mesme loy, *Quando autem inter matrem & agnatos & tutores super hoc orta fuerit dubitatio*; bien qu'on y retienne ce mot, *matrem*, tous les Docteurs, & la glose mesme l'entendent, *quandò mater secundò nupsit, vel quandò non appetit educationem, sed alij dicit committendam, quam ei cui tutores committi volunt*. Encores en cas de second mariage, on a veu quelquefois delaisser l'education à la mere; & la Cour peut estre memoratiue de l'Arrest donné au profit de la veufue du feu sieur de la Tour, estant remariée au sieur de Clermont d'Entragues, contre le sieur Euesque de Paris, & le sieur Mareschal de Rez, oncles paternels. Et cela n'est pas sans exemple de l'antiquité; Titeliue* dit de Æbutius, *Pupillus relictus sub tutelâ matris & vitrici educatus fuit*. Et est certain en droict, que comme le vitricque* peut estre tuteur, aussi peut il auoir l'education des enfans de sa femme. Vray est que ce mesme exemple d'Æbutius, monstre que ce n'est pas le plus seur. Mais tant y a que tant que la mere demeure en viduité & se comporte sagement, s'il n'y a empeschement d'ailleurs, on n'a point veu qu'on luy aye osté, non pas mesme debattu l'education de son enfant. Au contraire en cas de diuorce, anciennement la mere le debattoit contre le pere propre, mesmement pour le regard des enfans au dessous de trois ans, desquels la loy a tousiours laissé l'education à la mere, & luy a baillé le remede des alimens contre le pere.* Et se trouue vne Epistre du Pape Gregoire IX. à l'Euesque de Strasbourg, dont il nous reste quelque piece en la collection des Decretales,* par laquelle à la verité il donne gain de cause au pere contre la mere pour l'education d'vn enfant au dessous de trois ans; mais il declare par par expres, que c'est en cas particulier en faueur de la Foy Chrestienne, de laquelle le pere faisoit profession, & la mere estoit Iuifue: laquelle consideration cesse en cette cause, estans la mere & l'ayeulle d'vne mesme Religion. Voila quant aux enfans au dessous de trois ans. Quant aux autres, à la verité,

*lib. 39.

*l. Liberto. 21 §. filium. D. de annuis legatis, &c. Infirmitas filij, nouercę commendata est.

*l. 9. C. de Patriâ potestate.

*cap. 2. de conuersione infidelium.

en cas de diuorce, par l'ancien droict l'education demeuroit plustost au pere qu'à la mere: & pour cela auoit esté introduite la retention de partie de la dot, & iusqu'à la moitié d'icelle, selon le nombre des enfans, en cas de faute de la part de la femme seulement, laquelle retention Iustinian, en reformant ou plustost transformant l'action *rei vxoriæ*, osta depuis.* Et voila pourquoy vn pere disoit en Seneque,* *ne cum matribus quidem filios diuidimus.* Depuis les loix en cas de debat entre le pere & la mere, en ont remis l'arbitrage aux Iuges* sans receuoir la distinction des sexes. Et enfin Iustinian par sa Nouelle* à apporté vne nouuelle distinction de l'occasion du diuorce, & de la pauureté ou richesses des peres & des meres, qui n'appartient autrement à ceste cause. Les loix mesmes des peuples les moins polis, comme celles des wisigots,* en cas de partage des enfans d'vn serf & d'vne serue de diuers Seigneurs, veulent que l'enfant au dessous de douze ans soit laissé à la mere pour le nourrir & esleuer iusqu'à cet aage: & se trouuent semblables dispositions en quelques anciennes chartes de nos loix. En somme, s'il y a droict ou prerogatiue de mere en ce monde sur les enfans, c'est en l'education, qui semble luy estre aussi propre pendant leur enfance, qu'au pere l'institution & l'aduancement, quand ils sont venus en aage. *Iam primùm*, dit Messala* en parlant des bonnes meres des Romains, *suus cuique filius ex castâ parente in gremio & sinu matris educabatur, cujus propria laus tueri domum, & inseruire liberis. Sic Corneliam Gracchorum, sic Aureliam Cæsaris, sic Acciam Augusti matrem, præfuisse educationibus ac produxisse Principes liberos accepimus.* Et remarque vn autre Ancien la prouidence de nature pour cet effet, en ce que mesme les bestes de proye attrempent & les dens & les griffes en cette education, *adeò*, dit-il, *illis omnibus, quibus rerũ intellectus negatus est, hic tamen affectus relinquitur.* Et à la verité, se seroit peu de chose en la personne de la mere, que la procreation, le port & l'enfantement, si nature ne luy auoit donné continuation d'affection singuliere enuers ses petits: en laquelle affection, bien que la mere doiue ceder au pere de iugement & de discretion, si est-ce qu'elle semble le surmonter de pas-

*l. 1. §. 5. de rei vxoriæ actione, &c.
* liu. 9. des Controuers.
* l. 1. C. diuortio facto, &c.
* Nou. 117. in cap. Illud quoq;
* Legis wisig. lib. 9. tit. 1. cap. 17.
*In Dialog. de Orator.

sion. Et qu'ainsi ne soit, la Sainte Escriture mesme voulant signifier vne extreme affection, & begayer auec nous, emprunte plustost la comparaison de l'vne que de l'autre. Tellement qu'aucuns ont pensé que par cette consideration, la conionction du mary & de la femme prenoit plustost son nom du costé de la mere, que du pere. Entre les peres mesmes se louë ce beau testament d'vne mere parlant à son mary.

Nunc tibi commendo communia pignora natos,
Hæc cura & cineri spirat inusta meo.
Fungere maternis vicibus pater.

Bref pour conclusion de ce point il n'y a doute, que tout autre empeschement cessant, la mere ne soit preferable à tout autre pour l'education de sa fille, & mesme en si bas aage.

Ce qui fait donc la difficulté en cette cause, est le testament du pere, lequel on pretend auoir donné à l'ayeule sa mere, non seulement la tutelle de sa petite fille, mais aussi l'education. Et pour ce testament, l'on met en auant les faueurs des dernieres volontez que la loy authorise comme soy-mesme, les grans droits du pere sur ses enfans, mesme en ce qui les concerne apres sa mort, dont on allegue pour argument le pouuoir de substituer, & par ce moyen de disposer apres sa mort de tous leurs biens, & de la dation de tutelle,* pour le regard de laquelle la loy defere tant au iugement & à la volonté du pere, que mesme elle veut que le tuteur donné par son testament, ores qu'il ne fust valable, dailleurs soit confirmé sans charge de caution:* voire mesme que si le pere à destiné sa fille en mariage par son testament, sa volonté soit preferée à toutes autres.* Au contraire, que la mere n'a aucunement en sa puissance ses propres enfans; plustost est elle en la puissance de son mary, & par le droit ancien* comme en tutelle perpetuelle. Qu'elle ne peut agir au nom de ses enfans, si bien qu'elle soit chargée de leur faire pouruoir de tuteur; & ne leur en peut elle bailler par son testament, sinon en vn cas qui luy est permis par le droict, quand elle les a instituez heritiers, *quasi*, dit la Loy, *in rem potiùs, quàm in personam dare videatur.* Encore en ce cas, cette dation de tutelle ne vaut de droit, & à besoin de confirmation* du Magistrat, & pour cet-

*l. 4. de testamétariâ tutelâ.
* l. 3. D. de confirmando tutore. l. vlt. §. 5. C. de curatore furiosi.
* l. Si pater 4. C. de sponsalibus l. tutor 36. D. de ritu nuptiar. l. Pater Seuerianâ. 101. D. de conditionibus & demõst. l. Qui pupillam 7. D. ad l. Iuliam de Adulter.
* l. Pater 4. D. de testam. tutel. l. 4. C. eod. l. Peto 69. § mater. D. de legat. II. l. 4. C. de test. tutelâ
* l. 1. C. de confirm. tutor.

te raisõ telle tutelle pourroit estre reputée plustost datiue, que testamentaire. Que nos Iurisconsultes disent bien, que le plus grand & principal deuoir des meres est de conceuoir & garder* bien leur fruit; mais que la disposition entiere pour l'instruction des enfans est au pere: & bien que l'enfant pendant qu'il est au ventre de sa mere, fasse portion* de ses entrailles, toutesfois si tost qu'il est dehors, il appartient au pere, lequel en peut disposer comme du sien, mesme par les remedes de droit, contre sa mere propre. Que la mere mesme ne peut pas estre tutrice, de droit Romain, non pas mesme par le testament du pere; * & si elle a esté nommée & choisie pour telle, elle à besoin de confirmation.

Mais que la volonté du pere est tellement authorisée du droit pour ce regard, que les Constitutions qui ont depuis, par maniere de dire, dispensé & l'ayeule & la mere d'estre tutrices, adioustẽt par expres ceste limitatiõ, *testamentarijs tutoribus praecedentibus eas: defuncti namq. voluntatẽ & electionẽ*, dit-il, *praeponi volumus*.* Que quand la puissance eust esté cõmune au pere & à la mere, la disposition du pere seroit plus forte par la regle qui veut, qu'en chose commune la condition de celuy qui deffend, soit meilleure.* Qu'au fait qui s'offre la disposition du pere a esté cõfirmée non seulement par l'aduis de tous les parens, tant paternels que maternels, mesme par le sieur de Plassac, & la Dame de Pontarjon sa fille mere, mais aussi par l'authorité de la Iustice, suiuãt laquelle l'ayeulle a fait le serment. Tellement que de luy vouloir aujourd'huy oster l'education de sa petite fille, se seroit non seulement contrarier à la volonté du deffũt, mais aussi à l'aduis des parens, & à la sentence du Iuge interuenuë sur iceux; d'autant qu'elle pretend par le mesme testament l'education luy estre deferée, outre qu'elle luy est deuë en consequence de la tutelle.

Et en cet endroit allegue-t'on d'ailleurs plusieurs grandes considerations de son aage, de son experience, & de ses deportemens du passé au bon mesnage & proffit de la maison de Pierre-Buffiere.

On represente aussi les grands droits qu'elle y peut pretendre, tant par son contract de mariage, que par les dispositions

* l. Quaeritur 14. §. 1. D. de aedil. edicto.
* l. 1. §. ex hoc D. de inspiciend. ventre.
* l. 26. D. de test. tutela l. Et si ...ras 21. D. de tutorib. & cur. datis, &c. l. Qui alienam §. quãquam D. de neg. gestis. l. 2. §. Si mater. D. ad S. C. Tertyllian. l. Ita autem §. Papin. D. de admin. tut.
* Nou. 118. cap. 5.
* l. Sabinus 28. D. communi diuidundo.

de son mary & fils, par le moyen desquelles elles peut emporter vne grande partie du bien de sa petite fille, outre ce que les tantes & autres luy pourront demander. Et pour ces considerations on dit que puisque le droit porte, que quand il est question de l'education d'vne pupille, il faut sur tout regarder à son proffit & vtilité, que ce seroit faire tort non seulement à elle, mais à la pupille mesme, d'oster à son ayeulle l'education qu'elle pretend luy auoir esté prudemment commise par la volonté du pere, lequel pour ces mesmes considerations l'a peu, voulu, & deub ainsi faire. En somme, voila les principaux moyens de l'ayeule.

De la part de la mere outre les considerations generalles qui ont esté touchées cy-dessus, les moyens particuliers se peuuent reduire à deux points, qui sont le deffaut de puissance, & celuy de la volonté. Et bien que le point de la volonté semble deuoir preceder en cette question, il déduira neantmoins en premier lieu celuy de la puissance.

Pour le regard de laquelle on peut dire en premier lieu, que le droit de la puissance paternelle, tel qu'il est par le droit Romain, n'est pas receu en France, & disent les Docteurs mesmes estrangers, que les François n'ont leurs enfans en leur puissance, non qu'il faille estimer que toute puissance paternelle soit ostée, mesme és pays Coustumiers, (car les Coustumes mesmes des lieux qui parlent des droits des personnes, des affiliations & adoptions, & mesme qui prescriuent la forme des emancipations, comme celles de Berry & autres, dementiroient ceste proposition ainsi cruë:) mais tant y a que la puissance n'est telle que celle des Romains. Et de fait, la mere y a sa part, & se pratique ce que disoit vn ancien Romain, plus selon le droit de nature, que selon le ciuil, *in liberis primas partes esse patris, secundas matris*. Et sous les Romains mesmes, l'Historien qui recite la plainte que fit Æmilia femme de Scipion l'Afriquain à son mary, de ce que sans luy en auoir communiqué, il auoit fiancé sa fille à Gracchus, il ne l'en blasme pas, mais il dit seulement, *muliebriter conquesta est*. Et se trouue vn exemple en nos loix, ou le pere par son testament, remet ce point à la volonté de la mere ; * aussi vn Poëte en son Epithalame à la nouuelle mariée dit, *Ipse pater materque quibus parere necesse est.*

* l. quamquam 62. D. de ritu nuptiar.

Que mesme pour l'education, elle estoit commise à la mere apres le decez de son mary, tesmoin ce que dit ailleurs le Poëte, d'Auguste, *Pupillis quos dura premit custodia matrum.* Et Seneque parlant de Cremutius Cordus dit, *Pupillus relictus sub tutorum curâ vsque ad XIIII. annum fuit sub matris custodiâ semper.* Que depuis les Romains mesmes estans mieux appris par experience auoient changé d'aduis ; tellement que l'Empereur Antonin surnommé Pie, receut la pleinte des meres contre le testament de leurs enfans, qui ne leur auoient laissé leur legitime ; & le Senat les receut enfin à la succession de leurs enfans, en presque pareil droit que les peres. Et depuis les Constitutions des Empereurs leur ont deferé ou plustost les ont receu à la tutelle & curatelle de leurs enfans ; & lors mesme ce droit n'appartenoit point à l'ayeule, qui ne pouuoit estre tutrice, bien qu'en plusieurs autres droits, elles semblassent aucunement estre esgales à la mere.

l. Ita autem 5. § Papin. D. de administ & peric. tut. vt supra.

l. 2. § si mater D. ad S. C. Tertyllian.

Que par les mesmes Constitutions, le tuteur qui a esté donné au fils contre la volonté de la mere, est rejetté sans infamie ; * & parle la loy, qui en dispose, du fils commun ; ce qui ne semble pouuoir estre interpreté qu'en concurrence du pere. Voila quant au droit Romain.

l. Liberto 30. §. quãquam D. negotior. gestor.

* l. 1. C. si cõtra matris volun tat. tutor datus sit.

Entre les Loix des wisigots, qui ont autrefois commandé en ce païs, & laissé plusieurs remarques de leur domination ; il s'en trouue vne assez propre en l'vn des differens nagueres aduenus entre deux grands Seigneurs de ce Royaume sur la coustume de Normandie pour le droit de Garde, & qui n'est point du tout hors de propos en cestui-cy. Par cette loy est ordonné, qu'à l'aduenir celuy soit dit & reputé pupille qui n'aura perdu son pere seulement, mais aussi sa mere ; & adiouste la loy * ceste raison, *quia non minorem curam erga filiorum vtilitatem, matrem constat frequenter impendere.*

* lib. 4. tit. 3. cap. 1.

Quant au droit de France, il est certain qu'il a tousiours esté plus fauorable aux meres que le Romain, tesmoin le droit de Garde & noble & bourgeoise, suiuy par les Italiens mesme au Royaume de Naples, * dont les Loix sont remplies des nostres.

* l. 3. Const. Neapol. tit. de iure Balij.

Il est de droict tellement fauorable, qu'il semble ne se pouuoir prohiber par le testament mesme du pere, au prejudice de la mere, non plus qu'amplifier à son aduentage, comme en la dispensant de faire inuentaire : & ainsi a esté iugé par plusieurs Arrests, mesme en l'an 1528. pour le Comte de Dam-Martin & sa belle-mere, contre le Comte de Mezieres; & fut reformée la Coustume de Bourbonnois pour le regard de l'inuentaire, sur la remonstrance mesme du Procureur general du Roy qui lors estoit, par Arrest du mois de Iuin 1532. en la cause d'vn nommé Fleur-de-Lis; & toutesfois par le testament dont est question, l'ayeulle tutrice en est deschargée.

Que ce qui est de droict ciuil ne se peut prohiber par le pere, à plus forte raison ce qui est de droict naturel, comme l'education.

Et n'y fait rien de dire que le pere peut emanciper, substituer, & donner tuteur à ses enfans par son testament, parce que ces droicts ne sont pas simplement de la puissance paternelle qui a esté introduite par la loy de Romulus, ny de la suite necessaire d'icelle, mais appartienẽt au pere, à sçauoir la puissance de substituer, par vne vsance depuis receuë, & dit Vlpian, *moribus*, & celle de donner tuteur, par octroy special & expres de la loy des XII. Tables, *Pater-familias vti legassit super pecuniâ tutelâve rei suæ, ita ius esto.*

Et pour le monstrer, le pere mesme par son testament ne peut donner curateur, parce que la loy parle de la tutelle seulement & non de la curatelle, & encores moins de l'educacation. Et ce que l'Edict special du Preteur, qui est *de custodiendo partu*, semble auoir authorisé le iugement du pere pour ce regard, * est seulement en cas de doubte & de suspicion contre sa femme. Que pour toutes ces prerogatiues, il ne s'ensuit pas que le pere ait puissance absoluë de disposer par testament de ce qui luy est naturellement commun auec sa femme, au prejudice d'elle, & de ses droicts naturels; & que cela se peut manifestement iuger par vn autre exemple, dautant que le mary ayant societé de biens auec sa femme, encores qu'il en puisse entierement disposer de son

* l. 1. §. 10. D, de inspic. ventre.

viuant comme maistre & seigneur, mesme les donner, prodiguer & en faire à sa volonté, toutesfois par testament il ne peut disposer de la part de sa femme : & ne seroit icy question d'vne prohibition seulement, mais d'vne disposition, & pourroit-on dire en cet endroict à l'aduantage du suruiuant, ce que dit vn Ancien à ce mesme propos d'enfans, *quoties est communis potestas duobus, eius sit tota qui presens est.*

Et neantmoins quelque disposition qu'il y puisse auoir, la loy-mesme parlant de l'education des enfans dit que le Iuge ne s'arreste pas tousiours à la volonté du pere. Mais que quand bien le pere l'auroit peu, il n'apparoist au faict qui s'offre de sa volonté expresse. Car sans s'arrester aux moyens contre le testament, tels que la Cour a entendu, & ausquels il ne s'arrestera pas, parce qu'il n'est pas icy question de iuger de la validité ou inualidité d'iceluy, les mots par lesquels l'ayeulle pretend l'education luy auoir esté donnée sont tels, que le testateur a pourueu de tuteur à sa fille de la personne de la Dame sa mere, laquelle il a voulu & veut regir & gouuerner sadite fille iusqu'en l'âge d'estre mariée. La disposition du pere est en ce mot de tutrice, & tout ce qui s'ensuit n'en est que l'explication, & par maniere de dire la definition. Or cette tutele, ce regime & ce gouuernement sont diuers de l'education : & de faict l'argument de l'vn à l'autre n'est pas concluant. Par le droict ancien la tutelle n'estoit permise à la mere, & neantmoins l'education luy estoit permise, & estoient ces charges diuerses, ce que monstre assez l'exemple de Cremutius Cordus : & pour en apporter vn encore plus illustre de nostre droict, le Roy Charles V. surnommé le Sage, par sa disposition de l'an 1374. ordonna Ysabeau sa femme pour garde & educatrice à ses enfans, & le Duc d'Orleans son frere pour tuteur & gouuerneur de son Royaume. Tellement que quand le testateur mesme auroit vsé du mot de garde, qui sembleroit plus auantageux pour l'ayeulle, toutesfois estant ce mot ambigu, il receuroit interpretation des precedens. Et bien que *tueri* * & *custodire*, semblent signifier presque mesme chose, & qu'ils soient confondus en quelques endroicts de nos Iurisconsultes mesmes,

* l. Generali 32. §. duas. D. de vsu & vsufr. legato. l. A filio 15. D. de aliment. legatis.

toutesfois *tutela* & *custodia* sont droicts diuers & differens: mais encore plus l'education de la tutele. Tellement que si la puissance & la volonté du testateur eust esté de deferer l'vn & l'autre à l'ayeulle, mesme contre le droict naturel de la mere, cela eust requis vne declaration plus expresse & speciale.

Que si par les mesmes mots qui sont portez au testament du defunct, il auoit nommé pour tuteur à sa fille autre que l'ayeulle, il ne se trouueroit aucun qui fist doubte, que l'education ne deust demeurer à la mere; & que de vouloir autrement à l'aduantage de l'ayeulle, il n'y a aucune raison assez forte de diuersité, attendu mesme qu'on n'allegue aucun empeschement pour ce regard de la part de la mere.

Que cette diuersité se peut monstrer encores plus clairement par vn autre exemple: car la tutele par la regle ordinaire suit l'heredité, & se defere plustost à celuy qui doit succeder au pupille qu'à nul autre; mais, l'education tout au contraire, & dit la loy qu'il ne la faut aisement commettre à celuy qui peut esperer l'heredité de la pupille par sa mort.

Et à ce propos la consideratiō particuliere, qui a esté neantmoins alleguée en cette cause, ne semble du tout receuable en la personne de l'ayeulle qu'on pretend estre substituée à sa petite fille, & encores moins de la mere qui est son heritiere de droict, parce que ce seroit vn soupçon contre nature qui ne permet de presumer si mauuaises pensées en si grandes affections qui sont hors de tout tel soupçon; & la qualité mesme des personnes fera que ie ne mettray icy en consideration la demeure de la tante auec l'ayeulle & le voisinage de l'autre mariée, toutes deux substituées à cette petite fille leur niepce par ce mesme testament. Non plus que d'autre costé les grands droicts que l'ayeulle pretend sur les biens de sa petite fille, parce qu'outre qu'elle en quitte vne bonne partie à defunct son fils, cela encore sous correction n'a rien de cōmun auec l'education. Et la vertu & bonne affection de l'ayeulle font croire & promettēt, quelque chose qu'elle ait fait dire par son conseil, plustost par remonstrances que par menaces, que l'euenement de cette cause, quel qu'il puisse estre, ne l'empeschera pas de continuer cette bonne affection en la personne de sa petite fille, tant s'en faut qu'elle se voulust venger sur ses biens. *Non est*, dit vn Ancien, *quod mulieris affectum lege æstimetis, quia minatur, quia irascitur; omnia facit ne filium amittat. Effusa est indulgentia pro suis timentium, & parata, quicquid poscatur, dare.*

Voila en sõme les principales raisons qui semblẽt se pouuoir representer de part & d'autre en cette cause, en laquelle, sous correction de la Cour, la demande de la mere semble plus forte, que les defenses de la Dame ayeulle. *Habet suos gradus, habet sua iura natura, quæ licet non scripta, omnibus scriptis certiora sunt; hæc nullo iure dirimi, nullo pacto, nullo testamento mutari possunt; ipsa se prius natura mutet, ipsa se violet, necesse est.* Et lors à la verité sur cette ouuerture c'est à la loy ou au Iuge d'y pouruoir, mais cela cessant, comme la loy dit, *perquàm durum est ab hereditatis successione matrem repelli, cuius nullum vitium arguitur.* Aussi peut-on dire & auec plus forte & plus naturelle raison en cette cause, *plusquàm durum esse, ab educatione vnicæ filiæ adhuc vagientis matrem repelli, cuius nullum vitium arguitur, nulla culpa intercessisse proponitur.*

C'est pourquoy il ne veut empescher les appellations respectiuement interjettées par les parties de la Sentence du 4. Feurier, ensemble ladite Sentence, estre mises au neant en emendant le iugement, &c, faisant ce que le Iuge a deub faire, estre ordonné que l'ayeulle sera tenuë remettre & laisser és mains de la mere sadite fille, pour en faire la garde, nourriture & education pendant qu'elle demeurera en viduité, en la maison qui luy est assignée pour son doüaire, si mieux l'ayeulle n'ayme luy accorder dés à present l'habitation en l'vne des deux autres assises en la Seneschausée de Lymosin, qui sont les maisons de Pierre-Buffiere & Aigue-perses au choix de ladite ayeulle, auquel cas la mere sera tenuë nourrir & esleuer sa fille en la maison qui luy sera accordée à cette fin, sans la pouuoir transporter ailleurs suiuant ses offres, & à la charge de receuoir auec l'honneur deub, la Dame ayeulle, toutes & quantesfois qu'il luy plaira voir & visiter sa petite fille, sans luy en faire aucun refus, ny luy donner aucun empeschement pour ce regard. Ainsi sera rendu à l'vne & a l'autre son droict naturel, & toutes deux ensemble reünissans leurs volontez en la personne de cette petite fille, qui leur est comme vn reste commun, à l'vne de son mary, & à l'autre de son fils, monstreront à qui mieux mieux par vne bonne intelligence entre elles, & par vn soin commun les effects de cette grande affection qui les auoit poussées à ce different, duquel la continuation ne pourroit tourner qu'au grand desaduentage & à la perte de ce qu'elles disent auoir de plus cher en ce monde.

DISPVTE * POVR ET CONTRE L'EXHEREDATION DES ENFANS D'VN FILS, qui s'estoit marié contre le consentement de son Pere.

DRESSEE PAR M. P. PITHOV, Sr DE SAVOYE, Aduocat en Parlement.

** Cette piece a esté trouuée parmy les papiers de M. Ant. Loisel, qui l'a ainsi intitulée & attribuée à M. P. comme il est remarqué à la fin d'icelle. C'est pourquoy l'on a iugé à propos de la mettre en suite des precedentes, selon le tẽps auquel elle a peu estre cõposée. Les citations s'estãt trouuées inserées dãs le texte, on les y a laissées apres en auoir conferé la plus grande partie sur les liures imprimez.*

POVR PRONONCER A VN *Arrest general.*

PROCEZ s'est meu en la Cour de ceans, entre Marguerite de Nexe, veufue de feu Guillaume le Royer, mere & tutrice de Ierosme & Renée les Royers, demanderesse & requerante l'entherinement de certaine requeste presentée à ladite Cour d'vne part ; Et Maistre Iean Maschellier & Iean Démou, à cause de Françoise & Claude les Royers leurs femmes, defendeurs d'autre, Sur ce que la demanderesse disoit qu'elle auroit esté conjointe par mariage auec defunct Guillaume le Royer, duquel seroient issus lesdits Ierosme & Renée leurs enfans, & que ledit defunct Guillaume le Royer son mary estoit fils aisné & principal heritier de defunct M. Iulian le Royer, en son viuant Aduocat fiscal au Siege de la Flesche en Anjou, lequel seroit decedé le * * * * depuis toutesfois & apres le decez dudit

Guillaume son fils, pere desdits mineurs. De maniere qu'eux se trouuans au lieu de leur pere, tant par representation qui a lieu *in infinitum* au païs d'Anjou, qu'autrement de leur chef ils auroiẽt succedé audit M. Iulian leur ayeul pour telle part & portion, qui eut peu competer & appartenir à leur pere, de laquelle succession toutesfois les defendeurs se seroient entierement emparez sans appeller & sans y vouloir receuoir lesdits mineurs. A raison dequoy la demanderesse qui est leur mere & tutrice, auroit esté cõtrainte de les faire adjourner pardeuãt le Iuge de Baugé, à ce qu'il fust dit qu'inuentaire seroit fait auec eux de tous & chacuns les biens delaissez par ledit defunct : ce qui auroit esté empesché par les defendeurs pretendans que lesdits enfans n'estoient pas enfans legitimes du defunct. Sur cela seroit interuenuë Sentence par laquelle il auroit esté dit, qu'au principal les parties se pouruoiroiẽt à la Cour de ceans, ja saisie de quelques differents d'entre elles, & cependant qu'inuentaire se feroit, dont les defendeurs auroient appellé ; & depuis par Arrest ladite Sentence auroit esté confirmée. Au moyen dequoy, & à raison de ce que les principaux differens d'entre les parties estoient pendans en icelle, & que vray semblablement le Iuge de Baugé les y r'enuoyroit derechef, & que tous leurs differens se pouuoient iuger par vn seul poinct, elle auroit presenté sa requeste tendante à ce que ses enfans fussent maintenus & gardez en la possession & iouïssance de la succession, tant mobiliaire qu'immobiliaire dudit defunct M. Iulien le Royer leur ayeul, & ce pour telle part & portion que ledit defunct Guillaume le Royer leur pere y eust pris & perceu, s'il eust esté viuant, & auec tous les droicts de preciput & prerogatiue d'aisnesse selon les Coustumes des lieux, où lesdits biens sont scituez & assis, qu'inhibitions & defenses fussent faites aux defendeurs de les y troubler n'y empescher, & à eux enjoint de representer tous & vn chacun les biens meubles de ladite succession dont ils se sont emparez, & dont ils se purgeroient par serment, & neantmoins permis à elle de proceder par censures afin de reuelation des recellemens qui en ont esté faits, & demandoit despens.

Les Defendeurs disoient au cõtraire, qu'ils estoiẽt tousiours demeurés d'accord, & ne vouloient nier que lesdits Ierosme & Renée les Royers ne fussent enfans dudit defunct Guillaume le Royer ; mais que pour cela ils n'estoient pas ses heritiers, parce que le nom d'heritier est vn nom de loy & de iustice, & non seulement de nature, & qu'il ne suffit pas pour estre heritiers de quelqu'vn que nous soions ses enfans naturels, mais aussi ses enfans legitimes. Or que lesdits Ierosme & Renée estoient bien enfans naturels & legitimes de leur feu pere, mais qu'ils n'estoient point petits fils legitimes de leur ayeul, d'autant que Guillaume leur pere s'estant marié non seulement sans le consentement de feu son pere, mais aussi contre son gré & prohibition expresse, ce mariage ne se pouuoit pas dire legitime pour son regard, ny par consequent les enfans qui en estoient issus ; ioint que & leur pere & eux ayant esté pour cette cause iustement desheritez par ledit defunct M. Iulien, ne pouuoient du tout rien pretendre és biens de ladite succession ; & partant que la demanderesse estoit mal-fondée en sa requeste, de laquelle elle deuoit estre deboutée, & du contenu en icelle les defendeurs absous, & elle condamnée és despens : & sur ce les parties auroient esté appointées à escrire par aduertissement, & produire par appointement du

A quoy ayant esté fourny de part & d'autre, la Demanderesse audit nom auroit remonstré premierement qu'elle accepte & prend à son aduantage la reconnoissance faite par les defendeurs, que lesdits mineurs sont enfans de Guillaume le Royer son mary, qui estoit fils aisné & principal heritier de M. Iulian, inferant par là que ledit M. Iulian ayant suruescu son fils delaissant ses deux enfans en sa place, ils entroient directement en son lieu, & le representoient en tout & par tout en la succession de leur ayeul. Et quant à ce que les defendeurs disoient que ledit deffunct Guillaume le Royer auoit contracté mariage contre le gré & la defense expresse de son pere, & que pour cette cause il les auoit iustement desheritez ; qu'en cela ils s'abusoient au faict & au droict. Au faict, d'autant qu'encores que l'ayeul ait fait quelque demonstration de ne trouuer bon le mariage de son fils auec la demanderesse, si est-ce toutesfois qu'enfin & ayant veu la grande perseuerance de l'affection de son fils enuers la demanderesse, & d'elle respectiuement enuers luy, l'accomplissement & l'execution dudit mariage, & les enfans qui en estoient issus, il auroit oublié le mal-contentement qu'il en auoit pris auparauant. De faict, que depuis ce mariage il auoit logé son fils prés de soy, l'ayant veu & visité souuent, tant par luy que par sa femme ayeulle desdits mineurs, laquelle mesme se seroit trouuée à leurs baptesmes, & outre ledit defunct M. Iulian auroit inuité son fils, & la demanderesse sa belle fille à boire & à manger en sa maison, les recognoissant tous pour ses enfans & habiles d'estre vn iour ses heritiers, & qu'en cette consideratiõ ledit M. Iulian, qui auoit auparauant le mariage poursuiuy en Iustice quelques deffences de ne le contracter, auroit tout laissé là, & par cette discontinuation & silence pendant le reste de sa vie, & par plus de trois ans entiers apres ledit mariage consommé, auroit approuué ce qui luy auoit autrefois despleu, & par là confirmé & le mariage & les enfans qui en estoient issus. Car quant au premier poinct qui est la reconciliation, qu'il n'y a si grãde injure ou offence qui ne s'efface auec le temps, & mesme par la loy Romaine, qui estoit neantmoins vne loy de vengeance; comme quãd on demeuroit vn an sans se plaindre, *l.* 5. *C. de iniur.* aussi par dissimulation & conniuence. §. *vlt. Instit. de iniuriis, vt si risi, lusi, vel comedi cum illo*, comme dit tres-bien la glose en cet endroict, iusques-là que la loy 5. au *C. Familiæ erciscundæ*, presume vn pardon & reconciliation en beaucoup plus forts termes que nous ne sommes à present. C'estoit vn Maistre qui par son testament auoit ordonné que deux de ses esclaues qui l'auoient griefuemẽt offencé, seroient l'vn mis *in perpetuis vinculis*, l'autre vẽdu au haut & au loing, en sorte qu'il ne le reuerroit iamais, *& exportandus venundaretur*, comme ils parloient; depuis il se trouue qu'ils n'auoient laissé de demeurer auec luy, & qu'ils auoient continué de luy faire seruice; toutesfois le maistre ne change pas son testamẽt, lequel se trouue en son cabinet apres sa mort, sans qu'il y eust

rien

rien changé de son premier courroux, & pour ce vouloit on exercer la rigueur d'iceluy alencontre de ces pauures hommes. L'Empereur Alexandre escrit fort elegamment, *Si offensam istam clementia flexit, (quod licet scripturâ non probetur, aliis tamen rationibus doceri nihil impedit; præsertim cùm posteriora eorum talia merita deprehenduntur, vt ira Domini potuerit mitigari;) nouissimam eius voluntatem arbiter familiæ erciscundæ sequetur.* Si vn Empereur Payen a escrit ou respondu de cette façon d'vn esclaue dõt ils faisoient si peu de cas, à l'esgard d'vn maistre tellement offencé qu'il s'en trouuoit vne preuue indubitable par son testament, que deuons nous dire nous qui sommes Chrestiens, qui disons tous les iours, *dimitte nobis debita nostra, sicut & nos dimittimus debitoribus nostris?* Et si cela doit estre prattiqué entre des personnes estrangeres, de quelle douceur ne doit point vser vn pere enuers son enfant, duquel le commandement doit tousiours estre doux, clement & royal? *Regium* * *autem mitissimum & temperatissimum*, comme le disputent elegamment Aristote au 1. de ses Politiques, & Seneque apres luy en son 1. liure de la Clemence, quand ils les comparent au maistre & à l'esclaue, *inter quos ius est δεσποτικὸν, quasi δεσμωτικόν*; qui est ce que le Iurisconsulte a voulu dire en la loy 5. au Dig. *ad l. Pompeiam de parricid. Patriam potestatem in pietate, non in atrocitate consistere*, & qui fait dire au Comique, *Patri pro magno peccato, parùm supplicij satis esse.* Mais afin que l'on ne puisse aucunement disputer de la maxime sur laquelle nous sommes entrés en ce discours, Bartole le dit notamment & donne cette resolution sur la loy 3. §. *non solum* au D. *de adimend. legat.* que *si pater qui exheredauit filium ex iustâ causâ, postea se cum eo reconciliauit, illa exheredatio videtur adempta.* Or cette reconciliation, dit la demanderesse, se verifie par l'enqueste du procez pendant en la Cour, dont cette instance de requeste auroit esté formée, & laquelle à cette fin elle employe, & se presume encores plus clairement, en ce que le pere offencé, ayant encommencé son instance de defences de contracter mariage auparauant iceluy, il l'auroit delaissée & abandonnée si-tost que le mariage auroit esté accomply, se

* Nullum clementia ex omnibus magis, quâm Regem aut Principem decet. Senec. l. 1. de Clementia cap. 3.

taisant par plus de trois ans : ce qui auroit donné la mort à cette instance, tant par la disposition de droict commun, *l. Properandum* 13. §. 1. *C. de iudiciis*, que par nostre Ordonnance de Roussillon. Au surplus la demanderesse dit que l'on ne doit pas faire grand estat, ny s'empescher en cette cause de tout ce que le pere, c'est à dire l'ayeul auroit fait du viuant de son fils, pour deux raisons. La premiere que ce qui se trouue & r'apporte contre luy, ne sont que menaces sans effect, & sans que le pere soit venu *ad decretorium stilum*, comme il y a en Seneque au liu. 1. de la Clemence, chap. 14. *seu ad elogium grauissimum*, selon Apulée en son Apologetique, liu. 2. ou comme dit Quintilian, *fulmen paternum*, qui est l'exheredation formelle, combien qu'il ait eu assez de loisir de ce faire, ainsi que nous auons prédit. La seconde, que quand bien il l'auroit fait, & que le fils auroit formellement esté exheredé, (que non;) si est-ce que cette exheredation, tout ainsi que l'institution, se seroit esuanoüie, & auroit esté mise au neant par son decez auant l'exheredant, *l. Si ita* 13. §. *vlt. l. Filius à patre* 28. *initio. l. Gallus. vbique, de liberis & posthumis.* Et de faict le testateur, ou plustost les defendeurs qui luy ont fait faire son testament, ainsi que pretend la demanderesse, connoissans que ce qui auoit esté fait auant le decez de Guillaume, & contre luy, ne pouuoit en rien préjudicier à ses enfans, ont fait l'exheredation plus ample & plus precise, y comprenans & le pere qui ja estoit mort, & les enfans qui sont les mineurs ; de maniere que nous sommes en cette seule question, *an nepotes ex filio, propter delictum patris, iure exheredari possint*. Mais auant que d'entrer en cette dispute, la demanderesse auroit soustenu, comme de faict elle soustient, que ce testament que l'on r'apporte contre ses enfans ne vient pas dudit M. Iulian leur ayeul, ains que les defendeurs le luy ont fait faire & suggeré, pour oster le bien à ses pauures mineurs innocens. Voire que sans qu'il soit besoin d'entrer aux faicts ny en la preuue d'iceux, il appert de la nullité d'iceluy, estant fait comme vn contract deslors obligatoire & non reuocatoire, qui est contre la substance d'vn testament, passé pardeuant vn Notaire de village demeurant ailleurs qu'au domicile des testateurs, & lequel fait parler vne femme testante auec des clauses de renonciations au benefice du Velleian, & autres droicts introduits en faueur des femmes, qui sont pures moqueries & vne ignorance non presumable audit defunct M. Iulian, qui estoit Aduocat Fiscal, comme dit est, en la ville de la Flesche.

Neantmoins quand bien ce testament seroit procedé de la volonté de l'ayeul, & qu'il seroit en bonne forme, ladite demanderesse auroit remonstré qu'il est desraisonnable, & qu'ils ont iuste occasion de s'en plaindre, d'autant qu'il n'est rien plus iniuste au monde, que de punir les vns pour la faute des autres, & les innocens pour les coupables, *Vnusquisque enim ex suo admisso sorti subycitur, non alieni criminis successor constituitur; & pœna suæ auctores sequuntur; neque ex alieno admisso pœnam luere debent, quos nulla contigit culpa; aut quis alterius odio prægrauari. l. Crimen 26. D. de pœnis. l. Sancimus. 22. C. eodem l. Cum ratio. 7. D. de bonis damnator. l. Si quis 33. C. de inofficioso testamento. cap. Non debet 22. de regul. iuris in 6.* La pluspart desquelles loix parlent mesme *de filiis qui non debent portare iniquitatem patris*; ainsi que nous lisons en l'Escriture, & en Seneque au liu. 2. *de irâ, nihil esse iniquius, quàm aliquem heredē paterni odij fieri*; & en Caton auant luy, *acerbū esse parentum scelera filiorum pœnis lui*; & encores en Ciceron au 3. liu. de la nature des Dieux, qui dit cōme se courrouçant, *Ferret ne vlla ciuitas latorem istiusmodi legis, vt condemnaretur filius aut nepos, si pater aut auus deliquisset?* Or que ses petits enfans & pupilles ne soient purs & innocens de toute faute, il n'y a personne qui en puisse douter: car comme dit le Poëte,

Quid puer admisit tam paruis editus annis?
Quo læsit pacto vix bene natus auum?

& S. Ierosme en plus forts termes disputant contre les erreurs de Iean Ierosolymitain, (qui est vn fort beau lieu à ce propos) *Nasci de adulterio non est eius culpa qui nascitur, sed illius qui generat.* Ces pauures enfans donc sont sans faute; & neantmoins quand il y auroit quelque faute en eux, si est-ce qu'elle ne seroit pas si grande, qu'ils en deussent porter la plus griefue peine qu'on leur puisse donner, qui seroit de les priuer de leurs biens. Les peines doiuent estre proportionnées selon les fautes & demerites, *cauendumq; est, ne major pœna quàm culpa sit*, ainsi que dit Ciceron en ses Offices, qui en a fait aussi vne loy parmy les siennes en ces termes, *Noxiæ pœna par esto*, repetée en la loy *Rescriptum*. au D. *de his quæ vt indign. aufer.* & en la Nouelle de Theodose & de Valentinian *de tutoribus.* Que tant s'en faut que les petits enfans du mariage contracté sans le consentement de leur ayeul pussent pour cela estre exheredez par le droict Romain, que nous appellons droict commun, que leur pere mesme ne le pouuoit pas estre. Ie ne dis pas le fils émancipé (comme nous le sommes tous en France, la puissance paternelle n'y ayant point de lieu;) car il est certain que celuy-là se pouuoit marier à son plaisir. *l. Filius emancipatus.* 25. *D. de ritu nuptiarũ*; mais ie dis mesme le fils qui estoit en la toute puissance de son pere, lequel, quoy qu'il ne se pût marier sans son authorité & commandement, toutes fois, s'il le faisoit, le mariage n'estoit pas dissolu pour cela, ainsi que nous lisons non seulement au decret de Gratian. *Can. Nec illud, caus.* 30. *quæst.* 5. mais aussi au deuxiesme liv. des Sentences du Iurisconsulte Paul, tit. 19. qui le dit en ces termes. *Eorum qui in potestate patris sunt, sine volontate eius matrimonia iure non contrahuntur; sed contracta non soluuntur: Contemplatio enim publicæ vtilitatis, priuatorum commodis præfertur.* De maniere que c'estoit vne deffence vaine & sans effet, &, comme parlent nos Iurisconsultes, vne loy imparfaite. Pour le moins est-il bien certain qu'vn enfant ne pouuoit pas pour cela estre desherité de son pere, si ce n'est que *tam ignominiósam vxorem duxisset, vt dedecori esset tam ipsi quam patri, l.* 3. §. 5. *D. de bonor. possess. cont. tab.* Mais si la femme estoit de maison & qualité honneste & tolerable, le pere ne pouvoit pas desheriter son fils pour l'auoir simplement prise sans son vouloir ou contre son gré. Theodore Balsamon le rémarque expressement en son *Nomocanon*; & quand il ne le diroit point, il nous doit suffire que cette cause n'estoit pas mise entre les autres en la Nouelle 115. *Vt cùm de appellatione cognoscitur, secundùm illas leges debeat iudicari, &c.* ch. 3. où toutes les causes d'exheredation des enfans sont inserées sans que l'on y en puisse adjouster d'autres. Et de vray, *magna oportet esse vitia atque peccata filij, quibus incensus parens potuerit animum inducere, vt naturam ipsam vinceret, & amorem illum penitùs insitum eijceret ex animo, vt denique patrem sese obliuisceretur*, ainsi que dit Ciceron en la defense de Roscius Amerinus, & Seneque apres luy en son 1. liu. de la Clemence, chap. 14. sus alleguez, en ces mots, *Numquid aliquis sanus filium ad primam offensam exheredat? Nisi magnæ & multæ iniuriæ patientiam euicerint, nisi plus est quod timet quàm quod damnat, non accedit ad decretorium stilum. Multa ante tentat, quibus dubiam indolem & pejore loco iam positam reuocet: simul deplorata est, vltima experitur.*

Mais, dira-t'on, nous auons l'Ordonnance du feu Roy Henry, touchant les mariages clandestins, confirmée par l'Edict de Blois Art. X L I. & conforme au C C L I. Article* de la Coustume d'Anjou. A cela il y a double response; La premiere, l'authorité d'Innocent, qui n'est pas petite, & qui a tousiours esté estimée de grand poix, non seulement aux escoles, mais aussi en ce Palais, qui dit que *non valet statutum quod punit contrahentem matrimonium cum filio sine consensu parentum, quia matrimonium & dependentia ex eo sunt Ecclesiastici fori; vnde si agatur ad pœnam, Episcopus inhibere potest ne petatur, cùm nihil conta Canones actum sit.* La seconde, que quand l'Ordonnance seroit valable, il la faudroit garder en ses termes, sans la pouuoir estendre plus auant, ny outre sa disposition, par les maximes vulgaires, & singulierement de Scéuola qui dit *institutiones benignè esse accipiendas, exheredationes autem non esse adiuuandas. l. Cùm quidam* 19. *D. de liber. & post.* & par l'interpretation des loix qui disent, *pœnas molliendas esse potiùs quàm exasperandas. l. Interpretatione* 24 *D. de pœnis*, & autres. Et de faict nous voyons en termes approchans de fort prés de celuy qui se presente, qu'encores que le fils desherité ne puisse venir *ad bonorum possessionem liberti paterni*; toutesfois ses enfans y sont receus, luy estant decedé, ou autrement manumis, & hors de sa puissance,

* *Cet art. ne parle pas de mariage, mais seulement de fille noble, qui forfait à son honneur hors mariage. V. aussi l'art. 270. de la Coust. du Mayne.*

comme s'il suffisoit que le bien ne paruint pas à l'exheredé, & que celuy qui auoit fait la faute en patist, sans que les petits enfans qui n'ont en rien failly en portent la peine. *l. Quod si pater* 11. *l. Filius* 13. *& l. Quæritur* 38. *D. de bonis libertorum*, qui sont fort remarquables en cette cause. En somme, & afin de ne tenir plus les choses en grande longueur sur cette dispute, il semble qu'elle soit formellement decidée par la loy 3. §. *si emancipatus*, 5. *D. de bonor. possess. contra tabul.* qui parle en ces termes, *Si emancipatus filius* (comme nous sommes tenus pour tels en France) *vxore non ex voluntate patris ductâ, filium fuerit sortitus, deinde nepos, patre iàm mortuo, ad bonorum possessionem aui velit venire, admittendus est ad eam*; & puis apres encores plus expressement, *Nam etsi tàm ignominiosam duxerit vxorem filius, vt dedecori sit tàm ipsi quàm patri mulierem talem habere: dicemus & ex eâ natum ad bonorum possessionẽ aui admitti, &c.* Surquoy quasi tous les Docteurs remarquent, & singulierement Bartole, que *nepos potest venire contra testamentum, etiam non obstante quòd filius fuerit iustè exheredatus, vel exheredandus.* Par tous lesquels moyens la demanderesse soustenoit estre bien fondée en sa requeste.

Les defendeurs ont remonstré au contraire que la demanderesse auoit trop legerement passé, & n'auoit pas assés pesé la grauité de la faute commise par Guillaume le Royer enuers M. Iulian le Royer son pere, ny la peine par luy meritée pour la punition & expiation d'icelle. Que tout ainsi que la premiere & principalle loy de nature est d'auoir soin des nostres, & principalement de nos enfans; aussi que le premier commandement humain que nous ayons receu de Dieu, de nature & des hommes est d'honorer nos peres & meres. Que cet hõneur ne consiste pas seulement en vn honneur de bouche & de main, comme l'on dit; mais principallement en vne reuerence approchante de prés à celle que nous deuons à Dieu. Et de faict qu'en la colomne du temple d'Apollon, qui estoit à Delphes, il y auoit ainsi, θεὺς σέβου, & incontinent aprés, γονεῖς σέβε, vsant d'vn mesmẽ mot pour signifier la reuerence que nous deuons aux vns & aux autres. Ce qui a fait dire au sage & Philosophe Romain ces mots, *Parentum conditionem sacrauimus.* Et partant que tout ainsi que nous ne deuons iamais rien commencer sans la priere & inuocation du nom de Dieu; ainsi ne deuons nous iamais rien entreprendre de consequence és affaires de ce monde, sans l'aduis, conseil & commandement de nos peres & meres. Que le principal acte de nostre vie est le mariage, par lequel nous faisons deux choses signalées & remarquables, à l'esgard de nos peres & meres : L'vne est, que nous nous separons & diuisons aucunement d'auec eux, pour entrer en vne autre, & encores plus estroite obligation & lien, par vne conjonction de vie indiuiduelle. L'autre, que par là nous perpetuons, en tant qu'en nous est, leur race & posterité, & taschons d'immortaliser par nos enfans, ce qui est fresle, caduc & mortel en son indiuidu. A raison dequoy nous ne deuons iamais entreprendre ce qui les touche de si prés, sans leur congé, conseil & aduis: & si nous le faisons nous leur faisons tort, & sommes les plus ingrates personnes du monde. Et de faict, il ne s'est iamais veu entre peuples reglez & policés que les enfans se soient osez marier sans le consentement & commandement de leurs peres. Les exemples en sont ordinaires dans les liures, qui ont esté si soigneusement recherchez & remarquez par les Escriuains de ce temps, que ce seroit chose par aduenture mal-seante de les alleguer en ce lieu. Mais sur tout celuy de ce grand Cyrus est singulier, lequel, quand on luy offrit en mariage la fille vnique du Roy des Medes auec le Royaume pour son dot, respondit qu'il en falloit parler à ses pere & mere: & ce que nous lisons des temps encores plus anciens de ces deux Amans *

Tadæ quæ iure coissent;
Sed vetuère patres.

Et encores ce qui est en Musée Poëte tres-ancien,

Ἀμφαδὸν * οὐ δυνάμεσθα γάμοις ὁσίοισι πελάσσαι;
(Οὐ γὰρ ἐμοῖς τοκέεσσιν ἐπεύαδεν.)

Qui sont toutes autoritez non Romaines que l'on puisse fonder sur le droict de leur puissance paternelle, mais Persiques, Babiloniennes & Grecques, plus anciennes que toutes leurs

Pyrame & Thisbé és Metamor. d'Ouide, li. 4. Fab. 4.

* Manifestò non possumus nuptiis legitimis conjungi (non enim meis parentibus placet.)

loix de Solon, de Dracon, ny d'autre : de sorte que cette loy semble estre de nature & grauée en nos cœurs & entendemens. Et combien que quelques-vns ayent voulu dire que cette subjection de ne se marier sans la permission de ses parens ait esté ostée par le Christianisme, & que le simple consentement de ceux qui se conjoingnēt par mariage estoit suffisant, toutesfois il appert manifestement du contraire, tant par l'authorité du Pape Euariste recitée au 1. Canon, *caus.* 30. *quæst.* 5. reprise & approuuée, tant par l'Empereur Iustinian en la loy vnique au Code *de raptu virginum, &c.* que par l'argument dont vse Tertullian en son 2. liu. *ad vxorem*, quand en disputant, qu'il n'est pas loisible au Chrestien d'espouser autre qu'vne Chrestienne, d'autant que Dieu qui est nostre pere commun, ny son Eglise n'approuue que ceux-là pour siens, il dit en ces termes, *Nonne quique domini seruis suis foràs nubere interdicunt? &c. Seueriores habebuntur terrenæ disciplinæ celestibus præscriptis, vt gentiles quidem extraneis junctæ libertatem suam amittant, nostræ verò diaboli seruos sibi conjungant, & in statu suo perseuerent? &c. Vnde sufficiam* ad narrandam felicitatem eius matrimonij, quod Ecclesia conciliat, confirmat oblatio, & obsignatum Angeli renunciant, pater ratò habet? Nam nec in terris filij sine consensu patrum ritè & iure nubunt.* Et à ce que les Canonistes & Decretalistes ont dit puis apres, que la requisition & consentement des pere & mere n'est que de conseil, qu'ils appellent, & non de commandement, l'on peut respondre par vne regle d'eux mesmes, que *in his quæ sunt consilij, quæ pertinent ad reuerentiam & honorem, est de necessitate obediendum. cap. Ad aures,* extrà, de ætat. & qualitat. & ord. præficiend.*

* al. sufficiamus, iuxtà edition. N. Rigaltij.

* Vid. ibid. gloss. ad verb. Consilio. & C. 1. dist. 6. & cap. 3. caus. 14. quæst. 1. ibid. citat.

Aussi apprenons nous par l'Histoire de France que cette deffence y a esté plus rigoureusement pratiquée qu'entre les Romains mesmes. Car encore qu'il ait esté dit de la part de la demanderesse, que biē que les mariages fussent defendus aux enfans de famille sans le consentement de leur pere, neantmoins s'ils estoient contractez ils n'estoient point rompus ny dissolus pour cela, si est ce que nous voyons en Rhegino, sous l'année 888. du Roy Louis le Begue, qu'ayant en son

ieune

ieune âge espousé Aisgarde, sans le congé & consentement du Roy Charles le Chauve son pere, il les sépara de son authorité plus paternelle que Royalle, & luy fit espouser Alix qui fut tenüe pour sa femme, & l'enfant procedé de ce mariage pour Roy legitime, qui fut Charles le Simple; & furent les deux autres aisnez de ce premier pretendu mariage qui estoyent Loys & Carloman tenus pour bastards & illégitimes: De sorte que nous avons tousiours gardé & obserué le contraire de cette maxime aduancée par la demanderesse, pour vne loy & vn droit ordinaire, encor qu'il n'y en eust rien d'escrit ni reduit en Edit & Ordonnance. Aussi quand l'Ordonnance en fut premierement faite du temps du Roy Henry, pour empescher vn mariage que chacun sçait, l'on y adiousta ces mots, que *l'Edit auroit lieu tant pour l'aduenir que pour le passé*, dautant qu'il y avoit transgression de la loy & cõmandemẽt de Dieu, en quoy l'on ne se peut couurir d'ignorance ou de tolerance au contraire: ce que l'on n'a pas accoustumé de mettre és Ordõnances ou constitutions nouuelles.

Donques Guillaume le Royer s'estant ainsi marié, non seulement sans le consentement de Maistre Iulian son pere, mais aussi contre son gré, sa prohibition & deffence, il ne se peut dire qu'il ne l'ait grieuement offencé, voire de la plus grande offence qui se puisse commettre par vn fils à son pere. De dire que le pere l'ait oubliée ou remise par le tẽps, cela ne se peut: car il ne s'en trouvera rien, ni par escrit ni autrement par preuve valable de tesmoins. Que si la femme de Iulian le Royer s'est trouvée au Baptesme des enfans de Guillaume le le Royer son fils (dont toutesfois ils ne demeurent pas d'accord,) ç'a esté par humanité & affection naturelle qui ne se peut gueres effacer, & qui toutesfois ne se tire gueres en conséquence d'vne action civile, comme nous disons en celui qui fait enterrer son pere, voire avec somptuosité & despence, ores qu'il ne vueille pas pour cela estre son heritier, *l. Pro hærede, 20. D. de adquir. vel omitt. hereditate.* Mais tant y a que le pere, n'a iamais voulu depuis voir son fils, ne la iamais receu en sa maison, n'a iamais beu ni mangé auec luy, ni fait acte quelconque dont on puisse dire qu'ils se soient reconciliez. Et quant à ce qu'il n'auroit fait aucune poursuite de l'instance encommancée pour faire deffences à son fils de passer outre à la consõmation du mariage, aussi n'en estoit-il aucun besoin, puisque sa contumace avoit esté si grande & opiniastre, que de passer outre à la consommation d'icelui sans attendre l'ordonnance de la Iustice, laquelle aussi, bien n'eust pas rompu ce que l'Eglise avoit fait, ni l'execution & accomplissement du mariage. Et pour ce, il luy a suffi, sans plaider davantage sur ce qui ne se pouvoit réparer, de demeurer en son exheredation qui estoit formelle, precise, parfaite & du tout accomplie. Car elle estoit en ces termes, *s'il passoit outre que des lors comme des à present, & des à present comme des lors, il le desheritoit*, qui n'est pas vne simple menace ou commination sans effet ou execution, comme nous disons des iugemens ou sentences, ni vne punition auant le crime contracté, comme les Docteurs le disputent sur les questions de ces adverbes, *ex nunc, & ex tunc*, & pour ausquelles euiter ils ont en fin aduisé par cautelle de les vnir, assembler & conioindre, à ce que la fin se rapporte au commancement & le commancement à la fin. De maniere que quand ces mots sont dits & suffisamment notifiez, ce n'est pas tant le Iuge qui prononce ou le pere exheredant qui condamnent ou exheredent, que celui qui de son gré & à son escient se laisse encourir la peine du delict, lequel il avoit desja parfait & accompli en son cœur avant le iugement & condamnation du Iuge ou de son pere, ainsi que dit Balde, *in cap.* 1. *de vassallo militante, & in Authentic. Contrà cùm rogatus. C. ad SC. Trebellianũ*, que i'allegue plutost que nul autre à ce propos, par ce qu'il semble le traiter plus clairement & plus significativemẽt que les autres, disant *hæc verba significare effectum verbi consummati*. C'est pourquoi M. Iulian le Royer qui estoit homme docte & sçavant en Droit, sçachant que cette exheredation estoit suffisante pour tout iamais, n'a voulu faire autre chose tant qu'il a pensé que son fils le suruiuroit, comme il deuoit selon le cours de nature, se contentant de ne luy donner aucun tesmoignage d'amitié ou reconciliation. Mais quand il entendit & connut que son fils estoit malade

& en danger de sa vie, & que s'il survivoit son fils laissant des enfans en son lieu, iis pourroient quereller sa succession, non par representation de leur pere, mais de leur chef, comme nous disons, *suo iure*, il auroit renouuelé, confirmé & augmenté sa premiere exheredation, la faisant non seulement tomber contre son fils, mais aussi contre les enfans de son fils, comme enfans nez d'vn mariage iniuste & par luy reprouué, & comme ne les reconnoissant ni approuvant aucunement.

Et ne faut point que la demanderesse allegue que ce ne fut pas l'ayeul qui fit cette derniere disposition, ains qu'elle fut pratiquée & suggerée par lesdits deffendeurs : car comme elle n'en a rien vérifié, aussi n'en est-il rien du tout. Et les argumens qu'elle allegue de la nullité de ce testament sont trop foibles, d'autant qu'vn habitant de Paris peut aller faire son testament à Orleans; & quelque clause que l'on y mette mal ou hors de propos, ne gaste ni ne corrompt iamais ce qui est bon & vallable, qui est ce qui se dit communement, *vtile per inutile non vitiatur*. Et pour ce ne doit-on aucunement douter de la verité ni validité de cette disposition, en ce qui concerne la forme.

Reste donc seulement à examiner la substance d'icelui & le principal point de cette cause, qui est à la verité celui qui esté remarqué par la demãderesse, *An nepotes ex filio iusté exheredato, iusté etiam possint exheredari*. Mais avant que d'en venir là, il faut voir si le fils mesme pouuoit iustement estre exhérédé; car la demãderesse la voulu aucunemẽt revoquer en doute; à tout le moins avant l'Ordonnance du Roy Henry II. laquelle pour cette cause, elle a voulu estre introduite de droit nouveau; & consequenment qu'il la faut restraindre & non pas estendre ny favoriser. Les deffendeurs donc disoient qu'il ne faut pas inferer que le mespris du pere au mariage de son enfant n'estoit pas vne cause suffisante pour l'exhereder, dautant qu'elle n'est pas nommée par Iustinian entre les autres. Premierement par ce que Iustinian ou plustost Tribonian y auroit mis ce qu'il luy auroit pleu, ayant voulu à l'appetit de quelques-vns, comme il en estoit coustumier, arrester &

limiter ce que toute l'antiquité Romaine avoit beaucoup plus ſagement delaiſſé à l'arbitrage des cent hommes qui eſtoient employez en telles affaires, & qui ſagement & prudemment conſideroyent & peſoient les merites, demerites & affections des perſonnes, & toutes les circonſtances des choſes, & prononcoient enfin, *patrem iuſtas vel non iuſtas cauſas iraſcendi habuiſſe.* Mais ſi ne peut-on douter que cette cauſe ne fut des premieres & principalles, tant à cauſe de l'atrocité de l'offence, que ſur ce qu'il ſe lit en Plutarque en la vie de Numa, qui dit que le pere ayant pouuoir de vendre ſon enfant, en eſtoit priué par & depuis ſon mariage, ſinon, diſoit la loy, *qu'il ſe fut marié ſans ſon congé.* Car ſi pour cela il le pouuoit vendre, à plus forte raiſon le priuer de ſa ſucceſſion, veu que le corps eſt beaucoup plus precieux que les biens ; joint que l'on peut dire que cette cauſe eſt meſme compriſe en l'Authent. de Iuſtinian, & ſous la clauſe qui porte, *ſi l'enfant à griefuement iniurié ſon pere*, dautant qu'il ne penſe pas receuoir vne gueres plus grande iniure que celle là, ainſi qu'il a eſté cy-deſſus remarqué. Mais ſans s'empeſcher d'auantage en cette recherche, il doit ſuffire que cette peine ſoit diſertement portée par l'Ordonnance du Roy, approuuée par tous les Eſtats de ce Royaume aſſemblés à Blois, où elle fut renouuellée & confirmée, de ſorte qu'il n'en faut plus douter ni diſputer. Et à ce que la demandereſſe a allegué de l'Innocente *Statutum*, les deffendeurs y reſpondent par la bouche de Balde, duquel l'opinion eſt ſuiuie pour ce regard, qui dit que *ſtatutum illud valet, non quod vetat ſubſtantiam matrimonii*, (car les loix n'y peuuent toucher,) *ſed quod punit malos mores, & in republicâ facinora ſeminantes*, les puniſſant par privation des biens temporels, qui ne concernent en rien la ſpiritüalité ni la puiſſance de l'Egliſe.

Le pere donc ayant peu eſtre iuſtement exheredé, & meſme l'ayant effectiuement eſté, reſte à ſçauoir ſi les enfans l'ont auſſi peu eſtre, eux qui ſont innocens de la faute de leur pere. Surquoi les deffendeurs ſont demeurez d'accord de la reigle de droict, *Non* debet aliquis alterius odio*

*Reg. 22. de Regul. iuris in 6. v. etiam lib. 74. & 75. D. de Regul. iuris.

pragrauari, disans qu'elle n'avoit que faire de se tant trauailler pour la verification d'icelle ; mais qu'elle deuoit tourner le feüillet & lire la reigle suiuante qui porte, *Sine* **culpâ, nisi subsit causa, non est aliquis puniendus* ; Et par là elle eust appris que l'vne sert d'interpretation à l'autre, estant chose ordinaire en la politique & societé de ce monde, que pour bonnes causes, grandes & iustes considerations, & singulierement pour donner terreur aux hommes, & leur apprendre par exemples à obeïr aux loix & ordonnances, les vns souffrent perte & dommage pour les fautes des autres. Et à ce que ladite demanderesse auroit allegué de Bartole, que *nepos potest venire ad testamentum aui, non obstante quòd filius fuerit iusté exheredatus*, les deffendeurs auroient respondu, que cela est vray, quand le pere exheredè est decedé avant son pere delaissant des enfans non desheritez par l'ayeul ; mais quand les petits fils sont eux mesmes exheredez, ils n'y peuvent venir, ores qu'ils le puissent estre au cas de leur pere. Le texte mesme allegué par la demanderesse le dit par expres en ces mots, *cùm possit auus iure suo vti, eumque exheredare*, voulant dire que le petit fils viendra veritablement à la succession de son ayeul, s'il n'a esté par luy deshérité ; mais aussi s'il l'a esté, il n'y viendra pas: car le mot de *eum*, se rapporte clairement à *nepotem*, afin qu'il se rapporte à son relatif *auum*, selon l'interpretation de ceux qu'Accurse remarque luy-mesme, encores qu'il ne les suive point, & dont iustement il a esté repris par Alexandre, Iason, Alciate, Viglius & autres. Et de verite il y a grande apparence qu'en ce cas lesdits mineurs ne puissent rien pretendre en la succession de leur ayeul : car encores que les enfans ne doiuent pâtir pour les fautes ou demerites de leurs peres, ni en leurs ames envers Dieu, ni en leurs corps, ni en leurs biens ; si est-ce toutesfois que quand ils sont nez en la faute & au péché de leur pere, il y a quelque raison qu'ils s'en ressentent, comme nous voyons és enfans de celui qui pour son ingratitude auoit esté remis en seruitude, ceux qui estoient nez auparauant, demeurans libres, & ceux qui sont nez depuis, serfs & esclaves, *l. 2. C. de libertis & eorum liber.* &

*Reg. 23. de Regul. iuris in 6.

toutesfois les-vns n'ont pas plus failly que les autres. Ie ſçay bien qu'il y a en cela de grandes diſputes, non ſeulement entre les Docteurs anciens & modernes, mais auſſi entre les anciens Iuriſconſultes, Proculus eſtant d'vne opinion ſuivie & confirmée par r'eſcrit des Empereurs Marcus Antoninus, & Ælius Verus; Iulian & Marcian eſtans de contraire aduis, qui enfin firent reuenir à leur opinion ces meſmes Empereurs, ainſi qu'il eſt fort elegamment diſputé ſur cette belle & excellente loy *Diui*, 17. au Dig. *de iure patronatûs*, par Azo, qui en penſe ſortir par quelques diſtinctions, qui ſont auſſi ſuiuies pour la plus part par Dinus ſur la regle deſſus dite *Non debet*, par Bartole ſur la loy 2. au Dig. *de interdictis & relegat.* & autres, & encores depuis par les Feudiſtes ſur les titres 24. & 31. du 2. liu. des Fiefs, *Quæ fuit prima cauſa beneficij amittendi*. Et, *Si vaſſallus feudo priuetur, cui deferatur.* Mais ſi eſt-ce qu'en fin l'vſage nous a appris que la peine du delict ſeroit bien ſouuent vaine & meſpriſée, ſi les peres ne cõnoiſſoient que leurs enfans s'en reſſentiroient apres, *cùm in iſtis magis terreantur.* Et de faict, quand la gloſe diſpute cette queſtion *in amißione feudi*, & qu'il ſemble qu'elle ſe ſoit reſoluë d'vn coſté pour la faueur des enfans, elle ſe tourne tout quant & quant de l'autre, en diſant, *conſuetudo tamen videtur repugnare*, comme il y a au ſuſdit titre, *Si vaſſallus feudo priuetur*; & Aluarot grand Feudiſte & grãd Iuriſte tout enſemble le tient ainſi au meſme titre, *Quæ prima fuit cauſa amißionis feudi.* Auſſi voyons nous par nos vſages & Couſt. quand les delinquans ſont punis par mort, on leur oſte auſſi les biẽs, c'eſt àdire, non à eux, car ils n'en ont plus que faire, mais à leurs enfans, qui n'ont en rien failly ny delinqué, ſans leur rien laiſſer ny du bien acquis par leur pere, ny du propre de leurs anceſtres, n'y en tout ny en partie, ne ſuiuans en ce ny la diſpoſition du droict Romain, en la loy *Cùm ratio*, 7. *de bonis damnatorum*, ny la raiſon de la loy 3. *de interdictis & relegatis*, ny l'opinion commune de la plus part de nos Docteurs, Dinus *in dictâ regulâ, Non debet, &c.* Bartole & les autres ſur ladite loy 2. au Code *de libert. & eorum liber.* Dauantage il n'eſt rien plus ordinaire en faict de ſucceſſion, que de voir paſſer les biens à des collateraux ou autres parens, quand ceux qui decedent ne laissent des enfans legitimes, ores qu'ils en laissent de naturels tres certains: voire s'ils sont incestueux, on ne leur peut du tout rien laisser; ains dit le Droict qu'ils doiuent souffrir disette & pauureté, & toutesfois ils n'ont point failly. Mais la consideration de la loy est, qu'encores que rien ne leur puisse estre imputé, toutesfois ils ne sont point de la famille dont sont les biens; & partant qu'on ne leur oste rien, dautant qu'ils n'y auoient du tout rien. Partant qu'au cas qui s'offre, les mineurs de la demanderesse ne se peuuent aucunement plaindre dudit M. Iulian leur ayeul, dautant que leur pere s'estant marié contre son gré, & pour ce ayant esté iustemẽt exheredé, il n'estoit plus fils de son pere, & consequemment ils ne luy ont iamais esté petits fils, ny eux ny leur ayeul, le droict & la iustice n'approuuant & ne receuant pour siens, sinon ceux qui sont iustement conceus & engendrez selon les loix, qui est ce que le Iurisconsulte Paul veut dire en la loy *Paulus* 11. au Dig. *de statu hominum*, *Eum qui ignorante patre de coniunctione filiæ conceptus est, iustum filium ei, ex quo conceptus est, esse non videri*: & pour ce ces enfans n'estans conioints d'aucun bien ciuil & ou legitime à leur ayeul, il ne faut point trouuer dur ny estrange, s'ils n'amendent point de ses biens.

Toutesfois en ce faict LA COVR qui est humaine & pitoyable, vous dit, &c.

A la fin de la coppie, sur laquelle a esté imprimé cet Arrest, M. A. Loisel auoit mis les mots qui suiuent.

Nota que i'ay appris de M. P. qui dressa cet Arrest pour M. * * depuis mesme son retour de Guyenne, qu'il fut iugé pour les petits fils mineurs, demandeurs.

Cet Arrest a esté mis en suite du precedent à cause de la conformité de la matiere qui y est traitée. Et de faict on auoit inseré dans la copie de celuy-cy plusieurs passages de l'autre; mais on les a ostés, pour euiter les redites, & n'y a l'on laissé que ce qui est de l'Autheur.

ARREST POVR PRONONCER EN ROBBE ROVGE, DRESSÉ PAR M. M. GVY LOYSEL Conseiller Clerc en la Grand'Chambre du Parlement, Fils puisné de M. Antoine Loysel.

FILIVS ABDICATVS, OB contractum matrimoninm sine consensu Patris.

PROCEZ s'est meu pardeuant le Seneschal de la Marche, ou son Lieutenant au Dorat, entre Pierre des Fourreaux, sieur de Chasteau-Moulin, demandeur d'vne part, & François des Fourreaux, sieur du Cher, & Marguerite de Lesterp ses pere & mere, defendeurs d'autre.

Le demandeur concluoit à ce que les defendeurs fussent condamnez luy bailler & payer par chacun an la somme de cinq cens liures, ou telle autre prouision alimentaire que de raison, pour s'entretenir auec sa femme & enfans, selon leur estat & qualité. Pour ses moyens il disoit, qu'il est fils aisné & principal heritier presumptif des defendeurs, ausquels il a tousiours rendu les seruices & offices de pieté à luy possibles, comme il y est obligé par la nature. Ce que ses pere & mere ont tellement recogneu qu'ils l'ont nourry & entretenu en leur maison, iusqu'à ce que induicts & persuadez par François son frere puisné, qui a trouué moyen de le mettre en leur mauuaise grace, il a esté contraint de s'en retirer & sa femme, sans receuoir d'eux aucune gratification ny aduantage. Tellement que se trouuant pressé de la necessité, & mesme incommodé de maladie, il a esté contraint, à son grand regret, d'auoir recours à la Iustice, pour demander que les defendeurs fussent condamnez luy donner prouision alimentaire; en quoy il soustenoit estre bien fondé, & demandoit despens.

Les

Les defendeurs au contraire tendoient à ce que le demandeur fust declaré non receuable en sa demande, de laquelle ils seroient enuoyez absous, & pour leurs moyens disoient, qu'ils recognoissent que le demandeur est leur fils aisné, & comme tel depuis l'heure de sa naissance l'ont nourry & esleué, & estant venu en âge capable d'instruction, l'ont fait instruire en la crainte de Dieu, & entretenu auec grands frais aux lieux où il pouuoit apprendre les lettres, & autres exercices d'honneur & de vertu conuenables à sa qualité. Mais tant s'en faut que le demandeur ait fait son profit de cette bonté & charité paternelle, qu'au contraire il leur a tousiours esté refractaire & desobeïssant, & ne leur est resté de leur solicitude qu'vn regret infiny d'auoir tant pris de peine, & employé tant de temps & d'argent en vn si mauuais subjet. Et pour comble de sa desobeïssance, il s'est tant oublié, que de contracter mariage auec vne femme indigne de sa qualité & extraction, sans leur gré, volonté & consentement; & par ce moyen s'est retiré de leur compagnie. Ce qui leur a apporté vne telle indignation que d'vn commun consentement ils l'ont desherité, suiuant la puissance à eux donnée par les loix, & particulierement par l'Ordonnance de Henry II. de l'an 1556. D'où il s'ensuiuoit que le demandeur estoit mal fondé en son action pour deux raisons. La premiere, qu'vn pere ne peut estre contraint à la nourriture de son fils majeur, quand il a eu soin de le faire instruire en minorité. L'autre, que le fils s'estant marié sans sa volonté, il a encouru la peine d'exheredation portée par la loy; & consequemment s'est rendu indigne de receuoir aucune gratification de son pere, soit pendant sa vie, ou apres sa mort, ne se pouuant seruir contr'eux du droict de nature qu'il a le premier violé.

A cela il estoit repliqué de la part de Pierre fils, qu'il reconnoissoit auoir receu de son pere telle assistance iusqu'à present & luy auoit telle obligatiõ, qu'il ne la pourroit iamais reconnoistre. Mais aussi de sa part, qu'il leur a rendu tous les seruices d'vn bon fils: & mesme qu'estant paruenu en âge de se marier, il auroit fait entendre aux defendeurs ses pere &

mere, la recherche qu'il faiſoit de Marie Faiand, à preſent ſa femme, fille de bon lieu, & de la meſme ville du Dorat, de laquelle ils ſont tous; laquelle recherche ſes pere & mere auroient agrées & promis en faueur du mariage luy faire don de la terre de Chaſteau-Moulin, de laquelle il porte le nom. Mais que depuis ayans eſté deſtournez de cette liberalité par les artifices de François ſon frere, le bon homme n'auroit oſé aſſiſter au contract de mariage, ſçachant qu'il euſt eſté preſſé d'effectuer ce qu'il auoit promis: & pour ce auroit permis au demandeur de paſſer outre & contracter mariage luy ſeul, & qu'il ne l'auroit point des-agreable. Cõme de faict, quelque choſe qu'il mette en auant, il n'en a iamais fait aucune plainte en iuſtice; & depuis iceluy accomply a retiré tant le demandeur que ſa femme en ſa maiſon, en laquelle ils ont veſcu, beu & mangé iournellement en ſa compagnie: ce qui montre que le pere ne l'a iamais trouué mauuais. Mais quand bien au commencement d'iceluy il en auroit eu quelque faſcherie: toutesfois le voyant conſommé, & la bonne & parfaite amitié d'entre luy & ſa femme dans laquelle ce mariage s'eſt entretenu, il auroit oublié tout le meſcontentement qu'il en auoit pris, & r'entré auec ſon fils en vne entiere & parfaite reconciliation; apres laquelle il n'eſt pas receuable à vouloir debattre ce qu'il a vne fois approuué. Et de faict, depuis le mois de Ianuier 1624. que le mariage a eſté contracté, le pere n'en a faict aucune plainte iuſqu'en Octobre 1625. qui ſont quaſi deux ans, temps plus que ſuffiſant pour preſcrire entre eſtrangers vne injure, ſi grande qu'elle puiſſe eſtre, par les loix des Payens, & à plus forte raiſon pour l'abolir entierement entre Chreſtiens, & entre vn pere & vn fils, quelque mauuaiſe intelligence qu'il y pût auoir eſté. Encores eſt-il à remarquer que la plainte du pere n'a eſté que par forme d'exception, & apres l'action alimentaire cõtre luy intentée par ſon fils: ce qui fait croire, que ſi le fils n'euſt iamais rien demandé à ſon pere, iamais le pere n'euſt fait plainte du mariage de ſon fils.

A cela par les pere & mere eſtoit reſpondu, que les faicts mis en auant par leur fils n'eſtoient que pour donner couleur & tâcher a couurir sa desobeïssance, n'ayans iamais oüy parler de son mariage, lequel ils eussent bien empesché, s'il fust venu à leur cõnoissance. Et pour preuue de ce, ils representent le contract de mariage, auquel ny eux, ny pas vn des parens de son fils ne sont presens; & que si-tost qu'ils l'ont sceu, ils en ont fait plainte en iustice, & protesté d'vser enuers luy de la seuerité que la loy leur permet, desnians y auoir apporté aucune conniuence, dissimulation ny reconciliation, comme ils tesmoigent assez par leur procedé, persistans à ce que leur fils fust declaré non receuable & mal fondé en ses fins & conclusions.

Sur ces moyens les parties ouïes pardeuant le Seneschal de la Marche, ou son Lieutenant au Dorat, par sa Sentence du 29. Octobre 1625. il a condamné lesdits François des Fourreaux & sa femme à bailler & payer par chacun an audit Pierre leur fils, la somme de deux cens vingt liures pour sa nourriture & entretenement, tant qu'il seroit hors leur maison, si mieux ils n'aymoient luy delaisser la iouïssance de biens immeubles, de la valeur en reuenu de ladite somme. De cette Sentence les pere & mere ayans interjetté appel, & le Iuge ayant ordõné que nonobstant iceluy, sa Sentence seroit executée par prouision; le fils faute de payement de ladite somme auroit fait proceder par saisie sur les biens meubles & bestiaux de ses pere & mere, & iceux fait vendre au plus offrant & dernier encherisseur, dont le pere auroit appellé en adherant à ses premieres appellations, & sur icelles les parties auroient esté appointées au Conseil à bailler leurs causes d'appel & responses; suiuant lequel reglement lesdits François & sa femme pour griefs & causes d'appel, disoient.

Que l'action contr'eux intentée par leur fils âgé de vingt cinq ans, estoit nouuelle, & ne se trouueroit Loy, Coustume ny Ordonnance, par laquelle les pere & mere estans sur la fin de leurs iours peussent estre cõtraints à nourrir leurs enfans paruenus en majorité. Et n'estoit à propos de se vouloir seruir de quelques loix rapportées au Digeste sous le tit. *de agnoscendis liberis*, qui sont pour la plus part en interpretation du Senatusconsult Plancian, qui estoit bien esloigné de nostre espece. Ce Senatusconsult fut fait du temps d'Auguste, *Lucio Numatio, Planco & Caio Silio Consulibus*, sur les differens qui suruenoient à cause des diuorces permis & frequens entre les Romains, en consequence desquels, quand il y auoit enfans d'vn mariage dissolu, l'on estoit souuent en dispute, en quel lieu, par qui, & à quels despens les enfans deuoient estre nourris & entretenus. A raison dequoy ces titres sont au Digeste incontinent apres le titre, *Soluto matrimonio quemadmodum dos petatur*, & au Code immediatement apres le titre, *Diuortio facto apud quem liberi educari debeant.* Et d'autant qu'il aduenoit quelquesfois vn diuorce, lors que la femme estoit enceinte, ou qu'il estoit à craindre, qu'irritée de ce diuorce elle feignist vne grossesse & supposast vn enfant, il fut aduisé que dans trante iours apres le diuorce, elle feroit sçauoir à son mary sa grossesse: auquel cas estant accouchée, le pere estoit contraint de nourrir l'enfant venu au monde depuis son diuorce, & si volontairement il ne le faisoit, il y pouuoit estre contraint par iustice, qui est le cas de la loy. 5. §. *Si quis ex his, D. de agnoscendis & alendis liberis*, qui porte, *Si quis alere detrectet, pro modo facultatum alimenta constituuntur; quòd si non prestentur, pignoribus captis & distractis, cogetur sententiæ satisfacere.* Mais quand les enfans ont esté nourris, esleuez, instruicts & entretenus à grands frais par leurs peres, & qu'ils sont paruenus en majorité, il est temps qu'ils s'entretiennent eux mesmes de leur industrie, estans censez *hors de pain*, comme parlent quelques Coustumes: c'est à dire hors la charge & entretenement de leurs pere & mere. Et c'est lors qu'estans jeunes, forts & robustes, ils sont obligez de nourrir leurs pere & mere debiles & aduancez en âge, à l'exemple des animaux, desquels nous auons appris ce beau nom d'antipelargie, & qui pratiquent le mesme enuers ceux qui les ont mis au monde. Et s'il se trouuoit quelqu'vn si desnaturé qui en fit refus, l'action en est donnée au pere, tant par loy de Solon rapportée par Diogenes Laertius & par Plutarque, que par l'Empereur Antonin, puis en la loy 1. au Code, *de alendis liberis*, & en la loy *Filia*, aussi au Code, *de patriâ potestate.* Et quand il y auroit quelque rudesse au pere de refuser les alimens à son fils sur ces raisons, si est-ce qu'au cas où nous sommes, personne ne le peut trouuer estrange, parce que s'estant marié contre sa volonté, il a par cette action deshonneste le premier rompu le lien d'amour, d'affection & de charité, qui doit estre entre des personnes si proches; & s'est tellement rendu indigne de receuoir aucun bien de son pere pendant sa vie, que mesme il s'est priué de tout ce qu'il pouuoit esperer de luy apres sa mort, estant en la puissance du pere par l'Ordõnance, de l'exhereder pour l'indignité de l'acte par luy cõmis & injure faite à sa maison: ce qui est fondé sur de grandes & iustes considerations. Aussi les anciens Peres ont eu tant de pouuoir pour les mariages sur leurs enfans, qu'il s'en trouue dans l'Escriture vne infinité d'exemples, cõme és ch. 22. 24. 29. & 34. de la Genese, de la façon dõt se marierẽt Isaac, Iacob & leurs femmes, où l'on voit que les enfans qui se marioient, n'apportoient que leur simple consentement, cõme vn accessoire la volonté de leurs pere & mere, le principal traitté estãt fait par ceux en la puissance desquels ils estoient, auant que les enfans en eussent connoissance. Et dautant que par succession de temps il s'est trouué des enfans si denaturez, qu'ils n'ont porté ce respect & obeïssance à leurs peres, les loix Romaines, en cas de contrauention, ont improuué & declaré nuls tels mariages, *vt nec vir, nec vxor, nec nuptiæ, nec matrimonium, nec dos intelligatur*, comme il y a és Institutes au tit. *de nuptiis*. Et bien qu'aucuns ayent voulu dire que cette rigueur ait esté ostée par le Christianisme, & que le simple consentement de ceux qui se conjoignent par mariage soit suffisant: toutesfois il appert du contraire par sainct Paul en sa 1. Ep. aux Corinthiens c. 7. quand parlant du pere, il dit, *Qui matrimonio jungit virginem suam benefacit; & qui non jungit, melius facit*, mettant fort clairement la puissance entiere du mariage de la fille entre les mains du pere: par l'authorité du Pape Euariste recitée au 1. Can. caus. 30. quest. 5. *Aliter legitimum non sit conjugium, nisi ab his, qui super fœminam dominationem habere videntur, & à quibus custoditur, vxor petatur, & à parentibus & propinquioribus sponsetur*, par

Tertullian liu. 2. *ad vxorem*, quand il dit: *Nam nec in terris filÿ ſine conſenſu parentum ritè contrahunt matrimonium*, ſur leſquels mots Beatus Rhenanus eſcrit, *Hæc verba aureis literis ſcribi deberent. Vtinam Theologi ac Iuriſconſulti de hâc re Pontificem Romanum, Cæſarem ac reliquos Reges & Principes admoneant, vt concorditer & ritè ac ordine huic malo obuiàm eatur ſeducendi teneras & ſimplices puellas, inconſultis, imò inuitis parentibus. Raptus virginum in legibus ſeuerè eſt prohibitus, & iſtas inſidias clandeſtinarum nuptiarum ferre cogimur?* & infinis autres authoritez remarquées par ceux qui ont traitté cette matiere, qu'il ſeroit long de reciter. Tellement que quand Henry II. en l'an 1556. & Henry III. en l'an 1579. ont fait defenſes aux enfans de contracter mariage ſans le vouloir & conſentement de leurs parens, ils n'ont pas introduit vn nouueau droict; mais renouuelé ce qui de tout temps & ancienneté s'eſt obſerué en leur Royaume. Et pour ce dans l'Ordonnance de l'an 1556. il y à clauſe, qu'elle aura lieu, tant pour le paſſé, que pour l'aduenir: d'autant qu'il y a tranſgreſſion de la Loy & Commandement de Dieu, dont on ne ſe peut excuſer pour ignorance, ou tolerance au contraire; ce que l'on n'a pas accouſtumé de mettre aux Edicts & Ordonnances nouuelles qui ne ſe font ordinairement que pour l'aduenir, & non pour le paſſé. Et ſi iamais il fut neceſſaire d'apporter de la ſeuerité à l'obſeruation de ces Ordonnances, c'eſt à preſent que l'on n'entend parler que d'enfans de toutes conditions & qualitez, qui ſe marient ſans la volonté de leurs peres, & de filles enleuées des bras de leurs meres, freres, tuteurs & autres parens proches; ce qui requereroit vne punitiõ bien plus rigoureuſe & exemplaire que celle portée par les Ordonnances. Doncques ſi Pierre des Fourreaux, pour ſa deſobeïſſance peut eſtre legitimement priué par les appellans de tout le bien qu'il pouuoit vn iour eſperer d'eux apres leur mort: a plus forte raiſon doit-il eſtre exclus de l'action par luy intentée pour y auoir part & portion des leur viuant. Et par ces raiſons les pere & mere appellans ſouſtenoient, qu'il auoit eſté mal iugé, ſaiſi, vendu & executé; emendant, qu'ils deuoient eſtre abſous des demandes, fins & conclusions de leur fils, auec condamnation de tous despens, dommages & interests.

Pierre des Fourreaux intimé disoit au contraire pour responses aux causes d'appel, que les appellans auoient raison de dire que son action estoit nouuelle; parce qu'il ne s'est iamais veu vn enfant si rigoureusement traitté par ses pere & mere, lesquels non contens de l'auoir priué de la douceur de leur compagnie, & chassé hors de leur maison, luy desnient encores vne miserable prouision alimentaire pour luy, sa femme & ses enfans, & contre l'honneur de sa naissance le veulent reduire à mendicité. Et quand il ne se trouueroit point de loy par laquelle le pere pût estre contraint de nourrir son fils estant en necessité, il ne s'ensuiuroit pas pourtant que l'action n'en fust receuable. Mais comme celuy qui n'auoit point estably par ses loix de peine contre les parricides, s'excusa sur ce qu'il ne pensoit pas qu'aucun fust si abominable que de cõmettre vne si grãde meschanceté; aussi pourroit on dire qu'on n'auroit point fait de loy pour condamner le pere à nourrir son fils, parce que l'on n'a pas creu qu'il s'en pût trouuer de si desnaturez, de desnier la nourriture à ceux qu'ils ont mis au monde. Toutesfois quand le pere vient à cet excez de rigueur, que de surmonter la nature, despoüiller cette tendre & douce affection que chacun porte à ses enfans; lors par necessité l'on a recours aux loix, par lesquelles il est enjoint aux Iuges d'y contraindre les peres, comme il y en a d'expresses au titre du Digeste *de agnoscendis, & alendis liberis*, en la loy 5. §. *si quis ex his*, & en la loy *Si competenti*. au C. *de alendis liberis*: lesquelles loix ne se doiuent pas entendre, comme disent les appellans des enfans en bas âge seulement, mais parlent indistinctement d'enfans estans en necessité, qui ne peuuent vray-semblablement auoir recours pour la conseruation de leur vie, qu'à celuy qui leur a donnée, & doiuent estre largemẽt & fauorablemẽt estenduës, *cùm ex æquitate hæc res descendat, charitatéque sanguinis*, cõme dit la mesme loy 5. au §. *utrùm*, du mesme titre, & la loy 8. *C. de bonis quæ liber. adquiruntur, &c.* laquelle au §. 5. ordõne aux peres de nourrir ses enfans *non propter hereditatem, sed propter ipsam naturam*;

& mesmement contre les appellans qui iouïssent de plus de quatre mille liures de rente en fons de terre, que leurs predecesseurs leurs ont laissez, comme il est iustifié par les partages & contracts de mariages produits au procez. Aussi les appellans ne s'arrestent-ils pas seulement sur ce moyen, qu'ils reconnoissent tres foible: mais pour donner couleur à leur dureté, ils se defendēt du mariage de l'intimé, qu'ils pretendent auoir esté fait sans leur volonté, & à cause de cette desobeïssance soustiennent n'estre tenus de luy bailler ses alimens & choses necessaires pour s'entretenir; auquel moyen les appellans se trouueront aussi mal fondez qu'au premier. Car premieremēt ce faict est absolument desnié par l'intimé, qui maintient n'auoir iamais recherché sa femme, que du vouloir & consentement de son pere, lequel mesme auoit promis luy donner en faueur de mariage la terre de Chasteau-Moulin, dont il fut destourné par son frere puisné; ce qui fut cause que le pere n'assista pas à son contract, comme il auoit promis. Secondement il met en faict que depuis le mariage, le pere l'a trouué bon, l'ayant retiré luy & sa femme en sa maison, par lequel acte il a tesmoigné auoir mis en oubly le mescontentement qu'il en pouuoit auoir eu, laquelle reconciliation le rend non receuable à debattre ce qu'il a approuué. Mais cessant ces circonstances & particularitez qui fauorisent la cause du fils, s'il falloit disputer simplement, si le pere luy peut desnier les alimens, pour s'estre marié sans sa volonté; l'on pourroit soustenir que la faute n'est pas si grande qu'elle doiue porter vne si griefue peine. Et ne seroit à propos, ce semble, de vouloir pratiquer contre l'intimé la disposition du droict Romain, & les seueritez qui estoient lors permises aux peres enuers leurs enfans fondées sur la puissance paternelle, qui leur estoit si particuliere, que Iustinian remarque, *nullos hominum talem in liberos habuisse potestatē*; laquelle aussi s'entendoit iusqu'à la vie & à la mort, à permettre au pere de vendre son fils pour sa necessité, à la validité ou inualidité de son mariage, & passoit encores iusqu'apres le decez du pere, contraignant le fils d'estre son heritier, *siue vellet, siue nollet*, à raison dequoy il estoit appellé

suus

suus & necessarius, & obligé d'en payer les debtes, encores qu'il n'amendast en rien de sa successiõ. Mais en France nous n'auons pas admis cette puissance auec telle efficace, & n'est à vray dire que superficiaire, n'en ayant esté retenu par nos Coustumes que quelques petites marques auec peu d'effect; d'où vient que les argumens du droict Romain ne sont pas en France concluans en cette matiere. Et le paganisme estant aboly aussi bien que la puissance paternelle des Romains, & depuis le Christianisme, l'on a principallement consideré aux mariages la volonté des contractans, comme en estant la base & le fondement principal, suiuant l'opinion de S. Iean Chrisostome, & du Pape Nicolas rapportée aux 1. & 2. Canons, caus. 27. qu. 2. qui le decident en ces mots, *Sufficiat secundùm leges solus eorum consensus, de quorum conjunctionibus agitur*. Et la mesme question ayant esté plainement disputée, & bien particulierement discutée au Concile de Trente, duquel nous auons tousiours receu les Canons en ce qui touche la doctrine, il y fut resolu au ch. 1. de la session 24. que le Concile tenoit pour anathemes ceux, *qui falsò affirmant, matrimonia à filiis-familias sine consensu parentum contracta, irrita esse*. Apres laquelle decision il semble qu'il n'est plus permis d'en disputer, ce qui pourroit seruir de response à la rigueur de l'Ordonnance de Henry II. de laquelle les appellans se veulent seruir pour couurir leur inhumanité. Mais outre ce l'intimé disoit, que chacun sçait, qu'elle fut faite pour l'interest particulier & domestique d'vn Grand, ayant lors tout pouuoir en ce Royaume; & qu'estant vne loy nouuelle & penale, il la faut restraindre en ses termes, sans l'estendre plus auant, & hors de sa disposition, *Interpretatione enim legum pœnæ molliendæ sunt, non exasperandæ*. dit la loy 42. au Dig. tit. *de pœnis*. Or nous ne sommes pas aux termes de l'exheredatiõ, qui est le cas de l'Ordonnance, à laquelle les appellans n'ont iamais pensé, comme il est a croire, puis qu'il ne l'ont pas fait: mais il n'est question que d'vne simple & miserable pension alimentaire que le pere auec moins d'apparẽce peut refuser à son fils pendant sa vie, que le priuer de tous ses biens apres sa mort. Et puis il y

504

à grande difference entre la ſeuerité des peines portées par les loix, qui ſont faites pour deſtourner par crainte les hommes de mal faire & les retenir en leur deuoir, & les iugemens qui ſe rendent en l'execution d'icelles ſur les differens qui ſuruiennẽt entre les particuliers. Auſſi N.S. en S. Luc ch. XI. parlant des peres, témoigne que telle rigueur ne peut aduenir, *Ecquis pater*, dit-il, *filio panem petenti, lapidem dabit?* Et neantmoins ſi la ſentence dont eſt appel eſtoit infirmée, cette inhumanité ſeroit confirmée, & aduiendroit qu'vn enfant iſſu de bon lieu, qui n'a iamais commis acte qui ait offenſé ny ſes parens ny autres, pour la premiere faute par luy commiſe par vne action qui n'importe principalement qu'à luy, ſeroit puny plus griefuement, que s'il auoit commis vn crime capital, en perdant tout à coup l'amitié de ſes pere & mere, & par la denegation des alimens ſa propre vie & celle de ſa femme & enfans, ſur leſquels tomberoit la rigueur de ce iugement.

Tous leſquels moyens bien & meurement deliberez & diligemment examinez. LA COVR a mis & met les appellations, & ce dont a eſté appellé au neant, ſans amende, emendant, a abſous leſdits François des Fourreaux & ſa femme des demandes, fins & concluſions contr'eux priſes par ledit Pierre des Fourreaux leur fils, à declaré & declare les ſaiſies, executions & vente de biens faites à ſa requeſte, iniurieuſes, tortionnaires & deſraiſonnables, l'a condamné rendre à ſes pere & mere les ſommes de deniers qui en ſont prouenues, ſans deſpens, dommages ny intereſts, attendu la qualité des parties.

ARTICLES DE REGLEMENT,* EXTRAICTS DES EDICTS ET ORDONNANCES DU ROY nostre Sire, & des Arrests de sa Cour de Parlement.

POUR LE BAILLIAGE DE TONNERRE.

PAR M. P. PITHOU, ADVOCAT en Parlement, & Bailly de Tonnerre.

Quid leges sine moribus
Vanæ proficiunt?

** Cecy est le Reglement dont il est fait mentiõ en la vie de M. P. Pithou p. 262. lequel on n'auoit pas eu dessein de mettre parmy ces Opuscules, ayant desia esté imprimé; mais il est deuenu si rare que l'on a depuis creu faire chose vtile au public, de ne le pas obmettre en cet endroit.*

ARTICLES GENERAUX ET PARTICULIERS de Police, extraicts des Edicts & Ordonnances du Roy nostre Sire, & des Arrests de sa Cour de Parlement, & reglemens cy-deuant faits: Que nous Pierre Pithou, Bailly, du Comté de Tonnerre, auons ordonné pour le deuoir de nostre charge & estat, estre publiez en ladite ville de Tonnerre à son de trompe: & encore en l'audience dudit Bailliage à iour d'Assises, les plaids tenans, à ce qu'aucun n'en pretende cause d'ignorance.

DE LA POLICE.

I.

TOVS blasphemes, juremens du nom de Dieu, & autres execrables, sont tres-estroittement defendus, à peine de punition extraordinaire & corporelle. Et enjoient à tous qui les orront, de les reueler à Iustice, à peine d'amende arbitraire.

II.

Defenses sont faites à toutes personnes de soy pourmener és Eglises pendant le seruice ou la predication. Pareillement de ioüer aux courtes boulles & autres ieux, à iours de festes commandées, pendant ledit temps, à peine de soixante sols d'amende pour la premiere fois, & de plus grande pour la seçonde, à l'arbitrage de Iustice. Et à iours ouurables de ioüer à autres ieux, qu'à l'arc & arbaleste, ny de tenir brelans, ou y frequenter, à peine d'amende arbitraire.

III.

Est enjoint à tous de quelque qualité qu'ils soient, de faire tout déuoir de separer ceux qu'ils verront s'entre-battre: apprehender & arrester les delinquans, & les liurer és mains de Iustice, à peine d'amende arbitraire. Aussi d'assister de tout leur pouuoir aux Officiers & Ministres de Iustice, faisans le deuoir de leurs charges, & leur prester tout aide & confort à la premiere requeste ou commandement qui leur en sera fait, & de porter tesmoignage de verité de ce qu'ils auront veu, ou sçauront, quand ils en seront requis, à peine d'amende arbitraire, & de plus grande punition, s'il y eschet.

IIII.

Defenses sont faites à tous manans & habitans de cette ville & fauxbourgs, mesme à ceux qui sont mariez & ont mesnage, d'aller boire ou manger és tauernes, hostelleries ou cabarets d'icelle: & à tous hostelliers, tauerniers & cabaretiers de cettedite ville & fauxbourgs, de les y receuoir, à peine d'amende arbitraire pour la premiere fois, & de prison pour la seconde.

V.

Defenses aux hostelliers, tauerniers, cabaretiers, & à tous autres, de loger ou receuoir en leurs maisons plus d'vne nuict gens sans adueu & incogneus. Et leur est enjoint de les dénonçer à Iustice, à peine de prison & d'amende arbitraire.

VI.

Defenses à tous hostelliers, tauerniers & cabaretiers de souffrir en leurs maisons ioüer à ieux de cartes, dez, ou autres de hazard, à peine de prison & de soixante sols d'amende, de laquelle le denonciateur aura le tiers. Et leur est enjoint de tenir leurs huis ouuerts durant le iour, tellement que les Officiers & Ministres de Iustice y puissent entrer quand bon leur semblera, à peine d'amende arbitraire, sur laquelle les Sergens auront deux sols six deniers tournois.

VII.

Defenses à tous tauerniers & cabaretiers, de faire aucunes acquisitions pour debtes & tailles de dépense de bouche, faite en leurs tauernes & cabarets, pour pain, vin & autres denrées par eux fournies, sur peine de nullité des contracts: & à tous Notaires de passer tels contracts, sur peine d'amende arbitraire.

VIII.

Enjoint à toutes personnes de garder respectiuement les Ordonnances du Roy nostre Sire sur la reformation des habits & superfluitez, sous les peines contenuës en icelles.

IX.

Est enjoint à toutes personnes ayans maisons ou heritages sur la riuiere d'Armançon, ou sur les ruz & ruisseaux, qui ont cours par cette ville ou fauxbourgs, de les reparer bien & suffisamment dedans vn mois apres la publication de ces presentes: & deslors en auant, toutesfois que mestier en sera, les bouts & riues de leursdites maisons & heritages estans sur lesdites riuieres, ruz & ruisseaux, & les maintenir tellement qu'ils ne s'emplissent, ou soient empeschez par defaut desdites reparations & retenuës, à peine de soixante sols tournois pour chacune fois, qu'ils seront trouuez defaillans, & de reparation du dommage.

X.

Et defenses à tous de quelque qualité qu'ils soient, mesmement aux tanneurs & courroyeurs, de jetter ou faire jetter, ou mettre aucuns fiens, charongnes & bestes, ny autres ordures & immondices, esdites riuieres, fontaines, ruz & ruisseaux: ny pareillement sur les murs de ladite ville, ou és enuirons à cent pas, sur peine de soixante sols d'amende.

XI.

Est enjoint à tous manans & habitans de cette ville & fauxbourgs, de nettoyer ou faire nettoyer les ruës chacun deuant sa maison: & ne permettre aucuns fiens, immondices, ou ordures y estre mises. Et defenses à toutes personnes d'y en mettre ou faire mettre, ny pareillement monceaux de bois, terres, pierres, ou autres entrappes indeuës, qu'ils ne les ostent dedans huict iours, sur peine de l'amende selon l'exigence du cas.

XII.

Defenses à tous de tenir ou nourrir porcs en leurs hostels, ny en sous, au dedans de cette ville & fauxbourgs, mesme depuis le iour & feste de Pasques, iusqu'au premier iour d'Octobre, sur peine de soixante sols d'amende.

XIII.

Est enjoint à tous manans & habitans de cette ville & fauxbourgs, de nettoyer ou faire nettoyer leurs cheminées en temps deu, tellement qu'il n'en puisse aduenir aucun inconuenient, sur peine d'amende arbitraire, & de reparation du dommage. Et de mettre ou faire mettre & tenir eau chacun deuant son huis, plein vne feillette, ou autre vaisseau de pareille capacité, depuis le mois de May iusques au mois d'Octobre, à peine de l'amende ordinaire pour chacune fois qu'ils y faudront, & autre plus grande s'il y eschet.

XIIII.

Defenses sont faites à toutes personnes de quelque qualité qu'elles soient, d'entreprendre aucunement, ou mettre entrappes sur les chemins & sentiers communs, sur peine de soixante sols d'amende, & de restablissement & reparation du dommage.

XV.

Enjoint à tous mendians valides estrangers, de sortir & vuider de cette ville & fauxbourgs dedans vingt-quatre heures, à peine du foüet.

XVI.

Defenses sont faites à toutes personnes de mettre ou faire mettre en place ou marché iceluy tenant, aucune table, estail, ou autre chose, qui puisse empescher & entrapper ledit marché en quelque sorte que ce soit, à peine de cinq sols tournois pour la premiere fois, & pour la seconde de plus grande, à l'arbitrage de Iustice.

XVII.

Defenses de charroyer les iours de Dimanches, & iours de festes ordonnées & sollennelles: ny pareillement d'ouurir boutiques, & exposer marchandises en vente, sur peine de vingt sols d'amende. XVIII.

Defenses sont faites à tous Marchands, & autres quelsconques, d'achepter bleds en verd sur le plat pays, ne iceux arrer auant la cueillette, n'y en faire prouision ou amas, outre la prouision de sa maison, à peine de confiscation des deniers & d'amende arbitraire.

XIX.

Defenses à tous meusniers, boulengers & pasticiers, de n'aller au deuant des grains, ne iceux arrer, & de n'entrer ou faire entrer autres pour eux aux marchez de bled, sinon apres midy sonné, sur peine d amende.

XX.

Defenses à tous boulengers & pasticiers, de faire amas ou garnison de bled, sinon pour la fourniture de leur ouuroir, & pour leur mesnage seulement: & leur est enjoint, si tost qu'ils en auront achetté, de l'enuoyer au moulin, pour le faire conuertir en farine.

XXI.

Defenses à tous boulengers, pasticiers, & autres marchans regratiers, de mettre ou faire mettre directement ou indirectement le prix au bled, qui se vendra aux iours de marché: ains les laisser mettre aux bourgeois & mesnagers de ladite ville & fauxbourgs, à peine d'amende arbitraire: n'estoit que le prix demeurât à estre mis par lesdits bourgeois & mesnagers par l'espace d'vne heure & plus. A la vente & distribution duquel bled sera le menu peuple viuant au iour la iournée, preferé à tous autres: & apres luy ceux qui en voudront faire prouision á temps pour leur maison. Et ou il se trouuera qu'aucun boulenger, pasticier, ou autre marchant regratier aye achepté bled auant l'heure, & contre les presentes defenses, il est permis au premier bourgeois & mesnager de ladite ville & fauxbourgs, prendre la marchandise pour le prix dudit regratier. Auquel sont faites inhibitions & defenses d'y mettre empeschement, sur peine d'amende arbitraire. XXII.

Il est enjoint aux boulengers d'auoir en leurs maisons du pain blanc à fleur, & bourgeois, froid & rassis, à suffisance pour la nourriture des habitans, tant de ladite ville que faux-bourgs, ensemble des suruenans en icelle, tellement qu'il n'en vienne plainte à Iustice, sur peine de l'amende ordinaire pour la premiere fois, & de plus grande, s'il y eschet.

XXIII.

Aussi il leur est enjoint, & à chacun d'eux, d'auoir balances & poids iustes en lieu apparent de leurs ouuroirs & boutiques, pour poiser le pain qui sera par eux vendu & debité. Et pareillement d'auoir marques certaines & differentes l'vne de l'autre, desquelles ils seront tenus de marquer leurdit pain, tellement que ladite marque puisse estre veuë & reconneuë.

XXIIII.

Aussi leur est enjoint d'auoir mailles de cartes, ou autres marquées du leurs marques, pour bailler à ceux qui achetteront pain, quād ledit pain par ordōnance de Iustice se deura vendre à mailles auec deniers, & ce sur peine de l'amende.

XXV.

Defenses aux boulengers de vendre pain à plus haut prix que celuy qui sera ordonné par Iustice, au rapport de la vente du bled par chacune sepmaine. Et enjoint aux maistres du mestier de venir l'vn d'eux prendre le prix qui sera ordonné par nous, ou nostre Lieutenant, apres ledit rapport fait: lequel prix ils seront tenus faire signifier par le Clerc de leur mestier si aucun en ont, ou autrement, dedans le iour de Samedy à chacun maistre, à ce qu'ils ne leuent plus haut prix que celuy qui aura esté ordonné, sur peine d'amende arbitraire.

XXVI.

Defenses sont faites à tous fermiers du minage de cette ville de Tonnerre, & leurs commis, de s'entremettre de mesurer les bleds, ou grains qui seront apportez ou enuoyez audit marché, sinon qu'ils ayent fait serment à Iustice: lequel ils seront tenus faire, si fait ne l'ont, dedans huictaine, sur peine d'amende arbitraire, & de prison, s'il y eschet.

XXVII.

Et leur est enjoint de faire ledit mesurage en personne, ou en cas d'excuse legitime, par hommes capables & suffisans, desquels ils seront responsables: & d'auoir mesures bonnes

bonnes & loyales, & bien adiustées, sur peine d'arsure de celles qui se trouueront fausses, & de punition exemplaire.

XXVIII.

Aussi leur est enjoient suiuant les ordonnances, pieça sur ce faites & publiées, mesmes dés l'an cinq cens trente quatre, de racler comme on a accoustumé faire au mesurage du sel, iusques au fer de la mesure apparent, le plus iustement que faire se pourra, & sans fraude, sur peine de vingt sols pour la premiere fois : & pour la seconde de soixante sols, appliquable moitié à Iustice, & moitié au denonciateur : & pour la troisiesme fois, de plus grande amende arbitraire : & de prẽdre leur droict à la mesme mesure raisonnablemẽt & sans fraude : tellement qu'il n'en aduienne plainte à Iustice, sur peine de punition exemplaire. Et enjoint à tous vendeurs d'ainsi le faire & souffrir faire, sur peine de l'amende. Et à eux permis, ou lesdits mesureurs feroient refus, ou ne voudroient racler, comme dit est, de mesurer & racler eux mesmes : & defenses ausdits mesureurs en ce cas, de leur y donner aucun empeschement. XXIX.

Pareillement est enjoint aux meusniers prenant leur droict de mouture en grain, de ne prẽdre ou receuoir leurdit droict qu'à iuste mesure, raclée iusques au fer comme dessus, sur peine d'amende arbitraire & de prison.

XXX.

Defenses sont faites à tous hostelliers, tauerniers, cabaretiers, & marchans regratiers, d'achetter par eux, ou autres, aucunes denrées ou viures au deuant des portes de la ville & aduenuës d'icelles, sur peine de soixante sols d'amende, dont le denonciateur aura le tiers Mais toutes denrées seront apportées & amenées és lieux ou places publiques & ordinaires, & en icelle venduës à la maniere accoustumée.

XXXI.

Aussi sont faites defenses à tous les dessusdits reuendeurs & reuenderesses, d'aller ou enuoyer aux marchez, pour achetter viures & denrées auant les huict heures sonnées du matin, depuis la S. Remy iusqu'à Pasques, & de Pasques à la S. Remy auant les sept heures, sur peine de vingt sols d'amende.

XXXII.

Et permis à tous Sergens qui trouueront aucuns contreuenans aux presentes defenses, de saisir lesdites marchandises, & leur bailler assignation de pied à pied, & à heure presente pardeuant nous, pour leur faire droict : & à tous bourgeois & mesnagers de prendre lesdites denrées pour le pris qu'elles auront esté achettées par lesdits reuendeurs contre les presentes defenses.

XXXIII.

Defenses à toutes personnes de vendre quelque marchandise que ce soit, à poids & mesures, que lesdits poids & mesures ne soient bonnes, loyalles & bien adiustées & marquées par l'Adiusteur, sur peine d'arsure d'icelles, & d'amende arbitraire, ou punition exemplaire, si elle y eschet.

XXXIIII.

Defenses sont faites à toutes personnes de vendre verjus en grappes, à peine de confiscation dudit verjus, & de vingt sols tournois d'amende.

XXXV.

Defenses sont faites à tous marchans vendans harencs en destail, de les faire tremper en autre eau que de riuiere, & pareillement de les mesler : mais leur est enjoint de les vendre selon qu'ils viennent de la tonne, à peine de vingt sols d'amende pour chacune fois.

XXXVI.

Il est enjoint à chacun boucher de cette ville & faux-bours, selon sa faculté & puissance, tuër par chacune sepmaine, aumailles,* moutons, & autre bestial, en telle quãtité qu'il conuiendra pour la fourniture de ladite ville. Et defenses à eux & à tous autres, de faire aucuns monopoles, sur peine d'amende arbitraire : & pareillement d'apporter d'ailleurs chairs de bestes mortes, ou tuées, pour les vendre & debiter, ny de souffrir, ny mettre, faire mettre, ou permettre d'estre mis vent en quelque sorte que ce soit, és veaux, & autres bestes qui seront par eux tuées, sur peine de prison, & confiscation desdites chairs.

* Ce mot veut dire, gros bestial, *fortè armentaria, ab armento.*

XXXVII.

Il est enjoint à tous chandeliers de faire chandelle de bon

lumignon, & de suif bon, loyal & marchant, sans y mettre suin, graisses de trippes, ou autres empiremens quelsconques, à peine de confiscation desdites chandelles, & de vingt sols d'amende.

XXXVIII.

Et seront les presens articles leus & publiez en l'audience dudit Bailliage à iour d'Assises, & encores à son de trompe par cette ville de Tonnerre, à iour de marché, iceluy tenant, à ce qu'aucun n'en pretende cause d'ignorance. Et enjoint au Preuost, Fermier & Sergent de ce Bailliage, d'auoir l'œil & tenir la main à l'entretenemẽt & execution d'iceux, sur peine de se prendre à eux des fautes qui se trouueront commises par leur negligence ou conniuence, & de payer les amendes susdites en leurs propres & priuez noms.

AVTRES ARTICLES EXTRAICTS DES Edicts & Ordonnances du Roy nostre Sire, & des Arrests de la Cour de Parlement, concernans le reglement des Greffiers, Notaires, & Sergens, lesquels nous auons aussi aduisé pour le deuoir de nostre charge, faire derechef lire & publier és Sieges de ce Comté de Tonnerre à iour d'Assises, les plaids tenans, à ce qu'aucun n'en pretende cause d'ignorance.

DES GREFFIERS.

I.

LES Greffiers seront tenus de se trouuer en personne aux sieges ordinaires & assignations, sinon qu'ils ayent legitime excuse, auquel cas ils pourront auoir vn ou deux commis, qui seront par eux presentez en Iustice, & feront serment en pleine audience, apres information de leur bonne vie & suffisance.

II.

Seront tenus lesdits Greffiers auoir Clercs en tel nombre qu'il puisse suffire au deuoir de leur charge, & à l'expedition prompte des parties, sans que pour ce lesdits Greffiers puissent exiger ou prendre aucune chose outre leur droict, pour quelque vacation ou expedition que ce soit, encores que volontairement leur fût offert, sur peine pour le regard du

Greffier qui l'aura permis ou dissimulé, d'amende arbitraire: & quant au Clerc qui aura exigé ou pris aucune chose outre le droict du Greffier, de prison & punition exemplaire

III.

Et seront tenus lesdits Greffiers de liurer tous actes & expeditions requises par les parties, dedans trois iours au plus tard, & respondre ciuilement des fautes de leurs Clercs, des mains desquels ils seront soigneux de retirer les registres & minuttes: tellement qu'il n'en aduienne aucune faute, sur peine de s'en prendre à eux. IIII.

Toutes escritures, enquestes, procez verbaux, & autres expeditions de Iustice, fors & exceptées les sentences interlocutoires, & definitiues, seront faites & deliurées en papier raisonnablement escrites à raison de vingt-cinq lignes en chacune page, & quinze syllabes en chacune ligne, dont sera payé pour chacun fueillet deux sols au plus.

V.

Et seront tenus lesdits Greffiers au pied desdites expeditions, & tout attenant de leurs signatures, escrire au vray & tout au long de leur propre main, ce qu'ils auront receu des parties. VI.

N'insereront és decrets, accords & sentences, les escritures, procedures d'entre les parties, ains seulement en feront sommaire mention, & cotteront les dattes des pieces plus necessaires, & deliureront aux parties les actes par iournées, sans les pouuoir contraindre à leuer toute la procedure.

VII.

N'insereront pareillement és actes & procedures les exploicts des Sergens, ains seulement les conclusions prises par les parties, ou leurs Procureurs, en iugemēt, ou à l'assignation, ou bien les conclusions portées par lesdits exploicts, quand les parties ou leurs Procureurs les auront employez & ramenez à effect en iugement. VIII

Seront tenus d'auoir leurs registres reliez ou cousus, tellement qu'on n'y adjouste papier en aucun endroit, sinon que sur leur remonstrance faite en audience, il leur soit permis par Iustice: & ne laisseront ny permettront estre laissez en leursdits registres aucunes feuilles ou feuillets en blanc, ains escriront & feront escrire les actes & expeditions l'vne apres l'autre, & sans grand interualle : le tout sur peine d'amende arbitraire pour chacune contrauention. Et escriront le titre de chacun registre de leur propre main, contenant leur nom, & le iour par lequel commenceront les expeditions contenuës au registre, & cotteront aussi de leur main, le nombre de chacun feuillet au dessus. Et quand le registre sera remply, où finira, le signeront de leur main.

IX.

Ne receuront aucune production qui ne soit reglée par inuentaire, signée du Procureur, & mise en vn sac ethicqueté, & cotté du nom dudit Procureur, & paraferont lesdits inuentaires au pied, & cotteront de leur main sur le sac le iour qu'il aura esté produit & mis au Greffe, dont ils feront registre : sur lequel se chargeront les Procureurs, si besoin est.

X.

Pareillement ne prononceront aucun dicton, & ne deliureront aucune sentence, soit interlocutoire ou definitiue, sinon que la production, sur laquelle ladite sentence aura esté renduë, ait esté auparauant mise au Greffe, comme dit est, & par lesdits Greffiers desliurée au iuge, sur peine d'amende arbitraire, & de tous despens, dõmages & interests. Et feront registre à part desdits dictõs & sentences, apres qu'elles auront esté prononcées.

XI.

Aussi ne deliureront aucun decret, soit de prise de corps ou adjournement personnel, s'il n'est signé du Iuge, & qu'ils n'ayent pardeuers eux les informations & pieces, sur lesquelles le decret aura esté fait : desquelles ils demeureront chargez & responsables, par l'expedition qu'ils feront dudit decret.

XII

Feront registre à part des informations & procez criminels, sur lequel registre les Procureurs fiscaux s'en chargeront, quand ils en auront communication.

XIII.

Et defenses ausdits Greffiers de les communiquer aux parties ny autres, sans ordonnance de Iustice. Et enjoint d'en faire bonne & ſeure garde, ſur peine de punition exemplaire.

XIIII.

Auſſi feront regiſtre à part des Notaires, Sergens & autres Officiers de Iuſtice, qui ſeront inſtituez & receus. Et feront ſigner leſdits Notaires, Sergens, & autres Officiers de Iuſtice ſur ledit regiſtre, à l'inſtant de leur reception, & auparauant que leur en deliurer aucune choſe.

XV.

Ne deliureront aucunes enqueſtes, ny procez verbaux, meſme des aſſemblées publiques, ſans eſtre ſignez du Iuge qui les aura faits, ou aura aſſiſté eſdites aſſemblées: autrement ny ſera foy adjouſtée XVI.

Ne prendront aucune choſe pour tenir & receuoir encheres, ny pour la diſtribution des deniers, ſinon ce qui leur ſera taxé par le Iuge pour ladite diſtribution, ſelon leur labeur.

XVII.

Seront tenus au bout de leur ferme, laiſſer leurs regiſtres, ſacs, & autres pieces, ès mains de leurs ſucceſſeurs, ſur peine d'amende arbitraire, & autre punition, s'il y eſchet.

DES NOTAIRES.

I.

AVCVN ne ſera pourueu d'Office de Notaire & Tabellion, qu'il ne ſoit âgé de vingt cinq ans, dont il ſera deuëment apparoir, auec atteſtation de ſa bonne vie, mœurs & experience. Et ce faict, eſtant pourueu, ne ſera receu à exercer ledit Eſtat, ſinon apres ſerment par luy fait en Iuſtice, de bien & loyaument exercer ledit Eſtat, & de garder & obſeruer ce qui s'enſuit.

II.

A ſçauoir qu'il ne receura aucun contract, s'il ne connoiſt les perſonnes, ou qu'il ſoit certifié & teſmoigné que ce ſoient celles qui ſeront denommées par le contract, ſur peine de priuation de ſondit Office.

III.

Item, qu'il ne receura aucun contract de perſonne idiote,

ou qu'il sçaura ou pourra connoistre n'estre en estat de contracter, ou estre en bas âge, ou contracter par force & contrainte.

IIII.

Item, qu'il ne receura aucuns contracts vsuraires, reprouuez ou illicites, sur pareille peine de priuation, & encores d'amende arbitraire. Et ne fera ny passera faux contracts ou instrumens, sur peine de la vie.

V.

Qu'il ne receura aucuns contracts, testamens au autres actes, qu'ils ne soient deux Notaires ensemble, ou qu'il n'y ait auec luy deux tesmoins masles, desquels il mettra les noms, qualitez & demeurances. Et en ce cas, s'il est és villes ou gros bourgs, où vray-semblablement on puisse recouurer tesmoins qui sçachent signer, sera tenu d'appeller pour le moins l'vn desdits tesmoins qui sçache signer, & lequel de faict signera auec ledit Notaire la minute du contract, testament ou autre acte, dont sera faite expresse mention, tant en icelle minute qu'en la grosse.

VI.

Item, qu'il ne receura aucun contract d'heritages, soit de vendition, eschange, donation ou autre, sans estre declaré par les contrahans en quel fief ou censiue seront les choses cedées & transportées, & de quelles charges & deuoirs elles sont chargées enuers les Sieurs feodaux ou censuels, qui serõt aussi particulierement & specialement declarez par lesdits contracts, sur pareille peine de priuation dudit Office.

VII.

Qu'il fera signer aux parties & tesmoins instrumentaires, s'ils sçauent signer, tous contracts & actes, soient testamens ou autres qu'il receura, apres leur auoir leu & recordé clairement & intelligiblement du contenu en iceux : & de ladite signature fera expresse mention, tant en la minute que grosse, à peine de nullité desdits contracts & actes, & d'amende arbitraire. Et expediera aux parties ce requerans, lesdits contracts & actes en bref, & par luy sous-signez, en la maniere & forme qu'il les aura receus, sans y rien adjouster ou diminuer, & sans que lesdites parties soient tenuës les leuer en forme, si bon ne leur semble.

VIII.

Et au cas que les parties ou tesmoins ne sçauent signer, ledit Notaire fera mention de la requisition par luy faite ausdites parties & tesmoins, de signer, & de leur responce qu'ils ne sçauent signer. Et si mettra à chacun contract ou acte les qualitez, lieux, demeurances & parroisses des parties, & des tesmoins y denommez: & la maison où les contracts & actes seront faits & passez: & pareillement le temps de deuant ou apres midy, qu'ils auront esté faits.

IX.

Qu'il fera bon & fidelle registre & protocolle de tous testamens, contracts & actes par luy receus & passez, incontinent & selon le temps qu'il les aura receus, & iceux gardera bien & diligemment, pour y auoir recours quand besoin sera: esquels registres seront mises & inserées au long les minuttes desdits contracts, & enfin de chacun d'iceux sera mis le seing dudit Notaire.

X

Et s'ils sont deux Notaires à passer vn contract, ou receuoir vn testament, ou autre acte, sera escrit au dos dudit contract, testament ou acte, & signé desdits deux Notaires, le nom de celuy és liures duquel aura esté enregistré ledit contract, testament ou acte, pour y auoir recours, sans que pour raison dudit registre, ou protocolle, ils puissent prendre plus grand salaire: sauf à soy payer raisonnablement de l'extraict desdits registres, si aucun en estoit fait par coppie, ou autement.

XI.

Qu'il ne monstrera ou communiquera son registre, ou la minutte des contracts, fors au contrahans, leurs hetitiers, successeurs, ou autres ausquels le droict desdits contracts appartiendroit notoirement: ou qu'il fut ordonné par Iustice. Et depuis qu'il aura vne fois deliuré à chacune desdites parties la grosse desdits testamens & contracts, il ne la baillera ou expediera derechef, sinon qu'il soit ordonné par Iustice, auec connoissance de cause.

XII.

XII.

Qu'il se contentera de salaire raisonnable, tant pour ses vacations, qu'expeditions des contracts, actes & instrumens, selon le taux ancien, ou autre qui sera ordonné par Iustice, sans aucune exaction. Et en fin d'iceux contracts & instrumens, cottera tout au long, de sa propre main, & tout attenant de sa signature, les sommes de deniers qu'il aura receus des parties : sur peine d'amende arbitraire, ou priuation de son estat, s'il y eschet. XIII.

Ce faict sera le nom dudit Notaire & Tabellion enregistré au Greffe, de sa main propre, auec son paraphe & signature, dont il s'entendra aider en exerçant ledit estat, auquel il sera receu en ce faisant.

XIIII.

Et est enjoint aux Notaires ja pourueus & receus, de garder & obseruer inuiolablement ce que dessus, sous les mesmes peines.

DES SERGENS.

I.

Tovs Sergens auant que d'estre receus, apres information faite de leur bonne vie, experience & âge au dessus de vingt-cinq ans, seront tenus bailler caution iusqu'à la somme de vingt liures tournois : Et faire le serment de bien & loyaument exercer en personnes leurs Offices, chacun en son destroit & ressort : faire bonnes & vrayes informations, quand ils seront commis à cette fin, appellé auec eux vn Notaire, Procureur, ou Greffier, ou son commis de ce Bailliage : Garder les droicts de Messieurs & Dame en tout & par tout où ils les sçauront : Et si-tost qu'il sera venu à leur connoissance, faire bons & loyaux rapports à Iustice, & aux Procureurs fiscaux respectiuement & sans faueur : De n'oppresser induëment les subjets des metes de leurs Offices, ne autres : De ne prendre salaires excessifs, fors les salaires ordonnez : De faire vrayes & bonnes relations par escrit de tous leurs exploicts, selon & tout ainsi que faits les auront. Et en cas ciuils, bailler copie de leursdits exploicts & commissions aux parties, ores qu'ils n'en soient requis, ou à qui il apartiendra, moyennant salaire raisonnable, sans dilayer en faueur de ceux pour lesquels ils auront faits lesdits exploits, ou en haine des parties aduerses ou autres. Aussi de garder l'honneur & secret de Iustice, & porter reuerence & obeïssance aux Officiers d'icelle, & d'executer en leur pouuoir & destroit toutes commissions & lettres, & faire tous exploicts de Iustice, dont requis seront par les parties, bien & diligemment selon le deu de leur Office, moyennant salaire raisonnable, sans faire aucun refus s'ils n'ont excuse legitime, qu'ils seront tenus declarer aux parties, & leur bailler acte de leur refus, si lesdites parties le requierent: le tout à peine de desobeïssance, & des despens, dommages & interests des parties. Et ce faict sera leur nom enregistré au Greffe, de leur main propre auec leur paraphe, dont ils s'entendent aider en exerçant ledit estat, auquel ils seront receus. A la charge aussi de garder les articles qui s'ensuiuent. II.

Defenses à tous Sergens de faire adjournemens ou autres exploits, sans attestation de deux tesmoins & records masles, desquels ils declareront les noms, qualitez & demeurances par leursdits exploicts, à peine de nullité & d'amende arbitraire. Et dauantage seront tenus de mettre par leursdits exploits, les qualitez & demeurances des parties, & le domicile que lesdites parties, à la requeste desquelles ils exploiteront, auroient esleu: ensemble leurs salaires & ceux de leurs records. Et de toutes commissions & adjournemens, laisser coppie auec leur exploit aux adjournez, ou à leurs gens & seruiteurs, ou les attacher à la porte de leurs domiciles, à faute de trouuer personne, encores qu'ils ne fussent point demandez, & en faire mention par leur exploit, & ce aux despens des poursuiuans & demandeurs, sur peine de nullité desdits exploits, & des despens de l'assignation: Et sauf aux parties leur recours contre le Sergent, qui auroit fait faute à ce que dessus.

III.

Seront tenus lesdits Sergens, exploitans en leurs ressorts, porter vn escusson aux armes de ce Comté, auec vne verge en main, de laquelle ils toucheront ceux, ausquels ils auront charge de faire exploict de Iustice, lesquels seront tenus y obeir sans resistance, sur les mesmes peines portées par les Ordonnances. Et en cas de desobeïssance, ou crainte raisonnable d'icelle, pourront lesdits Sergens appeller à leur aide & confort de Iustice, les habitans du lieu où ils exploiteront, lesquels seront aussi tenus de leur assister, sur peine d'amende arbitraire & plus grande, s'il y eschet.

IIII.

Aussi est enjoint ausdits Sergens, de proceder en leursdites executions, auec toute modestie, sans vser de paroles arrogantes ou d'insolence, ains se comporter enuers ceux à qui ils feront lesdits exploits de Iustice, selon leur estat & qualité, sur peine de reparation honorable & profitable, & punition corporelle, s'il y eschet.

V.

Defenses sont faites à tous Sergens faisans executions, de bailler aucuns biens en garde aux parties executées, ny pareillement à femmes mariées : mais leur est enjoint de les bailler à quelques voisins, ou autres resseans & soluables, sur peine de s'en prendre ausdits Sergens, & d'amende arbitraire.

VI.

Aussi leur est defendu en saisie d'heritages ou fruicts, d'establir commissaire l'vn deux, sur peine de nullité de leurs exploits, & recouurer contre eux tous despens, dommages & interests.

VII.

Seront tenus tous Sergens de comparoir au premier iour de nos Assises de leur ressort, & illec demeurer iusques à ce qu'ils ayent congé de nous, pour ouïr les plaintes, si aucunes se font contr'eux, & estre à droit, sur peine de suspension de leurs Offices, & de vingt sols d'amende, appliquables à Messieurs & Dame, sans que le Preuost y ait aucun droict, sinon qu'ils soient exoniez pour maladie, ou autre legitime & receuable excuse.

VIII.

Si aucun Sergent est receu à mettre aucune ferme de ce Côté à prix, & icelle exercer au dedãs de son destroit & ressort, comme le Greffe du Bailliage & Grurie, il ne pourra durant le temps desdites fermes exercer son Office de Sergent: sauf apres ledit temps passé, de continuer sondit estat, comme il faisoit auparauant.

IX.

Le Sergent qui besongnera de son estat hors le lieu de sa demeurance, aura & luy sera taxé pour chacun iour, la somme de seize sols tournois. Et sera tenu de declarer par ses exploicts les iournées qu'il besongnera, les distances des lieux où il se transportera, s'il a fait autres exploicts au mesme iour, quels & combien.

X.

Et quant aux exploicts d'adjournemens & autres semblables, qu'il fera és villes & fauxbourgs où il est demeurant, ne prendra pour luy & ses records que la somme de deux sols six deniers tournois.

XI.

Et pour les exploicts des executions, tant pour luy que pour sesdits records, à sçauoir pour les commandemens, saisie de biens, inuentaires d'iceux, establissement de Commissaires, la somme de trois sols six deniers tournois, & pour la vente desdits biens, quatre sols tournois.

XII.

Outre, lesdits Sergens auront & prendront pour chacun fueillet de leurs exploits raisonnablement escrit, la somme de six deniers tournois. Et pour le registre qu'ils seront tenus faire par vn brief de leursdits exploicts d'execution, contenant les dattes des iugemens, commissions, obligations, en vertu desquelles ils besongneront, & les iours qui les feront, ensemble le nom des tesmoins & records, en presence desquels ils auront fait lesdits exploicts, auront & prendront lesdits Sergens pareille somme de six deniers, tournois, sans qu'ils en puissent pretendre ou exiger d'auantage.

XIII.

Et seront tenus mettre & escrire au long de leur propre main, en fin de tous leursdits exploicts, les deniers qu'ils auront receus des parties, sur peine de cent sols d'amende pour la premiere fois, & pour la seconde, de suspension de leurs estats pour trois mois, & pour la tierce, de priuation, s'il y eschet.

XIIII.

Et tiendra le present reglement pour le regard desdits taux & salaires, par prouision seulement, & iusqu'à ce qu'autrement en ait esté ordonné. Et defenses cependant ausdits Sergens de prendre plus grand salaire, encores qu'il leur fust volontairement offert, sur peine de punition corporelle.

XV.

Defenses à tous Sergens de faire execution en vertu de contracts & lettres obligatoires, sinon qu'elles soient en forme authentique, grossoyées & seellées, & qu'il y ait commission sur icelles, en cas où commission est requise, sur peine d'amende arbitraire, & de suspension de leur estat, s'il y eschet.

XVI.

Tous exploicts de Sergens contenans execution, saisie ou arrest, porteront les iours & le temps de deuant ou apres midy qu'ils auront esté faits, ensemble les noms & domiciles de leurs records, tant és coppies qu'ils bailleront à la partie executée, qu'en l'original de leur exploit, sur peine d'amende, & suspension de leurs offices. Et pareillement seront lesdits Sergens tenus, à peine de nullité de leurs exploicts, despens, dommages & interests des parties, declarer & inserer en leursdits exploicts & procez verbaux le domicile que les parties, à la requeste desquels ils exploicteront, auront esleu, au lieu où lesdits executions seront faites.

XVII.

Les Sergens qui establiront commissaires au regime & gouuernement d'heritages, feront signer leurs exploicts par les commissaires qu'ils auront establis, ou bien par vn Notaire, à leur requeste, en presence de tesmoins; ou bien par deux tesmoins, lesquels aussi seront tenus signer. Et par faute de Notaire & Tabellion, lesdits exploicts pourront estre ſignez par le Greffier de la Iuſtice des lieux, autrement foy ne ſera adjouſtée au rapport deſdits Sergens.

XVIII.

Et ne pourront leſdits Sergens eſtablir vn laboureur commiſſaire és biens du Seigneur, duquel il eſt ſubjet.

XIX.

Et eſt enjoint aux Sergens de ce reſſort ja pourueus & receus eſdits offices, de garder inuiolablement ce que deſſus, ſur les peines y contenuës.

XX.

Aucun Sergent ne pourra tenir & exercer l'eſtat de Notaire & Tabellion au reſſort où il exercera celuy de Sergent. Et eſt enjoint à tous qui ſe pretendent pourueus deſdits deux eſtats, ou qui les exercent à preſent, de choiſir & opter dedans vn mois pour toutes prefixions & delais, auquel deſdits deux eſtats, ile ſe veulent tenir pour l'exercer ſeul à l'aduenir, ſans s'entremettre de l'autre, & faire ladite declaration dedans ledit temps, au Greffe de ce Bailliage: autrement iceluy paſſé à faute de ce faire, defenſes ſont faites auſdits Sergens, de faire aucun exercice de l'eſtat de Noraire & Tabellion, & de receuoir aucuns contracts: actes & inſtrumens en ladite qualité, ſur peine de fauſſeté & nullité deſdits contracts, actes & inſtrumens, & d'amende arbitraire. Et cependant defenſes d'executer les obligations qu'eux meſmes auront paſſées, ou paſſeront pendant ledit temps.

XXI.

Defenſes ſont faites à tous fermiers d'amendes, & Sergens, de compoſer par eux ou autres, directement ou indirectement, des delits commis, ny des amendes encouruës ſur iceux. Et eſt enjoint auſdits fermiers & Sergens de reueler à Iuſtice leſdits delits, ſi-toſt qu'ils en ſeront aduertis: & mettre inceſſamment au Greffe les charges & informations, & autres pieces ſeruans à la preuue d'iceux, qu'ils en ont du paſſé, ou auront cy-apres: ſur peine d'amende arbitraire, & punition exemplaire.

XXII.

Defenſes ſont faites au Geollier & garde des priſons, de

relascher, ny rendre à qui que ce soit, Sergens, ou autres, aucuns prisonniers pour delict, soit pour l'eslargir ou transporter ailleurs, pour quelques commandemens qui luy soient faits, sans en aduertir premierement le Iuge, par ordonnance duquel le prisonnier aura esté mis en sa garde, & le Procureur fiscal, sur peine d'en respondre par corps.

Les Articles cy-dessus ont esté leus & publiez par le Greffier, en l'audience des Assises tenuës à Argenteuil, le Mardy trentiesme iour d'Aoust: & à Crusy le lendemain trente-vniesme iour dudit mois: le premier iour de Septembre ensuiuant à Chaonnes, Sieges de ce Comté: & pareillement au Siege de la Chapelle, autrement la Vieille-Forest, les plaids des Assises y tenus le Mardy treiziesme iour de Septembre, l'an mil cinq cens quatre-vingt.

Et le Lundy douziesme iour du mois de Septembre, ont esté lesdits articles leus & publiez en l'audience des Assises tenuës à Tonnerre ledit iour: & ce faict enregistrez.

Les Articles contenus en ce cayer, ont esté derechef leus & publiez en l'audience de l'Assise tenuë à Tonnerre le Lundy dix-septiesme iour du mois de Septembre, l'an mil cinq cens quatre-vingt quatre.

ARTICLES DE REGLEMENT POVR l'expedition des causes au Bailliage de Tonnerre, dressez & sur ce l'aduis des Officiers, Aduocats, Procureurs, & praticiens dudit Bailliage, pour estre gardez à l'aduenir: & à cette fin seront leus en l'audience à iour d'Assise, & icelle tenant. Et ce faict enregistrés, puis mis en vn tableau au lieu accoustumé à tenir les plaids ordinaires.

DE LA IVSTICE.

I.

LE siege és iours ordinaires se tiendra & commencera en temps d'Esté à l'heure de sept heures, & en temps d'Hyuer à l'heure de huict heures du matin, & se continuëra iusqu'à dix heures: & apres midy en tout temps depuis l'heure de deux heures, iusqu'à cinq heures du soir. II.

Demie heure auparauant la seance, le Greffier & ses commis seront tenus se trouuer au siege auec les registres: & pareillement les Aduocats & Procureurs, pour communiquer les vns aux autres les actes & pieces qu'ils auront à communiquer auãt l'appel des causes, tant nouuelles qu'anciennes, de laquelle communication ils pourront si bon leur semble faire actes ou scedules sous leurs seings, ausquelles sera adjousté foy. III.

Incontinent apres l'heure de l'entrée du siege ordinaire sonnée, s'appelleront par le Greffier les causes du iour, pour estre expediées par nous, nos Lieutenans, ou en leur absence par leur plus ancien Aduocat qui se sera trouué au siege.

IIII.

Les Aduocats & Procureurs seront tenus prendre les reglemens ordinaires de leurs causes & instances dés la premiere presentation par delais competans pour communiquer pieces, fournir de defenses, repliques, dupliques, informer, produire, bailler contredits & saluations, ou autres necessaires pour l'instruction d'icelles, & qui sont du stile ordinaire, à peine d'amende arbitraire contre les mal-refusans, ou dilayans, en leur nom.

V.

Les Aduocats & Procureurs seront tenus communiquer aux Procureurs d'office les pieces des causes qu'ils auront à plaider, esquelles lesdits Procureurs d'office auront quelque interest: & ne pourront passer l'appointement entr'eux en telles causes auant ladite communication, à peine d'amende arbitraire. VI.

Ne seront baillez aucunes assignations particulieres hors le siege, sinon pour dation de tuteles, aduis de parens, partages, enquestes, examens de tesmoins, interrogatoires, compulsoires, redditions de cõptes, rapports de visitations, descentes, appreciations de grains, receptions de cautions, restitutions de sacs & pieces, & declarations de despens, taxes d'iceux, assignation aux commissaires pour accepter leurs charges, ou aux gardiens de biens pour les rendre, cas de de police, ou pour forains és iours qu'il n'y aura siege, & pour causes prouisionnalles.

VII.

Les Aduocats & Procureurs ne seront contraints plaider és causes, desquelles les adjournemens n'auront esté faits deux iours auparauant l'appel d'icelles au siege ordinaire. Et seront toutes demandes libellées par les Aduocats & Procureurs, & non par les Sergens.

VIII.

Les Sergens audienciers seront tenus chacun iour d'audience se trouuer au siege demie heure auparauant, & y assister tant & si longuement qu'elle durera: & ne souffriront entrer dedans le parquet autres que les Aduocats & Procureurs, leurs clercs, & les parties desquelles la cause sera appellée, tant qu'elle se plaidera seulement.

IX.

L'appel des causes se fera par le Greffier selon le tour du roolle, & comme elles auront esté presentées au registre, sans qu'elles puissent estre anticipées, sinon pour bonne cause, & par nostre ordonnance expresse, ou de nostre Lieutenant en nostre absence. Et à l'appel seront tenus les Aduocats & Procureurs se presenter pour s'acquitter du deuoir de leurs charges, & plaider verbalement sans dicter leurs plaidoyers: sauf eux ouïs les bailler par escrit, si besoin est, pour le iugement de reglement de la cause: autrement sera donné defaut ou congé au peril des Aduocats & Procureurs qui en seront chargez, dont sera fait iugement à l'encontre d'eux, ouïs sur les causes de leur absence au siege prochain ensuiuant.

X

Le Greffier ou son Commis signeront les inionctions, esquelles seront dattez & cottez au vray les appointemens, suiuant lesquels lesdites iniontions se feront, & ne les deliureront qu'aux parties, ou à leurs Procureurs qui auront produit au Greffe. Et par la signature de l'injonction, demeurera le Greffier chargé de la production de la partie, à laquelle il l'aura deliurée.

XI.

Les demãdes libellées par les exploicts d'adjournement ne seront inserées és actes, si bon ne semble aux parties. Et ne pourra le Greffier retenir pardeuers soy les demandes qui luy seront baillées à cette fin, mais les rendra au Procureur qui les luy aura baillées, incontinent apres qu'elles auront esté registrées.

XII

Le Greffier sera tenu enregistrer toutes audiences accordées, & inserer és executoires de despens les dattes des iugemens, par lesquels ils auront esté adjugez.

XIII.

Tous actes seront deliurez par le Greffier, escrits suiuant l'Ordonnance en papier, & par extraict, s'il en est requis, fors pour le regard des sentences interlocutoires & diffinitiues des procez iugez, par dictum portant commission, & pareillement les commissions, qui seront par luy deliurées en parchemin.

XIIII.

Le Greffier sera payé pour le relief, commissions & certificats selon la taxe ancienne & accoustumée. Sçauoir est pour le relief commun trois sols tournois, compris le seel: pour celuy minuté en appellations verbales, cinq sols: pour le certificat, douze deniers tournois: & pour commission ordinaire, dix-huict deniers tournois.

XV.

Et pourra prendre pour la deliurance qu'il fera aux Aduocats ou Procureurs, des sacs & productions des parties, soit pour contredire, fournir de griefs, consulter, ou pour dresser declaration de despens, deux sols six deniers tournois, & non plus.

XVI.

Es causes sommaires, comme d'injures verbales, & autres legeres, pourront les sacs & pieces estre rendus par le Greffier, aux Procureurs des parties, à l'instant de la prononciation du iugement, encores qu'il fust donné par forme de dictum, fors les pieces secretes, si aucunes y a.

XVII.

Le Greffier ne receura aucune presentation en qualité

de Seigneur ou Dame d'vn lieu, ou de Procureures de seigneurie, sans exprimer ledit nom & surnom desdits Seigneur, Dame, ou Procureurs: fors seulement pour le regard des Procureurs d'office de ce Comté, ou des Colleges Ecclessiastiques, & autres communautez: à peine d'amende arbitraire, & de tous despens, dommages & interests des parties.

XVIII.

Ne sera cy-apres adjugé aucune prouision sur rapports de Medecins, Chirurgiens, & Barbiers, s'ils ne les ont auparauant affermés en Iustice.

Publié en iugement, l'Assise dudit Bailliage tenant, selon qu'il est contenu au registre de l'audience du dixiesme iour du mois de Decembre, l'an mil cinq cens quatre-vingt quatre.

MEMOIRE* PAR LEQVEL IL EST PROVVÉ QVE LE ROY HENRY IIII. PEVT ESTRE CANONIQUEMENT & legitimement absous d'heresie par les Euesques de son Royaume,

PAR M. PIERRE PITHOV, sieur de Sauoye, Aduocat en Parlement.

** Ce memoire a esté imprimé sur vne copie baillee par M. du Puy, qui l'auoit escrite de sa main, & cité en marge plusieurs lieux seruans de preuues & de tesmoignages aux choses alleguées dans le texte.*

LE Roy ayant enfin pris resolution de faire profession de la Religion receuë en son Royaume, peut estre absous, reconcilié & receu en l'Eglise Catholique par les Euesques d'iceluy, qui sont les ordinaires, nonobstant la Bulle du mois de Septemb. 1586.

Car sans toucher aux nullitez d'icelle, qui ont esté & se peuuent encores assez remarquer par la seule lecture, ny employer les anciens priuileges des Rois de France: il est certain & notoire à tous, que ladite Bulle d'excommunication n'a esté receuë, ny deuëment publiée en ce Royaume, où toutes telles Bulles executorialles venans de la Cour de Rome n'ont effect, sinon apres qu'elles ont esté veuës, pour sçauoir si en icelles y a aucune chose portant prejudice, en quelque maniere que ce soit, aux droicts & libertez de l'Eglise Gallicane & authorité du Roy. Et de ce y a des Arrests, [1] & mesme des Ordonnances, & entre autres vne expresse du Roy Louis XI. enregistrée en la Cour de Parlement l'an 1463. [2] qui n'est point vn droict nouueau & exorbitant: mais qui a esté pratiqué & suiuy par les autres Princes, & mesme par l'Empereur Charles V. en vn Edict faict fait à Bruxelles en l'an 1530. & vn autre fait à Madrid en l'an 1543. [3] conformes aux placquarts de ses predecesseurs, comme de l'Archiduc Philippes, vassal du Roy de France, dés l'an 1497. par lesquels il estoit expressemēt defendu de mettre à execution ny auoir esgard à aucunes lettres, procez, sentences ny autres Bulles ou prouisions Apostoliques, sans placet & lettres d'attache en forme deuë. [4] Ce qui se pratique encore en Espagne, au Comté de Bourgongne, és Pays-Bas, & autres pays de mesme obeïssance.

[1] *Arrest du 4. Iuillet du Parlement, commencé en 1498.*
[2] *Fol. 36. de son registre, & au registre du Conseil, de Iuillet 1463.*
[3] *En Quaderno de las leyes. impr. en Salam. 1556. & és Ordonnances du Comté de Bourgongne.*
[4] P. Belluga Hisp. in spec. Princ. rubr. 13. in v. restat.

Mais quand bien lesdites Bulles seroient valables, & auroient esté deuëment publiées, (ce que non;) si est-ce que l'excommunication n'estant que pour heresie, qui est vn cas de la iurisdiction ordinaire des Euesques, la reseruation, bien qu'expresse, portée par la Bulle, n'empesche pas qu'ils n'en peussent absoudre, [5] par la decision mesme du Concile de Trente, sess. XXIV. ch. 6. qui est generale pour les Euesques, exceptant leurs Vicaires; *De iure diuino omnis sacerdos potest omnia quæ pertinent ad forum pœnitentiale*, comme disent les Canonistes, *in Can. placuit. caus. 9. quæst. 2. in cap. 3. de pœnitentiâ, dist. 6. & in Clementin. 1. de priuileg. Anton. Florent. in Summâ. part. 3. tit. 17. c. 11.*

[5] *Et de Droict Canon*, absolutio à censurâ in publico non denunciatâ, non impedit valorē actûs, qui ratione publici officij exercetur, per ea quæ notantur in cap. Ad probandū 24. extr. de sententiâ & re iudic.

Tout cela encores cessant, il est certain de droict cōmun, *Excommunicatum ob quamcumque causā, etiam cuius absolutio est reseruata Sedi Apostolicæ, posse absolui ab Episcopo, si ob iustum impedimentum, vel iustas excusationes nequeat Sedem Apostolicam adire, saltem si promittat se, cessante impedimento, satisfacturum, prout iustitia suadebit*, comme parle le chap.

Eos 22. de sent. excommunication. in 6. Et inter excusationes legitimas censentur periculum itineris, vel inimicitiæ capitales, etiamsi suâ culpâ in eas excommunicatus inciderit.* Aussi sont exceptez & excusez les grands Princes & Seigneurs par le chap. *Mulieres de sentent. excomm.* où encores qu'en quelques nouuelles editions on ait adiousté vne negatiue, & que la plus part des Docteurs l'interpretent selon cette lecture, des impuissans; toutesfois la verité est, que tous les anciens originaux ont l'affirmatiue, conceuë en ces termes, *De his verò qui magnæ sunt potentiæ*, comme tesmoigne Ant. Augustinus Archeuesque de Tarragone en ses annotations sur les anciennes collections des Decretales imprimées à Lerida en Espagne, l'an 1576. & ainsi se lit ce mesme Canon és volumes des Conciles de l'edition de Cologne, reueuë par le chartreux Surius, tom. 3. p. 667. Et les raisons pour le regard du sujet qui s'offre, sont si euidentes, qu'il n'est besoin de les representer en ce memoire; Seulement il suffira d'adjouster ce que mesme le Pape Honoré III. escrit à vn sien Legat au chap. *Super eo 51. de sent. excom.* (*in huiusmodi absolutionibus*) *consideratis locorum temporum, atque etiam personarum qualitatibus seueritati esse aliquid detrahendum.* Et à la verité en telles affaires qui sont de droict positif, la rigueur qui prouient de trop grande animosité, pourroit souuent causer de pires effects, que la douceur & equanimité, voire que la dispense & dissimulation, comme remonstrent tres-bien en cas semblables Yues Euesque de Chartres, * & S. Bernard epist. 222. Et vient bien à considerer & repeter en cet endroit, ce que S. Augustin escrit en l'epist. 50. *ad Bonifacium*, rapportée au Can. *Vt constitueretur.* 25. dist. 50. & au liu. 3. contre Parmenian chap. 2. rapporté au Can. *Non potest.* 32. caus. 23. quest 4. joint ce que S. Gregoire rescrit *ad Bonifacium legatum*, sur pareilles questions.

* Cap. De cetero 11. extrà, de sententiâ excom. Fel. & alij in c. Cũ oporteat 19. de accusat. Bart. in l. 1. D. de his quib. vt indig.

* Ivo ep. 166. 169. 196. 206. 216. 238. 240.

Quant aux exemples, il s'en peut prendre vn tres-notable de Ricaredus Roy d'Espagne, duquel Ioannes Abbas * escrit ainsi, *Ricaredus primo regni sui anno, mense decimo, Deo adiuuante Catholicus efficitur, & Sacerdotes sectæ Arianæ sapienti colloquio aggressus, ratione potiùs quàm imperio ad*

* Io. apud Vasæum in Chron. Hisp. ad an. 586. Hispaniæ illustr. t. 1. p. 679.

fidem Catholicam facit conuerti, gentemque omnem Gothorum & Sueuorum ad vnitatem & pacem reuocat Ecclesiæ Christianæ. Et pour monstrer que cela ne se fit pas si soudain, est à remarquer que le III. Concile tenu à Tolede,* où se fit ladite reunion & profession commune de foy, ne fut assemblé que trois ou quatre ans apres l'an 589. il est vray qu'en cette histoire Lucas de Tuy s'est aduancé de dire, que Leander lors Euesque de Seuille, eut pouuoir du Pape, comme Legat à cet effet. Mais les actes du Concile escrits assez au long & imprimez monstrent le contraire, & que le tout se fist sans y employer le Pape de Rome: & ainsi le recognoist ingenuëment Ambrosio Morales Chroniqueur du Roy d'Espagne à present regnant, au XII. liu. de son Histoire ch. 3.

* Tom. 2. Concil. part. 2. fol. 171.

Toutesfois le Roy ne doit laisser d'enuoyer au plustost vers le Pape pour le reconnoistre en pareille authorité, & és mesmes termes que ses predecesseurs Rois de France ont fait iusqu'à present, entretenant par tous bons moyens qu'il luy sera possible, cette bonne & sincere intelligence qui a esté de long temps entre le S. Siege & ce Royaume, *cuius exaltationem Innocent. III. Papa prudentissimus, sublimationem Apostolicæ Sedis esse iudicauit. cap. Nouit. de iudiciis.*

En tant que touche la difficulté qu'aucuns ont voulu mettre en auant contre les personnes de tous Messieurs les Archeuesques & Euesques, ayans suiuy le party du Roy, sous ombre de la Bulle du mois de Mars 1591. elle cesse par la resolution & declaration de l'assemblée solemnelle faite à Chartres au mois de Septembre suiuant. Et n'a t'on fait depuis de la part du Pape declaration contraire, qui puisse ou doiue empescher lesdits sieurs Euesques d'embrasser ce seul & beau moyen de conseruer l'estat de ce Royaume, & de la Religion Catholique en iceluy, auec la iuste & legitime authorité, & les libertez de l'Eglise Gallicane.

EXTRAICT* D'VN PLAIDOYE' FAIT PAR M. FRANÇOIS PITHOV, SIEVR DE BIERNE, Aduocat en Parlement.

TOVCHANT LES ANCIENS murs de Paris, & qu'ils sont du Domaine du Roy.

D V temps des Empereurs Romains, & auparauant que la ville de Paris fust du Royaume de France, toute l'estenduë d'icelle n'estoit qu'entre les deux bras de la riuiere de Seine, & ne contenoit que la Cité, ainsi que nous appellons à present, estant appellée par Iulian l'Empereur [1] πολίχνη, en ces mots, χειμάζων [2] περὶ τὴν τῶν Παρισίων πολίχνην, adjoustant, ἔστι δ' οὐ μεγάλη νῆσος, ἐγκειμένη τῷ ποταμῷ, ὃς αὐτὴν κύκλῳ πᾶσαν καταλαμβάνει. ξύλιναι δ' ἐπ' αὐτὸν ἀμφοτέρωθεν εἰσάγουσι γέφυραι, &c. Ce qu'Ammian Marcellin, qui a vescu quelque temps apres, nous tesmoigne, quand il parle de la riuiere de Seine sur la fin du XV. liu. de son Histoire, disant, *circumclausum ambitu insulari Parisiorum castellum, Lutetiam nomine:* ensemble Sozime liu. III. de son Histoire, & Michaël Syngelus en la loüange de S. Denys; sans qu'on puisse remarquer par tous les historiens que nous auons iusqu'à present, que cette ville, depuis le Roy Meroüée, qui s'en rendit premier seigneur & maistre du temps de l'Empereur Valentinian, ait esté aggrandie & augmentée par aucuns de la premiere & seconde race de nos Rois. Au contraire nous apprenons par l'histoire de la vie d Alfredus Roy d'Angleterre, escrite par vn nommé *Ioannes Asser Episcopus Stryreburnensis,* qu'en l'année 886. sur le declin de la seconde race de nos Rois, lors que les Normans l'assiegerent, la continence de cette ville n'estoit qu'entre les deux bras

* *Cet extraict de plaidoyé de M. Fr. Pithou a esté imprimé sur vne copie tirée des liasses de Messieurs Marescot Maistres des Requestes, Pere & Fils, lequel on a trouué à propos de mettre icy par occasion des Opuscules precedens de M. P. Pithou son frere, pour le conseruer.*

1 initio ferè libri qui dicitur Misopogon.

2 id. Ego eram in Hybernis apud Lutetiam Parisiorum. Est autē insula non magna, in fluuio sita, qui eā omni ex parte cingit. Pontes sublicij vtrimq; ad eā ferunt, &c.

de la riuiere de Seine, qui est depuis le Cloistre & l'Eglise nostre Dame, iusqu'au Palais; les paroles duquel ie rapporteray suiuant qu'elles sont imprimées. *Anno Dominicæ Incarnationis* 886. dit-il, *natiuitatis autem Aelfredi* 35. *sæpè memoratus exercitus* (parlant des Normans) *in Occidentalium Francorum regionem venit, naues suas dirigens in flumen quod Sygne dicitur. Rursùm contra longè nauigans, Parisiam ciuitatem adijt, & ibi hyemauit & castrametatus est iuxtà partem fluminis propè ad pontem, vt transitum pontis ciuibus prohiberet, quia illa ciuitas in medio fluminis sita est in insulâ paruâ.* Ce qui est confirmé par vn Historien François nommé Abbo, qui viuoit enuiron ce mesme temps au commencement du 1. liure qu'il a fait *de Obsidione Lutetiæ à Normannis*, disant,

Nomine Parisiusque nouo taxaris ab orbe,
Isiæ quasi par merito pollet tibi consors.
Nam medio Sequanæ recubans, culti quoque regni
Francigenum, temet statuis per celsa, canendo.
Sum polis, vt regina micans omnes super vrbes,
Quæ statione nites cunctis venerabiliori.

Tellement que la grandeur, magnificence & accroissement de la ville de Paris, doit estre du tout attribuée à nos Rois de la troisiesme race, singulierement à Philippes Auguste, lequel ne se seroit contenté de la faire pauer, mais aussi ayant acheté vne grande place nõmée Champeaux, y auroit fait edifier plusieurs maisons, ouuroirs, boutiques, bastimens, & places publiques, pour y vendre toutes sortes de marchandises, & les tenir en seureté & en lieu sec, qui s'appelle encore auiourd'huy *Halles*, du mot ancien qui se trouue és loix Saliques de pareille signification. Et encores auroit fait clorre & enuironner de bonnes murailles, vne partie dudit lieu de Champeaux pour la sepulture des corps trespassez, qui est le cimetiere de Sainct Innocent, ainsi qu'il est rapporté par plusieurs histoires du temps, mesme par Guillaume le Breton au 1. liure de sa Philippide ou vie du Roy Philippe Auguste, escrite en vers, & dediée au mesme Roy. Et principalement (pour venir au faict dont est question) *Rex magnanimus Parisius totum in circuitu circumsepsit à parte*

Australi

Auſtrali vſque ad Sequanam fluuium, ex vtrâque parte maximam terræ amplitudinem infrà murorum ambitum concludens, & poſſeſſiones agrorum & vinearum, ainſi que teſmoigne Rigordus Hiſtoriographe dudit Philippe Auguſte* qui adjouſte (ce qu'il plaira à la Cour remarquer). *Mira & laudanda iuſtitia Principis, licet de iure ſcripto poſſet propter publicum regni commodum, in alieno fundo muros erigere & foſſata; ipſe tamen iuri præferens æquitatem, damna ſua, quæ per hoc homines incurrebant, de fiſco proprio compenſabat.* Lequel teſmoignage eſt ſuffiſant pour faire iuger au profit du Roy la cauſe ſur le champ: attendu meſme qu'il eſt confirmé par vn autre Chroniqueur du meſme temps rapporté par Nicolas Gilles, quand il dit, que le Roy Philippes Auguſte n'appliqua pas les threſors qu'il auoit, à ſon profit particulier, mais bien au faict de la choſe publique de ſon Royaume, *quod in munitionibus ciuitatum, & murorum reparationibus, & caſtrorum munitionibus imminere,* manifeſtè declaratur.* Car il n'eſt queſtion au preſent procez que des anciens murs & tours faiſans jadis la cloſture & fermeture de cette ville, par le bien faict dudit Philippes Auguſte; depuis le temps duquel cette ville a eſté aggrandie ou fermée en la forme qu'elle eſt pour la plus part, enuiron l'an mil trois cens cinquante huict, pendant la rebellion des Pariſiens & detention du Roy Iean en Angleterre, s'eſtans leſdits Pariſiens emparez du Domaine à cet effect, & chaſſé de leur ville le Dauphin, ainſi que nous r'apporte Froiſſard chap. 183. du 1. volume de ſon Hiſtoire. Tellement que les Preuoſt des Marchands & Eſcheuins de cette ville ne faiſans apparoir par titres exprés que les anciens murs & tours leur ayent eſté donnés par nos Rois, *fruſtrà* ils pretendent ſe preualoir des titres qu'ils ont communiquez, ne faiſans aucune mention deſdits anciens murs & tours, que nous entendons verifier eſtre du Domaine du Roy, par pluſieurs Arreſts & titres extraicts, tant de la Chambre des Comptes, que du Threſor & autres lieux: & meſme par diuers baux à cens ou rentes faits à diuerſes perſonnes par nos Rois ou leurs Officiers iuſqu'à preſent, enſemble par les payemens deſdits cens & rentes receus par

* *Sous l'an M. CC. XI.*

les Receueurs du Domaine du Roy des detenteurs desdits anciens murs, & particulierement par grand nombre de titres de diuers Hospitaux, Priorez & autres lieux Saincts, fondez en cette ville de Paris par nos Rois és lieux où estoient lesdits anciens murs, tours & remparts. Et neantmoins quand tous ces titres nous defaudroient, il est certain en termes de droict, que les murs, tours, remparts & portes de toutes les villes de ce Royaume sont du Domaine du Roy. Aussi par la declaration du Pape Pascal rapportée par l'Abbé Dodechin en la continuation de Marianus Scotus, sur l'an 1110. il reconnoist, *ciuitates, telonia, mercatum, omnia iura centurionum, id est, villicorum turres & villas, esse regalia.* Comme aussi l'Empereur Frideric I. ayant fait assembler quatre des plus grands Iurisconsultes de son temps, qui estoient Bulgarus, Martinus, Iacobus & Hugo, iceux Iurisconsultes, apres meure deliberation, *requisiti de iure regaliorum, adiudicauerunt ducatus, marchias, comitatus, telonia, fodrum, vectigalia, portas, pedatica, portus,* & plusieurs autres droicts r'apportez par Radeuicus au liu. 2. *de gestis Friderici*, ch. 5. sans qu'aucun puisse de son authorité priuée faire sa demeurance, ou bastir sur les murs & tours d'vne ville, sans le congé de son Prince. *l. Neque muri. 3. D. ne quid in loco sacro fiat. l. De operibus. 6. D. de operib. public. l. Quicumque C. de fundis limitrophis: & ibi Doctores*: pouuant mesme le Prince contraindre les habitans de refaire les murailles de leur ville, sans pour cela leur accorder la proprieté, comme dit Bartole *in rubricâ. C. de metatis & epidemeticis.* Et ne peuuent les Maires & Escheuins des villes, ou autres particuliers *muros ciuitatis nouos facere, vel veteres renouare*, non pas mesme *sumptibus suis*, sinon par permission du Prince; demeurans neantmoins lesdits murs de son Domaine. *l. Intra vrbẽ 5. C. de operib. public.* Et est ordinaire & se pratique ainsi par la France, que le Roy a accoustumé d'octroyer aux villes, de leuer quelques aides sur ses subjets pour la reparation des murs des villes, suiuant ce qui s'obseruoit anciennement. *l. Ne splendidissimæ vrbes 11. C. eod.* Ie me remets du reste au jugement & doctrine de M. l'Aduocat general, attẽdu les pieces iustificatiues du bõ droict du Roy, qui sont entre ses mains : estant tout notoire que le Domaine du Roy ne se peut prescrire, suiuant ce qui est plus amplement traitté par Choppin, liu. 3. tit. 9. *de Domanio*.

QVATRE PETITES OBSERVATIONS SVR LA VILLE DE PARIS, *

** Ces petites remarques reuenans assez bien à l'extraict precedent, ont esté reseruées pour mettre icy en suite d'iceluy, encores qu'elles ne soient pas de Messieurs Pithou, mais du principal Autheur de nostre liure.*

PAR M. ANT. LOISEL ADVOCAT en Parlement.

I.

ES accords des Rois de la premiere race, qui sont en Gregoire de Tours, il y a souuent qu'ils n'entroient point à Paris, l'vn sans congé de l'autre.

II. Pendant la diuision sur la fin de la lignée de Charle-magne, & au commencement de Hugues Capet, Paris se soustenoit quasi de soy-mesme, reconnoissant plus les heritiers du Royaume, que Hugues, & neantmoins n'obeïssant pas beaucoup à ceux qui s'estoient retirez en Allemagne, ny mesme à Charles le Gros: ce qui fut cause qu'il les abandõna aux Normans, auec tout ce qui estoit entre la Seine & la Loire; dont toutesfois ils sceurent bien se defendre.

III. Il semble qu'anciennement il n'y auoit à Paris, qu'vn Pont, qui estoit du costé de l'Vniuersité, & estoit de bois. Il en est fait mention en Gregoire de Tours, liu. VI. ch. 32. Depuis Charles le Chauue fit faire le grand Pont, qu'il donna à nostre Dame, dont il prit le nom : & à la difference d'iceluy, fut l'autre appellé le petit Pont. La Charte faisant mention & du bastiment & du don du grand Pont est en l'Eglise de Paris, *d. prid. Id. Iul. Ind. III. anno 22. Domini Caroli glorios. Regis. Actum in Palatio, Compend. in Dei amore fœliciter* : & porte qu'il fut principalemẽt basty pour resister aux Normãs

IIII. Iean Galli en ses Quest. & Arrests p. 140. dit que le petit Pont fut basty aux despens des Iuifs.

ANT. OISELVS P. PITHOEO IC.

S. D.

Cette petite Epitre a desia esté imprimée à la fin des deux liures de M. P. Pithou, Aduersariorũ subcesiuorum, dont il a esté fait cy-deuant mention dans sa vie, p. 257. mais elle ne se trouue que dans ceux de l'edition de Basle de l'année 1574. & non dans les autres, ny mesme dans l'edition des Oeuures de M. Pithou faite par M. Labbé. C'est pourquoy l'on a trouué à propos de la rimprimer en cet endroit, veu principalement qu'il y est fait mention de ses Ouurages de droict, dont partie est imprimée en ce Recueil.

ERVNT profectò sempiternum amicitiæ studiorumque nostrorum monimentum lucubrationes istæ Tricassinæ, Petre frater; quarum nec me nec quemquam alium auctorem laudari à te necesse erat, cùm euictionis periculum in his interpretationibus & emendationibus Auctorum iuris & humanitatis, quæ propriæ artes tuæ sunt, vereri non debeas, aut de ijs fideiussorem dare, quæ ipsa sibi ἐνέχυρα sunt idoneiora, quàm vt intercessione nostrâ ipsis quidquam possit accedere. Accipio verò mihi quidquid est libelli, atque huius muneris quod summum duco, vt summas ago tibi gratias, ità & meo & publico nomine rogo, ne diutiùs ea premas, quæ de Iure nostro præclarè annotata habere te ἐξ ὀνύχων agnosci potest. Vale. Lutetiæ Parisior. Kal. Nouemb. An. CIↃ. IↃ. LXIIII.*

*Il y a dans le liure imprimé LXII. mais il faut LXIIII.

PREFACE OV ARGVMENT
DV DIALOGVE SVIVANT.

IE ne doute point que le Dialogue qui suit des Aduocats du Parlement de Paris, n'ait plus de Lecteurs qu'aucune piece qui soit dans ce Recueil, non seulement à cause de sa facilité qui le peust rendre intelligible à toutes sortes de personnes, iusques aux femmes, (au lieu que les autres Traittez ne sont pour la plus part propres qu'à ceux qui ont quelque connoissance des lettres;) mais aussi à cause du fruict qu'il peut produire, & mesme du diuertissement qu'il peut donner. Car, pour dire le vray, la varieté des actions & mœurs des personnes, dont il est fait mention dans ce discours, & la maniere auec laquelle M. Antoine Loisel son Autheur l'a conduit, sont si fort agreables, que ie n'estime pas, qu'en nostre langue il se trouue vn Dialogue, où il y ait plus d'artifice & de iugement, ny plus de curiositez soigneusement, quoy qu'en peu de temps, recherchées. En effect, i'ay de la peine à comprendre où nostre Autheur a trouué tant de particularitez; & i'admire la diligence & le soin qu'il a pris pour les remarquer & mettre à part. C'est pourquoy, si sa suffisance n'estoit connuë à tous les gens de lettres, aucuns pourroient s'imaginer, qu'encores qu'il ait escrit cette petite Histoire du Palais sur ce qui arriua aux Aduocats en l'annee 1602. toutesfois il auroit pris dessein d'y trauail-

ler long-temps auparauant, & qu'il auroit preparé de longue main tous les materiaux necessaires p..r la confection d'vn ouurage si accomply. Car encores qu'il semble que cecy ne soit qu'vn abregé des principalles actions des Aduocats celebres du Parlement, depuis son establissement à Paris iusqu'en l'année 1602. si est-ce que, le corps des Aduocats ayant tousiours esté (auparauant que les Offices fussent venaux, & que les financiers & partisans y pûssent entrer pour leur argent, ou plustost celuy du peuple) la pepiniere des dignitez, qui a fourny grand nombre d'excellens Magistrats; & encores auiourd'huy plusieurs personnes de condition, & qui sont dans la robbe, ayans tiré d'eux leur origine, ie ne fais point de difficulté, que cet abregé, tel qu'il est, ne soit receu pour vne Histoire generalle, non seulement du Palais, mais aussi des meilleures familles de Paris, où plusieurs trouueront peut-estre de leurs Ancestres des choses qu'ils ignoreient & qu'ils seront bien aises de sçauoir.

A la verité, l'on pourroit dire que la forme de ce Dialogue n'a pas esté trouuée par son Autheur, & que comme la matiere qui le compose, approche fort de celle du Dialogue de Ciceron, de claris Oratoribus, *aussi s'est il formé sur celuy-là, ayant intitulé celuy-cy du nom* DE PASQVIER, *comme a fait Ciceron le sien du nom de* BRVTVS. *Mais il est pourtant vray, qu'il y a beaucoup de son inuention, ne s'estant pas assujetty si fort au patron qu'il auoit entrepris d'imiter, qu'il n'y ait apporté auec beaucoup de iugement vne difference notable, en ce qu'ayant nommé & mis* PASQVIER *au frontispice de son Ouurage, il le rend par tout maistre & dispensateur du discours, ensei-*

gnant & conduisant les autres comme ses auditeurs, & en quelque façon ses disciples, au lieu que Ciceron apres auoir mis le nom de BRVTVS *en teste de son liure, comme s'il eust voulu le rendre maistre de l'entretien & de la conference, le priue incontinent, pour des raisons particulieres, de cette qualité, & se l'attribuë à luy-mesme, remettant* BRVTVS *au rang d'vn auditeur auec Pomponius Atticus.*

Au surplus, l'occasion qui a donné lieu à ce Dialogue, fut la diuision qui arriua dans le Palais au mois de May de l'année 1602. auquel temps la Cour ayant resolu en vne Mercuriale de faire garder aux Aduocats l'Art. CLXI. de l'Ordonnance de Blois, qui n'auoit iamais esté obserué, par lequel il est dit en ces termes, que les Aduocats & Procureurs seront tenus signer les deliberations, inuentaires, & autres escritures qu'ils feront pour les parties, & au dessous de leur seing escrire & parapher de leur main ce qu'ils auront receu pour leur salaire, & ce sur peine de concussion; *les Aduocats s'offencerent si fort de l'Arrest qui fut alors rendu en consequence de cet Article de l'Ordonnance, par lequel il fut enjoint à ceux qui n'y voudroient pas obeyr, de le declarer, pour estre rayez de la matricule, & fait defenses de plus exercer les functions d'Aduocat; que s'estans assemblez iusqu'au nombre de CCCVII. en la Chambre des Consultations, ils resolurent tous d'vne voix de renoncer publiquemẽt à leurs charges. Et pour cet effect s'en allerent à l'instant deux à deux au Greffe de la Cour faire leur declaratiõ, qu'ils quittoient volontiers la fonction d'Aduocat, plustost que de souffrir vn reglement qu'ils estimoient si prejudi-*

ciable à leur honneur. Car ils disoient hautement qu'il estoit tout à fait indigne de leur profession, de sousmettre à vn gain limité & mercenaire, l'honoraire qu'on leur offroit volontairement en recognoissance de tant de vertus & d'eminentes qualitez, necessaires à vn bon Aduocat, & principalement de l'eloquence. Comme à la verité Ciceron, parlant de celle de Cesar sur la fin du mesme liure de Brutus, en fait tant d'estime, qu'il ne fait point de difficulté de dire, qu'elle auoit acquis plus de gloire au peuple Romain que leurs prises de villes & leurs triomphes. Les mots en sont si beaux & si aduantageux aux Aduocats ou Orateurs, qu'vne partie merite bien d'estre icy inserée. Plus certè attulit, *dit-il*, huic populo dignitatis, quisquis est ille, si modò est aliquis, qui non illustrauit modò, sed etiam genuit in hâc vrbe dicendi copiam, quàm illi, qui Ligurum castella expugnauerunt; ex quibus multi sunt, vt scitis, triumphi. Verum quidem si audire volumus, omissis illis diuinis consiliis, quibus sæpè constituta est Imperatorum sapientia, salus ciuitatis, aut belli, aut domi: multò magis Orator præstat minutis Imperatoribus, &c. *Aussi fut-il alors publié vn discours en l'honneur des Aduocats contre ce reglement, qui fut si bien receu de tout le monde, que M. Laurens Bouchel Aduocat en la Cour l'a fait depuis r'imprimer dans sa Bibliotheque du droict François sous ce mot* ADVOCAT, *& que Matthieu en a biẽ voulu faire vñ extraict, qu'il a inseré en l'honneur des Aduocats, au 5. liu. de son Histoire des sept années de paix sous Henry IV. en la 11. Narration. Il me suffira d'en mettre icy le titre selon la premiere edition qui en fut*

faite

faite alors. TRES HVMBLES REMONSTRANCES,

POVR *faire cognoistre qu'on doit laisser comme de coustume l'honoraire des Aduocats à la discretion de leurs parties, sans desirer qu'ils le taxent & qu'ils baillent des quittances.*

Dressées par vn jeune Aduocat qui a recueilly les raisons des Anciens. 1602.

Or cette emotion des Aduocats ne fut pas de si petite consequence, qu'elle n'apportast beaucoup de confusion, non seulement dans le Palais, mais aussi dans Paris. Car les Aduocats s'estans retirez du Barreau, les Audiences cesserent tout d'vn coup, & en suitte quasi tout l'exercice de la Iustice, où tant de monde se trouua interessé, qu'il s'en fallut peu que ce trouble ne causast vne sedition dans la ville; de sorte qu'il fallut que le Roy y interposast son authorité, enuoyant de Poictiers, où il estoit alors, vne Declaration tres-prudente & iudicieuse du 25. May 1602. & qui fut verifiée le 3. Iuin ensuiuant, par laquelle, pour mettre d'vn costé à couuert l'honneur de ses Officiers Souuerains, il confirma l'Arrest qui auoit esté rendu par la Cour, enjoignant aux Aduocats d'y obeyr; & d'vn autre, il restablit en mesme temps les Aduocats qui auoient esté interdits de leurs charges, leur donnant le pouuoir de les exercer, comme ils faisoient auparauant. Et ainsi peu à peu chacun retourna au Palais, sans qu'il fust plus parlé de reglement, ny de cet article de l'Ordonnance de Blois.

Mathieu nous raconte amplement cette emotion du Palais au lieu cy-deuant allegué. Et M. le President de Thou en fait aussi le recit au liu. CXXVIII. de son Histoire, lequel estant plus court que celuy de Mathieu, i'auois eu volonté de le traduire en François, pour l'inserer en cet en-

droit. Mais ayant trouué l'occasion de voir sur ce subjet les Registres du Parlement, i'ay crû qu'il valoit mieux en mettre icy l'extraict, comme vn Original qui representera auec plus de naifuëté ce qui se passa lors, & qui par ce moyen sera conserué à la posterité, que de repeter vne Histoire qui est desia publique, & qui ne contient pas toutes les particularitez remarquées dans le Registre de la Cour; lesquelles ne seront pas peut-estre desagreables aux plus curieux.

EXTRAICT DES REGISTRES de Parlement.

Conseil secret du X. May 1602.

Les Chambres estans assemblées, entrerent les Gens du Roy, ausquels ayans demandé delay, fut enjoint de dire presentement ce que bon leur sembleroit sur les articles concernans les Aduocats & Procureurs, pour estre sur iceux deliberé. M. Loüis Seruin dit alors, que ce qu'ils auoient demandé delay, estoit pour la consequence, &c. Toutesfois puis que la Cour les auoit mandez pour en parler presentement, ils la supplioient leur faire cet honneur, puis qu'ils estoient Gens du Roy, de ne deliberer ny resoudre aucune chose pour le public, sans leur en communiquer, &c. La matiere mise en deliberation, l'heure a sonné, & la deliberation a esté continuée à demain.

Conseil secret du XI. May.

CE iour toutes les Chambres assemblées, continuant la deliberation commencée le iour d'hyer, sur les articles proposez en la Mercuriale concernant les salaires des Aduocats & Procureurs, a esté arresté que lesdits articles seront gardez & obseruez, & l'Arrest leu & publié à l'audiance. Signé, M. FLEVRY.

Conseil secret du XIV. May.

CE iour les Gens du Roy estans venus à la Cour, M. Loüis Seruin dit, que grand nombre des plus anciens Aduocats estoient venus au Parquet leur faire entendre, qu'ils auoient vne tres-humble supplication & deprecation à faire à la Cour, les priant demãder audiance pour eux. Ce faict, fut deliberé que les grand'Chambre, Tournelle, & de l'Edict seroient assemblées. Ce faict à l'instant, fut arresté d'oüir la remonstrance, supplication & deprecation desdits Aduocats, presens les Gens du Roy qui dirent, qu'ils auoient reconneu que ladite remonstrance des Aduocats sur le reglemẽt qui fut hyer publié, estoit pour estre conseruez en l'exercice de leurs charges sous le seruice qu'ils y auoient fait, aymant-mieux s'en desister que de porter vne nouuelle charge; vouloient supplier la Cour trouuer bon de luy en demander permission. Et lesdits

Gens du Roy retirez, fut arresté que lesdits Aduocats ne seroient point oüis à faire declaration de se desister de leurs charges, mais leur seroit fait entendre par lesdits Gens du Roy, que la Cour leur feroit cette grace de les oüir en leur tres-humble supplication & deprecation seulement, auec l'honneur & respect qu'ils doiuent. Lesdits Gens du Roy mandez, & l'ordonnance de la Cour à eux faite entendre, & l'heure sonnée, l'execution a esté remise au lendemain.

Conseil secret du Mercredy XV. May.

CE iour la Cour, les grand'Chambre, Tournelle & de l'Edict assemblées, pour sur la deliberation du iour d'hier oüir les Aduocats en leur supplication, &c. presens les Gens du Roy, entrerent deux Presidens & Conseillers des Chambres des Enquestes, lesquels, parlant Me Pierre Ruellé, President esdites Enquestes, dirent, qu'ils auoient esté deputez pour venir dire à la Compagnie, qu'on n'y pouuoit toucher sans les Enquestes: & sans attendre responce se retirerent. Oüy sur ce M. L. Seruin, fut arresté mander lesdits Deputez des Enquestes, leur faire entẽdre ce qui s'estoit passé, & l'intention de la Cour, qui estoit, si les Enquestes venoient, ne passer outre, & de faire retirer les Aduocats. Lesdits Deputez à l'instant mandez, leur fut fait entendre par M. le premier President, que Messieurs des Enquestes n'y auoient aucun interest, & ne se pouuoir opposer ; que la deliberation faite en cette Chambre, les trois Chambres estans assemblées, estoit legitime, luy appartenant à elle seule l'execution des Edicts & Reglemens; qu'elle procederoit presentement à ladite execution de son Arrest pour oüir les Aduocats ; que si quelque chose estoit proposée contraire au Reglement public, il y seroit fait droit toutes les Chambres assemblées; lesquelles tenoient deuoir assister à la remonstrance desdits Aduocats. Les Gens du Roy mandez, fust fait entrer les Aduocats iusqu'au nõbre de XXIV. des plus anciens, lesquels, parlant M. Nicolas du Hamel l'vn d'eux, apres auoir fait entendre leurs raisons sommairemẽt contenuës au Registre de la Cour, ont conclut & dit, qu'auec toutes les submissions d'honneur, de reuerence & d'obeyssance qu'il leur estoit possible rendre à la Cour, ils la supplioient que l'honneur qu'ils auoient leur demeurast entier; que sous l'authorité du Roy & de la Cour ils peussent continuer leurs charges auec l'honneste liberté auec laquelle eux & leurs predecesseurs auoient vescu; & ne fussent à auoir regle que celle qu'ils auoient gardée sous laquelle ils auoient presté & reïteré toutes les fois le serment; supplians la Cour trouuer bon, si elle ne les conseruoit en leur honneur pour exercer leurs charges ainsi que leurs predecesseurs, qu'ils luy declarassent n'y pouuoir plus viure. Et sur ce interrompus par M. le premier President, disant, que la Cour leur ayant fait cet honneur de les oüir, ils se deuoient disposer d'obeïr à l'Arrest d'icelle, par lequel son intention n'auoit pas esté de blasmer ny regler tout l'ordre , ny toucher particulierement à l'honneur de ceux qui estoient presens, mais retrancher le mal où il se trouueroit, duquel la plainte estoit trop grande pour ne point rechercher de remede à le faire cesser; à quoy les anciens estoient tenus contribuer , & y exciter les autres , estant reconnû qu'en leur assemblée il y en auoit tel qui faisoit deshonneur & prejudice à toute leur Compagnie: que la Cour donneroit son Arrest sur leur remonstrance. Les Gens du Roy ouïs sur l'incommodité publique procedant de la cessation de la Iustice,& lesdits Aduocats retirez,les Gens du Roy parlans par ledit Seruin Aduocat duditSeigneur ont dit,que quand il plairoit à la Cour deliberer sur ce qu'elle auoit oüy, ils luy representeroient ce qu'ils deuoient sur les inconueniens qu'ils auoient preueus , & qui leur auoient donné subjet de demander delay. Et sur la plainte qu'ils auoiẽt eu& auoient encores , ayans veu la resolution desdits Aduocats, nonobstant quelsques remonstrances que les Gens du Roy leurs eussent faites , ils leur auroient fait apprehender plus qu'ils ne pouuoient dire , s'il en falloit venir à l'extremité, ainsi qu'ils feroient entendre à la Cour. La Cour a ordonné lors qu'elle voudroit deliberer à l'Arrest, assembler toutes les Chambres au premier iour , pour lesdits Gens du Roy ouïs en deliberer.

Du Samedy XVIII. May.

CE iour la Cour, toutes les Chambres assemblées, continuant la deliberation sur la remonstrance des Aduocats, & conclusions du Procureur general du Roy, a arresté & ordonné que l'Arrest du XIII. de ce mois sera gardé & obserué, & a enjoint ausdits Aduocats d'y obeïr, & de venir au Palais faire leurs charges, desquelles si aucuns se veulent desister, seront tenus le declarer & signer au Greffe, & en ce cas les a priuez de l'exercice d'icelles, ordonne qu'ils seront rayez de la matricule, & a eux fait defenses de consulter, escrire, ny plaider cy-apres à peine de faux. M. IABIN.

Conseil secret du XXI. May.

CE iour les grand'Chambre, Tournelle & de l'Edict assemblées, les Gens du Roy mandez enquerir s'il y a des Aduocats pour plaider à l'Audiance ont dit, qu'ils ont pris garde en la salle du Palais, & n'ont veu aucuns Aduocats & peu de Procureurs : & encores depuis ce matin que le Procureur general a esté mandé, M. Loüis Seruin & luy ont enuoyé des Huissiers s'enquerir s'il y auoit des Aduocats ; ont r'apporté ne s'en trouuer aucuns. Au surplus a ledit Procureur general represente à la Cour, que Dimanche matin l'Arrest dōné les Chambres assemblees le iour precedent luy ayant esté apporté, il auoit mandé le Bastonnier des Aduocats, & fait aduertir du Hamel ancien Aduocat de venir vers luy auec cinq ou six autres Aduocats; ce qu'ils firent, lesquels il aduertit en la presence de quelque nombre d'Huissiers d'obeïr à l'Arrest, les admonestant de ne craindre ny faire doute aucun de la benignité de la Cour, & que plus ils apporteroient de difficulté, plus y auroit d'aigreur, auec vne comparaison de la biche, laquelle frappee d'vn dard s'enferre dauantage plus elle se remuë. Leur response fut, qu'ils estoient tres humbles & tres-affectionnez au seruice du Roy & de la Cour, & qu'ils se conformeroient à son intention. Et hier matin s'estans les Aduocats assemblez és Chambres des Consultations, le Bastonnier les vint trouuer sur les neuf heures, & leur dit qu'ils auoient resolu d'obeïr à l'Arrest; & que leur ayant dit cela en particulier au cabinet, ils leur firent repeter en public. Mais la Cour à peu entendre la resolution qu'ils ont prise de se desister de leurs charges: sur quoy n'ayans encores conferé au Parquet, le feroient presentement & representeroient à la Cour ce qu'ils pensent estre du deuoir de leurs charges. Et s'estans lesdits Aduocats & Procureur general du Roy retirez, & incontinent apres retournez, ont dit à la Cour par M. Loüis Seruin auoir esté aduertis que M. Simon Marion l'vn des Aduocats du Roy estoit indisposé, & ne pouuoit venir pour ce iour. Et dautant qu'ils estiment cette

cette affaire de grande consequence & fort diffi-cile, eussent bien desiré d'y aduiser tous ensemble. C'est pourquoy si la Cour trouue bon de leur don-ner delay iusqu'au lendemain, ils prendront leurs conclusions d'vn commun consentement. Sinon, & afin que la Cour n'estime pas qu'ils y apportent quelque longueur, sans attendre leur Collegue ils prendront conclusions en son absence. Cependant la Cour peut estre occupée aux Edicts presentez, mesmes à celuy des duels. La matiere mise en delibe-ration, ladite Cour a arresté de vacquer aux affaires du Roy & surseoir la plaidoirie pour ce iour. M. de FLEVRY.

Du Lundy III. Iuin.

CE iour la Cour toutes les Chambres assemblées, apres auoir deliberé sur les Lettres patentes du XXV. May dernier pour faire exercer aux Aduocats leurs charges suiuant icelles, conclusions du Pro-cureur general du Roy, a arresté que lesdites Lettres seront registrees, & suiuant icelles les Aduocats exerceront leurs charges, & obeiront à l'Arrest du XIV. May.

Du Mardy IV. Iuin.

CE iour les Gens du Roy sont venus en la Cour & parlant le Procureur general du Roy ont dit, qu'hier ils firent signifier l'Arrest & les Lettres pa-tentes du Roy aux Aduocats, & en baillerent copie au Bastonnier. Et le soir le Doyen, le Bastonnier, & douze ou quinze des plus anciens le furent trouuer, luy dirent qu'ils estoient tres-humbles, tres-obeïssans, & tres-fidelles subjets du Roy, & seruiteurs de la Cour, le prierent de le faire entendre à la Cour, & qu'ils obeïroient aux commandemens du Roy, conformément ausdites Lettres patentes, selon leur forme & teneur. Sont aussi prests de plaider quand il plaira à la Cour de faire ouurir l'Audiance: & parce qu'aucuns auoient rendus les sacs, ont fait neantmoins qu'il se trouuera des causes pour ce matin: mesmes à l'Aduocat du Roy Seruin dit, que Dagnés Aduocat de la Dame Marquise d'Espinay estoit prest d'vn appel comme d'abus.

Le Registre va iusques au Mercredy XIX. Iuin 1602.

I'adjousteray encores à cet aduertissemēt, que bien que nostre Auteur n'ait pas voulu publier ce Dialogue lors qu'il le cōposa en l'année 1602. il semble toutesfois qu'en ayant depuis consideré le prix & la valeur, il s'estoit resolu de le faire imprimer. Car i'ay trouué parmy ses papiers deux vers latins datez de l'année 1617. par lesquels il auoit adressé cet Ouurage à Messieurs les Aduocats du Parlement. Aussi ie ne doute point que sa mort suruenuë en cette mesme année, ne l'ait empesché d'accomplir le dessein qu'il auoit d'honorer par cet escrit vn si celebre Corps Et veritablement il eust esté à souhaitter, qu'il eust eu le temps de dresser luy-mesme ce monument d'honneur à ses Confreres, lequel sans doute, y mettant la derniere main, il eust paré de diuers ornemens nouueaux, & peut-estre augmenté d'vne quatriesme Conference, qu'il eust trouué l'inuention d'adjouster, pour ne pas obmettre plusieurs Aduocats de renom, decedez depuis 1602. n'ayant compris dans les trois Conferences du Dialogue, que ceux qui estoient morts en ce temps là, horsmis quelque peu de viuans, dont il a esté aucunement obligé de dire quelque chose en passant, & par occasion.

Quoy qu'il en soit, ie suppléray d'autant plus volontiers à cette intention loüable de nostre Autheur, que l'estime que i'ay tousiours fait de tant d'hommes releuez par leur seule suffisance & vertu m'auoit autresfois attiré à leur Compagnie, & de laquelle ie me suis principalement retiré par la connoissance que i'ay eu de ma propre foiblesse, qui ne m'a pas permis de faire dignement les exercices d'vne si haute vacation. Mais le respect & l'affection que i'ay conserué pour leur Corps, m'ayant tousiours fait cherir la qualité d'Aduocat, me fait encores auiourd'huy leur dedier auec joye sous ce mesme titre, cette petite Histoire, conjointement auec son Autheur, leur disant auec luy, par ses propres paroles,

O VOS, O SOCII, PRIMA VTQVE NOVISSIMA NOSTRI
NOMINA COLLEGII DISCITE, ET HISTORIAS.

INTERLOCVTEVRS OV PERSONNAGES DV DIALOGVE SVIVANT DES ADVOCATS.

M. ESTIENNE PASQVIER, Conseiller & Aduocat du Roy en la Chambre des Comptes, & ancien Aduocat en la Cour de Parlement.

M. FRANÇOIS PITHOV S. de Bierne, Aduocat en Parlement.

M. ANTOINE LOISEL, Aduocat en Parlement, Pere.

M. ANTOINE LOISEL, Aduocat en Parlement, & depuis Conseiller, son Fils aisné.

M. M. GVY LOISEL, Conseiller Clerc en la Cour de Parlement, son second Fils.

LE S. D'HIBOVVILER, Aduocat en Parlement, son Neueu.

M. THEODORE PASQVIER Aduocat en Parlement, Fils aisné de M. Estienne Pasquier.

M. M. NICOLAS PASQVIER, Maistre des Requestes, son Fils puisné.

PASQVIER, OV DIALOGVE DES ADVOCATS DV PARLEMENT DE PARIS.

PAR M. ANTOINE LOISEL, Aduocat en Parlement.

PREMIERE CONFERENCE.

MONSIEVR PASQVIER, Conseiller & Aduocat du Roy en la Chambre des Comptes, & ancien Aduocat en la Cour de Parlement, m'estant venu voir vn Dimanche du mois de May, de l'année 1602. nous trouua mes enfans & moy dans ma salle auec les Sieurs de Bierne Pithou, & d'Hibouuilér mon Neueu, aussi Aduocats, qui nous auoient fait l'honneur de disner auec nous. Et apres nous estre saluez, & assis les vns sur le lict vert, les autres en des chaires, & auoir tenu quelques propos particuliers, chacun de sa disposition, les paroles nous eussent manqué quasi tout aussi-tost, n'eust esté que M. Pasquier vint dire: Ie voy bien ce que c'est, Messieurs; maintenant que les Aduocats se sont interdits d'eux mesmes de leurs charges, ils sont deuenus muets. Mais en bõne foy, adjousta-t'il, que pensez vous auoir fait par cette belle leuée de boucliers, ayans ainsi franchement renoncé à vos chapperons, & par vostre secession fait cesser les plaidoiries & la plus part des actions du Palais? Que deuiendrez vous maintenant, & à quoy passerez vous vostre temps? Ie ne le dis pas pour vous deux, regardant M. Pithou & moy, qui ne plaidez plus, mais pour ces deux ieunes Messieurs & plusieurs autres de leur volée, plus ou moins aduancez qu'ils ne sont. A quoy passeront-ils le reste de leurs iours? A quoy? respondit mon aisné, nous nous ferons Conseillers comme les autres: & puis qu'on rauale si bas nos charges, il nous faudra mettre au nõbre de ceux qui font les Arrests. Tout beau, mon Fils, dis-ie, tout beau pensez vous que cecy puisse durer longuement? Et que feront Messieurs les Conseillers en leurs Estats, s'il n'y a des Aduocats & des Procureurs qui leurs taillent de la besongne? Il est impossible que les choses en puissent demeurer là. Monsieur le Procureur general a enuoyé vers le Roy pour l'en aduertir, afin d'y pouruoir. Vous dites vray, dit M. Pasquier, & croy que vous en aurez bien-tost des nouuelles. Mais cependant & en attendant les Lettres du Roy, à quoy passerez-vous le temps; car vous estes maintenant de loisir, la plaidoirie ne vous estant pas seulement interdite, mais aussi les escritures, les consultations, & toutes les autres fonctions d'Aduocat. A reuoir nos liures, dit M. Pithou, & estudier plus que iamais. Ie le dis pour ces ieunes gens, & ceux de leur âge, lesquels estans venus vn peu cruds au Barreau, doiuent faire fonds & prouision d'estude, pour s'en seruir cy-apres. Nous en sommes maintenant trop desbauchez, dit mon Fils; & desia beaucoup de mes Compagnons sont resolus de les quitter: aussi bien l'honneur en est-il du tout banny. N'est-ce pas vne honte, qu'il faille que nous soions contraints de faire comme les Sergens, qui sont tenus de mettre au bas de leurs exploicts ce qu'ils reçoiuent des parties, pour le salaire qui leur est taxé par les Ordonnances? Car encores que le nostre ne soit point borné, ains remis à nostre discretion, si est il honteux non seulement de l'escrire, mais aussi de le dire. Et quand nostre taxe viendroit de la pure liberalité de la partie, si serions nous tousiours subjets à la censure ou mal-veillance d'vn Rapporteur, qui ayant fait mander l'vn de nous en sa Chambre, pour rẽdre vn ou deux escus qu'on luy auroit donné de plus qu'il n'estimera nostre labeur, sera bien aise de nous faire condamner à les rendre, & par là nous faire receuoir vne si grande honte, que i'aymerois mieux n'estre iamais entré au Palais, que cela me fust aduenu. Et d'ailleurs, où est l'honneur que i'ay entendu de vous, mon Pere, auoir esté autresfois au Palais, & la faueur que Messieurs les Presidens portoient aux ieunes Aduocats de vostre temps, les escoutans doucement, supportans & excusans leurs fautes, & leur donnans courage de mieux faire : au lieu que maintenant il semble à quelques-vns, que nous soions d'autre bois ou estoffe qu'eux, & quasi des gens de neant, nous interrompans & rabroüans à tout bout de champ, nous faisans par fois des demandes qui ne sont nullement à propos; & non seulement à nous autres ieunes gens qui le pourrions quelquesfois auoir merité, mais bien souuent aux anciens, & à ceux qui entendent si bien leurs causes, que l'on voit par la fin & la conclusion, que ceux qui leur auoient fait ces interrogatoires & interruptions, auoient eux-mesmes tort, & non les Aduocats plaidans, qui se trouuoient n'auoir rien dit, qui ne fut pertinent & necessaire à leur cause. Non, mon Pere, non : il ne faut plus esperer que la dignité qui a esté jadis en l'Ordre des Aduocats y demeure, au moins tant que ce beau Reglement durera. Car quant à ce qu'on le veut fonder sur vn Article de l'Ordonnance de Blois,* l'on sçait que cet Article y ayant esté couché sans la requisition des Estats, il ne fut iamais obserué. Ce n'est pas cela, mon Fils, (& dont vous auez par aduenture occasion de vous plaindre,) qui a fait raualer nostre Ordre, où il se voit maintenant. Il y a long-temps qu'il commence à

* *C'est l'art.* 161.

descheoir du rang auquel i'ay autresfois oüy dire à Monsieur l'Aduocat du Mesnil vostre oncle, qu'il estoit; & luy-mesme s'en plaignoit desia de son temps, nous disant que quand il vint au Palais, toutes les affaires des Princes & Seigneurs du Royaume passoient par les mains des Aduocats, iusqu'à estre & prẽdre qualité de Chancelliers de leurs Maisons, nous nommant feu M. Brinon President à Roüen, lequel estant simple Aduocat estoit Chancellier d'Alençon, M. de Mesme, chef du Conseil de Nauarre & d'Albret, qui depuis fut Lieutenant ciuil & Maistre des Requestes, Pere & grand Pere de ceux que nous auons veus & voyons à present, & auparauant eux M. Pierre l'Orfevre Chancellier d'Orleans, du temps du Roy Charles VI M. Iean de la Riuiere Chancellier du Duc de Bretagne, & M. Nicolas Raulin Chancellier de Bourgongne, tous Aduocats en Parlement, & plusieurs autres dont il auoit oüy parler à M. le President Raimond son oncle & le vostre, disant que les Aduocats Conseillers des Maisons des Princes conduisoient & manioient toutes leurs affaires non seulement du Palais, mais aussi celles qu'ils auoient au Conseil du Roy & ailleurs, tant dedans que dehors le Royaume. Mais les Officiers du Roy se sont depuis emparez de cet employ, & s'en entremettent maintenant plus que iamais. Ce qui commençant desia en quelques-vns du viuant de feu Monsieur vostre oncle, fut cause de luy faire adiouster à l'Ordonnance les defenses aux Conseillers & Officiers du Roy, de s'entremettre des affaires des Seigneurs,* laquelle Ordonnance neantmoins ne sera iamais gardée, tant que les Offices seront venaux, & qu'ils en seront dispensez, comme ils le sont incontinent qu'ils en font la moindre requeste au Roy, ou à ceux qui ont du credit auprés de sa Majeste. Car auparauant l'Estat d'Aduocat estoit la pepiniere des dignitez, & le chemin de paruenir aux Offices de Conseillers, Aduocats du Roy, Presidens & autres. C'est cela, mon Fils, qui est la cause du raualement de l'honneur des Aduocats; n'y ayant maintenant Seigneur qui n'ait vn President, vn Maistre des Requestes, ou vn Conseiller pour chef de son Conseil, lequel quelsquesfois n'y entendant rien

* *Orleans art. 44. Moulins art. 19. Blois art. 112. & 269.*

rien s'il n'a premierement esté Aduocat, ou n'en voulant pas prendre la peine, est contraint d'employer sous soy vn Aduocat qui se sousmettant à luy pour quelque petit salaire, gages ou pension qu'il luy fait ordonner, fait comme ceux qui se vendent *ad pretium participandum* : car il est luy mesme cause de ce que l'hõneur de son Ordre est ainsi desrobé, & transporté ailleurs. Ie connois vn de Messieurs les Maistres des Requestes, & des meilleurs de son quartier, lequel m'a dit tout franchement qu'il auoit eu volonté de continuër l'exercice de la charge d'Aduocat, mais que voyant le peu de compte que l'on en faisoit au prix des Officiers du Roy, il s'estoit jetté aux Offices, & par ce moyen fait chef du Conseil de la maison d'vn Grand, au lieu que s'il fust demeuré en la salle du Palais il y eust esté des derniers. Cela est vray, dit M. Pasquier, & ce mal a principalement commencé en mes iours, & vous en pourray dire autant qu'homme de de ma robbe. Car estant venu au Palais des l'an 1549. Messieurs Maistres Christophle de Thou & Pierre Seguier defuncts y tenoient les premiers rangs d'Aduocats, dont ils furent bien tost apres aduancez aux Estats, mesmément feu M. Seguier en celuy d'Aduocat du Roy, & puis tous deux faits Presidens par l'erection du Semestre.* Et pour monstrer que la dignité d'Aduocat du Roy ne donnoit aucun aduantage pardessus c'elle d'Aduocat du commun, c'est que M. de Thou fut receu President auant M. Seguier, qui estoit dessors Aduocat du Roy, & depuis il fut premier President par le decez de feu M. le President le Maistre. Mais pour reuenir à ce que vous disiez tantost, il est certain que les principales affaires du Palais passoient par les bouches & les plumes de ces deux, pendant qu'ils estoient Aduocats, & principalement de M. Seguier qui estoit du Conseil de Madame de Ferrare, de M. de Neuers, de feu M. le Connestable de Montmorency, du Seigneur de Nantouillet, Preuost de Paris, fils de M. le Chancellier du Prat, & de plusieurs autres, des affaires desquels il ne pût s'exempter du tout, pour estre Officier ; mais fut comme contraint de prendre dispense de sa Majesté pour demeurer du Conseil de Ma-

* *en l'an* 1554.

dame de Ferrare, Fille de France, & à son exemple de M. de Neuers, & de M. le Connestable. Ce fut donc M. le President Seguier, qui le premier de ma connoissance continua d'estre du Conseil des Princes & Seigneurs, desquels il auoit esté Aduocat. Et cõme nous sommes au Royaume des consequences, & que souuent les mauuais exemples procedent de bons commencemens, ceux qui sont venus depuis ont voulu faire le semblable, mais non auec pareille suffisance, honneur, ny retenuë; car il n'en faisoit point de monstre, & ne s'employoit qu'aux affaires d'importance, comme en quelques arbitrages, contracts de mariage, grandes acquisitions, & partages de maisons, & non aux affaires ordinaires ny aux procez, & sans que les Aduocats s'y trouuassent, cõme l'on fait maintenant, que les Princes & Seigneurs ont estimé ne pouuoir estre dignement seruis en leurs affaires, s'ils n'ont en leur conseil quelque President, Maistre des Requestes ou Conseiller. C'est donc pour cela, dit mon aisné, qu'il faut essaier de l'estre. Mais les Aduocats, dit M. Pasquier, ont esté & sont mal aduisez de se ranger en telles assemblées, & se doiuent prendre à eux-mesmes & non à d'autres, si le principal honneur de leurs charges leur a esté par ce moyen soustrait; car s'ils ne s'y trouuoient point, on n'y pourroit quasi rien faire sans eux. Voila donc ce qui a principalement fait descheoir l'honneur de l'Estat d'Aduocat; & c'est aussi l'vne des causes qui a fait tant rechercher & encherir les Offices; joint que maintenant on euoque du Parlement vne grande partie des causes qui luy appartiennent, au lieu qu'on les y renuoyoit de toutes parts, qui est vn autre discours lequel seroit trop long pour cette heure. Ie suis fort aise, dis je à M. Pasquier, d'auoir entendu ce propos, & vous en remercie, tant pour moy qui ay entendu des choses que ie ne sçauois pas, que pour cette ieunesse, que ie voy toute desbauchée par ce nouuel Arrest. Mais puis que nous en sommes venus si auant, nous voudriez vous faire ce bien, vous qui auez esté si long-temps & auec tant d'honneur au Barreau, & si soigneux de rechercher les antiquitez & singularitez de nostre France, de prendre la peine de nous dire ce que vous auez peu entendre & connoistre de l'Ordre des Aduocats du Parlement? I'entends de leur premiere institution & progrez, de l'honneur & dignité de leurs charges, & particulierement nous dire leurs noms, & remarquer ceux qui ont paru & tenu quelque rang entr'eux, & chacun d'eux en leur temps : non que ie veuille vous prier de parler de ceux qui sont viuans, ny pareillement de vous; estimant l'vn aucunement importun, & l'autre vn peu trop curieux, & par aduenture perilleux & sujet à enuie; en iugeant peut-estre autrement d'eux qu'ils ne voudroient, ou que d'autres n'estimeroient. Ie vous prie donc d'aggreer qu'à cette fin nous nous rendions demain chez vous à pareille heure, pour apprendre ce que vous en sçauez. Aussi bien n'estes-vous point tenu d'aller les apres disnées en la Chambre des Comptes, & n'en craignez point les picqueures; & vous voyez aussi que nous sommes icy tous de loisir. Vous me prenez de bien prés, dit-il, en remettant la partie à demain. Car encores que i'aye esté soigneux de sçauoir, voire d'escrire non seulement ce que i'ay veu & entendu, mais aussi ce que i'ay leu de plus memorable en nos Histoires & Registres, tant du Parlement que de la Chambre des Comptes, selon ce que vous auez pû voir par mes Recherches, & que i'aye esté curieux iusques-là, que de faire vn roole des Aduocats qui ont eu quelque nom en leur temps, & de cotter ce que i'ay connu de bien & de mal en chacun d'eux; si ne me seroit-il pas possible de m'en rafraichir en si peu de temps la memoire : mais il vaudroit mieux remettre la partie à vne autre fois. Ie vous en prie, dit mon puisné, & que i'en sois aussi, s'il vous plaist; il n'y a procez de Commissaires, quand bien i'en serois, que ie ne quitte tres-volontiers pour estre participant de ce discours, y ayant long temps que i'auois prié mon Pere de nous en dire ou laisser quelque chose par escrit. Et m'a tousiours semblé, que nous auions occasion de nous plaindre de nos Ancestres, d'auoir esté si peu soigneux d'apprendre à leur posterité les qualitez, noms, vices, & vertus de ceux de leur temps; qui est le plus beau miroir & la meilleure leçon que l'on puisse laisser aux siens.

Et moy, dit mon Neueu d'Hibouvilér, i'en feray pareillement, s'il vous plaist; car estant resolu de demeurer en cette vacation comme mon Oncle, si quelque autre meilleure fortune ne m'en tire, il m'importe dauantage de l'entendre qu'à personne, & particulierement plus qu'à mon Cousin qui semble estre resolu de quitter le Barreau. Nous en serons donc tous ensemble, dis-ie, & continuerons l'assignation à tel iour, heure & lieu qu'il plaira à M. Pasquier nous donner. Ie vous prie aussi, dis-ie à M. Pithou, de vous y rendre, & de penser cependant à nous y apporter ce que vous en sçauez de plus singulier & notable: il n'est pas que vous n'en ayez fait quelques remarques. Ie le veux, dit-il, & regarderay non seulement parmy mes papiers, mais aussi entre ceux de feu mon Frere, où i'espere trouuer quelque chose; car vous sçauez qu'il a esté soigneux de toutes choses vertueuses. Il vaut donc mieux, dist M. Pasquier, que ce soit pour Dimanche prochain, afin que i'aye du temps pour me recueillir, & vous en dire ce que i'en sçauray. Mais aussi veux-ie que chacun m'y aide, & s'apreste de ce qu'il sçaura de sa part, & que tous ensemble nous y apportions nostre talent. Surquoy, & aprés auoir deuisé d'autres choses, nous prismes congé les vns des autres. Doncques le Dimanche ensuiuant nous nous rendismes tous à vne heure de releuée au logis de M. Pasquier, où nous trouuasmes la salle preparée de chaires, & deux de ses Enfans qui nous y attendoient, sçauoir est son aisné*, & M. le Maistre des Requestes,* lesquels voulurent estre de la partie. Mais quant à M. Pasquier, sans lequel nous ne pouuions rien faire, il demeura longuement en haut enfermé dãs sa chambre, n'en pouuãt quasi sortir, quoy que son homme de chambre l'eust aduerty par deux fois, que la compagnie estoit en bas, & l'attendoit il y auoit prés d'vne heure. Finalement estant descendu, & ayant salué la compagnie, & pris sa place en la chaire du bout d'en haut, qui luy auoit esté laissée, il commença à nous dire auec vn front renfrongné, qui faisoit paroistre qu'il estoit encores tout esmeu d'vne meditation bien profonde: Vrayement, Messieurs, vous m'auez bien taillé de la besongne, ou plustost

*M. Theodore Pasquier Aduocat en Parlement.

*M. M. Nicolas Pasquier.

ie m'en suis bien taillé moy-mesme, car ie n'en pouuois quasi sortir : ce qui a esté cause de vous faire attendre icy plus que ie n'eusse voulu ; non pas que ie me sois trouué beaucoup empesché à vous parler en general de la dignité des Aduocats, & de l'honneur que nos Ancestres portoient jadis à leur Ordre. Car ce champ nous ayant esté si souuent battu par les Remonstrances que Messieurs les Gens du Roy, & Messieurs les Presidens nous font aux Ouvertures des Parlemẽs, ie ne vous en pourrois gueres dire d'auantage, puis que vous auez souuent pû entendre d'eux, que par les Ordonnances qui se lisent ordinairement, nous sommes appellez Conseillers & Aduocats generaux du Parlement ; qu'en cette qualité nous auons seance sur les fleurs de Lys, au moins les anciens ; & portons les mesmes robbes & chapperons que Messieurs ; voire auons cet aduantage sur les Conseillers des Enquestes, de porter des chapperons fourrez, comme Messieurs de la grand' Chambre, ce qu'ils n'ont pas ; & non seulement ceux qui siéent sur les fleurs de Lys, mais aussi les Aduocats plaidans. Aussi que jadis nous auions la prerogatiue de porter aux bons iours la robbe d'escarlatte, violette ou rouge, selon qu'il se voit encores aux anciennes representations qui sont aux Eglises ; & encores, qu'il ne se jugeoit gueres de causes de consequence où la Cour se trouuast empeschée, qu'elle n'en prist l'aduis de nos anciens ; lesquels aussi estoient par eux nommez au Roy pour estre pourueus des Estats d'Aduocats & Procureurs generaux, & de Conseillers, lors qu'ils venoient à vacquer. Qui sont toutes remarques d'honneur qui se voient par les Registres de la Cour, que nous auons pour la plus part peu à peu perduës, autant par nostre faute & negligence, qui dedaignons, ou, comme parloient nos Anciens, contrededaignons* de nous rendre aux Audiances, & de porter non seulement les chapperons, mais aussi nos bonnets ; que par le mespris qu'aucuns de Messieurs, & principalement les plus jeunes, & ceux qui n'ont iamais passé par le Barreau, font de ceux qu'ils estiment estre au dessous d'eux. Ce n'est pas, dit-il, cela qui m'a retenu si long-temps

Dignité des anciens Aduocats.

* *Auguste Cesar escriuant à Horace en la lettre, dont Suetone nous a conserué vn fragment en la vie de ce Poëte dit,* Neque si tu superbus amicitiam nostram spreuisti, ideò nos quoque ἀνθυπερηφανοῦμεν.

là haut, vous ayant fait attendre si longuement, mais la difficulté de vous representer comme i'eusse bien desiré l'ordre & le temps des Aduocats : dont à la verité i'auois il y a long temps fait vn amas, mais cela estoit en grande confusion. Neantmoins pour essayer de m'acquitter de ma promesse, ie vous diray qu'ayant entrepris de vous parler des Aduocats de la Cour, ie penserois faillir, si ie vous allois rechercher les anciens Rheteurs ou Orateurs, qui sont jadis sortis, ou ont fleury quasi de tout temps en nostre France qu'on appelloit la Gaule. Car outre que cela a esté cy deuant si doctement discouru, tant par M. Pithou vostre frere en sa Preface sur les declamations de Quintilian, que par M. le President du Vair en son traitté de l'Eloquence Françoise, qu'il ne s'y pourroit rien adjouster ; deplus il m'a semblé qu'en parlant des Aduocats de la Cour, il me seroit malseant de passer plus auant que n'est l'establissement du Parlement en cette ville de Paris,[1] qui n'est que du Roy Philippes le Bel,[2] comme ie l'ay monstré en mes Recherches, ou comme d'autres tiennent du Roy Louïs Hutin.[3] Ie croy, dis ie, qu'il ne fut arresté à Paris qu'en ce temps-là, voire sous Philippes de Valois.[4] Mais il y a grande apparence que la cause de l'y establir fut dés le teps du Roy Philippes Auguste.[5] Car vers l'année 1190. il auoit esté ordonné qu'on tiendroit vne forme de Parlement dans Paris trois fois l'année ; afin d'y ouïr & terminer les differents des subjets du Roy, ainsi que nous lisons dans Vincent de Beauuais, qui n'estoit gueres esloigné de ce temps-là. Et si nous lisons en Messire Iean Seigneur de Ioinuille, que le Roy S. Louïs[6] assigna certains Seigneurs qui auoient quelque different entr'eux, en son Parlement à Paris. Et consequemment l'on pourroit reprendre la source & l'origine de nostre Parlement de plus haut que vous ne dites, voire dés le temps du Roy Louïs le Gros,[7] qui en auoit quasi autant ordonné. Cela, dit-il, pourroit bien estre : mais si trouuons nous, qu'encores depuis le temps des Rois dont ie vous ay parlé, nos Parlemens changeoient souuent de lieu & de seance, selon la volonté des Rois, & la commodité des affaires, ainsi

1 *Establissement du Parlement.*
2 *Philippes IIII. en l'an 1286.*
3 *Louïs X. en l'an 1314.*
4 *Philippes VI. en l'an 1328.*
5 *Philippes II. en l'an 1180.*
6 *S. Louïs IX. en l'an 226.*
7 *Louïs VI. en l'an 1109.*

qu'il appert par les dattes des Arrests donnez, les vns à Paris, aucuns à Vincennes, à S. Germain en Laye, au Louure, en l'Hostel de S. Paul, à Conflans, & à Melun, les autres au camp & ailleurs, où les Aduocats n'estoient gueres requis, ny leur eloquence. Voire mesme Maistre Alain Chartier tesmoigne comme le Roy Charles VII. tint son Parlement à Bourges pour le faict du Pape & du Concile, où fut ordonnée la Pragmatique Sanction. Ce n'est pas que ie pense qu'il n'y ait eu longuement auparauant, voire quasi de tout temps des Aduocats en la France. Car comme vn Estat ne peut subsister sans Iustice, aussi la Iustice ne peut se poursuiure ny s'exercer sans l'assistance & le conseil de ses Ministres, dont les Aduocats sont les principaux: & de faict vous voyez qu'il en est fait mention en trois ou quatre lieux des Capitulaires de Charles-magne. Ne le prenez pas là, dit M. Pithou, car ceux qui y sont nommez *Aduocati*, * ne sont pas nos Aduocats; mais ce sont ceux que nous appellons Advoüés ou Aduoyers, Procureurs & Defenseurs des Ecclesiastiques ou des Communautez Les Aduocats y sont plustost nommez *Clamatores* * de *clamor* ou de *clain*, qui est à dire procez ou plaid, lesquels on a depuis nommé Emparliers, Conteurs, Plaideurs, & quelquesfois Docteurs ou Cheualiers de loy ou de loix. Appellez les comme vous voudrez, dit M. Pasquier, si est-il impossible de faire ny rendre Iustice sans le secours de personnes qui conseillent les parties aux differens qui naissent naturellement entre les hommes, & qui les assistent de leur parole ou de leur plume, en la poursuite ou defense de leurs droicts. Encores passeray-ie plus auant; c'est que ie ne me puis persuader qu'il n'y ait eu tousiours en nostre France quelque art oratoire ou d'eloquence, aussi bien qu'en l'ancienne Gaule, tāt celebrée pour ce regard par les Romains. Car nous sommes le mesme peuple que nous estions, sous le mesme ciel & climat, & sur la mesme terre qu'estoient nos Ancestres. I'entens de l'eloquence dont parloit Caton il y a prés de deux mille ans, quand il disoit, que les Gaulois s'estudioient principalement a deux choses, au faict de la guerre, & à parler

* lib. 4. art. 3. & lib 7. art. 308.

Voyez les Memoires de Beauuaisis de nostre Autheur, ch. 5. de la Pairrie de Beauuais & Vidamé de Gerberoy, ar. 11. p. 152. où il traitte des Vidames.

* lib. 2. art. 12. & lib. 3. art. 7. & 59.

Ancienne eloquence Gauloise &c.

subtilement *rei militari*, *& argutè loqui.* Car i'estime que c'est de nos Gaulois desquels il entendoit parler, puis qu'il mesle la guerre auec l'eloquence, & non de ces Transalpins, qui estoient neantmoins si eloquens, que Ciceron les mesle entre ses Orateurs dans son Brutus : & qui est cette eloquence que le grand Homere donne à Menelaüs en ces mots*,

Παῦρα μὲν, ἀλλὰ μάλα λιγέως, . . .

* *Il. y. vers.* 214. *Id est* Pauca quidem, sed valdè acutè.

Aussi ne seroit-il pas croyable, que nostre Estat eust pû estre formé & entretenu si longuement, sans que quelques gens de conseil & d'eloquence y eussent esté employez ; mesmément aux assemblées Ecclesiastiques & seculieres des Prelats & Barons, aux Synodes, & tenuës d'Estats ou Parlemens, & aux sieges des Comtes establis par les villes, & enuoyez par les Prouinces pour y rendre la Iustice, qu'ils appelloient *Missos Dominicos* ; comme pareillement aux sermons de nos Euesques & Prescheurs, & principalement depuis la derniere race de nos Rois, qui a esté plus iusticiere & plus ciuile que les deux autres. Et ie ne doute point que cette eloquence n'ait esté mise en œuure, non seulement aux Estats tenus lors que la Couronne de France estant querelée par l'Anglois contre nostre ancienne loy, elle fut maintenuë, & asseurée par la plume, la langue, & la lance de nos Ayeuls, en la personne du Roy Philippes de Valois, mais aussi dés lors que Hugues Capet fut appellé à la Couronne par la Noblesse de France, ou plustost par vne benedictiõ de Dieu, qui a reluy sur luy, & sur vn grand nombre de ses successeurs, sans aucune resistance, &, s'il faut ainsi dire, sans coup ferir, en remonstrant par ces bonnes gens, & faisant entendre aux Euesques, & Barons, & à tous les Estats du Royaume, qu'il estoit plus expedient d'auoir vn Roy de l'ancienne nation Françoise, qui nous auoit defendus & nous defendoit encore contre les Normans qui estoient lors sur le poinct de ruiner nostre Estat, que de s'attendre à ceux qui pouuoient rester d'vne race, lesquels s'estans retirez en Allemagne, s'estoient esloignez de nous, voire nous auoient abandonnez. Et encores a esté cette eloquence employée aux assem-

blées

blées qui se sont faites en plusieurs & diuerses occasions, aux disputes de la Paix, de la Guerre, & de la Religion. Mais nos Ancestres ont esté jadis aussi peu soigneux d'escrire que nous en sommes maintenant prodigues. De sorte que ne se trouuant rien par escrit de ces personnages, il me seroit impossible de vous les nommer. Ce qui me reduit à commencer l'Histoire de nos Aduocats au temps de Philippes le Bel seulement, lors que nostre Parlement fut reglé & arresté, en m'aidant des Registres que l'on commença desslors à faire, ensemble de certains escrits, & de quelques Historiens du temps, & autres memoriaux que i'ay pû recouurer çà & là, ainsi que vous connoistrez parce que ie vous en diray. Ne nous direz-vous donc rien, dit mon aisné, de ces Aduocats, qui se trouuerent en l'assemblée tenuë dans la sale de l'Euesché de Paris, en la presence du Legat du Pape, sur la validité ou nullité du mariage du Roy Philippes I. de ce nom, en laquelle le Roy ayant fait proposer par ses Aduocats les causes qu'il auoit de repudier Berthe, fille de Florent I. Comte de Hollande, & de retenir Bertrade, femme de Foulques, Comte d'Anjou, l'on dit qu'il se presenta sur le champ vn Aduocat, qui plaida si bien sa cause, que le Roy fut esmeu de reprendre sa premiere femme, & d'abandonner l'autre, comme sa concubine? Ne faut-il pas conclure delà, qu'il y auoit desslors des Aduocats & de la plaidoirie en France? Car ie croy que vous auez leu l'Inuentaire de Serres, lequel raconte ce que dessus assez particulierement. I'ay leu, dit M. Pasquier, ce que vous dites, & au liure que vous alleguez; mais ie n'en ay point voulu parler pour deux raisons: la premiere, qu'il ne nomme point ces pretendus Aduocats: l'autre & la principale, que ie ne sçay où il peut auoir pris le conte qu'il en fait. Car il n'y a personne de ceux qui ont escrit de ce diuorce, qui sont en bien grãd nombre, qui disent ce qui est r'aconté en ce lieu: & neantmoins vous sçauez que i'ay esté assez curieux de faire recherche de tout ce qui s'est passé de singulier en nostre France, & croy que cette action tant remarquable, si elle eust esté veritable, ne me fut point eschappée, sans que ie l'eusse re-

Mariage de Philippes I. &c.

leuée: ce qui me fait croire qu'il ya beaucoup d'autres choses en cet Inuentaire, qu'il ne faut croire que sous benefice d'inuentaire. Mais que direz vous, dis-ie, de Mre Pierre de Fontaines Autheur du liure de la Reyne Blanche, mere du Roy S. Louïs, auquel sont contenuës plusieurs de nos Pandectes, & de nostre Code, tournées en vieux François, & accommodées aux vs & coustumes du temps? Il se voit par là qu'il auoit esté du mestier d'Aduocat; C'est celuy duquel le Sire de Ioinuille escrit,* qu'il estoit souuët appellé auec Messire Geoffroy de Villette par le Roy S. Louïs pour luy aider à rendre la iustice à ses subjets. Il est vray, dit M. Pasquier mais il appert aussi par là, qu'il estoit du Conseil du Roy & non pas Aduocat. Si ne pourrez vous donc refuser, dis-ie, de receuoir en ce nombre M. Guy Foucault, natif de S. Gilles vers Narbonne, lequel ayant esté premierement Aduocat en Parlement, fut fait Euesque du Puy en Auuergne, puis Archeuesque de Narbonne, & Euesque de saincte Sabine, & encores Cardinal, & finalement Pape de Rome, nommé Clement IIII. du temps de nostre S. Louïs. Car Guillaume de Nangis escrit qu'il auoit esté Aduocat & Conseiller en la Cour de France, qui estoit le Parlement de Paris, & Platine dit * qu'il y estoit Aduocat. L'on en dira & escrira ce que l'on voudra, repliqua M. Pasquier, mais m'estant proposé suiuant ce que i'ay par vous esté requis, de parler des Aduocats de la Cour, ie ne me suis point mis en peine de ceux qui estoient auparauant que le Parlement tint & fust sedentaire & arresté à Paris. Partant ie me suis borné à ne point outrepasser le regne du Roy Philippes le Bel; encores ay-ie esté empesché de vous trouuer des Aduocats de son temps. Car bien qu'il y eust dessors des hommes sçauans en Droict ciuil, & Canon, signamment ceux que le Roy fit appeller auec les Prelats & Maistres en Theologie, pour respondre à cette belle Bulle du Pape Boniface VIII. par laquelle il s'estoit donné la souueraineté de ce Royaume, dont l'histoire est celebrée, tant par nos liures, que par les Italiens & autres; si est-ce que ie n'en trou-

*ch. dernier.

* Platine en parle ainsi, Is enim iureconsultus totius Galliæ sine contentione primarius, in Curiâ Regiâ causas integerrimè agens, vxorem & liberos habuit, quâ mortuâ primò Podiensis, deinde Narbonensis Episcopus, postremò Cardinalis omnium consensu creatus, &c.

ne aucun auquel nous puissions donner le titre d'Aduocat en ce Parlement, sinon que nous voulussions le donner à deux ou trois, dont l'vn seroit M. Raoül de Presles* qu'on dit auoir esté comme principal Aduocat du Roy en l'an 1315. l'autre M. Pierre du Bois qui donna conseil & aduis contre cette Bulle. Mais quoy qu'il fust Aduocat & bien habile homme, si n'estoit-il point de ce Parlement, ains Aduocat du Roy au Bailliage de Constantin, & partant il seroit icy mis hors d'œuure; l'autre pourroit par aduenture estre Messire Guillaume de Nogaret, lequel quelsques vns appellent Cheualier de Loix. Et si les temps se pouuoient facilement accorder, i'y adjousterois volontiers M. Pierre de Cugnieres* qui fut employé vingt-six ou vingt-sept ans apres par le Roy Philippes de Valois à la defense des droicts des Rois & des Barons contre les Ecclesiastiques; si ce n'est que l'on voulust dire que ledit sieur de Cugnieres estant encores ieune Aduocat, & en la fleur de son âge, il fut appellé auec du Bois pour faire la response à cette Bulle; car il est veritable que le *Sciat fatuitas tua, &c.* ressent aucunement la gaillardise de P. de Cugnieres & l'argutie de l'Eloquence Françoise Catonnienne, dont ie vous ay parlé cy-deuant. Et il y a deux choses qui pourroient faire croire que M. P. de Cugnieres y auroit mis la main: l'vne, que le Greffier du Tillet escrit, que du Bois* fut aidé en ce que dessus par vn personnage de grande literature legale, qui estoit à mon aduis plus grande en de Cugnieres qu'en Nogaret, lequel en recompense auoit meilleure espée que luy: l'autre que l'vn des principaux argumens de la response enuoyée au Pape Boniface est fondée sur le mesme passage de l'Euangile que Cugnieres prit pour son theme contre les Ecclesiastiques du temps de Philippes de Valois, *Reddite quæ sunt Cæsaris, Cæsari; & quæ sunt Dei, Deo.** Partant si ie n'estois point asseuré de faillir en nommant icy pour vn des Aduocats de ce temps-là M. Pierre de Cugnieres, ie le proposerois pour le premier Aduocat celebre de mon discours. Maistre Pierre de Cugnieres, dit mon Neueu, où nous mettez vous? N'est-ce pas ce Maistre Pierre du Cugnet, duquel on a mis

* *Miraumont en son liure des Iustices Royales estans dans l'enclos du Palais, tit. du Parquet, l'appelle Paul de Prayeres. p. 220.*

* *Cuignieres ou Congnieres, voyez Miraumont p. 220. & 221.*

* *v. Acta inter Bonifac. &c. p. 177.*

* *Pasquier en ses Recherches, liu. 4. c. 27. it. Miraumont tit. du Parquet, sous l'an 1328. p. 221.*

vn portraict, ou plustost vn marmot en vn coing & dehors le Chœur de l'Eglise de nostre Dame de Paris, contre lequel les bonnes femmes & les petits enfans vont attacher des chandelles, afin de luy brusler le nez par derision? Vrayement vous nous faites vn bel honneur de vouloir commencer à parler des Aduocats de la Cour par vn tel galand. Dittes-vous? dit Pasquier. C'est par aduenture vn des plus vertueux & des plus sages Personnages que la France ait produit, & duquel la memoire vous doit estre plus cherement recommandée, comme estant celuy qui le premier s'enhardit d'entreprendre la defense des droicts du Roy & des Barons du Royaume, contre les entreprises & vsurpations que faisoient les Ecclesiastiques sur leurs subjets par tant d'inuentions de citations, monitions, censures, & excommunications contre les personnes layes, qu'il n'y auoit homme durant sa vie ou aprés sa mort, qui s'en pûst exempter. Ie ne vous en particulariseray rien dauantage, pour en auoir fait vn Chapitre * exprés au 3. liure de mes Recherches. Nous le sçauons, dis ie, & i'ay leu ce Chapitre-là tout entier depuis peu de iours, & y ay pris plaisir, signamment en ce que vous y auez soigneusement & clairement representé ce qui est assez confus & difficile à comprendre par les articles qui nous ont esté conseruez de son latin imprimé en l'an 1551. car ie n'ay rien veu de son oraison entiere. Ie l'ay aussi leu, dit M. Pithou; mais ie ne sçay pourquoy vous mettez le Seigneur de Cugnieres au nombre, & pour le Conducteur ou Capitaine des Aduocats, veu qu'en toutes les disputes de luy & de Messire Pierre Bertrand Euesque d'Authun,* il est appellé Cheualier du Roy, & non point Aduocat. Ne trouuez point, respondit-il, ces qualitez estranges; car en ce temps là & encores depuis vne bonne partie des Gens laiz du Parlement estoient appellez Cheualiers, ainsi qu'il se voit, tant par les anciens registres de la Cour, & par l'exemple d'vn Messire Alain Houdry, que par l'epitaphe de Messire Pierre de Neufuille Cheualier Seigneur de Mourry, qui est en l'Eglise S. Estienne des gres, de l'an 1380. & encores par quelsques anciens escrits latins, qui donnent à nostre Guillau-

* *c'est le chap. 33.*

me de Nogaret, lequel estoit de mesme temps, la qualité de *Miles*, qui est à dire Cheualier, selon le langage du temps. Et pour le regard de celle d'Aduocat, voire d'Aduocat du Roy que i'ay aussi donnée en mes Recherches au sieur de Cugnieres, l'on ne peut faillir de l'appeller ainsi, puis que comme Aduocat il defendoit la cause du Roy. Vous parlez correctement, dis-je, quand vous dites qu'on ne peut faillir de luy donner la qualité d'Aduocat du Roy, puis qu'il defendoit la cause du Roy. Car il n'y auoit point encores d'Office d'Aduocat du Roy, mais on prenoit pour la defense & remonstrance des droicts & causes du Roy, l'vn des Aduocats generaux de la Cour, selon que l'occasion s'en presentoit, ainsi que nous voyons aux Registres du Parlement du 18. Feurier 1411. où il est parlé d'vn M. Iean Perier Chanoine de Chartres, qui parla comme Aduocat du Roy, & dans les Arrests & Questions de M. Iean le Cocq dit *Galli*, lequel viuoit beaucoup plus bas, sçauoir est du temps du Roy Charles VI. où luy & plusieurs autres Aduocats sont employez à plaider pour le Procureur general, lesquels ne laissoient de plaider pour les parties. Mesmes en l'Histoire du Roy Louïs XI. il y a que le Roy de Portugal estant venu en France en l'an 1476. & ayant assisté aux plaidoiries de la grand'Chambre, M. François Halé Aduocat & Archidiacre de Paris, plaida pour vn Regaliste, contre Maistre Pierre de Breban aussi Aduocat & Curé de S. Eustache, encores que ledit Halé y soit nommé comme Aduocat du Roy.[1] Ce qui nous apprend deux choses, l'vne, que l'estat d'Aduocat du Roy en titre d'Office est moderne,[2] en ce que les Aduocats du commun plaidoient pour le Procureur general; l'autre, que les Aduocats du Roy plaidoient & consultoient aussi pour les parties, lors que le Roy n'y auoit point d'interest; ce qui est mesme remarqué par M. Iean Boutillier en sa Somme Rurale. Et cela s'est cõtinué iusques

1 *En effect M. Pasquier liu. 2. de ses Recherches, ch. 3 dit, qu'il fut fait troisiesme Aduocat du Roy le penultiesme Feurier 1465. sous Louïs XI. Et Miraumont tit. du Parquet dit, que ce fut du consentement du Procureur general & des deux Aduocats du Roy, à cause des merites du Personnage.*

au temps du Roy Louïs XII. pour le regard de la plaidoirie, & iusques à celuy du Roy François I. pour le regard des consultations. Car lors que M. Robert Thibouſt 1 fut receu Aduocat du Roy au Parlement, au lieu de M. Iean 2 de Ganay lors premier Preſident, & depuis Chancellier de France, ce fut auec permiſſion de plaider & conſulter pour les parties, pourueu que le Roy n'y euſt point d'intereſt. Et longuement apres Maiſtre Pierre Lizet, 3 Guillaume Poyet, 4 & François de Monthelon 5 eſtans faits Aduocats du Roy, furent diſpenſez de conſulter : ce qui a eſté depuis diſcontinué à cauſe que leurs gages & penſions ont eſté augmentées. Et ſi eſt remarquable que lors qu'ils ont eſté eſtablis en titre d'Office, on y en a mis deux, à l'exemple de ce qui eſt en la loy *Binos* 10. *de Aduocatis diuerſor. iudicior.* au Code ; & meſme que le premier eſtoit d'Egliſe, comme eſtoit auſſi jadis le Greffier ciuil, & quaſi la moitié des Conſeillers du Parlement. Encores auiourd'huy le premier Aduocat du Roy prend lettres de diſpenſe pour tenir ſon Office laïquement. Mais pour reuenir à noſtre propos, l'on ne ſe doit point esbahir, ſi l'on appelle M. Pierre de Cugnieres, tantoſt Cheualier, tantoſt Aduocat du Roy, & par fois ſimplement Aduocat, ny le refuſer pour noſtre Capitaine & premier Aduocat du Parlement. Et de ma part ie le tiens à honneur, ſinon que vous aymiez mieux, que nous prenions pour noſtre Patron ce M. Guy Foucault, duquel vous auez parlé cy-deuant, qui fut le Pape Clement IV. qui ſeroit encores vn plus grand honneur à noſtre Ordre, d'auoir pour Chef celuy qui eſt monté au premier degré de la Chreſtienté. A la verité vous montez bien haut, dit M. Pithou, en nous nommant des Aduocats du Parlement dés le temps du Roy S. Louïs, trois cens ans y a & plus. Car i'ay remarqué que Ciceron qui a ſi ſoigneuſement recherché les Orateurs de Rome, ne paſſe point ſept-vingts ans auant ſon Conſulat, nommant pour le premier & plus ancien d'iceux M. Cornelius Cethegus. N'attendez point auſſi de moy, reſpondit M. Paſquier, vn grand nombre d'autres Aduocats de ce premier ſiecle. Car outre que les Regiſtres du Parlement nous

1 *Miraumont dit qu'il fut fait Aduocat du Roy en 1483.*
2 *Miraumont l'appelle Guillaume, receu en 1461.*
3 *Fait Aduocat du Roy en 1517. Miraum.*
4 *en 1530.* id.
5 *en 1534* id.

defaillent, il est certain que le nombre n'en estoit pas grand, n'y ayant lors gueres de procez és Cours laïques, pour deux raisons. L'vne que i'ay touchée cy-dessus que la iurisdiction Ecclesiastique entreprenoit quasi tout, ou que presque tout se renuoyoit pardeuant eux en vertu du priuilege de Clericature. L'autre que ce qui estoit de leur demeurant, sçauoir est, les procez criminels & de sang, comme on parloit lors, voire souuent les procez ciuils, se iugoient & determinoient entre les Seigneurs par guerres, & entre les autres soient communautez ou particuliers, & mesmément entre personnes Ecclesiastiques par gage de bataille, à faute de preuve testimoniale suffisante. En quoy les Aduocats n'estans requis que pour l'obseruance de quelsques formalitez, il falloit plus de Champiõs de bataille aux plaids, que d'Aduocats. Car encores que les Rois S. Louïs & Philippes le Bel eussent defendu les Duels, mesmement celuy-cy par son Ordonnance de l'année 1303. si fut il contraint de les remettre trois ans aprés, pour éuiter de plus grands inconueniens. Vray est que pour y apporter quelque temperament, il fut enfin ordonné, sçauoir est en l'an 1409. que nul ne seroit receu à gage de bataille, qu'il n'y eust gage iugé par le Roy, ou sa Cour de Parlement.* De sorte que ces combats ont esté fort long temps en pratique, ainsi qu'il se voit tant par l'ancien stile du Parlement, composé par M. Guillaume du Breüil, que par nos Histoires & liures coustumiers, lesquels i'ay soigneusement r'apportés au commencement du IV. liure de mes Recherches. I'ay veu, dis-je, ce que vous & Pierre Iacobi ancien Docteur & Praticien de ce Royaume, Guy Papé, l'Autheur du liure de la Salade, du Moulin, & les autres en auez escrit, & tout ce qui en est és Coustumes

Du gage de Bataille, Châpions, & Duels, auec quelques obseruations tirées des Memoires de l'Autheur.

* *Des Vrsins en l'Histoire de Charles VI. escrit sur la fin de l'an 1385 que le Seigneur de Courtenay Anglois appella au combat le Seigneur de la Trimoüille qui l'accepta. Mais le Roy luy defendit; dont l'Anglois s'en retourna tout glorieux, disant qu'il n'y auoit François qui l'osast combattre. Ce que le Seigneur de Clary, qui estoit homme de petite monstre mais de grand courage, ayant entendu, il s'alla presenter contre luy & le combattit. Mais parce qu'il l'auoit fait sans congé du Roy, on luy voulut faire son procez, dont il se defendit, disant que veritablement il n'estoit pas loisible à vn subjet du Roy de combattre vn subjet d'vn autre Roy, sans sa permission; mais que c'estoit autre chose en vn Anglois, qui estoit ennemy perpetuel de France. Toutesfois il fallut que le Roy luy pardonnast. Aussi auoit-il failly; Car* ne hostem quidem in-

iussu Imperatoris licet aggredi. *Et sur ce est notable le dire de S. Louïs en Ionuille ch. 23. lequel estant au voyage d'Outre-mer dit* qu'il ne voudroit point auoir beaucoup de tels gens, comme le Seigneur d'Entrache (ou d'Entragues) qui ne voulussent point croire n'obeïr à ses commandemens, *à cause qu'il auoit combattu sans son ordre, encores qu'il fust mort faisant fort vaillamment. Et le mesme des Vrsins raconte sur la fin de l'an 1386. que Messire Iean de Carrouget ayant esté longuement absent, sa femme luy dit à son retour qu'vn Escuyer nommé Iacques le Gris* l'auoit prise à force, & connuë charnellement. *Ayant esté adjourné deuant le Roy en cas de gage de bataille, il comparut & fut le gage jetté & la matiere renuoyee en Parlement, & fut dit, qu'il y escheoit gage. La Dame mise en prison jura qu'elle disoit verité; le Gris au contraire. Les Champions combattirent, & fut le Gris jetté par terre. Carrouget luy tenant l'espée sur la gorge, il jura derechef sur la damnation de son ame; qu'il n'en estoit rien. Toutesfois il fut tué. Depuis le vray adultere mourant en son lict confessa le faict, & fut trouué le Gris innocent. Voyez Galli en ses Questions 76. 77. & 85.*

** Les regles du duel sont telles en la Coustum. de Bearn, rubrique des batailles.*

I. Que le defendeur a le choix des armes & de la forme de combattre.

II. Que le defendeur est tenu le mesme iour qu'il a receu le cartel, d'adnoüer ou denier le faict.

de Normandie & de Bearn; * lesquelles en parlent plus formellement que les autres. Mais puis que vous estes entré au propos des Duels, ie vous prie me pardonner si ie vous dis, qu'il me semble, que vous, ny tous les autres qui en auez traitté, n'auez point, sous correction, pris la peine de rechercher la source, & l'origine de nos Champions, ny les differences qui s'en pourroient recueillir de l'antiquité; signamment en ce que vous ne touchez rien de la difference, qui estoit pour ce regard entre la vieille loy Gombette, & nostre loy Salique, ny entre celle des François & des Normans. Quelle? dit M. Pasquier. Quant à l'origine, dis-ie, i'ay autresfois appris du sieur Sauaron Aduocat en Parlement, maintenant Conseiller & Garde des sceaux en la Cour de Montferrand, que les anciens Allemans dont nos François sont venus, pratiquoient ces combats pour la vidange de leurs differens. Et c'est ce que Velleïus Paterculus remarque, quand il dit au second liure de son Histoire, parlant de la sedition qui se fit contre Quintilius Varus, *solita armis de-*

III. Que celuy qui ne combat apres la bataille assignée, & juree és mains du Seigneur, pert les armes, & sera puny à l'arbitrage du Iuge.

IV. Qu'aucun n'est tenu prendre ny accepter Champion, ains de combattre & entrer en champ.

V. Que si celuy qui est appellé traistre, desment celuy qui l'appelle ainsi, offrant se defendre auec connoissance de la Cour, conserue & garde son honneur.

VI. Qu'en choses qui se peuuent prouuer, n'eschet gage de bataille.

cerni

cerni, iure terminabantur ; comme voulant dire qu'on iugeoit lors leurs querelles par la iustice, au lieu qu'auparauant ils les desmesloient par les armes. Et par les extraicts que nous auons de l'Histoire Grecque, de George Pachymere, il se voit, que dés long-temps les Empereurs auoient accoustumé de commettre au Duel le iugement des crimes, dont la preuue estoit douteuse & incertaine. Et pour le regard des differences qu'il y auoit jadis en ces Duels, nous les apprenons d'Agobard Archeuesque de Lyon, & de Guillaume le Breton. Du premier, par la plainte qu'il en fit en l'vne de ses epistres au Roy Louïs le Debonnaire, disant que par la loy Gombette [1] ou de Gondebaud Roy des Bourguignons, [2] l'on ne receuoit aucune preuue par tesmoins, mais que toutes causes se desmesloient par combats, bien que le faict eust esté commis en la presence de plusieurs, voire en plain marché ; & suffisoit à celuy qui viuoit selon cette loy, de desnier le faict, [3] & d'offrir le combat contre celuy qui se complaignoit. Ce que l'on dit estre encores obserué en Danemarck, & chez d'autres Nations Septentrionnales ; qui estoit vne extreme barbarie, beaucoup plus grande que celle de la loy Salique, laquelle ne receuoit ces Duels que par faute de preuue legitime. Et pour le regard des Normans, c'estoit chose estrange, que si l'appellant estoit vaincu, il en estoit quitte pour soixante sols & vn denier d'amende, [4] & au contraire l'appellé encouroit la perte de la vie & de ses biens. Ce que le Roy Philippes Auguste corrigea apres qu'il eut conquis la Normandie, y mettant la loy

1 *il l'appelle* Gondebadam.

2 cuius extitit Autor, *dit-il parlant de ce Gondebaud,* homo hereticus & fidei Catholicæ vehementer inimicus, &c.

3 *Suger en la vie de Louïs le Gros, dans le Recueil de M. P. Pithou. p.* 110. Si quid horum vestrates aut dedixerint, aut dicere simulando noluerint, pleno duorum aut trium testimonio Baronum, lege duelli parati fuimus approbare : *& peu apres,* lege duelli verborum exaggerationem refutando, cui iustitia cedere debeat confligendo aperiant.

4 *Lucian dans son Toxaris dit, qu'en Scythie le vaincu auoit la main couppée, & S. Bernard en son Ep.* 39. *à Thibauld Comte de Champagne, en escrit ainsi,* In manu Barrensis Præpositi dudum facto duello, qui victus fuit, statim ex vestrâ iussione oculos amisit. Insuper quoque, quasi parua hæc mala essent, & quòd victus, & quòd oculis orbatus fuerat, res ei omnes suæ, à ministris vestris, sicut ipse conqueritur, ablatæ sunt. Iustum est, si placet vobis, vt ei vestrâ pietate restituatur, vnde misera eius vita possit vtcumque sustentari. Sed & filiis eius innocentibus patris iniquitas non debet imputari, quò minùs, si quæ sunt, paterna hereditent ædificia.

du Talion, qui s'obseruoit entre les François, ainsi qu'il y a au VIII. liure de la Philippide, escrite par Guillaume le Breton, dont les vers meritoient bien d'estre enchassez dans vos Recherches; car ie les ay trouuez si beaux pour le temps, & ils nous apprennent vne chose si notable laquelle nos Historiens ont oubliée, que ie les ay appris par cœur,

Constituit pugiles, vt in omni Talio pugnâ,
Sanguinis in causis ad pœnas exigat aquas,
Victus vt appellans, siue appellatus eâdem
Lege ligaretur; mutilari, aut perdere vitam.
Moris enim extiterat apud illos hactenùs, vt si
Appellans victus in causâ sanguinis esset,
Sex solidos decies cum nummo solueret vno,
Et sic impunis amissâ lege maneret,
Quòd si appellatum vinci contingeret, omni
Re priuaretur, & turpi morte periret.
Iniustum iustus hoc iustè Rex reuocauit,
Réque pares Francis Normannos fecit in istâ.

Ie reuerray ces vers, dit M. Pasquier, & les insereray volontiers en mes Recherches, lors que ie les feray r'imprimer, & vous en remercie. Là dessus M. Pithou prit la parole en disant, me sera t'il aussi loisible d'apporter icy mon mot ou symbole, puis que vous m'en auez conuié? Vous me ferez plaisir, respondit M. Pasquier, & le tiendray à obligation. Lisez ce que i'en ay remarqué, dit M. Pithou, en mes Notes ou Glossaire sur les Capitulaires, & le 46. Chapitre du III. liure.* Vous y verrez que dés le temps de Charles-magne, non seulement les causes criminelles, mais aussi aucunes des ciuiles se terminoient par Champions, Car il y a ces mots, si bien il m'en souuient, *Si auctor venerit, & rem intertiatam recipere renuerit, campo vel cruce contendât*, qui me semble vn lieu singulier & notable sur ce subjet. Car le III. liu. des Capitulaires dont cet article est tiré, est tout des Ordonances de Charles-magnes, ainsi qu'Ansegise qui les a recueillies, nous en aduertit dans sa preface.* Il me semble, dis-ie, que c'est assez parler de nos Duels; ie vous prie reuenons à nos Aduocats, qui est ce qui nous a

* *Sur le mot* Campus.

* Illa autē, *dit Ansegise*, quæ Dominus Carolus in diuersis fecit temporibus ad mundanā pertinentia legem, in tertio adunaui.

icy assemblez. Ie le veux, dit M. Pasquier, & passeray à ceux du temps des Enfans de Philippes le Bel, 1 Louïs Hutin, 2 Philippes le Long, 3 & Charles le Bel. 4 Oublierez-vous, dis-ie, le Patron des Aduocats, qui viuoit du temps de Philippes le Bel? Quel? dit M. Pasquier. M. Yues de Kaermartin, dis-ie, lequel fut si grand & si sainct Personnage, qu'il a esté canonisé, & surnommé S. Yues. Il n'estoit pas des nostres, dit M. Pasquier, ains Breton. Si peut-il, dis-ie, estre mis au nombre de nos Aduocats; car encores qu'il fust Official & Archidiacre de Rennes, & depuis de Triguier, si ne delaissoit-il pas d'exercer par charité l'Estat d'Aduocat, pour les veufues, orphelins, & autres personnes miserables, & non seulement és Cours d'Eglise & autres de Bretagne, mais aussi aux Bailliages du Parlement de Paris, poursuiuant leurs procez, mesmes iusques à la Cour, ainsi qu'il est recité au deuxiesme liure du Miroir historial ou Rosier des guerres, jadis composé pour le Roy Louïs XI. où il se lit vne histoire notable qui a esté oubliée dans la vie ou legende de ce Sainct, du tout semblable à ce que Valere Maxime* r'apporte de Demosthene, disant que deux galands ayant deposé vne somme d'argent entre les mains d'vne pauure femme, à la charge de ne la rendre qu'à eux deux ensemble: quelque temps apres l'vn d'eux s'estant presenté à elle auec vne mine fort triste, feignit si bien que son compagnon estoit mort, qu'elle se laissa persuader de luy rendre la somme toute entiere. Toutesfois l'autre suruint depuis; & s'adressant à elle, luy redemanda pareillement ce depost: de sorte que cette pauure femme se voyant esgalement empeschée à se resoudre, comment elle pourroit trouuer de l'argent, ou se defendre en Iustice, estoit sur le poinct d'entrer en desespoir & de se defaire. Mais cet Orateur ayant embrassé sa cause, la tira de peine, en declarant pour elle, qu'elle estoit preste de s'acquiter de ce dont elle s'estoit chargée enuers luy, pourueu que, suiuant ce qu'il reconnoissoit luy-mesme auoir esté conuenu entre eux, il amenast son compagnon. Ainsi cette histoire porte que deux hommes qui estoient arriuez ensemble en vne hostellerie de

1 1286. 2 1314. 3 1316. 4 1321.

* *liu. VII. chap.* 3.

la ville de Tours, ayans baillé vne bougette en garde à l'hostesse qui estoit vne femme veufue, & luy ayant recommandé qu'elle ne la rendist à personne, qu'à eux deux ensemble: cinq ou six iours apres l'vn d'eux la luy vint redemander tout seul, sous pretexte d'vn payement qu'il supposa, qu'ils auoient tous deux à faire en la ville. L'hostesse ne se souuenant plus ou ne pensant pas à ce qui auoit esté dit, ne fit aucune difficulté de la luy bailler: & celuy-cy l'ayant incontinent emportée, ne retourna plus au logis. Cependant l'autre s'y rendit sur le soir, & ny trouuant point son compagnon, il s'enquit de l'hostesse où il estoit. L'hostesse luy respondit ingenuëment, qu'elle ne l'auoit point veu depuis qu'elle luy auoit rendu leur bougette. Alors cet homme faisant de l'estonné, s'escria qu'il estoit perdu; & qu'il y auoit dans cette bougette vne grãde somme d'argent. Puis se tournãt vers elle, il luy remonstra que s'estoit au prejudice de ce qui auoit esté resolu entr'eux, qu'elle l'auoit remise entre les mains de l'vn en l'absence de l'autre; & luy declara qu'il se pouruoiroit contre elle en Iustice. Et de faict il la fit adiourner pardeuant le Bailly de Touraine, à ce qu'elle eust à luy rendre ce dépost: & elle, ayant comparu à l'assignation, demeura ingenuëment d'accord de tout ce qui s'estoit passé. Surquoy il afferma, qu'il y auoit dans cette bougette cent pieces d'or, outre plusieurs scedules & autres papiers de consequence: de sorte que cette pauure veufue estoit sur le poinct d'estre condamnée. Mais le bon S. Yues estant suruenu fort à propos, la deliura de cette peine par vn expedient non moins certain que prompt, dont il s'aduisa. Car apres qu'il se fut instruit de l'affaire, il luy donna aduis de remonstrer qu'elle auoit trouué moyen de recouurer la bougette, & qu'elle estoit preste de la representer: mais qu'aux termes de la propre reconnoissance du demandeur, il estoit obligé de faire comparoir son compagnon, afin qu'elle la pût rendre à eux deux: ce que le Iuge ayant trouué raisonnable, il l'ordonna ainsi. A quoy le demandeur n'ayant voulu ou pû satisfaire, non seulement la bonne veufue fut renuoyée absoute, mais aussi s'estant découuert que ces galands estoient des pipeurs qui colludoient ensemble pour ruiner leur hostesse, le demandeur en fut puny extraordinairement. N'est-ce pas là vn chef-d'œuure d'Aduocat, suiuant la decision que nostre Accurse fait d'vne pareille questiõ sur l'vn des paragraphes de la loy premiere *Depositi*, au Digeste? Et cette histoire ne merite-t'elle pas d'estre r'accontée, & nostre S. Yues canonisé, & mis au nombre de nos Aduocats? Voila, dit M. Pasquier, vne belle closture des Aduocats du regne de Philippes le Bel, & suis bien aise de l'auoir entenduë. Il y a peu d'Aduocats de ce temps-cy, auquel nous pensons en estre bien fournis, qui se fussent aduisez d'vn si prompt remede, pour sauuer la simplicité & l'innocence de cette femme. Venons donc maintenant aux Aduocats du temps des trois Enfans du Roy Philippes le Bel cy deuant nommé. Ils ne regnerent que treize ans, & pendant leur regne ils ont eu plus de soldats que d'Aduocats; car ils furent quasi continuellement en guerre. Et neantmoins pendant leur regne la plaidoirie commençoit desia à estre si ordinaire & si assiduë, qu'il ne se donnoit point de vacations, ny de remises; mais on y expedioit les causes, mesmes és iours de Festes, ainsi que remarque Guillaume Durand *in Speculo*, sous le titre *de Feriis*. Et si firent-ils plusieurs Ordonnances & Reglemens concernant, tant le faict de la Iustice en general, que le particulier du Parlement de Paris. Comme en ce que Loüis Hutin affranchit plusieurs personnes main-mortables. Philippes le long defendit de se pouruoir par appel contre les iugemens donnez en son grand Conseil, qui estoit lors le Parlement; essaya de reduire à vne les mesures, poids, & monnoies de ce Royaume; fit l'Ordonnance de la reuocation du Domaine aliené, & celle des defenses de receuoir les Nobles de Champagne à faire preuue par tesmoins des coruées & autres redeuances extraordinaires par eux pretenduës en leurs terres. Charles le Bel fit celle par laquelle il introduisit aux païs Coustumiers la regle de *Victus victori*, du droict escrit, pour le regard de la condamnation des despens : car lors nostre vsage ne rendoit aucuns despens de plaid, ainsi que remarque Messire Pierre de Fontaines en son liure de la Roine Blanche. Mais le droict escrit, tant ciuil que canonique ancien, commençoit lors à prendre pied par la France, laquelle aussi consequemment commença à se peupler d'Aduocats, iusques-là que les parties en amenoient ordinairement de leurs païs à Paris, par crainte de n'en trouuer pas de bien instruits & prests au Parlement, y ayant Ordonnance, que si l'Aduocat failloit à se trouuer à l'huys lors que la cause s'appelloit, il estoit condamné en dix liures d'amende tout secs, qui est à dire, sans deport, ainsi qu'il y a en l'Ordonnance latine. Et toutesfois ie me trouue encores empesché de vous nommer les Aduocats de ce temps-là; & n'en ay remarqué que trois ou quatre. L'vn M. Iean de Meheye* qui fut employé au procez fait au Bois de Vincennes en l'an 1315. à Enguerrand de Marigni, lequel commença son accusation à la façon du temps par ce verset, *Non nobis, Domine, non nobis, sed nomini tuo da gloriam*, poursuiuant le fil de sa harangue deuant les Pairs & Barons de ce Royaume, sur ce qu'Enguerrand s'estoit attribué les prerogatiues royales. L'autre, M. Iean d'Orleans desnommé au recit d'vn Arrest donné en l'an 1325. entre la Comtesse d'Artois d'vne part, & Louïs Mareschis d'autre, rapporté par l'Autheur du grand Coustumier de France, où il parle des exemptions par appel. Le troisiesme, M. Guillaume du Brueil Autheur du stile du Parlement qui cite des Arrests qu'il a veu donner en l'an 1327. qui est de Charles IV. dit le Bel. Et le quatriesme, Guillaume de Balagny, auquel on donne qualité d'Aduocat en vne sentence du Bailly de Senlis du Samedy aprés *Quasimodo* de l'an 1330. Est aussi à remarquer que la plus part des Aduocats & Gens de loix de ce temps-là prenoient volontiers d'autres qualitez que d'Aduocats, estans communement Gens d'Eglise, personnages pourueus de dignitez & benefices. Et entre autres M. Pierre de Belle-perche,* qui fut depuis si grand Docteur en droict ciuil & canon, que Cynus, Bartole, Balde, & autres le citent souuent auec honneur. Aussi en auoit il fait profession en l'Vniuersité d'Orleans, & fut depuis Doyen de Paris, & aprés Euesque

* *Pasquier en ses Recherch. liu. 4. ch. 27.*

* *Blanchard en son Catalogue des Conseillers dit, qu'il fut Conseiller en l'an 1298 & depuis Chancelier de France.* idem *Miraumont en son Recueil des Chanceliers.*

d'Auxerre : ayant mesme auparauant esté employé par le Roy Philippes le Bel à prester le serment de reuerence & deuotion au Pape Benoist XI. & recommandé luy, son Royaume, & l'Eglise Gallicane aux faueurs de sa Sainćteté: car lors on ne parloit pas au nom de nos Rois de serment d'obedience, nostre Royaume n'estant point de cette qualité, mais de liberté & franchise suiuant les anciens Decrets. Mais pour retourner aux Aduocats de ce siecle là, il se trouuera que la plus part & les meilleurs d'iceux estoient, comme i'ay dit, personnes Ecclesiastiques, instruits au droićt canon & ciuil, apprenans la pratique principalement par les Decretales, signamment depuis que les Papes eurent transferé leur siege à Auignon, qui fut en l'an 1306. sur la fin du regne de Philippes le Bel. Et c'est delà que nous auons appris la chicane, s'il m'est loisible d'en parler ainsi ; ou plustost que les Duels n'ont plus esté si frequens en France. C'est aussi pourquoy le nombre de nos Aduocats commença lors à prouigner, mesmément sous le regne du Roy Philippes de Valois ; voire dés l'an 1330. auquel M. Guillaume du Brueil que i'ay nommé cy-dessus composa son liure du Parlement, lequel commençoit à s'augmenter tellement en pratique, qu'il y fallust faire plusieurs reglemēs qui y sont inserez, & pareillement augmenter le nombre des Iuges. Car il se trouue en vn ancien registre du criminel, que le 21. iour de Mars 1345. deux Chābres cōmencerent à seoir ; l'vne, des Auditeurs de droićt, en laquelle presidoit Mre Simon de Bucy, & l'autre des Auditeurs du païs Coustumier, où presidoit le Seigneur de Chastelus. Et ce qui est notable pour l'establissement de cette Compagnie est que dés l'an 1348. on commença à y exercer la iustice bien seuerement ; car Messire Alain de Ourdery,* Cheualier, Conseiller du Roy en l'vne de ces Chambres, fut condamné par iugement de la Cour * a estre pendu & estranglé, pour s'estre mal conduit en la confećtion d'vne enqueste, & falsifié la deposition de quelsques tesmoins qu'il auoit ouis auec Messire Iean Touronde aussi Cheualier & Conseiller, contre M. Geruais le Comte Aduocat en Normandie, & fut l'Arrest executé.

* *Il semble que c'est celuy que M. E. Pasquier en la 1. de ses lettres liu. 19. à M. Molé Conseiller, appelle Messire Adam de Houdam.*

* *du 11. Iuillet 1447. porte la lettre. Mais il faut 1347. ou bien ce n'est pas celuy dont parle nostre Autheur.*

Nous auons veu nous & nos peres quelque semblable condamnation, eux en la personne de M. Pierre Ludet,* qui fut priué par Arrest de l'Estat de Conseiller, dont il estoit pourueu; & nous en la personne d'vn autre: mais Dieu mercy nous ne lisons rien de semblable d'aucun Aduocat de ce Parlement. Remarquez cet exemple, dis-ie, vous autres jeunes gens, & non seulement ceux d'entre vous qui sont ou desirent estre Conseillers & Officiers du Roy, mais aussi ceux qui doiuent demeurer Aduocats; & vous souuenez de conseruer & transmettre à vos successeurs l'honneur que vos Anciens vous ont acquis, d'estre fidels en la communication de vos sacs, sans y rien receler, déguiser, ny retenir; qui seroient autant d'especes de faussetez. C'est à la verité vn grand honneur, reprit M. Pasquier, que les Aduocats de cette Cour meritent pardessus ceux des autres Parlemens & Compagnies souueraines, lesquels ne se communiquent leurs pieces que par inuentaires, comme se deffians les vns des autres; au lieu qu'en ce Parlement les Aduocats s'entrecommuniquans leurs pieces, s'en reposent absolument sur leur simple foy: & il n'en est point encores iamais aduenu faute. Mais reuenant à nos Aduocats, ie troue qu'en ce temps-là, il y auoit vn nommé Celo, vn M. Iean de S. Germain, vn Hugues de Fabrefort, qui estoient des plus celebres Aduocats de leur temps. Et de ce Fabrefort ie vous veux faire vn conte, assez plaisant. Vous auez autresfois appris au liure des Rheteurs Romains de Suetone, qu'vn Caïus Albutius Silus de Nouarre, Rheteur, plaidant à Rome contre vn fils qui estoit accusé d'impieté contre ses pere & mere, ayant vsé par forme de Rhetorique de ces mots, *iura per patris matrisque cineres qui inconditi iacent, &c.* celuy qui plaidoit pour l'enfant acceptant la condition, comme si l'accusateur s'en fust r'apporté à son serment, iura sur le champ en la forme qu'il se faisoit à croire que le sermẽt luy auoit esté deferé: ce qui fut cause que l'accusé estant absous, l'Aduocat de l'accusateur en fut si fort mocqué, qu'il se déporta de plus iamais plaider. Il aduint quasi de mesme à nostre Fabrefort, lequel plaidant vne cause de duel, &

** ou Laydet, receu le 18. Iuin 1521. Blanchard.*

& ayant proposé pour Armand de Montaigu contre Emery de Durefort, qu'il feroit preuue de son faict par son corps en champ de bataille, sans dire expressement que la preuue s'en feroit par le combat de sa partie, il fut en danger d'entrer luy-mesme en combat, & mocqué par la compagnie; tant on estoit alors formaliste en telles causes. Mais il nous faut maintenant venir aux Aduocats du temps du Roy Iean, lequel vint à la Couronne en l'an 1350. Vous en oubliez donc deux, dit Theodore Pasquier à son pere, car lisant le Commentaire que M. René Choppin a n'agueres fait sur la Coustume de Paris, où il fait vn roole de Messieurs les Aduocats du Roy du Parlement, il y met Maistres Iean Pastourel & Pierre de la Forest,* & place l'vn en l'an 1301. & l'autre en l'an 1340. Ie n'en ay vrayement point parlé, dit M. Pasquier, d'autant que ie ne les trouue point en mes papiers, ny aucun autre Aduocat de ce temps-là que ie vous puisse remarquer; d'autant mesmément que ce regne fut tellement troublé de guerres quasi continuelles entre les Anglois & le Roy qu'ils auoient pris en la iournée de Poictiers & qu'ils retindrent si longuement prisonnier, que l'on fut prés de deux ans sans tenir le Parlement autrement qu'en vne seule Chambre; encores ce n'estoit pas tant pour iuger les procez, que pour aduiser au faict de la guerre, & des émotions des peuples qui aduinrent lors quasi par tout ce Royaume, & mesmément à Paris. A quoy ceux du Parlement estoient ordinairement employez, & principalement M. Simon de Bucy lors premier President,1 qui fut tué par la commune de Paris, lequel Froissard appelle Cheualier és loix, ce qui me fait penser qu'il auoit aussi esté auparauant Aduocat; car c'estoit lors le chemin pour paruenir aux plus hautes dignitez. Et de faict M. le Duc de Normandie qui fut depuis le Roy Charles V. ayant pris la Regence du Royaume, employa lors en son Conseil M. Iean des Mares 2 Aduocat, duquel nous parlerons cy-apres: comme aussi il eut M.

** Miraumont met la Forest deuāt Pastorel, & dit que la Forest fut Archeuesque de Rouën, Chancelier de France & Cardinal.*

1 Miraumont tit. du Parlement, p 68. dit que le peuple vouloit qu'on luy fit son procez pour auoir donné mauuais conseil au Roy Iean, toutesfois qu'il fut employé au traitté de Bretigny.

2 il est ainsi nommé par M. I. Iuuenel des Vrsins en l'Hist. de Charles VI. d'autres l'appellent des Marets.

Arnauld de Corbie,[1] lequel fut pareillement Aduocat, & depuis Chancellier de France. Ie ne dois non plus oublier M. Renauld Dacy [2] Aduocat en Parlement, qui s'en retournant du Palais chez luy fut tué par la populace de Paris dedans la maison d'vn patissier proche la Magdelaine le le mesme iour que les sieurs de Conflans Mareschal de Champagne, & Robert de Clermont Mareschal de Monseigneur le Dauphin Duc de Normandie, furent massacrez, & que Monsieur le Dauphin mesme fut contraint de prendre le chapperon du Preuost des marchands pour se sauuer, qui fut le deuxiesme Ieudy de Caresme 11. Feurier 1357. fut l'Aduocat Dacy, enterré à S. Landry dont il estoit, selon ce qui est escrit en la Chronique de S. Denys. C'est aussi celuy qui par vne Lettre de Monsieur le Regent du 28. May 1359. enregistrée en nostre Chambre des Comptes est appellé *Aduocat general, & de Monsieur & de Nous*, qui sont termes lesquels doiuent tous estre pesez. Premierement, en ce qu'on luy baille pour premiere qualité celle d'*Aduocat general*, qui est celle que les Ordonnances qui se lisent aux ouuertures des Parlemens donnent aux Aduocats de la Cour, y adjoustant celle de Conseillers, en les appellant *Aduocatos & Consiliarios generales Parlamenti.* Secondement, en ce qu'il est dénommé *Aduocat de Monsieur*, qui est a dire du Roy, (car c'est Monsieur le Duc de Normandie Regent qui parle.) Et finalement, *Aduocat de Nous*, c'est à dire de Monseigneur le Regent. Et consequemment il estoit Aduocat general du commun, Aduocat du Roy, & Aduocat de Monsieur le Regent: & faut remarquer que le titre d'Aduocat general du commun precede les deux autres qualitez; qui n'est pas vn petit honneur à l'Ordre des Aduocats. Il est encores

1 Miraumont tit. du Parlement dit, qu'il estoit de Beauuais, fut premier President en 1373. fit serment de ne prendre pensions d'aucun Seigneur, ou Dame. Et en son Traité de la Chancellerie p. 152 & 153. il dit, qu'il fut fait Chancellier de France l'an 1388. & que ce fut luy lequel en l'an 1406. le 12. Nouembre, à l'ouuerture du Parlement qu'il tint, ordonna que doresnauant chacun nouuel Aduocat receu au serment d'Aduocat payeroit deux escus, & chacun Procureur vn escu, pour dire les Messes accoustumées en la salle du Palais. Nostre Autheur en ses Memoires de Beauuaisis, ch. des personnes de renom de Beauuais art. XVI. luy fait vn ample eloge; dit toutesfois qu'il estoit bastard.

2 Miraumont tit. du Parquet l'appelle Iean Day & selon les Annales d'Aquitaine Pierre Dacy: dit qu'il fut receu Aduocat du Roy en l'an 1375. Pasquier en parle en ses Recherches, liu. 2. ch. 3. p. 51.

fait mention en la mesme Chronique de S. Denys d'vn autre Aduocat du Parlement nommé M. Pierre du Puyser, qui fut executé auec d'autres en l'an 1358. non pour aucun crime qu'il eust commis, mais à cause de la mesme mutinerie des Parisiens. M. Guillaume des-Dormans estoit aussi lors Aduocat en Parlement, lequel en l'année suiuante fut employé en qualité d'Aduocat du Roy par mondit Seigneur le Dauphin à faire entendre au peuple de Paris assemblé au Palais, les grandes & desraisonnables demandes que faisoit le Roy d'Angleterre pour la deliurance du Roy Iean son Pere. Il fut depuis Chancellier de France par la demission de Messire Iean des-Dormans* son Frere, Euesque de Beauuais & Cardinal. Et a duré la posterité de Guillaume des-Dormans iusques en nostre temps, qu'elle est finie en filles. Furent aussi lesdits Guillaume & Iean des-Mares cy dessus mentionné employés au Traitté fait auec le Roy d'Angleterre le 7. iour de May 1360. à Bretigni, auquel ils sont dénommez. Depuis Monsieur le Dauphin qui fut Charles V. que nous auons surnommé le Sage, ayant esté appellé à la Couronne en l'an 1364. par le decez du Roy Iean son Pere, la Iustice commença à bon escient à reprendre sa vigueur, & à regner plus que deuant. Car, comme il estoit vrayement sage & vertueux, tant en la conduite de ses armes contre les ennemis de ce Royaume, que pour appaiser les diuisions & émotions qui estoient aduenuës pendant son gouuernement & son regne, aussi estoit il grand zelateur & amateur des lettres, sciences & disciplines. Tellement que de son temps vne grande partie des bons liures furent tournez en nostre langue; & non seulement la Bible & autres diuers liures de la saincte Escriture & des principaux Docteurs de l'Eglise, comme les liures de S. Augustin de la Cité de Dieu, mais aussi vne grande partie de ceux d'Aristote, & notamment ses Politiques & Oeconomiques, la plus part d'iceux par M. Guillaume Oresme, Docteur en Theologie, lequel en outre & par le commandement du mesme Roy translata les liures de Ptolomée, auec le Commentaire de Hali sur iceux, concernant les plus hauts secrets de

** Miraumont en son Traitté de la Chancellerie, au Recueil des Chanceliers, p. 144. & suiuantes, ensemble nostre Autheur en ses Memoires de Beauuaisis Chap. III. des Eueschê & Euesques de Beauuais, nombres LXVIII. & LXX. descriuent assez amplement les vies de ces Meß. des Dormãs, & d'vn Milo des Dormãs aussi Euesque de Beauuais & Chancelier de France, Fils dudit Guillaume*

Astrologie iudiciaire. Et se monstra fort roide conseruateur des droicts de sa temporalité & iustice, iusques à auoir fait composer en Latin & en François le songe du Verger. Et auoit si grand soin que la iustice fust sincerement administrée par tout son Royaume, qu'il ne faisoit quasi rien sans le communiquer à son Parlement, qui estoit lors remply de gens de bien & de sçauoir. Et ainsi il conduisoit ses affaires auec grande prudence & iustice; & si sçauoit fort bien faire executer ses iugemens par la force de ses armes, ny pouruoyant pas moins puissamment dans son cabinet d'où il ne bougeoit, par le ministere de ses Capitaines, que le feu Roy son Pere par sa presence. Ce r'establissement du Parlement fait aprés la desliurance du Roy Iean, fut cause que le nombre des Aduocats s'accrut tellement, qu'il y fallut apporter vn reglement. * Car ce fut lors, sçauoir en l'an 1363. qu'il fut ordonné qu'en prestant le serment aux ouuertures des Parlemens, on feroit vn roole des principaux Aduocats qui en feroient la charge pendant sa seance; qu'ils seroient brefs en leurs plaidoyers & escritures; qu'ils n'vseroient de redittes; qu'ils ne parleroient que deux fois, sçauoir est en replique & duplique aprés leur premier plaidoyer; qu'encores qu'ils fussent plusieurs au conseil d'vne partie, toutesfois il n'y en auroit qu'vn qui porteroit la parole; qu'ils signeroient leurs escritures; que pour la conduite d'vne cause, ils ne receueroient point plus de trante liures tournois qui estoit vne assez grande somme; car par la mesme ordonnance on ne taxe à vn Conseiller allant en commission à six cheuaux que soixante sols par iour, de quelque qualité qu'il fust: ce qui monstre le compte & l'estat que l'on faisoit lors du labeur d'vn Aduocat, les trante liures valans en ce temps-là cent escus d'auiourd'huy. Ce fut aussi le mesme Roy qui fit receuoir en son Parlement les appellations des Comtes d'Armaignac, d'Albret, de Perigort, & des Barons & Nobles de Guyenne, contre le Prince de Galles Duc de ce païs, ayant à cette fin fait assembler les principaux Seigneurs, tant Ecclesiastiques que seculiers, ses Officiers & Gens des bonnes villes de la France; qui

* *Ancien reglement concernant les Aduocats.*

fut vn exploit de iustice qui a autant profité à ce Royaume, qu'eust pû faire vne grande bataille. Ie viens donc à vous parler maintenant de M. Iean des-Mares, & particulierement de M. Pierre de Fontebrac, pour vous dire que ces deux coururent des fortunes grandement differentes, en ce que l'vn, sçauoir est des-Mares qui auoit esté l'vn des principaux Conseillers du Roy Charles le Sage, & par luy employé au conseil qu'il prit en son Parlement le 28. Decembre 1366. & qui depuis encores auoit esté son Aduocat, & en cette qualité auoit parlé pour les Preuost des marchands & Escheuins en la presence de Monseigneur le Regent, lors qu'il proposa à la Cour le traitté qui se deuoit faire auec le Roy de Nauarre, se voulant retirer de l'alliance des Anglois. Ce qu'il fit auec si grande liberté, qu'il nomma tout haut ceux qui ne deuoient estre receus à r'entrer dans Paris, comme estans traistres au Roy & à la ville : & encores depuis fit vne remonstrance sur la majorité du Roy Charles VI. & sur le faict de la Regence & du gouuernement du Royaume. * Ce des-Mares, dis-ie, parla auec si grande hardiesse, que les Ducs d'Anjou, de Berry, & de Bourgongne s'en estans offencez trouuerent moyen de luy faire faire son procez sous pretexte de la mutinerie de la populace de Paris ; & fut mené si chaudement, qu'ils le firent iniustement decapiter aux halles. Et neantmoins vingt-quatre ans aprés ses os furent enterrez * en l'Eglise saincte Catherine du Val des Escholiers auec son espouse, où sont encores de present leurs effigies releuées en bosse à la main gauche du Chœur. Ce qui nous apprend combien il est perilleux de s'entremettre des affaires publiques pendāt les troubles, dont nous n'auons que trop d'exemples tragiques de nostre temps. Et au contraire l'autre qui estoit M. Pierre de Fontebrac aussi Aduocat en ce mesme temps, & simple Chanoine de Chartres, ne s'entremettant que des affaires communes du Palais, & principalement pour la defence des causes des Ecclesiastiques, fut fait Cardinal par le Pape Clement VII. qui lors séoit à Auignon, selon que disent nos Annales ; car il n'est pas dénommé entre les Cardinaux recueillis par Onufre. Ce que i'ay dit de des-Mares & de Fontebrac

** v. Pasquier en ses Recherches, liu. 2. ch. 18. p. 143. & 144.*

** suiuant la permission donnée à ses parens par Arrest du Parlement du 11. Mars 1405. ainsi qu'a remarqué Miraumont tit. du Parquet.*

aduint sous le regne de Charles VI. de sorte que ces deux Aduocats peuuent estre nommez entre les Aduocats des regnes de Charles V. & Charles VI. comme reciproquement il y en a du temps de Charles VI. qui pourroient estre mis entre ceux des Rois Charles VI. & Charles VII. Or sous le regne de Charles VI. ie trouue vn bien grand nombre d'Aduocats, comme Maistres Iean Filleul, Iean de Rumilly, Gilles le Noir, Raoul d'Vlmones, Iean le Coq dit Galli, Iean de Neuilly, Raoul d'Amiens, Denys de Mauroy, Pierre l'Orfévre, Iean Coüard, Iean Perier, Iean Iuuenel des Vrsins, Clement de Reillac, Raoul Pimont, Martin Doublé, Oudard Bertine, & Iean de la Riuiere; tous fameux Aduocats de leur temps, mais principalement le Coq, lequel ayant longuement plaidé pour le Roy, [1] & pour plusieurs parties, nous a conserué les noms de la plus part des susnommez, & laissé beaucoup de notables Arrests & decisions [2] du Droict Ciuil, Canon, Coustumier & François. Pour le regard de M. Pierre l'Orfévre, ie ne vous en diray que ce qui a esté touché cy dessus, qui est qu'il fut Chancellier de Monsieur d'Orleans. M. Iean de la Riuiere fut enuoyé pour Procureur du Roy au Concile de Constance; & depuis fut fait Chancellier de Bretagne. Quant à Maistres Iean Filleul, & Martin Doublé qui estoit aussi Conseiller au Chastelet, ils coururent tous deux fortune au mesme temps de M. Iean des-Mares, ayans esté lors emprisonnez auec Messire Guillaume de Sens, mais on ne les nõme point entre ceux qui furent executez. Ce M. Martin Doublé est allegué par nos Coustumiers pour aucteur d'vne maxime en faict de bastardise, [3] sçauoir est que les Bastards ne peuuent receuoir legs de leur pere ou mere; ce que l'on doit en-

[1] *En effect Miraumont le met parmy les Aduocats du Roy, en l'an 1392. & dit que celuy-cy est peut-estre le M. Iean le Coq, qui est nommé entre les presens au conseil tenu pour le Roy en la Chambre du Parlemẽt le 10. iour d'Auril 1396. immediatement apres le Procureur general.*

[2] *Pasquier l. 2. de ses Recherches, ch. 4. p. 59. cite ce Iean le Coq sur vne de ses decisions. & nostre Autheur rapporte cette-cy de luy en ses Institutes coustumieres ou Regles du droict François, liu. 2. tit. 5. art. 17. de la premiere edition & 18. des autres.* Par la plus part des Coustumes, *dit il*, les parens conjoints d'vn seul costé succedent auec ceux qui sont conjoints de double ligne, suiuant les aduis de Maistres Iean le Coq, Pierre le Sec, & autres anciens Sages, sur ce oüis par tourbe.

[3] *Nostre Autheur a rapporté cette maxime en ses Regles du droict François, liu. 1. tit. 1. art. 35. de la premiere edition, & 42. des autres.*

tendre des legs excedãs leur nourriture. Et pour le regard de M. Iean de Neuilly, il se remarque parce que Galli en r'apporte, qu'il estoit homme violent, cholere, & courageux en ses plaidoyers, ainsi qu'il se peut voir en sa question XCVII. où il y a qu'il fut condamné en l'amende, plaidant pour quelsques particuliers d'Orleans. Ce qui me fait penser que feu M. Estienne de Neuilly qui se fit premier President en la Cour des Aydes, lors que le feu sieur de la Place qui auoit aussi esté Aduocat fut tué à la S. Barthemy, [1] & encores vn autre de Neuilly Maistre des Requestes qui donna vn soufflet à vn Officier de l'Empereur Charles V. estans en conference comme Deputez de leurs Maistres; cela, dis-je, me fait croire qu'ils estoient de la race de ce Maistre Iean de Neuilly, ayans tous esté d'vn naturel fort prompt, hauts à la main, & hutins, s'il m'est loisible de parler en l'ancien langage de ce temps-là, c'est à dire mutins & quereleux. Ie diray aussi vn mot de M. Iean Coüard qui semble ne deuoir estre mis en oubly, qui est, que c'est luy duquel l'aduis fut suiuy par l'Arrest r'apporté par Galli, & depuis aussi confirmé par nostre Coustume de Paris, [2] sçauoir est que l'argent destiné pour estre employé en achapt d'heritages doit estre reputé immeuble, ainsi qu'il y a en sa premiere question, où il est r'apporté qu'il estoit vn tres-grand Aduocat. Nous apprenons encores du mesme Autheur que M. Oudard Bertine, Chanoine de Paris estoit Aduocat du Roy & de l'Eglise de Paris tout ensemble; & pareillement que la Cour auoit lors telle confiance en la preud'hommie des Aduocats, que M. Clement de Reillac [3] estant poursuiuy par le Prieur de Nostre Dame des Champs pour la restitution d'vne piece qui luy auoit esté baillée, il fut crû de la luy auoir renduë, & absous sur sa simple parole. Mais sur tous il nous faut parler de M. Iean Iuuenel des Vrsins dont vient la maison de la Chapelle aux Vrsins, laquelle s'estant habituée en France dés le temps du Roy Iean, y a acquis beaucoup de biens, & encores plus d'honneur, tant en conseil qu'en faict de guerre. Car ie trouue par l'Histoire qui a esté escrite par Messire Iean Iuuenel Archeuesque de

1 *Miraumont, tit. de la Cour des Aydes, dit que le sieur de Neuilly fut pourueu de cet estat de premier President le 11. Ianuier 1569. qu'il exerça depuis par l'absence de M. Pierre de la Place. Et toutesfois Pasquier au XVI. liu. de ses lettres escriuant à M. Theodore Pasquier son fils aisné. p. 245. dit qu'il fut fait premier President par M. du Mayenne, c'est à dire pendant la Ligue.*

2 *Art. 39. &c.*

3 Quæst. 369.

590

Rheims, l'vn de ses enfans [1] que Messire Neapolin des Vrsins, natif du Mont Iourdain au Royaume de Naples, Euesque de Mets, venant en France y auoit amené Pierre des Vrsins son Nepueu, vaillant Cheualier, qui fit de grands exploits de guerre contre les Anglois du temps des Rois Philippes de Valois, & Charles V. & que les guerres estans finies, il s'en alla contre les Sarrazins en Espagne, laissant en ce Royaume M. Iean Iuuenel son fils, qui fut si fameux Aduocat en Parlement, que pour sa vertu & prudence il fut eslu garde de la Preuosté des marchands, lors qu'elle fut restablie par le Roy Charles VI. qui l'auoit auparauant abolie & reünie à la Preuosté de Paris à cause de la mutinerie des Maillotins, & en osta Messire Iean de Solleuille, qui de Conseiller en Parlement auoit esté fait Preuost de Paris, lequel requit luy-mesme estre déchargé de la Preuosté des marchands, disant qu'il ne pouuoit gouuerner seul toute la iustice de Paris. Et c'est ce Messire Iean Iuuenel, qui pendant sa Preuosté des marchands fist en vn iour ce que les Officiers de maintenāt ne feroient pas en vn an. Car voyant que la nauigation de la riuiere de Marne venant à Paris estoit empeschée par les moulins & gords que les Seigneurs y auoient fait bastir pendant les guerres ou autrement, & que la longueur que l'on y pourroit pratiquer par procez, empescheroit qu'il n'y fust promptement pourueu, obtint Lettres du Roy pour les faire abattre, à la charge de recōpenser les proprietaires de dix deniers pour vn de reuenu qu'ils en auoient: ce qu'il executa si dextrement, que sans appeller ny aduertir autres, que trois cens compagnons qu'il mit tout soudain en besongne, il les fit démolir en vn seul iour. C'est aussi luy qui fut esleu Aduocat du Roy au Parlement en l'an 1400. [2] & qui en cette qualité proposa en la presence des Princes du sang, de plusieurs Prelats, & foison de peuple, qu'il estoit moins mal que la Reine Ysabeau de Bauiere

1 sous l'an 1388. & les suiuantes, p. 87. 121. 124. 129. 168. &c. Voyez aussi au commencement des Annotatiōs de M. Theodore Godefroy sur cette Histoire, p. 571. 572. 573. l'extraict du Discours de l'Office de Chancelier de France, fait par le mesme Iean Iuuen. des Vrsins, lors Euesque de Laon, où il descrit plus au long ce qui concerne ce Iuuenel son Pere, lequel il appelle par tout Iuuenal.

2 Miraumont escrit qu'il fut Aduocat du Roy en l'an 1406. & partant il se seroit trompé en la date, qui est pareille dans l'Histoire de Charles VI. à celle cy. Il dit qu'és Registres de la Cour il est nommé comme icy M. I. Iuuenel, & par Bouchet en ses Annales Messire Iean Iuuencel.

presidast

presidast au Conseil, & prit le gouuernement des affaires du Royaume pendant la maladie & indisposition du Roy, & minorité de Monsieur le Dauphin, diuision & discord des Princes du sang, ainsi qu'il fut lors arresté; & qui se monstra roide & vertueux pour soustenir l'authorité du Roy, de pouuoir assembler les Ecclesiastiques de son Royaume touchant le faict de l'Eglise, & d'y presider en attendant vn Concile general; reprimer & rembarrer ce qui auoit esté dit au contraire par M. Guillaume Fillastre Doyen de Rheims; & encores sur la substraction de l'obeïssance à Pierre de la Lune soy disant Benoist XIII. Pape, en se remettant aux anciennes libertez, franchises, & pouuoir des Ordinaires, suiuant & adherant à l'Vniuersité de Paris; [1] & encores contre le Duc de Lorraine pour le soustenement de l'hommage de Neufchastel, & de deux cens villages qui en dependent. Mais sur tout il fit monstre de sa vertu, prudence, eloquence, courage, & dexterité de son esprit, lors qu'ayant oüy, [2] ce luy sembloit, par trois nuicts vne voix qui luy disoit ces paroles du Pseaume CXXVI. *Surgite postquam sederitis, qui manducatis panem doloris*, qui l'admonestoient de pouruoir à soy, & aux seditions des Cabochiens & bouchers qui lors regnoient, ou plustost tyrannisoient en la ville de Paris les Princes, Monsieur le Dauphin, le Roy, & la Reyne, &, s'il faut ainsi dire, toute la France, estans appuyés & supportés du Duc de Bourgongne, il eust la hardiesse & le credit d'y faire receuoir malgré eux les articles de la paix d'Auxerre; desliurer les Ducs de Bauiere & de Bar detenus prisonniers au Louure, qu'on vouloit executer le lendemain [3]; & mettre la bastille és mains de Monsieur le Dauphin qui la bailla au Duc de Bauiere en depossedant le Duc de Bourgongne; deschargea la ville de la plus part de ces seditieux, leur ayant à cette fin fait laisser les portes ouuertes afin de s'enfuir; changea & remua la plus part des Officiers qu'ils y auoient mis, & en establit d'autres en leurs places; desliura en ce faisant la ville de la captiuité en laquelle elle estoit, sans que personne eust esté frappé, pris, ny pillé; & si eust la hardiesse de tirer le Roy des mains du

1 Pasquier l. 4. de ses Recherches, ch. 27. dit qu'il commença le discours qu'il fit alors deuant les Prelats de France, assemblez pour la deposition de Benoist XIII. par ces mots du Psal. 30. viriliter agite, confortetur cor vestrũ, omnes qui speratis in Domino.

2 En l'Hist. des Vrsins sous l'an 1413. p. 324.

3 p. 330. 331.

592

Duc de Bourgongne, qui sous pretexte de le mener à la volerie le vouloit enleuer, afin de commander en son nom, ainsi qu'il auoit fait auparauant. Bref, il fit luy seul en vne sepmaine plus que dix mille hommes de guerre, & cent des meilleurs Conseillers de la France n'eussent sceu faire. Ce fut en la premiere sepmaine du mois d'Aoust de l'an 1413. auquel temps il fut aussi fait Chancelier de Monsieur le Dauphin Duc de Guyenne. Et s'il eust esté creu en ce qu'il proposoit de l'oubliance & amnestie des injures passées, & de toutes choses qui auoient esté dites & faites auparauant ce temps tant d'vne part que d'autre, les maux & desolations du Royaume qui ensuiuirent puis aprés, ne fussent iamais aduenues. Mais puis que nous en auons tant dit, comme on ne sçauroit trop parler d'vn si noble Personnage, il faut encores que vous sçachiez qu'il fut aussi Pere de Messire Iean Iuuenel des Vrsins, Seigneur de Traignel, Chancelier de France du temps du Roy Charles VII. & de Messire Iean Iuuenel Euesque & Comte de Beauuais, & depuis Euesque & Duc de Laon, & encores aprés Archeuesque de Rheims,[1] & de plusieurs autres enfans, iusques à vnze, tous grands & bien pourueus,[2] selon qu'il se voit en leur Chapelle derriere le Chœur de l'Eglise Nostre Dame de Paris, où il y a qu'il mourut à Poictiers le iour de Pasques premier d'Auril l'an 1431. Ce qui monstre qu'il s'estoit rendu au Par-

[1] *C'est l'Autheur de l'Histoire de Charles VI. cy-deuant alleguée. Il a fait plusieurs autres Oeuures, dont M. Th. Godefroy, Aduocat en la Cour, nous a donné quelsques fragmens en ses Annotations sur cette Histoire. Mais il y a vn manuscrit dans la Bibliotheque du Roy, d'vne Remonstrance qu'il fit au Roy Charles VII. où se trouuent ces mots remarquables.* On m'a rapporté, *dit-il*, qu'il y a en vostre Conseil vn qui en vostre presence dit, à propos de leuer argent du peuple, duquel on alleguoit la pauureté; que peuple tousiours crie & se plaint, & tousiours paye; qui fut mal dit en vostre presence. Car c'est plus parole qui se doit dire en presence d'vn tyran inhumain, non ayant pitié & compassion du peuple, que de vous qui estes Roy tres-Chrestien. Quelque chose qu'aucuns dient de vostre puissance ordinaire, vous ne pouuez pas prendre le mien. Ce qui est mien, n'est point vostre. Peut bien estre qu'en la Iustice vous estes Souuerain, & va le ressort à vous. Vous auez vostre Domaine, & chacun particulier le sien.

[2] *M. Th. Godefroy en ses Annotations sur l'Histoire de Charles VI. p. 562. nous a donné tous les noms, qualitez, mariages & emplois de ces vnze enfans.*

lement de Poictiers, abandonnant celuy de Paris, lequel estoit lors en la puissance des Bourguignons & des Anglois. Au surplus ne trouuez point estrange, si ie ne vous ay point parlé de M. Iean Andriguet, lequel fut pris pour Aduocat du Roy au procez que l'on voulut faire à nostre Messire Iean Iuuenel; d'autant que les Aduocat & Procureur du Roy, tant du Parlement, que du Chastelet, sçachans son innocence, ny voulurent point prendre conclusions; car cet Andriguet n'est memorable, qu'en ce seul acte.[1] Ie doute aussi, si ie dois mettre au nombre de nos Aduocats deux hommes fort renommez au mesme temps, Maistres Iean Rapiout & Nicolas Raulin[2], tous deux ayans exercé la fonction d'Aduocat en ce Parlement, mais qui s'aduancerent aux Estats & aux biens, par les fonctions & diuisions qui regnoient lors. Rapiout en celuy de President de la Cour,[3] par la faueur de la Reyne & du Duc de Bauiere son Frere, lequel auoit auparauant fait monstre de son bien dire en vne assemblée tenuë en l'Hostel de la ville sur le faict de la paix d'Auxerre d'entre les Princes; & fut depuis commis contre Raulin pour la dispute de la plus grande question qui se presenta lors; sçauoir, lequel il valoit mieux, ou que le Roy s'accordast auec le Roy d'Angleterre qui lors enuahissoit quasi tout ce Royaume, afin d'en conseruer vne partie & le titre au Roy; ou bien de se joindre auec Monsieur le Dauphin son Fils, qui fut depuis le Roy Charles VII. lequel estoit tellement chassé de toutes parts, qu'il ne possedoit quasi rien. Raulin qui estoit du Conseil du Duc de Bourgongne, soustenant qu'il estoit plus expedient d'auoir paix auec l'Anglois, voire en luy quittant beaucoup du Domaine du Royaume qu'il demandoit: & l'autre soustenant au contraire, que non seulement le Roy ne pouuoit rien aliener, voire mesme quand il seroit en son bon sens; mais aussi

1 Il est parlé de cet Andriguet, ensemble du procez fait à M. I. Iuu. des Vrsins en l'Hist. de Charles VI. sous l'an 1393. p. 122. 123. & c. & encores és Annotations de Godefroy sur cette Hist. p. 572. & 573.

2 Miraumont dit qu'il fut commis par la Cour à l'Office d'Aduocat du Roy le 19. Iuillet 1420.

3 Miraumont & Blanchard escriuent, qu'il fut fait tiers President *en l'an* 1418. *Philippes de Moruilliers dont est parlé cy-apres estãt fait premier* President. *Par apres il fut Bailly, ou, comme dit* Blanchard, *Lieutenant general de Sens; puis receu Aduocat du Roy le 3. Feurier* 1421. *au Parlement tenant lors à* Poictiers, *à quatre cens liures de gages, & à la charge qu'il n'auroit pension, & ne seroit és Consultations que du Roy.*

qu'il n'y auoit aucune seureté en ce que l'Anglois promettroit, n'estant point vray ny legitime Roy d'Angleterre,[1] alleguans l'vn & l'autre plusieurs autres raisons discouruës en nos histoires. Et c'est ce Raulin qui estant Chancelier du Duc de Bourgongne se combla de tant de biens, que son Maistre fut enfin contraint de luy dire, *C'est trop Raulin*: laquelle parole fut si bien releuée par Monsieur le Chancelier de l'Hospital, quand il dit en vne sienne harangue, *qu'il aymeroit mieux la pauureté du President de la Vacquerie, que d'auoir les biens du Chancelier Raulin.* Et d'ailleurs ce mesme Raulin fut si impudent que de requerir deuant le Roy d'Angleterre, qui se portoit lors Regent du Royaume, que Monseigneur le Dauphin fust priué & exheredé du Royaume, & d'en faire donner vn iugement, estant en ce assisté de M. Pierre de Marigny soy disant Aduocat, [2] & de Iean Aguenin Procureur du Roy,[3] qui estoiēt aussi lors Aduocats en ce Parlemēt, & fut depuis Aguenin Presidēt. C'est aussi ce mesme Raulin qui fit bastir ce bel hospital de Beaune, lequel par vn iuste iugement de Dieu sert maintenant de retraitte à quelsques-vns de sa posterité; tant est grande la pauureté & necessité à laquelle ils sont reduits. Outre les susnommez il y auoit encores en ce temps-là M. Philippes de Moruillier, qui fut enuoyé à Paris par la mesme Reyne & le Duc de Bourgongne auec Messire Iean de Neufchastel, Seigneur de Montaigu, peu auparauant la prise & le massacre du Comte d'Armaignac Connestable, de Messire Henry de

1 *Il entend parler de Henry V. de la maison de Lencastre, duquel le Pere, comme enseigne Monstrelet en son 1. volume, chap. 101 sous l'an* 1412. pour venir, *dit-il* à l'honneur & possessiō de la Couronne du Royaume d'Angleterre, auoit iadis par certains moyēs assez estrāges & peu honorables debouté d'iceluy Royaume son propre cousin germain Richard Roy d'Angleterre, aprés qu'il en auoit possedé paisiblemēt l'espace de vingt-deux ans. *Et peu apres, le Fils qui auoit emporté la Couronne de son Pere, luy en voulant faire ses excuses sur ce qu'on luy auoit dit qu'il estoit mort, aprés quoy sa Couronne & le Royaume luy appartenoient, le mesme Autheur fait ainsi parler le Pere aux Fils.* Beau fils comment y auriez vous droict, car ie n'en y eus oncques point? & sçauez-vous biē, Monseigneur, respondit le Prince, ainsi que vous l'auez tenu & gardé à l'espée, c'est mon intentiō de la garder, & defendre toute ma vie. Et adonc dit le Roy: Or en faites cōme bon vous semblera: ie m'en rapporte à Dieu du surplus, auquel ie prie qu'il ait mercy de moy.

2 *Miraumont dit qu'il fut Aduocat du Roy par nouuelle Ordonnance du* 22. *Iuillet* 1418. *lors de la faction de Bourgongne, & fut depuis Maistre des Requestes & garde de la Preuosté de Paris, le* 3. *May* 1421.

3 *Miraumont & Blanchard disent qu'il fut esleu Procureur general par le Parlemen*

du consentement de M. le Dauphin, & du Duc de Bourgongne; par le decez de M. Denys de Mauuoy. Depuis en 1420. il fut receu second President en Parlement. La Roche-Flauin en son Traitté des Parlemens. p. 129. escrit que son eslection en la charge de Procureur general se fit, comme il se faisoit lors, le Chancelier present, & les Presidens tenans le scrutin.

Marle, Chancelier de France,[1] de plusieurs Prélats, Officiers du Roy, & autres infinis, dont nos histoires sont r'emplies; & qui sont choses si horribles pour ce regard, que ie ne sçauois si ie deuois mettre au nombre de nos Aduocats vne partie des susnommez. Mais ie n'en puis oublier quatre ou cinq autres qui sont enuiron du mesme temps, c'est à sçauoir M. Guillaume Cousinot[2] que M. Iean Iuuenel en son Histoire dit auoir esté vn notable Aduocat, lequel proposant en Parlement pour les veufue & enfans du Duc d'Orleans contre le Duc de Bourgongne, prit pour son theme,[3] *Hæc vidua erat, quam cùm vidisset Dominus, misericordiâ commotus est super eam*;[4] ny M. Benoist Gentian aussi Aduocat, lequel proposant aux Estats assemblez à Paris pour le secours de la guerre contre les Anglois, apres la pacification faite entre les Princes, commença par ces mots,[5] *Imperauit ventis & mari, & facta est tranquillitas.*[6] Ie vous nommeray aussi M. Iean Rapoüel ou Rapiout, que l'on voulut faire Procureur general, lors que ce M. Iean Aguenin fut esleu en l'action dont nous auons parlé cy-dessus, en la place duquel fut depuis cõmis par la Cour M. Guillaume le Tur.[7] Et si il y auoit encores M. Denys de Mauuoy qui fut Aduocat du Roy,[8] & M. Iean de Vailly lequel à la mesme faueur de la Reyne, & du Duc de Bauiere, fut fait Chancelier de Monsieur le Dauphin, Duc de Guienne; & en l'année suiuãte, il fut constitué prisonnier auec d'autres personnages de qualité, auec lesquels il fut en danger de sa vie, & cottisé à de grosses sommes de deniers par les mutins, bouchers, & Cabochiens de cette ville; & neantmoins il fut depuis President[9]

1 le 8. Aoust 1413. Miraumont.

2 Miraumont escrit qu'il fut fait President de la Cour en 1438. Blanchard remarque qu'à cause qu'il auoit esté pourueu par le Roy de cette charge sans eslectiõ de la Cour, il fut receu, à conditiõ que ses lettres seroient reformées in formâ debitâ & consuetâ.

3 en l'an 1407 voyez Pasquier liu. 4 de ses Recherches. ch. 27 pag. 407. 4 Luc. cap. 7. *5 Pasquier au mesme endroit.* 6 Marc. cap. 4. & Luc. cap. 8.

7 en 1417. il estoit lors Aduocat du Roy dés l'an 1413. Depuis fut President de la Cour en 1436. employé en de grands emplois auec reputation de grande suffisance & probité. Miraumont & Blanchard. Aucuns l'ont appellé le Turc.

8 Miraumont dit qu'il fut Aduocat du Roy en 1400. & depuis Procureur general en 1404.

9 le mesme dit qu'il fut fait quart President en 1413.

en ce Parlement. I'ay encores remarqué vn M. Pierre la Gode Aduocat, qui fut decapité comme estant Armagnac; & pareillement M. Aignan Viole desnommé tesmoin au procez de la iustification de la Pucelle d'Orleans, André Cotin Archidiacre d'Angers, [1] Pierre le Cerf, [2] Michel du Puy, qui fut Procureur general, [3] & Iean Boileau [4] tous Aduocats celebres & fameux en leur temps. Mais aprés les susnommez il faut que ie reuienne à nostre Messire Iean Iuuenel, comme au plus celebre d'entr'eux tous. Car de verité c'estoit vn tres noble & vertueux Seigneur, digne de la maison de laquelle il estoit yssu, & de celle qui iusques à present est demeurée en grand honneur en ce Royaume, possedant encores la mesme Seigneurie de Traignel, dont il estoit Seigneur, qui valoit deslors deux mille liures de reuenu, ainsi qu'il y a en cette Histoire, qui n'estoit pas peu de chose en ce temps-là. Sur ce M. Pithou vint à dire; Hé, Messieurs, ne prendrons-nous pas courage & exemple sur ce Messire Iean Iuuenel qui de simple Aduocat de la Cour a acquis tant d'honneur, a esté employé en de si belles charges, & finalement a laissé vne memoire si honorable de son nom, que l'Estat d'Aduocat en sera à tout iamais recommandable? Il ne se faut plus attendre à telles eslections & aduancemens, dit M. le Maistre des Requestes Pasquier, au moins tant que la venalité & cherté des Offices durera, laquelle nous voyons croistre & augmenter de iour en iour. Ie le crois, dit son Frere, & pense que ie demeureray perpetuellement en la salle du Palais, si mon pere ne me delaisse son Estat d'Aduocat du Roy en la Chambre des Comptes qu'il m'a resigné en suruiuance. Quant à moy, dit mon puisné, i'ay tout au contraire quasi regret d'auoir esté pourueu de mon Estat de Conseiller, estimant que si ie fusse demeuré simple Aduocat, ie me fusse plus aduancé, & eusse plus seruy au public, que par aduenture ie ne feray en mon Office. Ie ne suis point de cet aduis, dit son Frere; & voy bien que nous ne sommes plus au temps auquel on recherche les hommes pour leurs merites & valeur; mais il faut qu'ils s'aduancent aux Estats d'eux-mesmes, & par argent;

1 Miraumont sous l'an 1415. dit qu'il fut Aduocat du Roy, & depuis retenu Aduocat general du Roy auec M. Pierre de Marigni dont a esté parlé cy-deuant.

2 Procureur general en 1389 Miraumont.

3 le mesme l'appelle M. Michel de Pons, & le met Procureur general sous l'an 1479.

4 Miraumont nomme vn Henry Boileau Aduocat du Roy sous l'an 1408.

autrement ils croupiront en la poussiere du Palais. Vous m'auez fait plaisir, dit M. Pasquier, d'estre entrez en cette contestation, ayans cependant donné autant de relasche à mon discours ; car de verité i'estois hors d'haleine d'auoir parlé si longuement. Et neantmoins si faut-il que ie vous adiouste, que vous ne deuez pas seulement faire estat de Messire Iean Iuuenel, pour auoir esté esleu Aduocat du Roy & Preuost des marchands, & pour auoir esté Pere d'vn Chancelier, & d'vn Euesque & Archeuesque Pair de France, & Autheur d'vne si grande & notable Maison en ce Royaume. Ie ne fonde pas sa grandeur sur cela seulement, mais sur ce qu'il est nõmé par nos histoires vn grand preud'homme, de grand sens, & de tres-bon conseil. Car afin que vous ne mesuriez pas son merite par ses bonnes fortunes seulement, il faut que vous sçachiez qu'il n'a pas esté exempt des mauuaises, ayant esté calomnieusement accusé * par de faux tesmoins fauorisez & supportez par le Duc de Bourgongne, lequel s'estoit offensé, tant des remonstrances cy-dessus recitées, que des faux r'apports qui luy auoient esté faits qui le touchoient ; & à cause de l'affection que Messire Iuuenel auoit monstrée, en appaisant la mutinerie des Parisiens. Et sans les aduertissemens qu'il receust quasi comme par vn miracle * de ce qui se tramoit contre luy, il eust couru la mesme fortune qu'auoit fait M. Iean des-Mares son deuancier en l'Estat d'Aduocat du Roy. Encores ne pût-il eschapper qu'il ne fust mis prisonnier au Chastelet par l'ordonnance des mutins qui commandoient à Paris, en l'an 1413. à faute de payer la somme de deux mille escus, à laquelle ils le cottiserent, dont il fallut payer vne partie content, & leur donner asseurance du demeurant ; * & si tous ses meubles furent pillez lors qu'il s'enfuit de Paris, lesquels montoient bien à seize mille escus ; & outre il auoit esté desappointé de la Presidence de Languedoc, & de l'Estat de Chancelier de Monseigneur le Dauphin pour l'auoir trop bien seruy, ayant refusé de sceller des dons excessifs qu'il faisoit. Mais il porta ses pertes & infortunes de si grand courage qu'il monstra auoir lors, qu'il trouua

* en l'Hist. de Charles VI. sous l'an 1393. p. 122. 123. & 124.

* sous l'an 1394. p. 129. & 130.

* p. 320. de l'Hist. de Charles VI.

en vn instant quatre ou cinq cens cheuaux dans Paris, pour empescher que le Duc de Bourgongne n'emmenast le Roy auec luy. Et lors encores il fit porter parole au mesme Duc, qu'on le trouueroit à la barriere de la porte Bordele, qui est celle qu'on appelle à present de S. Marcel, pour auoir raison de celuy qui auoit mis le feu en sa belle & plaisante maison de Ruel : qui monstre qu'il estoit homme non seulement de parole & de conseil, mais aussi de main, de hardiesse, d'effect, & d'execution, quand il en estoit besoin. Ie veux donc dire que les hommes ne se doiuent pas seulement estimer pour les bonnes fortunes qui leur aduiennent, ny mespriser pour les mauuaises. Et de faict a t'on fait moins de compte de Marc Antoine l'Orateur, de Ciceron, de Seneque, & de nostre Papinian, pour auoir esté iniustement & iniurieusement traittez & massacrez par leurs ennemis, & par des Tyrans, de Demosthene, de Socrate, & d'infinis autres que ie vous pourrois representer de l'antiquité ? Non, mes Enfans, non, il ne faut point faire seulement estat de la vertu pour les bonnes rencontres qui arriuent, mais il la faut cultiuer, principalement à cause d'elle-mesme, quoy que souuent elle soit accompagnée ou suiuie d'accidents mal-fortunez selon l'opinion du vulgaire, mais honorables, quand l'innocence & la bonne vie sont connuës de tous, & principalement de Dieu qui est le iuste Iuge de nos actions. Vous auez raison, dis-ie, d'en parler ainsi, & suis bien aise que vous ayez fait cette leçon à cette ieunesse. Mais n'estes-vous point las d'auoir tant & si longuement parlé en l'aage où vous estes ? Car encores que vous ayez fait preuue en cette action comme en beaucoup d'autres, de la force & vigueur de vostre esprit, & de vostre memoire, & que tant s'en faut que nous soyons ennuiez de vous ouïr, qu'au contraire le temps ne nous a quasi rien duré, si est-ce qu'il y a prés de trois heures que nous sommes icy. Partant il est-desormais temps que vous vous reposiez, & qu'on se pourmene vn peu auant souper, en remettant la partie à vne autre fois. A la verité, dit M. Pasquier, ie suis encores bien loin du bout de mon roolet, n'ayant parlé que des Aduocats du temps

des

des Rois Philippes le Bel,[1] & de ses trois Enfans,[2] de Philippes de Valois,[3] de Iean,[4] de Charles V.[5] & de Charles VI.[6] m'estant aduancé de dire quelque chose de ceux qui ont atteint le temps de Charles VII. & consequemment me restât tous les autres des regnes de Charles VII. de Louïs XI. de Charles VIII. de Louïs XII. de François I. de Henry II. & ses trois enfans, & de nostre Henry IV. qui sont six fois en plus grand nombre, que ne sont tous ceux desquels ie vous ay parlé, & dont ie pourray faire plus certain iugement que des susnommez, au moins de ceux que i'ay veus & ouïs de mon temps. Cela, dis-ie, merite bien vne autre iournée entiere. Ce sera donc, dit-il, pour vne autrefois, dont ie vous feray aduertir en vos maisons; & ce sera, si vous le trouuez bon, en ce mesme lieu; & cependant ie reuerray encores mes memoires. Nous vous en prions tous, luy dit la Compagnie quasi d'vne voix.

1 1326.
2 *Les trois Enfans de Philippes le Bel furent Louïs X. dit Hutin qui commença à regner en 1314 Philippes V. dit le Long en 1316 & Charles IIII. dit le le Bel qui regna en 1321.*
3 1328.
4 1350.
5 1364.
6 1380.

SECONDE CONFERENCE.

LE Sabmedy ensuiuant M. Pasquier nous enuoya prier de disner le lendemain en sa maison, nous mandant qu'il desiroit s'acquitter de sa debte, & y employer la iournée toute entiere, dont ie fus bien marry. Car m'estant trouué mal les iours precedens, les Medecins m'auoiét fait prendre medecine ce iour là, & m'auoient defendu de sortir de deux iours: ce qui fut cause que ie fus obligé de garder la maison la matinée du Dimanche, sans me pouuoir trouuer auec les autres. Mais i'y enuoyay mes enfans, leur tesmoignant que ie desirois qu'ils me fissent part à leur retour de ce qu'ils y auroient entendu. Cependant comme ie pensois me mettre à table pour disner, ie vis en-

En cette seconde Conference l'Auteur n'a fait que passer legeremẽt pardessus les principalles actions des Aduocats qui y sont nommez; ce qu'il a fait industrieusement & à dessein, pour ne pas faire repeter à M. Pasquier en ce Dialogue toutes les particularitez qu'il auoit desia dit du Parlement & des Aduocats en diuers endroicts dans ses Recherches, & particulierement aux chapp. 2. 3. & 4. du II. liu. & aussi dans ses lettres.

trer l'vn de mes enfans qui auoit laissé la compagnie, pour me venir conter vne partie de ce qui s'y estoit passé. En effect, il me dit que M. Pasquier leur auoit rapporté plusieurs belles actions, tant de Messieurs les Presidens de la Cour, que des Aduocats, Procureurs generaux, & d'autres qui auoient esté Aduocats au Parlement pendant les regnes des Rois Charles VI. [1] Charles VII. [2] Louïs XI. [3] Charles VIII. [4] Louïs XII. [5] & François I. [6] nommant entre autres les Presidens [7] de Cambray, de Nanterre, Dauuet, de la Vacquerie, & de Carmonne, le Procureur general Iean de S. Romain, [8] M. Iean Barbin, & M. Pierre de Marigny, [9] Maistres Iacques Barme, Pierre Remon & Iacques Cappel Aduocats du Roy, [10] les Aduocats Haslé & Breban, l'vn Archidiacre de Paris & l'autre Curé de S. Eustache, lesquels auoient plaidé vne regale en la presence du Roy de Portugal, qui estoit venu au Palais. Qu'il auoit parlé d'vne consultation celebre faite pour les enfans & heritiers de Iacques Cœur par de Reauté, Bezançon, l'Huyllier, [11] & quatre autres Aduocats fameux du temps des Rois Charles VII. & Louïs XI. Et comme ce Roy Louïs XI. estant sur la fin de ses iours en ses dernieres & melancholiques pensées, voulant pouruoir au faict de la iustice, coustumes, poids, & mesures de son Royaume, voulut aussi pouruoir au reglement des Aduocats, se plaignant de leur cautelles, & de l'excez de leurs salaires: adjoustant neantmoins que M. Iacques Mareschal, Chanoine de S. Thomas du Louure & Aduocat, qui estoit le vray Auteur du Commentaire de la Pragmatique Sanction; quoy qu'il porte le nom de M. Cos-

1 *Il commença à regner en l'an* 1380
2 *en* 1423.
3 *en* 1461.
4 *en* 1484.
5 *en* 1498.
6 *en* 1515.
7 *Miraumont tit. du Parlem. escrit qu'Adam de Cambray fut premier President en* 1436. *Mattheu de Nanterre en* 1461 *disant qu'il fut par apres translaté du Parlement de Paris en celuy de Toulouse. Iean Dauuet en* 1465. *disant qu'il fut par apres premier President a Toulouse, dont il reuint puis apres à Paris, où il fut receu second President. Iean de la Vacquerie en* 1481. *& Guillaume de Carmonne receu quart President en* 1503. *Blanchard appelle celuy-cy Christophle.*

8 *Miraumont dit qu'il fut fait Procureur general en* 1461. *& qu'il se nomma garde de la Preuosté de Paris, le Siege vacant, le* 4. *Iuin* 1465.

9 *En* 1410. *&* 1418. *Miraumont.*

10 *Le premier en* 1510. *les deux derniers en* 1534. Idem.

11 *M. Philippes l'Huillier Aduocat du Roy en* 1471. Idem.

me Guymier Conseiller & President aux Enquestes 1 ayant fait des saluations assez breues, la Cour luy en auoit taxé trante liures parisis, & que feu M. Charles du Moulin l'auoit ainsi entendu de ses Anciens. 2 Qu'il leur auoit en outre parlé d'vn M. Pierre Bataille Aduocat, employé par le Roy Louïs XI. aux plus grandes affaires du Royaume, lequel on tenoit estre le plus grãd Legiste de la France, decedé en l'âge de quarante-quatre ans. De plus, qu'il leur auoit fait recit de l'opposition formée à la reuocation de la Pragmatique San-

1 *Iean Ferrault en son Traité de* Priuilegiis Regni Frãciæ, *Priuil.* 3. Part. 3. Styli Parlament. *dit ces mots de Guymier,* vt recitat defunctus Præceptor meus magister Cosmas Guymier in proœmio Pragmaticæ Sanctionis, &c. *Ce qui est confirmé par l'Epitaphe du mesme Guymier, qui est sous les charniers du Cimetiere de Sainct-Innocent, inserée par Pierre Bonnefons au II. liu. de ses Fastes & Antiquitez de Paris, ch.7. & par Papyrius le Masson en l'Eloge de du Moulin, en ces mots,* COSMAS GVYSMIER INQVESTARVM PRÆSES, PATRI MATRIQVE SIBIQVE MONVMENTVM FECIT, LEGIT, CONSVLIT GLOSAS SVPER PRAGMATICA EDIDIT: OBIIT TERTIO DIE IVLII ANNO M. D. III. SED NEQVE MORIENS PAVPERVM OBLITVS EST, EOS ENIM HEREDES INSTITVIT. *Ces tesmoignages semblent de prime abord suffisans pour prouuer l'opinion commune, que Guymier est l'Autheur de la Glose de la Pragmatique Sanction. Mais à moins que de prouuer en mesme temps que Guymier a esté Chanoine de S. Thomas du Louure, ie ne les tiens pas fort considerables. Car l'Autheur de cette Glose dit nettement en parlant de luymesme sur le dernier mot du §.* Item quod omnia. *au tit. de la Pragmatique* de Collation. Rex & Episcopus Parisiensis alternatim conferunt præbendas Ecclesiæ collegiatæ S. Thomæ de Luperâ, in quâ canonicatum & præbendam habeo.

2 *Ce tesmoignage de M. Charles du Moulin est plus estendu dans son Commentaire sur la regle de la Chancellerie de Rome* de verisimili notitiâ. n. 53. *lequel portant les mesmes choses que dit nostre Autheur, mesme en ce qui concerne le veritable Autheur de la Glose de la Pragmatique, & seruant aussi d'Eloge à M. Iean Mareschal, merite bien d'estre icy transcrit au long.* Cæterùm, *dit du-Moulin*, vt obiter velut ab inferis & memoriam & honorem veri Authoris Glossæ Pragmaticæ Sanctionis vindicem, non fuit, vt vulgò putant, Cosmas Guymier, sed præstantior alius cognomine Mareschal, doctissimus & experientissimus antiquus Aduocatus in hoc Senatu, tempore Caroli VII. Ludouici XI. & Caroli VIII. qui ob breues quasdam, sed eruditas rationes iuris, quas saluationes vocant, cùm imperitus clientulus impar salarium offerret, honestè renuit dicens se tantùm id accepturum quod ob id in casum victoriæ taxaretur. Cùm autem clientulus victoriam obtinuisset, & in taxandis expensis litis de hoc articulo ad Senatum referretur, taxatæ sunt ei sexaginta libræ Parisienses, habitâ ratione non ad breuem, sed ad doctam & resolutoriam scripturam, modumque litis, & eminentem sçientiam Aduocati. Et fuit splendidum, & pro consuetudine illius temporis vt amplissimum, ita rarissimum honorarium. Is autem Dom. Mareschal heredem reliquit dictum Cosmam generum vel affinem suum, qui dictam

Commentarium inter chartas affinis inuentum, tanquam suum evulgauit. Non tamen ausus est nomen suum adscribere, nec in titulo, nec in principio, nec in calce, nec in aliâ parte ipsius Commentarij; sed tantùm post finem Commentarij seorsum testatur typographus glossatam esse Pragmaticam per dictum Cosmam: vt patet in omnibus libris antiquis, quorum vnum habeo impressum anno 1486. Eo tamen errore Cosmas ille tanto honori habitus est, vt non solùm Senator fieret, sed etiã in vnâ classium eius Curiæ Præsidens: quamuis reuera modicæ doctrinæ iudicijque esset. Ego verò nec ficta, nec ab infidis accepta narro, sed quæ ab antiquis & probatissimæ fidei viris accepi: quorum adhuc hodiè hoc anno 1551. vnus superest antiquissimus & probatissimus Senator. Cæterum antè triginta annos audiebam à pluribus antiquis spectatæque fidei Aduocatis qui dictum Cosmam nouerant, eum tardi ingenij iudicijque fuisse, longéque inferiorem doctrinâ & iudicio dicti Commentarij, quem non existimabant ab illo compositum fuisse. *Papyrius le Masson a fait la mesme remarque en l'Eloge ou Vie de M. Charles du Moulin.*

ction par le Procureur general de S. Romain, [1] contre la volonté du Roy Louïs XI. & d'vne autre opposition formée à la publication du Concordat, tant par Maistres Iean le Lievre [2] & Guillaume Roger [3] Aduocat & Procureur ge-

1 *L'Autheur de l'Histoire de Louïs XI. intitulée la Chronique scandaleuse sous l'année 1467. a fait vn recit particulier de cette action remarquable du Procureur general de S. Romain, qui merite d'estre icy rapporté.* Audit temps au mois de Septembre, *dit il,* le Roy bailla ses Lettres à vn Legat venu de Rome de par le Pape, pour la rompture de la Pragmatique Sanction: lesquelles Lettres furent leuës & publiées au Chastelet de Paris, sans y auoir aucun contredit ou opposition. Et le premier iour d'Octobre ensuiuant Maistre Iean Baluë fut à la salle du Palais Royal à Paris, la Cour de Parlement vacant, pour illec aussi faire publier lesdites Lettres, où il trouua Maistre Iean de S. Romain Procureur general du Roy nostre Sire, qui formellement s'opposa à l'effect & execution desdites Lettres, dont ledit Baluë fut fort déplaisant. Et pour cette cause fit audit de S. Romain plusieurs menasses, en luy disant que le Roy n'en seroit point content, & qu'il le desappointeroit de son Office: dequoy ledit S. Romain ne tint pas grand compte: mais lui dit & respondit que le Roy luy auoit dóné & baillé ledit Office, laquelle il tiendroit & exerceroit iusqu'au bon plaisir du Roy. Et quãd son plaisir seroit de la lui oster, que faire le pourroit; mais qu'il estoit du tout deliberé & bien resolu de tout perdre auant que de faire chose qui fust contre son ame, ne dommage au Royaume de France, & à la chose publique; & dit audit Baluë qu'il deuoit auoir grand'honte de poursuiure ladite expedition. Et en apres le Recteur de l'Vniuersité de Paris & les Supposts d'icelle allerent pardeuers ledit Legat, qui de luy appellerent & de l'effect desdites Lettres au saint Concile, & par tout ailleurs, où ils verroient estre à faire: & puis vindrent au Chastelet, ou pareillement autant en dirent, & firent illec enregistrer leur opposition.

2 *Miraumont dit qu'il fut receu en l'office d'Aduocat du Roy en 1510.*

3 *en la mesme année, & fut garde de la Preuosté de Paris en 1512. & 1526.* Idem.

merаux, que par l'Vniuersité de Paris, & par les Eglises du Royaume, pour lesquels M. Iean Bouchard auoit plaidé si vertueusement,[1] qu'il en fut enuoyé prisonnier au Louure, auec vn si grand honneur, que sa posterité s'en ressent encores auiourd'huy. Qu'il les auoit encores entretenus d'vn Chambellan Aduocat de l'Vniuersité de Paris, qui plaidant l'opposition qu'elle auoit formée à la verification des Lettres de legation du Cardinal d'Amboise le 27. de Mars 1503. monstra comme elle auoit tousiours contredit à la puissance absoluë du Pape. [2] Et d'vn Dix-hômes qu'on disoit estre celuy qui auoit apporté le premier les bonnes lettres au Barreau, & qui estoit l'Autheur du Distique latin qui se lit sur la porte de derriere de la maison & iardin du sieur de Villeroy prés Charenton, appartenans jadis a nostre Dix-hommes,

Consequor ex hoc rure, senex quod Comicus olim,
Vt ne agri aut vrbis me satias capiat.

Distique qui montre bien qu'il n'estoit pas ignorant, & qu'a bon droict la Reyne de Nauarre entendant parler de luy en ses contes disoit qu'il valoit plus de neuf hommes. A quoy mon fils adjousta en outre, qu'il leur auoit parlé de cette grande & celebre plaidoirie[3] qui fut faite en la cause de Madame la Regente, Mere du Roy François, contre feu Monsieur de Bourbon, Connestable de France, en laquelle Maistres Guillaume Poyet, François de Monthelon, Pierre Lizet, & Iean Bouchard principaux Aduocats de leur temps, auoient desployé le plus beau de leur sçauoir. Qu'il leur auoit representé les Remonstrances faites à nos Rois de la part de la Cour, par la bouche de Messieurs les Presidens susnommez & autres, sur le faict des Schismes & diuisions des Papes & de la Religion, de la Pragmatique & Concordats, des Decimes & autres affaires concernans l'Estat, la Police & la Iustice du Royaume. Et particulierement de

1 *Pasquier en ses Recherches, liu. 4. ch. 27. dit qu'il commença son plaidoyer par ce verset adressant à Dieu sa parole.* Domine scis quia dilexi, scis quia non tacui, scis quia ex animo dixi, scis quia fleui, cùm dicerem & non audirer. *Et dit entre autres choses que les eslections estoient de droict Diuin, soustenāt qu'on ne pouuoit les supprimer.*

2 *M. Guy Coquille aux Memoires pour la Reformation de l'Estat Ecclesiastique nouuellement imprimés, pag. 12. tesmoigne la mesme chose de ce Chambellan.*

3 *Les plaidoyers ont esté imprimez chez Thomas Blaise in 8. auec le Traité du Droict de Patronnage de M. Iacques Corbin.*

M. Iean le Maistre, dit *Magistri* 1 Aduocat du Roy Charles VIII. qui proposa 2 vertueusement en sa presence, & de ses Pairs, du Duc de Bretagne, & du Duc d'Orleans qui fut depuis le Roy Louïs XII. Et m'adjousta que M. Pasquier leur auoit dit plusieurs autres choses, desquelles il ne se resouuenoit pas, & dont toute la compagnie auoit receu vn si grand contentement, qu'il desiroit s'en retourner incontinent, afin d'ouïr ce qu'il diroit du temps des Rois Henry II. François II. Charles IX. Henry III. & Henry IV. où il s'attendoit qu'il diroit quelque chose du deuoir des Aduocats, & apporteroit de plus belles choses qu'il n'auoit encores fait, d'autant qu'il parleroit des Aduocats qu'il auoit cognûs, & dont il pourroit faire vn iugement plus certain, que des autres. Ce qui me donna vne telle enuie de l'ouïr, que ie me resolus d'y aller, nonobstant le conseil des Medecins, qui m'auoient defendu de sortir. Et de faict, m'y estant rendu sur le poinct d'vne heure de releuée, ie trouuay toute la Compagnie desia assemblée en la salle, ainsi que Monsieur Pasquier commençoit à parler en cette sorte.

1 Receu Aduocat du Roy en 1482. Miraumont.

2 Ce fut peut estre au conseil tenu par le Roy en la Chambre des Comptes le 6. Auril 1491. dont M. Pasquier parle en ses Recherches, liu 2. ch. 3. p. 50.

TROISIESME CONFERENCE.

IE veux m'expedier cette apres-disnée d'vne autre façon que ie n'ay fait ce matin, & en nostre premiere iournée : car i'y suis tout autrement empesché ; pource qu'au lieu que i'estois cy-deuant en peine de nommer la plus part des Aduocats qui auoient fleury pendant les regnes des Rois dont nous auons parlé, maintenant que ie suis venu aux regnes du Roy Henry II. 3 & de ses Enfans 4 & du Roy Henry IV. 5 qui est le temps que i'ay esté au Palais, i'en trouue vn si grand nombre, que la multitude m'y apporte de la confusion. Toutesfois pour m'en desmesler plus aisement, i'ay pensé qu'il vaudra mieux que ie les diuise en trois classes, s'il m'est permis de parler ainsi ; sçauoir en ceux qui estoient au Palais lors que ie prestay le serment ; en ceux qui y vinrent de mon temps ; & e ceux qui ont esté receus depuis moy. Et ie me donneray plu

3 Henry II. commença à regner en 1546.

4 François II. en 1559. Charles IX. en 1560. & Henry III. en 1574.

5 1589.

de hardiesse sur tous ceux cy, que ie n'ay fait sur les precedens, & par aduenture plus que ie ne deurois. Mais puis que vous m'en auez requis, ie vous diray librement & ingenuement, mais fort sommairement, & par forme d'vne brefue histoire, le iugement que ie faisois de ceux dont ie vous parleray: vous priant de m'excuser si ie me trompe en quelques-vns, d'autant que la plus part d'entr'eux n'ayans pris la peine de reuoir ny de publier leurs plaidoiers, il est difficile d'en bien iuger. Vous excuserez aussi, si en vn si grãd nombre d'Aduocats, i'en oublie quelques-vns qui meriteroient peut-estre mieux d'estre nõmez, que d'autres dont ie vous parleray; vous sommant derechef de me secourir en cet endroit au defaut de ma memoire, & de me faire resouuenir de ceux dont vous vous aduiserez à mesure que ie parleray. Au reste ie vous demande par aduance congé de pouuoir en quelques endroits changer l'ordre que ie me suis prescrit, en parlant des vns & des autres, selonque les occasions s'en presenteront.

Quand ie vins donc au Palais, qui fut, comme ie vous ay dit en nostre premiere iournée, en l'an 1549. sur le commencement du regne du Roy Henry II. l'Estat d'Aduocat estoit principalement en honneur, comme estant l'eschelle par laquelle on montoit aux plus grands Estats & Dignitez du Royaume. Car Messire François Oliuier, qui lors estoit Chancelier,[1] auoit esté Aduocat, & depuis premier President. Comme auparauant Messires Antoine du Prat,[2] & Guillaume Poyet[3] Chanceliers de France, & Messire François de Monthelon garde des Sceaux. Messire Pierre Lizet estoit aussi lors premier President,[4] lequel auoit esté Aduocat du Roy, & grand Aduocat du commun, au lieu duquel fut mis Messire Iean Bertrand quart Presidẽt;[5] & en son lieu

1 Il fut fait Chancelier en 1545. renuoyé en sa maison par Henry II. en 1551. & rappellé par François II. tint les Sceaux iusques au 26. Auril 1560. qu'il mourut. Miraumont au Recueil des Chanceliers. 2 Fut fait Chancelier le 7. Ianuier 1514. 3 En 1538. Miraumont descrit en cet endroit la forme auec laquelle la Cour luy fit prononcer l'Arrest qui fut rendu contre luy, &c. 4 En 1529. Miraumont.

5 En 1550. & auant que d'estre receu, la Cour deputa vers le President Lizet pour sçauoir sa volonté sur la reception dudit S. Bertrand son successeur. Miraumont.

Messire Gilles le Maistre. 1 Messire Antoine Minard estoit pareillement President, 2 qui auoit aussi esté Aduocat. Ledit sieur le Maistre, 3 & M. Gabriel Marillac 4 Aduocats du Roy, & M. Noël Brulard Procureur general; 5 tous auparauant Aduocats des parties. Comme aussi M. Pierre Remon premier President à Rouën, & depuis President à Paris. 6 M. Iacques de Ligneris fait President lors du Semestre. 7 Et Messieurs Vialar aussi President, & de Longuejouë Aduocat du Roy à Rouën. Bref l'Estat d'Aduocat estoit alors si honorable, que toute la jeunesse la mieux instruite, voire des meilleures maisons de la ville tendoit à faire montre de son esprit en cette charge, auant que de se mettre aux Offices de Conseillers ou autres. Et n'y auoit quasi que ceux qui se deffioient de leur industrie & capacité qui en acheptassent : car de verité on commençoit deslors à les vendre, ou pour le moins à prester de l'argent au Roy, qui puis apres le rendoit. Or entre les Aduocats, celuy qui tenoit le premier lieu des consultans, estoit feu M. Matthieu Chartier Pere de feu Monsieur Chartier, qui mourut Doyen des Conseillers du Parlement, & qui pendant la Ligue ayant esté fait premier President par M. de Mayenne, suiuant l'eslection qui en auoit esté faite par la Cour, se bannit volontairement du Palais, sans y vouloir retourner, iusqu'à ce que Dieu nous ayant fait la grace de reduire la ville en l'obeïssance du Roy, il reprit plus volontiers sa place de Conseiller, 8 que l'honneur de premier President, qui

1 en 1551. *Miraumont* v. ibid. *son Epitaphe en vers latins* 2 en 1544 id. *Blanchard rapporte au long ses emplois, & cõme il fut tué en 1559. retournant du Palais. Surquoy fut faite l'ordonnance appellée la Minarde, pour sortir du Palais à quatre heures du soir en hyuer* 3 en 1540 id. 4 in 1543. *il est appellé Marlhac par Miraumont, & par* Coquil*le, qui rapporte de luy en ses* Commentaires *sur la* Coustume *de Niuernois, ch. 1. art. 5. une maxime de Droict François auec eloge en ces termes.* Et comme disoit ce tres sçauant, & tres-homme de bien M. Gabriel Marlac, Aduocat du Roy en Parlement, bon Regent des ieunes Aduocats qui assistoient aux plaidoiries dudit Parlement. TOVT dol merite punition extraordinaire & corporelle en France, ores qu'il en soit traitè en matiere ciuile. *Laquelle regle nostre Autheur à inserée dans ses Institutes coustumieres du Droict François, liu. 6. tit 2. art. 10.* 5 *En 1541. il se nomma aussi garde de la Preuosté de Paris, par le decez de Meßire Iean de Touteuille. Miraumont.* 6 *En 1545.* Id. 7 *en 1554.* Id. 8 *Pasquier liu. 16. de ses lettres. p. 243. racontant à M. Th. Pasquier son fils ce qui se passa au restablissement du* Parlement *à* Paris, *apres la reduction de la ville en l'obeïssance du Roy Henry IV. où il parle du serment que renouuellerent* Meßieurs *de la* Cour *deuant* M. *le Chancelier.* Le premier, *dit-il,* fut Monsieur Chartier, non en qualité de Presidét, dont il auoit esté honoré par M. de Mayenne, ains de plus ancien Conseiller.

luy

luy auoit esté ainsi deferé. Son Pere donc estant, en mon ieune âge, fort ancien Aduocat, ne venoit plus gueres au Palais, mais le Palais, s'il faut ainsi dire, alloit chez luy : car il estoit comme l'oracle de la ville, à cause tant de son sçauoir, experience & long vsage, que de sa preud'hommie & integrité de sa vie. On disoit de luy qu'il donnoit tous les mois cent francs à la boiste des pauures, du gain qu'il faisoit en sa vacation. * Aussi n'y auoit-il lors gueres d'autres consultans que luy, & M. Goyet Aduocat du Roy au Chastelet, & pareillement Aduocat en la Cour son voisin, lequel il faisoit quelsquesfois appeller en sa maison. Car Maistres Iean de Briou, François Brodeau, Quichy, Boiuin, Michon, Bodin, Guédon, Rauel, Spifame, Danquechin, le Faure, le Selier, Boileau, Piedefer, Rapouël, Bariot, & autres anciens Aduocats de ce tẽps, n'y estoient pas beaucoup employez. Et quant à ceux qui tenoient le Barreau, & paroissoient plus en la salle du Palais, c'estoient Maistres Pierre Seguier, Christophle de Thou, Denis Riãt, Iacques Aubery, Anne de Chappes, Iean des Vaux, Guillaume Boucherat, Pierre Rebours, Charles du Moulin, François de la Porte, Iean de S. Mesloir, Pierre Robert, Leonard Goulas, Baptiste du Mesnil, Laurens Bechet, Clement du Puy, François Moulac, Iacques Canaye, Claude Mangot, Iean Gillot, Iournée, Regnard, des-Ombres, de la Vergne, Malet, & autres en si grand nombre, que ie crains d'en auoir oublié, qui meriteroient paraduenture mieux d'estre nõmez, qu'aucuns de ceux qui sont en ce roole. Ceux de mon temps furent Maistres François de Monthelon, Pierre Versoris, Iean de Villecoq, Iacques Broussel, Pierre Rigolet, Louïs Aleaume, Iean Dauid, Louïs Desportes, Iacques Dennet, Iean Bacquet, Corbie, Breban, & Mancheuelle. Ceux qui vindrent depuis moy sont Maistres Barnabé Brisson, Renaud Loiseau, Pierre Airaud, Claude du Buisson, René Bautru dit des-Matras, Pierre Pithou, Iacob du Val, Theroude, Martine, Buchape, Asseline, les Amelots, Escorcheuel, & quelsques autres qui sont [illegible] decedez. Car quãt à ceux qui sont viuans en assez bon nombre, ie n'en veux & n'en puis rien dire pour le present, ny

* *M. Guill. Ioly Lieutenant general de la Connestablie, gendre de l'Autheur, a remarqué semblable chose de M. Guy Coquille sieur de Romenay Aduocat en Parlement, & Procureur fiscal de Niuernois, dõt il a escrit la vie, imprimée au commencement de ses Cõmentaires sur la Coustume de Niuernois, disant,* qu'il decimoit son gain mis en bourse, pour les pauures honteux, dõt il s'enquestoit bien soigneusemẽt, ne manquãt point de leur pa-

pareillement d'vn grand nombre qui se retirerent du Palais pour s'en aller en leur païs ou ailleurs, à cause de l'erection des Sieges Presidiaux aux principaux Bailliages & Seneschaussées de ce Royaume, ou qui furent pourueus de diuers Offices. Ce qui donna courage à ceux qui demeurerent icy, & mesmement a moy, pour l'esperance que i'eus d'y estre plus employé que deuant; comme de faict il m'aduint. I'entends donc vous parler le reste de cette apres disnée de tous ceux qui estoient lors au Palais & y demeurerent, & de ceux qui y sont venus depuis, & vous en dire franchement le iugement que i'en faisois, dont vous penserez ce que vous voudrez. Car vous en auez veu & connu vne bonne partie: & en ce subjet il est loisible à vn chacun de dire librement ce qu'il luy en semble, sans que personne s'en doiue offenser.

yer cette disme, ainsi qu'vne chose deuë, par sepmaine ou par mois. *Ainsi M. Mauguin aussi Aduocat en la Cour, decedé depuis nostre Autheur, donnoit aux pauures tout ce qu'il gaignoit aux Festes & Dimanches.*

Premierement quant à ceux de la premiere classe, puis que i'ay fait cette diuision, ie vous ay desia parlé de M. Matthieu Chartier, que i'ay mis pour le premier de nostre Ordre. Car pour ce qui est de M. Noël Brulart qui auoit aussi esté Aduocat, il estoit lors comme ie vous ay dit Procureur general; & comme le Magistrat fait connoistre l'homme, aussi fit il paroistre en cet Estat, quel il estoit, & plus beaucoup qu'il n'auoit fait en celuy de simple Aduocat. Car il l'exerça auec vne telle integrité, preud'hommie & authorité, & a rendu sa memoire si recommendable, qu'elle a seruy & seruira d'exemple & de patron à tous ses successeurs Procureurs generaux: particulierement en ce que venant de bon matin au Palais, il alloit par les Chambres voir si chacun faisoit son deuoir; & s'il trouuoit aucuns de Messieurs hors d'icelles, causans ou allans de Chambre en Chambre, il les regardoit de tel œil, que sa seule contenance & grauité les faisoit retirer, & contenir en leur deuoir. Aussi semble t'il qu'il y a eu de la benediction de Dieu en sa maison: non pas qu'il y ait acquis de grands biens, comme ont depuis fait ses successeurs, (car i'ay appris qu'il mangeoit son bien en c[illegible]at;) mais en ce que tous ses enfans depuis son decez ont esté aduancez aux plus grands Offices & Benefices de ce Royaume, l'aisné ayant esté Chanoine de Paris, Abbé de trois Abbayes, Conseiller en Parlement, & depuis Maistre des Requestes; le deuxiesme, premier President au Parlement de Dijon; & le troisiesme, Secretaire d'Estat. Il y auoit aussi M. Pierre Brulart* qui estoit lors Aduocat des parties, & Substitut de M. le Procureur general son cousin, qui fut bien tost apres pourueu d'vn Office de Conseiller, & puis de President, en la 3. Chambre des Enquestes, laquelle il regla si bien en la discipline de la Cour, qu'encores auiourd'huy elle a le renom d'vne des meilleures Chambres du Parlemẽt. Neantmoins auant que de quitter la fonction d'Aduocat, il s'estoit employé aux plaidoiries; & m'est tousiours souuenu d'vne cause solennelle que luy & M. des Ombres plaiderent, laquelle on appella la cause du *Te Deum laudamus*. Qu'elle espece de cause estoit-ce que vostre *Te Deum laudamus*, dit mon aisné? ie vous prie apprenez-nous cela en passant; vous reprendrez bien tost aprés le fil de vostre discours. Ie vous le diray, dit-il, car le conte est assez plaisant, & reueillera quelqu'vn, auquel le roole de tant d'Aduocats que i'ay nommez pourroit auoir esté ennuieux. Vn Chanoine de Chartres auoit ordonné par son testament qu'on chantast le *Te Deum* en l'Eglise, au iour & heure de son enterrement. Ce que l'Euesque Guillard* trouua non seulement nouueau, mais aussi si scandaleux, qu'on luy refusa ce qu'il desiroit, alleguant que c'estoit vn hymne de loüange & de resioüissance, non conuenable au seruice des trespassez. L'autre au cõtraire soustenoit qu'il n'y auoit rien que de bon & de deuot en cet hymne; & pour le monstrer il parcourut tous les versets dont il est composé, auec de belles recherches & interpretations dont il les orna, adjoustant qu'il contenoit mesme vne priere formelle pour les trespassez, en ces mots, *Te ergo quæsumus, famulis tuis subueni, quos pretioso sanguine redemisti. Æternâ fac cum Sanctis tuis gloriâ munerari*. Bref, la cause fut si bien & si solennellement plaidée, que le testament & le *Te Deum* ordonné par iceluy furent confirmez par Arrest, qu'on baptisa du nom de *Te Deum laudamus*, dont ces Messieurs les Aduocats r'emporterent beaucop d'honneur. Le sieur Brulart, dont ie vous

* *V. Blanchard en la Genealogie des Brularts.*

* *M. Iean Chenu en son Hist. des Euesques de France, dit qu'il y a eu deux Guillards faits Euesques de Chartres, Louïs en 1552. & Charles en 1558. oncle & nepueu.*

parle maintenant, estoit Pere de M. Brulart de Sillery qui à aussi esté Aduocat en la Cour, Substitut au Parquet, puis Conseiller au Parlement & President aux Enquestes au lieu de feu M. son Pere, dont il a esté tiré pour estre Ambassadeur vers les Suisses & Grisons, & depuis à Rome : & à son retour a esté fait grãd President en la Cour,[1] employé par le Roy aux Traitez de la paix de Veruins, & de son mariage, & en tant de grãdes & importantes affaires du Royaume, qu'il semble estre destiné à l'Estat de Chancelier de Frãce,[2] ayant passé par tous les degrez de la Iustice & des affaires d'Estat. Or pour reuenir à nos Aduocats, feu M. Denys Riant estoit aussi lors vn grand personnage, & plus chargé de causes qu'aucun des autres, & fort rõpu aux affaires du Palais, mais il ne sembloit pas estre tant versé aux bonnes lettres ; neantmoins il estoit assez eloquent & tres-affectionné enuers la ieunesse du Palais. Il fut bien tost aprés pourueu de l'Estat d'Aduocat du Roy[3] au lieu de M. de Marillac, & depuis de President de la Cour, où il deceda n'estant pas grandement âgé. Comme moururent aussi M. Guillaume Boucherat, & Pierre Rebours, qui estoit si fort chargé de causes, à raison de la dexterité & facilité de son esprit & de sa langue, qu'on disoit par commun prouerbe du Palais, que *tout alloit à rebours*. Maistres Clement du Puy, Iean Boüer, Iean Gillot, & Lormier, afin de despescher ceux-cy en cette rencontre, decederent aussi tous en la fleur de leurs âges, ayant la plus part d'eux laissé vne heureuse memoire de leurs noms. Vous auez encores à present M. Rebours, President en la Cour des Aydes, les Conseiller & Aduocat Gillots, enfans desdits Rebours & Gillot. Feu M. le Conseiller du Puy grand homme de lettres & d'integrité en sa Charge,[4] estoit aussi fils de M. Clement du Puy[5], & pere

1 en 1596. Miraumõt.

2 Il l'a esté depuis en l'an 1607. apres auoir esté garde des Sceaux des le mois de Decembre 1604. comme il se voit par les lettres patentes de l'erection de sa Commission de garde des Sceaux en Estat & Office, cõme vn titre, r'apportée par Miraument en son Recueil des Chanceliers.

3 en 1551. Mirau. & Pasquier, liu. 7. de ses lettres, à M. de la Bite, Iuge de Mayenne, p. 425.

4 *Receu Conseiller le 7. Febur. 1576. Blanchard. Il y a de luy quantité d'Eloges, dont il a esté imprimé vn Recueil à part. Ie me contenteray de mettre icy les epithetes que luy dõne M. Cujas.* Claudius Puteanus, *dit. il,* Senator & disciplinâ omni instructissimus, & ingenio prudentiâque acutissimus. Obseruat. lib. XVII. cap. 20. 5 *Le Lecteur trouuera en l'Indice qui suit apres ce Dialogue, vn bel Eloge de luy fait par D. Lambin.*

de ceux qui cõmencent maintenant à paroistre. [1] Boucherat & Boüer ont pareillement laissé deux assez bonnes & honorables familles; & tous les eussent encores laissees plus grandes, si la mort ne les eust preuenus auant le temps. Ie faisois lors grand estat de M. Iean des Vaux, & remarquois en luy qu'il prenoit peine à bien parler François, dont i'estois assez curieux : ie crois que personne de vous ne l'a connû. Mais ceux qui auoient plus de vogue & de bruit en ce temps-là, estoient, comme ie vous ay tousiours dit, Maistres Pierre Seguier, & Christophle de Thou : pardonnez-moy si ie parle encores d'eux, comme nous faisions lors. Ces deux estoient corriuaux, s'aduançans esgalement aux premiers degrez de la robbe, mais par diuers chemins ou moyens. L'vn estoit court & nerueux, neantmoins clair & intelligible en ses plaidoiers, & ne se mettant point tant à tous les iours; l'autre auec vne douceur & facilité plus commune & agreable, plaidoit plus souuent & plus long temps: de sorte que l'on disoit de l'vn, *Multa paucis*, & de l'autre, *Pauca multis*. L'vn ne se presentoit iamais que bien apresté, apportant des authoritez de Droict & de Docteurs plus elaborées; l'autre auoit l'esprit & la parole plus prompte, & le plus souuent ornée de quelques lieux d'humanité, & parfois de vers de Poëtes latins, & autres passages assez vulgaires, mais toutesfois plaisans & agreables aux Auditeurs: de maniere que tous deux par diuers sentiers marchoient quasi d'vn pas esgal. M. Seguier fut bien-tost apres Aduocat du Roy [2] en la place de Monsieur le Maistre, qui fut fait President au lieu de Bertrandi pourueu de l'Estat de premier President, duquel Monsieur Lizet fut deschargé & fait Abbé de S. Victor; de sorte que le Palais fut quasi renouuellé par la faueur de la Duchesse de Valentinois. Et me souuient que l'vne des premieres causes qui y fut lors plaidée, fut pour elle touchant la terre d'Anet, M. l'Aduocat Seguier plaidant pour le Procureur general, & M. Christophle de Thou, assisté de M. Anne de Chappes, Iean de S. Mesloir & Iournée pour la Duchesse. Et parce que la cause estoit grande, l'Audiance fut renforcée de deux ou

1 *Ce sont Meßieurs du Puy d'auiourd'huy, dont les merites cognus à nostre Autheur dés leur premiere ieunesse, ne luy ont pas permis de les passer sous silence.*

2 *En 1550. & fut receu en l'office d'Aduocat du Roy clerc, à la charge de prendre dispense, pource qu'il estoit marié.* Miraumont

trois Presidens de la Cour qui n'auoient point accoustumé de s'y trouuer; sur quoy M. de Thou prit le cōmencement de son plaidoyé, disant que cette nouuelle face de Iustice extraordinaire l'estonnoit quasi à l'imitation ou façon de Ciceron, quand il commença à parler pour Milon. A quoy M. Seguier Aduocat du Roy respondant sur le champ dit, qu'à la verité Ciceron auoit occasion d'auoir peur, d'autant qu'en ce temps là l'Audiance estoit bordée de gens de guerre; mais au contraire que chacun deuoit alors esperer plus de iustice, puis qu'elle auoit esté renforcée par vn plus grand nombre de gens de cet Estat. Or le Parlement fut bien-tost aprés fait semestre, & Messieurs Seguier & de Thou pourueus en mesme temps d'Estats de Presidens. Mais bien que M. Seguier eust esté Aduocat du Roy auant que l'autre sortist du Barreau, si est ce que M. de Thou fut receu le premier en l'Estat de President, ainsi que ie vous ay dit cy-deuant. En somme ils ont esté tous deux tres-grands Personnages, tant en l'Estat d'Aduocat qu'en celuy de President, comme il paroist maintenant en leur posterité. Ie vous adjousteray encores vn mot que l'on r'acontoit lors de Monsieur Seguier & de Maistre Charles du Moulin, lequel comme chacun sçait estoit le plus docte de son temps en Droict ciuil & coustumier, & toutesfois mal habile en la fonctiō d'Aduocat, principalement au Barreau; ce qui faisoit qu'il n'estoit guéres employé, ny tant estimé à beaucoup prés pendant sa vie, qu'il a esté depuis son decez par ses escrits, par lesquels il a tellement marié & approché le Droict Romain auec celuy de la France, que tous ceux qui sont venus depuis l'ont suiuy comme leur Maistre. Or feu M. Seguier connoissant cela mieux qu'homme de son temps, il s'en aidoit fort à propos aux plus grandes affaires esquelles il estoit employé, prenant bien la peine de dresser luy-mesme vn memoire de ce dont il desiroit s'instruire, & de le bailler à du Moulin* auec quatre ou cinq escus qu'il aduançoit de sa bourse, sur lequel M. Charles du Moulin donnoit son aduis par escrit raisonné & fortifié d'authoritez de Droict, de doctrine, de Docteurs & d'Arrests, lesquels M. Seguier sçauoit si bien

* *Papirius le Masson en la Vie de* M. *Charles du Moulin fait mention de cette remarque*: Petrus Seguierius, *dit-il*, tunc Aduocatus & prudentissimus vir ad Carolum (Molinæū) mittere solebat honorarium aliquot aureorum, vt ex facto proposito, sententiam suā scripto mitteret, majori, vt ferè fit, consulentis emolumento, quàm consulti.

mesnager, qu'auec ce qu'il y apportoit de sa forme & de son iugement qu'il auoit excellent, il se rendoit admirable en ses plaidoiers & escritures, ainsi que i'ay entendu de nos Anciens. M. Pierre de la Place qui fut depuis premier President [1] aux Generaux, estoit lors aussi du nombre des bons Aduocats. Mais entre tous ceux de mon temps, ie iettois principalement l'œil sur M. Baptiste du Mesnil lors Aduocat du commun; car c'estoit celuy que i'escoutois plus volontiers, & auquel ie desirois plus de pouuoir ressembler, à cause de la pureté & fluidité de son langage, de la grace & douceur de son eloquence, de sa voix & de son action, & de l'ordre & perspicuité de ses plaidoiers, lesquels il diuisoit tousiours en parcelles, [2] puis les reprenoit, poursuiuoit, & acheuoit si adroitement, les fortifioit de raisons & d'authoritez si precises, qu'à mon iugement il surpassoit tous les autres, rien ne luy defaillant à mon aduis de ce qui est requis pour faire vn bon Aduocat. Il me souuiendra toute ma vie de la plaidoirie qu'il fit pour M. Bourdin Secretaire d'Estat, adjudicataire de la terre de Villaines, venduë sur ce bon mesnager M. Brinon Conseiller [3] que nous appellions *Ruina bonis*, [4] par vn anagramme admirable de son nom *Ianus Brino*, pour lequel M. François de la Porte plaidant, se plaignoit entre autres choses de ce qu'il auoit esté despoüillé de sa terre par vn sien parent; ce que M. du Mesnil

1 En 1553. Miraumõt.

2 Voyez cy-deuant en sa Vie p. 180.

3 Muret a dedié ses Iuvenilia *à vn Iean Brinon, Conseiller en Parlement, qui est sans doute celuy-cy, Blanchard escriuant qu'il fut receu le 10. Septemb. 1544. ce qui approche du temps auquel M. du Mesnil estoit au Palais. Car les deux autres Brinons qu'il nomme, en sont trop esloignés, sçauoir vn autre Iean en 1468. & René en 1539.*

4 M. Loüis Aleaume Lieutenant general d'Orleans, dont il est parlé cy-apres au present Dialogue, nous a d'escrit elegamment cette ruine de M. Iean Brinon, *faisant son tombeau en ces vers qui contiennent vne leçon laquelle merite bien d'estre icy renouuellée.*

IANI BRINONIS TVMVLVS.

INSIGNE rerum si lubet mortalium
Cognoscere exemplum, omniumque maximum,
Quæ vmquàm hactenùs fortuna ludens edidit,
Nati patresque paululùm consistite:
Vos dico, nati, quos in hanc spem alunt patres,
Vestrâ vt iuuetis publicam rem industriâ:
Et vos patres, præcipuus est quibus labor
Congerere multas filiis vestris opes.

614.

Brinonis est hic quem pedes vestri terunt
Recens sepulti tumulus, eius quem omnibus
Corporis & animi & tertij generis bonis
Hæc vidit ætas nostra cumulatissimum:
Ætatis ipso in flore quem mors abstulit,
Iuncto haud dum ad annos ter decem sexennio.
O mortis (inquis) improbam violentiam!
Imò viator audi, & attende reliquum:
Debere Parcis magnam & ipsum gratiam,
Velutque pactâ mortuum dicas die.
Amplissimum illud quippe patrimonium
Quod patris * omnium togatorum optimi,
Rebus in agendis diligens solertia
Multis suis laboribus conflauerat:
Matrisque* patri aliquandiu superstitis
Penè altero tanto auxerat frugalitas,
Id ille solus iam antea decoxerat,
Vincente luxuriâ rebellem opulentiam.
Sic sæpe natorum bona indoles perit:
Sic spes bonorum sæpè vanescit patrum.

** M. Iean Brinon premier President à Rouën. Blanchard.*
** Pernelle Perdriel.* Idem.

V. aussi les tõbeaux de ce M. Brinon en Io. du Bellay, en l'vn desquels il le cõpare à Tibulle.

rabattit si doucement, si adroittement, & auec tant d'eloquence, qu'il fit croire à vn chacun, que l'on auoit fait beaucoup pour M. Brinon, de l'auoir deschargé de sa terre, pour essayer à le nettoier d'vne partie des debtes dont il estoit accablé, & que c'estoit la seule resource qu'il pouuoit esperer pour se remettre à son aise; comme de faict il gaigna sa cause. Et de ce iour là, ie m'adonnay tellement à l'ouïr, que ie le pris pour patron & miroir de mes actions: car il ne plaidoit iamais cause qu'il n'y apportast quelque point remarquable, dont ie faisois mon profit. Aussi fut-il bien-tost aprés aduancé en l'Estat d'Aduocat du Roy au lieu de M. Seguier. Et depuis qu'il fut Aduocat du Roy, il fit encores paroistre ce qu'il estoit, plus qu'il n'auoit fait auparauant; & vous puis dire qu'il faisoit quasi tous les Arrests. Ce fut le premier qui fit des Remonstrãces publiques au commencement des Parlemens: * & a laissé vne si bonne memoire de

** V. cy-deuant en ses Elog. p. 198. & 199. ce qui en a esté remarqué des Recherches de M. E. Pasquier, lequel aussi en ses lettres, li. 7. escriuant à M. de la Bite, rapporte que M. le premier President de Thou voulant bannir des plaidoyers les repliques & dupliques des Aduocats qui consommoiẽt beaucoup de tẽps, il y fut aidé par M. du Mesnil, lequel en fit, à quelsques ouuertures du Parlemẽt, des Remõstrances, quoy qu'il n'y pûst riẽ gaigner, sinon pour les causes de poix. ce sont ses mots.*

ses

ſes actions & comportemens en cette charge, que quand on veut encores auiourd'huy parler d'vn bon Aduocat du Roy, l'on allegue M. l'Aduocat du Meſnil.* Ne nous en dites point dauantage, dis-ie; car l'ayant frequenté les ſix dernieres années de ſa vie plus que perſonne, pour auoir eſpouſé ſa niepce & pupille, i'ay pris plaiſir à dreſſer vn recueil de ſes principales actions de mon temps, * que i'ay baillé à mes enfans qui le pourront, ſi vous le trouuez bon, communiquer vn iour au public: partant reuenons aux autres Aduocats. Trouuerez-vous pas bon, dit il, qu'à l'occaſion de M. du Meſnil nous parlions tout d'vne ſuitte de M. Gilles Bourdin, & de M. Aymon Boucherat, l'vn Procureur general, & l'autre Aduocat du Roy au meſme temps?* C'eſtoient deux hommes bien diſſemblables; car quant à M. Aymon Boucherat, beaucoup de gens eſtimoient qu'il n'y auoit n'y eloquence, ny ſçauoir qui l'euſt rendu recommandable pour entrer en l'Eſtat d'Aduocat du Roy, mais ſeulement quelque routine du Palais; la reputation qu'il y auoit acquiſe, procedant plus de la ſuffiſance & du renom de M. Guillaume Boucherat ſon frere qui eſtoit decedé, que de luy. Ils eſtoient Champenois, & tous deux du Conſeil de la maiſon de Guiſe, laquelle eſtant lors en credit, voulut faire vn Aduocat du Roy, comme on diſoit que M. du Meſnil l'auoit eſté par la faueur de feu Monſieur le Conneſtable. Mais c'eſtoit toute autre choſe de M. Gilles Bourdin: car il eſtoit tres-docte en toutes bonnes lettres & ſciences; il entendoit parfaittement les langues Grecque, & Latine; il n'eſtoit point ignorant en l'Hebraïque, liſant ordinairement les Autheurs en leurs langues; il eſtoit ſçauant en Theologie, en Medecine, aux Mathematiques; il auoit bien eſtudié en Droict, & de bonne façon; car il auoit les textes fort en main, & liſoit quaſi tous les ans le corps de Droict, & pareillement les Ordonnances, leſquelles il tenoit ordinairement en ſes mains, les liſant tant en l'Audiance, qu'au Parquet. Auſſi auoit-il fait vn Commentaire Grec ſur vne Comedie d'Ariſtophane, & vn Latin* ſur l'Ordonnance de

*V. cy-deuant en la p. 206. ce qui a eſté remarqué de l'honneur que luy a fait quelsquesfois M. Bignon.

* C'eſt la vie qui eſt imprimée cy-deuant.

* en 1557. Miraum.

* depuis mis en François auec des additions, en 1578.

l'an 1539. qu'il fit imprimer, estant encores jeune Aduocat, qui monstre la pureté de son esprit, & la suffisance qu'il auoit deslors, & laquelle augmenta depuis qu'il fut Procureur general : pendant lequel temps il faisoit aussi quelquesfois la charge d'Aduocat du Roy, l'ayant desia euë* & exercée auparauant, aprés auoir esté Aduocat des parties, & Lieutenãt general des eaux & forests. De sorte qu'il n'estoit point aprentif à plaider quand ses compagnons estoient absens, malades ou empeschez, ainsi qu'il fit paroistre vne aprés-disnée que l'on plaida la cause d'vne horloge, en laquelle il monstra sur le champ ce qu'il sçauoit sur ce subjet, n'oubliãt rien à alleguer d'Archimede, de Vitruue, de Cassiodore & d'autres ; dont vn chacun fut fort estonné, car personne ne s'y attendoit ; & disoit-on que les Aduocats qui plaiderent la cause, ne luy en auoient point cõmuniqué ; & mesme l'on pensoit qu'il dormist. Car le plus souuent il sommeilloit, tellement que ceux qui n'y estoient point accoustumez, estimoient qu'il dormoit à bon escient. Mais comme l'on cessoit de parler, il se reueilloit soudain, disant qu'on continuast, & monstroit qu'il n'auoit rien perdu de ce que l'on auoit dit. I'oubliois a vous dire qu'il peignoit elegamment en toute sorte de lettres, Françoise, Italienne, Latine & Grecque ; ioüoit du luth & de l'espinette ; chantoit sa partie. Bref il n'y auoit aucun deffaut en luy que cet assoupissement, dont il deceda, sa femme qui estoit couchée auec luy, & qui l'auoit oüy ronfler selon sa coustume, l'ayant trouué le lendemain mort à ses costez. Cette mort, dis-ie, fut estrange, & est perilleuse à vn Chrestien, qui doit souuẽt prier Dieu de le preseruer de mort soudaine & non preueuë ; car quant aux Payens ils l'estimoient la plus heureuse, tesmoin celle de ces deux Cleobis & Biton, tant celebrés pour leur pieté par Herodote* & les autres. Aussi me souuient il auoir leu en

* en 1554. Miraum.

* Herodotus, lib. 1. n. XXXI. Ταῦτα δέ σφι ποιήσασι, καὶ ὀφθεῖσι ὑπὸ τῆς πανηγύριος, τελευτὴ τοῦ βίου ἀρίστη ἐπεγένετο. διέδεξέ τε ἐν τούτοισι ὁ Θεὸς, ὡς ἄμεινον εἴη ἀνθρώπῳ τεθνάναι μᾶλλον ἢ ζώειν. Quibus, cùm hæc fecissent, & ab omni cœtu conspecti fuissent, optimus obtigit vitæ exitus : & per hæc Deus iudicauit, Satius homini esse mori quàm viuere.

Tertullian * que Platon estoit ainsi mort dormant, & pour ce deslors du decez de M. Bourdin, ie fis ces deux vers sur luy,

In somnis animam Burdini è corpore raptam
Quid luges? & in hoc par debuit esse Platoni.

Et si i'adjousteray volontiers à ce que vous auez dit de la diuersité de ces trois derniers qui estoient en vn mesme temps au Parquet, ce que l'on en disoit communement au Palais, que ie pensois que vous nous deussiez dire, qui est, que *l'vn disoit plus qu'il ne sçauoit*, c'estoit M. l'Aduocat du Mesnil; l'autre, sçauoir est M. Bourdin, *sçauoit plus qu'il ne disoit*; & le troisiesme, qu'*il ne sçauoit, ny ne disoit*; mais reprenez vostre propos. Ie suis d'aduis, continua-t'il, de vous parler tout d'vn fil de feu M. M. Guy du Faur S. de Pibrac, collegue de Messieurs du Mesnil & Bourdin, pour vous dire que le Parquet ne fut iamais, & par aduenture ne sera si bien fourny, qu'il estoit de ses trois. Car M. Boucherat estant decedé pendant que le Roy Charles & la Reyne sa mere estoient à Toulouse pour le voyage de Bayonne, feu M. le Chancelier fit enuers elle, que M. de Pibrac fut tiré de sa ville en laquelle il estoit Iuge Mage, pour le faire Aduocat du Roy en ce Parlement, * auquel il fit incontinent monstre de sa plus viue eloquence & erudition par plusieurs grandes & belles actions, & singulierement és harangues des ouuertures du Parlement, dont ie ne vous parleray point, d'autant qu'elles sont imprimées, ny pareillement de ce qu'il fit depuis estant President *, & principal Conseiller de Monsieur Frere du Roy, lors qu'il fut esleu Roy de Pologne, où il l'accompagna auec beaucoup d'honneur, & de bonnes & de mauuaises fortunes, & depuis Chancelier de feu Monsieur d'Anjou aussi Frere du Roy, & l'vn des premiers & plus suffisans Conseillers d'Estat qui ait esté en France, fort aimé & estimé de feu Monsieur le Chancelier de l'Hospital, lequel l'ayant voulu auoir pour son gendre, & ne l'ayant point eu, ne delaissa pourtant de l'aymer & desirer son aduancement. Et puis que M. du Mesnil nous a menés si auant, ie veux par mesme moyen depescher deux autres Aduocats, sçauoir est Maistres Denys du Mesnil son Frere, & Augustin de

* *Tertullianus versùs finem libri de Animâ* Nam etsi præ gaudio quis spiritum exhalet, vt Chilon Spartanus, &c. etsi per somniũ, vt Plato, etsi per risum vt P. Crassus, &c. *p. 351. editionis 1641. N. Rigaltij.*

* *Il le fut en 1565. Miraumont & Pasquier en ses Recherches liu. IV. ch. 27.*

* *en 1577. Miraumõt.* idem *Blanchard lequel escrit sa vie assez amplement.*

614

Thou son successeur en l'Estat d'Aduocat du Roy, [1] lequel à la verité n'approchoit pas du bien dire, ny de la suffisance de son deuancier, & neantmoins estoit si rompu & si resolu aux causes du Palais, que ie ne l'ay gueres veu desdire en ses conclusions; il a depuis esté President de la Cour, comme son Pere [2] & son Frere, [3] & depuis resigna l'Estat à Monsieur le President de Thou son nepueu, [4] qui est le quatriéme President de ce nom, tous lesquels auoient esté Aduocats fors le dernier. Quant à M. Denys du Mesnil, encores qu'il n'eust pas l'eloquence ny la grace de son aisné, si disoit-on qu'il auoit bien autant de lettres que luy; aussi luy succeda-t'il aux meilleures affaires du Palais, principalement a celles des maisons de Nauarre, & de Vendosme dont il estoit Aduocat; qui fut cause que l'on n'admit point la resignation, que son frere auoit faite en sa faueur de l'Estat d'Aduocat du Roy, & fallut en changer la procuration au profit de M. de Thou: ce Maistre Denys fut pere de M. du Mesnil Conseiller [5] qui reste seul & vnique de ce nom. Vous m'auez fait plaisir, dit mon fils puisné, de parler ainsi de Messieurs de Pibrac & de Thou; ce me sera vn aiguillon d'essayer à bien faire à leur exemple, estans tous deux mes parrains, M. de Pibrac m'ayant donné le nom que ie porte. Mais puis que le propos de M. l'Aduocat du Mesnil, dit mon aisné, vous a fait entrer aux discours de Messieurs Bourdin, de Pibrac, & de Thou ses collegues, & de M. Denys du Mesnil son frere qui estoit aussi mon parrain, ie vous prie par mesme moyen de nous dire ce que vous sçauez de feu M. Leonard Goulas nostre ayeul maternel, qui auoit espousé Damoiselle Philippes du Mesnil leur sœur. Ie veux, dis-ie, soulager M. Pasquier de cette peine: aussi bien a-t'il besoin de reprendre haleine, & i'en sçay peut-estre plus que luy, car encores que ie ne l'aye gueres veu ny connû, si est-ce qu'ayant espousé sa fille [6] aprés son decez, ie m'en suis voulu enquerir, & ay appris de M. de Thou, duquel on vient de parler, qu'il estoit si docte en Droict, que quand feu M. le premier Presi-

1 en 1585. Miraumõt. Blanchard.

2 portant le mesme nom, qui le fut en 1544. Miraum. & Blanchard lequel escrit sa vie.

3 Meßire Christophle de Thou premier Presidẽt en 1562. Miraumont & Blanchard qui ont fait son Eloge.

4 Meß. Iac. Auguste de Thou, qui fut Presidẽt en 1595. Meraumont & Blanchart, qui ont fait l'abregé de sa vie. C'est l'Autheur de l'Histoire de France, ouurage qui le rend digne de l'immortalité, sans parler de ses autres Oeuures, ny de quantité d'actions qui ont rendu sa vie glorieuse.

5 Il s'appelloit Denys comme son pere, fut receu Conseiller le 4. May 1596. v. cy-deuant en la p. 175.

6 Damoiselle Marie Goulas.

dent son frere estant Aduocat du commun, estoit en doubte de quelque poinct, il n'y auoit personne entre ses compagnons duquel il desirast plus auoir l'aduis que de M. Leonard Goulas, auquel il auoit ordinairement recours : qui n'est pas vn petit tesmoignage, puis qu'il procede d'vn si grand premier President. Et encores qu'il ne fust pas tant employé au Palais que ses beaux freres, parce qu'il estoit d'vne plus grande liberté, ne pouuant endurer non seulement les inepties & importunitez des parties, ou des Procureurs que nous sommes souuent cõtraints de digerer, mais non pas mesme les reprehensions que font quelquesfois Mess. les Presidens, lesquels nous deuons respecter & reblandir, si estoit-il employé aux meilleures affaires des Grands, & principalement du feu Admiral d'Ennebault, qui gouuernoit lors le Roy François. Et de faict il luy donna sa maison de la ruë S. Antoine, en laquelle vostre mere a eu sa part. C'est aussi luy qui a fait le premier iuger au Palais que quand on allegue pardeuant vn Official, qu'vne disme est infeodée, il en doit delaisser la connoissance au iuge lay, sur cette simple allegation, sans entrer plus auant en connoissance de cause ; autrement qu'il y auroit abus. L'Arrest en est remarqué par ceux qui ont esté soigneux d'en faire des recueils, au lieu qu'auparauant on iugeoit, qu'il falloit faire sommairement apparoir de l'infeodation pardeuant l'Official auant qu'il en fit le renuoy, comme il se voit par l'ancien Coustumier de France. En somme c'estoit vn sçauant & docte personnage, & non seulement en Droict, mais aussi en Theologie, & autres bonnes lettres, ainsi que i'ay pû reconnoistre par le reste qui s'est sauué de sa Bibliotheque, & sur tout tres homme de bien, & fort deuot enuers Dieu ; ce qui doit seruir d'exemple & de consolation à sa posterité, laquelle dure à present auec honneur : * reuenons ie vous prie à vos autres Aduocats. Les plus renommez de mon premier temps, poursuiuit M. Pasquier, outre les sus-nommez, estoient Maistres Anne de Terrieres Seigneur de Chappes, François de la Porte Poicteuin, Iean de S. Mesloir Manceau, Pierre Robert Parisien, Pierre Renard, Iacques Aubery, Laurens Be-

** M Goulas qui est à present Secretaire des commandemens de son A.R. Monseig. le Duc d'Orleans, & autres personnes conditionnée de ce nom, sont ses petits enfans, & nepueus de nostre Autheur, à cause de Damoiselle Marie Goulas sa femme, leur tante, dont il a esté parlé cy-deuant.*

chet, Iacques Canaye, Claude Mangot, Antoine du Lac, Iean Chippart, Frãçois de Marillac, & quelsques autres. Pour le regard de Terrieres Seigneur de Chappes, on le tenoit pour bien sçauant en Droict, & disoit-on qu'il auoit fort plaidé en son temps, mais il s'adonna sur la fin de ses iours à plaider en son nom assez peu heureusement, ce qui le recula du Palais. Et ce qui l'en recula encores d'auantage, ce fut la Religion Pretenduë Reformée dont il fist profession, laquelle fut cause de sa mort; car ayant esté mis prisonnier au petit Chastelet auec d'autres à la malheureuse iournée de la S. Barthelemy, il y fut miserablement estranglé. Quant à la Porte & à de S. Mesloir* qui plaiderent en la cause de Cabrieres & Merindol, ils se faisoient plus valoir, celuy-là par sa confidence & hardiesse, & par des allegations qu'il faisoit de quelques Arrests qu'il auoit remarqués, & cettuy-cy par de certaines petites gloses singulieres ou brocards de Droict, qu'ils n'auoient de vray fonds en Droict ou d'eloquence, au moins selon mon iugement. M. Laurens Bechet estoit plus sçauant qu'eux, mesmement aux bonnes lettres, ainsi qu'il paroissoit par son discours, lequel estoit plus paré que celuy des autres; neantmoins il n'estoit pas tant employé que les deux susnommez, ny tant appellé aux Consultations. Quant à M. Pierre Renard, il n'estoit gueres recherché que pour les matieres Beneficiales, non plus qu'vn petit homme Chantre & Chanoine de la Sainte Chappelle nommé Rousseau; comme aussi Maistres Iean Chippart,** Pierre Malet, & depuis Martin Menard, & Iean Ramat,** afin de vous despescher nos Beneficialistes tout d'vn fil. Il me souuient mesme qu'vn nommé Guetard se vouloit mesler de cette matiere, mais ce fut en son nom & à ses despens; car il perdit vn benefice qu'il plaidoit contre M. Seguier, qui fut cause de luy faire tellement quitter le Palais, qu'on ne l'y a point veu depuis. Maintenant cette science est quasi esteinte au Palais, & n'y a gueres qu'au grand Conseil, qu'on s'y estudie; & n'eust esté que M. Pierre Rebuffe en a escrit plusieurs Traitez qui sont encores plus estimez à Rome qu'en France, la science en seroit quasi perduë; qui est cau-

* *Pasquier en sa premiere lettre du li. XIX. à M. de Sainte Marthe, p. 673. parle d'vn S. Melouard qu'il appelle* arcboutãt des Consultations, *qui vraisemblablement est le sainct Mesloir de nostre Autheur.*

** *Il est croyable que ce Chippart est celuy qui est nommé Chippoit auec Ramat dans la 1. lettre de Pasquier du liu. XXI. p. 671. lesquels il appelle* personnages de poix.

se, qu'il ne doit estre oublié entre nos Aduocats ; car il en prenoit la qualité aussi bien que de Docteur en Droict canon, comme il estoit l'vn & l'autre ; mais il ne faisoit quasi rien de celle d'Aduocat, encores qu'il se presentast au Palais. Tous ces derniers n'ont laissé aucun portant leur nom que ie sçache, si ce n'est Chippart. Ie ne vous ay point parlé d'vn autre du mesme nom de Renard, qui viuoit en ce têps là; car il estoit plus Aduocat du Chastelet que de la Cour. M. Pierre Robert se faisoit plus valoir que les susnommez, non qu'il fust par aduanture plus sçauant que ses compagnons, car ie croy qu'il n'en sçauoit pas tant : mais il estoit homme d'vne belle presence, voix & action, disoit assez heureusement, & se faisoit plus estimer par son sens naturel, que par son estude & son trauail. Il s'aduança principalement par deux actions : l'vne & la premiere fut la plaidoirie qu'il fit pour le President d'Oppede en cette cause de Cabrieres & Merindol, dont l'histoire est si bien descrite par M. de Thou, [1] que ie n'ay que faire de vous en parler d'auantage. Feu M. Clement du Puy auoit esté premierement chargé de cette cause, mais estant deuenu malade de la maladie dont il deceda, le President d'Oppede eut recours à Robert, lequel il instruisoit de iour en iour de ce qu'il auoit à dire. L'autre cause de l'aduancement de Robert vint de ce que s'estant fait de la Religion Pretenduë Reformée, il fut employé par feu Monsieur le Prince de Condé, Ayeul de Monsieur le Prince, au faict de la Declaration de son innocence : depuis lequel temps il fut tousiours recherché par ceux de cette Religion : ce qui luy cousta la vie ; car il fut tué le iour de la S. Barthelemy. La mesme cause de Cabrieres & Merindol fut aussi l'aduancement de M. Iacques Aubery Angeuin, en ce qu'ayant esté crée Aduocat general [2] en cette cause, il en fut fait Lieutenant ciuil ; [3] car dés auparauant il auoit acquis le bruit d'vn grand & loüable Aduocat, subtil, & bien agreable. C'estoit au temps, dit M. Pithou, que la vertu estoit en prix & recompensée. Feu mon frere, [4] & vous, parlant à moy, qui auez si fidelement & si dignement exercé les charges d'Aduocat & Procureur du Roy en la Chambre de Iustice

1 Voyez en l'Indice qui suit apres ce Dialogue sous ce nom IACQVES AVBERY, *l'abregé de cette histoire, extraict & mis en François du latin de M. de Thou.*

2 M. de Thou escrit que Iacques Aubery parla pour ceux de Merindol, & M. Denis Riant pour M. le Procureur general. M. de l'Hospital dit la mesme chose dudit Aubery en la 7. du 11. liu. de ses Epistres à M. le Chancelier Oliuier.

3 Pasquier en sa 1. lettre à M. de la Bite liu. VII p. 425.

4 M. Pierre Pithou.

en Guyenne, vous débauchans du Palais deux ans & demy entiers, n'en auez eu aucune recompense. Passons outre, dis-ie, & oublions cela; par aduenture a-t'on beaucoup fait pour nous, de nous laisser viure en paix priuement & doucement en nos maisons: nous nous fussions peut-estre abismez pendant les troubles de la Ligue, si nous eussions esté recompensez de quelque Office qui nous eust obligez de sortir d'icy. Encores le Roy nous a-t'il fait beaucoup d'honneur de s'estre souuenu de cette Commission, lors qu'il nous cõmanda de faire la mesme charge au restablissement de son Parlemẽt à Paris. Acheuez dõc, s'il vous plaist, les Aduocats de vostre premiere classe. Il y auoit encores, cõtinua M. Pasquier, Danquechin & Miller, qui plaidoient aussi en la mesme cause de Cabrieres; mais les principaux de ce tẽps-là estoient Maistres Iacques Canaye Parisien, Claude Mangot Loudunois, & François de Marillac* Auuergnac, duquel on faisoit plus d'estime que des deux autres, en ce qu'il estoit fort en la replique; mais il fut rauy au milieu de son aage: de sorte que sa maison a esté reduite à neant, au moins au prix de celle de Canaye & de Mangot, l'vn ayant delaissé le sieur de Fresne son fils, Conseiller au grand Conseil, & depuis aux Conseils d'Estat & Priué, & Ambassadeur vers la Seigneurie de Venise; l'autre, M. Iacques Mangot Aduocat, depuis Procureur general en la Chambre des Comptes, & enfin Aduocat du Roy au Parlement*, lequel fut le plus accomply personnage en tout ce que l'on pouuoit desirer, qui fust en son aage: il n'auoit que trente six ans lors qu'il deceda, & n'eust eu son pareil, soit en probité & integrité, soit en science & connoissance de toutes bonnes lettres, s'il eust vescu âge d'homme. Il fut si grand aumosnier, qu'il ne s'estoit pas contenté de donner tous les ans sa vie durant la disme de son reuenu aux pauures, mais il commanda qu'on en fit de mesme du bien de sa fille, qu'il laissa sa seule heritiere. Pour preuue de sa suffisance il ne faut que voir vne Remonstrãce qu'il fit à l'ouuerture d'vn Parlement, qui court és mains de plusieurs, & les registres des plaidoiries, esquelles il a parlé pour M. le Procureur general.

** Il y a apparence qu'il y a faute en ce nom, ou il n'estoit pas de la famille de Messieurs de Marillac, qui est encores auiourd'huy florissante.*

** En 1585. Miraumont & Pasquier li. IV. de ses Recherches, ch. 27. p. 409. qui luy fait en cet endroit vn Eloge magnifique.*

l'on trouuera qu'en vn corps qui sembloit assez fresle il y auoit des muscles & des nerfs bien forts,& vn tres-bon sang. Ie ne vous parleray point de ses autres freres, d'autant qu'ils sont viuans. Mais pour retourner aux Peres, ie me trouue empesché à vous dire, lequel ie dois preferer à l'autre, tous deux ayans de grandes perfections & suffisances en leurs Estats. Car si Canaye estoit docte en Droict, [1] comme certainement il l'estoit, aussi estoit Mangot; [2] si Mangot estoit sçauant aux bonnes lettres & sciences, aussi estoit Canaye; si Canaye estoit employé aux affaires des grandes maisons de la France, aussi estoit Mangot. Ie remarquois vne difference entr'eux; c'est que Mangot parloit plus subtilemēt, plus facilement, & plus doucement, & estoit plus riche & plus prompt en inuentions,ayant vn esprit transcendant,au lieu que l'autre estoit plus lent ou pesant, mais il sembloit auoir plus de force, marchant quasi comme à pas de bœuf, [3] & consequement imprimant plus auant ce qu'il disoit au cœur des escoutans. Ce qu'ils ont fait paroistre en vne infinité d'actions, mais principalement en la cause de la preference des roses [4] qui se presentoient lors par les Pairs de France, Canaye plaidant pour M. le Duc de Niuernois, & l'autre pour M. le Connestable de Montmorency, en laquelle chacun d'eux desploya sur vn sujet qui sembloit petit, le meilleur de son sçauoir & eloquence. Car on n'oublia rien de part ny d'autre de ce qui estoit de l'origine, dignité, & excellence des Pairries, de l'antiquité & noblesse des Comtes de Neuers, & des Barons de Montmorency, ny de leurs maisons & alliances, de leur vaillance & prouësse, tant contre les ennemis de la Foy és voyages d'Outre-Mer, que pour la deffense de la Couronne contre ses ennemis, ny de leur fidelité & seruice enuers nos Rois. Mais il y auoit vne particularité en Mangot, qui n'estoit pas en Canaye, ny en

1 *Pasquier en sa 1. lettre à M. de Sainte-Marthe, liu. XXI. p. 673. l'apelle* arcboutāt des Consultations.

2 *le mesme en ses Recherch. liu. IV. ch. 27. p. 409.* M. Claude Mangot, *dit-il*, l'vn des premiers Aduocats de nôtre tēps.

3 Bos lassus firmiùs figit pedē. D. Hieron. ad August.

4 *Ianus Gruterus en son Tresor des Inscriptions antiques, pag. CIↃXXI. num. 4. a remarqué celle qui suit, qui a quelque rapport à ce qui est escrit icy.* TORCELLI. Longius Patroclus Sequtus pietatem Col. Cent. hortos cum ædificio huic sepult. iuncto viuos donauit, vt ex redditu cor. largiùs rosae & escæ patrono suo & quandoque sibi ponerentur. *Et ailleurs en diuers endroits,* rosæ quot annis sepulcro mittendæ p. CCXXXVII. n. 5. CCCCXXXV. 2. CCCCLX. 3. DCCXLVIII. 11. DCCLIII. 4. DCCCIII. 8.

aucun autre Aduocat que i'aye connû; c'est qu'il auoit vn esprit si vniuersel & si prompt pour toute sorte d'affaires, qu'estant chef du Conseil de la maison de Longueuille, il ne s'entremettoit pas seulement des procez du Palais, mais aussi de ceux d'Allemagne & de Suisse, & encores des baux à ferme qu'il conuenoit faire, ensemble de l'audition des comptes, & generalement de toutes les affaires du conseil des Finances & d'Estat, signamment en ce qui concernoit la souueraineté du Comté de Neufchastel; en quoy il se rendoit admirable, estant en effect le vray Chancelier & Surintendant de cette maison. Ayant dépesché ceux que ie trouuay au Palais lors que i'y vins, ie passeray maintenant à ceux de nostre volée. I'estime, dis-ie, que vous en obmettez quelques-vns qui meritoient bien d'estre mis au rang des precedens. Car encores que ie sois venu au Palais longuement apres vous, si me semble-t'il que M. Matthieu de Fontenay, Iean Filleul, Pierre de Rochefort, Iean Durand, Antoine du Lac, Iean le Gresle, Thomas Sibilet, Louïs Galoppe, Louïs Bernage, la Faïe, de Larche, Amelot, Tielment, & plusieurs autres dont il ne me souuiẽt pas pour le présent, estoient vos anciens. Vous dites vray, & suis bien aise que vous m'en ayez fait souuenir, au moins de Fontenay, Filleul & Rochefort. Car quant à de Larche & Amelot qui estoient d'Orleans, Galoppe de Paris, & Iean le Gresle de Dam-martin, ie les auois industrieusement passez, les vns pource qu'on n'en faisoit pas beaucoup d'estat, estans vn peu paresseux & negligens, ou s'adonnans à quelque autre vacation; comme de Larche, lequel s'emploioit plus au Bureau des enfans de la Trinité, qu'à son Estat d'Aduocat. I'attendois à parler d'Amelot, en parlant cy-apres de ses enfans. Pour le regard de M. Antoine du Lac Auuergnac, il estoit vn peu trop ventart, luy semblant qu'il n'y auoit personne au Palais qui entendist la matiere des substitutions comme luy, dont ses compagnons se rioient; neantmoins il y estoit employé plus qu'en d'autres affaires. Il y auoit encores vn autre du Lac, qui estoit aisné de M. Pierre du Lac* qui vit a present auec plus d'honneur & de reputation que ne

* *Voyez ce qui est dit de luy par M. A. Mornac, en la note suiuante.*

faisoit son aisné. Et pour le regard de M. Thomas Sibilet, il s'amusoit plus à la poësie Françoise, qu'à la plaidoirie: c'est luy qui m'en a mis le premier la plume en la main, dont ie luy suis obligé. M. Louïs Bernage plaidoit plus souuent & assez doucement, mais il auoit le bruit de se charger indifferemment de toutes causes bonnes & mauuaises; ce qui luy faisoit tort; il ne fut gueres appellé aux Consultations. Quant à M. Iean Filleul, i'estois present à la plaidoirie qu'il fit contre la legitimation d'vn bastard, laquelle le rendit si recommendable, que s'il eust continué, ou si deslors & depuis il se fust presenté aux Consultations, comme faisoient ses compagnons, il y eust indubitablement eu bonne part: mais il se tenoit perpetuellement en son banc, ainsi que faisoient nos anciens. Comme faisoit aussi M. Matthieu de Fontenay, lequel plaida en la presence du Roy Charles pour le commun tresor de l'Ordre de S. Iean de Ierusalem conre le Cheualier de Seure, duquel le testament fut cassé, ores qu'il eust eu dispense du Pape, de pouuoir tester contre les Statuts de leur Ordre. On tenoit qu'il estoit grand Coustumier, & bon Feudiste, & fut sur la fin de son âge souuent appellé aux Consultations. Comme aussi estoit M. Pierre [1] de Rochefort, mais il s'arrestoit plus à son Office de Bailly de S. Germain des Prés, qu'à son Estat d'Aduocat, lequel, comme vous sçauez, desire son homme tout entier. I'auois oublié M. Iean du Boisle, lequel n'auoit rien de recommendable que la force, & hauteur de sa voix, semblable en cela à ce Trachallus, duquel parle Quintiliã; [2] & neantmoins il estoit bien esloigné des pefections qu'on remarquoit en cet Ora-

[1] *M. A. Mornac en son obseruation sur la loy* 14 *au Digeste* de iure iurando *parle d'vn Rochefort qui pourroit bien estre celuy-cy, mais il l'appelle François. Il escrit de luy vne chose assez remarquable, qui est que la Cour voulant abolir le droict que les Aduocats pretendoient auoir de ne pouuoir estre contraints de déposer, ny descouurir en Iustice la verité du secret de leurs parties,* amolitus est apprime, *dit-il*, tenaci proposito insuetum illud Franciscus de Rochefort antè annos plus minus quinquaginta, vt accepi ab antiquioribus, postea Lud. Boissonius, Petrus du Lac, Annæus Robertus, & alii plures, causantes inueteratum morem Curiæ quo semper Patronis indultum fuerat, ne occulta Clientum suorum seu bona, seu mala proderent: sed quidquid obniti potuerint, decreuit semper Ordo ampliss. vt responderent de eo cuius esset quisque sibi conscius, &c.

[2] *Voicy ce qu'il en dit au liu. XII. de ses Institutions Oratoires, ch.* 5. Vox quidem Tra-

challi, non, vt Cicero desiderat penè Tragœdorum, sed super omnes, quos ego quidem audierim, Tragædos. Certè cùm in Basilicâ Iuliâ diceret, primo tribunali, quatuor autem iudicia, vt moris est, cogerentur, atque omnia clamoribus fremerent, & auditum eum & intellectum, &, quod agentibus cæteris contumeliosum fuit, laudatum quoque ex quatuor tribunalibus memini. *Et au ch.* 10. *du mesme liure*, In his etiam quos ipsi vidimus, copiam Senecæ, vires Africani, sonum Trachalli, &c.

teur. On l'oyoit de la chapelle de la salle du Palais, quand il plaidoit aux Requestes, ce qu'il faisoit assez souuent sur la fin de ses iours; en quoy il se rendoit ridicule; car en ses ieunes ans il auoit esté plus estimé, ayant fait vn Commentaire sur la Somme rurale de Boutillier. Quand ie vins au Palais, on faisoit vn conte de luy & de feu M. le President de Harlay,* pere de M. le premier President, lequel ne se pouuoit garder de dire quelque mot de gausserie en quelque lieu qu'il se trouuast. C'est que du Boisle plaidant vn iour deuant luy, & prenant son ton fort haut dés le commencement de son plaidoyer, contre ce qu'on a de coustume, il ne se peut tenir de luy dire ces mots; *couurez vous, du Boisle, & parlez haut*; dont toute la compagnie se prit à rire. Ie ne vous parleray point de M. Raoul Spifame qui estoit des anciens de mon temps; car encores qu'on dise qu'il auoit esté du commencement assez fameux, comme estant d'vne des bonnes maisons de la ville; si est-ce qu'il declina tant sur la fin de ses iours, qu'il n'estoit remarquable que d'vne chose. C'est que voulant reprendre ou tenir l'ancienne marque d'honneur des Aduocats & Conseillers generaux du Parlement, il se presentoit à prester le serment aux ouuertures qui s'en faisoient à la S. Martin, auec vne robbe d'escarlate: ce que ie n'ay veu faire qu'à luy, encores que, comme ie vous ay dit cy-deuant, aux anciennes representations qui se voyent aux Eglises, les Aduocats se trouuent en pareils & semblables habits que les Conseillers.

* *en 1555. ou 56. il s'appel'oit Christophle, Blanchard, Miraumõt,*

Ie viens donc maintenant aux Aduocats de ma volée, qui estoiēt Maistres Iean le Maistre, Iean de Villecoq, Iean Dauid, Francois de Montelon, Pierre Versoris, Louïs Aleaume Iacques Broussel, Mancheuelle, la Vergne, Tauerny, Breba & quelsques autres, qui ne pouuans ou ne voulans continue le trauail du Palais, se mirent aux Estats, les vns du Parlement, les autres de la Chambre des Comptes, ou des autres Cours souueraines, d'autres aux Sieges Presidiaux qui furent lors erigez. Desquels partant ie me dispenseray de parler, fors de huict ou dix, dont le premier sera M. Guillaume Bailly[1] President des Comptes, Pere de M. le President qui vit à present; [2] l'autre M. Pierre de la Place premier President en la Cour des Aydes, [3] dont i'ay touché quelque chose cy-deuant; M. Pierre de Sailly Lieutenant general au Bailliage de Senlis; Gelée Lieutenant criminel; M. Georges Faguet Lieutenant de Chaumont; de la Ruë President au Presidial d'Abbeuille; Iacques de Montiers, sieur de Bois-Roger Lieutenant à Pontoise; & M. Gontier qui s'estant fait pouruoir d'vn Estat de Conseiller au Presidial de Senlis fut depuis Lieutenant au Bailliage du Palais; qui tous eussent eu quelque part au Barreau, s'ils ne s'en fussent point retirez; & sur tous M. Iean de la Ruë, lequel par aduenture deuoit estre mis entre les Aduocats du premier rang, car il estoit mon ancien de quelsques années. C'estoit bien vn des beaux esprits qui fust au Barreau, bien disant, docte competemment, de tres-bon iugement, & qui auoit du suc & du sang en son discours, auec vne grande lumiere naturelle & sans fard; mais il estoit si sujet au jeu, & à ses autres plaisirs, que la goutte & les autres indispositions qu'ils luy causerent, luy firent quitter le trauail, & finalement retourner en son païs de Picardie, se faisant pouruoir de l'Estat de President au Presidial d'Abbeuille, où il mourut. Celuy-cy m'a fait presentement resouuenir de trois autres Picards qui plaidoient assez souuent aux roolles d'Amiens & de Senlis, Maistres Germain Martine, Gamard & Asseline. Mais ils n'approchoient pas du bien dire de la Ruë, & sentoient plus le ramage de leur païs, combien qu'Asseline eust par aduenture plus de lettres. Il y auoit encores M. N. le Feron, mais il s'adonna plus à escrire des genealogies & armoiries qu'à son Estat d'Aduocat. Bocheron auoit aussi esté Aduocat & solliciteur de feu M. le Connestable, qui le fit Procureur general aux Generaux des Aydes, où il prit pour Substitut de

1 receu en 1549. Miraumont.

2 M. Charles Bailly que Miraumõt dit auoir esté receu en 1580. apres auoir esté aussi Aduocat. C'estoit le pere de M. Bailly à present Maistre des Comptes, duquel les enfans sont arriere-petits fils de l'Auteur, à cause de Dame Françoise Marescot leur mere, sa petite fille.

3 supra p. 511.

Corbie, lequel y plaidoit souuent. Quant à M. Iean le Maistre, il fut Aduocat du Roy pendant la Ligue, & depuis President en la Cour, & y fut confirmé[1] par le Roy à cause de l'Arrest de la loy Salique, auquel il auoit presidé, Arrest qui fut en partie cause de faire ouurir les portes de Paris au Roy. C'estoit de verité vn fort & puissant Aduocat, resolu en points de Droict, de Coustumes & de pratique, fort prudent & aduisé en ses causes, selon qu'il a fait paroistre tant au Barreau qu'en l'exercice de ces Estats. Depuis ayant resigné celuy de President à M. de Sillery, il voulut viure & mourir priué en sa maison, en laquelle il consultoit sans aller au Palais, & estoit souuent employé aux arbitrages. Ce qui n'estoit pas tout à fait de mesme en M. Pierre Versoris; car encores que l'on allast à luy, c'estoit principalement pour r'habiller les fautes qui se font quelquesfois en l'instruction des procez, comme de verité il estoit plain de belles & subtiles inuentions, & si fort entendu aux affaires du Palais; qu'encores qu'il l'eût par maniere de dire quitté, toutesfois le Palais ne le quitta iamais, sa maison estant vn autre Palais; iusques-là qu'il luy falloit demãder non seulemẽt les iours, matinées ou apresdinées, mais aussi les heures, lesquelles il distribuoit tellement aux vns & aux autres, qu'il y auoit perpetuellement des attendans en sa grande salle, pendant qu'il consultoit en la petite. Et comme il estoit ainsi recherché sur les dernieres années pour les consultations, aussi auoit il esté employé en ses ieunes ans plus que nul autre de son temps aux plaidoiries, comme celuy qui parloit auec vne eloquence viue, prompte & naturelle,[2] & auec vne grande facilité & persuasion; ce qui le faisoit charger des plus grandes & plus belles causes de son temps, cõme de celle des Iesuites,[3] que nous plaidasmes ensemble, luy

[1] *en 1594. Miraumõt, & Blanchard qui fait son Eloge. M. E. Pasquier en sa lettre à M. Theod. Pasquier son fils, liu XVI. p. 244. & 245. recite plus amplement ce que dit icy l'Auteur.*

[2] *M. du Vair le compare ainsi auec M. Mangot au commencement de son Traitté de l'Eloquence Fran.* Nous auons oüy, *dit-il*, au mesme tẽps Messieurs Mangot & Versoris: mais l'vn estoit plustost vn subtil Iurisconsulte qui s'expliquoit aisement auec vne parole pressée & aiguë, que non pas vn grand Orateur. L'autre ne manquoit pas d'vne parole pleine & aisée, d'vn grand & beau iugement: mais ayant donné tout son esprit aux procez, il n'estoit pas à beaucoup prés paruenu, iusques où sa nature cultiuée par l'art & sollicitude l'eust peu aisement porter.

[3] *Pasquier en sa premiere lettre du liu. XXI. à M. de Sainte-Marthe d'escrit amplement, comment il fut chargé de cette cause, & tout ce qui s'y passa.*

pour eux,[1] & moy pour l'Vniuersité de Paris, dont ie ne vous diray rien, d'autant que chacun en peut faire iugement, nos deux plaidoiers estans imprimez, sinon qu'ayant leu le sien depuis quelsques années en çà, ie ne l'ay pas tant estimé à beaucoup prés, que i'auois fait lors que nous plaidasmes: ce qui vient de la grace & de la force & poids qui est donné au discours par la voix & par l'action, mesmement par la sienne qui estoit belle & agreable, au prix d'vne simple lecture morte, muette & inanimée. Vray est qu'il auoit vn vice, qui est, qu'il prononçoit ordinairement vn A pour vn E, & vn E pour vn A; & si connoissoit-on en ce qu'il alleguoit des Auteurs d'humanité, qu'il n'y estoit gueres versé: neantmoins à tout prendre c'estoit vn grand Aduocat, & qui se passionnoit pour ses parties, particulierement pour la maison de Guise, dont il estoit le principal conseil: & de faict il mourut en moins de quatre ou cinq heures, de regret & de deuil qu'il eut apres auoir entendu la mort de M. de Guise qui fut tué à Blois. Le plus attrempé & moderé Aduocat de mon temps fut M. François de Montelon, fils de feu M. le Garde des Sceaux de Montelon,[2] & qui fut aussi depuis Garde des Sceaux, & tous deux auparauant Aduocats, lequel plaidoit si doucement, &, s'il faut ainsi dire, auec tant de defiance, qu'encores que sa cause fust tres-bonne, comme il ne s'en chargeoit iamais gueres d'autres, toutefois il la rendoit douteuse par sa lentitude. Tout au contraire M. Iean de Villecoq plaidoit auec vne telle asseurãce, qu'encores que bien souuent sa cause ne valust rien, toutesfois il sembloit qu'on luy faisoit grand tort de la luy faire perdre. Et ce qui l'aduança principalement fut vne plaidoirie qu'il fit pour vn appellant du Lieutenant ciuil Aubry, qui auoit corrigé vne sienne Sentence; en laquelle il parla si librement, ie n'ose dire aigrement, qu'Aubry s'en tenant offencé presenta sa Requeste au Parlement pour en auoir reparation, & y vint luy-mesme plaider sa cause; à quoy de Villecoq respondit sur le champ si pertinemmẽt, que les par-

[1] M. Pierre Versoris, *dit il sur la fin de cette lettre, p. 675.* grand Aduocat, plaidoit cõtre moy pour les Iesuites, aidé des memoires que luy administroit Caigord Iesuite, né natif du païs d'Auuergne, l'vn des plus braues sollicitcurs que iamais le Palais ait eu, & pour tel l'ay-ie veu pleuuir par feu Monsieur le Cardinal de Lorraine.

[2] *Ce fut pendant que l'on fit le procez au Chancelier Poyet, & estoit lors aussi President, ainsi qu'il a esté remarqué par Miraumont; qui est peut-estre le seul exemple que l'on puisse cotter d'homme qui soit demeuré President & Garde des Sceaux tout ensemble.*

ties furent mises hors de cour & de procez, & depuis ce tẽps il fut assez recherché. Mais quant à Montelon, auquel ie retourne, il auoit acquis vne telle reputation de probité, qu'on le croyoit sur ce qu'il disoit, non comme Aduocat, mais comme s'il eust esté Rapporteur d'vn procez, sans luy faire lire aucune piece. Aussi estoit-il vn tres-homme de bien, viuant honorablement, sans auarice, ny ambition, venerable, & craignant Dieu : ce qui le fit appeller par le Roy Henry III. pour luy donner la garde des Sceaux de France, [1] lors qu'ils furent ostez à M. le Chancelier de Chiuerny, lequel fut depuis r'appellé, M. de Montelon les ayant volontairement rendus, d'autant que le Roy n'estoit lors Catholique, [2] dont on parla diuersement, les vns à son aduantage, les autres à son desaduantage. M. Iean Dauid estoit tout d'vn autre naturel, car estant peu soigneux de son honneur, il se chargeoit indifferemment de toutes causes, & le plus souuent de mauuaises ; ce qui le faisoit bien souuent condamner en l'amende : à raison dequoy nous l'appellions l'Aduocat du Roy, d'autant qu'en cela il faisoit plus gaigner au Roy, que ne faisoient ses Aduocats. Et me souuient que se plaignant vn iour à la fenestre, à laquelle les Aduocats plaidans se retirent en attendant que leurs causes s'appellent, il disoit que l'on ne pouuoit faire estat des causes, dautant qu'on perdoit souuent celles qu'on pensoit gaigner, & au contraire l'on gaignoit celles que l'on pensoit perdre ; sur quoy de la Vergne Aduocat qui estoit de son païs (car ils estoient tous deux Gascons) luy respondit qu'il falloit qu'il y eust de la faute du iugement de la Cour ou du sien. Et comme il estoit coustumier de parler latin en ses plaidoiers, & du latin assez mauuais, le mesme la Vergne qui estoit facetieux disoit ordinairement de luy, que quelque meslange qu'on pût faire du latin de Dauid auec celuy de Ciceron, il discerneroit tousiours l'vn d'auec l'autre. Ce Dauid estoit d'ailleurs fort factieux & turbulent ; car ce fut luy qui apporta de Rome les premiers memoires de la Ligue, dont on a tant parlé, & qui ont produit & produiront tant de maux à la France. A ce Dauid ressembloit aucunement

1 *Ce fut en* 1588. *en laquelle qualité* il fit l'ouuerture par harangue publique, aux derniers Estats de Blois, *comme remarque Miraumõt, qui l'appelle* virum probæ & integerrimæ famæ.

2 *Voyez cy deuant en la p. 57. l'obseruation de l'Autheur du zele de Religiõ, & de l'Office de Questeur ou Chancelier, où il parle de cette renonciation faite par M. de Montelon aux Sceaux.*

ment

ment M. Berthe, au moins en ce qu'il estoit souuent condamné en l'amende, à raison de quoy on l'appelloit par raillerie *le petit Amendier*, car il estoit de petite stature ; comme aussi estoit vn autre qui se fit Prestre, de peur de payer ses debtes, lequel ie fis vn iour condamner en l'amende sur son plaidoyer, l'ayant emploié pour toute responce, plaidant pour l'intimé, & me semble qu'il se nommoit Granger ; qui sont des exemples que ie vous recite afin que vous vous en gardiez & que vous ne vous chargiez point de mauuaises causes, mais que vous soyez soigneux de vostre honneur & reputation. De la Vergne fut celuy qui commença à faire imprimer des Factums au procez qu'il eut contre M. le premier President le Maistre son beau-pere,[1] lequel il gaigna quasi d'vne voix, iusqu'à faire dire par le Rapporteur à M. le premier President, qu'il acquiesçast à son appel ; autrement qu'il seroit condamné en l'amende : ce qui monstre combien on estoit lors seuere en iustice pour ce regard, & combien les plus aduisez plaideurs se trompent souuent en leur faict. Il ne fit pas grand'chose depuis au Palais au prix de ce qu'il auoit fait auparauãt à cause qu'il deuint malade, & mourut jeune estant trauaillé de la pierre. M. Iacques Broussel natif de Pontoise y profita beaucoup plus ; aussi plaidoit-il plus souuent, & si fluidement & aisement que cela ne luy coustoit rien, & escriuoit de mesme, &, comme l'on disoit, sans aucune rature,[2] tant il auoit l'esprit facile, la parole & la plume coulante, & à commandement. Ce qui le faisoit fort employer[3] aux causes communes tant au

1 *Blanchard en la Genealogie de la maison des le Maistre, qu'il met sous ce M. le Maistre qui fut President de la Cour en l'an* 1594. *fait mention de Geneuiefue le Maistre*, femme, *dit-il*, de Iean Iacques de la Vergne, Seigneur de Guillerague, Aduocat, en la Cour de Parlement de Paris, fils de Pierre de la Vergne President au Parlement de Bourdeaux.

2 *Cela a esté verifié par le registre des minutes de ses escritures du Palais, communiqué par M. Broussel Aduocat en la Cour, son petit fils, & fils aisné de M. Broussel Conseiller en la grand'Chambre. Car en effect il y a peu de ratures dans ce registre, mais la lettre en est menuë & difficile à lire.*

3 *Pasquier en sa derniere lettre liu.* XXII. *p.* 801. *racontant comme il n'estoit plus quasi connu au Palais, y retournant apres vne maladie de deux ans qu'il eut en l'année* 1559. Ie fus, *dit-il*, l'espace de deux mois entiers sans qu'aucun Procureur me demandast mon nom : & cependant ie voyois vn Brisson, Broussel, & quelques autres de ma volée, qui auoient empieté grande vogue.

Parlement, que singulierement en la Cour des Aydes. Aussi a-t'il fait vne si bonne maison par sa diligence & espargne, que deux de ses enfans se sont faits Conseillers, l'aisné premierement au grand Conseil, & maintenant aux Requestes du Palais,[1] & le second au Parlement.[2] M. Louïs Aleaume eust esté grand Aduocat, s'il se fust assujetty au Barreau, comme il fit paroistre en vne cause que ie plaiday contre luy pour vn appellant d'vn neant, qu'on auoit respondu sur vne requeste, qui fut vne plaidoirie assez nouuelle & celebre: mais il estoit homme de liures & de liberté, se contentant de son bien, & de la place de Substitut au Parquet de Messieurs les Gens du Roy: comme faisoient Maistres Ange Coignet, Laurens Descroisettes, Philbert de Longuejoue, Iean le Breton, Iean de Luynes, Buchage, Grasseteau, Mosac, Automne, Matarel, le Vest, & Maurile de Lorge. Matarel plaidoit bien quelsquefois, & le Vest encores plus souuent, mais non pas tant qu'ils eussent fait, s'ils ne se fussent point tant amusés au Parquet. Cela est vray, dis-ie, & me souuient que la premiere leçon que me donna feu Monsieur l'Aduocat du Mesnil, quand il me mit au Parquet, fut de ne m'y point arrester, disant ce mot que i'ay tousiours retenu, que *le Parquet trompoit son Maistre*. Aussi ne m'y suis-ie gueres amusé, dont ie ne me suis point mal trouué. A quoy i'adioustay; vous ne dites pas aussi que le sieur Aleaume fust bien-tost pourueu de l'Estat de Lieutenant general d'Orleans, lequel il exerça auec beaucoup d'honneur & de plaisir, s'adonnant aux bonnes lettres, & singulierement, à la poesie latine, dont il estoit tres-bon ouurier, ainsi qu'il appert par vn liure que son Fils[3] a fait imprimer depuis son decez, & singulieremẽt par vn enigme d'vne chandelle,[4] qui se pourroit esgaler aux meilleurs poëmes latins qui ayent

1 *C'est le pere de M. Broussel, qui exerce à present la mesme charge de Conseiller aux Requestes du Palais.*

2 *C'est M. Broussel à present Conseiller en la grand' Chãbre, qui s'est si bien souuenu de la tres-sage & Chrestienne leçon de M. de Pybrac*, de ne rendre iustice au gré des Courtisãs, *lesquels emploient la plus part du temps le sacré nom & l'authorité du Roy contre luy-mesme, en la faisant agir contre son peuple, pour l'entretenement de leur lustre & de leur grandeur particuliere; & qui par sa probité & vertu inflexible aux attaques de la faueur & de l'interest, s'est rendu si illustre iusques aux pays estrangers, qu'il n'est pas besoin d'en dire icy dauantage, puisque l'histoire conseruera assez sa memoire, & la rendra venerable à la posterité.*

3 Ægidius Aleaumus, *comme porte le titre de l'Epistre liminaire.*

4 *intitulée*, Obscura claritas.

esté faits de ce siecle. Buchage, continua M. Pasquier, estoit aussi sçauãt en droict, & entendoit fort bien la langue Grecque. Brebart n'estoit point mauuais Aduocat, & fit vne belle action contre moy, lors que les Polonois vinrent au Parlement, & tenoit-on aussi qu'il estoit sçauant en Grec & en Latin; au demeurant il estoit assez commun. Comme aussi estoient Maistres Philippes le Lievre, Iean Doujat, Pierre Bossu, Roguenan, Maurile de Lorge, Fiacre Guedon, Desfontis, Raphaël Gaillaudun, Claude Fresle, Claude Mondin, Iean de Villiers, Claude Foucault, Iean Cointerel, Forest, Hunault, Pierre André qui auoit charge des affaires de M. de Montpensier, Iean Durand qui estoit gendre du Procureur le Coigneux, & estoit natif d'Orleans, Claude Maté, Geruais Giroust, & pareillement M. Christophle Chauuelin Vendosmois, oncle de ceux qui sont à present Aduocats fameux, de la Barre, le Iuge, & autres, qui reuiuent la plus part en leurs enfans, les vns dans leurs vacations, les autres dans d'autres charges, & aucuns par leurs plumes & escrits. Il y auoit aussi M. René Baudart, Iean d'Auuergne sieur Dampon, Augustin le Preuost Seigneur de Breuant, les deux Mesmins & quelsques autres, qui ne faisoient pas grande profession de leurs Estats, & encores M. Iean Bacquet, duquel on n'a pas tant parlé de son viuant,* qu'apres son decez: car il plaidoit fort peu souuent, se rendant neantmoins assidu aux audiences, où il se tenoit derriere les barreaux, & remarquoit soigneusement ce que l'on disoit, & les Arrests qui s'y dõnoient, iusques à demander aux Aduocats les noms des parties, & les principaux poincts de leurs causes, dõt il a si bien fait son profit, que vous en voyez les fruicts par ses liures qui sont bien recueillis, mesmement ceux du Domaine de la France, des droicts d'Aubeine, de Bastardise & autres, qui estoit son vray sujet; car il estoit Aduocat du Roy en la Chambre du Tresor. Et faut que vous sçachiez la response qu'il fit vn iour à nostre compagnon M. René Choppin, lequel se plaignoit que Bacquet luy auoit pris vne bonne partie de ses liures *de Domanio*, qui sont en vn langage Latin assez rude & ferré, *Ie vous promets*, dit,

* *La mesme chose a esté remarquée cy-deuant de M Charles du Moulin, p. 510.*

il, *qu'il n'en est rien. De verité ie les ay voulu lire, mais il faut que ie vous confesse, que ie n'entends pas vostre Latin*; le voulant blâmer, de ce qu'il sembloit affecter d'escrire rudement & obscurement. Nous auions aussi M. Iean du Vair, natif d'Aurillac, qui tenoit beaucoup de son Auuergnac, & ne pût iamais bien parler François, encores qu'ayant esté fait Procureur general de la Reyne, & du Roy en la Cour des Aydes, & depuis Maistre des Requestes, & en ces charges conuersé auec toute sorte de personnes, & mesmement auec les Courtisans, il eust eu moyen de changer son ramage: & toutesfois il a esté pere de M. du Vair premier President de Prouence, qui parle & escrit si nettement en François, que nous n'auons point de liures composez en nostre langue, qui soient estimez à l'esgal des siens. Ie vous nommerois bien encores le Noir, Tusan, de Villars, & quelsques autres. Mais l'vn qui fut le Noir, se retira bien tost du Palais, ayant esté pourueu de la Cure de S. Iean. Medard Tusan ne s'y employa iamais gueres, & estoit plus cognu par la renommée de feu Maistre Iacques Tusan son oncle, Lecteur du Roy en la langue Grecque, qu'il n'estoit de son chef. Et pour le regard de Villars, il plaidoit nettement, mais bien peu souuent; & si mourut-il jeune, delaissant vn fils qui auoit si bien estudié és bonnes lettres Grecques & Latines, & en Droict, que feu M. le President Brisson le retira chez luy pour s'en seruir en ses estudes; mais il ne fit du tout rien au Palais, & si estoit-il plus solliciteur & recommendeur de procez, qu'il n'estoit Aduocat. Voila donc tous ceux dont il me souuient qui vinrent enuiron de mon temps au Palais. Vous en auez, disie, oublié quelques-vns que i'ay veus & qui estoient à mon aduis de vostre temps, & valoient bien aucuns de ceux que vous auez nommez. C'est à sçauoir Maistres Pierre Rigolet, Louys Desportes, Iacques Denuet, Teroude, & Tauerny. Vous auez raison, dit-il, pour le regard de Rigolet; car à la verité il estoit de mon temps. Mais quant à Denuet, Teroude, & Desportes, ils vinrent depuis moy, & les reseruois à mon dernier ordre; neantmoins puis que vous m'en faites souuenir, je parleray d'eux en cét en droit. Teroude auoit vn langage figuré & nombreux, & estoit vn roide jousteur, ainsi qu'il monstra plaidant la cause du sieur de la Curée contre M. Brisson. Il plaidoit souuent pour la feuë Reyne de Nauarre mere du Roy, laquelle indubitablement l'eust aduancé, s'ils eussent vescu iusques à present. Il fut en danger de sa personne à la S. Barthelemy, parce qu'il faisoit profession de la Religion pretenduë Reformée, dont se retirãt il reuint à l'Eglise. Ce que ne fit point Tauerny; car il y fut tué: & tient-on que nul ne se deffendist si vaillamment que luy, en ce qu'ayant fermé & barricadé sa maison, luy & son Clerc en tuerent plusieurs à coups d'arquebuses auant leur mort; * en quoy il se monstra digne de l'Estat qu'il tenoit; car il estoit aussi Lieutenant general de la Connestablie & Mareschaussée de France; & si il ne laissoit de plaider, mais peu souuent. M. Pierre Rigolet plaidoit plus frequemment & mieux, & auec vn assez bel ordre, & vne douceur agreable, pureté de langage, lumiere & clairté d'esprit, & sans fard. M. Iacques Denuet estoit vn chasseur ordinaire, & neantmoins fauorisé de feu M. le President de Thou, qui estoit cause qu'il plaidoit souuent, quoy qu'il fust Chanoine de l'Eglise de Paris. M. Louys Desportes Champenois estoit employé par le Procureur Brucher, duquel il auoit espousé la niepce, comme aussi Gourion estoit employé par le Procureur Feydeau, duquel il auoit espousé la fille. Mais ie vous diray vne particularité de Desportes, qui doit bien faire esperer les Aduocats qui n'auroient pas tant estudié que d'autres. C'est qu'ayant esté quelque temps Clerc chez vn Procureur, il s'y fit si bon praticien, qu'ayant vn peu auparauant estudié au college, vn sien frere qui estoit aussi Aduocat, mais que ie n'ay gueres connu, parce qu'il mourut jeune, luy conseilla d'aller aux Vniuersitez de Droict; ce qu'il fit: puis retournant au Palais en qualité d'Aduocat, il y fit si bien ses affaires, qu'il a laissé vne bonne

* *Pasquier escriuant à nostre Autheur liu. V. de ses Lettres, p. 309. parle ainsi de cette action de Tauerny.* Vn homme de robbe longue seulement, nommé Tauerny, Lieutenant de la Mareschaussée à la table de marbre au Palais, accompagné d'vn sien seruiteur, a acculé la populace deuant sa maison l'espace de huict ou neuf heures: ayant cette ferme resolutiõ en soy, apres que les balles luy furent faillies, d'vser de poix. Iusques à ce qu'estãt destitué de tout ayde, il fut tué combattant vaillamment, apres auoir fait sentir aux vns & aux autres, combien son bras estoit pesant, &c.

maison, s'estant aussi fait Secretaire du Roy. Mais son premier & plus grand aduancement vint de la pratique de Brucher dont ie vous ay parlé. Comme en general i'ay remarqué, (& souuenez-vous de cecy,) que plusieurs sont deuenus fameux Aduocats par la connoissance & alliance des Procureurs, qui ont en cela plus de pouuoir, que n'auroient les faueurs des Conseillers, Gens du Roy, ny Presidens, au moins quand d'ailleurs ils en sont aucunement capables; car les grands Aduocats s'aduancent assez d'eux-mesmes. I'en puis auoir oublié quelques vns pour ne m'en pas ressouuenir à present, & obmis industrieusement d'autres qui sont dénommez au procez verbal de la nouuelle redaction de la Coustume de Paris: car plusieurs s'y sont presentez en qualité d'Aduocats de la Cour, qui n'en firent iamais aucun ou gueres d'exercice. Et si ie ne vous ay point voulu nommer vn plus ancien Aduocat que ces derniers, lequel estant d'assez belle taille & apparence, s'alla loger pres de la maison d'vne bonne femme qui auoit vne fille à marier: & il alloit au Palais auec vn Clerc qui portoit apres luy vn gros sac commun comme s'il eust esté fort chargé de pratique, afin de se faire regarder. Il fit donc si bonne mine durant quelques mois, qu'on luy parla de se marier auec cette fille; à quoy il entendit fort volontiers, car il ne tendoit à autre fin. Les nopces faites, il continua à faire porter ce sac apres soy, mais il ne rapportoit rien du Palais que les sacs qu'il y faisoit porter, dont on commença à se fascher. Pour pouruoir à cela, il s'aduisa de prendre d'vn de ses amis vingt cinq ou trente liures de rente, le sort principal de laquelle il fit tellement filer, qu'il en rapportoit à sa femme tantost vn escu, tantost vn demy, & continua à faire ainsi, tant que son credit dura. Mais enfin ne trouuant plus de fats qui luy en voulussent prester, sa pratique faillit tout à coup; de sorte qu'estant découuert par sa femme, desia chargée d'enfans & de debtes, elle fut contrainte de faire cesser la tromperie de son mary, & de le nourrir du mieux qu'elle pût à ses despens; car elle auoit du bien competemment, & estoit d'assez bon lieu; ce qui sera dit en passant par risée, & pour monstrer qu'en tou-

Aduocat qui se maria faisant semblant d'auoir de la pratique.

tres vacations & estats il y a des happelourdes. Il me semble, dit M. Pithou, que vous auez oublié beaucoup d'Aduocats qui pourroient estre compris en ce roolle, puis que vous y auez mis non seulement ceux qui ont fait continuelle profession de cét Estat, mais aussi d'autres qui s'en estãt retirez, se sont aduancez aux Offices. Qui, dit M. Pasquier? Messieurs Damours, repliqua M. Pithou, Aduocat du Roy, & Pericard Procureur general au Parlement de Roüen, Messieurs les Bariots Presidens au grand Conseil, & vn autre Bariot Conseiller au Parlement, Iean Foullé, Antoine de Vignolles, [1] Pierre de Pardessus, [2] Iean le Bourguignon, & autres, aussi Conseillers; car i'ay trouué aux papiers de feu mon frere, qu'ils auoient esté tous Aduocats. Vous auez raison, dit M. Pasquier, au moins pour le regard des Conseillers Foullé, de Vignolles, & Pardessus, car ie les ay ouy plaider, mais ie les auois passés, d'autant qu'ils ont plus paru en leurs Offices de Conseillers qu'en celuy d'Aduocat, particulierement Foullé qui y fut assez peu heureux, en ce que s'estant oublié en vne cause quil conduisoit pour l'Euesque de S. Flour, Prieur de Gournay, il luy fut deffendu par la Cour de s'en plus entremettre, & encores me souuient il de quelque autre chose que ie ne veux point dire: Ce qui fut neantmoins cause de son aduancemement; car ayant quitté l'Estat d'Aduocat, il en achepta vn de Conseiller en Bretaigne, & depuis en ce Parlement, [3] où ayant esté connu par la feuë Reyne mere homme de seruice, elle l'employa au mesnage de sa maison, & principalement au reglement de ses bois & forests, où il fit fort parler de luy. Quant à Messieurs les Bariots, ils ont esté peu de temps Aduocats, s'estans faits pouruoir, sçauoir est Maistre Philbert de l'Estat de Maistre des Requestes & de President au grand Conseil, Claude de celuy d'Aduocat du Roy en Bretaigne, puis de Maistre des Requestes, & depuis de President aussi au grand Conseil. Et pour le regard du Conseiller Bariot, ie ne l'ay iamais veu Aduocat, estant desia Conseiller en la grande Chambre [4] quand ie vins au Palais. Mais puis que vous m'en auez fait

1 *Blanchard dit qu'il fut receu le 8. Feurier 1565. lequel estoit, peut-estre fils de M Iean de Vignolles receu en 1536.*

2 *receu le 5. Decembre 1567. Idem.*

3 *receu le 25. Nouembre 1567. Blanchard.*

4 *M. Pasquier estant venu au Palais des l'année 1549. comme il a esté remarqué en ce Dialogue, p. 457. & 503. il ne peut pas entendre icy Philbert Bariot, qui ne fut receu que le 26. Auril 1553. selon Blanchard.*

ressouuenir, ie vous veux faire part de deux contes que l'on faisoit de luy, l'vn du temps qu'il estoit Aduocat ; c'est qu'estant fort employé à faire des escritures, desquelles il se faisoit payer à raison de cinq sols pour roolle, comme l'on a esté long temps que l'on n'outrepassoit point cette somme, il se trouua vn Normand, qui ayant baillé vn double ducat à son Clerc pour vne paire d'escritures, voyant qu'il s'en falloit cinq ou dix sols que les roolles ne reuinsent à ce que valoit son double ducat, il en demanda le reste au Clerc, qui le vint dire à son Maistre, lequel voyant la tacquinerie de cét homme, luy dit qu'il auoit oublié vn des meilleurs moyens de sa cause, qu'il luy failloit adjouster ; & de faict, luy dicta sur le champ vn feüillet ou deux & plus, afin de luy en donner pour son argent. Le conte est vrayement ridicule, & par aduẽture indigne de l'Estat d'Aduocat, mais si sert-il à monstrer la naïfueté du temps, esloignée neantmoins des demandes excessiues, & rançonnemens qu'on dit que font à present quelques Aduocats, qui ont donné cause à l'Arrest dont on s'est plaint sur le commencement de nos deuis. L'autre conte est que Bariot s'estant depuis fait Conseiller, estoit si amoureux de procez, qu'il prenoit plaisir à faire attacher ses sacs par ordre en l'vne de ses chambres, lesquels il alloit souuent visiter & compter auec autant de contentement que fait vn laboureur ses troupeaux de moutons ; ce que feu M. le Chancelier de l'Hospital prist plaisir de representer par ces vers, *

* epistolà 19. lib. II. ad Ianum Morellum Ebredunæum quæ incipit, Hæc mea quorũdam, &c.

Nam memini quemdam plenum grauitatis, & annis,
Burgundâ de gente senem, cui mille ligatis
Inclusæ saccis pendebant ordine lites:
Has omnes animi causâ semel omnibus horis
Ille recensebat, minimumque putabat ad assem,
Quid tandem lucri numero speraret ab illo,
Vt Pastor, cui mille boues in montibus errant,
Quem ferat ex vitulis fructum, quem lacte reportet
Presso vel liquido, quem denique matribus ipsis,
Subducit tacitus: nummo nec fallitur vno.

I'ay voulu apprendre ces vers par cœur, car ils le meritent bien,

bien: & veux que vous sçachiez que c'est de luy qu'ils doiuent estre entendus. Et quant au President Vialart, [1] fils du President de Rouën, duquel ie vous ay parlay, ie ne l'ay iamais veu, ny oüy dire qu'il ait fait la charge d'Aduocat, dautant que si-tost qu'il en eut presté le serment, il fut pourueu de l'Office de Lieutenant Conseruateur des priuileges Royaux au Chastelet, & peu aprés de Lieutenant ciuil, puis se fit Conseiller, Maistre des Requestes, President au grand Conseil, & finalement premier President de Rouën. M. Iean le Bourguignon fut pourueu de l'Estat d'Aduocat du Roy au Chastelet. Pour le regard de Damours [2] & Pericard, ie les ay veus à la verité Aduocats en cette Cour, & ils y furent employés, mesmement Pericard à cause du Procureur Martin son beau-pere, lequel estant Procureur de feu M. le Connestable, le fit pouruoir de l'Office d'Aduocat du Roy, & depuis de Procureur general à Rouën. Comme Damours y fut depuis Aduocat du Roy, s'estant retiré du Palais par vn desdain, de ce qu'ayant esté condamné en deux amendes de fol appel en vne audiance, & s'estant excusé de plaider vne troisiesme cause qui fut appellée incontinent apres, & son excuse n'ayant esté trouuée raisonnable, il n'y voulut plus retourner. Et quand tout est dit, ces derniers nommez ont plus paru en leurs Offices qu'en la charge d'Aduocat, à raison dequoy ie n'en auois rien dit, ny ce matin parlant des Aduocats du temps de François I. ny cette apresdinée continuant à parler de ceux qui ont plus approché de mon temps, à quoy il est besoin que ie reuienne.

1 Blanchard nomme vn M. Germain Vialart receu Conseiller le 7. Ianuier 1563. qu'il dit auoir esté auparauant Conseiller à Rouën, mort le 12. May 1574 & enterré en l'Eglise de nostre Dame.

2 Blanchard l'apelle Pierre, & dit qu'il fut receu Conseiller le 7. Decemb. 1568.

Ceux donc que i'ay veu venir au Palais depuis moy sont Maistres Barnabé Brisson, Guillaume Aubert, Renaud Loiseau, Pierre Airaud, Louïs Chandon, Thierry Cochon, Raoul Parent, Iean de Siruinges, les Presidens du Faur, Faye, & Iacques Mangot Aduocats du Roy, Iean Bodin, Pierre Escorcheuel, Claude du Buisson, les Amelots, Pierre Pithou, René Bautru sieur des Matras, Iacob du Val, & quelsques autres que vous me ramenteuerez; car ils ont quasi tous esté de vostre temps, comme du mien. Mais ie vous prie, dis-ie, auant que de passer plus outre, nous expliquer ce que vous entendez quand vous dites si souuent, vn tel estoit bon, ou n'estoit gueres bon Aduocat, [1] comment on le peut deuenir, & à quoy il se doit principalement estudier; car c'est ce que i'attendois long temps y a de vous, & en quoy ces ieunes hommes pourront plus profiter; comme aussi i'ay entendu de mon Fils, que vous leur en auez promis quelque chose ce matin. Comment, dit M. Pasquier, vous en dirois-je les vraies marques ou preceptes, veu que Ciceron n'a iamais osé entreprendre de dire resolument en quoy consistoit la perfection de son Orateur? De verité i'ay autresfois escrit quelque chose sur ce sujet, mesmemẽt en vne lettre [2] enuoyée à mon Fils que voila, [3] laquelle est imprimée auec les autres, & à laquelle on pourroit auoir recours. Ie l'ay leuë, dis-ie, mais il y a si long-tẽps que vous l'auez escrite, que ie croy que vous y pourriez adjouster quelque chose, & nous vous en prions tous ensemble tres-instamment. Ie le feray donc, respondit il, puis que vous m'en priez en si bonne compagnie, non pas pour vous en donner les preceptes, mais seulement pour vous monstrer à quoy on se doit principalement estudier. Car ie ne suis point si difficile, que ie desire en nostre Aduocat toutes les perfections que Ciceron, Quintilian, & les autres requierent en leur Orateur, ou Galien en son Medecin; comme vn naturel si heureux, vn esprit si clair voyant, vne grande institution ou exercitation és bonnes lettres & sciences, vn choix des meilleurs maistres & precepteurs, vne estude si continuelle qu'il y employe le iour & la nuict, vne recherche si exacte du bien & du mal, pour sçauoir aisement discerner le vray du faux. Car ie n'estime pas que cette grãde & haute eloquence populaire que l'on recherche tant, soit la principalle partie de nostre Aduocat. C'en est biẽ vne,

[1] *Preceptes, ou marques d'vn bon Aduocat. A quoy il est bon d'adjouster l'aduis que donne M. Grotius au I. liu. de ses Epigrammes en ces vers,*

DE OFFICIO ADVOCATI.

Qui sancta lumis arma ciuilis togæ,
Cui se reorum capita, fortunæ, decus,
Tutanda credunt, nomini præsta fidẽ
Iuris Sacerdos; ipse dic causam tibi,
Litemque que durus arbiter præiudica.
Voto Clientum iura metiri time,
Nec quod colorem patitur, id iustum puta.
Peccet necesse est sæpè, qui nunquam negat.

[2] *C'est la 6. du liu. IX. de ses Lettres.*

[3] *Theodore Pasquier.*

& des plus requiſes, meſmement és grandes plaidoiries; mais ce n'eſt pas la plus neceſſaire pour vn Barreau. Ce que ie deſire donc en mon Aduocat, eſt qu'il apprenne à bien conduire vn procez intenté ou à intenter; à dreſſer ſuccintement vne demande, & à libeller vn exploit; à minuter des requeſtes, des lettres Royaux, des requeſtes ciuiles, & d'autres lettres tant de la petite que de la grande Chancellerie; qu'il puiſſe faire vn bon aduertiſſement, des contredits, & autres eſcritures; & lors qu'il faudra plaider, qu'il examine & & meſnage toutes les particularitez & circonſtances de ſa cauſe; qu'il en prenne bien le poinct, & s'y arreſte, & le repreſente en termes bien choiſis, & intelligibles, & neantmoins plus ſerrez & renforcez, que redondans ny ſuperflus, en les fortifiant de raiſons pertinentes, d'authoritez formelles & preciſes, de textes de Droict, d'Ordonnances, d'articles de Couſtumes, ou de deciſions de Docteurs; ſans l'obſcurcir ou noyer d'allegations ſuperfluës; quelsquesfois l'embellir d'vn trait d'humanité, voire de Grec ou de Latin comme en paſſant, & qu'il ſoit ſi à propos & ſi ſignificatif, qu'il ne ſe puiſſe ſi bien exprimer en François. Car ie ne ſuis point de ceux qui voudroient du tout bannir le Grec & le Latin du Barreau, comme feroient volontiers quelsques-vns de nos delicats ou ignorans, puis que nous auons à parler deuant des Iuges & des Aduocats, la plus part doctes en l'vne & l'autre langue, pourueu que ce ſoit ſobrement, & ſans en faire monſtre ny parade. Au ſurplus il eſt beſoin qu'il ſçache dreſſer des contracts de mariage, & d'acquiſitions, des tranſactions, &, ſi beſoin eſt, des teſtamens; ce qui ne ſe peut faire ſans auoir à bon eſcient eſtudié en Droict ciuil & Canon, ſans ſçauoir les Couſtumes de ce Royaume, les Ordonnances de nos Rois, enſemble les Arreſts generaux & deciſifs des queſtions difficiles & douteuſes, & ſans vne longue pratique, experience, & vſage des affaires; à ce qu'il puiſſe enfin non ſeulement bien conſeiller ſes parties, mais auſſi fournir aux jeunes Aduocats des armes offenſiues & deffenſiues pour le ſouſtenement de leurs cauſes. Que s'il m'eſtoit loiſible de paſſer plus auant, & que noſtre Aduocat

* Qalitez & parties d'vn bon Aduocat du Roy.

fuit vn iour honoré de l'Estat d'aduocat du Roy,* comme s'en estoit jadis le chemin, ie desirerois en luy qu'il sceust d'abondant les droicts du Domaine, des Appennages, & assignats de Messeigneurs & Mesdames les Enfans de France, des Regales, des Admortissements, & autres droicts de la Couronne, les Genealogies & alliances de nos Roys, & des principales Maisons de la France, & nos Histoires, signamment celle de la derniere race de nos Roys, mieux beaucoup que des Grecs, ny des Romains; & sur tout qu'il eust esté longuement employé au Barreau, qu'il eust manié les affaires du commun, & qu'il fust bon praticien. Et quand il seroit question de faire des remonstrances publiques, qu'il ne s'estudiast pas tant à apprendre par cœur de longues harangues releuées, & faites à perte de veuë, ou farcies de tant de Grec & de Latin, qui sont souuent aussi peu à propos en vne chaire de Prescheur, ou en quelque declamation de College, qu'en vn Barreau, & en l'audiance d'vne Chambre dorée; mais qu'il prist peine de remonstrer & de reprendre les fautes que les Aduocats & les Procureurs pourroient auoir faites au Parlement passé. Et quand il seroit question de plaider à l'ordinaire, qu'il reprist sommairement ce qui auroit esté diuersement dit par les Aduocats des parties, pour en oster & dissipper les nuages, & l'esclaircir tellemēt que la verité & equité apparoissant, la Cour en peust estre soulagée pour y donner promptement son Arrest, ainsi que faisoit fort bien feu Monsieur l'Aduocat du Mesnil vostre oncle. En somme ie desire en mon Aduocat le contraire de ce que Ciceron requiert en son Orateur, qui est l'eloquence en premier lieu, & puis quelque science de Droict: car ie dis tout au rebours, que l'Aduocat doit sur tout estre sçauant en Droict & en pratique, & mediocrement eloquent, plus Dialecticien que Rheteur, & plus homme d'affaires & de iugement que de grand ou long discours. I'en parle par aduenture trop librement, mais puis que vous m'y auez poussé, j'en ay dit entre nous ce que j'en pense. Et comme il vouloit reprendre le cours de ses Aduocats, ie luy dis; Puis que vous en estes venu si auant, ie vous prie vouloir aussi dire à ce eunes gens vne chose de laquelle ils m'ont souuent requis, qui est, s'ils se doiuent accoustumer à escrire leurs plaidoyers.* Ie vous diray, dit M. Pasquier, non pas ce que vous deuez tous faire, car chacun a son talent, & diuers naturel, mais ce que i'ay fait, pendant que i'ay esté employé au Palais; vous en retiendrez & ferez vostre profit, ainsi que vous aduiserez. Quand ie vins premierement au Barreau, i'escriuois entierement ce que ie pensois deuoir dire, & l'apprenois par cœur, & m'en trouuois bien, & l'ay pratiqué depuis aux plus grandes causes dont i'ay esté chargé; & trouue que c'est ce qui m'a fait mon style de parler & d'escrire. Es moindres causes ie me contentois de faire vn bon & fidele extraict tant de mon sac que de celuy de ma partie aduerse, & d'y remarquer le principal poinct, en y adjoustant quelque ornement dont ie m'aduisois, pour ietter l'œil dessus, quand ma cause s'appelloit. Car de parler sur le champ sur ses pieces, comme j'en ay veu aucuns de mes Compaignons, ie l'admire plustost que ie ne l'approuue, d'autant que quelque bon esprit que l'on ait, en plaidant ainsi tumultuairement & sans y auoir pensé, l'on ne peut trouuer si promptement ce que l'on desireroit, & eschappent souuent des choses que l'on voudroit retenir. Voilà de bonnes leçons, disie, pour nos enfans, & aime bien autant cette digression, que le recit que vous nous auez si soigneusement fait d'vn si grand nombre d'Aduocats. Car vous en auez nommé plusieurs, dont il me semble que vous vous fussiez bien passé, & croy qu'il y en a aujourd'huy de viuans qui voudroient estre morts pour estre mis en ce compte; toutesfois vous reprendrez vostre fil quand il vous plaira. Ie vous diray pourquoy ie l'ay fait, respondit M. Pasquier. Ie sçay que i'en ay nommé plusieurs qui estoient non seulement mediocres, mais aussi assez mauuais Aduocats; mais outre que ie me suis estudié à n'oublier personne de ceux qui ont esté employez de mon tẽps, i'ay pensé d'en donner par là plus de lustre aux meilleurs, en ce que dans vn si grand nõbre, i'en ay remarqué si peu de loüables pour les plaidoiers, consultations & escritures de consequence; ioint qu'il ne va pas ainsi de l'Estat d'Aduo-

* *Quel est le meilleur d'escrire ou d'apprendre par cœur ses plaidoiers.*

cat cõme des Poëtes, desquels on dit qu'ils sont tous bons ou tous mauuais, sans qu'il y en ayt de moyens ou mediocres, au lieu qu'entre les Aduocats il y en a des premiers & des seconds rangs, &, comme l'on dit communement, de la premiere, seconde & troisiesme douzaine ; & encores les vns qui plaident, les autres qui escriuent, & d'autres qui consultent, & mesme aucuns qui conduisent simplement des affaires, qui ne laissent pourtant d'estre bien employez. I'en ay connu vn que ie ne veux point nommer, qui ne plaidoit ny ne consultoit, ny n'escriuoit que fort peu & assez mal, lequel n'a pas laissé de faire vne bonne maison en qualité d'Aduocat, ayant vne telle adresse, qu'estant chargé des affaires de plusieurs maisons, il sçauoit choisir vn bon Aduocat plaidant, quand il en estoit besoin ; vn autre pour escrire & consulter ; & cõduisoit si bien son faict, qu'il estoit plus recherché que beaucoup d'autres meilleurs Aduocats que luy.

Ie suis donc maintenant aux Aduocats qui ont esté receus depuis moy, entre lesquels ie ne parleray point de Messieurs du Faur & Mangot Aduocats du Roy, m'estant aduancé d'en parler cy-deuant ; mais ie commenceray par M. Iacques Faye, qui fut aussi Aduocat du Roy, homme de grand sens & sçauoir, & puissant en son parler : mais ie ne le puis, sous correction, appeller grand homme de Palais, d'autant qu'il se mocquoit des formalitez de iustice. En quoy il me semble qu'il s'abusoit : car encores qu'on ne doiue point s'arrester aux formalitez, quand la iustice de la cause appa-roist d'ailleurs, toutesfois il ne les faut non plus mespriser que les ceremonies en faict de Religion ; car ce sont comme les cerceaux du muid qui retiennent le vin. Et empeschent qu'il ne se repande, ou comme le ciment qui colle & retient les pierres du bastiment. Et il importe grandement de conseruer les formes ; bien conclure, soit par vn exploit, soit en plaidoirie ; & bien former vne conclusion pour dresser & prononcer vn Arrest ou autre iugement ; & parler en termes accoustumez, sans se licentier de les changer ou alterer, selon ce qui nous vient en fantaisie. Mais M. Faye auoit tant

Qu'il faut garder les formalitez de Iustice.

d'autres belles parties, que ce deffaut se pouuoit couurir ou supporter en luy; car il estoit d'ailleurs, vn grand homme d'Estat, ainsi qu'il fit paroistre au voiage de Pologne,[1] en l'exercice de son Office de President, lors que le Parlement estoit à Tours, & aux affaires esquelles il fut employé sur la fin de ses iours au Conseil du Roy pendant le plus fort de nos derniers troubles, où il mourut de regret de ce que les affaires du Roy n'eurent point lors le succez, que luy & tous les bons François desiroient. Quant à son eloquence, ie m'en remets au iugement de ceux qui ont veu ou verront les dix Remonstrances qui ont esté imprimées,[2] les vnes de son viuant, les autres aprés son decez, par la lecture desquelles il se verra qu'il estoit tres-riche & abondant en belles pensées, & principalement en similitudes & comparaisons inimitables.[3]

[1] *Il fit vne harangue en latin aux Estats de Pologne tenus à Stenzic en 1575. imprimée auec quelques pieces de Meßieurs de Pybrac, & de Bellievre en l'année 1635*

2 *le Lecteur trouuera en l'Indice qui est cy-apres, fait sur ce Dialogue, en la lettre F, sous le nom de* IACQVES FAYE, *vne Mercuriale qu'il fit en 1587. qui n'a point encores esté imprimée.*

3 *Pasquier en ses Recherches liu. IV. chap. 27. pag. 409. parle ainsi de l'eloquence de M. d'Espesses.* M. Brisson resigna son Estat à M. Iacques Faye, Seigneur d'Espesses, lequel bien qu'il manquast aucunement en l'action, si ne deuoit-il rien aux autres. Il estoit d'vn cerueau solide, & auoit beaucoup veu, leu & retenu, & les passoit en belles similitudes, esquelles il estoit inimitable. *Et vn peu apres*, M. d'Espesses fit vne harangue à l'antique en l'an 1586. qui est la neufiesme des siennes, sur la loüange & recommendation de l'Eloquence: & me dit apres que cette seule luy auoit plus cousté à faire que trois des autres precedentes, qu'il auoit rapiecées de plusieurs passages. Le sieur de Pybrac fit imprimer de son viuant deux des siennes; & apres le decez du sieur d'Espesses, ses amis firent imprimer toutes les siennes, qui sont dix en nõbre, plus belles par aduenture à lire, qu'elles n'auoit esté à prononcer. *M. du Vair en son Traitté de l'Eloquence Françoise, en donne ainsi son iugement p.* 424. L'vn estoit, *dit-il*, M. d'Espesses, esprit fort capable de tout ce à quoy il se vouloit adonner, qui auoit des lettres beaucoup, mais qui venoit tout neuf à ce mestier (*d'Aduocat du Roy*) pour apprendre, comme disoit Platon, la poterie sur le pot: de sorte qu'il apporta du commencement au barreau des choses qui n'y estoient point accoustumées, & qui ne plaisoient pas. Depuis s'estant formé au goust commun, & acquis ce qu'apporte l'vsage, il a fait de belles actions: & mesmes pour l'eloquution Françoise, il y a apporté peut-estre autant d'ornement que pas vn de ceux qui ont esté deuant luy. Qui auroit par escrit plusieurs harangues que ie luy ay veu faire, & les compareroit à celles des autres, ie ne sçay s'il se trouueroit rien de mieux.

Ie viens maintenant aux Aduocats de mon tẽps, qui sont en bien grand nombre, mais ils sont la plus part viuans, desquels partant ie ne puis parler. Mais ceux qui sont decedez sont en premier lieu M. Guillaume Aubert Poicteuin, lequel ne plaidoit pas mal, mais il se trompoit assez souuent en ses causes ; ce qui le fit aucunement reculer, au moins retirer de nostre Barreau, pour se mettre à la Cour des Aydes, où il fut Aduocat du Roy. M. Renaud Loiseau fut emploié aux affaires de la Duchesse de Valentinois, & de M. le Duc d'Aumale son gendre, mais ce fut au temps que la Duchesse estoit hors de credit, à cause dequoy il ne fut pas si aduancé qu'il eust esté, ioint qu'il entreprit vn procez pour vne succession qu'il estimoit estre escheuë à son fils ; par le decez d'vn sien plus proche parent maternel, contre des parens paternels plus esloignez, lequel il perdit par la regle commune, *Paterna Paternis*, que l'on iugea deuoir auoir lieu en la Coustume de Chartres, quoy qu'elle n'en portast rien, comme par tout le Royaume, de laquelle regle il s'estoit mocqué par ses escritures & factums, en ces mots qui ont depuis couru au Palais, *Paterna Paternis, Lanterna Lanternis.* [1] Aussi ne vescut-il pas long-temps apres, delaissant son

[1] *Vn des principaux fondemens de cette maxime*, Paterna paternis, *&c. c'est la distinction qui s'est introduite parmy nous contre la disposition, & mesme contre l'esprit du Droict commun, entre les acquests & les propres. Si bien que ce n'estoit pas sans tres-grande apparence de raison, que M. Renaud Loiseau l'impugnoit. En effect, les Prouinces que nous appellons de Droict escrit, l'ont perpetuellement rejettée ; & d'entre celles qui se regissent par Coustumes, il n'y en a point presque qui n'en vsent diuersement des autres. Voire mesme, comme l'establissement des moindres absurditez ne manque iamais de produire diuers inconueniens, aussi est-il constant que cette regle est la pepiniere d'vne infinité de procez, dans la decision desquels les Iuges rencontrent tous les iours quelque nouuelle perplexité. Quoy que c'en soit, vn de mes amis m'ayant fait part de ce qu'il a autresfois obserué contre la distinction dont il s'agit, il m'a semblé qu'il n'estoit pas hors de propos de l'inserer en cet endroit.* C'est *dit-il*, non seulement contre la disposition du droict commun, mais mesme contre le droict naturel, que nostre Iurisprudence françoise a introduit la distinction que nous faisons entre les propres, & les acquests ; de telle sorte que ces heritages là seulement soient acquests, qui procedent de nostre industrie, ou de la pure liberalité des personnes estrangeres ; & ceux-là seulement soient propres que nous tenons de la liberalité des personnes de qui nous sommes heritiers presomptifs, ou que nous auons

Fils

recueillis en leur succession. Car d'vn costé vn chacun de nous est obligé de recognoistre à son esgard, ce que Iob dit de luy au 21. vers. du chap. 1. de son Histoire. *Nudus egressus sum de vtero matris meæ; nudus reuertar illuc* : dont quelqu'vn a fait ce vers vulgaire, *Nudus in hunc mundum veni, nudusque recedam*. Surquoy l'Autheur de la glose ordinaire, ou plustost Nicolas de Lyra dit fort bien : *Ex quo patet quòd bona temporalia non sunt homini connaturalia, sed magis extrinsecùs aduenientia*. Et à ce mesme propos Philon Iuif au Traitté qu'il a fait de ceux qui offrent des victimes: *Nihil in hunc mundum, ne te ipsum quidem intulisti*; γυμνὸς γὰρ, θαυμάσιε, ἦλθες, γυμνὸς πάλιν ἄπεις, &c. *Nudus enim venisti, vir egregiè, nudus abibis itidem post vsuram accepti à Deo temporis, quod intercedit natiuitatem inter & obitum*. Pline discourant de la nature au proesme du liu. VII. de son Histoire, *Hominem tantùm nudum*, dit-il, *& in nudâ humo, natali die abjicit*. Tertullian parlant du premier homme au 3. ch. de son Liure *de Pallio* : *Nudus certè & inuestis Figulo suo constitit*. Et S. Ambroise encherissant encores sur eux au LXXXI. de ses Sermons, par vn passage que Gratian a canonisé en la Distinction XLVII. de son Decret: *Sed ais; Quid iniustum est, si cùm aliena non inuadam, propria diligentiùs seruo? O impudens dictum! propria dicis. Quæ? Quod ex reconditis in hunc mundum intulisti? Quando ingressus es in hanc lucem, quando de ventre matris existi? Quibus facultatibus, quæso, quibus subsidiis stipatus ingressus es?* Et d'autre part voicy comme Ciceron traitte de la qualité des biens, tant immeubles que meubles, au I. Liu. de ses Offices : *Sunt priuata naturâ nulla; sed aut vetere occupatione, aut victoriâ, aut lege, pactione, sorte : ex quo, quod cuique obtigit, id quisq; teneat*. Et en son Oraison *pro M. Cœlio: Simul illud sciebat, prædiorum nullam esse gentem: emptionibus ea solere sæpè ad alienos homines, sæpè infimos, non legibus, tanquam tutelas, peruenire*. Au contraire tous les heritages estoient originairement & naturellement communs entre tous les hommes. *Terra*, dit S. Ambroise au mesme endroit qui a esté cy-dessus allegué, *cõmuniter omnibus hominibus data est: propriũ nemo dicat: quod è communi plusquàm sufficeret, sumptum, & violenter obtentum est*. Et aux termes du droict commun, les heritages qui nous sont escheus purement & simplement & franchement en la succession des personnes de qui nous sommes heritiers presomptifs, ne retiennent delà aucune qualité qui les affecte, qui les attache, ny qui les assujettisse dauantage, que ceux que nous pouuons acquerir par nostre trauail, à la ligne, dont ils nous sont escheus, ny à nos parens. En vn mot les vns & les autres nous appartiennent, *vti optima maximaque sunt*; c'est à dire, ainsi que les Iurisconsultes l'interpretent eux-mesmes en la loy 90. en la loy 126. & en la loy 169. *de verbor. significat. liberè, & ita vt nulli seruiant*. D'où vient que M. Antoine Loisel a inseré au tit. I. du liu. II. de ses Institutes Coustum. Reg. 13. cette maxime comme constante parmy nous, que *Tous biens sont reputez acquests, s'il n'appert du contraire*.

Fils* fort jeune, qui fait maintenant si bien parler de luy par

* *M. Charles Loiseau, Pere de plusieurs enfans qui se sont tous mis, & viuent encores à present en diuerses professions dans les exercices de la pieté, desquels M. M. Charles Loiseau, Conseiller en la Cour des Aydes, est l'aisné, & Damoiselle Ieanne Loiseau l'vne des filles, qui a esté mariée depuis le decez de M. Ant. Loisel nostre Auteur auec defunct M. Guillau-*

me Ioly son petit fils ; duquel mariage est issu vn fils, à present Conseiller au Chastelet, qui a pour Ayeul & Bisayeul ces deux sçauans & vertueux personnages.

ses escrits,[1] que l'on peut dire d'eux sans que le Pere s'en offençast, s'il estoit viuant,

Tytides melior patre,[2]

Sur cela i'adjoustay que la mesme chose se pouuoit dire de deux que ie ne pouuois oublier, Maistres Iean Amaritõ & Nicolas Bergeron, l'vn pour auoir esté mon Regent, l'autre mon coexecuteur du Testament de feu M. Ramus, [3] tous deux doctes aux bonnes Lettres & en Droict, mais non si bons Aduocats, au moins pour le regard de la plaidoirie, en laquelle les Amaritons paroissent plus que ne faisoit leur

[1] *Ce sont les liures des offices, du Deguerpissement, & autres, qui sont souuent allegez auec authorité dans le Palais.*

[2] *Horatius lib. I. Carmin. Ode. 15.*

[3] *Ce Testament portant l'institution d'vne Chaire publique meritoit bien d'estre communiqué au public & conserué : c'est pourquoy i'ay esté conseillé de le faire r'imprimer en cet endroit.* IN nomine Dei Patris, Filij, Spiritus sancti. Ego PETRVS RAMVS Regius Professor in Academiâ Parisiensi, animo quidem corporéque valens, de vitâ autem cogitans, cùm per se debili, tum incertis susceptæ ad inuisendum nobiles externarum gentium Academias peregrinationis casibus objectâ, testamentum ita condo statuóque. Animum Deo, à quo factus est, in cœlestem Beatorum familiam cooptandum commendo; corpus terræ (vnde ortum est) in iudicij diem committo. E vectigali meo septingentarum libellarum in Parisiensi Basilicâ annuarum, lego quingentas in stipendium Professoris, qui triennio Arithmeticam, Musicam, Geometriam, Opticam, Mechanicam, Astrologiam, Geographiam, non ad hominum opinionem, sed ad logicam veritatem in Regiâ Cathedrâ doceat. Primùm Federicum Reisnerum in tres primos annos Professorem eligo, nomino, creóque; vt inchoatâ communibus vigiliis operâ, Optica præsertim, & Astrologica perficiat: quo tempore, si ad methodum proëmio mathematico propositam perfecta aut effecta studiosè sedulóque curauerit, triennium alterum prorogo. Exacto triennio, si quid secus: aut sexennio, si ex optato votóque faxit, nouam professionem à Professoribus Regiis sic institui volo. Professionis examen etiam professione ipsâ perfuncto, & cæteris omnibus cuiuscunque nationis Mathematum studiosis à collegij Decano in tertium mensem promulgator: intereaque prælegendi, & ingenij explicandi, demonstrandique facultas canditatis esto. Ad examen nemo nisi Latinis, Græcisque literis, & ingenuis artibus præter Mathemata reliquis, admittitor. Trimestri promulgationis præterito, candidati, præsentibus, aut certè rogatis atque inuitatis Senatûs Præside primo, primóque Oratore Regio, tum mercatorum Præfecto, deinde Professoribus Regiis, omnibusque omnino quibus interesse libuerit, publicum examen subeunto, prælegendo septem diebus horam vnam de præcipuis singulorum Mathematum capitibus: octauo die respon-

49

dendó, & satisfaciendo problematis & theorematis omnibus, quæ antea à quolibet proposita fuerint. Ex omnibus examinatis, qui iudicio Professorum Regiorum omniumque Matheseos peritorum aptissimus ad Mathematicam professionem videbitur, in triennium proximum deligitor: primâque prælectione Mathematum laudibus iuuentutem ad capessendum laudatæ scientiæ studium exhortator: deinceps triennio quóque nouum examen consimile esto: vt tamen Professor qui antè fuerit, cæteris vel paribus anteponatur. Si quo tempore vnicus omnium Matheseos partium peritus inueniri non possit, propositum stipendium duobus diuiditor, qui sesquianno descriptam professionem æquis partibus exequantur. Præfectum mercatorum & Ædiles in quorum custodiâ Basilica vrbis posita est, oro, vt in perpetuam Parisiensis Academiæ gratiam, vectigal illud perpetuum esse velint: vel si fortè redimatur, pecunia in alium reditum collocetur. E reliquis ducentis libellis lego centum Honorato Carpentario auunculo meo, eiúsque vxori si superfuerit, & post vtriusque obitum, filiæ eorum Mariæ iuniori, eiúsque liberis. Centum libellas reliquas Alexandro sororis meæ filio, si tamen progressum in literis hoc munere dignum iudicio meorum procuratorum fecerit: secus, quotannis distribuuntor duobus doctissimis omnium & discendi studiosissimis Prælej gymnasij alumnis in quinquennium tantùm, & deinceps succedentibus aliis duobus consimiliter. Bona paterna maternáque legitimis hæredibus relinquo. Quęcumque mihi à gymnasio Præleo debentur, in arbitrio meorum Procuratorum constituo. Bibliothecam & suppellectilem reliquam, nominaque omnia lego, semisse altero pauperibus alumnis Prælej gymnasij: altero, procuratoribus executoribúsque mei testamenti, Nicolao Bergeronio & Antonio Loyselo discipulis quondam meis, modò Aduocatis in Senatu, quibus quod ad quingentarum libellarum vectigal attinet, Decanum regij collegij custodem adiungo, & mortuis substituo. Scriptum meâ manu, signatúmque Lutetiæ Parisiorum, Anno salutis 1568. Kalend. Augusti. P. RAMVS

Signé, CHAPELAIN, LAMIRAL.

pere. Quant au Fils [a] de Bergeron, il n'a point tant suiuy la vacation de son pere, mais vn autre qui luy vaudra mieux par aduanture. Sur quoy i'adioustay encores que i'auois remarqué au Barreau que la pluspart de ceux qui auoient regenté au College, venans au Palais, quelsques sçauans qu'ils fussent, n'y auoient pas ordinairement si bonne part, que ceux qui y venoient plustost, bien qu'ils ne fussent pas si doctes qu'eux; tesmoin M. Iean Pougeoise qui y vint long temps apres ces deux, lequel s'estant rendu admirable en ses leçons & declamations, ne respondoit nullement à ces pre-

[a] *Ce fils de M. N. Bergeron estoit homme sçauant & curieux, comme il se voit par deux Itineraires manuscrits, l'vn Italo-Germanique, & l'autre Germano-Belgique, qui sont demeurez entre les mains de ses amis, vn desquels m'a communiqué le dernier faict en l'année 1617. lequel est plein de doctrine & de recherches anciennes & curieuses, qui rendent l'ouurage digne d'estre mis sous la presse.*

mieres monstres, quand il vint à plaider, mais s'y rendoit aucunement ridicule; Ce qui aduient* à mon aduis pour deux raisons; l'vne, qu'ils veulent trop faire les sçauans, au lieu qu'il faut cacher son jeu; l'autre, que quand vn jeune homme se met de bonne heure à plaider, chacun le fauorise tellement, que s'il fait quelque faute, on l'excuse facilement, & luy donne t'on courage de mieux faire vne autre fois, au lieu que l'on rebute ces Maistres és Arts, s'ils font la moindre faute du monde: qui est cause qu'ils se retirent & se débauchent quasi d'eux mesmes, voyans que ceux qui ont esté leurs disciples, sont bien souuent plus fauorablement escoutés qu'eux; ie vous prie ne vous tenés pas pour cela interompu. Non, dit M. Pasquier; ie suis bien aise que vous m'ayez preuenu en ce discours: car i'auois deliberé d'en dire quelque chose. M. Pierre Ayrault, poursuiuit M. Pasquier, fut aussi pourueu de l'Estat de Lieutenant Criminel à Angers dont il estoit, & s'y retira sur la fin des grands iours de Poictiers de l'an 1567. encore qu'il plaidast assez bien & doctement, mieux beaucoup que ne faisoit M. Iean Bodin Angeuin, quelque grande & exquise doctrine qui fust en luy: car il ne luy succeda iamais en playdoirie qu'il ait faire. L'on ne peut pas faire iugement des plaidoyers de feu M. Pierre Pithou vostre frere, dautant qu'il ne plaida iamais qu'vne seule cause: & neantmoins il semble qu'il n'eust pas mal fait s'il s'y fust assuietti; mais sa pudeur & ses estudes le retenoient & possedoient du tout: Il escriuoit assez souuent pour ses amis, & tousiours si exactement & si doctement, qu'il en faisoit peu, & il y fut plus employé depuis qu'il fut reuenu de la Chambre de Guyenne, qu'il n'auoit esté auparauant. Il commenca deslors à entrer aux consultations, & s'il ne fust sitost decedé, il y eust eu bonne part; car outre qu'il estoit tres docte en droict, il auoit vn si grand iugement en toutes choses, qu'il ne s'y trompoit gueres, & entendoit fort bien le Palais. N'en dites pas dauantage, dis je; i'espere faire voir à ces ieunes hommes, & à vous aussi, si vous en voulez prendre la peine, ce que i'ay escrit de sa Vie, aussi bien que de celle de M. l'Aduocat du Mesnil.* Ie viendray donc, con-

* *Que ceux qui ont regenté ne sont pas propres au Barreau.*

* *Ce sont les deux Vies cy-deuant imprimées au present volume.*

tinua M. Pasquier, à M. Iean Chandon Masconnois, lequel auoit vne voix & parole fort douce & agreable, prenoit bien le point de sa cause, & la faisoit fort bien entendre. Il auoit premierement esté Conseiller au Presidial de Lyon, dont estant venu à Paris, il se mit à plaider, & bientost aprés fut appellé aux affaires de M. le Duc de Neuers pour lequel il plaidoit souuent, & en consequence pour ses officiers, domestiques & sujets, & conduisoit leurs principales affaires du Palais, dont M. de Neuers receut vn tel contentement, qu'il le fit pouruoir d'vn Estat de Maistre des Requestes, comme son Predecesseur auoit fait recompenser d'vn Estat de Conseiller de la Cour M. Iean de Lamoignon [1] son Aduocat, duquel i'auois oublié cy-deuant de parler, & qui fut depuis Maistre des Requestes. Et c'est ce qui fait, qu'en la corruption du siecle où nous sõmes, ils sont aucunement excusables d'auoir cõtinué à s'entremettre des affaires de la maison de Neuers, à laquelle ils sont tant obligez. Le sieur de Lamoignon estoit Pere de M. de Lamoignon, à present Conseiller. [2] M. Chandon fut depuis premier President de la Cour des Aydes, [3] lors que de Neuilly fut renuoyé en sa maison, & en a exercé l'Estat, iusques à ce que l'ayant quitté à M. de Seue [4] son gendre, qui auoit aussi esté Aduocat aussi bien comme son Pere, il s'est retiré en vne sienne maison des champs pour y viure & mourir en repos; qui a esté vne belle resolution & closture de sa vie. Restent les Siruinges, Escorcheuel, Chauueau, Poncet, le Breton, Bautru, du Buisson & du Val. Entre lesquels les estoient plus recherchez par les Procureurs, estans fort ardens à la pratique, comme aussi auoit esté leur Pere, que ie vous ay nommé cy-deuant, & sur tout le second des deux freres, qui estoit bien le plus hardy, ie n'ose dire dauantage, que i'aye connu au Palais. C'est celuy qui mourut assez jeune aux grands iours de Troyes: car son aisné ayant espousé vne riche heritiere, & se voyant plein de biens se fit assez tost Maistre des Requestes; comme fit aussi M. Iean du Vair, dont i'ay parlé en son rang; lesquels ne pouuoient oublier le mestier d'Ad-

1 *Blanchard ne nomme point de Iean de Lamoignõ Conseiller, mais bien vn Charles de Lamoignon receu le 4. Octobre 1557. qu'il dit en la genealogie des Lamoignons auoit paru auec éclat dans le Bareau.*

2 *receu le 25. Ianuier 1596 c'est M. le President au mortier decedé en 1636.*

3 *en 1592. Miraumont.*

4 *Christophle de Seue receu en 1597. Idem.*

uocat : car ce sont eux qui ont commencé les premiers à attirer la pratique au siege des Requestes de l'Hostel. Quant à M. Thierry Cochon S. de Condé, il estoit assez bon Aduocat, & toutesfois du commun : aussi ne faisoit il pas estat du gain du Palais, ayant d'ailleurs du bien competemment, & notamment la seigneurie de Condé prés de Rheims, dont il estoit natif ; & pour ce il estoit aucunement employé aux affaires de feu M. le Cardinal de Lorraine, Archeuesque de Rheims, qui le fit aussi Bailli de S. Denis en France, dont il estoit Abbé. Pour le regard de Poncet, il n'estoit pas si bon Aduocat qu'il s'estimoit ; aussi s'occupoit-il plus à son Estat de Lieutenãt au Bailliage du Palais, qu'en celuy d'Aduocat. Et quant à M. Raoul Parent, ie le pouuois passer, dautant qu'encore qu'il eust fait profession de l'Estat d'Aduocat, si est ce qu'il le quitta du tout, s'estant mis si auant dans la deuotion, qu'il estudioit plus en Theologie, qu'il ne s'employoit aux affaires du Palais. Siruinges ne paroissoit gueres qu'au roole de Lyon où il plaidoit souuent contre M. Louis Buisson, estans tous deux du pays de Beaujolois, ou Forest, qui sont du droict escrit : ie dis Buisson nostre compagnon qui vit encore en grande reputation, ce qui fait que ie ne diray rien de luy. Mais il me fait souuenir de M. Claude du Buisson natif de Molins en Bourbonnois, qui estoit vn sçauant & honneste homme, & bon Aduocat ; mais il a peu vescu. Comme aussi M. Pierre Escorcheuel fils de M. Escorcheuel Conseiller au Parlement. * Que si ces deux estoient auiourd'huy viuans, ils seroient des principaux Consultans entre leurs compagnons : car ils estoient doctes en droict, en pratique & vsage du Palais, & en toute sorte de bõnes Lettres. Chauueau, fils de M. Iulian Chauueau Procureur, n'eût pas esté mauuais Aduocat, encores que tout petit qu'il estoit, il eust vne voix de Prescheur, cõme il le deuint bien tost apres, ayant esté pourueu de la Cure de S. Geruais ; & eust fait parler de luy, si la mort ne l'eust preuenu, le Roy luy ayant donné l'Eueśché de Senlis. I'ay aussi veu venir en ce temps Maistres Iean de la Barre, Guillaume le Normãd, René Bautru, Denis Sachot, Charpentier, & plu-

* Blanchard l'appelle Raoul & dit qu'il fut receu Conseiller en 1547.

sieurs autres. Mais Bautru voloit d'vne plus grende aisle, qu'eux tous : ie ne diray point qu'il fust plus docte qu'aucun d'eux ; mais il auoit la langue mieux penduë, &, s'il le faut dire, plus Ange vine. Quand il vint premierement au Palais, il vsa d'vne belle ruze, en ce qu'ayant plaidé à Angers vne cause des Esprits reuenãs en vne maison louëe, il la vint plaider à Paris auec vn tel artifice, l'ayant apprise par cœur, qu'il se rendit incontinant admirable, si qu'on disoit de luy ce qu'on escrit de l'image ou signe de Phidias, *simul aspectum & probatum est*. Ie luy ay veu faire d'autres belles, longues & eloquentes actions, & il s'aduanceoit sans doubte aux plus hauts degrés de sa profession, si la mort ne l'eust preuenu au milieu de son esté. Comme aussi faisoit M. Iacob du Val qui vint tost apres au Palais, où il fut assez longuement sans se monstrer : mais enfin il y eust si bonne part, qu'il tenoit quasi tout le Barreau, & se mit tant au trauail, qu'il ne dura pas longuement ; qui fut vne grande perte, tant pour le Palais, que pour sa maison. Ie ne vous ay pas mis au nombre de nos Aduocats plusieurs de ma connoissance, qui s'estáns faits Conseillers, y ont acquis du renom & de l'honneur : comme Messieurs Iacquelot, * Anroux, & autres qui sont auiourd'huy des premiers Conseillers du Parlement. Car encores que M. Iean Iacquelot eust acquis quelque nom pour auoir plaidé en la cause de Cabrieres & de Merindol, de laquelle ie vous ay cy-deuant parlé, si n'estoit-il que du commun, non plus qu'Anroux, & les autres : de sorte que l'on a quasi tousiours connu estre veritable ce que l'on dit communement, que *d'vn mediocre Aduocat on en fait vn bon Conseiller*, Sur ce ie luy dis ; Vous ne deuriez pas pourtant auoir passé sous silence M. Charles de Marillac ; car il auoit acquis autant d'honneur en peu de temps qu'il fut au Barreau, que d'autres qui y ont esté toute leur vie. Il est vray, respondit M. Pasquier : c'estoit vn des plus forts & abondant en bon sens & en sçauoir qui y fust lors ; mais vous sçauez le temps où nous sommes, & le peu de compte que l'on fait des Aduocats au prix des Conseillers, comme l'on s'en est plaint au commencement, & non sans cause. En effect ses parens ne

M. Iacquelot fut receu Conseiller le 25. Ianuier 155?. Blanchard. Il a obmis Anroux.

luy donnerent pas le loisir de faire monstre de sa suffisance, ny de la force de son esprit en l'Estat d'Aduocat, ny la mort, de ce qu'il promettoit en son Office de Conseiller;[1] car il fut rauy en la fleur de son âge:[2] i'en dirois dauantage s'il n'eust point esté ma nourriture. Et sur ce il se teut, comme s'il eust eu acheué son propos, n'eust esté que ie luy dis; Vous en auez oublié vn de vostre derniere volée, qui meritoit bien d'y estre remarqué. Et qui? dit-il. Feu M. Antoine Hotman, luy dis-ie, fils de feu M. Hotman Conseiller.[3] Vous auez raison, respondit-il, mais vous l'auez mieux connu que moy, d'autant que i'ay quitté le Palais, au moins le Barreau, depuis que i'ay esté pourueu de mon Estat d'Aduocat du Roy en la Châbre des Côptes: & pour ce ie vous prierois volontiers, de dire pour moy ce que vous en sçauez.[4] Tres-volontiers dis ie: C'estoit vn tres-suffisant hôme, & qui chassoit côme l'on dit, de race, estant fils d'vn bon Conseiller, & frere d'vn grand Iurisconsulte[4] assez connu par ses escrits, tenant de la preud'hômie de l'vn & du sçauoir de tous les deux, n'ignorant rien du Droict ciuil ou canon, ny des bonnes Lettres requises en sa charge, comme il a fait paroistre tant par ses escrits qui sont doctes & iudicieux, que par les remonstrances & plaidoiers qu'il fit en Parlement, lorsqu'il fut éleu Aduocat du Roy durant la ligue.[5] Aussi cômencoit il d'en-

1 *Blanchard nôme deux Charles de Marillac, Conseillers, l'vn en 1541 qui fut Ambassadeur à Constantinople, puis en Angleterre & sous Henry II. enuoyé en ambassade vers l'Empereur Charles V. & finalement fait Archeuesque de Viêne. L'autre fut receu le 20. Mars 1576. qui est l'Aduocat dont il est icy parlé.* 2. *En 1580. Blanchard.*

3 *Blanchard l'appelle Pierre Hotman, & dit qu'il fut receu Conseiller le 5. Septembre 1544. qu'il auoit esté auparauant Lieutenant general des eaux & forests, & que de luy sont issus tous ceux qui ont porté depuis le surnom de Hotman dans Paris*

4 *Il entend François Hotman que M. de Sainte-Marthe en ses eloges liu. 4 rend quasi egal à M. Cujas, disant en l'eloge de celuy-cy ces mots*, duo clarissima Iurisprudentiæ lumina Cujacium & eius fere æqualem Hotomanum.

5 *Il ne fut point pourtant si fort ligueur, qu'il ne rendist dans cette charge vn fort bon seruice au Roy Henry IV. mesme au plus fort de la faction d'Espagne, lorsqu'il fut question de la Loy Salique; comme aussi son frere Franç. Hotman auoit fait auparauant, ayant escrit en faueur du mesme Roy Henry IV contre le Cardinal de Bourbon son Oncle, pour la succession de la Couronne. M. de Saincte-Marthe en cet eloge de François parle ainsi de cette action d'Antoine*, Sed & alterum eius familiæ decus Antonium Francisci fratrem, quis silentio preterire ferat! Hic enim ille est, qui furente Lutetiâ, cùm ad ipsum Aduocati Regij munus ab Henoticis esset euectus, in eâ functione sic se gessit, vt elusis factiosorum inanibus consiliis, in supremo Senatu legitimam Regis potestatem,

& Salicæ legis auctoritatem, nec sine vitæ periculo tueretur ac defenderet; non minori certè merito, quàm si Regias partes ab initio secutus esset. *Pour raison dequoy le Roy luy voulant faire quelque reconnoissance, il luy enuoya deux mille liures, ne pouuant le conseruer dans cette charge pour ce qu'il y auoit deux autres Aduocats du Roy titulaires. C'est pourquoy, comme dit Pasquier au liu. 16. de ses Lettres, escriuant à Theod. Pasquier son Fils,* il s'en retourna apres les troubles en son ancien rang d'Aduocat simple, qu'il exerçoit auparauant. *Sa femme nommée Ieanne Absolu a esté reputée Saincte; de laquelle le sieur Auuray a fait la vie. Elle eut vn frere qui espousa Damoiselle Catherine Loiseau, sœur de M. Charles Loiseau Aduocat en la Cour, nommé au present Dialogue.*

trer aux Consultations, & d'y tenir dignement sa place, ayant les textes de Droict & les decisions communes du Palais en main, & sur tout le iugement bien certain. Il estoit en effet meilleur Aduocat qu'il ne sembloit à le voir, ressemblant aux Silenes d'Alcibiade; car il auoit assez peu de façon, &, si ie l'ose dire, peu de grace, & la mine desagreable, mais tres bonne, lors qu'il parloit. Il mourut pulmonique, & auant que de mourir, il prit la peine d'aller voir & prendre congé de ses Compagnons, comme pressentant sa mort: pour le moins me fist-il l'honneur de venir chez moy, & deceda bien tost aprés. Sur ce il sembla que M. Pasquier voulut se taire tout à fait, & mettre fin à nostre journée; mais nous luy dismes; Vous oubliés le principal de vostre compte, & le premier de vostre dernier roolle, n'ayant rien dit de feu M. Brisson. Helas, dit-il, ie ne l'auois point, & ne le sçaurois iamais oublier, ie traisnois mon propos, & le reculois tant que ie pouuois, d'autant que ie n'en sçaurois parler, que le cœur ne me creue, & m'en fusse volontiers dispensé; mais puisqu'il a esté nommé le premier (comme il le meritoit bien) il faut finir par luy. Bourreaux coniurés, aués vous esté si cruels & si barbares que de mettre la main sur la personne sacrée d'vn President de la Cour, * la lumiere de la science & de la literature de la France, la perle & l'ornement de l'Europe, vn homme de si grande & admirable memoire accompagnée d'vn iugement si certain en toutes choses, fors en celle qui la côduit à la destinée de son malheur?* Au surplus qui estoit d'vn trauail si infatigable, qu'il eust

** Il fut fait President en 1580. Blanchard.*

** Il semble que nostre Autheur veueille icy entendre ce que M. le President de Thou a dit dans le CII. liu. de son Histoire, pag. 194. & 195 sous l'annee 1591. où il descrit comme M. le President Brisson pensant s'entretenir pendant la Ligue auec les deux partis, en condescendant & s'accom-*

modant à quelsques entreprises des factieux, & cependant tenir le premier rang auec authorité dans le Parlement, en l'absence de ses confreres, dont plusieurs auoient esté emprisonnez dans la Bastille par Bussi le Clerc & autres de sa faction, & d'autres s'estoient retirez en diuers lieux, s'estoit trompé dans son dessein, qui auoit reüssi tout au contraire de son intention, luy ayant causé la mort violente dont il est icy parlé. Car voicy ce que M. de Thou tesmoigne en cet endroit de M. Brisson, luy donnant d'ailleurs les Eloges qu'il meritoit. Barnabas Brissonius, *dit-il*, fœlicissimo vir ingenio, siue literarum studia, siue negotia forensia tractaret, ex Aduocato admodum famoso primùm fisci Patronus post Vidum Fabrum; dein post Pomponium Belleuréum Curiæ Præses creatus, non solùm inter literatos scriptis plerisque editis, sed in Republicâ ac præcipuè in foro magnum nomen meruerat. Verùm ambitio in eo erat immodica, adeò vt impotenti primas in Senatu tenendi desiderio, cùm cæteri Præsides collegæ aut fugâ sibi consuluissent, aut Bastiliâ inclusi essent, abrogatâ à Rege defuncto Curiæ ob rebellionem vrbis auctoritate, facilè sibi persuadere passus sit, vt in eâ nihilominùs maneret, ratus se eâdem facilitate, quam in explicandis causis forensibus experiebatur, plebis efferatæ animos moderaturum, & vrbem, vt aiebat, Regi legitimo seruaturum, neve in externorum manus deueniret, prudentiâ suâ & ingenij dexteritate impediturum. Posteà tamen homo in litium tricis, quàm in Republicâ administrandâ magis versatus serò sensit, se inuolutos in errores delapsum, quibus extricare se numquàm citrà capitis periculum posse; auditusque est sæpius cum amicis non sine gemitu & ductis ex imo pectore suspiriis dicere, se à VI decimanis ad macellum seruari; nec tristi de se augurio euentus defuit, &c. *Et peu apres il descrit sa mort. M. E. Pasquier en la 1 2. & 3. du liu. XVII. de ses Lettres, escriuant à M. de Sainte-Marthe, recite plus au long ce qui est cy-dessus, & particulierement tout ce qui se passa à cette mort.*

fait luy seul [1] plus que trois des plus suffisans hommes de son temps n'eussent peu faire dans les Lettres, dans les procés, & dans toute sorte d'affaires. O que M. de Mayenne, & les Conseillers qui l'ont assisté, ont acquis d'honneur & de gloire, quand ils ont fait vne iustice si exemplaire de ces meurtriers, & sacrileges: & la Cour de Parlement encores plus, quand estant retournée de Tours, elle a receu la recherche qui s'en est faite, & puni de mort tous ceux qui s'en sont trouués coupables, [2] nonobstãt les pardons & remissiõs por-

1 *M. Sceuole de Sainte-Marthe en l'Eloge qu'il a fait de cet homme illustre, remarque cette grande facilité qu'il auoit à faire toutes choses, disant de luy, lors qu'il parle de la commission que le Roy Henry III. luy donna pour rediger en vn, & faire le Code de nos Loix de France,* Vnum maximè inter togatos, *dit-il*, idoneum iudicauit, cui grauem istum laborem cõmitteret: quem tamen intra paucos menses admirabili celeritate perfecit.

2 Les Arrests qui furent rendus par la Cour de Parlement contre les coupables des assassinats & meurtres de Messieurs Brisson, l'Archer & Tardif, sont imprimez ensemble à la fin d'vn petit discours fait sur la mort dudit S. Brisson, imprimé à Paris en l'année 1595. chez Claude de Montreil & Iean Richer, qui contient aussi son origine, ses estudes & les principales actions de sa vie.

tées par les Edicts de paix : car cét acte estoit inexpiable, sinon par l'extinction de tous ceux qui y auoient participé, ou presté consentement. Bon Dieu ne permettrez vous pas que le reste de ces tigres, qui s'estans bannis du Royaume, se sont rendus vagabonds parmy les païs estrangers, soient apprehendez, afin d'en acheuer la vangeance? Ie vous prie, Messieurs, me pardonner, si ie ne dis autre chose d'vn si grand Personnage, que des maledictions & des imprecations contre ces barbares. Vous auez la plus part autant veu & connu sa suffisance & valeur que moy, & qu'outre son naturel admirable il auoit vne doctrine tres exquise, vne apprehension & iugement incomparable, auec vne industrie non pareille. Sans en dire dauantage, les liures qu'il a composez, & qui sont imprimez,[1] les plaidoiers, & les Arrests generaux par luy prononcez[2] & les eloges que les plus doctes de ce temps ont fait de luy dans leurs escrits, tesmoignent assez ce qu'il estoit: & la douleur qui me perce le cœur, me contraint de m'en taire, & me fait perdre la parole.

1 *M. Cujas l'appelle quelque part* Præsidem formulariũ, *à cause de son liure de* Formulis, *duquel en outre il dit quelque part*, duos infelicissimos partus edidit, Formularum librum, & filium pimogenitum.

2. *M du Puy a dans son cabinet vn Manuscrit in 4. cotté* 18. *intitulé* Perroniana *qui sont des Recueils ou memoires de la conuersation domestique & familiaire de M. le Cardinal du Perron auec diuerses personnes, où il y a au feüillet* 41 V. *ce qui suit.* M. le President Brisson estoit vn assez mauuais harangueur. Il auoit la parole fort laide, la presence & l'action tout de mesme. Vn iour faisant vne harangue au Roy, il dit que pour quelque affaire qu'il proposoit, il estoit besoin d'vne grande indagation......... M. de...... luy demanda ce que vouloit dire indagation. Il dit que c'estoit à dire recherche. M. de........ luy dit sur cette response; Si bien donc, Monsieur, qu'au lieu de dire, il faut chercher le Roy & la Reyne, il faut dire, il faut indaguer le Roy & la Reyne. *Et en effect, quoy que le tesmoignage que donne M. du Vair de M. Brisson au commencement de son Traitté de l'Eloquence françoise, luy soit vn eloge glorieux de sa haute suffisance, & tres-conforme à ce que nostre Auteur a icy allegué des qualitez excellentes qui estoient en luy, si est-ce qu'en ce qui est de son parler, il reuient à ce qu'en disoit M. du Perron.* Apres ceux-là nous estoit resté, *dit-il*, M. Brisson, qui depuis fut President, personnage certes incomparable, & qui a monstré à nostre siecle, combien vn seul esprit peut conceuoir de toutes les sciences ensemble. Ce seroit le trop loüer, que de le loüer par mon iugement; mais ie puis apres celuy de tous les plus grands hommes du siecle, soit de nostre France qui en a porté beaucoup, soit aussi des nations estranges, luy donner cette loüange, qu'il ne s'est troué homme de son temps qui ait sceu plus de choses ensemble. C'estoit vn estrange trauail, vne incroyable memoire, vne merueilleuse viuacité, vn grand

iugement à ce qui estoit des lettres & du Palais. Pleust à Dieu qu'il eust veillé à rendre au reste sa fortune meilleure, & éuiter la calamité qui nous l'a osté. Qu'il n'eust beaucoup de parties d'homme eloquent, il ne se peut nier : car il y auoit donné du temps & de l'estude. Cela ce monstroit assez en ses actions plus elabourées ; és communes mesmes son langage estoit orné, & s'y voyoit vn ordre, & vne suitte d'vn homme qui parle auec art. Mais aussi y auoit-il plusieurs choses qui le reculoient bien loin à mon aduis, de la perfection. L'vne, qu'il aymoit mieux paroistre sçauant qu'eloquent : & pour ce ne se doit il pas plaindre, s'il a rencontré ce qu'il cherchoit. Ses discours estoient si remplis de passages, d'allegations & d'authoritez, qu'à peine pouuoit-on bien prendre le fil de son oraison. Car vous sçauez combien cela l'interrompt. Dauantage il affectoit de dire tout ce qui se pouuoit sur vn sujet : de sorte que l'abondance l'empeschoit, & la multitude ostoit à ce qu'il auoit de beau, sa grace & venusté. Beaucoup desiroient de luy en cela plus de iugement. *Pasquier en ses Recherches, liu. IV. ch. 27. p. 408. & 9. dit en ces trois mots tout ce qu'en ont remarqué les autres si au long.* Au lieur de Pybrac par sa demission M. Barnabé Brisson, homme de profonde lecture succeda, qui le voulut renuier sur son resignant, mais d'vne eloquence plus sombre & moins releuée.

Les Parisiens, meilleurs Aduocats que les autres.

Me permettrez vous donc, dis-ie, de la reprendre, & pour closture de cette iournée, de vous faire ouuerture d'vne obseruation que i'ay faite sur ce grand nombre d'Aduocats que vous nous auez r'apportez. M. ayant fait signe qu'il le desiroit, & la Compagnie pareillement, ie leur dis que i'auois remarqué par ces discours, que les plus excellens Aduocats de la Cour auoient tousiours esté Parisiens : & encores que Messieurs Riant, Terrieres, Aubery, Mangot le Pere, Marillac, de S. Mesloir, du Faur, Bechet, la Ruë, Brisson, Chandon, Bautru, & autres fussent des premiers de leur temps ; toutes-fois ie voyois que Messieurs Seguier, de Thou, Bouguier, du Moulin, du Mesnil, Bourdin, Canaye, Versoris, de Montelon, Robert, le Maistre, Faye, Mangot Aduocat du Roy, Escorcheuel, Hotman, du Val, & plusieurs autres Parisiens, estans mis en contrepois feroient pancher la balance de leur costé, tant pour leur grand & eminent sçauoir, que principalement pour leur bon sens & iugement naturel, & pureté du langage François ; au lieu qu'en la plus part des autres, on reconnoissoit du Picard, de l'Auuergnac, du Lyonnois, & de leur jargon naturel & estranger. I'eusse peust estre eu raison de vous adiouster au nombre de ces Parisiens, d'autant qu'ayant surueścu noi non seulement tous vos compaignons, mais aussi par maniere de dire vous mesme, lors que vous auez cessé de venir au Palais, & quitté les affaires plustost qu'elles ne vous eussent quitté, on vous pourroit quasi compter parmy ceux qui sont decedez. Mais puisque vous vous estes donné ce commandement de ne parler d'aucun viuant, ie suiuray vostre loy, & me déporteray d'en dire dauantage. Vn iour pourra venir auquel quelques-vns reprenans nos deuis, les commençans par vous comme par nostre Doyen, & continuans iusques à leur temps, nommeront ceux qui viuent à present, qui à mon aduis ne cedent en rien à leurs deuanciers, soit en sçauoir ou doctrine profonde de Droict & des bonnes Lettres, connoissance & intelligence des langues & de l'antiquité, soit en memoire, en fermeté de iugement & resolution, en inuentions, pureté de langage, eloquence, action, ou en quelque autre partie qu'on puisse requerir en l'Aduocat; ie prie Dieu aussi que ce soit en prud'hommie & fidelité. Cependant vous deuez tous prendre courage de trauailler, & estimer que de quelque païs ou nation que l'on soit, il y a place pour tous au Barreau, du moins pour auoir part à ce beau & fertile champ du Palais; & esperer de vous rendre capables d'estre vn iour appellés aux plus hautes charges du Royaume, * y acquerir des commoditez & des biens de ce mõde, pour en faire part à ceux qui en ont besoin, & principalement de l'honneur & du contentement, n'y ayant Prince, Seigneur, ny Personnage de si grande estoffe ou fortune, qui n'aist affaire du conseil & de l'assistance de l'Aduocat en ses plus importantes affaires, & non seulement pour la conseruation de ses biens temporels, mais aussi de son honneur, & quelsquefois de sa propre personne; vous exhortant sur tout a seruir de deffense aux innocents aux veufues, & aux orphelins, contre l'oppression des plus puissans, selon le commandement de Dieu. Enfin vous deuez vous efforcer de conseruer à nostre Ordre le rang & l'honneur que nos Ancestres luy ont acquis par leurs merites & par leurs trauaux, pour le rendre à vos successeurs. Sur ce, nous estans tous leués, nous remerciasmes

* *Iustinian en sa Preface sur les Instit. §. dern.* Vosmetipsos sic eruditos ostendite, vt spes vos pulcherrima foueat, posse etiam Rempublicam in partibus eius vobis credendis gubernari.

M. Pasquier, & nous prismes congé les vns des autres, & chacun s'en retourna assez tard en sa maison.

Alors que i'ay pris dessein de faire imprimer le precedent Dialogue, il ne m'estoit point venu en pensée d'y mettre aucunes Notes : & ne l'aurois pas encores fait, si ie n'y auois esté porté par quelques-vns de mes amis, auec lesquels ayant conferé de cette edition, ils m'ont appris touchant les Aduocats qui y sont desnommez, plusieurs particularitez que i'ay iugé dignes d'estre remarquées. Ce qui m'a porté depuis à fueilleter mes liures, où i'ay trouué à la fin tant de choses qui pouuoient seruir à l'esclaircissement & à l'ornement de cette Histoire, qu'il m'a fallu treyer & separer ce que i'en auois recueilly, en mettant cy-deuãt en la marge du texte les remarques que i'ay crû y estre plus conuenables pour approcher dauantage des paroles de l'Autheur, & reseruant les autres plus esloignées & qui n'y ont pas tant de rapport, pour l'Indice Alphabetique qui est cy-apres, lequel ie me suis resolu de dresser pour le soulagement de ceux qui voudront trouuer en peu de temps dans le Dialogue les noms des Aduocats, dont ils auront besoin, ou i'ay aussi inseré quelsques pieces de leur composition, qui n'ayans point esté iusqu'icy publiées, ont esté iugees dignes de l'estre. Et dautant que cette Histoire nous parle de diuers Reglemens faits touchant le Parlement vers l'année 1345. desquels il m'est tombé vn heureusement entre les mains par l'entremise de M. Vion, sieur d'Herouual Auditeur des Comptes, qui m'en a aidé volontiers, comme il fait tout le monde de ce qu'il a, ie me suis resolu dans cette occasion si fauorable de le donner au public, lequel i'ay accompagné de deux anciennes listes d'Aduocats, l'vne de l'an 1524. & l'autre de 1599. où il est à croire que la plus part des Aduocats du Parlement depuis cent cinquante ans & plus sont dénommez; ce qui pourra seruir à quelqu'vn, à qui il pourra prendre vn tour enuie de nous donner vne plus ample Histoire des Aduocats que celle-cy.*

* pag. 479.

CY ENSIVENT ORDENANCES[1] DV ROY[2] TOVCHANS SON PARLEMENT, ET LES Seigneurs dudit Parlement tant seulement.

DE PAR LE ROY.

NOS gens du parlement, nous auons faicte certaine ordenance sur l'estat des gens de nos chambres du parlement des enquestes, & de nos requestes du palais par deliberation de nostre grant conseil, laquelle nous auons enuoié soubz le seel de nostre secret enclose à noz gens des comptes, qui vous en bailleront la copie. Si vous mandons & commandons estroitement & sur les sermens que vous auez à nous, que ladite ordenance, laquelle nous voulons garder & estre gardée sans enfraindre, vous gardez & faites garder & tenir en ce qui à vous appartient. Et se aucun mandement vous venoit qui fust en riens contre ladite ordenance ne le mectez en aucune execution, iusques vous nous en ayez auisez, & que vous en sçachiez autrement nostre volenté. Donné au Val nostre Dame le xi iour de mars lan mil ccc. quarante quatre.

A NOZ AMEZ ET FEAVLS, GENS TENANS NOSTRE PARLEMENT A PARIS.

Ly Rois en son grant conseil par bonne & meure deliberation a ordenné pour lonneur & profit de luy & de son peuple & pour plusieurs causes iustes & raisonnables, que pour gouuerner sa Iustice capital. Cest assauoir son parlement seront en sondit parlement prenans gaiges acoustumez xv clers & xv. lays, oultre les trois presidens qui ont gaiges separez & autres que les dessusdis, & sans ceuls à qui ly Rois a donné leurs gaiges à vie.

Item en sa chambre des enquestes xl. C'est assauoir xxiv clers & xvj. lays.

Item en ses requestes du palais. viij. C'est assauoir v. clers & trois lays.

1 *Ce Reglement a esté pris sur vn rouleau tiré de la Chambre des Comptes, escrit, & composé de plusieurs peaux de parchemin de leur largeur & longueur collees ensemble si proprement les vnes au bout des autres, qu'à peine s'y voyent les iointures; & est peut-estre vn des beaux rouleaux que l'on puisse voir du temps auquel il a esté fait. L'on a gardé icy l'ancienne ortographe du manuscrit, principalement au François pour le donner dans son naturel.*

2 *Philippes de Valois.*

Et combien que moult grant nombre de personnes ait esté & soit es dessusdis estas par ce mesme conseil les personnes cy dessouz nommées sont esleues à demourer pour exercer & continuer lesdis estas aux gaiges acoustumez, & toutesuoies se il plaist aux autres venir esdis estas & offices, il plaist bien au Roy que il y viengnent, mais il ne prenront gaiges iusques à tant que il seront mis en lieu des dessusnommez esleuz.

Item ly Rois par ce mesmes conseil a ordené que nuls ne soit mis ou lieu & nombre de l'vn des dessusdis esleuz quant il vaquera, se il nest tesmoigné au Roy par le chancellier & par le parlement estre souffisant à exercer ledit office & à estre mis oudit nombre & lieu.

Item les dessusdis demourans ou nombre demouront continuelment oudit parlement pour faire leur office, & ne s'en partiront durant le parlement se ce nest par la licence du Parlement.

Et veult ly Rois & ordenne aussi comme il a fait de ses notaires & de ses sergens darmes que cette presente ordenance soit tenuë & gardée à tous iours sans enfraindre pour quelconque cause que ce soit, & desmaintenant ly Rois desclaire & decerne estre nul & de nulle valeur tout ce qui de ci en auant seroit fait au contraire.

Et pour ce que ly Roys veult que ceste presente ordenance soit ferme & estable tenuë & gardée à tous-iours il a commandé que elle soit seellée de son seel en cire vert & en soie.

Pour ce que nous auons oy plusieurs complaintes de noz subgiez que les commissaires donnez de nostre parlement & de par nous prenoient grans salaires & excessis, par quoy les parties sont si oppressees qu'il en sont mis à pourete, ou conuient souuent qu'il en laissent à poursuir leurs causes ou leur droict, ordenons & voulons que nul commissaire enuoyé de par nous ou de par nostre parlement, ne puist prenre pour son salaire plus que cidessous est par nous ordenne, & quiconques fera le contraire, nous le punirons comme parjure & autrement si comme bon nous semblera.

Primò, nous ordenons & voulons que nuls commissaires ne

ne pourra prenre chascun iour pour chascun cheual qu'il menra auecques luy que x. s. paris. ou pays ou en alloue paris. ou x. s. tournois ou pays ou en alloue tournois.*Le Roy par ses ordenances faites à la Chandeleur l'an M C C C. xlv. en rappellant ceste ordenance a ordené que nuls commissaires soit de la grant chambre ou autre ne preigne que xl. s. paris. en lieu de paris. ou tournois en lieu de tournois.

Item nous voulons & ordenons que nos gens de parlement qui seront enuoiez en commission ne puissent prenre que pour six cheuaux* au plus combien que plus en y menassent, noz gens de noz enquestes ou requestes du palais pour quatre cheuaux, esquels nombres seront comptez les cheuaux que leurs clers cheuaucheront qui labourront en l'audition, & s'il auenoit que aucuns commissaires des personnes dessusdictes selon sa condition deustmener mains de cheuaux que le nõbre dessusdit il sen deuroit passer a mains & faire aussi comme sil aloit pour ses propres besoignes, se ce nestoit que pour cause du fait de la cõmission li conuenist mener notaire ou clerc ou sommier * plus que il ne feroit en sa besoigne, ou quel cas il ne pourroit prendre pour cheuaux oultre le nombre dessusdit.

** Cette taxe des Conseillers a esté remarquée par l'Autheur du Dialogue, p. 484. qui cotte vn Reglement de l'an 1363. mais celuy-cy est plus ancien.

Item les clers des commissaires ne pourront prendre des parties chascun clerc que v. s. seulement chascun iour qu'il feront besoigne tourn. ou paris. selon le pays où il sera, tant pour parchemin, pour escriture, copies, grossement denquestes & de procez & de toutes autres escriptures qu'il fera, & tout ce enioignons nous aus commissaires par leur seremens, & seur peine dencourre parjure.

Item nous enjoignons aus commissaires estroitement en leur conscience & loyalté, & seur leurs seremens que es commissions là où il seront enuoyez il labourent bien & loyalment & continuelment chascun iour, car qui feroit le contraire il prenroit mauuaisement largent des parties & len puniriens griefuement sil venoit a nostre cognoissance, car nous auons entendu que moult de commissaires cõmencent moult tart chascun iour a entrer en besoigne, & labourent moult laschement, dequoy il nous desplaist.

Item que les commissaires par parlement deputez & a deputer a taxer despens seant parlement ne pourront prenre salaire a paris. Cest assauoir que chascun commissaire x. s. par. pour le iour quil y entendra auecques les gaiges du Roy.

Item pour examiner tesmoins a paris seant parlement en autele maniere.

Item nous defendons estroitement que nuls des maistres du parlement soient president ou autre ne empeschent ne entrerompent les besoignes ordinaires du parlement pour leurs propres besoignes ou autres & que il ne tiengnent leurs consauls en la chambre du parlement, & que puis quil seront assis en la chambre il ne se lieuent pour aler parler ou conseillier auecques autres de quelconques besoigne se ce nestoit besoigne de la court, nene facent venir a eulx aucune personne grant ou petite pour parler ou pour conseillier a luy puis qu'il sieront. Et ce enchargons nous & commandons especialmẽt a chascun deuls par leur seremẽt se ce nest du congié des presidens, à celle fin que les besoignes du parlement nen soient empeschiez.

Item moult deshonneste chose est que la court seant aucun des seigneurs voisent tourneant & esbaneant par la salle du palays, & se ly seigneur ont a aucun afaire il doiuent prenre heure & lieu de parler & de besongnier apres dyner. Et se besoing auoient de parler a aucun au matin il pourroient parler à ceuls a qui il auroient a faire au matin ou palays es lieus plus secrez, mais la court seant souuent sont venus plusieurs des seigneurs pietoians par salle du palays, dont cest blame, & deshonneste chose a euls & a la court.

Item que lesdis seigneurs doiuent venir bien matin & continuer tant que la court soit leuee. Et souuent auient que trop tart viennent & trop tost se partent.

Item quant li president vient ou siege pour plaidoier ou pour conseillier on ne le doit empeschier de requestes ou autrement pourquoy son office ordinaire & la deliurance du parlement soient empeschiez retardez ou delaiez, mais doit on prendre & capter heure conuenable, & au mains de encombrier & de empeschement que on peut, & par especial en ce on le greue moult au iour du conseil quant il a conceu ses plaidoieries pour rapporter au conseil, & on le empesche & embesoigne en autres choses.

Item quant li presidens met vne cause au conseil, tous se doiuent taire iusques a tant quil ait dit tout ce que il aura cõceu. Et apres se il a aucune chose oubliee qui face a reciter si soit remẽteu. Et se la chose nest assez debatue par les aduocats soit requis au presidẽt quil le face debatre. Et lors ne parle nuls que les debatans se par le president ne li est demandé. Et trop souuent auient que sans demander chascun parle, parquoy len deuroit faire quatre arres ou len nen fait que vn.

Item au conseil quant aucun dit son opinion, il ne doit touchier ne dire mouuement qui ait esté touchié ne dit en sa presence.

* Item nuls ne doit alleguier loys canon ne decret se demandé ne li est par le president, & aussi se ce n'est en pure matere de droict.

Item depuis que les arres sont prononciez & publiez il ne loist a nul quel quil soit dire ne reciter de quel opinion li seigneur ont esté, car en ce faisant il enfraindroit son seremẽt que il fait de garder & non reueler les secrez de la court.

Item combien que on doye croire fermement que chascun garde son serement, toutesvoies est il auenu & auient souuent que les secrez de la court, & ce que len fait au conseil est reuelé, & en pourroit on donner moult de exemples, que plusieurs des seigneurs souuient. Et peut auenir que aucun seigneur par inaduertence le dit, ou que aucun seigneur le dit a vn autre du conseil du Roy en autre estat, ou qui nya mie esté, & cuide que yceluy seigneur le doie tenir secret, ou que aucun huissier en passant en oyst aucune chose, ou autre qui y vient sans mander le dit ou autrement. Et pour ce se au conseil ne demourassent que ly seigneur & li registreur de la court, & allassent tous autres en la tournelle besongnier, bon seroit. Et ainsi soit fait dores en auant.

Item par ce que les seigneurs se lieuent si souuent ce empesche moult, & retarde le parlement. Si doit souffire & suf-

* CHENETEAV auec paraphe. *Cette signature est iustement sur la iointure des deux peaux de parchemin, de telle sorte que chaque lettre ajambe sur la fin de la premiere peau, & sur le cõmencement de la seconde.*

fise soy leuer vne fois la matinee pour vne personne, exceptez les prelas & les barons qui tiennent le honneur du siege.

Item nuls ne se lieue deuant autruy fors quant le president qui tient le siege se leuera.

Item nuls des seigneurs ne facent empetrer que nonobstant parlement il voisent en commission, car ce n'est ne ne seroit leur honneur, & contre les ordenances du parlement anciennes.

Les seigneurs des enquestes sur leurs seremẽs doiuent faire & accomplir les choses qui sensiuent.

Premierement, qu'il donnent & facent obedience reuerence & audience tele comme il appartient a leur president.

Item qu'il ne conseillent parlent ne noissent quant il deuront entendre a leur office. Chest assauoir en escoutant le raporteur & en iugant, Et ne se lieuent mie si souuent comme en disoit quil le seulent faire.

Item enioint leur est sur leur seremẽs que dedens six iours au plus tart apres que larrest aura esté conseillié en la chambre il rapporteront larrest fait pour corrigier en la chambre, & si ne le pouoient auoir fait si tost il en prendront congié au president.

Item quil lisent leur arrest pour corrigier en seant, & que tantost que on leur dira la correction il la facent & escrisent & relisent.

Item quil ne baillent leurs arres deuers la court pour prononcer iusques a tant quil soit seellé du seel de lun de leurs presidens.

Item que tantost & sans delay quil sera ainsi corrigié, & seellé il laportent au registre pour le faire pronuncier.

Item que pour ce que par leurs seremens, euls en leur personnes de leur propre main doiuent escrire leurs arres o par aucuns de leurs compaignons de la chambre & non pa autres, soient leurs clers ou autres, il escrisent leur arre large & loing a loing, si que on les empuist mieux lire.

Item que combien que leur arrest soit accordé aiden iugier les autres & facent leurs arres en leurs maisons ap dyner ou de nuyt & non pas en la chambre des enquestes se il n'estoit besoing de en parler a leurs compaignons.

Item que tous rapportent se il n'en sont excusé par leurs presidens, car tous doiuent estre rapporteurs & iugeurs.

CY APRES SENSIVENT LES ORDENANCES DES HVISSIERS DV PARLEMENT.

Premierement la cour commande & enioinct estroictement a tous les huissiers du parlement, que oultre le huissier qui appelle les presentatiõs tout ly autre huissier soient chascun iour continuelement oudit parlement pour faire leur office & y demeurent continuelment & tant que ly seigneur seront partis de la court ou au moins y soient continuelment six huissiers sans nul deffaut. Cest assauoir deux pour le premier huis du parlement deux pour les deux guichez du parc garder, & deux pour garder & oster la noisse de derriere les bans & de toute la chambre du parlement & pour faire & accomplir les commandemens de la court.

Item les six huissiers dessusdis qui deuront seruir en parlement continuelment par deux mois se viennent nommer & faire escrire au registre pour faire le seruice desdis deux mois. Cest assauoir les six premiers pour le seruice des deux premiers mois du parlement encommencié, & les autres six pour les deux autres apres ensuians, & ainsi de deux mois en deux mois iusques en la fin du parlement. Toutesuoies nest pas lentention de la court que ceux qui seruiront durant le mois de leurs compaignons soient pour ce excusez de seruir en leurs mois quant il escherront.

Item la court leur commande & enioint comme dit est que il mainent en prison tous ceuls qui noiseront en la chambre du parlement & empescheront laudience du siege, & ce facent sans nulle doubte & sans nullui espargnier, & ne seuffrent mie que les clers des aduocats des procureurs ou dautres facent leurs escriptures en la chambre du parlement.

Item les seigneurs seans au conseil li huissier ne seuffrent que aucun viegne ou siege se du congié & autorité du president tenant le siege nest accordé ou octroyé.

Item li huissier ne viegnent pas au conseil mais parlent de

luys. Et se venir les y conuient que ce soit le mains que il pourront, tant pour garder leur honneur comme pour eschiuer la souspecon que on pourroit auoir contre eulx de reueler le conseil.

Item gardent se li huissier de vendre lentrée du parlement & aussi de refuser lentree à ceux qui entrer y doiuent especialment se gardent de la refuser pour cause de ce que on leur fourre la paume. Car se il venoit à la cognoissance de la court elle les en puniroit griefment.

Item partent & deuisent entre euls egaument les courtoisies que on leur fera pour cause de le loffice & leur enioinct la court par leur serement.

ORDINATIONES ADVOCATOS ET CONSILIARIOS[1] IN PARLAMENTO TANGENTES.

SEquitur iuramentum [2] aduocatorum & consiliariorum parlamenti.

PRIMÒ *ponantur in scriptis nomina aduocatorum, deinde reiectis in prouectis eligantur ad hunc officium idonei & sufficientes.*

ADVOcati istius curiæ iurabunt articulos qui sequuntur, videlicet.

Quòd diligenter & fideliter istud officium exercebunt.

Quòd causarum iniustarum patrocinium scienter non recipient.

Quòd etsi non ab initio ex postfacto tamen viderint causam esse iniustam, statim eam dimittent.

Quòd si in causis quas fouebunt viderint tangi Regem ipsi de hoc curiam aduisabunt.

Quòd causâ placitatâ & factis negatis, ipsi de recenti infra biduum vel triduum facient & curiæ tradent articulos suos, nisi ex causâ de licentiâ curiæ vlteriùs differrent.

Quòd impertinentes articulos scienter non facient.

Quòd consuetudines quas veras esse non crediderint non proponent nec sustinebunt.

Quòd causas quas suscipient citò expedient pro posse suo.

Quòd in eis dilationes & subterfugia maliciosè non quærent.

Quòd pro salario suo quantumcumque sit magna causa vltra

1 *Cette qualité de Conseillers aux Aduocats a esté remarquée au precedẽt Dialogue, p. 461.*

2 *voyez au Dialogue le Reglement de 1363. & le serment des Aduocats alleguez en la p. 484.*

triginta libras turonenses * non recipient, nec etiam aliquid vltra in salarij maioris fraudem minus tamen recipere possunt.

* V. le Reglement de 1363. cité au Dialogue, p. 484.

Quòd pro mediocri minus & pro minori causa multominus recipient secundũ quantitatem causæ & conditiones personarum.

Item quòd non paciscentur de quotâ parte litis.

Hoc idem iuramentum præstabunt illi qui aduocatis proponentibus vt consiliarij aßistent.

I N iungatur eis preter iuramentum.

Quòd bene mane veniant & bene mane venire faciant partes suas.

Quòd illum cui data fuerit audientia non impediant.

Quòd stando & retro primum scamnum patrocinentur.

Quòd primum scamnum non occupent.

Quòd licet plures sint aduocati in vnâ causâ vnus tantummodo loquatur.

* Quòd facta impertinentia non proponant.

* CHENETEAV auec paraphe, & sur la iointure des peaux, comme en la signature precedente.

Quòd ipsi de curiâ non recedant quamdiù magistri in camerâ erunt.

Et est sciendum quòd nullus aduocatus ad patrocinandum recipietur, nisi sit iuratus & in rotulo nominum aduocatorum scriptus, & prohibet curia ne ipsi ingerant se ad patrocinandum nisi sint iurati.

Item quia ex aduocatorum discretione & industriâ partium dependet causarum abbreuiatio, quod cedit ad eorum honorem & vtilitatem suæ partis, eisdem iniungit curia in vim sacramenti sui, vt ea facta seu rationes solum quæ vel quas ad illum finem faciunt in quo verisimiliter præuident debere poni in arresto proponant facta & rationes replicationes seu duplicationes inutiles & superuacuas omittendo, licet illi pro quibus suum impendunt patrocinium sepius eos molestent, & velint hoc fieri quibus obtemperare non debent propter eorum honorem & vt potius curiæ pareant in hac parte.

Item aduocatis iuxta antiquas ordinationes & per sacramentũ iniungit curia, vt articulos causarum quas litigauerunt infra triduũ curiæ tradant nisi per ipsam curiam super hoc cum eis fiunt dispensatum & postea quã citius fieri poterit eos concordent, cum intentionis curiæ sit amodo super factis & articulis partium in fine cuiuslibet baillivia præpositura seu seneschallia de cõmissariis & commißionibus ordinare & partibus prouidere, vt sic ipsæ partes citius quàm consueuerunt poßint cum cõmissariis suis loqui, & de pecuniâ ac aliis necessariis ad causæ suæ prosequtionem maturiùs & commodiùs valeant prouidere: intentionis tamen curiæ propter hoc non existit quòd parlamento sedente contra ipsius ordinationes antiquas commissarij de curiâ habeant prouidere in causâ, sed confestim finito parlamento celeriùs poterunt procedere in eâdem.

Item quia circa aduocationis officium facti experientia & obseruantia stili curiæ multùm prodest, aduocati qui de nouo ad huiusmodi officium per curiam sunt recepti abstinere debent propter eorum honorem & damnum quod partibus propter eorum forsitan negligentiam prouenire posset, ne ex abrupto & imprudenter aduocationis officium exerceant, sed per tempus sufficiens aduocatos antiquos & expertos audiant diligenter, vt sic de stilo curiæ & aduocandi modo primitùs informati suum patrocinium prestare & aduocationis officium laudabiliter & vtiliter poßint & valeant exercere.

Item dicti aduocati noui debent deferre maioribus & antiquis aduocatis tam in sedibus quàm aliis nec sedere præsumant in primo scamno in quo aduocati & procurator Regij bailliui seneschalli & alij potentiores & nobiles esse debent & sedere consueuerunt.

ORDINATIONES PROCVRATORES GENERALES* IN PARLAMENTO IVRATOS TANGENTES.

*C'est à dire, Procureurs des Parties.

SEquitur iuramentum procuratorũ generalium parlamenti.

PRIMÒ ponantur in scriptis post nomina aduocatorum.

Procuratores prædicti iurabunt hæc quæ sequntur.

Quòd diligenter & fideliter officium procuratorum exercebunt.

Quòd causarum iniustarum onus seu officium procuratorum scienter non recipient.

Quòd si non ab initio ex post facto viderint causam esse iniustam statim eam dimittent.

Quòd in causis quas fouebunt si viderint tangi ius Regis ipsi de hoc curiam aduisabunt.

Quod causâ placitatâ & factis negatis ipsi de recenti infra biduum

biduum vel triduum fieri & tradi curiæ procurabunt articulos suos, nisi ex causâ de licentiâ curiæ vlteriùs differrent.

Quòd impertinentes articulos scienter non facient, nec fieri facient seu permittent.

Quòd facta nec consuetudines quas veras esse non crediderint non proponent nec proponi facient.

Quòd causas quas suscipient citò expediri procurabunt pro posse suo.

Quòd in eis dilationes & subterfugia maliciosè non quærent.

Quòd pro salario suo quamtumcumque sit magna causa vltra decem libras paris. pro vno parlamento non recipient, nec etiam aliquid in salarij maioris fraudem, minus tamen recipient secundùm qualitatem causæ & conditionis personarum.

Item quòd non paciscentur de quotâ parte litis.

Item quòd non facient forum de causâ ducendâ seu consilio quærendo in fraudem salarij aduocatorum nec aliter.

Item quòd non impetrabunt seu impetrari facient literas iniustas & iniquas contra rationem & stilum curiæ.

Item quòd non inducent magistros suos ad corruptionem aliquam faciendam, nec etiam ad informandum aliquos dominorum de causis suis ad partem extra iudicium.

Item quòd per fauorem preces pecuniam aut aliàs indebitè non quærent aduocatos ad modum prosenectæ vel mediatorum.

Iniungatur eis præter iuramentum.

Quòd benè mane veniant.

Quòd illum cui data fuerit audientia non impediant.

Quòd retrò aduocatos stent vel sedeant.

Quòd primum scamnum non occupent.

Quòd ipsi de curiâ non recedant quamdiu magistri in camerâ erunt.

Et est sciendum quòd nullus procurator generalis parlamenti admittetur ad officium procuratoris exercendum nisi sit iuratus & in rotulo procuratorum generalium scriptus, & prohibet curia ne ipsi ingerant se ad procuratores generales in parlamento nisi fuerint iurati.

Item prohibet curia procuratoribus in vim iuramenti sui ne indistinctè prout fieri sepiùs præsumpserunt infra parcum *curiæ intrare præsumant, ex quo audientia propter eorum inordinatum tumultum & strepitum sæpiùs impeditur, sed iuxta aduocatos partis suæ stare retro scamnum, & hoc eisdem procuratoribus iniungit curia, quod si contra fecerint, grauiter per dictam curiam punientur.*

Item quia plerumque ex eo quod procuratores partium vnus alteri adjornamenta relationes & alia quæ parti aduersæ debent exhiberi recusant exhibere, causarum expeditio retardatur, curia iniungit procuratoribus prædictis per sacramentum suum, & sub pœnâ priuationis sui officij, vt de cætero prædicta exhibenda suæ parti aduersæ exhibeant antequam ipsos oporteat litigare.

CY ENSIVENT LES ORDENANCES DV PARLEMENT TOVCHANS TOVS ESPECIALMENT LES PARTIES QVI Y ONT A PLAIDOIER.

Que tuit cil qui auront à faire en parlement soient presentez dedens le premier iour ou le second au plus loing de leur baillie ou de leur seneschaussée auant que le siege de parlement soit leué, ou au mains dedens soleil couchant, ou autrement sans nulle esperance de grace & sans demander defaut, il ne soient plus receus, aincois seront tenus pour purs defaillans, & sera le defaut puis la en auant bailliez a leur partie toutesfois que il sera requis.

Item que tuit cil qui se presenteront facent espetial presentatiõ en chacune baillie ou seneschaussee ou en vne seule, que en chascune presentation il facent escrire tous ceux contre qui il se presenteront, ou autrement de tout le parlement il ne seront receuz encontre nul autre, mais que contre ceux contre qui il seront presentez.

Item que toutes manieres de parties selon ce que elles seront presentées seront deliurées par l'ordre des presentations, sans nul aduantage de donner audience a autre personne, mais que selon l'ordre que il seront presentees, & bien se gardent les parties que elles soient trouuees a luys de la chãbre presentes & garnies de leur conseil quant elles seron appellees, car les parties presentes seront tantost deliurée sans delay. Et se l'vne est presente & lautre est absente, l presente emportera dessors autel proufit, comme se il ne fu point presente. Et se toutes les deux parties sont defaillans, reuiegnent a lautre parlement sans nulle esperance de estre ois ou parlement present, se la court ne veoit que il eussent fait en fraude daucune chose qui touchast le Roy. Et ainsi se deliurera chascune baillie & seneschaussee auant que on commence lautre.

Item que la partie qui ne seroit oye & deliurée par la defaute de son aduocat qui deuroit plaidier sa cause, & seroit certain que ce seroit par la defaute de laduocat seroit oye apres, mais laduocat en payeroit dix liures damende tous ses* aincois que il fust oys en autre cause. Et est a entẽdre des aduocas residens en parlement. Car nulle partie ne seroit excusee pour attendre aduocat estrange ne de son pais. Et commande li Roys que celle peine soit leuee sans nul deporter.

* Il est fait mention de cette ordonnance au Dialogue, p. 478.

Item que nulle cause ne prenra delay contre quele personne que ce soit, soit per ou baron, que elle ne se deliure selon lordre dessusdite pour grace que li Roys face, se ce nest a aucun qui soit absent pour le proufit commun. Et lors de grace sa cause seroit mise à lautre parlement, ou en cas de droit demaine des paries & des baronnies; lesqueles li Rois metroit pardeuant li a sa venuë. Et que la cause pourquoy il voudroit que sa venuë fust attenduë fust escripte en la lectre, par laquelle il mãderoit que sa cause fust actenduë à sa venuë, ou autrement on la deliureroit sans lui actendre. Et n'est mie lentente le Roy que nulle grace soit octroyé ne donnee par luy au contraire, ains la tendroit & veut estre tenuë comme octroyé hors de sa conscience, se il napparoit clerement que elle fust donnee & octroyé de sa certaine science. Et enjoint la court aus aduocas par leurs seremens que contre cette ordenance il ne facent requeste à la court.

Item que nulle baillie ne seneschaussee ne sera commencié a deliurer deuant ce que tuit li arrest de lautre seront tuit conseilliez & pronunciez, se nestoit ou cas ou la court pour aucune grant cause vouldroit actendre le Roy, ou quel cas la court diroit aux parties que il sen pourroient raler en leur pais iusques a tant que li Roys fust reuenus se il leur plaisoit.

Item que bõnes personnes & appertes pour deliurer soient aus requestes de la languedoc & de la francoise , & que il ayent trois ou quatre notaires, vn de sanc *, & le remanant des autres qui par leurs seremens soient tenus destre aus re- *questes, tant comme les maistres des requestes y sont sans fallir & sans aler en la chambre. [* CHENETEAV *auec paraphe, comme cy deuant.*] Et que par leurs seremens il ne puissent faire autres lectres, tant que il ayent lectres des requestes à faire, & que les lectres que il feront il rapporteront escriptes au matin à leurs maistres des requestes, liquel les corrigeront se il voient que elles facent a corrigier, & les signeront du signet que li vns deuls portera cogneu au chancellier, & les enuoieront au chancellier toutes corrigees & signees pour seeller. Et se il y a aucun defaut si en seront blamez cil qui les auront signees & passees. Et ne aura on siege des requestes que vng signet tel comme li Roys a ordené, & ne pourront cognoistre ne prenre cognoissance de causes ne de querelles especialment du principal des causes qui doiuent estre demenees en parlement ou deuant les baillis ou les seneschaus , mais se partie se oppose contre la requeste a la fin que lectre de iustice nen soit donnee il pourront bien cognoistre & oyr les parties à la fin se il donneront lectre de iustice ou non.

Item que le iour qui li Roys vendra a paris pour oyr les causes que il aura reseruees pour oyr pardeuant li , le parlement de toutes querelles cessera , & seront publiees , lesquelles causes il aura reseruees en plaine court pour ce que nuls ne demeure se il ny a a faire cependant. Et si tost comme les causes reseruees au Roy seront deliurées le parlement cessera quant aux causes qui estoient reseruées deuant le Roy. Et retournera len a deliurer les autres causes qui estoiẽt pour la venuë du Roy mises en suspens, non contrestant requestes que aucun grant homme ayent à faire au Roy, & puis empres toutes causes deliurees le parlement finera , & publiera on le nouuel parlement. Et ce veult li Roys & ordenne si comme dit est iusques à tant que il de certaine science ait ordené du contraire.

Item que ly Roys enioinct à tous ceuls du Parlemẽt soient

de la chambre soient des enquestes ou soient des requestes sur leurs seremens, que de nulle cause qui en parlement soit, il ne recoiuent enfourmement ne paroles priuees en leurs maisons ne ailleurs quelque personne leur en veulle parler ou enfourmer par lectres ne par messages, ne en autres manieres fors seulement en parlement les parties plaidans & monstrans leur droit.

Item que li Roys a ordené que durant le parlement, les maistres du parlement ne clers ne lays ne soient pas enuoyez en commissions pour faire enquestes durant le parlement, & que continuelment il soient à la deliurance des besoignes du parlement tant comme il durera.

Item que a nul notaire len ne face nulle commission par tout lan.

Item que des besoignes extraordinaires on ne empesche pas li parlement, mais praigne on des maistres a part pour conseillier lesdictes besoignes extraordinaires.

Item li Roys nentend pas tant cõme parlement serra au matin de empeschier ceuls qui tendront le parlement, mais se il a a faire de euls il les mandera a autre heure que on ne tendra pas les plaids du dit parlement.

Item que quant li Roys vendra en parlement que le parc soit trestout vnit, & aussi soit toute vuide la place qui est deuant son siege, si que il puisse parler secretement à ceuls que il appellera pour parler a luy.

Item que nuls ne se parte de son siege ne ne viengne seoir deles le lit le Roy les chambellens exceprez ne ne viengne conseillier a luy se il ne lappelle.

Item que cil qui tendront le parlement ne boiuent ne ne menguent auec les parties qui ont a faire par deuant euls ne les parties auec euls, car on dit pieça que trop grant familiarité engendrent grant mal.

Item que cil qui tendront le parlement ne seuffrent pas euls vituperer par oultrageuses paroles de aduocas ne de parties. Car la honneur du Roy de qui il representent la personne en tenant ledit parlement ne le doit mie souffrir.

Item que tous ceuls qui seront presentes aus iours de leurs

bailliages preuosté & seneschaussee & par estat sont continuées ou autrement a autre iour dudit parlement, ne se deuront presenter au iour de la continuation, mais souffist la premiere presentation. *Collatio facta est.*
Extractum à Registris Curiæ Parlamenti. CHENETEAV.

Le Lecteur ne s'estonnera pas s'il voit en l'Ordonnance precedente, qu'estant dattée en la p. 556. de l'année 1344. il est fait mention peu apres en la p. 561. d'autres Ordonnances de l'année 1645. Car encores que le manuscrit soit tout d'vne suite en la forme qu'il est imprimé cy-deuant, cōme si ce n'estoit qu'vne mesme Ordonnance, toutesfois il est aisé à voir par la lecture, que ce n'est autre chose qu'vn extraict de plusieurs reglemens de diuers temps touchant le Parlement. Dont l'on pourroit inferer auec quelque apparence de raison, que le reglement qui y est inseré touchant les Aduocats, p. 566. est celuy-là mesme de l'année 1363. dont M. Ant. Loisel a parlé dans le Dialogue, p. 484. Et ainsi cette Ordonnance ne seroit pas seulement de Philippes de Valois, mais aussi du Roy Iean son successeur: & peut estre y auroit-il quelque chose du Roy Charles V. Comme aussi il y a quelque reglement fait d'office par le Parlement.

**Cette liste a esté trouuée à la fin d'vn vieux Style du Parlement & des Requestes du Palais, imprimé en lettres gothiques à Paris le 4. iour de Feur. 1524. Et ont esté icy coppiez les noms des Aduocats y dénommez suiuant l'orthographe du liure.*

SENSVIT LE NOM * DES ADVOCATS PLAIDANS EN LA COVRT DE PARLEMENT en 1524.

MAISTRES.

Iehan bauldry
Iacques breslay
Iehan salomon
Henry barbeau
Iehan galoppe
Regnault seuin
Iehan de villemort
Nicole quatre liures
Donacien salomon
Guillaume aiaces
Iehan congnet
Pierre hennequin
Charles de montmiral
Iehan bouchard.
Pierre marie
Philippes du viuier
Nicole charmolue
Mathieu chartier
Mathieu flamant
Augustin de thou
Pierre du four
Oliuier alligret

Anthoyne bouchart
Francois boyſleau
Iehan du gue
Guilleaume poyet
Guillaume verſoris
Iehan egron
Iehan vialart
Anſeaulme griueau
Robert le cyrier
Anthoine le tyrant
Bertrand le lieure
Iehan de victry.
Francoys du puys
Iehan ſtampes
Iaques de monthery
René piron
Gilbert doſme
Laurens ballin
Pierre haultement
Francois riuiere
Guillaume abot
Clement de marigni
Iehan tulleu
Iehan de briou
Iaques foucault
Adrian deſgroux
Nicole royer
Adam deniſe
Nicole rapoil
Nicole de hacqueuille
Robert doc

Loys martine
Soſain du vitel
Iaques laloyau
Francois de monthelon
Iehan le cyrier
Francois le feure
Iehan le cogneulx
Eſtienne tournebulle
Iaques tabureau
Charles helin
Iehan le feure
Anthoine helin
Iaques le maiſtre
Iean roger.
Guillaume fauier
André ſarrot
Iehan bariot
Noel bruſlart
Francois errault
Iehan chomede
Claude barbeau
Iaques cappel
Francoys boyuin
Loys de montmiral
Pierre raymond
Gilles le maiſtre
Guillaume garſonnet
Raoul ſpifame
Guy breſlay
Raymond du cheſne.

Cette liste ou matricule des Aduocats a esté trouuee parmy les papiers de M. Antoine Loisel, dans laquelle on n'a voulu rien changer, quoy que les Aduocats n'y soient pas peut-estre nommez dans l'ordre de leur reception & qu'aussi il y en puisse auoir quelques-vns de repetez qui s'y trouuent sous de mesmes noms & surnoms.

NOMINA ADVOCATORVM IN CVRIA PARLAMENTI IVRATORVM. Nouembre 1599.

MAISTRES.

* Louïs Seruin. *Aduocat du Roy.*

** Il fut receu Aduocat general au Parlement en 1589. par la demission de M. M. Iacq. Faye, Seigneur d'Espesses. Vne des plus remarquables actions qu'il ait fait en cette charge, est la remonstrance qu'il fit au defunct Roy Loys XIII. en l'annee 1620. qui fut alors fidelement recueillie par plusieurs, & de laquelle vn de mes amis, fils d'vn de Messieurs de la Grand'Chambre m'a donné la copie qui suit, qu'il m'a asseuré estre veritable.*

REMONSTRANCE FAITE AV ROY PAR M. SERVIN EN PARLEMENT.

Du 18. Feurier 1620. le Roy seant en son lict de Iustice.

Seruin pour le Procureur general a dit.

SIRE, Nous trouuons fort estrange que vostre Majesté procede à la verification de ses Edicts par des voyes si extraordinaires, que de venir en sa Cour de Parlement contre les anciennes formes gardées de tout temps par vos predecesseurs Rois & par vous iusques à huy; de nous enuoyer vos Edicts pour en liberté de conscience en dire nos aduis & les presenter à vostre Cour qui en deliberoit en toute liberté & lors qu'elle les trouuoit de iustice, les verifioit à vostre desir; mais si au contraire ils n'estoient trouuez iustes, vostre Cour faisoit remonstrances qui estoient tousiours prises de bonne part. Mesmes si quelquesfois il estoit arriué que la necessité de vos affaires fust si fort apparente, vostre Cour s'est relaschée pour vous faire recouvrer des deniers pour vos guerres, comme il est arriué encores depuis peu. Mais auiourd'huy, SIRE, sans aucune apparence de toutes ces choses, & vous estant preuenu de mauuais conseils, venez en vostre Cour pour par la splendeur de vostre Majesté qui doit seruir de terreur à tous vos ennemis, nous oster le moyen d'en deliberer auec la liberté de nos consciences, &

vous

vous representer les inconueniens qui peuuent arriuer de l'execution de ces Edicts iniustes qui pourront vn iour estre cause du soûleuement de vos peuples, & qui les contraindront de faire des peuplades pour habiter les terres estrangeres, où ils trouueront des dominations plus douces que la vostre.

Pardonnez, Sire, à cette liberté Françoise qui nous fait ainsi parler, & prestez l'oreille aux clameurs de la vefue & de l'orphelin qui gemissent sous le faix des imposts ; ce qui vous est dissimulé par vos conseils, & qui vous est representé auiourd'huy par vostre Cour de Parlement, de laquelle sont sortis tous les bons & salutaires conseils qui ont iusques icy esté donnez à vos predecesseurs & à vous, & qui vous a fait entendre la necessité de vos peuples. Ce que nous continûrons, recognoissans que vous estes l'image de Dieu en terre, nostre souuerain Prince, descendant & doüé du nom & des vertus de S. Louys, & que vostre bonté, clemence, & magnanimité sont tellemẽt empreintes dans les cœurs de vos peuples, qu'ils se resoudront facilement d'employer leurs vies & biens pour vous secourir & assister au besoin, & principalement quand ils verront que ce sera pour porter vos armes contre les estrangers ennemis de la Foy & de vostre Estat, comme maintenant vous les pouuez faire aller en Allemagne, & mesme en Turquie, & contre tous les infideles, sans que nous entẽdions neantmoins parler de vos alliez ny de vos subjets, que vous souffrez par vos Edicts viure en liberté de cõscience dans vos royaumes. Ce qui vous rendra redoutable à tous les estrangers, qui vous feront, cõme ils ont cy-deuant fait vous & vos predecesseurs, arbitre de leurs differens; comme portant ce titre de Roy-tres-Chrestien & estant le plus grand Monarque de tout le monde. Mais, Sire, si la presence de vostre Majesté nous contraint de passer par dessus toutes ces considerations, ce sera auec protestation, que pour le salut de nos ames que nous deuons à Dieu, & en apres nos corps & biens à vostre Majesté, nous entendons separer la charge qui en pourroit estre sur nos consciences d'auec l'interest de ceux qui sont

Dddd

les autheurs de ces conseils ; les noms & dignitez desquels nous supplions tres humblement vostre Majesté nous deferer & en faire charger les Registres de cette Cour, pour estre contre eux informé. Vous supplions aussi, SIRE, que les deniers prouenans de ces Edicts soient employez pour vous & non pour d'autres, & que doresnauant vous ayez des conseils si préuoyans, que mesme la necessité de vos affaires ne vous porte plus à ces extremitez.

Par Monsieur le Garde des Seaux furent repliquez ces mots: Concluez Gens du Roy. *A quoy Seruin respondit.*

SIRE, puis qu'il plaist à vostre Majesté, nous nous contenterons de vous auoir representé l'importance de cette affaire, & au reste tendrons le col à l'obeyssance, & concluons par vostre commandement, puis que nous y sommes contraints, qu'il soit mis sur ces Edicts ; Leu, publié, enregistré, ce requerant vostre Procureur general.

Cette Remonstrance de M. Seruin auoit esté precedée par vne autre semblable de Mr le premier President de Verdun, laquelle s'est trouuee en ces termes dans les Registres de la Cour.

** Le Registre porte que le 20. du mesme mois de Feurier, M. le premier President ayant esté mandé au Louure auec d'autres du Parlement, il dit au Roy que c'estoit par charge & deliberation de la Cour, qu'il luy auoit dit les paroles contenuës en cette remonstrance.*

SIRE,* Nous auons vn extreme regret que la necessité de vos affaires apporte vn tel obstacle & empeschement à vostre bonté, que d'oster à vostre Parlement son ancienne liberté de cognoistre & deliberer sur les Edicts qu'elle propose auant que les verifier de sa puissance absoluë. Et d'autant que cette obmission de vous sousmettre à cette loy par vos Predecesseurs de long temps inuiolablement gardée, est vn argument & presage de la diminution de vostre authorité, & du declin & panchement de vostre dignité Royale, apres auoir espandu nos vœux au Ciel pour sa prosperité dedans & dehors le Royaume, nous supplions la Diuine bonté qu'il luy inspire la cognoissance si parfaite du prejudice qu'elle fait à son equité, que le iuste ressentiment qu'elle en aura à l'aduenir tombe & fonde sur la cause * & les au-

* *Il y auoit dans vne coppie de ce temps-là*, sur la teste des Autheurs.

cheurs de ce conseil. A quoy ne pouuans comme nous deuons en ce lieu satisfaire par nos tres-humbles remonstrances à vostre tres-auguste Majesté, nous grauerons en nos memoires, & escrirons en nos Registres leurs noms & qualitez à la descharge de nos consciences enuers Dieu & nostre Roy.

Meßire G. Barth. Gramond President au Parlement de Toulouse a descrit amplement au V. liu. de l'Histoire qu'il a faite de Louys XIII. pag. 273. ce qui se passa en cette seance du Roy au Parlement, où il a inseré la fin de la Remonstrance qu'y fit M. Seruin, en ces mots latins qui contiennent en substance ce qui est cy-deuant és precedentes.

Reges olim in hoc Iustitiæ solio recumbere solitos, quoties iura populis distribuere aut largiri gratias placuit, excipi tum suetos per applausus publicos, & sicut Sol apud Persas Oriens, adoratos: versam nunc in contrarium consuetudinem; præsagium esse mali imminentis præsentiam Regis in Parlamento, nec recumbere solitum veteri Regum solio, nisi summo iure quæ populis noxia sunt promouendis. Prænuntium fulminis ignem. Absit omen. Lætiora posthac præsagia ab aduentu Regis speranda, sacramque ipsius in Senatu præsentiam pro igne nautico, pro Iride, pro Alcyonum nidulo fore quæ mari tranquillitatem, cælo serenitatem præmonstrant. Hæc Seruinus patheticè vt assueuerat, &c.

La mort de M Seruin est remarquable en ce qu'il expira aux pieds du Roy Louïs XIII. seant en Parlement en l'annee 1627. comme il luy faisoit vne remonstrance. Sur quoy M. Abel de Sainte-Marthe a fait ces vers qui sont au II. liu. de ses Epigrammes;

SERVINVS medio dum insana duella Senatu
Culpat & ante sui Principis ora notat,
Concidit exanimis, factoque hîc fine quiescens,
Hunc tandem extremi funeris hora tulit.
Non potuit supero pia Numine pectora plenus
Sorte, loco, aut cœtu nobiliore mori.

Mais il est à remarquer que M. de Sainte Marthe n'estoit pas bien informé, quand il a fait ces vers, du subjet de la remonstrance de M. Seruin, estant constant qu'il parloit alors contre des Edicts bursaux, si ce n'est que parmy ceux-là il y en eust quelqu'vn qui concernast les duels. Quoy que c'en soit, M. Bouguier l'Autheur du Recueil des Arrests qui portent son nom, lequel estoit lors Conseiller en la grand'Chambre & present, nous en parle autrement en ces deux vers qu'il fit en ce temps-là sur cette mort,

SERVINVM vna dies pro libertate loquentem,
Vidit, & oppressâ pro libertate cadentem.

Il fut receu Aduocat * Simon Marion.

general en 1597. par la resignation de M. Antoine Seguier fait President. Il y a dans vn liure in 4. de la Bibliotheque de M. du Puy, intitulé Perroniana, fol. 8. *qui sont des Recueils ou Memoires MSS. de la conuersation domestique & familiere de* M. le Cardinal du Perron *auec diuerses personnes, les Eloges qui suiuent de M. Marion en ces mots.* M. Marion estoit vn grand Orateur; & auoit cette partie qu'en discourant il persuadoit fort, & n'esmouuoit pas moins mettant par escrit. Il auoit la voix fort emouuante. *Et* fol. 24. ℣. M. d'Auoye luy dit: Il me souuient que lors que vous preschastes à sainct Merry, M. Marion, & M. Arnauld vous furent ouyr. M. Marion dit en sortant: Ce n'est pas vn homme qui presche, c'est vn Ange. Il dit, ie l'ay bien recogneu aussi: ie luy ay fait son Epitaphe à Rome. *Et encores*, fol. 40. ℣. M. Marion est le premier du Palais qui ait bien escrit: & possible il ne s'en trouuera iamais vn qui le vaille. Ie dis plus, que depuis Ciceron, ie croy qu'il n'y a point eu vn Aduocat tel que luy. Ie fis vn Epitaphe sur sa mort lors que i'estois à Rome, quand on m'en dit la nouuelle. *Cet Epitaphe est imprimé parmy les Oeuures de M. le Cardinal du Perron. Pasquier en ses Recherches liu. IV. à la fin du ch. 27. l'appelle* Personnage de grand esprit & admirable en belles pointes. *V. les vers que M. M. Iacq. Pinon luy adresse en ses Poësies, & ceux qu'il a fait sur sa mort; comme aussi ceux de M. A. Mornac en son liu. intitulé,* Feriæ forenses.

MAISTRES.

Clement Vaillant.

C'est le principal *Estienne Pasquier.

Personnage du Dialogue precedent, lequel a luy mesme descrit les principalles actions de sa vie en la premiere du VIII. liure de ses Lettres, escriuant à M. Pithou sieur de Sauoye, sur le commun cours de ses estudes & l'exercice de son Estat, & en la 1. du XXI. liure, en laquelle il escrit à M. de Sainte-Marthe, comme il se rendit fameux Aduocat: ce qu'il a encores abregé en trois Epitaphes qu'il s'est dressés luy-mesme au III. volume de ses Oeuures, page 539. Et pour les particularités de sa mort, M. M. Nicolas Pasquier Maistre des Requestes son second fils, les escriuit à M. Loisel nostre Autheur en vne Lettre qu'il a fait imprimer au IV. liure de ses Lettres en 1623. M. de Sainte-Marthe a fait la closture de ses Eloges par celuy de M. Estienne Pasquier, où il remarque entre autres choses, qu'aprés auoir quitté sur la fin de ses iours à M. Theodore Pasquier Aduocat en Parlement son fils aisné, sa charge d'Aduocat general en la Chambre des Comptes, il retourna à l'exercice de sa premiere vacation d'Aduocat, dans laquelle il mourut. La plus part des hommes doctes de son temps l'ont loué de son viuant, comme il se voit par leurs poësies, qui sont dans le recueil intitulé, la Main de M. Estienne Pasquier, &c. *qui est à la fin de ses Oeuures. Ceux qui ont parlé de sa mort ont remarqué particulierement, qu'il se ferma luy-mesme les yeux auant mourir: surquoy M. Abel de Sainte-Marthe luy a fait son Epitaphe, qui est au 1. liure de ses Epigrammes: & pareillement M. Ant. Loisel nostre Autheur son bon amy luy en a fait vn autre, en ces vers:*

C.V. STEPHANI PASCHASII TVMVLVS.

Dulcia nascenti admorunt cui mella Camænæ,
 Quem Charites iuuenem, quem coluere virum;
Despexit qui nullum oculo, quem nullus iniquo,
 Prisca sacra ac leges qui patriæ adseruit
Pacificus, fœlix, gratus populóque foroque,
 Regibus Henricis, Principibusque viris,
Longæuam post vitam indefessamque senectam
 Non morbo occubuit, morte nec ingemuit.
Horæ at momento, mortali carcere rupto,
 Te duce perpetuam, CHRISTE, quietus agit.
Kal. VIIBR. M. DCXV.

M. Antoine Mornac n'a pas oublié de faire son eloge en son libelle intitulé, Feriæ forenses.

*Nicolas du Hamel. ** C'est celuy dont il a esté cy deuant fait mention en l'extraict du Registre du Parlement, inseré dans la preface du Dialogue, page 445. & 448.*

André Iean. *Iacques Choart. **M. Iacques Choart a vescu dans le Barreau 60. ans & plus, estant decedé en l'année 1614. aagé de 84. ans, aprés auoir exercé sa fonction auec grande dignité & grande moderation d'esprit. Il estoit intelligent dans les Langues Grecque & Latine, possedant l'esprit de l'Escriture Sainte auec telle profondeur, qu'il a tourné en vers heroïques tous les liures d'histoire & de moralité de la Bible, lesquels il a laissés dans sa famille pour marque de sa pieté: tellement attaché aux anciennes maximes de probité que dans les dernieres années de sa vie, il auoit desiré de ses enfans de n'estre point entretenu de l'excez auquel la venalité auoit porté le prix des grands offices de iudicature, lesquels il estimoit ne deuoir pas estre mis dans le commerce non plus, mais encores moins que les benefices. Il a employé les 30. dernieres années de sa vie dans la consultation, dans laquelle il estoit recherché des plus grands du Royaume, s'estant retiré de bonne heure non seulement de la plaidoyrie, mais mesmes de toute autre fonction, excepté de la consultation, dans laquelle il conserua tousiours la memoirre toute entiere de tous les beaux textes de droit. Il estoit chef du Conseil souuerain de Dombes. Sa taille n'estoit pas grande, mais son visage estoit agreable: son temperamment est remarquable, en ce qu'il estoit chaud en tel degré, qu'il ne s'approchoit iamais du feu, & ne pouuoit souffrir d'estre couuert la nuict, que peu, quelque froid qu'il peust faire, ouurant dés le matin ses fenestres pour se peigner la teste & se lauer le visage. Les trente dernieres années de sa vie il ne dormoit qu'vne heure la nuit, employant le reste du temps à lire ou se faire lire quelque bon liure. Ce sont les particularitez que i'ay apprises de ce Personnage, de M. Talon Aduocat general son petit fils, duquel i'ay esté d'autant plus curieux de m'en informer, que i'ay reconnu par l'Epitaphe qui s'est trouué parmy les papiers de M. Ant. Loisel nostre Autheur, qu'il y auoit grande amitié entre eux deux, puisque le suruiuant s'est voulu conseruer la memoire des vertus & bonnes qualitez de son amy, en les mettant par escrit, comme il a fait, en ces mots.*

D. O. M.

ET MEM. ÆTERNÆ C. V. IAC. CHOARTII PARISIENSIS ADVOCATORVM AC CONSILIARIORVM CVRIÆ FRANCIÆ PRIMATIS ATQ. CORYPHÆI, SVMMI IC. THEOLOGI OPTIMI, POETÆ TERSISSIMI, MEDICINÆ QVANQVAM PARVM GRATÆ AVT PROBATÆ NON IGNARI, LIBERALIVM ARTIVM ET LITERARVM GRÆCARVM ATQ. LATINARVM PERITISS. CONIVGIO SVSANNÆ CONGNETIÆ MATRONÆ CASTISS. ET EX EA NATIS, NATA, GENERO, NVRV, AC NEPOTIB. OBSEQVENTISS. ATQ. OFFICIOSISS. AVCTI ATQ. HONORATI, ANTIQVÆ PIETATIS, FIDEI, PROBITATIS, TEMPERANTIÆ, OB EAQ. DEO ET HOMINIB. GRATISS. ATQ. CHARISS. CVI POST EXACTAM IN PERPETVA SENSVVM TOTIVSQ. CORPORIS INTEGRITATE, ANIMI TRANQVILLITATE, RECTA IVDICII ÆQVITATE ET ADMIRANDA MEMORIÆ TENACITATE, LXXXIIII. ANN. ÆTATEM, A NVMEROSO PRÆSVLVM, PRÆSIDVM, AC SENATORVM COETV ET VNIVERSO TOGATORVM ORDINE FVNVS IN DD. COSMÆ ET DAMIANI ÆDEM EGREGIVM ACTVM EST. ANT. OISELIVS COLLEGA AMICISS. D. XIIII. KAL. IAN. A. M. DC. XV.

M. Ant. Mornac dit quasi de luy les mesmes choses dans le peu de vers qu'il a fait pour son Eloge en son liure intitulé, Feriæ forenses.

Nicolas Petit-Iehan.
Claude Mathé.
*Christophle Dogier.
Iean de Champ-huon.
Pierre du Lac.
Pierre Guyonin.

**Iean Bodin en sa Methode Historique, ch. 9. nous donne vn tesmoignage remarquable de la suffisance de ce Personnage, alleguant vn passage de Plutarque en la vie d'Antoine sur le subjet de la valeur de la caualerie Gauloise, qu'il dit auoir appris de M. Christophle Dogier, en ces mots,* cuius me loci admonuit Christophorus Augerius collega meus, & historiarum & iuris peritissimus. *Il eut le bon-heur d'estre beau-pere de feu M. Ierosme Bignon Aduocat en Parlement, qui n'est point nommé dans cette liste, pour ce peut-estre qu'il n'estoit pas en rang en 1599. d'estre appellé au serment de Mess. les Aduocats, n'ayant esté receu qu'à la sainct Martin de l'année 1585. & toutesfois il n'a pas deub estre obmis dans l'occasion qui s'est presentée de l'epithete honorable de son beau-pere, ayant esté d'vne suffisance si grande, qu'estant encores disciple de Mess. Roaldés & Maran fameux Iurisconsultes qui ont fait leçon en l'Vniuersité de Toulouse; lors que le premier se retira en celle de Cahors, il laissa en sa chaire de Docteur Regent M. Ierosme Bignon, lequel comme c'estoit alors chose hono-*

rable, y enseigna publiquement pendant vne annee, & dicta des excellens Paratitles sur les cinq liures des Decretales, qui sont encores à present entre les mains de M. Bignon Aduocat general au Parlement : & depuis il a paru dans le Barreau, & ensuite dans les Consultations auec tel esclat de suffisance & de probité, qu'il a acquis vn nom tres-celebre parmy ses confreres. Mais pour enfermer en peu de mots tout ce que l'on pourroit dire non seulement de sa doctrine en toute sorte de lettres, mais aussi de sa pieté & de toutes ses autres vertus Chrestiennes & morales, il n'y a qu'à considerer qu'il a esté seul le precepteur de M. Bignon Aduocat general son fils, que tout le monde sçait estre doüé de toutes ces belles qualitez, lesquelles il possede en vn degré si eminent, & auec vne humilité si rare & si extraordinaire, que l'on peut dire auec verité, que le Pere par ce chef-d'œuure s'est surpassé luy-mesme. Ce qui doit donner grand courage au petit fils pourueu de la mesme charge d'Aduocat general, de s'efforcer à la faire quelque iour pour le bien & le soulagement du public auec la suffisance & la vertu de son Pere.

Fiacre Guedon. René Choppin.
Claude des Molins. Louys Buisson.
Pierre le Comte. de Sirvinges.
Pierre Doucet. Girard Giroust.
Iean Danquechin. Thomas Aubry.
Pierre Berger. Guillaume Lescalopier.
Iean Gateau. François Rauel.
Auguste Galand. Iacques Spifame.
*Antoine Loisel. François le Comte.

*C'est l'Autheur de la plus part des Ouurages de ce volume, dont la vie est au commencement.

*François Chauuelin.

*M. Ant. Mornac a fait son tombeau, & de Damoiselle Marie de Charmoluë sa femme, qui est parmy les Eloges de ses hommes illustres, au liure intitulé Feriæ forenses, où il dit qu'ils auoient vescu plus de cinquante ans ensemble, & qu'ils moururent quasi en mesme temps.

Gilles Anroux. Claude Charpentier.
le Feron. François Pithou.*

*Frere de Pierre, l'vn des interlocuteurs du Dialogue.

Iacques Edelin. *Denis Godefroy.

*Ie ne doute point que ce ne soit grande satisfaction à plusieurs de voir quelque chose de la vie de M. Denis Godefroy, l'vtilité des escrits duquel, & particulierement de ses Notes sur le corps de Droict est tous les iours tant esprouuee. C'est pourquoy i'ay mis icy volontiers les deux Eloges qui m'ont esté donnez de luy par M. Denis Godefroy Conseiller & Historiographe du Roy son petit fils, dont le premier qui n'est qu'vne loüange est extraict d'vne Epistre de Melchior Iunius Vvitebergensis addressee aux Amateurs de la Iurisprudence Studiosis iuris, sur l'vtilité de cette science, & sur l'excellence des Interpretes de Droict qui estoient de son temps ; escrite en la ville de Strasbourg le 21. May 1591. où sont ces mots:

Sunt * *nobilissimi clarissimique huius viri*, D. *Doctoris* DIONYSII GOTHOFREDI *vestris in manibus scripta: ingenij indicia: doctrinæ monumenta: argumenta prudentiæ: iudicij documenta exquisiti, rari, singularis. Quàm Rem hanc ille publicam atque Academiam impensè amet: præclarè in vos vestraque sit studia animatus, vel inde apparet: quòd rerum suarum hîc potiùs, quàm alibi sedem collocare, & quæ ingenij acie incredidili, laboribus magnis, multis vigiliis, studio indefesso parta habet, ad vestrum conferre commodum cupit, eoque nomine haud grauatè, & Iustiniani legum explicationem, & Pandectarum* κατὰ πόδα *in sese interpretationem recipit: præstiturus & alia, de quibus, vt & Iuris interpretandi ratione verâ cras*, DEO *volente, horâ octauâ in Oratione suâ aget.*

* *L'Epistre dont sont tirez ces mots, estoit imprimée dans vn placart de la ville de Strasbourg.*

L'*autre Eloge contient plus amplement les actions de sa vie, que i'ay voulu pour cette cause mettre icy tout entier.*

RECTOR * ARGENTORATENSIS ACADEMIÆ, MATTHIAS BERNEGGERVS, HISTORIARVM PROFESSOR PVBLICVS,

Ciuibus Academicis S. P. D.

* *Cet Eloge a aussi esté coppié sur vn autre placart imprimé en la mesme ville de Strasbourg.*

DIONYSIVS GOTHOFREDVS LETHO DATVS EST. DIONYSIO GOTHOFREDO EXEQVIAS IRE, CVI COMMODVM EST, HEM TEMPVS EST. OLLVS EX ÆDIBVS ECFERTVR. *Hac enim indictivorum funerum antiquâ formulâ, quâ populus Romanus per præconem olim publicitùs evocabatur, uti nunc placet in eius Viri denunciandis exequiis, qui vt omnis alius, sic Romanæ potissimùm antiquitatis, omnia scrinia excussit: qui non minùs ac* Dionysius *ille* Longinus, *ob diuitias eruditionis ac ingenij*, μουσεῖον περιπατοῦν, muséum inambulans: *& vt Metochites apud Gregoram*, βιβλιοθήκη τις ἔμψυχος, viva quædam bibliotheca *cognominari meruit: quique adeò (quod* IVSTI MEJERI IC. *heu nuper nostri! verbis dicam, adjectis ad expressum æneo typo icona* GOTHOFREDI) *consentiente publicæ famæ præconio, fuit*

Æqui medulla: Iuris almi Phosphorus:
Scientiæ miraculum: Historiæ penus:
Thesaurus Orbis: Gratiarum corculum.

Ac ego quidem, si mei res sit arbitrij, in hac & indictione simplici funeris, & in hoc, summo de viro, magni item viri elogio, gradum omninò sisterem, nec vltrà verbum adderem: cùm neq; dolor ex obitu desideratissimi hospitis, & velut erepti parentis acerbitas, multa me verba facere sinat: neque verò is ego sim, qui memorandis tanti Viri laudibis, non nisi altero quodam Gothofredo præcone dignis, vllo modo par esse queam. Quod si vel maximè dignus hoc Alexandro Lysippus, Pyrgoteles, Apelles essem: tamen nec hujus chartæ modulus, nec angustia temporis, artem expromere sineret. Parcè verò strictímque laudes illas transcurrere, quid nisi circumscribere est, latissiméque per se fusas, in angustum gyrum, per virtutis injuriam, includere? Est enim oratio, quod rectè Themistocli visum, aulæorum instar, quæ expansa, pulchritudinem imaginum aperiunt: contracta, tegunt ac deprauant. Verùm enimverò, tyrannide consuetudinis adacto, de vitæ curriculo τὰ καιριώτερα, quæ quidem tumultuaria suggesserit inquisitio, commemoranda, & Gothofredus quasi pictorijs vmbris, hac breui tabellâ delineandus veriùs quàm suis coloribus exprimendus est. Expressiorem Viri imaginem, cùm immortalia monumenta ipsius exhibent: tum, vti speramus, Filij, paternæ gloriæ γνήσιοι heredes, non æmuli modò, pro suâ in parentem optimum pietate, cum omni posteritate communicabunt.

Anno Domini, supra decimum quintum sæculum, quadragesimo nono, Octobris die decimoseptimo, circa quartam pomeridianam, natus est hic Noster, Parisiis, familiâ nobilissimâ, nobilissimis item Harlæorum, Thuanorum, Falchetorum familiis, per cognationem insertâ: patre LEONE GOTHOFREDO, *Domino à Guignecourt, Consiliario Regio in Præfecturâ & sede præsidiali Parisiensi: qui toto vitæ tempore, in Regiâ illâ Vrbe, Ciuis optimi partes sustinuit: adeóque (quod non nisi optimè de Repub. meritis tribui solitum) suæ in Vrbe regionis tribunatu præcipuo & gubernatione functus est: matre verò* MARIA LOVR-DELA FALCHETA, *quæ præter alias necessitudines, Comi-*

Eeee

tem quoque Chiuernium, Regni Cancellarium, inter propinquos numerat. Quum adolescentiam, bonarum artium, ac iuris præcipuè ciuilis scientiâ, in celeberrimis Vniuersitatibus, Louaniensi, Coloniensi, Heidelbergensi, excoluisset; in ipsam flammam belli ciuilis, & parricidiale facinus Lutetianum incidit: vbi cùm nemini pio tutò viuere daretur, patriam relinquere, & perfugium Geneuæ petere coactus fuit. Cuius à nobilissimæ Reipub. Senatu, munere Professoris in Iure donatus fuit: cùm esset anno Domini 1579. die 28. Decembris, in celeberrimâ Vniuersitate Aurelianensi, Doctor Iurisprudentiæ renunciatus. Verùm HENRICVS MAGNVS, *Viri doctrinam, industriam, dexteritatem æstimans, non solùm anno 1589. die 11. Maij, trium ad Iuræ montis radices Præfecturarum, Gezensis, Dernensis & Gagliardensis munus, à Baronibus ferè, & aliis illustribus magnique nominis viris administratum, ipsi, non pretio, vt solet in Galliâ, sed iudicio gratiâque, demandauit: verùm etiam eiusdem anni mense Iulio, die 12. dignitatem Consiliarij Curiæ Parlamentariæ Parisiensis, ob merita, minùs frequenti exemplo, extra ordinem obtulit. Sed & illinc, Sabaudi violentiâ, in motu grauissimo illorum temporum, ejectus fuit: ac omnibus pœnè fortunis, præcipuéque bibliothecâ, spoliatus: cuius jacturæ sæpiùs indolescentem audiui. Quapropter industriam suam ac nominis celebritatem, quam patriæ vouerat, Germaniæ coactus est impertiri. Ac nostra quidem Academia* PHILIPPO GLASERO, *Iuris & Historiarum Doctori clarissimo debet hoc decus. Is enim Scholarchis euocandi Gothofredi fuit autor: eundémque Basileâ secum adduxit, anno Domini 1591. cuius mense Aprili, Pandectarum Iuris interpretationem ille suscepit: ac ita suam probauit operam, vt Serenissimus Elector Palatinus,* FRIDERICVS IV. *antiquissimæ suæ Academiæ lucem ac splendorem ex tanti Viri præstantiâ fœneraturus, Heidelbergam ipsum vocârit, in vere anni 1600. Sed vt, Liuij verbis,* Inuidia ad summa fermè tendit, intacta media relinquit; *improborum isthic æmulationibus irritatus, Argentoratum repetiit anno 1601. mense Nouembri, pristinam Iuris docendi prouinciam aggressus. Melioribus tamen paulò pòst temporibus, requiem senectutis in charâ sibi Heidelbergâ quæsiuit rursus & inuenit. Interim Gallia hoc veluti Pal-*

ladium ereptum sibi dolens, & à Germaniâ vindicatum, sæpiùs id ad se reuocare, sed frustrà, tentauit. Nam anno 1603. die 3. Octob. ab Henrico Magno, regiis literis, Bituricensem ad Academiam, & quod auget honorem, in Cathedram, excessu magni illius Iacobi Cujacij vacuam, est inuitatus. Iterum anno 1609. die 7. Maij, per Cancellarium Regni Galliæ, Brustartium Sillerium, Andegauium ad primariam Iuris Professionem est accersitus. Anno 1610. die 9. Ianuarij, denuò Rex Henricus Magnus cùm ipse, tum eius nomine Lesdigerus, datis vterque literis ad Serenissimum Electorem Palatinum, vt hunc Suum, Valentiam, ad primariam Iuris Professionem suscipiendam dimitteret, enixissimè contenderunt. Et ante sesquiannum denique vel quod excurrit, à primario Consiliario Regis Galliarum, ad Bituricensem (si rectè memini, nam literas ostenderat, in Consistorio Regio scriptas) aut Valentianam, Academiam est euocatus. Quas tamen ille vocationes omnes, etsi 1000. & 1200. coronatorum annui stipendij cum pollicitatione factas, ingenti animo, cum summâ gratiarum actione, repudiauit: quod aut pietatis religionísque majorem quàm istiusmodi commodorum rationem habendam existimaret: aut ingrauescenti ætati suæ, translato longiùs domicilio, præsertim è tam charis & amicis sibi sedibus, minùs rectè se consulturum putaret. Quâ eâdem causâ, anno Domini 1608. ab Illustribus Frisiæ Occidentalis Ordinibus, misso Legato, vocatus ad ipsorum Academiam Franeckeranam, venire recusauit. Ac Heidelbergæ quidem, & gratiâ Principis, & amicitiâ Consiliariorum, virorûmque præstantium aliorum, & admiratione cultúque Studiosorum floruit. Potest & illud in parte fœlicitatis non exiguâ numerari, quòd ibidem Viros Nobilissimos Clarissimósque, generos se dignos, filiabus suis duabus lectissimis maritos inuenit. MICHEAM *enim* IOANNI CHRISTOPHORO HALLERO, *Præfecto Odernheimensi:* RENATAM *verò* PHILIPPO CAMERARIO, *Philippi F. magni illius Ioachimi N. Præfecto Rockenhusano, (inferioris ad Rhenum Palatinatûs vtraque Præfectura est) in matrimonium collocauit. Cæterùm hanc eius fælicitatem, vt sunt res humanæ, non parùm interturbauit motus iste nuperus bellicus, quum Palatinatus ex florentissimo in miserrimum statum redactus, extrema mala* pateretur. Perfugium ergo rursum habuit ad dilectum sibi, & vsu probatum annorum plurimum, Argentoratum. Vbi tantò iucundiùs (si quid in hac temporum attrocitate potest esse iucundum) istos publicorum furorum turbines declinauit, quòd veteres hîc amicos, Viros Magnificos, Amplißimos Nobilißimósque, BREDERODIVM, LINGELSHEIMIVM, SEBIZIVM, aliósque, peropportunè reperit, qui omnia hominum amicißimorum, ad vltimum vsque vitæ limitem, ei præstiterunt officia. Velim & mihi, per tenuitatem, hoc toto tempore, quo meas ædes incolere dignatus est (id huc vsque fuit à 21. Septemb. anni 1621.) quibus par est officiis, tantum hospitem prosequi licuisset. Affectum quidem certe non defuisse, nec ipse visus est ignorare, paternâ me semper beneuolentiâ prosecutus. Cuius beneuolentiæ fructus vberes, vt alios, ita hunc præcipuè sum expertus, quòd, quâ fuit humanitate, subinde licuit, in studiis, huius ceu μάνθεως ἀπρεκεστάτου, ac domestici cuiusdam oraculi, tripodem consulenti, responsa inde petere. Nam fuit, quod mirum, etiam in hac vltimâ senectâ, memoriâ tam tenaci, vt optimorum quorumvis autorum loca, tanquam ex scripto, recitaret expeditißimè. Et erat cum hoc venerando Sene tantò jucundior conuersatio, quantò esse Phœbi dulcius lumen solet Iam jam cadentis, quod est est Senecæ Tragœdi. Sed & Seneca Philosophus, gratissima sunt, inquit, poma, cùm fugiunt. Complectamur senectutem, & amemus: plena est voluptatis, si illâ scias vti. Quamuis autem ob ægritudines animi ex publicis priuatisque cladibus, etiam corporis morbum, vrgente præsertim senio, quod ipsum instar est morbi, contraxit, ac magnam anni partem lecto hæsit adfixus: vt tamen ostenderet, esse virtuti etiam in lectulo locum, vt ait Seneca, rerum cœlestium è meditatione, tractationéque literarum, solatia quæsiuit: nunquam (vt erat immoderati aduersùm se imperij) studere, numquam benefacere desinens, nisi quando deficiebat. Ac deficiebat ille jam ab anno, præsertim sub extrema vitæ, sæpiùs: vt nonnumquam stomachicâ syncope correptum, ceu mortuum conclamaremus. Hæc enim precipuè, cum vertigine, ἀνορεξία, insomniâ, & scirrho lienis, emaciatum & exhaustum tot annorum laboribus corpusculum infestabat: ratione interim & memoriâ semper optimè sibi constante. Verùm colle-

ctis, vtcunque viribus, ad operas subinde redibat: vt vel eos, quibus adhuc γόνυ χλωρὸν, quantumvis minimè negligentes, φιλοπονίᾳ suâ potuerit in ruborem dare. Die Sabbathi proximo (is erat Septembr. septimus) nonam inter ac decimam antemeridianam, Sabbathum æternum exorsus, beatam animulam, annis propè 73. in corpore hospitatam, placidè, sinéque doloris vllo sensu, Creatori suo reddidit: cùm & semihorâ vix antè, nescius imminentis ex tam propinquo mortis, bibliopolæ mandata dedisset, sibi quosdam libros è Francofurtensi mercatu petendi: & pridiè condito testamento, masculam ac senili prudentiâ plenissimam ad adstantes testes orationem habuisset. Vir omni laudatione, meâ quidem certè, longè superior. Cujus, de literis & posteritate merendi studium, vt mittam alia monumenta, patuit in primis in editione Corporis Iuris Ciuilis, quâ nulla, majore cum omnium applausu, publicè fuit accepta, vt ferè in singulos annos variis formis recudenda fuerit. Hanc patris industriam fœlicissimè referunt filij; THEODORVS [1] Regius Historiographus ac Bibliothecarius: & IACOBVS, [2] Historiarum ac juris Professor in Academiâ Geneuensi: qui quàm genuini sint, præclaris ingenij monumentis variè ostenderunt. Quod minimè prætereundum, cum Vxore DIONYSIA SANTIONIA, oriundâ è familia Parisiensi nobilissima & jurisdictione quoque cri-

[1] Le public a l'obligatiõ à M. Theodore Godefroy, de quantité d'ouurages curieux qu'il luy a dõnés Entre lesquels la découuerte des veritables origines des Genealogies d'Austriche, Lorraine, Bar, Portugal, & Nauarre luy est deuë, cõme encores le Recueil des preséances de nos Rois sur les autres de la Chrestienté, les vies des Rois Charles VI. & VIII. & de Louys XII. du Mareschal Boucicaut, d'Artus Duc de Bretagne & Connestable de France, du Cheualier Bayard, les Ceremonies du double mariage entre France & Espagne fait en 1615. Les entreueuës du Roy Charles V. & de l'Empereur Charles IV. des Rois Louys XII. & Ferdinand d'Arragon, & autres pieces qu'il a mis au iour auec le Ceremonial de France donné in 4. l'an 1619. & depuis augmenté & publié en 2. Volumes in folio l'an 1649. par M. Godefroy son fils, dont il a esté cy-deuant parlé, lequel de plus a donné en la mesme annee 1649. les Memoires de Philippes de Commines imprimez au Louure in folio auec plusieurs vtiles obseruations & preuues qui contribuënt beaucoup à l'ornement & à l'intelligence du liure. Il est decedé à Munster le 5. iour d'Octobre 1649 âgé de 69. ans, où il estoit employé depuis cinq annees en la negotiation pour la paix generale de la Chrestienté, en qualité de Conseiller & secretaire de l'Ambassade de France.

[2] Il y a plusieurs opuscules latins de M. Iacques Godefroy touchant le Droict, l'Histoire, & la Politique, mis ensemble en vn volume imprimé à Geneve en 1628. & quelques autres encores, qui ont esté imprimez deuant & depuis.

minali, in Vrbe, quondam pollenti, vixit concorditer annos vndequinquaginta: quæ socia fuit ærumnarum indefessa: mater quinque liberorum: cum duobus filiis, totidémque filiabus, & longâ serie nepotum, superstes. Horum superstitum in honorem, ac ipsius præcipuè Gothofredi, par est, vt exequias frequentissimi prosequamur. Nec quemquam vestrûm tamen, id vt faciat, hortor: omnes spontè facturos confidens. Sanè GOTHOFREDI funus, non tam Studiosis honorificum ac laudabile, sequi: quàm non-sequi, & turpe, & flagitiosum, & ingrati in hujusmodi φαστῆρας literarios animi certissimum est argumentum. Efferetur è meis ædibus, horâ 2. pomeridianâ. Valete. PP. Argentorati, 10. Septemb. anno 1622.

ARGENTORATI, Excudebat Antonius Bertramus, Academiæ Typographus.

Philbert Gillot.
Guillaume le Normant.
de Lolarie.
Estienne de Ladehors.
Louys de Chezelles.
Pierre Tanneguy,
Toussaints Pommerey.
Thomas Martin.
*Denis Boutillier.

* *Voicy ce que luy-mesme rapporte de son origine, en son liure intitulé* La responsе sur le pretendu priuilege de la Fierte de S. Romain, contre la defense du Chappitre de Roüen, *imprimé à Paris en* 1608. *p.* 86. Si mon nom luy desplait, *dit-il, en parlant de l'Autheur de cette defense*, ie n'ay pas deliberé de le changer à sa fantaisie, l'ayant receu de mes predecesseurs, ausquels ie ne voudrois faire cette injure. Ie diray seulement qu'il a esté celebré en ce Royaume par plusieurs grands Personnages qui l'ont porté; comme entre autres Messire Iean le Bouthillier recité pa Froissart en son Histoire, lequel estoit chef de la maison des Landes de Maupertuis, de laquelle mes predecesseurs sont sortis, & en laquelle le nom a tousiours esté, cõme encores il est conserué. Il y a des Gentils-hõmes de Normandie en la maison de Houlebec, lesquels en portent le nom. *Et est à obseruer qu'au cõmencemẽt de cette response p. 6. & suiuantes, il fait vne belle loüange des Aduocats. Quelque part ailleurs il escrit, qu'il trauailloit la plus part du temps gratuitemẽt pour ses parties. Il y eut grande dispute entre luy & M. Adrian Behotte Archidiacre de Roüen, non seulement sur ce priuilege de la Fierte, mais aussi sur la Regle de la Chancellerie de Rome,* de infirmis resignantibus; *dont ils ont escrit l'vn contre l'autre auec grande chaleur plusieurs liures qui sont imprimez. Il a fait aussi vn petit liure contre les pretendus droicts du Royaume d'Yuetot, auquel M. Ruault Professeur a respondu, & dit que M. Bouthillier auoit pris toutes les raisons de son liure des memoires du Cardinal du Perron. Voyez ce qui est dit dans l'eloge de la famille des Boutilliers dressé par Abel de Sainte-Marthe, fils de Sceuole, qui a fait aussi son epitaphe ou tombeau, au 1. liu. de ses epigrammes.*

Thomas Rochefort.
Iacques de la Porte.
Nicolas Corard.
Gilles Dauidis.
Oliuier Minager.
Pierre Viuian.
Guy Chauuet.
Philippes Laignelet.
Bertrand Martineau.
Emile Perrot.
Pierre Rozée.
Gabriel de Baugé.
Cousin.
Leon Dolet.
*Anne Robert.

*Voyez la note qui est au Dialogue, page 523. tirée de l'obseruation de M. Ant. Mornac sur la loy 14. de iureiurando.

Pierre Becqueret.
Charles Parent.
Nicolas Chedeuille.
Nicolas Belin.
Felix le Voyer.
Guillaume Grignon.
Iean Thomé.
Iacques le Marié.
Pierre le Proust.
Nicolas Bridou.
Guillaume de Villiers.
Antoine de Villiers.
*Papirius le Masson.

*Il n'est point necessaire de dire icy aucune chose de ce celébre Personnage, sa vie ayant esté escrite de la main de M. le President de Thou, laquelle a esté mise au commencement des Eloges qu'il a composés des hommes illustres, entre lesquels il y en à deux, sçauoir celuy de M. Simon Pietre le Pere, Medecin de Paris; & celuy de Messire François Miron, Lieutenant ciuil, que i'ay appris n'estre pas de luy: mais dont on m'a aduerty, que le vray Autheur d'iceux est M. Guy Patin, Docteur en medecine à Paris. Il y a cy-apres sous le nom de GVILL. MARESCOT l'Eloge de M. Mich. Marescot Medecin, cōposé par Papyrius le Masson.

Iacques Leschassier.

* Il a escrit & mis de son viuant en lumiere plusieurs Opuscules en diuers petits liures, de tous lesquels, & d'autres non imprimez, M. Leschassier son nepueu a fait imprimer vn Recueil in 4. en l'année 1649. au commencement duquel il a mis la vie de l'Auteur en latin & en françois.

Pierre Dagnés.
Rapouël.
Martin Robillart.
Hubert Hureau.
Iean Amy.
Toussaints Chauuelin.
Iean Lalemant
Marc Sedile.
Iacques de Beauuais.
Gilles Baussant.
Iean Nauarrot.
*Omer Talon.

* Il estoit gendre de M. Iacques Choart, dont a esté parlé cy-deuant, neueu & disciple d'Audomarus Talæus Professeur en eloquence dans l'Vniuersité de Paris. Il fut homme plein de cœur & de generosité, affectionné au seruice du Roy, dans lequel s'estant engagé pendant les cinq années des troubles, il fut mis prisonnier à la Bastille: & luy cousta tout son bien po[ur]

payer sa rançon. Le Roy Henry le Grand luy donna la commißion de Procureur du Roy au Chastelet de Paris, transferé à S. Denys, qu'il exerça iusques à la reduction de la ville de Paris, apres laquelle le Roy desira qu'il fut Escheuin: & pendant le temps de son Escheuinage, il fut deputé à l'Assemblée des Notables, conuoquee dans la ville de Rouën, où il trauailla fort pour la conseruation des rentes constituees sur l'Hostel de Ville, ausquelles l'on vouloit donner quelque atteinte. Il a vescu iusques à l'âge de soixante ans, occupé dans le Palais & intelligent en sa vacation, aymé de ses Confreres, & principalement employé dans les affaires de Finances, qui se traittent en la Cour des Aydes. Il est inhumé dans l'Eglise de S. Cosme en vne Chappelle qu'il a fait construire pour estre la sepulture de sa famille. L'on a veu & l'on voit encore à present sa posterité dans les charges, son fils aisné M. M. Iacques Talon ayant esté douze ans Aduocat general au Parlement, & mort Conseiller d'Estat ordinaire, & son dernier fils, M. M. Omer Talon exercant encores à present la mesme charge d'Aduocat general; lequel apres vingt ans de seruice y a fait receuoir depuis peu en suruiuance pour luy succeder M. M. Denys Talon son fils.

Melchisedec Garnier.
Iean Duquesnel.
Iean Bernard.
Geruais de Morenne.
Oger Coignet.
François Tauerny.
Nicolas Gruget.
Antoine Populus.
Poussemote.
René Troüillart.
Pierre de Lessau.
*Laurens Bouchel.

*C'est l'Auteur de la Bibliotheque du Droict François, & qui nous a dôné quelques autres liures anciens.

*Theodore Pasquier.

* C'est vn des interlocuteurs du Dialogue des Aduocats, fils aisné de M. Estienne Pasquier, auquel il succeda en la charge d'Aduocat general en la Chambre des Comptes. M. de Sainte-Marthe parle de luy & de M. M. Nicolas Pasquier M. des Requestes son frere en l'Eloge du pere, lequel a fait l'anagramme du nom du premier au V. liure de ses Epigrammes latins.

*Antoine Arnauld.

*Il eut la curiosité d'achepter, quoy que cherement, le Corps de Droict de M. Cujas de l'impreßion de Fradin, sur lequel M. Cujas auoit marqué de sa main les bonnes loix, & rayé les mauuaises, qui est à present entre les mains de M. l'Euesque d'Angers son fils. Il portoit tousiours aux Consultations 24. ou 25. petits liurets où estoient marquez diuers Arrests. Voyez ce qu'a remarqué de luy M. Abel de Sainte-Marthe fils de Sceuole, en l'eloge de ceux de la famille des Arnaulds où il remarque qu'il ayma mieux demeurer au Palais en qualité d'Aduocat, que de prendre la charge d'Aduocat general de M. Marion son beau-pere, & vne place dans le Conseil du Roy, l'vn & l'autre luy ayant esté offerts.

*Antoine Mornac.

* Cet homme estoit tres-sçauant en Droict, comme il paroist par les Obseruations qu'il a faites sur le Digeste & le Code ad vsum fori Gallici, dont il n'y a qu'vne partie imprimée. La loüange qu'il a faite des Aduocats en ce lieu, sur ces mots Cajus Scipio du §. 25 de la l. 2. de orig. iuris, est remarquable en cet endroit pour l'honneur de leur Ordre. Et le liure des eloges des personnes qui ont fleury dans la robbe depuis l'an 1500. intitulé, Feriæ forenses, qui nous a esté donné

apres

apres sa mort en l'an 1619. & que i'ay icy souuent allegué, est vn Ouurage lequel quoy que petit, doit estre chery & estimé, non seulement de tous ceux qui sont descendus de ces hommes illustres, mais aussi de ceux qui honorent la memoire des hommes de vertu. Cet abregé nous fait voir dauantage que l'erudition de ce Personnage n'estoit pas seulement dans la Iurisprudence, mais aussi dans les belles lettres & particulierement dans la Poësie, dont M. Nublé Aduocat en Parlement m'a communiqué encores vn eschantillon tiré d'vne lettre escrite à M. Nublé Aduocat à Amboise son Pere, de laquelle pour l'intelligence des vers i'ay esté obligé de mettre icy l'extraict qui suit, outre qu'il contient quelque chose digne de remarque.

Av surplus ie ne sçay pourquoy vous desirez voir la description de mon retour de Touraine: Ie vous en ay écrit, pour le regret que i'eus de n'auoir pû vous voir en passãt. Car estãt à Ligueil pour m'en aller à Tours auec ma femme, mon gendre & ma fille, l'on nous vint dire que la riuiere de Loire auoit tout perdu, & qu'il falloit par necessité passer par vn autre costé. C'est pourquoy, pour ne sçauoir les chemins ailleurs, ie fus cõtraint de rebrousser à Loches, où nous nous mismes à la mercy du messager, qui de bonne fortune deuoit partir deux iours apres. Mon gendre & moy auions nos cheuaux; mais il fallut prendre vn charroy du messager pour les femmes, & leur bagage. Ce messager qui auoit d'autres charrois pleins de marchandises ne vouloit rien rabatre de ses iournées, & alloit autant de nuict que de iour. Tellement qu'entre les autres incommoditez qu'il nous bailla, fut de nous tenir au haut de la montagne de Torphou, iusques à dix ou vnze heures du soir: vous sçauez quel passage ce peut estre. C'est pourquoy en cette extremité ie me mis à descrire ce desplaisir, & la description n'a pû estre sans parler des rauages de vostre riuiere. Vous desirez, comme me dites, de voir ce que c'est: ie vous en enuoye donc autant, mais par protestation, que c'est sans entreprendre sur ceux qui peuuent faire mieux: car vous sçauez que ce n'est nostre mestier, & ce qu'escrit nostre Faber sur le commencement du titre *de Senatusconsulto Orphitiano. Isti versus, inquit, sunt Legistarum, qui regulariter non sunt boni metrificatores; sunt enim falsi in metrificaturâ in multis*; & aussi afin que, s'il y a quelque deffaut, on l'excuse, comme venant d'vn Legiste praticien. I'ay voulu retenir le mot,

698.

Chomata, qui est en la loy *pen. Saccularij.** §. *vlt. ff. de extraordinariis criminibus*, qui est le plus singulier texte que vous verrez iamais pour vos leuées de Loire: & seroit besoin de pratiquer ce qui y est pour les Sicomores; vous le verez. Cependant ie veux bien vous dire que Ieudy dernier 9. de ce mois i'ay fait iuger plaidant contre M. Dolé en vne cause de Regale, que l'inscription en faux n'est receuable contre vn breuet du Roy signé d'vn Secretaire d'Estat. L'Arrest a esté trouué fort notable, c'est pourquoy ie vous en touche ce mot en passant. Et sur ce vous baisant les mains & à Messieurs vos Confreres, ie priray Dieu,

* *Iuxta editionem Haloandri.*

Monsieur vous donner bonne, & longue vie. De Paris ce 11. Auril 1609.

Vostre humble & affectionné
seruiteur A. Mornac.

Ὁδοιπορικὸν Mensis Octobris 1608.

Nocte ferè in mediâ dum nil nisi sidera cerno,
Nigrantesque vmbras Erebi, limúmque profundum,
Ac velut immersos, fallente voragine, currus,
Qui seruata meæ reuehunt solatia vitæ:
Quid non vlteriùs nocturna pericula montis
Turphæi metuam? lucos hinc inde minaces
Prœdo tenet, rarusque errat per opaca viator
Tempora, qui, nisi sit fidis stipatus amicis,
Non spolietur inops scopulosi in limine cliui.
Hæc peperére mihi conductæ incommoda rhedæ,
Passimque abrupto Ligerinus chomate torrens,
Incæptum qui fregit iter, pontesque solutos
Distulit, abripiens, horrendâ clade, per agros
Cum stabulis armenta, viros, mediasque per vrbes
Tecta vndis intacta priùs: sed &, omine sæuo,
Corpora de tumulis iterum ploranda reuulsit.
Oppida quin etiam propè sedibus eruit imis.
Fœlix, qui liber molitur euntis habenas
Acris equi, curruque potest properare relicto.
Incerto auctore.*

* *l'Autheur est certain, mais il a mis ces mots pour n'estre pas cognu de tous.*

Gilles Durant.
Louys Morin.
Pierre du Moulin.
de Montelon.
Pierre Ricquiert.
Pierre Dalenſon.
Claude le Gay.
Louis de Lauergne.
Bardin.
Charles le Court.
Nicolas du Monceau.
Filleul.
Guillaume Robineau.
Menyon.
Louys Cornu.
Charles du Bois.
Ruellé.
Iean Clement.
Nicolas Girard.
Bertrand Longis.
Iean Corard.
Iacques Nourry.
Iacques du Rouſſeau.
Nicolas le Lieure.
René Bochard.
Charles Boüé.
Robert Deſprez.
Philippes Girard.

Iean Tronſon.
Charles Chapelier.
Lazare Selue.
Robert Corard.
Roland Boiſſet.
Iean Gaſtel.
Iean Iacquier.
Nicolas Gorlidot.
Iean du Marché.
Antoine du Vicquet.
Nicolas Pauillon.
François Viuian.
Iean Dorleans.
François Matarel.
François Goutiere.
Philbert Choart.
Gabriel Choart.
Iean Roger.
Iean Moreau.
Claude Gaultier.
Ysaac Theuart.
Guillaume Ruby.
&c.
Ysaac Arnauld.
Claude Duret.
Daniel Spifame.
Michel du Four.
&c.
*Pierre Mauguin.

**Il auoit enſeigné le Droict à Toulouſe : & de faict il fut au Palais vn des premiers conſultans de ſon temps, principalement pour les affaires de Droict, & n'y acquit pas moins de reputation pour ſa candeur, eſtant dans l'eſtime de ne mentir iamais, & de dire toutes choſes auec grande ſincerité. Cet amour qu'il auoit pour la verité eſtoit accompagnée d'vne grande inclination pour les pauures, auſquels il donnoit tout ce qu'il gaignoit en ſa vacation les Feſtes & Dimanches, comme il a eſté cy-deuant remarqué és Notes du Dialogue, p. 506.*

Germain Gouffé.

Gabriel l'Homedé.

*** Guillaume Marescot.**

** Il estoit fils de M. Michel Marescot, celebre Medecin de la Faculté de Paris, duquel l'Eloge s'est trouué parmy les papiers de defunct M. M. Michel Marescot, Maistre des Requestes son petit fils, qui y a remarqué de sa main que Papyrius le Masson en estoit l'Autheur : ce qui m'a fait resoudre de l'inserer icy pour le conseruer, n'estant point imprimé parmy ses autres Eloges. I'adiousteray en suite de cet eloge, la vie de Mess. Guill. Marescot son fils, qui m'a esté donnée par M. Godeffroy Conseiller & Historiographe du Roy, laquelle il a trouuée parmy les papiers de feu M. son pere, qui l'auoit dressée sur les memoires de M. Marescot Maistre des Requestes que ie viens de nommer.*

MICHAELIS MARESCOTII DOCTORIS Medici Parisiensis Elogium.

AVTHORE IO. PAPIRIO MASSONE IC.

Michaëlem Marescotium in Lugdunensi secundâ apud Aulercos Lexouiorum populos, ripamque Vitæ amnis, anno 1539. *die festo Diui Laurentij Martyris in auitis ædibus natum accepimus, editumque in lucem mense Augusto. Auitæ autem ædes erant suntque adhuc apud Vicum-Monasterij veteris,* in nobili fundo Gemeticensis cœnobij. Guilielmus genitor mercaturæ deditus vxorem habuit Petruciam cognomento Hanneuallem, nobili genere ortam, vnde illi fundus dotalis Hancivallius, cuius dimidium materno iure ad Michaëlem pertinuit. Is maiores suos ex Italia* migrasse in Galliam disertè narrabat, & alios quidem in Volcis consedisse circà Carcassonem Narbonensis Galliæ, vbi posteri eorum, nobilium ordinem adhuc sequuntur: alios in Normaniâ & Lexouiorũ finibus quieuisse, omni curâ ad mercaturam versâ, depositoque ad tempus nobilitatis splendore. Gentem verò Marescotiorum antiquitùs trans Alpes floruisse, certum est; multosque ex eâ familiâ Romæ, Florentiæ, Senisque patricios adhuc viuere, Guelphi nominis studiosos fuisse constat,*

**Vimonstier*

** I'ay appris de M. Chisius Nonce du Pape, resident à Munster pour la paix generale, que les Marescots d'Italie tiroient leur origine d'vne ancienne famille de la Grece. Et dans vn liure qu'il me donna en 1647. intitulé* Vita B. Ioannis Chisij, Ord. Eremit. S. P. Augustini, *imprimé à Anuers en 1641. il est parlé au ch. 5. p. 36. d'vn Nicol. Marescot en ces termes.* Beatus Nicolaus de Marescottis à Pamphilo de Tinis dictus, Senensis, & vetusto Marescottorum sanguine ortus, vixit anno 1388. quasi alter Thaumaturgus; quippe qui siue ineffabili panis vinique accretione, siue diu suspensi hominis resuscitatione, siue Cœnobij (*Eremitarum scilicet S. Augustini quod Senis est*) ab excidio defensione, siue capitis damnatorum absolutione, ac prophetiæ spiritu, morumque sanctimoniâ maximè præclarus extitit. *Aretin en ses lettres, parle d'vn Cardinal Marescot; & Guichiardin de plusieurs autres de ce nom, au liu. 5. de son Histoire, &c.*

proindeque nostrorum Regum agnatorumve partibus addictissimos, quos omnibus bellis sunt sequuti, & quidam eorum cis Alpes migrare compulsi, quorum alij in Volcis, alij in Lugdunensi secundâ domicilia rerum & fortunarum suarum fixêre, vt suprà ostendimus. Ad Michaëlem redeo qui octo tantum natus dies patrem amisit superstite Germano auo in illâ maritimâ prouinciâ ditissimo, magnaque existimationis & fidei apud omnes vicinos remotosque populos: quo mortuo tutorem habuit maximum natu fratrem, qui suas & pupilli fortunas, vt erant, conseruare noluit aut non potuit. Cùm annum ætatis attingere nonum cœpisset, Lutetiam ab eodem tutore mittitur ad studia literarum: is enim eum Ecclesiastico ordini destinabat. Cæterùm impubes cognitâ fratris tutorisque sui inertiâ, breui temporis spatio Philosophiam amplexus, magnos in literis progressus fecit, eam scientiam auidè hauriens post humaniorum literarum suauissimos fructus. Anno ætatis 18. quod penè incredibile videri potest, docere eam cœpit in publico Gymnasij conuentu. Dimissâ tandem Philosophiæ curâ, Medicinæ Facultati deditus quam optabat Lauream adeptus est anno 1566. eodemque in conjugem accepit Ioannam Vaudoriam, filiam Quæstoris monetarij. Medicum deinceps se omni vitâ professus est, eamque curam diligenter exercuit magnâ laude, magnisque opibus partis, & amicitiâ præcipuorum ciuium huius vrbis amplissima, maximaque authoritatis, nec non plurimorum nobilium & procerum, ipsiusque Henrici IV. inuicti Regis, à quo inter ordinarios Medicos electus est, ab eoque se amari omni vitâ diligique vidit. Omni vitæ cursu multa præclara egit, ex quibus dignissima tantùm seligere placet. Rector erat Parisiensis Academiæ anno * * * cùm id munus exercet, obtulit se societas Iesuinorum, admitti inter Academicos cupiens, quorum statuta cùm perlegisset, diligenterque notasset, obseruauit quibus in rebus, & quantùm præjudicare posset Vniuersitati, Gallicanæ Ecclesiæ, & statutis Regni, si admitterentur. Dein collectis in æde Mathurini primoribus Academiæ, cùm in eo loco sex Iesuini patres spontè*

* *M. le President de Thou dit au commencement du premier liure de sa vie, qu'il auoit esté son disciple en Philosophie au college de Bourgongne, en l'année 1569 en ces mots;* Michaëlem Marescotũ & Petrum Vallam ex Neustriâ nobiles Philosophos audiuit, qui posteà laureâ pro more donati, medicinam magnâ cum laude Lutetiæ fecerunt. *Aussi nous auons de luy vn petit liure intitulé,* Francisci Titelmani Dialectica puriori sermone donata operâ Michaëlis Marescotij Lexoniensis, *auquel il a adjousté des notes tres-vtiles.*

comparuissent, quorum Dux erat & procurator Pontius cognomine Gogordanus admodum imperitus, cúmque illi se admitti suppliciter postulassent, præsentibus Petro Ramo Grammaticorum ac Rethorum peritissimo, Iacobo Carpentario diserto & excellenti Philosopho, multisque aliis perspicacissimi ingenij viris, eorum consilio responsum est à rectore, Iesuinos admitti non posse, quòd per leges Academiæ regularibus religiosis non liceret ad docendum nisi ordinis sui viros habere. Pontius respondit socios suos neque regulares, neque seculares esse, sed quales essent à summo Pontifice & Apostolicâ Sede pridem creati; Rector subintulit tria quidem vota quæ præstare consueßent, eadem esse cum votis regularium, adjiciens eos quartum obsequij ac voti genus erga Pontificem Romanum habere, quod huic Regno Regibusq; nostris pernitiosum fore præuidebat. Dimisso conuentu, reque infectâ, controuersia tandem à Senatu Parisiensi cognitâ causâ dijudicata est, ac litigatum eo exitu, vt interim Iesuini non prohiberentur ea facere quæ fieri in Academiâ consueßent. Secunda illi contentio & cæteris Doctoribus Medicis exorta est aduersùs Rochum cognomine Bailliuum, qui medicinam Lutetiæ profiteri & inconsulto Medicorum collegio exercere ausus erat, seque empiricum palam vocare; impeditus verò est, ne id impunè faceret: quâ de re Senatus cognouit, ne vnicuique liceret pro arbitratu artem medendi à Paracelso traditam docere; decretumque est, vt à quinque Doctoribus Medicis coram Senatu examinaretur, quo in numero Marescotius etiam fuit. Rochus se Astrologiam nosse iactabat, simplicesque quas vocant herbas; ad certamen igitur cum venisset Michaël, proposuit calathum simplicium varij generis, quas imperitus ille sibi exhibitas ne nominare quidem potuit, vt Valerianam, & Fraxinellam, vt Ferulam Galbaniferam, ac nec Carduos quidem siluestres dignoscere potuit. Idem cum dixisset in cranio hominis esse os triangulare, Galieni discipulis ignotum, à Michaële rogatus est vt in duobus craniis quæ illi exhibuit, quorum alterum recens effossum erat è terrâ, alterum pridem, ostenderet: cùmque Rochus eiusmodi os in occipiti esse dixisset, non potuit id digito demonstrare: vnde magna laudis alluvio Marescotio acceßit, Senatusconsulto improbatâ Paracelsi disciplinâ, damnatoq; reo ac prohibito Paracelsi eiusdem *præceptis vti. Tertia illi diſceptatio fuit aduerſus Martham Virginem Romorantini Biturigum natam, ætatis annorũ viginti, ſi duos addideris, quam à Dæmonio poſſeſſam, atque torqueri opinio erat: falli enim nimium credulos Mareſcotius ſapienter dicebat & cæteri medici in eâdem ſententiâ erant. Igitur præſente Epiſcopo Pariſienſi, pluribuſque doctis & eruditis viris, perſpicuè oſtendit in eâ* μηδὲν παρὰ φύσιν videri, nihilque à dæmone, vt inepti putabant: multa ficta, à malo pauca. *Decretum itaque à Senatu eſt auditâ Medicorum relatione, vt Martha in patriam reduceretur, vnà cum Siluinâ & Mariâ ſororibus, patreque Iacobo Roßiero, eâ lege vt Martham filiam domi contineret, néve eam vagari extra oppidum ſineret inconſulto Paulo Romorantino Iudice, ſi aliter fieret corporis pœnam illi inflictum iri. Hoc quidem Senatus ſtatuit menſe Majo anno 1599.* Quanti autẽ Rex Mareſcotium fecerit, ex his intelligi poterit, quod ei Lutetiæ habitare permiſerit tunc cùm in ea vrbe rebellio vigeret, quod eum animo fideli erga ſuam majeſtatem eſſe cognouiſſet. Vnde factum eſt, vt propter eius fidem atque integritatẽ ſplendori natalium & nobilitatis ordini reſtitueretur. Sunt autem illa quæ diximus illuſtria, minùs tamen quàm exitus vitæ conſtantiâ pleniſſimus, & qui hunc virum omni virtute politum oſtendit; ſano enim corpore, & omni ſiue morbo ſiue dolore vacuus fuit, præterquam articulari, recurrente quotannis menſe Iulio, ſed qui illi poſt decimum quintum diem moleſtus eſſe deſineret. Fortè fluxionem illam ſiſtere voluit, vnde fluxus alui repentè ortus eſt, tamque periculoſus, vt mortem ex eâ certam ſperaret: durauit enim menſes duos. Quotidie tamen ad viſendos, ægrotos ſuos per vrbem vagabatur eiſque ſubridens dicebat, ſperare ſe ſanitatem daturum morbis eorum, ex ſuo verò non expectare aliud quàm mortem. Decimo ſexto Octobris domo egreſſus non eſt, quod mortem inſtare ſibi eſſe prædiceret; die Iouis ſequentis ſurgens è lectulo, duobus horis continuis ſcripſit, clauſóque muſei oſtio ad minores liberos qui aderant conuerſus, morti, inquit, propinquior ſum quàm putetis, accelerat enim citius quàm opinabar; quid facere deberent ipſe eis ſuggerit, clauesq; pecuniæ ſuæ & mobilium precioſorum eis tradit adjiciens, mobilia ſua ad ſe amplius non pertinere, ſed ad liberos ſuos;*

* *M. Mareſcot l'ancien des Medecins qui furent commis pour viſiter* Marthe *Broßier, dreſſa & fit imprimer en la meſme année la relation de ce qui s'y paſſa, en vn petit liure intitulé* Diſcours veritable ſur le faict de Marthe Broſſier de Romorantin, pretenduë demoniaque. *V. M de Thou au 124. l. de ſon Hiſtoire.*

eos monet vt honestè vtantur fortunis quas non ipsi, sed paternus labor atque industria quæsisset. His peractis in lectulo se recondi iubet; Ecclesiastici ordinis viros vt ad se veniant supplex rogat; amicos accersiri imperat, qui numero quadraginta in cubiculo statim fuêre; eos orat vt precibus ad Deum fusis pro se intercederent, morituroque adessent; Sacramenta piè sumit. Membra sua emori sentiens vbi oculorum lumen amisit; valete, inquit, amici, néque enim amplius vos videbo. Auditu momento deficere incipiente, Sacerdotibus qui aderant, vt vocem attollerent, indicat, aliter se non auditurum. Postremò fusis diui Augustini sacris aliquot præfationibus quas omni vitâ magni semper fecerat, supremum vitæ exitum, domi suæ, in amicorum liberorumque oculis fœliciter adeptus est, multum Deo se debere ingenuè prædicans, agensque gratias quòd sibi morituro adfuissent; sine dolore se mori, vt semper optauerat. Cum Medici collegæ & amici monerent vt à somno caueret, respondit, non est somnus, sed impotentia vigilandi. *Denique in templo S. Mederici non procul ab ædibus suis, quatuor eius filij fœminæque duæ eum honorificè sepeliri curarunt anno* 1605.

In Michaëlis Marescotij obitum.

In Lugdunensi natusque altusque secundâ
Impubem sese diuina Lutetia sistit
Ad fontes, ô sacra, tuos, Medicásque per artes
Ingenij vires exercuit, vnde sequutæ
Sunt & opes & honores, & gloria iure perennis.
Discite, mortales, ecquis constantiùs vnquam
Decessit, mortisque magis contempsit habenas!
Ergo non victum, sed eum vixisse canamus,
Fatorúmque feros raptasse per inuia currus.

Aliud.

Quis Marescoto medicâ non cedat in arte,
Cedere cui Dæmon visus & ipse fuit?

Aliud.

Arte parem nemo, majorem nemo putauit
Esse Marescoto, pellendis corpore morbis.

M. Ant.

M. Ant. Loisel nostre Autheur luy a fait aussi cet Epitaphe.

MICHAELIS MARESCOTII ARCHIATRI, CONSOCERI,* EPITAPHIVM.

SÆuior in plures Phœbus cum sæpè parasset
Arcumque & pharetram, tela, trucesque manus,
Docta Marescoti Divum ac pia cura fefellit,
Pluraque sunt medicâ tela retusa manu.
Tum Deus, An nostras ridebit homuncio vires?
Atque meas artes luserit arte meâ?
Dixit, & immitis neruo stridente sagitta
Hæsit in immeriti pectore fixa viri.
Obice sic rupto, totâ furit impius vrbe,
Crebraque succrescunt funera funeribus.
CHRISTE parens, orbi placidus succurre ruenti,
Letifer ille suis: tu via, vita, salus.

Kal. Nou. M. DCV.

* *Messire Guillaume Marescot fils de Michel, auoit espousé la fille de M. Ant. Loisel, comme il se verra en la vie suiuãte.*

VIE DE MESSIRE GVILLAVME MARESCOT, CONSEILLER DV ROY EN SES CONSEILS, &c. dressée par M. Theodore Godefroy, aussi Conseiller & Historiographe du Roy.

MEssire Guillaume Marescot, Conseiller du Roy en ses Conseils d'Estat & Direction de ses Finances, nasquit le 25. iour de Decembre 1567. pendant que l'on celebroit la saincte Messe à minuit.

Il fit son cours en Droict ciuil & canon à Bourges sous M. Cujas, qui luy bailla ses licences, & le passa Docteur au mois d'Octobre de l'an 1586.

Au mois de Nouembre de la mesme année, il fut receu Aduocat au Parlement de Paris, aagé seulement de dix sept à dix huict ans.

Les barricades & diuisions de la Ligue estans suruenuës, ayant tesmoigné vne entiere affection au seruice du Roy, il fut au mois de Iuillet de l'an 1589. emprisonné au Chastelet de Paris, auec plusieurs autres de ses concitoyens. Il y fut detenu plusieurs mois, & depuis à la priere d'vn

Seigneur de qualité de Normandie, amy intime de ſon pere, qui le demanda à M. le Duc de Mayenne, il ſortit à la charge de s'abſenter hors du Royaume: ce qu'il fut contraint d'executer.

Il ſe retira en Alemagne en l'Vniuerſité de Heidelberg, où il ſeiourna cinq ans en la conuerſation & amitié eſtroite de Meſſieurs Godefroy, des Eſtiennes, de Daſypodius, Camerarius, Bongars, & autres ſçauans hommes: ce qui luy donna l'intelligence & connoiſſance de pluſieurs langues & ſciences, & ſingulierement de toutes ſortes de liures qu'il a fort aymez & bien connus.

En l'an 1593. il reuint en France, & au mois d'Auril il ſe rendit à Tours, où lors eſtoit le Parlement de Paris refugié; & là fut admis à faire la fonction d'Aduocat, qu'il a exercée auec beaucoup d'honneur & de reputation prés de vingt ans.

L'an 1597. le vnzieſme Septembre il prit pour femme Dame Valentine Loiſel, fille de Maiſtre Antoine Loiſel, Aduocat celebre en la Cour de Parlement à Paris, & de Damoiſelle Marie Goulas: elle eſtoit ſœur de Meſſieurs Loiſel, Conſeillers audit Parlement, Perſonnages qui ont eſté eſtimez en la fonction de leurs charges, & pour leur probité dans le Parlement.

En l'an 1601. le Roy Henry IV. l'enuoya en Alemagne, auec Dom Oger Chartreux, pour quelques affaires qui concernoient l'Ordre des Chartreux.

L'an 1604. il fut fait Aduocat general de la Reine Marie de Medicis, & preſta le ſerment de cette charge entre les mains du Chancelier de la Reine.

En 1611. il fut honoré de la charge de Conſeiller du Roy, & Maiſtre des Requeſtes ordinaire, de la volonté & liberalité de la Reine Mere de Medicis qui le gratifia de la plus grande partie du prix de cette charge. Il y fut receu en la meſme année à ſon retour d'vn voyage qu'il fit en Italie, par le commandement de ladite Dame Reine.

Le Parlement de Paris en ſa reception en cette charge ne luy fit preſter aucun examen, ny ne luy donna la Loy, comme c'est la coustume, la Cour ayant assez de connoissance de sa suffisance, dont il auoit donné beaucoup de preuues dans le Barreau, pendant le temps qu'il y auoit esté.

Es années 1615. & 1616. il eut la cōmission d'Intendant de Iustice dans les armées du Roy en Champagne qui estoient commandées par Monsieur le Duc de Neuers.

En l'année 1617. il eut cōmission de se transporter dans les prouinces de Picardie, Normandie & du Perche, & autres lieux, pour l'execution des articles secrets de l'Edict de Nantes.

En l'année 1619. il fut Intendant de Iustice en la ville de Mets & pays Messin. Il eut la charge de President en ladite Ville & Iustice de Mets, où il sejourna dix ou douze mois, en la place de Monsieur le President de Salue. Il y pacifia les troubles, diuisions & partialitez qui estoient lors entre le Gouuerneur de ladite Ville, & les Habitans qui auoient esté desarmez par l'ordre de M. le Duc d'Espernon, qui tenoit le party de la Reine Mere, lors qu'elle sortit de Blois, pour se retirer à Angoulesme. Les Habitans de Mets furent rearmez par luy, restablis dans leurs maisons, biens & familles, & les troubles & partialitez appaisées par ses soins, adresse & vigilance.

En 1622. il eut derechef la commission d'Intendant de Iustice en Champagne & Brie, dans l'armée du Roy que commandoit Monsieur le Duc de Neuers, lors que le Comte de Mansfeld vint sur la frontiere de Champagne auec vne armée d'Alemans pour trauerser les affaires du Roy, qui faisoit la guerre aux Huguenots rebelles.

En 1624. il eut commission du Roy d'aller en Alemagne, visiter les Princes Protestans, & plusieurs villes Imperiales & de traitter auec eux: ce qu'il executa au contentement de sa Majesté. Il fut chez les Comtes de Sarbruck, les Ducs de deux-Ponts, & de witemberg, les Marquis de Bade, & de Durlack, le Landgraue de Hesse, les Ducs de Saxe, & Marquis de Brandebourg, Electeurs de l'Empire.

Chez les Ducs de weimar, Princes de Saxe.

Les Ducs de Saxe & de Cobourg.

Le Marquis de Culembach de la maison de Brandebourg.

Le Marquis d'Anspack de la Maison de Brandebourg.

Il visita les villes Imperiales de Strasbourg, Norinberg, & Vlme.

Depuis la mort de Henry le Grand ces Princes & alliez du Roy n'auoient veu personne de sa part en Alemagne.

Ledit sieur Marescot receut beaucoup d'honneur en cet exploit; & tous ces Princes luy tesmoignerent grande ioye de la resouuenance que le Roy auoit d'eux, & vne sensible obligation de la part qu'il vouloit prendre dans les interests de toute l'Alemagne, & de chacun d'eux en particulier.

Ce voyage fut le commencement d'vne negociation pour assister & pour releuer le party des Protestans de l'Alemagne, & y faciliter la venuë du Roy de Suede, qui y a depuis fait les progrez qu'on a veu quelques années apres.

En l'année 1629. apres la reduction entiere des Huguenots du Languedoc en l'obeyssance du Roy, il eut la commission de se transporter aux Seuennes pour la demolition des places fortes que les Huguenots y auoient tenuës. Il fit desmolir Sauue, Gauges, Saint Hippolite, Anduze, le Vigan, & autres places de tres-grande importance au milieu du Royaume, dans les montagnes, & dans lesquelles les derniers Huguenots de France qui estoient armez contre le Roy s'estoient cantonnez & ont tenu.

En l'année 1632. le Roy ayant obligé Monsieur le Duc de Lorraine de luy mettre entre les mains les places fortes de Stenay, Clermont & Iamets, il eut la commission d'en aller prendre la possession pour le Roy. En execution du Traitté, il mit dans ces places des gens de guerre, y establit des Gouuerneurs pour le Roy, & receut des Officiers, Habitans & Subjets, les sermens de fidelité & d'obeyssance deuës à sa Majesté.

En suite de tous ces exploits on luy a donné seance aux Conseils du Roy, où il a vieilly en grande estime & tranquillité d'esprit iusques au 9. d'Aoust 1643. qu'il a pleu à Dieu de l'appeller à soy estant aagé de soixante & seize ans sept mois. Son ame soit au Ciel en repos eternel.

MORS META MALORVM.

De plusieurs enfans qu'a eu Messire Guillaume Marescot il ne reste a present en vie que Dame Françoise Marescot, femme de M. Bailli Maistre des Comptes, tous les autres estans decedez en leur grande ieunesse, ou en la fleur de leur aage, desquels M. M. Michel Marescot qui luy auoit succedé en la charge de Maistre des Requestes a laissé cinq enfans tous petits, de Dame Adriane de Maupeau sa femme dont la famille est connuë, & dont la science & l'affection qu'elle a pour les lettres luy ont fait fournir de la Bibliotheque de Messieurs Marescot quelques pieces qui sont en ce Recueil. Messire René Marescot Abbé de S. Iean de Falaise & Chanoine de Paris, Conseiller & Aumosnier du Roy & de la Reine estoit le puisné, & Dame Magdeleine Marescot premiere femme de M. de la Martilliere à present Conseiller en Parlement, la derniere, qui n'a laissée qu'vn fils.

* Iean Amariton.

** Il est parlé de tous les Amaritons au Dialogue precedent, p. 546. & 547. & en sera encores plus amplement parlé en l'Indice Alphabetique des Aduocats qui suit.*

Paul Danquechin
Pierre Charpentier.
Guillaume Deschamps.
Claude Vallée.
Pierre Roger.
Iean de Sirvinges.
François de la Caille.
Pierre Mercier.
* Louys Dolé.

** Apres auoir paru long-temps auec esclat dans le Barreau, il en fut tiré par la Reyne Mere Marie de Medecis, lors Regente, pour estre employé dans le Conseil du Roy, où il refusa les Sceaux, ne s'estimant pas assez riche pour soustenir cette charge auec dignité, & se contenta d'estre Intendant des Finances, où l'on peut dire à son honneur qu'il a vescu auec telle moderation, qu'il n'y a acquis des biens que tres-mediocres. Car il n'a pas gueres moins gaigné dans sa vacation d'Aduocat, en laquelle il fut fort employé, que dans le maniment des tresors du Roy, où l'on acquiert à present en peu de temps des richesses qui sont au delà de celles des Princes, que la multitude des années, & les alliances ont dotez de longue main. Le principal talent de ce celebre Aduocat estoit l'eloquence, accompagnée d'vn grand iugement & de beaucoup de literature. Il n'est pourtant resté de ses grandes actions que le Playdoyé qu'il a fait pour les Curez de Paris contre les Iesuites, & la presentation des Lettres de prouision du Gouuernement de Guyenne, qu'il fit au Parlement pour feu Monsieur le Prince en 1597. tous ses papiers ayans esté dissippez apres sa mort, laquelle preuint sa disgrace en Cour, comme a remarqué M. Ant. Loisel en vn Epitaphe qu'il luy a fait, que i'ay trouué parmy ses papiers escrit de sa main en ces vers.*

C. V. LVDOVICI DOLÆI EPITAPHIVM.

TEr quinos soles stadio regnasse forensi,
Reginæ pariter curasse negotia matris

Ascitum arcanis sacræ regalibus aulæ,
Non ideò cuiquam fas te dixisse beatum.
At toga te bis sex vlnarum serica quando
Condecorat, fragilis fortunæ ac forsan iniquæ
Maturâ vultum morte avertisse minacem;
Felicem vixisse docent præcepta Solonis.

IIII. Non. Apr. MDCXVI.

De tous ses fils il n'en est resté qu'vn, à present Correcteur en la Chambre des Comptes.

Estienne de Villars.

Nicolas Durant.

Dauid Arnauld.

*Pierre de la Martiliere.

* *M. Pierre de la Martiliere vn des plus celebres Aduocats du Parlement, & qui sur la fin de ses iours fut fait Conseiller d'Estat, demeurant tousiours au Palais dans la fonction d'Aduocat, estoit originaire du pays du Perche, fils de M. François de la Martiliere viuant Lieutenant general au Bailliage du Perche à Belesme, d'où estant venu à Tours au temps que le Parlement y estoit seant, il y suiuit le Barreau: puis continua la mesme profession pendant quarante cinq ans, en laquelle il a esté Aduocat de defuncts Messieurs le Prince de Condé dernier mort, les Comtes de Soissons pere & fils, & plusieurs autres grands Seigneurs. Vn iour plaidant vne cause pour Monsieur le Prince contre M. de Guise, auquel il reprocha sur les memoires de sa partie quelque chose la Ligue qui ne luy plaisoit pas, M. de Guise au sortir de l'Audiance le menaça de le faire tuër. Peu de temps apres M. de la Martiliere refusa de se trouuer en vn arbitrage auec M. de Guise, lequel en ayant esté aduerty, & sçachant la raison, luy fit dire qu'il y pouuoit venir en toute seureté: & en effect M. de la Martiliere entrant dans la Chambre où estoit l'assemblée, M. de Guise vint au deuãt de luy, & l'embrassant luy protesta amitié, & s'excusa des paroles que la chaleur luy auoit fait eschapper: & la conference se passa fort doucement. Il auoit espousé Damoiselle Marie le Grand, fille de M. M. Alexandre le Grand, Conseiller au Parlement, de laquelle il a eu entr'autres enfans deux fils aussi Conseillers au Parlement successiuement l'vn apres l'autre l'aisné portant le nom du pere, receu en 1629. mort en 1631. auant ledit defunct sieur son pere. Luy a succedé M. M. Philippes de la Martiliere son frere puisné à present viuant, receu audit Office en 1632. & qui depuis a espousé en premieres nopces Dame Magdeleine Marescot, petite fille de M. Ant. Loisel Autheur de ces Ouurages à cause de Dame Valentine Loisel sa fille, femme de M. Marescot Maistre des Requestes & depuis Conseiller d'Estat ses pere & mere, duquel mariage est issu vn fils qui vit, & est arriere petit fils de M. Ant. Loisel. La plus part de ce qui a esté dit cy-deuant de M. de la Martiliere Aduocat, a esté remarqué en vn Epitaphe que l'Vniuersité de Paris, dont il auoit defendu vigoureusement les droicts comme son Aduocat en diuerses rencontres, luy fit faire apres sa mort par M. Tarin Professeur en Eloquence, qui m'a esté communiqué par M. de la Martiliere, Conseiller en la Cour, dont ie viens de parler.*

D. O. M. S

VIVÆ AC PERENNI MEMORIÆ PETRI MARTILERII, COMITIS CONSISTORIANI, ILLVSTRI AVCTORITATE Prudentis, summâ fide Patroni.

HIC EX VNELLIS NOBILIS, LEGVM FVIT
IVRISQVE SOLERS, ARTIFEX ÆQVI ET BONI,
SANCTO IN RECESSV NVMINIS METVM COLENS.
MAGNI SENATORIS GENER, DVVM PATER
(ALTER SVPERSTES INTEGRVM VT SPONDET PATREM!)
SVORVM AMANTIOR; AN MAGIS CHARVS BONIS?
CHARVS SVIS MAGIS; AN AMICIOR PROBIS?
CIVIS, PARENS, VIR, AVCTOR, ACTOR OPTIMVS.
SPECIMEN POTENTIS ELOQVI. ET (TESTES VOCO
VOS GALLIÆ, QVAS NOMINE IMPLEVIT SVO.
VOS LITERÆ, TE CVRIA, ET VOS PRINCIPES.)
PRINCEPS PATRONORVM, ET PATRONVS PRINCIPVM.

ACADEMIA DEFENSA

PATRONO FORTISSIMO

H. M. P.

Ysaac Martin. Iacques Maignen.
Elie Cupif. Iacques du Quesnel.
*Louys de Sainte-Marthe. ** Il a esté depuis Lieutenant general de la Connestablie & Mareschaussee de France en 1613. par la mort de M. Guillaume Ioly, dont il sera parlé cy-apres.*
Ysaac Stuart. François de Sainte-Marthe.
Pierre Board. Iean de la Barde.
Charles du Lac. Guy Fauereau.
Nicolas Cupif. Iacob Philippeaux.
Pierre Peyrault. * Gaucher de Sainte-Marthe
Iacques Bardot. *Louys de Sainte-Marthe.

*** Ce sont les deux freres iumeaux Mess. de Sainte-Marthe, Historiographes du Roy, connus par les liures qu'ils nous ont donnez, cõme* Gallia Christiana, *les Genealogies des bonnes maisons de France, & autres. Celuy qui est icy appellé Gaucher a esté ainsi appellé du mot latin Scævole, qui est vn nom qu'ils ont estimé honorable dans leur famille, à cause du grand Scævole de Sainte-Marthe, Auteur des Eloges des hommes illustres de France, de la Pedotrophie, & autres excellentes poësies Latines & Françoises.*

on deuient aisement excellent Conseiller : dont i'ay appris qu'il donna des preuues dés le premier procez auquel il assista estant encores dans la 1. Chambre des Enquestes, où apres auoir demandé permission de s'estendre vn peu plus que n'ont accoustumé de faire les nouueaux receus, il opina si fortement sur vn art. de la Coust. de Senlis, qu'il fit reuenir à son aduis tous ceux qui auoient opiné deuant luy. Aussi si-tost qu'il eut esté distribué en la V. il y trauailla autant que pas vn Conseiller, & mesme en la Chambre de l'Edict, en laquelle il demeura quasi tousiours iusques à sa mort. Peu apres au commencement de l'année 1605. * il fut remarié auec Damoiselle Anne Bailly fille aisnée de M. Bailly President en la Chambre des Comptes, dont il a eu vn fils & deux filles, lesquelles il a laissé petites, & dont la puisnée a esté depuis mariée à M. Pithou Conseiller en la Cour ;* par lequel mariage les familles des Pithous & Loisels ont contracté l'alliance, dont l'estroitte amitié qui estoit depuis vn fort long-temps entr'eux, auoit esté le presage & l'augure. Mais il mourut sans auoir veu son fils qui fut posthume naissant apres sa mort, laquelle arriua en la fleur de son aage le 23. iour de Decembre 1610. apres auoir vescu de telle sorte, qu'on eust peu mettre dessus sa tombe ce que disoit Tacite du mesme Heluidius Priscus, ciuis, senator, (filius,) maritus, gener, amicus, cunctis vitæ officiis æquabilis: car il auoit toutes ces qualitez dans la perfection, qui luy procedoient la plus part de son bon naturel. Mais pour ce qui est de sa charge de Conseiller, (où il faut de l'acquis) l'on voit par les memoires qu'il a laissez, cõbien il auoit trauaillé pour se rendre vn des premiers dans sa vacation, ayant bien pris la peine luy & M. M. Guy Loisel aussi Conseiller son puisné, de copier entre autres choses de leur main la plus grande partie des Ordonnances d'Orleans & de Moulins, sur lesquelles ils ont fait quantité de belles & curieuses remarques. Mais particulierement M. Loisel l'aisné s'estoit estudié aux Regles du Droict François dont son Pere auoit fait vn Recueil qui a esté depuis imprimé plusieurs fois, lesquelles il auoit transcrites dans vn registre pour en faire des lieux communs, ainsi que i'ay appris depuis peu auoir esté fait par feu M. le President Seguier* oncle de M. le Chancelier d'a present. Et M. Loisel a fait dessus ces Regles, tant & de si bonnes collections, qu'elles ont esté iugees dignes & sont destinées pour seruir de commentaire à cet abregé de nostre

* le 11. Ian.

* receu en 1629. Blanchard.

M. A. Seguier, mort en 1624.

Droict François, tant estimé au Palais par ceux qui s'y connoissent. De là l'on peut conclure que si les annees de ce Personnage n'eussent point esté abregees, son trauail nous eust fourny d'autres choses considerables; & que ce Magistrat qui auoit deuant luy des exemples paternels, n'eust pas moins esclatté dans les affaires publiques, qu'a fait depuis M. M. Guy Loisel son frere que l'on a veu en nos iours en la grand'Chambre du Parlement, où il a acquis la reputation d'estre vn des bons & sages Conseillers, & vn des plus honnestes & vertueux personnages qui soit entré depuis vn fort long-temps dedans la robbe.

Aussi la perte de M. M. Ant. Loisel fut si sensible à son Pere, que luy voulant faire son Epitaphe, la douleur luy tira plusieurs fois la plume de la main, sans luy permettre de le parfaire en son cōmencemēt ny en sa fin. Et c'est à mon aduis cette imperfectiō qui doit le faire estimer dauantage, puis que rien ne peut mieux exprimer l'excessiue douleur d'vn pere outré que cette eloquence muette.

ANT. OISELII F. EPITAPHIUM.

Imperfectum principio & fine, quia pluries conati pluries patriæ cecidêre manus.

* * * * * *

Nec fati mihi, nate, tui triste abfuit omen:
Scilicet immodica, acris, & intractabilis, & cui
Ellænus * Petreique * duo cessére magistri,
Suffundens oculos cani pituita parentis.
Extinctum quippe in te Oiseli nominis ingens,
(In modico si quid magnum) lumenque decusque;
Patronus seu linguâ, æquâ seu lance Senator,
Permultos, plures studio officiisve juvares:
Atque hoc extinctum veteris cum lumine Solis.
Namque dies quæ solstitio fuit vltima brumæ,
Longior ac tropico quæ nox fuit in Capricorno,
Hæc nono vix dum cœpto fuit vltima lustro.
At tua sors nostrâ multo discrimine differt.
Namque dies tibi qui luxit supremus, hic idem
Principium vitæ, atque æternæ semita lucis.
At quæ crudelis crudos nox finiit annos,
(Heu nimium verè nostri præsaga doloris)
Dilectæ vxori, binis infantibus orbis,
Patrique & soceris, fratri, cunctisque propinquis
Longinquæ noctis tenebras mœrentibus atque
Ingentis luctus pariet suspiria longa,
Ni tua, CHRISTE Deus, pietas * * *

** *Mess. Ellain & Pietres.*

Vixit annos XLI. M. VII. Obiit die solstitiali hyberno, post decubitum septimo, horâ septimâ matutinâ, anno MDCXI.

Toutesfois ce vieillard affligé reprit peu apres cœur par la naissance de son petit posthume, à present M. M. Ant. Loisel Conseiller en la premiere Chambre des Enquestes qui vit dans l'honneur que luy ont laissé ses Pere & grand Pere, & son Oncle, & sur lequel alors il fit ces deux vers addressez à sa mere.

De nativitate Ant.ⁱ Oisel. posthumi Ant. F. Ant. N. ad Annam Balliam matrem.

Parce piis, mater, lachrimis: Memphiticus ales
Ossibus è patriis hic rediuiuus adest.
XI. Sept. M. DC. XI.

* Auguste Galland.

** Outre les grands talens que cet homme docte auoit pour le Palais, il fut encores doüé de beaucoup d'adresse pour manier les affaires d'Estat, esquelles il fut employé par le Roy Louis XIII. auprés des Rochelois lors des dernieres guerres contre ceux de la Religion Pretenduë Reformée, de laquelle il faisoit profession; & pour cela il fut fait Conseiller d'Estat, demeurant pourtant au Palais dans sa vocation d'Aduocat. Nous auons de luy vn liure du franc-Aleuf, qui est vne matiere dont peu de gens auoient traitté iusques alors. Ce sont les choses dont M. Abel de Saincte-Marthe le louë en des vers qu'il luy adresse au II. liu. de ses Epigrammes.*

Avgvsto Gallandio V. C.

Dvm precibus Regem flectis, monitisque rebelles;
Dum vanos titulos & fastus vrbis inanes
Rupellæ, seriemque rei & ludibria pandis;
Feuda etiam, & regni tenebris, decora inclyta, densis
Dum superas iussus reuocas in luminis auras;
Totque fori intereà, procerumque negotia tractas;
Næ tu perpetuum celebrari dignus in æuum.
Nam Regi obsequium præstas, vrbique salutem
Propitius, gestisque fidem, rebusque nitorem
Reddis, & augustæ solemnia iura Coronæ.

Il nous a baillé aussi vn traitté des anciennes Enseignes & Estendarts de France, qu'il a dédié à Messieurs de Sainte Marthe Historiographes du Roy, imprimé à Paris in 4. en 1637. Le Pere Galland de l'Oratoire qui nous a donné l'Histoire des droicts que le Roy a sur les Pays Bas & la Nauarre, est vn de ses enfans.

Guichard Rauel. | Pierre de Gamaches.
Simon | Doujat.
* Philippes Loisel.

** Il estoit fils d'vn autre Philippes Loisel Lieutenant general de Senlis, frere de M. Ant. Loisel nostre*

Autheur, lequel parle du pere & de ses enfans en ses memoires de Beauuaisis, ch. VII. art. 20. Ce premier Philippes rendit en son temps des seruices fort signalez au Roy & à l'Estat, principalement en la conseruation de la ville de Senlis en l'obeïssance du Roy, pendant les troubles de la Ligue & le siege qui y fut mis. L'aisné de ses enfans, nommé Iacques fut Lieutenant du Bailly de Senlis à Compiegne, qui fut homme d'vne erudition singuliere & reconnu pour tel par M. Cuias en quelque endroit de ses liures. Le second nommé Claude succeda premierement au pere en la charge de Lieutenant general de Senlis, puis fut fait President en la Cour des Aydes en l'année 1609. auquel temps celuy-cy qui estoit le troisiesme fut receu d'Aduocat en Parlement en la mesme charge de Lieutenant general, en laquelle luy a encores succedé M. Claude Loisel son fils aisné qui se trouue à present le quatriesme de son nom dans cette charge, & lequel ayant esté mis à la Taille de la Parroisse de Nostre Dame de Senlis par l'Intendant de Iustice de la Generalité de Paris, en fut deschargé comme noble de race par Arrest d'Audiance de la Cour des Aydes en datte du 29. Auril 1644.

Antoine Godefroy.
Iean du Lac.
Nicolas Bagereau.
Denys Maillet.
Adrian Portail.
Iean le Iau.

Claude Mathé.
Nicolas Richelet.
Christophle Bagereau.
François des Moulins.
Guillaume Tranchet.
Pierre de Cornoaille.
*Iacques Goutiere.

* Cet homme estoit sçauant, & est l'Autheur d'vn petit liure intitulé SPECVLA ad Iacobi Leschasserij IC. obseruationem de Ecclesiis suburbicariis, imprimé à Paris en 1618. d'vn traitté de Cæcitate & autres, dont aucuns ont esté imprimez. Il y a cy-deuant vn eschantillon de ce qu'il pouuoit en la poësie, estant l'Autheur des vers adressez sous le nom de Phædrus à M. Antoine Loisel nostre Autheur, qui sont parmy les eloges de M. Pithou, p. 281. Il fut honoré de la qualité & des priuileges de Bourgeois de Rome, dont M. Abel de Sainte Marthe le congratule en quelques vers qu'il luy adresse au II. liu. de ses Epigrammes, p. 241.

le Noir.
Claude Boucher.

Federic Versoris.
*André Bauyn.

* Il estoit de la parenté de Gaspar Bauynus qui a escrit de l'Anatomie, Suisse d'origine. D'Aduocat il fut Conseiller, receu le 31. Ianuier 1612. selon Blanchard.

Iacques Paillot.
Pierre Versoris.
Iean Baptiste Rauot.
Iacques Foulé.

Nicolas Boiscourjon.
Sebastien Chauuelin.
Louys Beauclerc.
Antoine Fauereau.
&c.

Le Lecteur obseruera en la Liste precedente, qu'encores qu'il *semble par le titre, qu'elle ait deub contenir tous les noms des Aduocats qui estoient en rang d'estre appellez au serment de la Sainct Martin de l'année 1599. toutesfois plusieurs n'y sont point nommez, & au contraire qu'on y en a adjousté quelsques-vns plus ieunes, que ceux qui ont esté obmis.*

Encores que Guillaume Ioly.

la Liste precedente de l'année 1599. ne porte point le nom de Guillaume Ioly, soit qu'il y ait esté obmis aussi bien que beaucoup d'autres qui deuoient y estre nõmez, soit que la charge de Lieutenant general de la Connestablie & Mareschaussée de France qu'il auoit lors, ait donné sujet de ne l'y pas cõprẽdre; si est ce que ie m'estimerois blâmable d'vne trop grãde negligence particulierement parmy ma parenté, si dans vn si grand nombre d'Aduocats dont ie me suis estudié de conseruer les noms & la memoire, ie passois sous silence celuy-cy qui m'a donné l'estre & la vie; puis qu'il a fait assez long-temps auec honneur au Parlement la fonction d'Aduocat, & que nonobstant le peu de connoissance que i'ay pû auoir de ses actions, ses liures & memoires que i'ay eu la curiosité de fueilleter, m'ont fourny assez de matiere pour le proposer à sa posterité, comme vn patron digne d'estre imité.

VIE DE M. GVILLAVME IOLY, ADVOCAT EN PARLEMENT, ET LIEVTENANT GENERAL de la Connestablie & Mareschaussée de France.

OV IL Y A QVELQVES PARTICVLARITEZ DE LA VIE & des Oeuures de M. Guy Coquille sieur de Romenay.

I'Ay trouué dans vn escrit de Iean Ioly demeurant en la ville de Desize en Niuernois, size en vne isle de la riuiere de Loyre à sept lieuës au dessus de Neuers, que Guillaume Ioly son fils nacquit en cette ville-là le 21. iour de Mars de l'année 1550. Sa mere s'appelloit Marguerite du Pont, qui fut tante de Damoiselle Ieanne du Pont, femme de M. Iean Tardif sieur du Ru, Conseiller au Chastelet de Paris, que le malheur honorable d'auoir seruy de victime auec M. le President Brisson, & M. Larcher Conseiller en Parlement, à la rage de Bussy le Clerc & autres arcs-boutans de la Ligue en l'année 1591. a rendu celebre dans nostre Histoire. Il perdit son pere qu'il n'auoit encores que six à sept ans, & peu d'annees apres sa mere, laquelle s'estant auparauant remariee à vn nommé Guill. de Vaux, Conseiller au Presidial de sainct Pierre le Moustier, & Iuge de la Chastel-*

** M. Tardif à present Auditeur en la Chambre des Comptes est son petit fils.*

lenie de Desize, le laissa entre les mains de ce beau-pere son tuteur, qui l'enuoya estudier à Geneve, pensant peut-estre l'attirer à la Religion pretend. refor. à laquelle ce tuteur auoit vray semblablement quelque secret attachement: mais quoy que ieune, il eut assez de force pour resister aux persuasions de ses Maistres, & demeura ferme & constant toute sa vie dans la Religion de ses peres, quoy qu'ennemy des abus & de toute superstition & hypocrisie. Il profita pourtant beaucoup en cette ville-là dans les lettres, & particulierement dans la Langue Grecque, à laquelle il prit goust sous la conduite de ce celebre Grec François Portus qui nous a donné des Commentaires sur diuers Auteurs Grecs. Et de ce temps-là il s'adonna tellement à cette Langue, qu'il s'y est rendu à la fin autant intelligent qu'aucun de son temps, n'y ayant point de bons anciens Auteurs Grecs qu'il n'eust profondement estudié, dont il nous a laissé dans ses memoires des extraicts sous certains lieux communs, ausquels il a appliqué plusieurs autres lieux semblables des meilleurs Auteurs latins, dont il y auroit moyen de faire des Recueils aucunement semblables aux Commentaires de Budée de la Langue Grecque, & au Tresor d'Estienne de la mesme langue. Mais l'inclination qu'il auoit à cette estude ne l'empescha pas de vacquer aux autres, & particulierement à la Iurisprudence, où il fit vn tel progrez, qu'il se iugea capable & prit resolution de suiure le Barreau. Toutesfois son tuteur estant decedé pendant ce temps, embarrassé de debtes; & le bien que son Pere luy auoit laissé assez ample pour le temps & le païs, ayant esté encores acreu par la mort suruenuë de Iean Ioly son frere aisné, & de Guillaume Ioly son oncle, ausquels il succeda, il fut obligé de demeurer en Niuernois, tantost à Dezise & tantost à Neuers, pour esclaircir les affaires de ces successions, faisant cependant la vacation d'Aduocat au Bailliage & Pairrie de Neuers iusques en l'année 1582. qu'il vint à Paris, où il se fit receuoir Aduocat* estant desia âgé de trante deux ans. Mais ses affaires l'ayant encores rappellé en Niuernois, il y retourna aussi-tost: puis reuint à Paris en 1584. à dessein de s'y establir tout à fait, dans l'esperance qu'il auoit que comme les estudes qu'il apportoit au Barreau n'estoient pas cruës, mais desia dans leur maturité, il y pourroit estre bien-tost employé. Et il fut con-

* le 22. May 1582.

firmé dans cette pensée par la rencontre de l'alliance qu'il prit peu apres en l'année 1585.* auec M. Antoine Loisel, celebre Aduocat en Parlement, duquel il espousa la seconde fille nommée Marie, que i'ose dire auoir esté vne des sages & vertueuses Damoiselles de son temps, ayant mené iusques à la fin de ses iours vne vie exemplaire pour sa pieté qui estoit sans ostentation, & nullement feminine ny superstitieuse, pour le grand soin qu'elle a eu de ses enfans & de ses domestiques, & pour les grandes charitez qu'elle a exercées enuers les pauures malades qu'elle visitoit & assistoit souuent en la ville & aux champs. En effet M. Guill. Ioly fut fort employé à Chalons, où il suiuit le Parlement qui y fut transferé en 1589. mais il ne pût pas y demeurer long-temps, ses affaires domestiques l'ayant rappellé à Paris. Toutesfois auant que d'en partir, l'auersion qu'il auoit à la Ligue & l'amour qu'il portoit à son Prince, luy firent commencer ses ouurages publics par vn Panegyrique des vertus du Roy Henry IV. qu'il publia en l'année 1590. Et tost apres cette faction s'eschauffant & se fortifiant à Paris plus que iamais, il fut conseillé par ses amis d'en sortir, de crainte que le trop grand zele qui le faisoit souuent inuectiuer dans les compagnies contre les aucteurs de ces troubles, ne le fit tomber dans quelque malheur irreparable. Il se retira donc en la ville de Neuers, qui estoit alors neutre, & des plus paisibles du Royaume, où il demeura iusques en l'année 1594. apres la reduction de Paris en l'obeïssance du Roy; pendant lequel temps il se diuertit du mieux qu'il pût auec ses liures, & ses anciens amis; & peu auparauant que d'en partir il y fit imprimer quelsques sonnets contre la Ligue sur l'occasion d'vne entreprise faite par les Ligueurs en Niuernois au mois de Feurier de la mesme annee, lesquels il enuoya à M. Arnauld* Aduocat en Parlement son bon amy. Et c'est de ces vers ou de quelques autres semblables dont ie n'ay pas eu la connoissance, qu'à entendu parler l'Auteur du Sixain qui a depuis couru, & a esté imprimé en ces vers:

* son cõtract de mariage est du 27. Feurier 1585.

* l'Epistre à M. A. A. qui est au commencement du liu. est dattée de Neuers du 20. Feurier 1594.

Ces massacreurs de Rois mesprisans nos menaces,
Des Bedeaux du Recteur craignent autant les masses,
Que les raisons d'Arnauld, & les vers de Ioly:
Le moyen d'affoiblir leurs garnisons si fortes,

C'est

C'est de faire vn matin entrer dedans leurs portes
Les Bedeaux de Rapin, & ceux de Lugoly.

Estant de retour à Paris, la ioye qu'il conceut de voir la Ligue abbatuë, & le Roy victorieux de ses ennemis, luy fit esclorre vn second Panegyrique au Roy, *qu'il addressa à M. le Duc de Boüillon; puis se remit dans son train ordinaire du Palais, & demeura au Barreau iusques en l'année 1596. qu'il traitta de l'Office de Lieutenant general de la Connestablie & Mareschaussée de France, lequel il prefera à vn Office de Maistre des Requestes dont il pensa composer; mais son ambition ne fut point assez grande pour l'engager dans vne charge de plus grand prix auec quelque incommodité. I'ay appris qu'il fit lors de sa reception en cette charge vne chose digne de remarque, & qui donne vn tesmoignage singulier de sa probité & de sa bõne conscience. C'est qu'il refusa de prester le sermẽt qui auoit accoustumé de se faire alors,* de n'auoir point baillé d'argent pour entrer en son Office; *dont il fut loüé par la plus part de Messieurs de la Cour, qui l'en dispenserẽt volontiers. Et ce fut peut-estre cette action signalée qui donna occasion de persuader au Roy Henry IV.* de faire arrester en l'Assẽblée des Notables qu'il conuoqua à Roüen vers la fin de la mesme année 1596. que les Iuges ne feroient plus cet ancien serment, qui n'estoit que du stile, & quasi tousiours contre la verité, depuis que la venalité des charges eut esté introduite & permise. Il ne sera pas peut-estre hors de propos d'inserer icy la Harangue que M. Guill. Ioly fit au Parlement à sa reception, veu qu'elle contient quelques particularitez qui seruent à l'esclaircissement de sa vie. La voicy telle que ie l'ay trouuée parmy ses escrits.*

* Mercure Fr. 1614. 3. continuation, tom. 3. p. 95.

SI bellicis in rebus, aliisque Reipub. capessendæ partibus, progressus ad honores per gradum, vt aiunt, non per saltum iure laudandus est: non frustra, vt opinor, confido, me veniam à vobis impetraturum, Patres clarissimi, si ab Aduocati munere, quod per multos annos egi in hoc amplissimo Palatio, ad vnum è minimis Magistratibus, eodem septo, & quasi eodem lare contentis, enitar transcendere: non tamen vt onus pristinum Aduocationis prorsus deponam; sed potiùs vt exemplo iampridem vsitato, vtrumque, si mihi per vos licet, conjungam, atque ita non solùm causas agere, vel scribere, sed etiam iudicare consuescam. Sic enim spero me omnibus Iustitiæ sacris imbutum, omni tractatione Iustitiæ perpolitum, vtiliorem Reipublicæ futurum, eaque fœliciùs executurũ, quæ mihi per duodecim annos audiendo contigit ex vestris decretis haurire, quæque postmodùm magis assiduus, & pedibus vestris inhærens, potero quotidie superaddere. Nec verò mihi fraudi erit, quòd aut turbulentissimis seditionibus hanc stationem deseruerim: aut quòd Turonum ad Senatum, qui & libertatem & ciuitatem hanc ipsam illuc transtulerat, non commigrauerim. Mea enim me tempestas inuitum & reluctantem Cathalaunum vnà cum huius quoque Senatûs parte transtulit, apud quem & meo Aduocati munere persunctus sum, & pro virili monstrum illud horrendæ rebellionis, editis libellis, oppugnare tentaui, si non efficaci, attamen laudabili patriæ laborantis incensus amore. Nec verò id eò à me dictum velim, quò mihi quidquam arrogem, sed quòd sperem perseuerantiæ, laborum & honestorum conatuum, militiæque togatæ sub vestris auspiciis iugiter peractæ & per agendæ, si non fauorem, certè benignitatem vobis consuetam, quam etiam atque etiam oro atque imploro, libentius mihi vos erogaturos.

Aussi-tost que M. Guill. Ioly fut receu dans la charge de Lieutenant general de la Connestablie, il s'y gouuerna tout de mesme que si c'eust esté vne des premieres de la robbe, & si vtilement, que cette Iurisdiction s'en est sentie long-temps apres, tant il trauailla pour y introduire vn bon ordre, & pour restablir les droicts qui en dependent. Aussi M. le Connestable de Montmorency qui prit connoissance de sa suffisance, & de l'affection qu'il auoit pour l'honneur de sa charge, le fit appeller parmy les principaux Officiers du Royaume en l'Assẽblée des Notables qui fut tenuë à Roüen en l'année 1597. *pour luy seruir au restablissement de cette Iurisdiction. Et les quatre* Remonstrances *qu'il fit en diuers temps sur ce subjet, & qui furent imprimées, l'vne à Messieurs les Connestable & Mareschaux de France, l'autre à M. de la Guesle Procureur general au Parlement, & les deux dernieres à M. le Chancelier de Bellievre, sont des tesmoignages perpetuels de l'attache-*

mẽt qu'il s'estoit dõné à remettre sa charge & ce Siege dans ses anciens droicts. Mais son Traitté de la Iustice Militaire de France *qu'il fit imprimer en* 1598. *où sont inserées toutes les Ordonnances qui cõcernent nostre milice Françoise, est vn ouurage d'autant plus vtile à ceux de cette profession, que personne n'auoit iusques alors escrit de cette matiere ; comme il n'est pas moins delectable pour la varieté des traits de doctrine, dont il est orné. Et il seroit à souhaitter que son Auteur eust accompagné la premiere partie de ce Traitté appartenant aux gens de guerre, de la seconde qu'il auoit promise pour les Officiers de leur suitte.*

En 1601. *apres la paix faite auec le Duc de Sauoye, il se rendit encores pour la troisiesme fois le trompette des victoires du Roy, en publiant vn nouueau Panegyrique qu'il intitula* Le Triomphe du Roy sur la Paix. *Et vers la fin de la mesme année il tesmoigna la part qu'il prenoit à la resiouïssance publique par vn petit Ouurage qu'il adressa au Duc de Florence, oncle de la Reine Marie de Medicis, sur la naissance de Monseigneur le Dauphin son Fils : dequoy le Duc de Florence fut tellement satisfait qu'il voulut reconnoistre son trauail d'vne chaisne d'or de prix, dont il luy fit present. En* 1602. *il publia vn* Parenetic, ou discours de Remonstrances au peuple François, sur le sujet de la conjuration du Mareschal de Biron contre l'Estat ; *& en quelque autre temps que ie n'ay pû descouurir vn* Panegyrique ou discours d'honneur au peuple François sur les comportemens de M. de Rosny Grand Maistre de l'Artillerie & Surintendant des Finances, *que l'on a appellé depuis M. de Sully, où il a inseré plusieurs particularitez remarquables de la conduite de ce Seigneur.*

Mais il ne faut pas renfermer la loüange de M. Guill. Ioly dans ses propres ouurages, puis que nous apprenons par la Vie qu'il a composée de M. Guy Coquille, sieur de Romenay, que desirant sur la fin de ses iours se rendre encores vtile au public par des choses plus importantes, il se resolut de faire imprimer les Oeuures de ce Personnage decedé en l'année 1603. *auec lequel le lieu d'vne mesme naissance, la conformité des sentimens, & l'alliance contractée par le mariage d'vn de ses nepueux auec la fille de l'autre, l'auoient depuis vn fort long-temps lié d'vne* tres-estroitte amitié. Car la pudeur & la modestie de M. Guy Coquille auoient tousiours esté si grandes, qu'encores que plusieurs hommes de sçauoir eussent eu quelque connoissance & fait beaucoup d'estime de ses escrits, toutesfois il s'estoit tousiours retenu de les rendre publics, n'ayant de son viuant mis en lumiere que deux petits volumes de Poësies qu'il fit imprimer à Neuers, seulement pour ses amis. L'vn en 1590. contenant la version de quelques Pseaumes de Dauid, & du IX. liure de l'Odissée d'Homere, auec deux Poëmes où il descrit luy-mesme sa vie iusques en cette année 1590. lesquels il intitula Annales nostrorum laborum, & diuerses autres poësies à ses parens & amis, & sur les Estats de Blois, où il auoit esté deputé du Bailliage de Niuernois: Le second en 1592. contenant la version de tous les Pseaumes de Dauid en vers heroïques, qui ne tesmoignent pas moins sa pieté, que la naïfueté singuliere auec laquelle il a exprimé le sens literal de l'Auteur. Doncques M. Guill. Ioly ayant pris cette loüable resolution; pour tesmoigner à sa Patrie l'amour qu'il luy portoit, il commença à l'executer par l'edition des Commentaires que M. Guy Coquille auoit laissez parmy ses papiers sur la Coustume de Niuernois: au frontispice desquels il mit vne Epistre dedicatoire à M. le Duc de Neuers, & en suite la Vie de l'Auteur de ces Commentaires, laquelle on ne doit pas, à mon aduis, estimer le moindre des Ouurages de M. Guill. Ioly, puis que cette Vie est le monument d'vn homme, qui ne fut pas seulement l'ornement & la gloire du Niuernois, mais que ie puis dire auec verité, auoir esté vn des plus illustres Personnages de la France. Et il ne faut pas douter que M. Antoine Loisel n'eust inscrit & honoré le nom & la memoire de M. Guy Coquille dans son Dialogue des Aduocats, s'il eust esté mort en l'année 1602. puis qu'il en auoit fait autresfois la profession auec telle reputation, qu'encores qu'il eust quitté de bonne heure le Palais pour se retirer en Niuernois, si est-ce que le Palais l'auoit esté souuent chercher iusques en son pays, plusieurs luy enuoyans de Paris des procez pour y faire des escritures, & des memoires pour auoir son aduis. Et c'est aussi pourquoy le Roy Henry IV. qui recherchoit & vouloit honorer les hommes de merite, sur le recit que luy en fit M. le Duc de Neuers, le voulut appeller sur la fin *de ses iours en son Conseil & dans les affaires d'Estat. Mais ce sage vieillard se soucioit si peu de ces honneurs mondains, qu'il prefera son repos & l'amour de ses liures à tous les titres d'vne haute fortune; s'estant mesme tellement estudié pendant sa vie à la cacher, que ce qu'il valoit n'a point esté entierement cognu qu'apres sa mort, comme a bien sceu remarquer M. le President de Thou en l'Eloge glorieux qu'il luy a dressé sur la fin du CXXIX. liure de son Histoire sous l'année 1603. en ces mots.*

His senior, & quia voluit obscurior Vidus Coquillius Romeneius Nouioduno Æduorum, quod nunc Niuernium dicitur, & illustrissimorum Cliuensium seu Gonzagarum principatûs caput est, & ciuitas Episcopalis, natus, [1] post obitum illustrior, scriptis eius publicatis quæ viuus presserat, nunc vel inuitus in hominum memoriam retrahendus est. Lutetiæ primùm literis humanioribus, dein Iuri vtrique operam dedit, & in foro Parisiensi aliquandiu versatus, Patauium petiit, vt se Mariano Socino iuniori, cuius tunc nomen erat celebre, recoquendum daret. Inde patriam repetiit, numquam inde migrare certus, & æquitatis ac doctrinæ laude inter suos clarus, consulentibus facilem ad se aditum præbebat, à sordibus alienus & erga tenues munis: nec in literis interea cessabat; nam ius consuetudinarium, cuius cognitione præcipuè excellebat, dum Ius municipale proprium interpretatur, maximè illustrauit, & Historiam præterea propriam magnâ fide ac diligentiâ scripsit: Item accuratissimas de Gallicanæ Ecclesiæ iuribus, quæ nunc vbique exagitantur, obseruationes collegerat, quæ plagio perierunt. Dum domi lateret, à popularibus tribus [2] Ordinum regni conuentibus in lucem productus est, iisque magnam ab omnibus gratiam reportauit. A Principibus suis generali prouinciæ procuratione decoratus fuit, & in ea mense Majo major octogenario vir de sua ætate & posteritate optimè meritus decessit.

En l'an 1607. M. Guill. Ioly fit imprimer l'Institution *de M. G. Coquille* au Droict François. [3] *Cette edition fut suiuie en l'an 1611. de celle des* Questions & Responses sur les Coustumes de France. *Et en l'année suiuante il fit mettre au iour*

[1] *M. de Thou n'auoit pas esté bien informé de la naissance de M. Coquille, car il naquit à Decise, lieu de la naissance de M. Guill. Ioly.*

[2] V. à la fin de sõ Hist. de Niuern. & son poëme intit. *Annal. nostr. lab.*

[3] *M. Coquille tesmoigne auoir composé ce liure en l'an 1586. au tit.* du Droict de Royauté. *p. 10. de la premiere edition.*

l'Histoire de Niuernois par M. Antoine Loisel son beau-pere, auquel, son indisposition ne luy permettant pas d'y trauailler luy-mesme, il donna le manuscrit de M. Coquille, qui est encores auiourd'huy dans la Bibliotheque de M. Loisel Conseiller en Parlement. C'est donc à M. Guill. Ioly que le public a l'obligation de tous ces grands Ouurages de M. Guy Coquille, & qui ne sont pas moins Postumes de leur Auteur que ceux à qui l'on a donné depuis peu par mégarde ce mesme nom, imprimez en 1650. *I'entends le* Dialogue sur les causes & miseres de la France, &c. fait en l'année 1590. *Les* Memoires pour la Reformation de l'Estat Ecclesiastique, faits en l'année 1592. *Et le* Traitté des Libertez de l'Eglise de France, &c. fait en l'année 1594. *pris sans doute sur le primitif de la coppie reueuë & mise au net par l'Auteur, de laquelle M. de Thou a fort bien remarqué en l'Eloge precedẽt, qu'elle auoit esté autresfois suprimée; mais que l'on sçait pourtant auoir esté prestée par feu M. Pommereuil Aduocat à Neuers, gendre de M. Coquille, & nepueu de M. G. Ioly, à feu M. d'Estrappes Archeuesque d'Auche; & qui par consequent ne peut estre ailleurs qu'entre les mains de ses heritiers, dont ils feront quand il leur plaira restitution à ceux ausquels elle appartient, ou au public: comme aussi doiuent faire ceux qui ont les Memoires des Estats de Blois du mesme Auteur, desquels il est parlé en la preface de ses Oeuures Postumes.*

*Mais pour retourner à M. Guillaume Ioly, de qui i'ay principalement entrepris de parler, i'adiousteray que le mesme zele qui luy auoit mis tant de fois la plume à la main pour deffendre la cause, & celebrer les trophées du Roy Henry le Grand, luy fit entreprendre apres la mort de ce Prince vn Traitté assez gros, qu'il intitula du nom d'*Apologie des Souuerainetez, *pour maintenir l'authorité du Roy Louïs XIII. son fils, contre le liure du Card. Bellarmin* de la puissance du Pape en la temporalité; *& il dedia cet ouurage important à la Reine: mais pour certaines considerations il n'a pas esté imprimé; non plus qu'vn autre qui s'est trouué encores parmy ses papiers, fait en ce mesme temps, duquel la complaisance que nous sommes obligez d'auoir en ce siecle pour viure en paix & sans contestation, ne me permet pas de dire rien dauantage. Le dernier de ses Ouurages furent deux Remonstrances,* *l'vne à la Noblesse de France, recueillie des derniers propos du sieur de Balagny, & l'autre au Roy, lesquelles il publia en l'année 1612. sous le titre d'*Anti-duel, ou Discours pour l'abolition des Duels. *L'occasion de ce libelle vint de ce que s'estant trouué en vne compagnie de Gentils-hommes, qui faisans de vice vertu, louoyent hautement les duels qu'auoit fait Balagny, attribuans principalement la gloire deuë à son courage aux combats singuliers qu'il auoit faits, il leur resista fortement, leur prouuant par la fin du mesme Balagny que* le iugement de la diuine Iustice estoit contraire au leur : *& il voulut par apres estendre dauantage ses raisons par escrit, se seruant pour cela du repentir qu'en tesmoigna Balagny par les derniers propos qu'il tint auant sa mort. Et en effect au mois de Ianuier & de Mars ensuiuans de l'année 1611. le Roy fit deux Declarations nouuelles contre les duels, par lesquelles outre le contenu aux precedentes des années 1602. 1609. 1610. & 1611. qui furent confirmées, entre autres choses il se lia luy-mesme les mains, & s'engagea à ne plus donner aucunes graces, missions ou abolitions touchant les duels.*

Mais pour conclure tout ce qui est des estudes M. G. Ioly, & finir par où i'ay commencé, ie ne dois pas, ce me semble, obmettre en cet endroit vne marque considerable de son inclination à la Langue Grecque, & de la parfaite connoissance qu'il en auoit ; & tout ensemble d'vn traict d'humanité ou plustost d'vne charité non commune. Passant vn iour de l'année 1606. vers la Toussaints dans les ruës de Paris, il fit rencontre d'vn pauure Religieux Grec, de l'Ordre de S. Basile, à la contenance & paroles duquel il recognut bien-tost que cet homme estoit vn veritable estranger, pauure, destitué de toute connoissance, & digne de secours. S'estant enquis plus particulierement de ses fortunes, il le mena en son logis, où il recognut à loisir qu'il ne s'estoit pas trompé dans sa pensée : car quelque bon traittement qu'il desirast luy faire, ce bon hôme ne voulut iamais rien rabbatre de ses austerités, ne viuant pendant tout le temps qu'il demeura au logis de M. G. Ioly, que de poisson & de legumes accommodées auec de l'huille. Il n'vsoit point de linge, mais d'vn cilice qu'il portoit tousiours sur son corps, & ne dormoit iamais qu'en vne chaire. Et ainsi vescut-

il iusques à Pasques de l'année suiuante 1607. qu'il demanda congé de s'en retourner en son païs, dont M. Guill. Ioly eut regret, prenant plaisir à sa conuersation, tant pour la sainteté du Personnage, que pour la pureté de son langage; car il parloit bon Grec Grammatical, dont mesmes il auoit appris quelques prieres & phrases aux filles de son hoste, lesquelles quoy qu'elles fussent alors fort petites, s'en sont ressouuenuës depuis fort lõg. temps. I'adjoûteray encore, que cette méme Langue auoit dõné à M. Guill. Ioly beaucoup de connoissance dans la Medecine, ayant leu exactement le Galien & l'Hippocrate: ce qui luy fit achepter les liures que laissa par sa mort M. Gerard Denisot fameux Medecin de son temps, parmy lesquels il trouua vne version elegante des Aphorismes d'Hippocrate en vers Grecs & Latins de la composition de ce sçauant homme, de laquelle M. Guill. Ioly fit present à Messieurs les Medecins de la Faculté de Paris, comme il l'a tesmoigné par vne Epistre Grecque que i'ay trouuée parmy ses papiers, & mise en cet endroit comme vn eschantillon de la pureté de son lãgage Grec, laquelle M. Guy Patin, Docteur en Medecine tres-sçauant, & Doyen de la Faculté de Paris, a pris plaisir de traduire en Latin, & y a adjousté, pour donner plus grande connoissance de M. Gerard Denisot, ce qu'il a trouué de luy dans les Registres de la Faculté de Medecine.

*** Ce poëme de M. Gerard Denisot a esté dõné au public par M. Iacques Denisot son petit fils, secretaire de M. le Chancelier, en vn liure in 8. imprimé à Paris en 1634. à la fin duquel il y a quelsques Epigrammes latins du mesme Auteur.*

ΙΛΛΕΡΜ. Ο ΙΟΛΙΟΣ,
τοῖς τῶν Παρισίων Ἰατροῖς
εὖ πράττειν.

Ει πολλῆς ἀνοίας ἐστὶ τὸν ἴδιον θησαυρὸν ἀναπόλαυστον ἐάσαντα κατορύξαι, μείζονος εἴη ἂν ἀβελτερίας, ἢ βασκανίας, τὸ πανωφελὲς ἐς τὸ κοινὸν ἐξεύρημα κατακρύψαι. Ὅτι δὲ τοῦτο ποιημάτιον * τῶν τοῦ θειοτάτου Ἱπποκράτους Ἀφορισμῶν κειμήλιόν τι ἀξιοθέατόν ἐστιν οὐ-

GVILLELMVS IOLY,
MEDICIS PARIsiensibus
S.

SI priuatum aliquem thesaurum sine fructu perire sinentem defodere non leuis dementiæ est, haut paulò majoris stupiditatis esset aut inuidentiæ, inuentum multiplici vsu commendabile bono publico suffurari. Hoc autem Poëmatium * ex diuini

Hyppocratis

Hippocratis Aphorismis confectum, eiusmodi Cimelium esse quod lucem publicã mereatur, nemo est vestrûm, vt opinor, qui ambigat, postquã eius Authoris Gerardi Denisoti * celeberrimum nomen audiuerit, multiplicẽve illius viri prudentiam, & de totâ re literariâ iudicium acerrimum in memoriam reuocauerit. Quem virum nuper non vt Coryphæum modò vel Præsidem, sed vt Choragum & Ducem vestræ celebris Scholæ intuebamini. Quemadmodũ enim cæteros omnes venerandæ senectutis honorario præiuit, (octoginta quippe vixit annos,) ita etiam primus eliminatâ barbarie, Græcarum literarum studium excitauit, quarum beneficio vestram artem dilucidè tractari cœptam non ignoratis. Et hanc rursus artem ille suis majoribus splendidiùs exercuit, tum aliorum animis purioris doctrinæ desideriũ instillauit, difficultatem quæ ex rei insolentiâ oriebatur, perspicuitate verborum, & rerum simplicitate, non sine cõcinnâ methodo veluti quodam condimento deliniens: ita vt omnibus Medicinæ studiosis qui modò vel oculis,

δεὶς ἂν ὑμῶν, ὡς οἶμαι, διαπορήσειε, τὸ Γεράρδου τοῦ Δενισότου* ποιήσαντος ὄνομ' ἐπίσημον ἀκούσας, ἢ τῆς τ' ἀνδρὸς πολυνοίας τε καὶ ὀρθοδοξίας κατὰ πᾶσαν παιδείαν κριτικωτάτης ἀναμνησθείς. Τοῦτον δ' ἀρτίως οὐ μόνον κορυφαῖον καὶ πρόεδρον, ἀλλὰ καὶ χορηγὸν καὶ καθηγητὴν τῆς ὑμετέρας περιβοήτου σχολῆς ἐθεάσατε. Ὥσπερ γὰρ ἅπαντας τῷ τῆς ἡλικίας ὑπερῆκε πρεσβείῳ, ὀγδοήκοντα διαβεβιωκὼς ἔτη, οὕτω καὶ πρῶτος τὸ βαρβαρικὸν ἀπελάσας, τὸ φιλομαθὲς τῶν ἑλληνικῶν γραμμάτων ἀνερρίπισεν, οἷς τὴν τέχνην ἐν ἴσθε γλαφυρῶς διατετυπωμένην. Ἦν καὶ αὐτὸς σεμνότερον τῶν προγεγενημένων ἐπήσκησε, καὶ ταῖς ἄλλων ψυχαῖς πόθον εἰλικρινεστέρας μαθήσεως ἐνέσταξε, τὴν ἐκ τῆς ἀηθείας χαλεπότητα τῇ σαφηνείᾳ καὶ ἀφελείᾳ λόγων τε καὶ ἔργων εὐμεθόδων, οἷον ἡδύσματί τινι, γλυκάζων· Ὥστε πᾶσι φιλιάτροις αὐτηκόοις ἢ αὐτόπταις τῶν ὑπ' ἐκείνου κατορθωθέντων παράδειγμά τ' ἀκριβέστατον τῆς θεωρίας καὶ πράξεως ἐγχειρεῖσαι, καὶ πολλούς γε τούτων πολυθρυλλήτους, καὶ ἐν τῷ νῦν ἐμπειροτάτους κατασκευάσαι. Ταύτην γοῦν ἑρμηνείαν διὰ τοιαύτης κρίσεως ἐξητασμένην μετ' ἄλλων τινῶν βιβλίων, ἃ παρὰ τῶν αὐτοῦ κληρονόμων ἐξωνησάμην, ἐκ παρατυχόντος εὑρηκὼς καὶ τὴν εὐ-

* Il se trouue dans le 6. tome des Registres de la Faculté de Medecine, que M. Gerard Denisot celebre Medecin mourut à Paris, l'ancien Maistre de la Faculté, l'an 1595. de laquelle il auoit esté vn des singuliers ornemẽs pour sa doctrine & son experience singuliere en la guerison des maladies, pres de cinquante ans entiers; y ayant esté receu Bachelier l'an 1546. sous le decanat de M. Vincent Mustel; Licentié l'an 1548. sous le decanat de M. Iacques Hollier; & Do-

Eleur la mesme année le 6. Nouembre sous le decanat de M. Iean de Gorris, qui a esté le premier Autheur du beau liure, intitulé Definitiones Medicæ, *lequel a esté depuis ce temps-là augmenté par son Fils, & petit-Fils, & rimprimé plusieurs fois. M. Gerard Denisot receut aussi le bonnet de Docteur de Paris, l'an 1648. de la main de M. Richard du Tartre.*

φυΐαν, καὶ ποικιλότητα, καὶ εὐρυθμίαν ἀμφοτέρων ἐπὶ σῆς τῶν φωνῶν θαυμάσας, ἐπίφθονον καὶ ἀφιλόκαλον ᾤμην τοιόνδ' ἔρανον περιπόλητον ἐπισχεῖν, οὐδ' ὑμῖν εἰσφέρειν, οἷς προσήκει μᾶλλον ἤ μοι, διαφόροις ἐπιτηδεύμασιν τῆς νομικῆς ἐντρίβουσι. Εἰ δὲ ταῦτ' ὀλίγα φαίνητ' ἐκ πολλῶν ἃ τηλικοῦτος ἀνὴρ ἀναμφιβόλως διεπονήσατο, τόσον τιμιώτερα καὶ προσφιλέστερα λείψανα δέχεσθε. καὶ τὸν λέοντ' ἐκ τῶν ὀνύχων ἐννοήσαντες, τὴν τοῦ τεθνεῶτος, μᾶλλον δὲ διὰ τῆς αὐτῆς πραγματείας ἀναβιώσαντος, ἱερὰν μνήμην εἰσαεὶ τιμῶντες διατελεῖτε, καὶ ἔρρωσθε.

vel auribus quæ ab eo rectè constituta sunt vsurpauerint, accuratissima tum theoriæ, tum praxeos exempla præbuerit, & multos ex ipsis famâ & rerum experientiâ præcellentes vsque in hodiernam diem effecerit. Cum igitur in hanc interpretationem tanto iudicio examinatã cum aliis quibusdam libris, quos ab heredibus illius redemi, forte fortuna incidissem, ingenij dexteritatem, varietatem, & vtriusque linguæ ex æquo venustatem demiratus, non minoris inuidiæ quàm rusticitatis esse duxi, tale donum & tantopere expetendũ retinere, illudque vobis non exhibere, quibus conuenit magis quàm mihi, diuersis, legum videlicet, studiis implicito. Si verò hæc ex multis quæ tantus vir citra controuersiam elaborauit, pauca vobis appareant, tantò præstantiores, & majore cultu prosequendas reliquias suscipite, & ex vngue leonem agnoscentes, demortui, vel potius ob eiusmodi exercitationem, rediuiui memoriam æternùm colentes consecrate. Valete.

Voila les occupations honnestes & vertueuses, dans lesquelles M. Guill. Ioly a passé la plus part de sa vie, esloigné de toute sorte d'auarice & d'ambition, franc, & amy de la candeur & de la verité, ennemy de toute feintise & dissimulation. Et ainsi a-t'il vescu dans vne pieté pure, sincere & veritablement Chrestienne, ayant en auersion les deuotions nouuelles & interessées, iusques au 13. Auril de l'année 1613. auquel iour il mourut apres auoir receu pendant sa maladie, du Curé de S. Mederic, son Pasteur, tous ses Sacremens, auec beaucoup d'humilité & de confiance en la misericorde de Dieu, laissant sa femme aagée de 47. ans auec la-

quelle il auoit passé ses iours en grande concorde & amitié, & ses enfans petits, horsmis M. Guill. Ioly leur aisné, duquel M. Antoine Loisel son grand Pere a entendu parler en vn Epitaphe qu'il fit en 1593. sur la mort d'Arnoul, Antoine & Robert Ioly ses Freres, en ces vers.

ARNVLPHI, ANTONII ET ROBERTI
Iuliorum nepotum Epitaphium.

DEbuerant quod auo primi soluisse nepotes,
Turbato pueris ordine donat avus.
Saluete insontes animæ, noua numina CHRISTI:
O vtinam vestri sim comes ipse chori.
Vos verò vnanimi lachrymas inhibete parentes:
Vestra quidem fuerant pignora, at ante Dei.
Quæ simul ac repetit, mortali iure soluto,
Et patris & Domini iura negare nefas.
Vnum oro: superet cunctis communis Iülus,
Firmatâque premat lumina nostra manu.
Id. Aug. M. D. XCIII.

Cet aisné a depuis fait aussi plusieurs années la vacation d'Aduocat, dans laquelle il est decedé en la fleur de son aage apres auoir esté marié deux fois: premierement à Damoiselle Geneuiefue Desportes, fille de feu M. Desportes Auditeur en la Chambre des Comptes, & en secondes nopces à Damoiselle Ieanne Loiseau, fille de M. Loiseau celebre Aduocat en Parlement, & assez connu par ses escrits: laquelle estant demeurée veufue auant l'aage de vingt deux ans, s'est retirée du monde cincq ans apres, dedans les Carmelites du grand Conuent de Paris, où elle a merité par sa vertu & pieté d'estre esleuë par deux fois Superieure; premierement des Carmelites d'Angers, & depuis peu encores de celles de Poictiers. M. Guill. Ioly fils auoit eu d'elle deux fils, l'vn decedé fort ieune, & l'autre à present Conseiller au Chastelet. Ses freres puisnez, l'ont compris dans vn Epitaphe qu'ils ont fait mettre à leurs Pere & Mere contre vn pillier du Chœur de l'Eglise de S. Mederic en la forme qui suit.

GVILLELMO. IOLIO. NIVERNENSI.
AD. CONESTABILIS. ET. MARESCHALLOR.
FRANCIÆ. MARMOREVM. PARISIENSIS.
PALATII. TRIBVNAL. PRÆFECTO.
INTEGERRIMO.
MARIÆ. LOISELLÆ CONIVGI.
ET. GVILLELMO. IOLIO IN. AMPLISS.
SENATV. CAVSAR. PATRONO.
PARENTIB. OPTIMIS. ET. FRATRI. CARISS.
ANTONIVS. CLAVDIVS. ET. IACOBVS.
MMM. POSVER.

OB. GVILLELMVS. EID. APRIL.
ANNO. CHR. CIↃ. IↃC. XIII. ÆT. S. LXIII.
MARIA. IV. NON. DECEMB.
ANNO. CHR. CIↃ. IↃC. XXII. ÆT. S. LV.
GVILL. F. IV. EID. MART.
ANNO. CHR. CIↃ. IↃC. XXVII. ÆT. S. XL.

R. I. P.

INDICE ALPHABETIQVE des Aduocats & autres Personnages celebres mentionnez au Dialogue, & aux Listes precedentes, ausquels ont esté icy adjoustez quelques-vns qui sont designez par vne estoille *, auec quelques Remarques, Eloges, & Ouurages d'aucuns d'entre eux.

A

Il est fait mention de Aligret Oliuier, p. 574. *luy dans la vie de M. Charles du Moulin, composée par Papirius Masso: il estoit Pere de M. M. François Aligret, Conseiller en la Cour, receu selon Blanchard le 9. Iuin 1544. lequel M. E. Pasquier liu. IX. de ses Lettres escriuant à M. du Port, Conseiller au Presidial d'Angoulmois, a nommé parmy les hommes signalez de la robbe, qu'il remarque en cet endroit estre morts en l'année 1584.*

Iean Ama- Amariton Iean, & ses Fils, p. 546. 547. 605. 606. *riton Pere, comme i'ay appris de M. Voile Prieur de sainct Clair, Licentié en Theologie, son petit fils, estoit d'vne ancienne famille de Nonette en la Limagne d'Auuergne, sortie d'vn Pierre Amariton qui fut Chancelier de Iean Duc de Berry & d'Auuergne Frere du Roy Charles V. Il fit ses estudes en l'Vniuersité de Paris, où il fut disciple de quatre celebres Docteurs, comme il a tesmoigné luy-mesme en cet Epigramme qu'il a mis au commencement de ses Commentaires sur le 1. liure des Epistres d'Horace.*

AD DOCTORES SVOS IO. AMARITONIS OCTASTICHON.

Grenetus Latiæ posuit fundamina linguæ,
Eius me docuit lingua diserta loqui.
Dicendi leges didici dicente Talæo:
Et Logicæ per te cognita, Rame, via est.
Adiecit sophiæ Philaretus dogmata sanctæ,
Naturæ mores hoc reserante patent.
De tantis sequitur mea si quid pagina, vestrum est,
Quisque suæ, si sit, vendicet artis opus.

En l'année 1550. il enseigna vn Cours de Philosophie au College de Presle, dont Ramus estoit Principal, lequel il voulut suiure en sa methode, qui estoit d'enseigner la Philosophie par l'explication des Orateurs & des Poëtes. Ce qui se void aux Commentaires sur Horace cy-dessus mentionnez, qu'il fit imprimer à Paris en l'année 1553. Mais comme son principal dessein estoit l'estude du Droict, il quitta cette profession, & s'en alla à Toulouse, où il acquit bien-tost l'amitié estroitte de M. Cujas, qui luy dedia ses Notes sur Vlpian auec cet eloge qui se lit à la fin de cet Oeuure, où paroit l'estime qu'il faisoit de luy. Iacobus Cujacius has ad Vlpianum Notas scripsi, tibique, Io. Amariton, dicaui, quo neque gratiorem mihi, neque meo iudicio, qui ea, quæ recta sunt, acutius perspiciat, vehementius amplectatur, religiosius colat, nostra quemque schola fert. Non erit ea res mihi damno, si tu pro eo ac ipse cupio, eis vtare pro tuis. Nam etsi perexiguum sit ingenium mihi diligentiâ tamen meâ, breui vt spero, tibi & Iuris studiosis, & Reip. nostræ ampliora beneficia præstabuntur. Tolosæ, Kal. Nouemb. 1554. *En cette celebre Vniuersité il acquit vne telle connoissance du Droict, qu'il en fit profession publique, & deuint mesme collegue de M. Cujas. Estant de retour à Paris il fut receu Aduocat en Parlement, ou il fit paroistre son profond sçauoir, principalement aux consultations: & sans l'injure des temps de la Ligue nous iouyrions maintenant des fruicts de son trauail. Mais comme il auoit esté tousiours remarquable pour sa fidelité au seruice du Roy, & ennemy des factions & des factieux qui l'auoient mesme emprisonné auec les autres notables citoyens de Paris seruiteurs du Roy, lors qu'ils vou-*

lurent executer le detestable parricide du Roy Henry III. & estant decedé à la leuée du second siege de Paris en 1590. en l'absence de ses fils & gendres esloignez de Paris, qui auoient suiuy le Parlement transferé à Tours, ses liures & ses papiers furent entierement perdus & dissipez auec ses autres meubles, qui furent la proye des Ligueurs; de sorte qu'il n'en reste à present que ce qu'il auoit fait imprimer de son viuant: à sçauoir des Commentaires sur les Epistres de Ciceron, & sur les Epistres d'Horace, dont nous auons parlé, & duquel font mention le sieur du Verdier au supplement de la Bibliotheque de Gesner, Leuinus Torrentius & Petrus Gualtherus, au catalogue des Interpretes d'Horace qui est à la fin de leurs Commentaires. Des Notes sur les XXIX. titres d'Vlpian, qu'il fit imprimer à Toulouse en l'année 1554. dont fait mention Gesner en sa Bibliotheque, & quelques autres qui ne sont pas venus en ma connoissance. Elie Vinet parle aussi de luy en la Preface qu'il a faite sur l'edition des Comment de Cornutus sur Perse. Il laissa entre autres enfans qu'il eut de Damoiselle Marie Mesmin sa femme, deux fils, Iean & Antoine, qui ont tous deux exercé en leurs temps la mesme vacation d'Aduocat auec beaucoup de reputation comme l'on peut voir par les Recueils des Arrests de leur temps, faits par Peleus & autres Auteurs; desquels Iean Amariton l'aisné eut vne seule fille nommée Claude Amariton dont le sieur Blanchard fait mention en ses eloges des Presidens en la Genealogie de la Maison de Marle. Antoine le puisné, qui a esté vn des plus beaux & des plus agreables esprits du Barreau, a laissé de Damoiselle Catherine de Champlais sa femme, issuë d'vne bonne & bien noble maison de Poictou, & tante maternelle de M. de la Melleraye, à present Mareschal de France & Grand Maistre de l'Artillerie, M. Louïs Amariton, qui s'estant mis dans l'Estat Ecclesiastique, se monstre à present digne successeur de l'esprit de son pere par ses doctes predications.

d'Amboise François. * *Iean du Monin en ses vers qu'il adresse aux trois Freres d'Amboise,* in Apophor. Catull. *parle d'vn Fr. d'Amboise, auquel il donne seulemẽt le titre de IC. & semble qu'il estoit Iuge; car il dit*

Francisco Rhadamantus ipse cedit,

& peu apres, sistit

Francisci, Æmocharem, æqua lex furentem.

de Aneriis Iean, * *Nic. Vignier en son Sommaire de l'Histoire des François sous l'an 1315. rapporte, que quand Charles de Valois oncle du Roy Louis Hutin, fit faire le procez à Enguerrand de Marigni,* pour auoir, *dit-il*, mal administré les Finances du Roy, fait charger le peuple, & pris argent des Flamans, &c. tous ces poincts furent proposez deuant luy par vn Aduocat fort eloquent nommé Iean de Aneriis, pour y respondre sur le champ, sans luy bailler terme d'y penser, comme il insistoit, &c.

Il estoit bon amy de Ioachim du Bellay, cõme il paroist par son Epistre au sieur de Morel Ambrunois, & par son Elegie sur le trespas de ce celebre Poëte, qui sont à la fin des Oeuvres de du Bellay, p. 64. 65. Olivier de Magny en ses Odes. p. 143. luy a adressé celle qui est intitulée, D'aymer en plusieurs endroits.

Il y a Aubery dans tous les lieux François cy apres mentionnés. Ramus dans son liure intitulé Ciceronianus, *p. 61. comprend M. Gabriel de Marillac, & M. Iacques Aubery sous vn mesme Eloge en ces termes honnorables.* Duos equidem Francos oratores, & animi integritate & orationis facultate valdè præstantes in foro Parisiensi cognoui, Gabrielem Marillacum, & Iacobum Auberium (vt è mortuis istos sine inuidiâ nunc appellem) qui mihi quemuis Græcũ vel Romanum oratorem, dicendi grauitate & magnificentiâ æquare viderentur. *Et M. E. Pasquier au liure VII. de ses Lettres, escriuant à M. de la Bite, Iuge general de Mayenne. p. 425. nõme Iac. Aubery parmy les* quatre Aduocats fameux qui furent diuersement appellez aux grands Estats *peu apres l'introduction du Semestre du Parlement de l'année 1553. disant que celuy-cy fut fait Lieutenant Ciuil. Heinsius nous a donné sa Vie au commencement d'vn libelle qu'il fit imprimer à Leyden en 1619. intitulé,* V. C. Iacobi Auberij pro Merindoliis ac Caprariensibus Actio, *où est rapporté ce qu'a escrit de luy M. le Chancelier de l'Hospital au liure II. de ses Epistres, escriuant à M. le Chancelier Oliuier touchant cette Action de Cabrieres & de Merindol, auec le Sonnet que Ioachim du Bellay a composé sur l'Ambassade qu'il fit en Angleterre. Depuis, tous les plaidoyers des Aduocats concernant cette cause de Merindol, ont esté imprimez ensemble en vn volume, l'action ayant esté si celebre, que M. le President de Thou en a fait vn ample & tres particulier recit en son Histoire sous l'année 1550. dont il a esté necessaire de mettre icy vn extraict, pour l'intelligence de ce qui en a esté touché dans le Dialogue precedent, p. 519.*

Les habitans de Merindol & de Cabrieres, petites villes de Prouence, ayans esté accusez en l'année 1540. d'auoir retiré chez eux, & embrassé l'heresie des Vauldois, qui portët ce nom de Pierre Valdo Lionnois, Aucteur de leur secte dés l'année 1170. ainsi que rapporte M. de Thou au VI. Liure de son Histoire, où il fait vne ample relation de l'origine & progrez de leur Religion: & ayans esté pour cette cause appellez au Parlement d'Aix à la la Requeste du Procureur general, ils laisserent donner contre eux par contumace vn Arrest fort extraordinaire, par lequel il fut ordonné que les peres de famille seroient bruslez vifs; leurs biens, femmes & enfans confisquez; les maisons de Merindol où ils s'estoient retirez, rasées; & les lieux sousterrains des enuirons, qui auoient seruy de retraitte à plusieurs d'entre eux, bouchez; la forest voisine abbatuë, & les arbres de leurs iardins arrachez; auec defenses à tous de prendre à ferme & loyer les terres de ceux qui seroient de la race ou du nom des accusez. *L'execution de cet Arrest si nouueau fut commise aux Iuges ordinaires d'Aix, de Tournes, de S. Maximin & d'Apt: mais elle fut differée par Mre Barthelemy Chassanée celebre Iurisconsulte de ce temps-là, qui presidoit lors en ce Parlement, à la persuasion du sieur d'Alens de la ville d'Arles, son amy, homme de lettres & de probité, à qui la cruauté de cet Arrest faisoit grãd mal au cœur. Depuis ces habitans ayans esté menacez que l'on n'espargneroit rien contre eux, ny le fer ny le feu, enuoyerent leurs Deputez au Parlement pour se iustifier, par lesquels apres plusieurs Remonstrances qu'ils y firent, & qui aussi leur furent faites, ils firent presenter au Parlement les articles de leur creance, qui estoit quasi conforme à celle de Luther, lesquels furent enuoyez au Roy François I. qui les fit voir & examiner par le Seigneur Chastellain, alors Euesque de Mascon & depuis d'Orleans, & grand Aumosnier de France sous Henry II. Ils les communiquerent aussi au Cardinal Sadolet, Euesque de Carpentras, homme d'vne rare doctrine, & lequel, comme dit M. de Thou,* vt erat pio & miti ingenio, perbenignè supplices accepit, & quæ vltrà ea capita libro comprehensa de ipsis spargebantur, ad inuidiam conficta, & meras nugas esse, ingenuè declarauit. *Mais pendant ce temps le President Chassanée venãt à mourir, & Iean Meinier Baron d'Oppede ayant esté mis en sa place, homme d'vn naturel violent, & lequel estoit particulierement animé contre les habitans de Cabrieres, qui luy auoient fait tort en quelsques heritages qu'il auoit auprés d'eux, il les entreprit de telle sorte, qu'ayant fait entendre au Roy que seize mille de ces Vauldois auoient resolu de se saisir de Marseille, il obtint de luy à la sollicitation du*

Cardinal de Tournon leur ennemy juré, vne Declaration du mois de Ianuier de l'année 1545. adressée au Parlement d'Aix, par laquelle il estoit mandé à ce Parlement de faire le procez aux Vauldois de Merindol & autres de cette secte. En suite dequoy l'execution de l'Arrest rendu contre eux par contumace du viuant du President Chassanée fut reueillée, & la commission en fut donnée à M. François de la Fons President, à M. Honoré de Tributiis & Bernard Badet Conseillers, & à N. Guerin Aduocat general, principal boutefeu de la guerre entreprise contr'eux. Le President d'Oppede voulut aussi estre de la partie, & pour cet effect il se transporta à Cadenet vers les trouppes qu'il y auoit assemblées, & que luy-mesme auoit auparauant fait leuer secretement, sous pretexte de la guerre d'Angleterre qui estoit alors: & delà il s'en alla à main armée aux bourgs voisins, qui estoient tenus par les Vauldois, lesquels il fit saccager & brusler, poursuiuant ces pauures miserables iusques dedans les bois, & par tout ailleurs où ils se refugioient, auec telle chaleur & animosité, qu'il en fit vn carnage horrible, bruslant les vns tous vifs, & faisant passer les autres au fil de l'espée, sans distinction ny d'âge ny de sexe. Mais apres toutes ces cruautez luy & ses cõpagnons preueurẽt bien qu'ils en pourroiẽt vn iour estre recherchés: c'est pourquoy ils se resolurent de demander au Roy les Lettres d'approbation de tout ce qu'ils auoient fait, lesquelles leur furent octroyées. Toutesfois le Roy venant à mourir, & se repentant de tant d'executions sanglantes faites sous son nom & adueu, il donna charge, selon que plusieurs l'ont escrit, au Roy Henry II. son Fils de s'informer particulierement de tout ce qui auoit esté fait en cette affaire par le Parlement d'Aix. De sorte que ceux de Merindol & de Cabrieres, trouuans l'occasion fauorable, ce leur sembloit, pour auoir iustice de tant de violences que l'on leur auoit faites, ils presenterent au Roy & poursuiuirent leurs plaintes auec si grande instance que le Roy voulut en prẽdre luy-mesme cognoissance. Il euoqua donc premierement l'affaire en son Conseil: mais depuis il la renuoya en Grand'Chambre du Parlement de Paris, où le President d'Oppede & ses cõpagnons furent appellez à la requeste de ces complaignans, qui les prirent à partie en leurs propres & priuez noms. La cause fut plaidée solemnellement par cinquante matinées, M.

Iacques Aubery parlant pour ceux de Merindol & Cabrieres, M. Pierre Robert pour le Parlement d'Aix, ou, comme dit M. Ant. Loisel en son Dialogue des Aduocats, pour le President d'Oppede, & les autres accusez auec luy. & M. Denys Riant pour le Procureur general. Au recit affreux de tant de cruautez, il n'y auoit personne parmy les Auditeurs qui n'eust conceu de la colaire & de l'indignation contre ces accusez, & qui ne fust dans l'attente de quelque Arrest notable & proportionné à leur crime ; &, comme dit elegamment M. de l'Hospital en l'Epistre cy-deuant alleguée,

longam historiam pulchro simul ordine cepit
ALBRICIUS recitare, viros & morte peremptos
Indignâ, raptasque soluto crine puellas,
Et latè miseris subjecta incendia vicis.
O qui tùm genitus, ô quæ suspiria ab imis
Exaudita ferè gradibus portisque Palati :
Omnes exquisita reis, & somma precari
Supplicia, indignos qui lucis honore fruantur, &c.

Mais à la fin, cette grande & longue plaidoirie n'aboutit pas à grand'chose, toute la seuerité de la Iustice des hommes n'estant tombée que sur l'Aduocat general Guerin, qui fut condamné à mort par faute de faueur & d'assistance de la Cour. Car quant au President d'Oppede, il fut renuoyé absous de l'accusation, & remis dans sa charge comme il estoit auparauant, par les sollicitations de M. de Guise, qui l'assista à la recommandation du Comte de Grignan son amy. Mais il n'euita pas pour cela la iustice de Dieu: car peu apres il fut saisi & tourmenté d'vn cruel mal en ses intestins, auec des douleurs insupportables, dans lesquelles il finit sa vie dautant plus miserablement, que sa maladie fut fort longue, & sa mort lente.

Aubry, Lieutenant ciuil, p. 527.

Aubry Thomas, p. 583.

Aufrerij Estienne, * *C'est l'ancien Commentateur du vieux style du Parlement, dont M. Charles du Moulin escrit ainsi en sa Preface sur ce liure*, non tamen aboleui glossulas, seu additiones Do. Stephani Aufrerij viri docti, deque his studiis benè meriti. M. *E. Pasquier le nomme parmy les Collecteurs d'Arrests, escriuant à M. Robert au liu. XIX. de ses Lettres.*

7338

Paratitles sur le Digeste, d'vn Aduocat de Bourdeaux nommé Bernard Automne de la ville de Niort, imprimés à Paris en 1607.

B

la charge de President des Comptes, à laquelle ce Personnage est paruenu, soit assez considerable pour ne pas rechercher ses autres qualitez, toutesfois la quantité des dignitez dont il a esté honoré, parmy lesquelles il y en a d'assez extraordinaires, meritent bien d'estre communiquees à tous ses descendans, dont plusieurs n'ont pas peut-estre eu la connoissance que i'en ay prise par les titres & memoires que m'a fait voir M. Bailly Maistre en la Chambre des Comptes son petit Fils, qui m'ont donné occasion de luy dresser cet eloge.

ELOGE DE MESSIRE GVILLAVME BAILLY, PRESIDENT EN LA CHAMBRE DES COMPTES.

MEßire Guillaume Bailly President en la Chambre des Comptes, nacquit à Paris le 23. iour de Mars 1519. Il fut receu Aduocat le 12. Nouembre 1538. & plaida sa premiere cause aux Grands Iours tenus à Moulins en 1540. contre M. Michel Vialart, Fils de M. Vialart, President à Rouën. Il acquit en peu de temps au Barreau la reputation, qui a donné occasion à M. Ant. Loisel de le nommer dans son Dialogue des Aduocats. Car il n'y demeura que iusques en l'année 1547. en laquelle il fut pourueu le 27. iour de Iuillet d'vn Office de Maistre en la Chambre des Comptes, & de celuy de President en la mesme Chambre le 2. de Feurier 1549. En 1553. le 9. iour d'Octobre le Roy Henry II. estant à Villiers-Costerets au retour du camp de Solesmes & Valenciennes, luy donna la charge & commission de la Chambre du Conseil en la Chambre des Comptes, au lieu & place de feu Meßire Edoüard Nicolaï, premier President des Comptes, qui estoit vne commißion perpetuelle, où les plus grandes matieres de France se traittoient lors, & qui fut de-*

* *M. Ant. Loisel le nomme au Dialogue des Aduocats, p. 537.*

puis supprimée par sa mort en 1582. Au mois d'Auril 1555. il fut enuoyé par le Roy Henry II. en Piedmont, pour estre Surintendant general des Finances delà les Monts, où il se comporta de telle sorte, non seulement pour la direction des Finances, mais aussi pource qui est de la vaillance militaire, s'estant hazardé volontairement en la premiere faction de Veillanne, expugnation de Vulpian, & en plusieurs escarmouches & voyages faits auec l'armée du Roy, que Mre Charles de Cossé, Duc de Brissac, Mareschal de France, Lieutenant pour le Roy en Piedmont, le fit & crea Cheualier en presence de toute l'armée : qui fut vn honneur que ie n'ay point trouué auoir esté conferé à aucun de nos Aduocats, & qui est tel que M. Guy Coquille dit en ses Institutes au droict François, * que cette forme de faire des Cheualiers est la veritable Cheualerie. Les lettres que luy en donna M. de Brissac, datées du camp sous Vulpian en 1555. furent confirmées par le Roy Henry II. & depuis encores par le Roy Charles IX. qui luy en fit expedier ses Lettres données à Chenonceau le 26. iour d'Aoust 1571. lesquelles furent enterinées en la Chambre des Comptes le 13. Septembre ensuiuant. En 1558. il eut vn des Offices de Maistres des Requestes extraordinaires de l'Hostel du Roy Henry II. lesquels Offices furent reuoquez par la mort de ce Roy. Et en 1559. le 15. iour de Iuin il fut pourueu d'vne charge de Maistre des Requestes ordinaire de l'Hostel de la Reine Catherine de Medicis. Dix ans apres en 1569. le Roy Charles IX. le fit Conseiller en ses Conseils, où non seulement il luy donna entrée & employ, mais aussi seance, rang & voix deliberatiue en cette qualité en tous les Parlemens de France, & Grand Conseil, par ses Lettres du 8. Decembre 1572. & par d'autres du 10. iour des mesmes mois & an, il le confirma en cette seance & voix deliberatiue en toutes les Cours Souueraines, Parlemens, Grand Conseil, Chambres des Comptes & autres, en qualité de Conseiller d'honneur; auquel Office il fut receu au Parlement de Paris le 23. Feurier 1573. Et pource qu'en 1575. il fut fait vn nouueau Reglement pour le regard de ceux qui entreroient aux Conseils du Roy, Messire Guillaume Bailly fut confirmé particulierement en cette charge de Conseiller d'Estat par le Roy Henry III. qui luy en donna son Breuet du 11. iour d'Aoust de la mesme an-

* Tit. de plusieurs droicts Seigneuriaux ayans lieu en aucunes Prouinces., p. 132. de l'edition de 1607.

née, non seulement pour auoir son entrée dans ses Conseils, mais aussi dans toutes les Cours Souueraines, cõme il a esté dit cy-deuant: & fit pour cet effect vn nouueau serment de Conseiller d'Estat entre les mains de M. le Chancelier le 18. des mesmes mois & an: comme aussi en 1579. luy furent renouuellées ses lettres de Conseiller d'honneur dans les mesmes Cours Souueraines. A tous ces titres honorables, qui tesmoignent l'affection & l'estime qu'ont fait de luy consecutiuement trois Rois & la Reine Catherine de Medicis, l'on peut adjouster ceux qu'il receut de Monsieur le Duc d'Anjou, lequel estant Duc d'Alençon le fit premier President en sa Chambre des Comptes, & puis apres son Chancelier: en laquelle qualité il eut la commission de receuoir pour luy & en son nom les foys & hommages de tous les vassaux de son Comté de Montfort. Mais comme sa suffisance auoit esté le fondement de toutes ces belles dignitez, aussi est-elle à mon aduis la plus estimable partie qui fut en luy. Il nous en reste encores vn eschantillon dans vne Remonstrance qu'il fit au Roy Charles IX. à S. Maur des Fossez, le 10. iour de May de l'année 1566. estant deputé de Messieurs de la Chambre des Comptes, & assisté de dix-huict Officiers d'icelle, sur vn Edict concernant le faict du bail à ferme des Domaine, Aydes, & Gabelles; suppression de plusieurs Offices comptables que le Roy auoit ordonné estre exercés par commission & à temps; & sur la suppression de six autres Chambres des Comptes de ce Royaume; la reduction de celle de Paris à certain nombre, & suppression des Officiers d'icelle: contre lequel Edict il parla au Roy pendant deux ou trois heures en presence de la Reine, de Messieurs les Princes du Sang, & de plusieurs autres grands Seigneurs, non seulement auec vigueur, mais aussi auec beaucoup de doctrine, ou entre autres choses il establit si bien la maxime, Qu'il vaut mieux que les Officiers soient perpetuels, qu'à temps & destituables ad nutum, que ie n'estime pas, que cette matiere puisse estre mieux traittée. Aussi l'Edict fut reuoqué par le Roy sur le champ, & la Remonstrance imprimée en 1576. qui nous donne subjet de croire, que si ses pappiers eussent esté conseruez soigneusement, on y eust trouué plusieurs pieces semblables, qui n'eussent pas esté moins dignes d'estre publiées que celle-là. Son decez estant arriué le de l'année

741

1582. à Bourgueil en Anjou, dont il auoit esté fait Abbé depuis la mort de sa femme, & où il fut enterré, Messire Charles Bailly son fils aisné luy succeda en la charge de President des Comptes, en laquelle il auoit desia esté receu en suruiuance deux ans auparauant, n'estant lors qu'Aduocat, comme remarque Miraumont en son Recueil des Presidens des Comptes. Et de luy est sortie vne ample & honorable famille de personnes de condition, & dont plusieurs sont auiourd'huy dans les charges: de laquelle M. Bailly à present Maistre des Comptes est laisné, qui a eu de Dame Françoise Marescot sa femme, petite fille de M. Ant. Loisel nostre Autheur, plusieurs enfans, desquels l'aisné est pourueu en suruiuance de l'Office de Maistre des Comptes, de son Pere: le second Aduocat general au Grand Conseil fait voir tous les iours dans cette charge qu'il participe aux talens de Messire Guillaume Bailly son bisaieul, comme il en porte le nom.

Bernard

Bernard Iean. p. 592. *Pasquier liure XIII. de ses Lettres p. 49. escriuant de Blois à M. Pithou en Ianuier 1589. parle d'vn nommé Bernard Aduocat à Dijon, qui harangua aux Estats pour le tiers Estat, & dit de luy, qu'il* y proceda auec vne honneste liberté au grand contentement de toute la compagnie.

Berthe. p. 529.

Berthie. *

Oudard Bertine. p. 486. 487.

Bertrand ou Bertrandi Iean. p. 503. 509.

de Bery Raoul. * *En vn Extraict qui m'a esté communiqué par M. Vion Auditeur des Comptes, intitulé* Ex. 2. Regist. Cart. Cam. incip. 1362. *il y a,* Magister Radulphus de Bery Aduocatus, 1382. fol. 193. v.

Besançon. p. 498.

Bignon Ierosme. 582. 583.

Le Blond Iean. * *Il y a quelques vers de ce Iean le Blond sur la fin d'vn vieil Recueil de poësies deuotes que j'ay, escrites à la main sans datte; qui semble pourtant, estre par les autres Autheurs qui y sont nommez, du temps de François I.*

Board Pierre. p. 607.

Bobé Iean. * *Il estoit gendre de M. Charles du Moulin, & Bailly de Coulommiers en Brie,* Callumniaci Bailliuus (quod est nomen vrbis in regione Briensi) *comme dit Papyrius Masso sur la fin de la vie de du Moulin. Pasquier l'appelle Simon Bobie au plaidoyer celebre qu'il fit contre luy pour Iean de Blosset sieur d'Arconville, qui est en suite de sa Lettre à M. d'Espesses Aduocat general, liu. XII. de ses Lettres.*

Bochard René. p. 595.

Bocheron. p. 525.

Bodin. p. 505. 537. 548. *Outre les oeuures que nous auons de luy imprimés, il y a vn Dialogue manuscrit entre les mains de plusieurs, intitulé* Heptaplomeron, siue de abditis & rerum sublimium arcanis, *où il fait disputer ensemble sept personnes de diuerse Religion; ce qui a donné lieu à quelques-vns de parler de luy diuersement. Aucuns disent qu'il auoit esté Carme. Il y eust grande dispute entre luy & Augier de la Ferriere celebre Medecin, touchant son Liure intitulé* Methodus Historica, *comme il a esté remarqué par M. de Thou sur la fin du LXXIX. liu. de son Histoire, p. 266. & par Sceuole de Sainte Marthe en l'Eloge du mesme la Ferriere, liu. III. dont il ne dit pourtant rien dans celuy de Bodin qui est au liu. suiuant. Il fut deputé aux Estats de Blois de l'année 1576. pour le tiers Estat de Vermandois, dont il a dressé vn Iournal, où l'on voit ce qu'il y fit, principalement aux pages 16. 17. 58. 59. 71. 73. 78. 122. & 123. de* la premiere Edition, qui ne porte point son nom. Dauila en parle aussi au VI. liu. de son Hist. Depuis estant Aduocat du Roy à Laon en 1589. il persuada aux habitans de cette ville de se joindre à la Ligue, quoy qu'il eust esté autrefois de la Religion pretenduë Reformée, & eust suiuy le party de M. le Duc d'Alençon. M. Cujas qui ne l'aimoit pas, & que Bodin reprend en sa Rep. l. III. c. 2. & 6. & l. IV. c. 2. fit cet Anagramme sur son nom, IOANNES BODINVS, ANDINVS SINE BONO. Toutefois il est constant qu'il estoit homme de grande science & eloquence, tesmoin ce qu'en dit M. A. Mornac en ces quatre vers dans son liu. intitulé Feriæ Forenses, en parlant particulierement de sa Republique.

IOANNES BODINVS ANDENSIS.
Iani Bodini Gallicam Rempublicam
Qui viderit, maius nihil fatebitur
In eruditâ luce prisci sæculi;
Gallis hic, olim quod Quiriti Tullius.

Iean du Monin luy adresse & à Hotman quelques vers, en ses poësies intitulées Apophoreta Catulliana, où il les appelle Politiæ consultissimos.

V. Pasquier liu. IV. de ses Recherches ch. 27. p. 408.

Il a escrit de sa main sur vn exemplaire du Liure de Asse de Budée qui estoit son parent, les veritables noms des hommes de Cour, dont Budée a voulu descrier les vices & mauuaises actions sous des noms empruntez au commencement de cet Ouurage. Pasquier en sa Lettre à M. du Port Conseiller à Angoulesme liu. IX. p. 572. le nomme parmy les gens de marque qui moururent en 1556. Il est le premier de la branche de Messieurs Boucherat qui sont à present dans les Charges, celle d'Aimon ayant fini en filles.

V. encores l'Epigr. 88. de son II. liu. & le I. du V. M. *A. Loisel a fait ainsi son Epitaphe Grec & Latin.* C.V.B. BRISSONIS PRÆS. EPITAPH.

Οὔποτε σεῖν μνῆμα Βρύσσων ὄλεσε πῶ.

Brisso tuum nomen, numquàm nusquámve peribit.

Et encores il escriuit ces vers de luy & de Messieurs l'Archer & Tardif que l'on fit mourir auec luy.

DE EIVSD. ET ALIOR. SENAT. IMPIA ET FOEDA NECE

Ista Sacerdotum Themidis quæ fœda videntur
 Ora tibi, non sunt: sancta sed ipsa Themis.
Quam coniuratus deformi tollere letho
 Dum cupiit, iugulum præbuit ipse suum.
Iam rediuiua habilem repetens Ioue nata vigorem
 Morte suâ Phœnix pulchrior ecce redit.
Naturæ rerum miracula cerne viator:
 Vnde datum est vulnus, contigit inde salus.

M. Nou. M. D. IXCII.

V. son Eloge en saincte Marthe, & au liu. de M. *A. Mornac intitulé* Feriæ Forenses.

Au commencement d'vn Registre des Escritures de M. *Iacques Broussel, dont il a esté parlé en la note qui est au Dialogue precedent p. 529. il y a de la main de deffunt* M. *Broussel Conseiller aux Requestes du Palais son fils aisné, la remarque qui suit.*

Le 22. Feurier 1571. seant la Cour aux Augustins, M. Iacques Broussel Aduocat en Parlement ayant plaidé vne cause contre vn Capitaine Allemand nommé le Capitaine d'Aist; le Capitaine sorty de l'audiance s'approcha dudit Broussel, & le menaça de luy frotter les aureilles, dont ledit Broussel ayant fait plainte sur le champ à la Cour, elle ouït deux tesmoins, & sur leurs depositions ordonna que ledit d'Aist comparoistroit le lendemain à sept heures du matin en personne, luy faisant deffences de partir de la ville iusques à ce, sur peine de perdition de tous les droits par luy pretendus en la cause dont estoit question, qui estoient de huit mille liures; & aussi sur peine de dix mille liures parisis enuers le Roy; & si fut ledit Broussel mis en la protection & sauuegarde de la Cour; & deffenses faites au Capitaine d'attenter à sa personne sur peine de confiscation de corps & de biens; & cependant permis audit Broussel d'en informer plus amplement. *Et au dessous est escrit*: I'ay tiré ce que dessus d'vn

* Il y a dessus, M. Antoine Loisel Aduocat, le Pere.

memoire de M. Loisel le bon homme* escrit de sa main, lequel il me bailla luy mesme pour en prendre copie. 1603. I. Broussel.

En l'année 1638. il arriua vne semblable chose à M. Nicolas Richer aussi Aduocat en la Cour, plaidant le 13. Iuillet pour M. Robert du Bois, Procureur d'Office de Regny, contre Dom Iean du Lion, Prieur dudit Regny, lequel present en l'Audience, pour empescher le iugement de sa cause, auoit remonstré à la Cour, que ledit Richer ayant pris communication de son sacq le Parlement passé, en auroit soustrait vne piece qui estoit la coppie collationnée à l'original d'vn acte de prise de possession de son Prieuré de Regny, laquelle piece s'ils eust eue alors, sa cause seroit du tout indubitable, & auroit requis d'estre receu à faire preuue de cette soustraction. *Surquoy M. N. Richer ayant repris la parole pour se defendre, & demandé reparation de cette injure, & supplié tres-humblemēt la* Cour *qu'elle ne demeurast pas impunie,* dit, que ce n'estoit pas luy seul qui estoit offensé en cette occasion: mais que tout le Barreau l'estoit en sa personne, que c'estoit faire tort à l'honneur des Aduocats du Parlement de Paris, qui auoient tousiours esté en cette reputation de garder inuiolablement entre eux la foy & la fidelité qui ne se pratique point dans toutes les autres Cours Souueraines du Royaume, qu'ils se communiquent leurs sacqs les vns aux autres sans inuentaire & sans recepissé quelconque; que dans ces sacqs ils mettent de bonne foy toutes les pieces originalles de leurs parties, concernant non seulement le bien des particuliers, mais souuentesfois la fortune des familles toutes entieres: & que neantmoins iusques *alors*, depuis que le Parlement est parlement il n'en estoit arriué aucune faute, que iamais aucune plainte n'en auoit esté renduë, &c. *La cause remise au lendemain, fut ordonné ce qui suit,*

LA COVR faisant droict sur les conclusions du Procureur general du Roy, & sur la requeste & plainte de Richer Aduocat, pour l'insolence commise par ledit Prieur, present en l'Audience, allencontre dudit Richer, l'a condamné & condamne en la somme de quatre cens liures parisis applicables au pain des prisonniers de la Conciergerie du Palais, & outre en la somme de cent liures tournois de reparation enuers ledit Richer Aduocat. Fait inhibitions & defenses au demandeur de plus faire telles plaintes contre l'honneur du Barreau & celuy du complaignant, à peine de correction exemplaire, & si l'a condamné és despens enuers ledit Richer pour ce regard.

L'Arrest prononcé Richer a dit, estre trop obligé à la Iustice de la Cour, & qu'il remettoit à sa disposition de distribuer à qui par elle seroit ordonné la somme qu'elle luy venoit d'adjuger.

Monsieur le Premier President est allé au Conseil, & ayant sur ce deliberé, a dit à Richer, que la Cour loüoit son action, luy remettoit l'amende pour en disposer ainsi que bon luy sembleroit. FAIT en Parlement le Mardy 13. Iuillet 1638.

Signé, GVIET.

C

thieu Chartier, Aduocat : in consessu peritorum audiui consultissimum totius ordinis nostri, nemine dissentiente, respondentem: & in consiliis, nostrum Coryphæum eum vocari. *Et auparauant il remarque que Mre Christophle de Thou, lors President au mortier, portoit tant d'honneur aux Aduocats celebres de son temps*, inter quos etiam, *dit-il*, ipse floruerat, vt aliàs visus sit in æde D. Andreæ, etiam iam Præses, aliquando noluisse oblationi faciendæ anteire illum, quem toties consuluerat, Matthæum Quadrigarium, Iuris consultissimum, probum & venerabilem senem. *Voyez l'eloge de M. Matthieu Chartier parmy les Sonnets de Ioach. du Bellay, p. 46. & au liu. de M. A. Mornac intitulé*, Feriæ forenses; *comme aussi son Epitaphe parmy celles de Baif.*

M. *A. Mornac en son Obseruation sur le* §. 46. *de la loy* 2. de origine Iuris, *où il y a ce qui suit*, Tubero sermone antiquo affectauit scribere, & ideò parùm libri eius grati habentur, *compare M. René Chopin à ce Iurisconsulte en ces mots* : Ita & optauit studiosus quilibet, vt ne velut antiquo sermone affectasset scribere ingens illud fori Gallici ornamentum, Ren. Chopinus : tædiosa enim ex hoc librorum illius lectio est. Tantâ autem memoriæ laude maximus ille vir claruit, vt quod de Pegaso IC. notat vetus Interpres Iuuenal. ad Satyr. IIII. liber, non homo diceretur : sique miramur ex scriptis, at longè magis ex voce suspeximus. *Surquoy M. A. Boisel no-*

452

stre Autheur faisant allusion à ce que l'on disoit de ce Iurisconsulte Pegasus, a fait ces deux vers pour seruir d'Epitaphe au mesme Chopin.

RENATI CHOPINI EPITAPHIUM.

Chopini Andegaui tumulum ne quære Renati;
Mnemosyne jacet hoc, non homo, sarcophago.
Id. Feb. M.DCVI.

Et Papyrius Masson n'a pas oublié de mettre le dernier de ces vers à la fin de la Vie de Chopin auec cet autre Distique de M. Antoine Mornac;

Te pereunte, feret vix Gallica terra secundum,
Vnde petat leges, omnisque oracula secli.

Et encores quelques vers Grecs du mesme Mornac qui se trouuent dans son Libelle int. Feriæ forenses. M. de Sainte Marthe a fait aussi l'eloge de Chopin, conjointement auec celuy de M. Pierre Airault son compatriote. Et M. E. Pasquier en celle qu'il escrit à M. Robert Aduocat en la Cour, liu. XIX. de ses lettres, p. 526. le nomme parmy les neuf Aduocats commis par le Parlement pour la reformation de la Coustume de Paris : il luy adresse aussi au III. liu. de ses Epigrammes latins le 63. sur le liure de priuilegiis rusticorum, & le 64. Le sieur Blondel a remarqué sur le liure de Chopin de Domanio, qu'il s'estoit souuent trompé en ses citations.

En vn extraict d'vn compte de Iean Luissier Receueur general des Aydes pour la guerre de l'an 1371. que m'a fait voir M. Vion, Auditeur des Comptes, il y a: Maistre René de Cloye, Aduocat au Chasteler de Paris, 1370.

En vn extraict du 2. liure des Chartes de la Chambre des Comptes, commençant en 1362. & finissant en 1387. qui m'a esté communiqué par M. Vion, i'ay trouué escrit ce qui suit: Iohannes Galli Magister quondam Cameræ denariorum Regis Iohannis, nobilitatus per Literas dicti Regis Iohannis, dat. mense Octob. 1363. & expedit. in Cam. Compot. die Lunæ 13. Martij 1373. fol. 120. V. Pasquier liu. II. de ses Recherches, ch. 4. p. 59. M. Antoin. Loisel nostre Auteur le cite en ses Institutes Coustumieres liu. II. tit. 5. des successions, art. 17. Il n'y a point de famille qui ait donné plus de Conseillers au Parlement que celle des le Cocqs, Blanchard nous en nommant neuf, sçauoir Oudart le Cocq en 1344. portant ses armes d'azur à trois cocqs d'or. Deux Iean le Cocq en 1366. dont le dernier estoit Chanoine de Paris. Vn autre Iean le Cocq en 1491, Gerard le Cocq en 1507. Antoine le Cocq en 1543. François le Cocq en 1588. Iean le Cocq S. de Corbeuille en 1625. & le Cocq en 1631.

Cochon Thierry, p. 537. 550.

le Cogneux Iean, p. 575.

Coignet Ogier, p. 530. 592.

Cointerel Iean, p. 531.

le Comte Geruais, p. 479.

Le Comte Pierre, p. 583.

le Comte François, p. 583.

Conard Pierre *

Congnet Iean, p. 574.

Coquille Guy, p. 612. 617. 618. 619. 620.

Papyrius le Masson dit de luy en la vie de du Moulin: Guido Coquillius vir in omni iure peritus, modestiæque singularis. *I'ay eu aduis depuis peu qu'outre ses Opuscules qui ont esté imprimez en 1650. il s'en est troué encores quelques vns qui n'auoient point esté veus, & entre autres vn Dialogue entre vn habitant de Neuers, & vn habitant de* Paris *retiré à Neuers, du 11. Iuillet 1593. sur le contenu en vne protestation du* Cardinal *de* Plaisance *Legat en France, enuoyée au* Cardinal *de Pelleué President aux Estats de* France, *assemblez à Paris; vn discours des Estats de France, & du droict que le Duché de* Niuernois *a en iceux; vn recit de ce qui fut cōmencé à proposer aux Estats de Blois, touchant les Finances; auec vn autre discours du* Concile *de Trente, & de la reception & publication d'iceluy.*

de Corbie Arnauld, p. 482. 505.

de Corbie, p. 525.

Vn extraict qui m'a esté communiqué par M. *Vion, S. d'Herouual, tiré de la* Chambre *des* Comptes, *intitulé,* Ex lib. III. Memorialium signato C. *porte en vn endroit, ce qui suit,* Dominus Arnaldus de Corbeyâ miles nuper, & per multa tempora Concellarius Franciæ, senio multo confractus, die Sabbathi 24. Martij 1413 ante diei auroram, diem suum clausit extremum.

de Cornoüaille Pierre, p. 611.

Corard Nicolas, p. 591.

Corard Iean, p. 595.

Corard Robert, p. 595.

Cornu Louis, p. 595.

Cothard ou Cothardi, *

Aduocat du Roy en 1486. Miraumont tit. du Parquet.

Cotin André, p. 494.

Coüard Iean, p. 486. 487.

I'ay trouué parmy les papiers de Mess. Marescot Pere & Fils, vn extraict rapportant ce qui suit de M. P. de Cugnieres.

Nicolas Bergeron, Aduocat en Parlement, en l'Histoire intitulée le Valois Royal, pag. 50. 51. & 52.

Le Roy Philippes de Valois octroya liberalement vsage en la forest de Guyse à Messire Pierre de Cugnieres, mary de Ieanne de Nery, sieur de Saintines audit Valois, premierement son Aduocat en la Cour de Parlement, & Archidiacre de nostre Dame, & depuis son feal Cheualier, & grand Conseiller, qui valoit autant en ce tẽps là que Chancelier ou Vichancelier & Garde des Seaux, selon Naucler. Ce fut le mesme Roy qui accorda dispute publique entre ledit de Cugnieres, & M. Pierre Bertrand, Cardinal & Euesque d'Autun, fondateur en cette ville de Paris d'vn petit College de son nom, haranguant & disputant l'vn contre l'autre de la puissance, iurisdiction, & authorité Ecclesiastique & Royale, dont les disputes & Harengues se peuuent encores recouurer. Et fut cette conference & altercation si sagement conduite, & moderée par le Roy mesme en l'an treize cent vingt neuf, qu'à la Remonstrance dudit de Cugnieres, fut aucunement reformée l'vsurpation & entreprise de la Cour de Rome sur la liberté de l'Eglise Gallicane. Et quoy que l'autheur ou promoteur de cette reformation, par dedain & moquerie de quelques mal aduisez gens d'Eglise, ait esté appellé maistre Pierre du Cugnet, & par maniere de dire, transformé en vn marmouset de l'vn des pilliers de nostre Dame de Paris, ou (à mieux parler) qu'il ait esté lapidé pour vn bon œuure: si est ce que par cette communication, comme P. Valerius Romain institua l'appel au

Peuple, aussi M. Pierre de Cugnieres fit-il ouuerture dés-lors aux appellations comme d'abus, qui s'en sont depuis ensuiuies, & qui ont pris petit à petit leur forme, force & vertu & apporté plus de fruict en France, que quelques-vns ne pensent. Et neantmoins protesta tousiours ce bon & sage Roy de ne vouloir par telle congregation en rien diminuer ny deroger, ains confirmer & augmenter les droicts & priuileges du Clergé, lequel finalement le surnomma Fortuné, Catholique & Conseruateur de l'Eglise.

Et incontinent apres sont escrits au mesme Extraict les mots suiuans.

PAPIRIUS MASSONUS FRANCORUM ANNALIUM LIB. IIII.

Prætores Regij querebantur omnem Iurisdictionem ad Episcopos transire; illi vicissim iniuriam sibi à Prætoribus fieri prædicabant. Rex cogniturus an ita se res haberet, Lutetiam eos ad Concilium vocat mense Septembri, anno millesi. trecentesi. vicesimo nono. Vbi Petrus Cunerius ex Ordine Equestri Consiliarius Regius Prætorum causam egit: aduersus quem pro iurisdictione Ecclesiasticâ Bertrandus Pontifex Heduorum Opusculum quod extat, scripsit. Rex, ne exemplum posteris daret Sacerdotum priuilegiis aliquid detrahendi, nihil immutandum censuit.

Pour ce qui est remarqué cy-dessus, que les appellations comme d'abus sont de l'inuention de M. Pierre de Cugnieres, *fait ce qu'a remarqué* M. *A. Loisel nostre Auteur en ses Institutes Coustumieres du Droict François liu. VI. tit. 4. des appellations, art. 11 de la prem. edition: mais il a adiousté depuis de sa main à son exemplaire*, qu'elles semblent plus modernes: car il n'en est fait, *dit-il*, aucune mention au style du Parlement; ains seulement de contrainte contre les Ecclesiastiques par saisie de leur temporel. tit. 29. §. 9. & 10. *En l'extraict d'vn registre de la Chambre des Comptes cotté A. 2. commençant en 1321. qui m'a esté communiqué par* M. *Vion, Auditeur des Comptes, il y a ce qui suit*, A Pierre de Cugnieres Cheualier, est octroyé l'Office du gouuernement de la Baillie de Sens, & du ressort, aux gages accoustumez à volenté, par lettres du Roy du 10. Iuin 1322. fol. 54. *ce qui est la mesme chose que Miraumont remarque en son* Traitté *du Parquet tit. des Aduocats du Roy sous l'an 1328. p. 221. La Croix en sa Bibliotheque dit que* M. P. *de Cugnieres est enterré à Saintines prés Verberie, dont il estoit Seigneur. V.* la Satyre de Maistre Pierre de Cuignet sur la Petromachie de l'Vniuersité de Paris, *qui est parmy les ieux Rustiques de Ioachim du Bellay, p. 74. de l'edition de l'année 1569.*

D

454

Dix-hommes, p. 501.

V. l'edition de l'an 1637. des Institut. Coustum. de M. A. Loisel, liu. V. tit. 3. des Prescriptions, art. 8. où ce Dix-hommes est cité selon l'addition qui s'est trouuee escrite de la main de l'Auteur dans son exemplaire de la prem. edition.

Doc Robert, p. 575.

Dogier Christophle, p. 582.

Dolet Estienne, *

C'est peut estre celuy qui croyoit auoir dans son corps l'ame de Ciceron, dont se moque Iul. Cesar Scaliger en ses Poësies, in Farragine, & in Hipponacte; *& duquel aussi Marot a parlé dans ses Epigrammes & ses Estrennes.*

Dolet Leon, p. 591.

Dolé Louis, p. 605.

Dorleans Iean, p. 595.

des Dormans Guillaume, p. 483.

Dans vn extraict que m'a fait voir M. Vion, intitulé, Ex primo Registro cartarum Cameræ Computor. incept. 1349. *il y a ce qui suit,* Carta nobilitationis Guillelmi de Dormanio Aduocati Regis, data mense Martio 1350. per Regem. Vriere. reddita sine financiâ, quam Rex dedit. fol. 14. *v. & peu apres,* Magister Iohannes de Dormanio Aduocatus in Parlamento, de concessione sibi factâ, quòd possit acquirere sexaginta libratas terræ ad Parisius, in fundis, terris, iurisdictionibus, feodis, & retrofeodis Domini Regis, cõuertendas in personis Ecclesiasticis quæ eas valeant tenere perpetuò, &c. per Lit. dat. Paris. anno 1353. mense Augusto. fol. 56. *v. & encores dans vn autre extraict intit.* Ex lib. III. Memorialium signato C. *il y a* Sabbato 21 die Februarij 1371. Dominus Rex vocatis secum apud Sanctum Paulum magno Consilio suo, tam Prælatorum, gentium Parlamenti, Cameræ Compotorum, & aliis pluribus, Dominus Cardinalis Beluacensis reddidit magnum sigillum Regis palam omnibus. Et post, deliberatione habitâ, idem Dominus Rex tradidit dictum sigillum magnum Domino Guillelmo de Dormans, & fecit eum Cancellarium Franciæ cum solemni iuramento coram omnibus: & hoc per Liter. datas tunc sigillat. sigillo secreti dicti Domini Reg. Et prædictâ die Dominus de Ordeomonte fuit Cancellarius Delphinatus, & fecit iuramentum palam omnibus, &c.

Memoria, quòd dictus Dominus Rex per eius Literas datas 2. Martij 1371. sigillatas eius sigillo secreti, donauit eidem Domino Guillelmo Cancellario, vt supra, vltra vadia & iura ad dictum Officium spectantia, attento quod nulla Beneficia Ecclesiastica obtinere potest pro supportatione status eius Officij, duo mille libras pensionis, quandiu Domino Regi placuerit, capiend. sup emolumenta dicti sigilli maioris.

Dosme Gilbert, p. 575.

Doublé Martin, p. 486.

M. A. Loisel fait mention de ce Martin Doublé au 1. liu. de ses Institut. Coustum. tit. 2. art. 5. de la prem. edition.

454

En vn extraict intitulé, Ex 2. Regist Cartar. Cam. incip. 1362. *qui m'a esté communiqué par M. Vion, il y a:* Magister Vincentius Drouart Aduocatus, & Guillelmus Porel Procurator Regij in Curiâ Castelleti Parisius donum sibi factum de domo quadam situatâ Paris. in vico Iohannis de spina, sub valore XVI. lib. Paris. annui reditûs, per Lit. Reg. dat. 25. Sept. 1372. fol. 119.

C'est peut estre celuy que Pasquier nomme au liu. XIX. de ses Lettres, escriuant à M. Robert Aduocat, parmy les neuf Aduocats, commis par la Cour pour la Reformation de la Coustume de Paris.

E

Il estoit fils de M. Escorcheuel Conseiller, cy-dessus nommé, & auoit espousé vne Marie Clausse, fille d'Anne Versoris qui estoit sœur de M. Pierre Versoris, Aduocat en Parlement.

F

Il tesmoigne luy-mesme dans son Proœme sur les Institutes, & sur le tit. de exceptionib. *au §. dernier, qu'il a escrit sous Philippes de Valois, vers l'an 1340. qui est la raison, à ce que dit M. A. Mornac sur la loy 1. du tit.* de Officio Procurator. Cæsaris, *au Digeste*

este, pour laquelle il nomme seulement Procureur du Roy, *le Procureur general du Parlement, luy donnant pourtant deslors le titre de* magnus in Curiâ Franciæ Magister, quia in his quæ indagatorem actoremque publicum exigunt, primas teneat Procurator Regius. *V. Val. Forsterum* in Historia Iur. ciuil. p. 239.

de Fabrefort Hugues, p. 480.

Pasquier au XIX. liu. de ses lettres escriuant à M. Robert, p. 529. le nomme parmy les neuf Aduocats commis par la Cour pour la Reformation de la Coustume de Paris.

Faguet Georges, p. 525.

la Faïe, p. 522.

Fauereau Guy, p. 607.

Fauereau Antoine, p. 611.

Fauier Guillaume, p. 575.

du Faur Guy, S. de Pybrac, p. 515. 516. 537. 542. 556.

M. E. Pasquier le nomme en sa lettre à M. Robert Aduocat, liu. XIX. p. 529. parmy les neuf Aduocats commis par la Cour, pour la Reformation de la Coustume de Paris; & en ses Recher. liu. IV. ch. 27. il dit qu'il fut auec M. du Mesnil vn de ceux qui restablirent les Mercuriales. Charles Pascal a escrit sa Vie imprimée en l'an 1584. au commencement de laquelle, p. 6. il remarque, qu'estant petit enfant, le tonnerre tomba sur sa nourrice, qui le tenoit dans son giron, dont elle fut blessée seule, mais legerement. Et en la p. 27. v. & 50. il fait vn bel eloge de ses Quadrains; dont le loüe aussi fort M. de Sainte Marthe en vn poeme qu'il luy adresse parmy ses Poësies meslées, & n'a pas oublié de luy faire encores son Eloge. M. du Vair au commencement de son Traitté de l'Eloquence fait iugement de celle de M. Pybrac, & de la valeur de ses Ouurages, en ces termes. Comme ie vins au Palais, *dit-il*, le plus estimé estoit feu M. de Pybrac, lors Aduocat du Roy, lequel en sortit aussi-tost pour aller en Pologne. De façon que ie ne vey point ces grandes & celebres actions qui luy ont acquis tant de reputation. Ie l'ay depuis veu en public & en particulier en beaucoup d'affaires: i'ay soigneusement leu tout ce que i'ay pû recouurer de luy. Certes ce grand esprit, bien nourry és bonnes lettres, plein de iugement aux affaires, doüé d'vne grande grace naturelle, & qui s'estoit fort estudié en cet art, m'a tousiours semblé celuy à qui estoit deub le premier rang d'honneur en nostre siecle. Toutesfois les deux actions imprimées que nous auons de luy sont escrites en vn langage si entrelacé de diuers passages & diuerses allegations, sont d'auantage si plates pour les mouuemens & sentences, que si ce n'estoit que ie luy ay veu regreter qu'elles fussent en lumiere, elles me diminueroient l'opinion que i'ay de son merite. L'epistre adressée à Heluidius est merueilleusement belle & artificieuse, mais elle a esté escrite en latin. Son Apologie qui n'a point esté publiée, & a passé par peu de mains, est à mon gré fort pure & elabourée, & la iugerois volontiers parfaite au style dont elle a esté escrite: car pour moy ie n'ay iamais rien veu de mieux. Toutesfois cela me demeure tousiours à redire en luy, qu'il n'estoit pas capable d'vne haute & pleine eloquence. Sa douce & gratieuse humeur ne pouuoit conceuoir des passions fortes & courageuses, & telles qu'il les faut pour animer vne parfaite oraison. *M. E. Pasquier a fait ce vers qui est au II. liu. de ses Epigrammes, nomb. 55. sur le Poeme de M. de Pybrac de la vie Rustique,*

Rustica qui tractat, nihil est vrbanius ipso.

il luy adresse aussi le 20. Epigr. du mesme liu. & le premier du l. IV. & en ses poësies Franc. il fait son Epitaphe, p. 536. comme a fait aussi nostre Auteur qui l'aymoit & l'honoroit beaucoup, dont voicy les vers,

VIDI FABRI PYBRACII EPITAPHIVM.

HVnc neque maiorum ceræ, nec avita bonorum
Copia, adoratum melliti non decus oris
Romuleis patribus, Francis, cinctisque Polonis:
Aurea non septem sapientum æquantia dicta:
Non vrbis, patriæ, procerum, vel gratia Regum;
Omnibus his quanquam cumulatum diuite venâ:
At rerum regina, malis inuictaque virtus,
Mens veri iustique tenax, inimicaque fraudis,
Extulit in populos laté, cæloque beauit.

Kal. Sept. M.D.LXXXIIII.

Et quelsques années apres ne le pouuant oster de sa memoire, il luy fit encores cet Eloge auec l'Epitaphe de sa femme.

IN OBITVM EIVSDEM ET IOHANNÆ CONIVGIS.

SAluete æternùm juncti, CHRISTOQVE valete,
Vnica felices quos tegit vrna duos.
Vt primùm vinxit vestros Hymenæus amores,
Ad res Pibraccum regia iussa vocant:
Atque Tridentini roseo oratoris ab ore
Romani pendent purpureique Patres.
Palladiam rediit vixdum, patriamque Tolosam,
Adseruit Regni Curia prima suum.
Germanus fantem miratur, Sarmata, Moschus,
Adsidet Henrico dum sale Nestoreo.
Excipit Andini reducem mox cura sigilli,
Erepti terris spiritus astra petit,
Quid faciat conjux toties sibi conjuge rapto?
Educat in viduâ pignora trina domo,
Sarcophago donec sopitos suscitet ignes
Extincti; tepidis ossibus, ossa permens.
Æternùm iuncti saluete, ac viuite CHRISTO
Vnica quos tandem possidet vrna duos.

III. Kal. Nouembr. MDCXII.

M. le Chancelier de l'Hospital qui le cherissoit fort, luy a adressé la prem du liu. IV. de ses Epistres, & encores la prem. & sept. du liu. VI. Baif vne Elegie au V. liu. de ses Passe-temps; & plusieurs autres de mesme, diuerses compositions. Voicy deux Epistres que i'ay recouurées de luy, dont, ie n'ay pas voulu priuer le public, rien n'estant à perdre d'vn Personnage si illustre.

EPISTOLA [1] VIDI FABRI PYBRACII AD IOAN. AVANSONEM.

VIDVS FABER, V. C. IOANNI AVANSONI, [2] Henrici Galliarum Regis Christianiss. ad Rom. Pont. Legato S. P. D.

Aberam ego, vt tu scis, anno superiore, propter Patris mei, optimi viri, tuique amantis valetudinem: & paucis ante diebus, à te, Concilioque nostro, publici muneris vacationem, pietatis ergo, impetraueram, cùm tu ex aulâ profectus es Romam ad Iulium, qui tum viuebat, Pontificem Legatus. Neque verò ita multò post, ex amicorum literis didici, te hyeme sequente, dum Alpeis transcendis, morbo correptum Ferrariæ apud Insubres, non sine magno vitæ periculo, ex grauissimâ febre laborare. Sic quam voluptatem ex Romanâ tuâ legatione, quo munere nullum maius est in Rep. aut honorificentius, capere debueram, eam plane morbi nuntius exhauriebat. Verebar, mihi crede Italiæ cælum, quod Gallis hominibus alioquin infestissimum est: & verebar, ne illis curis & cogitationibus augeretur febris tua, quibus frangi ac debilitari solet animus eorum, qui in alieno solo, patriâ procul, ægrotant; aut qui, dum egregium aliquod facinus parant & memorabile, quod cum publicâ vtilitate coniunctum sit, fortunæ casibus impediuntur. Nam ita est ingenium hominum, vt præstantissimarum actionum suarum cursum impediri nolint; si quid obstet, ægrè ferant, quâ re atram bilem commoueri necesse sit, inde aut morbos nasci, aut fieri diuturnos. Hæc omnia colligebam in causâ tuâ, valde me hercule illubenter: neque priùs de te timere desij, quàm Fv-

[1] *Cette lettre a esté trouuée parmy les Memoires de M. M. Guy Loisel Conseiller en Parlement, filleul de M. de Pybrac.*

[2] *Ioach. du Bellay luy adresse son Elegie intitulée* Tyberis, *& vn Epigramme commençant par ces mots,* Dicite Io. Pæan, &c. *Charles d'Vtenhoue Gantois en ses Allusions sur les noms de certains hommes illustres François, a fait de luy ce Distique.*

IANVS AVANSONIVS à Secretis Regiis.

Pierides vigeant auido quod Auansone Musæ,
Ausonios hausit magnus Auanso sonos.

Oliuier de Magny adresse aussi à vn M. d'Auanson, l'Elegie du I. liu. de ses Odes, intitulée l'Ombre de Salel, *p. 29.* l'Ode de la Iustice, *qui est la premiere du II. liu. p. 38. suiuie de l'Epithalame de Iean Flebard, & d'vne Loyse d'Auanson, p. 65. v.* l'Ode du temps & de l'occasion, *p. 69. v. auec vne Epistre qui est en la p. 73. v. & encores à vn M. d'Auanson, Seigneur de Vaulserres, la premiere Ode du IV. liu p. 130.*

MEVS ille, quem tu alterum me esse dicis, & valere te nunciauerit, & esse iam Romæ, tuasque mihi literas legerit, eâ sententiâ. Quod cum ita sit, progrediar nunc longiùs, & tecum hac posteriore Epistolæ parte agam liberrimè, si pateris. Habet hic annus incredibilem expectationem pacis, cuius firmandæ ac stabiliendæ, quamquam vis summa sit apud Principes; tamen ad vrgendas eius occasiones studia vestra plurimùm creduntur valere, vt, quàm in partem legatorum animi propendeant, cessurum negotium vulgò arbitremur. Quò magis vobis est laborandum & enitendum, ne continuati belli inuidiam apud eos sustineatis à quibus constitutæ concordiæ gratiam expectare vos, operæpretium fuit. Nullum verò tempus commodius est, vt de pace agatur, quàm quando res bello bene geruntur, quod non accepisse tunc, sed pacem dedisse videamur, in quo maxima laus est. Fit tamen, nescio quo modo, vt suæ felicitati statuere Principes nesciant modum, nec cohibere offerentem se fortunam: cuius vim qui reputabit, non tam ea, quæ euenerunt, quàm quæ possunt euenire subijciet animo: eoque minus abhorrebit à quietis consiliis. Tu quorsum ista pertineant, facile vides. Annus ferè quintus est, & eò amplius, ex quo bellum ita cum Cæsare, terrâ, marique gerimus, vt quamquam vtrimque clades, vtrimque expugnationes vrbium, vtrimque cæsi exercitus; tamen si quis res gestas comparauerit, intelligat nos æquiore, melioréve fortunâ vsos; atque, vt aliud nihil, hoc sit pro victoriâ, quòd victi non sumus. Quæ Henrici felicitas ne non satis valeat ad concordiam metuo. Ita enim se res habet, vt nulla satis vnquam videri possit æqua pacis conditio iis, quorum aliquantò bello superior caussa est. Sic pacem aspernantur quasi cum diis immortalibus pacti perpetuam fœlicitatem: stulti sane, ne quid grauius dicam, qui nesciant maximæ cuique fortunæ minimè credendum esse. Verùm omittamus ista seueriora: vellem equidem me non ante in hunc sermonem incidisse: tamen quando nescio quo æstu animi tàm longè progressus sum, patere, obsecro, vt indicem tibi dolorem meum, qui meus magis non est, quàm tuus, quàm omnium, credo, bonorum. Angor, Auanso Clarissime, nullam nunc esse prorsus Remp. ita nouis rebus fœdè prostrata iacent omnia. Respice, quæso, magnos illos iurisdictionis Galliæ Ordines: quantum dij boni, decessit hoc quinquennio, de eorum dignitate, de auctoritate, de amplitudine. Noli sperare amplius quod est in annalib. scriptum, ut ab ultimis terræ finibus de Principum controuersiis ad Iudices nostros referatur, iusque petatur ab ipsis. Iam improbo cuique diuiti animus est & facultas capessendi Remp. nec ulla certior commendatio ad honores, quàm bene nummatum esse. Valeant ergo præclara studia literarum, valeant eæ artes quibus animus noster ad prudentian informari solet, & quarum artium cognitio non modò prodest ad vitam in ocio benè beatèque degendam, verùm etiam ad constituendum opt. Imperij & ciuitatis modum. Equidem, si quis me roget, iam non amplius curæ sit patribus, censeo, instituere liberos, & educare ad virtutem, sed fœnerari potiùs, & quâuis ratione opes cogere, quibus in aulâ Principis, tamqam ad tabulas publicas, præconis voce, iudicandi grauissima munera, & primas in Rep. partes sibi comparent, liberisque suis & nondum natis nepotibus. Vtique non secus de his rebus inter nos agitur, atque de fundo, atque de ædibus; licet commutare, licet vendere, licet redhibere, licet de duplâ cauere; quid quæris? liceat quoque perdere. Hæc sunt mala quæ belli calamitas inuexit: sanari posse spes est pace diuturnâ. Tu, quicquid in te ingenij est, quod scio quàm sit magnum, in eam unam rem conferas velim. Nactus es Pontificem verè Christianum, cupidum ocij tranquillitatisque publicæ, non Iulium, cuius scelere atque improbitate, hactenus bellis ardet Europa. Neque video, cur non interdum gratias fortunæ agas, quod nihil tibi fuit negotij cum Iulio, quamquam ad eum legatus esses; ille decessit eo ferè die, quo tu Romam appulisti: sic te iuuit morbus tuus, vt eum hominem, aut potius eam belluam non videres, quam extinctam cito oportuit, ne faces orbi terrarum admoueret. Sed de publicis rebus nimis multa: de meis, si quid aues intelligo. Valet pater, qui hic est, quæstorum nescio quibus capitalibus iudiciis implicitus: valent patrui, valent omnes collegæ nostri, qui te absentem lugent. Ego in negotio publico satis sum (si nihil aliud) diligens; in ocio, curabo, ne sim ociosus: vtrumque autem ideo, vt talem me aliquando hominibus probare possim, qualem tu me iam esse prædicas magis amanter quàm verè. Cum hæc scribebam, propè erat, vt Tholosam proficiscerer, quod facilè conijcies ex die harum literarum. Tu siue in Galliam hac hyeme redieris, siue in Italiâ manseris, ego sæpè mei, id est, hominis tui obseruantißimi memoriam apud te scripto renouabo, si modo meum in hac re studium tibi gratum esse sensero. Penè me cogit FUMEUS delere hanc exceptionem: affirmat enim ita futurum vt cupio: hunc verò virum non minùs amo, quàm tu (totus enim est amabilis:) sed eò magis inter nos conuenit, quòd ille te, quem ego obseruare habeo necesse, amat facitque plurimi. Vale V. C. Lutet. Parisior. X. Kal. Decemb. M. D. LV.

EIUSDEM PYBRACII EPISTOLA AD M. HOSPITALIUM.

Cette lettre de M. de Pibrac à M. de l'Hospital, a esté prise sur vn papier escrit en belle lettre Italique bastarde, trouué par hazard chez vn Libraire, qui paroissoit estre vn original.

VIDUS FABER. V. C. M. HOSP. S. Discedenti patruo has ad te literas dedi. Annuum hoc tibi posthàc munus erit à me, Hospitali, leue quidem istud, si respicias ad facultates & diuitias ingenij tui, sed magnum ex fortunis meis: & cùm ab optimo animo proficiscatur, non potest, scio, quantulum id cunque fuerit, tibi sapienti viro non esse iucundum. Adde, quòd gratiam nullam nouam quæro; veterem cupio tantùm retinere: quam oblatam mihi abs te nullo merito meo, ita colo, ita prosequor animo, vt neque lubentius quicquam meminisse, neque re vllâ magis ad laudem affici soleam, quàm cogitatione tuæ in nos beneuolentiæ, & præclari illius iudicij tui de me, studiisque meis, quanquam non erat istud verè iudicium; nec sane, in epistolâ sententiam religiosè dicere, necesse fuit. Verùm tu, ad eam, quæ in te est, virtutem, manum dirigens, in câque defixus, mores meos egregiis coloribus ita depinxisti, facilè vt intelligerem, non qualis essem, sed qualem tu me esse velles: & qualis si tibi visus fuissem aliquando, Hospitali, nunquam profectò fati illius tui, & erroris, vt tu appellas, necessitas, in re vtriusque nostrûm maximâ, tantoperè mihi obfuisset. Sed noui ego vos magnos viros & prudentes. Nonnulla fato interdum tribuitis, quæ scitis minimè fatis obnoxia esse: id autem, vel quia, in vitæ actionibus, κατὰ Διόδωρον, reprehensionem nullam habere possunt ea, quæ necesse erat ita euenire; vel quia, ad tegendas rationes consiliorum vestrorum quas à paucis vultis intelligi, aptius nihil est, quàm casum & euentum prætexere. Videorne satis callidè occurrisse tibi? Equidem non refugiam callidi &

& astuti nomen potius, quàm vt ea de me dici putem, quæ erant in tuis literis, quæque non nisi ad excellentes viros possunt pertinere; aut ita stolidus sim, vt cùm in rebus omnibus publicis & priuatis agas nihil nisi consultò ac sapienter, in re, quæ ad te tantùm pertinebat, errasse te, & fortunæ te commisisse credam. Nunciatum nunc primùm est, de Æmylij Perroti morte, viri probi sanè ac docti; mihi quidem ex nonnullis sermonibus quos cum eo habueram, non ignoti; tibi autem vetere quâdam & præcipuâ necessitudine, studiorumque similitudine conjunctissimi. Audio mortem illam heroïcam fuisse, & planè diuinam. Non qui rectè viuunt, ijdem optimè semper moriuntur; & bonos alioqui Poëtas accepimus, extremo in actu fabulæ nonnumquam defecisse. Cumulata laus est, cum tenorem vitæ morte probamus. Tu verò debes hoc nunc amici tui, excellentis viri gloriæ, (& nescio, an hoc proprium tui officij sit,) curare, vti ne pereant & intercidant lucubrationes, quas ille iam inde ab adolescentiâ suâ, ad Ius ciuile Populi Romani meditabatur. Eas studiosis magno vsui fore conjicio ex eo singulari libello, quem de posthumis nepotibus ad Galli Aquilij formulam edidit, & edidit valdè adolescens, non sine laude, majore tamen spe: vt cùm posteà ætas accesserit, & vsus fori, & multarum atque maximarum artium cognitio, non dubitem rogare te, pro eo quanti tuus erga illum amor fuit dum viueret, vt mortuo consulas, nec amicum illâ gloriâ; posteritatem verò, quæ a te ipso, & etiamnum aliquid expectat, suo munere fraudari patiare. Citius quàm existimabam, & fortasse quàm è re familiari eius erat, Patruus meus hinc ad vos proficiscitur, nec tamen nisi necessariò, vt ipse narrabit tibi. Vis dicam: patent nimium, crede mihi, Principum nostrorum aures obtrectatorum vocibus, nihil audiunt libentius, nihil tenacius hæret, nihil vlciscuntur magis. Leuis profectò animi esset, lucem splendoremque fugientis, iustam gloriam, qui est fructus veræ virtutis honestissimus, repudiare. Cuius autem, quæso, animi fuerit, pati existimationem suam & dignitatis florem, falsâ criminatione conuelli, conscindi, infringi? At perspecta hominis virtus & cognita, dubitationi locum non dat, nec potest lædi. Quid si huius seculi labes sit quædam & macula, virtuti inuidere? virtutem inuidiâ violare? Vtinam res exemplis minùs nota esset. Et tu aliquando, Hospitali ornatiss. similes vidisti ventos, similes prospexisti animo procellas, similibus tempestatibus non cessisti: nec ille herclè cessurus est causamque suam facillimè probabit bonis omnibus, quibus cupit. Nam alÿs vt probet, quando quid ipsi de nobis & sentiant & sequantur, nihil refert, non magnoperè, si mihi credat, laborabit. Vale. PYBRACI, PRID. CALEND. DECEMB. M.D.LVI.

Obsignauerem has Literas, & iam vni ex pueris patruè mei dederam, vt tibi eas redderet, cùm patruus ipse ex amicorum omnium consilio profectionem suam distulit in Februarium mensem, credo, propter nimios rigores huius hyemis; & propter concitos amnes assiduis imbribus, vt est apud Poëtam nescio quem, quibus interrupta planè sunt itinera. Nolui tamen ego parcere huic Epistolæ meæ, quam velut in necem exposui: eius jactura parua fuerit, nec, si integra ad te perueniat, concepti voti citabor reus, quod tanti numqam apud me illa fuit, vt pro salute eius vota nuncuparem. Domus te tota nostra salutat. Nos hîc valemus rectè: & pater ex longâ illâ & pertinaci valetudine, quâ isthîc conflictabatur, emersit tandem, viresque resumpsit omnes & animi & corporis, vt vxorem ducere non dubitauerit, homo, & senex, & multorum liberorum pater, & iam ex vtrâque filiâ auus. Iterùm vale, V. Clariss.

Il y auoit sur le dos de la Lettre,

A Monseigneur Monsr de l'Hospital, premier President en la Chambre des Comptes. A Paris.

Il estoit fils de M. M. Barthelemy Faye, President aux Enquestes, Autheur de deux liures, l'vn appellé Energumenicus, *l'autre* Alexicacus, *auquel M. Cujas a dedié les deux premiers liures de ses Obseruations, à dessein de luy dedier tout le reste, & lequel M. Guy Coquille loue en ses Poesies, en quelsques vers qu'il luy adresse de l'année 1568. n'estant alors que Conseiller. Ses Ancestres ont esté rapportez assez exactement par Blanchard en la Genealogie qu'il a publiée de la maison de Faye d'Espesses, en son liure des Presidens au mortier. Mais il n'a pas eu connoissance de celuy, dont il est fait mention en vn compte de*

Iean

Iean Luißier Receueur general des Aydes, pour la guerre. 1371. *duquel M. Vion Auditeur des Comptes, m'a baillé vn Extraict qui porte ces mots,* Maistre Laurent Faye, Docteur en Loix & en Decret, & Maistre des Requestes de l'Hostel du Roy. 1371. *fol.* 39. *qui pourroit bien estre le Pere de Pierre Faye que Blanchard nomme comme le premier qui ait esté connu pour Auteur de cette famille, viuant en* 1430. *De tous ceux de cette maison, il n'y en a point qui ait plus paru pour le peu de temps qu'il a vescu, que celuy-cy. Il est loüé entre autres choses d'auoir esté grand protecteur des libertez de l'Eglise Gallicane, par M. E. Pasquier en la* 2. *&* 3. *du XIII. liure de ses Lettres, escriuant à M. le premier President de Harlay, sur les contentions qui furent aux Estats de Blois de l'annee* 1588. *touchant cette matiere; & par M. de Thou, qui fait vn ample recit de ce qui s'y passa au XCIII. liu. de son Histoire, p.* 361 *où il rapporte mesme quelque chose de la Harengue que M. d'Espesses fit alors, & de la contestation & des paroles qu'il eut sur ce sujet auec M. le* Cardinal *de Gondi, quoy que son parent, & auec* M. *de Lansac, sur le faict du Concile de Trente. Aussi n'a-t'il pas esté moins affectionné au seruice du Roy, qu'à la manutention des droicts du Royaume, comme il paroist par deux Lettres que le Henry IV. luy escriuit en l'année* 1589. *En la premiere desquelles ce Prince n'estant encores que Roy de Nauarre & peu auparauant qu'il vint à la* Couronne *de France, le remercie de l'accommodement qu'il auoit pratiqué entre luy & le Roy Henry III. & de laquelle negotiation M. R. de la Rochemaillet, Aduocat en Parlement a fait mention, & le loüe en vn Eloge quil luy a dressé, & qui est imprimé: comme pareillement de l'adresse qu'il eut à l'establissemēt du Parlement de Paris à Tours, où estant seul President il fit si bien que* d'vn petit troupeau, *dit-il*, de neuf ou dix Conseillers qu'il eut pour tout, le nombre s'en augmenta tellement, qu'enfin il reduisit la troupe de tous les autres qui s'estoient desuoyés ou escartés en diuers partis & endroits du Royaume. *Et c'est cette mesme dexterité & affection que* M. *d'Espesses auoit au party du Roy contre la Ligue, qui donna lieu à la seconde Lettre que le mesme Roy Henry IV. estant lors Roy de France luy escriuit pour la conseruation de la ville de Tours en son obeyssance. Voicy les Lettres, telles qu'elles m'ont esté données par* M. *l'Abbé d'Espesses son petit fils.*

A MONSIEVR D'ESPESSES.

MONS^R d'Espesses, Ayant entendu par le Sr de Galand, vostre bonne volonté & affection enuers moy, i'ay bien voulu vous en remercier, & vous prier de continuer, vous asseurant que ie recognoistray bien volontiers les bons offices que me faites continuellement aux occasions qui s'en presenteront, & demeureray à iamais,

A Saumur le 28. Auril.

Vostre affectionné & meilleur amy HENRY.

Pppp

A MONSIEVR LE PRESIDENT D'ESPESSES.

MONS[R] d'Espesses, Encores que ie vous aye ce matin mandé de mes nouuelles par Lambert, si est-ce que ie vous diray encores, que ce coup si subit sorty de la boutique que sçauez, me fait de plus en plus soupçonner & craindre que ma ville de Tours se perde, & que les Ligueurs sur la chaleur de cette nouuelle s'en emparent: à quoy ie vous prie d'auoir l'œil, & d'y veiller en sorte que si ou par la froideur du Gouuerneur, ou par les pratiques & menées d'aucuns habitans mal affectionnez, ils s'en vouloient emparer, vous & mes seruiteurs qui estes là, puissiez vous en rendre maistres. Ie vous enuoye le sieur de la Binardiere qui a creance parmy les habitans, desquels il pourra leuer vne Compagnie de deux ou trois cens à chaque moment, afin qu'il vous puisse tenir main forte: seruez vous de luy auec toute seureté, car il m'est fidele, & me mandez incontinent de vos nouuelles, attendant lesquelles ie prie Dieu qu'il vous conserue.

A S. Cloud ce 2. Aoust. HENRY.

En l'année suiuante 1590. cet illustre President deceda à Senlis, où il s'estoit retiré auec ceux du party du Roy, qu'il auoit tousiours suiuy: ce que M. de Thou remarque encores au XCIX. liu. p. 83 & 84. de son Hist. en ces termes honorables. Iacob. Fa[..]us Spessæus, dignissimus Curiæ Præses, vir præter omnigenam doctrinam, ac raram facundiam, multis legationibus, & longo rerum vsu ac fide præstans, cùm regem in armis toto illo tempore secutus esset, ex nimio æstu ac laboribus insuetis concepto graui morbo, cùm tantùm XLVII. annos excessisset, magno Regis ipsius, & omnium bonorum desiderio, sub id Syluanecti decessit: perhonorificè in majori vrbis templo sepultus. *Aussi M. de Sainte Marthe ne s'est pas contenté de luy faire son Eloge, parmy ceux des hommes illustres dont il a voulu celebrer la memoire: mais il a encores deploré sa mort par plusieurs beaux vers François, qui sont au premier liure de ses Lyriques. Et bien que M. de Sainte Marthe ait dressé cet Eloge sur vne Lettre de M. Gillot Conseiller en Parlement, qui contenoit plusieurs particularitez remarquables de la vie de M. d'Espesses: toutesfois, pource que les Eloges ne sont pas capables de receuoir toutes choses, n'estant que des abregez des principales actions des hommes illustres, il n'a pas pû comprendre dans celuy de M. d'Espesses toutes les curiositez qui sont dans cette lettre, en laquelle ie trouue que M. Gillot les a escrites auec vne naifueté qui pourra estre agreable à plusieurs. C'est pourquoy ie me suis resolu de la transcrire icy toute entiere; veu principalement que son Auteur a laissé vn nom assez celebre parmy les gens de lettres, pour leur faire receuoir auec agreément quelque nouuelle piece de sa main.*

LETRE* DE M. GILLOT, CONSEILLER EN PARLEMENT, A M. DE SAINTE MARTHE, Tresorier de France en la Generalité de Poictiers.

** Cette letre de M. Gillot a esté baillée par M. l'Abbé d'Espesses, petit fils de M. d'Espesses, President en la Cour.*

MOnsieur, i'ay receu à grand plaisir la priere que Monsieur vostre Fils m'a faite de contribuer à l'honneur de la memoire de feu Monsieur le President d'Espesses, en vous aidant pour son Eloge que vous preparez, de ce que ie croy n'estre connu à homme qui viue tant qu'à moy. Cela me renouuelle le regret de la perte d'vn tel homme & tel amy qui ne mourra qu'auec moy. I'ay eu ce bon-heur d'auoir esté son compagnon dés sa jeunesse aux petites & grandes escholes: nous estions d'vn mesme âge: & depuis auons esté ensemble aux Vniuersitez à Poictiers, & au Palais. Ie ne l'ay iamais quasi perdu de veuë, sinon pendant le voyage de Pologne, & vn qu'il fit en Piedmont pour le seruice du Roy. Cela m'a pleu encores dauantage, & m'a incité de voir sa loüange en la main d'vn si rare & excellent homme que vous, qui la ferez doubler, tant par la pureté inimitable de vostre langage jointe à la verité, que par la grande reputation que iustement vous auez acquise. *Fœlix post obitum, qui te vatem sacrum nactus est, cuius scripta nunquam sunt interitura. Non illum tuis chartis inornatum sileri, totue suos patieris labores impunè carpere liuidas obliuiones.* Vous le vengerez de la mort.

Ie commenceray à sa jeunesse: car de l'extraction, il suffit que chacun sçache, qu'il estoit noble, du païs de Lyonnois, & d'ancienne famille. Son pere fut honoré en don d'vn Estat de Conseiller de la Cour, pour la reputation de sa doctrine; sa mere d'vne illustre maison des Violes. Ieune enfant, l'on reconnut la grandeur de son esprit, & singulierement vne admirable memoire en luy. Il fut mis à l'âge de vnze à douze ans chez vn Precepteur en l'Vniuersité, appellé Helias Andreas qui auoit bruit d'estre sçauant, mesmes en Grec: il alloit aux leçons au College de Presle, & sans trauailler passoit tous ses compagnons en l'vne & l'autre Langue: il vint à l'âge de treize ans aux leçons publiques de

Turnebus & de Ramus : & en cet âge il tourna vn liure de l'Æneide de Virgile en vers Grecs, & vn d'Homere en vers Latins, auec admiration de ceux qui pouuoient en iuger. Aagé de quinze ans ou peu plus, on l'enuoya à Poictiers, où il fut trois ans sans aller à aucune leçon, n'auoit point de liures, & estoit fort débauché, *suprà quàm credibile est.* De Thoulouze où i'estois pendant ce temps ie reuins à Poictiers; nous ne bougions d'ensemble : ie luy remonstrois qu'il n'alloit point à la leçon, & ie l'y menay souuent. Ie vous diray auec verité qu'il escriuoit en vers hexametres ce que le Docteur nous dictoit, à mesure qu'il parloit: & des Allemans ne le pouuans croire firent des gageures, *& tandem* ils le virent: cela luy ay-ie veu faire souuent. Nos parens nous ayant escrit qu'il falloit s'en retourner, il me dit qu'il n'auoit point encor estudié en Droict, & qu'il ne se vouloit ny n'osoit presenter à son pere. Il se resolut d'acheter vn Code frippé vingt cinq ou trente sols, & me jura que dans neuf mois il sçauroit les neuf liures du Code par cœur. Ie m'en retournay à Paris : il me donna pour presenter à son pere les trois liures des Institutes de Iustinian en vers hexametres, esquels ie remarquay fort qu'il auoit changé fort peu le commencement des paragraphes ou chapitres, voire conseruoit tous les mots qu'il pouuoit, comme cela,

Iustitia est constans, & indefessa voluntas.

Son pere y prit plaisir, & se contenta de luy. Au bout de dix mois il reuint se renger à la volonté de son pere. C'est la verité qu'il profita en ce peu de temps de telle sorte, qu'il n'y auoit loy dont il ne sceust respondre, quoy que l'on puisse trouuer cela de difficile creance. Il estudia d'vne methode grande & particuliere à luy: ayant leu la loy, il y faisoit vn sommaire François fort bref, & sa memoire puis apres luy ramenoit toute la disposition. Il vint au Barreau & aux Audiances iusques en l'an 1567. que son pere luy ayant resigné son Estat de Conseiller, demeurant Commissaire aux Requestes seulement, le fit receuoir. Il fut receu auec honneur, loüange, voire admiration de sa memoire, tant qu'il a esté en la premiere Chambre des Enquestes. Il arriua pendant les troubles de 67. & 68. qu'on loüoit des vers comme fort difficiles, qui estoient en mots latins, & auoyent aussi la prononciation Françoise & le sens, comme ce commun : *Natura diuerso gaudet.*

Iliades curæ quæ mala corde serunt.

Il y a des Curez que mal accordez seront :

& autres que l'on disoit. Il dit en la compagnie (i'y estois) qu'il estoit facile d'en faire de mesme, & à l'heure en fit six dont ie ne puis me ressouuenir, que des deux premiers,

Parco quingentis quasi prima corona secundæ.

Messis mille suis sunt fora lege pari.

Par coquins gentils quasi pris ma couronne à ce Condé.

Mais six mille Suisses ont fort allegé Paris.

Quant aux vers qui se rendent, il les estimoit trop faciles. Et à Poitiers estât Escholier il en fit deux, que ie pense qui se trouueroient escrits sur vne pierre de Monstierneuf de ma main.

Clamis, Vasco, cohors, nudat, priuat, spoliatque.

Turribus, aere, bonis, mænia, templa, domos.

Depuis son pere fut fait President aux Enquestes, & luy alla en sa place aux Requestes. Suruint l'eslection du feu Roy au Royaume de Pologne: Monsieur le Chancelier d'à present, qui est son cousin germain, & quelques autres luy persuadent d'y aller, & luy font donner appointement: il y va. Ie ne vous particuliseray pas les choses que ie sçay vraies ; seulement vous diray-ie que Monsieur de Pibrac l'ayant gousté admira la grandeur, promptitude & force de son esprit, tel qu'il n'estimoit rien difficile. Soit qu'il fallust aller faire harangues en latin, ou entretenir des estrangers, il le faisoit fort bien & heuresement. Il auoit esté en Italie jeune, & y laissa entre les gens d'esprit & de iugement beaucoup de souuenance & de recommandation vertueuse. Il profita en ce voyage de Pologne en tout ce que l'on doit & peut-on faire. Il rapporta la cognoissance de leur pays, mœurs, façons de faire & manieres de viure, de leurs loix, leurs iugemens de leurs vices & vertus, voire des complexions naturelles & des humeurs de toute cette nation, si grande qu'il eust pû en faire l'Histoire. Il fut renuoyé en diligence de Pologne vers la Royne Mere du Roy, laquelle fut si grande, qu'il arriua icy le quatorziéme iour : chose quasi incroyable, mais vraye pourtant : auparauant le voyage estoit de seize iours pour les plus diligens: & me contoit qu'il n'auoit dormy qu'à cheual. Ie vous diray en cet endroit comme en passant, qu'il croyoit que tout ce que son esprit conceuoit pouuoit estre fait. Le voyãt mesme faire à d'autres, il falloit que son corps y obeïst comme à saulter, à courir postes, & tous autres exercices, encores qu'il n'eust pas telle addresse, ou disposition du corps que les autres, forçant son habitude corporelle. Il dançoit, il ioüoyt du luth par fois : bref il ne vouloit rien ignorer, & pensoit que *nihil illi natura denegauerat*, ny à ceux qui vouloient mettre peine à quelque chose. Il fut destiné Ambassadeur en Pologne, sur l'espoir que l'on auoit qu'on pourroit entretenir ces gens-là ; mais les choses eurent vn autre succez. Le feu Roy luy donna vn Estat de Maistre des Requestes qu'il crea de nouueau pour recompense de ses seruices, auquel il fut receu gratieusement & sans enuie pour sa vertu. En cet Estat il a esté admiré par ses cõpagnons pour sa doctrine, & pour la facilité qu'il trouuoit aux affaires, ingenieux par tout. En l'an 1576. il se maria à Lyon richement, & en honneste alliance. En 1580. Monsieur Brisson d'Aduocat du Roy qu'il estoit se fit President, ie croy au lieu de Monsieur de Bellievre: il se mit en opinion de prendre cet Estat d'Aduocat du Roy. Quelques-vns amateurs de son honneur, mesmes de ses plus proches, doutoient s'il deuoit le faire, & craignoient qu'il n'y fust pas si propre qu'en l'Estat de iudicature, n'ayant pas long temps hanté le Barreau, ny pratiqué ny parlé en public. On doutoit que cela luy peut succeder, comme il a fait heureusemẽt & à sa gloire. On luy remonstroit la grandeur de cette charge, la diuersité, des affaires dont il faut tousiours estre prest ; il leur repondit à tous, *nil mortalibus arduum, & nihil est tam difficile, &c.* croyant que toutes choses estoient faciles à qui vouloit estudier & trauailler ; ce qu'il tenoit pour maxime certaine. Et de faict en peu de temps il tesmoigna sa valeur & sa vertu, soit à parler en public, soit pour la pratique en laquelle il se dressa, soit deuant le Roy en vne Assemblée qui fut faite à S. Germain pour la reception du Concile de Trente, où il se rendit admirable & courageux contre les esprits factieux qui se descouuroient deslors. En cet Estat & en tous les autres ausquels il a esté appellé, il a eu les mains nettes & la conscience autant qu'autre qui fut oncques. Il estoit ennemy des meschans Iuges, des sordiditez & salles gains du Palais, amateur des bons & des gens de lettres, & de ceux qui preferoient l'honneur à l'vtilité, homme de facile accez, doux & humain, plein d'ingenuité & de liberté franche, ouuert, & par tout ennemy de la dissimulation, des vaines apparences, & de la sotte gloire, & sur tout de l'hypocrisie & de l'ignorance, grand conseruateur & protecteur de l'autorité Royale & des puissances souueraines, haineux des ligues & factions. Si tost qu'il fut Aduocat du Roy il se donna tout à la lecture des Orateurs & Rheteurs Grecs, desquels il faisoit fort grand cas, & disoit y profiter beaucoup. Il estoit fort fecond en inuentions: vous verrez que dans Homere il trouua le Barreau, & me disoit que dans Demosthene qu'il admiroit, il trouuoit dequoy faire de belles inuentions; ie luy ay veu lire en vn mois, remarquant tout tout ce qu'il y auoit de beau. Il se mit encores à l'estude du Droict Canon auec l'Histoire, en quoy il excelloit, en ce qui concernoit la discretion des Iustices laïes & Ecclesiastiques, les entreprises sur les droicts Royaux, les abus, les excommunications, les Conciles, l'ordre Ecclesiastique, les ceremonies de l'Eglise & de la Religion, dont il auoit fait vn excellent Traitté, qui à sa mort se trouua dissippé de feuilles perduës qu'il auoit porté auec luy pour le paracheuer. En ces obseruations il n'y auoit personne qui ne luy cedast. Il auoit preueu la Ligue long-temps auant qu'elle fust apparemment esclose: & ne luy vis iamais porter rien si impatiemment, ie dy auec cholere: & en prophetiza, comme son esprit estoit prophetique, la plus part des succez: comme ie luy ay oüy par prediction dire la plus part de ce que i'ay veu depuis sa mort auenir. Il me souuient qu'il dit au Roy à Vernon, moy present, qu'il pourroit arriuer que quelque chef de la Ligue seroit tué, les cendres duquel esmouueroient plus de guerre & de sedition, qu'il n'eust sceu faire en sa vie. Aux barricades, il se sauua auec le Roy; car ceux de la Ligue le craignoiẽt & haïoient plus que nul autre. Il ne l'abandonna iamais; & le Roy se seruoit fort de luy & de ses cõseils. Aux Estats de Bloys, il se fit cognoistre & estimer dans les conseils & disputes qu'il auoit ordinairement auec les Cardinaux, l'Archeuesque de Lyon, & autres qui sous le faux pretexte de Religion fouloient la puissance des Rois & violoient l'obeyssance commandée de Dieu, ausquels il resista virilement, acquerant loüange entre les gens de bien & la hayne des factieux. Il me souuient pour y auoir esté, qu'il leur apprit & a beaucoup d'autres qui publioient que c'estoit vne chimere que les droicts & Libertez de l'Eglise Gallicane, & par liures & par beaux passages, que c'estoient vrayement droicts & franchises que l'Eglise Gallicane auoit aussi anciens que les Papes mesmes, & par passages de Droict Canon mesme, ne voulant ny pouuant souffrir que l'on les appellast priuileges. De maniere qu'il conuainquit les vns d'ignorance, les autres de malice, & tous de mensonge, bien qu'entr'eux il y en eust qui auoient acquits reputation de sçauoir. Ce qui apporta vn incroyable contentement au Roy, lequel à toutes heures l'enuoyoit querir, mesmes quand il se trouuoit enuironné d'eux. Le Roy s'en alla à Tours apres la mort du Duc de Guise, où il voulut establir & donner seance au Parlement: il le solicita fort de prendre l'Estat de President, le choisissant pour homme qui auoit la force, le courage, & toutes les bonnes parties qui en ce miserable temps estoient necessaires & requises en cette place. C'est la verité, pour le vous faire court, que ce fut vne saluation vraye de l'Estat: car il se trouua quasi seul hardy & resolu de faire apres le detestable parricide du feu Roy, que la compagnie assez petite en nombre lors reconnut le Roy à present regnant, ne permettant pas que l'on entrast en discours qui peust y apporter doute. Et depuis sa vertu & son courage luy acquirent grande authorité, & à son exemple chacun prit cœur & resolution, & delà en auant les affaires

allerent

allerēt en amendāt. Son esprit estoit tousiours prompt à tout: s'il se mettoit à gausser ou rencontrer parmy la gayeté & la gentillesse, il y auoit de la doctrine, & tous mots serieux, messlez de science. Si l'on auoit recueilly ses mots que nous appellons *ioci & sales*, ce seroient tous Apophtegmes dignes d'estre veus, & leus d'vn chacun; & y pourroit-on apprendre. Il auoit vne opinion que tous ceux qui escriuent de la Philosophie, de la Medecine, du Droict, & autres sciences, perdoiēt leur temps, parce que ce n'estoit que redire ce qui estoit escrit deuant eux par grands Personnages: il loüoit seulemēt ceux qui trauailloient à l'interpretation des bons & anciens Autheurs. Il tenoit qu'il n'y auoit liure au monde profitable, beau & necessaire, qu'vn general Ethimologic ou thresor, ou seroient les noms de toutes choses, comme de tous les arts, mesmes mechaniques, des outils & instrumens, & les proprietez d'iceux; & n'auoit rien tant à cœur que de rencontrer vne douzaine d'hommes qui eussent voulu luy ayder à compiler ce liure. Et de fait il auoit pris la peine d'assembler les noms de toutes les parties & vstensilles d'vn nauire, iusqu'au plus petit clou, dont il sçauoit les nōs en Grec, Latin & François: disant qu'il n'y auoit que ce moyen là d'enrichir nostre Langue, & la rendre propre, & que cela estoit necessaire pour entendre les bons liures; voire que ce seroit vne fontaine dont l'on puiseroit toutes les belles similitudes & cōparaisons dont l'on puisse vser, & non communes: & certainement ie l'en ay veu seruir fort heureusement. Il deuoroit les liures, & neantmoins retenoit ce qu'il y auoit de bon, & dont il iugeoit pouuoir faire son profit en sa vacation: qui est toute l'excellence de nos estudes. Il se mesloit parmy toutes les sciences iusques à en auoir notice grande: il parloit de Medecine, de Chirurgie, des Mathematiques, non comme vn homme *qui leuiter tinctus, sed imbutus*. Ie vous puis nommer personnes dont vous estimerez le iugement, qui sont Messieurs de Thou, du Puy, Pithou, & Houlier, ausquels i'ay souuent oüy dire, que c'estoit le plus sçauant homme & du plus grand esprit de nostre France: & certes ils admiroient que l'on ne s'en alloit iamais de sa compagnie sans auoir ap-

446

pris quelque chose de bon, ny qui fit tant de profit des liures. Pour moy ie ne partis iamais d'aupres de luy (qui estoit tous les iours) que ie n'en retournasse estonné & meilleur, cõme l'on dit. C'estoit vn homme sans ostentation, sans gloire, sans vanité: n'aymoit aucunement les nouueautez, mesmes en la Religion, en laquelle il detestoit la superstition, & disoit qu'il ne se fioit iamais à vn homme qui alloit à deux Messes, & qu'vn homme de bien se deuoit contenter d'vne. Les nouueaux Ordres Fueillants, Capussins & Iesuites luy desplaisoient fort. Ie voudrois pouuoir le loüer comme il le merite, mais ie m'en reconnois indigne pour y auoir trop de matiere, & me sens comme noyé & espris de trop d'affection. I'ay broché cecy à la haste, & sans l'auoir transcrit, *vt in buccam venit, effutio*: vous pourrez vous en seruir. Enfin ce pauure homme estant enuoyé vers le Roy en l'armée deuãt Paris, *magnis de rebus*, faisoit tout ce qu'il voyoit faire, mesmes outre sa profession, portant la cuirasse, & allant au guet, pour se tesmoigner propre à tout. Mais par contagion il fut surpris d'vne grosse fieure, comme elles estoient contagieuses auec des disentiries communement, laquelle pensant vaincre il s'en alla à Lezigny en Brye, dont il reuint sur la desroute de l'armée, qui apporta effroy à beaucoup de gens. I'ay oüy dire qu'il se trouua saisy d'vne apprehension qui estoit forte en luy, de voir bransler la bonne fortune & prosperité du Roy, parlant de la domination des Espagnols, & lors que chacun se retiroit comme en desarroy. L'on le conduisit iusques à Senlis où il arriua *exhaustis iam spiritibus vitalibus*: & de faict il ne vesquit que deux ou trois iours, & là rendit l'ame entre les bras de Monsieur le President de Thou le 30. Septembre 1590. âgé de quarante cinq ans & neuf mois. Il a laissé entre autres enfans vn petit garçon, * qui est d'esperance grande, plein de ratiocination & de memoire. Ie n'ay point de plus grand regret au monde qu'en cette perte que i'ay faite auec toute la France, ie ne luy ay clos les yeux de ma main. Excusez moy si i'ay esté trop long; ie n'aurois iamais fait si ie suiuois ma memoire & mon affection: mais ie pecherois con-

* *C'est feu M. d'Espesses, Conseiller d'Estat, & Ambassadeur en Hollande, homme de cœur & de grande suffisance, & en tout digne successeur de ses Ancestres.*

tre vos Muses, vous retardant de les entretenir à vostre plaisir, & abusant de vostre loisir. Ie suis & seray toute ma vie,

MONSIEVR,

Vostre tres-humble seruiteur.

I. GILLOT.

La superscription estoit. A Monsieur de Sainte Marthe, Conseiller du Roy, & Tresorier general de ses Finances, A Poictiers.

Plusieurs autres Personnages ont encores loüé M. le President d'Espesses, tant pendant sa vie qu'apres sa mort : comme Bonnefons en sa Pancharis, p. 37. Abel de Sainte-Marthe en ses Poësies : Pasquier en ses Epigrammes latins & ailleurs : M. Antoine Mornac en son petit liure, intitulé, Feriæ Forenses, *& autres. A quoy l'on peut joindre son Epitaphe qui se trouue ainsi dans la nef de l'Eglise Cathedrale de Senlis, auec les vers Latins, François & Grecs qui sont en suite.*

A. CP̃S. Ω.
IAC. FAIO. SPESSÆO
BARTHOL. FIL.
VIXIT. ANNOS. XLV.
MENSES. IX. DIES. XXV.
OBIT. XII. KAL. VIIIBREIS.
M. D. XC.
KAR. F. F.

Qui jacet heic Faïus virtute insignis auitâ,
Francigenûm mores, majestatemque labantis
Imperij stitit eloquio; caput obtulit hosti:
Artibus, ingenio, & nulli pietate secundus.

D'Espeisses fut sçauant, genereux, plain de foy,
Loüé des Polonois, prisé dans l'Alemagne.
De Tours, ayant deffait les practiques d'Espagne,
Il vint deuant Paris finir aux pieds du Roy.
Ce lieu garde ses os, & les riues de Loire
Conseruent à iamais l'honneur de sa memoire.

Πασ᾽ ἀρετὴ, σοφίῃ τε, μετ᾽ εὐεπίης περὶ Φαΐου,
Ἄφθιτον ἐντίλβει λάρνακι τῇδε φάος.

Ἐμοὶ δὲ μὴ γένοιτο καυχᾶσθαι, εἰ μὴ ἐν τῷ σταυρῷ τοῦ κυρίου ἡμῶν Ἰησοῦ Χριστοῦ. *Gal.* 6. 14.

774.

Mais la chose qui peut à mon aduis contribuer dauantage à nous faire à present conceuoir vne grande opinion des merites de ce Personnage, est vne Mercuriale qu'il fit au mois d'Auril de l'année 1587. estant lors Aduocat general au Parlement, laquelle est d'autant plus considerable, qu'elle ne nous donne pas seulement vne preuue asseurée de sa suffisance, mais aussi de sa vertu, & des bonnes maximes dont cette ame genereuse estoit imbuë, contenant vne belle instruction à Messieurs du Parlement, comme ils se doiuent comporter en leurs charges, & auec quelle sincerité ils doiuent agir en toutes affaires, & particulieres & publiques. Ce qui m'a obligé de l'adjouster icy, tant pour la conseruer, que pour couronner dignement ce que i'ay remarqué cy-deuant de sa vie.

REMONSTRANCE* FAITE PAR M. M. IACQVES FAYE S. D'ESPESSES, ADVOCAT GENERAL, au mois d'Auril de l'année 1587. pour le restablissement de la Mercuriale au Parlement.

MESSIEVRS, si nostre esperance ne nous trompe, ou nous mesmes ne nous defaillons, c'est icy la grande journée de long-temps souhaittée par les gens de bien, en laquelle la splendeur de ce Parlement, qui depuis longues années en çà est tousiours allée en s'abaissant, commencera à reprendre son tour, & s'il le faut dire ainsi, remontera sur nostre Orizon.

Il y a 27. ans & plus que la Mercuriale n'a esté tenuë. Il est impossible de vous dire combien ce deffaut à délaué, afin que ie ne die obscurcy & effacé le lustre de cette Compagnie. Nous nous sommes quelquesfois voulu plaindre de ce qu'on abaissoit nos authoritez, de ce qu'on octroyoit des euocations & interdictions hors de ce Parlement, de ce qu'on erigeoit des autels contre autels, c'est à dire, que par des Iuges assis quasi à nostre porte on faisoit reuoir nos jugemens. Encores peut-estre que telles plaintes ne fussent que trop veritables, si n'ont-elles pas souuent reüssi. Et pourquoy cela? pource que toutes & quantesfois que nous les auons voulu faire, on nous a ietté en la visiere que le mal dont nous nous plaignions estoit dans nous mesmes; c'est à

** Cette Remonstrance faite par M. d'Espesses, Aduocat general, a esté trouué parmy les papiers de l'Eglise de Paris, & a esté recconnuë premierement par M. du Puy, & depuis encores par M. l'Abbé d'Espesses son petit fils, à l'escriture de la propre main de l'Auteur: laquelle vraysemblablement auoit esté mise en ce lieu là auec les papiers de cette Eglise, rendus par les heritiers de feu M. l'Abbé de S. Fuscian, Conseiller au Parlement & Chanoine de Paris, frere de M. d'Espesses.*

dire que par faute de tenir les Mercuriales nous laissions deschoir de iour en iour l'ancienne discipline & integrité de ce lieu, & par consequent la reputation, de laquelle depend l'autorité.

Le mal a encores passé plus outre, & de cela aucuns de Messieurs qui sont icy pourroient bien rendre tesmoignage. La cognée, s'il le faut dire ainsi, a esté au pied de la racine: lors qu'on a traitté il y a quatre ans de la reformation de tous Estats, il fut parlé bien auant des nostres. Ie n'en diray rien de plus exprez afin de n'offenser vos oreilles, mais chacun sçait (& cela n'est que trop notoire) que sans la benignité du Roy nous courusmes lors quasi fortune de souffrir quelque grand changement.

Le Roy par sa bonté & prudence nous à preseruez & conseruez, considerant que ce Parlement a de tout temps esté l'œil de la France, & le seul pillier immobile de cet Estat: il estima que ce seroit chose pleine de tres-mauuais augure si on l'esbranloit tant soit peu. Mais aussi il sceut tres-bien iuger que puis que le defaut des Mercuriales estoit la seule cause de nostre deschet, il estoit besoin de les restablir. C'est ce que si souuent il nous a commandé tant de viue voix, que la derniere fois par la bouche de M. le Chancelier qui vint expres en cette Compagnie.

C'est grand cas, Messieurs, qu'estans en pleine paix nous n'ayons iamais peu estre induits à executer ce commandement, & que maintenant en temps d'orage, lors qu'on iugeroit les humeurs moins disposees à receuoir cette purgatiõ, nous nous y soyons mis de nous mémes. Certainemẽt il y a lieu d'exclamer, *non hæc sine numine Divûm*, & de croire que celuy qui en tẽps si heteroclite nous a inspiré ce bõ vouloir, prepare en nous quelque changement. *Arripiamus igitur omen*, & en guise de ceux que les Romains appelloient *auguria oblatiua*, qu'ils pouuoient tourner à bien ou à mal, tournons le à nostre auantage. Souffrons, Messieurs, qu'en toute douceur & modestie, & auec efficace toutesfois, ce premier appareil soit donné, & ce premier fondement jetté.

La maistresse & principale pierre, & le vray pied de ce fondement sera l'vnion & la concorde, sans laquelle il faudroit faire estat que tout ce que nous cuiderions bastir pour la discipline de ce lieu seroit appuyé sur du sable. Nous touchons nommement cette corde, pource qu'à faute d'vnion nous sentons deschoir de iour à autre la splendeur & dignité de ce lieu. Les simultez, piques, jalousies, les esprits de diuision ou plustost de supplantation y sont si drus & si clair semez, qu'il n'y a pas iusqu'au menu peuple, & à la lie du Palais qui n'en fasse mal son profit. Si est il temps, Messieurs, d'y penser, & considerer le precipice sur le bord duquel ce mal nous range, & nous rangera de plus en plus si biẽ tost nous ny mettons fin. Car outre ce que sous l'abry de nos diuisions les desordres croissent de iour à autre & acquierent leurs coudées franches, qui ne voit quelles font auorter, & s'il se peut dire, geler comme en bourre autant de belles & genereuses conceptions qui pourroient sortir de cette Compagnie bienvnie pour le seruice du Roy & de son Estat, qui en ce temps miserable & calamiteux semble quasi jetter l'œil dessus nous, & nous reprocher cõme auec injure que nous ne sommes plus cet ancien Parlement, auquel en pareil temps que cestuy cy les Rois commettoient le timon des affaires, à cause de la grande reputation & autorité que leur donnoit leur vertu, prudence & preuoyance, mais sur tout leur vnanimité?

Donc, Messieurs pour regagner ce lieu taschons à restablir la concorde, & laissant à part toutes simultez, qui aussi bien sont indignes des courages genereux, *& qui res magnas animo concipiunt, velitis, iubeatis pro authoritate vestrâ, vt omnes bonâ fide in gratiam redeant.* Qu'à cette fin chacun sera exhorté tant en general qu'en particulier de s'entreporter les vns aux autres honneur, respect & reuerence deuë, s'entresaluër courtoisement, & ne faire rien de geste, parole, ou effet, qui tende à mespris ou contemnement. Que Messieurs les jeunes honorent les anciens, & tous ensemble Messieurs les Presidens que nos registres appellent Maistres du Parlement, comme à eux appartenant, non seule.

ment la direction, mais le controlle de tout ce qui se fait ceans. Que reciproquement il plaise à Messieurs les Presidens se comporter, voire auec les moindres, en toute douceur, candeur & affabilité, comme estant les seules baguettes & houssines auec lesquelles ils se doiuent promettre pouuoir manier cette Compagnie, & la rendre traittable, pleyable, soupple & vnie au seruice du Roy & du public, enuers lequel ils seroient responsables, si par faute d'y auoir sceu entretenir l'harmonie & consonance deuë, nous estions rendus moins accordans & habiles à faire au Roy le seruice aussi prompt que nous deuons & que nos predecesseurs luy ont fait.

Sur tout, que de toute leur puissance ils coupent le chemin aux partialités: qu'on n'oye point parler en ce lieu de factions Prassines & Venetes, de Cassiens & Proculeïens: qu'on retranche toutes occasions de jalousies & mescontentemens prouenans des preferences, predilections, & traittemens inegaux qui se feroient aux vns plustost qu'aux autres. Pour à quoy entierement obuier, la Cour par sa prudence auisera s'il ne sera point bon de renouueller l'Ordonnance du Roy Charles VII. portant que les distributions des procez & audiances seront esgalles & par tour, laquelle Ordonnance nous supplions estre leuë.

Aussi, Messieurs, nous vous supplions considerans que vostre puissance n'est point absoluë ny seigneurialle, ains paternelle & legitime, que chacun se contienne en l'autorité qui luy est bornée par l'Ordonnance: toutes choses soient paisiblement deliberées & ordonnées par la Compagnie: que chacun opine librement à son tour sans interruption: ny qu'on prenne la parole les vns sur les autres, ny qu'on preuienne auant que ce soit à son rang de descouurir son opinion.

Sur tout, que chacun opinant s'abstienne d'vser de paroles piquantes, & où quelqu'vn le feroit, que celuy qui le presidera mette sur le champ, toutes choses obmises, la matiere en deliberation, afin que la faute soit soudain reparée. Finalement afin qu'on n'entre plus en debat sur les cas qui meritent l'assemblée des Chambres, nous supplions la Cour cela estre reglé en la presente Mercuriale.

Apres les articles de la concorde nous toucherons ceux de l'integrité, le fondement de laquelle sera bien appuyé quand nous considererons que nos Estats sont establis en ce monde pour estre sequestres & depositaires neutres du repos & de la tranquillité publique, & semblables au centre du cercle qui pour peu qu'il s'approche ou s'esloigne d'vn des costez de la circonference, perd son nom & qualité de centre. Ainsi pour peu que nous nous esloignions du milieu que nous deuons tenir entre les parties, nous perdons la qualité de Iuges. Or ce qui esbranle grandement cette neutralité, c'est vn poinct qui se trouue tousiours auoir esté blasmé aux anciennes Mercuriales ; la facilité auec laquelle aucuns s'adonnent à hanter trop frequemment le Louure & les maisons des Princes & Seigneurs dont ils acquierent tant d'habitudes, & s'obligent à tant de sortes d'amitiés & d'obligations *ad ἀντίδωρα*, qu'il est malaisé qu'ils se puissent cõseruer en la liberté de bienpouuoir garder leur sermẽt, par lequel ils ont promis à Dieu de faire iustice egale au pauure & au riche, au foible & au fort, au grand & au petit. Ioint que les exemples des bons succez, qui aduiennent volontiers de tels courtisemens, *quibus fit vt præmia virtutis ambitio possideat*, sont cause de corrompre la jeunesse & les induire à quitter la vertu, le labeur & l'estude, qui les rendoient capables des grandes charges, pour aller embrasser l'ambition, & se liurer à ceux *qui possunt verbo beare, & dare spolia sine sanguine & sudore*. A quoy i'adjouste qu'allans au deuant des denrées & preoccupans le iugement du Roy, & luy estoupans la veuë & le passage, afin qu'il ne cognoisse les plus vertueux, ils l'empeschent de pouruoir les plus suffisans des grandes & honorables charges. Dont il pourroit aduenir, si cela estoit longuement toleré, vn inconuenient irreparable, tel que nous voyons aduenir sur la terre quand il y a dislocation d'elemens, c'est à dire que les plus grossiers occupent la place des plus subtils : car alors il aduient des tonnerres, tremblemens de terre, ou autres semblables

subuersions

subuersions: ainsi pourroit il aduenir icy des tonnerres ou des desordres semblables à celuy que causa Phaëton, quand les Compagnies ne sentans pas leur charge regimberoient ou plustost mespriseroient leurs chefs. Donc pour conclure ce propos nous supplions la Cour que se souuenant du dire du grand Roy François, qu'vn bon Courtisan & vn bon Iuge sont deux choses incompatibles; ou d'vn sage dire de Platon, que nous deuons ressembler aux mastins de garde, abayer à tous, ne nous laisser appriuoiser, & ne connoistre autres que nos maistres, il vous plaise brider ces ambitions, defendre d'aller au Louure si on n'y est mandé, * & nullement és maisons des Princes & Seigneurs.

M. le President de Thou au III. liu. de sa Vie sous l'annee 1588. p. 53. faisant recit d'vne Harangue que M. *de Beaune, Archeuesque de Bourges fit aux Estats de Blois contre le luxe, principalement en ce qui estoit des coches, dont plusieurs personnes de mediocre condition commençoient à se seruir, & loüant en mesme temps la modestie de Madame la premiere Presidente de Thou, laquelle pour monstrer exemple aux autres Dames de qualité, s'estoit tousiours contentée de se faire porter en trousse à cheual par la ville, adjouste qu'il estoit veritable, que M. le premier President son Pere n'auoit point alors de coche, & qu'il n'en eut vn que depuis qu'il fut premier President, duquel mesme il ne se seruoit pas pour aller au Louure où il remarque qu'il n'alloit point que quand il y estoit* mandé *du Roy, estant alors vne espece de crime aux Magistrats d'aller en ce lieu là, s'ils n'auoient ordre expres.* prima (carruca) *dit-il*, in vrbe fuit Christophori Thuani postquàm Princeps Senatus creatus fuit, quâ tamen ipse cùm in Palatium cottidiè, & interdum iussus à Rege, (nam nisi iubente Rege ex laudabili majorum instituto Palatinis Magistratibus cò itare religio erat,) Luparam iret, minimè vtebatur : *qui est la mesme chose dont fait icy requisition M. d'Espesses. Mais M. le President de Thou ne monstre pas seulement que nos majeurs inprouuoient cette coustume aux Magistrats d'aller à la Cour, mais il nous fait aussi voir sur la fin du VI. liu. de sa Vie, p. 97. & 98 combien les premiers Magistrats du Parlement de son temps resistoient à faire des conferences, & ouurir leurs aduis, mesmes au Roy, sur les choses qui se deuoient proposer & deliberer en leur Compagnie. Car il escrit en cet endroit que Henry IV. qui agissoit en toutes choses auec grande moderation & sans vouloir forcer les sentimens des Iuges, comme tout bon & sage Roy doit faire, ayant desiré en l'année 1599. communiquer auec M. le premier President de Harlay & quelques autres du Parlement sur la publication du Concile de Trente, dont il vouloit alors pour certaines raisons enuoyer à la Cour vne Declaration, & les ayant à ce dessein fait assembler chez Zamet, il demanda premierement en secret à M. le President de Thou ce qu'il en pensoit, dont il s'excusa, priant le Roy,* ne de re tam seriâ, *dit-il*, de quâ sententiam posteà in Senatu sit suo loco dicturus, eam nunc anticipare sine vllâ præmeditatione iuberetur, *Et comme le Roy pensant les persuader par ses raisons, leur eust fait entendre plus au long les motifs qui le portoient à faire cette proposition*, his dictis, *continuë-t'il*, altum in consessu silentium fuit, cùm alteri alteros taciti respicerent: *& par apres encores commandant à M. de Thou de luy en dire sa pensée*, & cum se iterùm, *adjouste-t'il*, excusasset, & sententiæ liberè in senatu dicendæ anticipatâ deliberatione præjudicium fieri caussaretur, *finalement le Roy luy ayant fait instance & pressé de luy en dire equitablement & librement son opinion, comme s'il eust esté au Parlement, il luy en dit à cœur ouuert tout ce qu'il en pensoit. Ces deux petites Histoires sont plus au long descrites par M. de Thou, dont les lieux meritent bien d'estre leus tous entiers, pour plusieurs choses dignes d'estre sçeuës que i'ay icy touchées seulement en passant.*

Que les Ordonnances soient remises en vsage, qui defendent receuoir benefices, biens faits, ou dons des Prelats, Seigneurs, ou autres quelconques directement ou indirectement. Aussi que chacun soit exhorté de s'abstenir de frequenter trop familierement & communement plusieurs manieres de personnes, mesmes de profession differente à la nostre, se conuier priuément à leurs tables : comme aussi faire de leurs maisons des reduits, brelans, ou abords pour y receuoir toutes sortes de compagnies: ains se contiennent en toute modestie, grauité & sincerité, & ce que nos Anciens appelloient de ce beau mot d'honneste pauureté. Car nous deuons nous persuader tout ainsi que les montagnes veuës de loing semblent des grands murs inascensibles, mais de prés descouurent les sentiers & chemins par lesquels on y peut grimper, ainsi que nos facilitez & familiaritez trop grandes donnent accez à plusieurs parties pour nous aborder & abbatre nostre sincerité. Les Ordonnances du Roy S. Louïs ont esté faites sur cette raison, quand elles ont defendu aux Baillifs d'emprunter, acquerir, & marier leurs enfans en leurs Prouinces.

A la mesme sincerité regarde la decence des habits, & la grauité dont nous deuons vser en public, éuitans d'estre veus trop communement ez lieux de liberté & dissolution publique, comme en jeux de paumes, foires, & comedies. *Leuiuscula ista dicet aliquis. Sit ita: sed parua hæc non negligendo Maiores nostri ex paruâ, Remp. magnam fecerunt.* Nos vertus ou vices exterieurs (dit vn Ancien) descendent de l'ame dans le corps, du corps sur le vestement, du vestement dans nos maisons, & de nos maisons en public. Quand autre mal n'en aduiendroit, telles indecences nons font moins respecter, & à cause de nous la Iustice, principalement par le menu peuple qui iuge les choses par l'exterieur.

Ce qui sert aussi grandement à contenir, non seulement la sincerité, mais aussi l'vnion & la liberté de ce lieu, est la prohibition des reuelations. Nous jurons deux poincts à nostre reception, faire iustice égale à vn chacun, & tenir les deliberations secrettes. Pourquoy ces deux ensemble? pource que l'vn sans l'autre est impossible. Car qui craint son opinion estre reuelée, il n'opine point librement, & par consequent moins que sincerement. *Hoc malum in ciuitate nostra, & damnabitur semper, & retinebitur,* si ce n'est qu'on y mette vn ordre fort seuere, dont nous vous supplions tres humblement, & qu'à la premiere faute qui en aduiendra on suiue tellement le mal par la trace qu'on y trouue la source & origne, pour en faire punition exemplaire. Ie ne sçay si i'oseray parler des reuelations qui sont trop ordinaires de ce qui se dit ou fait ez assemblées publiques; car aucuns se veulent persuader qu'elles sont loüables & permises quand elles se font au Roy ou à son Chancelier. Si est-ce que nos predecesseurs les ont tousiours trouuées fort mauuaises, & que ceux qui les font sont parjures, voire ils adjoustoiẽt, traistres & flatteurs. Tant y a que pour crainte de telles reuelations la liberté est entierement ostée d'opiner librement en public, & dire ingenuement ce qu'on pense; *inde sumus togata mancipia*, & par consequent le fien du peuple, sans autorité & reputation, dont le seruice du Roy est grandement diminué: mesmes le mal est que plusieurs craignent de dire icy ce qu'ils diroient volontiers deuant le Roy, & ce que par sa prudence & humanité il ne sçauroit trouuer que tres-bon, pour crainte qu'il soit detorqué ou autrement rapporté qu'il n'a esté dit.

Aussi en ligne de reuelatiõ nous pouuons mettre les communications qui se font par nos Clercs ou ceux du Greffe des pieces qui doiuent estre secrettes? Nous supplions la Cour que s'offrant pareille occasion il en soit faite vne vindicte tres-seuere.

Nous ferons briefs en ce qui concerne l'assiduité & diligence deuë à nos Charges. La Cour sçait que les Ordonnances nous enjoignent d'estre icy le lendemain de S. Martin, ne desemparer le Parlement pendant qu'il tient, sans congé du Roy & de la Cour, entrer & sortir de ceans aux heures deuës. ne vaguer point par le Greffe ou autres lieux, pendant que les procez se iugent, ou que les Chambres sont assemblées, faire nos extraicts de nos mains. La Cour, s'il luy plaist, renouuellera ces Ordonnances, specialement defendra à Messieurs qui sont de la Tournelle de s'arrester icy ou aux Chambres des Enquestes, ains qu'ils iront tout droict à la Tournelle.

La plainte de toutes la plus odieuse est celle qui touche les frais enormes de Iustice: Nous vous supplions tenir la main à ce qu'ils soient moindres que faire se pourra, specialement quant aux espices, & que les Ordonnances concernans les grands & petits Commissaires seront mieux obseruées qu'elles n'ont esté par le passé. Aussi pource qu'on se plaint fort communement que plusieurs frais ne viennent en taxes de despens, qui neantmoins sont reallemẽt deboursez; nous vous supplions pour y obuier, commettre tels d'entre vous qu'il vous plaira pour, appellés aucuns des plus anciens Procureurs, arrester le plus que faire se pourra des taxes qui doresnauant deuront estre alloüées des frais, salaires & vacations, tant des Ministres de Iustice que des parties, comme voyages de pied & de cheual, salaires d'Aduocats, Procureurs, Clercs de Greffes, Geoliers, Huissiers, Sergens, nos Clercs, & autres, qui seront tenus bailler quittances du receu.

Vn article dont on se plaint aussi, est que les iugemens sont fort arbitraires, & que mesmes theses sont diuersement decidées, dont les anciens Aduocats se plaignent, disans ne sçauoir quel conseil donner aux parties. Ce seroit vne grãde difformité en nos Estats, s'il se trouuoit que *ius esset in opinione non in veritate*. Pour y obuier sẽble estre à propos d'assembler iusques à quarante de Messieurs des plus anciens de trois en trois mois pour voir les Arrests notables donnez dans ce temps:& s'ils trouuent qu'ils meritent de faire loy, en dresser des decisions & arrestez que chacun sera tenu de suiure.

On se plaint aussi de ce qu'ez Chambres des Enquestes Messieurs se dispensent ordinairement de mettre les appellations au neant, ou faire acquiescer les parties. Nous vous supplions que cela ne soit plus : car outre que le Roy perd son amende, cela rend les plaideurs plus temeraires.

Reste l'article de tous, auquel est besoin de donner plus promptement remede. La Cour sçait les grandes fautes qui aduiennent à cause des Arrests donnez sur Requestes, mesmes en la Tournelle: c'est la peste des procez criminels qui ordinairement en sont gastez. Car on verra vn appellant d'vn decret de prise de corps, ou adjournement personnel estre interrogé, & par consequent descouurir sa charge, vn autre eslargy, vn autre renuoyé pardeuant Iuges affectés, vn autre obtenir commission pour se iustifier ou recriminer. Bref il n'y a mal que telles Requestes ne fassent, tellement qu'il en est né vn prouerbe, que pour gaster vn procez criminel il le faut faire venir ceans. La Cour, s'il luy plaist, aduisera les moyens pour obuier à tels desordres, & cependant receura en bonne part les ouuertures que nous luy faisons. C'est qu'il luy plaise ordonner que doresnauant on s'abstiendra de donner Arrests sur Requestes, qui frappent coup, sans oüir partie. Qu'afin d'éuiter que les Requestes ne soient respunduës promiscuëment, il soit ordonné que desormais on les respondra en pleine Chābre à certaine heure, comme de sept à huict, d'vne suitte, sans discontinuation, ainsi qu'on fait ez Chambres des Enquestes, presens Messieurs les Presidens ou l'vn d'eux, ausquels sur le champ sera deliuré par le Clerc du Greffe vn petit bordereau contenant en bref le nom des parties & fins desdites Requestes, afin qu'on n'en puisse respondre d'autres. Qu'au pied de chacune le Procureur escrira de sa main le nom du sieur Rapporteur & instructeur du procez, afin qu'elle soit par luy rapportée, ou s'il n'est plus de la Chambre, à luy monstrée en cas de doute. Et quant aux Requestes pour procez ou affaires esquelles il n'y auroit de Rapporteur, elles soient baillees à Messieurs les Presidens qui les distribuëront à ladite heure de sept heures, par tour & au hazard, afin de les rapporter le lendemain.

Reste à parler des Greffiers de ceans, sur quoy nous serons briefs: Nous supplions la Cour, que desormais s'ils n'ont excuses legitimes, ils soient tenus prester residence, sujettion & assiduité à leurs charges telle que Messieurs les Conseillers & Presidens, autrement leurs salaires seront departis à ceux des quatre Notaires qui feront le seruice actuel.

Et d'autant qu'on se plaint qu'il y a aucuns Registres égarez, les autres à faire, & que cependant ils se perd infinis Arrests, qu'il plaise à la Cour deputer aucuns de Messieurs, pour examiner quels Registres defaillent, & que ceux à qui en est la faute, seront cõtraints les faire ou refaire à leurs despens, par saisies de leurs biens, & que desormais ils seront tenus faire les Registres dans trois mois, apres la closture de chacun Parlement, & iusques à ce, ceux qui prendront les Arrests pour les faire, s'en chargeront par recepissé.

Que les Arrests serõt escrits plus diligemment & en meilleur parchemin que par le passé, & que les Clercs de Greffe ne seront desormais receus sans prealablement estre examinez au faict de l'escriture.

Reste le plus important de la Mercuriale, sans lequel tout ce que nous auons dit *in vento & rapidâ scribere oporteret aquâ*, c'est d'establir vn ordre, par lequel nous peussions obtenir que cette action, qui autrement ne seroit qu'vn torrent & rauine transitoire, sans fruict & sans effect, deuienne vne source perennelle, dont sans cesse découlle vn ruisseau de reformation & discipline qui abreuuant continuellement nos mœurs, les empesche de secher & tarir à l'aduenir. Pour donc establir ce bon ordre, Nous supplions la Cour ordonner ce qui s'ensuit:

Que desormais les Mercuriales seront tenuës deux fois l'an à chaque premier Mercredy d'apres la lecture des Ordonnances, & à cette fin proposées par celuy de nous qui sera à son tour.

Qu'incontinent apres que la Mercuriale aura esté proposée, elle sera deliberée & poursuiuie iusques à sa conclusion, sans discontinuation, ny qu'on puisse diuertir à autres actes, & sera enregistrée en vn Registre, où seront mises toutes les Mercuriales, pour y auoir recours au besoin.

Que suiuant l'Ordonnance de Blois, de deux en deux mois, tous Messieurs les Presidens, mesmes des Enquestes, s'assembleront au premier Mercredy du mois, pour s'informer, nous ouys, des transgressions faites contre les Ordonnances & Mercuriales, & censurer ceux qui auront failly, si les fautes sont legeres: & si elles sont grandes, seront deferées en cette Chambre, pour les Chambres assemblées estre iugées sans discontinuation toutes choses cessantes. Et afin qu'vn œuure si sainct ne soit trauersé ou estourdy par les intercessions des amis, qu'il soit dit que les parens ou alliez iusqu'au 4. degré, ensemble ses amis intimes, s'abstiendront d'entrer au Palais, iusques à ce qu'il y ait eu Arrest: mesmes ne pourront eux ou leurs domestiques solliciter Messieurs en leurs maisons.

Cette rigueur peut-estre pourra sembler à d'aucuns trop exquise & recherchée; mais quand il vous plaira considerer, que sans beaucoup de seuerité il est mal-aisé de contenir la discipline, mesmement en ce temps corrompu, & que *hinc non leuia aut ludricà petuntur præmia*; & qu'il s'agit de nous eschanger de pierre de scandalle & mespris en forte pierre d'encogneure, nous ne trouuerons point ce marché trop cher, joint que Dieu aydãt, l'accoustumance nous l'adoucira de iour en iour.

Au surplus, encore que nous esperions que la Cour aura assez aperceu qu'à ce premier coup d'essay de Mercuriale, nous n'auons quasi fait autre chose que dresser le plan, & tirer les alignemens sur lesquels seront basties les subsequentes, n'ayans rien entamé si au vif, qu'aucuns ayent occasion de s'offenser; ce que nous auons fait industrieusement afin de ne surprendre personne, & que ceste-cy ne fust que comme la preface & premier signal des autres, pour tenir chacun aduerty de composer ses mœurs pour l'aduenir auec plus de seuerité & austerité que nous n'auons tous fait par le passé, remettant aux Mercuriales subsequentes de sasser & passer auec le crible ce que nous auons aujourd'huy cueuilly à tas. Neantmoins pour ce qu'il est mal-aisé, qu'encores en si peu que nous auons dit, il ne se trouue quelques paroles, qui pour la disette que nous reconnoissons auoir de termes doux & emmiellez, sembleront peut estre à d'aucuns trop aigres, & mettre le doigt trop auant dans les playes; Nous vous supplions tous tant en general qu'en particulier, de ne prendre rien en mauuaise part de ce que nous auons dit, & imputer nos fautes, si aucunes y en a, partie à nostre rusticité, & partie à la necessité de nos Charges, plutost qu'à mauuaise volonté, de laquelle nous sommes tellement esloignez, que pour nous exempter de cette iournée, nous auons estriué trois ans durant, auquel de nous trois estoit le rang de ietter cette premiere pierre.

Aussi, Messieurs, nous vous supplions d'exclure aujourd'huy de ce lieu toute chaleur d'esprit, & animosité, & que rien n'y aye voix que l'amour public, & nullement le particulier, que nous fassions comme vne troupe de malades, qui descouurent librement, & se donnent aduis des maladies les vns des autres, non point en intention de se les entrereprocher, mais d'y remedier pour l'aduenir. Ainsi que parlans comme il est bien requis des fautes & desordres passez, ce ne soit point afin d'apparoistre iustes aux despens les vns des autres, ny reluire par la honte d'autruy, mais pour nous garder d'y retourner. Si nous le faisons, il y a asseurance que cette Mercuriale sera fructueuse : sinon il est fort à craindre que nous n'esprouuions le dire d'Aristote estre vray, que des biens feints & deguisez, & pris par hypocrisie & maniere d'acquit, il en vient tousiours des maux veritables : dont Dieu par sa grace nous veuille garder.

Fillastre Guillaume, p. 489.

Filleul Iean, p. 486. 522. 523.

M. Ant. Loisel rapporte de luy cette regle en ses Institutes Coustumieres du Droict François, liu. I tit. 3. art. 4. Qu'aucun doüaire n'est tenable quand il surpasse la moitié du vaillant de celuy qui doüe.

Filleul, p. 595.

Flamant Mathieu, p. 574.

des Fontaines Pierre, p. 466. 478.

Au Traitté de la Chancellerie de Miraumont, p. 48. v. est escrit ce qui suit: Entre les Seigneurs & Maistres du Parlement tenu les octaues de la Chandeleur 1260. sont nommez les Seigneurs de Nesle, & Monsieur Pierre des Fontaines. Et encores en vn autre Arrest donné par le Roy contre les Religieux du Bois de Vincennes, au Parlement de la Chandeleur audit an; Simon sieur de Nesle, Iean Comte de Soissons, & Monsieur Pierre des Fontaines, sont aussi nommez; pour monstrer que lors il n'y auoit autres Maistres des Requestes, que les Maistres & Seigneurs du Parlement, aucuns desquels le Roy, ou le Souuerain dudit Parlement enuoyoit ou commettoit pour entendre & receuoir les plaintes & requestes des parties: &c. *M. Ant. Loisel nous rapporte en ses Institutes Coustumieres, plusieurs regles de Messire Pierre des Fontaines, le citant au liu. III. tit. 2. art. 3. au liu. V tit. 3. art. 4. au liu. VI. tit. 2. art 12. & encores au tit 3. du mesme liure, art 3 où il fait mention de la Regle de* victus victori, *introduite au lieu de l'ancienne amende & peine qui se payoit pour les despens de plaid, dont le mesme A. Loisel parle dans la premiere* Conference *de son Dialogue des Aduocats, p. 477.*

Fontanon Antoine, *

C'est le premier qui a trauaillé à reduire en quelque Ordre nos Ordonnances, comme tesmoigne M. E. Pasquier en sa Lettre à M. le President Brisson, liu. IX. p. 515.

de Fontebrac Pierre, p. 485.

M. Cholet Aduocat en Parlement a remarqué en peu de mots quasi tout ce que l'on peut recueillir de ce Personnage, dans vn Factum, ou RESPONSE AV LIBELLE INTITVLÉ Memoires touchant les Factums du sieur Cholet Aduocat, publiez pour Messire Maximilian de Bethune, Duc de Sully, Pair & Mareschal de France, contre Messire Nicolas Denetz, Conseiller du Roy en ses Conseils, Euesque d'Orleans: *duquel l'Extraict merite d'autant plus d'estre icy coppié, que ce Factum n'a point esté publié, quoy qu'il ait esté imprimé. Voicy ce qu'il en dit en la p. 13.* Pierre de Fontebrac estant simple Aduocat des parties au Parlement de Paris, & faisant sa charge auec integrité, defendant les droicts de l'Eglise, des pauures, veufues & orphelins, fut crée Cardinal par le Pape Clement VII. seant en Auignon, en l'an 1385. non seulement sans en auoir fait aucune brigue, mais mesmes sans qu'il y songeast, ce qui fut attribué à vne recompense diuine, de l'integrité qu'il auoit gardée en sa charge d'Aduocat. Il est vray qu'Onufre l'a obmis entre les Cardinaux du Pape Clement VII. mais la chose ne laisse pourtant d'estre constante & veritable. Nicole Gilles le dit ainsi sous le regne du Roy Charles VI. pag. 287. & 288. Maistre René Choppin, *lib. I. de sacra politiâ*, t. 7. §. 17. *f.* 144. *& in margine.* Maistre Sebastien Roüillard en sa Parthenie, ou Histoire de l'Eglise de nostre-Dame de Chartres liure 24. f. 90. & maistre Pierre Frizon en son Histoire des Cardinaux François, qu'il a appellée *Galliam purpuratam*, f. 435. où il rapporte son Epitaphe, qui est aux Celestins d'Auignon de l'an 1392. auquel il est qualifié *genere nobilis, vtriusque iuris doctor, & Aduocatus Parlamenti, & pugil Ecclesiæ, inde immeritus* ad Cardinalatum per Dominum Clementem VII assumptus.*

* *id.* innocent, *nisi* [illegible] *rte legas*, id meritus, *vel simpliciter*, meritus.

Pasquier le nomme en sa Lettre à M. Robert, liu. XIX. p. 528. parmy les neuf Aduocats qui furent commis par le Parlement pour la reformation de la Coustume de Paris.

En vn Extraict qui m'a esté communiqué par M Vion Auditeur des Comptes, intitulé, Ex I. lib. Cartarum Cameræ computorum incept. an. 1349. fin. 1362. *il est appellé Iean, & est escrit de luy ce qui suit:* Iohannes de Forestâ Rothomagensis Archiepiscopus, Cancellarius Franciæ, de nobilitate suâ, quantùm ad acquisitionem castri & Castellaniæ de Luppelandâ, iurium, feodorum, vassallorum, iurisdict. & pertinentium, & quantùm ad omnes alios actus nobilium, & acquisitionum nobilium Feodorum pro se, & causam ab eo habentibus. dat. mense Octob. 1354. per Regem. P. Symon. fol. 78. *& incontinent apres il y a:* Iohannes & Droco de Forestâ fratres dicti Archiepiscopi, & Matthæus Boucherij & Guillelmus Munerij nepotes dicti Archiepiscopi nobilitati per lit. Reg. dat. mense Decembr. 1352. ibid.

M. Cholet Aduocat en Parlement en son Factum cy-dessus allegué sous Pierre de Fontebrac, *nous a aussi rapporté en la p. 12. & 13 la plus part des Auteurs qui ont donné quelque tesmoignage de Messire Guy Foucault, duquel il parle en ces termes.* Le Pape Clement IV. du temps Roy S. Louis en 1264. s'appelloit en son nom Guy Foucault, *Guido Fulcodi;* Guillaume de Nangis escrit qu'il auoit esté premierement Aduocat *in curiâ Franciæ*, c'est le Parlement de Paris, qui est ainsi appellé par *Ioannes Faber l. 1. C. de summâ Trinitat. stylus Parlam. in principio, vbi Molin.* & auoit esté homme lay, ayant femme & enfans, & apres le trespas de sa femme, fut pour sa loüable vie esleu Euesque du Puy, & apres Archeuesque de Narbonne, & depuis Cardinal, & enfin Pape: & Nicole Gilles dit la mesme chose. Platine en la Vie de ce Pape Clement, *Clemens IV. inquit, Guido Fulcodi ante vocatus, natione Narbonensis, è villâ sancti Ægidij, meritò ob sanctitatem, & doctrinam Pontifex creatur; is enim Iureconsultus totius Galliæ sine contentione primarius, in curiâ Regiâ causas integerrimè agens, &c.* Et le sieur Catel en son Histoire des Comtes de Toulouze, liu. II. ch. dernier, p. 383. & 384. transcrit vne consultation d'vne affaire celebre de l'an 1251. signée entr'autres de *Guido Fulcodi Iurisperitus*, & dit qu'il fut depuis Clement IV. Pape, *quem Guido in vitâ suâ ait fuisse priùs famosissimum Aduocatum.* Ce Guido cité par le sieur du Catel, *est frater Ber-*

nardus Guidonis de Ordine Prædicatorum, auctoritate Sedis Apostolicæ inquisitor labis Hæreticæ in partibus Tholozanis, & depuis Euesque de Lodeue: *sa Chronique* n'est imprimée, & y en a vn beau manuscrit en la Bibliotheque de M. Iulian Brodeau Aduocat: *Clemens IV.* inquit, *natione Prouincialis, de villâ Sancti Ægidij oriundus, Cardinalis Episcopus Sabinensis, electus est in Papam Perusij, &c. Hic priùs vocabatur Guido Fulcodij miles, qui vxorem habens & liberos, primò fuit famosus Aduocatus, & sancti Regis Franciæ Consiliarius, deinde præmortuâ vxore, propter vitam bonam, & scientiam laudabilem, primò Aniciensis, seu Podiensis Episcopus, &c. François Pegna en son Commentaire sur le directoire des Inquisiteurs, Comment. III. p. 96. col. 2. cite encores d'autres consultations de M. Guy Foucault, que celle cy-dessus alleguée par M. Cholet, disant de luy ces mots*, Guido Fulcodius, qui posteà Clemens IV. Papa creatus est, in consultationibus ad Inquisitores. q. 9. in fine. *Defunct Messire Henry Louis Chastagnier de la Roche-posay, Euesque de Poictiers, dans son liure intitulé*, Nomenclator Sanctæ Romanæ Ecclesiæ Cardinalium, &c. *p. 31. donne à nostre Guy Foucault le nom de Guy le Gros, duquel aussi il fait l'Eloge qui merite d'estre icy transcrit, tant pour ce qu'il y a quelque chose de particulier, que principalement à cause qu'il nous rapporte vn catalogue des compositions de ce grand Pape.*

GVIDO GROSSVS ex vico S. Ægidij ad Rhodanum Gallus, Cardinalis, demùm Clemens Papa IV. quem ob raram vtriusque iuris scientiam præfatus Durandus, Lumen iuris nuncupat, Sanctorum Thomæ Aquinatis & Bonauenturæ æquè necessarius fuit, quos non impari librâ perenne deueneratus est. Viterbij anno 1268. *naturæ concessit, sanctitate clarus, quam cilicij perennis vsus insigniter indicabat; præter quam quod eum ab omni carnium esu nunquam non abstinuisse memoriæ proditum est. Scripsit*

Vitam Sanctæ Eduigis Poloniæ Reginæ, quam in Sanctarum numerum retulit.

De recipiendarum Causarum ratione, vt refert Cortesius.

Epistolas, quarum aliquas habes in Historiâ Regum Aragoniæ, apud Ciaconum & Henricum Steronem.

Regestique eius volumina 5. in Biblioth. Vaticanâ seruantur.

Viterbij iacet in æde Prædicatorum, &c.

Mais celuy qui a traicté plus amplement des faicts de ce grand Pontife est le R. P. Claude Clement Iesuite, qui nous a donné sa vie entiere en vn petit liure imprimé à Lyon en 1624. où il a inseré vne de ses Epistres au chap. 8. p. 44. laquelle contenant dans sa briefueté vn bel aduertissement aux Papes de ne pas agrandir leurs parens, ne peut estre trop de fois imprimée: c'est pourquoy ie me suis resolu de la repeter en cet endroit, comme pour seruir de proœme à vne autre du mesme Auteur qui n'a point encores veu le iour, & qui est aussi d'autant plus digne d'estre mise en lumiere, qu'elle contient vne instruction tres-salutaire aux Princes, pour apprendre à bien gouuerner.

EPISTOLA CLEMENTIS PLANE DIVINA ad fratris filium, & Susæ vocis interpretatio.

CLEMENS EPISCOPVS SERVVS SERVORVM Dei, Dilecto filio Petro Grosso, de sancto Ægidio, salutem & Apostolicam benedictionem.

Hæc epistola inuenta est à Petro Michelio Barchinonensi, scriptore historiæ Hispaniæ, in antiquo libro sacrarij Ordinis Prædicatorum Barchinone. Eam refert in historia Hispanica Onuph. in Clem. IV.

MVltis de nostrâ promotione gaudentibus, nos soli sumus qui certiùs immensitatem oneris experimur: & idcirco quod aliis gaudium, nobis metum subministrat & fletum. Sanè vt scias qualiter his auditis debeas te habere, quòd humilior solito debes esse, neque enim quod nos vehementiùs humiliat, debet nostros extollere, maximè cum honor huius sæculi momentaneus sit, & sicut ros transeat matutinus: nec ad nos te, vel fratrem tuum, vel ex aliis nostris aliquem venire volumus sine nostro speciali mandato, quia suâ spe frustratum, si secus venire præsumeret, oporteret redire confusum: sed nec in tuæ sororis nuptiis gradum quæras propter nos altiorem, nec enim nos haberes propitios, nec in aliquo adjutores. Si tamen eam filio militis desponsaueris, in trecentis libris Turonensibus tibi proponimus subuenire: & si altiora quæsieris nec à nobis denarium speres vnum: & hoc ipsum secretissimum esse volumus, & tibi & matri solummodo notum esse. Illud etiam scias, quòd nullum nullamque de sanguine nostro sub nostræ sublimationis obtentu inflari volumus, sed tam Mobiliam, quam Cæciliam illos viros habere volumus, quos haberent, si essemus in simplici Clericatu. Sibyllam visita, & dic ei quod locum non mutet, sed remaneat apud Susam, & omnem maturitatem, & habitûs honestatem obseruet, & preces nobis pro aliquo non præsumat assumere, nam & ei pro quo fierent essent inutiles, & ipsis qui rogauerint damnosæ. Et si fortè per aliquos ex hac causa munera offerentur, ea respuat, si vult gratiam nostram retinere. Saluta matrem, & fratres: non scribimus tibi, nec familiaribus nostris sub bullâ, sed sub piscatoris sigillo, quo Romani Pontifices in suis secretis vtuntur. Dat. Perusij in festo Sanctarum Perpetuæ & Felicitatis.

SALVBRIS ET VTILIS DOCTRINA PRO felici regimine Principis, ex Regist. Epist. Clementis PP. IV.

CLEMENS PP. IV. AD CAROLVM COMITEM Prouinciæ, qui posteà fuit in Regem Siciliæ coronatus.

VRget nos Christi caritas, vrget nos illa specialis affectio, quam ad tui gerimus conseruationem honoris, aliqua tibi scribere, quæ & vocis viuæ suffragio memoriæ tuæ commendauimus: quibus lectis, & plenius intellectis, & quieti Regni tui prouideas, & periculis imminentibus, eò certiùs, quò prouidentiùs, viâ gradiens æquitatis occurras. Sanè tibi summopere credimus expedire, vt moralis Philosophi sequens consilium tribus temporibus te dispenses; præterita quidem recolens; præsentia ordinans; futura præcauens: sicut vir prouidus & circumspectus. Si præterita recolas semper eris ante Deum; & feruentiùs afficieris ad Regnum, tot sudoribus, tanto discrimine, non humano consilio, sed diuinâ virtute quæsitum. Si hoc sæpè mente pertractas Romanæ Ecclesiæ matri tuæ semper eris deuotior; quæ te fidei pugilem eligens, honorauit sublimiùs, honorabiliùs sublimauit.

Cette Epistre a esté imprimée sur vne copie baillée par M. Nublé, Aduocat en Parlement, tirée d'vn manuscrit de la Bibliotheque de M. Menard Aduocat à Angers, qui est à present entre les mains de M. Menage.

Ad ordinationem verò præsentium pertinet principaliter, quod te primùm, ac deinceps ordines domum tuam & Regnum.

Te quidem, vt Deum diligas, & eius honorifices Sacerdotes, tuo jure contentus; nec cupias, nec retineas aliena: Teque tuis adibilem præbeas quoties opus fuerit: tutela tui corporis, loci ac temporis opportunitate seruatis.

Domum autem sic ordina; vt habeas bona latera, viros sapientes, prouidos & fideles, te eo animo diligentes, nec sibi inuicem inuidentes; sed nec tantæ necessitudinis vinculo colligatos, vt plures personæ numero vnicam representent. Sint distincta singulorum officia; sciat quisque quid sibi faciendum incumbat; & promiscuis actibus non turbentur.

Sit in tuâ domo Religiosus aliquis, vel miles affabilis, afflictis compatiens, cui specialiter committatur, vt illis, quos audire nequiueris, vel nolueris, benignè respondeat, & ipsorum petitiones, vel verbo tibi referat, vel in scriptis assignet; ad *quarum expeditionem celerem eo modo quo fieri poterit congruentiùs, per te vel alios prauiâ ratione procedas.*

Sit tibi honesta familia & vrbana, quæ venientes benignè suscipiat, & quos admittere pro temporis qualitate non poterit, sine contumeliâ, cum honestâ excusatione repellat.

Legatos Principum & Ciuitatum pro honore tuo, quantùm te & eos decebit honores, & à tuis iubeas honorari; vt nomen tuum apud exteros, & domesticos clarus, & celebris habeatur.

Sigillo tuo certam legem impone, vt tollatur infamia de horrendis exactionibus, eo nomine sæpè factis, quibus similes nullus audiuit: Quod sigillum scilicet quicunque tenuerit, à te districtè sub iuramenti debito recipiat in mandatis, quòd citò prout commodè poterit, satisfaciat literas expectantibus; cùm interdum ipsa dilatio solum quæstum sapere videatur.

Sedeant in domo tuâ, cùm tu ipse vacare non poteris, omni die iuridico, aliqui sapientes, qui ea, quæ poterunt expediri, ibidem expediant, & ea quæ tractum habebunt, tibi renuncient; vt vel forma expeditionis detur, aut ad suos Iudices remittantur.

Conquerentes de te, vel tuis Officialibus patienter audias, & citiùs, quam alios, illos expedias; nec conuiciis affici, aut comminationibus deterreri permittas.

Si Prælatos de tuo Parlamento feceris, ad certa Parlamenta veniant annuatim; quibus certa vadia constituas: cum nec Ecclesias suas deserere diu debeant, nec in tuo seruitio suis stipendiis militare.

Nec omittimus quod circa domus tuæ expensas vigilantior esse debeas, vt aliquam personam maturam habeas, & honestam, quæ videat, & prouideat, quod nec ex nimiâ parcitate, tuo quicquam honori depereat, nec ex defectu debitæ prouidentiæ bona tua à ganeonibus, & gulosis hominibus, aut aliis personis turpibus consumantur.

Nec te pudeat de receptis & expensis certis temporibus rationem audire; cum & hoc sit tibi perutile, & ad hoc etiam omnium magnatum prouoceris exemplis; & nihilominùs rationales habeas non leuis opinionis homines, sed exploratæ fidei, & grauitatis exactæ.

Ad ordinationem autem Regni tui spectare videtur, quòd

Iustitiarios, & Iudices bonos habeas, puras habentes manus: ad quod eos publicè iuramento astringas, quòd scilicet, sine personarum, & nationum acceptione ius reddant; ab omni munere seu dono abstineant, exceptis esculentis & poculentis, quorum summa in mense auri vnciam non excedat. Nec aliquatenus in eorum iuramentis adücias, quod sine tuâ licentiâ non recipias: est enim hac conditio suspectißima, & in bonorum auribus malè sonans. Et habeant singuli certa salaria, quibus maneant omnino contenti.

Vt autem liberè fiat Iustitia, Magistratus in suo officio non impedias, nec incepta coram eis negotia ad audientiam tuam reuoces ad instantiam aliquorum, nisi magna & euidens causa vrgeat; sed lites suo cursu procedant: & grauati, si viderint expedire, appellent.

Occasionales inquisitiones, quæ nihil aliud quàm quæstum sapiunt, fieri non permittas; quarum exemplum ponimus in iis, quas audiuimus factas nuper in regno contra possessores equorum, vel pecorum, quibus imponitur equos illos, vel pecora fuisse Manfredi; quod cum probari nequeat, eis indicitur probandi necessitas vnde eos habuerint. Aliis imponitur quòd cum eo fuerunt in bello: quod cum probari nequeat, indicitur probandi necessitas possessoribus vbi erant in die belli; & his similia dicta sunt nobis damnabilia pariter & damnosa, & nullatenus toleranda.

Capi homines, qui satisdare poterunt non permittas, nisi quantum in casibus specialibus id iura permittunt.

Innocentem autem pro nocente capi, quantumcumque sit sanguine, vel affinitate nocenti coniunctus, non toleres, nisi ad hoc pacto proprio fuit obligatus.* *al. facto

Cogi personas honestas ad recipiendos hospites, omninò prohibeas, nisi forsan in loco fueris, vbi domus stabulariorum non sufficiunt genti tuæ: & tunc etiam illis deferas, quibus debet honor propensior exhiberi.

Cum matrimonia libera esse debeant, filias militum, qui nec sunt Comites, nec Barones, nec castrorum fortium possessores: similiter & Burgensium, & aliarum priuatarum personarum à parentibus superstitibus liberè nuptui tradi sinas. Et parente Frider. II. Constit. Sicul. lib. III. tit. 23.

vel parentibus sublatis de medio, nubant liberè suo motu, vel suorum consilio amicorum. Sed & de filiabus Comitum, & Baronum viuentium sustinere debes, quod eas, cum pecunia *tradant nuptui, quibus voluerint, qui tibi non debeant esse suspecti. Si verò* cum terris *eas maritare voluerint; decens est vt tuus rerequiratur assensus, quem negare non debes, nisi personæ suspicio suadeat contrarium euidenter. Orphanæ autem filiæ Comitum, & Baronum cum amicorum suorum consilio, & tuo maritentur assensu: Sic tamen, quod hac occasione non cogas eas hominibus nubere, quibus eas non deceat copulari.*

Tutelas impuberum, testamentariis, legitimísue tutoribus contra iura non auferas: nec consuetudinem in hac parte Tyrannorum obserues, quam felices Reges Siciliæ [1] *nullo tempore tenuisse:* [2] *in quâ dupliciter versatur iniquitas, dum tutores suo iure priuantur; & impuberes, quibus ratio nulla redditur, bonorum suorum fructibus spoliantur.*

1 Frideric. II. Imp. Constit. Sicul. lib. I. tit. 7 lib. III. tit 27. cap. 1.

2 Videtur esse legendum *tenuêre:*

Collectas ab Ecclesiis, vel Monasteriis, vel domibus aliis religiosis, aut à quibuscumque personis Ecclesiasticis, secularibus, aut regularibus, aut de bonis, aut rebus earum, nunquam exigas.

An verò ab Ecclesiarum hominibus, seu vassallis, in quibus habent iurisdictionem ordinariam, & tu merum imperium, mediante iure, vel interueniente concordiâ decidetur.

Verùm vt Officiales & Consiliary à muneribus metu pœnæ abstineant, quos à talibus non reuocauerit timor Dei; consulimus tibi, quia quicunque hoc fecerit, cum infamiâ ab officio in quo erit, priuetur, aliudque in regno tuo nullo tempore habiturus, dans verò manus parte bonorum suorum mobilium denudetur, & ad tempus aut in perpetuum relegetur. Et vt hæc celari non poßint, fiat presens edictum per personas religiosas, non amantes pecuniam, contra ipsos.

Scandalum magnum est in regno tuo de Collectis quas hoc anno leuasti. Consulimus tibi, quòd vocatis Baronibus, & Prælatis, & personis egregiis ciuitatum, & locorum celebrium tractetur forma competens, vt sciatur in quibus casibus in tuis vel alienis hominibus Collectas leuare valeas; & speramus, quod tibi vtilis, & terræ portabilis, poterit inueniri. Ad quod per agendum legatus esse poterit fructuosus.

Foucault

En vn extraict que m'a fait voir M. *Vion Auditeur des Comptes, intitulé*, Ex 2. Registr. Catt. Cam. incip. 1362. *il y a*, Magister Iohannes Fourcy Aduocatus, pro fundatione in Ecclesiâ B. Mariæ de Domno-Martino. an. 1367. fol. 48. ✠.

G

Blanchard fait mention en la Genealogie de la maison de Thou, d'vn Iean Galoppe, mari d'vne Claude de Thou, qui espousa en secondes nopces Guillaume Versoris, tous deux, *dit-il*, Aduocats fameux au Parlement de Paris.

I'ay appris de M. Menage, qu'il estoit d'Anjou, & rien plus.

Plusieurs vers furent faits apres sa mort en sa loüange par diuers hommes sçauans d'Allemagne, qui ont esté imprimez ensemble en vn Recueil que m'a baillé M. Godefroy Historiographe du Roy son petit fils, dont le seul titre peut seruir d'Eloge à ce Personnage, estant conceu en ces termes, In obitum viri Nobilissimi, Amplissimi & Magnifici, Dn. Dionysij Gothofredi, Parisiensis, Iureconsulti per omnem Europam clarissimi & incomparabilis, Antecessoris primùm in Argentinensi, deinde in Heidelbergensi Academiâ longè celeberrimi: qui Argentinæ, vbi communem Palatinatûs cladem vitans, per annum substitit, septimo die Sept. placidè exspirauit, Anno CHRISTI 1622. Ætatis suæ 77.

La bonté de l'Esprit de M. Leonard Goulas parût dés les premiers temps de sa ieunesse, comme i'ay reconnu par vn petit liure escrit, comme ie croy, de sa main, que m'a fait voir M. Goulas à present Secretaire de Monsieur le Duc d'Orleans, son petit Fils, contenant quelques pieces, la plus part morales, tant en vers qu'en prose, assez elegantes pour son aage: car il n'estoit encores alors qu'escholier, comme il le tesmoigne luy-mesme au commencement du liure, en ces mots: Leonardus Golasius, Classicus hæc excudit anno à CHRISTO passo M. D. XXII. sub Laurentio Cancro* Præceptore suo meritissimo & eruditissimo. L. GOVLAS. *Il se trouue encores de luy l'Extraict d'vn plaidoyé qu'il fit pour Messire Iacques de Grauille, Cheualier de l'Ordre, grand Escuyer de France, touchant l'alienation à luy faite par le Roy de l'hostel de S. Paul, contre M. de Marillac Aduocat du Roy, plaidant pour le Procureur general, où il est traitté de la forme requise en l'alienation du Domaine. Les Extraicts des deux plaidoyers sont imprimez ensemble auec l'Arrest donné sur iceux, en vn liure in 8. intitulé*, Recueil de Plaidoiers notables de plusieurs anciens & fameux Aduocats de la Cour de Parlement, faits en causes celebres, &c. à Paris 1612. *p. 167. Ie n'ay point de connoissance que ce Personnage nous ait laissé aucun autre Ouurage de sa façon: mais il est constant qu'il fut sur la fin de ses iours fort employé aux consultations, comme il paroist par vn vers fait de son temps, contenant les noms de quatre grands Aduocats consultans d'alors, en ces mots,*

Prata librata tenent Totum, Gula, Porta, Renaldus,

qui sont Meßieurs de Thou, Goulas, de la Porte, & Renauld, le banc des Consultans estant alors près la boutique d'vn Libraire appellé Galiot du Pré: qui est ce que veut dire cet ancien vers.

M. *E. Pasquier en la premiere du liu. IX. de ses Lettres, p. 515. escriuant à M Brisson, dit de ce Pierre Guenois, qu'il trauailla à* reduire en vn ordre plus raccourcy *nos Ordonnances.*

Miraumont remarque en son Traitté du Parquet que Meßire Iacques de la Guesle auoit esté Aduocat au Parlement, auant que d'estre Procureur general: & Monsieur le President Brisson escrit en son Obseruation sur la loy 57. de ritu nuptiarum, *que mesme estant Procureur general il en faisoit encores fort bien la fonction en l'absence des Aduocats generaux.* Iacobus Guesl æus, *dit-il*, Procurator Regius orabat splendidè absentibus sociis Aduocatis Regiis: *ce qui est confirmé par l'Eloge qu'a fait de luy M. A. Mornac en son Libelle intitulé*, Feriæ forenses. *Et suiuant cela Paul Thomas d'Engoulesme loüe hautement son eloquence en vn Epigramme qu'il luy adresse en ses Poësies. Il nous en reste des marques en vne Remonstrance qu'il fit au Roy Henry IV. à Mantes en 1594. sur le parricide commis en la personne du Roy Henry III. imprimé à Paris en 1610. auec celle de M. Louis Brisson Aduocat & Procureur general de la Reine Louise, veufue de ce Roy. Nous auons aussi vn liure de ce grand Pr. General, intitulé*, Traitté en forme de contredits touchant le Comté de S. Paul, &c. *qu'il fit par le commandement du Roy Henry IV. & qui a esté depuis imprimé à* Paris *en* 1634. *Voyez son Eloge & celuy de ses freres dans l'Eloge de Messire Iean de la Guesle President au Parlement, leur Pere, fait par M. de sainte-Marthe.*

Guetard, p. 518.

Guibert Gabriel, p. 608.

Guillard Euesque de Chartres, p. 507.

Guimier Cosme, p. 499.

Guionin, p. 582.

H

de HAcqueuille Nicole, p. 575.

Halé ou Haslé François, p. 469. 498.

Il en est fait mention dans la Chronique scandaleuse de Louis XI. & aussi de Pierre B eban, contre qui il plaida deuant le Roy de Portugal, en la cause cy-deuãt mentionnée au Dialogue des Aduocats, p. 469. *&* 498 *V. aussi Pasquier en ses Recherches, liu. II. ch. 3.*

du Hamel Nicolas, p. 445. 448. 581.

de Harlay Christophle, p. 524

Helin Charles, p. 575.

Voyez l'imitation de Martial, qu'Estienne Forcadel luy adresse en ses Epigrammes, p. 162.

Hennequin Pierre, p. 574.

Henroux Gilles *

C'est peut estre le mesme, ou le fils de celuy qui est nommé cy-deuant Anroux *sous la lettre A. & c'est peut estre encores l'ancien Conseiller, duquel Pasquier parle en l'vne de ses lettres à M. de sainte-Marthe, liu. XVII. p. 306. disant qu'il fut arresté sur le pont sainct Michel, allant au Palais, par vn faiseur de tombes, son voisin, lors du meurtre commis en la personne du President Brisson, l'aduertissant,* que s'il passoit outre, il estoit en danger de mort.

Hotman ou Hottoman Antoine *, p. 552. 553. 556.

Hotman François, * ibid.

Hotman Pierre, * p. 575.

*** *La famille des Hotmans vient d'Alemagne, & est fort ancienne, ainsi que i'ay appris par vn Arrest de la Cour des Aydes du 11. iour d'Aoust 1615. que m'a fait voir M. Nublé Aduocat en Parlement, rendu à la requeste & poursuite de Iean Hotman S. de Villiers, Agent pour le Roy en Alemagne, & de Maistres Pierre Hotman Conseiller au Chastelet de Paris, & Iacques Hotman Tresorier de l'extraordinaire des guerres, pour la declaration de leur noblesse, exposans* qu'ils estoient issus & descendus de l'ancienne &

noble famille des Hotmans, dont l'origine est au pays de Silesie, & s'estoit respanduë en plusieurs Prouinces d'Alemagne & entre autres au pays de Cleues, dont defunct Lambert Hotman leur bisayeul estoit originaire, natif de la ville d'Emmerick*, qui seroit venu en France, où s'estant habitué & pris femme à Paris, nommée Damoiselle Iacqueline Vic, il auroit eu d'elle entre autres enfans Pierre Hotman, Ayeul desdits supplians, viuant Conseiller en Parlement, Pere de François Hotman Iurisconsulte, & Conseiller d'Estat de la Maison de Nauarre, Pere dudit Iean Hotman; Philippes Hotman, Conseiller au Chastelet de Paris, Pere dudit Pierre; & Antoine Hotman Aduocat en Parlement, Pere dudit Iacques Hotman; *& encores*; les demandeurs monstroient estre issus de cette race reconnuë pour noble de toute antiquité, tant par la conformité des armoiries qui se trouuent en Alemagne és anciennes sepultures des Hotmans, auec celles qui se voient dans les Eglises de S. Victor, des Carmes, de l'Aué Maria, & de S. Paul de cette ville de Paris, & és maisons d'aucuns des demandeurs, que par la deduction de leur Genealogie. Que Girard Hotman qui viuoit en l'an 1454. eut deux fils, vn nommé Ludolphe, l'autre Lambert, & trois filles nommées, Adeleide, Ide, & Isabelle, toutes trois mariées à personnes nobles: que ledit Lambert Hotman estant Maistre d'Hostel de Messire Angilbert de Cleues, puisné de la maison de Cleues, & premier Duc de Neuers, vint demeurer en France auec ledit Seigneur Duc en l'an 1470. & se maria dans Paris auec ladite Damoiselle Iacqueline Vic: duquel mariage entre autres enfans seroit issu Pierre Hotman, Ayeul des demandeurs, qui fut premierement Lieutenant general des eaües & forests de France à la Table de Marbre, & depuis Conseiller en Parlement, duquel Pierre marié auec Damoiselle Paule de Marle, fille de Vvast de Marle Escuyer, sieur de Vaugien & de la Falaize, seroient issus lesdits François, Philippes, & Antoine Hotman Peres des demandeurs, lesquels ny mesmes leurs predecesseurs n'ont iamais dérogé à leur noblesse ny perdu possession d'icelle: &c.

I

404

Sceuole de sainte-Marthe luy dedie ses vers François du premier chappitre de la Genese; & Abel de sainte-Marthe son fils & gendre de ce du Lac, quelques vers imprimez dans ses Poësies.

Blanchard en son liure des Presidens a escrit amplement de la Genealogie des Lamoignons: mais il n'a pas fait mention sous le nom de Pierre de Lamoignon qui mourut ieune, du Poeme excellent qu'il composa estant à Rome, qui se trouue imprimé parmy les poësies de Th. de Beze, & sur lequel M. Guy Coquille luy a fait cet epigramme.

AD PETRVM LAMONIVM VISO EIVS POEMATE.

Cùm te vix quintam natum trieterida, tanti
Dotibus ingenij, Musæ & Apollo beant:
Distinet ambiguam lectoris quæstio mentem,
Naturæ vis sit maior, an artis opus.
Vtraque vis certè mira est. Crescentibus annis
Sic in te patrij * crescat imago animi.

* *Ce Pere estoit M. M. Charles de Lamoignon, Conseiller d'Estat.*

Le mesme Blanchard a aussi obmis vn des Epitaphes que luy fit encores Beze, imprimé au deuant de son Poëme, en cette sorte: PETRO LAMONIO, CAROLI F. INGENIO AB IPSA PVERITIA INSIGNI, ERVDITIONE SVPRA CA PTVM ADO

LESCENTIÆ IPSIS EXTERIS ADMIRABILI: MAXIMO, SI IVSTAM ÆTATEM VIXISSET, PATRIÆ FVTVRO ORNAMENTO, TH. B V. M P.

Ce Personnage nous a donné luy-mesme vn abregé de sa vie en son Testament qui se troue dans vn recueil de diuerses pieces meslees seruans à nostre Histoire, imprimé in 4. en 1623. pag. 199. où il paroist qu'il auoit suiuy quelque temps le Barreau. M. de Sainte-Marthe en l'Eloge qu'il a fait de luy, l'appelle virum incomparabilem & sanctissimum senem, *adioustant qu'il auoit imité Horace en ses Poesies, & mesme l'auoit en quelque chose surpassé,* ita tamen, *dit-il*, vt verborum nitore & sententiarum grauitate illum æquarit, carminis certè lenitate superarit. *Outre celles qui sont imprimées il y en à quantité d'autres qui ont esté colligées par plusieurs personnes curieuses, dont il y à vn beau recueil dans la Bibliotheques de Messieurs du Puy: toutesfois les vers qui sont cy-apres sous A & O sous le nom du Chancelier Oliuier auquel il succeda, n'y sont pas compris. Aussi ne luy sont ils attribués que par conjecture. Les traittés de Droit qu'il à composés sont plus rares que ses Poesies, desquels* M. *de Thou à fait mention en l'Eloge de ce Personnage sur la fin de son Histoire, tom. 2. p. 959. auquel lieu il remarque qu'il se retira de la* Cour *en sa maison sur son vieil aage, où il vescut doucement & auec contentement enuiron cinq ans, & finit ses iours à Vigny le 13. Mars 1573. aagé enuiron de 70. ans. Voyez encore son Eloge en* Miraumont *au Recueil des Chanceliers de France, M. René de la Rochemaillet en ses portraits des Hommes Illustres qui ont flori en France depuis 1500, A.* Mornac *en son liure intitulé,* Feriæ forenses, *& autres.*

V. au liure VI. de l'Histoire de M. *de Thou sous l'an 1550. p. 183. comme le Cardinal de Lorraine luy osta la Charge de premier President au Parlement & le reduisit à se contenter de l'Abbaye de S. Victor, où il escriuit ses Liures de Theologie auec assez peu de succez.*

ELOGE DE MAISTRE CHARLES LOISEAV ADVOCAT EN PARLEMENT.

M. Charles Loiseau Parisien, fils de M. Regnauld Loiseau Aduocat en Parlement, nasquist en 1566. & fut receu Aduocat en la mesme Cour en l'aage de vingt ans: & six ans apres en la Charge de Lieutenant particulier au Siege Presidial de Sens, laquelle il exerça peu de temps, la quittant apres auoir moyenné la reduction de la ville au seruice du Roy Henry IV. Par apres il se fit pouruoir en l'Office de Bailly de Chasteaudun au Comté de Dunois, qu'il a exercé prés de dix ans, auec approbation generalle de la Prouince. Pendant qu'il residoit en cette ville-là, il fut heureusement preserué, non sans grãd hazard de sa vie, d'vn accident causé par la cheute d'vn plancher de sa maison, ou se rencontrerẽt plusieurs autres personnes qui furent enueloppées & estouffées dans ces ruines, & mesmes vn Frere vnique qu'il auoit. Et luy seul en fut sauué pour le bien de sa posterité & du public qu'il a depuis vtilement serui dans la profession d'Aduocat, où le conseil de ses amis l'obligea à rentrer, plus dans l'employ des escritures & des consultations que de la plaidoirie, dont son aage desia aduancé & l'eloignement du Barreau le porterent à s'abstenir. Aussi n'auoit-il quitté Paris que pour trauailler auec plus de loisir aux liures qu'il a donnés au public, qui sont celuy du *Deguerpissement*, celuy des *Offices*, & des *Seigneuries*, auec vn traitté de la *garantie des Rentes*, & quelques autres qui ont esté si bien receus de ceux de la profession, que la derniere edition qui a esté faite de tous ses Oeuures ensemble, est la cinquiesme des liures du *Deguerpissement*, des *Seigneuries*, & de la *Garantie des Rentes*. Quant à ce qui est de celuy des *Offices*, quoy que de prime abord il n'ait pas esté receu auec si grand applaudissement que les autres, toutesfois estant bien consideré il n'est pas de moindre force; ce qui fut recõnu autresfois par le S. Bangis Docteur en Droit à Bourges, lequel en parlant de ce liure osa bien dire que *M. Charles Loiseau auoit mieux en tendu les trois derniers liures du Code que M. Cujas.* Mais ce qui est plus, à mon aduis, à considerer en ce Personnage est, que sa doctrine a esté accompagnée d'vne tres rare & singuliere modestie, & encores, que sa pieté & celle de Damoiselle Louise Tourtier sa femme a esté telle, que leurs exemples ont donné les mouuemens secrets à la plus part de leurs enfans de se retirer dans des maisons Religieuses, où ils sont à present: sans en excepter M. M. Charles Loiseau, Conseiller en la Cour des Aydes leur fils aisné, lequel dãs sa maison exerce iournellemẽt comme dans vn Cloistre toute sorte de vertus Chrestiennes. Son Pere estant decedé en 1627. apoplexie qui le saisit en la maison d'vn de ses voisins, il luy composa & fit dresser l'Epitaphe qui suit en l'Eglise S. Cosme, lieu de sa sepulture.

VIRO CLARISSIMO CAROLO LOISEAV,
IVRIS ROMANI PERITISSIMO:
QVOD ET ASSIDVE PER ANNOS XLIII.
NAVATA FORENSIBVS NEGOTIIS OPERA,
ET LIBRI AB EO EDITI COMPLVRES.
NON MEDIOCRI SVI TEMPORIS ORNAMENTO
AC POSTERITATIS COMMODO TESTANTVR:
ALOYSIA TORTIERA, CONIVGI:
CAROLVS LOISEAV, PATRI BENEMERENTI
P. P.
VIXIT ANNOS LXIII.
OBIIT XXVII. OCTOBR. M. DC. XXVII.
H. S. E.

MONITVM ÆGIDIO MAGISTRO SVMMO PRÆSIDI.

QVOD *facis, fac citiùs : ne calumniis obnoxia & inuisa senectus tua, maligna tempora, & funestos qui futuri sunt videat dies. Instat enim impiorum & locus & imperium : sine lege viuitur, sine lege regnatur, concutitur omnis Reipub. ordo. diffluunt antiqui mores, labitur disciplina omnis, coniuratæ armatorum & sicariorum manus in factionum præsidia* *disponuntur. legibus patriis, malorum omnium consensu, ferro vis paratur, aperte & impunè cum Deo ipso pugna committitur. Tu interim (ingrata cùm sint tua in Rempub. merita, atque in ea colligenda & componenda inanes conatus, idque boni omnes intelligant) magistratui cede: virtus enim tua inuidiæ obijcitur, parantúrque tibi insidiæ & vitæ & honoris: exploratores insuper & obseruatores sermonum ad latus habes, vt secundò naufragium tibi impingant, vtque totius benè transactæ vitæ honestatem conuellant, ornamentáque turpiter detrahant. Consilio domestico* ne vtere, nec te seculi huis desideriis frangi aut vinci patiare: sed tamen rebus tuis prospice, & familiæ consule. Bonum certamen certasti, cursum consummasti, in reliquo reposita est tibi corona à Domino.*

* Notez que les grands Magistrats doiuent se garder de leurs domestiques.

Hæc lugentes hortantur Amici.

V. ce que dit M. de Thou du President le Maistre au VI. liu. de son Histoire, tom. 1. p. 183. liu. XIII. p. 416. liu. XXII. p. 674. & 675. & particulierement au XXXIII. liu. tom. 2. p. 212. sous l'annee 1562. où il parle de sa mort, & de ses liures.

le Maistre Iean, p. 502. 509. 524. 526. 529. 556.

Pasquier liu. II. de ses Recherches ch. 3. p. 50. dit que M. Iean le Maistre, Aduocat du Roy au Parlement, assista au Conseil du Roy Louis XI. tenu en la Chambre des Comptes le 6. Auril 1491.

le Maistre Iacques, p. 575.

Malet Pierre, p. 505. 518.

Malaaisié, *

En vn Extraict d'vn Compte de Iean Luissier, Receueur general des Aydes pour la guerre. 1371. qui m'a esté communiqué par M. Vion Auditeur des Comptes, il est fait mention d'vn Maistre Iean Malaaisié Aduocat au Chastelet de Paris, 1370.

Mancheuelle, p. 505. 524.

Mangot Claude, Pere, p. 505. 518. 520. 521. 556.

Il paroist par les Poësies de Salmonius Macrinus, qu'il estoit son intime amy: car ce Poëte luy fait comme des remonstrances au VI. liu. de ses Hymnes, & au I. de ses Odes: comme aussi au II. il le prie de le reconcilier auec sa femme. V. son eloge au liu. de M. A. Mornac, intitulé, Feriæ forenses.

Mangot Iacques, Fils, p. 520. 537. 542. 556.

M. E. Pasquier luy a fait vn eloge au liu. IV. de ses Recherches, ch. 27. p. 409. qui se rapporte à celuy qu'a fait au mesme Personnage Sceuole de Saincte-Marthe, lequel fait aussi mention honorable de M. Claude Mangot son pere. Voicy ce que Pasquier en escrit de particulier. En l'an 1585. M. Iacques Mangot fut baillé pour compagnon à

M. d'Espesses, Aduocat du Roy, par la promotion de M. Augustin de Thou en l'Estat de President. Cettuy au sortir de son enfance auoit esté mis par ses pere & mere en la garde de M. Pierre Picheret, Docteur en Theologie, grand Personnage, tant en mœurs qu'erudition: lequel pour bannir de soy toute ambition, s'estoit confiné en vn arrierecoing de la Champagne. Là ce ieune enfant eut pour miroir ce saint objet, & depuis pour Præcepteur aux lettres Grecques & Latines M. Denys Lambin, Professeur du Roy en l'Vniuersité de Paris, & en Iurisprudence le grand Cujas. Il estoit Fils de M. Claude Mangot, l'vn des premiers Aduocats de nostre temps: sous lequel apres le retour des Vniuersitez, il voüa vn silence de quatre ans entiers, assidu en toutes ses consultations sans mot dire: & depuis se iettant au Barreau, fit reluire en luy vne ieunesse admirable entre les Aduocats, &c *M. du Vair parle aussi de luy au commencement de son Traitté de l'Eloquence en ces termes.* Quant à M. Mangot, l'Aduocat du Roy, il me fasche de parler de son eloquence. Car il alloit orné de tant & tant d'autres belles vertus, qu'il me semble que s'en taire, pour parler de celle dont il faisoit le moins de cas, ce seroit faire tort à sa memoire. Toutesfois ie reserue à vn autre endroit de luy rendre la loüange que sa singuliere preud'hommie & integrité merite, pour m'arrester maintenant à ce qui touche le subiet que i'ay entrepris de traitter. Nous estions venus au Palais ensemble. Si tost qu'il arriua on conceut de luy l'opinion qu'il a depuis conseruée, & en peut-on dire ce que l'on disoit de Phidias, qu'au premier ouurage qu'on vit de luy on commença en faire cas. C'estoit vn esprit fort clair, vn iugement fort sain, vne parole fort nette, sans fard, sans affectation. Il sçauoit beaucoup; entre ce qu'il sçauoit il choisissoit bien: toutesfois il me sembloit vn peu trop long, & n'auoit pas beaucoup de pointe. Ie croy que si nostre bon-heur nous en eust laissé iouyr plus long-temps, que l'aage & l'vsage y eust retranché ce qui sembloit redonder, & resserré ce qui sembloit trop estendu. *Il semble que ce M. A. Mornac, qui fait aussi l'eloge de M. Iacques* Mangot *dans son libelle intitulé*, Feriæ forenses, *remarque de luy en son Obseruation sur la loy 7. du Digeste* de his qui arbitrium receperunt, *deust estre attribué à* M. *Claude Mangot son Pere, le Fils n'ayant eu le temps d'estre employé dans les Consultations des Aduocats, à cause qu'il entra incontinent dans les Charges. Toutesfois il pourroit auoir assisté vne fois, quoy que ieune, à la consultation, de laquelle il est parlé en cet endroit, dont les termes sont tels*: Cùm accitus fuisset Io. Mosnerius olim Propræfectus Parisiensis, exauthoratus, mulctatusque insuper gestatione tædæ ardentis, cum Iac. Mangotio clarissimo, præfractique animi causidico, aliisque quibusdam primorib. togatis, vt de insigni controuerso negotio responsum darent, surrexit Mangotius, viso Mosnerio, inquiens sibi numquam fore cum infami, ad responsa simul de iure Gallico danda, consortium. M. *M. Iac. Pinon, Conseiller en la Cour, a fait quelques vers en sa loüange, lors de sa mort, qui sont imprimez en son liure* de Anno Romano, inter varia Poemata. *M. Ant. Loisel, dont le Fils aisné auoit espousé la niepce de M.* Mangot, *Aduocat general, luy fit quelques vers apres son decez, imprimez dans ses poësies, qu'il seroit trop long de mettre icy.*

En vn Extraict qui m'a esté communiqué par M. Vion, Auditeur des Comptes, intitulé, ex 2. Regist. Cart. Cam. incip. 1361. *il est appellé* Ioh. de Maresiis, *& y est parlé de son annoblissement, & de plusieurs dons à luy faits par le Roy. Froissart descrit sa mort en son Histoire, liu. II. ch. 130. V. aussi ce qu'en dit* M. *R. Choppin en son I. liu.* de sacrâ politiâ, *tit. 7. n. 28.*

Io. Maludanus en vne Epistre qu'il escrit à Lambin imprimée dans le liure intitulé, Epistolæ clarorum virorum, *p. 367. de l'edition de Lyon, de l'annee 1561. escrit de* M. *Gabriel de Marillac, ce qui suit,* Mariliacus Regius Patronus a. d. IX. Kal. Majas horâ quartâ pomeridianâ excessit è vitâ admodum Christiané. postridie funus duxerunt amici & propinqui sine vllâ pompâ, vt moriens iusserat: sed non sine omnium bonorum lacrymis. Desiderant etiam inimici nunc eius λόγους ἐπιχειρηματικοὺς καὶ βιαίους, καὶ χρειώδεις. Eo Patrono fiscum nemo vnquam dicere potuit, lienem: vt loquebatur olim Trajanus. In demortui locũ suffectus est Ridens: *il entend* M. *Denys Riant receu Aduocat du Roy en 1551. V. ce qui en a esté remarqué cy-deuant, pris de Ramus sous le nom de* I. Aubery, *& les Epitaphes de Guillaume &* Charles *de* Marillac *Pere & Fils composez par Est.* Pasquier *en ses* Poësies *latines.*

Il faut oster la note qui est à costé de son nom au Dialogue, ayant appris depuis qu'il estoit de la famille des Marillacs.

Il estoit fils aisné de Guillaume de Marillac *S. de Ferrieres en Brie, Surintendãt des Finances, & de Renée Alligret. Ses puisnez ont esté Louis de* Marillac *aussi S. de Ferrieres,* Michel de Marillac, *Garde des sceaux, & Louis de* Marillac *Mareschal de France: ses sœurs* Marie de Marillac, *femme de René Hennequin S. de Sermoise, Maistre des Requestes, & Valance de* Marillac, *femme d'Octauian Dony* Cheualier, *Baron d'Attichy.*

Il y a vn gros manuscrit de ses plaidoyers dans la Bibliotheque de defuncts Messieurs *Marescot, Maistres des Requestes, pere & fils.*

En vn extraict que m'a fait voir M. Vion Auditeur des Comptes, intitulé, Ex lib. III. Memorialium Cameræ Computorum signato C. *est escrit ce qui suit :* Dominus Henricus de Marlâ miles, primus in Parlamento Præsidens, electus, creatus & retentus Cancellarius Regis, vacante Cancellariâ, per lit. Reg. dat. 8. Augusti 1413. *Miraumont dit en son Recueil des Chanceliers qu'il fut esleu à l'Hostel de S. Paul, presens le Roy, les Princes de son Conseil, & le Parlement, & qu'aux Registres des Conseils de la Cour, il est appellé Henry le Cerque.*

I'ay appris de M. Broussel, Fils du Conseiller de la Grand Chambre, parent de ce Martineau, qu'il estoit Fils d'vn Conseiller de la Cour: il faut que ce soit Nicole Martineau, receu selon Blanchard le 11. Sept. 1544.

Il escriuit contre le liure de Fr. Hotman, intitulé, Francogallia, *auquel fut respondu par vn autre liure sous ce titre*, Matagonis de Matagonibus, Decretorum Baccalaurei, Monitoriale, aduersus Italo-galliam siue Antifrancogalliam Antonij Matharelli Aluernogeni. 1578.

Pasquier parle de luy en cette sorte en celle qu'il escrit à M. *Tabouret, Procureur du Roy au Bailliage de Dijon, au VIII. liu. de ses Lettres. p.* 505. Nous auons, *dit-il*, l'vn de nos Compagnons nommé M. Martin Mesnart, Personnage qui sçait bien faire le Palais autant que nul autre, & accompagné de toutes les bonnes parties, tant de l'ame que de l'esprit, que vous sçauriez desirer en homme, lequel se ioüe en cette façon de son esprit quand il peut, & le peut toutes & quantes-fois qu'il veut. Lors que les Huguenots chargerent les armes en l'an 1561. pour la defense de leur Religion, il fit ces deux vers, commençans chaque mot par R.

Rem, Regem, Regimen, Regionem, Religionem,
Restaurauerimus Religionicol*æ*.

Et parce qu'il appelle ces vers ascendans, d'autant que par forme de degré il fait monter chaque mot d'vne syllabe, il a voulu encores representer la beauté de cette gaillardise par ces six notes, Vt, Re, Mi, Fa, Sol, La, esquelles on va tousiours en montant:

Vt Regi *minimè faueamus, sollicitamur*
Lamentalibus sollicitudinibus.

Vous ne croiriez pas combien il a de pareilles gayetez, dont ie souhaitterois qu'il vous eust fait part; parce que vostre liure en seroit plus embelly.

M. A. Loisel le cite en ses Regles du Droict François, l. I. tit. 2. art. 10. de la premiere edition, disant que ce fut par son authorité & inuention que les femmes roturieres eurent priuilege de pouuoir renoncer à la communauté de leurs maris, ce qui n'estoit autresfois permis qu'aux veufues nobles. *Il estoit Pere de M. Henry de Mesme, dont Sceuole de Sainte-*Marthe *a mis l'eloge parmy ses Hommes Illustres, & que Passerat a celebré tant de fois comme son Mecenas en ses Poësies, & plusieurs autres de sa famille.*

M. A. Loisel dit en ses Regles de Droict François, liu. V. tit. 3. art. 16. de la premiere edition, qu'il auoit souuent oüy dire à feu M. l'Aduocat du Mesnil, Que les belles offres faisoient perdre les beaux procez. *M. Pithou, Conseiller en Parlement, m'ayant mis entre les mains depuis que les Ouurages de M. du* Mesnil *contenus en ce Volume, ont esté imprimez, les Conclusions qu'il prit & dressa au procez fait au President Allamant dont il est parlé en sa Vie, p.* 181. *&* 182. *& en son Apologie, p.* 244

414

I'ay crû que ie ne deuois pas obmettre de les donner au public en cet endroit, tant pour faire voir la seuere iustice de ce temps-là, qu'aussi pource qu'il y a quelque chose qui peut seruir à nostre Histoire.

CONCLVSIONS DE M. M. BAPTISTE DV MESNIL ADVOCAT DV ROY EN SON Parlement de Paris, Contre Messire François Allamant, President en la Chambre des Comptes.

VEV par moy le procez criminel fait & instruit à ma Requeste, contre M. François Allamant, President en la Chambre des Comptes, prisonnier constitué par Lettres patentes & commission du Roy, & renuoyé par ledit sieur en la Tour carrée de la Conciergerie du Palais pour luy estre son procez fait & parfait : premierement en la Cour des Aydes, & depuis en la Cour de Parlement; Les Requestes par ledit Allamant presentées à ladite Cour, afin d'estre receu appellant de sa capture & emprisonnement, & des iugemens contre luy donnez en ladite Cour des Aydes ; L'Arrest donné par ladite Cour le 23. iour de May 1561. Les procedures depuis faites & Arrests interuenus sur icelles; Les iugemens donnez en ladite matiere au Conseil Priué du Roy sur le reglement de Iuges, mesmement le dernier donné le 24. iour de Feurier 1563. Certain incident sur l'enterinement d'vnes Lettres royaux par moy obtenuës le 1563. tendant afin que les faicts par moy baillez par escrit pour faire interroger ledit Allamant suiuant ledit Arrest, fussent tenus pour confessez, & que les tesmoins examinez és informations faites & jointes au procez, fussent tenus pour confrontez, sauf ce que ledit Allamant les peust reprocher pour les raisons & moyens deduits esdites Lettres & au procez : surquoy les parties ont pris appointement au Conseil, & ioint ledit procez. Veuës aussi les responses faites par ledit Allamant sur lesdits faicts pardeuant aucuns de Messieurs à ce commis & deputez, Les productions de lettres par moy faites, concernant tant la forme que la matiere de ce procez, Les informations tant anciennes que recentes, faites & jointes en iceluy; Les productions faites par ledit deffendeur, defendeur afin de sa iustification; Certains incidens sur l'enterinement de plusieurs Lettres patentes tant en forme de relief d'appel que simple reliefuement ou restitution en entier par moy obtenuës és mois de Ianuier & Feurier 1560. Autres lettres en forme de Requeste ciuile du mois d'Octobre 1564. Sur toutes lesquelles Lettres obtenuës par moy contre les iugemens de prouision desquels s'aide ledit Allamant mentionnez esdites Lettres, les parties ont esté appointées au Conseil & joint au procez; & semblablement sur autres lettres en forme de Requeste ciuile obtenuës par ledit Allamant cõtre lesdits iugemens de la Cour des Aydes; Autre incident deuëment instruit sur la saisie des Greffes & Tabellionnages de Vermandois faite à ma Requeste par vertu des Lettres patentes de la reünion generale du Domaine du Roy, & opposition formée à icelle tant par ledit Allamant que par M. Iean de Prast & Loys Pocquet; & tout ce qui a esté fait & joint audit procez à moy communiqué par ordonnance de ladite Cour; & sur ce prins aduis de plusieurs personnes à moy ordonnez par le Roy pour conseil en cette cause. *

** Monsieur M. Baptiste du Mesnil Rapporteur qui dressa les presẽtes: Messieurs du Gué Aduocat du Roy: Bocheron, Procureur general: Fauier Aduocat du Roy aux Generaux de la Iustice des Aydes: Mes Ange Coignet & Philbert de Longuejoë, Substituts de Monsieur le Procureur general Bourdin, recusé en cette cause: cõme aussi estoit Monsieur l'Aduocat du Roy Boucherat. C'est le Conseil qui donna aduis en cette cause.*

Ie requiers pour le Roy que ledit Allamant soit debouté des Requestes par luy presentées a fin d'estre receu appellant de ses capture & emprisonnement, & subordinement declaré non receuable en sesdites appellations: semblablement soit debouté de semblables Requestes par luy presentées contre les procedures & iugemens contre luy donnez en ladite Cour des Aydes, & subordinement declaré non receuable tant ausdites appellations que Lettres en forme de Requeste ciuile pour ce par luy obtenuës, & que en enterinant lesdites Lettres par moy obtenuës du iour de 1563. soit dit que les faicts par moy baillez par escrit pour interroger ledit Allamant suiuant ledit Arrest interlocutoire, seront & demoureront pour confessez & auerez, en ce que ledit Allamant n'y auroit cathegoriquement respondu, ains auroit passé par nonsçauance, remise, & dissimulation: Et mesmement en ce que pour le regard d'iceux se trouuent lesdites responses par luy faites de uant lesdits sieurs Commissaires contraires à ses autres escrits trouuez en sa possession & aux piecez produites au procez, & que les tesmoins examinez ez informations soient tenus pour confrontez, & ledit defendeur exclus de tous reproches, tant pour auoir par mauuais & illicites moyens descouuert, & eu copie & communication desdites informations & autres pieces secrettes du procez, interuerty les missiues du Roy & de ses Officiers escrites pour l'instruction dudit procez, que pour auoir illudé & esuadé les poursuites contre luy cy-deuant commencées par recusations, appellations, & euocations, & autres especes de tergiuersations, mesmement auoir protelé cette presente poursuite par sinistres façons l'espace de cinq ans, pendant lequel temps les tesmoins se sont esuadez, absentez, escartez, ou decedez: & est tellemẽt le secret du procez découuert qu'il n'y a moyen d'en esperer aucune accession de perfection legitime: en tout cas soient lesdites informations receuës & tenuës pour valables & effectuelles pour seruir & aider aux preuues literales. Semblablement soit dit en enterinant lesdites Lettres des mois de Ianuier & Feurier 1560. & Octobre 1564. que sans auoir esgard aux iugemens, actes, & prouisions y mentionnez, dont il s'aide à present, sera procedé au iugement du present procez, comme estans lesdits actes, prouisions, & iugemens remplis de plusieurs nullitez, & d'abondant poursuiuis & pratiquez par iceluy Allamant, par le moyen & occasion des delations, impressions, suggestions doleuses par luy faites & exercées du temps & regne des feus Rois François I. & Henry II. sans forme valable, legitime & ordinaire, & sans subsistance de vray ou certain fondement, & autrement par dol, surprinse & precipitation amplement descouuertes audit procez: pour lesquels moyens seront icelles prouisions, actes, & iugemens cassez & adnullez, soit par voiё ou forme d'appel, restitution en entier ou Requeste ciuile, suiuant le contenu desdites Lettres.

Que pour les causes & occasions deduites audit procez sera ledit Allamant condamné & contraint à payer & rendre au Roy les sommes qui ensuiuent. Premierement, la ſomme de quarante mille cent quatre-vingt dix liu. ſix ſols tournois qu'il s'eſt fait aſſigner par le Roy, partie ſur leſdits Greffes & Tabellionnages de Vermandois, partie ſur le ſel ſaiſi ſur les marchands condamnez en la Chambre d'Anjou, combien que ladite debte n'ait eſté aucunement deuë au pere dudit Allamant, & où deuë auroit eſté (que non) le Roy en ſoit & ait eſté parfaitement deliuré, liberé & acquitté, tant naturellement que ciuilement, par payement, acceptation verbale & eſcrite, & autrement, deuëment: meſmement qu'ainſi a eſté iugé & prononcé au profit du Roy ſur les pourſuites & productions faites par ledit Allamant, pardeuant certains Commiſſaires deputez à ſa Requeſte par le Roy, pour ſur ce donner aduis en l'an 1539. & depuis en l'an 1542. par deux iugemẽs donnez en la Chambre des Comptes. Auſſi que par le contract de l'an 1535. produit au procez eſt expreſſement ſtipulé pour le Roy, que moyennant le contenu en iceluy le Roy demoureroit quitte de ladite partie, ſoit que l'augment de deux cens mille liu. mentionné par ledit contract aduint ou non, en rendant le recepiſſé du Preuoſt ſeulement; & en conſequence de ce, ſoient leſdits Greffes & Tabellionnages declarez reünis au Domaine du Roy, & ledit Allamant condamné à rendre les fruicts & profits d'iceux depuis ladite alienation & aſſignation, comme ayant eſté faite induëment & ſans cauſe, & contre leſdits aduis & iugemens.

Plus ſoit ledit Allamant condamné à rendre & reſtituer au Roy la ſomme de quarante huict mil liures indeuëment & à tort par luy perceuë ſur les plus clairs deniers des Gabelles & du quart*, tãt pour ſoy que pour ſes miniſtres, à cauſe de ſon pretendu contrerolle general pour les années 1536. 37. 38. & 39. comme eſtant l'erection dudit contrerolle, & le contract fait à l'inſtant d'iceluy audit an 535. remplis de pluſieurs vices & iniquitez manifeſtes, tendans à l'oppreſſion du peuple & charge des Finances du Roy, & à publique infamie, & encores plus mal & iniuſtement executez; & neantmoins n'ayant eu effect ny ſuccez tel qu'il eſtoit promis par ledit Allamant, ainſi que diſertement portent lesdits aduis & iugemens de la Chambre des Comptes, & autres iugemens donnez en ladite Chambre, tant és années 1537. & 538. sur la verification desdits contracts & contrerolle, que depuis sur les comptes des Grenetiers & Receueurs du quart.

Soit aussi ledit Allamant condamné à rendre au peuple de l'Eslection de Chasteaudun la somme de quatorze cens soixante deux liures tournois indeüement tirée & exigée dudit peuple en l'an 1537. pour d'icelle somme estre ledit peuple soulagé en la cottisation de leurs Tailles, & a cette fin soit ladite somme mise ez mains du Receueur des Tailles pour estre rabatuë au peuple sur le premier quartier de ladite Taille, & au surplus le Roy tenu quitte de la somme de dix-sept cens liures pretendüe plus mise que receuë audit voiage de Chasteaudun par le pretendu compte de ce rendu par M. Pierre Binet produit au procez. Et outre soit ledit Allamant cōdamné à rendre la somme de deux mille cens soixante & huict liures, mentionnez par ledit compte auoir esté par luy & ses ministres receuë & exigée en autres lieux & endroits mentionnez audit compte, en entreprenant l'Office de iudicature contre & outre l'establissement de son pouuoir qui le constituoit partie & instigateur, quoy que ce soit inquisiteur & rechercheur seulement.

Plus, soit ledit Allamant condamné à rendre & payer au Roy la somme de trente mille liu. ou enuiron pour les contrauentions faites à l'Ordonnance par feu son pere & luy associez & commis au fournissement du grenier à sel de Loudun, & sous couleur & pretexte d'iceluy; mesmement au transport du sel du pays de quartaige en pays de gabelles, & ventes faites sans auoir eu pris du General * de la charge, & autres maluersations plus amplement specifiées par articles reuenans à ladite somme, en la demande contre luy faite en l'an 1552. en ladite Cour des Aydes, en laquelle il persiste.

Que ledit Allamant soit condamné à rendre au Roy la somme de cinquante deux mille quatre cens trente quatre liures quatre sols neuf deniers couchée sous son nom ez comptes de la commiſſion de la Chambre d'Anjou pour les gages de ſon pretendu contrerolle, à ſçauoir douze mille liu. pour les années 40. & 41. & le ſurplus pour les années ſubſequentes qu'il vacqua à ladite commiſſion, combien que les contrerolle à ſix mil liu. de gages fut expiré des l'an 1537. du moins en l'an 539. & qu'il n'ait rien fait ez années 540. & 41. & que pour les années ſubſequentes il n'ait eu mandemẽt ny ordonnances du Roy pour auoir tels gages par an pour le faict de ladite commiſſion : ains au contraire ſe fuſt le Roy reſerué de luy faire & ordonner telle taxe qu'il verroit eſtre à faire, comme il eſt porté par Lettres patentes de l'an 1542. produites au procez, ſelon leſquelles ont eſté rayez leſdits gages par Meſſieurs des Comptes, en procedant à l'examen des comptes de ladite commiſſion, joint les mauuais & pernicieux effects & yſſuës de ladite cõmiſſion, qui a plus merité de blaſme & punition que recompenſe de gages. Et par meſmes moyens ſoit ledit Allamant condamné rendre au Roy les autres deniers qu'il a receus pour ſeſdits gages durant ladite commiſſion ſur l'Eſpargne, ſuiuant la commiſſion & aſſignation qu'il en obtint en l'an 1548. à raiſon de ſix mille liures par an iuſqu'au iour de ſa promotion en l'Office de Preſident, qui ſont deux années valans douze mille liures pour le moins.

Plus, ſoit condamné à rendre ou faire effectuellement rendre au Roy par M. Nicolas Hardy, Receueur de cette commiſſion, le prix & valeur de cinquante trois muids vnze ſeptiers trois minots de ſel qui ſe trouuent par leſdits comptes auoir eſté interceus & eſgarez ſur la quantité du ſel ſaiſi ſur les marchands. Dauantage, ſoit condamné à rendre ou faire effectuellement rendre au Roy la ſomme de deux cens mille liures pretenduës employées au payement de certaines nulles, & non veritables ou non valables debtes pretenduës ſur le Roy, comme ayant eſté autheur, promoteur & moyenneur de les faire aſſigner ſur le ſel ſaiſi ſur leſdits marchands, où le Roy auoit ſon droict de gabelle ; & meſmes ſoit condamné à rendre au peuple ſubjet aux greniers de la Generalité d'outre Seine, & Yonne, l'outre plus du prix auquel il a vendu en certains greniers de ladite Generalité le sel qui luy fut deliuré, pour sa pretenduë debte & deniers fournis pardessus le prix auquel luy auoit esté faite ladite deliurance, ainsi qu'il appert par lesdits comptes, pour estre ladite somme mise ez mains du Receueur des Tailles, & employée en l'acquit du peuple comme dessus. Aussi soit ledit Allamant condamné à rendre ou faire effectuellement rendre au Roy par ledit Hardy la somme de vingt-quatre mille liu. dont le Roy a esté fait debiteur par vne closture des comptes de ladite Chambre d'Anjou, apres vn restablissement de ladite somme, laquelle toutefois auoit esté rayee auparauant, parce qu'elle procedoit de dons faits & assignez sur ladite commission, plus que le fond d'icelle ne pouuoit porter: & neantmoins a t'on fait payer au Roy qui est à present regnant, ladite somme, sur les plus clairs deniers de ses Finances.

Outre plus, soit ledit Allamant condamné à rendre les sommes de douze mille six cens soixante & quinze liu. tournois qu'il se trouue s'estre fait particulierement donner & assigner sur l'Espargne pour ses dilations particulieres desguisées, sous pretexte de sa vacation au faict du sel, comme il appert par l'extraict fait des comptes de l'Espargne produits au procez. Semblablement soit condamné rendre & payer au Roy tous les frais faits par ledit Seigneur au faict de l'essay dernier pour l'experience des dechets, montant à la somme de vingt mille liu. comme il appert par extraicts produits au procez: & mesmement ce qu'il s'est fait bailler & payer pour les vacations de luy & de ses adjoints en ce negoce, comme ayant esté lesdits frais faits inutilement & sans effect par le dol dudit Allamant, lequel aussi par sinistres moyens a fait reduire à neant tant le premier essay que ce dernier, comme il appert par le procez.

Plus, que ledit Allamant soit condamné rendre & payer au Roy la somme de six mille tant de liures dont luy & ses associez sont demourez redeuables au Roy à cause de l'achapt du sel fait par eux dudit sel en l'an 1544. à tout le moins sa part & portion de ladite somme montant deux mille deux cens tant de liures, comme il appert par l'extraict des comptes de Marcel produit au procez. Plus, soit condamné à rendre les mille escus qu'il a induëment prins des Estats de Poictou, Guyenne, & autres, pour la suppression de la Gabelle audit pays.

Que ledit Allamant soit condamné rendre & payer au Roy la somme de trente-sept mille cinq cens treize l. treize sols couchez en despense rayée & non alloüée au compte rendu de la commission de la chambre de la Royne par M. Simon Marchal son parent, & duquel il a esté caution ou fideiusseur, ou en faute de l'auoir fait deuëment cautionner; mesmement pour l'auoir fait retirer, cacher & occulter, & iceluy supporté & tenu tousiours en esperance & promesse de le faire descharger: aussi pour estre generalement toute la despense dudit compte*, horsmis ce qui a esté payé aux Sieurs & Dames d'Aumalle & Boüillon en partie inutile & iniuste, & en partie tombée au profit de luy & des siens contre la prohibition de la Loy & de l'Ordonnance, attendu la qualité dudit Allamant, Par mesme moyen, soit condamné rendre au Roy tout ce que à luy & aux siens se trouue auoir esté payé par M. Loys Mestant dit Cheuenelles second Receueur des deniers de ladite commission, & durant icelle, pour les causes & occasions que dessus. Aussi soit condamné à rendre les sommes qu'il s'est fait assigner par le Roy pour les espices de ladite Chambre des Comptes à luy picquées à faute d'auoir seruy en icelle, en laquelle il se trouue n'auoir fait que vingt-sept entrées en cinq ans & demy.

Que Madame la Duchesse de Valentinois sous la faueur de laquelle & sous le nom des Sieurs & Dames ses gendres & filles ont esté prins & obtenus les dons des choses poursuiuies en ladite cõmission de la chambre de la Royne, & qui s'est entremise de l'erection, estat & conduite de ladite commission, soit contrainte rendre, fournir & restituer au Roy les deniers tirez & reuoquez de son Espargne & Finances, & de ses Receueurs generaux & comptables, lesquels deniers l'on a voulu pretendre estre comprins esdits dons: aussi ce qui a esté tiré & perceu indeuëment des restes des de deniers leuez sur le pays de Guyenne, tant pour la suppression de la gabelle, que extinction de quart & quint, demy quart & quint, & officiers d'iceux, cōme n'estans les choses susdites subiettes à dons, parce qu'elles procedent en la plus part de l'alienation des plus anciennes fermes du Roy & de son Domaine.

Plus, soit ladite Dame contrainte à rendre au peuple de la riuiere de Loire, pour leur seruir comme dessus, la somme de quinze cens escus & autres deniers tirez par le moyen de la composition & poursuites des soixante & six sols huict den. tournois, comme chose qui a appartenu au peuple, en cas que les marchands en fussent debiteurs & tenus faire ledit rabais.

Plus, soit ladite Dame contrainte de rendre la somme de soixante & seize mille liu. procedez de la condamnation du Godail, Receueur d'Agenois, comme estant son don de la partie contre l'Ordonnance: & quant à la repetition du surplus des deniers tirez de cette commission au profit desdits Sieurs & Dames, que Remonstrāces tres-humbles soient faites au Roy de la nature & qualité desdits dons & choses donnees, des Ordōnances, & autres raisons touchées au procés, qui empeschoient & empeschent la validité d'iceux, du deffaut de leur verification & liquidation prealable en la Chambre des Comptes suiuāt l'Ordonnance, de la necessité publique qui lors estoit & à present continüe, pour sous le bon plaisir dudit Seigneur en estre faite poursuite par moy selon & ainsi, & contre qui par led. Seigneur sera ordonné, attendu que ie suis deuëment instruit & aduerty que l'on a fait instance au Roy & son Conseil, d'auoir validation desdits dons; ce qui n'a encores esté accordé ny resolu, qui soit venu à ma cognoissance.

Que pour tollir & expier l'infamie publique desdites commissions de la Chambre d'Anjou & de la Royne, que l'on voit par le procez auoir esté non seulement superflües & inutiles, estans les iurisdictions & puissances ordinaires plus propres & conuenables à doucement traicter & conduire par honneur & sans frais telles matieres; mais aussi remplies

remplies de plusieurs marques de corruption & illusion de Iustice, & mesmement composées en la plus part de ministres conjurez à la deuotion, tant du directeur (nom emprunté pour desguiser vn delateur) que de ceux ausquels le profit estoit deuoüé & dedié des l'entrée & erection de telles commissions, auec lesquels ils participoient en profit, peruertissans tout ordre de Iustice, au grand mespris & opprobre d'icelle, tant en ce Royaume que dehors, dont est encores la memoire recente : & pour plusieurs autres causes resultans du procez ; Soit dit lesdites commissions auoir esté mal & doleusement poursuiuies, faites, dressées & executées à la Requeste & poursuite dudit Allamant, au sçandale & illussion de Iustice, oppression du peuple, offence de la Majesté du Roy, charge & foule des finances dudit Seigneur ; & que pour obuier à l'aduenir à telles & pernicieuses commissions, soient de ce faites amples & tres-humbles Remonstrances au Roy en sa personne & en son Conseil, si tost & plus commodement que faire se pourra, & que en la premiere assemblée qui sera faite de la Cour, ou par expres de cet affaire, ou pour autres, soient sommairement representées les fautes & illusions susdites, à ce que si telles cõmissions extraordinaires se presentoient cy-apres, il plaise à la Cour de continuer à faire instance enuers le Roy de les reuocquer & rejetter comme tousiours elle a fait cy-deuant ; & que defenses soient faites à Messieurs estans du corps de la Cour, de laisser leur seruice otdinaire pour y vacquer, selon qu'il fut deliberé à l'entrée de l'erection de ladite commission en la Chambre de la Royne, & que de ce soit fait fait Registre.

Au surplus, attendu que par le procez il se peut recueillir que ledit defendeur a commencé le train de ses premieres actions à opprimer le peuple & le particulier, interuertir les droicts & finances du Roy, comme il appert par l'introduction nouuelle, & continuation d'vne charge d'vn pretendu droict de gros sur les marchands de Poictou, qui anciennement n'auoit eu cours ; plus en la fourniture du grenier de Loudun, transmission de sel de quartaige en gabelles, vente de sel sans prix du General, establissement ou restablissement des demy quart & quint ; que depuis il est entré en perpetuelle & continuelle fonction de delateur pour le faict du sel, auecques calomnies, peruersion & illusion de Iustice, & sous noms supposez & desguisez, à sçauoir du Contrerolleur general, inquisiteur & reformateur sur le commun peuple, qui est autant à dire que delateur, ayant neantmoins entreprins de faire acte de Iuge & partie à son profit subsequemment sous le nom & titre de directeur, c'est à dire delateur ez Chambres d'Anjou sur le marchand & l'officier du sel ez Generalitez d'outre. Seine & Yonne, Bourgongne & Normandie, & en la Chambre de la Royne sur le peuple, l'officier, le marchand, & le fournisseur de sel, & proprietaires des marais sallans, & ce sur les pays de la riuiere de Loire, & de toute la Guyenne, auec eslection, conuocation & remotion de Iuges, officiers & ministres à son plaisir, erection de commissions extraordinaires, exclusion de toutes puissances ordinaires, priuation de remedes d'appel & recusation, constitutions & impetrations de formes & façons de iuger & proceder nouuelles & exorbitantes de droict commun, qui se trouuent faites & dressees de sa main & inuention, excitation & prouocation de l'ire, colaire & indignation du Roy sur ses subjets, par lettres missiues, paroles vehementes, persuasions suggestions, extraicts supposez faits sans ouyr partie ; reticence du droict des poursuiuis, recellation * & cassation induë de ce qui faisoit à leur descharge.

Plus, auec destournement de la benignité du Roy, oppugnation d'icelle, contradiction aperte à l'ouuerture de sincere Iustice, choix & eslection de personnes & matieres à poursuiure esdites commissions selon les passions & affections, omissions & remises faites pour causes semblables & pour se perpetuer en telles charges, compositions, escartemens ou aduancemens de procez criminels à son plaisir, ainsi qu'il se trouue au faict de la forest & taillineau pour vn endroict & en plusieurs autres endroicts desdites commissions des Chambres d'Anjou & de la Royne. Plus, auecque vsance & pratiques de violentes executions auant iugement, condamnation ou cognoissance de cause, mesmes sur la veusue & le pupille, du faict de leurs pretẽdus predecesseurs, parens ou associez, entreprinse de tenir forme de Iustice par luy ses valets & suiuans, allant ou passant en tous lieux, garny de commissions, mandemens & substitutions, sousmission de particulier delateur sous main; captations de tẽps des personnes, des regnes & faueurs, pour paruenir à ses desseins & intentions, & icelles conduire & continuër; Que hors le faict de sel il a entreprins & conduit delations generales & particulieres pour le faict des finances & autres contre plusieurs personnes, dont ne s'est ensuiuy aucun effect apparent au public, cõme contre defuncts le sieur de la Bourdaiziere, les Boyers, la Duchesse d'Estampes, Ioubert, & autres; Que pour se cuider deliurer de l'enuie & diffamation publique, il a opposé aux poursuiuis, & s'est couuert de personnages pauures, suspects, & mal renommés, vsant toutesfois non seulemẽt de leurs ministeres, mais aussi de leurs memoires; à sçauoir Denys Marquet, André le Roy, Louuel, Marchal, Brossant, Gorin, & autres: Que toutes ses poursuites ont tendu à la foule du peuple, & ont esté remplies d'infamie publique, sans aucun faict ou effect de reformation; mesmement pour le faict du sel y a eu tels remumens, changemens, variations de forme d'estat, d'Officiers, Intendans, Edicts & Ordonnances, que tousiours depuis le sel a esté vendu à plus haut prix & plus mal fourny au peuple qu'il n'estoit anciennement. Que outre ce que dessus le Roy a fait perte en ses finãces, inestimable, durant tout ce temps, tãt en deux reuoltes du pays de Guyenne aduenües en 1544. & 549. qui ont infiniement cousté au Roy, & ont mis (sinon tout) à tout le moins la quarte partie du Royaume en danger. Qu'il y a eu deperissemẽt, perte & esgarement de droicts de Gabelle, & de quart ez années 41. 42. 43. 44. & autres, iusques à 47. qui reuiennent à perte de deux millions d'or pour le Roy: semblablement par multiplication d'Officiers en aucun temps, suppressions en autre, restitutions ou restablissement en autres: ioint les frais excessifs qu'on a fait porter au Roy pour raison des choses susdites. Et enfin apres auoir remis partie des choses en quelque forme du premier estat par addresses & diligences d'autres que luy, neantmoins s'est trouué & se voit à present que le Roy n'a plus en la Guyenne ny quart ny quint, ny demy quart ny demy quint: dequoy ledit Allamant est certainement conuaincu d'estre autheur & promoteur; quoy que soit, est en iuste reprehension d'y auoir fait tres mauuais & inique deuoir. Que de toutes les delations, recherches & commissions dudit defendeur, le Roy n'a eu fruict, profit n'y amendement; au contraire sont toutes tournées au profit de luy & des Sieurs & Dames qui ont eu credit & faueur à l'entour du Roy, ausquels il s'est dedié pour son auarice & ambition, delaissé le public si auãt, que de minuttes & memoires de dons à demander sur les poursuittes dont il estoit ou seroit directeur, & auant qu'elles fussent congnues, iugées ny liquidées, mesmement au faict des Finances, a descouuert les secrets des Comptes, & des droicts & finances qui deuoient venir & retomber en l'Espargne du Roy durant les guerres & necessitez publiques: & signamment luy estant Officier dud. Seigneur & President en sa Chãbre des Cõptes, en lieu de conseruer au Roy ses Finances, les a fait tomber és mains desdits Sieurs & Dames par dons, concessions reïterées & augmentées de temps en temps, dont a entrepris ou s'est fait bailler la promotion & direction, delation & recherche, qu'il a fait conduire partie sous le nom & authorité du Roy, partie par estats, mandemens & superintendances desdits Sieurs & Dames, desquels il a osé prendre deniers & gages, tant par luy que par les siens, outre ceux qu'il s'est fait payer sur le Roy, à cause de son Office, comme s'il eust iceluy exercé.

Qui plus est, a fait tirer des coffres & Espargne du Roy ses deniers, pour les faire entrer & passer sous lesdits dons qu'il a fait augmenter & declarer selon les occurrences, & y comprendre plusieurs choses qui ne pouuoient estre appliquées ailleurs qu'au Roy, au public & au peuple; en tout cas ne se pouuoit pour sa qualité entremettre de la poursuite d'iceux, quelque dispense qu'il eust eu du Roy: joint qu'il commença à y vacquer long-temps auant ladite dispense, & auparauant que lesdits dons feussent verifiez & liquidez deuëment selon l'Ordonnance. De toutes lesquelles choses appert, mesmes par ses confessions & missiues qui tesmoignent sa declaration de s'estre opposé au public, au peuple & au particulier, & oublié toutes choses : c'est à dire Dieu & le Roy, pour faire seruice ausdits Sieurs & Dames, desquels il se dedie vnicque seruiteur, combien que escriuant au Roy il tienne langaige d'auoir laissé & offensé tout le monde pour son seruice : & neantmoins il se voit au procez qu'il a deceu & tenu sous pied lesdits Sieurs & Dames, iusques à s'en ressentir picquez, & en faire plainte. Que pour son regard il se voit par le procez qu'en toutes ses delations & recherches, il a suiuy & descouuert son auarice & ambition, mesmes par traictez, escrits, comme au contract de l'an 1535. cy-dessus mentionné, portant obligation de tirer du peuple deux cens mille liures qui est somme certaine dedans certain temps, à la charge d'en auoir quarante mille, & six mille liures de gaiges à prendre pour luy, & autant pour en disposer à plaisir, lesquels gaiges il s'est fait continuer long-temps, combien que ce soit somme telle & si excessiue que iamais Officier en France n'en eut de telle. Plus, se voit en cette paction vne stipulation *de quotâ litis antè negotium ceptum*, accompagnée de traict de Iustice, qui le rend conuaincu d'auoir fait ensemble estat de Iuge, partie, & executeur; comme en pareil se voit en autre traitté, contenant stipulation d'auoir vingt mille liures auant que commencer sa commission de la Chambre d'Anjou, & autres vingt mille liures apres auoir fait venir au Roy deux cens mille liures : & en la commission de la Chambre de la Royne auoir fait & interposé conuention du tiers ou moitié : ce qu'aussi il a demonstré en la façon de ses poursuites, par lesquelles il a escarté & estrangé tous ceux qu'il a pensé luy pouuoir nuire, iusques à vouloir seul entreprēdre le train & faict du sel en ce Royaume pour en faire vnicquement profit excessif sur le Roy, & sur le peuple, comme le tesmoignent les ventes du sel à luy deliuré, de celuy des marchands qu'il stipula pouuoir le le faire à plus haut prix sur le peuple que le sel ne luy auoit esté deliuré, ce que de faict il fit en l'an 1543. le contract fait auec le Roy en l'an 1544. l'entreprise faite auec les Foulries* en l'an 1545. l'entreprise auec Bernard & des Italiens l'an 1547. mesmes qu'il a osé soustenir en sa personne, ce qu'il a fait reprehensible aux autres, comme appert par la cōference dudit contract faict par luy auec le Roy l'an 1544. & celuy de Guillaume le Gras, & autres marchands de Paris en l'an 1545. Ce que pareillement apparoist en ce qu'il a rechassé tous ceux qui l'ont peu descouurir, ou voulu assaillir, & tiré à soy tous memoires & papiers, afin d'estre vniquement recherché: & quant l'on l'a voulu attacher en Iustice, il s'en est saulué par recusations, euocations, commissions extraordinaires, protellations, surprinses, où pour dernier refuge s'est fait deliurer par intercession & faueur desd. Sieurs, par inuention & euiction de commission pour tirer deniers & & faire venir eus au profit desdits Sieurs & Dames. Tellement que sa domination a continué l'espace de vingt-cinq ans, de l'yssuë de laquelle se peut voir que durant les necessitez publiques, dont l'affliction & charges insuportables sont retombées auiourd'huy sur le Roy & sur le peuple, lesd. Sieurs & Dames ont tiré du Roy, & du peuple, & du particulier, par le moyen & ministere dudit defendeur cinq ou six cens mille liures, & luy deux cens mille liures sans ce qui est couuert & caché par ses subtilitez & pratiques, & est peruenu audit Estat de President, qui est des plus grands de ce Royaume: & quant au Roy il a enuiron 40. ou 50. mille liures pour sa part & non plus, qui ont cousté trop cher à luy & à son peuple. En quoy ledit Allamant a commis plusieurs peculats, repetundes, & sacrileges sur le Roy, & exactions sur le peuple, qui ne sont pas seulement de la qualité cōmune & ordinaire de tels crimes; mais sont qualifiez pour auoir esté faits par vn Officier du Roy commis à contreroller & rechercher autruy, & outre adumbrez de manteau, pretexte & couleur de Iustice, sous lequel neantmoins il a deferé plusieurs personnss de semblables fautes; qui sont crimes capitaux deuëment iustifiez, partie par preuues literales, partie par presomptions si violentes, qu'il n'est possible de plus: comme aussi sont lesdites contumelies & reïterées declarations que les anciennes constitutions de toute Republique Hebraïque, Grecque, Gallique, Romaine, & Françoise, ont puny de peine publique & capitale, mesmement quant telles declarations ont esté mal dressées & conduites, & contre vn peuple, corps, college, ou partie de Republique, signammẽt contre la marchandise; & encores plus quant leur yssuë tourne au dommage du Roy, du peuple & particulier, & vnicquement au profit des priuez & du delateur, & au temps de la necessité publique. Toutes lesquelles choses l'on voit concurrer en ce cas, que en son particulier il a vsé d'entreprinse sur le bien d'autruy par violences, surprinses & pratiques indeuës, a recullé & diuerty toutes poursuites qui ont esté contre luy faites, mesmement par vne euocation generalle, telle qu'onques Prince en France n'a eu ny voulu desirer, de laquelle il a estrangement & iniquement vsé à la vexation, tourment & affliction de ceux desquels il a occupé le bien, ou qui ont eu autres affaires à luy; mesmement par façon coustumiere de recusations & variations d'icelles, dont reluit vne des plus grãdes & estranges illusions de Iustice que oncques fut iamais veuë, laquelle aussi particulierement apparoist en la conduite de cette cause ou accusation qui a esté protelée cinq ans en la façon que la Cour peut congnoistre. A quoy se doit joindre la diffamation de sa conduite enuers sa femme & domestiques, l'institution & introduction de son fils en tels arts & artifices dont il a vsé; en quoy iceluy Allamant monstre de sa part telle perseuerance encores de present, tant pour se redimer que pour vexer autruy à l'affliction & perte de l'Estat, du Roy, & de son peuple, qu'il n'y a esperance quelconque que iamais il delaisse ce train & façon de viure, auquel il s'est si auant plongé. Pour lesquelles raisons & occasions, crimes & charges, & autres prouués & resultans par le procez.

Ie requiers, qu'il soit condamné à faire amende honorable à Dieu, au Roy, & à Iustice sur le perron des degrez

Mondin

En la Legende de M. Iean Poisle Conseiller en Parlement, p. 51. il est fait mention d'vne cause que plaida Mondin Aduocat, le 9. Feurier 1571. pour la rescision d'vne obligation d'vn accusé prisonnier, dont on pretendoit qu'auoit profité Poisle. I. Ed. du Monin in Apophoretis Catullianis, *p. 236. sur* Cl. Mondineus Aduocatus Parisinus, *fait cette Anagramme,* Sol vnicus mundi ades, *& en suite quelques vers qu'il luy adresse.*

Pasquier en sa lettre à M. Robert, p. 528. le nomme parmy ceux qui furent commis par le Parlement pour la reformation de la Coustume de Paris. Sceuole de Sainte-Marthe, liu. V. de ses Eloges, met en vn les Eloges de ces deux François Pere & Fils, & de Nicolas de Montelon, où il dit particulierement du Pere, que luy seul entre tous les Aduocats de son temps, eust la hardiesse d'entreprendre la cause de Charles de Bourbon contre François I. & Louise de Sauoye sa mere, & de la plaider en plain Parlement en leur presence, dont le Roy estima si fort la vertu & l'eloquence, qu'il le fit depuis Aduocat general, puis President au Mortier, & finalement Garde des Sceaux. M. A. Mornac fait aussi l'Eloge du Pere & du Fils ensemble, en son petit liure intitulé, Feriæ forenses. *V. les quatre vers de Rapin au I. liu. de ses Epigrammes de* Franc. Montolone Galliar. Nomophylace

En vn extraict qui m'a esté communiqué par M. Vion, Auditeur des Comptes, intitulé, Ex lib. III. Memorialium Cameræ Computorum, signato C. *il y a,* Magister Philippus de Moruillier primus Presidens Parlamenti per lit. Reg. dat. 21. Iul. 1418. *V. Miraumont, liure du Parlement, & des Chanceliers.*

O

I'ay recueilly de son Oraison funebre prononcée à S. Germain de l'Auxerrois le 29. Auril 1560. qu'il estoit Parisien, fils de Messire Iacques Oliuier premier President du Parlement de Paris, & de Damoiselle (c'est ainsi qu'elle est appellée) Geneuiefue *Tulleu, fille de la sœur de Messire Iean de Gannay , Chancelier de France sous Charles VIII. & Louis XI. Qu'il auoit hanté le Barreau sous M. Guillaume Poyet lors Aduocat , & depuis Chancelier de France, auec lequel il s'estoit mis ; puis fut Conseiller au grand Conseil, & en suite Chancelier de la Reine de Nauarre, Duchesse d'Alençon ; puis Maistre des Requestes; & apres President au Mortier. Fut enuoyé en ambassade auec le Cardinal du Bellay vers les Princes Electeurs de l'Empire, tenans leur Diete à Spire l'an 1543. mais l'Empereur les empescha d'y aller, ne leur permettant pas de passer Nancy. Finalement a esté Chancelier de trois Rois, François I. Henry II. & François II. Le pretexte d'vne maladie de veuë luy fit donner congé sous Henry II. de se retirer de la Cour en sa maison, où il vescut doucement enuiron dix ans auec ses liures & amis, prenant entre autres choses grand plaisir à la lecture de Philon Iuif. Mais estant rappellé en Cour par le Roy François II. à l'aage de 63. ans, il mourut de desplaisir de voir les diuisions qui s'y formoient, comme remarque M. le President de Thou sur la fin du XXV. liu. de son Histoire, sous l'an 1560. qui dit de luy,* inter suspiria ac gemitus optimè meritam de Republ. animam Deo reddidit: vir procul dubio tanto fastigio dignissimus, si meliori seculo natus, aut æquiores optimis consiliis suis, eos, qui regum animos ac fræna moderabantur, nactus esset. *V. son Eloge en Sceuole de Sainte-Marthe; & au libelle de Mornac, intitulé,* Feriæ forenses; *& son Epitaphe en Baïf au II. liu. de ses Passetemps, & à la fin d'vne oraison consolatoire sur sa mort à Dame Antoinette de Cerisay sa femme : mais sur tout les vers suiuans qui contiennent les principales actions de sa Vie, lesquels ont esté iugez par ceux qui s'y cognoissent, estre du style de M. le Chancelier de L'hospital son bon amy, & qui luy a adressé plusieurs autres pieces en ses Poësies, ce qui m'a fait resoudre de les conseruer icy à tout hazard.*

OLIVARIVS.*

NON tua, te præter, chartis intexere facta
Quenquam hominum decuit, quùm tu, vt præstantibus omnes
Factis, sic doctæ superares munere linguæ:
Tuque tua laudi fueras satis vnus agendo,
Incertum an melior scribendo. Sed quia laudes

* Ces vers ont esté imprimez sur vne vieille coppie trouuée parmy les papiers de l'Eglise de N.D. de Paris.

Pangere te proprias siue ipsa modestia, siue
Curarum vetuit moles, quibus vsque grauatus
Vitam exegisti, dùm restituisse decôri
Niteris antiquo patriam & sanctißima iura;
Aggrediar: nec, si tantis mea carmina cœptis
Inferiora sciam, tamen abstinuiße libido est,
Ne tanto nascens careat mihi nomine Musa.
Cætera displiceam, tamen hôc fortasse placebo,
Quòd solo veræ inductus virtutis amore,
Non pretio illectus, non vllo autore coactus,
Assentandi expers, quæ nunc doctißima labes
Perdidit ingenia, & latè peruasit in aulam,
Te cano, OLIVARI, clarâ qui stirpe parentum
Editus, antiquæ superasti gentis honores,
Dùm tua non contenta parentis gloria famâ
Tendit ad insignes titulos virtutibus amplis.
Principiò, quantum studijs humana potest mens,
Disciplinarum sublime cacumen adeptus,
Non in res tanto vanas es munere abusus,
(Vt plerique solent quibus aut incauta juuenta
Ingenuam ad fœdos mentem traducit amores,
Aut quibus ambitio solet ægram auertere mentem
Ad quæstum & sordes.) Diuini maxima cultûs
Cura, propinquorumque tibi, non lædere quenquam,
Omnibus inseruire, oppressos ære leuare
Consilioque. Quibus virtutibus inotescens
Mòx condigna tuis retulisti præmia factis,
Quùm te vix numero adscriptum Regina Senatûs
Margaris vlteriùs priuatum viuere ciuem
Non siuit, regnisque suis præfecit, vt esses
Quo morum censore ferus mitescere tandem
Cantaber, & latrocinijs absistere Fuxi
Incola vicinæ infestans iuga celsa Pyrenes
Disceret, & Podij ciuis nouus exultaret.
Quod subitò effectum: tuti tot cædibus olim
Infames scopuli; insessis ex rupibus vnde
Antè negant quenquam incolumem potuiße reuerti,

Argentum effoditur, quo non est certius vllum
Regibus aut maius vectigal: ea est homini vis
A superis concessa bono. Nec te tua virtus
Longiùs imperio passa est dare iura Nauarro:
Sed te confestim imperia ad maiora vocauit
Musarum pater atque orbis Franciscus amores,
Signaque, supremumque togæ mandauit honorem,
Scilicet in nullam vt declinans optima partem
Iura dares non pauperibus malè peruius, & non
Diuitibus studio quærendæ laudis iniquus,
Iustus vbique, velut premitur quum pondere libra
Iusta pari, non hâc pendens plus parte nec illâ.
Tum sese ante alias felicem Gallica tellus
Sensit, eóque magis quòd pro custodibus æqui
Antè Magistratus turpes probrisque notati
Sedissent, procerum impurißima factio quorum
Crescebant opibus poterantque attingere honores,
Quos virtute tuâ ad frugem, Francisce, reduxti.
Tu virtute esses cùm id culmen adeptus, apud te
Nil pretium, nil ambitio, nil gratia, at vnum
Omnia ius poterat: faciles venientibus vltrò
Præbebas aditus, si ius exposceret: at si
Compereras quæri rem fraudibus atque fauore,
Iusti æquique tenax & inexorabilis, omni
Latè excludebas aditu, auditumque negabas:
Præcipuè tum infractus, vbi sine lege modoque,
Exhausti plus quàm pateretur copia fisci,
Siue petitoris meritum, largitus erat Rex,
Sæpiùs exclamans, violentam effusa rapinam
Dona necessè sequi, quasi dona ad continuanda
Suppetias: satius populi minuisse tributum,
Quàm diffundere opes aliò quàm quò iubet vsus.
Hæc animi perspecta tui moderatio, Regis
Ingentes Francisci animos ita fregit, vt inde
Contentus seruare sui ac deffendere fines
Regni, finitimis intacta relinqueret arua,
Nec trucibus bellis alienam inuaderet oram:

Vsque adeò, vt nimio cùm pugnæ ardore malæque
Vindictæ, temerè progressus Cæsar ad altas
Esset Mátronæ aquas, facilè vnde reducere castra
Non poterat, perculso hosti concedere pacem
Quàm conferre manus, quò illum spes certa recenti
Milite cum fessis initurum bella vocabat,
Maluerit, iustus mallens quàm fortis haberi.
Ac tibi, corruptis vesani in moribus orbis,
Tandiu honoratum studium æqui mansit in omne
Francisci reliquum imperium, & lætissima Regis
Principia Henrici, fusis victísque Britannis,
Dum te magnorum comes importuna virorum
Pelleret inuidia, & secedere cogeret aulâ:
Hac specie, quasi sufficere impediente senectâ
Non posses rebus: reuera, quòd nimis arctè
Comprimeres horum ingluuiem, malefacta, rapinas,
Qui ad scelus omne ruunt, qui te inspectore remoto,
(Cuius conspectum horrebant, vt nauita Syrtes)
Cuncta sibi in ciues miseros licitura putabant.
Est tamen & titulus tibi conseruatus honorum,
Nec de re quicquam minuêrunt: quin, vbi magni
Ingruerat quicquam discriminis, illicò te vnum
Respicere, exque tuâ decernere mente solebant.
Nec tibi quod multis euenit, quos ad honores
Prouehit ambitio non virtus; iustus ab alto
Quos vbi Rex solio dejecit, morbidum vt agnum
Sedulus à sano pastor grege separat, omnes
Protinùs effugiunt abjectos atque inhonoros,
Nullus consequitur, nullus solatur amicus,
Sed meritò irati fiunt ludibria vulgi:
Nemo tuum non est casum miseratus acerbum,
Nemo bonus non condoluit patriæque sibíque,
Cùm in te censerent positam patriæ esse salutem,
Hocque illi exilium exitiabile: nemo repulsum
Non bonus inuisit: vix vlla frequentior olim
Turba salutantum quàm versabaris in aulâ;
Tu populis responsa dabas Regnóque, precatus.

Sic fortunatam Gallis à numine sortem,
Ne posthac reditum vlla tuum deposceret ætas.
Henrico in ludis inopinâ cæde necato
Squallida dejectis animis confusa iacebat
Gallia humi, tanti Regis perterrita casu,
Nequicquàm appellans crudelia sidera: luctum
Vndique turbarum metus auxerat, impiger illinc
Cùm Francis nunquam rebus placabilis, at nunc
Amissis Itio & Guynis infensior Anglus,
Vindictæ studio nostras moturus in oras
Classe putaretur validâ, seu Neustrica vellet
Littora tentare, Armoricas seu ducere in vrbes,
Siue in Aquitanos populos descendere, non tam
Multiplici attritos quàm factos clade feroces;
Illinc turbati ingrueret defectio Scoti
Relligione nouâ, qui nos expertus amicos
Tempore tam multo, affines nunc ferre recusat;* dominos*
Hinc Flandri proceres, & formidabilis Aegmon
Strage tumens duplici; hinc rapido contermina Rheno,
Frustrà tentatis fremeret Germania Metis.
Multi etiam tot regnorum ditione Philippum
Ingentem, vltum amitæ connubia spreta, timerent
Neglectâ sceptra inuasurum Gallica sponsâ.
Nulla in desertis Italis spes; nec tibi, quanquam
Affini & nuper pronauorum in sede locato
Fidendum satis, irrequiete Sabaude, putarent;
Denique quicquid adhuc puero sub Rege pauendum est,
Dum ad sese regimen trahit vnusquisque, pauebant.
Has inter turbas nullum præsentius esse
Subsidium visum est, quàm si reuocatus in aulam
Consiliis iterùm præesses majoribus. At te
Tot grauibus rursùm caput objectare periclis,
Iam senio tardum ac effœtis viribus, istis
Temporibus miseris plures debere negabant,
Hactenus expertum quàm sint infida potentum
Fœdera, amicitiæque leues, & flebilis aulæ
Conditio. Vacuos curis atque hoste, repentè

Virtutum subeunt fastidia: Qui modò clarus
Esse videbaris, positâ formidine, vulgi
Cogeris in numerum, & secedere rura iuberis.
Nec satis hoc: plerumque etiam grauiore ruinâ
Sæuiri in caput & fortunas: semper adesse
Singula qui facta obseruent referantque malignè,
Fœdum hominum genus & funestum. Sed face gratos
Esse animos, non id te nunc ætatis, vt istis
Sufficias curis: felicem, si tua gaudens
Otia, honoratos fasces contempseris, ad quos
Majori ambitione queas quàm fruge reuerti.
  Quæ tu sincerè credebas dici & amicè:
Sed tamen in tanto discrimine deesse ruenti
Turpe ratus patriæ, rumores ante salutem
Ponere, priuatæ suauissima & otia vitæ
Præ curis minimè voluisti, conscius esses
Cùm tibi te nullo isthùc ambitionis amore,
Sed patriæ impulsum: cui qui succurrere possit
Nullus eum metus & nulla obtrectatio debet
Deijcere officio; quin, si id quoque postulet vsus,
Audeat, vt patriæ prosit, procumbere morte.
  De senio pauca hæc dixisti verba, futurum
Mox scirent homines, vt fracti corporis obstat
Viribus, haud itidem menti bonæ obesse senectam.
  Sic igitur curas tandem te ineunte priores
Extemplò quantùm in dubiis prudentia rebus
Possit, id experti fuimus. Firmata Britanno
Cum Duce Pax: tu coniugio deuinctus, Ibere:
Officiis Philibertus: & icti fœderis acres
Admoniti Belgæ: terrâ pax parta maríque.
Vnica vix superest Scotûm defectio, quos tu
Debitum ad obsequium reuocandos esse putabas
Lenibus imperiis nullóque necesse duëllo.
  Externam pacem internorum cura sequuta est.
Hîc, dum Quæstores rationes reddere sumpti
Acceptique iubes, quæ facta accessio fisco est?
Dúmque Magistratus quos tristia tempora belli

Penè

Penè infinitos atque ipsâ ex fœce crearant,
(Vt solitum est quùm sunt vanalia munia) cogis,
Antiquum in numerum, mores, sordésque coërces,
Quis prisco ignorat splendori reddita iura?
Ergo tot ærumnis defuncti, qualis vbi iram
Euadens pelagi atrocem, horribilésque procellas,
Syrtésque, scopulósque, obscœnáque corpora pistres,
Nauita quassatâ portum tetigisse carinâ
Gaudet ouans, positâque choros formidine ducit,
Indulget Veneri & crapulæ, neque numinis vltrà
Cura subit, medio vouit cui vota periclo:
Tales nos vitæ ronouantes probra prioris
Numinis immemores exultabamus. At ingens
Non tulit ingratos animos Deus. Illicò tristis
Gallia nascentem mediis penetralibus Aten
Expauit, dirumque & detestabile bellum,
Ad quod, certa quasi concitæ ad classica turbæ,
Confluerent populi innumeri. Quos supplicio vllo
Desperaret ad obsequium cùm posse reduci,
(Tanta hominum ardentes animos peruaserat ira)
Fessus Oliuarius curis senióque grauatus,
Totque neces miseras horrescens, maluit æger
Cedere luce senex, quàm tot spectare cruores:
Supplicibúsque Deum lacrymis, votísque precatus
Languidæ vt eriperet se vitæ, lumina clausit
Iustitiæ exemplum vitæque insigne caducæ.

des Ombres, p. 505. 507.

Oresme Guillaume, p. 483.

En vn Extraict qui m'a esté communiqué par M. Vion, Auditeur des Comptes, intitulé, Extraict du Compte de François Chanteprime, Receueur general des Aydes, ordonné pour les frais de la guerre, du 1. Ianuier 1372. iusques au dernier Iuillet 1373. *est escrit ce qui suit*; A Maistre Nicolas Oresme, Doyen de l'Eglise de Nostre Dame de Rouën, pour sa peine & trauail, & despense qu'il a fait en translatant de Latin en François vn liure appellé, Politiques, par mandement du Roy donné à Paris le 5. Feurier 1372. &c. fol 5. V°. *Et peu apres:* A Frere Iean Corbechon de l'Odre de S. Augustin, pour la peine & trauail qu'il a eu à translater de Latin en François vn liure pour le Roy, appellé, *de Proprietatibus rerum,* par mandement dudit Seigneur, donné le 8. May 1372. &c.

840

P

Collecteur d'Arrests. V. Pasquier en sa Lettre à M. Robert, liu. XIX. p. 529.

I'ay obmis de mettre cy-deuant sous son nom en la liste de 1599. les deux vers de M. Ant. Loisel, sur ce qu'il se ferma les yeux en mourant, qui sont tels.

AD TAVRVM PHILOS. AC D. AVGVSTINVM.
Quòd morimur viui.

PAschasius sua, dum moritur, sibi lumina clausit;
Mortales viuos ne dubitate mori.

Non. Sept. M. DC. XV.

En vn escrit qui m'a esté communiqué par M. Vion Auditeur des Comptes, intitulé, Ex 2. Regist. Cart. Cam. incip. 1362. *il y a :* Magister Iohannes Pastorelli, Aduocatus Regis, gratia sibi facta de eius nobilitatione, & Sediliæ eius vxoris, per Lit. Reg. dat. mens. Ianuar. 1367. fol. 49. ✠.

M. Iean Patin, apres auoir passé quelques années au Barreau du Parlement de Paris, se retira en sa ville natale de Beauuais, où il fut fait Conseiller & Aduocat du Roy au Presidial, y exerçant ensemblement les deux charges, en vertu d'vn Arrest du Parlement donné en sa faueur le 15. de Feurier 1588. comme il paroist dans la Conference des Ordonnances de la derniere edition de l'an 1641. Tom. I. pag. 427. liu. II. tit. 6. parag. 5. Il exerça ces deux charges fort courageusement & constamment, au temps que cette Ville s'estoit laissée emporter au party de la Ligue; & y maintint l'authorité du Roy auec beaucoup d'adresse, & toute la fidelité requise en vn homme de bien, iusques à ce qu'estant enfin persecuté par les factions du Maire Godin, & du Lieutenant criminel, nommé Nicolas, qui estoient deux arc-boutans de la Ligue dans Beauuais, haranguant selon le deu de sa charge, & exhortant le peuple au seruice du Roy Henry IV. il pensa estre lapidé par les menées de ces deux Archiligueurs; de sorte qu'il fut obligé de quitter la Ville, & se retirer près du Roy son Maistre, où il trouua du support, par la recommandation de M. de Fresnes-Forget, Secretaire d'Estat. Mais enfin il fust restably en ses deux charges, lors que la ville rentra en l'obeyssance du Roy: & continua d'y rendre la Iustice auec reputation, iusques en l'an 1605. auquel il mourut d'vne squinance, au retour d'vn voyage de Fontainebleau, où il auoit esté enuoyé en commission vers le Roy au nom de la Ville. Telles Commissions luy estoient ordinaires, tant à cause de sa charge d'Aduocat du Roy, que parce qu'il estoit eloquent, & fort entendu dans l'Histoire & la Politique. Lors qu'il quitta Beauuais par les fureurs de la Ligue, sa maison fut pillee, où il fit perte de ses beaux liures, qu'il cherissoit vniquement, & qu'il a regreté toute sa vie. Il ne laissa qu'vne fille nommee Françoise *Patin; estoit oncle de François Patin, Aduocat en Parlement, qui a esté Pere de Maistre Guy Patin, Docteur Regent, & Doyen de la Faculté de Medecine à Paris, lequel m'a fait part de ce qui est cy-dessus escrit, & encores d'vn Epigramme fait en la loüange de ce sien grand oncle, qui se lit* in libello Epigrammatum variorum ad amicos pro xeniis, per Petrum Goussainuillium, Monsfortensem, pro anno 1574. *imprimé à Paris*, apud Dionysium à Prato, 1574.

AD DOM. IOANNEM PATIN, BELLOVACUM,
Facundissimum in supremo Parisiensi Senatu Patronum.

Cùm tu facundas solitus nunc ire per artes,
Eloquium & mirum crescat in ore tuo:
Causidicumque bonum sic te Polyhymnia reddit,
Omnes vt superes viribus eloquij:
Sic tua Musa mihi quædam incrementa dedisset,
Ditior & Cræso redderer arte sua:
Sed quia nummorum non extat plena crumena,
Pro nummis tribuit carmina missa tibi.

C'est celuy qui vint au Parlement le 4. Mars 1407. pour iustifier le Duc de Bourgongne, *de l'assassinat commis en la personne du Duc d'Orleans, où il commença sa deffense par ces mots;* Proximus ad proximum. *Voyez Pasquier en ses Recherches, liu. IV. ch. 27. p. 407.*

Casaubon dit de luy ces mots au commencement de ses Commentaires sur Suetone: Petrus Pithœus IC. clarissimus, qui fugientes Galliâ Musas moratur cum paucis. *M. E. Pasquier en la 2. du XVII. liu. de ses Lettres à M. de Sainte-Marthe, remarque de luy qu'il predisit au President Brisson, que la canaille de la Ligue le pendroit. Outre son tombeau imprimé parmy les Poësies Latines de Rapin,* inter Poëmata diuersi generis, *i'ay trouué de luy parmy les papiers de M. Ant. Loisel l'Epitaphe qui suit, que i'attribuerois encores volontiers par la souscription au mesme Rapin.*

PETRI PITHŒI DOCTISS. VIRI EPITAPHIVM.

Vidit sepulto vindicantem squallidos
Situ libellos, vidit & scriptoribus
Iam mortuis, rediuiuâ luce spiritum
Mors ægra, dantem Pithéum; & Phœdrum modò
Bis quinque functum sœculis, vitæ dari
Mirabili potentiâ; En, dixit, mea
Sic ergo sceptra frustra sunt, mortalium
Calcata latè votis insolentibus?
Nempe ego triumphor victa, nisi iam maximam
Vinco supremis viribus victoriam
Neglecta toties: dixit, & exanguibus
Adorta telis abstulit magnum virum,
Virum scientiarum & artium omnium:
Quem quidquid vsquam literatorum est, graui
Deflet querelâ absentem, inconsolabiles
Mouente gemitus Phœbo, Musisque omnibus.

N. R. P.

Il estoit frere puisné de M. Pierre Pithou, & pareillement tres-sçauant, mais il n'a pas donné au public de son viuant si grande quantité d'Ouurages, quoy qu'il en ait laissé à M. Pithou à present Conseiller en Parlement son nepueu, plusieurs dignes d'estre publiés, & particulierement vn grand amas de preuues qu'il auoit compilees pour nos Libertez de l'Eglise Gallicane, semblables à celles que M. du Puy a baillees il y a douze ans, & augmentees depuis peu. Aucuns disent que les vers de Baudius in Tiphœum *se doibuent entendre de luy.*

Il a fait vn Traitté, De la vocation & maniere de viure, à laquelle chacun est appellé, *qu'il dedia au Roy Charles IX. en 1561. imprimé à Paris en 1578.*

M. A. Mornac sur le §. Post hos Q. Mutius *de la loy* 2. de origine Iuris, *dit de luy ces mots*, Fr. Porthani Parthenacensis mira comitas in iuniores Aduocatos, *ce qu'il repete en l'Eloge qu'il a fait de luy en son Libelle intitulé*, Feriæ forenses. *Il estoit grand pere du deffunct Cardinal de Richelieu.*

Chancelier de France en 1538. auquel fut fait le procez pour maluersation en sa charge. V. Miraumont qui remarque la formalité qui fut obseruée par la Cour en la prononciation de l'Arrest rendu contre luy.

Il fut fait Chancelier de France le 7. Ianuier 1514. puis Cardinal; Miraumont. V. les vers que luy a dressé Marot en ses Epistres pour luy faire sceller son acquit. Beze luy a fait ainsi son Epitaphe en quatre mots.

ANTONIO PRATENSI, CANCELLARIO GALLIARVM,
inter obesos obesissimo,
HIC IACET VIR AMPLISSIMVS.

I'ay troué de luy ce qui suit dans quelques extraicts de la Chambre des Comptes qui m'ont esté communiquez par M. Vion, Auditeur. Premierement en l'Extraict du compte de M. Iean Luissier, Receueur general des Aydes, 1371. & 1372. fol. 40. Maistre Raoul de Praesles Aduocat & Conseiller du Roy par mandement du Roy donné à Paris le 28. Octobre 1371. faisant mention comme le Roy luy ait commis & ordonné pour l'vtilité publique de luy, du Royaume, & de toute Chrestienté, translater de Latin en François le liure de S. Augustin de la Cité de Dieu, & pour ce luy ait ordonné la somme de quatre mille francs d'or par chacun an, iusqu'à ce que ladite translation soit faite à quatre termes par chacun an, iusques à parfait, de trois mois en trois mois, &c. *laquelle chose est repetee en vn autre Extraict du compte de François Chanteprime, Receueur general des Aydes pour la fin de la guerre, 1373. fol. 33. où il y a qu'au marge est escrit:* Loquatur, & videantur Literæ super isto facto, & etiam Literæ pro vadiis suis ratione Officij sui Requestarum hospitij Domini Regis, de quibus est assignatus super emolumentis de Vely, quia videtur quòd debet esse contentus de dictis vadiis suis Requestarum. *Et en vn Extraict, à la fin duquel il y a :* Ex primo Lib. Cartarum Cameræ Comput. fol. 116. *sont escrits ces mots :* Magister Radulphus de Praellis Consilirius Regis, gratia sibi facta per Dominum Regem de legitimatione suâ, licet ex prohibitâ copulâ, videlicet ex Magistro Radulpo de Praellis conjugato, & Mariâ de portâ, alias de virtutibus procreatus, per Litteras Regis datas Mense Decemb. 1373. *M. Ant. Loisel en ses Institutes Coustumieres de Droict François, liu. VI. tit. 5. art. 8. de la premiere edition, rapporte de luy vne regle en ces mots,* de Presles & de Marcueil tiennent, que celuy qui peut estre arresté par loy & priuilege de ville, est tenu d'y eslire domicile.

Nous auons de luy vn bel Eloge dans vne Epistre de D. Lambin, qui se trouue en vn liure intitulé, Epistolæ clarorum virorum, *liu. 3. p. 371. 72. & qui merite bien d'estre icy repeté, estant là* in loco peregrino.

EX EPISTOLA DIONYS. LAMBINI AD IOANNEM Maludanum, datâ Romæ Nonis Iuniis 1551.

SVperioribus meis literis scripseram, credibile esse te fortem, strenuumque esse iam in Palatio & Foro ambulatorem: non me fefellit opinio. Quod si tibi, quâ mensurâ ceteras facultates & virtutes ciuiles ac palatinas natura largita est, eâdem mensurâ laterum firmitatem & confidentiam tribuisset, propediem primum inter causarum actores & patronos locum obtineres. Nunc & ego video, & tu experiris, quantum tibi obsit ista laterum, vocisque infirmitas, quantum pudor ingenuus & timiditas homine libero digna. Veruntamen non tibi idcircò à sententiâ aut consilio tuo desistendum est. Multos enim videmus solâ probitate, solâque doctrinâ fretos, ceteris ferè omnibus naturæ facultatibus destitutos, magnam in foro gloriam, summas opes, amplissimos Magistratus esse consecutos. Non longè abieris. CLEMENS PVTEANVS *lateribus est nihilo te melioribus, voce infirmâ & tenui, corpore gracili & imbecillo, timidus & pudens, si quis alius: nihilominus tamen in principibus patronis hodie numeratur: domus eius ab iis qui litigant, quotidie frequentatur: nemo existimat se satis cautè fortunas suas iudicio commissurum qui eum ante non consuluerit. Quæ res igitur eum extulerunt? assiduitas, diligentia, industria, probitas: quibus artibus ita instructus es, vt neminem tibi anteponam, comparem paucos. Sed de his quoque melius coram, & in congressu. Tantum ne despera: neque tibi persuade impudentiam, & confidentiam faciliorem ad honores, quam pudorem & probitatem, munire viam. Non enim potest, nec solet virtus obscura, atque incognita diutius latêre. Deprimunt eam quidem sæpenumero factiosi homines, omniaque ad suam potentiam reuocantes, demergunt, relegant, exterminant: sed exurgit, atque emergit illa tandem: splendoremque suum, vel inuitis hominibus, è latebris erutum profert in lucem, & in publico spectandum proponit: ab iis denique qui eam exegerant, ejecerant, atque oppugnarant, vltro arcessitur, appetitur, colitur. Itaque consilium tuum probo, qui in vrbe totius Galliæ maximâ, celeberrimâ, opulentissimâ, quam non immeritò quis, Ομηρικῶς dixerit χυδάνειραν, aliquot annos commorari statueris. Nusquam enim vel rerum forensium vsum facilius consequi, vel actores causarum eloquentiores audire, vel tuarum vigiliarum, tuæque industriæ fructum vberiorem ferre possis.*

du Puy Claude, p. 508.

Il fut Conseiller au Parlement: estoit fils de M. Clement du Puy cy-dessus nommé. M. le President de Thou qui estoit son parent & bon amy, luy a fait vn Eloge digne de luy, vers la fin du CIX. liu. de son Histoire sous l'an 1594 p. 455. Et tant d'hommes sçauans ont celebré sa memoire, qu'il y a vn Recueil imprimé des vers qui ont esté faits sur sa mort par les plus grands personnages de son temps, où ie ne doute point que ne soient ces deux vers que M. Ant. Loisel nostre Autheur luy a fait pour Epitaphe.

CLAVDII PVTEANI SENATORIS EPITAPHIVM.

Patronum fas sit, Patremque vocare Senatûs,
Pulla Senatorum cui Curia tota parentat.
IIII. Cal. Dec. M.D.XCIIII.

du Puy Pierre & Iacques, p. 508. 509.

Ces deux Messieurs & leurs autres freres, enfans de M. M. Claude du Puy, Conseiller en Parlement, & petits fils de M. Clement du Puy Aduocat, cy-deuant nommés, ont tellement excellé dans les lettres, & soustenu si dignement la reputation de leurs Predecesseurs, que ie ne croy pas qu'il se trouue aucune famille, à laquelle on puisse mieux appliquer qu'à celle-cy, le iugement que M. Cujas a autrefois fait de celle de Messieurs Pithou, quand il dit d'eux en sa Preface du Code Theodosian : vt planè memoriâ repetens & illas quibus excelluit in omni genere Pater V.C. bonarum literarum, filiis talibus dignissimus, eam familiam seminarium esse Doctorum virorum mihi liquido argumento persuadere possim. *Mais pour ne point parler à present de ceux qui sont decedez il y a long-temps, & que ie n'ay point connus que par leur reputation, ie diray seulement que Messire Pierre du Puy, Conseiller du Roy en ses Conseils, dont nostre malheur nous a priué depuis peu, a esté vn ornement si grand à cette famille, que luy seul est capable d'en rendre le nom immortel à la posterité. Ie n'ay pas toutesfois entrepris d'escrire icy sa Vie, ny son Eloge. Cela doit estre reserué à des plumes dignes d'vn tel subjet; & à des personnes à qui vn aage plus aduancé que le mien aura donné la connoissance de ses premieres actions, ne l'ayant frequenté que depuis dix ou vnze ans. Mais l'on peut iuger de ses merites par le concours des gens d'honneur qui le visitoient tous les iours, lesquels sa seule reputation attiroit en sa maison de tous costez, mesme des pays estrangers, pour auoir quelque part en sa connoissance & amitié. Son cabinet qui est vn tresor de raretez inestimables, à tousiours esté ouuert à ses amis auec grande facilité: & la plus part des Opuscules de Messieurs du Mesnil & Pithou, dont i'ay accompagné ceux de M. Ant. Loisel en ce volume, ont esté tirez de ce fonds inespuisable. Aussi est ce qui redouble ma douleur, quand ie considere que la longueur de l'edition de ces Ouurages, a fraudé l'esperance que i'auois de luy en pouuoir faire vn present agreable, lequel il liroit & cheriroit comme vne chose sienne, & prouenuë de sa liberalité. Mais cela est peu au prix de la quantité d'autres pieces importantes & curieuses, qu'il a donnees continuellement au public par vne infinité d'Escriuains; & peu encores au prix de celles qui restent dans son cabinet, lesquelles il a recherchees & amassees pendant toute sa Vie auec grand soin, & auec vne ardeur extraordinaire pour les bonnes lettres, & le bien public. Le Recueil qu'il a luy-mesme compilé & mis au iour par deux fois, de tant de titres concernans nos Libertez de l'Eglise Gallicane, tirez du Tresor des Chartes du Roy, & d'autres lieux, est vn tesmoignage irreprochable de cette verité. Et les editions qui se pourront faire cy-apres de ce qui reste encores de luy dans ses Memoires touchant cette matiere, & touchant nostre Histoire de France, & les Droicts du Roy & de la Couronne, seront autant de marques de l'occupation continuelle de son esprit à le rendre vtile à son Prince & à sa Patrie. C'est pourquoy il faut demeurer d'accord que la perte de ce Personnage est toute publique; & qu'il n'y aura pas lieu de s'estonner, quand on verra vn grand amas de pieces, par lesquelles vne infinité d'Escriuains auront deploré sa mort. I'ay moy-mesme tasché de mettre quelque petite pierre à son Mausolee, qui à la verité ne sera pas fort pretieuse, ny approchante de la valeur des autres: mais il en faut de toutes sortes & de tout prix. Il me suffira que M. son Frere qui reste auiourd'huy la seule consolation des amis du defunct, le representant encores mieux par ses propres vertus que par la proximité de son sang, ait ce petit present agreable, le receuant comme vn tesmoignage de mon affection, & non pas de ma suffisance.*

IN OBITVM C. V. PETRI PVTEANI
ad C. V. Iacobum Fratrem, Nænia.

FElix illa domus, meritis quam Patris Auique
Fulgentem, illustrat nunc quoque progenies.

Hæc

Hæc Puteanorum nimirum est gloria Fratrum,
Quam Clemens primùm, Glaudius inde dedit.
At quantam nuper passa est domus ista ruinam!
Res imò quantam publica, morte Petri!
Nempe nouem occubuit decus immortale Sororum,
Vir præstans animi dotibus innumeris;
Françorum Historias callens, & Regia jura;
Adsertor Cleri Gallico in Imperio.
Qui vetera è tenebris deprompsit, qui noua multa,
Quæ dedit ex amplo Bibliotheca sinu;
Vnde sibi Authores sumpserunt plurima multi,
Quæ nullo, prostant, interitura die.
Hinc mihi relliquiæ Menill, doctique Pithœi,
Quas Losell scriptis inseruisse iuuat.
Iustè igitur Petro multis domus atra parentat
Fletibus, ac querulis docta caterua sonis.
Ipse ego triste canens (anser licet inter olores)
Eximij cogor plangere fata viri:
Quem non relliquias Menill, doctique Pithœi,
Heu! sua dona, ferox cernere Parca tulit.
Spes etenim nobis vanas & inania verba
Per ter sex menses Bibliopola dedit.
At superest multâ insignis virtute Iacobus,
Qui Petri nobis ora vicesque gerat;
Doctrinâ referens Fratrem, probitate, fidêque;
Dignus amicitià, dignus honore pari.
De thesauro etiam vulgabit plurima Fratris,
Adjutans Musas pluribus officiis.
Relliquias Losell, Menill, doctique Pithœi,
Accipiet placidè, nec sine laude leget.
Ergo non obiit Petrus, viuente Iacobo:
Et mihi Petrus adest, quando Iacobus adest.
Reuerà Petrus vixit, cùm sydera supra
Iunxit eum virtus plurima Cœlitibus.
CHRISTE, diu inter nos dones superesse Iacobum:
Sit Petri, nobis vt tibi, dimidium.

M. Ianuar. M. DC. LII.

Q

Il y a eu vn M. Iean de Reilly, Chanoine de Paris, qui fit les Harangues aux Estats de Tours en 1483. ou il commença par ces mots remarquez par Pasquier en ses Recherches, liu. IV. ch. 27. Benedictus Deus qui dedit hanc volontatem in cor Regis. *Chenu dit qu'il fut depuis Euesque d'Angers.*

M. E. Pasquier nomme celuy-cy au VI. liu. de ses Lettres escriuant à M. de la Bite, parmy les quatre Aduocats qui furent appellez aux grands Estats pour leurs vertus, vers l'an 1553. au temps du semestre du Parlement.

Pasquier au. V. liu. de ses Epigrammes, n. 89. monstre que son Pere nommé Iean estoit homme sçauant; O docti Patris, *dit-il,* erudite Fili. *Mornac a fait son Eloge en son libelle intitulé,* Feriæ forenses.

Il estoit fils de M. Anne Robert sus nommé. I'ay trouué de luy ces deux Epitaphes parmy les Poësies de M. A. Loisel nostre Auteur.

LVDOVICI ROBERTI ANNÆ F. IOAN. N. EPITAPHIVM.

Sparge rosas tumulo, florum ac genus omne, viator,
Flos his Pallati conditus est iuuenum.

EIVSDEM.

Vt iam deciduis arescunt floribus horti,
Inque rubos mutant vere cadente rosæ:
Sic fora supremi marcescunt orba Senatûs,
Floribus extinctis juris & eloquij.

XV. Kal. Iul. M. DC. XIII.

La Robillardique loy Gallus, *dit Rabelais au cõmencement* de tẽpore humani partus.

Budée luy fait ce bel Eloge en son liure intitulé, Forensia, *p.* 135.

Hîc fraudare non sustinui vnum hominem patrum nostrorum auorumque memoriâ, qui Cognitoris Regij publicique honore, munere, officiis ita functus est, vt sui Magistratûs memoriam, vel veriùs, desiderium, in hominum sermone conseruauerit, in Curiâ defixerit. San-Romanus is fuit, qui vnus sub Principe imperiosissimo Ludouico XI. coïsse societatem salutis & periculi cum Republicâ visus est. Quo nominè cùm in cœlum laudibus elatus sit, mirâ æquitate successorum manes eius vsi sunt. Nullus enim, quod comperérim, æmulari homini sustinuit: eorum certè nemo prorsus, quos ætas nostra aut meminit aut vidit. Audire nobis sæpè contigit, cum res quæpiam, vt fit, nata est, quæ præsentis animi intercessore egeret, & liberæ, vt ita loquar, contumaciæ aduersùs impressionem aulicæ potentiæ, homines ita gemebundè dicere; O tempora, heu pietas, heu prisca fides! Hæc res San-Romani spiritus desiderat, Iustitiæ tuendæ legibusque deuotos.

Lipse luy escrit plusieures lettres, dont fait aussi mention M. Iacques le Vasseur, Archidiacre de Noyon, en l'Eloge ou loüange qu'il luy adresse dans son Oeuure intitulé, le Bocage de Iossigny, p. 79.

Il est à croire qu'il estoit de la parenté de M. Iacques Spifame, dont parle M. E. Pasquier, liu. II. de ses Recherches ch. 4. p. 64. où discourant de l'origine des Indults de Messieurs du Parlement, il escrit ce qui suit : Sous le regne de François I. M. Iacques Spifame, Conseiller, homme d'vn esprit remuant, ayant fueilleté les anciens Registres, & voyant que ce droict leur estoit deub, mais que par long laps de temps il s'estoit à demy esgaré, prit la charge d'en faire les poursuites & diligences enuers le Pape Paul III. Ce qu'il fit si dextrement, que depuis il en apporta belles Bulles à la Cour. Au moyen desquelles elle a depuis iouy plainement de ce priuilege. *Ce Spifame fut aussi President aux Enquestes, & par apres Euesque de Neuers en 1548. mais ayant resigné son Eueschè à M. Gilles Spifame son nepueu, & s'estant declaré de la Religion pr. ref. il se maria, & se retira à Geneue en 1559. où il eut la teste tranchée en 1565. ayant esté soupçonné d'auoir des intelligences auec les Catholiques, ainsi que rapporte M. I. Chenu en son Histoire des Euesques de France. Blanchard nomme trois Conseillers de la Cour de ce nom.*

T

Valentinus Forsterus à la fin de son III. l. de Historiâ Iuris ciuilis Rom. *escrit de Tiraqueau ce qui suit.* Andreas Traquellus virtantæ & tã variæ lectionis, quantæ nec superiori, nec nostrâ ætate vllus. Si ipsi soli multiplicem hanc variamq; lectionẽ in omniũ disciplinarum auctoribus tribuas, impossibile fere fuisse homini tantũ legisse dixeris; si aliorum auxilio, iudiciũ miraberis. *Papyr. Masso dit de luy en la Vie de M. Ch. du Moulin, ce qui suit:* Budæum & Rob. Senalem vocat ætate suâ omnium virtutum ac doctrinarum genere absolutissimos, patriæq; vrbis, & totius Galliæ splendidissima lumina; idẽ de Tiraquello, quem etiam doctissimũ vocat. *En effect M. de L'hospital fait vn iugement tres-aduantageux de luy en l'Epistre qu'il luy adresse au liure II. de ses Epistres. Plusieurs aussi l'ont loüé par leurs vers, comme Salmonius Macrinus au III. liu. de ses Odes, Theodore de Beze en ses Epigrammes, qui l'appelle* alterum nostri seculi Varronem, *p. 154. & Ioach. du Bellay en ses Sonnets: tous lesquels le loüent & congratulent de l'excellence de ses Oeuures, de la santé qu'il auoit en sa vieillesse, & du bonheur de son mariage fecond en enfans bien nez. Marie Tiraqueau à laquelle Marc Alexandre Bodius adresse son Hymne intitulé,* Linum, *estoit peut-estre sa fille. I'ay appris de M. Menage que Rabelais auoit aussi fait son Eloge. Il eut cet honneur estant fait Conseiller de la Cour, d'estre mis par le Roy de prime abord en la grand' Chambre: ce qu'a remarqué M. A. Mornac dans les vers qu'il luy a faits en son libelle intitulé,* Feriæ forenses, *& dit que cela estoit sans exemple, en ces mots,*

Imò &, sine exemplo priore quod fuit,
Hoc, vt præiret iunioribus, dedit.

Toutesfois Muret a remarqué la mesme chose de M. de Foix en son Oraison funebre.

V. son Eloge en Papyrius Masso.

Papyrius Masso a fait aussi son Eloge; & pareillement M. *de Sainte Marthe, lequel remarque qu'il estoit l'aisné de vingt vn enfans qu'eut son Pere. Tous les grands Poëtes de son temps ont rendu son tombeau immortel par quantité de vers, dont il a esté fait vn Recueil imprimé en 1583.* M. E. *Pasquier descrit amplement sa Vie & sa mort au VII. liu. de ses Lettres en celle qu'il escrit à* M. *de la Bite, Iuge general de Mayenne, p. 423. Et en la derniere du mesme liu. qu'il adresse à M. Loisel nostre Autheur, p. 446. il dit que M. le premier President de Thou auoit esté cause de la nouuelle forme que l'on introduisit au Palais en son temps, de plaider auec plusieurs allegations de textes d'Auteurs: comme aussi au liu. XIX. escriuant a M. Robert, p. 529. il remarque que* M. *de Thou ne faisoit pas grand cas de la Iurisprudence des Arrests, & que quand on vouloit se preualoir d'vn Arrest donné en faueur de quelqu'vn en cas semblable, il auoit accoustumé de dire:* bon pour luy *M. le President de Thou son fils remarque au LXXII. liu. de son Histoire, p. 458. & 59. vn traict considerable du grand zele qu'il auoit pour le public, en ce que pendant la grande peste de l'année 1580. en laquelle il mourut quarante mille hommes dans Paris, il ne voulut iamais quitter la Ville pendant les vacations, dont les mots meritent bien d'estre icy transcrits.* Longè maximum momentum attulit auctoritas Christophori Thuani Senatûs Principis, qui licet per iustitium ab vrbe abesse posset, & verò ita facere solitus esset; tamen vir vtilitati publicæ natus, qui contra vrbis seruatæ salutem parui vitam æstimaret, in eâ manere sustinuit, in curru per vrbem se cotidie populo ostentans, vt cùm ita periculum se negligere ostenderet, cæteris ad constantiam exemplo suo præiret. Monentibus amicis, & Nicolao Carnutum Episcopo fratre in primis per crebras literas ab eo efflagitanti, vt rus ad vitandum contagionis periculum secederet, generosè verbis Martialis respondit: nullo fata loco excludi posse, & in medio Tibure, cùm mors venit, Sardiniam esse. *M. A. Mornac dans les vers qu'il a fait sur luy en son liu. intitulé*, Feriæ forenses, *dit qu'il mourut de desplaisir de quelques mauuaises paroles que luy tint le Roy sur vne Remonstrance qu'il luy auoit faite. Voyez ce qui a esté remarqué cy-deuant de sa modestie & humilité sous le nom de M. Mathieu Chartier.*

Il a fait vn Commentaire sur la Coustume de Paris.

V

Voyez du Tillet au liu. de la majorité du Roy François II.

M. Nublé Aduocat en Parlement m'a fait voir de luy vn Traitté imprimé à Paris in 12. en 1605 intitulé, De l'Estat ancien de la France declaré par le seruice personnel deu par le vassal à son Seigneur à cause de son Fief; tant profitable que guerrier, public & priué; distributions de la Iustice, qu'honorable, & Foy & Hommage.

de Vair

Pasquier adresse à Iean & Guillaume du Vair Pere & Fils les 107. & 108 Epigrammes de son V. liure, congratulant le Pere des merites du Fils.

Il est fait mention d'vne cause plaidée par l'Aduocat du Val en la Legende de M. Iean Poisle, Conseiller en Parlement, p. 66. & 67. Et Baif, au II. liure de ses Passetemps, p. 53. fait l'Epitaphe d'vn Girard du Val, qu'il appelle Aduocat du Roy.

Ce Guillaume Versoris mourut à vingt-cinq ans apres auoir esté marié cinq fois, ainsi qu'à remarqué M. Pierre Versoris en la Genealogie qu'il a faite des Versoris en 1582.

M. P. Versoris Aduocat en Parlement estoit issu de noble famille venuë originairement de Gentils-hommes de Normandie, ez enuirons de Falaize, ainsi qu'il a luy-mesme remarqué dans sa Genealogie qu'il escriuit de sa main pendãt le loisir que luy bailla la maladie contagieuse qui fut en 1582. s'estant lors retiré en sa maison de Clichy la Garenne prés Paris. Leur nom estoit le Tourneur qu'ils ont changé depuis en celuy de Versoris, Iean le Tourneur dit Versoris estant venu le premier à Paris, enuiron le régne de Charles VII. fut vn des premiers Docteurs de l'Vniuersité, & cõposa plusieurs Ouurages en Latin, quelques-vns desquels cette Genealogie remarque se trouuer en la Bibliotheque des Minimes de Nigeon. Il changea son nom de le Tourneur François en celuy de Versoris Latin, comme auoient lors accoustumé de faire les gẽs de lettres. Il attira son neueu prés de luy, le mit dãs le Barreau, & le maria à Ieanne Fournier, de bonne famille & proche parente du Lieutenant ciuil Charmoluë. De ce mariage tous les Versoris sont descẽdus, qui ont la plus part exercé auec estime dans le Palais & le Chastelet la charge d'Aduocat. Pierre Versoris dont est icy parlé, auoit esté destiné par son pere, pour estre Officier en Cour Souueraine, mais ayant despensé mal à propos dans sa ieunesse l'argent destiné à cela, il se mit en deuoir de reparer cette faute par vn grand trauail, auec lequel il reüssit en sa profession; & fut vn des premiers Aduocats de son temps. Il auoit tellement presentes les choses qui luy estoient necessaires, qu'il ne se seruoit quasi point de liures. En 1576. il porta la parole aux Estats de Blois pour le tiers Estat. Fut chef du Conseil de M. de Guise, & gardoit ses Sceaux, & estoit fort affectionné à toute sa maison, sans y auoir neantmoins aucune part ny communication que de ses affaires domestiques; tellement que le propre iour des Barricades en 1588. il fut le matin en coche le trouuer à l'Hostel de Guize pour luy parler à l'ordinaire, ne sçachant rien de ce qui se passoit, & retourna chez luy sans l'auoir veu, M. de Guise ayant bien lors à songer à des choses plus pressantes. Il mourut la mesme année le matin du iour de Noël, ayant appris le soir precedent en faisant sa collation la nouuelle de ce qui s'estoit passé à Blois, dont il fut fort touché, deplorant les malheurs où il voyoit que l'on alloit tomber; & dit mesme ces paroles auec douleur: que ces Princes *(parlant de Messieurs de Guise)* estoient bien aymez, & que si le Roy n'y auoit bien pourueu, il auroit bien des affaires. *Il ne laissa pas neantmoins de garder vne tranquillité toute entiere, & se coucha en resolution de communier à la Messe de minuict, s'estant desia confessé: mais n'ayant peu y aller s'estant trouué mal, M. de Verthamon Conseiller en Parlement son gendre, & ses filles, l'estans venu voir au retour sur les cinq heures du matin, le trouuerent mort dans son lict. L'aisné de ses fils Federic Versoris estoit encore ieune, & fut receu Conseiller en la Cour long-temps depuis: Ses deux Gendres M. Rancher Maistre des Requestes, & M. de Verthamon aussi Conseiller en la Cour deslors en charge, suiuirent tousiours pendant ces mouuemens la personne & les interests du Roy, tant aux Estats de Blois que dans le Parlement seant à Tours. C'est ce que i'ay appris de la vie de M. Pierre Versoris, & de sa famille. M. A. Mornac luy a fait vn eloge en son liu. intit.* Feriæ forens.

M. E. Pasquier en celle qu'il escrit à M. Robert, liu. XIX. de ses Lettres, dit qu'il fut vn des neuf Aduocats nommez par le Parlemẽt, pour la reformation de la Coustume de Paris. Dans l'œuure poëtique, intitulé la Main d'Estienne Pasquier, il y a quelques vers François d'vne Damoiselle Marie de Villecoq, p. 734. & 735.

Il a fait vn Recueil d'Arrests.

Paul Emile escriuant du priuilege qui fut rendu par le Roy Charles VI. à la ville de Paris, de creer ses Escheuins & Preuosts des Marchands dit ce qui suit de I. Iuu. des Vrsins, p. 385. Creatus est Ioannes Iuuenalis Vrsinus, ciuis ipse Parisiensis, sed patre é proceribus Romanis: qui in Galliam ductus à fratre Neapoleone Pontifice Mediomatricum, pro gloriâ imperioque Francorum bello Anglico præclarè res gesserat. *En vn Extraict qui m'a esté communiqué par M. Vyon Auditeur des Comptes, intitulé:* Ex lib. 3. Memorialium Camer. Computor. signato C. *il y a ce qui suit de Guillaume des Vrsins son fils:* Vir insignis Dominus Guillelmus Iuuenalis de Vrsinis miles ordinatus & institutus Cancellarius Domini nostri Regis ad vadia tam ordinaria quàm extraordinaria, quæ sunt, videlicet duo millia lib. Paris. super emolumento sigilli Cancellariæ, & alia duo millia lib. Par. capienda per manus Receptoris generalis aliarum financiarum extraord. & ad cætera iura & emolumenta per Cancellarios Franciæ capi consueta: præstititque dictus Dominus Cancellarius iuramentum super hoc solitum in manibus ipsius Domini Regis, pro vt de his omnibus per eius Lit. constitit datas apud Serry iuxta Catalaunum, 16. Iunij 1445. *V. Miraumont en ses Chancelliers.*

Y

L'Auteur de la Vie de Clement VI. que M. du Bosquet a fait imprimer entre les Auteurs de l'Histoire des Papes qui ont tenu le Siege en Auignon p. 86. & 87. raporte de S. Yues ce qui suit: Anno Domini M. CCCXLVII. die 26. Maij, dictus Clemens

654

Papa canonizauit & Sanctorum Confessorum catalogo annotauit Sanctum Yuonem Hallory, Presbyterum de Britanniâ oriundum, dudum Aduocatum pauperum, & tam in vitâ, quã in morte multis magnis miraculis coruscantem. *Et M. du Bosquet sur cet endroit escrit:* Iuo ex pago S. Martini Trecorensis Diœcesis in minori Britanniâ oriundus, patre Aheloro Cancieti militis filio. *Valentinus Forsterus au* III. *liu.* de Historiâ Iuris ciuilis Rom. *p.* 233. *de l'edition de Basle, en parle ainsi:* Ipho ex Britanniâ claris & opulentis parentibus ortus est. Lutetiam primùm literarum gratiâ missus, confirmatiore ætate Iuris cognoscendi causâ Aureliam se contulit. Absoluto studiorum cursu in patriam reuocatus, ob excellentem eruditionem, & morum vitæque sanctimoniam, ab Episcopo Trecorensi accersitus, & causis audiendis præfectus est. Præfecturam eam tam sanctè, tam innocenter, tam clementer administrauit, vt nullius rei præter virtutem appetens fuisse videretur. Addidit ingenij dotibus & virtutibus multis miserationem erga pauperes, quâ quos poterat ratione subleuabat & iuuabat. Floruit sub Philippo Pulchro, Galliarum Rege, cuius gubernatio incidit in annum. M. CCLXXXV. Vitâ functus est, cùm annum quinquagesimum expleuisset: & non tantum vulgi iudicio, sed Pontificis quoque auctoritate inter Diuos relatus: & ipsius memoriæ festus dies VI. Kal. Septemb. decretus est.

FIN.

Ovtre les corrections cy-deuant faites, le Lecteur est prié de remarquer ce qui suit, en la vie de M. A Loisel, Page VIII. ligne 19. *ceux* lis. en addition, *Presidens & Conseillers selon la mode du temps.* P. XII l. penul. & derniere faut mettre ce qui est de Ia. Labitte auparauãt Ant. Augustinus. P. XXXIII. l. 19. *qu'il prit* adjoust. *& rendit depuis.* P. LIIII. *au dernier vers de l'addition ostés* vous, P. LXVII. faut mettre la 2. add. apres la 3. P. LXVIII. l. 10. CONST. TRACT. *l.* CONSTANTIA. TRACTAND. l. 18. SENATVI SVISQVE RAPTO, l. COLLEGIS, PROPINQVIS, AMICIS EREPTO, l. 25. COGNATO PROXIMO, l EX MATRE AMITINO

Et sur tout le Lecteur se souuiendra de lire au liure des Obseruations Ecclesiastiques, page 34. ligne 23. Patron de l'Eglise Gall. *au lieu de* Chef de l'Eglise Gall. *qui est* vne faute notable, laquelle a esté obmise à corriger.

EXTRAICT DV PRIVILEGE du Roy.

PAR grace & Priuilege du Roy, donné à Paris le septiesme Avril mil six cens cinquante. Signé, GVEROVLT. Il est permis à Maistre CLAVDE IOLY, Chanoine de l'Eglise Cathedralle de Nostre-Dame de Paris, de faire imprimer par tels Imprimeurs qu'il voudra choisir, Les Oeuures des feus sieurs Antoine & Guy Loisel, tant celles cydeuant imprimés; Sçauoir est, *La Guyenne*, *Les Memoires du Pays & Comté de Beauuais & Beauuaisis*, *Les Regles du Droict François*, *Les Vies de Publius Rutilius Rufus Iurisconsulte Romain*, *de Maistre Baptiste du Mesnil*, *& de Maistre Pierre Pithou*, *Vn Recueil d'anciens Prouerbes François*, *Vn Traitté de la Loy Salique*, *Vn de l'Appannage*, Responsa Prudentum, *Trois Liures de l'Agriculture*, *& quelques autres Ouurages des mesmes Autheurs*, qu'il auroit nouuellement recouurez & compilez; auec deffenses à tous autres que ceux qu'il aura choisis de les imprimer ou faire imprimer, extraire ou contrefaire, vendre ny debiter par toutes les terres & Seigneuries de l'obeyssance dudit Seigneur, durant le temps & espace de six ans, à compter du iour que lesdits Ouurages auront esté acheuez d'imprimer, à peine de quinze cens liures d'amende, confiscation des Exemplaires contrefaits, & de tous despens, dommages & interests, à la charge de mettre deux Exemplaires de chacun desdits Ouurages en la Bibliotheque du Roy, & vn en celle de Monsieur le Garde des Sceaux de France, auant que de les exposer en vente, comme plus à plein est contenu ausdites Lettres de Priuilege.

Et ledit sieur Ioly impetrant desdites Lettres a choisi Louyse Gelée veufue de feu Iean Guillemot pour imprimer lesdits Ouurages, à laquelle il a fait cession & transport desdites Lettres de Priuilege, pour en iouyr par elle durant le tẽps mentionné en icelles, ainsi qu'il est porté par l'Acte passé entr'eux pardeuant du Puis & Langlois Notaires au Chastelet de Paris le quatorziesme iour d'Auril mil six cens cinquante.

Et ladite veufue Guillemot a consenty & accordé que Iean Guignard, Marchand Libraire à Paris, aye la moitié audit Priuilege, ainsi qu'il est porté par l'Acte passé entr'eux, en datte du cinquiesme iour de Septembre mil six cens cinquante-vn.

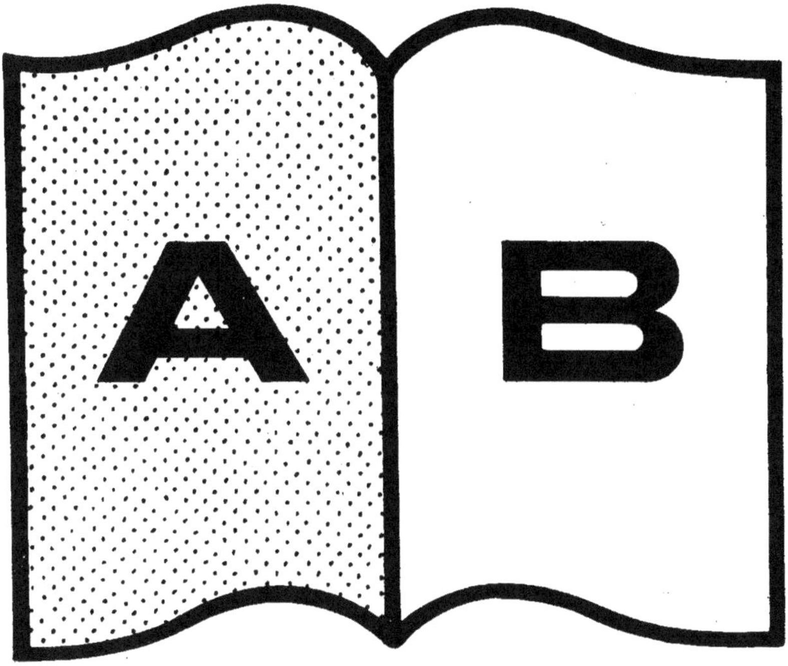

Contraste insuffisant

NF Z 43-120-14

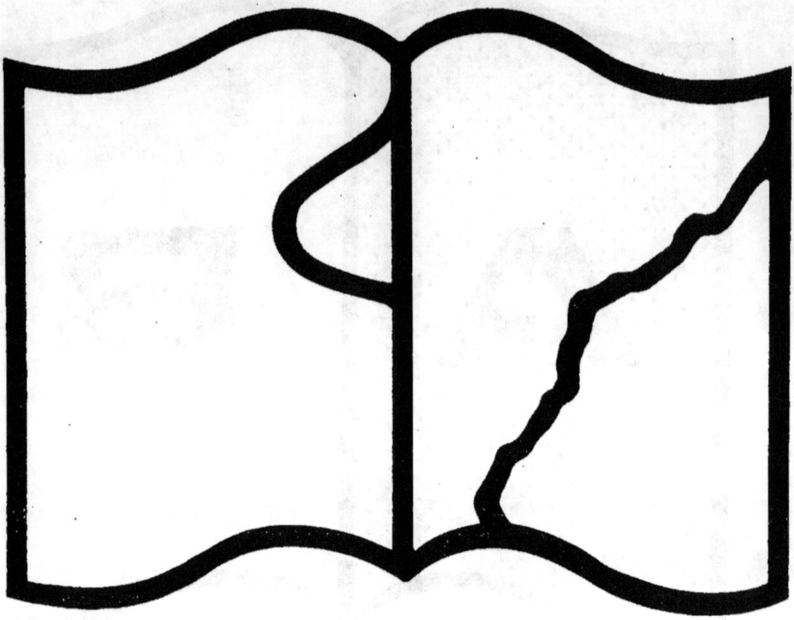

Texte détérioré — reliure défectueuse

NF Z 43-120-11

www.ingramcontent.com/pod-product-compliance
Lightning Source LLC
LaVergne TN
LVHW020957300926
849160LV00007B/173